Andrea Erkenbrecher
Oradour und die Deutschen

Quellen und Darstellungen zur Zeitgeschichte

Herausgegeben vom Institut für Zeitgeschichte

Band 126

Andrea Erkenbrecher

Oradour und die Deutschen

Geschichtsrevisionismus,
strafrechtliche Verfolgung,
Entschädigungszahlungen
und Versöhnungsgesten ab 1949

DE GRUYTER
OLDENBOURG

ISBN 978-3-11-221620-0
e-ISBN (PDF) 978-3-11-063796-0
e-ISBN (EPUB) 978-3-11-063397-9
ISSN 0481-3545

Library of Congress Control Number: 2022947361

Bibliografische Information der Deutschen Nationalbibliothek
Die Deutsche Nationalbibliothek verzeichnet diese Publikation in der Deutschen
Nationalbibliografie; detaillierte bibliografische Daten sind im Internet
über http://dnb.dnb.de abrufbar.

© 2025 Walter de Gruyter GmbH, Berlin/Boston
Dieser Band ist text- und seitenidentisch mit der 2023 erschienenen gebundenen Ausgabe.
Titelbild: Erinnerungstafel auf dem Friedhof Oradours mit der Inschrift: „Verbrechen der
2. SS-Division Das Reich unter dem Befehl von General Lammerding" (© Sandra Gibouin)

Satz: Meta Systems Publishing & Printservices GmbH, Wustermark
Druck und Bindung: Beltz Bad Langensalza GmbH

www.degruyter.com

Inhalt

I.	Einleitung	1
II.	Oradour: Massaker, Symbolik, Weiterleben	21
	1. Das Massaker	21
	2. Oradour nach dem Massaker	30
III.	Die revisionistische Geschichtsschreibung	65
	1. Grund und Verantwortung für das Massaker	65
	2. Von Oradour nach Nürnberg	87
	3. Der Kampf um die Freilassung der in Frankreich Inhaftierten (1947–1959)	95
	4. Weidingers „Geschichtsschreibung" und das deutsche Lammerding-Verfahren	120
	5. Beginnende Defensive	131
	6. Radikalisierung	141
	7. Bedeutung und Folgen des Oradour-Revisionismus	163
IV.	Die strafrechtliche Verfolgung des Massakers	169
	1. Deutschland und der Bordeaux-Prozess 1953	169
	2. Die strafrechtliche Verfolgung in der Bundesrepublik 1949–1990	210
	2.1 Zum Verbleib der Soldaten	210
	2.2 Juristische Rahmenbedingungen	213
	2.3 Ermittlungsverfahren im Nachgang des Bordeaux-Prozesses	225
	2.4 Das Ermittlungsverfahren gegen Heinrich Lammerding	247
	2.5 Von der Einstellung des Lammerding-Verfahrens zur Ratifizierung des Zusatzabkommens 1964–1975	269
	2.6 Das Ermittlungsverfahren gegen Kahn und andere	288
	3. Die Strafverfolgung in der DDR 1949–1990	326
	3.1 NS-Prozesse in der DDR in den 1970er und 1980er Jahren	327
	3.2 Der Prozess gegen Heinz Barth	332
	3.3 Propaganda nach dem Prozess	373
	3.4 Die Bewertung des Falls Heinz Barth in Oradour	377

4. Weitere Ermittlungsverfahren in der Bonner Republik und ihr Erkenntniswert 382
5. Die Strafverfolgung im vereinigten Deutschland 1990–1995 389
   5.1 Die Überprüfung des Verfahrens gegen Heinz Barth 389
   5.2 Die Verfahren gegen Adermann und andere sowie Adolf und andere 1989–1995 396

V. Entschädigungszahlungen 407
   1. Französische Entschädigungen für die Opfer von Oradour 407
   2. Westdeutsche Entschädigungen im Rahmen des deutsch-französischen Globalabkommens 417
      2.1 Das deutsch-französische Globalabkommen 1960 417
      2.2 Entschädigungszahlungen an Oradour 426
      2.3 Bedeutung und Rezeption 450
   3. Keine Entschädigungszahlungen aus der DDR 454

VI. Versöhnungsgesten gegenüber Oradour 471
    1. Der lange Weg nach Oradour 471
       1.1 Reims, Verdun, Versailles – und Oradour? 472
       1.2 1953: Nicht an Oradour rühren! Zur Entstehung eines Credos 478
       1.3 1962: „Schlußstrich unter dieses finstere Kapitel" 481
       1.4 1964: Noch immer: Nicht an Oradour rühren! 485
       1.5 1968: „Oradour ist [...] kein örtliches Problem": Der geplante Besuch des deutschen Generalkonsuls 486
       1.6 1971: Der Vorschlag von Graf Charles-Albert de Boissieu .. 491
       1.7 1971–1998: Erste Kontakte und Veränderungen vor Ort ... 495
       1.8 1998–2003: Neue Ansprechpartner, Themen und Entwicklungen 498
       1.9 2004: Kein „Raum für einen politischen Versöhnungsakt seitens Deutschland" 503
       1.10 2013: Joachim Gauck in Oradour: Anerkennung 508
    2. Deutsche in Oradour: Erinnerungskulturelles Engagement und seine Grenzen 511
       2.1 Zurückweisung und Kontaktverweigerung 1947–1955 512
       2.2 Der Ort als Adressat 525

2.3 Ein erster Durchbruch: Das Engagement Vinzenz Kremps in Oradour 532
2.4 Delegationen aus der DDR und Kontakte in die DDR 549
2.5 Oradour in Deutschland: Das „Nürnberger Friedensgespräch" der SPD 1985 554
2.6 Fünfzig Jahre danach: Deutsche Delegationen in Oradour 1994 557
2.7 Offizielle Akte, Differenzierung, Konkurrenzen: Kontakte mit Deutschland ab 1995 562

3. Politisierung der Erinnerung: Oradour in der DDR 584
3.1 Die DDR, die EVG und Oradour 585
3.2 Kontakte zwischen der DDR und Oradour? 593
3.3 Oradour in Romanen 598

VII. Zusammenfassung 603

Anhang

Danksagung 627
Abkürzungen 629
Bildnachweise 637
Quellen und Literatur 639
Personenregister 669

I. Einleitung

„Kauft Oradour in sattelbraun". Mit diesem Satz warb ein großes deutsches Schuhhaus 1963 für seine neue Sandale namens „Oradour". Die Tageszeitung *Die Welt* war bestürzt. Selbst wenn die Namenswahl auf Unachtsamkeit oder Unwissenheit beruhe, sei sie erschreckend: „Denn gerade das wird uns Deutschen vom Ausland ja heute immer wieder vorgeworfen, daß wir von den Geschehnissen jener Tage nichts wissen, daß wir sie vergessen, weil wir sie vergessen wollen."[1] Das Geschehen „jener Tage", von dem hier konkret die Rede war, war das „zahlenmäßig größte deutsche Massaker in Westeuropa" während des Zweiten Weltkriegs,[2] verübt von einer Einheit der Waffen-SS am 10. Juni 1944 im französischen Oradour-sur-Glane. Innerhalb weniger Stunden töteten die Soldaten 643 Menschen; mehr als die Hälfte davon waren Frauen und Kinder, die sie in die Kirche trieben und dort zum Teil bei lebendigem Leib verbrannten. Das Dorf wurde geplündert und bis auf die Grundmauern niedergebrannt.[3]

Noch vor Kriegsende und unter entscheidender Mitwirkung General de Gaulles begann die Metamorphose der Ruinen Oradours vom Opfer der Terror- und Abschreckungspolitik der Waffen-SS zum nationalen Symbol des Leidens der Franzosen unter der deutschen Besatzung während des Zweiten Weltkriegs. Als de Gaulle das Ruinendorf im März 1945 besuchte, sprach er von Oradour als dem „Symbol dessen, was dem Vaterland selbst geschehen ist". Bald darauf enteignete der französische Staat die Ruinen, stellte sie unter Denkmalschutz (*monument historique*) und beschloss den Bau eines neuen Dorfs nur wenige hundert Meter vom alten entfernt. Unter den zahlreichen französischen *villages martyrs* wurde Oradour zu *dem* Märtyrerdorf, zum „Leid-Motiv" Frankreichs und damit Teil des „Bilderbuchs der französischen Nation".[4]

Dem Engagement der französischen Regierung lagen spezifische politische Erwägungen zugrunde. Außenpolitisch galt es, „Frankreich und den Franzosen Legitimität und Platz auf der internationalen Bühne aufgrund des Leidens unter der Besatzung zurückzugeben".[5] Innenpolitisch waren die Gräben zuzuschütten, die der Krieg entlang der Frage aufgerissen hatte, wie der deutschen Besatzung zu

---

[1] Oradour, in: Die Welt, 7. 6. 1963.
[2] Lieb, Krieg, S. 368.
[3] Grundlegend zum Massaker: Fouché, Oradour. In seinem Urteil vom 15. 1. 2020 erkannte das in Limoges ansässige *Tribunal de grande instance* die Spanierin Ramona Domínguez Gil als Opfer des Massakers an, was die Gesamtzahl der Opfer auf 643 erhöhte. Vgl. Aline Combrouze/Stéphanie Barrat, Ramona Domínguez Gil, la 643e victime du massacre d'Oradour-sur-Glane ne sera plus jamais oubliée, in: Le Populaire du Centre, 2. 10. 2020, URL: https://www.lepopulaire.fr/oradour-sur-glane-87520/actualites/ramona-domnguez-gil-la-643e-victime-du-massacre-d-oradour-sur-glane-ne-sera-plus-jamais-oubliee_13846759/#bloc-commentaires-3846759 [15. 2. 2021].
[4] Zur beschriebenen Entwicklung: Farmer, Oradour, S. 43–120, erstes Zitat nach ebenda, S. 106; letztes Zitat: Tisseron, Pièges, S. 20. Wenn nicht anders vermerkt, beziehen sich die Angaben zu Farmer, Oradour, auf die 2007 erschienene Auflage.
[5] Vgl. Farmer, Oradour, S. 100–104, Zitat S. 104.

begegnen sei: mit Widerstand oder – und dies war die Wahl der Mehrheit gewesen – mit stillschweigender Anpassung? Die „implizite" – und die Nation versöhnende – „Botschaft" de Gaulles in Oradour sei gewesen, so die Historikerin Sarah Farmer, „dass jeder Franzose, wie auch immer er sich im Krieg entschieden hatte, in Gefahr gewesen war".[6] Als sich das Massaker im Juni 1945 wenige Wochen nach Kriegsende zum ersten Mal jährte, eröffnete in Paris die Wanderausstellung „Hitlers Verbrechen", die auch über den in Oradour verübten Massenmord informierte. Frankreich hatte inzwischen seinen Platz unter den Siegermächten des Zweiten Weltkriegs eingenommen und sah es als wesentlichen Bestandteil seiner Besatzungspolitik an, die Deutschen über die Gewaltverbrechen des Nationalsozialismus (NS) zu informieren. Unter anderem mit diesem Ziel zeigten die französischen Besatzer die Ausstellung 1946 in mehreren deutschen Städten ihrer Zone.[7] Im selben Jahr erschien im badischen Rastatt das vom Französischen Verlagsamt herausgegebene Buch „Oradour an der Glane: Feindliche Verbrechen in Frankreich", das die verübten Grausamkeiten in Text und Bild dokumentierte.[8] „Wo immer man von deutschen Greueln in diesem Kriege spricht", konstatierte das *Deutsche Büro für Friedensfragen* im Frühjahr 1948, „erklingt der Name ‚Oradour'; wie eine sinnlos und mutwillig an einer Häuserzeile gelegte Brandfackel zündet er immer fort und ruft Bilder des Grauens hervor, die sich mit Hass gegen die unmittelbaren Täter und- [sic] gegen das deutsche Volk verbinden".[9]

Dass der „heilige Name Oradours" keine 20 Jahre nach dem Verbrechen für eine Sandale herhalten sollte, entrüstete die *Association nationale des résistants de l'air* dermaßen, dass sie die französische Regierung aufforderte, sich bei der deutschen Regierung umgehend dafür einzusetzen, dass dies ein Ende habe und der für das Massaker verantwortliche frühere General Lammerding vor ein deutsches Gericht gestellt werde.[10] Auch aus dem zweiten deutschen Staat, der Deutschen Demokratischen Republik (DDR), war ein Jahr vorher Kritik an der Untätigkeit der bundesdeutschen Justiz im Fall Oradour gekommen. Im Mai 1962 wies das *Neue Deutsch-*

---

[6] Vgl. Farmer, Oradour, S. 107 f., Zitat S. 108.
[7] Vgl. zur Ausstellung Merz/Uhl, Verbrechen.
[8] Französisches Verlagsamt, Oradour. Es handelt sich dabei um eine gekürzte Fassung des ersten Bands der Reihe „Documents pour servir à l'histoire de la guerre. Crimes ennemis en France", herausgegeben vom *Office français d'édition* bzw. dem französischen *Service de recherche de crimes de guerre ennemis* (SRCGE). Vgl. zum SRCGE und zu den Autoren unten sowie Kapitel II.2, Abschnitt „Oradour: Vom Ort zum Symbol", und Kapitel III.2, Abschnitt „Kriegsende und Nürnberg".
[9] U. v. Ketelhodt, Oradour-sur-Glane. Ein Beitrag zum Problem der psychologischen Reparationen, 1. 4. 1948, Bundesarchiv (BArch) Koblenz, Z 35/544, Bl. 1–8. Das 1947 in der amerikanischen Besatzungszone gegründete *Deutsche Büro für Friedensfragen* war mit den „Vorbereitungsarbeiten zum Friedensvertrag" von deutscher Seite beauftragt. Die Behörde unterstand den Ministerpräsidenten von Bayern, Hessen, Württemberg-Baden und dem Senatspräsidenten von Bremen. Vgl. Piontkowitz, Anfänge, Zitat S. 40, sowie die entsprechende Bestandseinführung des Bundesarchivs, URL: http://www.argus.bstu.bundesarchiv.de/Z35-8618/index.htm [23. 2. 2016].
[10] Les résistants de l'air: „Oradour ne doit pas servir de marque à des chaussures allemandes", in: Le Figaro, 24. 6. 1963, Politisches Archiv des Auswärtigen Amts (PA AA), B 24, 460, Bl. 348.

land, Zentralorgan der Sozialistischen Einheitspartei Deutschlands (SED), darauf hin, dass der „Hauptschuldige[...] von Oradour", der ehemalige Kommandeur der SS-Division „Das Reich", Heinrich Lammerding, in Düsseldorf wohne und „neben einem schweren Mercedes ein florierendes Baugeschäft" besitze. Im „wahren Deutschland aber" ruhe in der *Mahn- und Gedenkstätte Buchenwald* „ein Häuflein geheiligter Erde aus Oradour".[11] Das sich abzeichnende Spannungsfeld zwischen dem 1944 verübten Massaker der Waffen-SS in Oradour und dem Umgang damit in Bundesrepublik und DDR skizziert Rahmen und Gegenstand der vorliegenden Studie: den Umgang der beiden deutschen Staaten und ab 1990 Gesamtdeutschlands mit dem Erbe eines Verbrechens, das in Frankreich zum nationalen Symbol geworden war.

*

Der Umgang mit Oradour auf französischer und deutscher Seite könnte auf den ersten Blick kaum unterschiedlicher sein. Während der französische Staat die Ruinen zum nationalen Symbol erhob und sich auch immer wieder für das neu gebaute Dorf und seine Bewohner einsetzte, zog der Politologe Ahlrich Meyer im Jahr 2000 eine ernüchternde Bilanz des deutschen Umgangs mit dem *village martyr*:

„Diesseits des Rheins hat die Erinnerung an Oradour niemals die Form der öffentlichen, politischen Manifestation gefunden. Bis in die 70er Jahre hinein ist in der Bundesrepublik im Gegenteil alles dafür getan worden, die Hauptverantwortlichen des Massakers, allen voran den SS-Divisionschef und späteren Düsseldorfer Bauunternehmer Heinz Lammerding, vor einer Anklage, bzw. einer Auslieferung nach Frankreich zu bewahren, wo Lammerding wegen der am 9. Juli [richtig: Juni] 1944 angeordneten Erhängung von 99 Einwohnern der Stadt Tulle in Abwesenheit zum Tode verurteilt worden war. Es hat auch noch kein deutscher Kanzler oder Bundespräsident je die Gemeinde besucht und um Vergebung gebeten, von Entschädigungszahlungen nicht zu sprechen. Zwar dürfte der Name der Ortschaft, seine symbolische Bedeutung, im heutigen Deutschland nicht völlig vergessen sein, aber was wirklich am 10. Juni 1944 in Oradour-sur-Glane geschah, ist – anders als in Frankreich – kaum gegenwärtig."[12]

Nach diesem Befund dauerte es weitere 13 Jahre, bis mit Joachim Gauck zum ersten Mal ein deutscher Bundespräsident Oradour besuchte.[13] In der Zwischenzeit zeigte der Fortgang der Forschung indes, dass Meyers Bilanz teilweise zu revidieren, differenzieren und ergänzen ist. So wies Claudia Moisel in ihrer Studie zum 1960 unterzeichneten deutsch-französischen Globalabkommen nach, dass die Hinterbliebenen der in Oradour Getöteten nicht nur das Recht auf Entschädigung mit deutschen Geldern hatten, sondern in mindestens einem Fall auch eine Entschädigung ausbezahlt wurde.[14] Die Untersuchung des 1983 in Ostberlin geführ-

---

[11] Verbrecher jubeln, in: Neues Deutschland, 23. 5. 1962, Der/die Bundesbeauftragte für die Unterlagen des Staatssicherheitsdienstes der ehemaligen DDR (BStU), Ministerium für Staatssicherheit (MfS), Hauptabteilung (HA) IX/11, SV 6/83, Bd. 2, Bl. 25.
[12] Meyer, Besatzung, S. 151.
[13] Vgl. Defrance/Pfeil, Elysée-Vertrag, S. 98 f.; Defrance, Passé, S. 438 f.; Erkenbrecher, Oradour-sur-Glane.
[14] Vgl. Moisel, Formelkompromiss, S. 275 f.

ten Prozesses gegen den an dem Massaker beteiligten Heinz Barth förderte außerdem Hinweise darauf zutage, dass Oradour weit mehr in die Erinnerungskultur der DDR einbezogen war als bislang[15] wahrgenommen. Dabei zeichnete sich ferner ab, wie sehr der SED-Staat auch das Thema Oradour nutzte, um die Bundesrepublik erinnerungspolitisch zu diskreditieren und die DDR im gleichen Atemzug als das bessere Deutschland darzustellen.[16] Die 2008 fertiggestellte NSG-Datenbank des Instituts für Zeitgeschichte (IfZ) schließlich wies weit mehr bundesdeutsche Ermittlungsverfahren zum Tatkomplex Oradour aus, als in der Forschung bisher untersucht wurden.[17] Die Frage nach dem deutschen Umgang mit Oradour ist vor diesem Hintergrund neu zu stellen.

Untersuchungsfelder und Leitfragen

Der Umgang mit dem Erbe der nationalsozialistischen Diktatur nach 1945, die „zweite Geschichte"[18] des Nationalsozialismus, lässt sich definieren als

„der bis heute andauernde, konfliktreiche Prozess der Schuldbewältigung und Schuldverdrängung, des politischen Wandels, des trauernden Gedenkens, des öffentlichen Erinnerns und Vergessens, der historiographischen Deutung und Umdeutung, des Erfindens und Erzählens. Es ist die Geschichte, in der zunächst die Nach- und Überlebenden, später auch die Nachgeborenen mit der Vergegenwärtigung der Vergangenheit Politik gemacht haben und weiterhin machen."[19]

Dieser komplexe Prozess kann in mehrere, dafür maßgebliche Handlungsbereiche gegliedert werden. So unterscheidet Peter Reichel etwa zwischen der politisch-justiziellen Aufarbeitung der nationalsozialistischen (NS) Diktatur bzw. ihrer Auswirkungen und Rechtsverletzungen, dem Feld des öffentlichen Erinnerns und Gedenkens, der ästhetischen Kultur und schließlich der wissenschaftlichen Erforschung des Nationalsozialismus.[20] Herausgefordert, mit den Folgen der nationalsozialistischen Diktatur umzugehen, waren alle drei Nachfolgestaaten des „Großdeutschen Reichs", das heißt Bundesrepublik, DDR und Österreich. Die vorliegende Studie fokussiert sich auf den Umgang mit dem Massaker in Oradour und seinen Folgen in der Bonner Republik, der DDR und später der Berliner Republik. Sie fragt damit nach „erster (West-), zweiter (Ost-) und dritter (Gesamt-Deutschland) Vergangenheitsbewältigung"[21] im konkreten Fall und legt das

---

[15] Vgl. Fouché, Oradour, S. 224.
[16] Erste Ergebnisse flossen ein in: Erkenbrecher, Prozess, S. 56–61.
[17] Vgl. Die Verfolgung von NS-Verbrechen durch deutsche Justizbehörden seit 1945. Datenbank aller Strafverfahren und Inventar der Verfahrensakten, bearb. im Auftrag des Instituts für Zeitgeschichte München-Berlin von Andreas Eichmüller und Edith Raim, München 2008. Die Abkürzung NSG steht für „nationalsozialistische Gewaltverbrechen".
[18] Reichel/Schmid/Steinbach, Geschichte.
[19] Reichel, Vergangenheitsbewältigung, S. 9.
[20] Vgl. Reichel, Vergangenheitsbewältigung, S. 9f. Zu alternativen Gliederungen vgl. Reichel/Schmid/Steinbach, Geschichte, S. 15–17, sowie Hockerts, Wiedergutmachung (2003), S. 7, mit Blick auf die Bundesrepublik.
[21] Weinke, Angriff, S. 37, Anm. 4, die sich dabei bezieht auf: Herbert, Vergangenheiten.

Augenmerk dabei auf vier Handlungsfelder: Untersucht werden (1) die revisionistische Geschichtsschreibung, die zu dem Massaker entstand, (2) die strafrechtliche Verfolgung der Täter, (3) die Entschädigung der Überlebenden und Hinterbliebenen des Verbrechens und schließlich (4) Versöhnungsgesten gegenüber Oradour.

Beim Blick auf die *revisionistische Oradour-Geschichtsschreibung* stehen deren Akteure, ihre Vernetzung, Strategien, Ziele und Narrative im Zentrum. Wer waren die zentralen Figuren des deutschen Oradour-Revisionismus? Seit wann und in welcher Form agierten sie? Kam es zu Kooperationen und welcher Netzwerke bedienten sie sich? Welche Ziele verfolgten sie? Wie veränderte sich ihre Darstellung des Geschehens und sind dabei Auslöser, Zäsuren und Konjunkturen auszumachen?

Die Ausgangsfrage im Bereich der *strafrechtlichen Ahndung* des Massakers lautet, warum sich in der Bundesrepublik kein einziger und in der DDR nur ein an dem Massaker Beteiligter vor Gericht verantworten musste. Weiterführende Fragen setzen bei den einzelnen Ermittlungsverfahren an: Wie kamen sie zustande und gegen wen wurde ermittelt? Versuchten Politik oder Interessenvertreter Einfluss auf die Ermittlungen zu nehmen und wenn ja, mit welchen Folgen? Schließlich wird der – deutsch-deutschen, aber auch deutsch-französischen – transnationalen Dimension der Ermittlungen nachgespürt: Wie beeinflussten sich die jeweils nationalen Ahndungsbemühungen?

Im Zentrum des Interesses steht bei der Frage nach *Entschädigungszahlungen* seitens der Bundesrepublik das 1960 unterzeichnete deutsch-französische Globalabkommen. Kam allen Opfern des Massakers ein Recht auf Entschädigung zu und wenn nicht, wo verliefen die Grenzen zwischen Inklusion und Exklusion? Nahmen diejenigen, denen eine Entschädigung zustand, ihr Recht in Anspruch und wenn nicht, warum nicht? In die DDR blickend werden die Verhandlungen zwischen Ostberlin und Paris zur Herstellung diplomatischer Beziehungen und sodann zur Einigung in privatrechtlichen Streitsachen darauf geprüft, welche Rolle Entschädigungszahlungen dabei einnahmen. Außerdem wird untersucht, welche Vorstellungen das französische Ministerium für Kriegsveteranen und Kriegsopfer (*Ministère des Anciens combattants et victimes de guerre*, MACVG) von einem etwaigen Abkommen hatte und ob die Opfer des Massakers bei einer Zahlung berücksichtigt werden sollten.

Die Frage nach *Versöhnungsgesten* ist schließlich eine dreifache: Zunächst ist zu beantworten, warum erst 69 Jahre nach dem Massaker ein deutscher Bundespräsident Oradour besuchte. Was machte diesen symbolischen Gang so schwer und welche Versuche gingen ihm voraus? Sodann wird ost- und westdeutschem erinnerungskulturellen Engagement in Oradour unterhalb der höchsten politischen Ebene nachgegangen. Waren die Initiativen zahlreich, wer waren die Akteure und welche Formen nahm ihr Handeln an? Richtung DDR soll kritisch gefragt werden: In welchem Rahmen wurde das Massaker dort erinnert, seiner Opfer gedacht und welche politischen Implikationen gingen damit einher?

Neben dem deutschen Umgang mit Oradour richtet die Untersuchung ihren Blick auch nach Oradour selbst: Was erwartete man vor Ort von deutscher Seite?

Formulierte man konkrete Forderungen und an wen waren sie gerichtet? War Oradour hier ein aktiver Taktgeber oder passiver Beobachter? Und auf welche Resonanz stießen deutsches Engagement aber auch Versäumnisse? Zu fragen ist ebenso nach blinden Flecken: In welchem Maß war und wurde Oradour über das deutsche Handeln informiert, was blieb unbekannt? Der deutsche Umgang mit Oradour wird so mit dem Ort des Geschehens respektive den Überlebenden und Hinterbliebenen des Massakers in Beziehung gesetzt und auf mögliche Wechselwirkungen geprüft. Schließlich wird der Frage nachgegangen, ob und inwiefern das deutsche Agieren in Oradour öffentlich kommuniziert und erinnert wurde. Welchen Eingang fand es vor Ort in das Narrativ der „zweiten Geschichte" des Massakers?

Methode und Begriffe

Die vorliegende Arbeit versteht sich in erster Linie als Beitrag zur „zweiten Geschichte" des Massakers in Oradour. Da sie den Blick auf die deutsche Nachkriegsgeschichte des Verbrechens richtet, ist sie *per se* auch Beitrag zur Geschichte des doppelten deutschen Umgangs mit dem „Nachlass" des Nationalsozialismus. Der konkrete Fall ist damit in einem historischen Raum zu verorten, der von Divergenzen, Abgrenzung und Konkurrenz, aber auch von Ähnlichkeiten, Konvergenzen und Wechselwirkungen bestimmt ist. Gänzlich unterschiedlich war das jeweilige Selbstverständnis der beiden 1949 gegründeten Staaten. Während die Bonner Republik die Rechtsnachfolge des „Deutschen Reichs" antrat, begriff sich die DDR als „antifaschistische Neuschöpfung außerhalb dieser Tradition",[22] die den „Faschismus mit all seinen Wurzeln ausgerottet" habe.[23] Der ostdeutsche Staat sah sich als „Nachfolgerin des antifaschistischen Widerstandskampfes der KPD, als neues besseres Deutschland und als Gegenentwurf zur Bundesrepublik, welche nach Auffassung der DDR direkt an das Dritte Reich anknüpfte und dem Selbstverständnis nach als Gegenpol anzusehen war".[24] Aus diesen dichotomen Selbstdefinitionen resultierte auch ein unterschiedlicher Umgang mit der Erblast der zwölfjährigen Hitler-Diktatur, etwa in der Frage der Schuldanerkennung oder der Zahlung von Entschädigungen.[25] Diese Unterschiede bedeuteten indes nicht, dass sich die beiden deutschen Staaten, bildlich gesprochen, Rücken an Rücken, jeder für sich und unabhängig voneinander mit den Hinterlassenschaften der NS-Diktatur auseinandergesetzt hätten. Vielmehr war die „gemeinsame Vorgeschichte nach 1945 ein beständiges Streitobjekt" zwischen ihnen, wobei – wie Peter Reichel formuliert – „sich die Erben der Hitler-Diktatur wie zerstrittene Brüder aufgeführt"

---

[22] Vgl. Reichel/Schmid/Steinbach, Geschichte, S. 11; Goschler, Wiedergutmachung (1993), S. 300, Zitat ebenda.
[23] Hammerstein, Vergangenheit, S. 50.
[24] Müller, Erinnerungskultur.
[25] Vgl. Reichel/Schmid/Steinbach, Geschichte, S. 10; Goschler, Schuld, S. 398.

haben.[26] Neben Unterschieden[27] wies der doppelte deutsche Umgang mit dem Nationalsozialismus auch „strukturelle Parallelen, Ähnlichkeiten oder sogar Gemeinsamkeiten" auf.[28] Dass das Handeln in diesem Feld darüber hinaus aufeinander bezogen war und zu Wechselwirkungen führen konnte,[29] zeigt unter anderem die doppelte strafrechtliche Verfolgung von NS-Verbrechen, die Annette Weinke als „deutsch-deutsche Beziehungsgeschichte im Kalten Krieg" untersucht hat.[30] Die gegenseitige Abhängigkeit der rivalisierenden Gesellschaftssysteme in den beiden deutschen Teilstaaten, so Christian Dirks, „spiegelte sich in nur wenigen Politik- und Diskursbereichen so offensichtlich wider, wie auf dem Gebiet der ‚Vergangenheitsbewältigung'".[31]

Geht man der Frage nach, ob und in welcher Weise der deutsche Umgang mit dem Massaker und seinen Folgen in Oradour öffentlich kommuniziert und erinnert wurde, so ist zu berücksichtigen, was Aleida Assmann mit Blick auf das kollektive Gedächtnis schreibt: „Institutionen und Körperschaften [...] ‚haben' kein Gedächtnis, sie ‚machen' sich eines" und damit „zugleich eine Identität". Dieses Gedächtnis sei „ein Gedächtnis des Willens und der kalkulierten Auswahl".[32] Sarah Farmer formuliert es in Bezug auf ihre Studie zu Oradour ähnlich: Gedenken sei auch immer eine Wahl, „welche Geschichten öffentlich erzählt werden und welche ungesagt bleiben".[33] Diesen Selektionsprozess zeichnete Farmer für das Gedenken an das Massaker in Frankreich nach und zeigte, wie das Geschehen des 10. Juni 1944 dabei aus dem Kontext der Widerstandsbekämpfung durch die deutschen Besatzer gelöst wurde. Dieser historisch unbestrittene Zusammenhang wurde noch vor und nach Kriegsende in etlichen Publikationen benannt,[34] doch in den Berichten zum Gedenken an das Massaker (*comptes rendus commémoratifs du massacre*) vollzog sich die Entkontextualisierung.[35] Im Gedenknarrativ (*récit commémoratif*)[36] aus diesem Bezugsrahmen gelöst, wurde das Massaker zum „Paradigma der geschändeten Unschuld": ein „friedliches Dorf, das sich an keinerlei Widerstandshandlungen beteiligte, zerstört an einem schönen Sommertag".[37] Dieses Bild, so zeigte Farmer, fand sich „in den Bemühungen um den Erhalt der Ruinen, in der offiziellen Literatur und in den Ausführungen der *guides*".[38] Nicht Krieg und Besatzung standen im Vordergrund dieser Erzählung, sondern die tra-

---

[26] Reichel, Vergangenheitsbewältigung, S. 13.
[27] Vgl. etwa Herf, Erinnerung; Herbert/Groehler, Zweierlei Bewältigung.
[28] Hammerstein, Vergangenheit, S. 19 f. Ein Überblick zur vergleichenden Forschung ebenda, S. 17–21.
[29] Vgl. Hammerstein, Vergangenheit, S. 20.
[30] Vgl. Weinke, Verfolgung (2002).
[31] Dirks, Verbrechen, S. 9.
[32] Assmann, Gedächtnis.
[33] Farmer, Oradour, S. 236.
[34] Vgl. Farmer, Oradour, S. 52–77.
[35] Vgl. Farmer, Oradour, S. 76.
[36] Farmer, Oradour, S. 233.
[37] Farmer, Oradour, S. 52.
[38] Farmer, Oradour, S. 52.

gischen Einzelschicksale der Opfer.³⁹ Dieses „enge Narrativ"⁴⁰ war langlebig und es klammerte weitere Aspekte aus, die dazu angetan waren, das Dorf als einen „Teil der Welt" zu beschreiben, die „von der Zerrissenheit des Kriegs und der Besatzung [erschüttert]" war.⁴¹ Das galt etwa für die spanischen Flüchtlinge, die in Oradour Zuflucht vor dem Franco-Regime gefunden hatten. Während vor allem die Frauen und Kinder im Massaker ums Leben kamen, hatte das Vichy-Regime die meisten spanischen Männer zu diesem Zeitpunkt bereits zur Arbeit in *Groupements de travailleurs étrangers* (GTE) gezwungen. Ihr Fehlen im Gedenknarrativ, so Farmer, sei nicht etwa dem Vergessen geschuldet gewesen, sondern der Gedenkprozess habe jene außen vor gelassen, die man „nicht als Teil der nationalen oder lokalen Gemeinschaft" angesehen habe.⁴² Vichys Umgang mit den spanischen Flüchtlingen zu thematisieren, hätte bedeutet, „ein störendes Element in das Gedenknarrativ einzuflechten, das auf einer einfachen und brutalen Geschichte beruhte: Frankreich als Opfer der Barbarei".⁴³ Dieses enge Korsett des *récit commémoratif* und das Moment der Selektion gilt es zu berücksichtigen, wenn im Laufe der Studie gefragt wird, ob das deutsche Handeln ab 1949 in Oradour öffentlich kommuniziert und erinnert wurde. Umso mehr, weil wir bereits wissen, dass sich dieser Auswahlprozess mit Blick auf die Nachkriegszeit fortsetzte. So weist Jean-Jacques Fouché darauf hin, dass das Gerichtsverfahren vor dem Militärgericht Bordeaux 1953, die anschließende Amnestie und die Enttäuschung darüber dazu führten, dass die Opfer und Hinterbliebenen des Massakers die Erkenntnisse der Justiz zurückwiesen und nicht in das eigene Narrativ integrierten.⁴⁴

*

„Oradour" hat heute multiple Bedeutung. Es bezeichnet einen Erinnerungsort (*lieu de mémoire*) im Sinne Pierre Noras und wurde über den Eigennamen hinaus zum Gattungsnamen: „Ein ‚Oradour' bezeichnet ein Massaker an einer wehrlosen Zivilbevölkerung durch eine Militäreinheit."⁴⁵ Als Eigenname ist Oradour überdies eine doppelte Ortsbezeichnung. Es bezeichnet sowohl das alte, zerstörte Oradour als auch das in den 1950er Jahren fertiggestellte neue Dorf. Die vorliegende Studie fragt im Zusammenhang mit dem deutschen Umgang mit dem Massaker darüber hinaus nach Oradour verstanden als die von dem Massaker Betroffenen und damit in erster Linie, aber nicht ausschließlich, nach der Haltung des 1945 gegründeten Hinterbliebenenverbands *Association Nationale des Familles des Mar-*

---

³⁹ Vgl. Farmer, Oradour, S. 77.
⁴⁰ Farmer, Oradour, S. 233.
⁴¹ Farmer, Oradour, S. 244.
⁴² Vgl. Farmer, Oradour, S. 236–244, Zitat S. 243.
⁴³ Farmer, Oradour, S. 244.
⁴⁴ Fouché, Déception, S. 201–203.
⁴⁵ Vgl. Fouché, Oradour, S. 8.

tyrs d'Oradour-sur-Glane (ANFM), der mehrere hundert Mitglieder zählte.[46] Jean-Jacques Fouché nennt als zentrales Kollektiv vor Ort die *communauté d'Oradour* (in etwa: Gemeinschaft Oradours), die sich aus ANFM-Vorstand (*conseil d'administration*) und Gemeinderat zusammensetze. Er definiert sie als „Gruppe, die sich in einer kritischen Phase von der ‚nationalen Gemeinschaft' ausgeschlossen fühlte und sich daraufhin in ihrem Partikularismus organisierte". Bürgermeister und ANFM-Vorsitzender als Führungsspitzen der *communauté d'Oradour* würden „eine moralische Autorität über die lokale Gemeinschaft und den Ort des Gedenkens" ausüben.[47] Allerdings standen Verband und Gemeindeleitung im Untersuchungszeitraum in wechselnder Beziehung zueinander[48] und abgesehen von den Jahren 1953–1959, in denen Jean Brouillaud ANFM-Vorsitz und Bürgermeisteramt kumulierte,[49] vertraten Hinterbliebenenverband und Gemeindeleitung in den hier interessierenden Fragen bisweilen unterschiedliche Positionen. Darüber hinaus waren sie – wie zu zeigen sein wird – nicht die einzigen Akteure, die im Namen Oradours handelten oder als Vertreter des Orts wahrgenommen wurden. Dieser Pluralität Oradours ist im Laufe der Untersuchung ebenso Rechnung zu tragen wie Verflechtungen und möglichen Konkurrenzen.

Mit dem in dieser Arbeit benutzten Begriff der *Überlebenden* sind in Anlehnung an Jean-Jacques Fouché all jene gemeint, die überlebten, obwohl sie „unter verschiedenen Umständen direkt mit dem Massaker konfrontiert waren".[50] Weitestgehend verzichtet wird hingegen auf die Termini *miraculés*, *survivants* und *rescapés*, mit denen in Quellen, Publikationen und im lokalen Sprachgebrauch Personen bestimmter Opfergruppen bezeichnet werden.[51] Genese und Verwendung dieser Bezeichnungen im Fall Oradour sind noch nicht erforscht und mehrere Punkte sprechen gegen ihre Übernahme: Zum einen werden die Begriffe uneinheitlich genutzt. Zum anderen lässt sich der in der lokalen Verwendung implizierte Unterschied zwischen *rescapés* und *survivants* kaum ins Deutsche übertragen (beide Begriffe sind am treffendsten mit „Überlebende" zu übersetzen).[52] Vor allem aber zeichnen sich darin Opferhierarchien ab, die es nicht zu tradieren und ver-

---

[46] Es liegen nur wenige Informationen zur Mitgliederzahl und deren Entwicklung vor. 1950 zählte der Verband nachweislich mehr als 600 Mitglieder, ein Höchststand bis zu diesem Zeitpunkt. Albert Valade, der in dem Massaker mehrere Familienmitglieder verlor, spricht in seinem 2010 erschienenen Buch von „annähernd 500 Mitgliedern". Vgl. ANFM, Assemblée générale, 26. 3. 1950, Compte rendu moral, Archives du Centre de la mémoire d'Oradour (ACMO), 5 FP 2; Valade, Oradour, S. 187.
[47] Vgl. Fouché, Oradour, S. 8 f., 249 (Anm. 3).
[48] Vgl. Kapitel II.2.
[49] Vgl. Fouché, Politique, S. 475 f., sowie Kapitel II.2.
[50] Fouché, Oradour, S. 193.
[51] Beispiele für deren Nutzung finden sich u. a. bei Farmer, Oradour, S. 125 f., 138, 232, 289 (Anm. 27); Farmer, Village, S. 102 f., 298; Fouché, Oradour, S. 193; CMO, Comprendre, S. 91; Desourteaux/Hébras, Oradour, S. 161, 163; Bélivier/Sadry, Oradour, S. 43.
[52] Der Begriff *miraculé* bezeichnet im Französischen eine Person, die „wie durch ein Wunder überlebte".

stärken gilt.⁵³ Gleichwohl hatten die Umstände ihres Überlebens für die Betroffenen teils manifeste Folgen, etwa in der Entschädigungsfrage. Es scheint folglich gerechtfertigt, sich dann an die Begriffe *rescapés* und *survivants* anzulehnen, wenn sie als analytische Kategorie relevant und als sprachliche Klammer sinnvoll sind. Im Kontext der Entschädigungsfrage werden deshalb diejenigen fünf Männer und jene Frau als *rescapés* bezeichnet, die das Massaker an den zentralen Tötungsorten überlebten; in Abgrenzung dazu soll der Begriff *survivants* diejenigen umfassen, die das Massaker auf andere Weise überlebten, und damit eine heterogene Gruppe, die noch weiter zu differenzieren sein wird.⁵⁴

Anwendung findet schließlich der Terminus *Divisions- und Regimentszirkel*. Er bezeichnet eine Gruppe von sieben ehemaligen Offizieren, die zum Tatzeitpunkt der 2. SS-Panzer-Division „Das Reich" auf Regiments- oder Divisionsebene angehörten. Auf Divisionsebene waren dies Divisionskommandeur Heinrich Lammerding, sein erster Generalstabsoffizier (Ia) Albert Stückler, der Divisions-Chefrichter Detlef Okrent sowie Karl Gerlach, Ordonnanzoffizier der Sturmgeschützabteilung der Division. Beim SS-Panzer-Grenadier-Regiment 4 „Der Führer" – dem wiederum die tatausführenden Einheiten unterstanden – handelt es sich um den Regimentskommandeur Sylvester Stadler, seinen Adjutanten Heinz Werner sowie Otto Weidinger, der sich zur „informatorischen Dienstleistung" beim Regimentsstab befand.⁵⁵ Diese Männer verbinden dreierlei: *Primo* war keiner von ihnen während des Massakers in Oradour; *secundo* hielten sich alle am 9. und/oder 10. Juni 1944 beim Regimentsstab in Limoges auf und waren als Akteure oder

---

⁵³ Ein früher Hinweis auf Konflikte findet sich in ANFM, Assemblée générale, 11. 3. 1945, Procès-verbal, ACMO, 5 FP 3. Darüber hinaus kommentierte der *Directeur départementale* des MACVG (Departement Haute-Vienne) im Jahr 2000 eine Auflistung der noch lebenden Überlebenden des Massakers folgendermaßen: Es habe den Anschein, „dass zwischen bestimmten Kategorien von Überlebenden, deren Geschichte noch verkannt wird, Neid und Groll weiterbestehen". Fax Jérôme Durix, Directeur départemental, [Ministère des] Anciens combattants 87, 9. 10. 2000, ACMO, 1 ETUD 13. Schließlich berichten Überlebende von Konflikten zwischen Opfer- bzw. Hinterbliebenengruppen, die mit Ausgrenzung einhergingen und mit der Aufrechnung und Bewertung unterschiedlicher Verluste. Vgl. u. a. Interview der Verfasserin mit Jean-Marcel Darthout, 15. 10. 2007, Saint-Victurnien. Tradiert wird diese Hierarchisierung etwa bei Ansprachen in Oradour, wenn nur bestimmte Überlebende namentlich begrüßt werden. Vgl. etwa Transcription de l'allocution d'Emmanuel Macron à Oradour-sur-Glane, 10. 6. 2017, URL: https://www.elysee.fr/front/pdf/elysee-module-2165-fr.pdf [10. 11. 2020].

⁵⁴ Auffällig ist die Verengung des Begriffs „Überlebende" auf die *rescapés* in zahlreichen Presse- und Medienberichten, die Existenz und Schicksal der *survivants* oft übergehen. Offen ist, wann und aus welchen Gründen dieser spezifische Blick einsetzte.

⁵⁵ Zu den Positionen: Vernehmungsprotokoll Sylvester Stadler, 18. 12. 1962, Staatsarchiv Münster (StAM), 45 Js 2/62, Bd. 2 (2097), Bl. 97–110; Vernehmungsprotokoll Heinz Werner, 4. 6. 1963, ebenda, Bl. 220–228; Vernehmungsprotokoll Otto Weidinger, 23. 2. 1962, ebenda, Bd. 1 (2094), Bl. 97–105; Vernehmungsprotokoll Detlef Okrent, 23. 4. 1963, ebenda, Bd. 2 (2097), Bl. 200–205; Vernehmungsprotokoll Heinrich Lammerding, 19. 2. 1962, ebenda, Bd. 1 (2094), Bl. 48–64. Die Schreibweise von Stadlers Vornamen variiert selbst in offiziellen Dokumenten (Silvester versus Sylvester). Mit Ausnahme von Zitaten und Quellenangaben wird im Folgenden „Sylvester" benutzt.

Zeugen in die Vorgeschichte und/oder Nachgeschichte des Massakers involviert;[56] *tertio* äußerten sich alle in eidesstattlichen Versicherungen, Vernehmungen, Berichten oder Publikationen zu den Vorkommnissen dieser Tage und schufen oder stützten damit revisionistische Darstellungen des Massakers. Unter *Revisionismus* sollen dabei „alle Bemühungen" verstanden werden, „Geschichte im Sinne einer Verharmlosung, Beschönigung, Rechtfertigung oder Entkriminalisierung des Nationalsozialismus für persönliche, vor allem aber für politische Zwecke umzudeuten bzw. durch Aufrechnen mit anderen Gräueltaten zu relativieren".[57]

Forschungsstand

Über Oradour wurde viel geschrieben und wenig geforscht. So lässt sich der Forschungsstand bis in die 1990er Jahre resümieren. Die nahezu sofortige und andauernde internationale Bekanntheit des Massakers sowie die Konsternation, die es auslöste, schlugen sich in Umfang und Vielfalt der Werke nieder, die es inspirierte: Lyrik,[58] Musik-[59] und Bühnenstücke,[60] Fotografien,[61] Ausstellungen,[62] Spiel-[63] und Dokumentarfilme,[64] Romane[65] sowie weitere diverse Literatur, etwa von Journalisten, Polizeikommissaren und geschichtsinteressierten Laien verfasste Sachbücher[66] – die erinnerungskulturelle Geschichte Oradours der letzten 77 Jahre ist

---

[56] Aus den konsultierten Akten geht nicht explizit hervor, dass sich auch Albert Stückler am 10. 6. 1944 in Limoges aufhielt, allerdings ist aufgrund seiner Position als Ia davon auszugehen. Vgl. zur Rolle des Ia Kapitel III.3, Abschnitt „Albert Stückler".
[57] Wetzel, Auschwitzlüge, S. 29.
[58] Etwa Georg Kaiser, „Oradour" (Wulf, Gedichte, S. 868); Vercors, „Les mots" und „Oradour" (Vercors, Mots); Wolfgang Weyrauch, „Lidice und Oradour" (Weyrauch, Gesang, S. 53); Helmut Zwanger, „Oradour" (Zwanger, Israeltrilogie, S. 64).
[59] Beispielsweise Ellerby, Epitaph I; Román, Ruinas.
[60] Unter anderem: Gilles Boulan, „Kinderzimmer" (Boulan, Kinderzimmer); Karen Breece, „Oradour" (URL: http://karenbreece.blogspot.com/p/oradour.html [29. 3. 2019]).
[61] Vgl. zu den Arbeiten der Fotografen Willy Ronis, Jean Dieuzaide, Fabrice Picard, Arno Gisinger, Gilles Plazy und Philippe Bertin den Ausstellungskatalog Farmer/Tisseron, Oradour. Darüber hinaus etwa die Bilder des Fotografen Martin Graf in Hervé/Graf, Oradour (2014), oder Delabre/Linol, Oradour.
[62] Vgl. u. a. Genger/Lutz, Massaker, S. 50; Rede von Bürgermeister Körber zur Eröffnung der Fotoausstellung „Oradour-sur-Glane – Ruinen als Mahnmal" am 18. 10. 2005, Privatunterlagen Fritz Körber; „Versöhnung ist nicht vergessen". Ausstellung über die Erinnerungsfahrt anläßlich des 60. Jahrestages der Zerstörung von Oradour-sur-Glane (Frankreich) und der Ermordung aller seiner Bewohner vom 7. bis 13. Juni 2004, URL: http://www.drafd.de/drafd_2001_09/ [17. 10. 2021].
[63] Zum Film „Le vieux fusil" vgl. Kapitel III.6.
[64] Unter anderem: Rosh/Schwarberg, Bewältigung; Follin/Wilmart, Oradour, Teil 1 und 2; Weber, Oradour; Bonnefon/Laura/Pérès, Oradour; Casper, Fall.
[65] Zum Beispiel Magnane, Herbe bzw. Magnane, Himmel; Dickson, Oradour; Ullrich, Inspektor; Guéroult, Oradour. Im Jahr 2014 machte der in Limoges lebende Autor Franck Linol die wieder aufgenommenen Ermittlungen der deutschen Justiz zum Massaker gar zum Ausgangspunkt für einen Kriminalroman: Matin.
[66] Um nur einige jüngere Darstellungen zu nennen: Penaud, Oradour-sur-Glane; Baury, Oradour-sur-Glane; Le Sommier, Mystères; Garnier, Oradour-sur-Glane. Eine besonders kuriose

mannigfaltig. Die Geschichtswissenschaft hingegen hat sich erst spät mit Oradour beschäftigt. Nicht früher als 1994 erschien mit der Dissertation Sarah Farmers die erste grundlegende Studie zum Thema. Die amerikanische Historikerin untersuchte darin den Platz des Massakers in der nationalen französischen Erinnerung.[67] In den vorhergegangenen Jahrzehnten waren allein einzelne wissenschaftliche Aufsätze publiziert worden, die vor allem den 1953 geführten Prozess zum Fall Oradour vor dem Militärgericht Bordeaux behandelten.[68] Mit Jean-Jacques Fouchés Studie „Oradour" erschien 2001 das zweite Standardwerk zum Thema.[69] Als Projektleiter des 1999 in Oradour eröffneten *Centre de la mémoire d'Oradour* (CMO) war Fouché auch für die inhaltliche Ausarbeitung der dortigen Dauerausstellung zuständig. Auf breiter Quellenbasis ging er in seiner Arbeit den Fragen nach Grund und Verantwortung für das Massaker sowie seinem historischen Kontext nach. Darüber hinaus untersuchte er unter anderem die politischen und gesellschaftlichen Verhältnisse Oradours in den Kriegsjahren vor dem Massaker sowie die verschiedenen danach entstandenen Narrative (*récits*) des Geschehens und deren Verhältnis zueinander. In mehreren Aufsätzen behandelte Fouché einen Teil dieser Themen ausführlicher.[70]

Die Entstehung des CMO ermöglichte einen besseren Quellenzugang und spielte eine zentrale Rolle für die „‚Verwissenschaftlichung' des Massakers".[71] Für mehrere temporäre Ausstellungen wurden Themenkomplexe aufgearbeitet und auch in Ausstellungskatalogen präsentiert. In diesem Rahmen entstanden etwa kleinere Studien zum Bau des neuen Oradour, zur Skulptur „Aux martyrs d'Oradour" des Künstlers Apelles Fenosa und zu dem 1949 entstandenen „Livre d'Or d'Oradour".[72] Dieses „Besucherbuch" der besonderen Art enthält Beiträge zahlreicher namhafter Personen, darunter Künstler wie Pablo Picasso. Die Gemeinde erhielt es 1949 anlässlich einer in den Ruinen stattfindenden Großveranstaltung, die unter anderem vom *Mouvement de la paix* organisiert wurde. Mit der Eröffnung

---

Publikation veröffentlichte 1994 der Bielefelder Verlag Christliche Literatur-Verbreitung e. V. Darin schildert der Autor die Biographie Alfred Eders, der angab, er sei in Oradour eingesetzt gewesen und habe dort den Befehl zur Tötung der Frauen und Kinder verweigert. 1995 erschien das Buch in französischer Übersetzung. Vgl. Kruse, Überlebender; Kruse, Oradour. Mehrere Aspekte der Schilderung lassen unschwer erkennen, dass Eder nicht an dem Massaker beteiligt war. Zu diesem Schluss kam auch die *Zentrale Stelle der Landesjustizverwaltungen zur Aufklärung nationalsozialistischer Verbrechen* (ZStL), nachdem sich Eder an die deutsche Justiz gewandt und von seinem Einsatz in Oradour berichtet hatte. Vgl. hierzu die Unterlagen in BArch Ludwigsburg, B 162/20795, Bl. 193–207; StAM, 45 Js 2/62, Bd. 5 (2106), Bl. 254–266.

[67] Farmer, Arrêt; Farmer, Village. Vgl. auch Farmer, Oradour.
[68] Rioux, Procès; Barral, Affaire; Danti-Juan, Réflexions.
[69] Fouché, Oradour. Eine zweite, unveränderte, jedoch mit einem Nachwort des Autors versehene Auflage erschien 2013: Fouché, Oradour (2013). Die Übersetzung ins Englische erschien 2005: Fouché, Massacre.
[70] Fouché, Déception; Fouché, Négationnisme; Fouché, Centre; Fouché, „Oradour" (2007); Fouché, Aura.
[71] Plas/Bauer, Préface.
[72] Essaian/Fouché, Construction; CMO, Fenosa; Fouché, Livre.

des CMO 1999 erschien zudem pädagogisches Begleitmaterial zur Dauerausstellung.[73] Und das Zentrum wirkte weiter als Motor der wissenschaftlichen Beschäftigung mit Oradour. So forschten und publizierten zunehmend (ehemalige) Mitarbeiter des CMO zu neuen Aspekten oder vertieften bereits von Jean-Jacques Fouché in den Blick genommene Themen.[74]

Heute lässt sich bilanzieren, dass sich der wissenschaftliche Blick auf Oradour zunehmend geweitet hat. Neben der Erinnerungsgeschichte des Massakers in Frankreich[75] sind inzwischen weitere Aspekte der spezifisch französischen „zweiten Geschichte" Oradours untersucht worden. Das gilt etwa für den Oradour-Prozess in Bordeaux 1953,[76] den Bau des neuen Oradour,[77] das bereits genannte „Livre d'Or d'Oradour",[78] die Entstehung des CMO[79] und Georges Magnanes 1952 publizierten Roman „Où l'herbe ne pousse plus", in dem sich der Autor mit dem Massaker auseinandersetzte.[80] Auch wurde das Schicksal der spanischen Flüchtlinge, die während des Kriegs in Oradour lebten, in den Blick genommen.[81]

Zum deutschen Umgang mit dem Massaker in den hier interessierenden Untersuchungsfeldern ist ein sehr heterogener Forschungsstand zu konstatieren. Am besten, aber bei Weitem nicht umfassend, erforscht ist die *strafrechtliche Ahndung des Massakers* durch die deutsche Justiz. Am ausführlichsten wurde dabei der 1983 in der DDR gegen Heinz Barth geführte Prozess untersucht.[82] Für die Bundesrepublik verfügen wir über mehrere Analysen bundesdeutscher Positionen zum französischen Oradour-Prozess des Jahres 1953. So untersuchte Claudia Moisel „Interdependenz von Justiz, Politik und öffentlicher Meinung" bei der französischen Ahndung deutscher Kriegsverbrechen in deutsch-französischer Perspektive unter anderem anhand dieses Gerichtsverfahrens. Dabei behandelte sie auch die deutschen Bemühungen um die Freilassung der im Prozess verurteilten Deutschen.[83] In seiner Studie zum Engagement der evangelischen Kirche für die deut-

---

[73] Unter anderem: Plas/Malinvaud, CMO. Von deutscher Seite liegt ein Aufsatz von Franziska Flucke vor. Die Autorin formuliert darin einen Vorschlag, wie das Treffen von Bundespräsident Joachim Gauck und Präsident François Hollande 2013 in Oradour im zweisprachigen Geschichtsunterricht behandelt werden kann.
[74] Gibouin, Écrire; Gibouin, Exposition; Plas, Place; Plas, Revisiter; Plas, Espagnols.
[75] Farmer, Oradour; Fouché, Oradour; Fouché, Déception; Meyer, Wandel.
[76] Fouché, Politique; Javerliat, Bordeaux; Farmer, Oradour, S. 159–196; Farmer, Justice; Meyer, Vergangenheitsbewältigung; Cochet, Oradour. Aus elsässischer Perspektive und die Distanz nicht immer wahrend, aber dennoch zu berücksichtigen: Vonau, Procès. Weiterhin: Rupieper, Umgang; Danti-Juan, Réflexions; Rioux, Procès.
[77] Essaian/Fouché, Construction; Danthieux/Grandcoing, Oradour.
[78] Fouché, Livre; Reberioux, Commémorer. Speziell zur doppelten Gedenkfeier des Jahres 1949 vor dem Hintergrund des Kalten Kriegs: Plas, Revisiter.
[79] Als beteiligter Akteur und noch merklich geprägt von den Konflikten vor Ort äußerte sich: Fouché, Centre. Außerdem: Meyer, Wandel.
[80] Plas/Bauer, Préface; Plas, Place; Gibouin, Écrire.
[81] Fouché, Oradour, S. 100–102; Farmer, Oradour, S. 236–245; Léger, Présence; Plas, Espagnols.
[82] Meyer, Besatzung, S. 161–169; Leide, NS-Verbrecher, S. 131–142; Erkenbrecher, Prozess; Axer, Aufarbeitung, S. 121 f., 245, 259 f., 264 f.
[83] Moisel, Frankreich, S. 183–191, Zitat S. 10.

schen „Kriegsverurteilten" in Frankreich ging Christophe Baginski unter anderem auf den Einsatz für die wegen des Massakers in Oradour Verurteilten ein.[84] Christoph Vatter erweiterte den Blick auf die deutschen Aspekte des Prozesses mit einer Analyse der deutschen und französischen Presseberichterstattung.[85] Auch Lars Elliger legte mit seiner veröffentlichten Staatsexamensarbeit eine Studie zur Rezeption der Gerichtsverhandlung in der deutschen Presse vor.[86] Darüber hinaus waren bereits mehrere Ermittlungsverfahren der bundesdeutschen Justiz zum Tatkomplex Oradour Gegenstand der Forschung, zumeist als Fallbeispiele. So befassten sich Claudia Moisel und Andreas Eichmüller mit dem Fall A. Heinrich. Ein Ermittlungsverfahren gegen den Geständigen wurde in den 1950er Jahren zunächst von politischer Seite gebremst, dann geführt und schließlich eingestellt.[87] Claudia Moisel nahm darüber hinaus das 1962 eröffnete Ermittlungsverfahren gegen den ehemaligen Kommandeur der 2. SS-Panzer-Division „Das Reich", Heinrich Lammerding, in den Blick.[88] Dieses Verfahren untersuchte ebenso Bruno Kartheuser.[89] Ahlrich Meyer verweist neben dem Lammerding-Verfahren auf das Ermittlungsverfahren gegen den Führer der in Oradour eingesetzten 3. Kompanie, Otto Kahn, und weitere Beschuldigte sowie auf ein 1995 von der Staatsanwaltschaft Stuttgart eingestelltes Verfahren. Dabei nennt er Rahmendaten und zentrale Ergebnisse, zog aber über die Einstellungsverfügungen hinaus wohl keine Ermittlungsakten bei.[90] Jean-Jacques Fouché wertete die Stuttgarter Einstellungsverfügung ausführlicher aus, wobei die Möglichkeiten aber auch die Grenzen deutlich werden, anhand einer Einstellungsverfügung Erkenntnisse über das zugrundeliegende Verfahren zu generieren. Schließlich analysierte Fouché ein Sample von Vernehmungsprotokollen früherer Offiziere der Division „Das Reich", die im Rahmen der deutschen Ermittlungen zum Tatkomplex Oradour entstanden.[91]

Sehr wenig ist bislang über die deutsche *revisionistische Geschichtsschreibung* zum Thema Oradour bekannt. Die kurz nach dem Massaker einsetzenden Desinformationen zeichneten Ahlrich Meyer und auch Jean-Jacques Fouché nach.[92] Fouché hat sich darüber hinaus mit dem französischen Oradour-Revisionismus auseinandergesetzt.[93] Als es 1994 nach einer Veranstaltung mit dem Überlebenden des Massakers Robert Hébras in Düsseldorf zu einer Auseinandersetzung mit Vertretern des Oradour-Revisionismus kam, nahm Florence Hervé dies zum Anlass, um den Verlauf des Konflikts nachzuzeichnen und Stellung zu einem Teil der vorgebrachten Argumente zu beziehen.[94] Des Weiteren liegt zu zwei deutschen Prota-

---

[84] Baginski, Gnade.
[85] Vatter, Berührungspunkte.
[86] Elliger, Massaker.
[87] Moisel, Frankreich, S. 187; Eichmüller, Generalamnestie, S. 328 f.
[88] Moisel, Frankreich, S. 192–195.
[89] Kartheuser, Tulle, Bd. 4, S. 339–343.
[90] Meyer, Oradour, S. 184.
[91] Fouché, Politique, S. 486–529.
[92] Meyer, Besatzung, S. 156–159; Fouché, Oradour, S. 213–217.
[93] Fouché, Négationnisme.
[94] Hervé, „Oradour-Lüge".

gonisten des revisionistischen Oradour-Narrativs, namentlich Otto Weidinger und Herbert Taege, ein Kapitel in dem populärwissenschaftlichen Buch Jean-Paul Picapers vor. Der Autor skizziert deren Biographien und setzt sich mit ihren Thesen auseinander.[95] Michael H. Kater hat in seiner Studie zur Hitlerjugend die Biographie Taeges, hauptsächlich bis 1944, grob nachgezeichnet.[96] Bruno Kartheuser wiederum wandte sich dem im Zusammenhang mit Oradour bisher noch wenig beachteten Albert Stückler zu. In seiner mehrbändigen Studie zu dem Massaker in Tulle beleuchtete Kartheuser Stücklers Rolle und Verantwortung bei den Erhängungen am 9. Juni 1944 sowie seine Versuche, nach Kriegsende jede Schuld von sich zu weisen.[97] Fabian Virchow schließlich berücksichtigte bei seiner Analyse der zentralen Ideologeme der extremen Rechten auch deren Umgang mit Oradour.[98]

Die Frage, ob Deutschland die Hinterbliebenen der Opfer und die Überlebenden des Massakers entschädigte, stellte die spät einsetzende Oradour-Forschung zunächst nicht. Ahlrich Meyers Feststellung im Jahr 2000, eine solche *Entschädigung* habe es von bundesdeutscher Seite nicht gegeben,[99] basierte auf Recherchen zum deutsch-französischen Globalabkommen des Jahres 1960 in den Akten der Rechtsabteilung des Auswärtigen Amts, in denen nichts auf eine Entschädigung der Opfer von Oradour hindeutete.[100] Seit 2006 wissen wir zwar, dass die Hinterbliebenen der Getöteten durchaus aus den an Frankreich gezahlten deutschen Geldern entschädigt werden konnten.[101] Ob dies aber für die Angehörigen aller Todesopfer und auch für die Überlebenden des Massakers galt, ist bislang ebenso unerforscht wie die Frage, wie viele Personen tatsächlich entschädigt wurden. Auch über die Praxis dieser Entschädigung ist im Fall Oradour bislang nichts bekannt. Dies gilt etwa für die Beziehung zwischen den Opfern des Massakers und den mit ihrer Entschädigung befassten Behördenvertretern sowie für die Bedeutung der Zahlungen im Leben der Betroffenen.[102] Gänzlich unbeachtet blieb auch die Frage nach Entschädigungszahlungen an Oradour seitens der DDR.

Was schließlich deutsche *Versöhnungsgesten* gegenüber Oradour anbelangt, so verhält es sich ähnlich: Auch hier steht die Forschung nahezu am Anfang. Es finden sich vereinzelt Hinweise auf die ablehnende Haltung der *communauté d'Oradour* gegenüber der Anwesenheit offizieller Vertreter Deutschlands etwa bei der Einweihung des CMO[103] sowie Mutmaßungen zu den Gründen für die bis 2013

---

[95] Picaper, Ombres, S. 213–291.
[96] Kater, Hitler-Jugend, S. 143 f.
[97] Vgl. v. a. Kartheuser, Tulle, Bd. 3, S. 279; Kartheuser, Tulle, Bd. 4, S. 372–378.
[98] Virchow, Zivilismus, S. 357–359.
[99] Meyer, Besatzung, S. 151.
[100] Meyer, Wiedergutmachungsabkommen, S. 144; E-Mail Ahlrich Meyer an die Verfasserin, 28. 3. 2011.
[101] Vgl. Moisel, Formelkompromiss, S. 275 f.
[102] Zu den zahlreichen Elementen der Praxis der Wiedergutmachung vgl. Brunner/Frei/Goschler, Lernprozesse, S. 22 f.
[103] Fouché, Oradour, S. 11.

ausgebliebene Versöhnungsgeste gegenüber Oradour auf höchster politischer Ebene.[104] Mit Blick auf die DDR wurde auf eine demonstrative Nutzung des Symbols Oradour hingewiesen.[105] Etwas ausführlicher hat bislang allein Henning Meyer nach Kontakten zwischen Oradour und Deutschland gefragt[106] und in seiner Studie zum Platz Oradours und anderer Erinnerungsorte in der französischen Erinnerungskultur die zunehmenden Kontakte ab 1995 skizziert und problematisiert.[107]

Quellen

Um die Narrative des deutschen Oradour-Revisionismus zu untersuchen, wurde ein möglichst aussagekräftiger Quellenkorpus erstellt. Dieser besteht zum einen aus Otto Weidingers und Herbert Taeges Monographien bzw. den dortigen Passagen zum Massaker. Zum anderen enthält er die bereits erwähnten Berichte, eidesstattlichen Erklärungen und Vernehmungsprotokolle der Mitglieder des Regiments- und Divisionszirkels. Zum Vorgehen der Revisionismusvertreter, ihrer Methodik, aber auch für die Frage nach ihren Netzwerken und Zielen, haben sich Akten aus der Abteilung Militärarchiv des Bundesarchivs in Freiburg als aussagekräftig erwiesen. Von besonderer Bedeutung war einerseits eine von Wolfgang Vopersal angelegte Sammlung zum Thema Oradour. Vopersal war Archivar und Leiter des „Referats für Kriegsgeschichte" des 1959 gegründeten *Bundesverbands der Soldaten der ehemaligen Waffen-SS e. V.* (HIAG). Andererseits fanden sich zentrale Informationen in einer Dokumentensammlung, die Herbert Taege 1984 dem damaligen Militärarchiv übergab. Insbesondere bei diesen Akten ist kritisch zu berücksichtigen, dass es sich dabei nicht um das gesamte von Taege genutzte und in seinen Publikationen genannte Material handelt, der Autor also offensichtlich eine Auswahl traf und einen Teil bewusst zurückhielt.

Den Hauptquellenbestand für das Kapitel zur strafrechtlichen Ahndung des Massakers in den beiden deutschen Staaten bilden die Akten der jeweiligen Ermittlungsverfahren, die in verschiedensten Archiven verwahrt werden. Ausgangspunkt für die Suche nach den geführten Verfahren zum Tatkomplex Oradour war die bereits genannte NSG-Datenbank des IfZ. Ergänzt wurde diese Quellenbasis in erster Linie durch Überlieferungen der mit der Thematik befassten bundesdeutschen Ministerien sowie Akten der Generalstaatsanwaltschaft der DDR und des dortigen Staatssicherheitsdienstes.

Da Frankreich allein über die Verteilung und Auszahlung der Gelder aus dem deutsch-französischen Globalabkommen bestimmte, handelt es sich bei den zentralen Quellenbeständen zur Entschädigung der Oradour-Opfer um französische

---

[104] Fouché, Centre, S. 132.
[105] Fouché, Centre, S. 132; Fouché, Politique, S. 529.
[106] Meyer, Oradour-sur-Glane, S. 109–113.
[107] Meyer, Wandel, S. 383–391.

Überlieferungen. Den Kernbestand bilden die sogenannten *fiches de contrôle*. Dabei handelt es sich um Karteikarten, auf denen alle relevanten Informationen zur Entschädigungsauszahlung erfasst wurden. Ergänzend wurden einzelne *dossiers statut* beigezogen, das heißt Aktendossiers, die bei der Beantragung des Berechtigtenstatus angelegt wurden. Dieser Status war zunächst für französische Entschädigungszahlungen, später für die Entschädigung aus dem deutsch-französischen Abkommen erforderlich. Sowohl die bereits genannten Akten wie auch die genutzten Quellen zur Frage nach Entschädigungen an Oradour seitens der DDR wurden zum Zeitpunkt ihrer Auswertung im *Archives du monde combattant* in Caen verwahrt.[108] Mit Blick auf die DDR handelt es sich dabei um Unterlagen, die zwischen 1973 und 1980 im Rahmen der französisch-ostdeutschen Verhandlungen zur Herstellung diplomatischer Beziehungen und sodann zur Einigung in privatrechtlichen Streitsachen entstanden, wobei auch die Frage der Entschädigungszahlungen an Frankreich aufgeworfen wurde.

Die Antworten auf die Frage, warum es von bundesdeutscher Seite auf höchster politischer Ebene so lange zu keiner Versöhnungsgeste gegenüber Oradour kam, fanden sich in erster Linie in Akten des Auswärtigen Amts. Im weiten Feld des deutschen erinnerungskulturellen Engagements in Oradour jenseits der höchsten politischen Ebene haben die bekannt gewordenen Initiativen die weiteren Quellenrecherchen bestimmt. Diese führten unter anderem in das Archiv der sozialen Demokratie, das Bischöfliche Diözesanarchiv Aachen, in die *Mahn- und Gedenkstätte Düsseldorf*,[109] zu Zeitungen und Zeitschriften sowie zu Menschen, die Zugang zu ihren privaten Unterlagen und ihren Erinnerungen gewährten. Ähnlich war das Vorgehen in Bezug auf die Erinnerungskultur in der DDR. Konsultiert wurden hier unter anderem Akten des Nationalrats der Nationalen Front der DDR, des Komitees der Antifaschistischen Widerstandskämpfer der DDR, des Zentralkomitees der SED und Überlieferungen im Archiv der Gedenkstätte Buchenwald in Weimar.

Die Haltungen in Oradour zum deutschen Umgang mit dem Massaker, die dortigen Erwartungen, Forderungen und Reaktionen wurden auf drei Ebenen und folgender Quellenbasis rekonstruiert: Hauptquellenbestand für die Position des Hinterbliebenenverbands sind die Protokolle der jährlich stattfindenden Mitgliederversammlung, die von 1945 bis 1991 nahezu durchgehend überliefert sind.[110] Bis 1956 wurden meist ein Sitzungsprotokoll und ein Tätigkeitsbericht verfasst, dann nur noch ein Protokoll erstellt bzw. überliefert, wobei auch dessen Umfang

---

108 Alle drei Aktenbestände dürften sich heute bei der *Division des archives des victimes des conflits contemporains* (DAVCC) in Caen oder einem Archiv des *Office national des anciens combattants et victimes de guerre* (ONACVG) befinden.

109 Ein Teil der dort konsultierten Sammlung (Slg. MuG) wurde inzwischen an das Stadtarchiv Düsseldorf abgegeben (Signaturen: 3-2008-56-18 und 3-2005-47-37), ein weiterer Teil findet sich heute in Slg. MuG, GED-91-045-300 000.

110 Lediglich für die Jahre 1963 und 1965 liegt keine Aufzeichnung vor, für alle anderen Jahre ist entweder das Sitzungsprotokoll oder der Tätigkeitsbericht überliefert oder beide. Vgl. ACMO, 5 FP 2 und 5 FP 3.

deutlich abnahm. Die Niederschriften ermöglichen bedeutende Erkenntnisse zu Agenda und Agieren des Verbands, bilden sie aber nicht vollständig ab. Denn zum einen zeigen andere Überlieferungen, dass die ANFM bisweilen in für die vorliegende Studie zentralen Bereichen agierte, ohne dass sich dies in den Protokollen niederschlug.[111] Zum anderen wurde die Anzahl der anwesenden und damit ggf. abstimmenden Mitglieder – anders als in den Vereinsstatuten festgelegt – zumeist nicht protokolliert.[112] Die allgemein äußerst schlechte Überlieferungssituation im Hinterbliebenenverband erschwert die Kompensation und abschließende Einschätzung dieser Lücken. So sind weder die Sitzungsprotokolle des Vorstands und des *bureau* noch die Verbandskorrespondenz überliefert bzw. zugänglich.[113] Die wenigen vorliegenden Ausnahmen deuten darauf hin, dass es sich dabei um einen bedeutenden Quellenbestand für die leitenden Fragen dieser Studie handeln dürfte. Um dennoch zu einem möglichst umfassenden Bild zu gelangen, wurden im Archiv des CMO vorliegende Ausgaben des seit 2001 erscheinenden Vereinshefts und Beiträge des Verbands im lokalen Gemeindeblatt beigezogen.

Der Standpunkt der Gemeindeleitung wird anhand des lokalen Gemeindeblatts herausgearbeitet, das seit Ende der 1960er Jahre erschien, allerdings nicht durchgängig überliefert ist. Auf der individuellen Ebene finden sich Publikationen von Überlebenden und Hinterbliebenen, die nach deren Erwartungen, Forderungen und Reaktionen befragt werden.[114] Diese Veröffentlichungen werden teilweise durch Interviews ergänzt, die mit von dem Massaker Betroffenen geführt wurden. Schließlich enthalten etliche konsultierte Quellenbestände Presseartikel, in denen ANFM-Vertreter, der Bürgermeister Oradours, Überlebende oder Hinterbliebene des Massakers zu Wort kommen und die das Bild der Einstellungen vor Ort abrunden.[115]

Die von Überlebenden und Hinterbliebenen verfassten Bücher, Gemeinde- und Verbandsblatt sind darüber hinaus Quellenbasis für die Frage nach der öffentli-

---

[111] Dies gilt etwa für ein Kommuniqué der ANFM, mit dem sie auf die Begnadigung der beiden 1953 in Bordeaux zum Tode Verurteilten reagierte. Die von Le Monde publizierte Stellungnahme findet in den Protokollen keine Erwähnung, selbst der Anlass wurde nicht thematisiert.

[112] Folgt man den abgegebenen Stimmen während der Sitzung, waren bei der Mitgliederversammlung im Jahr 1972 50 Personen anwesend. Der Präsident äußerte sich zu Beginn zufrieden mit der „Anwesenheit zahlreicher Teilnehmer an dieser jährlichen Versammlung". ANFM, Assemblée générale, 26. 3. 1972, Procès-verbal, ACMO, 5 FP 3.

[113] Die Angaben zu deren Verbleib seitens Verband und früherer Vorsitzender sind widersprüchlich. Zur Zusammensetzung des Vorstands und des *bureau* vgl. Kapitel II.2, Abschnitt „Tiefgreifende Umwälzungen: Von den 1980er Jahren bis 1995".

[114] Desourteaux/Hébras, Oradour; Hébras, Comprendre; Hébras, Drame; Hivernaud, Histoire (1975); Hivernaud, Histoire (1977); Hivernaud, Histoire (1988); Valade, Oradour; Perlier, Senon. Der Band von Hébras/Borderie, Voix, ist in Form eines Gesprächs zwischen dem Überlebenden Robert Hébras und dem Journalisten Laurent Borderie gehalten. Für die deutsche, zur Auswertung herangezogene Ausgabe wurde das Gespräch in einen fortlaufenden Text umgearbeitet. Vgl. Hébras/Borderie, Geschichte. Keine Erwähnung finden die hier interessierenden Themen in Valade, Page.

[115] Grundsätzlich gilt für genutzte in Archivbeständen befindliche Zeitungsartikel: Der Fundort wird immer dann vermerkt, wenn der Beitrag nicht im Original vorlag und Organ und Datum lediglich annotiert waren.

chen Kommunikation des deutschen Handelns und die Erinnerung daran. Hinzu kommt die 1945 erstmals erschienene und bis heute aufgelegte Schrift „Oradour sur Glane. Vision d'épouvante", der in diesen Punkten besondere Aussagekraft innewohnt.[116] Die Autoren Pierre Masfrand und Guy Pauchou ermittelten im Auftrag des im Herbst 1944 gegründeten *Service de recherche de crimes de guerre ennemis* (SRCGE) zu dem Massaker in Oradour und ihre Ergebnisse gingen in zwei Publikationen ein. Neben dem ersten Band der Reihe „Documents pour servir à l'histoire de la guerre. Crimes ennemis en France", herausgegeben vom SRCGE bzw. dem *Office français d'édition*, veröffentlichten Masfrand und Pauchou das genannte Buch „Oradour sur Glane" und überließen die Rechte daran der ANFM. Der spezielle Aussagewert der Schrift liegt darin begründet, dass der Hinterbliebenenverband sie als seine „offizielle Publikation" (*ouvrage officiel*) vertreibt und den Originaltext – samt antideutscher Ressentiments – seit 1945 nicht veränderte, im Lauf der Zeit allerdings durch einzelne Anhänge erweiterte.[117] Diese Nachträge geben Aufschluss darüber, ob und um welche Aspekte des deutschen Umgangs mit dem Massaker die ANFM ihre „offizielle Publikation" und damit die „offizielle Geschichte"[118] des Massakers erweiterte bzw. was davon in den Augen des Verbands öffentlich kommuniziert und erinnert werden sollte.

Aufbau der Arbeit

Die Studie beginnt mit der Darstellung des Massakers (II.1) und der Geschichte des Orts und seiner Bewohner nach 1944 (II.2). Insbesondere der Nachgeschichte des Massakers wird dabei breiter Raum gewährt, denn die erinnerungspolitischen und kommunalen Entwicklungen in Oradour sind in mehrerlei Hinsicht mit dem deutschen Umgang mit dem Massaker verknüpft. Der umfassenden Hinführung liegt eine zweite Intention zugrunde: Als breites Wissensfundament soll sie ermöglichen, im Anschluss daran die vier Hauptkapitel unabhängig voneinander zu lesen. Nach Untersuchungsfeldern gegliedert, bilden diese Hauptkapitel das Herzstück der Arbeit (III.–VI.), in dem der deutsche Umgang mit Oradour entfaltet wird. Die Reihenfolge ist dabei bewusst gewählt. Denn im Laufe der Bearbeitung kristallisierte sich heraus, dass bestimmte Themen- und Handlungsfelder besonders stark auf andere einwirkten. Die Bereiche mit stärkerer Wirkungskraft wurden deshalb an den Anfang gestellt und jene, in denen sich die Auswirkungen besonders deutlich zeigen, an das Ende der Darstellung. Aus diesem Grund macht

---

[116] Masfrand/Pauchou, Oradour.
[117] Vgl. Fouché, Politique, S. 62–68; Fouché, Oradour, S. 20, 221 f.; Fouché, Déception, S. 193 f. Vgl. auch Buchdeckel und Titelblatt von Masfrand/Pauchou, Oradour. Zur Rolle Masfrands und Pauchous während der ersten Jahre nach dem Massaker vgl. Kapitel II.2, Abschnitt „Oradour. Vom Ort zum Symbol"; zu ihren Ermittlungen vgl. auch Kapitel III.2, Abschnitt „Kriegsende und Nürnberg".
[118] Fouché, Oradour, S. 222.

die Untersuchung der deutschen revisionistischen Oradour-Geschichtsschreibung den Auftakt (III.). Es folgt sodann die Darstellung der strafrechtlichen Verfolgung des Massakers durch die Justiz der beiden deutschen Teilstaaten und des vereinten Deutschlands (IV.). Daran schließt sich das Kapitel zu den deutschen Entschädigungszahlungen an (V.). Mit der Betrachtung deutscher Versöhnungsgesten gegenüber Oradour (VI.) schließt der Hauptteil. Die Frage nach den Erwartungen, Forderungen und Reaktionen Oradours wird in keinem gesonderten Kapitel behandelt, sondern im Verlauf der Studie fortwährend eingebunden.

Die Untersuchung ist als Längsschnittstudie angelegt. Sie beginnt mit der doppelten deutschen Staatsgründung 1949 und setzt ihren Schlusspunkt mit dem Jahr 2013. Gleichwohl ist in einzelnen Fällen die Ausweitung oder die Eingrenzung sinnvoll oder zwingend. Einige Entwicklungen der ersten Nachkriegsjahre – insbesondere, aber nicht nur in Oradour – sind von so zentraler Bedeutung, dass sie Eingang in die Arbeit fanden. Mit der Konzentration auf die zentralen Vertreter des deutschen Oradour-Revisionismus empfiehlt sich die Fokussierung auf die Zeit bis 1985, denn in diesem respektive dem vorangehenden Jahr publizierten Otto Weidinger und Herbert Taege ihre letzten einschlägigen Monographien. Die Akten des Ermittlungsverfahrens, das die in Dortmund ansässige *Zentralstelle im Lande Nordrhein-Westfalen für die Bearbeitung Nationalsozialistischer Massenverbrechen* (ZStD) 2011 zu Oradour einleitete, sind, von einzelnen Ausnahmen abgesehen, noch nicht zugänglich. Eine umfassende Einschätzung ist deshalb nicht möglich. Die Untersuchung der strafrechtlichen Verfolgung des Massakers in Deutschland endet deshalb mit dem letzten vorhergegangenen Ermittlungsverfahren im Jahr 1995. Bei der Frage nach deutschen Entschädigungszahlungen steht ein verhältnismäßig kurzer Zeitraum im Fokus. Für die Bundesrepublik umfasst er die zwölf Jahre zwischen der Unterzeichnung des deutsch-französischen Globalabkommens (1960) und der letzten nachweisbaren Entschädigungszahlung im Fall Oradour (1972). Ein Jahr später begannen die bereits genannten Verhandlungen zwischen Ostberlin und Paris, die bis in das Jahr 1978 auf die Rolle der Entschädigungsfrage hin untersucht werden. Allerdings waren die Zahlungen aus dem Globalabkommen sehr eng an das innerfranzösische Entschädigungssystem geknüpft und sind in ihrer Bedeutung überhaupt nur in Bezug zu den französischen Leistungen einzuschätzen. Dieser Zusammenhang macht einen Blick auf die innerfranzösischen Zahlungen unumgänglich. Die frühesten zu berücksichtigenden Bestimmungen datierten noch in den 1940er Jahren, die letzten im neuen Jahrtausend. Im Feld der Versöhnungsgesten schließlich werden Initiativen bis zum Besuch des Bundespräsidenten in Oradour 2013 berücksichtigt.

Eine abschließende Vorbemerkung gilt den Zitaten. Für eine bessere Lesbarkeit werden offensichtliche Tippfehler stillschweigend korrigiert, aufgelöste Umlaute durch Umlaute ersetzt und durchgehende Klein- und Großschreibungen u. Ä. nicht übernommen, wenn sie keine inhaltlichen Hervorhebungen kennzeichnen. Die in den Quellen meist abgekürzten Angaben militärischer Ränge und Einheitsbezeichnungen werden ohne entsprechende Kennzeichnung aufgelöst.

II. Oradour: Massaker, Symbolik, Weiterleben

1. Das Massaker

Kurz vor 14 Uhr am 10. Juni 1944 hielten rund 150 Soldaten einer SS-Panzer-Division südöstlich von Oradour.[1] Nach der Befehlsausgabe begann ein Teil der Truppe, die Weiler und die Umgebung entlang der Landstraße Richtung Oradour zu durchkämmen. Soldaten trieben die angetroffenen Männer, Frauen und Kinder zusammen und führten sie in den Ort, andere näherten sich dem Dorf in einem weiten Bogen, um den unteren Ortsteil zu umstellen. Ein weiterer Teil der Einheit setzte seine Fahrt fort, erreichte Oradour am südlichen Ortseingang und durchquerte das Dorf. Am entgegengesetzten Ortsrand angekommen, begannen Soldaten den Ort aus dieser Richtung zu umstellen, um so den Kreis um Oradour zu schließen. Zeitgleich zur Abriegelung des Dorfs drangen Einheitsangehörige in die Häuser Oradours ein und zwangen die Bewohner, sich auf dem Marktplatz zu versammeln.[2] Die *zone du ratissage*,[3] das Gebiet, das durchkämmt wurde und in dem man alle Bewohner zum Marktplatz trieb, erstreckte sich einen bis zwei Kilometer über die Dorfmitte hinaus. Es war zugleich der vor dem Einsatz festgelegte *espace de la mort*.[4] Schließlich befanden sich auf dem Platz in der Mitte Oradours neben Männern, Frauen und Kleinkindern auch die Kinder der vier örtlichen Schulen.[5] Der Bürgermeister Oradours, Paul Desourteaux, wurde aufgefordert, Geiseln zu benennen, die Soldaten trennten die Männer von Frauen und Kindern und mehrere Soldaten verließen mit dem Bürgermeister den Platz Richtung Rathaus. Die Frauen und Kinder wurden zur Kirche am Ortseingang gebracht. Zurück am Marktplatz wurde Desourteaux aufgefordert, Geiseln zu stellen, was er ablehnte und stattdessen sich und seine Söhne anbot.[6] Man sei darauf hingewiesen

---

[1] Zur Stärke der Einheit vgl. Kapitel IV.2.1.
[2] Vgl. Andrea Erkenbrecher, Studie zum Umgang der am 10. Juni 1944 in Oradour-sur-Glane (Frankreich) eingesetzten SS-Einheit mit Personen am Ortsrand (im Folgenden: Erkenbrecher, Studie), Staatsanwaltschaft Dortmund (StA Do), 45 Js 2/11, 16. Sonderband (SB).
[3] Fouché, Oradour, S. 134, wörtlich etwa „Durchkämmungsgebiet".
[4] Fouché, Oradour, S. 138, wörtlich etwa „Todessektor". Im Gegensatz dazu definierte die *zone de destruction* (wörtlich etwa „Zerstörungsgebiet") den später von den Soldaten niedergebrannten Bereich. Zu den Zonen vgl. Fouché, Oradour, S. 134, 138, 148. Diese Angaben wurden für die Dauerausstellung des CMO kartographiert und finden sich im Ausstellungskatalog, CMO, Comprendre, S. 79.
[5] Wenn nicht anders angegeben, folge ich bei der Beschreibung des Massakers im Folgenden der ausführlichen Schilderung bei Fouché, Oradour, S. 129–199. Fouché hat ihr v. a. Zeugenaussagen zugrunde gelegt: zum einen die Aussagen von Überlebenden und anderen Zeugen des Massakers, die bei der Untersuchung der französischen Kriminalpolizei Ende 1944 protokolliert wurden; zum anderen die bis Ende 1947 entstandenen Aussagen von an dem Massaker beteiligten Soldaten. Ergänzt hat Fouché den Quellenkorpus durch Dokumente des zuständigen Militäruntersuchungsrichters und weiterer gleichzeitig durchgeführter Ermittlungen. Kürzer und dennoch umfassend: Farmer, Oradour, S. 33–44.
[6] Wann genau die Geiseln gefordert wurden, ist unklar. Vgl. Farmer, Oradour, S. 253 (Anm. 21).

worden, dass sich im Ort Waffen befänden, teilte man den Männern daraufhin mit, und fragte, wer von den Anwesenden Waffen besitze. Diejenigen, die sich meldeten, waren jedoch nicht von Interesse, sie besaßen nur zulässige Karabiner. Eine Durchsuchung des Orts wurde angekündigt, die versammelten Männer in Gruppen geteilt und in vier[7] Gebäude gebracht. Auf ein Signal des Kompanieführers Otto Kahn hin eröffneten Soldaten an allen Gebäuden gleichzeitig das Feuer auf die versammelten Männer. Anschließend töteten sie die noch Lebenden aus nächster Nähe, bedeckten die Körper mit brennbarem Material und steckten sie in Brand. Nach dem Massaker an den Männern brachten Soldaten eine mit weißen Schnüren versehene Kiste in die Kirche, in der etwa 350 Frauen und Kinder warteten. Als die Kiste kurz darauf explodierte, setzte sie „schwarzen, beißenden und stechenden Rauch" frei, der zum Ersticken führte.[8] Panik ergriff die Frauen und Kinder, Chaos brach aus. Soldaten begannen, durch Fenster und Türen in die Menge zu schießen, und warfen Handgranaten in das Gotteshaus. Schließlich setzten sie die Kirche in Brand. Während ein Teil der Einheit die Frauen und Kinder massakrierte, plünderten andere Soldaten das Dorf und legten im Rest des Orts Feuer.

Die Kirche und die vier Gebäude, in denen die zuvor auf dem Marktplatz versammelten Männer erschossen wurden, waren die zentralen, aber nicht die einzigen Orte, an denen die SS-Soldaten in Oradour töteten. Von Beginn des Einsatzes an schossen sie auf Personen, die versuchten zu fliehen. Sie töteten darüber hinaus in Häusern angetroffene bettlägerige und alte Menschen, Personen, die sich zunächst hatten verstecken können, Frauen und Männer, die – meist auf der Suche nach ihren Kindern – im Laufe des Nachmittags und Abends nach Oradour kamen, und Personen, die sich dem Ort auch nur näherten. Nach wenigen Stunden waren fast 650 Menschen tot, der Ort stand in Flammen.

Das Gros der Soldaten verließ Oradour ab 21 Uhr. Ein Teil blieb die Nacht hindurch vor Ort, hielt Wache und wurde am Morgen des 11. Juni 1944 abgelöst. Vom Morgengrauen bis zum Ende des Vormittags „begruben" Soldaten einen Teil der am vorherigen Tag Getöteten und setzten diese „Arbeit" am Morgen des 12. Juni 1944 fort. Jean-Jacques Fouché spricht in diesem Zusammenhang von „Leichenschändung" (*outrage aux cadavres*). Dem Vorgehen hätten keinerlei „hygienischen" Überlegungen zugrunde gelegen. Vielmehr verweist er darauf, dass „die von den Nazis in Osteuropa praktizierte Methode der Massenverbrennungen und Massengräber die Identifizierung der Toten unmöglich machte".[9] Erst zweieinhalb Jahre nach dem Massaker wurde die Anzahl der Toten nach mehreren vorange-

---

[7] In zahlreichen Publikationen ist von fünf bzw. sechs Gebäuden die Rede. Tatsächlich wurden die auf dem Marktplatz versammelten Männer in vier Gebäude gebracht und dort erschossen. In der Scheune Milord und der Schmiede Beaulieu fanden zwar auch Exekutionen statt, allerdings zu einem späteren Zeitpunkt. Vgl. Erkenbrecher, Studie, StA Do, 45 Js 2/11, 16. SB.
[8] So die Überlebende des Massakers Marguerite Rouffanche, zitiert nach Fouché, Oradour, S. 160.
[9] Fouché, Oradour, S. 180 f.

gangenen Urteilen gerichtlich auf 642 festgelegt, nur 52 davon hatten identifiziert werden können.[10]

Was sich so kurz und nüchtern beschreiben lässt, entfaltet in den Berichten der Betroffenen jene Dimension des Grauens, die sich in mehreren Buchtiteln manifestiert: „In der Hölle von Oradour" überschrieb der Journalist Pierre Poitevin seine Eindrücke aus dem niedergebrannten Dorf, wo er bereits kurz nach dem Massaker mit Überlebenden sprach.[11] Andere haben die Existenz adäquater Worte für das Geschehen gar verneint. So hieß es in zwei der frühesten offiziellen Ansprachen nach dem Massaker, „die französische Sprache kennt keine Worte, die stark genug sind, um diese Tat zu beschreiben", und die Opfer seien unter Umständen gestorben, „deren Abscheulichkeit die normale Sprache nicht beschreiben kann".[12]

Die persönlichen Berichte von Betroffenen sind so vielfältig wie ihre Erlebnisse am 10. Juni 1944 und an den darauffolgenden Tagen. Während nur fünf Männer die Exekutionen in den Scheunen und Garagen überlebten[13] und nur eine Frau das Massaker in der Kirche, entkamen ungleich mehr Personen dem Tod, weil sie sich verstecken und/oder fliehen konnten. Hinzu kam eine Gruppe Trambahnpassagiere, die Oradour am frühen Abend erreichte, zunächst festgenommen und später freigelassen wurde.[14] Zu den Zeugnissen der Überlebenden kommen die Berichte derjenigen, die nach dem Massaker die Ruinen betraten. Dabei handelte es sich unter anderem um Familienangehörige der Opfer und die Mitglieder der in Oradour eingesetzten Rettungs- und Bergungsmannschaften. Auf sie warteten bis zur Unkenntlichkeit verbrannte, verstümmelte Leichen und Massengräber.

Jean-Marcel Darthout war einer der Männer, die die Exekution in der Scheune Laudy überlebten, und einer der ersten, der die Deutschen hatte ankommen sehen. Er wartete an jenem 10. Juni 1944 vor dem Friseursalon, als die Militärfahrzeuge die Glane-Brücke am Ortseingang erreichten. Wie bei vielen anderen löste ihre

---

[10] Die geringe Anzahl der identifizierten Leichen hatte weitere Gründe, darunter die Dringlichkeit, mit der die Leichen aus hygienischen Gründen bestattet werden mussten. Die Festlegung der Opferzahl war problematisch, weil lange unsicher war, wer sich zum Zeitpunkt des Massakers im Ort aufgehalten hatte. Vgl. Fouché, Oradour, S. 189–193.

[11] Poitevin, Enfer. Zu Poitevin vgl. Fouché, Politique, S. 57–59, 258–260. Weitere Beispiele sind: „Vision d'épouvante", d. h. „Bild des Grauens" (Masfrand/Pauchou, Oradour), sowie „Où l'herbe ne pousse plus", d. h. „Wo kein Gras mehr wächst" (Magnane, Herbe), was Karl Heinrich mit „Der Himmel hält den Atem an" ins Deutsche übersetzte. Zu Magnane vgl. Kapitel VI.3.3, Abschnitt „Georges Magnane: ‚Der Himmel hält den Atem an'"; explizit zum Buchtitel und seiner Entstehung: Plas/Bauer, Préface.

[12] Zur Rede des Regionalpräfekten von Limoges, Marc Freund-Valade, vom 21. 6. 1944 (erstes Zitat) und zur Predigt des Pfarrers der Reformierten Kirche, Albert Chaudier, vom 18. 6. 1944 (zweites Zitat) vgl. Fouché, Oradour, S. 198 f.

[13] Tatsächlich überlebte ein sechster Mann, Henri Poutaraud, in der Scheune Laudy. Beim Versuch, aus dem Dorf zu fliehen, wurde er jedoch erschossen. Vgl. Fouché, Oradour, S. 156, 167; Farmer, Oradour, S. 38 f.

[14] Vgl. Fouché, Oradour, S. 168–171, 193. Fouché weist in seiner Differenzierung nicht ausdrücklich darauf hin, dass es auch versteckten Personen gelang, aus dem Dorf zu fliehen, während die Einheit noch vor Ort war.

Ankunft auch bei ihm zunächst keine übermäßige Beunruhigung aus. Nachdem die Soldaten angefangen hatten, die Bewohner zusammenzutreiben, und er nach Hause zurückgekehrt war, versuchte Jean-Marcel Darthout durch die Gärten zu fliehen, musste das Vorhaben jedoch aufgeben, da die Soldaten den Ort bereits umstellten. Kurz darauf wurden er, seine Frau und seine Mutter aus dem Haus gezwungen und zum Marktplatz gebracht. Als die Soldaten Frauen und Kinder von den Männern trennten, umarmte er die beiden Frauen das letzte Mal: „Ich ahnte nicht im geringsten, was uns bevorstand."[15] Es folgte eine Zeit des Wartens, bevor Soldaten ihn gemeinsam mit etwa 40 Männern in die Scheune Laudy brachten – angeblich, um währenddessen den Ort zu durchsuchen. Als sie die Scheune erreicht hatten, suchte sich der 20-Jährige einen Platz im hinteren Teil des Gebäudes. Soldaten fegten „ordentlich" vor dem Eingang der Scheune, um dort zwei Maschinengewehre in Stellung zu bringen, einer „aß Zuckerstückchen, die er aus seiner Tasche nahm".[16] Nach etwa zehn Minuten, auf eine Detonation und einen Befehl hin, eröffneten die Soldaten das Feuer auf die Männer. In Waden und Oberschenkel getroffen fand sich Jean-Marcel Darthout auf dem Boden wieder, getötete Männer auf ihm. Er spürte das Blut der Getroffenen, hörte das Röcheln der Verletzten, das Laden der Gewehre für die Gnadenschüsse. Doch die Soldaten bemerkten nicht, dass er noch lebte. Sie bedeckten die Opfer mit brennbarem Material und verließen die Scheune. Leise Gespräche begannen. Mehrere Männer hatten überlebt, darunter Félix Aliotti. Er lag neben Jean-Marcel Darthout und rief in seinem Schmerz nach seiner Frau und seinen Kindern, bevor er schließlich starb. Die SS-Männer kehrten zurück und entzündeten das Feuer auf den Opfern. Als die Flammen Jean-Marcel Darthout erreichten, zog er sich unter den anderen Körpern hervor und floh mit vier weiteren Männern aus der Scheune. Ihre anschließende Flucht zog sich über mehrere Verstecke, das Feuer trieb die Männer vor sich her. Am Ende seiner Kräfte, schaffte Jean-Marcel Darthout die Flucht über den Marktplatz nicht mehr. Er stürzte in der Mitte des Platzes, robbte, von Angst angetrieben, weiter und brachte sich schließlich in einem Busch in Sicherheit. In seiner unmittelbaren Nähe versteckte sich der Überlebende Armand Senon: „Völlig verängstigt spüren beide, dass jemand in der Nähe ist, ohne reagieren zu können."[17] Am Abend des 10. Juni 1944, als er Personen im örtlichen Dialekt sprechen hörte, rief Jean-Marcel Darthout um Hilfe. Drei Männer aus der Gegend transportierten den Verletzten daraufhin mit einer Schubkarre zu einem Bauernhof und brachten ihn damit in Sicherheit. Die Nacht verbrachten sie in einem Weizenfeld. Er könne, so berichtete der Überlebende später, „nicht mit Worten ausdrücken, was ich physisch und seelisch in dieser Nacht gelitten habe". Jean-Marcel Darthout überlebte, doch seine Frau und seine Mutter wurden in der Kirche Oradours getötet.[18]

---

[15] Jean-Marcel Darthout, zitiert nach Fouché, Oradour, S. 146.
[16] Jean-Marcel Darthout, zitiert nach Fouché, Oradour, S. 149.
[17] Fouché, Oradour, S. 167 f.
[18] Vgl. Fouché, Oradour, S. 175. Darüber hinaus: Vernehmungsprotokoll Jean-Marcel Darthout, 7. 12. 1944, Übersetzung, StA Do, 45 Js 2/11, 1. SB, Bd. 5/3, Bl. 25/66–76, dort auch die Übersetzung des Zitats.

Die Männer, die zusammen mit Jean-Marcel Darthout flohen, waren Robert Hébras, Yvon Roby, Mathieu Borie und Clement Broussaudier. Dabei musste Robert Hébras seinen verletzten Freund Darthout auf der Flucht zurücklassen, nachdem die anderen drei Männer den Marktplatz bereits überquert hatten.[19] Trotz der Sicherheitsposten gelang ihnen die Flucht aus dem Dorf. Mathieu Borie und Robert Hébras erinnerten im Rückblick das Bild des brennenden Oradour: „Das ganze Dorf brannte zu diesem Zeitpunkt lichterloh"[20] bzw. „der Anblick des brennenden Dorfs hat sich in meine Erinnerung eingebrannt. Ich habe ihn nie vergessen."[21] Robert Hébras verlor seine Mutter und zwei Schwestern in dem Massaker. Die jüngere von beiden war erst neun Jahre alt gewesen.[22]

Die gelungene Flucht der fünf Männer war die Ausnahme. Jean-Jacques Fouché schätzt, dass 130 bis 150 Bewohner versuchten, sich zu verstecken oder zu fliehen, und dass die allermeisten scheiterten.[23] In den Tagen nach dem Massaker zeugten überall im Ort Leichen von den vergeblichen Fluchtversuchen: Henri Poutaraud, der als sechster Mann die Exekution in der Scheune Laudy überlebt hatte und allein geflohen war, fand man erschossen in einem Zaun am Weg zum Friedhof. Auf dem Weg dorthin entdeckte man auch die Leichen von Camille Texier und René Mercier. Ebenso fand man die Leichname von Marcelino Thomas, Octavie Dalstein und der 14-jährigen Françoise Bertrand. Eine Patrouille hatte sie in einem Busch versteckt ausgemacht und erschossen. Unweit der Kirche entdeckte man die sterblichen Überreste von Henriette Joyeux und ihrem Säugling René. Nach ihrer gelungenen Flucht aus der Kirche hatte ein Soldat die beiden wohl mit seinem Gewehrkolben erschlagen. Das Töten in Oradour dürfte bis in die Abendstunden angedauert haben, denn so lange hörten Überlebende in ihren Verstecken Maschinengewehrsalven und Schreie.[24]

Außerhalb des Orts gelang Jacques Boissou die Flucht. Der junge Mann wohnte mit seiner Familie im Norden Oradours. Gewarnt von Hippolyte Redon, der unmittelbar nach der Ankunft der Soldaten aus Oradour entkommen war, versuchte Jacques Boissou seinerseits, Nachbarn zu warnen. Als die Besatzung eines Militärfahrzeugs das Feuer auf ihn eröffnete, konnte er fliehen, doch seine Mutter und Großmutter wurden nach Oradour gebracht und dort getötet. Auch Boissous Schwester Jeannette, damals neuneinhalb Jahre, starb in dem Massaker.[25] Ebenfalls außerhalb des Orts, aber auf ganz andere Art und Weise, überlebten Madame Villeger und ihre Töchter Renée, Odette und Hélène das Massaker. Die Familie lebte auf dem Hof Masset nordöstlich von Oradour, den die Waffen-SS am 10. Juni 1944 wohl als eine Art Verpflegungsstation nutzten. Als die damals 14-jährige

---

[19] Vgl. Desourteaux/Hébras, Oradour, S. 115, 117; Hébras/Borderie, Geschichte, S. 79 f.
[20] Mathieu Borie, zitiert nach Fouché, Oradour, S. 167.
[21] Desourteaux/Hébras, Oradour, S. 117.
[22] Vgl. Hébras/Borderie, Geschichte, S. 88–91; Desourteaux/Hébras, Oradour, S. 221.
[23] Vgl. Fouché, Oradour, S. 142, 194, 260 (Anm. 31).
[24] Vgl. Erkenbrecher, Studie, StA Do, 45 Js 2/11, 16. SB.
[25] Vgl. Vernehmungsprotokoll Jacques Boissou, 10. 11. 1944, Übersetzung, StA Do, 45 Js 2/11, 9. SB, Bd. 1/1, Bl. 119 f.

Renée am frühen Nachmittag Soldaten auf Masset zukommen sah, versteckte sich die Mutter mit ihren drei Töchtern hinter dem Haus, wo sie bis zum nächsten Morgen blieben. Ihr Überleben verdankten sie wohl auch der Tatsache, dass die jüngste, zweijährige Tochter im Versteck keinen Ton von sich gab. Das Leben der Familie aber war zerstört. Neben den beiden schulpflichtigen Jungen waren der Vater und die beiden ältesten Söhne in Oradour getötet und der Hof niedergebrannt worden. Die Mutter nahm eine Stelle als Dienstmädchen an, die zehnjährige Odette musste als Schülerin in einem Kloster in Cieux untergebracht werden, die 14-jährige Renée als Dienstmädchen auf einem Hof arbeiten. Nur Hélène konnte bei ihrer Mutter bleiben.[26]

Auch der damals siebenjährige Roger Godfrin überlebte das Massaker. Seine Familie gehörte zu den Flüchtlingen aus dem Departement Moselle, die in Oradour untergebracht waren. Mit der Flucht aus der Schule folgte der Junge dem Rat seiner Mutter. Diese hatte den Kindern gesagt, sich im Wald in Sicherheit zu bringen, sollten Deutsche auftauchen. Von Soldaten verfolgt und unter Beschuss genommen, gelang es ihm schließlich, die Glane zu überqueren und sich in den Wald zu retten. Unter den Opfern des Massakers waren seine Eltern und vier Geschwister.[27]

Das Schicksal Roger Godfrins zeigt, dass die Soldaten den Befehl hatten, niemanden aus dem Ort zu lassen, und dieser Anweisung – mit seltenen Ausnahmen[28] – rigoros nachkamen. Gleichzeitig ließen Soldaten ankommende Personen in den Ort, wo sie getötet wurden, darunter Frauen aus den umliegenden Weilern auf der Suche nach ihren Kindern.[29] „Oradour", so beschrieb der in einem der Weiler lebende Albert Valade das Warten auf die Rückkehr der Mütter, „ist ein Schlund, aus dem man nicht zurückkehrt".[30] Der Überlebende Armand Senon, der sich eine Zeitlang im selben Busch wie Jean-Marcel Darthout versteckte, wurde Zeuge einer Tötung von Männern, die im Laufe des Nachmittags nach Oradour kamen.[31] Bei der Ankunft der SS-Einheit hielt sich der damals 29-Jährige im Wohnhaus der Familie am Marktplatz auf. Mit einem eingegipsten Bein an sein Zimmer „gefesselt", wurde er beim Blick aus dem Fenster zum Augenzeugen verschiedener Phasen des Massakers. So beobachtete er die Trennung der Dorfbewohner, hörte Frauen und Kinder schreien, sah das Warten der Männer, ihre

---

[26] Vgl. Valade, Page, S. 55–57, 76–79; Erkenbrecher, Studie, StA Do, 45 Js 2/11, 16. SB; persönliche Mitteilung Renée Maneuf, geborene Villeger, an die Verfasserin, 16. 1. 2017.

[27] Vgl. Fouché, Oradour, S. 138 f.; Fouché, Politique, S. 300–303.

[28] So sagte Roger Godfrin vor dem Militärgericht Bordeaux aus, zu Beginn seiner Flucht hätten ihm Soldaten am Friedhof mit einer Geste zu verstehen gegeben, er solle verschwinden, statt auf ihn zu schießen. Vgl. Théolleyre, Procès, S. 150–152. Zu den weiteren Ausnahmen vgl. unten.

[29] Vgl. Fouché, Oradour, S. 134; ausführlich: Erkenbrecher, Studie, StA Do, 45 Js 2/11, 16. SB.

[30] Valade, Page, S. 75.

[31] Hierzu und zum Folgenden: Vernehmungsprotokoll Armand Senon, 14. 11. 1944, Übersetzung, StA Do, 45 Js 2/11, 9. SB, Bd. 7/L V, Bl. 26; Vernehmungsprotokoll Armand Senon, 26. 1. 1953, Übersetzung, ebenda, 10. SB, Bd. 8/2.10, Bl. 44–60.

Aufteilung in Gruppen und wie sie abgeführt wurden. Er hörte den Lärm der Erschießungskommandos und sah schließlich die Exekution einer Gruppe Radfahrer, die offenbar im Laufe des Nachmittags nach Oradour gekommen waren. Selbst als die Opfer bereits auf dem Boden lagen, endete das Feuer auf sie nicht. Entsetzt entschied sich Armand Senon, das Haus zu verlassen, und floh in das Gebüsch hinter dem Haus, von dem schon mehrmals die Rede war. Erst am nächsten Tag verließ er sein Versteck:

„Ich sah den Metzger auf dem Festplatz, der vor seinem Haus weinte; ich rief ihn, er kam zu mir herüber und er fragte mich, wie viele Tote es bei mir gebe. Ich dachte, da sei niemand, ich glaubte, dass man nur in den Scheunen geschossen habe, ich glaubte, dass dort nur die Jungen gewesen seien und die Alten verschont geblieben sein mussten. Danach ging ich allein, barfuß, im Schlafanzug, und ich habe geweint. [...] Ich habe in den Scheunen gesucht, ob ich jemanden fände, ob ich Gegenstände erkennen würde, die meiner Familie gehörten. Ich habe niemanden gefunden. Ich hatte keine Familie mehr; ich blieb allein".[32]

In einigen wenigen Ausnahmefällen ermöglichten Soldaten Personen, den Ort bzw. das durchkämmte Gebiet zu verlassen. Zu den jungen Frauen, die so dem Massaker entkamen, gehört Yvonne Gaudy. Mehrmals wurde sie von Soldaten weggeschickt und schließlich sogar von einem Melder bis über die Ortsabsperrung hinaus eskortiert. Im Massaker verloren ihr Bruder, ihr Großvater, ihre Urgroßmütter, ihre Schwiegereltern, ihr Schwager, ihr Neffe und dessen Mutter das Leben.[33] Am Abend ermöglichte ein Soldat den Geschwistern Jacqueline, Francine und André Pinède die Flucht aus dem Dorf. Die jüdische Familie Pinède war 1943 nach Oradour geflohen. Die Ankunft der Einheit alarmierte den Vater, der seine Kinder – neun, 16 und 21 Jahre alt – aufforderte, sich zu verstecken. Zu dritt verbrachten die Geschwister den Nachmittag unter einer Treppe, auf der Soldaten auf und ab gingen, ohne sie zu bemerken. Beim Einbruch der Nacht flohen sie schließlich vor Rauch und Feuer. In einem Garten stießen sie auf einen Soldaten, der ihnen zu verstehen gab, dass sie den Ort verlassen sollten. Die Eltern der Geschwister wie auch ihre Großmutter überlebten den Tag nicht.[34]

Ganz anders mit dem Massaker konfrontiert waren die Passagiere der Trambahn, die abends aus Limoges kommend Oradour erreichten. Die Bewohner Oradours und Reisende dorthin mussten den Zug verlassen, die Übrigen wurden mit der Trambahn nach Limoges zurückgeschickt. Jean Pallier, ein Eisenbahningenieur, war mit seinen Kollegen in einem LKW unterwegs und kam nach Oradour, weil er seine Frau und Kinder sehen wollte. Während seine Kollegen weiterfahren durften, musste sich Pallier den Trambahnpassagieren anschließen. Die Gruppe wurde zu einem Gefechtsstand gebracht, den die Einheit unweit Oradours eingerichtet hatte. Dort wurden sie erneut befragt und auf die Ankunft des „Kommandeurs" vertröstet. „Während unseres Aufenthalts beim Gefechtsstand", so berich-

---

[32] Armand Senon zitiert nach Fouché, Politique, S. 282.
[33] Vgl. Fouché, Oradour, S. 135; Fouché, Politique, S. 316 f.; ausführlich: Erkenbrecher, Studie, StA Do, 45 Js 2/11, 16. SB.
[34] Vgl. Fouché, Politique, S. 271–273.

tete Pallier, „haben die Soldaten, die uns bewachten und die alle Deutsche waren, unaufhörlich mit den Frauen gescherzt und eine Fröhlichkeit an den Tag gelegt, vergleichbar mit jener, die man empfindet, wenn man sich sehr vergnügt hat." Als der angekündigte Offizier eintraf, mussten sich die Männer in einer Reihe aufstellen, „wie vor einer Erschießung". Nach einer weiteren Prüfung ihrer Personalien wurden alle freigelassen. „Sie können von Glück reden", sagte ihnen ein Unteroffizier.[35]

Marguerite Rouffanche überlebte als Einzige das Massaker in der Kirche.[36] Mit fünf Familienmitgliedern, darunter ein Kleinkind, wurde sie von ihrem Hof außerhalb Oradours zum Marktplatz getrieben. Anschließend in die Kirche gebracht, wartete sie dort zusammen mit ihren beiden Töchtern, ihrem sieben Monate alten Enkel und mehr als 350 anderen Frauen und Kindern. Schließlich betraten Soldaten die Kirche und platzierten eine Kiste vor dem Altar, aus der sich nach einer Detonation beißender Rauch verteilte. Waren die Frauen und Kinder bis zu diesem Moment ruhig gewesen, brach nun Chaos aus. Alle versuchten, dem tödlichen Rauch zu entkommen. Madame Rouffanche flüchtete sich zusammen mit ihren zwei Töchtern in die Sakristei. Beide starben dort. Als die Soldaten begannen, durch die Sakristeifenster zu schießen, durchschlugen Kugeln die Halsschlagader ihrer jüngeren Tochter. Die zweite starb, als der von unten entzündete Sakristeiboden zusammenbrach und Frauen und Kinder in eine Feuerglut fielen. Vor dem Militärgericht Bordeaux beschrieb Madame Rouffanche 1953, dass ihre zweite Tochter bei lebendigem Leib verbrannte, und betonte, dies sei bei mehr als der Hälfte der Menschen in der Kirche der Fall gewesen. Ihr selbst gelang es, sich hinter den Altar zu flüchten, auf einen Fußschemel zu steigen, eines der Fenster zu erreichen und sich nach draußen zu stürzen. Die Rettung einer weiteren Frau und ihres Kleinkinds misslang. Diese, so Madame Rouffanche, sei ihr durch das Fenster gefolgt. „Sie hatte mir ihr Kind gereicht, doch ich konnte es nicht rechtzeitig auffangen."[37] Als sie bemerkte, dass um sie herum geschossen wurde, floh die Überlebende in einen Garten, wo sie sich, von fünf Kugeln getroffen, versteckte. Erst am Abend des 11. Juni 1944 wurde sie gefunden und in einen nahegelegenen Weiler gebracht.

Während die Ereignisse im Ort Oradour und dort vor allem die Tötungen in den zentralen Exekutionsorten viel Beachtung erfahren, wird oft vergessen, in welchem Ausmaß die Familien in den Weilern der Gemeinde von dem Massaker betroffen waren. Der 10. Juni 1944 war ein Samstag und zog damit auch Bewohner der umliegenden Dörfer in den Ort, etwa zum Einkaufen oder zum Friseurbesuch. Just an jenem Tag fand zudem die Tabakausgabe statt und es gab eine ärztliche Untersuchung in der Schule, weshalb sich die Kinder im Schulalter in Oradour aufhielten.[38] Die Familien der umliegenden Ortschaften verloren deshalb vor al-

---

[35] Vgl. Fouché, Oradour, S. 168–170.
[36] Zum Folgenden vgl. Fouché, Oradour, S. 138, 160 f.; Fouché, Politique, S. 334–338.
[37] Marguerite Rouffanche zitiert nach Fouché, Oradour, S. 161.
[38] Vgl. Farmer, Oradour, S. 33.

lem ihre Kinder.[39] Albert Valade hat die Geschehnisse und Erfahrungen in diesen Orten, insbesondere aber die Ereignisse in seinem Heimatort Le Mas-du-Puy eindringlich beschrieben. Er schilderte die ersten Gerüchte und Informationen über die Vorgänge in Oradour, die zunehmenden Sorgen der Mütter um ihre Kinder, ihren Entschluss, sie suchen zu gehen, die Geräuschkulisse, die aus dem Ort in die Weiler drang, den Anblick des lichterloh brennenden Dorfs, die Ankunft der ersten Überlebenden, die ersten Annäherungen an die Ruinen am Tag nach dem Massaker – und vor allem das lange, teils bis ans Lebensende und entgegen besseren Wissens andauernde Hoffen mancher Mütter auf die Rückkehr ihrer Kinder, ihr Aufbäumen gegen die schier unerträgliche Wahrheit. Von den 40 Einwohnern des Weilers Le Mas-du-Puy starben 14 im Massaker: ein Mann, fünf Frauen und acht Kinder zwischen sieben und elf Jahren. Auch in den anderen, nahezu 30 Weilern waren meist mehr Kinder als Erwachsene unter den Toten.[40]

Die Zeugnisse der Überlebenden sind vor allem Berichte darüber, wie sie dem Tod entkamen. Der Fokus derjenigen Zeugen, die erst nach dem Massaker nach Oradour kamen, liegt darauf, zu beschreiben, was sie dort vorfanden: ein Szenario des Grauens. Am frühen Morgen des 11. Juni 1944 betraten mehrere Männer die Ruinen Oradours auf der Suche nach den Vermissten. Jean Pallier hielt die verzweifelte Suche nach seiner Frau und seinen Kindern bereits wenige Tage nach dem Geschehen schriftlich fest.[41] Nach stundenlanger erfolgloser Suche im Ort und den umliegenden Weilern erfuhr er am späten Nachmittag, dass man in der Kirche die Leichname der Frauen und Kinder gefunden hatte. „Es gibt", so schrieb Pallier, „keine Worte um ein solches Gräuel zu beschreiben". Die meisten Leichen seien verkohlt gewesen, aber manche hätten, „obwohl sie zu Asche verbrannt waren, ein menschliches Aussehen bewahrt". In der Sakristei „hielten sich zwei kleine Jungen von zwölf oder dreizehn Jahren umschlungen, in einem letzten Aufbäumen gegen das Grauen vereint", im Beichtstuhl „saß ein kleiner Junge, der Kopf nach vorne gebeugt", in einem Kinderwagen „ruhten die sterblichen Überreste eines acht- oder zehnmonatigen Babys". Er habe nicht noch mehr davon ertragen können und sei „wie ein Betrunkener" gelaufen, als er Oradour verließ. Seine Frau und Kinder fand Jean Pallier nicht. Er verließ Oradour und später Frankreich, um im Ausland zu arbeiten.

Erst vier Tage nach dem Massaker kamen die ersten Rettungs- bzw. Bergungsgruppen nach Oradour. Einen Tag später, am 15. Juni 1944, traf ein Beamter der Gesundheitsbehörde ein und mit ihm knapp 150 Ersthelfer aus Limoges. Die teils verscharrten Leichen mussten gefunden, geborgen und bestattet werden, das tote

---

[39] Vgl. Farmer, Oradour, S. 39–41, 254 (Anm. 27). Von den 642 Getöteten hatten 393 in Oradour gelebt, 167 in eingemeindeten Weilern oder Dörfern, 33 stammten aus Limoges, 25 aus anderen Orten des Departements. Etwa 84 Tote waren Flüchtlinge, 44 aus dem Departement Moselle, sieben aus dem Elsass, 19 aus Spanien, drei aus Polen, sieben aus Italien.
[40] Vgl. Valade, Page, zu den Zahlen S. 105–113.
[41] Nachdem der Text zunächst anonym im Umlauf war, veröffentlichte eine Untergrundzeitung der *Résistance* Auszüge, eine weitere im Sommer 1944 den gesamten Bericht. Vgl. Fouché, Oradour, S. 262 (Anm. 83). Im Folgenden zitiert nach ebenda, S. 176–179.

Vieh war zu begraben, der Ort zu desinfizieren. Mehrere Tage arbeiteten die Helfer vor Ort.[42] 1953 wurde vor dem Militärgericht Bordeaux deutlich, womit die teils sehr jungen Helfer und Helferinnen konfrontiert waren. So berichtete René Touch im Zeugenstand, dass ihnen „die großen grünen Fliegen" als Anhaltspunkt für ein Massengrab dienten und dass im Seitenschiff der Kirche „die Aschenhöhe [wohl] fünfundsiebzig Zentimeter bis einen Meter betrug". Über Tage transportierten sie „waschkesselweise Asche" aus der Kirche, „von Leichen und wahrscheinlich auch von einigen Stühlen". Auf dem Kirchenboden seien „eine ganze Reihe von Leichen und Toten [gelegen], die die Deutschen nicht entfernt haben, weil sie auf dem Boden kleben geblieben waren, in etwa vergleichbar mit Fleisch, das wegen der Hitze am Boden eines Topfes hängen bleibt". Sie hätten sie „mit Spaten entfernt oder mit Stoffstücken" und „den Boden abgekratzt".[43]

Was die zitierten Berichte bereits erahnen lassen, wird im weiteren Verlauf der Studie noch deutlicher werden und eine wichtige Rolle spielen: Erfahrungen wie diese hatten tiefgreifende Folgen für das weitere Leben der Betroffenen.

2. Oradour nach dem Massaker

Die unmittelbare Zeit nach dem Massaker

Obwohl „mindestens 45 Personen, die direkt mit dem Massaker konfrontiert waren, überlebten", entstand und verbreitete sich schon früh die Vorstellung, alle Einwohner Oradours seien getötet worden.[44] Nicht nur in Lexikaeinträgen, selbst in der „offiziellen Publikation" des Hinterbliebenenverbands, deren Autoren die Überlebenden kannten und ihre Geschichten niederschrieben, heißt es, die Bevölkerung sei „ganz und gar vernichtet" worden.[45] Wer die Geschichte Oradours nach dem Massaker schreibt, wird sich der Problematik dieses Topos schnell bewusst. Denn von den Folgen des Massakers waren nicht nur die genannten Überlebenden betroffen, sondern auch die Hinterbliebenen, die zumeist in den 53 Weilern der Gemeinde lebten. Weitet man den Blick über den Ort Oradour auf die gesamte Gemeinde aus, so litten etwas mehr als 1000 Überlebende und Hinterbliebene unter den Folgen des Gewaltverbrechens.[46]

---

[42] Vgl. Farmer, Oradour, S. 43 f.
[43] Vernehmungsprotokoll René Touch, 29. 1. 1953, Übersetzung, StA Do, 45 Js 2/11, 10. SB, Bd. 8/2.10, Bl. 25–30.
[44] Vgl. Fouché, Oradour, S. 194 f., Zitat S. 193.
[45] Vgl. Fouché, Oradour, S. 194 f., Zitat im Original: Mansfrand/Pauchou, Oradour, S. 99. Beispiele für Lexikaeinträge bei: Fouché, Oradour, S. 16 f. Fouché erklärt diese Entwicklung damit, dass die Anzahl der Toten die Einwohnerzahl Oradours fast um das Zweifache überstieg und so gut wie alle Schulkinder getötet wurden.
[46] Diesen gemeindespezifischen Blickwinkel nehmen ein: Desourteaux/Hébras, Oradour, S. 173. 1936 lebten 1904 Einwohner in der Gemeinde, nur 330 davon in Oradour selbst. Vgl. Farmer, Oradour, S. 26. Dort auch die angegebene Zahl der Weiler. Fouché, Oradour, S. 195, spricht hingegen von 38 Weilern und 1093 Einwohnern für Ende 1944.

Hatten die überlebenden Einwohner Oradours neben Familienangehörigen und Freunden auch Besitz und Wohnraum verloren, war die Situation in den umliegenden Weilern eine andere. Deren Bewohner erlitten zumeist keinen materiellen Schaden, verloren aber Familienangehörige, Freunde und vor allem ihre Kinder im Massaker.[47] Das niedergebrannte Dorf bot den Überlebenden keine Bleibe mehr. Der überwiegende Teil von ihnen verließ zunächst den Ort bzw. die nähere Umgebung.[48] Die meisten Hinterbliebenen lebten zu diesem Zeitpunkt in den umliegenden Dörfern, in denen durch den Tod der 147 Schulkinder jede Familie von dem Massaker betroffen war.[49] War eine Identifizierung der Angehörigen möglich, konnten die Hinterbliebenen ihre Toten in Familiengruften beerdigen.[50] Dass Trauernde den Tod durch das sinnliche Erfassen des Leichnams *be-greifen* konnten, blieb jedoch eine Ausnahme.[51] Nur 52 Tote wurden identifiziert, alle anderen mussten in Sammelgräbern bestattet werden. Weitere sterbliche Überreste – große Mengen Asche und Knochenteile – wurden zunächst aufgehäuft, später in Kisten verwahrt und in einer provisorischen Kapelle untergebracht.[52] Die Unkenntlichmachung der Leichen, die von den Soldaten verbrannt, in Massengräbern verscharrt oder gar in einen Glutlöscher und Brunnen geworfen wurden, beeinträchtigte die Trauerarbeit der Hinterbliebenen dauerhaft.[53] So klagten Mütter darüber, nicht zu wissen, an welchem Sammelgrab sie für ihre verstorbenen Kinder beten sollten.[54] Auch die mit der Unkenntlichmachung einhergehende Ungewissheit über den Tod der Angehörigen konnte quälend sein, wie das Beispiel Maria Valades zeigt, die im Massaker unter anderem ihre Tochter Germaine verlor. Ihr Sohn Albert Valade glaubte rückblickend nicht, dass es den Schmerz seiner Eltern gemindert hätte, wäre der Leichnam seiner Schwester identifiziert und entsprechend beerdigt worden.[55] Seine Erinnerungen zeigen aber, dass der ausgebliebene Beweis für Germaines Tod die Trauer seiner Mutter beeinflusste:

---

[47] Nur aus einem Teil dieser Orte wurden die Einwohner nach Oradour getrieben und dort getötet. Nur ein Teil dieser durchkämmten Weiler wiederum wurde auch niedergebrannt. Vgl. Fouché, Oradour, S. 134; CMO, Comprendre, S. 79. Zu den Verlusten in den Weilern: Farmer, Oradour, S. 39–41. Zu den Zahlen der einzelnen Orte: Valade, Page, S. 105–113.

[48] Vgl. Farmer, Oradour, S. 88. Laut Farmer blieben in den ersten zwölf Monaten nach dem Massaker nur zwei Überlebende in unmittelbarer Nähe von Oradour.

[49] Vgl. Fouché, Oradour, S. 195.

[50] Vgl. Fouché, Oradour, S. 196.

[51] Für den Hinweis auf die Relevanz und den Begriff des *Be-greifens* im doppelten Sinn danke ich Stefanie Leister, Trauerbegleiterin (Institut für Trauerarbeit, ITA). Zu den negativen Auswirkungen auf den Trauerprozess, wenn der Leichnam der Verstorbenen nicht auffindbar oder nicht zu identifizieren ist, vgl. auch Fouché, Oradour, S. 181, sowie beispielsweise das Interview mit dem Trauerforscher Konrad Baumgartner: Johann Osel, „Trauer ist keine Krankheit", 11. 6. 2009, URL: http://www.sueddeutsche.de/panorama/airbus-opfer-gedenken-ohne-ort-trauer-ist-keine-krankheit-1.461346 [13. 7. 2016].

[52] Vgl. Fouché, Oradour, S. 181, 196. Von zwei, an anderen Stellen drei Sammelgräbern spricht Farmer, Oradour, S. 95, 149, 288 (Anm. 18).

[53] Vgl. Fouché, Politique, S. 15. Zu Brunnen und Glutlöscher vgl. Masfrand/Pauchou, Oradour, S. 64.

[54] Vgl. Farmer, Oradour, S. 95.

[55] Vgl. Interview der Verfasserin mit Albert Valade, 18. 10. 2007, Oradour-sur-Glane.

„In ihrer Verzweiflung klammerte sich Maria Valade an eine verrückte Hoffnung, von der sie doch wusste, das sie vergeblich war. Mitunter sagte sie: ‚Vielleicht haben sie Frauen verschont und nach Deutschland mitgenommen'. Als wir 1945 den Hof in Mas-du-Puy verließen, um wieder in der Gemeinde Veyrac zu wohnen, sagte sie zu unserer Nachbarin, Madame Clavaud: ‚Sollte Germaine zurückkommen …, sagen Sie ihr, dass wir in La Barre sind, sie kennt es gut. Wir wohnten vor dem Krieg dort.'"[56]

Abb. 1: Albert Valade (unten in der Mitte) mit seiner Schwester Germaine und deren Kindern Yves, Lucien, Edmond und Georgette (v. l. n. r.). Germaine, Edmond und Georgette wurden am 10. Juni 1944 in Oradour getötet.
(© Michelle Valade)

---

[56] Valade, Pages, S. 94.

Abb. 2: Albert Valade 2017 in seinem Haus im neuen Oradour
(© Karen Breece)

Bereits am 13. Juni 1944 übertrug die Präfektur dem ehemaligen Bürgermeister von Oradour-sur-Vayres, Louis Moreau, die Verwaltung der Gemeinde Oradour-sur-Glane. Ein provisorisches Bürgermeisteramt wurde in einem Haus in La Prade, unweit der Ruinen, eingerichtet.[57] Es war auch der Tagungsort der im September 1944 gegründeten *Association des Sinistrés et Rescapés d'Oradour-sur-Glane* (ASRO).[58] Vorsitzender des Vereins war Hubert Desourteaux, Sohn des im Massaker getöteten Bürgermeisters von Oradour, Paul Desourteaux.[59] Ziel des Verbands war es, seine Mitglieder über ihre Rechte beim Wiederaufbau zu informieren und sie bei der Durchsetzung dieser und anderer Ansprüche zu unterstützen.[60] Doch Oradour war zu diesem Zeitpunkt, das heißt drei Monate nach dem Massaker, schon keine rein lokale Angelegenheit mehr.

---

[57] Vgl. Desourteaux/Hébras, Oradour, S. 173. Laut Valade, Oradour, S. 17, wurden die Weiler verwaltungstechnisch zunächst den umliegenden Gemeinden angegliedert.
[58] Vgl. Meyer, Wandel, S. 319 f.
[59] Vgl. Farmer, Oradour, S. 90, 266 (Anm. 20); Masfrand/Pauchou, Oradour, S. 142.
[60] Vgl. ASRO, Statuts, 16. 9. 1944, ACMO, 5 FP 1.

Oradour: Vom Ort zum Symbol

Binnen weniger Wochen verbreitete sich die Nachricht von dem Massaker in Frankreich und über seine Grenzen hinaus.[61] Zwar war Oradour bei Weitem nicht das einzige *village martyr* im Hexagon, auch in anderen Orten waren Frauen und Kinder getötet, Häuser niedergebrannt, Kirchen geschändet worden. Doch das Massaker in Oradour stach hervor, durch die Gleichzeitigkeit der genannten Verbrechen, sein Ausmaß sowie die Ruinenlandschaft, bei der kaum an einen Wiederaufbau zu denken war. Sarah Farmer hat darauf hingewiesen, dass diese Faktoren zwar erklären könnten, warum gerade Oradour sich zu *dem* Märtyrerdorf Frankreichs eignete, zum Ort eines „nationalen Gedenkens". *Was* Oradour allerdings symbolisieren sollte, das sei dadurch keineswegs festgelegt gewesen.[62]

Ein Symbol der „abscheulichen deutschen Barbarei" waren die Ruinen Oradours für Pierre Masfrand, und ihre Erhaltung sollte der „Warnung an die nachfolgenden Generationen" dienen.[63] Masfrand, der eine zentrale Rolle beim Wandel der Ruinen zu einem nationalen Mahnmal spielte, war Arzt im wenige Kilometer von Oradour entfernten Rouchechouart und vom Massaker selbst nicht betroffen.[64] Hatte die ASRO in ihren Statuten den Wiederaufbau Oradours als Ziel formuliert,[65] so war seine Intention eine ganz andere. Im September 1944 wurde Masfrand vom Präfekt des Departements zum „Konservator der Ruinen" ernannt und mit seinem Antrag, die Ruinen unter Denkmalschutz zu stellen (*classement comme monument historique*), war er der erste, der um eine offizielle Intervention ansuchte.[66] Neben der ASRO entstanden in den Monaten nach dem Massaker mehrere „Erinnerungskomitees" (*comités du souvenir*), die sich der Zukunft Oradours annehmen wollten. Ein Zusammenschluss – exklusive der ASRO – führte zur Gründung des offiziellen *Comité du Souvenir*, das wiederum ein *Comité actif de conservation des ruines et de création d'un sanctuaire à Oradour-sur-Glane* ins Leben rief.[67] Die Zusammensetzung des *Comité actif* kann als „Ausdruck offizieller Anteilnahme" und Zeichen des frühen staatlichen Agierens hinsichtlich des Gedenkens in Oradour interpretiert werden: Unter dem Vorsitz des Unterpräfekten von Rochechouart, Guy Pauchou, zählte es unter anderem Pierre Masfrand, mehrere Repräsentanten staatlicher und religiöser Instanzen wie auch „Angehörige von Vereinigungen der *Libération* und der *Résistance*" zu seinen Mitgliedern.[68] Deren Engagement und die Tatsache, dass nur wenige Bewohner Oradours überlebt und diese den Ort nach dem Massaker verlassen hatten – nur vier Mitglieder

---

[61] Vgl. Farmer, Oradour, S. 48–50.
[62] Vgl. Farmer, Oradour, S. 68–74.
[63] Zitiert nach Farmer, Oradour, S. 91, im Original: „d'enseignement aux générations de l'avenir".
[64] Vgl. Farmer, Oradour, S. 91; Fouché, Politique, S. 64.
[65] Vgl. Meyer, Wandel, S. 357.
[66] Vgl. Farmer, Oradour, S. 91. Zu Masfrand vgl. auch Fouché, Oradour, S. 219.
[67] Vgl. zur komplexen Lage der verschiedenen Verbände Meyer, Wandel, S. 319–322.
[68] Vgl. Meyer, Wandel, S. 321.

Abb. 3: *Luftbild der Ruinen Oradours, Datum unbekannt.* Zu sehen ist die Mauer, die den unter Denkmalschutz gestellten Bereich abgrenzt, sowie in der Mitte der oberen Bildhälfte der Friedhof Oradours, der durchgehend in kommunalem Besitz blieb.
(Ministère de la Culture, France, Médiathèque de l'architecture et du patrimoine, Vertrieb RMN-GP, AP87HN0224/Fotograf: Roger Henrard)

des *Comité du Souvenir* stammten aus Oradour –, führte jedoch auch dazu, „dass die lokale Bevölkerung bei der ursprünglichen Initiative zur Umwandlung Oradours in eine Gedenkstätte nur eine untergeordnete Rolle spielte".[69] Oder um es mit den Worten Jean-Jacques Fouchés zu sagen: „Die Zukunft des Orts entgleitet seinen Bewohnern."[70]

Masfrands Plan für die Zukunft des zerstörten Oradour sah die Klassifizierung der Ruinen als *monument historique* und den Bau eines neuen Oradour vor.[71] Darüber hinaus sollte unter anderem ein Museum errichtet werden, um die in den Ruinen gefundenen Gegenstände auszustellen. Masfrand war überzeugt, dass der nachhaltigste Eindruck durch eine emotionale Wirkung erreicht werden könne,

---

[69] Vgl. Farmer, Oradour, S. 90 f., Zitat S. 91. Bei den vier Mitgliedern handelte es sich um den lokalen Bürgermeister, Louis Moreau, den Vorsitzenden der ASRO, Hubert Desourteaux, M. Besson und Martial Machefer. Als Sekretäre des Komitees arbeiteten Jean-Marcel Darthout und Jeanne Montazeaud. Sofern es sich bei dem genannten „M. Besson" um Robert Besson handelte, waren alle außer Louis Moreau Überlebende des Massakers. Vgl. Bélivier/Sadry, Oradour, S. 43

[70] Fouché, Oradour, S. 220.

[71] Hierzu und zum Folgenden vgl. Farmer, Oradour, S. 91–96.

und von dieser Vorstellung waren seine Ideen geprägt. So schwebte ihm vor, das Leben im Ort vor dem Massaker in den Ruinen quasi in Szene zu setzen, etwa durch Küchenutensilien, die an ihren ursprünglichen Platz zurückgestellt würden. Er schlug, so Sarah Farmer, „nichts Geringeres" vor, als „einen vergangenen Moment – den Tag nach dem Massaker – zu rekonstruieren und im wörtlichen sowie übertragenen Sinne zu versteinern. Die Überreste Oradours wären so ein dauerhaftes Gedenken an das Massaker."[72]

Zunächst stuften Vertreter der zuständigen Ministerien das Vorhaben als nicht realisierbar ein und versuchten, seine Umsetzung zumindest zu begrenzen. Doch schließlich wurde Masfrands Plan weitgehend umgesetzt. Verzichtet wurde auf einige sehr unkonventionelle Anregungen, allem voran der Vorschlag, an den Wochenenden Feuer und Rauch aus der Kirchturmspitze aufsteigen zu lassen.[73] Masfrands Ideen aber wirken bis heute nach. Die Besucher der Ruinen Oradours betrachten noch immer erstaunt und betroffen die vom Rost geröteten Suppenkellen, Schürhaken und Nähmaschinen, die an ihre „ursprünglichen" Orte in den Häuserresten (zurück-)gestellt wurden.

Am 28. November 1944 beschloß das Kabinett der Interimsregierung unter Charles de Gaulle, Oradour solle unter den „besonderen Schutz der Regierung" gestellt werden.[74] Es sollte „von nun an für die gesamte Nation stehen".[75] Eineinhalb Jahre später – inzwischen hatte de Gaulle Oradour besucht und zum „Symbol dessen, was dem Vaterland selbst geschehen ist", erklärt[76] – wurden die Beschlüsse vom November 1944 ausgedehnt. Hatten diese vorgesehen, die Kirche unter Denkmalschutz zu stellen und den Rest der Ruinen als historischen Ort (*site historique*) zu klassifizieren,[77] so beschloss die *Assemblée nationale* 1946 per Sondergesetz, dass die Ruinen in ihrer Gesamtheit zum *monument historique* erklärt und ein neues Oradour gebaut werden sollte.[78] Als der französische Staatspräsident Vincent Auriol 1947 zum dritten Jahrestag des Massakers nach Oradour reiste, legte er dort den Grundstein des neuen Dorfs.[79] In der Begründung des Sondergesetzes von 1946 war ausgeführt worden, was dieser neue Ort darstellen sollte: „neben dem Sinnbild des geschundenen Frankreich, jenes des wieder aufblühenden".[80] Diese hoch symbolische Formulierung zeigt, dass das staatliche Ja zum Erhalt der Ruinen und zum nationalen Gedenken des Massakers weit über die lokalen Absichten hinaus zielte: Oradour sollte nicht nur Zeuge der „abscheulichen deutschen Barbarei" sein, sondern auch Sinnbild des Leidens der Nation während des Kriegs.

---

[72] Farmer, Oradour, S. 94.
[73] Vgl. Farmer, Oradour, S. 96–100.
[74] Zitiert nach Farmer, Oradour, S. 100.
[75] Farmer, Oradour, S. 100.
[76] Zum Besuch de Gaulles vgl. Farmer, Oradour, S. 104–108, Zitat nach ebenda, S. 106.
[77] Vgl. Farmer, Oradour, S. 100.
[78] Vgl. Farmer, Oradour, S. 115.
[79] Vgl. Essaian/Fouché, Construction, S. 2, 14.
[80] Zitiert nach Farmer, Oradour, S. 115.

Vom Leben im *village provisoire* bis zur Fertigstellung des neuen Oradour: 1945–1953

Im Frühjahr 1945 richtete das französische Ministerium für Wiederaufbau unweit der Ruinen und nahe des provisorischen Bürgermeisteramts Holzbaracken ein. Das provisorische Dorf, das *village provisoire*,[81] bot bescheidenen Wohnraum für Überlebende und Hinterbliebene. Neben dem Bürgermeisteramt entstanden dort weitere öffentliche Einrichtungen, wie Post und Schulen, sowie einige Geschäfte.[82] Auch kommunalpolitisch änderte sich die Situation im Frühjahr 1945, als Oradour bei den ersten Kommunalwahlen nach dem Massaker mit Aimé Faugeras einen kommunistischen Bürgermeister und seine Liste wählte. Die wichtige Rolle, die die Kommunisten in der *Résistance* gespielt hatten, trug zu ihrem Wahlerfolg in weit mehr als der Hälfte aller Kommunen des Departements Haute-Vienne bei. In Oradour, wo 1915–1939 ein Sozialist das Bürgermeisteramt bekleidet hatte, war der Erfolg der Kommunisten ein Novum, auch ermöglicht durch den Tod der beiden „traditionellen Kandidaten" im Massaker.[83] Eine weitere, für die Zukunft Oradours bedeutende Änderung war im März 1945 der Zusammenschluss der ASRO mit dem *Comité du Souvenir* zur *Association Nationale des Familles des Martyrs d'Oradour-sur-Glane* (ANFM), die im Verständnis ihrer Gründer fortan „die einzige Vereinigung der Familien" war, die das Recht zur „Verteidigung und Geltendmachung der immateriellen und materiellen Ansprüche von Überlebenden" hatte. Aktives Mitglied konnten „natürliche oder juristische Personen" werden, „die durch eine kriegerische Handlung Sach-, Immobilien- oder immaterielle Schäden auf dem Gebiet der Gemeinde Oradour-sur-Glane erlitten haben und Leistungen nach den geltenden Gesetzen erhalten können". Was materielle Schäden anbelangt, so waren alle Personen zugelassen, die „Sach- oder Immobilienschäden" erlitten hatten. Bei den „immateriellen Schäden" war die Bedingung, in direkter oder indirekter Linie mit einem Opfer verwandt gewesen zu sein. Zugelassen waren demnach „Ehepartner, Eltern, Nachkommen, Brüder oder Schwestern und deren Ehepartner". Nur in Ausnahmefällen wurden auch Großeltern von Opfern akzeptiert, nämlich „wenn es keine der in der obenstehenden Liste genannten Personen gab".[84] In den ersten Jahren seines Bestehens sah sich der Verband vor allem mit folgenden „großen Problemen" konfrontiert: „im Bereich der materiellen Fragen die gegenseitige soziale Unterstützung [*entr'aide sociale*], die den Kriegsopfern zu-

---

[81] Ich übernehme diesen Begriff von Valade, Oradour, u. a. S. 20.
[82] Vgl. Farmer, Oradour, S. 203 f.; Valade, Oradour, S. 20–27. Dort auch eine, wenngleich unvollständige, Liste der Bewohner des *village provisoire*.
[83] Vgl. Farmer, Oradour, S. 197 f., Zitat S. 198; Valade, Oradour, S. 23. Unter der Vichy-Regierung war der sozialistische Bürgermeister Oradours, Joseph Beau, 1941 durch Paul Desourteaux ersetzt worden. Vgl. Fouché, Oradour, S. 107 f.
[84] ANFM, Statuts. Revus et corrigés après la réunion de bureau du 20 janvier 1945, 11. 3. 1945, Privatunterlagen Benoît Sadry. Erst 2001 änderten sich die Bedingungen für eine Mitgliedschaft wesentlich. Vgl. hierzu Kapitel VI.2.7, Abschnitt „Wer ist Oradour? Differenzierung, Konkurrenzen, Repräsentanz".

stehenden Entschädigungen, die Kriegsschäden und der Wiederaufbau; auf der immateriellen Ebene das ehrende Gedenken an die Opfer und die Bestrafung der Schuldigen".[85] Gemeinsam war diesen Aufgabenfeldern nicht nur ihr Konfliktpotenzial. Wenn auch in unterschiedlicher Ausprägung, so war das Jahr 1953 doch in allen drei Bereichen eine Zäsur.

Dies galt im weiten Feld der „materiellen Fragen" für den Bau des neuen Oradour, der 1947 unweit der Ruinen begann. Zwei Jahre später teilte man den künftigen Eigentümern mit, dass die zur Verfügung stehenden Entschädigungssummen für die vom französischen Staat geplanten und sich bereits im Bau befindlichen Wohnhäuser nicht ausreichten. Bei einem Abschluss der vorgesehenen Bauarbeiten müssten sie die Mehrkosten tragen. Die meisten Häuser wurden wie geplant abgeschlossen, das Gros der Betroffenen weigerte sich jedoch, die Ausgleichszahlung zu leisten. Eine Zäsur war das Jahr 1953 dahingehend, dass die Baumaßnahmen in diesem Jahr abgeschlossen waren und die langwierigen Verhandlungen um die ausstehenden Schulden begannen.[86] Entlang ganz anderer Konfliktlinien verlief bis 1953 das Problem hinsichtlich des Gedenkens. Die ANFM beschäftigte sich in diesen Jahren viel mit gestalterischen und baulichen Fragen, etwa im Hinblick auf die Ruinen Oradours, die Errichtung eines Denkmals für die getöteten Kinder oder den Friedhof.[87]

Bis 1953 waren lokale und nationale Interessen bezüglich des Gedenkens gut vereinbar.[88] Allerdings bedeutete der Beginn des Kalten Kriegs das Ende des „Gedenkkonsenses" der Jahre 1945–1947 mit der kommunistischen Partei.[89] Mit Unterstützung der *Parti communiste français* (PCF) organisierte die kommunistische Gemeindeleitung Oradours 1948 erstmals eine eigene Gedenkveranstaltung, während die Abgeordneten anderer Parteien sowie die Würdenträger verschiedener gesellschaftlicher Bereiche an der Gedenkfeier der ANFM teilnahmen.[90] Die getrennten Zeremonien und die damit einhergehende Gegnerschaft zwischen Hinterbliebenenverband und Gemeindeleitung blieb bis 1953 bestehen. Kommunistische Gemeindeleitung und PCF nutzten ihre Gedenkveranstaltungen als Podium für politische Anliegen lokaler und nationaler Natur: Sie forderten die Verurteilung der Täter des Massakers, attackierten die Politik der Regierung, warben für den Weltfrieden und wetterten gegen Atomwaffen und die Wiederbewaffnung der

---

[85] ANFM, Assemblée générale, 22. 2. 1948, Compte rendu moral, ACMO, 5 FP 2.
[86] Vgl. hierzu Kapitel V.1, Abschnitt „Der Bau des neuen Oradour". Unter dem Titel „Reconstruire Oradour" hat das *Archives départementales* der Haute-Vienne eine beeindruckende online zugängliche Bilderreihe zusammengestellt. Vgl. URL: http://archives.haute-vienne.fr/r/82/reconstruire-oradour/ [1. 4. 2021].
[87] Vgl. Protokolle der Mitgliederversammlungen und Tätigkeitsberichte der ANFM 1945–1952, ACMO, 5 FP 2 und 5 FP 3.
[88] Vgl. Farmer, Oradour, S. 80.
[89] Vgl. Reberioux, Commémorer, S. 157.
[90] Hierzu und zum Folgenden: Fouché, Oradour, S. 24 f., 210 f., 222–224; Reberioux, Commémorer, S. 157–159; Farmer, Oradour, S. 198–202; Meyer, Wandel, S. 295–299; Plas, Oradour, S. 335.

Bundesrepublik. „Die PCF", so Jean-Jacques Fouché, „benutzte den Namen Oradour in den ersten Jahren des Kalten Kriegs unentwegt".[91] Die ANFM mochte manche dieser Positionen teilen,[92] doch in ihren Augen „pervertierten die politischen Diskurse die Bedeutung des Gedenkens, indem sie von der ausschließlichen Würdigung der Opfer ablenkten".[93] Schon 1948 hatte der Verband als Reaktion auf das „Zuviel an Reden" den stillen Ablauf seiner Gedenkfeier am 10. Juni eingeführt.[94] Dass das doppelte Gedenken 1953 ein Ende nahm, hing unmittelbar mit der strafrechtlichen Ahndung des Massakers zusammen, die die ANFM in diesen Jahren nicht minder beschäftigte.[95]

In welcher Ausprägung auch immer, die Forderung nach der Bestrafung der Täter war dem Massaker unmittelbar gefolgt.[96] Sarah Farmer spricht zumindest für die ersten Jahre davon, dass „das Anliegen, die Täter des Massakers zu finden und zu bestrafen", der „wichtigste Antrieb der Hinterbliebenen" geworden sei.[97] Über die vom Massaker betroffenen Familien hinaus konstatiert Henning Meyer ein „Postulat der Ahndung des Verbrechens" in verschiedenen öffentlichen Äußerungen zu Oradour und dabei über Partei- und Regimegrenzen hinweg. Die Ansprachen beim ersten Jahrestag des Massakers zeigen ihm zufolge weiterhin, „dass dieses Postulat Teil des Gedenkkonsenses von Oradour war".[98] Bis 1953 unternahm die ANFM zahllose Schritte, um die Täter vor Gericht zu sehen.[99] Sie inter-

---

[91] Fouché, Oradour, S. 223.
[92] Vgl. hierzu unten.
[93] Fouché, Oradour, S. 210.
[94] Vgl. Fouché, Oradour, S. 210.
[95] Aus der Phase der doppelten Gedenkfeierlichkeiten sind jene des Jahres 1949 besonders erwähnenswert. Im Vorfeld kam es zwischen ANFM und Gemeinderat zum Streit über die geplante Verleihung des *Croix de la Legion d'Honneur* für Oradour. Der Gemeinderat sprach sich mit Verweis auf die noch nicht erfolgte Bestrafung der Täter gegen die Auszeichnung aus, die ANFM hingegen entschied, sie am 10. 6. 1949 entgegenzunehmen. Der Gemeinderat rief daraufhin mit prominenter Unterstützung zu einer zweiten Gedenkfeier am 12. 6. 1949 auf. Neben namhaften Personen wie dem Nobelpreisträger Frédéric Joliot-Curie kamen schätzungsweise 10 000 Menschen nach Oradour. In diesem Rahmen entstand das sogenannte *Livre d'Or d'Oradour*, darin u. a. Zeichnungen, Texte, Autogramme von Künstlern, Schriftstellern, Intellektuellen etc. (darunter Pablo Picasso und Louis Aragon). Vgl. Fouché, Oradour, S. 24 f.; Meyer, Wandel, S. 296 f. Vgl. auch den Ausstellungskatalog Fouché, Livre.
[96] So endet der wenige Tage nach dem Massaker verfasste Bericht Jean Palliers mit dem Satz: „Möge die Gerechtigkeit Gottes und die der Menschen ein solches Verbrechen angemessen bestrafen und all jene rächen, die – über 1000 an der Zahl – dieser furchtbaren Gräueltat zum Opfer fielen." Sur les ruines de la moral: Oradour-sur-Glane, in: Les Lettres Françaises, Numero special, 1. 8. 1944, ACMO, 1 FP 7. Zur Redaktion des Berichts vgl. Fouché, Oradour, S. 179. Konkrete Forderungen und Vokabular variierten in öffentlichen Reden und Stellungnahmen von Hinterbliebenen, Repräsentanten der ANFM oder der Bürgermeister Oradours. So war von „Gerechtigkeit widerfahren lassen" (*faire justice*) ebenso die Rede wie von „Rache". Zum Teil wurde die Verurteilung und Bestrafung der Täter am Ort des Verbrechens gefordert. Beispiele nennen: Farmer, Oradour, S. 107, 166, 181 f.; Fouché, Oradour, S. 224; Meyer, Wandel, S. 296.
[97] Farmer, Oradour, S. 81.
[98] Vgl. Meyer, Wandel, S. 299.
[99] Hierzu und zum Folgenden vgl. Protokolle der Mitgliederversammlungen und Tätigkeitsberichte der ANFM, ACMO, 5 FP 2 und 5 FP 3.

venierte bei den verschiedenen französischen Staatspräsidenten und Ministern mit Schreiben und Delegationen, mobilisierte die regionalen Abgeordneten und die Medien. Der Verband stand in Kontakt mit den französischen Ermittlungsbehörden und war über den Fortgang der Ermittlungen bis in Einzelheiten informiert. Unterstützt wurde der Verband von seinem Anwalt, Gaston Charlet, ehemaliger Deportierter, Sozialist, Senator und stellvertretender Bürgermeister von Limoges.[100] Mehrmals erläuterte Charlet den Mitgliedern der ANFM die juristischen und politischen Schwierigkeiten des anstehenden Prozesses und bereitete sie bereits 1951 darauf vor, dass ihre Erwartungen wohl enttäuscht werden würden: „Der Prozess wird stattfinden, das steht außer Frage; doch ich bin überzeugt, dass Ihnen schwer ums Herz sein wird, wenn Sie das Urteil hören."[101]

1953 als zentrale Zäsur

Charlet lag nicht falsch mit seiner Einschätzung, doch am Ende des Oradour-Prozesses war es den Überlebenden und Hinterbliebenen des Massakers mehr als nur „schwer ums Herz". Der Prozess wurde zur Chiffre für ihr „zweites Martyrium", zum zweiten kollektiven Trauma Oradours.[102] Nur 21 Soldaten, darunter kein Offizier, standen vor Gericht, aber das zentrale Problem war ein anderes: Zwei Drittel der 21 Angeklagten waren Franzosen, konkreter Elsässer, die die Nationalsozialisten (mit einer Ausnahme) in Wehrmacht und Waffen-SS zwangsrekrutiert hatten. Von Beginn an war die Frage ihrer strafrechtlichen Behandlung ein wesentlicher Aspekt des Prozesses. Nach ihrer Verurteilung erhob sich im Elsass ein Proteststurm solchen Ausmaßes, dass die *Assemblée nationale* die französischen Zwangsrekrutierten aus Gründen der Staatsraison amnestierte. Wie traumatisch diese Amnestie für die Überlebenden und Hinterbliebenen des Massakers war, zeigt eine Formulierung wie „zweiter Tod Oradours", die Eingang in das lokale kollektive Gedächtnis fand.[103] Auch die Bedeutungszuschreibung einer Zeitenwende, die Einteilung der Zeit in ein „vor" und „nach" dem Prozess, zeugt von dessen enormer Bedeutung.[104] Dabei hat Guillaume Javerliat zu Recht darauf hingewiesen, dass die Amnestie die Erinnerung an das zuvor gesprochene Urteil gänzlich überlagerte.[105] Eindrucksvoll zeigt sich dies in einer Erinnerung von Robert Hébras, dessen Formulierung selbst die deutschen Verurteilten in die Amnestie einschließt:

---

[100] Charlet vertrat die ANFM bis in die 1950er Jahre. Vgl. Fouché, Oradour, S. 255 (Anm. 10).
[101] ANFM, Assemblée générale, 4. 3. 1951, Procès-verbal, ACMO, 5 FP 2.
[102] Unter den zahlreichen Studien zum Prozess sei hier v. a. verwiesen auf: Fouché, Politique; Javerliat, Bordeaux. Zitat: Farmer, Oradour, S. 194.
[103] Vgl. Javerliat, Bordeaux, S. 58 f., Zitat S. 59. Albert Valade spricht von einem „zweiten Mord", Valade, Oradour, S. 55.
[104] Vgl. Farmer, Oradour, S. 196.
[105] Vgl. Javerliat, Bordeaux, S. 58 f., der sich hierbei nur auf ein Interview bezieht. Farmer, Oradour, S. 88, konstatiert ähnliches für die Erinnerungen an die frühe Nachkriegszeit.

„Ich erfuhr von dem Urteil in der Radiosendung von Frédéric Pottecher. Die verhängten Strafen kamen mir in Anbetracht des Verbrechens sehr mild vor. Große Enttäuschung und ein Gefühl des Unrechts gegenüber den Opfern ergriffen mich. Doch das Schlimmste war, als ich einige Tage später von dem Ausnahmegesetz erfuhr, das im Namen der Wiederherstellung der nationalen Einheit erlassen worden war: Alle Angeklagten wurden ganz einfach ... amnestiert. Sie waren alle unschuldig!"[106]

Der tiefgreifende Einschnitt, als der der Prozess und die Amnestie in Oradour erinnert werden, rührt nicht nur von den Ereignissen selbst, sondern auch von den darauffolgenden Reaktionen und Auswirkungen. Dabei ist ein Neben- und Nacheinander von offensiven und „depressiven" Aspekten erkennbar. Die unmittelbaren, offensiven Reaktionen lassen sich mit den Schlagworten Zurückweisung, Ausgrenzung, Denunziation, (Wieder-)Aneignung und Kontrolle beschreiben.[107] Die Menschen in Oradour „holten sich zurück, was man ihnen genommen hatte, die Erinnerung an das Massaker, sein Narrativ und seinen Ort".[108] Sie verweigerten sich jeder weiteren Instrumentalisierung ihres Leidens und „,säuberten' die Erinnerung an das Drama, indem sie die Spuren der sukzessiven Instrumentalisierungen tilgten".[109] Konkret hieß dies, dass ANFM und Gemeindeleitung die vom französischen Staat erhaltenen Auszeichnungen – *Legion d'Honneur, Croix de Guerre* sowie eine Erinnerungsplatte de Gaulles – zurückgaben. Ebenso wies der Verband die Krypta zurück, die der Staat auf dem Gelände des *monument historique* errichtet hatte und in der die sterblichen Überreste der nicht identifizierten Opfer ihre letzte Ruhestätte hätten finden sollen. Die ANFM sorgte dafür, dass das Bild de Gaulles in den Neuauflagen einer von ihr vertriebenen Broschüre nicht mehr aufgenommen wurde. Darüber hinaus schlossen Verband und Gemeinderat den französischen Staat aus dem Gedenken Oradours aus, indem sie entschieden, keine Staatsrepräsentanten mehr zu den Gedenkfeierlichkeiten des 10. Juni einzuladen. Gleichzeitig brandmarkte man die amnestierten Elsässer sowie alle Abgeordneten und Senatoren, die für deren Amnestie gestimmt hatten, öffentlich. Ihre Namen wurden für alle Besucher der Ruinen sichtbar auf Schildern an den Eingängen des alten Oradour aufgelistet.[110]

Die Zäsur von 1953 wird teilweise als Bruch Oradours respektive der ANFM mit der französischen Regierung und ihren Repräsentanten beschrieben.[111] Doch es handelte sich nicht um einen Abbruch jeglicher Kontakte und Kommunikation.

---

[106] Desourteaux/Hébras, Oradour, S. 158. Ignoriert wird dabei auch, dass die Amnestie nur die zwangsrekrutierten Franzosen umfasste. Vgl. zur Erinnerung an Urteil und Amnestie auch Kapitel IV.2.3, Abschnitt „Gnadenbemühungen".
[107] Zum Folgenden: Fouché, Politique, S. 467–476; Fouché, Déception, S. 198 f.; Fouché, Oradour, S. 232, 240 f.; Farmer, Oradour, S. 194, 202, 204 f.
[108] Fouché, Déception, S. 198.
[109] Fouché, Déception, S. 198.
[110] Ausführlich zu den Schildern: Fouché, Politique, S. 468–471; Fouché, Oradour, S. 232; Plas, Oradour, S. 336 f. Ebenfalls aufgelistet wurden die Namen derjenigen, die in der *Assemblée nationale* der Änderung der „Lex Oradour" zugestimmt hatten. Vgl. zum Gesetz und zu seinen Folgen Kapitel IV.1, Abschnitt „Der Prozess aus französischer Sicht".
[111] Vgl. etwa Plas, Oradour, S. 336; ähnlich: Farmer, Oradour, S. 204.

Wenn Oradour auch mit dem französischen Staat brach, was das *Gedenken* an das Massaker anbelangt, so blieb der Kontakt in anderen, mit dem Massaker zusammenhängenden Bereichen bestehen. Gemeinde und ANFM verhandelten weiter mit den staatlichen Behörden bezüglich Wiederaufbau, Ausgleichszahlungen und Pensionen.[112] Auch was das *Maison du Souvenir* anbelangt, blieb der Hinterbliebenenverband mit staatlichen Stellen in Kontakt, die die Gestaltung des Museums finanziell unterstützten. Darüber hinaus wandte sich die ANFM weiterhin direkt an den französischen Staatspräsidenten und andere Regierungsvertreter, wenn sie staatliche Unterstützung für ihre Interessen suchte. Prozess, Urteil und Amnestie wirkten allerdings negativ auf diese Kontakte ein.[113]

Das Pendant zum Ausschluss des Staates war eine (Wieder-)Aneignung des Gedenkens an das Massaker. Formal fand diese ihren Ausdruck zum einen im Beschluss der ANFM, ein eigenes Grabmal für seine Toten zu errichten. Nicht im Denkmalbereich, wo die staatliche Krypta errichtet worden war, sondern auf dem lokalen Friedhof, der nach wie vor in kommunalem Besitz war.[114] Zum anderen zog der Hinterbliebenenverband die Kontrolle der Gedenkfeiern an sich.[115] Als gute zwei Monate nach der Amnestie die Bewohner Oradours bei den Lokalwahlen von ihrem Stimmrecht Gebrauch machten, erlangte die Kontrolle der ANFM eine weitere, dritte Dimension. Der Instrumentalisierung Oradours durch den PCF müde und enttäuscht von Bürgermeister Faugeras Verhalten während des Prozesses in Bordeaux, beendeten die Wähler seine Amtszeit. Eine von Sozialisten und Gaullisten gemeinsam aufgestellte „Liste zur Verteidigung der Interessen der Gemeinde und der Opfer von Oradour-sur-Glane" mit Jean Brouillaud an ihrer Spitze gewann die Wahlen. Seit 1945 war Brouillaud, der im Massaker seine Eltern verloren hatte, Präsident der ANFM und kumulierte nun beide Ämter.[116] Hinterbliebenenverband und Gemeinde sprachen „mit einer Stimme".[117] Sowohl im Verband wie auch im Gemeinderat wurden Maßnahmen zur Entpolitisierung Oradours ergriffen. Für die Mitglieder des Gemeinderats galten Restriktionen hin-

---

[112] Fouché, Politique, S. 471, weist auf diese Kontakte zwischen Gemeinde und Staat hin. Die Tätigkeitsberichte und Protokolle der Mitgliederversammlungen der ANFM zeigen, dass auch der Verband in diesen Fragen weiterhin mit staatlichen Behörden in Kontakt stand.
[113] Vgl. Essaian/Fouché, Construction, S. 5. Die Autoren beziehen sich in ihrem Urteil allein auf die Kontakte im Rahmen der Entschädigungsfragen. Meines Erachtens ist diese Feststellung auf die anderen Bereiche auszudehnen. So heißt es im Sitzungsprotokoll der ANFM-Mitgliederversammlung von 1969, nachdem auf eine Intervention für die strafrechtliche Verfolgung des Massakers u. a. gegenüber dem französischen Präsidenten hingewiesen worden war: „Wenn es von Nutzen ist, werden die Gründe dieser Maßnahmen durch die eventuelle Verbreitung in der Presse öffentlich gemacht, denn es ist die oberste Pflicht des Verbands, über die Achtung des Gedenkens an die Opfer des 10. Juni zu wachen, an ihr Opfer zu erinnern und an die Umstände, unter denen der Prozess in Bordeaux eröffnet und das Amnestiegesetz verabschiedet wurde." ANFM, Assemblée générale, 30. 3. 1969, Procès-verbal, ACMO, 5 FP 3.
[114] Zur wichtigen Bedeutung des Friedhofs vgl. Farmer, Oradour, S. 147–150.
[115] Vgl. Fouché, Oradour, S. 232.
[116] Vgl. Farmer, Oradour, S. 202 f.; Valade, Oradour, S. 56 f.
[117] Vgl. Fouché, Politique, S. 475 f., Zitat S. 476.

sichtlich ihres parteipolitischen Engagements, Reden in den Ruinen und auf dem Rathausbalkon wurden verboten, politische Diskussionen während der Sitzungen des Gemeinderats und des Hinterbliebenenverbands untersagt.[118] Das Verbot öffentlicher Veranstaltungen im alten Oradour zielte dabei in erster Linie auf das Ende jedweder kommunistischen Manifestation.[119]

Mindestens ebenso bedeutsam wie die formale Kontrolle über das Gedenken war die Gestaltung der Gedenkfeiern, und dass sich die *communauté d'Oradour* auf das Gedenken an das Massaker zurückzog. Man könnte hierin den Ausdruck einer Art kollektiven Depression erkennen, die aus der Amnestie erwuchs.[120] Bis 1953, so Jean-Jacques Fouché, sei die Erinnerung an das Massaker eine „lebendige Erinnerung" gewesen, da sie in die politische Debatte habe eingeschlossen werden können. „Der Rückzug auf eine Erinnerung" aber, „die vom Politischen abgetrennt wird, entfernt diese Erinnerung von der Gegenwart und führt zu einer starken Selbstbezogenheit der *communauté*."[121] Die ANFM behielt die stillen Gedenkzeremonien, die Ende der 1940er Jahre als Antwort auf die kommunistischen Gedenkfeiern eingeführt wurden, auch über das Jahr 1953 hinaus bei. Fouché sieht hierin auch einen wesentlichen Aspekt der Beziehung zwischen Oradour und dem französischen Staat. So interpretiert er das Schweigen bei den Gedenkfeiern unter anderem als Ausdruck der ausgebliebenen Gerechtigkeit (*justice*) und eine Antwort der *communauté d'Oradour* darauf. Gleichzeitig fragt er, ob die Stille nicht auch Ausdruck des Fortbestehens einer Schuld „der nationalen Gemeinschaft gegenüber jener Gemeinschaft [sei], die dazu berufen ist, die Opfer zu repräsentieren".[122] Fouché argumentiert, die „Anerkennung der Einzigartigkeit des Falls Oradour" habe die Opfer des Massakers von anderen unterschieden und „eine außergewöhnliche Aufwertung der Schuld ihnen gegenüber" mit sich gebracht.[123] Dieser Verpflichtung aber sei der französische Staat in den Augen Oradours nicht nachgekommen, sondern habe sie mit der Amnestie verraten. Der Bau des eigenen Denkmals auf dem Friedhof Oradours sei die Antwort auf diesen Verrat gewesen.[124] Das geplante *Tombeau des Martyrs*, so schrieb die ANFM 1954, werde „das Symbol der unauslöschlichen Erinnerung und der Rechtsverweigerung einer Re-

---

[118] Vgl. Farmer, Oradour, S. 203. Kritisch zur Frage der apolitischen Haltung: Fouché, Oradour, S. 20. Eine umfassende Untersuchung der lokalpolitischen Verhältnisse in Oradour nach 1945 steht noch aus. Sowohl in den Protokollen und Berichten der ANFM als auch im Gemeindeblatt wird mehrmals darauf hingewiesen, dass politische Diskussionen nicht erwünscht (ANFM-Protokolle/-Berichte) bzw. Parteipolitik in einer solch kleinen Gemeinde wie Oradour fehl am Platz (Gemeindeblatt) seien. Im Jahr 1963 kam es dennoch zu einer – möglicherweise nur kurzen – lebhaften Auseinandersetzung zwischen Bürgermeister Lapuelle und den „kommunistischen Zellen von Oradour/Glane". Vgl. ACMO, 1 ETUD 20.
[119] Vgl. Reberioux, Commémorer, S. 160; Fouché, Déception, S. 198.
[120] Zu den weiteren „depressiven" Folgen vgl. das nächste Unterkapitel.
[121] Fouché, Oradour, S. 212.
[122] Vgl. Fouché, Oradour, S. 210–212, Zitat S. 211.
[123] Fouché, Oradour, S. 222.
[124] Vgl. Fouché, Politique, S. 472.

gierung, die es gewagt hat, die Mörder freizulassen".[125] Die Verweigerung jeglicher weiterer Instrumentalisierung und die „Rücknahme" der Erinnerung an das Massaker nach der Amnestie sei „im Namen der Aufrechterhaltung der Schuld" vollzogen worden.[126] Fouché benennt das, was den Opfern zusteht: „Anerkennung, Entschädigung, Gerechtigkeit".[127] Diesen Anspruch habe die *communauté d'Oradour* nach 1953 aufrechterhalten, Fouché spricht gar von einer „Strategie der Schuld".[128] Aufzulösen sei diese Konstellation allein durch „die Geste, die es ermöglicht, die Schuld zu zerschlagen. Das Aussprechen der Vergebung steht erst am Ende eines Weges, den allein die Opfer gehen können."[129] Diese Bitte um Vergebung blieb indessen aus und so sei „trotz aller Zeichen der Anerkennung, [...] die Schuld nicht beglichen".[130]

Die als Verrat empfundene Amnestie wirkte sich schließlich noch auf einer weiteren Ebene aus. Die Erkenntnisse der Justiz konnten nicht in das Erinnerungsnarrativ (*récit commémoratif*) integriert werden. Die Anklage hatte das Massaker in seinen historischen Kontext eingeordnet, aus dem es dieses Narrativ gelöst hatte. Da die Amnestie in den Augen der Opfer die Täter rehabilitierte, entzog sie dem justiziellen Narrativ (*récit de la justice*) jede Glaubwürdigkeit.[131]

„Eine tote Stadt neben einer zerstörten": Die 1950er Jahre

Der Friedhof Oradours ist von großer Bedeutung für die Trauer der Überlebenden und Hinterbliebenen.[132] Die dort von den Angehörigen aufgestellten Gedenktafeln, so Sarah Farmer, spiegelten „Bitterkeit und Wut". Jede einzelne sei „ein Splitter des Mosaiks dieser traumatisierten Gemeinschaft".[133] Im Hinterbliebenenverband war die Einhaltung einer „Trauergeneration", das heißt einer 20 Jahre andauernden Trauer, entschieden worden.[134] Verstärkt wurde diese durch die Nähe der Ruinen und die Haltung der Kirche. Noch 1952, am achten Jahrestag des Massakers, sprach sich der Erzbischof von Limoges mit drastischen Worten gegen Festveranstaltungen im neuen Oradour aus.[135] Amélie Lebraud, die am 10. Juni 1944 ihre beiden jüngeren Brüder verlor,[136] war als Jugendliche mit den Restriktionen konfrontiert, die die Trauer ihr auferlegten: Über lange Zeit nur schwarze

---

[125] ANFM, Resolution des assemblées générales de 1953 & 1954, ACMO, 5 FP 3.
[126] Vgl. Fouché, Déception, S. 198 f., Zitat S. 199.
[127] Fouché, Déception, S. 199.
[128] Vgl. Fouché, Déception, S. 201; Fouché, Centre, S. 132, dort Zitat; Fouché, Oradour, S. 244, Zitat auch dort.
[129] Fouché, Déception, S. 199.
[130] Fouché, Oradour, S. 241.
[131] Vgl. Fouché, Oradour, S. 229, 232.
[132] Vgl. Farmer, Oradour, S. 149.
[133] Farmer, Oradour, S. 148.
[134] Vgl. Farmer, Oradour, S. 150, 204. Farmer gibt den Zeitpunkt dieser Entscheidung nicht an.
[135] Vgl. Farmer, Oradour, S. 209 f. Zur Vorgeschichte der Intervention des Erzbischofs vgl. Valade, Oradour, S. 53.
[136] Vgl. Philomene Piégay, Oradour. Le village hanté, in: Elle, 24. 5. 2004, ACMO, 25B.

Kleidung, im Juni und November war der Besuch von Feierlichkeiten verboten, Schmuck und Lippenstift ebenso. Sie litt auch unter den sonntäglichen Besuchen der Ruinen, in denen die Gespräche immer um die Verstorbenen kreisten.[137]

Die Tätigkeitsberichte der ANFM zeigen, dass der Bau des neuen Oradour trotz der vielen Schwierigkeiten, die er mit sich brachte, auch eine freudige Erwartung barg. Es sei für alle, so die ANFM-Geschäftsführerin (*secrétaire générale*), nachdem die ersten Häuser bezogen worden waren, „eine große Befriedigung zu sehen, dass Oradour wieder lebt, sich verschönert […] und dort die Betriebsamkeit einer kleinen Stadt mit schönen Straßen und modernen Geschäften herrscht".[138] Man war sich sicher, dass die Bepflanzungen in einigen Jahren die auffällige Monotonie der Farben mildern würden. Den Gesamteindruck, den ein fremder Besucher dann von Oradour mitnehmen würde, sei der „einer attraktiven ländlichen Gemeinde, in der es sich gut leben lässt".[139] Die Amnestie der elsässischen Zwangsrekrutierten zerschlug diesen Optimismus. Der neue Ort wurde nicht, wie der Gesetzgeber es 1946 pathetisch formuliert hatte, das Sinnbild „des wieder aufblühenden" Frankreich. Robert Lapuelle beschrieb das Oradour der 1950er Jahre rückblickend vielmehr als eine „tote Stadt neben einer zerstörten".[140]

Lapuelle war 1949 als Arzt in das provisorische Dorf gekommen.[141] Er stammte aus dem wenige Kilometer entfernten Cieux und kannte Oradour gut. Auf das Drängen seiner Familie hin verließ Lapuelle Paris, wo er seine Facharztausbildung absolvierte, und eröffnete zunächst eine Praxis in La Lande, dann im neuen Oradour.[142] Lapuelle entwickelte in doppelter Hinsicht eine besondere Beziehung zu den Dorfbewohnern. Als Arzt war er in spezieller Weise mit den Auswirkungen des Massakers auf seine Patienten konfrontiert und vertraut, von 1959 bis 1995 war Lapuelle darüber hinaus Bürgermeister Oradours. Durch die Amnestie von 1953, so Lapuelle im Rückblick, sei „zu diesem Gefühl des übergroßen Schmerzes und des Überlebthabens ein Gefühl der Ungerechtigkeit gekommen, ein Gefühl, allein gelassen zu sein, und mitunter ein Gefühl der Revolte".[143] Zu den bereits genannten Folgen des Prozesses bzw. der Amnestie kam, dass sich die Überlebenden und Hinterbliebenen daraufhin auf ihre Trauer zurückzogen.[144] Die Begnadigung „erweiterte" die allgegenwärtige Trauer „um das Element der Isolierung".[145] Sarah Farmer beschreibt das darauf folgende Jahrzehnt als eine Phase, in der die

---

[137] Vgl. Farmer, Oradour, S. 211. Der November unterlag als Totenmonat Einschränkungen.
[138] ANFM, Assemblée générale, 4. 3. 1951, Compte rendu moral, ACMO, 5 FP 2.
[139] Vgl. ANFM, Assemblée générale, 16. 3. 1952, Compte rendu moral, ACMO, 5 FP 2. Auch im Tätigkeitsbericht für das Jahr 1948 zeigt sich eine positive Stimmung mit Blick auf die Entstehung des neuen Orts. Vgl. ANFM, Assemblée générale, 27. 2. 1949, Compte rendu moral, ebenda.
[140] Zitiert nach Farmer, Oradour, S. 209.
[141] Vgl. Farmer, Oradour, S. 204.
[142] Vgl. Valade, Oradour, S. 41 f.
[143] Zitiert nach Farmer, Oradour, S. 196.
[144] Vgl. Farmer, Oradour, S. 204.
[145] Meyer, Wandel, S. 363.

Bewohner eine „ständige Trauer" eingehalten hätten: „Von 1953 bis Anfang der 1960er Jahre war Oradour eine tote Stadt. Es gab weder Zusammenkünfte, noch Kommunionen, noch Taufen, Hochzeiten oder Tanzveranstaltungen. Von jenem der ANFM abgesehen, existierte keinerlei Vereinsleben. Das Leben der Gemeinschaft drehte sich um Friedhofsbesuche und Gedenkveranstaltungen."[146] Lapuelle sprach im Rückblick von einer „extremen", „unbeschreiblichen" Traurigkeit des Orts, in dem die Straßen leer und – die Schule lag am Ortsrand – ohne Kinder gewesen seien.[147] Als Leben „in Zeitlupe" beschrieb er die Atmosphäre der Jahre nach dem Prozess.[148] Im Hinterbliebenenverband habe eine „merkwürdige Stimmung" geherrscht. Dort habe man noch unter dem Schock des Massakers gestanden und sei der Meinung gewesen, in Oradour müsse eine Generation der Trauer eingehalten werden.[149] Inzwischen ist die Sichtweise auf die 1950er Jahre differenziert worden. So hat Jean-Jacques Fouché auf Maßnahmen der Gemeinde hingewiesen, die Oradour gerade nicht in völliger Abgeschiedenheit hielten. Das alte Oradour sollte möglichst viele Pilger anziehen und im neuen Ort fand mit dem *Grand prix cycliste de la Renaissance* bereits ab 1953 jährlich ein bekanntes Radsportrennen statt.[150] Publikationen von Überlebenden und Hinterbliebenen stützen seit Ende der 1990er Jahre diese Differenzierung. Sie beziehen in die Phase der „Wiederauferstehung Oradours" die unmittelbare Zeit nach dem Massaker mit ein[151] oder berichten von – wenn teils auch umstrittenen – Tanzveranstaltungen bereits ab 1952.[152] „Da es sich um eine Sportveranstaltung handelt", so Albert Valade in seinen Erinnerungen zum *Grand prix cycliste de la Renaissance*, „ist sie zwangsläufig mit Lebensfreude verbunden."[153] Im dritten Jahr des Rennens, 1955, gehörte erstmals eine Tanzveranstaltung zum Programm.[154]

Es ist bislang nicht umfassend untersucht worden, wo und wie in diesen Jahren die Grenze zwischen Befürwortung und Ablehnung solcher Veranstaltungen verlief.[155] Dass die Autoren der erwähnten Literatur allesamt männlich sind und in diesen Jahren junge Erwachsene waren,[156] unterstreicht allerdings die Beobach-

---

[146] Farmer, Oradour, S. 204.
[147] Zitiert nach Farmer, Oradour, S. 204.
[148] Zitiert nach Farmer, Oradour, S. 209.
[149] Zitiert nach Farmer, Oradour, S. 204.
[150] Vgl. Fouché, Politique, S. 471. Die Gemeinde lud laut Fouché auch „Stars des Chansons und der Schlagermusik" ein, er nennt aber keine Jahreszahlen. Möglicherweise bezieht er sich hier auf die späteren Konzerte im Rahmen der Radsportrennen. Vgl. hierzu und allgemein zum *Grand prix cycliste de la Renaissance* die Erinnerungen von Valade, Oradour.
[151] Vgl. Desourteaux/Hébras, Oradour, S. 173–184. Auf die unterschiedlichen Betrachtungsweisen hat bereits hingewiesen: Meyer, Wandel, S. 364 mit Anm. 1572.
[152] Vgl. Valade, Oradour, S. 53, 66, 72.
[153] Valade, Oradour, S. 69.
[154] Vgl. Valade, Oradour, S. 72.
[155] Valade, Oradour, S. 53, weist darauf hin, dass besonders die Bewohner der umliegenden Dörfer gegen die „private" Veranstaltung 1952 gewesen seien.
[156] Albert Valade war zum Zeitpunkt des Massakers knapp 14 Jahre, Robert Hébras und André Desourteaux waren 18 Jahre alt. Vgl. Andre Désourteaux, „Survivants", ACMO, 14 FP 12 (für Desourteaux und Hébras) sowie Information Albert Valade an die Verfasserin.

tung Farmers, dass „die Regeln der Trauer besonders schwierig für die Kinder und Heranwachsenden waren – vor allem für die Mädchen, die auf dem Land einer stärkeren Sozialkontrolle ausgesetzt waren als die Jungen".[157] Amélie Lebraud, von der bereits die Rede war, beschreibt die Trauer als etwas, das sie „schrecklich" und „grauenhaft" geprägt habe.[158] Noch 2004 gab sie an, sie habe sich „nie vom Schmerz gelöst".[159] Diejenigen, die im ersten Jahrzehnt nach dem Massaker geboren wurden, wuchsen mit der Trauer ihrer Eltern und Familien auf.[160] Wie tiefgreifend die Geschichte des Massakers auf diese erste Generation der Nachkommen einwirken konnte und noch immer einwirken kann, formuliert Hervé Machefer, dessen Vater Martial das Massaker überlebte, aber am 10. Juni 1944 seine Frau und seine Kinder verlor. Er heiratete erneut, Hervé Machefer und seine Schwester entstammen dieser zweiten Ehe:

> „Die Mörder sind, ohne dass sie oder wir es wollen, und ungeachtet dessen, was man darüber denkt, und selbst wenn man es nicht will, Teil unserer Erinnerung und der Landschaft von Oradour. Sie gehören dazu. Das ist für mich nur schwer zu akzeptieren, aber sie gehören dazu. Und es kotzt mich an, dass sie dazugehören [...] Sie sind ein Teil von mir. Das ist schwer zu ertragen. Die Mörder, jene, die Oradour an diesem Tag ausgelöscht haben, sind ein Teil dessen, was ich bin. Denn durch sie bin ich da. Ohne sie hätte mein Vater weiter mit seiner Frau und seinen Kindern gelebt. Ich wäre vielleicht nicht geboren, ich weiß es nicht, es war die Voraussetzung dafür, dass er sich mit einer Kriegswitwe neu verheiratet hat und meine Schwester und ich geboren wurden. Ich verdanke mein Leben ein wenig den Mördern. Das ist sehr schwer zu ertragen! Das ist sehr schwer!"[161]

Als Betroffene, die besonders intensiv und lange unter dem Massaker litten, tauchen in Erinnerungen und wissenschaftlichen Studien zu Oradour die Mütter auf, die bei dem Massaker Kinder verloren. Sie seien, so Fouché, „jene, die die Trauer nie ablegen und die die Trauer nicht verlässt".[162] Das Ausmaß ihres Schmerzes spiegelt sich in manchen ihrer Erinnerungen. Aline Perney verlor im Massaker unter anderem ihre vierjährige Tochter. Diese hatte sie für einige Tage bei ihren Eltern in Oradour untergebracht. Das Mädchen wurde zusammen mit ihrer Großmutter und Urgroßmutter in der Kirche Oradours getötet. Über die Zeit unmittelbar nach dem Massaker erinnert Aline Perney: „Wochenlang war ich wie wahnsinnig, ich begann zu weinen und zu singen, ich verlor [den Verstand]. Ich hatte noch ein anderes zweijähriges Kind, ich war unfähig, mich darum zu kümmern."[163] Jean Bardet wählt ähnliche Worte, wenn er schreibt, der Schmerz über den Verlust ihrer Tochter habe seine Großmutter „bis an den Rand des Wahnsinns" getrieben.[164]

---

[157] Farmer, Oradour, S. 211.
[158] Zitiert nach Farmer, Oradour, S. 211.
[159] Zitiert nach Philomene Piégay, Oradour. Le village hanté, in: Elle, 24. 5. 2004, ACMO, 25B.
[160] Vgl. Farmer, Oradour, S. 211 f.
[161] Zitiert nach Weber, Oradour (Dokumentarfilm).
[162] Im Original und sprachlich sehr viel stärker: „elles sont le sommet de la communauté en deuil ; celles qui ne quittent pas le deuil, et que le deuil ne quitte pas." Fouché, Oradour, S. 207.
[163] Zitiert nach Philomene Piégay, Oradour. Le village hanté, in: Elle, 24. 5. 2004, ACMO, 25B.
[164] Bardet, Vorwort, S. 17.

Mehrere Mütter berichten zudem von lebenslangen Schuldgefühlen. So Marie, die ihren sechsjährigen Sohn Claude im Massaker verlor: „Er ist morgens in die Schule gegangen. Ich zögerte, ihn gehen zu lassen, es regnete ein bisschen. [...] Mein ganzes Leben lang habe ich mich schuldig gefühlt, weil ich meinen Sohn nicht zu Hause behalten habe."[165] Mit der großen Anzahl der getöteten Kinder ging einher, dass manche Frauen in dem Massaker mehrere oder gar alle Kinder verloren. Noch Ende der 1980er Jahre war Robert Lapuelle der Meinung, das Trauma dieser Mütter sei lebenslang unveränderlich.[166] Manche besuchten so lange sie konnten täglich den Friedhof.[167] Für einige Frauen hatte die Trauer nicht erst mit dem Massaker begonnen, denn 99 Männer Oradours waren bereits im Ersten Weltkrieg gefallen.[168] Zu dieser „Generation von Frauen, die tief geprägt sind von der Trauer", gehörte Marguerite Hivernauds, die seit dem Tod ihres Bruders 1918 Trauerkleidung trug und nach dem 10. Juni 1944 keinerlei Feiern mehr besuchte.[169]

„Die Renaissance Oradours": Die 1960er Jahre

Wie unterschiedlich die individuellen Wege der Trauer auch verliefen, im Hinblick auf die Gemeinde Oradour trat gegen Mitte der 1960er Jahre ein Wandel ein, der als „Renaissance" Oradours bezeichnet wird.[170] Ihren Ausdruck fand sie in der vom Gemeinderat unterstützten Wiederaufnahme des gesellschaftlichen Lebens. Neben dem Bau einer Festhalle und der Organisation einer Kampagne mit dem Titel „Das Recht zu leben" kam es 1964 zur Neugründung der lokalen Fußballmannschaft, die zum „Symbol der Wiedergeburt" Oradours wurde.[171]

---

[165] Zitiert nach Philomene Piégay, Oradour. Le village hanté, in: Elle, 24. 5. 2004, ACMO, 25B. Ähnlich erging es Louise Bardet, die sich schuldig fühlte, weil sie ihre Tochter gedrängt hatte, wieder bei ihr einzuziehen, und diese daraufhin eine Stelle in Oradour annahm. Vgl. Bardet, Vorwort, S. 14, 17. Zu einem weiteren Fall: Valade, Page, S. 63.

[166] Lapuelle berichtete, unter seinen Patientinnen seien Mütter gewesen, die ihre sechs Kinder im Massaker verloren hätten. Vgl. Farmer, Oradour, S. 212 f.

[167] Vgl. Farmer, Oradour, S. 149 f. (dort auch zur Bedeutung des Friedhofs speziell für die trauernden Frauen); Fouché, Oradour, S. 207.

[168] Vgl. Fouché, Oradour, S. 92.

[169] Vgl. Farmer, Oradour, S. 150. Die Trauer der Väter wird hingegen kaum erwähnt. Dies mag u. a. daran liegen, dass v. a. die Frauen ihre Trauer in öffentlich sichtbaren Ritualen, wie dem täglichen Gang zum Friedhof oder dem Tragen von schwarzer Kleidung, Ausdruck verliehen. Einen Blick auf die Trauer seines Vaters ermöglicht Albert Valades folgende Erinnerung: „Er, der nie klagte und keine Angst vor dem Tod gehabt hatte, hatte einen Moment die Beherrschung verloren, als er ins Krankenhaus kam. Im Aufzug, als er eine starke Blutung hatte, sagte er mit heiserer Stimme zu den Krankenschwestern, die ihn begleiteten: ,Meine Schwestern, ich habe meine Tochter beim Massaker von Oradour verloren.' Es wurde still. Man hörte nur noch das leise mechanische Geräusch des Geräts." Valade, Page, S. 135.

[170] So Lapuelle, der den Veränderungsprozess alternativ auch als „Normalisierung" bezeichnete und für die Jahre vorher von „überleben" sprach, vgl. Meyer, Wandel, S. 363 f. Farmer, Oradour, S. 213, überschreibt das entsprechende Kapitel mit „Oradour lebt wieder" (*Oradour revit*).

[171] Vgl. Farmer, Oradour, S. 213.

Bei der Genese dieser Wiedergeburt spielte der Faktor Zeit eine Rolle. So verweist Sarah Farmer auf den Generationenwechsel, der auf das Leben vor Ort einwirkte, weil das Verhältnis der Kinder der Überlebenden zum alten Oradour und der Erinnerung ein anderes war.[172] Ein zweiter zeitlicher Aspekt wurde in der Forschung bislang ignoriert: der Zusammenhang zwischen der „Renaissance Oradours" und dem Ablauf der von der ANFM geforderten „Generation der Trauer", die rein rechnerisch 1964 endete.[173] Als Faktor des Wandels benannt wurden hingegen die wirtschaftlichen Veränderungen und die damit einhergehende demographische Entwicklung dieser Jahre. Um die ökonomische Situation des Orts zu verbessern, hatte die Gemeinde 1960 einen Wirtschaftsplan erstellt. Im Zuge der Umsetzung ließen sich mehrere kleine Firmen in Oradour nieder. Mit ihnen kamen neue Einwohner und ihre Integration war nicht einfach. Doch die Tatsache, dass die „Zugezogenen" ganz anders zur Vergangenheit des Orts standen als die Überlebenden und Hinterbliebenen, trug dazu bei, dass sich der Blick zunehmend nach vorne richtete.[174]

Interessant, aber bislang unerforscht ist die Frage, wie der Einfluss verschiedener Akteure in diesem Wandel zu gewichten ist. Ist es Zufall, dass der „Renaissance Oradours" die Lokalwahlen des Jahres 1959 unmittelbar vorausgingen? Bürgermeister Jean Brouillaud kandidierte in diesem Jahr wohl aus beruflichen Gründen nicht erneut.[175] Der ortsansässige Arzt, Robert Lapuelle, gewann die Wahlen, sein erster Stellvertreter wurde der örtliche Apotheker, Henri Cathalifaud.[176] Beide waren etwa zur gleichen Zeit (1949 respektive 1950) nach Oradour gekommen und schon seit 1953 Mitglieder des Gemeinderats.[177] Bemerkenswert ist, dass der Gemeinde damit bis 1995 ein „Tandem"[178] vorstand, das selbst nicht unmittelbar vom Massaker betroffen war. Die Hinweise darauf, dass Lapuelle beim Weg Oradours zurück ins Leben eine zentrale Rolle spielte, sind vielzählig: Der Bau des Festsaals und die Kampagne „Das Recht zu leben" fanden während seiner Amtszeit statt, und Lapuelle selbst war Präsident der 1964 gegründeten Fußballmannschaft Oradours. Lange bevor das Vereinsleben im Ort wieder an Gewicht gewann, hatte der Arzt 1953 die lokale Jagdgesellschaft gegründet.[179]

---

[172] Vgl. Farmer, Oradour, S. 205.
[173] Dies allerdings unter dem Vorbehalt, dass unklar ist, ab wann die erst 1945 gegründete ANFM diese Frist rechnete.
[174] Vgl. Farmer, Oradour, S. 213–216.
[175] Vgl. Valade, Oradour, S. 74, 87. Valade zufolge übte Brouillaud seinen Beruf zunächst in Corbigny, dann (und im Jahr der Wahl) in Paris aus und kandidierte deshalb nicht ein weiteres Mal. Allerdings war Brouillaud bei den Wahlen des Jahres 1965 Mitglied von Lapuelles Liste, vgl. Meyer, Wandel, S. 333 (Anm. 1427).
[176] Vgl. Farmer, Oradour, S. 213; Valade, Oradour, S. 74.
[177] Vgl. Valade, Oradour, S. 57 f.; Farmer, Oradour, S. 204; Henri Cathalifaud, „Les vœux du premier adjoint", in: Ambiance de fêtes [Bulletin Municipal, 1994], Archives communales d'Oradour-sur-Glane (ACO). Cathalifaud kam aus Limoges nach Oradour. Vgl. Valade, Oradour, S. 47.
[178] Valade, Oradour, S. 74.
[179] Vgl. Valade, Oradour, S. 190.

Auch in der Beziehung zum französischen Staat trat Lapuelle als progressiver Akteur hervor. So setzte sich der Bürgermeister 1965 gegenüber der ANFM hinsichtlich der 1953 errichteten Schilder an den Eingängen der Ruinen durch. Die Tafeln mit den Namen der Abgeordneten, die für die Amnestie der Elsässer gestimmt hatten, sorgten im Jahrzehnt nach ihrer Errichtung bei zahlreichen Politikern für Verstimmung. Das Innenministerium, mit Beschwerden von Abgeordneten konfrontiert, wollte die Listen entfernt sehen, trat aber nicht direkt an Lapuelle heran, sondern über den Departement-Präfekt. Der Bürgermeister aber stellte sich hinter die ANFM, die Schilder blieben trotz wiederholter Aufforderung an Ort und Stelle. Als 1965 die Präsidentschaftswahlen anstanden, informierte der Hinterbliebenenverband die Wähler Oradours, dass zwei der drei Kandidaten des ersten Wahlgangs – François Mitterrand (gemeinsamer Kandidat der französischen Linken) und Jean Lecanuet (*Mouvement républicain populaire*, MRP) – für die Amnestie gestimmt hatten. Und selbst de Gaulle, der für die *Union pour la nouvelle République-Union démocratique du travail* (UNR-UDT) antrat und es neben Mitterrand in den zweiten Wahlgang schaffte, hatte sich in Oradour durch seine Äußerungen in der Folge des Bordeaux-Prozesses kompromittiert.[180] Wen also ohne schlechtes Gewissen wählen? Kurz vor Ende des Wahlkampfs entfernten ANFM-Mitglieder nachts die Schilder. Sie handelten dabei keineswegs im Auftrag des Verbands, dessen Mitglieder in der Mehrheit die Schilder wieder aufgestellt sehen wollten. Doch Lapuelle widersetzte sich nun der ANFM – und er setzte sich durch.[181]

Bezeichnet man die 1960er Jahre als die Wiedergeburt Oradours, so deutet vieles darauf hin, dass Lapuelle Geburtshelfer war: mit den Nöten der Patienten und Bürger vertraut und solidarisch einerseits, realistisch und progressiv andererseits.[182] Dass er diese Eigenschaften vereinen konnte, mag an der Distanz gelegen haben, die er trotz seiner Nähe zu den Betroffenen zum Massaker hatte.

Öffnung nach außen: Die 1970er Jahre

Auch die Entwicklung der Einwohnerzahl spiegelt die „Wiedergeburt" Oradours in den 1960er Jahren wider. 1968 zählte die Gemeinde erstmals mehr Einwohner als in den Jahren vor dem Massaker.[183] Der demographische Wandel schlug sich

---

[180] Der General hatte sich für eine Gnadenmaßnahme gegenüber den zwangsrekrutierten, verurteilten Franzosen ausgesprochen. Vgl. hierzu ausführlicher Javerliat, Bordeaux, S. 122–125, hier v. a. S. 124.

[181] Vgl. Farmer, Oradour, S. 206–208. Unklar ist, ob sich Lapuelle bereits 1962 für den Besuch de Gaulles aussprach, der zu leidenschaftlichen Auseinandersetzungen vor Ort sorgte. Im Jahr 1982 schrieb Lapuelle im Gemeindeblatt: „Erinnert sich jemand an die aufgewühlte Stimmung, die den Besuch des Generals de Gaulle 1962 begleitete, und wer bedauert diesen Besuch heute?" „Lettre du maire", in: Le petit radounaud, [Mai 1982], ACO.

[182] Besonders deutlich wird diese Vermittlerrolle auch in Lapuelles Ausführungen zum Verhältnis zwischen Oradour und dem französischen Staat in der ersten Ausgabe des Gemeindeblatts. Vgl. Bulletin Municipal, [1969], ACO.

[183] Im Jahr 1968 waren es 1671 Einwohner, 1975 1762. Die letzte Volkszählung vor dem Zweiten Weltkrieg 1936 ergab 1574 Einwohner. Zahlen nach Henri Cathalifaud in: Valade, Oradour, S. 117.

in den 1970er Jahren darüber hinaus in der Zusammensetzung des Gemeinderats nieder. Nach den Wahlen von 1971 waren dort auch „Zugezogene" vertreten, 1977 vier Vertreter der jungen Generation.[184]

Das gesellschaftliche Leben Oradours, von zentraler Bedeutung für den „moralischen Wiederaufbau"[185] des Orts, wurde in den 1970er Jahren durch weitere Vereinsgründungen gestärkt.[186] Und auf die Öffnung nach innen folgte nun auch eine Öffnung nach außen: Am Osterwochenende 1978 empfing der örtliche Fußballverein die Fußballmannschaften aus Lidice und Marzabotto[187] zu einem B-Jugend-Turnier. Die beiden Osterfeiertage stünden, so Lapuelle, „unter dem Motto der Erinnerung und der Brüderlichkeit", die Begegnung zwischen „jungen Leuten, die das Licht der Welt beinahe nicht erblickt hätten", sei das „Symbol der Hoffnung". Auch bei dieser Öffnung hin zu den „Schwestergemeinden" Oradours zeigt sich die progressive Haltung Lapuelles bzw. des Gemeinderats. Im Gemeindeblatt schrieb Lapuelle, die lokale Fußballmannschaft – der er immer noch vorstand – habe das Turnier „in Zusammenarbeit" mit dem Gemeinderat, der ANFM und allen anderen örtlichen Vereinen und Gruppen organisiert.[188] In den Protokollen der ANFM hingegen heißt es, dass der Verband zwar an den Empfängen der Gäste teilnahm, die Initiative aber von der Gemeinde ausgegangen war.[189]

Was die Beziehungen der ANFM zum französischen Staat anbelangt, so trat 1974 eine Neuerung ein. Seit Mitte der 1960er Jahre plante der Hinterbliebenenverband die Vergrößerung seines *Maison du Souvenir*. In einer vom Feuer verschonten Scheune nahe der niedergebrannten Kirche hatte der Verband ein kleines Museum eingerichtet, das nun mithilfe staatlicher Subventionen ausgebaut werden sollte.[190] Nach langwierigen Verhandlungen stimmte die ANFM schließlich dem Vorschlag zu, das Museum in die Krypta zu überführen, die sie in Reaktion auf die Amnestie 1953 als Grabstätte für ihre Toten zurückgewiesen hatte. In großen

---

184 Vgl. Valade, Oradour, S. 110, 131.
185 Farmer, Oradour, S. 213.
186 Zu den Vereinen Oradours vgl. Valade, Oradour, S. 187–199, hier S. 191 f.
187 Im italienischen Marzabotto töteten Soldaten der Waffen-SS 1944 770 Zivilisten, darunter fast ausschließlich Frauen und Kinder. Vgl. Gentile, Marzabotto. Auf den Tag genau zwei Jahre vor dem Massaker in Oradour wurde das tschechische Dorf Lidice von deutschen Ordnungspolizisten regelrecht ausgelöscht. Mit dem Massaker sollte nach dem tödlichen Attentat auf den Leiter des Reichssicherheitshauptamts und stellvertretenden Reichsprotektor im „Protektorat Böhmen und Mähren", Reinhard Heydrich, ein Exempel statuiert werden. 172 Männer wurden erschossen, 184 Frauen nach Ravensbrück deportiert, der Großteil der 100 Kinder in den mobilen Gaskammern in Chelmno getötet. Vgl. Pešek, Lidice.
188 Vgl. R. Lapuelle, „Tournoi de football, journées du souvenir et de l'amitié", Auszug aus dem Gemeindeblatt, zitiert nach: Valade, Oradour, S. 131–133. Das entsprechende Gemeindeblatt liegt im ACO nicht vor.
189 Vgl. ANFM, Assemblée générale, 5. 3. 1978, Procès-verbal; ANFM, Assemblée [générale], 4. 3. 1979, Procès-verbal, beide ACMO, 5 FP 3.
190 Auf die unterschiedlichen Zeitangaben zur Errichtung des *Maison du Souvenir* in der Literatur weist hin: Meyer, Wandel, S. 324 (Anm. 1378). Zur Vergrößerung vgl. u. a. ANFM, Assemblée générale, 3. 4. 1966, Procès-verbal; ANFM, Assémblée générale, 7. 4. 1968, Procès-verbal, beide ACMO, 5 FP 3.

Vitrinen sind dort bis heute Alltagsgegenstände ausgestellt, die nach dem Massaker in den Ruinen gefunden wurden.[191]

Trotz all dieser Tendenzen zu mehr Öffnung und Normalität waren verschiedene Bereiche des Lebens in Oradour zu diesem Zeitpunkt noch immer von Trauer geprägt. So verzichtete man etwa weiter darauf, den Ort zu schmücken.[192]

Tiefgreifende Umwälzungen: Von den 1980er Jahren bis 1995

Mehrere nationale und lokale Entwicklungen führten in den 1980er Jahren zu tiefgreifenden Veränderungen in Oradour. Vor Ort war die communauté d'Oradour mit Entwicklungen konfrontiert, die die Erinnerung an das Massaker zu verändern drohten.[193] Dies betraf zum einen den Zustand der Ruinen. Trotz aufwendiger Arbeiten war ein fortschreitender Verfall nicht zu verhindern gewesen. Auch darüber hinaus hatte sich das Aussehen der Ruinen verändert. So waren die einst infolge des Feuers schwarzen Gebäudereste vom Regen hell „gewaschen"[194] worden, und die Vegetation eroberte die Stellen, an denen man den Schutt der zusammengestürzten Häuser abtransportiert hatte. „Während das alte Dorf nach und nach einstürzt", so formuliert Sarah Farmer, „werden die Konturen der Ruinen weicher, wie eine von den Gezeiten polierte Muschel."[195] Hatte dieser Prozess schon vor den 1980er Jahren eingesetzt, kam nun hinzu, dass infolge sinkender öffentlicher Mittel für die Instandhaltung das Gelände 1983 einen desolaten Eindruck machte. Mit der Veränderung ihres Anblicks veränderte sich auch die Aussagekraft der Ruinen. Die wuchernde Vegetation drohte, das Zeugnis der „Nazibarbarei" (Masfrand) zum Ort eines „romantischen Spaziergangs"[196] zu machen. Zwar stellte der französische Staat 1984 Geld zu ihrem weiteren Erhalt zur Verfügung – nicht zuletzt vor dem Hintergrund eines verstärkten Geschichtsrevisionismus in Frankreich, demgegenüber den Ruinen Oradours die Rolle eines „physischen Beweises der Nazibarbarei"[197] zukam –, emotional jedoch blieb der Zerfall für diejenigen, die Oradour vor dem Massaker gekannt hatten, belastend.

Zum anderen wurde die Frage des Zeugnis-Ablegens noch in anderer Hinsicht virulent. Als 1988 die einzige Überlebende des Massakers in der Kirche, Marguerite Rouffanche, starb, rückte die Sterblichkeit der Zeitzeugen des 10. Juni 1944 verstärkt in das Bewusstsein der Menschen vor Ort. Wer, so erinnert sich Sarah Farmer an die Frage einer Hinterbliebenen nach der Beerdigungsfeier, würde sich

---

[191] Vgl. Fouché, Politique, S. 472 f.; Protokolle der Mitgliederversammlungen der ANFM 1970–1975, ACMO, 5 FP 3. Eine Beschreibung der Krypta findet sich bei Farmer, Oradour, S. 132–134, eine Fotoserie des österreichischen Historikers und Fotografen Arno Gisinger in: Farmer/Tisseron, Oradour, S. 114–123.
[192] Vgl. Farmer, Oradour, S. 209.
[193] Hierzu und zum Folgenden vgl. Farmer, Oradour, S. 222–232.
[194] Farmer, Oradour, S. 224.
[195] Farmer, Oradour, S. 224.
[196] So der zuständige Architekt im August 1983, zitiert nach Farmer, Oradour, S. 228.
[197] Farmer, Oradour, S. 226.

nach ihnen erinnern?[198] Die baulichen und persönlichen Zeugnisse des Geschehens waren in den 1980er Jahren nicht mehr nur von ihrer natürlichen Vergänglichkeit bedroht. Die *communauté d'Oradour* sah sich mit einem weiteren Problem konfrontiert: Filme und Bücher, die mit völlig unbegründeten – und teils hanebüchenen – Erklärungen für das Massaker aufwarteten, zogen den *récit commémoratif* des Massakers in Zweifel.[199] Darüber hinaus gewann in den 1980er Jahren der Oradour-Revisionismus an Bedeutung.[200]

Beeinflusst auch von diesen Tendenzen entstand Ende der 1980er Jahre in Oradour der Gedanke, eine museale Struktur zu errichten. Wenn die Idee auch von ANFM und Gemeindeleitung gemeinsam getragen wurde, so waren sie doch nicht in der Lage, ein solches Projekt zu finanzieren. Das Vorhaben wurde daher bereits in einem frühen Stadium vom Generalrat des Departement Haute-Vienne (*Conseil Général de la Haute-Vienne*) unterstützt und schließlich nahezu ganz aus öffentlichen Mitteln finanziert. Neben dem Departement Haute-Vienne und der Region Limousin finanzierten auch das Verteidigungs- und das Kulturministerium einen Teil des Projekts. Die Entstehung des *Centre de la mémoire d'Oradour* (CMO), wie die Einrichtung schließlich genannt wurde, ist daher eng mit einer Normalisierung der Beziehung zwischen Oradour und dem französischen Staat verbunden, die in den 1980er Jahren entscheidend vorankam.[201] Fouché zufolge sah die *communauté d'Oradour* darin den „Höhepunkt eines Anerkennungsprozesses" durch den französischen Staat.[202]

Der Besuch des französischen Staatspräsidenten François Mitterrand 1982 in Oradour zeigt, wie wach und emotional aufgeladen die Erinnerungen an das Zerwürfnis von 1953 auch nach nahezu 30 Jahren noch waren. Erneut war es Bürgermeister Lapuelle, der die Dinge in einer aufgeheizten Stimmung mit einem gewissen Realismus vorantrieb. Im Gemeindeblatt zeigte er Verständnis für die Kritiker des geplanten Besuchs, nicht ohne im gleichen Satz anzumahnen, man müsse realistisch sein. Oradour sei zu einem Symbol geworden, das der ganzen Nation gehöre. Der Präsident sei demokratisch gewählt und habe auch in der Gemeinde die Mehrheit der Stimmen erhalten. Wer, so fragte er rhetorisch, würde heute den Besuch de Gaulles im Jahr 1962 bereuen?[203] Lapuelles Argument, Mitterrand habe bei den Präsidentschaftswahlen auch in Oradour die Mehrheit der Stimmen erhalten, war nicht falsch. Genauso richtig aber war, dass nahezu ein Drittel der Wähler im ersten Wahlgang für den kommunistischen Kandidaten, Georges Marchais, gestimmt hatte. Etwa ein Viertel der Stimmen war auf Jacques Chirac (*Rassemble-*

---

[198] Vgl. Farmer, Oradour, S.232.
[199] Vgl. Farmer, Oradour, S. 217–219.
[200] Vgl. Kapitel III.6.
[201] Vgl. ausführlich zum CMO Meyer, Wandel, S. 278–394.
[202] Fouché, Centre, S. 126.
[203] „Lettre du Maire", in: Le petit radounaud, [Mai 1982], ACO. Sowohl der Besuch de Gaulles 1962 wie auch der Besuch Mitterrands 1982 zählen zu den Desideraten der Oradour-Forschung. Die Frage, wie es zu den Besuchen kam, ob de Gaulle und Mitterrand das Einverständnis der Gemeinde und/oder der ANFM voraussetzten, muss daher bislang offenbleiben.

ment pour la République, RPR) entfallen und nur Valéry Giscard d'Estaing (*Union pour la démocratie française*, UDF) hatte weniger Stimmen erhalten als Mitterrand (*Parti socialiste*, PS). Erst im zweiten Wahlgang, als Giscard d'Estaing gegen Mitterrand antrat, erhielt Letzterer mit 737 gegen 472 Stimmen die Gunst der Wähler.[204] Was die ANFM anbelangt, so hatte das zehnköpfige *bureau* des Vorstands[205] entschieden, beim Besuch des Präsidenten vertreten zu sein, und bat die Mitgliederversammlung rückwirkend um Zustimmung, die „nach Aussprache" einstimmig war.[206] Albert Valade erinnerte, dass die Entscheidung im *bureau* äußerst knapp gewesen sei und die Stimme des Präsidenten, Camille Beaulieu, den Ausschlag zugunsten einer Teilnahme gegeben habe.[207]

Mitterrand wurde empfangen und zwei Jahre später nahm Jean Laurain (PS), Minister für Kriegsveteranen (*Ministre des Anciens combattants*), im Namen der französischen Regierung an den Gedenkfeierlichkeiten des 40. Jahrestags des Massakers teil.[208] In das Projekt CMO wurde der französische Staatspräsident frühzeitig einbezogen: 1989 präsentierte man Mitterrand das Vorhaben, 1994 – während seines Aufenthalts in Oradour anlässlich des 50. Jahrestages des Massakers – ein Modell der Einrichtung.[209] Die Einweihung des CMO durch Mitterrands Nachfolger Jacques Chirac 1999 wurde von der *communauté d'Oradour* nicht nur akzeptiert oder toleriert, sondern explizit gewünscht, wenn nicht gar gefordert.[210] Bei der Frage, ob die Regierung das CMO mitfinanzieren sollte, spielte der seit 1953 schwelende Konflikt wohl eine Rolle. Nach jahrelangem Widerstand im Kultur- und im Veteranenministerium gegen das Projekt, soll Kulturminister Jacques Toubon schließlich nachgegeben haben, „um nicht alte Streitigkeiten erneut anzufachen".[211]

Ende der 1980er und zu Beginn der 1990er Jahre streifte Oradour weitere selbst auferlegte Einschränkungen ab. 1988 lockerte die ANFM die Restriktionen für den Monat Juni. Das Verbot für Hochzeiten und öffentliche Veranstaltungen galt nicht mehr für den gesamten Monat, sondern nur noch für zehn Tage.[212] Diese Entscheidung sei getroffen worden, so die Begründung in der Mitgliederversammlung, „um das Leben in Oradour nicht zu beeinträchtigen, aber dennoch eine Mindestfrist einzuhalten".[213] Als zwei Jahre später die Frage zu Konflikten führte, wo

---

[204] Die Wahlergebnisse in: Le petit radounaud, [August 1981], ACO.
[205] Der bis 1988 aus 24 Personen bestehende Vereinsvorstand ernannte die Mitglieder des *bureau* aus seinen eigenen Reihen. Das Gremium umfasste den Vereinsvorsitzenden, zwei stellvertretende Vorsitzende, einen Geschäftsführer mit zwei Stellvertretern, einen Kassenwart mit Stellvertreter sowie je einen Vertreter für Lothringen und die Region Paris. Vgl. ANFM, Statuts. Revus et corrigés après la réunion de bureau du 20 janvier 1945, 11. 3. 1945, Privatunterlagen Benoît Sadry.
[206] Vgl. ANFM, Assemblée générale, 6. 3. 1983, Procès-verbal, ACMO, 5 FP 3.
[207] Information Albert Valade an die Verfasserin, 20. 3. 2017.
[208] Vgl. Meyer, Wandel, S. 367.
[209] Vgl. Meyer, Wandel, S. 372.
[210] Vgl. Meyer, Wandel, S. 372; Fouché, Oradour, S. 11.
[211] So die Zeitschrift *L'Express*, zitiert nach Meyer, Wandel, S. 465.
[212] Vgl. Farmer, Oradour, S. 216.
[213] Im Original: „pour ne pas pénaliser la vie à Oradour". ANFM, Assemblée générale, 6. 3. 1988, ACMO, 5 FP 3.

in Oradour ein Jugend- und Vereinsheim errichtet werden sollte, war es der ANFM wichtig, zu betonen, „dass der Verband ein normales Leben für alle in Oradour befürwortet und nicht wie eine Zensurbehörde aller Weiterentwicklungen des Lebens in der Stadt auftreten will".[214]

Das Postulat, in Oradour wieder ein normales Leben zu ermöglichen, fand in diesen Jahren seinen Ausdruck auch in der Stadtgestaltung. Nahezu 45 Jahre nach dem Massaker war an der örtlichen Apotheke das für französische Apotheken typische grüne Kreuz zu sehen.[215] Der Apotheker entschied überdies, das Haus gelb streichen zu lassen, der Gemeinderat folgte der Entscheidung hinsichtlich der öffentlichen Gebäude. Damit endete das jahrzehntelang dominierende Grau, in dem man die Häuser des Orts nach ihrer Fertigstellung belassen hatte.[216] Das Ortsbild änderte sich auch durch die 1991 entlang der Hauptstraße gepflanzten Bäume und die Bepflanzung an der zentralen Kreuzung des Orts.[217] Im Jahr 1993 wurde ein Tourismusbüro eingerichtet,[218] und schließlich gelang es Anfang der 1990er Jahre ein seit Jahrzehnten bestehendes Problem aus der Welt zu schaffen: die Frage der Straßennamen. Bisher waren die Straßen im Ortskern mit Ausnahme der Hauptstraße – diese trug seit 1971 den Namen *Avenue de 10 Juin* – lediglich nummeriert. Dies war weniger Ausdruck der lokalen Trauer als vielmehr eine Folge des Versuchs, die Lokalpolitik nach 1953 möglichst konfliktfrei zu gestalten. Die Auswahl der Namen, so Sarah Farmer, „spiegelte die Entwicklung Oradours wider, das sich von einem provisorischen Ort mit einer schmerzlichen Vergangenheit zu einer Gemeinschaft wandelte, die sich Normalität wünscht".[219]

Dass der Gemeinderat eine Straße nach dem griechischen *village martyr* Distomon benannte, verweist auf die Beziehungen, die Bürgermeister Lapuelle seit Ende der 1970er Jahre mit Distomon, Marzabotto und Lidice pflegte, also Städten, die während des Zweiten Weltkriegs ein ähnliches Schicksal wie Oradour erlitten hatten.[220] Im Rahmen dieses Austauschs war 1990 sogar die Rede von einer möglichen

---

[214] ANFM, Assemblée générale, 4. 3. 1990, ACMO, 5 FP 3.
[215] Vgl. Meyer, Wandel, S. 365.
[216] Vgl. Farmer, Oradour, S. 216.
[217] Vgl. Farmer, Oradour, S. 216.
[218] Vgl. Farmer, Oradour, S. 220.
[219] Vgl. Farmer, Oradour, S. 220–222, Zitat S. 222. Drei der sechs Straßen beziehen sich auf „ein idyllisches Bild eines ländlichen Oradour" (*Rue des Hortilliers, Rue de la Glane, Rue des Cardieries*), zwei tragen die Namen anderer „Märtyrerorte" (*Rue de Charly, Rue de Distomon*). Farmer weist darauf hin, dass allein die fünfte (*Rue de l'Europe*) einen Zukunftsaspekt im Namen trägt. Vgl. ebenda, Zitat S. 221.
[220] Einladung nach Marzabotto 1983 (unklar ist, ob der Einladung gefolgt wurde); einwöchiger Aufenthalt von vier Jugendlichen in Distomon 1990; Besuch aus Distomon wohl 1990; Empfang von griechischen Jugendlichen in Oradour 1991; Teilnahme Lapuelles an Gedenkfeierlichkeiten in Marzabotto in Begleitung von zwei Jugendlichen aus Oradour; Teilnahme Lapuelles an Gedenkfeierlichkeiten zum 50. Jahrestag des Massakers in Lidice 1992. Vgl. Le petit radounaud, [Juli 1983]; Le petit Radounaud, [Juli 1989]; Le petit radounaud, [1990]; Oradour-sur-Glane, Bulletin Municipal, 1990; Le petit Radounaud, [1991]; Le petit Radounaud, [1992], alle ACO.

Städtepartnerschaft der drei Orte.[221] Die ANFM folgte Lapuelle in seiner Austauschpolitik nicht. Zwar ist nicht ausgeschlossen, dass es das ein oder andere Mal ANFM-Mitglieder waren, die den Bürgermeister auf seinen Reisen begleiteten.[222] Institutionell aber war der Verband nicht eingebunden.[223] Wie er konkret zu dieser Austauschpolitik stand, ist den Protokollen der Mitgliederversammlungen nicht zu entnehmen. In der Forschung ist mehrmals auf die restriktiven Außenbeziehungen der ANFM hingewiesen worden. So sandte der Verband keine Vertreter zu Gedenkfeiern der *Résistance*, während deren Repräsentanten und Vertreter von Veteranenverbänden bei den Gedenkfeierlichkeiten in Oradour anwesend waren.[224] Im Jahr 2002 wies der Präsident der ANFM darauf hin, der Verband habe „weder Kommunikation noch Austausch betrieben, da jede Einordnung ‚Oradours' in einen gemeinsamen Kontext dessen Einzigartigkeit in Frage gestellt hätte".[225] Von einer strikten Ablehnung jeglichen Austauschs kann jedoch keine Rede sein. Vereinzelt lassen sich in den Protokollen des Opferverbands Reisen von ANFM-Delegationen an andere symbolische Orte des NS-Terrors, eine Bereitschaft hierzu oder andere Formen des Austausches mit diesen Orten nachweisen.[226] Bemerkenswert

---

[221] Vgl. Oradour-sur-Glane, Bulletin Municipal, 1990, ACO.
[222] Als Lapuelle 1994 zu den Gedenkfeierlichkeiten im französischen Villeneuve d'Asq reiste, begleitete ihn nicht nur sein Stellvertreter Henri Cathalifaud, sondern auch Monsieur und Madame Morlieras [sic]. Möglicherweise handelt es sich dabei um den langjährigen Kassenwart der ANFM, Camille Morliéras, und seine Ehefrau Lucette. Vgl. Le Radounaud, Bulletin d'information municipal, April 1994, ACO.
[223] Dies hat Meyer, Wandel, S. 334, erstmals anhand des Gemeindeblatts herausgearbeitet. Die Protokolle der Mitgliederversammlungen der ANFM dieser Jahre bestätigen seinen Befund. Vgl. ACMO, 5 FP 3.
[224] Vgl. Fouché, Oradour, S. 210.
[225] So Meyer, Wandel, S. 334 (Anm. 1429), bezugnehmend auf sein Interview mit dem ANFM-Vorsitzenden Claude Milord. Benoît Sadry, ANFM-Mitglied und Gemeinderat in Oradour, verweist darauf, dass der Hinterbliebenenverband lange keine Vertreter zu den Gedenkfeiern schickte, die sich auf die *Résistance* bezogen, um zu zeigen, dass es keine Verbindung zwischen dem Massaker und der *Résistance* gegeben habe. Vgl. E-Mail Benoît Sadry an die Verfasserin, 17. 10. 2011.
[226] 1954: Delegation der ANFM in Marzabotto; 1961: geplanter Besuch einer ANFM-Delegation in Lidice (der nicht zustande kam, da die *Association France-Tchécoslovaquie* nach der ausgesprochenen Einladung nicht mehr darauf zurückkam); 1979 oder 1980: ANFM-Delegation in Auschwitz. Vgl. ANFM, Assemblée générale, 20. 3. 1955, Compte rendu moral; ANFM, Assemblée générale, 22. 3. 1964, Procès-verbal; Assemblée générale, 2. 3. 1980, Procès-verbal, alle ACMO, 5 FP 3.
Als die *Association France-Tchécoslovaquie* 1968 um eine explizite Einladung an Repräsentanten aus Lidice bat, verneinte die ANFM mit der Begründung, Oradour stehe „allen offen, die als Pilger kommen möchten, und es ist nicht unsere Aufgabe, gesonderte Einladungen auszusprechen". Vgl. ANFM, Assemblée générale, 7. 4. 1968, Procès-verbal, ACMO, 5 FP 3. Möglicherweise hatte die Zurückweisung auch politische Gründe. Im Jahr 1964 planten Frauen aus Lidice (und Mitglieder des Verbands), Oradour anlässlich des 20. Jahrestags des Massakers zu besuchen. Sie erhielten jedoch keine Einreiseerlaubnis, und die ANFM weigerte sich zu intervenieren. Dass die ANFM durchaus offen für einen gewissen Austausch war, zeigt das Vorhaben, 1961 eine Delegation nach Lidice reisen zu lassen, wie auch die Tatsache, dass der Verband Rosenstöcke dorthin sandte, die man vor Ort „Roses d'Oradour-sur-Glane" nannte. Vgl. ANFM, Assemblée générale, 22. 3. 1964, Procès-verbal, ACMO, 5 FP 3.

ist, dass Bürgermeister und ANFM in der Auswahl der Orte, mit denen man in Kontakt trat, *d'accord* gingen. Austausch war demnach vor allem mit Orten möglich, die ein ähnliches Schicksal wie das französische *village martyr* erfahren hatten.

Die Gedenkfeier zum 50. Jahrestag des Massakers am 10. Juni 1994 zeigt die spezifische Haltung der ANFM in der Frage der Öffnung nach außen. Die Gedenkfeierlichkeiten dieses besonderen Jahres sollten beides, „Erinnerung" und „Zukunft" verkörpern. Die Gedenkzeremonien, das heißt die offizielle mit Staatspräsident Mitterrand am Vormittag und die private, den Familien der Opfer vorbehaltene am Nachmittag, dienten der Erinnerung, die Zukunft sah Lapuelle „verkörpert durch die symbolische Anwesenheit der Kinder Oradours und der verschiedenen eingeladenen Städte".[227] 207 Kinder aus 11 Städten – Guernica, Warschau, Marzabotto, Charly-Oradour, Tulle, Villeneuve d'Ascq, Saint-Maur-des-Fossés, Venissieux, Lyon, Saint-Junien und Oradour – waren an diesem 10. Juni 1994 bei der Gedenkfeier zugegen, um diese Zukunft zu symbolisieren.[228] Die ANFM war in die Vorbereitungen der Gedenkfeier einbezogen und zeigte sich im Rückblick zufrieden mit diesem besonderen Jahrestag. Das Hauptverdienst aber schrieb sie Bürgermeister Lapuelle zu, den sie als „maître d'œuvre" bezeichnete.[229] Die Gemeindeleitung war es auch, die für einen weiteren wichtigen, vielleicht den wichtigsten Aspekt dieser Gedenkfeier verantwortlich zeichnete: Mit François Mitterrand nahm – wie bereits erwähnt – erstmals seit 1947 wieder ein französischer Staatspräsident an den Gedenkfeierlichkeiten des 10. Juni in Oradour teil.[230] Es war die Gemeindeleitung, die sich für die Aufnahme des Jahrestags in das Programm der nationalen Gedenktage eingesetzt hatte.[231] Allerdings ist davon auszugehen, dass Lapuelle diesen Schritt kaum gegen den ausdrücklichen Wunsch der ANFM unternommen hätte. Der Verband hatte auch zugestimmt, dass Mitterrand eine Rede in den Ruinen, konkreter: an der staatlichen Krypta hielt.[232] In seiner Ansprache sprach Mitterrand dem Massaker eine Sonderstellung zu – „Das Verbrechen von Oradour war noch grausamer als alle anderen"[233] –, unterstrich die „wiederhergestellte Einigkeit" und erneuerte damit die „offizielle [...] Anerkennung der Nation, die in den vorangegangenen Jahren aus Enttäuschung über den Ausgang des Prozesses von Bordeaux abgewiesen worden war".[234]

---

[227] Vgl. „Cérémonies du 50ème anniversaire", in: Le Radounaud, Bulletin d'information municipal, April 1994, ACO.
[228] Vgl. „Les villes associées", in: Le Radounaud, Bulletin d'information municipal, Juli 1994, ACO. Mit manchen Städten pflegte Oradour schon länger Kontakt.
[229] Vgl. „ANFM", in: Le Radounaud, Bulletin d'information municipal, Juli 1994, ACO.
[230] Insgesamt besuchten bis 2001 vier französische Staatspräsidenten Oradour während ihrer Amtszeit: Vincent Auriol, Charles de Gaulle, François Mitterrand und Jacques Chirac. Vgl. Fouché, Oradour, S. 8.
[231] Vgl. Meyer, Wandel, S. 367.
[232] Vgl. Meyer, Wandel, S. 367. In den Gemeindenachrichten begründete Lapuelle die Abweichung vom Protokoll mit dem mangelnden Platz am *Tombeau des Martyrs*. Vgl. Le Radounaud, Bulletin d'information municipal, April 1994, ACO.
[233] Zitiert nach Meyer, Wandel, S. 452.
[234] Vgl. Meyer, Wandel, S. 452.

In der Ausrichtung des 50. Jahrestags traten wesentliche Elemente von Lapuelles Politik hervor, und die Gedenkfeier kann als deren Höhepunkt interpretiert werden: Normalisierung der Beziehung zum französischen Staat und Öffnung der Gemeinde hin zu französischen und europäischen „Schwestergemeinden". Bei den Kommunalwahlen im gleichen Jahr kandidierte Lapuelle nicht erneut. Sein langjähriger politischer Weggefährte Henri Cathalifaud verließ mit ihm die Lokalpolitik.[235] Im Gemeindeblatt blickte der scheidende Bürgermeister auch unter dem Aspekt der „Normalisierung" zurück und konstatierte: „50 Jahre nach dem Drama wahrt die Gemeinde ihre Geschichte, ist ihr aber nicht mehr ausgeliefert. Sie berücksichtigt weiter die Anforderungen, die aus ihrer besonderen Situation erwachsen, und ist doch eine Gemeinde wie alle anderen geworden."[236]

Öffnung, Komplexität und Konkurrenzen: Oradour nach 1995

Lapuelles Nachfolger im Amt war anders als sein Vorgänger ein Kind Oradours. Zum Zeitpunkt des Massakers vier Jahre alt, wohnte Raymond Frugier mit seiner Familie nur 500 Meter vom Rathaus des alten Oradour entfernt. Als sein Vater erfuhr, dass eine Kolonne deutscher Soldaten im Anmarsch war, entschied er, umgehend mit Frau und Kindern das Haus zu verlassen und sich im Wald zu verstecken. Unter einer großen Kastanie baute er eine Hütte als Unterschlupf, in der die Familie 14 Nächte lang schlief. An ein Bild erinnert sich Frugier bis heute: Am Abend des 10. Juni 1944 sah die Familie von einem Feld aus das brennende Dorf und den Kirchturm Oradours. Darüber hinaus blieb nur die Erinnerung an die Hütte, die der Vater baute. Noch bis ins Jahr 2011 besuchte der inzwischen 71-Jährige von Zeit zu Zeit die Kastanie, unter der sein Vater die Hütte gebaut hatte. 51 Jahre nach diesen Erlebnissen wurde Raymond Frugier Bürgermeister Oradours, nachdem er bereits 24 Jahre Stellvertreter Lapuelles gewesen war.[237]

Bei Frugiers Amtsübernahme zählte die Gemeinde Oradour knapp über 2000 Einwohner und nun war die Mehrheit davon familiär nicht mehr von dem Massaker betroffen.[238] Durch die „Verwaltung des Alltags und den ständigen Hinweis auf die Pflicht zur Erinnerungsarbeit [*devoir de Mémoire*]" wollte Frugier den besonderen Ansprüchen eines Orts wie Oradour und seiner Bewohner gerecht werden.[239] Anders als Lapuelle war Frugier der Meinung, dass der Normalisierungsprozess in Oradour noch nicht vollendet war.[240] Er habe seine erste Amtszeit, so Frugier im Rückblick, durch drei starke Symbole markieren wollen: die

---

[235] Vgl. Henri Cathalifaud, „Les vœux du premier adjoint", in: Ambiance de fêtes [Bulletin Municipal, 1994], ACO.
[236] „La normalisation", in: Le Radounaud, Bulletin d'information municipal, Januar 1995, ACO.
[237] Vgl. Interview der Verfasserin mit Raymond Frugier, 23. 7. 2011, Oradour-sur-Glane.
[238] Vgl. Meyer, Wandel, S. 400. Zu den Einwohnerzahlen (1990: 2010; 1999: 2060): Oradour-sur-Glane, Bulletin municipal, Le Radounaud, Dezember 2004, S. 13, ACO.
[239] Vgl. Meyer, Wandel, S. 400, Zitat nach ebenda.
[240] Vgl. Meyer, Wandel, S. 367 f.

Überführung der Skulptur *Monument aux martyrs d'Oradour* des spanischen Bildhauers Apelles Fenosa nach Oradour, eine Annäherung zwischen Oradour und dem Elsass, die Rückkehr der 1953 zurückgewiesenen *Legion d'honneur* nach Oradour.[241]

Frugier war in allen drei Punkten erfolgreich. Ende 1944/Anfang 1945 hatte Fenosa im Auftrag der Widerstandsbewegung *Front national* die Skulptur einer nackten, schwangeren, in Flammen stehenden Frau angefertigt. Der Bischof von Limoges kritisierte das Werk, die ANFM protestierte gegen das Aufstellen der Statue in Limoges.[242] Kurz in Limoges, dann im Pariser *Musée national d'art moderne* ausgestellt, wurde sie dort ab 1965 gelagert. Erst Jahre später wurde sie erneut in Limoges, nun an einem Kreisverkehr aufgestellt. Fünf Jahre nach Frugiers Amtsantritt und mit Zustimmung der ANFM fand sie 1999 schließlich ihren Platz am Eingang des neuen Oradour.[243]

Was das Elsass anbelangt, so hatte bereits Bürgermeister Lapuelle erste aber erfolglose Versuche unternommen, Beziehungen herzustellen.[244] Ganz in der Tradition Lapuelles war es auch unter Frugier die Gemeindeleitung, die die Kontakte mit dem Elsass initiierte. Auf politischer Ebene entstand ab 1998 ein Austausch, bei dem auf elsässischer Seite der Bürgermeister Straßburgs, Roland Ries, in Oradour Raymond Frugier wichtige Rollen spielten, und schließlich beteiligte sich auch die ANFM an dieser Austauschpolitik.[245] Und doch blieb das Verhältnis zwischen Oradour und dem Elsass „unverändert fragil".[246] Das Thema der elsässischen Zwangsrekrutierten, so konstatierte der Historiker Pascal Plas noch 2007, sei „ein im Limousin höchst sensibles Thema". Es herrsche „ein tiefes Unverständnis zwischen den beiden regionalen Erinnerungen" und noch immer würden sich „zwei Opferlesarten" (*lectures victimaires*) gegenüberstehen. In Oradour finde „die Gleichsetzung des Schmerzes der Opfer und der Mörder – ein Thema, auf dem alle elsässischen Delegationen beharren – kein Verständnis".[247] Die Grenzen der gegenseitigen Verständigung zeigten sich 2009, als die *Associations des Déserteurs, Evadés et Incorporés de Force* (ADEIF) des Nieder- und Oberrheins den Überle-

---

[241] Vgl. Meyer, Wandel, S. 339.
[242] Vgl. ANFM, Assemblée générale, 6. 1. 1946, Rapport moral, ACMO, 5 FP 2, sowie CMO, Fenosa, Rückseite des Ausstellungskatalogs.
[243] Vgl. CMO, Fenosa, Rückseite des Ausstellungskatalogs; Le Radounaud, Bulletin Municipal d'Oradour-sur-Glane, 2. Quartal 1999, ACO.
[244] Vgl. Tulle et Oradour, Table ronde, France 3 Limousin, 2004, ACMO, V4.5.2/03.
Das Verhältnis zwischen dem Elsass und Oradour wurde bislang nicht umfassend untersucht. Sicher ist, dass die Problematik der zwangsrekrutierten, in Bordeaux verurteilten und kurz darauf amnestierten Elsässer in Oradour immer wieder thematisiert wurde. So 1996, als bekannt wurde, dass einer der Amnestierten aufgrund seiner in der Normandie erlittenen Verletzungen einen Antrag auf Invalidenrente stellte. Vgl. hierzu den Fernsehbericht „Ex SS Pensions" vom 21. 3. 1996, URL: http://www.ina.fr/video/CAC96012821/ex-ss-pensions-video.html [20. 2. 2014].
[245] Vgl. Meyer, Wandel, S. 373–375, 472; Plas, Oradour, S. 342.
[246] Plas, Oradour, S. 342.
[247] Plas, Oradour, S. 342, mit Anm. 26.

benden des Massakers Robert Hébras verklagten. Sie warfen ihm vor, in einem Buch die Zwangsrekrutierung der Elsässer in Frage gestellt zu haben.[248] Sein drittes Ziel hatte Raymond Frugier zu diesem Zeitpunkt bereits lange erreicht: Im Jahr 2000 kehrte die *Légion d'Honneur* nach Oradour zurück und fand nun im Rathaus ihren Platz, was die Zeitung *Libération* als Friedensschluss mit dem französischen Staat interpretierte.[249]

Auch in der ANFM traten mit der Jahrtausendwende Änderungen ein. Im Jahr 2000 wählten die Mitglieder des Verbands mit Claude Milord erstmals einen Präsidenten, der nach dem Massaker geboren war, und führten damit einen Generationswechsel an der Verbandsspitze herbei. Darüber hinaus kam es zu einer „größeren Transparenz der Vereinstätigkeit" etwa in Gestalt einer Verbandszeitung und öffentlichen Äußerungen des neuen Vorsitzenden.[250] Die Öffnung des Verbands nach außen sah Milord als zwingend an. In einem Umfeld, das sich öffnen wolle, riskiere der Verband ansonsten, „dass wir allmählich vergessen werden, dass die Märtyrer vergessen werden".[251] Zum Ausdruck kam die neue Ausrichtung unter anderem darin, dass Vertreter der ANFM nun auch an Gedenkfeiern in anderen französischen Orten teilnahmen.[252]

Schließlich trat mit dem CMO 1999 ein weiterer und neuer Akteur vor Ort auf den Plan. Verschiedenes deutet darauf hin, dass ANFM und Gemeindeleitung nicht bereit waren, die „Kontrolle über das Gedenken an das Massaker" an die neue Institution abzugeben.[253] Dies liegt wohl auch in der Auseinandersetzung begründet, die in der Entstehungsphase des CMO um die Frage entstand, *was* dort eigentlich erzählt werden solle.[254] Jean-Jacques Fouché, seit 1994 Projektleiter, untersuchte das Massaker in seinem historischen Kontext und konzentrierte sich gerade nicht auf das Sammeln von Zeitzeugenberichten bzw. die Darstellung des vor Ort existierenden *récit du massacre*.[255] Folge und Problem dieses Vorgehens waren laut Fouché, dass die „Geschichte […] die Erinnerung ein[holte]".[256] Was in der Dauerausstellung des CMO gezeigt werden sollte, war – so lässt sich zugespitzt formulieren – „nicht genug Oradour"[257] für die ANFM, zu wenig Kontext für

---

[248] Vgl. Oradour: nouveau jugement sur le livre qui raconte le massacre, 16. 10. 2013, URL: http://www.leparisien.fr/societe/oradour-nouveau-jugement-sur-le-livre-qui-raconte-le-massacre-16-10-2013-3231077.php [17. 7. 2016].
[249] Vgl. Meyer, Wandel, S. 367 f.; Interview der Verfasserin mit Raymond Frugier, 23. 7. 2011, Oradour-sur-Glane.
[250] Vgl. Meyer, Wandel, S. 326.
[251] „Questions a …", in: ANFM, Bulletin d'information, Januar 2003, ACMO, 5 FP 6.
[252] Vgl. Meyer, Wandel, S. 326 f.
[253] Vgl. Fouché, Centre, S. 136. Hinsichtlich Fouchés konkretem Argument kritisch, grundsätzlich aber ähnlicher Meinung: Meyer, Wandel, S. 328 f., 375.
[254] Zur Entstehung und zum Konflikt vgl. die Sichtweise Fouchés in dessen Aufsatz: Fouché, Centre.
[255] Vgl. Fouché, Centre; Farmer, Oradour, S. 237.
[256] Fouché, Centre, u. a. S. 136.
[257] So in Réunion du comité de pilotage de l'équipement, 18. 6. 1998, zitiert nach Meyer, Wandel, S. 393.

Projektleiter Fouché. Sein Vertrag wurde nach der Eröffnung des CMO nicht verlängert.[258] Die Gründung der Einrichtung, so Sarah Farmer, „hatte zum nicht beabsichtigten Ergebnis, dass die Tür für andere Narrative geöffnet wurde als das des Gedenkens, das sich auf das Schicksal der 642 Kinder, Frauen und Männer konzentrierte, die am 10. Juni 1944 starben".[259] Als Fouché 2001 seine Forschungsergebnisse in einem eigenen Buch publizierte,[260] erreichte der Konflikt seinen Höhepunkt. Einer der Kritiker verstieg sich sogar zum Vorwurf des Revisionismus.[261] Bürgermeister und ANFM-Präsident unterzeichneten ein gemeinsames Kommuniqué, in dem sie Stellung zu dem Buch bezogen. Darin kritisierten sie den Autor unter anderem dort, wo er den *récit commémoratif* in Frage stellte, etwa in seiner Beschreibung des Dorfs vor dem Massaker und in seinem Hinweis auf das Schweigen über mögliche sexuelle Gewalt an den Opfern.[262]

Oradour 1944–2011: und Deutschland?

Die Veränderungen in Oradour nach 1995 betrafen auch Deutschland. Raymond Frugier sah bei seinem Amtsantritt in der Beziehung Oradours zu Deutschland ein viertes Element der weiteren Normalisierung, was er zunächst jedoch nicht öffentlich kundtat.[263] Mehr als fünf Jahrzehnte lang hatte man im Rathaus Oradours Deutsche nicht offiziell empfangen, ein „ungeschriebenes Gesetz", über das sich Frugier in seiner Amtszeit hinwegsetzte.[264] In den neuen Statuten der ANFM aus dem Jahr 2001 hieß es nun, dass das Handeln des Verbands nicht auf Frankreich begrenzt sei,[265] ein Jahr später sprach der ANFM-Präsident von „Beziehungen und Austausch mit deutschen Vereinen im Namen der Erinnerung und Oradours".[266] Und schließlich war mit dem CMO eine Institution gegründet worden, die zwar von Kommune und Hinterbliebenenverband initiiert worden war, jedoch eine „eigene Austausch- und Kontaktpolitik" betrieb, auch was Beziehungen nach Deutschland anbelangt.[267]

Der Frage, ob und welche Kontakte es zwischen Oradour und Deutschland bereits vor Frugiers Amtsantritt gab, wird im Hauptteil dieser Studie ausführlich

---

[258] Vgl. Fouché, Centre, S. 137.
[259] Farmer, Oradour, S. 237.
[260] Fouché, Oradour.
[261] Demay/Louty/Valade, Oradour, S. 156, mit Anm. 3.
[262] C. Milord/R. Frugier, „Réaction a la parution du livre de M. Fouché. Indignation à Oradour. Y-a-t-il deux vérités pour Monsieur Fouché?", in: „Association Nationale des Familles des Martyrs d'Oradour-sur-Glane", 1. 1. 2002, ACMO, 5 FP 6. Die Stellungnahme wurde auch im Gemeindeblatt publiziert. Vgl. Meyer, Wandel, S. 338 (Anm. 1448).
[263] Interview der Verfasserin mit Raymond Frugier, 23. 7. 2011, Oradour-sur-Glane.
[264] Hierzu und zur Frage, ob sich Deutsche überhaupt bemühten, Oradour einen offiziellen Besuch abzustatten, vgl. Kapitel VI.1 und Kapitel VI.2.
[265] ANFM, Statuts, 29. 5. 2001, ACMO, 5 FP 1.
[266] Zitiert nach Meyer, Wandel, S. 328.
[267] Vgl. Meyer, Wandel, S. 383–286, Zitat S. 384.

nachgegangen.[268] So viel jedoch schon hier: Thematisiert wurde der deutsche Umgang mit dem Massaker im neuen Oradour immer wieder. Zum einen – und dort nur vereinzelt – im lokalen Gemeindeblatt, wo der Bürgermeister von der Festnahme Heinz Barths und die ANFM mit einem Beitrag von dessen Prozess berichtete.[269] Aus Beiträgen anderer Vereine im Lokalblatt erfuhren die Leser darüber hinaus von einer zunehmenden Umtriebigkeit der „Nazis" im gerade erst vereinigten Deutschland und von der Verbreitung einer revisionistischen Publikation, gemeint war wohl Otto Weidingers „Tulle et Oradour".[270] Was die ANFM anbelangt, so zeigen die Protokolle der Mitgliederversammlungen und Tätigkeitsberichte, dass der Hinterbliebenenverband seinen Blick immer wieder über den Rhein lenkte und verfolgte, was im Land der Täter in Bezug auf das Massaker geschah. Erwartungen oder Forderungen an „Deutschland" fanden zwar zu keinem Zeitpunkt Eingang in die Satzung des Vereins, in der das Wort „deutsch" auch sonst in keiner Form enthalten war.[271] In den konsultierten Quellen des Verbands hat das Thema „Deutschland" gleichwohl keinen Seltenheitswert. In den 46 Jahren, aus denen Protokolle und Berichte überliefert sind, wurden in 22 Jahren deutschlandbezogene Punkte thematisiert. Dabei kamen fast immer diejenigen Themen zur Sprache, die im Mittelpunkt der vorliegenden Studie stehen. Darüber hinaus ging es vereinzelt um allgemeinere politische Entwicklungen in Deutschland, aber alle standen im Zusammenhang mit dem Zweiten Weltkrieg bzw. dem Umgang mit seinem Erbe. In den 1950er Jahren war dies die Frage der Wiederbewaffnung der Bundesrepublik und der Europäischen Verteidigungsgemeinschaft (EVG) einerseits, die Personalie Hans Speidel andererseits. Wiederbewaffnung und EVG waren für den Verband „eine Frage von brennender Aktualität" und konnten „nicht akzeptiert werden".[272] Im März 1954 votierte die Mitgliederversammlung einstimmig für einen Beschluss, den man verbreiten wollte. In diesem hieß es, der Verband erachte es als seine Pflicht, „an diesem hohen Ort, der von den deutschen Waffen so schmerzlich geschunden wurde", zu erklären, „dass wir uns mit unserer ganzen Kraft und unserem ganzen Willen gegen die Wiederaufrüstung Deutschlands wenden und gegen jedes Bündnis mit dieser Macht, die sich an diesem Ort so schädlich entehrt hat".[273]

Ähnlich empört reagierte der Verband auf die Nominierung Hans Speidels als Befehlshaber der Landstreitkräfte in Mitteleuropa der *North Atlantic Treaty Orga-*

---

[268] Vgl. Kapitel VI.
[269] Vgl. Le petit radounaud, [Dezember 1981]; Le petit radounaud, [1983], ACO.
[270] Vgl. Pierre Roby, „La journée de la déportation", in: Le petit Radounaud, [1990]; „Union fédérale Limousine des anciens combattants et victimes de la guerre, Section: Oradour-sur-Glane", in: Le Radounaud, Januar 1994, ACO. Zu Weidingers Publikation vgl. Kapitel III.6, Abschnitt „Die Rehabilitierung Diekmanns".
[271] Vgl. ANFM, Statuts. Revus et corrigés après la réunion de bureau du 20 janvier 1945, 11. 3. 1945, Privatunterlagen Benoît Sadry; ANFM, Statuts. Modification presenté à l'Assemblée générale extraordinaire du 6 mars 1988, ACMO, 5 FP 1; ANFM, Statuts, 29. 5. 2001, ebenda.
[272] ANFM, Assemblée générale, 7. 3. 1954, Procès-verbal, ACMO, 5 FP 3.
[273] ANFM, Assemblée générale, 7. 3. 1954, Procès-verbal, ACMO, 5 FP 3.

nization (NATO).[274] Dies bedeute, so der Geschäftsführer André Desourteaux bei der Mitgliederversammlung im März 1957, „dass französische Soldaten unter das Kommando dieses Generals gestellt werden können".[275] Tatsächlich hätte Speidel im Verteidigungsfall auch die im Südwesten Deutschlands stationierten französischen Divisionen kommandiert.[276] Die Mitgliederversammlung verabschiedete ein Schreiben an den Staatspräsidenten, den Regierungschef und weitere Adressaten. „Zutiefst gedemütigt und empört" forderten die Verbandsmitglieder die französische Regierung auf, „alles in ihrer Macht stehende zu tun, damit diese Entscheidung, die für alle Opfer der Deutschen unerträglich und beunruhigend ist, widerrufen wird".[277] Grund für die Entrüstung dürfte gewesen sein, dass Speidel während des Zweiten Weltkriegs zunächst unter dem Chef der Militärverwaltung in Frankreich, Alfred Streccius, anschließend unter dessen Nachfolger, Otto von Stülpnagel, Chef des Kommandostabs war.[278]

Im November 1976 schließlich entschied der Vorstand der ANFM, den französischen Staatspräsidenten über „die in unserem Verband aufgrund des Nazi-Treffens in der Bundesrepublik Deutschland entstandene Betroffenheit" zu unterrichten.[279] Vermutlich handelte es sich dabei um ein Kameradschaftstreffen ehemaliger Waffen-SS-Mitglieder.[280] In seiner Antwort versicherte der Staatspräsident, die Regierung habe „die Aufmerksamkeit der deutschen Behörden auf solch ein Treffen" gelenkt.[281]

Ein weiterer Aspekt fällt bei der Thematisierung „Deutschlands" in den ANFM-Dokumenten ins Auge: In der Phase der deutschen Zweistaatlichkeit geht es fast durchweg um Geschehnisse in der oder in Bezug auf die Bundesrepublik, DDR-spezifische Themen tauchen in den vorliegenden Protokollen hingegen nur zwei Mal auf.[282] Auch die Häufigkeit der einzelnen angesprochenen Themen ist aussa-

---

[274] Vgl. zur Nominierung Krüger, Speidel, S. 216.
[275] ANFM, Assemblée générale, 10. 3. 1956 [sic], Compte rendu moral, ACMO, 5 FP 3. Die Datierung muss fehlerhaft sein, denn dem Inhalt zufolge handelt es sich eindeutig um den Tätigkeitsbericht des Jahres 1957.
[276] Vgl. Krüger, Speidel, S. 216. Allerdings war Speidel u. a. dem Oberbefehlshaber aller mitteleuropäischen Streitkräfte des Verteidigungsbündnisses untergeordnet.
[277] ANFM, Assemblée générale, 10. 3. 1957, Procès-verbal, ACMO, 5 FP 3.
[278] Vgl. Krautkrämer, Generalleutnant, S. 517.
[279] ANFM, Assemblée générale, 8. 5. 1977, Procès-verbal, ACMO, 5 FP 3.
[280] Darauf lässt schließen, dass es im Protokoll heißt: „Ein Vereinsmitglied berichtet, dass in Nantes eine Veranstaltung von SS[-Mitgliedern] stattfand, ohne jegliches Einschreiten von offizieller Seite." ANFM, Assemblée générale, 8. 5. 1977, Procès-verbal, ACMO, 5 FP 3.
[281] ANFM, Assemblée générale, 8. 5. 1977, Procès-verbal, ACMO, 5 FP 3.
[282] Wiederholt ist nur aus dem Kontext erkennbar, welcher der beiden deutschen Staaten gemeint ist. So ist 1954 von der Wiederbewaffung „Deutschlands" die Rede, der Zusatz „la C.E.D." (d. h. EVG) zeigt, dass hier die westdeutsche Wiederbewaffnung, nicht die der DDR gemeint ist. Selbst hinsichtlich der bundesdeutschen Entschädigungszahlungen ist allein von „l'Allemagne" die Rede. Im Jahr 1982 wurden „R.F.A." (d. h. BRD und „R.D.A." [d. h. DDR) im Protokoll sogar verwechselt. Vgl. ANFM, Assemblée générale, 7. 3. 1954, Procès-verbal, ACMO, 5 FP 3; ANFM, Assemblée générale, 15. 4. 1962, Compte rendu moral, ebenda; ANFM, Assemblée générale, März 1982, Procès-verbal, ebenda.

gekräftig. Mit Abstand den stärksten Niederschlag in den Protokollen findet bezüglich Deutschland die strafrechtliche Verfolgung des Verbrechens. Von den 1950er Jahren bis in die 1980er Jahre stand dieser Aspekt immer wieder auf der Agenda der ANFM und veranlasste den Verband zu einer Vielzahl von Interventionen. Die Ahndung des Verbrechens blieb folglich über die ersten Jahre hinaus wesentlicher Bestandteil der Verbandsarbeit – auch oder gerade mit Blick auf Deutschland. Die Forderung nach deutschen Entschädigungszahlungen hingegen war auf die 1940er Jahre begrenzt und verschwand dann nahezu gänzlich aus den Protokollen. Nur einmal noch fand dieses Thema im Zusammenhang mit der Bundesrepublik Eingang in die Protokolle, nämlich im Zusammenhang mit dem deutsch-französischen Globalabkommen von 1960. Danach verschwand es endgültig aus den Berichten. Was das Thema Revisionismus anbelangt, so fällt auf, wie früh und emotional aufgeladen es erstmals im Rahmen einer Mitgliederversammlung besprochen wurde. Die Entrüstung des Verbands im Jahr 1950 über einen deutschen Pressebericht, der die Umstände des Massakers falsch darstellte, und die von der ANFM daraufhin ergriffenen Maßnahmen zeigen, dass dieses Thema den Verband früh beschäftigte.[283] Bedeutsam ist im Rahmen dieses ersten *tour d'horizon* schließlich der Befund, dass der Hinterbliebenenverband von deutscher Seite Entschädigungszahlungen, eine Bestrafung der Täter und ein Vorgehen gegen den Oradour-Revisionismus erwartete bzw. forderte – Versöhnungsgesten hingegen nicht. Mehr noch: Hinsichtlich der vier Untersuchungsfelder, denen im Folgenden nachgegangen wird, findet sich zum Thema Versöhnung in den Protokollen und Berichten am wenigsten. Nur ein Mal schlägt sich die Frage einer deutschen Versöhnungsgeste darin nieder. Es ist überdies eine Nennung *ex negativo*: Im Jahr 1948 wies der Verband eine von deutscher Seite vorgeschlagene Versöhnungsgeste zurück.

Die Erwartungen, Forderungen und Wahrnehmungen der von dem Massaker Betroffenen werden weiter im Blick bleiben, wenn im Folgenden der deutsche Umgang mit Oradour untersucht wird.

[283] Vgl. Kapitel III.3, Abschnitt „Wechselwirkungen im Vorfeld des Oradour-Prozesses".

III. Die revisionistische Geschichtsschreibung

1. Grund und Verantwortung für das Massaker

Die Soldaten, die das Massaker in Oradour verübten, gehörten zur 3. Kompanie und zum Stab des I. Bataillons des 4. Regiments „Der Führer" der 2. SS-Panzer-Division „Das Reich" (vgl. Abb. 27 im Anhang). Die blutige Spur, die die Division im Juni 1944 nicht nur in Oradour, sondern im Limousin nach sich zog, prägte das Gedächtnis der Bevölkerung tiefgreifend: „Die Explosion der Gewalt, für die die Namen Tulle und Oradour-sur-Glane stehen, hat die lokale Kultur des Limousin dauerhaft geprägt; und dies so tiefgreifend, dass sie die SS-Division zu einem Mythos erhob: zum Symbol der Barbarei."[1]

Die Division „Das Reich" im Südwesten Frankreichs

Im Frühjahr 1944 wurde die Division „Das Reich" nach Frankreich verlegt.[2] Zuvor an der Ostfront eingesetzt, hatte sie bei schweren Abwehrkämpfen hohe Verluste erlitten. Mit dem Ziel ihres Einsatzes bei einer möglichen Invasion der Alliierten, sollte sie in Frankreich nun „aufgefrischt" werden.[3] Als die Alliierten am 6. Juni 1944 an den Stränden der Normandie landeten, ging dies mit einem sprunghaften Anstieg des bewaffneten französischen Widerstands einher. So befanden sich etwa große Bereiche im Zentralmassiv in kürzester Zeit *de facto* in dessen Hand.[4] Noch am Tag der alliierten Landung wurde die Division „Das Reich" in „Marschbereitschaft" versetzt, doch wurde sie nicht sofort, wie zunächst angenommen, in die Normandie verlegt.[5] Vielmehr wurde sie aufgrund der Entwicklung des französischen Widerstands mit Befehl des Oberbefehlshabers West (OB West) vom 8. Juni 1944 „zur Bekämpfung der Widerstandsbewegungen in Südfrankreich" dem Militärbefehlshaber in Frankreich (MBF) unterstellt und sollte „noch in der Nacht [vom] 7./8. 6. gegen [den] Raum Tulle-Limoges" eingesetzt werden.[6] Erst am Abend des 9. Juni 1944 erhielt die Division den Befehl, am Mittag des 11. Juni 1944 zur Normandiefront aufzubrechen.[7] Innerhalb dieser kurzen Zeitspanne vom 8. bis 11. Juni 1944 zog die Einheit auf ihrem Weg Richtung Tulle und Limoges eine „Blutspur"[8] hinter sich her und

---

[1] Vgl. Fouché, Oradour, S. 47, Zitat ebenda. Zum Massaker von Tulle vgl. unten.
[2] Vgl. Meyer, Oradour, S. 177.
[3] Vgl. Lieb, Krieg, S. 360.
[4] Vgl. Meyer, Besatzung, S. 152; Lieb, Krieg, S. 363.
[5] Vgl. Meyer, Besatzung, S. 153.
[6] Vgl. Meyer, Besatzung, S. 153, zitiert nach ebenda. Die Division unterstand vorher dem LVIII. Panzerkorps, das Teil der Armeegruppe G war.
[7] Vgl. Fouché, Oradour, S. 67 f.
[8] Fouché, Oradour, S. 63. Vgl. auch CMO, Comprendre, S. 56 f.

verübte mit den Verbrechen in Tulle und Oradour zwei der größten „Massaker an der französischen Zivilbevölkerung im Rahmen der Partisanenbekämpfung 1944".[9]

Doch bereits vor dem 6. Juni 1944 war „Das Reich" im Kampf gegen den bewaffneten Widerstand in Frankreich eingesetzt worden und schon im Mai 1944 war sie dabei unrühmlich aufgefallen. So kam es zu gewalttätigen Übergriffen und geplanten Raubzügen in dem Maß, dass mehrere Wehrmachtsstellen protestierten. Der Chef des LVIII. Panzerkorps, dem die Division zu diesem Zeitpunkt noch unterstand, verteidigte ihr Verhalten jedoch.[10] An der Spitze der Division „Das Reich" stand zu diesem Zeitpunkt der damals 38-jährige Heinrich Lammerding.[11] Mit ihm als ehemaligem Stabschef beim „Chef der Bandenkampfverbände" unter Erich von dem Bach-Zelewski kommandierte ein ausgemachter Experte der Partisanenbekämpfung im Osten die Division, der mit dem dortigen extremen und blutigen Vorgehen gegen die Partisanen vertraut war.[12] Auch die Division betrat mit dem Anti-Partisanenkampf wohl kein Neuland, sondern brachte Erfahrungen aus ihrem Einsatz im Osten mit.[13] Für den Historiker Peter Lieb ist deren Vorge-

---

[9] Vgl. die gleichnamige Tabelle bei Lieb, Krieg, S. 574–579.
[10] Vgl. Lieb, Krieg, S. 362 f.
[11] Im Dezember 1943 übernahm Lammerding zunächst das Kommando über die in Russland verbliebenen Truppenteile, die er zu einer Kampfgruppe verband. Mit dieser traf er im Frühjahr 1944 in Frankreich ein. Vgl. Vernehmungsprotokoll Heinrich Lammerding, 19. 2. 1962, StAM, 45 Js 2/62, Bd. 1 (2094), Bl. 48–64.
[12] Vgl. Lieb, Krieg, S. 361, 189 f.
[13] Lieb, Krieg, S. 361, mit Anm. 550, schreibt, die Division habe „bereits mehrmals an den Brennpunkten im Osten gekämpft und war dort wohl auch einige Male im Partisanenkrieg eingesetzt worden". Er kritisiert gleichzeitig, dass „in vielen Darstellungen [...] auf die brutale Kampfführung der Division ‚Das Reich' im Osten hingewiesen [wird], ohne aber konkrete Angaben zu liefern. An einer solchen Kampfführung der SS-Division im Osten kann generell wohl kaum ein Zweifel bestehen, doch fehlen bisher dazu wissenschaftliche Arbeiten." Lieb nennt mit Verweis auf Stein, Waffen-SS, die bereits bekannte Unterstützung, die die Division im Jahr 1941 der Einsatzgruppe B bei der massenhaften Ermordung von Juden leistete. Im Herbst 1941 unterstützte zunächst ein freiwilliges, später ein ihr dauernd zugeordnetes Kommando der Division „Das Reich" das Einsatzkommando 9 bei der massenhaften Erschießung von Juden in Ostweißrussland. So war das Kommando an der Erschießung von mehreren tausend Juden am 8. und 10. 10. 1941 an der Ilowski-Schlucht beteiligt. Vgl. Gerlach, Morde, S. 586, 597. Leleu, Waffen-SS, S. 785–788, Zitat S. 793, weist auf die „Politik der präventiven Exekutionen" der Division 1941/42 an der Ostfront hin, die nach dem Einsatz analysiert wurde und später in Frankreich Anwendung fand. Mehrere Hinweise auf die Kampfführung der SS-Division finden sich inzwischen auch bei Casagrande, Südtiroler, der in seiner Studie das Hauptaugenmerk auf das SS-Regiment „Deutschland" der Division legt. Belegt sind drastische Urteile des Gerichts der SS-Division „Das Reich" im April 1941 in Jugoslawien. Die Division führte zu diesem Zeitpunkt „Säuberungsmaßnahmen" und sogenannte Geisel- und Sühneerschießungen durch, die auf den Tod eines Regimentsadjutanten folgten. Es waren darüber hinaus der SS-Richter der Division, Rudolf Hoffmann, und seine Beisitzer (Wehrmacht), die bei einem Standgerichtsverfahren in Pančevo 36 Zivilisten zum Tode verurteilten. Die Hinrichtungen am 21. und 22. 4. 1941 wurden von Wehrmachtseinheiten durchgeführt. Bilder u. a. des Standgerichtsverfahrens, der Erschießungen an der Friedhofsmauer von Pančevo und der Erhängungen auf dem örtlichen Friedhof zeigte das Hamburger Institut für Sozialforschung in der Ausstellung „Verbrechen der Wehrmacht". Vgl. hierzu Casagrande, Südtiroler, S. 124; Hamburger Institut für Sozialforschung, Verbrechen, S. 536–549. Kurz nach dem

hen ab Mai 1944 kaum verwunderlich, kam doch zur Erfahrung des Einsatzes im Osten und im Partisanenkampf die „ideologisch eindeutige [...] Ausrichtung" der Offiziere und Unteroffiziere hinzu. „Das Reich" habe „als eine der Kerndivisionen der Waffen-SS [...] jede Menge hartgesottene Nationalsozialisten in ihren Führungsreihen" gehabt.[14]

Am 5. Juni 1944 schlug Lammerding dem Generalkommando des LVIII. Panzerkorps in einem Schreiben „Maßnahmen gegen die Terroristen" vor.[15] Die vom Generalkommando akzeptierten Vorschläge stellten „eine Übernahme von Prinzipien der Partisanenbekämpfung aus dem Osten" dar und zeigten „nur zu gut, welch radikale Lösungen die Waffen-SS bei der ‚Bandenbekämpfung' in einem größeren Gebiet Frankreichs nun angewandt wissen wollte".[16] Mittels „Gegenpropaganda und Diskriminierung der Terroristen als kommunistische Unruhestifter" wollte Lammerding „die Zivilbevölkerung gegen die Terroristen [aufbringen]". Zu den weiteren geplanten Maßnahmen gehörten präventive Massenverhaftungen, die Deportation dieser „verdächtigen" Männer und drastische Repressalien: „Ankündigung und Durchführung, dass für jeden verwundeten Deutschen 3, für jeden Gefallenen 10 Terroristen aufgehängt (nicht erschossen) werden." Da der „Strafvollzug durch Erhängen" in der französischen Justiz „nicht üblich" sei, so Lammerding, würden die „Terroristen" durch diese Art der Hinrichtung „diskriminiert und ausserhalb der franz[ösischen] Volksgemeinschaft gestellt".[17]

Angewandt wurden Lammerdings Vorschläge nur wenige Tage später in der Garnisonsstadt Tulle.[18] Am 7. Juni 1944 nahm eine Gruppe der Widerstandsorganisation *Francs-tireurs et partisans* (FTP) die Stadt ein, wobei 122 deutsche Soldaten umkamen und deren Leichen angeblich verstümmelt wurden. Als „Repressalie" erhängten Soldaten der Division „Das Reich" zwei Tage später nach kampfloser Einnahme der Stadt 99 beliebig ausgewählte Zivilisten.[19] In einem

---

Überfall auf die Sowjetunion verübten Einheiten der Division „offensichtlich massiv [...] Gefangenenerschießungen". Casagrande, Südtiroler, S. 125. Zum Einsatz der Einheit in Russland im Winter 1941/1942 (nach starken Verlusten ab Februar 1942 als „Kampfgruppe Reich") sind Hinweise auf deren hartes Vorgehen gegenüber der Zivilbevölkerung, auch gegenüber Frauen, überliefert. Vgl. Casagrande, Südtiroler, S. 128 f.

[14] Lieb, Krieg, S. 361.
[15] 2. SS-Pz.Div. „Das Reich" an Gen. Kdo. LVIII. Pz.Korps, Betr.: „Maßnahmen gegen die Terroristen", 5. 6. 1944, abgedruckt in CMO, Comprendre, S. 54.
[16] Lieb, Krieg, S. 363. Lieb ergänzt, die Vorschläge seien eine „moderatere[...] ‚westliche[...]' Form" der Prinzipien des im Osten praktizierten Anti-Partisanenkampfes gewesen, „denn die mörderischen Dimensionen in der Sowjetunion waren doch andere". Zu den Vorschlägen Lammerdings vgl. auch Leleu, Politique, S. 308; Meyer, Besatzung, S. 155; Fouché, Oradour, S. 55 f.
[17] 2. SS-Pz.Div. „Das Reich" an Gen. Kdo. LVIII. Pz.Korps, Betr.: „Maßnahmen gegen die Terroristen", 5. 6. 1944, abgedruckt in CMO, Comprendre, S. 54.
[18] Vgl. Leleu, Waffen-SS, S. 793.
[19] Vgl. Lieb, Krieg, S. 364–368. Ausführlich zu Tulle vgl. Kartheuser, Tulle, Bd. 3 und Bd. 4. Zur umstrittenen Frage der Verstümmelungen bzw. Leichenschändung vgl. Lieb, Krieg, S. 365 f., sowie mit anderer Einschätzung: Kartheuser, Tulle, Bd. 3, S. 361–368.

Schreiben an die Vichy-Regierung berichtete der Präfekt von Tulle vom „Horror", den das Massaker ausgelöst habe, und von der vehementen „Wut" der Bevölkerung auf den bewaffneten Widerstand, den man beschuldigte, „den Zorn auf die Stadt gezogen zu haben".[20] Oder in den Worten Peter Liebs: „Das Prinzip Terror zeigte Wirkung."[21]

Nur gute 100 Kilometer liegen zwischen Tulle und Oradour, die beiden Massaker fanden an zwei aufeinanderfolgenden Tagen statt und wurden von Einheiten derselben Division verübt – und doch unterscheiden sie sich grundsätzlich. Jean-Luc Leleu sieht in dem Geschehen in Tulle die Umsetzung von Lammerdings Politik des 5. Juni 1944, aber „ganz anders war die Logik, die zu Oradour führte. Es handelte sich nicht mehr um Repressalien, sondern um Terror."[22] Peter Lieb schreibt, das Massaker von Oradour sei gegenüber dem des Vortags „moralisch und juristisch völlig anders" zu sehen.[23] Wenn beide Historiker hier auch Unterschiede formulieren, so beginnen an dieser Stelle doch ebenso die Unstimmigkeiten. Denn wie das Massaker in Oradour in den Kontext seiner Vorgeschichte und die Befehlslage einzuordnen ist, warum und wie gerade Oradour in das Fadenkreuz der Waffen-SS gelangte, diese Fragen bleiben umstritten, wie auch die „ewige Streitfrage"[24] nach der Herkunft des Befehls und damit nach der Verantwortung für das Massaker. Grund für diese noch immer nicht eindeutig beantworteten Fragen ist in erster Linie die schwierige Quellenlage. Zum einen gab es aller Wahrscheinlichkeit nach keinen schriftlichen Befehl für das Massaker oder aber er wurde nicht überliefert. Zum anderen fiel der Kommandeur des I. Bataillons des SS-Panzer-Grenadier-Regiments 4 „Der Führer" der 2. SS-Panzer-Division „Das Reich", Adolf Diekmann, in der Normandie. Diekmann hatte das Massaker vor Ort geleitet und seine Vorgesetzten schrieben ihm die alleinige Schuld für das Verbrechen zu. Von Diekmann liegen keine direkt überlieferten Angaben zum Einsatz in Oradour vor.[25] Schließlich existieren zwar zahlreiche Berichte, eidesstattliche Versicherungen und Vernehmungsprotokolle ehemaliger SS-Offiziere der Division „Das Reich", sie sind jedoch vor dem Hintergrund einer möglichen Selbstentlastung kritisch zu sehen.[26]

---

[20] Zitiert nach Fouché, Oradour, S. 65 f.
[21] Lieb, Krieg, S. 368. Zum gleichen Schluss kommt: Fouché, Oradour, S. 66.
[22] Leleu, Waffen-SS, S. 793 f.
[23] Lieb, Krieg, S. 368.
[24] Lieb, Krieg, S. 368.
[25] In einem Interview berichtete ein Sohn Diekmanns 2014, sein Vater habe seiner Mutter zwei vom 18. und 21. 6. 1944 datierende Briefe gesandt, die er allerdings später ungelesen verbrannt habe. Vgl. Marika Schaertl/Régis Le Sommier, „Mon père était le bourreau d'Oradour", 9. 6. 2014, URL: http://www.parismatch.com/Actu/Societe/Rainer-Diekmann-Mon-pere-etait-le-bourreau-d-Oradour-568652 [2. 3. 2017].
[26] Infolge dieser Quellenproblematik wird die Vorgeschichte des Massakers sehr unterschiedlich interpretiert. Gleich einem Mosaik haben Autoren die Ereignisse im örtlichen und zeitlichen Umfeld des Massakers immer wieder neu gewichtet und zusammengesetzt. Dabei sind fachwissenschaftliche Studien bis heute die Ausnahme. Bei den meisten Publikationen handelt es sich um populärwissenschaftliche Darstellungen von Journalisten, Polizeikommissaren, geschichtsinteressierten Laien u. a. Um nur einige jüngere Darstellungen zu nennen: Penaud,

Diese ungeklärten Fragen führten nicht nur zu Streitgesprächen zwischen Historikern.[27] Sie sind vielmehr ein neuralgischer Punkt in der Nachkriegsgeschichte Oradours, und zwar in zweierlei Hinsicht: Erstens wurde das Massaker zum Gegenstand revisionistischer Geschichtsschreibung, die als eines der „großen Traumata" der Überlebenden und Hinterbliebenen bezeichnet wird.[28] Zweitens ist die Frage nach der Verantwortlichkeit für das Verbrechen untrennbar mit der Frage nach seiner strafrechtlichen Ahndung verbunden. Damit sind die offenen Punkte von zentraler Bedeutung für die vorliegende Studie.

Die folgenden Ausführungen zu Grund und Verantwortung für das Massaker beginnen mit einem Bericht Otto Weidingers über die Ereignisse am 9. und 10. Juni 1944. Dies mag befremdlich anmuten, war Weidinger doch in der Nachkriegszeit eine zentrale Figur des Oradour-Revisionismus. Für das gewählte Vorgehen spricht, dass Weidingers Bericht aus dem Jahr 1949 die Urfassung eines Narrativs darstellt, das er im Kern über mehr als zwei Jahrzehnte aufrechterhielt, verteidigte und verbreitete. Erst dann änderten sich seine Darstellungen signifikant. Der Bericht ist somit eine zentrale Vergleichsfolie für die Entwicklung von Weidingers eigenem Narrativ, die Aussagen anderer ehemaliger Offiziere der Division sowie die Thesen weiterer Vertreter des Oradour-Revisionismus. Mit anderen Worten: Anhand von Weidingers Bericht sollen Unterschiede, Entwicklungen und Träger revisionistischer Oradour-Narrative aufgezeigt werden. Schließlich dient Weidingers Darstellung dem Verständnis der daran anschließenden Ausführungen, denn sie enthält zahlreiche Aspekte, die im weiteren Verlauf immer wieder zur Sprache kommen.

Weidingers Bericht vom Februar 1949

Otto Weidinger war zum Zeitpunkt des Massakers in Oradour erst seit Kurzem beim Stab des Regiments „Der Führer". Dorthin war er zur „informatorischen Dienstleistung" abgeordnet worden, geplant war seine baldige Übernahme des Regiments von Sylvester Stadler. Diese erfolgte am 14. Juni 1944, und bis Kriegsende stand Weidinger an der Spitze der Einheit. Nach zwei Jahren in amerikanischer Kriegsgefangenschaft wurde er 1947 nach Frankreich ausgeliefert.[29] Dort verfasste er am 8. Februar 1949 im Militärgefängnis in Bordeaux seinen „Bericht über die Vorfälle, die sich am 9. und 10. Juni 1944 in Limoges abgespielt haben".[30] Weidin-

---

Oradour-sur-Glane; Baury, Oradour-sur-Glane; Le Sommier, Mystères; Garnier, Oradour-sur-Glane. Davon sind dezidiert geschichtsrevisionistische Publikationen abzugrenzen.

[27] Zu einer direkten Konfrontation der verschiedenen Positionen und ihrer Vertreter, etwa in Form von gegenseitigen Repliken in Fachzeitschriften, ist es bis heute nicht gekommen, zuweilen wurde der Tonfall aber scharf, vgl. etwa Fouché, Politique, S. 254; Lieb, Krieg, S. 368–377. Zu den unterschiedlichen Interpretationen vgl. unten.

[28] Desoutter, Retour (Dokumentarfilm).

[29] Vgl. Vernehmungsprotokoll Otto Weidinger, 14. 10. 1977, StAM, 45 Js 11/78, Bd. 3, Bl. 869–874. Vgl. zu Weidingers Lebenslauf Kapitel III.4, Abschnitt „Otto Weidinger".

[30] Otto Weidinger, Bericht über die Vorfälle, die sich am 9. und 10. Juni 1944 in Limoges abgespielt haben, 8. 2. 1949, Übersetzung, StAM, 45 Js 2/62, Bd. 1 (2094), Bl. 79–86. Weidinger

ger wies darin auf seine spezifische Position an diesen Tagen hin, und damit auf den Wert seiner Angaben als Augenzeuge: „Bis zum 16. Juni 1944 befand ich mich fast ständig in der nächsten Umgebung des Regimentskommandeurs [Sylvester Stadler]. Die Ereignisse, die ich nachstehend berichten werde, haben sich vor meinen Augen abgespielt."

Weidingers Darstellung lässt sich chronologisch in zehn hier zentrale Punkte gliedern. Nach Ausführungen zur Ankunft verschiedener Einheitsteile im Raum Limoges, beginnt er die Vorgeschichte des Massakers mit dem, was zumeist als

(1) *„Gerlach-Affäre"* bezeichnet wird. Barfuß und nur in Unterkleidung sei gegen Mittag des 9. Juni ein Offizier – Weidinger behielt sich „das Recht vor", dessen Namen „zu gegebener Zeit zu nennen" – im Befehlsstand des Regiments erschienen und habe „ungefähr" Folgendes berichtet: Unterwegs mit seinem Fahrer, um Unterkünfte für seine Einheit zu suchen, hätten bewaffnete Zivilisten in einer Gemeinde namens Oradour-sur-Glane – der Offizier habe den genauen Ort auf der Karte bezeichnet – ihren Wagen angehalten, sie zum Aussteigen gezwungen und ihnen Waffen und Uniform abgenommen. Der Offizier habe „den klaren Eindruck [gehabt], dass das Dorf, das voll von bewaffneten Zivilisten war, mit dem Marquis [sic][31] unter einer Decke steckte". Nach Meinung des Offiziers sei Oradour „der Sitz eines Befehlsstandes des Maquis" gewesen. Mit gefesselten Händen seien die beiden unweit des Ortsrands gebracht worden. Man habe ihnen erklärt, dass sie erschossen werden sollten. Dem Offizier sei die Flucht gelungen, nachdem er „um die Erlaubnis, austreten zu dürfen", gebeten habe. Anders sein Fahrer: Der Offizier habe Schüsse gehört, die „seiner Meinung nach seinen Fahrer getötet haben". Bis zum heutigen Tag habe dieser Fahrer kein Lebenszeichen von sich gegeben. Weidinger schloss diese Episode mit dem Hinweis, der Vorfall habe keine Folgen gehabt, „das heißt, das Regiment hat keine Repressalien ergriffen".

Der nächste von Weidinger genannte Vorfall von Relevanz ist die

(2) *Entführung des Kommandeurs des III. Bataillons des Regiments „Der Führer", Helmut Kämpfe.* Am Abend des 9. Juni habe das Regiment erfahren, dass Kämpfe

---

übersandte 1953 ein Exemplar des Berichts an Lammerdings Rechtsanwalt Justus Koch und erklärte, er habe die Aufzeichnung 1949 einem französischen Verteidiger im Oradour-Verfahren ausgehändigt. Das Dokument ging in die Ermittlungsakten der Staatsanwaltschaft Dortmund ein, als es Lammerding anlässlich seiner Vernehmung im Jahr 1962 überreichte. Vgl. Weidinger an Koch, 11. 3. 1953, ebenda, Bl. 78 f.; Vernehmungsprotokoll Heinrich Lammerding, 19. 2. 1962, ebenda, Bl. 48–64. Der Bericht ist teils schlecht, stellenweise nicht leserlich. Eine durchgehend leserliche „Abschrift der Übersetzung" des Berichts findet sich im BArch Freiburg, aus der im Folgenden zitiert wird. Die beiden Versionen unterscheiden sich teilweise in ihrer Formulierung, inhaltlich jedoch so gut wie nicht. Auf relevante Abweichungen wird an entsprechender Stelle hingewiesen. Vgl. Otto Weidinger, Bericht über die Vorfälle, die sich am 9. und 10. Juni 1944 in Limoges abgespielt haben, 8. 2. 1949, Abschrift der Übersetzung, BArch Freiburg, N 756/389.

[31] In den folgenden Auszügen aus Weidingers Bericht wird dieser wiederholte Schreibfehler ohne entsprechenden Hinweis korrigiert.

dem Maquis in die Hände gefallen sei. Dies habe im Regiment „eine lebhafte Erregung verursacht", denn Kämpfe sei der „ausgezeichneteste und erfahrenste Bataillonskommandeur des Regiments" gewesen, auf dem Gebiet der Schützenpanzerwagen „ein Spezialist und deshalb kaum zu ersetzen". Sein Verschwinden habe „einen schweren Verlust für das Regiment" bedeutet. Alle Einheiten seien sofort von dem Geschehen in Kenntnis gesetzt und beauftragt worden, in der Umgebung ihrer Unterkunft nach Kämpfe zu suchen, jedoch ohne Erfolg. Am Morgen des folgenden Tages – und damit am 10. Juni 1944 – habe

(3) *ein Soldat des Regiments in Limoges auf offener Straße einige Personalpapiere Kämpfes gefunden.* Er, Weidinger, habe sie mit eigenen Augen gesehen. Man habe daraus gefolgert, dass Kämpfe noch am Leben und in der Nacht an einen anderen Ort gebracht worden sei, wobei er die Papiere auf die Straße geworfen habe, um ein Lebenszeichen und eine Spur zu hinterlassen. Ebenfalls am Morgen des 10. Juni 1944 sei

(4) *Diekmann mit folgender Nachricht zum Befehlsstand des Regiments* in Limoges gekommen:

„Die Zivilfranzosen waren in seine Unterkunft gekommen, um ihm mitzuteilen, dass in der Gemeinde Oradour ein höherer deutscher Offizier vom Maquis gefangen gehalten würde und dass dieser Offizier am selben Tage, also am 10. 6. 1944 erschossen und öffentlich verbrannt werden sollte. Außerdem würde die Bevölkerung von Oradour mit der Widerstandsbewegung unter einer Decke stecken und Oradour wäre der Sitz eines hohen Befehlsstandes des Maquis."

Diekmann habe daraufhin Regimentskommandeur Stadler um Erlaubnis gebeten, mit einer seiner Kompanien nach Oradour zu fahren, um „Kämpfe zu befreien und um den Befehlsstand des Maquis ausfindig zu machen". Weidinger fügte an, soweit er wisse, seien Diekmann und Kämpfe eng befreundet gewesen.

(5) *Stadler* seinerseits *habe Diekmann* die Ereignisse des Vorabends in Oradour mitgeteilt und ihn *beauftragt,*

„sich mit einer Kompanie nach Oradour zu begeben, und sein Möglichstes zu tun, um Kämpfe zu befreien. Falls Kämpfe nicht gefunden werden sollte, so hatte Diekmann die Aufgabe, mit allen Mitteln Führer des Maquis zu fangen, um sie dann später auf dem Verhandlungswege gegen Kämpfe auszutauschen."

Er müsse betonen, so Weidinger, dass weder der Regiments- noch der Divisionskommandeur den Befehl gegeben hätten, „in Oradour Erschiessungen vorzunehmen und Wohnhäuser in Brand zu setzen". Die Division habe erst am Abend des 10. Juni von diesen Vorfällen erfahren. Stadler sei ein „tadelloser und sehr korrekter Offizier" gewesen – was Weidinger an einem Beispiel darlegte – und „hätte weder als Soldat noch als Mensch einen solchen Befehl erteilt". Er wies sodann darauf hin, dass

(6) Stadler im Laufe des 10. Juni 1944 nachdrücklich versucht habe, Kämpfe durch *Verhandlungen mit dem Maquis* zu befreien. Hierfür habe er ihn, Weidinger, be-

auftragt, mit dem Chef der deutschen Sicherheitspolizei in Limoges in Verbindung zu treten. Diesen habe er fragen sollen, ob er „nicht einen gefangenen Chef des Maquis hätte, der mit seiner Zustimmung gegen Kämpfe ausgetauscht werden könnte". Dem von Meier[32] zur Verfügung gestellten „Chef des Maquis" habe Stadler Folgendes erklärt: „Er, der Chef des Maquis, würde befreit werden, wenn er sein Wort gibt, sich mit dem Befehlsstand seines Maquis in Verbindung zu setzen, um die Befreiung Kämpfes auf dem Austauschwege gegen 15 Maquischefs vorzuschlagen. Außerdem sollte der Mittelsmann eine Belohnung von 10 000 R[eichsmark] erhalten." Der damit einverstandene und daraufhin freigelassene Maquischef habe spät am Abend telefonisch mitgeteilt, es sei ihm noch immer nicht gelungen, mit seinem Vorgesetzten Verbindung aufzunehmen. Seither habe er nichts mehr von sich hören lassen. Auch Kämpfe sei verschwunden geblieben. Die Haltung, die Stadler in diesen Umständen eingenommen habe, zeige ebenfalls dessen „geraden und korrekten Charakter".

Am späten Nachmittag des 10. Juni 1944, so Weidinger weiter, sei

(7) *Diekmann aus Oradour zurückgekommen*, und habe Stadler „ungefähr" Folgendes gemeldet:

„[Er hatte Kämpfe in Oradour nicht gefunden.[33]] Als sie sich dem Dorf näherten, wurde die Kompanie unter Feuer genommen. Nach der Besetzung des Dorfes hatte er alle Personen, die mit der Waffe in der Hand angetroffen wurden, erschiessen lassen. Das ganze Dorf war durch Brand zerstört worden und fast jedes Haus explodierte durch die entzündete Munition, die in diesen Häusern gelagert war."

(8) Die *Reaktion Stadlers* auf diese „willkürlichen Taten" Diekmanns beschreibt Weidinger als „empört". Der Regimentskommandeur habe seinem Untergebenen „heftige Vorwürfe" gemacht, weil er „seinen Befehl, Maquischefs gefangen zu nehmen, nicht befolgt hatte". Stadler habe Diekmann erklärt, „daß er der Division von dieser Sache Meldung machen würde, damit diese eine gerichtliche Untersuchung einleite".

(9) Weidingers Darstellung zufolge *berichtete Stadler die Vorfälle von Oradour sofort Divisionskommandeur Lammerding*, als der Divisionsstab am Abend des 10. Juni 1944 in Limoges eintraf. Lammerding habe eine „Untersuchung durch das Standgericht der Division" angeordnet, „die sobald der Kriegsrat zur Stelle sein

---

[32] August Meier, Kommandeur der Sicherheitspolizei und des Sicherheitsdienstes (KdS) in Limoges. Vgl. Kartheuser, Tulle, Bd. 4, S. 394.

[33] Hier unterscheiden sich die vorliegenden Versionen von Weidingers Bericht. Der im Text zitierte Satz entstammt jener Fassung, die sich in den Akten der Dortmunder Staatsanwaltschaft befindet. In der „Abschrift der Übersetzung" heißt es hingegen: „Es hatten Kämpfe in Oradour nicht stattgefunden." Ein Abgleich mit dem Vernehmungsprotokoll Weidingers vom 4. 5. 1949 zeigt, dass die im Text zitierte Version wohl zutreffend ist. Vgl. Vernehmungsprotokoll Otto Weidinger, 4. 5. 1949, wahrscheinlich Übersetzung, StA Do, 45 Js 2/11, 2. SB, Bd. 11/3, Bl. 222–225.

würde und sobald es die militärische Lage erlauben würde, eingeleitet werden sollte".

(10) Der letzte relevante Punkt in Weidingers Bericht betrifft den Verlauf der von Lammerding angeordneten *Untersuchung des Massakers*:

„Zu einem Zeitpunkt, als Diekmann schon tot und Kahn im Lazarett war, erhielt die Division eine Beschwerde der französischen Behörden wegen der Vorfälle von Oradour. Die Beschwerde war an den Oberbefehlshaber in Frankreich gerichtet und die Division wurde aufgefordert, darauf zu antworten. So erhielten wir zum ersten Mal eine Sachdarstellung von französischer Seite. Durch die Abwesenheit Stadlers, den Tod Diekmanns und die Hospitalisierung Kahns und dann auch dadurch, daß die Division ständig im Einsatz war, war es der Division nicht möglich, die angeordnete Untersuchung einzuleiten."

Neben diesen zehn Punkten der Kerngeschichte finden sich in Weidingers Bericht auch Angaben zum Verbleib der Einheitsangehörigen, die noch von Bedeutung sein werden. Kahn, so erklärte Weidinger, sei nach seiner schweren Verwundung in der Normandie nicht mehr zur Kompanie zurückgekehrt, er wisse nichts über dessen weiteres Schicksal. Bei den verschiedenen Schlachten habe das I. Bataillon ständig neue Verluste erlitten und Weidingers Ansicht nach konnte „es sich bei den Offizieren und Soldaten des I. Bataillons SS-,Der Führer' [sic] und der 3. Kompanie, die den Krieg überlebt haben, nur um eine sehr kleine Anzahl handeln".

Fassen wir zusammen: Weidinger zufolge erhielt das Regiment „Der Führer" von mehreren Seiten Hinweise auf Oradour: Dort sollte sich ein hoher Befehlsstand des Maquis befinden, die Bevölkerung mit dem bewaffneten Widerstand paktieren und ein höherrangiger deutscher Offizier festgehalten werden, dessen Hinrichtung unmittelbar bevorstand. Deshalb und auf Diekmanns eigene Bitte hin schickte Regimentskommandeur Stadler den Bataillonskommandeur nach Oradour. Er sollte den entführten Offizier Kämpfe dort befreien und bei dessen Nichtauffinden Führer des Maquis als Geiseln für die Auslösung des Gefangenen einbringen. Entgegen diesem Befehl und als seine Truppe bei der Annäherung an Oradour beschossen wurde, besetzte Diekmann das Dorf und ließ alle bewaffneten Personen erschießen. In nahezu jedem Haus war Munition gelagert, der Ort brannte komplett nieder. Der über die Befehlsüberschreitung erzürnte Stadler berichtete das Geschehen Divisionskommandeur Lammerding, der eine Untersuchung des Falls anordnete. Auch seitens des OB West wurde die Division zur Stellungnahme aufgefordert. Ermittlungen konnten indes nicht geführt werden, da Stadler nicht mehr bei der Einheit, Kahn im Lazarett und Diekmann tot war. Auch die meisten anderen in Oradour eingesetzten Soldaten überlebten den Krieg nicht.

Damit legte Weidinger eine in sich geschlossene Darstellung des Geschehens vor, in der er das Massaker als Diekmann anzulastenden Einzelfall darstellte, der dem allgemeinen Verhalten der Einheit entgegenstand. Weidinger konnte indes allein die Vor- und Nachgeschichte des Massakers bezeugen. Indem er zum Geschehen *in* Oradour Diekmann wiedergab, machte er ihn zum Kronzeugen der dortigen Vorfälle und sich selbst in gewisser Weise unangreifbar. Doch selbst mehrere von Weidinger als Augenzeuge beschriebene Ereignisse halten den Ergebnissen der geschichtswissenschaftlichen Forschung nicht stand.

Weidingers Angaben im Licht der Forschung

Der Ablauf des Massakers ist gut erforscht und widerlegt die von Weidinger berichtete Darstellung Diekmanns. Weder wurden die Soldaten bei der Annäherung an den Ort beschossen, noch stießen sie im Dorf auf bewaffnete Personen oder fanden dort Munitionsdepots. Dies geht aus zahlreichen Zeugenaussagen – darunter auch der an dem Massaker beteiligten ehemaligen Soldaten – hervor und ist das Ergebnis mehrerer polizeilicher und justizieller Ermittlungen sowie wissenschaftlicher Studien.[34] Während die von Weidinger bzw. Diekmann vorgebrachte Version des Geschehens vor Ort gänzlich falsch ist, ist Weidingers Bericht zur Vor- und Nachgeschichte des Massakers ein Geflecht aus nachweislich stattgefundenen, nachweisbaren aber falsch dargestellten Ereignissen, Falschaussagen und Auslassungen. Durch Gegenüberlieferungen bestätigt ist etwa die Entführung des Ordonanzoffiziers Karl Gerlach am 9. Juni 1944 und die Tötung seines Fahrers. Die Soldaten wurden jedoch weder in Oradour-sur-Glane festgenommen noch dorthin gebracht, sondern in bzw. nach Peyrilhac, etwa zehn Kilometer von Oradour entfernt (vgl. Abb. 4).[35] Belegt ist auch die Entführung des Kommandeurs des III. Bataillons Helmut Kämpfe in der Gemeinde Saint-Léonard-de-Noblat, etwa 50 Kilometer südöstlich von Oradour (vgl. Abb. 4).

---

[34] Vgl. zum Prozess in Bordeaux und zu den vorangegangenen Ermittlungen v. a. Fouché, Politique; zum Ermittlungsverfahren und Prozess gegen Heinz Barth in der DDR: Meyer, Besatzung, S. 161–167; eine ausführliche Rekonstruktion des Ablaufs bei: Fouché, Oradour, S. 129–187. Weniger spektakulär, als dies zunächst wirken mag, ist vor diesem Hintergrund die „große Enthüllung" Michel Baurys 2018. Der Autor veröffentlichte in diesem Jahr erstmals in voller Länge die kurz nach dem Massaker entstandenen Aufzeichnungen des Überlebenden Mathieu Borie. Borie war Mitglied der *Mouvements unis de Résistance* (MUR), lebte in Saint-Junien und arbeitete in Oradour. Unter den erstmals publizierten Teilen des Berichts finden sich zwei Bildunterschriften, die explizit auf *Résistance*-Mitglieder bzw. eine *Résistance*-Gruppe in Oradour hinweisen. Zentrale Fragen bleiben in der Publikation jedoch offen, etwa jene, um welche Art der *Résistance* es sich handelte. Baury selbst weist auf die Möglichkeit hin, dass es sich um sogenannte *légaux* gehandelt haben könnte, das heißt Personen, die mobilisiert werden konnten, wenn die Situation es erforderte. Wenn auch durchaus möglich ist, dass sich unter den Bewohnern Oradours Sympathisanten des Widerstands und des Maquis oder auch Mitglieder von *Résistance*-Gruppen befanden, so ist doch höchste Vorsicht geboten, darin einen Grund für das Massaker oder die Wahl des Orts zu sehen, da wir wissen, dass die Einheit in Oradour gerade nicht mit Widerstand bzw. Widerstandskämpfern rechnete. Zu Recht weist Baury hingegen auf die Frage hin, warum Bories Bericht später nur in Teilen publiziert wurde, was ausführlich zu untersuchen wäre. Vgl. Baury, Récit, Zitat S. 111, sowie Fouché, Oradour, S. 124, der bereits auf Borie einging. Ebenda, S. 121–124, auch zur Frage des Widerstands in Oradour.

[35] Vgl. Fouché, Oradour, S. 74 f., sowie Baury/Charron/Jollivet, Oradour-sur-Glane, S. 109–192, die Quellen, Unterlagen und Publikationen zur sogenannten Gerlach-Affäre zusammengetragen und analysiert haben. Ein Teil des Materials findet sich in der Publikation des ehemaligen FTPF-Mitglieds Roger Chastaing alias „capitaine René", darunter Chastaings Erinnerungen als beteiligter Akteur. Vgl. Chastaing, FTPF, S. 98–118.

1. Grund und Verantwortung für das Massaker   75

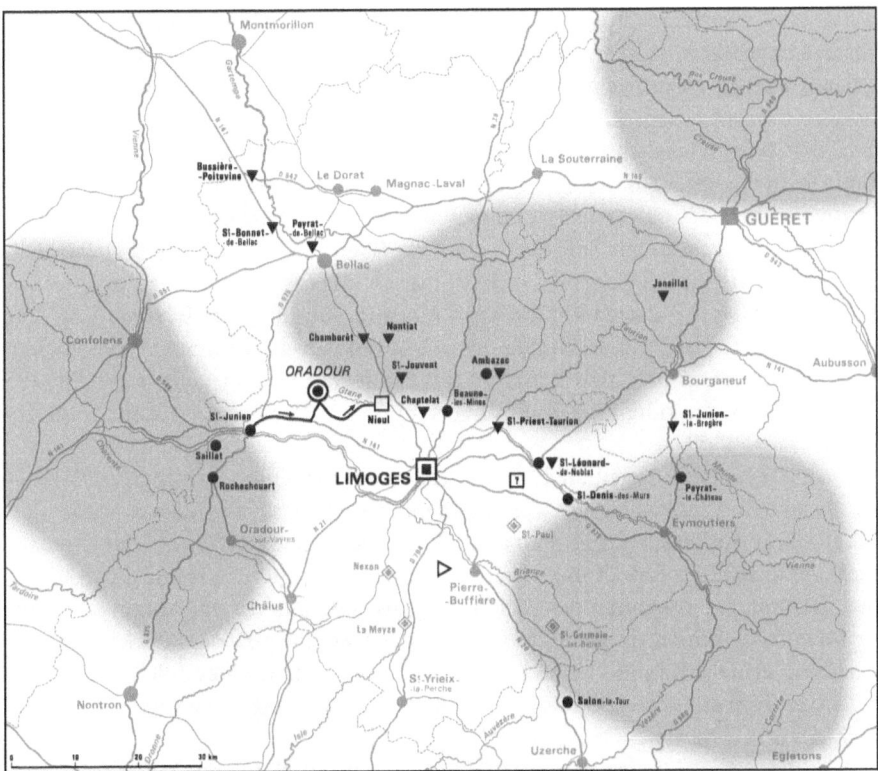

Abb. 4: Karte „Quartiere und militärische Operationen in Limoges und Umgebung vom 10. bis 12. Juni 1944" der Dauerausstellung im CMO. Die Maquis-Gebiete in der Haute-Vienne sind dunkel eingefärbt. Zu sehen sind u. a. die im Text genannten Orte Oradour(-sur-Glane), Saint-Junien, Nieul, Oradour-sur-Vayres und Saint-Léonard-de-Noblat. Der nicht eingezeichnete Ort Peyrilhac liegt ca. zehn Kilometer nordöstlich von Oradour-sur-Glane, in etwa auf der Linie Nieul-Chamborêt.
(CMO/Kartograph: Jean-Claude Grany)

In der Frage, ob und inwiefern diese in ursächlichem Zusammenhang mit dem Massaker in Oradour stand, herrscht jedoch keine Einigkeit.[36] Entscheidend ist, dass der Entführte zu keinem Zeitpunkt in Oradour festgehalten wurde[37] und der dortige Einsatz mitnichten der Suche nach dem Bataillonskommandeur diente. Dies zeigen nicht nur die Aussagen der an der Durchsuchung Oradours beteiligten Soldaten,[38] sondern auch, dass die Durchsuchung an vielen Stellen

---

[36] Vgl. u. a. Fouché, Politique, S. 254, 520; Fouché, Oradour, S. 73 f.; Meyer, Besatzung, S. 158; Lieb, Krieg, S. 365, 369; Leleu, Politique, S. 312; Hastings, Division (2008), S. 243–248; Delarue, Trafics (1968), S. 407–439; Baury, Oradour-sur-Glane, v. a. S. 45–101.
[37] Vgl. Fouché, Oradour, S. 73 f.; Baury, Oradour-sur-Glane, S. 72–86.
[38] Vgl. Vermerk Landeskriminalamt Nordrhein-Westfalen (LKA NRW), Erster Kriminalhauptkommissar (EKHK) Willms, Einheitsangehörige der 3./SS-Pz.Gren.Rgt. 4 „Der Führer", die

auffallend oberflächlich war. Hiervon zeugt neben Zeugenaussagen die verhältnismäßig große Anzahl an Personen, die das Massaker überlebten, weil es ihnen gelang, sich in Häusern und Gärten zu verstecken. Erst als der Ort in Brand gesetzt wurde, zwangen Feuer und Rauch mehrere davon, ihre Verstecke zu verlassen.[39] Wäre Diekmann tatsächlich davon ausgegangen, Kämpfe würde in Oradour festgehalten, so hätte er das Dorf gründlich durchsuchen lassen, zumal er ansonsten riskiert hätte, den Gefangenen bei lebendigem Leibe zu verbrennen. Auch das Vorgehen von Soldaten schon zu Beginn des Einsatzes zeigt, dass es sich nicht um eine Suchaktion handelte, die vor Ort eskalierte. So erschoss Gruppenführer Herbert Staeger bereits beim Zusammentreiben der Bevölkerung eine gehbehinderte alte Frau. Er führte damit selbst aus, was er seinen Untergebenen bei Einsatzbeginn befohlen hatte: „wenn ihr in die Häuser geht, wenn ihr ein Kind, einen Mann oder eine Frau seht oder jemand, der krank ist, dann tötet ihn direkt im Bett".[40]

Darüber hinaus belegen auch die Aussagen der beiden höchstrangigen Offiziere, die an dem Einsatz beteiligt waren und den Krieg überlebten, dass das Massaker bereits beim Aufbruch der Einheit aus Saint-Junien feststand. Sowohl der ehemalige Kompanieführer Otto Kahn wie auch der frühere Zugführer Heinz Barth sagten aus, Diekmann habe ihnen das Ziel des Einsatzes bereits vor der Abfahrt der Einheit aus Saint-Junien mitgeteilt.[41] Damit ist ausgeschlossen, dass Diekmann eine Meldung erhielt, Kämpfe befände sich in Oradour, bzw. einer solchen Glauben schenkte. Hiermit korrespondiert schließlich, dass der Ordonanzoffizier Karl Gerlach nicht in oder nach Oradour entführt wurde.

Was die von Weidinger erwähnte SS-interne Untersuchung des Massakers anbelangt, so sind Initiative und Durchführung zu unterscheiden. Entgegen Weidingers Angaben ermittelte der Chefrichter der Division, Detlef Okrent, tatsächlich und verfasste einen Bericht. Die „Ermittlung" war jedoch auf die Vernehmung

---

in der ersten Einsatzphase im Ort eingesetzt waren, 6. 2. 2019, StA Do, 45 Js 2/11, Hauptakte (HA), Bd. 19, Bl. 7343–7369.

[39] Vgl. Erkenbrecher, Studie, StA Do, 45 Js 2/11, 16. SB.

[40] Vernehmungsprotokoll O., 19. 1. 1953, Übersetzung, StA Do, 45 Js 2/11, 10. SB, Bd. 7/2.10, Bl. 29–40.

[41] Zu Barth vgl. Meyer, Besatzung, S. 161–167, zu Kahn: Vernehmungsprotokoll Otto Kahn, 13. 12. 1962, StAM, 45 Js 2/62, Bd. 2 (2097), Bl. 77–95; Vernehmungsprotokoll Otto Kahn, 2. 1. 1964, ebenda, Bl. 247–250. Von den identifizierten Mitgliedern des Stabs des I. Bataillons, die Diekmann nach Oradour begleiteten, hatte Bataillonsarzt S. denselben Dienstgrad wie Kahn (SS-Hauptsturmführer) und St. einen höheren Dienstgrad (SS-Obersturmführer) als Barth (SS-Untersturmführer) inne. Beide überlebten den Krieg, waren nach eigenen Aussagen aber nur am Rande des Massakers eingesetzt. Vgl. Kapitel IV.2.6, Abschnitte „Die Beschuldigten", „Das Geschehen in der Kirche" und „Ausgeschöpfte Ermittlungsmöglichkeiten?". Zu den Dienstgraden: Vermerk LKA NRW, EKHK Willms, Tatbeteiligte Einheitsangehörige des SS-Pz.Gren.Rgt. 4 „Der Führer", 20. 2. 2015, StA Do, 45 Js 2/11, HA, Bd. 16, Bl. 6295–6309. Bei der namentlichen Nennung von Beschuldigten in Ermittlungsverfahren gilt es, rechtliche Vorgaben zu berücksichtigen und Fragen des Persönlichkeitsschutzes abzuwägen. Dies gilt auch für Verurteilte, die später amnestiert wurden. Die Namen der Betreffenden werden deshalb hier und im Folgenden – in unterschiedlichem Maß – gekürzt.

Kahns beschränkt.⁴² Relevanter als der Inhalt von Kahns Aussage und Okrents Bericht – auf die noch einzugehen sein wird – ist zunächst deren Zeitpunkt. Wie Weidinger gab auch Lammerding nach Kriegsende an, er habe ein kriegsgerichtliches Verfahren eingeleitet, nachdem Stadler ihn über die Vorfälle informiert habe.⁴³ Detelf Okrent bestätigte dies und konkretisierte, der Divisionskommandeur habe ihn noch am Abend des 10. Juni 1944 mit der Untersuchung beauftragt.⁴⁴ Auffällig ist jedoch, dass Okrent Kahn erst nach einer Intervention der Wehrmacht vernahm.⁴⁵ War also SS-intern überhaupt eine Untersuchung geplant oder wurde deren sofortige Einleitung nach Kriegsende nur behauptet? Okrent zufolge hatte er seine Untersuchung wegen des dringenden Aufbruchs in die Normandie nicht gleich beginnen können und die „allgemeine[…] Feindlage" habe verhindert, Diekmann noch vorher aufzusuchen. Bei der Ankunft in der Normandie seien die Einheiten „sofort in den Kampf geworfen" worden.⁴⁶ Die 3. Kompanie sei „fast restlos aufgerieben" worden und sogar der „Nachschub" sei „entweder gefallen, verwundet oder in Gefangenschaft gekommen".⁴⁷ Tatsächlich verließ das

---

⁴² Vgl. Vernehmungsprotokoll Otto Kahn, 13. 12. 1962, StAM, 45 Js 2/62, Bd. 2 (2097), Bl. 77–95; Vernehmungsprotokoll Otto Kahn, 2. 1. 1964, ebenda, Bl. 247–250; Vernehmungsprotokoll Detlef Okrent, 23. 4. 1963, ebenda, Bl. 200–205; Eidesstattliche Erklärung Detlef Okrent, 27. 11. 1952, StA Do, 45 Js 2/11, 1. SB, Bd. 6/3, Bl. 30/256–258.

⁴³ Vgl. Eidesstattliche Versicherung Heinrich Bernard Laemmerding [sic] o. D. (notarielle Unterschriftenbeglaubigung: 29. 10. 1952), BStU, MfS, HA IX/11, ZUV 66, Bd. 30 (ehem. GA 18), Bl. 253 f.; Vernehmungsprotokoll Heinrich Lammerding, 19. 2. 1962, StAM, 45 Js 2/62, Bd. 1 (2094), Bl. 48–64. Im Laufe meiner wiederholten Recherchen bei dem/der Bundesbeauftragten für die Unterlagen des Staatssicherheitsdienstes der ehemaligen DDR (BstU) veränderte sich die Zählung des Zentralen Untersuchungsvorgangs (ZUV) 66 zu Heinz Barth. Gliederten sich die Akten früher in die Bände des „Auskunftsersuchens" (AK), des „Ermittlungsverfahrens" (EV) und der „Gerichtsakten" (GA), sind sie heute durchgängig nummeriert. Die Zuordnung zwischen alten und neuen Signaturen bei der BStU (seit 2021: BArch, Stasi-Unterlagen-Archiv) ist lücken- und vereinzelt fehlerhaft, sodass in den entsprechenden Anmerkungen neben der neuen Zählung auch auf die frühere hingewiesen wird.

⁴⁴ Vgl. Eidesstattliche Erklärung Detlef Okrent, 27. 11. 1952, BStU, MfS, HA IX/11, ZUV 66, Bd. 30 (ehem. GA 18), Bl. 256–258; Vernehmungsprotokoll Detlef Okrent, 23. 4. 1963, StAM, 45 Js 2/62, Bd. 2 (2097), Bl. 200–205.

⁴⁵ Eine umfassende Untersuchung der französischen Proteste aufgrund des Massakers in Oradour und ihrer Folgen steht aus. Führt man die bereits vorliegenden Forschungsergebnisse zusammen und gleicht sie mit Kahns und Okrents Aussagen ab, zeigt sich Folgendes: Der OB West eröffnete wohl noch im Juni 1944 eine kriegsgerichtliche Untersuchung und die Vernehmung Kahns muss im Juli 1944 stattgefunden haben. Dass zum Zeitpunkt der Vernehmung die Armee bereits interveniert hatte, geht übereinstimmend aus mehreren Angaben Kahns und Okrents hervor. Vgl. Lieb, Krieg, S. 277, 373 f.; Fouché, Oradour, S. 216 f.; Fouché, Politique, S. 35 f., 41–57; Meyer, Besatzung, S. 158 f. mit Anm. 40, S. 260 f.; Delarue, Trafics (1968), S. 437 f.; Eidesstattliche Erklärung Detlef Okrent, 27. 11. 1952, StA Do, 45 Js 2/11, 1. SB, Bd. 6/3, Bl. 30/256–258; Vernehmungsprotokoll Detlef Okrent, 23. 4. 1963, StAM, 45 Js 2/62, Bd. 2 (2097), Bl. 200–205; Vernehmungsprotokoll Otto Kahn, 13. 12. 1962, ebenda, Bl. 77–95; Vernehmungsprotokoll Otto Kahn, 2. 1. 1964, ebenda, Bl. 247–250; Kahn an Innenministerium (IM) NRW, 27. 3. 1967, ebenda, Bd. „Vorgänge betr. Kahn" (2098), Bl. 16–20.

⁴⁶ Vernehmungsprotokoll Detlef Okrent, 23. 4. 1963, StAM, 45 Js 2/62, Bd. 2 (2097), Bl. 200–205.

⁴⁷ Eidesstattliche Erklärung Detlef Okrent, 27. 11. 1952, StA Do, 45 Js 2/11, 1. SB, Bd. 6/3, Bl. 30/256–258.

I. Bataillon Nieul am Morgen des 12. Juni 1944.[48] Während Okrent keine Zeit und Möglichkeit gefunden haben wollte, Diekmann umgehend zu vernehmen, nutzte die 3. Kompanie den Verbleib vor Ort, um zwei Mal nach Oradour zurückzukehren und einen Teil ihrer Opfer zu vergraben. Eine Einheit des I. Bataillons brannte noch am 11. Juni auf der Suche nach Widerstandskämpfern unweit von Nieul ein Schloss nieder.[49] Okrent konkretisierte nicht, wann er selbst in der Normandie eintraf.[50] Anders, als er es darstellte, aber lag die 3. Kompanie nach ihrer Ankunft zunächst über mehrere Tage in „Bereitstellung" und wurde „zu keinerlei Einsätzen bzw. Kampfhandlungen eingesetzt".[51] Die ersten massiven Verluste erlitt sie ab dem 27. Juni 1944. Neben zahlreichen getöteten verlor sie auch verletzte und desertierte Soldaten.[52] Und doch waren die Verluste nachweislich nicht so hoch, dass Okrent keine weiteren Vernehmungen hätte durchführen können, weil – wie er behauptete – zum Zeitpunkt von Kahns Vernehmung „kein Angehöriger der 3. Kompanie, der an der Aktion Oradour teilgenommen hatte, mehr bei der Kompanie" gewesen sei.[53] Zu diesem Zeitpunkt befanden sich sogar noch Offiziere beim Bataillonsstab, die vor Ort gewesen waren.[54] Der überlieferte Bericht Okrents, in dem er unter anderem zu dem Massaker in Oradour Stellung nahm, datiert vom 4. Januar 1945 und dürfte erst in Reaktion auf eine erneute Anfrage entstanden sein.[55] Die neuesten Erkenntnisse zur Anzahl der an dem Massaker

---

[48] Vgl. Fouché, Oradour, S. 80, 184.
[49] Vgl. Fouché, Oradour, S. 184 f.
[50] Seine eidesstattliche Erklärung lässt sich so verstehen, dass er erst eintraf, nachdem Diekmann bereits gefallen war, und damit nach dem 29. 6. 1944. Vgl. Eidesstattliche Erklärung Detlef Okrent, 27. 11. 1952, StA Do, 45 Js 2/11, 1. SB, Bd. 6/3, Bl. 30/256–258; Vernehmungsprotokoll Detlef Okrent, 23. 4. 1963, StAM, 45 Js 2/62, Bd. 2 (2097), Bl. 200–205.
[51] Vernehmungsprotokoll Heinz Barth, 2. 3. 1983, BStU, MfS, HA IX/11, ZUV 66, Bd. 30 (ehem. GA 18), Bl. 36–42, Zitat Bl. 37.
[52] Vgl. Gerichtsprotokoll „Procès de Bordeaux" (ANFM-Protokoll), Verhandlungstage 15.1.–21. 1. 1953, Übersetzung, StA Do, 45 Js 2/11, 10. SB, Bd. 7/2.10; Vermerk LKA NRW, EKHK Willms, Tatbeteiligte Einheitsangehörige des SS-Pz.Gren.Rgt. 4 „Der Führer", 20. 2. 2015, ebenda, HA, Bd. 16, Bl. 6295–6309.
[53] Eidesstattliche Erklärung Detlef Okrent, 27. 11. 1952, StA Do, 45 Js 2/11, 1. SB, Bd. 6/3, Bl. 30/256–258. Zu bei der Einheit verbliebenen Soldaten: Gerichtsprotokoll „Procès de Bordeaux" (ANFM-Protokoll), Verhandlungstage 15. 1.–21. 1. 1953, Übersetzung, ebenda, 10. SB, Bd. 7/2.10; Vernehmungsprotokoll St., 6. 4. 1978, StAM, 45 Js 11/78, Bd. 4, Bl. 1170–1175; Vernehmungsprotokoll S., 8. 11. 1978, ebenda, Bd. 5, Bl. 1547–1554; Vernehmungsniederschrift A. Heinrich, 27. 6. 1956, Staatsarchiv München, Staatsanwaltschaften 34498, Bl. 9 f.
[54] Dies galt für S. und wahrscheinlich auch für St. Vgl. Vernehmungsprotokoll St., 6. 4. 1978, StAM, 45 Js 11/78, Bd. 4, Bl. 1170–1175; Vernehmungsprotokoll S., 8. 11. 1978, ebenda, Bd. 5, Bl. 1547–1554.
[55] Okrent an das Gericht des Höheren Pionier-Führers Ungarn, 4. 1. 1945, Geheim, Abschrift, StA Do, 45 Js 2/11, 1. SB, Bd. 7/3, Bl. 31/96–97. Bei seiner Vernehmung 1963 sagte Okrent, er sei „gegen Ende des Jahres [1944] […] nochmals aufgefordert worden, über die Angelegenheit zu berichten, woraufhin [er] ein Gedächtnisprotokoll gefertigt habe". Die bereits vorher angelegten Akten seien „durch Feindeinwirkung in Verlust geraten". Vernehmungsprotokoll Detlef Okrent, 23. 4. 1963, StAM, 45 Js 2/62, Bd. 2 (2097), Bl. 200–205. Seit November 1944 war das SS-Panzerkommando 6 für die Ahndung zuständig. Vgl. Lieb, Krieg, 374.

beteiligten Soldaten, die den Krieg überlebten, widerlegen schließlich auch Weidingers Angabe, es habe sich dabei nur um wenige gehandelt.[56]

Abgesehen von diesen falschen oder verzerrt dargestellten Angaben fällt auf, dass in Weidingers Bericht wesentliche Aspekte der Zusammenarbeit mit dem Sicherheitsdienst und der französischen Miliz in Limoges fehlen. Den Kommandeur der Sicherheitspolizei und des Sicherheitsdienstes (KdS) in Limoges, August Meier, nannte Weidinger nur im Zusammenhang mit den Verhandlungen zur Freilassung Kämpfes, die örtliche Miliz nur insofern, als er sich mit dem Chef der Miliz am 10. Juni 1944 in ganz anderer Sache getroffen haben wollte. Drei Treffen im unmittelbaren Vorfeld des Massakers erwähnte Weidinger hingegen nicht bzw. er berichtete nur unvollständig darüber.[57] Keine Erwähnung findet die Besprechung von Mitgliedern der Miliz in Limoges am Vorabend des Massakers, bei der es um die Beteiligung der Kollaborateure an „eine[m] Einsatz" ging, den „eine deutsche Division in der Gegend" durchführen würde.[58] Weidinger zufolge traf Diekmann am folgenden Morgen beim Regimentsbefehlsstand in Limoges ein, besprach sich mit Stadler und brach nach erhaltenem Befehl wieder auf. Unerwähnt bleibt, dass an diesem Morgen auch Milizmitglieder vor dem Befehlsstand ankamen, „[sich] dort [mit] SS-Polizisten [trafen], die gekommen waren, um den Einsatz mit der Waffen-SS auszuführen",[59] und diese nach einer Stunde gemeinsam nach Saint-Junien aufbrachen. Dort kam es zu einer dritten Besprechung, nun zwischen den Offizieren des Bataillons und dem Vertreter der Geheimen Staatspolizei (Gestapo) Joachim Kleist.[60] Relevant sind diese von Weidinger ausgesparten Treffen, da Sicherheitspolizei (Sipo) und Sicherheitsdienst (SD) eine wesentliche Rolle bei der Partisanenbekämpfung in Frankreich spielten[61] und Lammerdings Division bei ihrem diesbezüglichen Einsatz im Frühjahr 1944 bereits mit Sipo/SD und der französischen Miliz zusammengearbeitet hatte.[62] Darüber hinaus stand der Sipo-Limoges mit August Meier ein ausgesprochen brutaler Kommandeur vor, ein „Massenmörder[…]",[63] der im Osten einschlägige Erfahrungen gesammelt hatte und auch in Frankreich „nach den ihm aus Rußland vertrauten Prinzipien vor[ging]".[64]

---

56 Vgl. Kapitel IV.2.1.
57 Vgl. zu diesen Treffen Fouché, Oradour, S. 76–78.
58 So Camille Davoine, Teilnehmer der Besprechung, bei seiner Vernehmung am 9. 12. 1944, zitiert nach Fouché, Oradour, S. 77. Dort auch zur Quellenproblematik.
59 Fouché, Oradour, S. 78.
60 Zu Kleist vgl. Delarue, Trafics (1968), S. 411. Ebenso vage Informationen zu ihm bei: Fouché, Oradour, S. 78.
61 Zur Rolle von Sipo/SD bei der Widerstandsbekämpfung vgl. Lieb, Krieg, S. 63–72.
62 Vgl. Fouché, Oradour, S. 52 f.
63 Lieb, Krieg, S. 70.
64 Zu Meier vgl. Lieb, Krieg, S. 65 f., sowie Kasten, Franzosen, S. 32, 34, 209 f., 247, Zitat S. 210. Meier hatte u. a. das Einsatzkommando 5 in der Ukraine geleitet und zeichnete damit „für die Ermordung von 25 000 Juden und kommunistischen Funktionären verantwortlich". Ebenda, S. 32. Zu Meier vgl. auch Kartheuser, Tulle, Bd. 4, S. 394–455.

Zusammenfassend besteht kein Zweifel daran, dass Bataillonskommandeur Diekmann bereits beim Abrücken der Einheit aus Saint-Junien plante, in Oradour das Massaker zu begehen, das er und seine Männer kurz darauf ausführten. Um eine Suche nach dem verschwundenen Kommandeur des III. Bataillons, Helmut Kämpfe, ging es dabei zu keinem Zeitpunkt. Die Fragen, wer über die Tötung der Einwohner Oradours entschied und warum, sind damit jedoch noch nicht beantwortet.

Exzesstat versus gezielte Terrorisierung der Zivilbevölkerung

In der Geschichtswissenschaft stehen sich zwei Interpretationen des Massakers gegenüber. Während einerseits davon ausgegangen wird, dass es sich um ein von der Regiments- bzw. Divisionsführung geplantes und befohlenes, zumindest aber gewolltes Vorgehen handelte, wird andererseits angenommen, dass es eine Exzesstat des Bataillonskommandeurs Diekmann war, der entgegen dem ergangenen Befehl agierte.

So hält es Peter Lieb für „sehr unwahrscheinlich", dass Lammerding selbst den Befehl erteilte, sondern sieht die von Weidinger „ursprünglich vorgetragene Version", der zufolge das Massaker auf den Befehl Diekmanns zurückging, als „am wahrscheinlichsten" an.[65] Gegen die Befehlsgebung des Divisionskommandeurs sprechen für Lieb die überlieferten Befehle Lammerdings, allen voran jener vom Vortag des Massakers. Darin heißt es, es sei „erforderlich, die Truppe so im Zaume und im Auftreten zu halten, dass die Bevölkerung von der Redlichkeit unserer Absichten und dem Charakter der Division als Elitetruppe überzeugt wird". Plünderungen seien – „notfalls mit der Waffe" – zu verhindern.[66] Dass Lammerding gleichzeitig das Massaker befohlen haben könnte, hält Lieb für „fast undenkbar".[67] Für die alleinige Schuld Diekmanns führt er mehrere Argumente an.

Er verweist erstens darauf, dass neben Otto Weidinger auch der frühere Zugführer Heinz Barth den Bataillonskommandeur beschuldigte und Walter Gleiniger, seinerzeit Kommandant des Verbindungsstabs Limoges, allein Diekmann verantwortlich machte.[68]

Zweitens führt Lieb die Entführung Helmut Kämpfes an, der „gerüchteweise als Gefangener in Oradour gesehen worden sein" sollte. In diesem Zusammenhang schließt er eine Ortsverwechslung nicht aus, da es in den Departements Haute-Vienne und Charente fünf Dörfer mit diesem Namen gegeben habe. Der Entführte sei ein „langjähriger Kamerad und Freund" Diekmanns gewesen, weswegen es „durchaus denkbar" sei, dass Diekmann „sich von persönlichen Gefühlen leiten und zu einem solchen Verbrechen hinreißen ließ, zumal ihm ja ein derartiges Vor-

---

[65] Lieb, Krieg, S. 368 f.
[66] Zitiert nach Lieb, Krieg, S. 369. Lieb verweist weiter auf einen Sonderbefehl Lammerdings über „Straftaten gegen franz. Zivilbevölkerung" vom 15. Mai, der jedoch nicht überliefert ist.
[67] Lieb, Krieg, S. 369.
[68] Vgl. Lieb, Krieg, S. 369 (Anm. 583).

gehen durch seine lange ‚Osterfahrung' auch gut vertraut war".[69] Die Anwesenheit vor Ort ist ein dritter Grund, den Lieb für Diekmanns Befehlsgebung nennt. Bei einer Kompanie halte sich der Bataillonskommandeur im Gefecht gewöhnlich nur dann auf, „wenn er dort einen gegnerischen oder eigenen Schwerpunkt zu erkennen glaubt. Ganz offenbar sah Diekmann in einer Maßnahme gegen Oradour an diesem Tag seine Hauptaufgabe".[70] Hätte hingegen Lammerding den Befehl erteilt, so wäre er bei einem „solch einmaligen Ereignis" wohl selbst vor Ort gewesen.[71]

Vehement spricht sich Lieb gegen eine etwaige Schuld der Wehrmacht an dem Verbrechen aus. Diese sei weder durch das bloße Unterstellungsverhältnis gerechtfertigt – eine andere Unterstellung sei *de facto* nicht möglich gewesen – noch durch die erfolgten Wehrmachtsbefehle. Zwar hätten verschiedene Befehle „ein Klima geschaffen, welches Ausschreitungen der Truppe begünstigte", generell aber, so betont Lieb ausdrücklich, habe es für Frankreich keinen Wehrmachtsbefehl gegeben, der „auch nur annähernd die völlige Auslöschung eines Dorfes mit einem Massenmord an Frauen und Kindern sowie der Zerstörung aller Gebäude gedeckt oder auch nur gebilligt hätte".[72] Gerade was den von anderen Wissenschaftlern als zentral eingeschätzten Befehl des OB West vom 8. Juni 1944 – von dem noch zu sprechen sein wird – anbelangt, ist es für Lieb äußerst zweifelhaft, dass Diekmanns Bataillon bzw. Kahns Kompanie „den Wortlaut schon kannte".[73]

Schließlich lassen sich viertens die von Lieb angeführten negativen Reaktionen auf das Massaker innerhalb der Wehrmacht und der Division „Das Reich" als Entlastung von Armee und Divisionsführung interpretieren.[74] Nach dem Massaker sei „Das Reich" zwar nur noch kurz zur Bekämpfung von Partisanen eingesetzt gewesen, dennoch falle ins Auge, „dass sie nach Oradour keine größeren Massaker mehr an der Zivilbevölkerung verübte".[75] Zugleich zeigen Liebs Beispiele jedoch, dass manche Wehrmachtsdienststellen das harte Vorgehen der SS-Division in Frankreich durchaus begrüßten und von einem tatsächlichen Willen zur Ahndung des Verbrechens beim OB West und bei seinem Stab keine Rede sein konnte.[76]

In seiner Deutung des Massakers widerspricht Lieb explizit der Interpretation Ahlrich Meyers, der von einem Befehl Lammerdings ausgeht – was er zunächst bestimmt,[77] später vorsichtiger[78] vertrat – und vor allem den von der Wehrmacht festgelegten „Befehlsrahmen" betont, „innerhalb dessen die 2. SS-Panzer-Division ‚Das Reich' zwischen dem 8. und dem 10. Juni operierte".[79] Zentrale Bedeutung

---

[69] Lieb, Krieg, S. 369.
[70] Lieb, Krieg, S. 369 f.
[71] Lieb, Krieg, S. 370 (Anm. 585).
[72] Lieb, Krieg, S. 370 f.
[73] Lieb, Krieg, S. 370.
[74] Vgl. Lieb, Krieg, S. 371 f.
[75] Lieb, Krieg, S. 374.
[76] Vgl. Lieb, Krieg, S. 372–374, 376 f.
[77] Vgl. Meyer, Besatzung, S. 164.
[78] Vgl. Meyer, Oradour, S. 180–183.
[79] Meyer, Oradour, S. 177.

misst Meyer dabei dem bereits angesprochenen Befehl des OB West vom 8. Juni 1944 zu. Generalfeldmarschall Gerd von Rundstedt nahm darin Bezug auf die „Erwartung" des Wehrmachtführungsstabs, „daß bei dem Großunternehmen gegen die Banden in Südfrankreich mit äußerster Schärfe und ohne Nachsicht vorgegangen" werde. Diese gab der OB West unter anderem an das Generalkommando des LXVI. Reserve-Korps weiter, dem die SS-Division „Das Reich" zu diesem Zeitpunkt unterstand. Dort heißt es weiter:

„Der dauernde Unruheherd in diesem Gebiet muß endgültig ausgelöscht werden. Ausgang des Unternehmens hat größte Bedeutung für die weitere Entwicklung im Westen. Halbe Erfolge solcher Aktionen nützen nichts. Die Widerstandskräfte sind in schnellem und umfassendem Zupacken zu zerschlagen. Zur Wiederherstellung von Ruhe und Sicherheit sind schärfste Maßnahmen zu ergreifen, zur Abschreckung der Bewohner dieser dauernd verseuchten Gebiete, denen endlich die Lust vergehen muß, die Widerstandsgruppen aufzunehmen und sich von ihnen regieren zu lassen, und zum warnenden Beispiel für die gesamte Bevölkerung. Rücksichtslose Härte in diesem kritischen Augenblick ist unerläßlich, um die Gefahr im Rücken der kämpfenden Truppe zu beseitigen und größere Blutopfer der Truppe und in der Zivilbevölkerung für die Zukunft zu verhüten."[80]

Dies sei, so Meyer, ein „Grundsatzbefehl" gewesen, der vorausgegangene Anordnungen zur sogenannten Bandenbekämpfung wie etwa den „Sperrle-Erlaß" ausgedehnt habe.[81] Gleichzeitig – konkret am 9. respektive 11. Juni 1944 – hätten das Oberkommando der Wehrmacht (OKW) und der OB West dem Erlass, demzufolge „Angehörige der französischen Widerstandsbewegung [...] als Freischärler zu behandeln" seien, Nachdruck verliehen[82] – für Meyer *de facto* „ein Mordbefehl".[83] Der „Tenor all dieser Befehle" sei „unmissverständlich" gewesen. Er habe Bezug genommen „auf ‚Kampfmethoden' der Wehrmacht, die in Ost- und Südosteuropa seit langem geläufig", auf dem westlichen Kriegsschauplatz aber neu gewesen seien: „Nunmehr wurden Gewaltexzesse deutscher Verbände auch in jenen Regionen Frankreichs, die als ‚bandenverseucht' galten, von höchster Stelle gedeckt."[84] Als Argument für Lammerdings Befehlsgebung führt Meyer einen OKW-Erlass vom 6. Mai 1944 an. Dabei handelt es sich um das vom Chef des Wehrmachtsführungsstabs im OKW, Alfred Jodl, unterzeichnete Merkblatt „Bandenbekämpfung", demnach „‚Kollektivmaßnahmen gegen die Einwohnerschaft ganzer Dörfer' ausschließlich durch Divisionskommandeure angeordnet werden durften".[85]

Auch Jean-Jacques Fouché glaubt nicht an einen befehlswidrigen Alleingang Diekmanns, sondern an eine prinzipielle Entscheidung Lammerdings am Vorabend des Massakers: „Als er den Befehl erhält, zur neu eröffneten Normandie-

---

[80] Ob. West. Ia/Ic Nr. 1503/44 g.Kdos., an 1) MBF, 2) Armeegr. G, 3) Gen.Kdo. röm 66 Res.Korps, 8. 6. 1944, zitiert nach Meyer, Besatzung, S. 153 f.
[81] Meyer, Oradour, S. 177.
[82] Unter anderem: Obkdo. Armeegr. G an Armeeoberkommando (AOK) 1, AOK 19, Gen.Kdo. LVIII. Pz.Korps, „Betr.: Rechtliche Stellung der Angehörigen feindlicher Widerstandsbewegungen", 9. 6. 1944, zitiert nach Meyer, Besatzung, S. 154.
[83] Meyer, Besatzung, S. 154.
[84] Meyer, Oradour, S. 178.
[85] Meyer, Besatzung, S. 164.

front zu stoßen, beschließt der SS-General das Prinzip des ‚entschlossenen rücksichtslosen Durchgreifens' zur willkürlichen Vergeltung, um die Bevölkerung durch Terrorisierung zu bestrafen und die ‚Banden' zu diskriminieren."[86] Das Moment der Diskriminierung der „Banden" ist zentral in Fouchés Argumentation. Er sieht darin eine von der Ostfront übertragene und im Südwesten Frankreichs bereits erfolgreich erprobte Vorgehensweise der Einheit und kann dieses Motiv auch über Lammerdings Vorschläge vom 5. Juni 1944 hinaus im Anhang seines Tagesbefehls für den 10. Juni 1944 nachweisen. Dort heißt es unter dem Titel „Bandenlage und Kampfführung": „Alle Massnahmen, Befehle u.s.w. müssen zum Ziel haben, die Zivilbevölkerung gegen die Banden aufzubringen und unser Vorgehen als Befriedungsaktion im Sinne der französischen Bevölkerung herauszustellen. Die Gefahr der Banden kann sich zu schwerwiegendsten Auswirkungen auswachsen, wenn wir es nicht verstehen, den Banden jede nationale Gesinnung abzusprechen, und sie zu Strassenräubern zu stempeln."[87] Damit zitieren und betonen Fouché und Lieb zwei unterschiedliche Passagen desselben Befehls, die in der Quelle direkt aufeinander folgen. Fouché schreibt darüber hinaus den situativen Faktoren während des Aufenthalts in Limoges Bedeutung zu: Die Einheit kämpfte mit logistischen und technischen Problemen, stand unter dem Zeitdruck, zur Normandiefront aufbrechen zu müssen, und sah sich in dieser Situation mit der beständigen Bedrohung durch die Widerstandsbewegung einerseits und einer hilflosen deutschen Besatzung andererseits konfrontiert. In einer Beschwerde vom 10. Juni 1944 beschrieb Lammerding verärgert die Erfolge der „Terroristen" und die Schwäche der Besatzer: „Die Hilflosigkeit der deutschen Stellen ist geradezu beschämend. Ohne entschlossenes rücksichtsloses Durchgreifen wird sich die Lage in diesem Raum zu einer Gefahr auswachsen, deren Umfang bisher offenbar noch nicht richtig erkannt ist. In diesem Raum ist ein neuer kommunistischer Staat im Entstehen begriffen, der unbekümmert regiert und planmässige Aushebungen durchführt."[88] Fouché sieht hierin einen deutlichen Hinweis auf das kommende Geschehen.[89]

---

[86] Fouché, Oradour, S. 239. Fouché schreibt „Prinzip einer ‚brutalen Aktion'" (*principe d'une „action brutale"*), womit er in seiner Studie ganz offensichtlich und wiederholt das in der deutschen Quelle „entschlossene rücksichtslose Durchgreifen" umschreibt. Um diesen Zusammenhang zu verdeutlichen, wird bei der Übersetzung hier und im Folgenden der in der Quelle benutzte Begriff verwendet.

[87] Vgl. Fouché, Oradour, S. 71 f. Die deutsche Fassung zitiert nach 2. SS-Pz.Div. „Das Reich", Bandenlage und Kampfführung, 9. 6. 1944, Abschrift, StA Do, 45 Js 2/11, HA, Bd. 19, Bl. 7469–7471. Aus der Abschrift geht die Uhrzeit der Ausstellung nicht hervor. Glaubt man Weidinger, dass er in der Nacht vom 9. zum 10. Juni 1944 nach Tulle fuhr, um dort u. a. Kämpfes Entführung zu melden, so dürfte der Befehl entstanden sein, bevor Lammerding Kenntnis von dem Vorfall erhielt.

[88] 2. SS-Panzer-Division „Das Reich" an Gen. Kdo. LVIII. Pz.Korps., Geheime Kommandosache, 10. 6. 1944, unterschrieben von Lammerding. Das Schreiben ist abgedruckt in CMO, Comprendre, S. 72.

[89] Im Original: „Man könnte es nicht besser sagen: Der Blitz wird irgendwo einschlagen." Fouché, Oradour, S. 69.

Die „Hauptschuldigen" sind für ihn die Offiziere, die das Massaker beschlossen, organisierten und ausführten.[90] Wer konkret den Befehl für das Massaker gab, lässt er offen: „Ein ‚entschlossenes rücksichtsloses Durchgreifen' bedarf keines spezifischen Befehls. Zur Notwendigkeit erklärt, ist es faktisch genehmigt. Es entspricht dem Wunsch des Befehlshabers. Sodann hängt es – wie im Osten – von der Entscheidung eines Einheitskommandeurs ab, je nach sich bietender oder geschaffener Gelegenheit."[91] Dass das Massaker jedoch bei den bereits genannten Treffen mit dem SD und der örtlichen Miliz vorbereitet wurde, steht für ihn außer Frage.[92]

Jean-Luc Leleu hingegen führt konkretere Argumente dafür an, dass Diekmann nicht allein und befehlswidrig agierte. Dass ein Bataillonskommandeur „vor Ort aus eigener Initiative" gehandelt haben könnte, scheint ihm „nicht nur zweifelhaft, sondern auch unwahrscheinlich".[93] Diese Annahme sieht er durch Diekmanns Werdegang und Persönlichkeit erhärtet, denn unter anderem war Regimentskommandeur Stadler noch wenige Tage vor dem Massaker in einer Beurteilung voll des Lobs für seinen Untergebenen: „offen, ehrlich und anständig", „immer zuverlässig", „überdurchschnittliche geistige Veranlagung", „gegen Vorgesetzte und Untergebene einwandfreies soldatisches Auftreten, sehr guter Kamerad, geachtet und beliebt", „Ratschlägen sehr zugänglich, bei Zurechtweisungen etwas empfindlich, weil er sich stets grösste Mühe gibt".[94] Fraglich ist Diekmanns Alleinschuld für Leleu auch aufgrund des Kontextes, in dem das Massaker stattfand.[95] So schließt er aus, dass die von der Division zwischen dem 8. und 11. Juni 1944 verübten Verbrechen „zufällig oder willkürlich" gewesen sein könnten, sondern sieht darin eine „durch die Lage bedingte Übertragung des Kriegs, wie er im Osten geführt wurde". Das Zusammenwirken von vier Faktoren habe zu der „methodischen Entfesselung der Gewalt" geführt: „ein Auftrag zur Repression, explizite Mordanweisungen, Raum für Initiativen der Truppe in der Umsetzung und schließlich Ausführende, die solche Befehle annahmen und dynamisch umsetzten."

Angesichts der kritischen Lage aufgrund des starken französischen Widerstands und der Tatsache, dass es nicht gelungen war, die alliierte Landung umgehend zurückzuschlagen, hätten OB West, MBF und OKW mit „massiver Repression" die Entstehung einer „‚Republik' im Herzen des Zentralmassivs, im Rücken der deutschen Truppen" verhindern wollen. Geplant am 7. Juni 1944, seien tags darauf die Befehle ergangen. Den auf die persönliche Intervention Jodls (OKW) zurückgehenden Befehl des OB West vom 8. Juni 1944 hält auch Leleu für „unmissver-

---

[90] Vgl. Fouché, Politique, S. 486.
[91] Fouché, Oradour, S. 75 f.
[92] Vgl. Fouché, Oradour, S. 76–78.
[93] Leleu, Politique, S. 314.
[94] Vgl. Leleu, Politique, S. 314; Zitate hier direkt entnommen aus: SS-Panzer-Grenadier-Regiment 4, „Der Führer", Kommandeur, Beurteilung zum 1. 6. 1944, 30. 5. 1944, StA Do, 45 Js 2/11, Personenakte/Diekmann, Adolf. Unter „Stellungnahme des Zwischenvorgesetzten" setzte Lammerding die Beurteilung und notierte „Einverstanden".
[95] Hierzu und zum Folgenden vgl. Leleu, Waffen-SS, S. 790–795.

ständlich". Mit der schlichten Weitergabe der OKW-Anweisung durch den OB West und dessen gleichzeitigem Rückzug auf diesem Feld sei de facto „eine Lücke in der Befehlskette" entstanden und damit folgende Situation eingetreten:

> „Mit dem 8. Juni 1944 waren alle Voraussetzungen dafür gegeben, dass die im Limousin geplante repressive Operation den in den Ostgebieten durchgeführten Aktionen entsprach. Das OKW hatte der Truppe einen Blankoscheck für ein brutal rücksichtsloses Vorgehen ausgestellt. Im Fall der 2. SS-Division bedeutete dies die Billigung ihrer Politik der präventiven Exekutionen, die sie bereits in den ersten Kriegsmonaten im Osten erprobt hatte. An ihrer Spitze hatte Lammerding damit freie Hand, war befreit von hierarchischem Regelwerk, das ihn noch gezwungen hatte, sein Memorandum vom 5. Juni zu verfassen. Er war damit – zumindest vorübergehend – in einer Situation der relativen Autonomie, in der er sich bereits als Generalstabschef der Einheiten zur Bandenbekämpfung unter Bach-Zelewski befunden hatte."

Gründe, so Leleu, eine „solche Terroraktion" anzuordnen, habe es genug gegeben: Der Zeitdruck, unter dem die Einheit stand, als sie am 9. Juni erfuhr, dass sie zwei Tage später zur Normandie aufbrechen sollte; das Unvermögen, das Lammerding den örtlichen Dienststellen attestierte, nach dem Abzug seiner Einheit der Lage Herr zu werden; die Überzeugung, „unter diesen Bedingungen im Zentralmassiv ‚einen neuen kommunistischen Staat' entstehen zu sehen"; der Verlust Helmut Kämpfes, „der den Korpsgeist der Einheit erniedrigte": „Eine Terrormaßnahme erschien damit zwingend, ‚als warnendes Beispiel für die gesamte Bevölkerung', um der Ausbreitung des Aufstands vor dem Abzug der SS-Truppen einen Riegel vorzuschieben."

Leleu weist darüber hinaus auf zwei Beobachtungen im zeitlichen Kontext hin: Zum einen auf den rapiden Anstieg der Gewalt zwischen Tulle und Oradour innerhalb kürzester Zeit. Es dränge sich auf, hierin „die Anweisungen des OKW zu erkennen, die in der Zwischenzeit bei der Division eingetroffen waren". Zum anderen betont er, dass „die Zerstörung Oradours in einer sehr kurzen Zeitspanne statt[fand], woraus sich die Singularität dieses Massakers im Westen erklärt". Anders als Lieb sieht Leleu die Einmaligkeit des Massakers also gerade nicht in den Reaktionen seitens Wehrmacht und Waffen-SS. Er weist vielmehr darauf hin, dass die Zerstörung Oradours „zusammen mit den anderen, weniger umfangreichen Aktionen, die entlang der Marschrouten der SS-Kampftruppe erfolgten", auf militärischer Ebene ihr Ziel zweifellos erreicht habe: „Die von der SS-Formation durchgeführte repressive Operation war in der Tat erfolgreich. Sie trug wesentlich dazu bei, innerhalb von knapp vier Tagen den Aufstand im Limousin (zumindest vorübergehend) einzudämmen, was alle deutschen Berichte – auch die des OB West – begrüßten."

Zu der Frage, warum gerade Oradour zerstört und seine Bewohner getötet wurden, ist zweierlei hervorzuheben: *primo*, dass alle bislang formulierten Erklärungen hypothetischer Natur sind, *secundo*, dass die Frage nach der Wahl des Orts eng mit jener nach Charakter und Ziel des Massakers verbunden ist. Geht man davon aus, dass die Terrorisierung der französischen Zivilbevölkerung erreicht werden sollte, so genügten allein pragmatische Erwägungen für die Ortswahl, zumal, so Fouché, die terroristische Wirkung bedinge, dass die Opfer keinen Anlass für das Geschehen erkennen könnten.[96] Unter diesen Gesichtspunkten hätte sich Oradour aus mehreren Gründen „geeignet": Die Tatsachen, dass es an jenem Tag zwischen den beiden Quartieren der 3. Kompanie lag und vor Ort keine bewaffneten Widerstandsgruppen zu erwarten waren, erlaubte eine schnelle Durchführung des Einsatzes. Darüber hinaus ermöglichte „die Größe des Orts [...] eine spektakuläre Demonstration, ohne das Risiko, verzweifelten und gefährlichen Widerstand auszulösen, wie es in einer größeren Stadt wie Saint-Junien möglich gewesen wäre".[97] Da alle darüber hinausgehenden Erklärungen hypothetischer Natur sind, werden sie im Folgenden nur kurz angerissen. Gemutmaßt wurde etwa, Gerlach habe während seiner Entführung einen Wegweiser nach Oradour mit dem Ortsschild verwechselt,[98] eine andere Theorie besagt, eine bewusst falsche Denunziation von französischer Seite habe die Einheit möglicherweise nach Oradour geführt.[99] Es wurde gar die Hypothese aufgestellt, mit Oradour-sur-Glane habe – auf Betreiben der Miliz – das „Symbol Oradour" zerstört und die *Résistance* und ihr Anführer in der Haute-Vienne, Georges Guingouin, „stigmatisiert" werden sollen, da sich einer von Guingouins Gefechtsständen in dem Ort Oradour de Linards befunden habe.[100] Schon früh und bis heute wird eine Verwechslung mit dem Dorf Oradour-sur-Vayres als möglicher Grund angeführt, was so gut wie ausgeschlossen ist.[101] Schließlich ist der Erklärungsversuch Jean-Jacques Fouchés zu nennen, den auch Jean-Luc Leleu für schlüssig hält.[102] Ausgangspunkt ist ein konstatierter Deutungsunterschied des Begriffs *résistants*: Während man darunter auf französischer Seite *maquisards* verstanden habe, sei es der Waffen-SS um *partisans* gegangen, „das heißt für sie ,jüdische Bolschewisten'". Letztere, keine Maquis, habe die Einheit in Oradour gesucht. Als Argumente für diese Hypothese führt Fouché das entsprechende Vorgehen in anderen Ortschaften an, die Beteiligung des lokalen Polizeiinspektors für Judenfragen an der Vorbereitung des Massaker wie auch des SD Limoges, und zwar „in einer Zeit, als er den Druck auf die Juden in der Region erhöht hatte". Schließlich: „Berichte der Polizei und des Unterpräfekten sowie Denunziationen ließen auf reale und/oder imaginäre Aktivitäten von Kommunisten und Juden in Oradour schließen."[103]

---

[96] Vgl. Fouché, Oradour, S. 236.
[97] Vgl. Delarue, Trafics (1968), S. 412 f., Zitat S. 413; Fouché, Oradour, S. 236.
[98] Vgl. Desourtheaux/Hébras, Oradour, S. 168.
[99] Vgl. Delarue, Trafics (1968), S. 248.
[100] Vgl. Baury, Chemin, S. 131 f.; Baury, Oradour-sur-Glane, S. 112–120.
[101] Mehrere Argumente führt etwa an: Hastings, Division (2014), S. 247 f. Er weist u. a. auf die Lage Oradour-sur-Vayres' hin. Der Ort, etwa 30 Kilometer südwestlich von Oradour-sur-Glane gelegen, sei noch weiter als Letzteres von der Stelle entfernt, an der Kämpfe entfunden worden sei. Das Gleiche gelte für den Einsatzbereich der Division. Auch lägen keinerlei Zeugenaussagen vor, die diese Annahme stützten. Hinzuzufügen ist, dass der Ort im Südwesten, Oradour-sur-Glane hingegen im Nordwesten Limoges' liegt. Es ist nahezu undenkbar, dass es im Laufe mehrerer Vorbereitungstreffen mit lokaler Miliz und SD zu einem solchen Irrtum kam. Schließlich spricht gegen eine Verwechslung, dass die Einheit vor Ort gerade nicht so agierte, als würde es sich um einen Partisaneneinsatz handeln.
[102] Vgl. Fouché, Oradour, S. 237 f.; Leleu, Waffen-SS, S. 794.
[103] Fouché, Oradour, S. 237 f.

Festzuhalten bleibt, dass zwei zentrale Fragen noch immer offen sind: Wer gab den Befehl und wieso geriet Oradour in das Fadenkreuz der Waffen-SS? Ferner vermag keine der vorliegenden Studien alle verfügbaren Informationen in ihre Analyse und Interpretation zu integrieren. Fouché, Meyer und Leleu lassen außer Acht, dass die Planung und Befehlsgebung des Massakers auf Regiments- oder Divisionsebene das Risiko geborgen hätte, damit das Todesurteil über Kämpfe zu fällen, um dessen Auslösung man nachweislich noch am 10. Juni 1944 bemüht war. Lieb lässt die Berücksichtigung zentraler Erkenntnisse vermissen, allem voran die Aussagen Kahns und die Ergebnisse des Berliner Oradour-Prozesses. Denn spätestens seit diesem kann kein Zweifel mehr daran bestehen, dass die Einheit in Oradour nicht nach Helmut Kämpfe suchte, sondern mit dem Vorsatz aufbrach, die Einwohner zu töten und den Ort in Schutt und Asche zu legen.

2. Von Oradour nach Nürnberg

Rechtfertigungen und Desinformationen bis Kriegsende

Die erste Rechtfertigung für das Verbrechen sowie die erste Maßnahme zu seiner Verschleierung finden sich noch am Tattag selbst. Jean-Jacques Fouché weist darauf hin, dass die SS-Offiziere „ihre Rechtfertigung für das Massaker konstruiert[en], noch bevor sie es verübten", indem sie den ihnen untergebenen Soldaten beim Aufbruch der Truppe den Eindruck vermittelten, es stehe eine Auseinandersetzung mit dem bewaffneten Widerstand bevor.[104] Am Abend des 10. Juni 1944 und noch am Ort des Massakers begann die gezielte Vertuschungs- und Desinformationspolitik mit einem Schweigegebot bzw. der Ausgabe einer Sprachregelung: „Die Kompanie sei in Oradour von Widerstandskämpfern angegriffen worden, und im Rahmen der sich entwickelnden Kampfhandlungen seien die Einwohner getötet worden und die Gebäude des Ortes in Brand geraten".[105] Das Regiment „Der Führer" (DF) blieb in seiner Meldung am Tag nach dem Massaker vage: „SS-

---

[104] Vgl. Fouché, Oradour, S. 213 f., Zitat S. 214.
[105] Vernehmungsprotokoll Heinz Barth, 15. 7. 1981, BStU, MfS, HA IX/11, ZUV 66, Bd. 16 (ehem. GA 4), Bl. 6–11, Zitat Bl. 10. Von der Ausgabe einer Sprachregelung durch Barth berichtete der an dem Massaker beteiligte Gr. bereits bei seiner ersten Vernehmung im Jahr 1945. Sie hätten erklären sollen, der Maquis habe den Ort beim Einrücken der Einheit in Brand gesetzt und „die Bewohner fortgeschafft". Vor dem Militärgericht Bordeaux gab Gr. zu Protokoll, die angeordnete Formulierung habe gelautet, dass man die im Ort befindlichen Widerstandskämpfer erschossen habe und „die Zivilisten in die umliegenden Wälder gegangen seien". Wie Gr. in Bordeaux sagte auch der frühere Soldat Gi. aus, man habe ihnen gesagt, dass sie mit niemanden über das Geschehen reden sollten bzw. dürften, laut Gi. „selbst untereinander" nicht. Barth zufolge instruierte Diekmann den Kompaniechef und die Zugführer, gemäß Gi. erfolgte die Anweisung durch Kahn. Vgl. Vernehmungsprotokoll Gr., 8. 9. 1945, wahrscheinlich Übersetzung, StA Do, 45 Js 2/11, 2. SB, Bd. 11/3, Bl. 44–51; Vernehmungsprotokoll Gr., 17. 1. 1953, Übersetzung, ebenda, 10. SB, Bd. 7/2.10, Bl. 4–35; Vernehmungsprotokoll Gi., 10. 1. 1947, ebenda, 9. SB, Bd. 4/L VII, Bd. 9, Bl. 2.

Panzer-Grenadier-Regiment 4 ‚Der Führer' setzte Säuberungsaktion am 10. und 11. 6. 1944 im U[nterbringungs]-Raum fort. I./SS ‚DF' trat am 10. 6. 1944, 13.30 Uhr auf Oradour an und umstellte den Ort. Nach Durchsuchung des Ortes wurde dieser niedergebrannt. Fast in jedem Haus war Munition gelagert. [...] Ergebnisse: 548 Feindtote -/1/1 eigene Verwundete."[106]

Ein zweiter Ausgangspunkt gezielt eingesetzter Falschinformation war der Verbindungsstab 568 in Limoges. Kommandant Walter Gleiniger erhielt am 12. Juni 1944 unter anderem durch den Regionalpräfekten erste Informationen über das Geschehen in Oradour.[107] Wenige Tage später berichtete er an den Hauptverbindungsstab 588 (Clermont-Ferrand), in Limoges und im ländlichen Umfeld habe sich „eine gewaltige Erregung der Bevölkerung bemächtigt, so dass es ratsam erschien, dagegen etwas zu tun". Durch 500 Vertrauensmänner brachte die Militärische Zensurstelle daraufhin eine Version des Massakers in Umlauf, der zufolge „die Frauen und Kinder zu ihrem Schutz in die Kirche gebracht worden seien, die aus irgendwelchen Gründen Feuer gefangen habe, und dadurch sei ein Munitions- und Sprengstofflager in die Luft geflogen, das von den Terroristen dort eingerichtet worden sei".[108] Etwas anders lautete die Version, die die deutsche Zensurstelle in Limoges am 19. Juni 1944 für die versammelten Zeitungsdirektoren und Vertreter der französischen Zensur bereithielt.[109] Den Anwesenden wurde versichert, man würde das Geschehen natürlich nicht entschuldigen und der oder die Regimentsoffiziere würden bestraft werden. Allerdings sei die Einheit „nicht zufällig" nach Oradour gefahren: „Im Dorf gab es zahlreiche Maquis, es war ein Unterschlupf des Widerstands. Am Vorabend und noch am gleichen Morgen war auf Fahrzeuge deutscher Offiziere geschossen worden. Die Deutschen handelten also aus Notwehr." Was das Geschehen in der Kirche anbelange, wohin „die Frauen und die Kinder geschickt worden waren, um sie in Sicherheit zu bringen", so verstehe man nicht, was geschehen sei, und versuche es herauszufinden. Schließlich hieß es, es sei „besser, in der Presse über diese ‚Affäre' Schweigen zu bewahren".[110]

Sieht man von der knappen Meldung des SS-Regiments vom 11. Juni 1944 ab, so datiert die erste „Begründung" für das Massaker seitens einer an dem Einsatz bzw. seiner Vorbereitung beteiligten Stelle vom 13. Juni 1944. An diesem Tag besuchte der Regionalpräfekt von Limoges, Marc Freund-Valade, erstmals den Tatort.[111] Bei seiner Rückkehr suchte ihn ein Vertreter des SD auf, um Informationen

---

[106] Zitiert nach Meyer, Besatzung, S. 157. Die Angaben zu den eigenen Verwundeten sind nach Dienstgrad respektive Funktion gestaffelt: kein verwundeter Offizier, ein Verwundeter im Rang des Unteroffiziers, ein Verwundeter unter den Mannschaftsdienstgraden. Unklar ist, ob sich die Tagesmeldung des LVIII. Panzer-Korps an die Armeegruppe G und den MBF vom 11. 6. 1944, in der von einem Säuberungsunternehmen der Division und 337 Feindtoten die Rede ist, auf Oradour bezieht. Vgl. hierzu ebenda, S. 156 f.
[107] Vgl. Fouché, Oradour, S. 215 f.; Fouché, Politique, S. 45 f.
[108] Vgl. Fouché, Politique, S. 46 f. Deutsche Version nach Stitzer, Mordprozeß, S. 53, der aus einem Faksimilie in l'Humanité vom 5. 2. 1953 zitiert.
[109] So die Erinnerungen des Journalisten Pierre Poitevin, Enfer, S. 118.
[110] Poitevin, Enfer, S. 119 f.
[111] Vgl. Fouché, Oradour, S. 190; Office français, Oradour, S. 109 f.

zu erhalten. In diesem Zusammenhang berichtete er dem Präfekten, in der Nähe Oradours sei ein Attentat verübt worden. „Ein deutscher Offizier und sein Chauffeur", so gab Freund-Valade die Angaben wieder, „sollen von Elementen des Maquis gefangen genommen und dann überall im Dorf belästigt worden sein, vor allem durch die Frauen, die ihnen die Handgelenke mit Stacheldrähten gefesselt hätten. Sie seien dann zum Exekutionsort geführt worden, der deutsche Offizier sei entkommen, während der Chauffeur getötet worden sei. Der Offizier sei nach Limoges zurückgekommen und habe die Aussendung eines Strafkommandos veranlaßt, an welchem er teilgenommen habe."[112] Möglicherweise hatte der SD auch den Hauptverbindungsstab in Clermont-Ferrand entsprechend informiert, denn in dessen Kriegstagebuch hieß es am 14. Juni 1944: „Unter-Sturmführer der SS-Panzer-Division ‚Das Reich' war in Nieul (8 km n[ord]w[estlich] Limoges) gefangen worden u[nd] wurde nach Oradour verschleppt. Er konnte entkommen. Man fand die Leiche eines Oberzahlmeisters, die Spuren von Mißhandlungen aufwies. Gesamte männliche Bevölkerung von Oradour wurde erschossen. Frauen u[nd] Kinder waren in die Kirche geflüchtet. Kirche fing Feuer. In Kirche lagerte Sprengstoff. Auch Frauen u[nd] Kinder kamen ums Leben."[113] Die genannte Entführung und Verschleppung eines Unterstürmführers dürfte sich auf die 1949 von Weidinger genannte „Gerlach-Affäre" beziehen, die wenige Tage später auch Gleiniger in einem Bericht an den Hauptverbindungsstab anführte. Dort war nun außerdem die Rede davon, der Entführte habe in Oradour Frauen mit Helmen und Karabinern bewaffnet gesehen. Gleiniger führte weiterhin den Fall eines in L'Isle-Jourdain verschwundenen Oberzahlmeisters (*officier payeur*) an.[114]

Wenn sich hier bereits wesentliche Unterschiede zum späteren Narrativ Weidingers abzeichnen, so zeigt der bereits erwähnte Bericht des Divisionsrichters Detlef Okrent,[115] dass die Trennlinie zwischen den unterschiedlichen Versionen nicht entlang der Autorenschaft, das heißt: Wehrmacht einer-, SS-Division andererseits, verlief. In Okrents Bericht vom 4. Januar 1945 hieß es:

„In Oradour war ein SS-Untersturmführer der Division und sein Kraftfahrer, die von den Terroristen gefangen genommen und gefesselt in das Dorf gebracht worden waren, unter Anteilnahme der Bevölkerung – insbesondere von Frauen – viehisch mißhandelt worden. Während es dem SS-Untersturmführer gelang, sich durch eine List zu befreien, wurde der Kraftfahrer auf unmenschliche Art – wie später festgestellt wurde – zu Tode gefoltert. Kurz vorher war nach einer Meldung des SD eine Sanitätskolonne der Wehrmacht in Stärke von ca. 10 Mann in diesem Dorf von Terroristen überfallen und niedergemetzelt worden. Zur Vergeltung wurde daraufhin vom Kommandeur I./SS-Panzergrenadier-Regiment 4 ‚Der Führer', SS-Sturmbannführer Dieckmann [sic], die 3. Kompanie dieses Bataillons gegen dieses Dorf eingesetzt. SS-Sturmbannführer Dieckmann leitete die Aktion selbst. Schon bei Annäherung erhielt die Kompanie Gewehr- und MG.-Feuer. Nach Brechung des Widerstandes wurde bei der Durchsuchung der Häuser eine erhebliche Anzahl von Waffen sichergestellt. Das Dorf wurde daraufhin angezündet. Hierbei ereigneten sich in fast allen Häusern Detonationen, die von versteckt gehaltener Munition herrührten. Die

---

112 Zitiert nach Französisches Verlagsamt, Oradour, S. 69.
113 Zitiert nach Meyer, Besatzung, S. 157.
114 Vgl. Fouché, Politique, S. 46 f.
115 Vgl. Kapitel III.1, Abschnitt „Weidingers Angaben im Licht der Forschung".

Detonationen waren so stark, dass der leitende Führer seine eigenen Männer zu deren Sicherheit zurückziehen musste. Bei diesem Sachverhalt erscheint die geübte Vergeltung aus militärischen Gründen durchaus gerechtfertigt. Der verantwortliche Führer, SS-Sturmbannführer Dieckmann, ist im übrigen bei den Kämpfen in der Normandie gefallen."[116]

Dass die deutschen Erklärungen für das Massaker vage und widersprüchlich waren, wurde bereits früh konstatiert.[117] Dennoch zeichnen sich verbindende Elemente und ein gemeinsamer Tenor ab. Alle genannten Erklärungen beschreiben Oradour explizit oder implizit als Ort des bewaffneten Widerstands. Die Entführung eines SS-Offiziers, der später namentlich genannt wurde („Gerlach-Affäre"), findet sich – beginnend mit den Angaben des SD – früh und nahezu durchgängig in den offiziellen deutschen Erklärungen für das Massaker. Sie ist damit eine frühe Konstante des Narrativs der damit befassten deutschen Stellen.[118] Im Gegensatz hierzu stehen mehrere andere Attentate des Widerstands. Sie finden meist nur in einzelnen Berichten Erwähnung und werden teilweise vermischt. Diesen – teils erfundenen, teils tatsächlich vorgefallenen[119] – Ereignissen und der „Gerlach-Affäre" ist gemein, dass die Autoren sie nachträglich nach Oradour „verlegen" und mit ihnen den Einsatz begründen. Was das Geschehen in Oradour bei und nach der Ankunft der Einheit anbelangt, so ist Weidingers Version erstmals im Bericht Okrents erkennbar, während alle anderen Darstellungen allein die Vorgeschichte des Einsatzes nennen.

Ein essenzieller Unterschied zum Narrativ Weidingers besteht darin, dass die bei ihm zentrale Entführung Helmut Kämpfes und ihre Folgen hier gänzlich fehlen. Das Geschehen wird nicht als eine als Suchaktion befohlene und befehlswidrig begangene Tat charakterisiert, sondern im Gegenteil als „Strafkommando" oder „geübte Vergeltung" bezeichnet und/oder gerechtfertigt. Gleichwohl ist augenfällig, dass alle Autoren in ihrem apologetischen Versuch mit demselben Problem konfrontiert waren: die Tötung der Frauen und Kinder. Sie stellen deren monströsen Tod als Unfall dar, dessen Schuld die Widerstandsbewegung trage, bezeichnen

---

[116] Okrent an das Gericht des Höheren Pionier-Führers Ungarn, 4. 1. 1945, Geheim, Abschrift, StA Do, 45 Js 2/11, 1. SB, Bd. 7/3, Bl. 31/96–97.
[117] Vgl. Französisches Verlagsamt, Oradour, S. 68 f.
[118] Zu den Angaben des SD am 13. 6. 1944 liegt nur das kurze Zitat aus dem Bericht des Präfekten von Limoges vor. Dennoch ist festzuhalten, dass der SD demnach allein einen Vorfall als Grund für das Massaker anführte, bei dem es sich um die „Gerlach-Affäre" handeln dürfte. Keine Rede ist hingegen von Vorkommnissen, die Okrent (Überfall auf eine Sanitätskolonne der Wehrmacht in Oradour und dabei Tötung von etwa zehn Personen) oder Werner und Stückler (Befehls- bzw. Gefechtsstand des Maquis in Oradour) dem SD später in den Mund legten. Vgl. Kapitel III.3.
[119] So liegt beispielsweise bei der *Deutschen Dienststelle für die Benachrichtigung der nächsten Angehörigen von Gefallenen der ehemaligen deutschen Wehrmacht* (WASt) die Verlustmeldung Paul Plehwes vom 12. 6. 1944 vor, der zufolge der Oberzahlmeister am 8. 6. 1944 in der Nähe von Bellac (ca. 25 Kilometer von Oradour entfernt) „in Terroristen-Gefangenschaft" geriet und seither vermisst wurde. Nach Kriegsende erklärte seine Frau bzw. Witwe an Eides statt, im Juli 1944 habe ihr die Einheit mitgeteilt, ihr Mann sei „am 5.6.44 bei Limoges während eines Überfalles durch Partisanen erschossen worden". WASt an Taege, 19. 12. 1984, abgedruckt in Baury/Charron/Jollivet, Oradour-sur-Glane, S. 231 f.

ihn als ungeklärt oder verschweigen ihn gänzlich; in keinem Fall aber wird die SS-Einheit dafür verantwortlich gemacht oder dieser Teil des Massakers ausdrücklich gerechtfertigt. Implizit jedoch war die Rechtfertigung der Tötung von Frauen in mehreren Berichten bereits angelegt, indem Frauen nicht nur als Täterinnen genannt, sondern ihnen ein besonders grausames Verhalten zugeschrieben wurde. Im Kern war das Narrativ der deutschen Stellen vor Kriegsende ein Legitimierungsnarrativ.

Kriegsende und Nürnberg

Mit dem Sieg der Alliierten über das Deutsche Reich änderte sich die Situation für die an dem Massaker in Oradour beteiligten Soldaten und die dafür verantwortlichen Offiziere tiefgreifend, denn nun drohte ihnen die strafrechtliche Verfolgung für das Verbrechen durch die alliierte Justiz. Ihren Darstellungen des Geschehens kam damit eine neue Bedeutung zu, galt es doch nicht mehr nur, das Massaker gegenüber der eigenen militärischen Hierarchie zu rechtfertigen, sondern vor allem gegenüber der französischen Justiz, die noch vor der *Libération* Ermittlungen im Fall Oradour aufgenommen hatte.[120] Bevor der französische Oradour-Prozess eröffnet wurde, zeitigte der Prozess gegen die Hauptkriegsverbrecher vor dem Internationalen Militärgerichtshof in Nürnberg Folgen für die ehemaligen Mitglieder der Waffen-SS allgemein und für die hier interessierenden Männer der Division „Das Reich" im Besonderen.

Der Fall Oradour wurde in Nürnberg nicht verhandelt, allerdings mehrmals angeführt und vor allem interpretiert, sodass die Nürnberger Ankläger und Richter ein Narrativ etablierten, das die Rechtfertigungen und Erklärungen seitens SD, Wehrmachtsverbindungsstäben und SS-Division dekonstruierte. Für die französischen Ankläger war das Massaker Ausdruck einer Terrorpolitik der deutschen Besatzer, deren Rahmenbefehle sie bei der Wehrmacht sahen. In seiner Eröffnungsrede ordnete der Leiter der französischen Anklagebehörde, François de Menthon, das Massaker in den Kontext der letzten Besatzungsmonate in Frankreich ein, die „durch eine Verstärkung der terroristischen Politik gekennzeichnet [waren], die die Verbrechen gegen die Zivilbevölkerung vervielfachte".[121] Die große Zahl dieser Verbrechen, so de Menthon, ließe sich allein „durch allgemeine Befehle erklären" und ihre „Urheber" seien zwar häufig „SS-Leute" gewesen, die „militärische Führung" aber habe „an der Verantwortung Anteil". Er führte zwei Quellen an, um dies zu belegen. Zum einen zitierte de Menthon aus dem bereits genannten Merkblatt des OKW mit dem Titel „Bandenbekämpfung". In diesem hatte der in Nürnberg angeklagte Alfred Jodl am 6. Mai 1944 darauf hingewiesen, dass „Kollektivmaßnahmen gegen die Einwohnerschaft ganzer Dörfer (dazu gehört auch das Abbrennen von Ortschaften) [...] nur in Ausnahmefällen und ausschließlich durch

---

[120] Zur strafrechtlichen Ahndung des Massakers in Frankreich vgl. Kapitel IV.1.
[121] Vgl. Internationales Militärtribunal (IMT), Bd. V, S. 456 f., Zitat S. 456. Hierzu auch: Moisel, Résistance, S. 260 f.

Divisionskommandeure oder von den SS- und Polizeiführern angeordnet werden [dürfen]". Zum anderen führte der Ankläger einen Auszug aus dem Kriegstagebuch des Hauptverbindungsstabs 588 in Clermont-Ferrand an.[122] In diesem wies der Kommandant des Hauptverbindungsstabs, Fritz von Brodowski, darauf hin, dass der Kommandeur der Sipo und des SD ihm weiter unterstellt blieben. Die Verbrechen der letzten Kriegsmonate auf französischem Boden, so de Menthon weiter, seien „als Repressalien dargestellt [worden], die durch die Handlungen der Widerstandsbewegung hervorgerufen worden sein sollen"; tatsächlich aber hätten die Besatzer häufig grundlos getötet, geplündert und niedergebrannt; ganze Dörfer seien in Brand gesteckt worden, „während die nächsten bewaffneten Widerstandsgruppen noch Dutzende von Kilometern entfernt waren, und ohne daß die Bevölkerung auch nur eine einzige feindselige Handlung gegen deutsche Truppen begangen hatte" – als eines der „charakteristischsten Beispiele" hierfür nannte er Oradour.[123]

Auch der französische stellvertretende Hauptankläger Charles Dubost, der am 31. Januar 1946 auf Oradour zu sprechen kam, schrieb Jodls Merkblatt eine zentrale Rolle zu.[124] Er verwies außerdem auf den „Sperrle-Erlass" und bilanzierte, diese Befehle, „die in ihrem Geist auf die Ausrottung unschuldiger Zivilbevölkerung zielen", seien entschlossen durchgesetzt worden. Als Beleg führte er das Kriegstagebuch Brodowskis an und daraus unter anderem die Meldung über das Massaker in Oradour.[125] Für Dubost war Oradour die „Krönung"[126] einer langen von ihm angeführten Liste deutscher Gräueltaten in den besetzten Ländern des Westens. Beide, de Menthon und Dubost, hoben in ihren Ausführungen auf den Befehlsrahmen des OKW bzw. OB West ab, wohingegen die Befehlslage auf Divisionsebene nicht zur Sprache kam. Die ausführenden Täter und die ihnen übergeordneten Offiziere auf Regiments- und Divisionsebene blieben namenlos. Dubost machte zwar darauf aufmerksam, dass die von ihm zitierten Befehle „nur im Wege einer beständigen geheimen Zusammenarbeit zwischen Wehrmacht, SS, SD und Sipo" hätten ausgeführt werden können,[127] der Name Oradour wurde im Nürnberger Gerichtssaal aber gerade nicht in einem Atemzug mit den Namen Lammerding, Stadler oder Diekmann genannt. Mit dem Merkblatt Jodls und dem Kriegstagebuch von Brodowskis rückten vielmehr Wehrmachtsoffiziere in den Fokus.[128] Diese Perspektive wurde durch den Bericht des Divisionsrichters Okrent parado-

---

[122] Das Kriegstagebuch zählte zu den Beweismitteln, vgl. Kriegstagebuch des deutschen Hauptverbindungsstabes 588 in Clermont-Ferrand vom 12. Januar bis zum 13. September 1944, Beweisstück RF-405, Dokument 257-F, IMT, Bd. XXXVII, S. 1–116.
[123] IMT, Bd. V, S. 456 f.
[124] Vgl. IMT, Bd. VI, S. 438–440, 453–459, hier S. 439.
[125] Vgl. IMT, Bd. VI, S. 438 f., Zitat S. 439.
[126] IMT, Bd. VI, S. 453.
[127] IMT, Bd. VI, S. 439.
[128] Brodowski trug das Kriegstagebuch bei seiner Festnahme im Herbst 1944 bei sich. Aufgrund mehrerer Einträge wurde zunächst davon ausgegangen, dass er für das Massaker in Oradour verantwortlich sei. Brodowski soll bei einem Fluchtversuch aus der Gefangenschaft erschossen worden sein. Vgl. Hivernaud, Histoire (1988), S. 59 f. Lieb, Krieg, S. 467, weist auf die ungeklärten Umstände der Tötung hin.

xerweise verstärkt. Dubost nämlich hielt den Bericht für ein Dokument der Wehrmacht und interpretierte Okrents Einschätzung, „die geübte Vergeltung [erscheine] aus militärischen Gründen durchaus gerechtfertigt",[129] als Ausdruck dessen, dass „in den Augen der Wehrmacht" das Massaker in Oradour ein Verbrechen zu sein scheine, „das völlig gerechtfertigt ist". Auch eine Schuld Keitels „in all diesen Angelegenheiten" sah Dubost als erwiesen an. Ein Schreiben des Angeklagten, in dem er im März 1945 den Umgang mit französischen Protesten gegen deutsche Ausschreitungen im Juni 1944 kritisierte, belegte, dass Keitel nur in sehr spezifischer Weise an einer Aufklärung der Fälle gelegen war: „Wäre auch nur ein Teil der Vorwürfe alsbald widerlegt worden, hätte man den Franzosen zeigen können, daß ihre gesamten Angaben auf zweifelhaften Material beruhen."

Die französischen Ankläger dekuvrierten die frühen Desinformationen und Rechtfertigungsversuche von deutscher Seite in doppelter Hinsicht: De Menthon indem er auf die Praxis der Deutschen hinwies, ihre Verbrechen als Repressalien zu charakterisieren,[130] Dubost, indem er die vom Hauptverbindungsstab Clermont-Ferrand angeführten vermeintlichen Gründe für das Massaker explizit zurückwies. Dabei stützte er sich auf inzwischen in Frankreich durchgeführte Ermittlungen. Diese hätten bewiesen, „daß sich kein Mitglied der französischen inneren Streitkräfte im Dorfe befand, auch nicht im Umkreis von mehreren Kilometern".[131] Zurückgewiesen wurde auch die Behauptung, in der Kirche habe sich Sprengstoff befunden.[132] Verübt worden sei das Massaker, so Dubost, „anscheinend aus Rachegründen wegen eines Attentats, das gegen [die Einheit] etwa 50 Kilometer weiter entfernt gerichtet worden sei". Offen ließ er hierbei, um welches Attentat es sich handelte.[133]

---

[129] Offen ist, ob Dubost die Aussage Okrents, der „verantwortliche Führer, SS-Sturmbannführer Dieckmann [sic], ist im Übrigen bei den Kämpfen in der Normandie gefallen", inhaltlich übernahm, oder dies entgegen des Sitzungsprotokolls noch zum Zitat des Berichts gehörte. Im Sitzungsprotokoll heißt es – wie im Original – an die genannte Passage anschließend: „Der verantwortliche deutsche Kommandeur ist übrigens in den Kämpfen in der Normandie gefallen." IMT, Bd. VI, S. 456.
[130] Vgl. IMT, Bd. V, S. 457.
[131] Vgl. IMT, Bd. VI, S. 455 f., Zitat S. 456.
[132] Dies erfolgte allerdings von de Menthon. Vgl. IMT, Bd. V, S. 457.
[133] IMT, Bd. VI, S. 456. Dubost ging interessanterweise nicht näher auf die Ergebnisse des Ermittlungsberichts ein, auf den er hinwies (vgl. unten). Dort wird – wenn auch vorsichtig formuliert („scheint es, daß man jetzt seine Ursache kennt") – als „Ursache" für das Massaker ein 15 Kilometer von Oradour entfernter Maquisangriff genannt, bei dem vier Soldaten verletzt worden seien. Daraufhin habe der „Kommandant D..." beschlossen, „daß das erste Dorf, das durchquert werde, Vergeltungsmaßnahmen erfahren solle". Die Ermittler beriefen sich dabei auf die Aussagen eines früheren Kompanieangehörigen und Deserteurs, dessen Namen sie nicht nannten. Vgl. Französisches Verlagsamt, Oradour, S. 70. Es war mir weder möglich, die Aussage ausfindig zu machen noch die Person zu identifizieren. Da der Ort, an dem Bataillonskommandeur Helmut Kämpfe entführt wurde, etwa 50, nicht 15 Kilometer von Oradour entfernt liegt, ist denkbar, dass sich Dubost auf inzwischen erhaltene dahingehende Informationen bezog. Für die Annahme, dass Dubost die Angabe der Ermittler absichtlich nicht übernahm, spricht auch, dass sie mit den Vorbereitungen des Massakers nicht in Einklang zu bringen ist. Möglich ist schließlich auch, dass es sich schlicht um einen Fehler in der Entfernungsangabe handelte.

Bei der Untersuchung, auf die sich Dubost vor Gericht bezog, handelte es sich um die Ermittlungen, die Guy Pauchou und Pierre Masfrand für den *Service de recherche des crimes de guerre ennemis* (SRCGE) geführt hatten.[134] Der SRCGE war im Oktober 1944 „als zentrale Dienststelle für Kriegsverbrechen der Feindmächte im Pariser Justizministerium eingerichtet"[135] worden. Zu den Aufgaben der neuen Behörde gehörte es, die Arbeit der verschiedenen mit feindlichen Verbrechen beschäftigten Stellen zu koordinieren und die gewonnenen Erkenntnisse zu bündeln. Des Weiteren wurde die Stelle mit der Vorbereitung eines Schwarzbuchs beauftragt. Neben der Pariser Zentrale verfügte der SRCGE über regionale Dienststellen, deren Ermittler vor Ort agierten. Im Fall Oradour ermittelten Pauchou und Masfrand für den SRCGE, und dieser publizierte ihre Ergebnisse 1945 als ersten Band der Reihe „Documents pour servir à l'histoire de la guerre. Crimes ennemis en France" („Dokumente zur Kriegsgeschichte. Feindliche Verbrechen in Frankreich").[136] Dubost zitierte nicht direkt aus dem Buch, legte es dem Gericht jedoch vor.[137] Seit 1946 war die Publikation in gekürzter Form auch in deutscher Übersetzung erhältlich, und dort damit für jeden zu lesen, dass die Vernichtung Oradours nur zu verstehen sei, „wenn man sie in den Rahmen der groß angelegten Unterdrückungspolitik stellt, die das deutsche Oberkommando im ganzen Zentrum und Südwesten Frankreichs seit Monaten verfolgte".[138] Als die Nürnberger Richter ihr Urteil verlasen, stellten sie Oradour in den Kontext der deutschen Besatzungspolitik weit über Frankreich hinaus und nannten es als nur ein Beispiel „für die organisierte Anwendung des Schreckens durch die Besatzungstruppen, zwecks Niederschlagung und Vernichtung jeglichen Widerstandes gegen ihre Herrschaft".[139]

Eine zweite Nennung des Massakers im Nürnberger Urteil war von nicht minder großer Bedeutung. Als der Internationale Militärgerichtshof die Schutzstaffel (SS) zur „Verbrecherischen Organisation" erklärte, schloss er die Waffen-SS explizit mit ein.[140] Für die Veteranen der Waffen-SS zog dieses Kollektivurteil verschiedene Nachteile in der Bundesrepublik nach sich. So waren sie (zunächst) bei ihren Rentenbezügen schlechter gestellt als frühere Wehrmachtsangehörige und erfuhren eine schärfere Strafverfolgung.[141] Hinzu kam das „Stigma"[142] der „Ver-

---

[134] Hierzu und zum Folgenden: Fouché, Politique, S. 62–68; Moisel, Frankreich, S. 71–82. Vgl. zu Pauchou und Masfrand auch Kapitel I, Abschnitt „Quellen", und Kapitel II.2, Abschnitt „Oradour. Vom Ort zum Symbol".
[135] Moisel, Frankreich, S. 71.
[136] Office français, Oradour.
[137] IMT, Bd. VI, S. 453–456, Dokument F-236 bzw. RF-438. Im Staatsarchiv Nürnberg liegt die Kopie des französischen Originals (KV-Anklage, Dokumente, Fotokopien RF-438) sowie die deutsche Druckversion (Amtsbibliothek, Signatur 8° 5572) vor. Vgl. Schreiben Staatsarchiv Nürnberg an die Verfasserin, 16. 1. 2018.
[138] Französisches Verlagsamt, Oradour, S. 71.
[139] IMT, Bd. I, S. 262.
[140] Vgl. Schulte/Lieb/Wegner, Einleitung, S. 11.
[141] Erschwert wurde den Veteranen der Waffen-SS seit Mitte der 1950er Jahre auch die Aufnahme in die Bundeswehr. Zu den Nachteilen vgl. Wilke, Regeneration, S. 436; Wilke, Veteranen, S. 149 f.; Wilke, Hilfsgemeinschaft, S. 15, dort auch weiterführende Literatur.
[142] Wilke, Veteranen, S. 151.

brecherischen Organisation" und der daraus entstehende „Ehrverlust"[143]. Die Verurteilung der (Waffen-)SS als „Verbrecherische Organisation" einerseits, der Freispruch des OKW von diesem Vorwurf andererseits, förderte das gegenteilige und komplementäre Bild von „sauberer" Wehrmacht versus „schuldhafter" SS in den 1950er Jahren.[144] Für die in Oradour eingesetzten Soldaten und ihre Vorgesetzten kam erschwerend hinzu, dass der Internationale Militärgerichtshof in seiner Verurteilung der SS ausdrücklich auf das Massaker verwies. Divisionen der Waffen-SS, so das Urteil, seien für etliche Massaker und Grausamkeiten in den besetzten Gebieten verantwortlich gewesen, „zum Beispiel das Blutbad in Oradour und in Lidice".[145] Damit wurde das Verbrechen in Oradour zu einem gerichtlich fixierten Nachweis des verbrecherischen Charakters der Waffen-SS.

Schließlich wirkte sich das Nürnberger Urteil zwei Jahre später auf strafrechtlicher Ebene ganz konkret auf all jene ehemaligen Mitglieder der Waffen-SS aus, die in französischem Gewahrsam waren oder dahin kamen. Am 15. September 1948 erließ der französische Gesetzgeber ein Sondergesetz, das der Einsicht entsprang, dass „die Anwendung der geltenden Strafvorschriften bei kollektiv begangenen Massenverbrechen wie Oradour versagten".[146] Das verächtlich „Lex Oradour" genannte Gesetz ermöglichte es, alle Mitglieder einer durch den Internationalen Militärgerichtshof in Nürnberg für verbrecherisch erklärten Gruppe für ein verübtes Kriegsverbrechen als Mittäter zur Verantwortung zu ziehen, soweit diese nicht ihre Zwangsrekrutierung und ihre Nichtbeteiligung an der Tat nachweisen konnten. Dies war *de facto* eine Abkehr vom Prinzip individueller strafrechtlicher Verantwortung und eine Umkehr der Beweislast. Das Gesetz war auch in Frankreich umstritten und, wie wir sehen werden, zentrale Angriffsfläche für diejenigen, die die inhaftierten ehemaligen Mitglieder der Division „Das Reich" so schnell wie möglich auf freiem Fuß sehen wollten.

3. Der Kampf um die Freilassung der in Frankreich Inhaftierten (1947–1959)

Albert Stückler

Zum Zeitpunkt des Massakers in Oradour hatte Albert Stückler den Posten des Ia beim Stab der Division „Das Reich" inne. Er war damit der erste Generalstabsoffizier der Division und Lammerdings Stellvertreter.[147] Geboren 1913 in München,

---

[143] Wilke, Veteranen, S. 436; Wilke, Hilfsgemeinschaft, S. 126 f.
[144] Vgl. Wilke, Hilfsgemeinschaft, S. 14 f.
[145] IMT, Bd. I, S. 304.
[146] Moisel, Frankreich, S. 239. Zum Folgenden: Ebenda, S. 118–127; Farmer, Justice, S. 197 f.; Brunner, Frankreich-Komplex, S. 87 f.
[147] „Der Ia im Rang eines Oberstleutnants i. G. (im Generalstab) war der 1. Generalstabsoffizier in der Division. Er bearbeitete alles, was mit den einzelnen Teilen der Division in führungsmäßiger und taktischer Hinsicht zusammenhing, u. a. Truppenführung, Ausbildung, Orga-

war Stückler 1932 als Offiziersanwärter in die Bayerische Landespolizei eingetreten. Es folgten die Ernennung zum Leutnant und die Übernahme ins Heer im Jahr 1935, ein Generalstabslehrgang und die Ernennung zum Generalstabsoffizier 1943. Anfang 1944 wurde Stückler als Ia zum Stab der Division „Das Reich" kommandiert.[148] Bei Kriegsende inhaftiert, blieb Stückler bis Juli 1947 in Internierungshaft. Aufgrund einer Kriegsverletzung war er gehbehindert. In der Nachkriegszeit führte Stückler die Fahrschule seines Vaters in Freising weiter und begann, sich politisch zu engagieren. 1956 war er Vorsitzender des Bezirks Oberbayern der Freien Demokratischen Partei (FDP), ab 1960 Stadtratsmitglied und 1962 kandidierte er für den Bayerischen Landtag.[149] Ob Stückler bereits mit Thomas Dehler in Kontakt stand, als dieser noch als Bundesjustizminister amtierte (1949–1953), ist unklar. Sicher ist, dass sich die beiden Männer 1956 nicht nur kannten, sondern auch korrespondierten. Dehler war seinerzeit unter anderem Landesvorsitzender der bayerischen FDP.[150]

Während Stückler 1962 für den Bayerischen Landtag kandidierte, ermittelte die Münchener Staatsanwaltschaft wegen der Erhängungen in Tulle gegen ihn. Im Rahmen der Ermittlungen gegen den ehemaligen Divisionskommandeur Lammerding war bei der Dortmunder Staatsanwaltschaft der Verdacht aufgekommen, Stückler sei „maßgeblich an dem Erhängungsbefehl beteiligt gewesen".[151] Da die Staatsanwaltschaft die Erhängungen jedoch als zwischenzeitlich verjährten Totschlag einordnete, wurde das Verfahren 1964 eingestellt. Der Einstellungsbeschluss, so Bruno Kartheuser, habe vor allem auf einer Darstellung der Ereignisse basiert, „die sich weitgehend mit der Aussage der vernommenen SS-Führer, aber auch mit dem ‚Stückler-Bericht' von 1949 deckt und den Erlebnisberichten der französischen Zeugen diametral entgegensteht".[152] Stückler hatte nach Kriegsende also nicht nur mit Blick auf die noch immer in Frankreich inhaftierten Divisionsangehörigen Interesse daran, auf die Darstellung des Geschehens einzuwirken, sondern auch ein ureigenes. Wie viel sein Engagement auch immer dazu beitrug, die bundesdeutsche Justiz klagte Stückler nie wegen Verbrechen der Division „Das Reich" in Frankreich an. Im November 1996 verstarb er in Freising.[153]

Doch zurück in die frühen Nachkriegsjahre. Nach seiner Entlassung aus der Internierungshaft im August 1947 agierte Stückler auf mehreren Ebenen, um die in Frankreich inhaftierten ehemaligen Angehörigen der Division „Das Reich" freizubekommen.[154] Deren Freilassung beschrieb er als „eine Herzensangelegenheit

---

nisation, Transport, Unterbringung, Luftschutz, Auswertung von Erfahrungen usw. Er trug dem Divisionskommandeur Möglichkeiten der Kampfführung vor, arbeitete Befehle aus und vertrat den Kommandeur bei dessen Abwesenheit." Buchner, Handbuch, S. 87.

[148] Vgl. Kartheuser, Tulle, Bd. 3, S. 279; Kartheuser, Tulle, Bd. 4, S. 372.
[149] Vgl. Kartheuser, Tulle, Bd. 4, S. 373; Wengst, Dehler, S. 294.
[150] Vgl. Wengst, Dehler, S. 294.
[151] Einstellungsbeschluss des Ermittlungsverfahrens, zitiert nach Kartheuser, Tulle, Bd. 4, S. 375.
[152] Kartheuser, Tulle, Bd. 4, S. 375. Zum sogenannten Stückler-Bericht vgl. unten.
[153] Vgl. Kartheuser, Tulle, Bd. 4, S. 378.
[154] Zu Stücklers Engagement: Stückler an J[.], 6. 8. 1950, BArch Freiburg, N 756/389; Stückler an J[.], 16. 10. 1950, ebenda; Stückler an Taege, 27. 4. 1951, ebenda, MSG 2/16721.

und weit weniger vom Verstand diktiert". Er begann seinen Einsatz mit dem Versuch, Entlastungsmaterial für die Inhaftierten beizubringen und „staatl[iche] und caritative Stellen für die Angelegenheiten dieser Männer zu interessieren". Seine ersten Unterstützer waren dabei der Münchener Weihbischof Johannes Neuhäusler und der bayerische Minister für Justiz, Josef Müller, der, wie Stückler 1950 schrieb, ihm persönlich bekannt gewesen sei und ihn „auch heute noch mit Rat und Tat" unterstütze. Wohl über Neuhäusler und Müller nahm Stückler Kontakt zur 1948 gegründeten Rechtsschutzstelle des Roten Kreuzes in Stuttgart auf.[155] Kurzum, er vernetzte sich mit Protagonisten und Institutionen der frühen Kriegsverbrecherhilfe. Da bis zur Gründung der Bundesrepublik keine staatlichen Stellen bestanden, die inhaftierten NS-Tätern Rechtsbeistand hätten zukommen lassen können, füllten mehrere Wohlfahrtsverbände die Leerstelle, darunter das Rote Kreuz, das Evangelische Hilfswerk und die katholische Caritas.[156] Weihbischof Neuhäusler engagierte sich neben dem Kölner Kardinal und Vorsitzenden der Fuldaer Bischofskonferenz Josef Frings besonders für die wegen Kriegsverbrechen angeklagten und verurteilten Deutschen.[157]

Stückler war mit seinem Anliegen folglich keineswegs allein, weder vor noch nach 1949. Die „Lösung des Kriegsverbrecherproblems" war vielmehr das „vergangenheitspolitische[...] Hauptthema" der gerade gegründeten Bundesrepublik.[158] Ab März 1950 vertrat mit der zunächst dem Bundesministerium der Justiz (BMJ) zugeordneten Zentralen Rechtsschutzstelle (ZRS) auch eine staatliche Stelle die Interessen der Inhaftierten.[159] Was die ZRS mit den diversen auf diesem Gebiet agierenden Organisationen verband, war das Ziel, „die Haftbedingungen der Inhaftierten zu erleichtern und sie ungeachtet ihrer tatsächlichen Schuld so schnell wie möglich freizubekommen".[160] Sprachlich ist dabei zweierlei zu berücksichtigen: Wenn die von den Alliierten Verurteilten gemeinhin als „Kriegsverbrecher" bezeichnet wurden, so war dies mit Blick auf die tatsächlichen Tatbestände (neben Kriegsverbrechen auch Verbrechen gegen die Menschlichkeit und Verbrechen gegen den Frieden bzw. NS-Verbrechen) nur teilweise korrekt, bürgerte sich aber ein. Dass die Bundesregierung nicht bereit war, die alliierten Urteile anzuerkennen, schlug sich begrifflich darin nieder, dass das Wort in behördlichen Unterlagen in Anführungszeichen gesetzt, der Zusatz „sogenannte" vorangestellt oder von

---

[155] Stückler an J[.], 6. 8. 1950, BArch Freiburg, N 756/389.
[156] Vgl. Bohr, Kriegsverbrecherlobby, S. 59; Frei, Vergangenheitspolitik, S. 21.
[157] Vgl. Frei, Vergangenheitspolitik, S. 133–163.
[158] Frei, Vergangenheitspolitik, S. 21.
[159] Zur ZRS vgl. Görtemaker/Safferling, Akte, S. 208–222; Brunner, Frankreich-Komplex, S. 115–117; Frei, Vergangenheitspolitik, S. 181–188; Moisel, Frankreich, S. 133; Brochhagen, Nürnberg, S. 467 (Anm. 32). Im Februar 1953 wurde die ZRS an das Auswärtige Amt angegliedert und ging 1970 in der dortigen Rechtsschutzabteilung auf. Vgl. Görtemaker/Safferling, Akte, S. 222. Zur Rolle der ZRS bei der strafrechtlichen Ahndung des Massakers vgl. auch Kapitel IV.1 und Kapitel IV.2.
[160] Brunner, Frankreich-Komplex, S. 122. Zum Engagement für die sogenannten Kriegsverurteilten vgl. ebenda, S. 115–144; Frei, Vergangenheitspolitik, S. 133–306; Bohr, Kriegsverbrecherlobby.

„Kriegsverurteilten" und bisweilen auch „politischen Gefangenen" gesprochen wurde.[161]

Die ZRS unter ihrem Leiter Dr. Hans Gawlik spielte eine zentrale Rolle bei der bundesdeutschen Kriegsverbrecherhilfe. Bei ihrer Arbeit konzentrierte sie sich auf die im westlichen Ausland, insbesondere in Frankreich, inhaftierten Deutschen. Sie trug unter anderem Entlastungsmaterial zusammen, forderte rechtliche Gutachten zu den Anschuldigungen an und engagierte deutsche und französische Juristen, Letztere als sogenannte Vertrauensanwälte.[162] Per se jeden Angeklagten zu betreuen, ist aus humanitären oder christlichen Gründen nachvollziehbar und das Anrecht auf juristische Unterstützung eine rechtsstaatliche „Selbstverständlichkeit".[163] Die Führung der ZRS aber Gawlik zu übertragen, war eine „fatale Wahl".[164] In der Zeit des Nationalsozialismus war der promovierte Jurist Erster Staatsanwalt am Oberlandesgericht Breslau, verteidigte beim Nürnberger Prozess unter anderem den SD und war ein ausgesprochener Gegner „der neuen völkerrechtlichen Normen [...], die durch die Nürnberger Prozesse gesetzt worden waren".[165] Unter Gawlik – und mit dem Rückhalt Adenauers und Dehlers – wurde die ZRS „zu einer Organisation, die systematisch verhinderte, dass Funktionsträger des Dritten Reiches, die schwerste Verbrechen begangen hatten, ihre gerechte Strafe erhielten". Gawlik selbst erwies sich dabei als „,Graue Eminenz' zur Verteidigung und Rehabilitierung, ja sogar zum Schutz von NS-Tätern, die achtzehn Jahre lang unbeeinträchtigt agieren konnte".[166]

Stücklers Verhältnis zur ZRS war 1950 offenbar ein gutes. Wie wir noch sehen werden, gab er über Gawlik ein wichtiges Dokument weiter, und zu Margarethe Bitter, die in der ZRS in leitender Funktion tätig war, standen er und seine Mitstreiter „in enger Verbindung".[167] Ob Stückler selbst an einer Besprechung teilnahm, die im März 1950 bei der Rechtsschutzstelle stattfand und „in erster Linie die Klärung des Vorgangs Oradour betraf", ist unklar. Sicher ist, dass er über Treffen und Teilnehmerkreis unterrichtet war.[168]

---

[161] Vgl. Frei, Vergangenheitspolitik, S. 21; Brochhagen, Nürnberg, S. 19 f. Vgl. auch Rückerl, NS-Verbrechen, S. 113–116.
[162] Vgl. Brunner, Frankreich-Komplex, S. 116.
[163] Brunner, Frankreich-Komplex, S. 144.
[164] Görtemaker/Safferling, Akte, S. 209. Gawlik stand bereits der im Mai 1949 gegründeten *Koordinationsstelle zur Förderung des Rechtsschutzes für deutsche Gefangene im Ausland* vor, einer Art Vorgängerorganisation der ZRS mit Sitz in Stuttgart. Vgl. Brunner, Frankreich-Komplex, S. 115.
[165] Görtemaker/Safferling, Akte, S. 211 f.
[166] Görtemaker/Safferling, Akte, S. 216.
[167] Stückler an J[.], 6. 8. 1950, BArch Freiburg, N 756/389. Die Juristin Margarethe Bitter hatte während des Zweiten Weltkriegs im Auswärtigen Amt verschiedenen Positionen inne, etwa am Deutschen Generalkonsulat in Paris. Vgl. Görtemaker/Safferling, Akte, S. 212 f.
[168] Stückler an J[.], 6. 8. 1950, BArch Freiburg, N 756/389. Laut Stückler fand die Besprechung „bei der neugebildeten ‚Rechtsschutzstelle' in Stuttgart" statt. Damit war sicherlich die neue Rechtsschutzstelle gemeint, auch wenn diese in Bonn amtierte.

3. Der Kampf um die Freilassung der in Frankreich Inhaftierten (1947–1959) 99

Über einen früheren Schulfreund, der als Gefangenenpfarrer in Frankreich tätig war, kam Stückler in Kontakt mit Raymond de Geouffre de La Pradelle,[169] Sohn einer „international anerkannte[n] Persönlichkeit auf dem Gebiet des Völkerrechtes und Experte der Haager Konvention" sowie einer der französischen Anwälte, die die in Frankreich angeklagten Deutschen verteidigten.[170] Als sich de La Pradelle im Herbst 1949 in München aufhielt, sprachen er und Stückler sich „eingehend" aus und besuchten gemeinsam den bayerischen Justizminister Müller.[171] Zwei weitere Kontaktpersonen Stücklers in Frankreich waren die dort als Gefangenenseelsorger tätigen Pfarrer Gerhard Lindner und Johannes Brass. Ab Sommer 1948 stand Lindner einem in Paris gegründeten Betreuungskomitee vor, als dessen Leiter er nicht nur die seelsorgerische Betreuung der deutschen Inhaftierten zu organisieren hatte, sondern vor allem auch deren Verteidigung.[172] Bevor die beiden Seelsorger 1950 aus Frankreich ausgewiesen wurden, hatten sie Stückler und seine Mitstreiter „laufend orientiert und auch für die Unterrichtung der fr[anzösischen] Anwälte gesorgt".[173] Auch de La Pradelle und Lindner kannten sich.[174] Schließlich plante Stückler 1950, Kontakt zu Heinrich Malz aufzunehmen, womit er sein Netzwerk um eine weitere Schlüsselperson und -institution erweitert hätte.[175] Heinrich Malz, 1944 persönlicher Referent des Leiters des Reichssicherheitshauptamts (RSHA), Ernst Kaltenbrunner, hatte 1951 die *Stille Hilfe für Kriegsgefangene und Internierte e. V.* mitgegründet.[176] „[Das] Sammelbecken für alte und neue Nazis [schaltete sich] mehrfach in die Betreuung der Inhaftierten ein und kooperierte dabei mit den anderen Hilfsorganisationen."[177] Zu den Vorstandsmitgliedern des Vereins wiederum gehörte neben Malz auch Weihbischof Neuhäusler.[178]

Ein weiterer Ansatzpunkt seines Einsatzes war die Presse. Ende 1949 starteten Stückler und seine Mitstreiter erstmals einen „massiven Pressefeldzug gegen die Lex Oradour",[179] im Oktober 1950 plante er, „in nächster Zeit wieder eine Presse-

---

[169] Stückler an J[.], 6. 8. 1950, BArch Freiburg, N 756/389.
[170] Vgl. Baginski, Gnade, S. 24, dort Zitat; Stückler an J[.], 6. 8. 1950, BArch Freiburg, N 756/389; Stückler an J[.], 16. 10. 1950, ebenda.
[171] Stückler an J[.], 6. 8. 1950, BArch Freiburg, N 756/389.
[172] Vgl. Baginski, Gnade, S. 21–28.
[173] Stückler an J[.], 6. 8. 1950, BArch Freiburg, N 756/389. Stückler hatte sich weiterhin mit den französischen Rechtsanwälten Julien Kraehling und Nicole Barthélémy verständigt. Letztere arbeitete im Verfahren zu dem Massaker in Ascq. Vgl. ebenda. Lindner und Brass wurde vorgeworfen, Briefverkehr weitergegeben und Details über Gefangene erfragt zu haben. Möglicherweise spielte auch Lindners juristischer Einsatz oder das Engagement der Kirchen allgemein eine Rolle. Vgl. Baginski, Gnade, S. 27 f., 139. In seinem Brief vom 6. 8. 1950 schrieb Stückler, nach dem Aufenthaltsverbot seien er und seine Mitstreiter „nun ohne dauernde Verbindung und ganz auf die Nachrichten angewiesen, die wir von Bonn bzw. den Anwälten erhalten".
[174] Vgl. Baginski, Gnade, S. 24.
[175] Vgl. Stückler an J[.], 16. 10. 1950, BArch Freiburg, N 756/389.
[176] Vgl. Klee, „Malz, Heinrich", S. 388; Klee, „Kaltenbrunner, Ernst", S. 297; Schröm/Röpke, Hilfe, S. 42.
[177] Brunner, Frankreich-Komplex, S. 121.
[178] Vgl. Schröm/Röpke, Hilfe, S. 42.
[179] Stückler an Taege, 27. 4. 1951, BArch Freiburg, MSG 2/16721.

kampagne (wenn man solche Bemühungen so nennen darf) in deutschen Zeitungen zu starten".[180] Wie bereits angeklungen, war Stückler mit seinem Engagement nicht allein: „Wir von uns aus", hieß es in einem seiner Schreiben, „haben, so weit dies möglich war, die Zeugenaussagen derjenigen zusammengetragen, die hier in den Westzonen wohnen". Diese seien durch die Verteidiger auf dem Rechtshilfeweg veranlasst worden und lägen für den Prozessbeginn bereit. „Uns", heißt es an anderer Stelle, „bleibt fast kein anderer Weg als durch Veröffentlichungen die Gefangenen der allgemeinen Vergessenheit zu entreißen." Stückler sprach hier von anderen ehemaligen Angehörigen der Division „Das Reich". Im „größeren Umfang" würden circa 30–40 „in dieser Angelegenheit" mitarbeiten, „unmittelbar tätig" seien circa zehn, wobei ein früherer Offizier der Division „die Maßnahmen in und für Bonn" koordiniere,[181] während er „hier unten in gleicher Weise tätig" sei. Dies ermögliche „eine gewisse Einheitlichkeit", etwa bei der Kontaktaufnahme zu staatlichen und anderen Stellen.[182] Stückler, so lässt sich bilanzieren, spielte eine zentrale Rolle bei der Koordination des Einsatzes für die in Frankreich inhaftierten ehemaligen Divisionsangehörigen in Süddeutschland.

Den Einfluss ihres Tuns schätzte Stückler als gering ein: Ihre „und jede Arbeit" sei „ohne den Rückhalt an staatl[ichen] Stellen [...] ergebnislos".[183] Die Öffentlichkeit scheuten die ehemaligen Divisionsangehörigen dabei offenbar, was an Stücklers Eindruck gelegen haben mag, sie, „die Beteiligten", könnten sich noch immer nicht erlauben, „ganz frei und energisch aufzutreten, da ja selbst deutsche Kreise uns nicht wohlwollen".[184] Nicht minder entscheidend dürfte für ihn persönlich gewesen sein, dass er seine Vernehmung oder gar Verhaftung durch „die Franzosen" fürchtete.[185]

Der „Stückler-Bericht"

Über die genannten Aktivitäten hinaus rekonstruierte Albert Stückler „aus eigener Erinnerung, aus eigenen Aufzeichnungen und aus Mitteilungen anderer ehem[aliger] Angehöriger dieser Division" das Kriegstagebuch des betreffenden Zeitraums „in dem ernsten Bemühen, der Wahrheit zu dienen".[186] Diese Ausarbeitung ist identisch mit dem sogenannten Stückler-Bericht, der wiederholt in Korresponden-

---

[180] Stückler an J[.], 16. 10. 1950, BArch Freiburg, N 756/389. Stückler beteiligte sich wohl auch an einer „Päckchensammelaktion" für die Gefangenen zu Weihnachten. Vgl. Stückler an J[.], 6. 8. 1950, ebenda.
[181] Möglicherweise handelte es sich um Walter Wache, einstiger O3 im Divisionsstab. Im Frühjahr 1951 gab Stückler dessen Wohnort mit Bonn an und schrieb, Wache bearbeite „die Angelegenheit der Männer mit der Rechtsschutzstelle". Stückler an Taege, 31. 3. 1951, BArch Freiburg, MSG 2/16721.
[182] Stückler an J[.], 6. 8. 1950, BArch Freiburg, N 756/389.
[183] Stückler an J[.], 6. 8. 1950, BArch Freiburg, N 756/389.
[184] Stückler an J[.], 6. 8. 1950, BArch Freiburg, N 756/389.
[185] Vgl. Stückler an J[.], 16. 10. 1950, BArch Freiburg, N 756/389, dort Zitat; Stückler an J[.], 6. 8. 1950, ebenda.
[186] Stückler an J[.], 6. 8. 1950, BArch Freiburg, N 756/389.

zen ehemaliger Waffen-SS-Offiziere genannt wird.[187] Laut Stückler handelt es sich dabei um eine „ausführliche Zusammenstellung",[188] entstanden „im wesentlichen aus der Zusammenarbeit zwischen Wache und mir aufgrund von Informationen, die wir während und nach der Gefangenschaft erhielten".[189] Der Bericht bzw. das Kriegstagebuch enthielt mehrere Anlagen, darunter eine zu den „Vorgänge[n] in Tulle", eine weitere zu den „Vorgänge[n] in Limoges und Oradour sur Glane".[190] Hinsichtlich Tulle attestiert Bruno Kartheuser dem Bericht Rechtfertigungscharakter, Stückler spreche sich in der Aufzeichnung darüber hinaus „von jeder besonderen Verantwortung" frei. Tatsächlich sei „diese zurechtgebogene Darstellung, die vor allem Stücklers eigener Reinwaschung diente, in deutschen offiziellen und revisionistischen Kreisen lange als glaubwürdiges Dokument verwendet" worden.[191]

In puncto Oradour sind Stücklers Angaben von besonderer Bedeutung, da sie etwa zur gleichen Zeit entstanden wie Weidingers Bericht vom Februar 1949. Die beiden Ausarbeitungen stimmen in mehreren Aussagen überein: das Regiment habe Hinweise erhalten, dass sich Helmut Kämpfe in Oradour aufhalte; Diekmann sei zu dessen Befreiung dorthin geschickt worden und habe, sollte eine Befreiung unmöglich sein, Gefangene für einen Austausch einbringen sollen; seine Zuwiderhandlung in Oradour habe im Regiment Empörung hervorgerufen und kriegsgerichtlich geahndet werden sollen. Damit weisen beide ehemalige SS-Offiziere die Schuld für das Geschehen Diekmann zu. Von diesem übereinstimmenden Tenor abgesehen sind mehrere Widersprüche im Detail zu konstatieren: War Gerlach mit seinem Fahrer unterwegs (Weidinger) oder mit „drei Begleitern", die allesamt in Oradour getötet worden seien (Stückler)? Wurde Diekmann beim Regimentsstab nur über Gerlachs Erlebnisse informiert (Weidinger) oder wies Gerlach selbst den Bataillonskommandeur „in die örtlichen Verhältnisse von Oradour" ein

---

[187] So etwa: Weidinger an Gaubusseau, 15. 10. 1968, bei Kartheuser, Tulle, Bd. 4, S. 373. Dass die beiden Niederschriften identisch sind, geht aus einer Anmerkung Stücklers auf folgendem Dokument hervor: Die 2. SS-Panzer-Division „Das Reich" in Frankreich vom Februar – Juli 1944, Januar 1949, BArch Freiburg, MSG 2/16722.

[188] Vernehmungsprotokoll Albert Stückler, 15. 11. 1962, StAM, 45 Js 2/62, Bd. „Vorgänge betr. Kahn" (2098), Bl. 49–51.

[189] Stückler an Taege, 15. 6. 1981, zitiert nach Kartheuser, Tulle, Bd. 4, S. 377. Höchstwahrscheinlich handelte es sich bei dem Co-Autor um den bereits genannten Walter Wache, zum Zeitpunkt des Massakers Ordonnanzoffizier beim Ic der Division „Das Reich". Vgl. Vernehmungsprotokoll Otto Weidinger, 14. 10. 1977, StAM, 45 Js 11/78, Bd. 3, Bl. 869–874.

[190] Die 2. SS-Panzer-Division „Das Reich" in Frankreich vom Februar – Juli 1944", Januar 1949, BArch Freiburg, MSG 2/16722. Bei seiner Vernehmung im November 1962 wies Stückler auf seine „Zusammenstellung" und die Anlage zu Tulle hin. Sein Anwalt übersandte der Staatsanwaltschaft „a) Eine Ausarbeitung des Beschuldigten über die 2. SS-Panzerdivision ‚Das Reich' in Frankreich von Februar bis Juli 1944, b) die Anlagen 6 (Tulle) und 7 (Orad[o]ur)". Weiter heißt es dort: „Die Anlagen 6 und 7 sind Ansichtsexemplare. Sie weichen von der endgültigen Fassung nur durch geringfügige stilistische Änderungen ab." Ein Abgleich der beiden Versionen bestätigt das. Vernehmungsprotokoll Albert Stückler, 15. 11. 1962, StAM, 45 Js 2/62, Bd. „Vorgänge betr. Kahn" (2098), Bl. 49–51; Walters an StA am Landgericht (LG) München II, inkl. Anlagen, ebenda, Bl. 52, 80–85.

[191] Kartheuser, Tulle, Bd. 4, S. 373 f.

(Stückler)? Diese und weitere Unterschiede machen Stücklers Darstellung zur forcierteren Version, da er mehr Argumente zur Rechtfertigung des Vorgehens als Weidinger vorbrachte. Besonders deutlich wird dies anhand der angeblichen Meldung des SD zu Oradour. Während in Weidingers Bericht allein Gerlach und Diekmann auf bewaffnete Widerstandskämpfer in Oradour hinwiesen, heißt es bei Stückler darüber hinaus, der SD Limoges habe dem Regiment mitgeteilt, „dass sich nach Nachrichten ihrer französischen Verbindungsleute in Oradour sur Glane ein Gefechtsstand des Maquis befände".[192]

Der zentrale Unterschied der beiden Ausführungen liegt in der Darstellung der divisionsinternen kriegsgerichtlichen Untersuchung des Falls. Während Weidinger von keinerlei durchgeführten Ermittlungen berichtete und angab, auch die vom Heer geforderte Untersuchung habe nicht eingeleitet werden können, machte Stückler ausführliche Angaben zu divisionsinternen Ermittlungen und deren Ergebnissen. So hieß es dort, der Abschluss des Verfahrens habe sich aufgrund des Marschs in die Normandie und des dortigen Einsatzes verzögert, und es habe wegen Diekmanns Tod und der hohen Ausfälle seines Bataillons („etwa 80%") nicht zu Ende geführt werden können. Es sei jedoch „abgeschlossen und als geschlossene Akte der vorgesetzten Kommandobehörde vorgelegt" worden. „Im wesentlichen" hätten die Untersuchungen ergeben, dass die Kompanie „bei" Oradour „mit Maquis in Kampf geraten" sei, den Ort jedoch habe recht schnell besetzen können. Dort habe man „mehrere hingerichtete deutsche Soldaten festgestellt". Während der Durchsuchung der Häuser „wäre erneut das Feuer auf die Truppe eröffnet worden", woraufhin Diekmann alle Männer habe zusammentreiben lassen und „die Kinder und Frauen in die Kirche [habe] einsperren lassen, damit sie der Exekution nicht beiwohnen könnten". Auf Befehl Diekmanns seien die Männer – „nach [Diekmanns] Meldung 183" – erschossen und diejenigen Häuser, „in denen Waffen und Munition gefunden worden seien", angezündet worden. In mehreren Häusern sei es zu Explosionen gekommen und das „sich ausbreitende Feuer habe auch die Kirche erfasst, wobei sich ebenfalls mehrere heftige Explosionen" ereignet hätten.[193]

Stückler ging damit einen entscheidenden Schritt weiter als Weidinger. Während Letzterer sich allein auf Diekmanns Meldung berief, stellte Stückler die gemeldeten Vorkommnisse als verifiziert dar. Diekmanns Rapport am Abend des 10. Juni 1944 erweiterte er dabei um die Angabe, er habe in Oradour „mehrere hingerichtete deutsche Soldaten aufgefunden".[194] Von wem und wie die Ermittlungen geführt worden waren und um wen es sich bei den in Oradour getöteten Deutschen handelte, ließ Stückler offen. Dies ist deshalb bedeutsam, weil sich

---

[192] Zitate aus dem „Stückler-Bericht" nach: Die 2. SS-Panzer-Division „Das Reich" in Frankreich vom Februar – Juli 1944, Januar 1949, BArch Freiburg, MSG 2/16722.
[193] „Stückler-Bericht" nach: Die 2. SS-Panzer-Division „Das Reich" in Frankreich vom Februar – Juli 1944, Januar 1949, BArch Freiburg, MSG 2/16722.
[194] „Stückler-Bericht" nach: Die 2. SS-Panzer-Division „Das Reich" in Frankreich vom Februar – Juli 1944, Januar 1949, BArch Freiburg, MSG 2/16722.

3. Der Kampf um die Freilassung der in Frankreich Inhaftierten (1947–1959) 103

Stücklers Darstellung nicht nur von Weidingers Version unterscheidet, sondern auch vom Bericht des Divisionsrichters Okrent vom Januar 1945. Nichts ist in Stücklers Bericht zu lesen von „insbesondere auch von Frauen" durchgeführten „viehisch[en]" Misshandlungen Gerlachs und seines Fahrers oder dem vermeintlichen Ermittlungsergebnis, demzufolge der Fahrer „auf unmenschliche Art [...] zu Tode gefoltert" worden sei; keine Rede war hier von einer Sanitätskolonne, die kurz vorher in Oradour „von Terroristen überfallen und niedergemetzelt" wurde; und schon gar nicht berief sich Stückler auf die Angabe Okrents, die Einheit sei „zur Vergeltung" gegen Oradour eingesetzt worden, oder darauf, dass „die geübte Vergeltung" „aus militärischen Gründen durchaus gerechtfertigt" erscheine.[195]

Wie erklärt sich diese Diskrepanz zu Okrents „Ermittlungsergebnissen"? Im Jahr 1950 schrieb Stückler in einem seiner Briefe, er wolle „hier auch einmal aussprechen, daß die Gefangenen heute in erster Linie (und wir nicht weniger) eine Last tragen, die wir und sie der großkotzigen und zugleich naiven Art verdanken, mit der während des Krieges sowohl solche Fälle wie Oradour als auch der ganze Fall ‚Frankreich' erledigt worden ist. Speziell im Falle ‚Oradour' hätte eine andere Lösung als sie so simpel von oder für die Waffenstillstandskommission erfunden worden ist, der großartigen Feindpropaganda den Wind aus den Segeln nehmen können".[196] Es ist nicht sicher, worauf sich Stückler hierbei bezog. Bei der genannten Deutschen Waffenstillstandskommission (DWStK) handelte es sich um ein Besatzungsorgan der Wehrmacht, das kraft des Deutsch-Französischen Waffenstillstandsvertrags eingesetzt worden war. Zu ihren Aufgaben gehörte die Beschäftigung mit den ungeklärten Fragen des Deutsch-Französischen Waffenstillstandsvertrags. Relevant *in puncto* Oradour war die DWStK, weil die Vichy-Regierung sie „als Sprachrohr für Beschwerden über deutsche Völkerrechtsverstöße aller Art" nutzte und sie sich deshalb in „den letzten Besatzungsmonaten [...] auch mit Massakern deutscher Truppen an der Zivilbevölkerung zu befassen" hatte. Dabei fungierte die DWStK oftmals als „eine Art erster Filter, um die vielen unliebsamen, aber berechtigten Anschuldigungen von französischer Seite zu blocken".[197] Mit dem Massaker in Oradour konfrontiert, sprach sich die DWStK hingegen für eine Untersuchung aus und wurde mehrmals entsprechend vorstellig. Allerdings wurde die Bearbeitung beim Stab des OB West nach Möglichkeit verschleppt.[198]

Möglicherweise rekurrierte Stückler bei der genannten „Lösung" im Zusammenhang mit der DWStK auf eine – tatsächliche oder vorgebliche – Reaktion auf das Massaker, die in einem Manuskript genannt wird, das einige Monate später und nach Austausch mit Stückler entstand.[199] Dort heißt es, die „deutsche Reichsregierung" habe geglaubt, die französische Beschwerde wegen des Massakers „mit einem Kommuniqué abtun zu können, das die Aktion als einen Irrtum darstellte".

---

[195] Vgl. Kapitel III.2, Abschnitt „Rechtfertigungen und Desinformationen bis Kriegsende".
[196] Stückler an J[.], 6. 8. 1950, BArch Freiburg, N 756/389.
[197] Vgl. Lieb, Krieg, S. 73 f., Zitate S. 74.
[198] Vgl. Lieb, Krieg, S. 373 f.
[199] Ausführlich zum Manuskript Herbert Taeges vgl. unten.

Mit dem Ziel, „das Ansehen der deutschen Truppen und der Besatzungsmacht zu wahren", habe sie fälschlicherweise erklärt, „daß die Truppe zu Recht gehandelt habe". Allein in der „Wahl der Örtlichkeit sei ein Irrtum unterlaufen, da die *befohlene* Aktion sich nicht gegen Oradour sur Glane, sondern gegen die Ortschaft gleichen Namens an der Veyre hätte richten sollen". Infolge dieser „völlig aus der Luft gegriffenen Verlautbarung der deutschen Reichsregierung" habe „die Weltöffentlichkeit auf das Vorliegen eines Befehls zu dieser Aktion" geschlossen.[200] Von einer entsprechenden Stellungnahme der „Reichsregierung" ist bislang nichts bekannt. Aber beide, diese Erklärung und Okrents Bericht, enthalten das Moment des gerechtfertigten Befehls, gegen den Stücklers Version sprach und das seine Diskrepanz zu den Ausführungen des Divisionsrichters zu erklären vermag: Dem ehemaligen Ia ging es darum, die Divisions- und Regimentsführung von jeglicher Schuld an dem Massaker freizusprechen, indem er – in den Zusätzen des Berichts nochmals explizit – darauf hinwies, Diekmann habe entgegen der ergangenen Befehle und „im Affekt" gehandelt.[201]

Die Notwendigkeit hierzu war 1949 eine doppelte. Sie ergab sich einerseits aus dem inzwischen ergangenen Nürnberger Urteil, etwa wenn Stückler schrieb, es könne „nicht bestritten werden, dass die Division die eindeutigen und von jedem Soldaten abgelehnten Kampfmethoden der Maquis keineswegs der fr[anzösischen] Zivilbevölkerung oder gar dem traditionsreichen fr[anzösischen] Soldaten zur Last legen wollte". Sie speiste sich andererseits aus der drohenden Ahndung des Verbrechens durch die französische Justiz und dem dafür 1948 erlassenen Sondergesetz. Stücklers Argument, außer Diekmann und den Mitgliedern der 3. Kompanie könne „von Rechts wegen in der Division niemand wegen Oradour ein Vorwurf gemacht werden", muss vor dem Hintergrund des drohenden „Kollektivschuldgesetzes" gelesen werden. Parallel zu dieser Distanzierung wird eine weitere Argumentationslinie deutlich. Offensiv und vehement wies Stückler die Schuld an dem Massaker (auch) dem Maquis zu. Es sei anzunehmen, so führte er etwa aus, dass „der Vorfall Oradour sich nicht ereignet hätte, wenn die Maquis auf den Vermittlungsvorschlag des Regimentskommandeurs vom 10. 6. 44 eingegangen wären".[202] Die Truppe sei „durch den Angriff der Maquis aus dem Hinterhalt und die entsprechenden Kampfmethoden zwangsläufig verbittert [worden] und in einen psychischen Zustand [geraten], dessen extreme Auswirkung das Vorgehen in Oradour war". Die Entführung des „bei der Truppe ganz besonders beliebt und geschätzt" gewesenen Bataillonskommandeurs Kämpfe habe „dabei natürlich besonders mit[gespielt]". Subtiler aber doch deutlich war die Schuldzuweisung für den Tod der Frauen und Kinder. Stückler sprach zwar nicht explizit aus, dass dieser

---

[200] Herbert Taege, Die Division der Schweiger, S. 19, BArch Freiburg, MSG 2/16721.
[201] „Stückler-Bericht" nach: Die 2. SS-Panzer-Division „Das Reich" in Frankreich vom Februar – Juli 1944, Januar 1949, BArch Freiburg, MSG 2/16722.
[202] Was insofern jeder Logik entbehrt, als etwa Weidingers Angaben zufolge die Verhandlungen erst in die Wege geleitet wurden, nachdem Diekmann Limoges bereits verlassen hatte, und erst scheiterten, nachdem das Massaker in Oradour bereits verübt worden war.

3. Der Kampf um die Freilassung der in Frankreich Inhaftierten (1947–1959) 105

auf ein Munitionslager der Maquis in der Kirche zurückzuführen war, deutlich war es dennoch: „Das sich ausbreitende Feuer habe auch die Kirche erfasst, wobei sich ebenfalls mehrere heftige Explosionen ereigneten." Darüber hinaus hieß es in seinen Zusätzen, eine „eindeutige Klärung der Vorgänge in Oradour" habe weder die kriegsgerichtliche Untersuchung ermöglicht, noch sei sie jetzt zu erreichen, da „eine objektive Äußerung der Gegenseite" fehle.[203]

Komprimiert finden sich diese Aspekte in Stücklers Ausführung zum „Allgemeinen Lageüberblick":

> „Unmißverständlich muß ausgesprochen werden, daß in <u>allen Fällen</u>, auch in Oradour (nach den damaligen Ergebnissen der kriegsgerichtlichen Untersuchung), in denen Truppen der Division gegen Maquis mit der Waffe vorgingen, der <u>Anlaß im Angriff der Maquis</u> oder in der meuchlerischen Ermordung deutscher Soldaten durch Maquis lag – daß also nicht die Truppe die Bevölkerung terrorisiert hat, sondern umgekehrt, daß der Terror ausschließlich von den Maquis ausging. In keinem Fall hat dabei <u>die Truppe</u> die geltenden Gesetze verletzt, sondern höchstens <u>einzelne Angehörige</u> mögen hier und dort, wie dies in jeder Armee vorkommt, gegen die Kriegsgesetze verstoßen haben. In <u>Oradour</u> hat der Bataillons Kommandeur diese Gesetze mißachtet und außerdem sogar gegen <u>den</u> ausdrücklichen Befehl seines Regiments Kommandeurs gehandelt. In all diesen der Division als Verstöße bekannt gewordenen Fällen wurde gegen die Täter kriegsgerichtlich eingeschritten."[204]

Nachdem Stückler seinen Bericht bzw. das rekonstruierte Kriegstagebuch verfasst hatte, war es im ersten Halbjahr 1950 Ausgangspunkt für einige Zeitungsberichte.[205] Außerdem nutzte er seine Beziehungen, um es bestimmten Personen und Institutionen zukommen zu lassen. Zunächst gab er es an de La Pradelle weiter, der es wiederum den anderen französischen Verteidigern übermittelte. Über Rechtsschutzstellenleiter Gawlik erhielten es die deutschen Anwälte, und Stückler übersandte das Dokument auch dem Bundesjustizministerium.[206] Im Sommer 1950 konnte er festhalten, sein Kriegstagebuch sei „nun die Grundlage für etwaige Anfragen und für Ersuchen um Zeugenaussagen" und dass es sich „nach einer nicht bestätigten Nachricht nun auch in Händen der fr[anzösischen] Untersuchungsbehörden befinden" solle.[207] Ein Kriegstagebuch, rekonstruiert von einem ehemaligen SS-Offizier, der wahrscheinlich selbst an Kriegsverbrechen beteiligt war und Berichte verfasste, die eben solche rechtfertigten, in den Händen der Verteidigung, der staatlichen Rechtsschutzstelle, des Bundesjustizministeriums und möglicherweise auch der französischen Untersuchungsbehörden – fünf Jahre nach Kriegsende hatte Albert Stückler seine Sicht der Dinge mit Blick auf die juristische Ahndung des Verbrechens an entscheidenden Stellen platziert.

---

[203] „Stückler-Bericht" nach: Die 2. SS-Panzer-Division „Das Reich" in Frankreich vom Februar – Juli 1944, Januar 1949, BArch Freiburg, MSG 2/16722.
[204] Hier zitiert nach „Auszugsweise beglaubigte Abschrift aus Teil I, Allgemeiner Lageüberblick", StAM, 45 Js 2/62, Bd. „Vorgänge betr. Kahn" (2098), Bl. 80–85.
[205] Laut Stückler waren diese Veröffentlichungen jedoch „meist nicht von uns oder mir angeregt worden". Stückler an J[.], 6. 8. 1950, BArch Freiburg, N 756/389.
[206] Vgl. Vernehmungsprotokoll Albert Stückler, 15. 11. 1962, StAM, 45 Js 2/62, Bd. „Vorgänge betr. Kahn" (2098), Bl. 49–51; Stückler an J[.], 6. 8. 1950, BArch Freiburg, N 756/389.
[207] Stückler an J[.], 6. 8. 1950, BArch Freiburg, N 756/389.

Kehrtwende

Angesichts der Beflissenheit, mit der Stückler seine Ausarbeitung lancierte, verwundert, dass er sich schon wenig später wieder von der darin vertretenen Darstellung des Geschehens abwandte. Deutlich wird diese Abkehr an seiner Ausarbeitung für die *Historical Division* der *United States Army, Europe,* 1954. Dieser Bericht bzw. dieses zweite Kriegstagebuch umfasst die Monate Juni bis September 1944, sodass beide das Massaker in Oradour einschließen. Es ist bislang wenig über diesen Bericht bekannt. 1983 übersandte die amerikanische Botschaft einen Auszug in Kopie auf dem Weg der Rechtshilfe an die Generalstaatsanwaltschaft (GStA) der DDR im Rahmen der dortigen Ermittlungen gegen den in Oradour eingesetzten Heinz Barth.[208] Da die Ausarbeitung als Anlage einen Bericht Otto Weidingers enthält, dürfte sich Weidinger darauf bezogen haben, als er 1962 angab, die Vorfälle von Oradour und Tulle seien „auch in der amerikanischen Kriegsgeschichte eingehend erörtert worden", und zwar „aufgrund unserer Berichte".[209]

Sicher und darüber hinaus ausschlaggebend ist, dass sich Stückler darin ausgesprochen kurz hielt, was Oradour betrifft – der Bataillonskommandeur habe „gegen den ausdrücklichen Befehl des Regiments den Ort zerstören und die Bevölkerung erschießen" lassen –, und für Einzelheiten auf Weidingers Bericht in der Anlage verwies.[210] Stückler tauschte, so könnte man formulieren, seine früheren eigenen Aussagen zu Oradour gegen diejenigen Weidingers, und dieser blieb im Großen und Ganzen bei seiner Version des Jahres 1949.[211] Wenn auch alle drei

---

[208] Vgl. Historical Division, Headquarters, United States Army, Europe, MS # P-159, 2. SS Panzer Division „Das Reich", Juni bis September 1944, von Albert Stückler, mit Anlage, BStU, MfS, HA IX/11, ZUV 66, Bd. 32 (ehem. GA 20), Bl. 128–134; Anschreiben Embassy of the United States of America, 26. 5. 1983, ebenda, Bl. 127. Der übersandte Auszug ist nicht datiert. Laut Hermann-Josef Rupieper, dem der gesamte Text vorlag, entstand die Aufzeichnung 1954. Er spricht weiterhin von einem „Bericht", der u. a. auf Basis früherer Kriegstagebücher entstanden sei. Der der DDR-Generalstaatsanwaltschaft übermittelte Text hingegen weist selbst die Form eines (rekonstruierten) Kriegstagebuchs auf. Vgl. Rupieper, Umgang, S. 223–227, hier v. a. S. 223 f.

[209] Vernehmungsprotokoll Otto Weidinger, 23. 2. 1962, StAM, 45 Js 2/62, Bd. 1 (2094), Bl. 97–105.

[210] Historical Division, Headquarters, United States Army, Europe, MS # P-159, 2. SS Panzer Division „Das Reich", Juni bis September 1944, von Albert Stückler, BStU, MfS, HA IX/11, ZUV 66, Bd. 32 (ehem. GA 20), Bl. 128 f., Zitat Bl. 129.

[211] Der vorliegende Anhang ist höchstwahrscheinlich nicht vollständig. So beginnen die Angaben abrupt mit der Nachricht von Helmut Kämpfes Gefangennahme. Ein vorhergehender Teil zur Entführung Gerlachs dürfte nicht überliefert oder übersandt worden sein. Darüber hinaus sind Abweichungen v. a. in der Chronologie festzustellen. Erstmals berichtete Weidinger dort, dass er von Limoges aus nach Tulle aufgebrochen sei, u. a. um Lagebericht zu erstatten. Gab er später wiederholt an, diese Fahrt habe in der Nacht vom 9. auf den 10. 6. 1944 stattgefunden, so datierte er sie in diesem Bericht *nach* das Massaker in Oradour und *vor* den Versuchen Stadlers, Helmut Kämpfe auf dem Verhandlungswege zu befreien. Die Verhandlungsversuche datierte Weidinger auf den 11. 6. 1944. Außerdem gab er an, *er* habe Lammerding das Geschehen in Oradour gemeldet. Der Divisionskommandeur habe daraufhin erklärt, sofort eine kriegsgerichtliche Untersuchung gegen Diekmann einleiten zu lassen, sobald es die Kampflage erlaube. Zu den Reaktionen auf die später eingehende Beschwerde machte Weidinger keine Angaben.

3. Der Kampf um die Freilassung der in Frankreich Inhaftierten (1947–1959) 107

Darstellungen in den genannten Hauptereignissen und der Kernaussage übereinstimmen – Hinweise auf Helmut Kämpfe in Oradour, Befehlsüberschreitung Diekmanns, Einleitung einer kriegsgerichtlichen Untersuchung, *ergo* völlige Schuldlosigkeit der Divisions- und Regimentsführung –, so besteht doch ein wesentlicher Unterschied: Weidinger übernahm aus dem „Stückler-Bericht" bzw. dem ersten Kriegstagebuch keinerlei Angaben zu den vermeintlichen Untersuchungsergebnissen und er erweiterte seine ursprüngliche Darstellung weder um eine Meldung des SD zu Oradour noch dahingehend, dass Diekmann am Abend des 10. Juni 1944 von mehreren in Oradour aufgefundenen Toten gesprochen habe. Anders gesagt: Stückler zog seine Version des Geschehens zugunsten von Weidingers Narrativ zurück.

Eine in Kooperation mit dem früheren Regimentskommandeur Sylvester Stadler entstandene Ausarbeitung zeigt, dass Stückler bereits im Jahr 1950 auf seine Version des ersten Kriegstagebuchs bzw. des „Stückler-Berichts" verzichtete oder verzichten musste. Mit Blick auf einen anstehenden „Monstre-Prozess gegen die Division" verfassten die beiden Männer in diesem Jahr gemeinsam eine mehrseitige Darstellung. Als Autor trat Stadler auf, der darin allgemein Stellung zu den Vorwürfen gegen die Einheit bezog und darüber hinaus auf konkrete Ereignisse einging, darunter das Massaker in Oradour.[212] Dabei handelt es sich um eine weitere im Einzelnen divergierende Darstellung des Geschehens.[213] Davon abgesehen wird zweierlei deutlich: Zum einen unterscheiden sich der „Stückler-Bericht" und dieses Gemeinschaftswerk teils in den gleichen Punkten von Weidingers Darstellung,[214] zum anderen bezogen sie sich offensichtlich aufeinander.[215] Allgemein wurde die Schuld am zunehmend radikalen Agieren der Einheit abermals dem Maquis und dessen Kampfweise zugeschrieben, und zu Oradour hieß es weiterhin, es habe keine „objektive[n] Darstellungen" in der Presse gegeben. Entscheidend ist auch hier, dass wesentliche Angaben des „Stückler-Berichts" keinen Eingang in die gemeinsame Ausarbeitung fanden. Die angeblich vor Ort gefundenen getöteten Deutschen wichen der Angabe, Diekmann habe abends von „starke[n] Ausfälle[n]" in Oradour berichtet, weshalb er Einwohner erschossen und „die Häuser, aus denen geschossen wurde, niedergebrannt" habe. Davon, dass eine kriegsgerichtliche Untersuchung dies oder Weitergehendes bestätigte habe, war keine Rede. Spätestens ein Jahr nachdem Stückler in seinem Bericht das angebliche Geschehen in Oradour sowie dessen Vor- und Nachgeschichte mit mehreren Episoden „angereichert" hatte, fehlten sie in einer weiteren Darstellung, an der er mitwirkte.

---

[212] Hierzu und zum Folgenden: Anlage zum Vernehmungsprotokoll Sylvester Stadler, 18. 12. 1962, StAM, 45 Js 2/62, Bd. 2 (2097), Bl. 97–110, Anlage Bl. 111–117. Die Qualität der vorliegenden Kopie ist teils kaum oder nicht lesbar.
[213] Weder von Hinweisen auf Oradour seitens des SD noch durch Diekmann war hier die Rede. Diese Rolle wurde allein Gerlach zugeschrieben.
[214] Auffällig ist etwa, dass in keinem der beiden Berichte davon die Rede ist, die Papiere Kämpfes seien in Limoges gefunden worden.
[215] So ist etwa in beiden die Rede von drei Begleitern Gerlachs, die in Oradour hingerichtet worden seien, sowie von der konkreten Anzahl der erschossenen Männer (183).

Eine mögliche Erklärung hierfür findet sich in einem Briefwechsel Stücklers mit dem später vehementesten Vertreter des deutschen Oradour-Revisionismus, Herbert Taege. Wie wir im Folgenden sehen werden, zeigt deren Korrespondenz auch, dass Taege sich schon Anfang der 1950er Jahre mit Oradour beschäftigte und damals bereits in einschlägigen Kreisen vernetzt war.

Konflikte im Vorfeld des Oradour-Prozesses

Am 27. Februar 1951 stellte sich Herbert Taege in einem Brief an Stückler als „ehem[aliger] Obersturmführer der Waffen-SS (Totenkopf-Division, Panzer-Artillerie-Regiment u. a.)" vor. Er sei, so gab er an, „mit Herrn Ziemssen zusammen in Dachau" gewesen, der ihm Stücklers Adresse weitergegeben habe. Nach seiner Entlassung aus der Internierungshaft habe er Zeitungswissenschaften studiert und sei derzeit als freier Journalist tätig. Als solcher arbeite er schon lange für „die Sache Malmedy", und da er durch seine Tätigkeit auch mit „dem Büro Dr. Aschenauer in Verbindung stehe", kenne er „so nahezu alle Kriegsverbrecherkomplexe".[216] Taege war folglich wohl bereits seit Ende der 1940er Jahre in der Szene der deutschen Kriegsverbrecherhilfe vernetzt und agierte wahrscheinlich auch schon geschichtsrevisionistisch, denn mit der „Sache Malmedy" dürfte er Folgendes gemeint haben: Am 17. Dezember 1944 töteten Soldaten der Waffen-SS über 80 amerikanische Kriegsgefangene unweit der belgischen Stadt Malmedy und begingen damit „eines der bekanntesten Kriegsverbrechen des Zweiten Weltkriegs".[217] Die Täter gehörten, wie auch der genannte Dietrich Ziemssen, der 1. SS-Panzer-Division „Leibstandarte Adolf Hitler" an. Am 16. Juli 1946 ergingen in Dachau gegen 43 von ihnen Todesurteile, 30 weitere wurden zu langen Haftstrafen verurteilt.[218] Ziemssens Rolle nach Kriegsende war die des Koordinators der „von SS-Veteranen geführte[n] Kampagne gegen die im Malmedy-Prozess gefällten Urteile. Er diskreditierte die alliierte Rechtsprechung in revisionistischen Publikationen und stellte Gnadengesuche für seine inhaftierten Kameraden. Dabei „arbeitete er als Brückenperson der Hiag eng mit dem Leiter der ZRS, Hans Gawlik, und Rechtsanwalt Aschenauer zusammen, der seinerseits Rechtfertigungsschriften publizierte".[219]

Nur einen knappen Monat nachdem die letzten Todesurteile im Fall Malmedy aufgehoben worden waren,[220] wandte sich Taege an Stückler, offensichtlich auf der Suche nach einer neuen Herausforderung. Er gedenke nun, „in unserem Sinne die

---

[216] Taege an Stückler, 27. 2. 1951, BArch Freiburg, MSG 2/16721. Gemeint ist Rudolf Aschenauer, Nürnberger Verteidiger, Anwalt zahlreicher Kriegsverbrecher und Mitglied im „Heidelberger Juristenkreis". Vgl. Frei, Vergangenheitspolitik, S. 162–164. Zum sogenannten Heidelberger Juristenkreis vgl. auch Kapitel IV.1, Abschnitt „(K)eine Auslieferung Lammerdings?".
[217] Zu verschiedenen Aspekten des Massakers: Quadflieg/Rohrkamp, Massaker; Zitat: Westemeier, Krieger, S. 318.
[218] Vgl. Bohr, Kriegsverbrecherlobby, S. 136; Autzen, „Crossroads Incident", S. 128, 133.
[219] Bohr, Kriegsverbrecherlobby, S. 136.
[220] Vgl. Autzen, Instrumentalisierung, S. 147.

Fälle Oradour und Ascq[221] eingehend publizis[t]isch zu behandeln". Erste Informationen zu Oradour hatte er wahrscheinlich in Dachau erhalten, wo er mit mehreren ehemaligen Offizieren der Division „Das Reich" interniert, „z. T. auch eng befreundet" war, darunter der frühere Adjutant im Regiment „Der Führer", Heinz Werner.[222] Doch sein Wissen reiche „nicht annähernd" aus, „sofern man das Problem ernsthaft angreifen" wolle, worauf es „in dieser Sache ja an[komme]".[223] Von Stückler erhoffte er sich Unterstützung „mit Rat und Material".[224]

Statt einer Kooperation kam es zum Konflikt zwischen den beiden Männern, der sich an der Frage entzündete, ob überhaupt und wenn ja, in welcher Form Taege zum Thema Oradour publizieren sollte. Stücklers Position speiste sich aus Erfahrungen mit der deutschen Presse im vorangegangenen Jahr und den aktuellen Entwicklungen bei den Bemühungen um die in Frankreich inhaftierten Deutschen. Noch bevor Taege ihm seine Publikationspläne genauer erläuterte, formulierte er seine Vorstellungen:

„Ich möchte eingangs gleich bemerken, daß mir sehr daran liegt, alle Maßnahmen in der Angelegenheit der Gefangenen auf jeden Fall zu koordinieren. Ich hoffe, daß sie selber mit Herrn Dinse[225] in Verbindung stehen und also wissen, auf welche Weise er die Angelegenheit in Angriff nehmen will. Wir, d. h. die Kameraden der Gefangenen, arbeiten sehr eng mit der Rechtsschutzstelle in Bonn zusammen. Im vergangenen Jahr wurden von verschiedenen Seiten Publikationen in der deutschen Presse gestartet, die leider nicht immer sehr geschickt waren und den Männern in Frankreich mehr geschadet als genützt haben. Eine zusammenfassende Bearbeitung der Vorgeschichte von Oradour ist z. Z. im Gange. Außerdem läuft von unserer Seite im Augenblick eine besondere Aktion, die sich an die fr[anzösische] Presse direkt wendet. Im Hinblick darauf möchte ich empfehlen, erst dieses Ergebnis abzuwarten, [be]vor man in Deutschland wieder die Presse bemüht: Wir haben mit der Rechtsschutzstelle abgesprochen, vorher nichts weiter zu unternehmen."[226]

---

[221] Am 2. 4. 1944 töteten Mitglieder einer Einheit der 12. SS-Panzer-Division „Hitlerjugend" in der nordfranzösischen Ortschaft Ascq 86 Zivilisten, nachdem Widerstandskämpfer den die Einheit transportierenden Zug hatten entgleisen lassen. Vgl. Lieb, Krieg, S. 266 f. Ausführlich zum Massaker und seinen Folgen: Duhem, Ascq.

[222] Taege nannte keine Vornamen. Bei den weiteren Genannten dürfte es sich gehandelt haben um: Günther Wisliceny, Befehlshaber des SS-Panzer-Grenadier-Regiments 3 „Deutschland" der 2. SS-Panzer-Division „Das Reich", sowie Heinrich Wulf, seit 15. 5. 1944 Kommandeur der Aufklärungsabteilung der Division. Weiterhin nannte er einen Obersturmführer Schubert, der Bataillonschef bei der Division gewesen sei. Zu Wisliceny vgl. Lieb, Krieg, S. 115. Das Militärgericht Bordeaux verurteilte Wisliceny am 12. 7. 1951 in Anwesenheit zu einer vierjährigen Haftstrafe. Er kam jedoch – wahrscheinlich aufgrund der langen Untersuchungshaft – umgehend frei. Vgl. Fouché, Politique, S. 132; Krätschmer, Ritterkreuzträger, S. 479. Zu Wulf vgl. Kartheuser, Tulle, Bd. 3, S. 282. Was Heinz Werner anbelangt, so liegt eine Erklärung vor, die er im Januar 1947 in Dachau verfasste. Vgl. Erklärung Heinz Werner, 23. 1. 1947, StA Do, 45 Js 2/11, 2. SB, Bd. 13/3, Bl. 1–3.

[223] Taege an Stückler, 27. 2. 1951, BArch Freiburg, MSG 2/16721.

[224] Taege an Stückler, 27. 2. 1951, BArch Freiburg, MSG 2/16721.

[225] Die Rede ist von Otto Dinse, u. a. Adjutant bei Joachim Peiper, Kommandeur des III. Bataillons des SS-Panzer-Grenadier-Regiments 2 „Leibstandarte SS Adolf Hitler". Nach Gefangenschaft und Internierung war Dinse „sofort für die ehemalige SS unterwegs". In der Hamburger *Hilfsgemeinschaft auf Gegenseitigkeit* (HIAG) war er Referent und betreute Mitte 1951 die Familien von mehreren Dutzend Inhaftierten. Vgl. Westemeier, Krieger, S. 224 f., 473, Zitat S. 473. Stückler hatte neben Taeges Brief ein Schreiben „etwa gleichen Inhalts" von Dinse erhalten. Vgl. Stückler an Taege, 24. 3. 1951, BArch Freiburg, MSG 2/16721.

[226] Stückler an Taege, 24. 3. 1951, BArch Freiburg, MSG 2/16721.

Stücklers Haltung war zu diesem Zeitpunkt von realpolitischen Erwägungen geprägt: „Unser alleiniges Ziel ist, die Gefangenen so bald wie möglich aus den Gefängnissen nach Hause zu bringen, wie, das ist zunächst gleichgültig."[227] Sein Blick richtete sich dabei in erster Linie nach Frankreich und auf die dortigen Möglichkeiten und Grenzen. Dass die Verfahren nicht bereits „zu einem guten Ende geführt" und „in der Abwägung des damaligen Verhältnisses zwischen Résistance und Besatzung" nicht „schon abgeglichen" seien, läge vor allem daran, dass „immer wieder kommunistische Interessen die Vorgänge von neuem aufrühren würden".[228] Erst kürzlich habe „die kommunistische Vereinigung von Oradour ganz energisch die Bestrafung der ‚Menschenbestien' in Bordeaux gefordert".[229] Ein weiteres Problem resultierte laut Stückler daraus, dass die französische Militärjustiz stark „vom innerpolitischen Leben Frankreichs abhängig" sei. Man habe keinerlei Einfluss auf sie und könne „mit Erfolg immer nur da rechnen, wo sich die fr[anzösische] Justiz durch ihre Rechtsprechung offensichtlich ins Unrecht gesetzt" habe. Dazu zählte Stückler den Fall Ascq.[230] Am 6. August 1949 hatte das Militärgericht Metz über acht der neun in Anwesenheit Angeklagten das Todesurteil verhängt und zwar – zumindest ging man davon aus – auf Grundlage der sogenannten Lex Oradour.[231] Entgegen Stücklers Erwartung wurden die Todesurteile im Juni 1950 in zweiter Instanz bestätigt, „wobei dort die Fragwürdigkeit des Septembergesetzes weit mehr in Erscheinung treten konnte, als dies jemals in einem Prozeß Oradour der Fall sein" werde.[232] Am liebsten wäre es Stückler deshalb gewesen, Taege hätte sich zunächst dem Fall Ascq gewidmet, denn sollte es gelingen, hier „eine Änderung herbeizuführen", dann sei „unmittelbar auch den Männern der Division ‚Reich' genutzt".[233]

Die „Lex Oradour" zu Fall zu bringen, war das erste Ziel Stücklers und seiner Mitstreiter,[234] und in den Frühjahrsmonaten des Jahres 1951 sah es so aus, als stünde das Ende des „Septembergesetzes" bevor. Aus einem Brief Werners gehe hervor, dass es „de facto von den fr[anzösischen] Gerichten und Untersuchungsbehörden nicht mehr angewendet" werde. *De jure* bestehe es zwar noch, „aber auch da wird damit gerechnet, daß es nach der Wahl fallen wird". Für Stückler war dies ein Etappensieg, und nun ging es darum, „die konkreten Vorwürfe gegen einzelne aus der Welt zu schaffen". Hierin sah er „in erster Linie ein juristisches

---

[227] Stückler an Taege, 27. 4. 1951, BArch Freiburg, MSG 2/16721.
[228] Stückler berief sich hier auf die „überwiegende Ansicht fr[anzösischer] Juristen". Stückler an Taege, 24. 3. 1951, BArch Freiburg, MSG 2/16721.
[229] Stückler an Taege, 24. 3. 1951, BArch Freiburg, MSG 2/16721.
[230] Stückler an Taege, 31. 3. 1951, BArch Freiburg, MSG 2/16721.
[231] Zur Frage, ob und inwiefern die Urteile tatsächlich auf dem Gesetz vom 15. 9. 1948 basierten, vgl. Baginski, Gnade, S. 17, 29, sowie Duhem, Ascq, S. 157 f., 167–169.
[232] Stückler an J[.], 6. 8. 1950, BArch Freiburg, N 756/389; zum Urteil in zweiter Instanz vgl. Baginski, Gnade, S. 29.
[233] Stückler an Taege, 24. 3. 1951, BArch Freiburg, MSG 2/16721.
[234] Vgl. Stückler an Taege, 31. 3. 1951, BArch Freiburg, MSG 2/16721; Stückler an Taege, 27. 4. 1951, ebenda.

und kein publizistisches Problem".²³⁵ Stückler und wohl auch die ZRS fürchteten in dieser Situation alles, was das Erreichte in Gefahr bringen konnte.

Doch Taege, so wurde schnell klar, empfahl sich nicht für ein vorsichtiges und zurückhaltendes Vorgehen. Sprache und Inhalt seiner Schreiben zeigen einen entschlossenen und offensiven, auch impulsiven, tendenziell großsprecherischen und dreisten Vertreter seiner eigenen Überzeugungen, der nur bedingt Stücklers Vorgaben sich unterzuordnen bereit war. Dass sein Verhalten in der Vergangenheit bereits zu Problemen geführt hatte, verhehlte er nicht. So räumte er ein, sich „bereits unbeliebt gemacht" zu haben und künftig „kaum ohne Pseudonym etwas los[zu]werde[n]".²³⁶ Vielleicht hatte Stückler von Beginn an geahnt, dass sich Taege nicht ohne Weiteres unter Kontrolle halten ließe, hatte schnell reagiert und Mitstreiter alarmiert. Denn schon Ende März 1951 wurde Taege auch von anderer Seite darauf hingewiesen, nichts ohne Rücksprache zu publizieren,²³⁷ zeigte sich indes wenig einsichtig. Er sei der Meinung, „daß Oradour keinen Aufschub mehr dulde[...]", es sei wichtig, „die öffentliche Meinung vor Verfahrensbeginn mobil zu machen und für uns voreinzunehmen ehe es die anderen machen"; er habe „die Nase voll von rechtspolemischen Abhandlungen, die keine publizistische Breitenwirkung erlangen". Trotz Stücklers erneutem Hinweis auf die potenziellen negativen Rückwirkungen einer Veröffentlichung auf ihre Bemühungen,²³⁸ entschied Taege, eine geplante „Serie im Reportagestil" zu schreiben, und kündigte Stückler an, ihm das Ergebnis zur Prüfung vorzulegen.²³⁹

Gegen Ende April 1951 übersandte er das angekündigte Manuskript.²⁴⁰ Protagonisten des 50-seitigen „Tatsachenbericht[s]" waren die Offiziere der Division „Das Reich", die Taege aus Dachau kannte. Ihr Schicksal ab 1947 skizzierend, beschrieb er erbärmliche Haftbedingungen, die französische Justiz als Willkürsystem und die „Lex Oradour" als Rache für das Massaker. Die früheren Divisionsoffiziere waren in Taeges Darstellung hingegen Ehrenmänner, die in Frankreich einen tadellosen Einsatz geführt hatten und nach Kriegsende nicht weniger ehrenvoll agierten. Schuld an Verbrechen in Südfrankreich waren allein der SD und Diekmann. In seiner Version der Vorgeschichte des Massakers berief sich Taege unverkennbar auf Informationen Werners – Erschießung mehrerer Männer Gerlachs bei Oradour, Beschuss eines Kradmelders aus Oradour, Hinweis des SD auf einen

---

²³⁵ Stückler an Taege, 27. 4. 1951, BArch Freiburg, MSG 2/16721.
²³⁶ Taege an Stückler, 28. 3. 1951, BArch Freiburg, MSG 2/16721.
²³⁷ Vgl. Hauser an Taege, 20. 3. 1951, BArch Freiburg, MSG 2/16721. Außerdem forderte „Dr. Roemer von der Rechtsschutzstelle" Taege „zu einer Aussprache" auf. Vgl. Taege an Stückler, 28. 3. 1951, ebenda. Vgl. zu dem Rechtsanwalt Karl Roemer Kapitel IV.1, Abschnitt „Die Verteidigung der deutschen Angeklagten".
²³⁸ Vgl. Stückler an Taege, 31. 3. 1951, BArch Freiburg, MSG 2/16721.
²³⁹ Taege an Stückler, 28. 3. 1951, BArch Freiburg, MSG 2/16721.
²⁴⁰ Laut Taege handelte es sich um eine „bestellte Serie". Er gab jedoch nicht an, welches Organ ihn damit beauftragt hatte. Vgl. Taege an Stückler, 24. 4. 1951, BArch Freiburg, MSG 2/16721.

Maquisbefehlsstand in Oradour[241] – und verlegte darüber hinaus sogar die Entführung Kämpfes in das Dorf.[242]

Nach der Lektüre erläuterte Stückler seine Position erneut. Vor allem aber gab er sie jetzt unmissverständlich zu verstehen: „Ich nehme an, daß Sie meiner ersten Bitte entsprechend nicht beabsichtigen, dieses Manuskript in nächster Zeit zu veröffentlichen", hieß es einleitend, und gegen Ende des Briefs:

„Zusammenfassend möchte ich eindeutig zum Ausdruck bringen, daß ich mich für die Gefangenen als ehem[aliger] Generalstabsoffizier der Division solange verantwortlich fühle, bis sie alle aus dem Gefängnis heraus sind. Ich möchte deshalb unter keinen Umständen, daß Maßnahmen getroffen werden, die den Männern mehr schaden als nutzen. Wenn die Gefangenen aus den Gefängnissen entlassen sind, dann bleibt es jedem freigestellt, sich zu dem Problem zu äußern, wie er will und wie er es verantworten kann. Das ist für mich dann ohne Belang, sofern nicht die Division als Truppe dabei angegriffen oder ihr etwas unterstellt wird, was nicht zutrifft. [...]
Sollten Sie auf einer Veröffentlichung des Manuskripts bestehen, so behalte ich mir das Recht vor, in der betreffenden Zeitung eine Richtigstellung zu verlangen, wie sie mir im Interesse der Gefangenen richtig erscheint."[243]

Taege verzichtete auf die Publikation.[244]

Die Korrespondenz der beiden Männer ist vor allem vor dem Hintergrund des bevorstehenden Oradour-Prozesses vor dem Militärgericht Bordeaux zu sehen. Dieser begann zwar erst im Januar 1953, mit seiner Eröffnung wurde jedoch bereits vorher gerechnet.[245] In Stücklers Schreiben wird deutlich, dass die Darstellung des Massakers zu diesem Zeitpunkt unter dem Zeichen der Anerkennung des Verbrechens und der Distanzierung von dem vorgeblich dafür Verantwortlichen stand:

„Sie müssen sich darüber im Klaren sein, daß in Oradour der Kommandeur des beteiligten Bataillons, der Sturmbannführer Dieckmann [sic], weit über seine Befugnisse hinausgegangen ist und sogar gegen einen eindeutigen Befehl seines Regiments-Kommandeurs gehandelt hat. D[iekmann] hätte für O[radour] auch nach dem deutschen Militär-Strafgesetzbuch vor ein Kriegsgericht gestellt werden müssen, und er wäre sicher verurteilt worden. Tatsächlich hat der Divisions-Kommandeur auch sofort nach Bekanntwerden des Vorfalls gegen D[iekmann] ein Ermittlungsverfahren eingeleitet, das nur durch Dieckmanns Tod vorzeitig abgeschlossen worden ist. Diese Umstände sind in ihrem Zusammenhang auch heute noch zu beweisen und der fr[anzösischen] Justiz im einzelnen bekannt."[246]

---

[241] Vgl. Vernehmungsprotokoll Heinz Werner, 20. 11. 1947, StA Do, 45 Js 2/11, 2. SB, Bd. 13/3, Bl. 4–9.
[242] Herbert Taege, Die Division der Schweiger, BArch Freiburg, MSG 2/16721.
[243] Stückler an Taege, 27. 4. 1951, BArch Freiburg, MSG 2/16721.
[244] Dies berichtet Taege in seinem 1981 erschienenen Buch, in dem er auch Passagen aus Stücklers Schreiben vom 27. 4. 1951 zitierte. Dem Buch zufolge bat ihn auch der Leiter der ZRS, Gawlik, „die Veröffentlichung bis nach dem Prozeß" zurückzustellen. Die Bemühungen, sein Manuskript zurückzuhalten, interpretierte Taege im Rückblick als Teil einer deutsch-französischen Verschwörung, um die vermeintliche Wahrheit über das Geschehen nicht bekannt werden zu lassen. Vgl. Taege, Kain, S. 24–27, Zitat S. 26. Vgl. zum Buch auch Kapitel III.6.
[245] Vgl. Protokolle der ANFM-Mitgliederversammlungen in den Jahren vor dem Prozess, ACMO, 5 FP 2.
[246] Stückler an Taege, 31. 3. 1951, BArch Freiburg, MSG 2/16721.

3. Der Kampf um die Freilassung der in Frankreich Inhaftierten (1947–1959)

Es ging also nicht nur darum, die französische Justiz davon zu überzeugen, dass allein Diekmann für das Massaker verantwortlich war, auch dass Diekmann ein Verbrechen begangen hatte, sollte nicht in Frage gestellt werden. Stückler, der in seinem Bericht 1949 selbst eine falsche Darstellung des Massakers vertreten hatte, wies nun Taege gegenüber darauf hin, sie müssten sich „unter allen Umständen an die Tatsachen halten" und dürften sich „nicht selber lächerlich machen durch Kolportagen von Unwahrheiten".[247] War Stückler im Rahmen der Prozessvorbereitungen zu dem Schluss gekommen, es sei klüger, sich an die von Weidinger vertretene „Minimalversion"[248] des Geschehens zu halten, anstatt sich und andere mit seinen früheren Thesen nicht nur „lächerlich", sondern in den Augen der Justiz vor allem unglaubwürdig zu machen?[249]

In jedem Fall legte die Verteidigung in Bordeaux „besonderen Wert" auf die Aussage des ehemaligen Divisionsrichters Okrent, da sie beweise, „dass die Vorgänge in Oradour – entgegen der im Nürnberger Hauptkriegsverbrecher-Prozess von französischer Seite aufgestellte[n] Behauptung – nicht von der obersten Führung befohlen wurden, sondern befehlswidrig auf die eigene Initiative des hierfür verantwortlichen SS-Offiziers Dieckmann [sic] zurückzuführen sind".[250] Hierfür holte man eidesstattliche Versicherungen ein, zur „Frage, was die Division nach den Ereignissen in Oradour unternommen hat, und zu der Frage, was die vorgesetzten Dienststellen (Oberbefehlshaber West, Militärbefehlshaber, OKW usw.) veranlasst haben". Diese sollten dem Gerichtspräsidenten und dem Anklagevertreter übergeben bzw. zugänglich gemacht werden.[251]

In den Akten der französischen Militärjustiz finden sich hierzu fünf eidesstattliche Versicherungen früherer hochrangiger Mitarbeiter des OB West und MBF.[252]

---

[247] Stückler an Taege, 31. 3. 1951, BArch Freiburg, MSG 2/16721.
[248] Ich entlehne den Begriff „version ‚minimale'" von Jean-Paul Picaper, der völlig zu Recht feststellt, dass Taege in seiner Darstellung des Massakers über eine u. a. von Weidinger vertretene „Minimalversion" hinausgeht. Ebenso ist der von ihm konstatierten „auffälligen Ähnlichkeit" zwischen den Angaben mehrerer ehemaliger Offiziere der Division „Das Reich" zuzustimmen. Wenn ich den Begriff „Minimalversion" hier und im Folgenden – mit freundlicher Genehmigung Jean-Paul Picapers – nutze, dann allerdings in meinem eigenen und selbst entwickelten Verständnis. Entgegen Picaper sehe ich etwa Otto Kahn gerade nicht als Vertreter der „version ‚minimale'". Außerdem halte ich Weidingers späte Publikationen und Taeges Darstellungen für viel ähnlicher, als Picaper dies einschätzt. Vgl. Picaper, Ombres, v. a. S. 221, 224.
[249] Bemerkenswert ist, dass Stückler am Tag der Urteilsverkündung in Bordeaux (13. 2. 1953) eine Ausfertigung seines Kriegstagebuchs mit folgender Bemerkung für den Rechtsanwalt Justus Koch versah: Das Dokument liege „den Franzosen" mindestens seit 1950 vor und dagegen seien „keinerlei sachliche Einwendungen erhoben" worden. Genauso wenig hätten sich „bei den bereits stattgefundenen Prozessen irgendwelche Unstimmigkeiten, die mich zur Berichtigungen oder Einschränkungen in der hier vorliegenden Darstellung gezwungen hätten", ergeben. Ihm sei darüber nichts bekannt geworden. Vgl. Die 2. SS-Panzer-Division „Das Reich" in Frankreich vom Februar – Juli 1944, Januar 1949, BArch Freiburg, MSG 2/16722.
[250] Walters an von Trützschler, 13. 9. 1952, PA AA, B 10, 2143. Vgl. hierzu und zum Folgenden auch Kapitel IV.1, Abschnitt „Die Zeugen".
[251] Roemer/Walters, Aktennotiz über eine Besprechung i. S. Oradour in Paris am 8. 12. 1952, PA AA, B 10, 2143.
[252] Vgl. Eidesstattliche Versicherung Walter Bargatzky (1944 Militärverwaltungsrat beim MBF), 13. 10. 1952, StA Do, 45 Js 2/11, 9. SB, Bd. 6/L XII, Bd. 5, Bl. 406; Eidesstattliche Erklärung

Die Verfasser bestätigten darin einmütig die Entrüstung ihrer vormaligen Dienstherren über das Massaker und/oder deren Einsatz für eine kriegsgerichtliche Untersuchung des Vorfalls. Von einer tatsächlich erfolgten Untersuchung oder gar einem vorgelegten Bericht seitens der Division wusste jedoch keiner zu berichten, im Gegenteil.[253] Die französische Justiz erhielt weiterhin eidesstattliche Erklärungen von zwei früheren Offizieren der Division „Das Reich", namentlich dem vormaligen Divisionsrichter Okrent[254] und dem ehemaligen Divisionskommandeur Lammerding.[255] Beide versicherten, Lammerding habe Okrent mit einer kriegsgerichtlichen Untersuchung des Massakers beauftragt, und dies, wie Okrent betonte, „sofort nach Bekanntwerden der Vorfälle". Diekmanns alleinige Schuld wurde auch durch Okrents Aussage unterstrichen, Stadler habe seinerzeit „energisch auf Einleitung eines Kriegsgerichtsverfahrens gegen Diekmann [sic]" gedrängt und Kahn ihm gegenüber angegeben, alle „Befehle seien von Dieckmann selbst gegeben und deren Durchführung von ihm überwacht worden".

Beachtenswert sind die beiden Aussagen zum Geschehen in Oradour bzw. wem sie in den Mund gelegt wurden. Lammerding, der sich äußerst knapp hielt, verwies auf die Meldung Stadlers, der die Vorkommnisse wiederum von Diekmann erfahren haben wollte: Beschuss aus dem Dorf bei der Annäherung, woraufhin er die bewaffneten Männer erschießen ließ. Okrent hingegen berief sich auf seine Vernehmung Kahns in der Normandie, bei der der Kompanieführer Folgendes zu Protokoll gegeben habe:

„Dieckmann [sic] habe ihm erklärt, ein Obersturmführer Gerlach und dessen Fahrer seien nach der Gefangennahme durch Widerstandskämpfer nach Oradour-sur-Glane gebracht worden. Während Gerlach die Flucht gelang, sei der Fahrer in Oradour öffentlich zu Tode mißhandelt worden. Außerdem sei zu ungefähr der gleichen Zeit ein Sanitäts-Kraftwagen des Heeres mit Verwundeten in Oradour-sur[-]Glane überfallen worden, wobei die gesamte Besatzung niedergemacht worden sei. Dies sei also ein Beweis dafür, daß Oradour-sur[-]Glane ein Zentrum der Widerstandskämpfer sei. Beim Eindringen in das Dorf sei die 3. Kompanie auf Widerstand gestoßen. Man habe bei der Durchsuchung der Häuser Waffen und Munition gefunden. [Darauf-

---

Wilhelm Meyer-Detring (bis 15. 8. 1944 Leiter der Abteilung Ic beim OB West), 25. 10. 1952, ebenda, Bl. 408; Eidesstattliche Versicherung Bodo Zimmermann (1944 1. Generalstabsoffizier beim OB West), 18. 10. 1952, ebenda, Bl. 410; Eidesstattliche Versicherung Hans Boetticher (1944 Chefrichter beim MBF), 23. 10. 1952 bzw. 6. 11. 1952, ebenda, Bl. 412; Eidesstattliche Versicherung H. Freiherr von Beust (1944 Rechtsberater des OB West), ebenda, Bl. 414.

[253] Meyer-Detring gab an, genaue Meldungen seien trotz Erinnerung lange ausgeblieben, „mit der Erklärung, daß die SS-Division ‚Das Reich' in schwere Abwehrkämpfe verwickelt und der Hauptverantwortliche gefallen sei". Auch Zimmermann sprach von mehrmaligen Nachfragen, allerdings nicht bei der Division direkt. Boetticher gab zu Protokoll, soweit er sich erinnere, habe der „OB-West keinen abschliessenden Bericht erhalten. Beim Militärbefehlshaber ist ein solcher sicherlich auch nicht eingegangen."

[254] Eidesstattliche Erklärung Detlef Okrent, 27. 11. 1952, StA Do, 45 Js 2/11, 1. SB, Bd. 6/3, Bl. 30/256-258, sowie Nachweis in den Akten der französischen Militärjustiz unter Liasse XII, cote 416, vgl. ebenda, 9. SB, Bd. 6/L XII, Bd. 5, Index.

[255] Eidesstattliche Versicherung Heinrich Bernard Laemmerding [sic], o. D. (notarielle Unterschriftenbeglaubigung: 29. 10. 1952), BStU, MfS, HA IX/11, ZUV 66, Bd. 30 (ehem. GA 18), Bl. 253 f. In den Akten der französischen Militärjustiz dürfte das Dokument abgelegt sein unter Liasse XII, cote 428, vgl. StA Do, 45 Js 2/11, 9. SB, Bd. 6/L XII, Bd. 5, Index.

hin?] habe Dieckmann angeordnet, die männliche Bevölkerung zu erschießen und die Häuser in Brand zu stecken. Alle Befehle seien von Dieckmann selbst gegeben und deren Durchführung von ihm überwacht worden."[256]

Diese Aussage hatte Kahn – wie er zehn Jahre später erklärte und schließlich auch Okrent einräumte – nie gemacht.[257] Doch Anfang der 1950er Jahre erlaubte die unwahre Behauptung dem ehemaligen Divisionsrichter, einen Teil seines 1945 abgegebenen Berichts zu wiederholen und sich dabei vor allem auf ein früheres Einheitsmitglied zu berufen, das nach der Vernehmung schwer verwundet worden und von der Truppe „fortgekommen" war. Er habe, so Okrent, seither nie wieder etwas von Kahn gehört. Lammerding und Okrent überließen die Angaben zum Geschehen in Oradour folglich einem Gefallenen bzw. Vermissten und damit zwei ehemaligen Kameraden, die nicht widersprechen konnten. Ihre Darstellung des Geschehens wurde dadurch kompatibel mit der französischen Version, konnte man doch Diekmann und Kahn an ihrer statt der Falschaussage bezichtigen.

Ein weiterer Punkt spricht dafür, dass die Verteidigung vermeiden wollte, sich durch unglaubwürdige Behauptungen zu diskreditieren, bzw. dass sie auf Aussagen lebender Zeugen verzichten wollte, die überprüf- und widerlegbar waren: Der französischen Justiz nicht übergeben wurde das Vernehmungsprotokoll Karl Gerlachs, der angeblich nach Oradour verschleppt worden war, und dies 1951 vor einem Hamburger Amtsrichter aussagte.[258] Es ging der Verteidigung und den ehemaligen SS-Offizieren offenbar darum, im Rahmen des Prozesses ein Mindestmaß an Glaubwürdigkeit zu bewahren.

Wechselwirkungen im Vorfeld des Oradour-Prozesses

Der ANFM entgingen die von Stückler genannten Zeitungsberichte nicht, die 1950 erschienen und auf seinem rekonstruierten Kriegstagebuch basierten. Ebenso registrierte der Verband die Bemühungen bundesdeutscher Parteien und Verbände um die Freilassung deutscher Kriegsverbrecher, darunter auch die Beschuldigten im Fall Oradour. Am 22. April 1950 erfuhr man in Oradour von einem Artikel in der Zeitung *Talpost* vom 22. März 1950 bzw. der darin veröffentlichten Version

---

[256] Eidesstattliche Erklärung Detlef Okrent, 27. 11. 1952, StA Do, 45 Js 2/11, 1. SB, Bd. 6/3, Bl. 30/256–258.
[257] Vgl. Kapitel III.4, Abschnitt „1962: Justiz und Leserschaft".
[258] Vgl. Vernehmungsprotokoll Karl Gerlach, 20. 9. 1951, Abschrift, StA Do, 45 Js 2/11, 6. SB, Bd. 1/3, Bl. 67–71. In den Akten der französischen Militärjustiz befindet sich Gerlachs Vernehmungsprotokoll nicht bei den anderen bereits genannten, der französischen Justiz übergebenen Zeugenaussagen und eidesstattlichen Versicherungen. Vgl. StA Do, 45 Js 2/11, 9. SB, Bd. 6/L XII, Bd. 5, Index. Gerlach soll Taege darüber hinaus berichtet haben, Rechtsanwalt Walter [sic] habe ihm am Rande der Zeugenvernehmung mitgeteilt, „daß er seinen Kameraden in der gegenwärtigen Situation am besten hülfe, wenn er fortbleibe und [im Oradour-Prozess] nicht als Zeuge aussagte". Taege interpretierte auch dies als Teil einer Verschwörung. Taege, Abel, S. 106, sowie zu Taeges Konstruktion einer Verschwörungstheorie rund um den Prozess vgl. Kapitel III.6, Abschnitt „Methodik". Zu Rechtsanwalt Dr. Kurt Walters, der hier sicher gemeint war, vgl. Kapitel IV.1 und Kapitel IV.2.3.

des Massakers. Das Blatt habe sie als „die offizielle Version aus dem Kriegstagebuch der Einheit und demnach als die einzig zutreffende" verbreitet. Der Hinterbliebenenverband reagierte mit „empörte[m] Protest" beim französischen Staatspräsidenten, allen Regierungsmitgliedern, Abgeordneten und Senatoren, dem französischen Hohen Kommissar in Bad Godesberg und dem Kommandierenden General der französischen Besatzungstruppen in Baden-Baden. Die Intervention zeitigte schnellen Erfolg. Bereits am 26. April 1950, so konnte die Geschäftsführerin des Verbands bei der nächsten Mitgliederversammlung berichten, hätten „dieselben Besatzungsbehörden, die diese Ungeheuerlichkeit zuvor geduldet haben, die *Talpost* auf Regierungsanweisung vorübergehend verboten". Während Stückler versuchte, die französischen Untersuchungsbehörden mit der Rekonstruktion seines Kriegstagebuchs zu beeinflussen, tat die ANFM dasselbe mit umgekehrten Vorzeichen: In Reaktion auf den *Talpost*-Artikel übersandte sie dem Anklagevertreter beim Militärgericht Bordeaux einige Exemplare „der falschen Version der *Talpost* [...], damit er sie jedem der berufenen Richter sowie dem Vorsitzenden des Militärgerichts geben möge".[259]

Ging die Sperrung der *Talpost* tatsächlich und allein auf den Protest der ANFM zurück, so wäre es ein eindrückliches Beispiel für den Einfluss, den der Verein Anfang der 1950er Jahre auszuüben vermochte. Sein Vorgehen entsprach dabei der 1945 fixierten Satzung. Als einer der Vereinszwecke war seinerzeit definiert worden, „den Behörden alle frei erfundenen Informationen und Veröffentlichungen zu melden und erforderlichenfalls deren Verbot zu erwirken".[260] Bereits in einem der Vorgängerverbände, dem *Comité du Souvenir*, wurde im Oktober 1944 ein Zensurausschuss eingerichtet. Dieser sollte „Missbrauch verhindern" und „vor allem dafür Sorge tragen, dass die über Oradour-sur-Glane veröffentlichten Berichte wirklich der Realität entsprechen".[261] Zu diesem Zeitpunkt lag also noch kein besonderes Augenmerk auf geschichtsrevisionistischen Darstellungen. Doch spätestens 1948, nachdem die ANFM das Angebot junger Deutscher abgelehnt hatte, beim Aufbau Oradours mitzuhelfen, wurde der Verband mit einem revisionistischen Angriff aus Deutschland konfrontiert,[262] Anfang der 1950er Jahre verstärkte sich dies nun.

Mochte die Intervention der Regierung auf den *Talpost*-Artikel die „Empörung" und „Fassungslosigkeit" in Oradour zunächst auch gedämpft haben,[263] die Beruhigung war von kurzer Dauer. Denn noch während derselben Mitgliederversammlung im Frühjahr 1951 erklärte der ANFM-Vorsitzende Jean Brouillaud, in

---

[259] ANFM, Assemblée générale, 4. 3. 1951, Compte rendu moral, ACMO, 5 FP 2.
[260] ANFM, Statuts. Revus et corrigés après la réunion de bureau du 20 janvier 1945, 11. 3. 1945, Privatunterlagen Benoît Sadry.
[261] Comité du Souvenir, Procès-verbal de la réunion du 21 Octobre 1944, ACMO, 5 FP 3. Vgl. hierzu auch Fouché, Oradour, S. 221, mit Betonung der versuchten Kontrolle über das Narrativ.
[262] Vgl. Kapitel VI.2.1, Abschnitt „Der Aufruf des *benjamin* 1947".
[263] So die Geschäftsführerin im Rückblick, ANFM, Assemblée générale, 4. 3. 1951, Compte rendu moral, ACMO, 5 FP 2.

deutschen Verbänden würden „Bewegungen erstarken, die die ‚Revision des Prozesses von Oradour' verlangen, der [noch] nicht [einmal] stattgefunden hat". Er legte den Anwesenden deshalb ein Schreiben an den französischen Außenminister, den Unterstaatssekretär für deutsche und österreichische Angelegenheiten, den französischen Hohen Kommissar sowie den Kommandierenden General der französischen Besatzungstruppen in Baden-Baden vor, das einstimmig angenommen wurde.[264] Es gäbe in Deutschland, so hieß es darin, „eine systematische Kampagne gegen die ‚Wahrheit' von Oradour-sur-Glane". Diese Kampagne – „von der berühmt-berüchtigten *Talpost* beredt illustriert" – dauere trotz der Einstellung des Blatts an, und andere deutsche Zeitungen hätten diese Version zur gleichen Zeit wiedergegeben. Die Presse, so formulierte Brouillaud in dem Schreiben, „beleidigt durch die Verhöhnung des Geschehens die Opfer und die, die um sie weinen". Die deutsche Bevölkerung sah er durch die Presse in doppelter Hinsicht getäuscht: zum einen hinsichtlich des Geschehens selbst, zum anderen bezüglich des Ermittlungsverfahrens. So beklagte das Schreiben etwa die absichtlich einseitige Darstellung eines deutschen Verbands zu den in Bordeaux inhaftierten ehemaligen Mitgliedern der Waffen-SS. Das versteckte Ziel dieser „Kampagne gegen die Wahrheit", so hieß es schließlich, sei die „Haftentlassung der Verbrecher der ‚Operation' von Oradour-sur-Glane ohne Gerichtsurteil". Der Verband forderte die französische Regierung auf, „bei der Regierung in Bonn das endgültige Verbot aller Schriften und Äußerungen zu erwirken, die das Andenken unserer Märtyrer unaufhörlich beleidigen; damit die Tatsachen in ihrer ganzen Wahrheit wiederhergestellt" würden.[265]

Damit hatte der Hinterbliebenenverband sehr treffend formuliert, was etwa Stücklers Ziel – oder in dessen Worten: „eine Herzensangelegenheit" – war. Stückler seinerseits musste feststellen, dass man in Oradour Kenntnis von Presseveröffentlichungen auf Basis seines Kriegstagebuchs erhalten und sich dies negativ auf sein Vorhaben ausgewirkt hatte. „Insgesamt", so bilanzierte er im Frühjahr 1951, „war das Ergebnis einer nicht mehr von uns gesteuerten, sondern wilden Pressekampagne im Herbst des vergangenen Jahres, daß sich die Opfer von Oradour usw. an die fr[anzösische] Regierung gewandt haben, solche Presseveröffentlichungen in Deutschland zu inhibieren." Das Ergebnis sei „also eine Stärkung der kommunistischen Wirksamkeit und keinesfalls eine Schwächung" gewesen.[266] Die Akteure beeinflussten sich hier wechselseitig, und es gleicht einem Kräftemessen, wenn die Geschäftsführerin der ANFM 1952 berichtete, die erneuten Interventio-

---

[264] ANFM, Assemblée générale, 4. 3. 1951, Procès-verbal, ACMO, 5 FP 2.
[265] ANFM, Assemblée générale, 4. 3. 1951, Procès-verbal, ACMO, 5 FP 2.
[266] Stückler an Taege, 27. 4. 1951, BArch Freiburg, MSG 2/16721. Unklar bleibt, ob sich Stückler hier auf die Reaktionen auf den *Talpost*-Artikel bezog, der in Oradour – wie gesehen – bereits im April 1950 bekannt wurde. Der Verband intervenierte noch im gleichen Monat und erfuhr ebenfalls noch im April 1950, dass die Zeitung vorübergehend eingestellt worden war. Stückler hingegen sprach von einer Pressekampagne im Herbst 1950. Zwischen der erneuten Intervention der ANFM im Frühjahr 1951 und Stücklers Schreiben lagen etwa siebeneinhalb Wochen. In welchem Zusammenhang Stückler davon erfahren haben könnte, ist offen.

nen des Verbands für ein Gerichtsverfahren gegen die Beschuldigten „markierten eine feste Absicht, den Aktionen in Deutschland, der Propaganda für die Befreiung der Kriegsverbrecher, etwas entgegenzusetzen".[267]

„Mit diesem Tag schließt die Geschichte des Regiments"[268]

Seit Sommer 1951 engagierte sich mit Otto Weidinger auch der frühere Kommandeur des Regiments „Der Führer" für seine inhaftierten Kameraden. Im Juni 1951 aus französischer Haft entlassen, habe er noch auf seiner Heimreise in Paris die Möglichkeit genutzt, „um mit dem juristischen Berater der [Deutschen] Botschaft die Probleme der in Bordeaux zurückgebliebenen Deutschen und mögliche Hilfsmaßnahmen zu besprechen".[269] Zurück in der Bundesrepublik nutzte Weidinger zunächst die seit 1951 von dem früheren Kommandeur der 5. SS-Panzer-Division „Wiking", Herbert Otto Gille, herausgegebene Zeitschrift *Wiking-Ruf*, später das seit 1956 erscheinende Verbandsorgan der HIAG, *Der Freiwillige*, zur Organisation juristischer, finanzieller, materieller und moralischer Unterstützung der in Frankreich inhaftierten ehemaligen Soldaten der Waffen-SS.[270] Mit Blick auf den in Frankreich bevorstehenden Oradour-Prozess versuchte Weidinger über den *Wiking-Ruf*, Zeugen ausfindig zu machen,[271] und machte selbst eine beglaubigte Aussage für einen der Angeklagten.[272] Darüber hinaus organisierte und koordinierte er materielle und finanzielle Unterstützung. In einem Artikel erläuterte Weidinger 1952 etwa detailliert, was bei der Übersendung von Päckchen an „unsere Gefangenen in Frankreich" zu berücksichtigen sei, und empfahl, „oberhalb der Anschrift den Vermerk – Liebesgaben für Gefangene – anzubringen".[273] Um auch Geldspenden für die Inhaftierten zu ermöglichen, richtete Weidinger im Mai 1952 das Konto „Kameradenspende" ein.[274] Bis März 1955 gingen 3972,93 DM darauf ein.[275] Doch der ehemalige Regimentskommandeur rief nicht nur zu materieller,

---

[267] ANFM, Assemblée générale, 16. 3. 1952, Compte rendu moral, ACMO, 5 FP 2.
[268] Weidinger, Kameraden (1962), S. 448.
[269] Weidinger, Kameraden (1962), S. 447. Vgl. zu Weidinger auch Kapitel III.4, Abschnitt „Otto Weidinger".
[270] Zu den Zeitschriften und dem Konflikt infolge der geplanten Übernahme des *Wiking-Rufs* durch die *HIAG-Bundesverbindungsstelle* vgl. Wilke, Hilfsgemeinschaft, S. 51–59.
[271] Vgl. [Artikel ohne Titel], Mai 1952, in: Wiking-Ruf, BArch Freiburg, N 756/389. Auch für ein Revisionsverfahren nutzte Weidinger diesen Weg auf der Suche nach einem Dokument. Vgl. Sehr wichtig!, in: Wiking-Ruf, Mai 1953, BArch Freiburg, N 756/389.
[272] Protokoll Zeugenaussage Otto Weidinger, 11. 8. 1951, StA Do, 45 Js 2/11, 2. SB, Bd. 13/3, Bl. 30 f.
[273] Otto Weidinger, Vergeßt die Kameraden in Bordeaux nicht!, in: Wiking-Ruf, Juli 1952, BArch Freiburg, N 756/389.
[274] Vgl. Otto Weidinger, Vergeßt die Kameraden in Bordeaux nicht!, in: Wiking-Ruf, Juli 1952, BArch Freiburg, N 756/389; Otto Weidinger, [Artikel ohne Titel], in: Wiking-Ruf, März 1955, ebenda. Zu seinen Spendenaufrufen in *Der Freiwillige* und die Resonanz auch: Weidinger, Kameraden (1962), S. 448.
[275] Vgl. Otto Weidinger, [Artikel ohne Titel], in: Wiking-Ruf, März 1955, BArch Freiburg, N 756/389.

sondern auch zu moralischer Unterstützung auf. Wer kein Päckchen oder Geld senden könne, solle „an einen der Gefangenen einen Brief oder wenigstens eine Osterkarte schreiben, damit für sie das Gefühl der kameradschaftlichen Verbundenheit mit uns allen wachgerufen, bzw. gestärkt wird".[276] Für Weidinger waren die Inhaftierten – darunter auch die wegen Oradour in Haft befindlichen Soldaten – „die letzten Opfer des verlorenen letzten Krieges". Diese bräuchten nicht nur die Hilfe ihrer Kameraden der 2. SS-Panzer-Division „Das Reich", „sondern darüber hinaus aller ehemaligen Angehörigen der Waffen-SS".[277]

Mit diesem Opferverständnis war Weidinger nicht allein. Kurz nach dem Urteilsspruch in Bordeaux veröffentlichte der Wiking-Ruf einen Leserbrief aus Osnabrück. Der Autor erklärte, er fühle sich „in Anbetracht der letzten Geschehnisse in Oradour [...] verpflichtet, zur Verminderung der Leiden unserer in Frankreich gefangenen Kameraden etwas zu unternehmen". Er verpflichte sich, „in Oradour unentgeltlich vier Wochen lang Aufräumungsarbeiten zu verrichten", mehrere Kameraden würden sich daran beteiligen wollen. Der Einsatz solle zugleich „ein Dankesbeweis an den vortrefflichen französischen Anwalt sein, der trotz der vergifteten öffentlichen Gesinnung seiner Landsleute in hervorragender Weise unsere Kameraden verteidigte".[278] Über die Tatsache hinaus, dass die tatsächlichen Opfer des Massakers hier keinerlei Erwähnung fanden und der Vorschlag von einer völligen Unkenntnis der Situation vor Ort zeugt, ließ das Angebot jedes Feingefühl gegenüber den Überlebenden und Hinterbliebenen vermissen. Wie hätten diese Verständnis dafür aufbringen sollen, dass sich Veteranen der Waffen-SS am Tatort für ihre verurteilten Kameraden einsetzen wollten? Es blieb bei einem Vorschlag. Der Wiking-Ruf druckte in einer seiner folgenden Ausgaben das Schreiben eines Lesers, der darauf hinwies, dass es in Oradour nichts aufzuräumen gäbe.[279]

Für Weidinger schloss die „Geschichte des Regiments" am 17. April 1959. Es war der Entlassungstag des letzten inhaftierten ehemaligen Mitglieds seiner Einheit. In seiner Regimentsgeschichte berichtete Weidinger später, die finanzielle und praktische Hilfe ehemaliger Kameraden habe es ermöglicht, eine „größere Geldsumme als Übergangshilfe" bereitzustellen, wie auch einen „kostenlosen dreiwöchigen Urlaub bei einem Regimentskameraden in den Tiroler Bergen" anzubieten.[280]

---

[276] Otto Weidinger, [Artikel ohne Titel], in: Wiking-Ruf, März 1955, BArch Freiburg, N 756/389.
[277] Otto Weidinger, Vergeßt die Kameraden in Bordeaux nicht!, in: Wiking-Ruf, Juli 1952, BArch Freiburg, N 756/389.
[278] Kameraden schreiben an uns, in: Wiking-Ruf, 23. 2. 1953, BArch Freiburg, N 756/389.
[279] Vgl. Ein Brief zu Oradour, in: Wiking-Ruf, Mai 1953, BArch Freiburg, N 756/389.
[280] Weidinger, Kameraden (1962), S. 448.

4. Weidingers „Geschichtsschreibung" und das deutsche Lammerding-Verfahren

Otto Weidinger

Otto Weidinger wurde am 27. Mai 1914 in Würzburg geboren.[281] Sein Vater war Oberpostsekretär, er selbst legte 1934 am Humanistischen Gymnasium in Würzburg das Abitur ab.[282] Bereits ein Jahr vorher war er in die Nationalsozialistische Deutsche Arbeiterpartei (NSDAP) und in die SS eingetreten.[283] Ab dem 16. April 1934 war Weidinger etwas mehr als ein Jahr hauptamtlich bei den Wachverbänden des Konzentrationslagers (KZ) Dachau angestellt. Die während seiner Dienstzeit dort verübten Morde konnten „Weidinger nicht verborgen geblieben sein; Gewalt, Terror und Willkür waren Bestandteil seiner Ausbildung".[284] Anfang Mai 1935 zur Junkerschule Braunschweig abgeordnet, besuchte Weidinger dort den ersten Führerlehrgang.[285] Er war damit Teil der Junkerschulgeneration, das heißt der 1138 Führer, die bis Ende 1939 in einer der beiden Junker- bzw. SS-Führerschulen Tölz und Braunschweig einen mehrmonatigen „Friedenslehrgang" besuchten.[286] Weidinger schloss die Schulung, bei deren Abschlussbewertung die Fächer „Taktik" und „Weltanschauung" am meisten zählten, als Dreizehnter von 147 ab.[287] Zu Weidingers Jahrgang gehörten neben ihm weitere „bekannte Protagonisten der Waffen-SS", die in den letzten Jahren des Kriegs „auf mittlerer Führungsebene Bataillone, bisweilen auch Regimenter und in Einzelfällen sogar Divisionen der Waffen-SS [kommandierten]. Diese Generation der Waffen-SS-Führer prägte den rücksichtslosen Kampfstil der von ihr geführten Einheiten und gab die gnadenlose Behandlung von Kombattanten, von Kriegsgefangenen, Partisanen sowie der jüdischen und nichtjüdischen Zivilbevölkerung durch ihre Einheiten vor."[288] Zu den Genannten gehörte auch Sylvester Stadler, der zeitgleich den Führerlehrgang in Tölz besuchte.[289] Wenige Jahre später unterrichtete Stadler in der Braunschweiger SS-Führerschule, und auch Lammerding und Diekmann waren Dozenten an den Junkerschulen.[290]

---

[281] Vgl. Vernehmungsprotokoll Otto Weidinger, 23. 2. 1962, StAM, 45 Js 2/62, Bd. 1 (2094), Bl. 97–105.
[282] Vgl. Krätschmer, Ritterkreuzträger, S. 594, allerdings – wie der gesamte Artikel – ohne Quellenangabe.
[283] Zum Eintritt in die NSDAP und SS vgl. Kartheuser, Tulle, Bd. 3, S. 280. Fouché, Politique, S. 502, nennt 1934 als Eintrittsjahr in die SS, allerdings wie Kartheuser ohne Quellenangabe. Westemeier, Krieger, S. 787 (Anm. 191), nennt als Mitgliedsnummern 3 435 930 (NSDAP) und 114 921 (SS), allerdings kein Eintrittsdatum.
[284] Westemeier, Krieger, S. 787 (Anm. 191).
[285] Vgl. Westemeier, Krieger, S. 787 (Anm. 191); Westemeier, Junkerschulgeneration, S. 270.
[286] Vgl. Westemeier, Junkerschulgeneration, S. 269 f. mit Anm. 3.
[287] Ursprünglich hatte die Gruppe 240 Teilnehmer gezählt. Vgl. Westemeier, Junkerschulgeneration, S. 277–779; Westemeier, Krieger, S. 787 (Anm. 191).
[288] Westemeier, Junkerschulgeneration, S. 270.
[289] Vgl. Westemeier, Junkerschulgeneration, S. 270; Graf, SS-Generäle, S. 418 f.
[290] Vgl. Graf, SS-Generäle, S. 420. Lammerding unterrichtete von August bis Oktober 1939 Taktik in Braunschweig. Vgl. Vernehmungsprotokoll Heinrich Lammerding, 19. 2. 1962, StAM,

4. Weidingers „Geschichtsschreibung" und das deutsche Lammerding-Verfahren 121

Anders, als es unter anderem die NS-Propaganda und SS-Veteranen glauben machen wollten, waren die Junkerschulen keine elitäre Militärakademien und ihre Absolventen nicht „zu einer militärischen Elite ausgebildet" worden.[291] Die „Junker" teilten jedoch die „NS-Weltanschauung [als] gemeinsame Grundüberzeugung":

> „Die von den SS-Führern verinnerlichten, rassistischen Überzeugungen bedingten die menschenverachtende Gefechtsführung und die Kriegsverbrechen der Waffen-SS. Ihre Kriegsverbrechen sind nicht nur auf eine augenblickliche, militärisch zu lösende Situation zurückzuführen, sondern auf die Sozialisierung der SS-Führer, worauf die Forschung schon frühzeitig hinwies. Nicht jeder Junkerschüler wurde zum Kriegsverbrecher, nicht alle Kriegsverbrecher waren Junkerschüler. Aber es waren zumeist die Angehörigen der Junkerschulgeneration, die die von den ordensfähigen Kerndivisionen der Waffen-SS begangenen NS-Gewaltverbrechen befahlen oder ausführten."[292]

Mit seiner Beförderung zum Untersturmführer wurde Weidinger am 20. April 1936 Teil des SS-Führerkorps.[293] Weitere Stationen nach dem Braunschweiger Lehrgang waren: eine Offiziersschulung bei der Dachauer SS-Standarte, Einsätze beim Anschluss Österreichs, beim Einmarsch ins Sudetenland, im Polenfeldzug und im Westfeldzug. 1940 holte Paul Hausser – zu diesem Zeitpunkt Kommandeur der Division „Das Reich"[294] und während Weidingers Lehrgang in Braunschweig dort Schulkommandeur[295] – Weidinger zum Divisionsstab, wo er den Posten des Ic[296] besetzte. Es folgte sein Einsatz in Jugoslawien und Russland; wiederholt wurde Weidinger für seine Verdienste ausgezeichnet.[297]

Im Jahr 1943 und bis ins Frühjahr 1944 führte Otto Weidinger die Kampfgruppe „Das Reich" in Russland, die sich aus Restteilen der SS-Division „Das Reich" zusammensetzte. Nachdem auch die Kampfgruppe im Frühjahr 1944 zunächst nach Südfrankreich verlegt, dann aufgelöst wurde, und sich Weidinger im Mai im Heimaturlaub befand, wurde er – wie erwähnt – bei seiner Rückkehr zur Einheit dem

---

45 Js 2/62, Bd. 1 (2094), Bl. 48–64. Diekmann war sowohl Schüler als auch Lehrer in Bad-Tölz. Vgl. StA Do, 45 Js 2/11, Personenakte/Diekmann, Adolf.
[291] Vgl. Westemeier, Junkerschulgeneration, S. 269, 283, Zitat S. 283.
[292] Westemeier, Junkerschulgeneration, S. 283.
[293] Vgl. Westemeier, Junkerschulgeneration, S. 279.
[294] Damals noch „SS-Verfügungsdivision (mot[orisiert]) ,Das Reich'", vgl. Kartheuser, Tulle, Bd. 3, S. 283 f.
[295] Vgl. Westemeier, Junkerschulgeneration, S. 274; Westemeier, Krieger, S. 55.
[296] „Der Ic, im Rang eines Hauptmanns i. G., war der 3. Generalstabsoffizier. Als Feindbearbeiter und Abwehroffizier bearbeitete er alles, was den Gegner betraf, und lieferte anhand von Gefangenenvernehmungen, Abhören feindlicher Sprechstellen und des Funkverkehrs, Aussagen von Landeseinwohnern usw. und deren Auswertungen, die notwendigen Unterlagen über Stärke, Gliederung, Bewegungen und Absichten des Feindes. Diese möglichst genauen Kenntnisse und wichtigen Unterlagen bildeten die Grundlagen für die Feindbeurteilungen, taktischen Überlegungen und Entschlüsse von Divisionskommandeur und Ia. Der Ic war ebenfalls zuständig für das Führen der Feindlagekarten, für den Abwehrdienst (Spionage, Sabotage, Feindpropaganda), Überwachung und Geheimhaltungsbestimmungen im Divisionsbereich, besonders der Fernsprech-, Funk- und Feldpostdienste und letztlich auch für die Disziplin und geistige Betreuung der Truppe." Buchner, Handbuch, S. 87.
[297] Vgl. Kartheuser, Tulle, Bd. 3, S. 280 f., ohne Quellenangabe.

Regiment „Der Führer" zur „informatorischen Dienstleistung" zugeteilt. Nach Übernahme des Regiments am 14. Juni 1944 behielt er deren Kommando bis Kriegsende.[298] Im August 1947 an Frankreich ausgeliefert, wurde Weidinger von den dortigen Behörden auch zu dem Massaker in Oradour vernommen, allerdings nur als Zeuge.[299] Man habe ihm vorgeworfen, so Weidinger später, für mehrere Einsätze deutscher Truppen gegen die Widerstandsbewegung verantwortlich zu sein, darunter die „Vorfälle" in Tulle. Letztlich sei nur der Anklagepunkt der freiwilligen Angehörigkeit zur Waffen-SS übrig geblieben. Am 19. Juni 1951 vom Militärgericht Bordeaux freigesprochen, sei er kurz darauf aus der Haft entlassen worden.[300] Seit 1951 und wohl bis zu seinem Tod im Januar 1990 lebte Weidinger im baden-württembergischen Aalen, wo er spätestens seit 1962 als Drogist arbeitete.[301] Den Krieg ließ er jedoch nicht hinter sich. Wie gesehen setzte er sich nach seiner Freilassung zunächst für seine in Frankreich verurteilten und noch immer inhaftierten Kameraden ein, im Jahr 1958 folgte eine nur wenige Monate andauernde Zeit als Bundessprecher der *Bundesverbindungsstelle der Hilfsgemeinschaften auf Gegenseitigkeit (HIAG) der Angehörigen der ehemaligen Waffen-SS*.

Am Anfang der HIAG standen Ende der 1940er Jahre entstandene „Selbsthilfegruppen" ehemaliger Mitglieder der Waffen-SS, die sich „Hilfsgemeinschaften auf Gegenseitigkeit" (HIAG) nannten. Die Beteiligten „unterstützen sich bei der Organisation des Alltags, bauten einen Vermisstensuchdienst auf und betreuten Hinterbliebene sowie inhaftierte frühere Truppenangehörige". Es folgte die Einrichtung von Kreis- und Landesverbänden und 1953 die Gründung der *HIAG-Bundesverbindungsstelle*, deren Platz 1959 der *Bundesverband der Soldaten der ehemaligen Waffen-SS e. V.* (HIAG) einnahm. Aufgelöst wurde die HIAG, die zeitwillig bis zu 20 000 Mitglieder gezählt haben soll, im Jahr 1992.[302] Zu ihren Zielen gehörte die Rehabilitierung und Gleichstellung der ehemaligen Angehörigen der Waffen-SS, zwei Ziele, die eng miteinander verbunden waren. So galt es, das aus dem Nürnberger Urteil resultierende „Stigma ‚Verbrecherische Organisation' abzustreifen" und die daraus resultierenden Nachteile, wie etwa niedrigere Renten als ehemalige Wehrmachtsangehörige, aufzuheben.[303] Zahlreiche Waffen-SS-Veteranen sahen und inszenierten sich als „Opfer der Siegerwillkür", als „Bürger

---

[298] Vgl. Vernehmungsprotokoll Otto Weidinger, 14. 10. 1977, StAM, 45 Js 11/78, Bd. 3, Bl. 869–874.

[299] Vgl. Fouché, Oradour, S. 227; Vernehmungsprotokoll Otto Weidinger, 14. 10. 1977, StAM, 45 Js 11/78, Bd. 3, Bl. 869–874.

[300] Vgl. Vernehmungsprotokoll Otto Weidinger, 14. 10. 1977, StAM, 45 Js 11/78, Bd. 3, Bl. 869–874; vgl. auch Fouché, Oradour, S. 227.

[301] Vgl. Protokoll Zeugenaussage Otto Weidinger, 11. 8. 1951, StA Do, 45 Js 2/11, 2. SB, Bd. 13/3, Bl. 30 f.; Vernehmungsprotokoll Otto Weidinger, 23. 2. 1962, StAM, 45 Js 2/62, Bd. 1 (2094), Bl. 97–105; Vernehmungsprotokoll Otto Weidinger, 14. 10. 1977, StAM, 45 Js 11/78, Bd. 3, Bl. 869–874; Krätschmer, Ritterkreuzträger, S. 594; Picaper, Ombres, S. 217.

[302] Zur HIAG vgl. Wilke, Hilfsgemeinschaft, hier S. 13, 16; Wilke, Veteranen; Wilke, Regeneration; Wilke, Waffen-SS.

[303] Vgl. Wilke, Hilfsgemeinschaft, S. 15; Wilke, Truppenkameradschaft, S. 423 f.; Zitat: Wilke, Veteranen, S. 151.

4. Weidingers „Geschichtsschreibung" und das deutsche Lammerding-Verfahren   123

zweiter Klasse"[304] und wollten sich als „Soldaten wie andere auch" sowie die Waffen-SS als „vierten Wehrmachtsteil" anerkannt sehen.[305] Noch im ersten Jahrzehnt der Bundesrepublik gelang es der HIAG, „die Waffen-SS in die ‚Legende von der sauberen Wehrmacht' einzuschreiben",[306] und wenn auch eine komplette Gleichbehandlung noch nicht erreicht war, so waren bis zum Ende des Jahrzehnts doch „die Versorgungsansprüche der 250 000 Veteranen der Waffen-SS [...] schrittweise an diejenigen der früheren Wehrmachtsangehörigen angepasst worden".[307]

Mit Weidinger gelangte Anfang 1958 ein „Quereinsteiger" in das Amt des Bundessprechers, „dessen politisches Kapital vorrangig aus seiner Laufbahn innerhalb der Waffen-SS sowie der persönlichen Bekanntschaft zu Hausser bestand".[308] Tatsächlich hievte Hausser Weidinger ins Amt. Karsten Wilke geht davon aus, dass er mit der Personalie drei Ziele verfolgte. Demnach versuchte der „Senior" mit Weidingers Wahl erstens den strittigen Amtsinhaber aus der Verbandsspitze zu drängen, zweitens „einen langjährigen Vertrauten als Führungskraft zu installieren" (die beiden Waffen-SS-Veteranen kannten sich aus der gemeinsamen Zeit bei der Division „Das Reich" und der Inspektion der SS-Verfügungstruppe) und drittens ein „Monopol auf die Geschichtsschreibung der Waffen-SS" zu erreichen.[309] Doch Weidingers „Interregnum"[310] fiel in die Zeit eines HIAG-internen Konflikts in der Frage, wie mit den früheren Angehörigen der SS-Totenkopfverbände umzugehen sei, eine Kontroverse, an der er schließlich scheiterte.[311]

Nach seinem Rücktritt fand er im Verband „eine Nische als Publizist und Autor in der Verbandszeitschrift".[312] Bereits quantitativ legte er ab den frühen 1960er Jahren ein beachtliches Werk vor. Von 1962 bis zu seinem Tod publizierte er acht Monographien, von denen mehrere in verschiedene Sprachen übersetzt wurden, die in mehreren Auflagen erschienen, noch weit über seinen Tod hinaus. Im Jahr 1962 erschien, wie erwähnt, im Göttinger Plesse-Verlag die Geschichte des Regiments „Der Führer", an der die vier früheren Regimentskommandeure mitgearbeitet hatten, darunter Sylvester Stadler.[313] In den kommenden zwei Jahrzehnten folgten die fünf Bände seiner Geschichte der Division „Das Reich",[314] ergänzt um einen 1981 veröffentlichten Bildband.[315] Im Jahr 1984 erschien

---

[304] Wilke, Truppenkameradschaft, S. 424.
[305] Wilke, Hilfsgemeinschaft, S. 15.
[306] Wilke, Hilfsgemeinschaft, S. 421.
[307] Wilke, Hilfsgemeinschaft, S. 59.
[308] Wilke, Hilfsgemeinschaft, S. 60 f.
[309] Wilke, Hilfsgemeinschaft, S. 60.
[310] Wilke, Hilfsgemeinschaft, S. 399.
[311] Vgl. Wilke, Hilfsgemeinschaft, S. 59–73.
[312] Wilke, Hilfsgemeinschaft, S. 399.
[313] Weidinger, Kameraden (1962), S. 9. Der Plesse-Verlag konzentrierte sich „ab Mitte der fünfziger Jahre auf Bücher über die Waffen-SS, deren Vertrieb durch die Hilfsgemeinschaft auf Gegenseitigkeit (HIAG) befürwortet wurde". Vgl. Bauernschmidt u. a., „Verlag K. W. Schütz", S. 426 f., Zitat S. 426.
[314] Weidinger, Division, Bd. 1–5.
[315] Weidinger, Bild.

schließlich der vergleichsweise schmale Band „Tulle und Oradour. Eine deutsch-französische Tragödie", der mehrmals neu aufgelegt und ins Englische, Französische und Niederländische übersetzt wurde.[316]

Über die schiere Menge hinaus waren Weidingers Publikationen dahingehend bedeutend, dass die „Hausgeschichtsschreibung"[317] der HIAG eine wichtige Rolle für den Verband spielte. Die Apologie der Waffen-SS, so Karsten Wilke, sei indirekt auch „ein Bestandteil der Selbstinszenierung der HIAG" gewesen. Denn obwohl die Führungsgremien vehement leugneten, dass die HIAG eine Nachfolgeorganisation der (Waffen-)SS sei, „lag die personelle Kontinuität auf der Hand; und an der Basis war ein derartiges Selbstverständnis [...] durchaus vorhanden".[318] Diese Apologie betrieb der Verband mit zwei verschiedenen Strategien, einer reaktiven und einer offensiven: „Während die defensive Form darin bestand, Forschungsergebnisse aus dem sozial- und geschichtswissenschaftlichen Bereich über Leserbriefe, Gegengutachten oder Beiträge in der Verbandszeitschrift zu widerlegen, zielte die konstruktiv angelegte Variante darauf, Material zu unbearbeiteten Themen zu erschließen und sie in eigens angefertigten Darstellungen zu behandeln."[319] Weidinger schlug im Fall Oradour beide Wege ein. Er agierte reaktiv in Form von Leserbriefen,[320] Stellungnahmen in einschlägigen Publikationen[321] und Schreiben an offizielle Stellen,[322] offensiv indem er die Geschichten des Regiments „Der Führer" und der Division „Das Reich" verfasste.

1962: Justiz und Leserschaft

Das Jahr 1962 ist hinsichtlich des hier interessierenden Narrativs der früheren Waffen-SS-Offiziere in doppelter Hinsicht bedeutend. Zum einen erschien in diesem Jahr Weidingers Regimentsgeschichte „Kameraden bis zum Ende". Diese sei geschrieben worden, so Weidinger im Vorwort, „um die vielfach falschen und tendenziösen Darstellungen über den Kriegseinsatz der Waffen-SS richtigzustellen und einen Beitrag für eine spätere objektive Geschichtsschreibung zu leisten".[323]

---

[316] Weidinger, Tulle und Oradour; Weidinger, Tulle and Oradour (1985); Weidinger, Tulle et Oradour (1985); Weidinger, Tulle en Oradour (1993).
[317] Wilke, Hilfsgemeinschaft, S. 33.
[318] Wilke, Hilfsgemeinschaft, S. 378.
[319] Wilke, Hilfsgemeinschaft, S. 378.
[320] Unter anderem: Otto Weidinger, Lammerding und Oradour, in: Frankfurter Allgemeine Zeitung (FAZ), 27. 1. 1971, StAM, 45 Js 2/62, Handakten, Bd. 3 (2093), Bl. 66. Hinweise auf weitere Leserbriefe in: Weidinger an Heck, 8. 6. 1983, Vertraulich!, BArch Freiburg, N 756/389; O[tto] W[eidinger], Eine Tragödie – für beide Seiten, in: Alte Kameraden, Ausgabe Juli/August 1969, ebenda.
[321] Etwa: Otto Weidinger, Die Wahrheit über Oradour und Tulle, in: National-Zeitung, 24. und 31. 1. 1969, BArch Ludwigsburg, B 162/20796, Bl. 46–49; O[tto] W[eidinger], Eine Tragödie – für beide Seiten, in: Alte Kameraden, Ausgabe Juli/August 1969, BArch Freiburg, N 756/389.
[322] Weidinger an Justizminister, 26. 10. 1968, Einschreiben, StAM, 45 Js 2/62, Handakten, Bd. 2 (2101), Bl. 152–155.
[323] Weidinger, Kameraden (1962), S. 11.

4. Weidingers „Geschichtsschreibung" und das deutsche Lammerding-Verfahren 125

Zum anderen ermittelte die Dortmunder Zentralstelle für die Bearbeitung von NS-Massenverbrechen ab Februar 1962 gegen Heinrich Lammerding unter anderem wegen des Massakers in Oradour.[324] In diesem Rahmen vernahm sie bis Januar 1964 neben dem Beschuldigten auch Sylvester Stadler, Otto Weidinger, Heinz Werner, Detlef Okrent und Otto Kahn. Der daraus resultierende Quellenkorpus macht Kontinuitäten und Brüche des Narrativs deutlich, unter anderem im Hinblick auf die Adressaten: Justiz versus Leserschaft. Er verdeutlicht darüber hinaus Kooperationen und Distanzierungen der vernommenen Männer.

Die Protokolle zeigen, dass es zwischen einzelnen der Vernommenen zur Weitergabe von Berichten gekommen war, einige verfügten über Adressen ehemaliger Kameraden und/oder verwiesen auf bereits genannte Kooperationen. So bezog sich Lammerding auf einen Bericht Weidingers, den er auch übergab;[325] Stadler legte sowohl seine mit Stückler erstellte Ausarbeitung aus dem Jahr 1950 als auch den Gerlach-Bericht vor;[326] Lammerding übergab die aktuelle Adresse seines früheren Divisionsrichters Okrent;[327] Weidinger wusste unter anderem, dass Stückler in Freising wohnte und eine Fahrschule betrieb und Gerlach angeblich in Hamburg wohnte;[328] Stadler regte an, seinen früheren Adjutanten Werner sowie Gerlach zu vernehmen.[329] Darüber hinaus entstand Weidingers Buch in Zusammenarbeit mit Stadler, die beiden ehemaligen Regimentskommandeure standen also in Kontakt.[330]

Zu einer ausführlichen Absprache vor den Vernehmungen kam es zwischen den vorgeladenen einstigen Offizieren auf Regiments- und Divisionsebene aber augenscheinlich nicht – oder es wurde über den Grundtenor hinaus kein Konsens gesucht oder erreicht. Entsprechend den bisher untersuchten Aussagen und Berichten lassen sich auch in den Vernehmungsprotokollen dieser beiden Jahre Abweichungen und Widersprüche in – teils wichtigen – Detailfragen finden.[331]

---

[324] Ausführlich hierzu Kapitel IV.2.4.
[325] Vgl. Vernehmungsprotokoll Heinrich Lammerding, 19. 2. 1962, StAM, 45 Js 2/62, Bd. 1 (2094), Bl. 48–64. Es dürfte sich um Weidingers Bericht aus dem Jahr 1949 gehandelt haben, denn diesen übersandte Weidinger 1953 Lammerdings Anwälten. Vgl. Schreiben Weidinger, 11. 3. 1953, StAM, 45 Js 2/62, Bd. 1 (2094), Bl. 78 f.
[326] Vgl. Vernehmungsprotokoll Sylvester Stadler, 18. 12. 1962, StAM, 45 Js 2/62, Bd. 2 (2097), Bl. 97–110.
[327] Vgl. Vernehmungsprotokoll Heinrich Lammerding, 19. 2. 1962, StAM, 45 Js 2/62, Bd. 1 (2094), Bl. 48–64.
[328] Vgl. Vernehmungsprotokoll Otto Weidinger, 23. 2. 1962, StAM, 45 Js 2/62, Bd. 1 (2094), Bl. 97–105.
[329] Vgl. Vernehmungsprotokoll Sylvester Stadler, 18. 12. 1962, StAM, 45 Js 2/62, Bd. 2 (2097), Bl. 97–110.
[330] Vgl. Weidinger, Kameraden (1962), S. 9.
[331] Uneinigkeit bestand etwa in der Frage, inwieweit Lammerding in die getroffenen Maßnahmen nach Kämpfes Entführung einbezogen war. Unter anderem gab er an, *ihm sei in Limoges* die Idee zu Verhandlungen mit dem Maquis gekommen. Was den Befehl an Diekmann anbelangt, so antwortete Stadler auf den Vorhalt, Weidinger und Lammerding hätten ausgesagt, Diekmann sei explizit darauf hingewiesen worden, „er dürfe sich [in Oradour] auf Kämpfe nicht einlassen", die Darstellung der beiden sei wohl „etwas wirklichkeitsfremd". Frappierend ist erneut der Unterschied zur Rolle des SD-Limoges. Heinz Werner sagte seit seiner ersten

Gleichwohl ist erneut eine deutliche Tendenz erkennbar: Es dominierte bei den Aussagen grosso modo die „Minimalversion". Abweichungen der frühen Nachkriegszeit hatten sich bzw. wurden eingeebnet oder angeglichen. Dies zeigt sich in erster Linie bei den Aussagen der Männer, die ihrem Vernehmen nach am 10. Juni 1944 Augenzeugen von drei wesentlichen Situationen gewesen waren – namentlich Stadler, Weidinger und Werner: der morgendlichen Meldung Diekmanns auf dem Regimentsgefechtsstand, der darauffolgenden Befehlsausgabe und Diekmanns Rückkehr aus Oradour am Abend.[332] So wiederholte Werner seine 1947 zu Protokoll gegebene Aussage, am Tag vor dem Massaker sei nicht nur Gerlach entführt, sondern auch ein Kradmelder des Regiments aus Oradour beschossen worden, nicht.[333] Alle drei sprachen jetzt nur noch von einem Begleiter Gerlachs, nicht mehr von zwei (Werner) oder drei (Stadler).[334] Darüber hinaus berichteten Werner und Stadler nun erstmals wie Weidinger, dass man Kämpfes Papiere in Limoges gefunden habe. Ebenso wird deutlich, dass die über die „Minimalversion" hinausgehenden Episoden des Ermittlungsberichts Okrents von 1945 und des Stückler-Berichts von 1949 weiterhin außen vor blieben: Keine in Oradour aufgefundenen toten Deutschen wurden angeführt, keine im Dorf hingemetzelte Sanitätskolonne der Wehrmacht, kein zu Tode gefolterter Fahrer Gerlachs. Das heißt auch, dass von einem gerechtfertigten Vorgehen in Oradour mitnichten die Rede war, sondern man sich im Gegenteil weitestgehend von Diekmanns Handeln distanzierte. Die Frage nach Lammerdings Verantwortung für das Massaker – um die es im Kern des Verfahrens ja ging – wurde einmütig und entschieden verneint, ebenso jegliche Verantwortlichkeit des Regiments.

Es war dies ebenfalls die zentrale Aussage zu Oradour in Weidingers Buch: Entgegen der alliierten Propaganda, die den Namen Oradour „als Schmach und Schande für das ganze deutsche Volk in die Welt hinausgerufen" habe, sei das Geschehen „ausschließlich die Folge des Versagens eines einzigen Offiziers, der nie einen Befehl zu solchem unmenschlichen Vorgehen erhalten hatte", gewesen. Diekmann habe „im Gegenteil gegen den ausdrücklichen Befehl seines Regi-

---

Vernehmung stets aus, es habe seitens des SD einen Hinweis auf Oradour gegeben. Weder Weidinger noch Stadler kamen ihrerseits darauf zu sprechen. Wie wir sehen werden, übernahm Weidinger die Angabe erst später in seine Darstellung des Geschehens. Zu den früheren Angaben Heinz Werners und Sylvester Stadlers vgl. Erklärung Heinz Werner, 23. 1. 1947, StA Do, 45 Js 2/11, 2. SB, Bd. 13/3, Bl. 1–3; Vernehmungsprotokoll Heinz Werner, 20. 11. 1947, ebenda, Bl. 4–9; Anlage zum Vernehmungsprotokoll Sylvester Stadler, 18. 12. 1962, StAM, 45 Js 2/62, Bd. 2 (2097), Bl. 97–110, Anlage Bl. 111–117.

[332] Die Zeugen verwiesen teilweise gegenseitig auf die Anwesenheit der jeweils anderen. Vgl. Vernehmungsprotokoll Otto Weidinger, 23. 2. 1962, StAM, 45 Js 2/62, Bd. 1 (2094), Bl. 97–105; Vernehmungsprotokoll Sylvester Stadler, 18. 12. 1962, ebenda, Bd. 2 (2097), Bl. 97–110; Vernehmungsprotokoll Heinz Werner, 4. 6. 1963, ebenda, Bl. 220–228.

[333] Vgl. Vernehmungsprotokoll Heinz Werner, 4. 6. 1963, StAM, 45 Js 2/62, Bd. 2 (2097), Bl. 220–228; Vernehmungsprotokoll Heinz Werner, 20. 11. 1947, StA Do, 45 Js 2/11, 2. SB, Bd. 13/3, Bl. 4–9.

[334] Im Fall Stadlers mag dies auch daran gelegen haben, dass ihm spätestens jetzt der Gerlach-Bericht vorlag, in dem der Autor von nur einem Begleiter sprach. Vgl. Vernehmungsprotokoll Sylvester Stadler, 18. 12. 1962, StAM, 45 Js 2/62, Bd. 2 (2097), Bl. 97–110.

mentskommandeurs" gehandelt. Die Vernichtung des Dorfs könne „weder der Führung des Regiments ‚DF' noch der Führung der Division ‚Das Reich' – genauso wenig aber auch irgendeiner anderen deutschen Dienststelle oder der Führung des Reiches zur Last gelegt werden".[335]

Während Weidinger sich damit von dem Geschehen distanzierte, hatte seine Darstellung zugleich rechtfertigenden Charakter. Diekmanns Verhalten sei „menschlich gesehen" unentschuldbar und „uns allen unverständlich", die „Tragik für die französische Bevölkerung von Oradour" sei schrecklich gewesen. Man könne ihm „nur zugute halten, daß er sich auf Grund der nervlichen Überbeanspruchung und der seelischen Belastung der vergangenen Tage in einer anormalen seelischen Verfassung befand, deren Gründe wohl auch etwas weiter zurückgingen".[336] Was Weidinger damit meinte, waren der ansteigende „Bombenterror auf deutsche Städte" und seine Folgen für die Soldaten, die nach der Invasion verhängte Urlaubssperre, die emotionalen Folgen der „jahrelangen Kämpfe gegen den Bolschewismus in Rußland" und die Konfrontation der Truppe mit den „Terroristen" zunächst in Südfrankreich, sodann beim Marsch Richtung Limoges.[337] Über all dies hätten sich in Diekmann „offensichtlich Gefühle angestaut, die dann in Oradour zum Ausbruch kamen, als er erkennen mußte, daß nun auch noch sein bester Freund der hinterhältigen Kampfesweise der Maquisards zum Opfer gefallen war und trotz aller Anstrengungen nicht mehr zu retten sein würde".[338] Die Inbrandsetzung des Orts rechnete Weidinger nicht diesem Affekt zu. Dabei scheine bei Diekmann „der ‚Sperrle-Befehl' eine Rolle gespielt zu haben, wonach alle Gebäude, die den Maquisards als Quartier, sowie als Versteck für Waffen und Munition dienten, niederzubrennen waren". Die Kompaniemitglieder hätten ihm erzählt, dass während das Dorf brannte, „in fast allen Häusern versteckte Munition hochgegangen" sei; der Beweis, dass „Oradour ein Widerstandsnest gewesen war".[339] Die Tötung der Frauen und Kinder hingegen bezeichnete Weidinger als „wahnwitzige Handlung".[340] Es zeigt sich hier eine Spaltung des Geschehens, die in vorhergehenden Darstellungen wiederholt und bereits vor Kriegsende vorgenommen wurde.

Rundum exkulpierte Weidinger die in Oradour eingesetzten Kompaniemitglieder. Von ihnen habe er in Bordeaux – das heißt wohl während seiner eigenen Gefangenschaft – erfahren, dass Diekmann vor Ort „mit einer Miene kalter, grimmiger Entschlossenheit auf der Dorfstraße auf und ab gegangen sei, so gereizt und angespannt, daß es keiner hätte wagen können, seinen Befehlen den Gehorsam zu verweigern". Es habe bei diesen Soldaten deshalb „ein ausgesprochener Befehls-

---

[335] Weidinger, Kameraden (1962), S. 291.
[336] Weidinger, Kameraden (1962), S. 288.
[337] Weidinger, Kameraden (1962), S. 276, 288.
[338] Weidinger, Kameraden (1962), S. 288.
[339] Weidinger, Kameraden (1962), S. 293 f. Auch in seiner Vernehmung wies Weidinger darauf hin, dass der „Sperrle-Befehl" bei der Niederbrennung Oradours „vielleicht bei Diekmann eine Rolle gespielt haben kann". Vernehmungsprotokoll Otto Weidinger, 23. 2. 1962, StAM, 45 Js 2/62, Bd. 1 (2094), Bl. 97–105.
[340] Weidinger, Kameraden (1962), S. 294.

notstand" vorgelegen.[341] Darüber hinaus war Weidinger der Meinung, er müsse „der Vollständigkeit halber" Folgendes erwähnen: Von Sipo-Angehörigen habe er in Gefangenschaft erfahren, dass der französische Widerstand „durch Oradour und Tulle einen solchen Schock erlitten" habe, dass er über Wochen „aktionsunfähig gewesen sei – ein Umstand, dem es ausschließlich zu verdanken sei, daß es den deutschen Besatzungstruppen in Südwestfrankreich [...] gelungen sei, völlig unangefochten durch die Maquisards, den Anschluß an die aus der Normandie sich absetzenden deutschen Divisionen zu erreichen. Ohne diese Schockwirkung auf das Maquis wären die deutschen Verluste durch die Widerstandsbewegung ungleich höher gewesen."[342] In anderen Worten: So schrecklich das Massaker auch gewesen sein mochte, es habe letztlich auch sein Gutes gehabt. Schließlich wies Weidinger zwei Mal darauf hin, dass das Massaker durch den französischen Oradour-Prozess „gesühnt" sei.[343]

In Weidingers Darstellungen des Jahres 1962 sind zentrale Brüche zu konstatieren. Diametral entgegen nahezu allen vorherigen Äußerungen des Regiments- und Divisionszirkels hieß es in Weidingers Buch jetzt, Diekmann habe bereits bei seiner Rückkehr aus Oradour vom Tod der Frauen und Kinder in der Kirche berichtet und folgenden Grund angegeben: „Durch den Brand des Dorfes habe das Feuer auch auf die Kirche übergegriffen, in der ebenfalls im Dachstuhl Munition versteckt gelegen hätte."[344] Die Behauptung, in der Kirche Oradours habe sich gelagerter Sprengstoff entzündet, ist erstmals im Kriegstagebuch des Hauptverbindungsstabs Clermont-Ferrand vom 16. Juni 1944 nachzuweisen sowie etwa zum gleichen Zeitpunkt als Desinformation, die über V-Männer in Limoges verbreitet werden sollte.[345] Sodann tauchte sie 1949 im „Stückler-Bericht" auf. Im Jahr 1962 trug sie noch vor Weidingers Veröffentlichung Lammerding bei seiner Vernehmung vor: Diekmann habe gemeldet, das Feuer habe das Gotteshaus erfasst und die Frauen und Kinder seien „angeblich" verbrannt, „da durch explodierende Munition in der Kirche deren Rettung unmöglich gemacht" worden sei.[346] Bei ihren Vernehmungen auf den Widerspruch zu ihren diesbezüglichen Aussagen hingewiesen, reagierte Weidinger zögerlich, Stadler merkte hingegen ausdrücklich an

---

[341] Weidinger, Kameraden (1962), S. 293.
[342] Weidinger, Kameraden (1962), S. 288 f. So hatte Weidinger bereits 1954 in seinem Bericht für die Amerikaner argumentiert und noch dazu angegeben, nach den „Vorfällen" von Oradour und Tulle habe man den Befehl eines höheren Stabs der Widerstandsbewegung abgefangen, „wonach der Kampf gegen die Deutschen einzustellen sei, bis die Division ‚Das Reich' den derzeitigen Raum verlassen habe, da der Widerstand sinnlos geworden sei angesichts der furchtbaren Opfer, die er in Oradour und Tulle gefordert habe. Die Opfer stünden in keinem Verhältnis zum Erfolg." Vgl. Historical Division, Headquarters, United States Army, Europe, MS # P-159, 2. SS Panzer Division „Das Reich", Juni bis September 1944, von Albert Stückler, mit Anlage, BStU, MfS, HA IX/11, ZUV 66, Bd. 32 (ehem. GA 20), Bl. 128–134.
[343] Weidinger, Kameraden (1962), S. 290, 294.
[344] Weidinger, Kameraden (1962), S. 287.
[345] Vgl. Kapitel III.2, Abschnitt „Rechtfertigungen und Desinformationen bis Kriegsende".
[346] Vernehmungsprotokoll Heinrich Lammerding, 19. 2. 1962, StAM, 45 Js 2/62, Bd. 1 (2094), Bl. 48–64. Es geht aus dem Vernehmungsprotokoll nicht eindeutig hervor, ob sich Lammerding auch in diesem Punkt auf den von ihm vorgelegten Weidinger-Bericht bezog.

dies sei nicht der Fall gewesen. Auch Werner gab an, erst später vom Tod der Frauen und Kinder erfahren zu haben. Dennoch fand die Angabe Eingang in Weidingers Buch und markiert somit eine erste Rückkehr zu den Darstellungen vor Kriegsende und im „Stückler-Bericht".

Damit einher ging eine zweite Information Weidingers, die in keiner seiner früheren Aussagen auftaucht und die er auch bei seiner Vernehmung 1962 nicht zu Protokoll gab. Nicht nur falsch, sondern infam war die Behauptung, „daß ein Drittel der 3. Kompanie aus Elsässern bestand, die in die Waffen-SS eingezogen worden waren und daß es ausgerechnet der Zug mit den Elsässern war, der in der Nähe der Kirche von Oradour eingesetzt gewesen war".[347] Weidingers willentliche Falschbehauptung ist zusammen mit seiner Zweiteilung des Massakers zu sehen und zielte auf die Vorstellung, an dem „eigentlichen" bzw. „einzig wirklichen" Verbrechen: der Tötung der Frauen und Kinder, seien keine Deutschen beteiligt gewesen. Zum exkulpatorischen Erfindungsreigen des früheren SS-Offiziers gehört auch die Angabe, Divisionsrichter Okrent habe bei der ersten Gelegenheit in der Normandie „sofort die Vernehmungen von Diekmann und verschiedenen anderen Angehörigen der 3. Kompanie" begonnen.[348] Diese Information, die Weidinger 1962 auch bei der Staatsanwaltschaft zu Protokoll gab, war gänzlich neu in seiner Darstellung des Geschehens. Offensichtlich wollte er so den divisionsinternen Verfolgungswillen und damit die Distanz der Einheitsführung zu dem Massaker hervorheben.

Weidingers Angaben zu den vermeintlich ausführlichen Ermittlungen zeigen die partielle Fragilität des etablierten Narrativs, die im Rahmen des Ermittlungsverfahrens deutlich wurde und sich später zu einem erheblichen Problem auswuchs. Wie bereits erwähnt, war es Lammerding, der bei seiner Vernehmung die Adresse seines ehemaligen Divisionsrichters Okrent angab. Wir wissen bislang nicht, ob die beiden Männer in persönlichem Kontakt standen. Vor allem ist offen, ob Lammerding sich darüber im Klaren war, was Okrent aussagen würde. In der essenziellen Frage nach Lammerdings Verantwortlichkeit für das Massaker entlastete er den früheren Divisionskommandeur, indem er aussagte, dieser habe ihn tatsächlich mit Ermittlungen beauftragt. Er betonte, er wisse „mit Bestimmtheit, dass der Befehl zur kriegsgerichtlichen Untersuchung bereits am Abend der Vorfälle ergangen" sei. Auch Stadler entlastete er, als er angab, zu wissen, dass der Regimentsführer „direkt bei Lammerding darauf gedrungen hat, den Ungehorsam von Diekmann zu untersuchen und evtl. kriegsgerichtlich zu ahnden".[349] Okrents Aussagen zu Verlauf und Ergebnis seiner Ermittlungen hingegen widersprachen dem bisherigen Narrativ des Regiments- und Divisionszirkels. So gab er zu Protokoll, allein Kahn vernommen zu haben, da Diekmann bereits tot gewesen sei und Kahn ihn informiert habe, dass auch der Großteil der in Oradour Eingesetzten

---

[347] Weidinger, Kameraden (1962), S. 292.
[348] Weidinger, Kameraden (1962), S. 292.
[349] Vernehmungsprotokoll Detlef Okrent, 23. 4. 1963, StAM, 45 Js 2/62, Bd. 2 (2097), Bl. 200–205.

inzwischen verwundet oder gefallen sei. Nach der Vernehmung Kahns habe er den Divisionskommandeur darüber informiert und „zum Ausdruck gebracht, dass [er] nichts mehr veranlassen könne, nachdem der Hauptverantwortliche Dieckmann [sic] tot sei, das Ermittlungsverfahren gegen diesen also eingestellt werden müsse". Lammerding habe diesem Vorgehen zugestimmt. Was Kahn laut Okrent aber 1944 zu Protokoll gegeben hatte, war – von einzelnen Punkten abgesehen – eine recht genaue Darstellung des Geschehens:

„Kahn schilderte nun, dass Dieckmann [sic] beim Einsatz im Dorf den Befehl selbst übernommen habe. Sie hätten bis zum Eintreffen wohl vereinzelt Feuer gehört, wobei ich jedoch nicht genau sagen kann, ob er von Feuer auf die eigene Truppe gesprochen hat, jedenfalls war uns beiden klar, da[ss] von einem Widerstand bei dem Vorrücken zur Siedlung keine Rede gewesen sein kann. Im Dorf sei auf Befehl von Dieckmann zunächst mit der Festnahme der gesamten Bevölkerung begonnen worden. Bei der Durchsuchung der Häuser habe man Munition und Sprengstoff gefunden, woraufhin Dieckmann den Befehl zum Niederbrennen erteilt habe. Dann sei die Erschiessung der Männer befohlen worden [...]. Die Frauen und Kinder seien in die Kirche getrieben worden. Dann habe Dieckmann befohlen, Tellerminen und sonstigen Sprengstoff heranzuholen, um das Gebäude mit den Frauen zu sprengen, was auch geschehen sei."[350]

Damit widersprach Okrent nicht nur seinen eigenen früheren Aussagen, ihm zufolge war auch Lammerding seit 1944 über Kahns Angaben informiert. Folgt man dieser Erklärung und nimmt an, Lammerding habe das Massaker tatsächlich nicht befohlen, so wusste er doch seit Sommer 1944, dass die Darstellung der Überlebenden des Massakers zutraf. Okrents Aussage wog umso schwerer, als sie in wesentlichen Punkten mit Kahns Angaben während des Dortmunder Verfahrens übereinstimmte. Zwar war Kahns Darstellung der eigenen Rolle eine Schutzbehauptung *par excellence*, er erklärte jedoch, von Okrent vernommen worden zu sein, und machte deutlich, dass das Massaker bereits bei der Abfahrt in Saint-Junien geplant gewesen und man vor Ort keineswegs auf Widerstand gestoßen war. Überdies gab er an, Diekmann habe ihm gegenüber „zu erkennen gegeben, dass er den Befehl ‚vom Regiment' erhalten habe".[351]

Zwischen den Männern des Divisions- und Regimentszirkels und dem einstigen Kompaniechef hatte es nach Kriegsende wahrscheinlich keinerlei Kontakt gegeben.[352] Nun wurden Kahns Aussagen Stadler, Okrent und Werner vorgehalten. Tatsächlich oder scheinbar „überrasch[t]" zeigte sich Stadler, „zumal [die Schilderung] sich in manchen Punkten mit den französischen Berichten decken" würde.[353] Spätestens jetzt wussten diese drei Männer, dass Kahn lebte und ihren Darstellungen des Geschehens in wesentlichen Punkten widersprach.

---

[350] Vernehmungsprotokoll Detlef Okrent, 23. 4. 1963, StAM, 45 Js 2/62, Bd. 2 (2097), Bl. 200–205.

[351] Vgl. Vernehmungsprotokoll Otto Kahn, 13. 12. 1962, StAM, 45 Js 2/62, Bd. 2 (2097), Bl. 77–95, Zitat Bl. 94; Vernehmungsprotokoll Otto Kahn, 2. 1. 1964, ebenda, Bl. 247–250.

[352] Bei seiner Vernehmung 1962 gab Weidinger an, „mal gerüchteweise gehört" zu haben, dass Kahn „heute in der SBZ leben soll". Vernehmungsprotokoll Otto Weidinger, 23. 2. 1962, StAM, 45 Js 2/62, Bd. 1 (2094), Bl. 97–105. Vgl. hierzu auch Kapitel IV.2.6, Abschnitt „Otto Kahn".

[353] Vernehmungsprotokoll Sylvester Stadler, 18. 12. 1962, StAM, 45 Js 2/62, Bd. 2 (2097), Bl. 97–110.

5. Beginnende Defensive

Trafic et crimes und die Folgen

Ende der 1960er Jahre geriet das Narrativ des Regiments- und Divisionszirkels öffentlich unter Druck und Lammerding kam auf juristischer Ebene erneut in Bedrängnis. Seit Oktober 1968 verhandelten Frankreich und die Bundesrepublik über eine Möglichkeit, die es der bundesdeutschen Justiz erlauben würde, Verfahren auch gegen Personen zu führen, die in Frankreich bereits in Abwesenheit verurteilt worden waren. Dies war bislang aufgrund des sogenannten Überleitungsvertrags aus dem Jahr 1955 nicht möglich und schützte unter anderem Lammerding vor einer Strafverfolgung wegen des Massakers in Tulle, für das er in Frankreich 1951 in Abwesenheit verurteilt worden war. Das Gleiche galt für diejenigen 44 Personen, die das Militärtribunal Bordeaux 1953 im Fall Oradour in Abwesenheit verurteilt hatte. Am Ende der deutsch-französischen Verhandlungen stand 1971 der Abschluss des Zusatzabkommens zum Überleitungsvertrag, das der bundesdeutschen Justiz den Weg für Ermittlungen ebnete.[354] Beim Protest gegen die Unterzeichnung des Abkommens tat sich neben dem *Verband der Heimkehrer* (VdH) auch die HIAG hervor, Otto Weidinger echauffierte sich in einem Leserbrief an die *Frankfurter Allgemeine Zeitung* (FAZ).[355]

Alles andere als gelegen kam Lammerding vor diesem Hintergrund das 1968 erscheinende Buch „Trafics et crimes sous l'occupation" des Autors Jacques Delarue.[356] Unter Vichy im Widerstand und später bei der Kriminalpolizei,[357] untersuchte er darin unter anderem „die kriminellen Aktivitäten der SS-Division ‚Das Reich' in Frankreich", darunter die Massaker in Tulle und Oradour.[358] Der Autor arbeitete auf breiter Quellenbasis, wobei ihm seine Tätigkeit im Widerstand und bei der Kriminalpolizei wohl einen privilegierten Zugriff auf Material ermöglichte.[359] Was Oradour betrifft, so kam Delarue zu dem Schluss, Lammerding habe das Massaker mit dem Ziel befohlen, den anhaltenden Angriffen des Maquis ein Ende zu setzen: „Es galt, einen schweren Schlag zu versetzen, mit so plötzlichen und brutalen Vergeltungsmaßnahmen, dass die Bevölkerung in der ganzen Region in Angst und Schrecken nur noch daran dachte, zu fliehen oder sich zu verstecken, und vor allem den für diese Repressalien verantwortlich gemachten ‚Terrorbanden' jegliche Unterstützung verweigern würde".[360] Widersprach schon dies dem

---

[354] Vgl. hierzu Kapitel IV.2.2, Abschnitt „Deutsch-französischer Rechtskontext", Kapitel IV.2.5 und Kapitel IV.2.6, Abschnitt „Die Problematik der Abwesenheitsurteile".
[355] Vgl. Brunner, Frankreich-Komplex, S. 275–277.
[356] Darauf weist auch hin: Kartheuser, Tulle, Bd. 4, S. 346.
[357] Vgl. Kartheuser, Tulle, Bd. 4, S. 345.
[358] Delarue, Trafics (1968), S. 11.
[359] Vgl. Kartheuser, Tulle, Bd. 4, S. 345. Ausgesprochen bedauerlich ist, dass Delarue über die Angabe der von ihm konsultierten Archive und Quellengattungen in der Einleitung hinaus nur vereinzelt Belegstellen anführte.
[360] Vgl. Delarue, Trafics (1968), S. 410 f., Zitat S. 430.

Narrativ, das Divisions- und Regimentszirkel zu etablieren und verteidigen suchten, so galt das auch für den Kontext, in dem Delarue das Massaker sah: als Teil einer „Welle der Kriminalität".[361] Die symbolische Bedeutung, die Oradour erlangt habe und die mit einer Entkontextualisierung des Massakers einhergegangen sei, habe „all die anderen Verbrechen in den Schatten" gestellt und aus Oradour „ein außergewöhnliches Ereignis" gemacht, „eine Art Unfall, einen ungewollten, dem Krieg geschuldeten Exzess, obwohl es nur die Umsetzung der alltäglichen Methoden der Division ‚Das Reich' war, wenn auch vollkommener und perfekter als üblich".[362] Damit stützte Delarue die in Nürnberg vertretene und von den Veteranen der Waffen-SS bekämpfte Lesart des Massakers.

Was die konkrete Vorgeschichte des Massakers anbelangt, so leuchtete der Autor Aspekte aus, die die ehemaligen SS-Offiziere geflissentlich im Dunkeln ließen. Er rekonstruierte etwa die Treffen von Offizieren der Waffen-SS mit SD- und Milizmitgliedern nur wenige Stunden vor dem Massaker.[363] Auch Delarues Bewertung des Oradour-Prozesses 1953 stand jener Weidingers diametral entgegen. Wo Weidinger das Verbrechen als „gesühnt" ansah, war Delarue der Meinung, dass „kein Recht gesprochen" worden sei, da die wirklich Schuldigen nicht auf der Anklagebank gesessen hätten.[364] Schließlich zeichnete Delarue Lammerdings Nachkriegsleben und -karriere nach, wobei er darauf aufmerksam machte, dass dieser bei seinen Einlassungen zu Tulle und Oradour jeweils einen im Krieg gefallenen Untergebenen verantwortlich mache.[365]

Eine solche Publikation mussten Lammerding und seine ehemaligen Kameraden als Frontalangriff empfinden und als Bedrohung, zumal sie jenen Argumente an die Hand gab, die die Verurteilung und Auslieferung des früheren Generals schon lange forderten.[366] Es verwundert daher nicht, dass Weidinger, Stückler und Lammerding bereit waren, sich im Januar 1969 mit den französischen Autoren Léopold Gaubusseau und Georges Beau zu treffen, um ihre Version der Massaker in Oradour und – vor allem – Tulle darzulegen.[367] Dem Treffen ging ein ausführlicher Briefwechsel unter anderem zwischen Weidinger und Gaubusseau voraus, wobei Letzterer schon bald deutlich machte, dass es ihm um die Entlastung Lammerdings ging.[368] Dass es hinsichtlich des Massakers in Tulle galt, sich über widersprüchliche Aussagen auszusprechen, und man erst daraufhin entscheiden solle, welche Dokumente man weitergab, sprach Weidinger in einem Schreiben an Lam-

---

[361] Delarue, Trafics (1968), S. 473.
[362] Delarue, Trafics (1968), S. 473.
[363] Vgl. Delarue, Trafics (1968), S. 411–413.
[364] Vgl. Delarue, Trafics (1968), S. 466–479. Zitat S. 466. Im Original: „Justice n'est pas faite", womit der Autor offensichtlich auf die doppelte Bedeutung von „justice" als „Recht" und „Gerechtigkeit" anspielte.
[365] Vgl. Delarue, Trafics (1968), S. 480–482.
[366] Vgl. Kapitel IV.2.5 sowie Kartheuser, Tulle, Bd. 4, S. 346–348.
[367] Vgl. Beau/Gaubusseau, R. 5, S. 338–348; Kartheuser, Tulle, Bd. 4, S. 357.
[368] Vgl. Kartheuser, Tulle, Bd. 4, S. 355. Ausführlich zu dem regen Schriftverkehr, an dem mehrere Deutsche und Franzosen beteiligt waren, sowie zu bereits vorausgehenden Treffen ebenda, S. 348–360.

merding offen aus und arrangierte unter anderem deshalb ein Treffen zwischen dem ehemaligen Divisionskommandeur und seinem früheren Ia. Bei aller Geschlossenheit nach außen, intern blieben Unstimmigkeiten bestehen, die Lammerding belasteten.[369] Als sich die drei Waffen-SS-Veteranen schließlich mit Gaubusseau und Beau in Weidingers Wohnort Aalen trafen, drehte sich das Gespräch vor allem um Tulle.[370] Bruno Kartheuser hat den überlieferten Briefwechsel und das 1969 erschienene Buch der Autoren vor allem hinsichtlich dieses Massakers ausgewertet. Die von ihm angeführte Korrespondenz zeigt Weidingers Erregung über Delarues Buch und Kartheuser kommt mit Blick auf Gaubusseau zu dem Schluss, dass dessen „Hauptanliegen" die „Gegnerschaft mit der Darstellung Delarues" gewesen sei.[371] Der Autor habe bei dem Treffen in Aalen die „bekannten negationistischen Aussagen der SS-Führer [...] mit Ehrfurcht entgegengenommen, für bare Münze gehalten und größtenteils im Wortlaut im Buch wiedergegeben".[372] Und wie verhielt es sich beim Thema Oradour?

Die drei ehemaligen Waffen-SS-Offiziere vertraten bei der Begegnung im Grunde eine gekürzte Fassung der „Minimalversion", und dies abermals mit Variationen im Detail. Erstmals hieß es nun, Diekmann habe am Abend des 10. Juni 1944 zwar nichts vom Schicksal der Frauen und Kinder berichtet, aber „allmählich fingen die Männer aus Kahns Kompanie an zu reden, und Dickmann [sic] musste gestehen". Wem gegenüber er „gestanden" habe, ließ Lammerding offen, nicht aber was: „Ihm zufolge hatte das Feuer von den Häusern auf die Kirche übergegriffen, wo der Maquis Munition gelagert hatte."[373] Lammerding wiederholte damit, was er bereits 1962 bei seiner Vernehmung in Dortmund ausgesagt hatte, und was inzwischen auch in Weidingers Buch nachzulesen war. Es dürfte kein Zufall sein, dass Weidinger in einem Schreiben aus dem Jahr 1968 Diekmann ausgesprochen positiv zeichnete und anfügte, „bei seiner ganzen Veranlagung erscheint mir die Tat Diekmanns im Rückblick immer rätselhafter."[374] Es bestätigt vielmehr, dass sich das Narrativ des Regiments- und Divisionszirkels in den 1960er Jahren weiter den radikaleren Darstellungen vor Kriegsende und des „Stückler-Berichts" öffnete.

Auf die Frage der Autoren, ob Kahn noch am Leben sei, erwiderte Stückler, er habe 1950 „alle gesucht, die etwas über diese Tragödie wussten, es war mir aber nicht möglich, Kahn zu finden. Er war zu diesem Zeitpunkt bereits verschwunden und niemand hat ihn wiedergesehen."[375] Selbst – oder gerade – wenn die anwesenden Waffen-SS-Veteranen Kahns Aussage im Rahmen des Lammerding-Verfahrens zu diesem Zeitpunkt bereits kannten, verwundert diese Antwort nicht. Mit einem Hinweis auf den früheren Kompanieführer hätten sie riskiert, dass Kahn sei-

---

[369] Vgl. Kartheuser, Tulle, Bd. 4, S. 348–350.
[370] Vgl. Beau/Gaubusseau, R. 5, S. 338–348.
[371] Vgl. Kartheuser, Tulle, Bd. 4, S. 348–360, Zitat S. 354.
[372] Kartheuser, Tulle, Bd. 4, S. 357.
[373] Beau/Gabusseau, R5, S. 253.
[374] Zitiert nach Kartheuser, Tulle, Bd. 4, S. 352.
[375] Beau/Gaubusseau, R. 5, S. 345.

ne Angaben gegenüber den französischen Journalisten wiederholte, darunter die Aussage, seines Wissens sei der Befehl zu dem Massaker vom Regiment gekommen.

Als das Buch erschien, dürften Weidinger, Lammerding und Stückler zufrieden gewesen sein. Beau und Gaubusseau wiesen darin auf die Interpretation des Massakers als gezielten Terrorakt hin und – ohne ihn namentlich zu nennen – auf Delarue. Auch betonten sie, die Angaben der ehemaligen Waffen-SS-Offiziere nicht kommentieren zu wollen, um dem Leser ein eigenes Urteil zu ermöglichen.[376] *De facto* übernahmen sie deren Narrativ durchweg. Sie zitierten Gerlachs Aussage aus dem Jahr 1951 – ein Dokument „von höchster Wichtigkeit"[377] – ausführlich und ohne jegliche kritische Anmerkung. Seine Entführung sei „folgenschwer" gewesen: „einer der Deutschen, dem es gelang, zu fliehen und Bericht zu erstatten, konnte nähere Angaben zu dem Ort machen, an den man ihn gebracht hatte."[378] Obwohl kaum ein Zweifel daran bestehen kann, dass die Autoren das Protokoll von den ehemaligen SS-Offizieren erhalten hatten, hieß es in der entsprechenden Fußnote lediglich „Auszug aus deutschem Archiv".[379] Frappierend ist schließlich das Abschlusskapitel zu Oradour. Was als Zusammenfassung der Autoren anmutet, ist tatsächlich die ausführliche und völlig unkritische Wiedergabe der „Minimalversion" ihrer Gesprächspartner.[380] Diese Darstellung geht weit über das hinaus, was Lammerding, Weidinger und Stückler den Autoren zufolge bei ihrem Treffen berichteten. Aller Wahrscheinlichkeit nach gaben sie hier wieder, was ihnen Weidinger während der Kontakte im Vorfeld des Treffens nach und nach mitgeteilt hatte.

1971: Gründung der Truppenkameradschaft „Das Reich"

Trotz aller Bemühungen der ehemaligen Waffen-SS-Offiziere Ende der 1960er Jahre, die öffentliche Meinung zu Oradour und Tulle in ihrem Sinne zu beeinflussen, mussten die Veteranen der Division „Das Reich" Anfang der 1970er Jahre feststellen, dass in der öffentlichen Wahrnehmung die beiden „Vorgänge"[381] und der Einheitsname zu einem Amalgam verschmolzen waren,[382] das sie weiterhin in die Defensive drängte. So dürften es die beiden Massaker und deren Bedeutung im kollektiven Gedächtnis Frankreichs gewesen sein, die, verglichen mit den Aktivitäten ähnlicher Verbände, aus der Gründung der Truppenkameradschaft „Das Reich" im Oktober 1971 eine „Ausnahme"[383] machten. Ausnahme deshalb, weil die Gründungsveranstaltung bereits im Vorfeld Proteste unter anderem seitens

---

[376] Vgl. Beau/Gaubusseau, R. 5, S. 297–301, 323.
[377] Beau/Gaubusseau, R. 5, S. 301.
[378] Beau/Gaubusseau, R. 5, S. 302.
[379] Beau/Gaubusseau, R. 5, S. 303.
[380] Beau/Gaubusseau, R. 5, S. 355–358. Ähnlich im Urteil, allerdings möglicherweise nur zu Tulle: Kartheuser, Tulle, Bd. 4, S. 357.
[381] So H[ermann] Buch, Truppenkameradschaft „Das Reich" gegründet, 16. 10. 1971, Organ nicht angegeben, BArch Freiburg, N 756/115.
[382] Vgl. Kapitel IV.2.5.
[383] Eichmüller, Die SS, S. 168.

französischer Opferverbände provozierte, während „die immer noch zahlreich stattfindenden Treffen der HIAG und der Traditionsverbände der Waffen-SS Ende der 1960er/Anfang der 1970er Jahre kaum noch [...] öffentliches Aufsehen erregten".[384] In der Presseberichterstattung, den Aufrufen gegen die Veranstaltung und auf Plakaten der etwa 500 Demonstranten – allenthalben wurde auf das Massaker in Oradour hingewiesen (vgl. Abb. 5).[385] Während am 16. Oktober 1971 vor der Rosenheimer Inntalhalle demonstriert wurde, kamen am Vormittag in der Halle etwa 180 Veteranen zur Gründungssitzung zusammen. Sie wählten Günther Wisliceny, ehemals Kommandeur des Regiments „Deutschland" der Division „Das Reich", zum ersten und Heinz Werner zum dritten Vorsitzenden der Kameradschaft.[386] Otto Weidinger konnte aufgrund einer schweren Erkrankung nicht an dem Treffen teilnehmen.[387]

Abb. 5: Demonstration gegen die Gründung der Truppenkameradschaft „Das Reich" im Oktober 1971 in Rosenheim
(BArch Freiburg, N 756/115)

[384] Vgl. Eichmüller, Die SS, S. 168 f., Zitat S. 168. Zur Annahme, dass die Bedeutung der beiden Massaker im kollektiven Gedächtnis der Franzosen für die besondere Reaktion verantwortlich war, vgl. Petter, Weg, 194 f.
[385] Beispiele in: BArch Freiburg, N 756/115. Zur Zahl der Demonstranten vgl. Eichmüller, Die SS, S. 169.
[386] Vgl. H[ermann] Buch, Truppenkameradschaft „Das Reich" gegründet, 16. 10. 1971, Organ nicht angegeben, BArch Freiburg, N 756/115.
[387] Vgl. Hermann Buch, Gründung der Truppenkameradschaft, in: Der Freiwillige, Ausgabe 10/1971, BArch Freiburg, N 756/115.

Den Veranstaltern war augenscheinlich bewusst, dass die Themen Oradour und Tulle nicht zu umgehen waren. Wie der frühere SS-Hauptsturmführer Hermann Buch im *Freiwilligen* berichtete, habe die „Pressekampagne" nicht ermöglicht, „unser Wiedersehen still unter uns zu feiern". Sie hätten deshalb „auf Drängen verschiedener Seiten die Flucht nach vorn antreten müssen und dem 2. Deutschen Fernsehen erlaubt, Aufnahmen zu machen." Des Weiteren waren Journalisten des englischen und französischen Fernsehens sowie Pressevertreter anwesend. Man habe sich entschieden, die Medien zuzulassen, um zu beweisen, „daß wir nichts zu verbergen haben".[388] Während der von mehr als 600 Gästen besuchten Abendveranstaltung gab der just zum ersten Vorsitzenden gewählte Günther Wisliceny schließlich eine Stellungnahme zu Tulle und Oradour ab: „Während der Vorfall in Tulle", so hieß es später die Erklärung zusammenfassend, „restlos geklärt ist, und im Rahmen des internationalen Rechts korrekt gehandelt wurde, fehlt über die Vorgänge in Oradour noch letzte Klarheit. Keinesfalls aber kann man der ganzen Division ein eventuelles Versagen einzelner – und sei es einer ganzen Kompanie – ankreiden. Der Krieg hat durch den Tod der Verantwortlichen die Aufklärung der Vorgänge verhindert."[389] Wörtlich, so war kurz darauf im Zweiten Deutschen Fernsehen (ZDF) zu sehen, hatte Wisliceny darauf hingewiesen, dass „Oradour und Tulle […], und das muss gesagt werden, Reaktionen auf vorausgegangene Aktionen der französischen Widerstandsbewegung" waren.[390] In einer weiteren Rede hieß es, man werde „gegenüber allen Anfeindungen und Diffamierungen nicht müde […], darzulegen, dass der gute Name unserer Division ohne Makel ist".[391] Am dreistesten aber äußerte sich Hermann Buch, jetzt Führer der neuen Truppenkameradschaft, der sich zu der Aussage verstieg, man habe die Vereinigung erst so spät gegründet, weil „uns immer noch der Quatsch von Frankreich nachhängt".[392]

Angesichts der vielen Proteste gegen Gründung und Bestehen der Truppenkameradschaft „Das Reich" seitens französischer Opferverbände, die das Verbot dieser und ähnlicher Organisationen forderten,[393] sowie der Tatsache, dass auf der Ebene der Außenministerien seitens Paris 1975 betont wurde, die „französische Regierung könne ihre Politik der Aussöhnung mit Westdeutschland nur dann glaubwürdig im eigenen Lande vertreten, wenn diese Organisation von der Bundesregierung und der westdeutschen Öffentlichkeit nicht mehr toleriert werde"

---

[388] H[ermann] Buch, Truppenkameradschaft „Das Reich" gegründet, 16. 10. 1971, Organ nicht angegeben, BArch Freiburg, N 756/115.
[389] H[ermann] Buch, Truppenkameradschaft „Das Reich" gegründet, 16. 10. 1971, Organ nicht angegeben, BArch Freiburg, N 756/115.
[390] Zitiert nach Casper, Fall (Dokumentarfilm). Von diesem Wortlaut berichtete auch: Erika Paetzmann, Demonstranten kämpfen gegen Waffen-SS, in: Süddeutsche Zeitung (SZ) 18. 10. 1971, BArch Freiburg, N 756/115.
[391] Zitiert nach Casper, Fall (Dokumentarfilm).
[392] Zitiert nach Erika Paetzmann, Demonstranten kämpfen gegen Waffen-SS, in: SZ, 18. 10. 1971, BArch Freiburg, N 756/115. Vgl. hierzu auch Eichmüller, Die SS, S. 169.
[393] Zu den Protesten gegen das Bestehen der Vereinigung vgl. Petter, Weg, S. 194 f., zu jenen gegen die Gründung vgl. oben.

und der Verband infolgedessen einer Überprüfung unterzogen wurde,[394] verwundert es, dass sich das Thema nicht in den Protokollen der ANFM niederschlug. Waren es Lammerdings Tod im Januar 1971 und seine Folgen,[395] die die Aufmerksamkeit vor Ort absorbierten? Oder agierte der Vereinsvorstand, ohne dass die Intervention bei der folgenden Mitgliederversammlung erwähnt wurde?

Nachweisbar reagiert hatte der Hinterbliebenenverband auf zahlreiche – wahrscheinlich französische – Zeitungsberichte im Zusammenhang mit Lammerdings Tod, die das Massaker falsch darstellten: „Deshalb wurde ein bewusst kurzer Artikel zur Klarstellung veröffentlicht, damit sich die ganze Welt an die Tatsachen in ihrer reinen Wahrheit hält. Denn welche Gründe bisher auch immer für die Zerstörung angegeben oder vorgeschlagen wurden, sie können nicht vergessen machen, dass an 642 Männern, Frauen und Kindern ein Verbrechen verübt wurde."[396] Eine Reaktion auf ein „Nazi-Treffen in der Bundesrepublik Deutschland" ist erst für das Jahr 1976 überliefert. Im November des Jahres entschied der Vereinsvorstand, den französischen Präsidenten davon in Kenntnis zu setzen, dass das Treffen im Verband für Empörung gesorgt habe.[397] Dass der Hinterbliebenenverband sein Augenmerk erst jetzt oder jetzt verstärkt auf entsprechende Veranstaltungen richtete, mag darin begründet sein, dass das Bestehen von Verbänden ehemaliger SS-Mitglieder in der Bundesrepublik 1976 verstärkt ins Licht der französischen Öffentlichkeit rückte.[398]

1974: Weidingers Broschüre

Mit dem Tod Lammerdings 1971 war die Frage seiner strafrechtlichen Verfolgung obsolet geworden, anderen ehemaligen Divisionsangehörigen drohte nach dem Abschluss des Zusatzabkommens jedoch ein Ermittlungsverfahren. Als Otto Weidinger im Sommer 1974 die Veröffentlichung einer Broschüre mit dem Titel „Oradour – eine deutsch-französische Tragödie" plante,[399] tat er dies auch im Hinblick auf das Abkommen und seine Folgen. Der Druck der Broschüre, so argumentierte er gegenüber dem Leiter des „Referats für Kriegsgeschichte" der HIAG, Wolfgang Vopersal, „wäre auch schon erforderlich hinsichtlich des bevorstehenden Inkrafttretens des ‚Überleitungsvertrages' [sic], von dem natürlich auch eine Reihe von Kameraden der Waffen-SS betroffen" seien. Die in der Publikation enthaltenen Wehrmachtsbefehle sowie die Darstellung der völkerrechtlichen Situation würden „für alle Betroffenen" gelten und die Veröffentlichung „sollte allen zuständigen

---

[394] Petter, Weg, S. 197.
[395] Vgl. Kapitel IV.2.5.
[396] ANFM, Assemblée générale, 4. 4. 1971, Procès-verbal, ACMO, 5 FP 3.
[397] ANFM, Assemblée générale, 8. 5. 1977, Procès-verbal, ACMO, 5 FP 3.
[398] Vgl. Petter, Weg, S. 194. Grund war der Tod Joachim Peipers im Sommer 1976 bzw. die Reaktionen der Verbände darauf. Vgl. ebenda. Zu Peiper und dessen Tod vgl. auch Kapitel IV.2.6, Abschnitt „Das Verfahren als ‚öffentliches Anliegen'?".
[399] Vgl. Weidinger an Rosenwald, 28. 7. 1974, BArch Freiburg, N 756/389.

deutschen Stellen zugänglich gemacht werden".[400] Gleichzeitig überlegte Weidinger, die Broschüre als eine „Antwort auf die Behandlung des Themas Oradour in dem dreiteiligen Fernsehfilm über die Waffen-SS" herauszugeben.[401] Die Rede war hier wohl von der dreiteiligen Reihe „Männer unter dem Totenkopf", die von den Journalisten Wolfgang Venohr (Leiter *stern TV*) und Heinz Höhne (Redakteur beim *Spiegel*) produziert und Ende 1974 im deutschen Fernsehen ausgestrahlt wurde.[402] Schon als Höhne 1967 mit „Der Orden unter dem Totenkopf" seine Studie zur Geschichte der SS veröffentlicht hatte,[403] „provozierte die Schilderung von Verbrechenskomplexen […] Stellungnahmen, in denen die HIAG geschichtswissenschaftliche Erkenntnisse reflexartig anzweifelte und eigene Interpretationen entgegensetzte", ein „Vorgehen, das durchgängig über Jahrzehnte feststellbar ist".[404]

Den Titel der geplanten Broschüre hatte Weidinger ganz bewusst gewählt. Er solle zeigen, dass „diese dokumentarische Darstellung das Gegenstück zur französischen Version von Oradour ist", „Aufmerksamkeit erregen" und „gewissermaßen die Quintessenz der folgenden Darstellung enthalten". Da das Thema französischerseits „seit 30 Jahren ausschließlich emotionell behandelt" würde, sollten sie „nicht nur eine unpersönliche trockene Dokumentation erstellen", sondern stets ihr „inneres Engagement durchschimmern lassen".[405] Weiterhin sprach er sich dafür aus, das Manuskript nicht zu einer ausführlicheren Dokumentation umzuarbeiten, sondern als Broschüre in großer Auflage zu drucken,

„umsomehr, als nach 30 Jahren die Zeit allmählich reif erscheint, die gegen Deutschland seit Jahrzehnten geführte Hetz- und Greuelpropaganda Zug um Zug zu widerlegen, wie es z. B. die Broschüre der ‚Deutschen Bürgerinitiative' – ‚Die Lüge von Auschwitz' beweist. Wenn dieser Komplex auch nicht mit ‚Oradour' zu vergleichen ist, so ist doch beiden gemeinsam, daß sie die großen ‚Aufhänger' für eine gerissene und unheilvolle Verleumdungskampagne gegen unser Volk sind, um den deutschen Schuldkomplex zu verewigen."[406]

Weidinger machte in seiner Korrespondenz also keinen Hehl daraus, dass er rechtsextreme Publizisten und Holocaustleugner als Vorbild im Kampf gegen die „Verleumdung" des deutschen „Volkes" ansah.[407]

---

[400] Weidinger an Vopersal, 28. 7. 1974, BArch Freiburg, N 756/389.
[401] Weidinger an Rosenwald, 28. 7. 1974, BArch Freiburg, N 756/389.
[402] Vgl. Eichmüller, Bilder, S. 294–296. Weidinger wäre in diesem Fall bereits über den Inhalt unterrichtet gewesen. Das ist durchaus möglich, denn an dem Film waren mehrere Waffen-SS-Veteranen – und nun teilweise HIAG-Mitglieder – beratend, als „Experten" oder „Zeitzeugen" beteiligt. „Die Veteranen", so Eichmüller, hätten sich „großteils zufrieden" mit dem Film gezeigt.
[403] Zusammenfassend zur Studie: Wilke, Hilfsgemeinschaft, S. 387–390.
[404] Wilke, Hilfsgemeinschaft, S. 391.
[405] Weidinger an Rosenwald, 28. 7. 1974, BArch Freiburg, N 756/389.
[406] Weidinger an Rosenwald, 28. 7. 1974, BArch Freiburg, N 756/389.
[407] Weidinger bezog sich höchstwahrscheinlich auf das Buch „Die Auschwitz-Lüge" von Thies Christophersen. Die *Deutsche Bürgerinitiative* hatte die Publikation nicht verfasst, allerdings hatte ihr Gründer (zunächst: *Bürgerinitiative gegen moralische und politische Anarchie*), Manfred Roeder, das Vorwort geschrieben. Vgl. Wetzel, „Roeder, Manfred", S. 689–691; „Thies Christophersen" in: Grumke/Wagner, Handbuch, S. 243–245.

5. Beginnende Defensive 139

Für die Herausgabe der Broschüre war Weidinger finanziell von HIAG und Munin-Verlag abhängig und stellte das Projekt dort zur Entscheidung.[408] Wenige Wochen später lud Karl Cerff, Bundesgeschäftsführer der HIAG, zu einer Besprechung nach Karlsruhe-Rüppurr. Ein „sachkundiger Kreis von Kameraden" sei zu der Erkenntnis gelangt, „daß die Planung einer Dokumentation über ‚Oradour' eine gründliche und persönliche Aussprache erforderlich" mache. Hierzu lud Cerff neben Otto Weidinger auch Walter Rosenwald, Helmut Fuchs[409] – und Herbert Taege.[410] Spätestens 1974 und damit etwas mehr als zwanzig Jahre nach seinem Konflikt mit Albert Stückler war Taege in Sachen Oradour wieder „an Bord".

Am Ende des Treffens stand eine von Cerff verfasste „Vertrauliche Sonderinformation", die aufgrund ihrer Relevanz ausführlich wiedergegeben wird:

„Am 19. September 1974 haben die Kameraden Dr. Fuchs, Weidinger, Rosenwald, Taege und Cerff in einer eingehenden Erörterung die Frage geprüft, ob der Fall ‚Oradour' in nächster Zukunft zum Gegenstand einer Publikation gemacht werden soll. Sie kamen übereinstimmend zu folgendem Ergebnis:

1. Zwar läßt sich der historische Hintergrund und die Kriegslage im Zeitpunkt des Ereignisses durch Wiedergabe der Verhältnisse im deutschbesetzten Frankreich, der Rechtslage infolge des seit 1940 bestehenden Waffenstillstandsabkommens, der Wehrmachtbefehlsgebung in Bezug auf die französische Widerstandsbewegung und der Zuspitzung der Lage nach Beginn der alliierten Invasion klar darstellen; es liegen indessen keine zuverlässigen Erkenntnisse über den eigentlichen Geschehensablauf in Oradour vor. Es ist insbesondere nicht hinreichend genau bekannt, welche Eindrücke sich der ‚D[er]F[ührer]'-Einheit in Oradour bei ihrem Eintreffen darboten, zu welchen Entschlüssen und Befehlen sie Anlaß gaben und wie die Ereignisse im einzelnen abliefen. Unaufgeklärt ist vor allem [sic] Dingen die ‚Rollenverteilung' der Beteiligten (z. B.: Was ist in und bei der Kirche geschehen? Beruhte dies auf Befehl oder ergab es sich aus spontanem Situationsverhalten? Welcher Kausalitätsgrad kommt etwa in der Kirche lagerndem Sprengstoff zu?). Bemerkenswert ist, daß es bisher unmöglich war, im Kreise der noch lebenden Geschehnisteilnehmer eine Befragung durchzuführen und dadurch einen Einblick in die Abläufe zu gewinnen. Daraus folgt, daß wir über die Vorgänge in Oradour keine Eigendarstellung geben können, sondern auf Annahmen, Vermutungen und Hypothesen angewiesen wären. Daraus folgt weiter, daß auch eine völker- und kriegsrechtliche Stellungnahme unmöglich ist, weil nicht gesagt werden kann, ob sich das Vorgehen zunächst im Rahmen kriegsrechtlich erlaubter Repressalien gehalten oder diese Grenzen von vornherein überschritten hat; ob eine Exzesshandlung vorgelegen hat oder ob auch nicht-einkalkulierbare Einwirkungen mitgespielt haben.

2. Ist eine zuverlässige Sachverhaltsdarstellung nach dem gegenwärtigen Stand der Erkenntnisse aber ausgeschlossen, dann erscheint derzeit eine Veröffentlichung namentlich deshalb nicht ratsam, weil nach der Ratifizierung des deutsch-französischen Vertrags über die Zulässigkeit deutscher Gerichtsverfahren in Fällen von französischen Abwesenheitsurteilen mit der Möglichkeit gerechnet werden muß, daß der ‚Fall Oradour' der deutschen Justiz unterbreitet wird. Dies würde voraussetzen, daß Frankreich seine gesamten Ermittlungsunterlagen übergibt. Ergeben sich aus ihnen verlässliche Erkenntnisse über den Geschehensablauf – insbesondere Zeu-

---

[408] Vgl. Weidinger an Rosenwald, 28. 7. 1974, BArch Freiburg, N 756/389. Der in Osnabrück ansässige Munin-Verlag gab u. a. die Zeitschrift *Der Freiwillige* heraus.

[409] Walter Rosenwald, so zeigt seine Korrespondenz mit Weidinger, fungierte als Art Lektor oder gar Co-Autor der Publikation. Helmut Fuchs hatte sich 1939 freiwillig zur „Leibstandarte SS" gemeldet und fungierte nun als Rechtsberater der HIAG. Er war darüber hinaus Senatspräsident am Verwaltungsgerichtshof in Baden-Württemberg. Vgl. Eichmüller, Bilder, S. 295.

[410] Anschreiben Cerff, Betr. Dokumentation über „Oradour", 20. 9. 1974, BArch Freiburg, N 756/389.

genaussagen –, dann müßten wir sie berücksichtigen. Mit einer im gegenwärtigen Zeitpunkt verfaßten Publikation würden wir jedoch Gefahr laufen, als mangelhaft informiert – ja, als nichtwissend – abgetan zu werden.

3. Eine auf verläßliche Grundlagen gestellte Gegendarstellung setzt daher voraus, daß wir abwarten, ob die französische Seite zu einer Sachverhaltsaufklärung beitragen kann und will, und welche Ergebnisse eine deutsche Prüfung zeitigen wird. Diese Feststellungen müßten unter allen Umständen beachtet und berücksichtigt werden. Rührt die französische Seite den ‚Fall Oradour' nach der Vertragsratifizierung nicht an, dann sind wir umso mehr in der Lage, daraus für uns positive Schlußfolgerungen zu ziehen.

Liefert die französische Seite ihr Material aus und gelangen deutsche Justizstellen hiernach zu dem Ergebnis, daß darauf ein strafrechtlich vorwerfbares Verhalten nicht gestützt werden kann, dann ist unsere Lage umso besser: Wir könnten uns auf abgesicherte Erkenntnisse stützen.

Kommt es nicht zu einer Aufrollung des Oradour-Verfahrens in der Bundesrepublik, wird sich – sobald dies feststeht – für uns dringend empfehlen, die Publikation zu verwirklichen und aus der Passivität der Franzosen unsere Schlußfolgerungen zu ziehen.

Das Projekt ist daher nicht aufgegeben, sondern nur aufgeschoben. Insbesondere die Kameraden Weidinger und Rosenwald werden deshalb ihre Arbeiten zur Vorbereitung der Publikation fortsetzen."[411]

Bereits im Vorfeld des Treffens hatte Rosenwald darauf hingewiesen, dass „über den Vorfall selbst lediglich die Aussage Diekmann zur Verfügung steht und das Manuskript daher praktisch nur die Vor- und Nachgeschichte umfasst".[412] Weidinger hatte sich seit Kriegsende weitgehend an sein Narrativ gehalten, in dem er als Augenzeuge der Vor- und Nachgeschichte des Massakers auftrat und sich für das Geschehen in Oradour auf die (vermeintliche) Meldung Diekmanns berief. Betrachtet man Cerffs Ausführungen genau, so ist zweifelhaft, dass Weidinger in seiner Publikation weiter die bisherige „Minimalversion" vertreten wollte. Dies zeigt sich zunächst semantisch an den Begriffen „Gegendarstellung" und „Eigendarstellung", die implizieren, dass eine Version des Geschehens vertreten werden sollte, die im Gegensatz zu einer bereits bestehenden, in Weidingers Worten: der „französischen Version" stehen sollte. Bedeutsam ist in diesem Zusammenhang die Angabe, es lägen „keine zuverlässigen Erkenntnisse über den eigentlichen Geschehensablauf in Oradour vor". Unter anderem in seiner Regimentsgeschichte hatte Weidinger angegeben, während seiner Gefangenschaft mit den in Oradour eingesetzten Männern gesprochen zu haben.[413] Was disqualifizierte deren Aussagen? Und wie verhielt es sich mit der Aussage Kahns, die 1962 Sylvester Stadler vorgehalten worden war und sich mit französischen Angaben deckte? War diese Information nicht durchgesickert oder fand sie allein keine Aufnahme in das Protokoll des Treffens?

Die formulierten Fragen zu den Ereignissen in der Kirche zeigen darüber hinaus, dass sich die Idee des in der Kirche lagernden Sprengstoffs weiter hielt. Wenn auch weder im Buch der Autoren Gaubusseau und Beau noch bei der Gründung der Truppenkameradschaft, noch in Cerffs Sitzungsprotokoll benannt, mag diese

---

[411] Cerff, Vertrauliche Sonderinformation, 1. 10. 1974, Hervorhebung im Original, BArch Freiburg, N 756/389.
[412] Rosenwald an Weidinger, 23. 7. 1974, BArch Freiburg, N 756/389.
[413] Vgl. Weidinger, Kameraden (1962), S. 293.

Vorstellung doch seit 1964 von einem Artikel in der rechtsextremen französischen Zeitschrift *Rivarol* gestärkt worden sein. Am 20. Juli 1964 veröffentlichte die Zeitung den Leserbrief einer Frau: Während einer Zugfahrt habe ihr ein Mitreisender erzählt, er sei in Oradour geboren und auch am Tag des Massakers dort gewesen. Unmittelbar nachdem die Deutschen „abgezogen" seien, seien die Maquisards in den Ort gekommen. Ein gefangen genommener „höherer deutscher Offizier" sei sodann „fürchterlich auf dem öffentlichen Stadtplatz von den Maquisards gefoltert" worden. Als die Deutschen nach Oradour zurückgekommen seien, seien die Maquisards geflohen, „hauptsächlich aber in die Kirche, wo ihre Waffen gestapelt waren. Viele Personen flüchteten sich mit ihnen, und deshalb kam dieses fürchterliche Massaker zustande."[414] Noch in ihrer Juli/August Ausgabe druckte die Zeitschrift *Alte Kameraden* einen Auszug des Leserbriefs in Übersetzung, im Oktober folgte die *Deutsche Wochen-Zeitung* (DWZ).[415]

Schließlich ist die Beschreibung der französischen Justiz bezeichnend. Bereits die Erklärung, es lägen „keine zuverlässigen Erkenntnisse über den eigentlichen Geschehensablauf in Oradour vor", zeigt, dass man den Ergebnissen der französischen Justiz keinen Glauben schenkte. Dies korrespondiert mit der Gedankenführung im Bericht, die französische Justiz würde möglicherweise den Fall Oradour „nicht anrühren", woraus man „positive Schlußfolgerungen" für sich ziehen könne. In anderen Worten: Käme es zu keinem Oradour-Verfahren bzw. keiner Übergabe der Verfahrensakten, bedeute dies, dass die französische Justiz etwas zu verbergen habe. Damit waren wesentliche argumentative Grundsteine des kommenden radikalisierten Oradour-Revisionismus gelegt.

6. Radikalisierung

Im Jahrzehnt nach dem Treffen zu Weidingers Buchprojekt wandelte sich die gesamtgesellschaftliche Haltung gegenüber den organisierten Veteranen der Waffen-SS zunehmend zu deren Ungunsten. In der zweiten Hälfte der 1970er Jahre verstärkte sich der zivilgesellschaftliche Widerstand gegen deren öffentliche Veranstaltungen und die bloße Existenz der HIAG, von der sich schließlich auch die politischen Parteien definitiv distanzierten.[416] Desgleichen waren die Entwicklungen im konkreten Fall Oradour für die ehemaligen Offiziere der Waffen-SS alles andere als positiv. Im Jahr 1975 spielte Romy Schneider an der Seite Philippe Noirets in dem an das Massaker in Oradour angelehnten und in Frankreich mehrfach

---

[414] Die Wahrheit über Oradour, in: Deutsche Wochen-Zeitung (DWZ), 2. 10. 1964, BArch Freiburg, N 756/389.

[415] Augenzeugen, in: Alte Kameraden, Ausgabe Juli/August 1969, BArch Freiburg, N 756/389; Die Wahrheit über Oradour, in: DWZ, 2. 10. 1964, ebenda. Die 1959 gegründete DWZ richtete sich im Jahr 1964 stark an der gerade gegründeten Nationaldemokratischen Partei Deutschlands (NPD) aus. Vgl. Bauerschmidt u. a., „Deutsche Wochen-Zeitung", S. 404f.

[416] Vgl. Wilke, Hilfsgemeinschaft, S. 421–425; Eichmüller, SS, S. 285, 288f.

ausgezeichneten Film „Le vieux fusil". 1976 lief der Film unter dem Titel „Abschied in der Nacht" auch in den bundesdeutschen Kinos, allerdings in abgeschwächter Form. Während das Publikum in der DDR die Originalversion sah, wurde sie in der Bundesrepublik auf politischen Druck „in der drastischen Gewaltdarstellung zensiert" und „besonders menschenverachtende Dialoge der SS-Leute durch alternative Szenen ersetzt".[417] *Der Freiwillige* wetterte dennoch „Filmhetze stört deutsch-französische Verständigung".[418] Zunehmend in die Presse geriet Oradour im gleichen Jahr aufgrund des Engagements Vinzenz Kremps. Der ehemalige Wehrmachtssoldat engagierte sich seit 1976 intensiv für Austausch und Aussöhnung mit Oradour, unter anderem im Rahmen des *Volksbunds Deutsche Kriegsgräberfürsorge* (VDK).[419] Darüber kam es in der Bundesrepublik wiederholt zu Presseberichten, von denen auch die ehemaligen SS-Offiziere erfuhren. Zwischen ihnen und vor allem Kremp kam es in der Folge zum Streit über die Deutungshoheit des Geschehens. Der folgende Auszug aus einem Schreiben Taeges vom Frühjahr 1977 zeigt sowohl die Interaktion zwischen den beiden „gegnerischen" Seiten als auch die Kommunikation zwischen den Veteranen der Waffen-SS:

> „Ich wurde vorgestern vom Kameraden Cerff informiert, daß er von Herrn Kremp, Freiburg, der von unserer Gegendarstellung bei der Zeitschrift *Kriegsgräberfürsorge* Kenntnis hatte, bestürmt würde, auf unsere Gegendarstellung zu verzichten.
> Inzwischen hat Graf Kageneck in *Die Welt* vom 10. 2. 1977 neuerlich über Oradour berichtet und den bisherigen Tenor fortgesetzt, obwohl er von vielen Seiten, auch von mir, auf die Haltlosigkeit seiner Darstellungen hingewiesen worden ist. Heute erhielt ich vom Kam[eraden] Hubert Meyer Kopie eines Artikels der *Neuen Bildpost* vom 27.2.77 unter dem Titel ‚Danke, Herr Kremp!'"[420]

Taege war der Meinung, dass „die Pressewelle über Oradour nicht mehr nur zufällig" zunehme, sondern „Teil einer Aktion" sei, die „Hintergründe" habe. Eine der Ursachen sah er darin, dass „die deutsche Staatsanwaltschaft fr[anzösische] Gerichtsakten über K[riegs-]V[erbrecher]-Prozesse bekommen hat".[421] Was den Tatkomplex Oradour anbelangt, so hatte die Dortmunder Staatsanwaltschaft infolge des Zusatzabkommens tatsächlich ein Ermittlungsverfahren eingeleitet und Akten aus Frankreich erhalten. Für die Veteranen der Waffen-SS musste damit die Sorge konkret werden, dass die bundesdeutsche Justiz die „französische[...] Version" des Massakers bestätigte. Im Mai 1977 sah sich Herbert Taege zu einer „notwendige[n] Stellungnahme zu jüngsten Presseberichten" im *Freiwil-*

---

[417] In der DDR lief der Film unter dem Titel „Das alte Gewehr". Vgl. Stiglegger, Auschwitz-TV, S. 80, dort auch Zitate; Eichmüller, Bilder, S. 297 f.
[418] K. N., Filmhetze stört deutsch-französische Verständigung, in: Der Freiwillige, o. D., BArch Freiburg, N 756/389; Angabe des Organs nach: Eichmüller, Bilder, S. 298.
[419] Vgl. Kapitel VI.2.3.
[420] Taege, Sachstandsbericht i. S. Oradour, 4. 3. 1977, BArch Freiburg, MSG 2/16721. Die Rede ist von dem Journalisten August Graf von Kageneck und höchstwahrscheinlich von dem damaligen HIAG-Bundessprecher Hubert Meyer. Vgl. zu Meyer Wilke, Hilfsgemeinschaft, S. 25, 109.
[421] Taege, Sachstandsbericht i. S. Oradour, 4. 3. 1977, BArch Freiburg, MSG 2/16721.

ligen veranlasst und spätestens mit diesem Beitrag war die Abkehr von der „Minimalversion" vollzogen.[422]

Herbert Taege

Im Jahr 1981 beschrieb sich Herbert Taege als „politischer Journalist". Er sei „zwanzig Jahre leitend in der Büroindustrie" gewesen und seit 1975 „Publizist und Verleger".[423] Taege hatte 1975 für den Munin-Verlag eine Publikation bearbeitet und 1977 in dem von ihm gegründeten Askania-Verlag sein erstes Buch herausgegeben.[424] Einem Schreiben aus dem Jahr 1980 ist zu entnehmen, dass er zu diesem Zeitpunkt Rente bezog.[425]

1921 in Magdeburg geboren, war Herbert Taege Kind eines Postbeamten.[426] Er besuchte das Gymnasium, wurde als Elfjähriger im März 1933 Mitglied der Hitler-Jugend (HJ), wo er nach und nach Führungsfunktionen übernahm. Vor seiner HJ-Mitgliedschaft hatte Taege zu den „Deutschen Pfadfindern" gehört, einer bündisch geprägten Organisation. Am 1. September 1939 trat der inzwischen 18-Jährige in die NSDAP ein und meldete sich freiwillig zur Waffen-SS. 1940 kam Taege nach einer Frontverwundung zum SS-Totenkopfverband nach Dachau, wo er zum Wachpersonal des Konzentrationslagers gehörte. Während der Zerstörung des Warschauer Ghettos 1943 gehörte er zu einer SS-Panzer-Division in der Stadt. Eine Beurteilung aus dem gleichen Jahr attestierte ihm „gutes körperliches Leistungsvermögen" und „klares Urteilsvermögen", charakterlich sei er „ehrlich u[nd] offen" und bei den Kenntnissen der NS-Ideologie „weit über dem Durchschnitt".[427] Ähnlich lautete im Sommer 1944 eine Beurteilung seiner ideologischen Gesinnung: „Als H.J.-Führer besaß SS-Untersturmführer Taege eine besonders gute weltanschauliche Ausrichtung. Er war in der Lage, besonders überzeugend und frei die nationalsozialistisch-soldatischen Grundgedanken vorzutragen."[428] Der Historiker Michael Kater bezeichnet Taege als „fanatische[n] Anhänger der NS-Ideologie".[429]

Folgt man Taeges Angaben, so begannen seine erneuten Recherchen zum Themenkomplex Oradour nach „31jähriger Unterbrechung" im Jahr 1974, wahrscheinlich nach der Besprechung von Weidingers geplanter Broschüre. Er sei im Jahr 1951 – als er erstmals zum Thema arbeitete – und noch 1974 der „allgemeinen Meinung" gefolgt, „in Oradour sei ein Kriegsverbrechen auf Befehl eines einzigen

---

422 Herbert Taege, „Die Messe von Oradour". Eine notwendige Stellungnahme zu jüngsten Presseberichten, in: Der Freiwillige, H. 5, 1977, BArch Freiburg, N 756/389. Im Nachlass Vopersal (BArch Freiburg, N 756/389) finden sich mehrere Artikel zu Kremps Engagement und auch aus Taeges Artikel geht hervor, dass er die Berichterstattung verfolgte.
423 Taege, Kain, Bucheinband.
424 Bundesverband, Heiteres; Taege, Signale.
425 Vgl. Taege an Meyer u. a., 1. 10. 1980, BArch Freiburg, MSG 2/16721.
426 Hierzu und zum Folgenden: Kater, Hitler-Jugend, S. 143.
427 Zitiert nach Kater, Hitler-Jugend, S. 143.
428 Zitiert nach Kater, Hitler-Jugend, S. 143.
429 Kater, Hitler-Jugend, S. 144.

Bataillonskommandeurs, der zum Exzeß neigte, geschehen". Wahrscheinlich bezog er sich auf die bereits genannte Besprechung zu Weidingers Buchprojekt, als er fortfuhr, dass er 1974 vor der Ratifizierung des Zusatzabkommens „zur Erörterung der sich ergebenden Rechtslage mit zuständigen Vertretern der Soldaten [der] ehemaligen Waffen-SS zusammentraf, die übereinstimmend diese Meinung teilten".[430] Als Auslöser für seine erneuten Forschungen nannte er Folgendes: Zum einen habe er 1974 Zugang zum Briefwechsel zwischen Diekmanns Sohn und Lammerding erhalten, der ihm gezeigt habe, „wie hier ein Sohn um das Bild seines Vaters rang".[431] Zum anderen habe er erfahren, „wie die Frau und die Kinder des am Vorabend von Oradour in die Hände des Maquis gefallenen Ritterkreuzträgers Sturmbannführer Kämpfe unter dem Gerücht leiden, ihr Mann und Vater sei damals bei lebendigem Leibe verbrannt worden, und wie sie vergeblich um die Bekanntgabe der Grablage kämpften".[432]

Die Rehabilitierung Diekmanns

Zwischen 1978 und 1985 vertraten Otto Weidinger und Herbert Taege ihre neue Darstellung des Geschehens in fünf Monographien.[433] Den Auftakt machte 1978 Weidinger mit der zweiten Auflage seiner Regimentsgeschichte, 1981 folgte Taeges Buch „Wo ist Kain?", ein Jahr später der fünfte und letzte Band von Weidingers Geschichte der Division „Das Reich", der die Jahre 1943 bis 1945 umfasste. Im Jahr 1984 publizierte Weidinger den schmalen Band „Tulle und Oradour", bei dem es

---

[430] Herbert Taege, „Le Maquis des gens qui ne parlent pas". Zwischenbericht über die tatsächlichen Hintergründe des Falles Oradour, 15. 12. 1976, BArch Freiburg, MSG 2/16721.
[431] Rainer Diekmann berichtete der Illustrierten *Paris Match* 2014, er habe sich 1968 mit einem Brief an Lammerding gewandt: „1968 habe ich ihn in einem Brief gebeten, mich zu empfangen. Er hat mich an den Standartenführer Sylvester Stadler verwiesen, den unmittelbaren Vorgesetzten meines Vaters. Gemeinsam mit Karl haben wir Stadler in Aalen aufgesucht. Dort bekamen wir Dinge zu hören wie: ‚Man soll die Toten ruhen lassen.' Die große Kameradschaft unter SS-Brüdern war deutlich zu spüren. Mich hat das angewidert." Marika Schaertl/Régis Le Sommier, „Mon père était le bourreau d'Oradour", 9. 6. 2014, URL: http://www.parismatch.com/Actu/Societe/Rainer-Diekmann-Mon-pere-etait-le-bourreau-d-Oradour-568652 [15. 3. 2017].
[432] Herbert Taege, „Le Maquis des gens qui ne parlent pas". Zwischenbericht über die tatsächlichen Hintergründe des Falles Oradour, 15. 12. 1976, BArch Freiburg, MSG 2/16721.
[433] Weidinger, Kameraden (1978); Taege, Kain; Weidinger, Division, Bd. 5; Taege, Abel; Weidinger, Tulle und Oradour. Gleichzeitig publizierte Taege auch im *Freiwilligen* und anderen einschlägigen Zeitschriften, Weidinger blieb dem Mittel der Leserbriefe treu. Diese Veröffentlichungen werden in die folgende Analyse nicht systematisch einbezogen. Vgl. etwa Herbert Taege, „Die Messe von Oradour", in: Der Freiwillige, H. 5, 1977, S. 9 f.; Die Tragödie von Oradour, in: Der Freiwillige, H. 7/8, 1980, S. 33–35; Wo ist Kain? (Leseprobe), in: Der Freiwillige, H. 12, 1981, S. 29; Wo ist Kain? (Leseprobe), in: Der Freiwillige, H. 1, 1982, S. 7–9; Herbert Taege, Die Desinformations-Achse Oradour-Ostberlin, in: Der Freiwillige, H. 9, 1983, S. 9 f.; Herbert Taege, Die Desinformations-Achse Oradour-Ostberlin (Fortsetzung), in: Der Freiwillige, H. 10, 1983, S. 28 f. Zu dem Vorhaben, einen Bericht Taeges auch in den *Deutschen Monatsheften*, der *DWZ*, in *Alte Kameraden* sowie *Soldat im Volk* zu platzieren, und seiner Absicht, einen Leserbrief an die FAZ zu schicken, vgl. Weidinger an Heck, 8. 6. 1983, BArch Freiburg, N 756/389.

sich im Wesentlichen um die entsprechenden Kapitel seiner 1982 veröffentlichten Divisionsgeschichte handelt,[434] Taege ein Jahr später seinen Nachfolgeband „Wo ist Abel?". Wie sich die Zusammenarbeit der beiden konkret gestaltete und ob sie immer konfliktfrei war, geht aus den konsultierten Akten nicht hervor.[435] Sicher ist, dass Taeges „Forschungsergebnisse" in Weidingers Publikationen einflossen. In allen drei Veröffentlichungen wies Weidinger in einer Anmerkung darauf hin, Taege habe die Darstellung zu Tulle und Oradour „durch entsprechende Einfügungen ergänzt und erweitert".[436] Taege wiederum hatte Zugriff auf die von Weidinger über Jahre hinweg gesammelten Dokumente.[437]

In der Form unterscheiden sich die Publikationen der beiden Autoren wesentlich. Weidingers Darstellungen blieben selbst nach Taeges Ergänzungen kompakt und kamen ohne Fußnotenapparat aus. Taege hingegen gebärdete sich als wissenschaftlicher Geschichtsschreiber. Tatsächlich unterschied ihn von Weidinger, dass er dessen Perspektive des Augenzeugen der Vor- und Nachgeschichte des Massakers erheblich erweiterte. Er zog Quellen heran und wertete Literatur aus, darunter eine Pressesammlung zum Bordeaux-Prozess, die „offizielle Publikation" des Hinterbliebenenverbands, die Bücher Poitevins und Delarues. Darüber hinaus korrespondierte er unter anderem mit ehemaligen Angehörigen der 3. Kompanie und früheren Regiments- und Divisionsoffizieren. Bei (fern-)mündlichen Gesprächen fertigte er offenbar Protokolle an, auf die er sodann in seinen Anmerkungen verwies. Auch darüber hinaus betonte Taege allenthalben sein vermeintlich wissenschaftliches Vorgehen, während es sich tatsächlich – um mit Wolfgang Benz zu sprechen – um einen „Wust von ‚Argumenten' und ‚Beweisen' gegen jede Logik und historische Evidenz" handelt.[438]

Von Unterschieden in Form und Methode – auf die noch zurückzukommen ist – abgesehen, stimmten die beiden Autoren in ihrer zentralen Aussage überein: Sie sprachen die gesamte Einheit inklusive Diekmann von der Schuld an dem Massaker frei und schrieben die Verantwortung allein der französischen Widerstands-

---

[434] Weidinger, Tulle und Oradour, S. 3. Die von Weidinger im Eigenverlag herausgegebene Publikation ist nicht datiert. Für diese Studie wurde auf die vermutlich 1984 herausgegebene Auflage zurückgegriffen. Im Gegensatz zu einer offensichtlich später gedruckten Edition, in der das Vorwort mit dem Zusatz „April 1985" versehen wurde, ist das Vorwort der genutzten Version nicht datiert. Da der Band in der Bibliothek dennoch mit dem Publikationsjahr 1985 geführt wird, enthalten die Angaben im Literaturverzeichnis beide Jahre.
[435] Auf Konflikte deutet beispielsweise hin, dass Taege die von Weidinger über Jahrzehnte wiederholte Annahme, Kämpfe habe bei seinem Transport durch Limoges sein Soldbuch aus dem Wagen werfen können, als unmöglich disqualifizierte. Vgl. Taege, Kain, S. 241. Weidinger hingegen hielt weiter an seiner Darstellung fest. Vgl. Weidinger, Division, Bd. 5, S. 155; Weidinger, Tulle und Oradour, S. 26.
[436] Weidinger, Kameraden (1978), S. 279; Weidinger, Division, Bd. 5, S. 176; Weidinger, Tulle und Oradour, S. 52.
[437] Spätestens seit 1983 lag Taege das Material in vollem Umfang vor. Vgl. Taege an Meyer u. a., 1. 10. 1980, BArch Freiburg, MSG 2/16721; Weidinger an Heck, 8. 6. 1983, BArch Freiburg, N 756/389.
[438] So Benz, „Revisionismus", S. 45, in Bezug auf die Leugnung des Massenmords in Babi Jar.

bewegung zu – an die Stelle des Distanzierungsnarrativs trat ein umfassendes Exkulpationsnarrativ. Die „Minimalversion" blieb als Kern weiter bestehen, wurde aber um wesentliche, jetzt vorgeblich bewiesene Aspekte ergänzt. So führte Taege über die Angaben Diekmanns und Gerlachs hinaus weitere „Beweise" dafür an, dass Oradour ein Widerstandsnest gewesen sei, das den Bataillonschef mit Widerstand empfangen habe. Auch „bewies" er nun, dass Diekmann vor Oradour die getötete Besatzung einer Sanitätsstaffel und in Oradour getötete Deutsche vorgefunden habe. Daraufhin habe der Kommandeur zunächst absolut befehlskonform gehandelt, indem er nach der erfolglosen Suche nach Kämpfe Geiseln gefordert habe. Die dem ursprünglichen Befehl entgegenstehende Erschießung der Männer erklärten die beiden Autoren folgendermaßen:

„Das Vorfinden eines neuen schrecklichen Verbrechens der Maquisards, diesmal an einer deutschen Sanitätsstaffel, die bekanntlich unbewaffnet ist und unter dem Schutz des Internationalen Roten Kreuzes steht, mußte ihn zu einem eigenen Entschluß führen, zu dem er nach den geltenden Befehlen verpflichtet war, um so mehr, als keine Funkverbindung zum Regiment bestand.
Diekmann wollte zunächst [...] Kämpfe, mit dem er zudem noch persönlich befreundet war und den er in Oradour-sur-Glane vermutete, befreien. Wenn er ihn dort nicht gefunden hat und wenn er keine Geiseln nahm, wie es ihm ausdrücklich befohlen war, so mußte er zu der Erkenntnis gekommen sein, daß Kämpfe nicht mehr am Leben sei und damit auch die Geiseln als Verhandlungs- und Austauschobjekt hinfällig geworden waren. Daß er diesen Entschluß auf eigene Verantwortung faßte, war ihm als Offizier sicher klar. Da sein Handeln im totalen Widerspruch zum Befehl seines Regimentskommandeurs stand, mußte er seinen Entschluß kriegsgerichtlich verantworten.
Bei seinem Entschluß hat offensichtlich der Rahmenbefehl des OB West und der Befehl des Wehrmachtsführungsstabes über das LXVI. (66.) AK eine Rolle gespielt."[439]

Mit dieser Argumentation gelang es nicht nur, Diekmann zu entlasten und als in Ausübung seiner Pflicht darzustellen, sondern die Erschießung der Männer als rechtmäßig und durch die Wehrmachtshierarchie befohlenes Vorgehen zu charakterisieren. Denn was die Autoren mit dem letzten Satz meinten – und was Taege in einem Kapitel „Rahmenbefehle und Einsatzbefehle" ausführte –, waren der „Sperrle-Erlass" sowie der Befehl vom 8. Juni 1944, in dem es unter anderem hieß, der Wehrmachtsführungsstab erwarte „daß bei den Großunternehmen gegen die Banden in Südfrankreich mit äußerster Schärfe und ohne Nachsicht vorgegangen wird".[440] Anders als in Teilen der Forschung[441] erklärten sie damit nicht das gesamte Massaker, sondern allein die Erschießung der Männer. Sie gingen damit einen Schritt weiter als Weidinger in den 1960er Jahren, als er bereits darauf hingewiesen hatte, der sogenannte Sperrle-Befehl habe für Diekmann möglicherweise bei der Inbrandsetzung von Gebäuden eine Rolle gespielt. Was die Tötung der Frauen und Kinder in der Kirche anbelangt, so lastete Taege sie Partisanen an, die sich in der Kirche aufgehalten und die dort von ihnen gelagerten Sprengstoffe gezündet hätten. Deutsche Soldaten hingegen hätten – teils erfolgreich – versucht, Frauen und Kinder aus der Kirche zu retten.[442]

---

[439] Weidinger, Division, Bd. 5, S. 167.
[440] Vgl. Taege, Kain, S. 51–57, Zitat nach ebenda, S. 55.
[441] Vgl. Kapitel III.1, Abschnitt „Exzesstat versus gezielte Terrorisierung der Zivilbevölkerung".
[442] Vgl. Taege, Kain, S. 290–314.

Methodik

Bei Taeges „Revision"[443] der „französischen Version" (Weidinger) des Massakers lassen sich unschwer Methoden der revisionistischen Geschichtsschreibung nachweisen.[444] Über schlichte Unwahrheiten[445] hinaus finden sich dort etwa Verschwörungstheorien, der „parteiische Umgang mit Quellen", das Ansetzen „an Details und überbewerteten Einzelfakten" mit dem Ziel, „das Gesamturteil in Frage zu stellen", das „Vortäuschen von Wissenschaftlichkeit", Fälschungsvorwürfe oder das „‚Aufrechnen' von Schuld".[446] In seinem zweiten Buch druckte Taege darüber hinaus einen knapp 30-seitigen Artikel des „Naturwissenschaftler[s]" Pierre Moreau, der bereits in den *Deutschen Monatsheften* erschienen war.[447] Extrem zynisch behandelte dieser in seinem Text Aussagen und Darstellungen zum Geschehen in der Kirche bzw. dabei zu konstatierende Widersprüche und attestierte sich selbst, mit naturwissenschaftlicher Logik, dem „vorurteilsfreien Blick auf die Beschreibung der Örtlichkeiten vor und nach dem Drama",[448] zu urteilen. Damit nahm Taege in sein Buch das Ergebnis einer weiteren charakteristischen Vorgehensweise der revisionistischen Geschichtsschreibung auf: die Erstellung vermeintlich naturwissenschaftlicher „Gutachten".[449]

Taeges penetrantes Pochen auf die Wissenschaftlichkeit seines Vorgehens und der dafür angelegte Fußnotenapparat zeigen, dass einschlägige Personen zu seinen Informanten gehörten und ebensolche Publikationen zu seinen Quellen. Hatte Weidinger 1974 einen Holocaustleugner als Vorbild bezeichnet, so arbeitete Taege nun mit einem solchen zusammen. Es gebe in Frankreich, so schrieb er 1980 in einem Brief, „genug mutige Männer", die „die Ehre ihres Landes wieder herstellen wollen". Gemeint war Robert Faurisson.[450] Ein Schreiben Faurissons gab Taege dann auch mit vollem Namen in seinem Quellen- und Literaturverzeichnis an.[451]

---

[443] Zum Begriff „Revisionismus" vgl. Bailer-Galanda, „Revisionismus", S. 19 f.; Benz, „Revisionismus", S. 38–40.
[444] Vgl. zu den spezifischen Arbeitsweisen Spann, Methoden.
[445] Dazu zählt beispielsweise die Angabe, dass Lammerding „in Deutschland durch Selbstanzeige ein Ermittlungsverfahren gegen sich in Gang brachte, welches von der Staatsanwaltschaft Dortmund eingestellt wurde". Taege, Kain, S. 19. Zum Zustandekommen des Ermittlungsverfahrens vgl. Kapitel IV.2.4. Ebenso falsch war die Behauptung, Frankreich habe der deutschen Justiz die französischen Gerichtsakten nicht „zur Verfügung gestellt", als diese nach dem Abschluss des Zusatzabkommens im Fall Oradour ermittelte. Taege, Kain, S. 9. Vgl. zur Einsichtnahme in die Akten und die Überlassung von Fotokopien Kapitel IV.2.6, Abschnitt „Otto Kahn". Als drittes Beispiel sei die Behauptung genannt, unter den in Oradour eingesetzten Elsässern seien Männer gewesen, „die anfangs des Krieges als Evakuierte in Oradour gewesen waren und mit Teilen der Zivilbevölkerung bekannt waren". Taege, Kain, S. 258.
[446] Spann, Methoden, Zitate S. 74, 77, 78, 80.
[447] Moreau, Steine; Zitat: Taege, Abel, S. 170.
[448] Taege, Abel, S. 194.
[449] Vgl. Bailer-Galanda, „Revisionismus", S. 28.
[450] Taege an Meyer u. a., 1. 10. 1980, BArch Freiburg, MSG 2/16721.
[451] Das Schreiben datiert aus dem Jahr 1976. Den entsprechenden Stellen im Text zufolge hatte Faurisson Taege über verschiedene Maquis-Gruppen informiert und insbesondere darüber, dass der „Heimat-Maquis" Georges Guingouins – Anführer des Maquis im Limousin und später kommunistischer Bürgermeister von Limoges – in der Ortschaft Saint Léonard gele-

Weniger bekannt aber nicht minder bezeichnend ist die Quelle, auf die Taege unter anderem seine Thesen zum Geschehen in der Kirche stützte. In einer eidesstattlichen Erklärung aus dem Jahr 1980 versicherte der Oberstleutnant der Bundeswehr Eberhard Matthes, bei einem Besuch in Oradour hätten ihm 1963 „ältere[...] Einwohner" mitgeteilt, „die Kirche sei doch gar nicht von den Deutschen angezündet worden. Im Gegenteil hätten die deutschen SS-Männer – z. T. unter Einsatz ihres eigenen Lebens – mehrere Frauen und Kinder aus der brennenden Kirche gerettet." Matthes zufolge bestätigten ihm zwei der anwesenden Frauen, „sie seien selbst damals gerettet worden von deutschen Soldaten, sonst stünden sie jetzt nicht hier".[452] Wie Jean-Paul Picapers zeigen konnte, hatte sich Matthes mit falschen Angaben zur Opferzahl der Bombenangriffe auf Dresden 1945 bereits einen einschlägigen Ruf erworben.[453] Zu den entsprechenden schriftlichen Quellen zählte der bereits genannte Artikel aus der Zeitschrift *Rivalor*.[454] Es würde die Grenzen dieser Studie überschreiten, Taeges gewaltige argumentative Verrenkungen im Einzelnen nachzuzeichnen, zu entkräften und die von ihm genutzten unlauteren Methoden *en detail* offenzulegen. Sie sollen aber an einigen Beispielen veranschaulicht werden.

Das neue Exkulpationsnarrativ wurde unter anderem durch zwei zentrale Elemente stabilisiert: Zum einen belebte Taege alte Quellen wieder, auf die bzw. auf deren Angaben die „Minimalversion" verzichtete; zum anderen kreierte er eine Verschwörungstheorie, um eklatante Widersprüche zwischen seiner Darstellung und etwa den Ergebnissen des Oradour-Prozesses in Bordeaux zu rechtfertigen. Zu den frühen Dokumenten, die Taege heranzog, gehörte der Stückler-Bericht von 1949. In diesem heißt es unter anderem, Diekmann habe bei seiner Rückkehr aus Oradour gemeldet, dass er dort getötete deutsche Soldaten aufgefunden habe; dies sei auch durch die anschließende kriegsgerichtliche Untersuchung bestätigt worden. Nachdem der Divisions- und Regimentszirkel über Jahrzehnte auf diese Behauptung verzichtet hatte, führte Taege sie wieder an – belegt mit dem Stückler-Bericht, den er als „eine mutige und selbstlose Darstellung und ein Eintreten für die Truppe" pries.[455] Dies führte zu Dissonanzen mit dem vorangegangenen Narrativ, und der Widerspruch, der sich hinsichtlich Diekmanns Meldung auftut, ist

---

gen habe. In der Nähe des Orts war Kämpfe von Mitgliedern dieses Maquis entführt worden. Vgl. Taege, Kain, S. 37, 235, Anm. 23, 87, S. 284 f. Hierzu auch: Herbert Taege, Sachstandsbericht i. S. Oradour, 4. 3. 1977, BArch Freiburg, MSG 2/16721. Zu Faurisson vgl. Igounet, Histoire, v. a. S. 143–154, 199–279, 342–405, 584–596. Zu Guingouin: Daumas, Guingouin, mit Literaturhinweisen.

[452] Zitiert nach Taege, Kain, S. 304 f.
[453] Vgl. Picaper, Ombres, S. 243–246.
[454] Taege, Kain, S. 249 f. Auch hier betonte Taege sein seriöses Vorgehen. Das Zitieren des Leserbriefs aus dem Jahr 1964 sei von deutscher Seite „immer vermieden" worden, „weil Leserbriefe keine sichere Quelle darstellen". Nun werde er zitiert, „nachdem sein Inhalt [...] mehrfach verifiziert werden konnte".
[455] Vgl. Taege, Kain, S. 16, Zitat S. 20. Zur Meldung Diekmanns und dem Stückler-Bericht vgl. u. a. auch S. 254, 322 f. Taeges Einschätzung des Berichts verdeutlicht, wie er ihm je nach Interesse Glaubwürdigkeit zu- oder absprach, vgl. ebenda S. 19–21.

eindrucksvoll. So übernahm Weidinger in seinem fünften Band der Divisionsgeschichte die Angabe, der Bataillonskommandeur habe das Auffinden mehrerer hingerichteter deutscher Soldaten in Oradour gemeldet, und fügte in Klammern hinzu: „Stückler-Bericht – in Übereinstimmung mit Ergebnis kriegsgerichtlicher Untersuchung".[456] Weidinger, der sich über Jahrzehnte zum Augenzeugen des Geschehens im Regimentsstand stilisiert hatte, belegte das Geschehen jetzt anhand eines Berichts, der seinen eigenen, jahrelang vorgetragenen Angaben entgegenstand. Es war dies nichts anderes als die Umkehr des früheren Vorgehens: Hatte Stückler bei der gemeinsamen Ausarbeitung für die Amerikaner auf seine eigene radikalere Version zugunsten von Weidingers „Minimalversion" verzichtet, vollzog sich nun das Gleiche vice versa.

Solche Verschiebungen und Inkonsistenzen mögen sich der Leserschaft nicht erschlossen haben. Deutlich im Gegensatz stand die neue Darstellung des Massakers aber zu den Ergebnissen des französischen Oradour-Prozesses im Jahr 1953, bei dem immerhin ehemalige deutsche Einheitsangehörige ausgesagt hatten. Taege löste diesen Widerspruch mit der Behauptung auf, dem Verfahren habe eine Konspiration zwischen Bundesregierung und ZRS auf der einen und der französischen Anklagebehörde auf der anderen Seite zugrunde gelegen. In einem „Kuhhandel"[457] und auf Betreiben der französischen Seite hin habe sich die Bundesregierung bereit erklärt, die „die französische Seite desavouierende Wahrheit nicht im Prozeß vorzubringen oder vorbringen zu lassen", während sich die französische Seite unter anderem zu einer schnellen Freilassung der im „Schauprozeß" von Bordeaux zu hohen Strafen Verurteilten verpflichtet habe.[458] Die Bundesregierung habe durch Okrent, Stückler und Lammerding bereits früh die „Wahrheit" gekannt, diese aber angesichts der Bemühungen um die EVG geheimgehalten.[459] Deshalb habe man die früheren SS-Offiziere auch nicht nach Bordeaux reisen lassen, sondern Lammerding sei angehalten worden, „sich, Kahn und Okrent als die eigentlichen Wissensträger zurückzuhalten". Ein Schweigegebot sei auch den wegen Oradour Verurteilten auferlegt worden, die man außerdem für den Prozess „präpariert" habe. Maître de La Pradelle habe „den Fall Oradour zum Fall Diekmann" deklariert und „die deutschen Soldaten mit diesem historischen Kunstgriff" freigekauft. Durch dieses Vorgehen sei „die Ehre der französischen Nation vor einer Wahrheit geschützt" worden, „die unerträglich schien und die innenpolitische Folgen gehabt hätte, die unter allen Umständen vermieden werden sollten".[460]

---

[456] Weidinger, Division, Bd. 5, S. 160.
[457] Taege, Kain, S. 351.
[458] Darüber hinaus seien „zunächst die elsässischen Angeklagten außer Strafverfolgung" gesetzt und in einem „nicht-öffentlichen Militärgerichtsverfahren 50 Offiziere und Männer" (darunter Weidinger) freigesprochen worden. Taege, Kain, S. 22.
[459] Aus den gleichen politischen Gründen sei man bereit gewesen, „die Befehlsgebung des Heeres als nicht mitverursachend erscheinen zu lassen und das ganze Odium dieses Komplexes [...] auf der in Nürnberg ohnehin zur verbrecherischen Organisation verurteilten Waffen-SS zu belassen". Taege, Kain, S. 21.
[460] Taege, Kain, S. 11–23.

Wie weit sich Taege mit den Vorwürfen gegen die Bundesregierung und den französischen Rechtsanwalt und Fürsprecher der deutschen Angeklagten de La Pradelle von der Realität entfernte, lässt sich an der Reaktion Erich Schwinges ablesen. Schwinge, früherer NS-Sonderrichter und in der Nachkriegszeit Professor für Strafrecht, gehörte zu den Juristen, die die ZRS zur Unterstützung deutscher Kriegsverbrecher nach Frankreich gesandt hatte.[461] Nach der Lektüre von Taeges Buch schrieb er dem Autor, er habe in seiner Eigenschaft als Anwalt über Jahre mit de La Pradelle und der Bundesregierung zu tun gehabt, „und nie etwas erfahren oder beobachtet, was inkorrekt gewesen wäre und zu den von Ihnen gezogenen Schlussfolgerungen berechtigen könnte".[462]

Zu Taeges Selbstdarstellung als Wissenschaftler gehörte der wiederkehrende Hinweis, die von ihm verwandten Materialien „lückenlos" an das Freiburger Militärarchiv zu übergeben, „mit der Maßgabe, daß es der Wissenschaft zugänglich sei".[463] Es ist fraglich, was Taege mit der Abgabe über scheinbare Transparenz hinaus bezweckte bzw. ob er tatsächlich damit rechnete, die Unterlagen würden eingesehen. Denn ein Teil der tatsächlich abgegebenen Unterlagen[464] belegt nicht etwa seine Angaben, sondern seinen „parteiische[n] Umgang mit Quellen", das heißt eine Quellennutzung, die „vor verzerrender Deutung durch Ausblendung zentraler Aussagen und das Verschweigen wesentlicher Informationen, die gegen die apologetische Interpretation sprechen würden, ebensowenig zurück[...]schreckt wie vor dem Ignorieren bzw. Abwerten aller gegen die eigene Geschichtsversion sprechenden Quellen".[465] So zitierte Taege völlig korrekt aus einer Art Besprechungsprotokoll die allein aus Vermutungen und Gerüchten bestehenden Angaben eines Pfarrers zu den Vorfällen in Oradour. Der Geistliche namens Schneider hatte sie Ende der 1940er Jahre in einem Gespräch mit dem ehemaligen 3. Ordonnanzoffizier der Division, Walter Wache, gemacht. Taege argumentierte, diesen „Vermutungen" käme Gewicht zu, denn Schneider habe „zeitweilig auch in Oradour gearbeitet" und kenne „viele Überlebende des Dorfes". Er habe dort als katholischer Priester „auch Vertrauen genossen, wenngleich er nicht seelsorgerisch amtierte".[466] Gearbeitet in Oradour habe Schneider „als Gefangener".[467] Taege gab das Dokument, aus dem er zitierte, an das Freiburger Militärarchiv ab.[468] Die Angaben zu dem vermeintlich in Oradour Vertrauen genießenden Pfarrer lesen sich darin indes deutlich anders als von Taege beschrieben. Der Quelle zufolge war Schneider im April 1944 als Mitglied einer Sanitätseinheit in Frankreich gefangen

---

[461] Vgl. Brunner, Frankreich-Komplex, S. 116.
[462] Vgl. Kartheuser, Tulle, Bd. 4, S. 368 f., zitiert nach ebenda, S. 369.
[463] Etwa Taege, Abel, S. 7, 250.
[464] Bislang ist nicht geklärt, ob Taege tatsächlich sein gesamtes Material hinterlegte. Das von mir konsultierte Archivmaterial umfasst bei Weitem nicht all die von ihm genannten Unterlagen.
[465] Spann, Methoden, S. 77.
[466] Taege, Kain, S. 249.
[467] Taege, Kain, S. 243.
[468] Unterredung mit Pfarrer Schneider am 24.3.[19]49, BArch Freiburg, MSG 2/16722; Taege, Kain, S. 385, Anm. 50.

genommen worden und arbeitete wohl als Kriegsgefangener zunächst bei einem Holzschlagkommando, wo er „schlechteste Behandlung!" erfuhr. Von April 1945 bis Oktober 1947 war er als Gefängnispfarrer in Bordeaux, wurde wegen „Begünstigung der Gefangenen strafversetzt" und war bis zu seiner Entlassung Ende 1948 als Gefängnispfarrer in Angoulême tätig. Schneider war mit einer Reihe Protagonisten der „Kriegsverbrecherbewegung" bekannt und teilte Kardinal Frings unter anderem „Einzelheiten über seine Zeit in Frankreich, Hilfsmöglichkeiten für die Gefangenen und Angeklagten" mit. Das Interesse des Pfarrers an Oradour resultierte dem Bericht zufolge aus der Tatsache, dass „man ihm kurz nach der Gefangennahme die Greuel von O[radour] als Grund für ihre schlechte Behandlung vorgehalten" hatte. Dass Schneider aber je in Oradour gearbeitet hatte, geht aus dem Bericht keineswegs hervor, und anstatt der „vielen Überlebenden", die er angeblich kannte, ist dort allein die Rede von einer „ihm persönlich bekannte[n] Französin in Angoulême, deren Namen er nicht nennen wollte", und die ihr Kind in Oradour verloren habe. Irgendwelche relevanten Informationen erhielt Schneider dem Bericht zufolge nicht.

Mit seinen Theorien übertrat Taege wiederholt die Grenzen zur Infamie. Dies gilt etwa für die Anzahl der Opfer des Massakers. Es wurde bereits darauf hingewiesen, dass die meisten Leichen aufgrund ihres Zustands nicht identifiziert werden konnten, sodass sich auch die Festlegung der genauen Opferzahl schwierig gestaltete. Angesichts des „Unsicherheitsfaktors" bei der Zahl der nicht identifizierten Opfer, so Taege, sei „nicht auszuschließen, daß von den Hunderten von Toten, die auf das Konto Guingouins [d. h. des Maquis-Anführers im Limousin] und seiner Leute gehen, diejenigen, die dabei unidentifiziert umkamen oder vermißt blieben, in die Zahl der in Oradour unidentifizierbar Vermißten aufgegangen sind".[469]

Sowohl Weidinger als auch Stadler war bewusst, dass mit dieser Radikalisierung des Narrativs die Grenze des Sagbaren überschritten war – zumindest gegenüber der Justiz. Bereits im Mai 1977 veröffentlichte Taege in einer Stellungnahme im *Freiwilligen* einen Teil seiner Thesen, ein Jahr später nahm Weidinger Taeges Behauptungen in eine seiner Publikationen auf. In der Zwischenzeit wurde Weidinger im Rahmen des auf das Zusatzabkommen hin eingeleiteten Oradour-Verfahrens als Zeuge vernommen. Dabei kam er den Beschuldigten zur Hilfe, indem er ihnen *de facto* einen Befehlsnotstand attestierte.[470] Aber war diese Entlastung nicht dürftig verglichen mit den Informationen, die Taege zu diesem Zeitpunkt bereits im *Freiwilligen* angeführt hatte, dass etwa Bewohnern Oradours zufolge die an der Kirche „eingesetzten SS-Männer in großer Zahl unter Gefährdung ihres eigenen Lebens versucht hätten, noch Frauen und Kinder aus der brennenden und explodierenden Kirche zu retten"?[471] Tatsächlich fand sich das neue, radikale und

---

[469] Taege, Kain, S. 327.
[470] Vgl. Vernehmungsprotokoll Otto Weidinger, 14. 10. 1977, StAM, 45 Js 11/78, Bd. 3, Bl. 869–874.
[471] Herbert Taege, „Die Messe von Oradour". Eine notwendige Stellungnahme zu jüngsten Presseberichten, in: Der Freiwillige, H. 5, 1977, BArch Freiburg, N 756/389.

umfassende Exkulpationsnarrativ nicht in Weidingers Zeugenaussage. Vielmehr hielt er gegenüber der Justiz an der „Minimalversion" fest. Das gilt auch für Sylvester Stadler, der 1979 und 1993 ein weiteres Mal als Zeuge vernommen wurde.[472] Erneut ist festzustellen: Gegenüber den Ermittlungsbehörden zog sich der Regiments- und Divisionszirkel auf die „Minimalversion" zurück. Es dürfte den ehemaligen Offizieren klar gewesen sein, dass sich Justiz und Leserschaft in ihrem Interesse an der Wahrheit und den Möglichkeiten, ihre Angaben zu überprüfen, unterschieden. Auf die von Taege betonte Wissenschaftlichkeit seines Vorgehens vertrauten offensichtlich weder Weidinger noch Stadler.

Der Barth-Prozess

War die zweite Hälfte der 1970er Jahre aus den genannten Gründen bereits eine Herausforderung für die Geschichtsrevisionisten im Fall Oradour, so dürften sie die erste Hälfte der 1980er Jahre als Desaster erlebt haben. Kaum war Herbert Taeges erstes Buch erschienen und mit der Einstellung der Oradour-Ermittlungen 1980 die Gefahr eines Prozesses in der Bundesrepublik gebannt,[473] meldete die Presse, in der DDR sei der in Oradour als Zugführer eingesetzte Heinz Barth verhaftet worden. In den kommenden Jahren und vor allem im Rahmen des Prozesses gegen Barth vor dem Stadtgericht Berlin 1983 nahmen der Staatssicherheitsdienst und die Generalstaatsanwaltschaft der DDR das revisionistische Oradour-Narrativ und seine Vertreter ins Visier. Sie griffen das etablierte revisionistische Narrativ ebenso an wie seine Träger, ihr Agieren und die HIAG.[474]

Inhaltlich waren mehrere im Laufe des Prozesses bekanntwerdende Aussagen dazu angetan, Exkulpationsnarrativ und „Minimalversion" auszuhebeln. So erklärte der Angeklagte Heinz Barth vor Gericht – und internationaler Öffentlichkeit –, dass das Massaker bereits beim Abrücken der Einheit geplant gewesen sei. Die Truppe habe weder mit Widerstand gerechnet, noch habe sie nach Helmut Kämpfe gesucht und ebenso wenig sei man vor Ort auf Widerstand, Partisanen oder Waffenlager gestoßen. Barth räumte weiterhin ein, seinen Männern noch am selben Abend Anweisungen zur Vertuschung des Geschehens gegeben zu haben. Darüber hinaus wurden Otto Kahns Aussagen aus den 1960er Jahren publik. Ein gleich doppelter Schlag gegen das revisionistische Narrativ waren die Angaben Detlef Okrents. Die DDR-Justiz präsentierte nicht nur den offensichtlich falschen Bericht des ehemaligen Divisionsrichters aus dem Jahr 1945, sondern auch seine Aussage gegenüber der Dortmunder Staatsanwaltschaft, aus der hervorging, dass Kahn 1944 keineswegs von Widerstand in Oradour berichtet hatte.

---

[472] Vgl. Vernehmungsprotokoll Silvester Stadler, 18. 7. 1979, StAM, 45 Js 11/78, Bd. 6, Bl. 2070–2078. Vermerk Fick, 15. 10. 1993, Staatsarchiv Ludwigsburg (StaL), EL 317 III Zugang 2002/41, 2 Js 48144/89, Aktenordner Vernehmungsprotokolle.
[473] Zum genannten Verfahren vgl. Kapitel IV.2.6.
[474] Vgl. hierzu und zum Folgenden, wenn nicht anders vermerkt, Kapitel IV.3.2 und IV.3.3.

Über die konkrete Vor- und Nachgeschichte des Massakers hinaus widersprach auch der im Verfahren dargestellte Kontext den Behauptungen des Regiments- und Divisionszirkels. Anklage, Sachverständiger und Urteil bestätigten in dieser Hinsicht die Ergebnisse des Nürnberger Prozesses: Die Division führte demnach einen „Terrorfeldzug durch Süd- und Mittelfrankreich", basierend auf dem „verbrecherischen" Grundsatzbefehl des OB West, Tulle und Oradour seien zwei Beispiele dafür, „mit welcher Brutalität die [Division] D[as]R[eich] ihren verbrecherischen Auftrag zur Unterdrückung der französischen Bevölkerung erfüllte". Diese Aspekte spielten im Prozess auch deshalb eine wichtige Rolle, weil die Gerichtsverhandlung unter anderem das Ziel verfolgte, die „von der HIAG konstruierte Legende über Oradour" aufzudecken.

Gegenstand der Kritik waren neben der revisionistischen Darstellung des Massakers auch die dahinterstehenden Akteure. Mit allen bibliographischen Angaben nannte etwa Klaus Geßner in seinem Sachverständigengutachten vor Gericht die beiden Publikationen Taeges und Weidingers und erklärte, „den Verfassern und Verbreitern" entsprechender Behauptungen gehe es „vor allem darum, mittels Geschichtsfälschung die Legende zu popularisieren, daß die Waffen-SS keine Kriegsverbrechen wie das Massaker von Oradour begangen habe und zu Unrecht im Nürnberger Prozeß als Teil einer verbrecherischen Organisation verurteilt worden sei".[475] Die ehemaligen Vorgesetzten Barths, so der Anklagevertreter Horst Busse, wie auch ihre vielen Gehilfen, hätten sich in der Bundesrepublik „in sogenannten Traditionsverbänden zusammenrotten und in amtlich lizenzierten Zeitschriften und Büchern ihre Verbrechen verherrlichen, mit Fälschungen und Greuelmärchen Goebbelsschen Stils den völkerrechtlich gebotenen Kampf der Widerstandsbewegung herabwürdigen und ihre Opfer, auch die Männer, Frauen und Kinder von Oradour-sur-Glane, schamlos verhöhnen" dürfen.[476] Dass damit auch eine Kritik an der Bundesrepublik verbunden und intendiert war, wird noch ausführlich zur Sprache kommen.[477]

Mit seinen Versuchen, Einfluss auf die Deutung des Massakers vor Gericht zu erlangen, scheiterte Herbert Taege auf ganzer Linie. Die Übersendung seines Buchs an die Ehefrau des Angeklagten erwies sich als Bumerang, da das Ministerium für Staatssicherheit (MfS) davon erfuhr und die Anklage sich daraufhin für entsprechende Angriffe der Verteidigung wappnete. In dem ein Jahr nach dem Prozess im *Militärverlag der DDR* erschienenen Buch „Mörder von Oradour", mit verfasst vom Ankläger im Barth-Prozess, Horst Busse, war ein Kapitel dem Oradour-Revisionismus gewidmet. Taeges Buch wurde darin als „Gipfelpunkt dieses untauglichen Versuchs der Selbstreinigung" bezeichnet, der Autor als ehemaliger

---

[475] Sachverständigengutachten, Klaus Geßner, Militärgeschichtliches Institut der Deutschen Demokratischen Republik, BStU, MfS, HA IX/11, ZUV 66, Bd. 9 (ehem. EV 9), Bl. 69–93.
[476] Plädoyer des Staatsanwalts, BStU, MfS, HA IX/11, ZUV 66, Bd. 33 (ehem. GA 21), Bl. 142–179.
[477] Vgl. Kapitel IV.3.2.

„KZ-Wächter[…] von Dachau". Auch Taeges publizierte Kritik an dem Verfahren wurde thematisiert und zurückgewiesen.[478]

Taege reagierte mit einem zweiten Buch, in dem er „schwerste Zweifel an der Ordnungsmäßigkeit der Prozeßführung der DDR" anmeldete und den Aussagen Barths, Kahns und Okrents attestierte, „nach den Beweis-Regeln der Strafprozeßordnung" keinen „Beweiswert" zu haben.[479] Weidinger nannte das Ostberliner Gerichtsverfahren in seiner 1984 publizierten Broschüre einen „verspätete[n] Schauprozeß eines östlichen Regimes". Die Ergebnisse des Verfahrens ignorierte er und hielt etwa an der Behauptung fest, Okrent habe ausführliche Ermittlungen geführt – obwohl Okrent selbst dies verneint hatte. Widerspruch seitens des ehemaligen Divisonsrichters war nicht zu erwarten, er war 1983 verstorben.[480]

Eine gewisse Radikalisierung durch das Gerichtsverfahren musste auch der Überlebende des Massakers Robert Hébras erleben, der vor dem Stadtgericht Berlin ausgesagt hatte. Drei Tage nach dem Urteil, am 39. Jahrestag des Massakers, erhielt er eine anonyme Drohung: „Mein Alter. Du hast viel zu viel geredet. Jetzt musst Du dich auf Ärger gefasst machen, der nicht sehr angenehm wird. … Am 10. Juni war ich da, aber nicht auf deiner Seite (Du verstehst was ich meine!!!) Bis bald, bis sehr bald, um das zu ‚regeln'… H.H."[481] Die Auseinandersetzung mit dem französischen Oradour-Revisionismus stand den Überlebenden und Hinterbliebenen zu diesem Zeitpunkt noch bevor. Sie begann, als Vincent Reynouard in den 1990er Jahren Bücher revisionistischen Inhalts zu dem Massaker in Oradour veröffentlichte, und führte unter anderem zu mehreren gerichtlichen Auseinandersetzungen.[482]

Reaktionen auf den radikalisierten Revisionismus

Keine der genannten, von 1978 bis 1985 von Taege und Weidinger publizierten Monographien taucht in den Protokollen der ANFM-Mitgliederversammlungen dieser Jahre auf. Eine zuverlässige Quelle zur Rezeption des deutschen Oradour-Revisionismus in dieser Phase dürften die Protokolle nicht sein, denn wie Sarah Farmers Studie zeigt, reagierte der Verband in den 1980er Jahren vehement auf Filme und Romane, die an das Massaker angelehnt waren, aber vom tatsächlichen Geschehen abwichen. Für den Hinterbliebenenverband, so Farmer, seien die „abscheulichsten unter den Romanen oder Filmen […] diejenigen, die durch nichts gerechtfertigte Gründe für das Massaker vorbringen", da diese „das Narrativ des Massakers an Unschuldigen in Frage stellen wie auch die Daseinsberechtigung des village martyr,

---

[478] Vgl. Przybylski/Busse, Mörder, S. 163–166, Zitate S. 164.
[479] Taege, Abel, S. 16.
[480] Vgl. Weidinger, Tulle und Oradour, S. 37 f., Zitat S. 2; Sterbeurkunde Detlef Okrent, StA Do, 45 Js 2/11, Personenakte/Okrent, Detlef.
[481] Das Schreiben ist abgedruckt in: Desourteaux/Hébras, Oradour/Glane, S. 157, zum Erhalt der Drohung S. 159.
[482] Vgl. Meyer, Wandel, S. 305–309.

das Zeugnis von der nationalsozialistischen Barbarei ablegen soll".[483] Vor diesem Hintergrund mussten nicht nur Weidingers Behauptungen, sondern auch seine Autorenschaft die ANFM besonders empfindlich treffen.

Weitet man den Blick über die ANFM-Protokolle hinaus, zeigt sich *primo*, dass Oradour in diesen Jahren mit Vinzenz Kremp einen vehementen Verfechter gegen den deutschen Oradour-Revisionismus fand; sich der Verband, *secundo*, wie in früheren Jahren mit Protesten direkt an die französische Regierung wandte; und *tertio*, die ANFM eine unmittelbare Intervention bei bundesdeutschen Stellen oder auch in der Bundesrepublik wohl grundsätzlich ausschloss.

Nach dem Erscheinen von Taeges „Wo ist Kain?" sandte Kremp über seinen Freund, den Ortspfarrer Oradours, Henri Boudet, Kopien und einen übersetzten Auszug des Buchs an den ANFM-Vorsitzenden, Camille Beaulieu.[484] Der Weg, den Kremp gegen die Revisionisten einschlug, war der Versuch, deren Behauptungen zu widerlegen. Hierfür unternahm er breite Recherchen. Er forderte offizielle Bestätigungen aus Oradour an, forschte vor Ort, konsultierte das Militärarchiv Freiburg, beantragte Akteneinsicht bei der Dortmunder Zentralstelle und kontaktierte Zeitzeugen, Journalisten, die Ständige Vertretung und den *Militärverlag der DDR*. Nicht zuletzt stand er in Kontakt mit den Revisionisten.[485] Diesseits des Rheins waren es mit Taege und Kremp damit Laien, die das Massakers erstmals *en detail* untersuchten. Er sei in Deutschland, so Kremp 1986, der Einzige, der forsche und die Wahrheit verteidige.[486] Nach jahrelanger Recherche bilanzierte er seine Ergebnisse 1990 in einem mehr als 100-seitigen Manuskript.[487] Zur Erarbeitung einer Dokumentation hatte ihn der leitende Archivdirektor des Militärarchivs Freiburg, Manfred Kehrig, ermuntert, der Kremp wiederholt unterstützte.[488] So war es dessen hartnäckigem Engagement zu verdanken, dass Kremp 1989 Einsicht in einen weiteren Teil der Ermittlungsakten der Dortmunder Zentralstelle erhielt.[489] Bereits Mitte der 1980er Jahre hatten Kremp, Taege und der Journalist

---

[483] Vgl. Farmer, Oradour, S. 217–219, Zitat S. 218.
[484] Vgl. Kremp an Boudet, 27. 1. 1982, Privatunterlagen Henri Boudet.
[485] Mehrere Bestätigungen aus Oradour befinden sich in den Privatunterlagen Vinzenz Kremps. Zu den Reisen und den Forschungen im Militärarchiv Freiburg u. a.: Kremp an ZStD, 13. 8. 1985, StAM, 45 Js 11/78, Handakten, Bd. 4, Bl. 164 f.; zum Kontakt mit Journalisten: Peter Jochen Winters, FAZ, an Kremp, 28. 11. 1985, Privatunterlagen Vinzenz Kremp; für die Ständige Vertretung der DDR und den Militärverlag: Kremp an Militärverlag der DDR, 14. 1. 1986, BStU, MfS, HA IX, 21785, Bl. 7; als Beispiel für Kontakt mit Zeitzeugen: Kremp an ZStD, 13. 8. 1985, StAM, 45 Js 11/78, Handakten, Bd. 4, Bl. 166; zur Akteneinsicht bei der Dortmunder Zentralstelle vgl. unten.
[486] Kremp an Boudet, 24. 2. 1986, Privatunterlagen Henri Boudet.
[487] Vgl. Kremp an Schacht, 2. 3. 1990, StAM, 45 Js 11/78, Handakten, Bd. 4, Bl. 253; Vinzenz Kremp, Oradour-sur-Glane, 10. Juni 1944, Privatunterlagen Vinzenz Kremp.
[488] Vgl. Kehrig an Generalstaatsanwalt (GStA) Hamm, 16. 6. 1989, StAM, 45 Js 11/78, Handakten, Bd. 4, Bl. 228. Offensichtlich auf Anregung Kehrigs hin, sagte ihm Kremp zu, seine erste Version von einer „polemisch angelegte[n] Ausarbeitung" zu einer „objektiven Darstellung (mit Dokumenten-Anhang und den nötigen Anmerkungen)" umzuarbeiten, die auch veröffentlicht werden sollte. Kehrig an Leiter ZStD, 26. 5. 1988, ebenda, Bl. 213.
[489] Vgl. den entsprechenden Schriftverkehr in StAM, 45 Js 11/78, Handakten, Bd. 4.

Eugen Georg Schwarz (*Weltbild*) versucht, Akten der Zentralstelle zu konsultieren.[490] Stattgegeben wurde allein Kremps Antrag auf Einsichtnahme in die Vernehmungsprotokolle Otto Kahns.[491] Im Jahr 1989 erreichten Kehrig und Kremp zwar auch die Einsichtnahme in weitere Verfahrensakten, doch mit der Einarbeitung der Dokumente in Kremps Manuskript wurde es zur stumpfen Waffe. Mit Rücksicht auf die noch andauernden staatsanwaltlichen Ermittlungen, plante das Militärarchiv eine Sperrfrist für die Ausarbeitung bis zum 1. Januar 1995, danach war vorgesehen, es lediglich „für die Einsichtnahme nach den Bestimmungen der Benutzerordnung für das Bundesarchiv freizugeben".[492] Die Arbeit solle, so Kremp in hehrer Absicht, „in späterer Zeit der Wahrheit und damit der Widerlegung der leider weitverbreiteten Lügen und Verdrehungen dienen".[493] Die Nachteile dieses Vorgehens zeigten sich bald. Während Taege nicht müde wurde, weiter zum Fall Oradour zu publizieren, waren Kremp die Hände gebunden.

Empört wandte sich Kremp im Juni 1991 an den Leiter der ZStD, Oberstaatsanwalt Klaus Schacht. Taege, so schrieb er, würde in einer erneuten Publikation seine falschen Behauptungen wiederholen, wie er an einem Beispiel darlegte und sich empörte: „Nun hat Kahn aber genau das Gegenteil gesagt! In meiner Arbeit, die beim Militärarchiv hinterlegt ist, habe ich darüber hinaus nachgewiesen, daß diese Geschichte nicht stimmt!" Wie lange, so fragte er, „darf dieser ehemalige Wächter des KZ Dachau und Beteiligter bei der Ausräumung des Ghettos in Warschau seine lügenhafte Bestreitung des Kriegsverbrechens vom 10. Juni 1944 in Oradour-sur-Glane noch verbreiten?" Kremp, der wusste und Schacht mitteilte, dass Weidingers „Tulle und Oradour" in Frankreich inzwischen verboten worden war, versuchte nun diesen Weg in der Bundesrepublik einzuschlagen.[494] Schon bei seiner ersten Benachrichtigung Oradours, hatte Kremp die Möglichkeit erwähnt, die Verbreitung unrichtiger Passagen in Taeges Buch juristisch verbieten zu lassen,[495] worauf Beaulieu geantwortet hatte, er wäre ihm für entsprechende Bemühungen sehr dankbar.[496] Schacht versicherte, er habe den Fall der zuständigen Abteilung zur Prüfung übergeben,[497] doch zu einem Verbot von Weidingers und Taeges Schriften kam es nie.

Das engagierte Auftreten zehrte an Kremps Nerven und Kräften. Mehrmals sorgten sich Pfarrer Boudet und Kremps Frau um seine bereits angeschlagene Gesundheit, aber Kremp wollte nicht aufgeben: „Ich habe mir den Kampf gegen die

---

[490] Vgl. Weltbild, Eugen Georg Schwarz, an StA Dortmund, 5. 7. 1984, StAM, 45 Js 11/78, Handakten, Bd. 4, Bl. 155; Taege an StA Dortmund, 4. 2. 1985, ebenda, Bl. 157 f.; Kremp an ZStD, 13. 8. 1985, ebenda, Bl. 166 f.
[491] Vgl. Verfügung Schacht, 19. 8. 1985, StAM, 45 Js 11/78, Handakten, Bd. 4, Bl. 170 f.; Verfügung Schacht, 16. 7. 1984, ebenda, Bl. 156; Verfügung Schacht, 11. 2. 1985, ebenda, Bl. 159 f.
[492] Kehrig an Leiter ZStD, 13. 10. 1989, StAM, 45 Js 11/78, Handakten, Bd. 4, Bl. 245.
[493] Kremp an Schacht, 13. 10. 1989, StAM, 45 Js 11/78, Handakten, Bd. 4, Bl. 246.
[494] Kremp an Schacht, 30. 6. 1991, StAM, 45 Js 11/78, Handakten, Bd. 5, Bl. 1.
[495] Vgl. Kremp an Boudet, 27. 1. 1982, Privatunterlagen Henri Boudet.
[496] Vgl. Beaulieu an Kremp, 9. 2. 1982, Privatunterlagen Vinzenz Kremp.
[497] Vgl. Verfügung Schacht, 9. 7. 1991, StAM, 45 Js 11/78, Handakten, Bd. 5, Bl. 3 f.

Lügen über Oradour zur Aufgabe gemacht und ich will nicht zurückweichen", schrieb er 1986.[498] Am aufwühlendsten waren wohl seine persönlichen Auseinandersetzungen mit den Autoren der revisionistischen Darstellungen und deren Sympathisanten. Er erhielt Briefe, in denen er beleidigt und teils massiv bedroht wurde.[499]

Es ist nur wenig darüber bekannt, ob und wie sich Kremps Verhältnis zu Oradour durch seine Recherchen veränderte. In manchen Schreiben berichtete er von negativen Auswirkungen der revisionistischen Veröffentlichungen. So hieß es etwa, die bekanntgewordenen Publikationen hätten „die Aussöhnung erheblich gestört und gleichzeitig das Ansehen der Deutschen herabgemindert".[500] Nachdem er dem ANFM-Präsidenten 1982 Kopien aus Taeges Buch hatte zukommen lassen, antwortete Beaulieu:

„Sie, Herr Kremp, der Sie unsere Märtyrerstadt besucht haben, müssen über diese Darstellungen empört sein, denn Sie kennen leider die Tragödie des 10. Juni 1944 [...]
Als Vorsitzender der *Association Nationale des Familles des Martyrs* bin ich angewidert bei der Lektüre dieser falschen Darstellungen, die nur dazu beitragen können, den Hass zwischen unseren beiden Ländern aufrechtzuerhalten.
Ich danke Ihnen für die Treue gegenüber unserer leidgeprüften Stadt und für die Hingabe, mit der Sie die deutsch-französische Versöhnung unterstützen, und grüße Sie hochachtungsvoll, sehr geehrter Herr Kremp."[501]

Bürgermeister, ANFM und Privatpersonen aus Oradour unterstützten Kremps Forschungen mit Informationen und offiziellen Bestätigungen, doch war die Zusammenarbeit nicht immer einfach. Gegen Ende des Jahres 1985 etwa wartete Kremp ungeduldig auf die Beantwortung seiner nach Oradour übersandten Fragen und deutete gegenüber Boudet einen Konflikt an: „Ich verstehe, dass Herr M[...] aufgebracht ist, er hat alles Recht dazu. Vielleicht misstraut er mir."[502] Kremp war hin- und hergerissen zwischen der Angst, den Adressaten seiner Anfragen auf die Nerven zu fallen, und der Notwendigkeit, deren Informationen zu erhalten.[503] Es dürfte ein schmaler Grad gewesen sein, auf dem er sich mit seinen Recherchen bewegte, zumal – wie Pfarrer Boudet erinnerte – Kremps Forschungsergebnisse manchmal nicht mit den Angaben vor Ort übereinstimmten.[504] Es gibt leise Hinweise darauf, dass Kremps Arbeit zumindest vereinzelt zu einer Öffnung

---

[498] Kremp an Boudet, 13. 2. 1986, Privatunterlagen Henri Boudet.
[499] Vgl. Kremp an Boudet, 25. 11. 1982, 13. 2. 1986, Privatunterlagen Henri Boudet; Kremp an ZStD, 13. 8. 1985, StAM, 45 Js 11/78, Handakten, Bd. 4, Bl. 166 f.; Interview der Verfasserin mit Wolfram Kremp, 19. 2. 2010, Freiburg.
[500] Kremp an Schacht, 2. 3. 1990, StAM, 45 Js 11/78, Handakten, Bd. 4, Bl. 253. In einem anderen Schreiben hieß es: „Wie schädlich seine [Taeges] und Weidingers Schriften sich in Frankreich auswirken, kann ich oft feststellen." Kremp an Schacht, 30. 6. 1991, ebenda, Bd. 5, Bl. 1.
[501] Beaulieu an Kremp, 9. 2. 1982, Privatunterlagen Vinzenz Kremp. Kursivsetzung durch die Verfasserin.
[502] Kremp an Boudet, 22. 11. 1985, 16. 12. 1985, Privatunterlagen Henri Boudet.
[503] Vgl. Kremp an Boudet, 27. 1. 1982, 13. 2. 1982, 8. 11. 1985, 13. 2. 1986, Privatunterlagen Henri Boudet.
[504] Vgl. Interview der Verfasserin mit Henri Boudet, 9. 5. 2008, Limoges.

in Oradour führte, doch eine bilanzierende Einschätzung von Kremps Wirken ist bislang nicht möglich.[505]

Die erste offizielle Reaktion der ANFM auf Taeges Publikation ist für Mitte der 1980er Jahre nachweisbar. In einem Schreiben an den Staatssekretär für Veteranen und Kriegsopfer beim französischen Verteidigungsminister machte der Verband auf das Buch aufmerksam und darauf, dass mehrere französische Zeitungen die Thesen des Autors aufgegriffen hätten. Verband und Überlebende zeigten sich „empört" über „eine solche Geschichtsfälschung" und baten den Verteidigungsminister, den bundesdeutschen Regierungsbehörden ihr offizielles Dementi zu übermitteln. Die ANFM protestierte ausdrücklich gegen „die Lügen und die Unwahrheiten, die – alles andere als der Versöhnung dienend – für uns zutiefst beleidigend sind, so, als ob man unsere Märtyrer ein weiteres Mal ermorden würde. Unsere Losung ist ‚Weder Hass noch Vergessen', aber wir werden solange wir leben die Wahrheit bezeugen für die Achtung unserer Märtyrer."[506]

Damit formulierte die ANFM einen deutlichen Konnex: Keine Versöhnung ohne Wahrheit. Es ist anzunehmen, dass diese Einforderung der „Wahrheit" konkret das Verbot der revisionistischen Publikationen bedeutete, denn wie bereits gesehen, sah der Verband seit 1945 eine seiner Aufgaben darin, „den Behörden alle frei erfundenen Informationen und Veröffentlichungen zu melden und erforderlichenfalls deren Verbot zu erwirken".[507] 1988 nahm der Verein als zweite Reaktionsmöglichkeit in seine Statuten auf, „eine Richtigstellung vorzunehmen".[508] Ob es die ANFM war, die sich dafür eingesetzt hatte, ist offen, sicher ist, dass bei der Mitgliederversammlung im März 1991 das Verbot von Weidingers „Tulle et Oradour" in Frankreich durch das Innenministerium bekanntgegeben werden konnte.[509] In der Bundesrepublik hingegen kam es weder zu einem Verbot von

---

[505] Jean Lamaud war Fremdenführer in den Ruinen Oradours, hatte Kremp bei seinen Recherchen unterstützt und war 1990 Mitglied im Vorstand der ANFM. In einem Artikel der *Zeit* aus dem Jahr 1990 hieß es mit Blick auf Lamaud: „Auf totale Ablehnung stoßen allerdings seine derzeitigen Bemühungen, damalige Berichte mit reflektierten Anmerkungen und Erkenntnissen zu versehen. ‚Es geht natürlich nicht darum, Dokumente zu fälschen, sondern lediglich aus heutiger Sicht klarzustellen, nicht das deutsche Volk sei unser Feind, sondern Fanatismus der Feind der Menschheit'. Für ein solches Vorhaben gibt es kein Verständnis in Oradour". Jacqueline Deloffre, Manche Hände zittern noch, in: Die Zeit, 28. 9. 1990, URL: http://www.zeit.de/1990/40/manche-haende-zittern-noch [1. 11. 2016]. Zu seiner Unterstützung Kremps: Lamaud an Kremp, 3. 5. 1988, StAM, 45 Js 11/78, Handakten, Bd. 4, Bl. 218.

[506] ANFM, Beaulieu, an Jean Laurain, Secrétaire d'État auprès du Ministre de la Défense, chargé des Anciens combattants et victimes de guerre, o. D. (dem Kontext zufolge 1985 oder 1986), ACMO, 5 FP 5. Da im ACMO lediglich eine Kopie ohne Unterschrift vorliegt, aus der nicht ersichtlich ist, ob es sich um die Ablichtung eines Durchschlags handelt, ist nicht abschließend nachzuweisen, dass das Schreiben abgesandt wurde.

[507] Vgl. Kapitel III.3, Abschnitt „Wechselwirkungen im Vorfeld des Oradour-Prozesses".

[508] ANFM, Statuts. Modification presenté à l'Assemblée générale extraordinaire du 6 mars 1988, ACMO, 5 FP 1.

[509] Vgl. ANFM, Assemblée générale, 3. 3. 1991, [Procès-verbal] ACMO, 5 FP 3; „Arrêté du 10 janvier 1991 portant interdiction de circulation, de distribution et de mise en vente d'un ouvrage", Journal officiel de la République française (J.O.), Lois et Décrets, 16. 1. 1991, S. 790. Zur Begründung hieß es dort u. a., „dass die Verbreitung dieses Werks – das eine Provokation

Weidingers Broschüre noch von Taeges Büchern. Daran änderten auch zwei Kleine Anfragen der Abgeordneten Ulla Jelpke und der Gruppe der Partei des Demokratischen Sozialismus (PDS)/Linke Liste in den Jahren 1993/1994 zu Taeges Verlag und seinen Veröffentlichungen nichts.[510]

Warum wandte sich die ANFM mit ihrem Protest allein an die französische und nicht direkt an die deutsche Regierung? Der Verband mag sich von einer Intervention seitens Paris mehr Gewicht versprochen haben. Womöglich spielte auch eine Rolle, dass man – um mit Jean-Jacques Fouché zu sprechen – der Meinung war, die französische Regierung „schulde" den Opfern Oradours ein entsprechendes Engagement. Zwei Beispiele zeigen, dass ein weiterer Faktor das Handeln der ANFM mitbestimmt haben dürfte: Der Verband wollte sich wohl prinzipiell nicht direkt an deutsche Stellen wenden und war vermutlich nicht bereit, in Deutschland auftreten.

Während der ANFM-Vorstand 1976 in Reaktion auf ein „Nazi-Treffen in der Bundesrepublik Deutschland" an den französischen Präsidenten herantrat,[511] reiste die Überlebende des Massakers Camille Senon zwei Mal in die Bundesrepublik, um vor Ort gegen Zusammenkünfte ehemaliger Mitglieder der Waffen-SS zu demonstrieren.[512] Beide Male sprach sie für Frankreich und von Oradour – aber nicht für Oradour. Am 22. April 1978 trat Senon auf der internationalen Kundgebung unter dem Motto „Für die Auflösung der SS-Verbände – gegen die Rehabilitierung des Nazismus" in Köln auf.[513] Schon im Juni 1977 hatten sich Vertreter mehrerer Verbände in Brüssel auf einen Appell geeinigt, der „die SS-Treffen und die Rehabilitierung des Nazismus verurteilt" und darüber hinaus „die Entschlossenheit zum Handeln ausdrückt, um ‚die Auflösung der

---

gegenüber den Widerstandskämpfern und den Familien von Opfern nationalsozialistischer Kriegsverbrechen darstellt – in Frankreich dazu angetan ist, eine Gefahr für die öffentliche Ordnung zu verursachen". Alle zitierten, im J.O. veröffentlichten Gesetze, Verordnungen und parlamentarischen Debatten sind der Webite der Französischen Regierung entnommen und können dort abgerufen werden. URL: https://www.legifrance.gouv.fr [22. 10. 2021].

[510] Vgl. Kleine Anfrage der Abgeordneten Ulla Jelpke und der Gruppe der PDS/Linke Liste, 6. 10. 1993, Deutscher Bundestag, 12. Wahlperiode, Drucksache 12/5864; Antwort der Bundesregierung auf die Kleine Anfrage der Abgeordneten Ulla Jelpke und der Gruppe der PDS/Linke Liste, Drucksache 12/5864, 8. 11. 1993, Deutscher Bundestag, 12. Wahlperiode, Drucksache 12/6080; Kleine Anfrage der Abgeordneten Ulla Jelpke und der Gruppe der PDS/Linke Liste, 16. 6. 1994, Deutscher Bundestag, 12. Wahlperiode, Drucksache 12/8012; Antwort der Bundesregierung auf die Kleine Anfrage der Abgeordneten Ulla Jelpke und der Gruppe der PDS/Linke Liste, Drucksache 12/8012, 13. 7. 1994, Deutscher Bundestag, 12. Wahlperiode, Drucksache 12/8291. Die Dokumente wurden auf der Internetseite des Deutschen Bundestags abgerufen. URL: https://www.bundestag.de/drucksachen [22. 10. 2021].
[511] Vgl. ANFM, Assemblée générale, 8. 5. 1977, Procès-verbal, ACMO, 5 FP 3.
[512] Vgl. zu Camille Senon auch Kapitel V.2.2, Abschnitt „Der Kampf um Anerkennung und Entschädigung bestimmter Opfergruppen", und Kapitel VI.3.2, Einladungen von Überlebenden des Massakers in die DDR.
[513] Vgl. Pressemitteilung des Vorbereitungskomitees für die internationale Manifestation, Köln, 22. April 1978, 5. 12. 1977, Stiftung Archiv der Parteien und Massenorganisationen der DDR im Bundesarchiv (SAPMO-BArch), DY 57/846; Interviews der Verfasserin mit Camille Senon, 6. und 12. 5. 2008, Limoges; Perlier, Senon, S. 180–184.

Verbände ehemaliger SS-Leute und das Verbot ihrer Veranstaltungen und ihrer verlogenen Propaganda durchzusetzen'". In den folgenden Monaten stieg die Zahl der unterzeichnenden Organisationen auf 72, im November fiel der Entschluss zur Planung einer internationalen Manifestation in Köln.[514] Zum Vorbereitungskomitee zählten unter anderem die *Vereinigung der Verfolgten des Naziregimes -Bund der Antifaschisten* (VVN-BdA) für die Bundesrepublik und von französischer Seite die *Association Nationale des Anciens Combattants de la Résistance* (ANACR) und die *Fédération Nationale des Déportés et Internés Résistants et Patriotes* (FNDIRP).[515] Schließlich zogen am 22. April 1978 mehr als 15 000 Menschen durch die Kölner Innenstadt, darunter frühere Widerstandskämpfer, KZ-Häftlinge und Opfer des Faschismus aus 17 europäischen Ländern. Bei der Kundgebung sprachen unter anderem „Abgesandte" der im Zweiten Weltkrieg zerstörten Orte Oradour, Lidice und Marzabotto.[516] Anders, als die *Süddeutsche Zeitung* (SZ) formulierte, war Camille Senon jedoch keineswegs eine „Abgesandte" Oradours. Senon war über die ANFM hinaus Mitglied in mehreren anderen französischen Verbänden und im Vorstand der FNDIRP. Es war in diesem Rahmen bzw. in letzterer Funktion, dass sie gebeten wurde, in Köln für Frankreich zu sprechen. Aufgrund der Symbolik Oradours spielte dabei auch eine Rolle, dass sie eine Überlebende des Massakers war.[517] Senon kontaktierte daraufhin die ANFM. Der Verband bzw. dessen Vorsitzender, so erinnert sie, habe „dergleichen Schritte nicht befürwortet". Senon zufolge herrschte in der ANFM seinerzeit eine Einstellung des „Man spricht nicht mit Deutschen", „Man geht nicht nach Deutschland". Auf ihre Anfrage hin habe man ihr abgesprochen, in Köln im Namen des Verbands zu sprechen.[518] Bei ihrer Intervention während der Veranstaltung schilderte Camille Senon schließlich ihre Erlebnisse und fügte an, dies sei die „Wahrheit über die Verbrechen" und „was wir gegen ihre Lügen hinauszuschreien nicht aufhören werden" (vgl. Abb. 6). Es sei „eine Beleidigung" für „unsere Toten, daß ein Lammerding in seinem eigenen Bett sterben" habe können. Sie sprach den ehemaligen SS-Männern ab, sich „auf die Ideale der Soldaten" zu berufen, und forderte das Verbot der „Treffen der Mörder" und die Auflösung ihrer Verbände.[519] Während die ANFM der Veranstaltung fernblieb, nahm neben Senon wahrscheinlich auch der ANACR-Ortsverband Oradour daran teil.[520]

---

[514] „Zur Entwicklung der Vorbereitungen zur internationalen antifaschistischen Manifestation für die Auflösung der SS, gegen die Rehabilitierung des Nazismus am 22. April 1978 in Köln", o. D., Entwurf, SAPMO-BArch, DY 57/845.
[515] Vgl. Protokoll über die Tagung des Vorbereitungskomitees für die internationale Manifestation, Köln, 22. April 1978, o. D., SAPMO-BArch, DY 57/845.
[516] Vgl. Demonstration gegen Neo-Nazismus, in: SZ, 24. 4. 1978, SAPMO-BArch, DY 57/845.
[517] Vgl. Perlier, Senon, 180 f.; Interview der Verfasserin mit Camille Senon, 12. 5. 2008, Limoges.
[518] Interviews der Verfasserin mit Camille Senon, 6. und 12. 5. 2008, Limoges.
[519] Ein Auszug aus der Rede ist abgedruckt in: Hervé/Graf, Oradour (1995), S. 46.
[520] Vgl. Kapitel VI.2.4. Offen ist, wie viele Mitglieder teilnahmen und ob diese von dem Massaker betroffen waren.

Abb. 6: Camille Senon bei ihrer Rede am 22. April 1978 bei der internationalen Kundgebung „Für die Auflösung der SS-Verbände – gegen die Rehabilitierung des Nazismus" in Köln
(© FNDIRP)

Wenige Jahre später verhielt es sich ähnlich, als es im Mai 1985 im bayerischen Nesselwang zu Demonstrationen gegen die dortige Jahreshauptversammlung der Mitglieder des *Kameradschaftsverbandes der Soldaten des I. SS-Panzer-Korps der ehemaligen Waffen-SS e. V.* kam. Ein Teil der Veteranen logierte im Hotel „Krone", dessen Besitzer während des Zweiten Weltkriegs bei der 2. SS-Panzer-Division „Das Reich" gewesen war.[521] Erneut sprach Camille Senon für Frankreich und von Oradour. Sie nutzte ihre Ansprache, um auf verschiedene Versuche der Geschichtsfälschung hinzuweisen, auch was Oradour betrifft: „Ein ehemaliger Offizier der Waffen-SS, Herbert Taege, wagt in seinem Buch *Wo ist Kain?* zu schreiben, dass *Résistance*-Mitglieder die Kirche von Oradour in Brand gesetzt haben." Sie wies weiter darauf hin, dass „wir erfahren, dass einer der Verantwortlichen des Massakers unbehelligt und straffrei in diesem Land leben soll".[522] Sogar die *Washington Post* berichtete von den Protesten und von Camille Senon, „eine von Oradours sieben Überlebenden", die in einer Ansprache „auf ein Verbot weiterer SS-Treffen" gedrängt habe.[523] Erneut

---

[521] Vgl. Wilke, Hilfsgemeinschaft, S. 364; Rolf Thym, Gestörte Idylle, in: Die Zeit, 26. 4. 1985.
[522] Vgl. Perlier, Senon, S. 181–184, Zitate S. 183; Interview der Verfasserin mit Camille Senon, 6. 5. 2008, Limoges.
[523] William Drozdiak, Protesters attack hotel hosting SS reunion, in: The Washington Post, 12. 5. 1985, URL: https://www.washingtonpost.com/archive/politics/1985/05/12/protesters-attack-hotel-hosting-ss-reunion-former-nazi-soldiers-praise-reagans-tribute-at-bitburg-cemetery/0658355f-664a-41b2-a08c-7c2dfebc7163/?noredirect=on&utm_term=.5898c376c511 [13. 12. 2018].

sprach Senon nicht für den Hinterbliebenenverband. Die Reaktion des damaligen ANFM-Präsidenten war die Gleiche gewesen wie sieben Jahre zuvor: „Sie machen, was Sie wollen, aber: Sie repräsentieren nicht den Verband! […] Nochmals deutlich: Sie repräsentieren nicht den Verband!" Camille Senon reagierte mit Bedauern und dem Hinweis, sie habe genug Tote in ihrer Familie, um sie zu repräsentieren.[524]

Es mag eine (verstärkende) Rolle gespielt haben, dass es bei den beiden Veranstaltungen nicht speziell um Oradour respektive Veteranen der Division „Das Reich" ging,[525] und möglicherweise fiel auch Senons Mitgliedschaft in der PCF negativ ins Gewicht.[526] Gleichwohl korrespondiert die Erfahrung der Überlebenden mit dem Befund, dass der Verband mit seinen Protesten ausschließlich den französischen Staat adressierte. Dies war offensichtlich der *modus operandi*, den die ANFM als angemessen ansah.

Das Ziel der Demonstrationen war für Camille Senon im Rückblick beide Male identisch: das Verbot der Gedenkveranstaltung der Waffen-SS-Veteranen zu erreichen sowie die „endgültige Erklärung derartiger von ehemaligen SS-Mitgliedern in der BRD organisierter Gedenkveranstaltungen als illegal".[527] Dass sich Veteranen der Division „feierlich versammelten", empfand sie als „absolut unerträglich".[528] Weder ein Verbot der Treffen noch der HIAG erfolgte, und dennoch war es gerade auch der zivilgesellschaftliche Protest gegen Veranstaltungen der organisierten Veteranen der Waffen-SS, der den Verband auf sein Ende zutrieb.[529]

Über diese Wirkkraft hinaus zeigt Camille Senons Engagement vor Ort, dass damit eine weitere bedeutende Erfahrung einhergehen konnte: Als eine ihrer „schönsten Begegnungen" beschreibt sie das Kennenlernen eines Deutschen in Nesselwang, der als 16-Jähriger eingezogen und als Soldat in der Normandie eingesetzt worden war. Nach Kriegsende im Limousin zur Zwangsarbeit herangezogen, erfuhr er dort von den Massakern in Tulle und Oradour. Später engagierte er sich in der Friedensbewegung, sein Sohn folgte dem Beispiel des Vaters.[530] Diese Episode nimmt einen festen Platz in Senons Erinnerungen ein und ist Teil ihres Narrativs als Zeitzeugin gegenüber Schülern.[531] Für sie war die Erfahrung unter

---

[524] Interview der Verfasserin mit Camille Senon, 6. 5. 2008, Limoges.
[525] Camille Senon erinnert hingegen zum Teil einen Zusammenhang mit Veranstaltungen ehemaliger Mitglieder der Division „Das Reich". Vgl. Perlier, Senon, S. 181; Interviews der Verfasserin mit Camille Senon, 6. und 12. 5. 2008, Limoges.
[526] Senon hatte vor dem Hintergrund des beginnenden Kalten Kriegs mit den Sozialisten gebrochen und trat 1953 der PCF bei. Im Rahmen des Oradour-Prozesses warf ihr die Ehefrau des damaligen ANFM-Präsidenten vor, bei ihrer Zeugenaussage „für die Kommunisten" gesprochen zu haben. Vgl. Perlier, Senon, S. 67–69, 80 f., 96 f., 112 f., Zitat S. 96.
[527] Perlier, Senon, S. 181. Dort etwa spricht Senon wörtlich von einer „Gedenkveranstaltung der Ehemaligen der Division Das Reich", deren Verbot man habe erreichen wollen.
[528] Zitiert nach Casper, Fall (Dokumentarfilm).
[529] Vgl. Wilke, Hilfsgemeinschaft, S. 423.
[530] Vgl. Perlier, Senon, S. 200 f., Zitat S. 200.
[531] Vgl. Perlier, Senon, S. 200 f.; Interviews der Verfasserin mit Camille Senon, 6. und 12. 5. 2008, Limoges.

anderem deshalb von Bedeutung, weil „es uns durch das Verständnis, durch das Vertrauen, durch die Freundschaft, durch gemeinsames Handeln gelingt, dass die Freundschaft zwischen unseren beiden Völkern wieder möglich ist".[532]

7. Bedeutung und Folgen des Oradour-Revisionismus

Die Reaktionen, die Vinzenz Kremp auf sein öffentliches Engagement für Oradour erlebte, waren keine Ausnahme. Immer wieder waren Personen, die sich öffentlich zu dem Massaker äußerten, mit Vertretern des Geschichtsrevisionismus konfrontiert. Auf jede Rede über Oradour, so lässt sich zugespitzt formulieren, folgte in der Bundesrepublik eine Gegenrede, mitunter bis zur Gewaltandrohung. Im Jahr 1984 publizierte der *stern* eine Reportage des Journalisten Günther Schwarberg zu Oradour. Dieser erinnerte sich später, nie „so viele Protestschreiben und Drohungen bekommen" zu haben wie nach diesen Artikeln, „vor allem von ehemaligen Soldaten und SS-Leuten".[533] Schwarbergs Serie folgte auf den Barth-Prozess in Ostberlin, dem die Briefschreiber jede Glaubwürdigkeit absprachen: „In Wirklichkeit sei Oradour ein Dorf voll Partisanen gewesen, die bekämpft werden müssen. Die vielen Zeugen, mit denen ich gesprochen habe, die vielen Dokumente über den Massenmord – alles halten sie für Ostberliner Propaganda."[534] Zur Leugnung der deutschen Schuld kamen Drohungen:

„Aus München schreibt mir Martin P.: ‚Über Oradour wahrheitsgemäß berichten kann nur derjenige, der die Vorkommnisse selbst erlebt hat. Ihr Bericht ist voll von Halbwahrheiten und Lügen. Es würde mich interessieren, in welchem Auftrag Sie derartigen Blödsinn schreiben. Glauben Sie jemals, dass Sie damit der Völkerverständigung dienen, wenn Sie bewusst oder unbewusst Dinge behaupten, die einfach nicht wahr sind? Sie sollten sich schämen. Leider gibt es in der BRD keine gesetzliche Möglichkeit, derartige Brunnenvergifter zur Verantwortung zu ziehen. Schade, denn Sie würden den Strick verdienen. Ohne jegliche Hochachtung, Polwein.'"[535]

Eine öffentliche Auseinandersetzung über Oradour entwickelte sich 1994 in Düsseldorf. Anlässlich des 50. Jahrestags des Massakers zeigte die dortige *Mahn- und Gedenkstätte* vom 15. Juni bis 11. September 1994 die Ausstellung „Oradour – 10. Juni 1944 – Souviens-toi".[536] Robert Hébras, der zur Eröffnung der Ausstellung nicht nach Düsseldorf kommen konnte bzw. aufgrund der zeitlichen Nähe zum Jahrestag nicht wollte,[537] reiste einige Monate später in die Landeshauptstadt. An-

---

[532] Interview der Verfasserin mit Camille Senon, 12. 5. 2008, Limoges.
[533] Vgl. Schwarberg, Erinnerungen, S. 61 f., 348–350, Zitate S. 350.
[534] Schwarberg, Erinnerungen, S. 350.
[535] Schwarberg, Erinnerungen, S. 350.
[536] Vgl. Genger/Lutz, Massaker, S. 50; Hervé, „Oradour-Lüge", S. 274. Ein Jahr später erschien ein Sammelband mit Texten zu Oradour und Bildern des Fotografen Martin Graf, die die Düsseldorfer Schau gezeigt hatte. Ein zweiter, ähnlicher Sammelband erschien 2014 und in zweiter, durchgesehener und erweiterter Auflage 2017. Hervé/Graf, Oradour (1995); Hervé/Graf, Oradour (2014); Hervé/Graf, Oradour (2017).
[537] Vgl. Hébras an Mahn- und Gedenkstätte Düsseldorf, 19. 4. 1994; Genger an Hervé, 29. 4. 1994, Slg. MuG.

lass war der „Anti-Kriegs-Tag" der *Mahn- und Gedenkstätte Düsseldorf* am 1. September 1994, zu dem der Kreis Düsseldorf des Deutschen Gewerkschaftsbunds (DGB) Hébras eingeladen hatte. Am Tag danach sprach der Überlebende des Massakers mit Schülern des Düsseldorfer Comenius-Gymnasiums.[538] „Sicherlich", so bilanzierte die stark an der Oradour-Ausstellung und deren Begleitprogramm beteiligte Journalistin und Wissenschaftlerin Florence Hervé[539] die Reaktionen auf die Veranstaltungsreihe, „gab es hier und dort rechtsextremistische Bemerkungen und Drohungen, und die Leugnung der Verbrechen von Oradour", alles in allem aber sei „eine positive Bilanz der Diskussion zu verzeichnen" gewesen, „ein Stück Aufklärung und politische Bildung im Sinne der Verständigung".[540]

Zum Eklat kam es mehrere Monate nach Hébras' Besuch, als vor der genannten Schule ein Flugblatt verteilt wurde, in dem es unter anderem hieß, „die gängigen Darstellungen der Geschehnisse in Oradour" seien eine „Geschichtsfälschung". Anstatt in ihrer Schule „ein Propagandastück zu geben", hätten die Verantwortlichen „durch einen Anruf bei der Düsseldorfer Familie Lammerding sofort herausfinden können, daß die Erzählungen des Herrn Habras [sic] nicht der Wahrheit entsprechen können". Unterschrieben war die Schmähschrift von einem Herrn namens Joachim Schäfer, der neben seiner Adresse und Telefonnummer angab, er sei ehemaliger Direktor des Deutschen Gymnasiums in Tokio.[541] Was folgte, war unter anderem eine „Leserbriefschlacht" in der *Rheinischen Post*.[542] So widersprach etwa Florence Hervé einem Leserbriefschreiber, der sich auf die eidesstattliche Versicherung des Bundeswehroffiziers Matthes und das Buch Taeges stützte, vehement mit dem Hinweis auf die Ergebnisse der französischen Justiz und den Hintergrund des Autors.[543] Über den Weg der öffentlichen Replik hinaus beschritt Hervé den juristisch-politischen. Mit Unterstützung des Düsseldorfer Appells[544] trat die Französin an den Regierungspräsidenten heran, der den Fall den Ermittlungsbehörden übergab. Ein gegen Schäfer eingeleitetes Ermittlungsverfahren wegen Volksverhetzung stellte die Staatsanwaltschaft nach Prüfung ein.[545] Eine großer Unterschied zeigte sich in den Medienreaktionen dies- und jenseits des Rheins: in Frankreich „entsetzt über die Dreistigkeit solcher Behauptungen", re-

---

[538] Vgl. Genger/Lutz, Massaker, S. 50.
[539] Vgl. u. a. Genger an Hervé, 13. 6. 1994, Slg. MuG; Hervé/Graf, Oradour (1995), S. 113.
[540] Hervé, „Oradour-Lüge", S. 274.
[541] Vgl. Hervé, „Oradour-Lüge", S. 274 f.; Joachim Schäfer, Oradour und das Comenius-Gymnasium, Slg. MuG, dort Zitate.
[542] Vgl. Hervé, „Oradour-Lüge", S. 275.
[543] Vgl. Horst Müller, Ermittlungen, in: Rheinische Post, 12.10.95; Florence Hérve, Schöne Beweise!, in: Rheinische Post, 25.10.95, beide Slg. MuG.
[544] Die 1991 gegründete zivilgesellschaftliche Vereinigung setzt sich u. a. gegen Rassismus und Antisemitismus ein. Vgl. URL: https://www.respekt-und-mut.de/netzwerk/initiatoren/da-duesseldorfer-appell [29. 10. 2021].
[545] Vgl. Hetze von rechts: Jetzt Ermittlungen, in: Westdeutsche Zeitung (WZ), 14. 8. 1995; Pamphlet: Ermittlung, in: WZ, 14. 8. 1995; Marlies Schmeets: Anzeige wegen Beleidigung, in: Rheinische Post, 15. 8. 1995, alle Slg. MuG.

agierten die deutschen Medien „eher beiläufig".[546] Auf die Überlebenden und Hinterbliebenen des Massakers konnte sich der Oradour-Revisionismus auch auswirken, ohne dass sie sich öffentlich äußerten. Verschiedentlich wird darauf hingewiesen, dass die revisionistische Geschichtsschreibung für sie emotionale oder psychische Folgen hatte. So spricht der Dokumentarfilm-Regisseur Marc Desoutter vom Revisionismus als dem dritten großen Trauma Oradours neben Massaker und Bordeaux-Prozess, Robert Hébras benutzt den Begriff „Wunde" (*blessure*).[547] Die Frage, inwieweit das Massaker und seine Folgen die Opfer traumatisierten, kann im Rahmen dieser Studie nicht beantwortet werden.[548] Es soll aber auf den Faktor der Schuldumkehr hingewiesen werden, auf den der Oradour-Revisionismus abzielt,[549] und den die Psychologin und Psychiaterin Judith Herman im Zusammenhang mit Opfern von Traumata und deren Behandlung nennt:

> „Um sich der Verantwortung für seine Verbrechen zu entziehen, fördert der Täter auf jede ihm mögliche Weise das Vergessen. Die ersten Verteidigungstaktiken des Täters sind Geheimhaltung und Schweigen. Wenn Geheimhaltung nicht mehr möglich ist, greift der Täter die Glaubwürdigkeit des Opfers an. Wenn er das Opfer nicht ganz und gar zum Schweigen bringen kann, sorgt er sowe it es möglich dafür, daß dem Opfer niemand zuhört. Zu diesem Zweck bietet er ein erstaunliches Arsenal an Argumenten auf, von offenkundiger Ableugnung der Tat bis hin zu ausgefeilten und feinsinnigen Rationalisierungen. Nach jeder Gewalttat sind die gleichen Ausreden zu erwarten: Es ist nie geschehen; das Opfer lügt; das Opfer übertreibt; das Opfer ist selber schuld; und es ist ohnehin an der Zeit, daß man die Vergangenheit ruhen läßt und in die Zukunft blickt. Je mächtiger der Täter, desto umfassender ist sein Vorrecht, Realität zu benennen und zu definieren, und desto vollständiger kann er seine Argumente durchsetzen."[550]

Im Folgenden besser zu fassen als die medizinisch-psychologischen Folgen des Oradour-Revisionismus sind seine Auswirkungen auf die Deutung des Massakers in der Öffentlichkeit, der wissenschaftlichen und der justiziellen Auseinandersetzung.

Eine zentrale Bedeutung des revisionistischen Narrativs zu Oradour liegt in seiner Reichweite und seiner Langlebigkeit. Es verwundert nicht, dass andere Vertreter revisionistischer Geschichtsschreibung auf Weidingers und Taeges Thesen rekurrierten und sie weiterverbreiteten. So berief sich Erich Kern alias Kernmayr[551] in seinem Buch „Von Versailles nach Nürnberg" 1967 auf Weidingers Publikationen und lobte, der Autor habe darin „zum erstenmal historisch einwandfrei und objektiv auf[gezeigt], wie es zu dem furchtbaren Blutbad" gekommen sei.[552] Das „Versagen der Nerven eines einzigen Majors der Waffen-SS" habe der „alliierten

---

[546] Hervé, „Oradour-Lüge", S. 275.
[547] Vgl. Desoutter, Retour (Dokumentarfilm).
[548] Vgl. zu Traumata im Zusammenhang mit Erinnerung Assmann, Schatten, S. 93–98.
[549] Vgl. Fouché, Négationisme. Wenn die Schuld an dem Massaker in erster Linie auch auf die vermeintlich im Ort anwesenden und das Massaker auslösenden Widerstandskämpfer übertragen wird, so impliziert dies doch die Schuld der Bewohner bzw. Opfer, die sie im Ort aufnahmen oder duldeten.
[550] Herman, Narben, S. 18 f.
[551] Zu Kern alias Kernmayr vgl. Klee, „Kern, Erich", S. 273; Benz, „Revisionismus"; Benz, Kriegsverbrechen, S. 75, 85; Wilke, Hilfsgemeinschaft, S. 56; Westemeier, Krieger, S. 621. Weidinger wiederum rekurrierte auf Schriften Kerns. Vgl. Wilke, Hilfsgemeinschaft, S. 402.
[552] Vgl. Kern, Versailles, S. 411–417, Zitat S. 412.

Weltpropaganda" mehr genutzt, „als die ganze 3. Kompanie mit ihrem heldenhaften Kampf Deutschland dienen konnte". Oradour sei zum „Kampfgeschrei der Alliierten" geworden.[553] Auch in den „Richtigstellungen zur Zeitgeschichte" von Heinrich Wendig, herausgegeben beim einschlägigen Verlag Grabert, fehlte Oradour nicht. Dort wurde dem Massaker 1994 ein Kapitel gewidmet, in den Fußnoten finden mehrere von Taeges Publikationen Erwähnung.[554] Die Analysen Fabian Virchows zeigen, dass das revisionistische Narrativ bei der extremen Rechten auch über die Jahrtausendwende hinaus tradiert wurde. Deren Publizistik versuche, Orten wie Oradour „ihren Symbolcharakter dadurch zu nehmen, dass sie den Taten ihren verbrecherischen Charakter abspricht, ihre Ursache im Verhalten der Bevölkerung der besetzten Gebiete verortet oder eine Täter-Opfer-Umkehr betreibt. Auch dabei schreibt sie bereits vom NS-Regime verbreitete Legenden fort und ignoriert eine Vielzahl historischer Quellen."[555]

Das revisionistische Narrativ wirkte jedoch über diese Kreise hinaus. Im Jahr 2004 zeigte Kerstin Eschrich auf, dass die revisionistische Version des Geschehens in deutschen Lexika und Reiseführern tradiert wurde. So war im DuMont Kunst-Reiseführer „Das Limousin" von 1992 unter anderem von „Leichen eines am Vortag von den Maquisards überfallenen Verwundetentransports" die Rede, die die Soldaten ihren Berichten zufolge am Ortsrand gefunden hätten. Das Bertelsmann-Lexikon informierte seine Leser 1995, Oradour sei als „Vergeltung für Partisanentätigkeit" zerstört worden, die Brockhaus Enzyklopädie nannte in den 1980er Jahren Herbert Taeges „Wo ist Kain?" an vorderster Stelle ihrer Literaturhinweise.[556] Schon 1993 war bekannt geworden, dass die damals aktuelle Ausgabe des ADAC-Reiseführers zu Oradour ausführte, die Opfer seien „unter ungeklärten Umständen ums Leben gekommen".[557] Folgender Befund kann zwar keinen Anspruch auf Repräsentativität erheben, er liefert aber einen Hinweis auf einen Grund für die Dominanz des revisionistischen Narrativs: Noch im Juni 2007 wies der *Bayerische Verbundkatalog* zum Thema „Oradour" in acht Bibliotheken Otto Weidingers Publikation „Tulle und Oradour" (1985) aus. Die 1994 respektive 2001 erschienenen Standardwerke Farmers und Fouchés hingegen waren jeweils in nur zwei Bibliotheken zu erhalten. Dabei spielt sicher eine Rolle, dass Weidinger sein im Eigenverlag herausgegebenes Buch gezielt verbreitete. So gelangte der Band höchstwahrscheinlich 1985 als Geschenk in die *Bischöfliche Zentralbibliothek Regensburg*.[558]

Der über Jahrzehnte bestehende Mangel an wissenschaftlichen Studien zum Themenkomplex Oradour mag ein interpretatives Vakuum geschaffen haben, in das der revisionistische Diskurs vorstoßen und dominieren konnte. Zugleich zeigt die dargestellte Konjunktur der revisionistischen Oradour-Geschichtsschreibung,

---

[553] Kern, Versailles, S. 417.
[554] Vgl. Wendig, Richtigstellungen, S. 37–42.
[555] Vgl. Virchow, Zivilismus, speziell zu Oradour S. 357–359, Zitat S. 355.
[556] Vgl. Kerstin Eschrich, Opas Oradour, in: Jungle world, Dossier 2004/24.
[557] Gisinger, Vel d'Hiv, S. 342.
[558] Vgl. E-Mail Bischöfliche Zentralbibliothek Regensburg an die Verfasserin, 25. 1. 2017.

dass sich das revisionistische Narrativ umso mehr radikalisierte, je mehr Widerspruch es erfuhr.[559] Sicher ist, dass das Defizit Bemühungen gegen die Geschichtsverfälschung erschwerte. Bezeichnend ist das 1998 erschienene „Wörterbuch zur Zeitgeschichte" des Historikers Wolfgang Benz. Benz nahm „Oradour" völlig zu Recht in ein Handbuch auf, dessen Ziele es waren, zu den ausgewählten „Schlagworten und Begriffen wissenschaftliche Erkenntnis um[zu]setzen in Information zum Gebrauch in der Diskussion, ob in politischem Streit, ob am Stammtisch oder in der Familie" und „allen denen Argumente und Beweise an die Hand zu geben, die [...] mit Legenden, Lügen und Vorurteilen konfrontiert sind und darauf kompetent und sachlich reagieren müssen".[560] Der Eintrag stellte das Massaker sodann auch richtig dar und verwies auf die deutsche Desinformationspolitik. Erstens aber wurde der Beitrag zu Oradour nicht von einem Historiker verfasst, sondern von Staatsanwalt Willi Dreßen, 1996 bis 2000 Leiter der *Zentralen Stelle der Landesjustizverwaltungen zur Aufklärung nationalsozialistischer Verbrechen* (ZStL). Zweitens fand sich im Gegensatz zu anderen Artikeln des Bands hier keinerlei weiterführender Literaturhinweis. Drittens enthielt der Artikel eine Reihe Fehler und Ungenauigkeiten. Auch wenn es sich dabei um Details handelt, verdeutlichen sie den Mangel an Forschung und Referenzwerken zum Thema.[561]

Seit der Jahrtausendwende beschäftigen sich vermehrt und zunehmend auch deutsche Historiker mit dem Massaker. Doch noch immer verfangen auch in jüngeren Studien Teile der von ehemaligen SS-Offizieren konstruierten Rechtfertigungen. Wie bereits gezeigt, übernahm Peter Lieb die Angabe, dass der entführte Helmut Kämpfe „gerüchteweise als Gefangener in Oradour gesehen worden sein" sollte.[562] Der Historiker Sönke Neitzel betonte in einem Aufsatz aus dem Jahr 2002 zwar, dass „an der Schuld Dieckmanns [sic] und seiner Männer kein Zweifel bestehen" könne, schreibt jedoch gleichzeitig, die Einheit hätte sich „auf der Suche nach einem entführten Kameraden nach Oradour-sur-Glane begeben" und „die genauen Vorgänge in Oradour" hätten „bis heute nicht aufgeklärt werden" können.[563] Die vielleicht weitreichendste Folge des Oradour-Revisionismus aber war, dass er auf die strafrechtliche Ahndung des Massakers in Deutschland einwirkte, wie im folgenden Kapitel deutlich wird.

---

[559] Auch in der französischen Presse wurde vermutet, dass Jean-Jacques Fouchés Studie aus den Jahr 2001 neue revisionistische Publikationen zur Folge hatte. Vgl. Meyer, Wandel, S. 308.
[560] Benz, Vorwort, S. 6.
[561] So heißt es, eine kriegsgerichtliche Ahndung sei aufgrund des Kriegsverlaufs nicht umgehend möglich gewesen (eine Übernahme des Narrativs des Regiments- und Divisionszirkels), Hitler habe sie später verhindert; als einer für das Massaker Verantwortlichen wird Brodowski genannt und fälschlicherweise als Chef des Verbindungsstabs in Limoges bezeichnet; Lammerding habe nach Kriegsende unter dem Namen Braun in Düsseldorf gelebt, 1951 sei er in Frankreich zum Tode verurteilt worden (wobei Letzteres richtig ist, allerdings dahingehend ungenau bleibt, da das Urteil nicht für den Fall Oradour ergangen war). Vgl. Dreßen, „Oradour-sur-Glane".
[562] Lieb, Krieg, S. 369.
[563] Neitzel, Anmerkungen, S. 423. Darauf weist hin: Kerstin Eschrich, Opas Oradour, in: Jungle world, Dossier 2004/24.

IV. Die strafrechtliche Verfolgung des Massakers

1. Deutschland und der Bordeaux-Prozess 1953

Am Nachmittag des 3. Februar 1953 betrat Marie-Louise Neumeyer den Zeugenstand vor dem Militärgericht Bordeaux.[1] Über acht Jahre nach dem Massaker hatte am 12. Januar 1953 die Gerichtsverhandlung im Fall Oradour begonnen. Nun sollten sich 21 Männer für die ihnen vorgeworfene Beteiligung am Massaker verantworten. Der Journalist Jean-Marc Théolleyre beschrieb die 31-jährige Zeugin für *Le Monde:*

„Sie setzte sich vor den kleinen Tisch, an dem vor ihr schon so viele Zeugen gesessen haben, und erzählte. Ganz in Schwarz gekleidet, mit ihrem schmerzerfüllten Gesicht, ihrer ruhigen und nüchternen Stimme verkörpert sie allein beinahe das ganze Drama."[2]

Zwei Geschwister der Lehrerin, Emile und Odile, zählten zu den Opfern des Massakers. Als die französische Regierung nach Kriegsbeginn im September 1939 Teile der elsässischen Bevölkerung evakuierte, wurden Einwohner des Departements Niederrhein unter anderem im Departement Haute-Vienne untergebracht, etwa fünfzig davon in Oradour.[3] Während Marie-Louise mit ihren Eltern ein Jahr später in die Heimat zurückkehrte, entschieden sich die beiden Geschwister, im Süden zu bleiben, Odile in Oradour, Emile studierte in Clermont-Ferrand. Anfang Juni 1944 reiste er nach Oradour, um den Sommer bei seiner Schwester zu verbringen. Die Geschwister verloren zusammen mit sieben weiteren Elsässern ihr Leben im Massaker.[4] „Dieses Drama von Oradour", so Marie-Louise Neumeyer vor Gericht, „ist äußerst schmerzhaft für uns." Doch die junge Frau sagte nicht als Zeugin der Anklage aus, sondern für die Verteidigung:

„Wir empfinden mit der gesamten Bevölkerung Oradours das Entsetzen über dieses Verbrechen, aber leider habe ich neben der Tragödie Oradours eine weitere Tragik erlebt, diejenige des Elsass, insbesondere die der Zwangsrekrutierung."[5]

Damit berührte Marie-Louise Neumeyer den Kern der *affaire,* zu der sich der Prozess zu diesem Zeitpunkt bereits entwickelt hatte: 14 der 21 anwesenden Angeklagten waren Elsässer, die bis auf einen von den deutschen Besatzern zwangs-

---

[1] Ausführlich zum Prozess: Fouché, Politique. Vgl. zur Aussage Marie-Louise Neumeyers und zu ihrer Familiengeschichte wenn nicht anders vermerkt ebenda, S. 377 f.
[2] Le Monde, 5. 2. 1953, zitiert nach Fouché, Politique, S. 377. Alle Artikel des Journalisten zum Prozess sind nachzulesen in Théolleyre, Procès.
[3] Vgl. zu den verschiedenen in Oradour untergebrachten Flüchtlingen Fouché, Oradour, S. 100–106.
[4] Vgl. Fouché, Oradour, S. 103. Ein Bericht vom 9. 6. 2004 über die elsässischen Opfer des Massakers mit einem Interview mit Marie-Louise Neumeyer findet sich auf URL: http://www.ina.fr unter dem Suchbegriff „Oradour". Dort auch zeitgenössische Nachrichten zum Prozess.
[5] Zitiert nach Fouché, Politique, S. 377.

rekrutiert worden waren und sich deshalb am 10. Juni 1944 als Soldaten in Oradour befanden. Dieser Umstand warf zahlreiche Fragen auf: Waren diese Männer durch ihre Zwangsrekrutierung nicht selbst Opfer eines Kriegsverbrechens? Konnten sie als solche für ihre Beteiligung am Massaker überhaupt zur Verantwortung gezogen werden? Hatten nicht mehrere ihre Gesinnung dadurch bewiesen, dass sie kurz nach dem Massaker zum Feind übergelaufen und sich in der *Résistance* engagiert hatten? Kurz, waren sie in erster Linie Opfer oder Täter und was waren die strafrechtlichen Konsequenzen daraus?

Der Prozess aus französischer Sicht

Die französische Justiz rang während der Ermittlungen im Fall Oradour jahrelang mit diesen Fragen.[6] Was Kriegsverbrechen feindlicher Staatsangehöriger anbelangte, so fixierte eine Verordnung vom 30. August 1944 die juristischen Grundlagen noch vor Kriegsende.[7] Es sollte weitere vier Jahre dauern, bis das bereits genannte Gesetz vom 15. September 1948 – die sogenannte Lex Oradour – auch die strafrechtliche Verantwortlichkeit der französischen Zwangsrekrutierten festlegte. Am dritten Jahrestag des Massakers, dem 10. Juni 1947, antwortete Präsident Auriol auf die vehemente Forderung der ANFM nach Gerechtigkeit mit dem Hinweis auf ein neues Kriegsverbrechergesetz, „das auf die Täter des schändlichen Massakers abzielt, dessen wir heute gedenken".[8] Damit waren auch französische Tatbeteiligte gemeint, wie Auriol erklärte: „Sollten sich Franzosen unter den Verantwortlichen befinden, so werden auch sie sich vor einem Militärgericht zu verantworten haben".[9] Tatsächlich ermöglichte das neue Kriegsverbrechergesetz dann auch Folgendes: Für kollektiv begangene Kriegsverbrechen einer Einheit, die zu einer derjenigen Organisationen zählte, die das Internationale Militärgericht in Nürnberg für verbrecherisch erklärt hatte, konnten alle Angehörigen als Mittäter angesehen werden, soweit sie nicht ihre Zwangsrekrutierung und Nichtbeteiligung an der Tat nachweisen konnten.[10] Während des Gesetzgebungsprozesses war es bereits zu heftigen Debatten gekommen, bei denen sowohl die Möglichkeit einer Kollektivhaftung als auch deren Anwendbarkeit auf die zwangsrekrutierten Elsässer kritisiert wurden. Doch letztlich verabschiedete die *Assemblée nationale* den erlangten Kompromiss einstimmig.[11]

Als fünf Jahre später die Gerichtsverhandlung im Fall Oradour eröffnet wurde, löste der Prozess einen „innerfranzösischen Krieg" aus, eine „intensive, wenn auch kurze nationale Krise",[12] die sich in der Diskussion um die „Lex Oradour" bereits

---

[6] Ausführlich zu den Ermittlungen, die sich zu einem „chaotischen Justizparcours" entwickelten: Fouché, Politique, S. 33–40, 69–126, Zitat S. 74.
[7] Vgl. Moisel, Frankreich, S. 68–70.
[8] Zitiert nach Farmer, Oradour, S. 166.
[9] Zitiert nach Moisel, Frankreich, S. 119.
[10] Die zentralen Artikel im Wortlaut zitiert: Danti-Juan, Réflexions, S. 28.
[11] Vgl. Moisel, Frankreich, S. 120–125.
[12] Farmer, Justice, S. 195.

angedeutet hatte.[13] Pierre Barral spricht von der „Konfrontation zweier französischer Regionen, [beide] gleichermaßen sicher, dass ihre Sache gerecht ist, gleichermaßen dem Gedenken an ihre Toten treu, gleichermaßen empört darüber, dass das extreme Ausmaß ihrer Tragödien nicht ausreichend anerkannt wird: hier das Massaker an den Kindern, dort der erzwungene Dienst in einer feindlichen Armee", er spricht von der „Konfrontation zweier Erinnerungen".[14] Schon kurz vor Prozessbeginn formierte sich im Elsass eine Verteidigung der angeklagten Zwangsrekrutierten. Im Dezember 1952 forderten mehrere Veteranenverbände eine getrennte strafrechtliche Verfolgung der deutschen und elsässischen Angeklagten. Strafrechtlich zur Verantwortung gezogen werden für ihre Handlungen, so die Meinung der Bevölkerung vor Ort, sollten auch ihre Landsmänner, allerdings nicht zusammen mit den deutschen Angeklagten. Lokale Presse und Politiker jeder Couleur reihten sich in die Verteidigung ihrer Heimat ein, sahen sie doch das gesamte Elsass unter Anklage. Vor Prozessbeginn zeigte sich ebenso, dass Bewohner und Politiker des Limousin sowie der ANFM-Präsident kein Verständnis für die elsässischen Forderungen aufbrachten, sodass die Gerichtsverhandlung in einer „angespannten und scharfen Atmosphäre" begann. Kaum war die Hauptverhandlung eröffnet, versuchten die Verteidiger der französischen Angeklagten eine Abtrennung des Verfahrens zu erreichen, was das Gericht zurückwies. Erfolgreicher waren die elsässischen Abgeordneten, denen es gelang, dass das Sondergesetz von 1948 in der *Assemblée nationale* debattiert wurde.[15] Im Ergebnis setzte das Gesetz vom 30. Januar 1953 die ersten beiden Artikel der umstrittenen „Lex Oradour" außer Kraft und damit die Möglichkeit, Mitglieder einer Einheit, die ein Kriegsverbrechen begangen hatte, allein aufgrund ihrer Truppenzugehörigkeit zu verurteilen. Die französischen Angeklagten mussten sich zwar weiter vor dem Militärgericht verantworten, allerdings in einem abgetrennten Verfahren und auf Basis des französischen

---

[13] Vgl. Moisel, Frankreich, S. 121.
[14] Barral, Affaire, S. 243, 249. Die Zwangsrekrutierung wird mitunter als das prägendste Ereignis des Zweiten Weltkriegs im Elsass gewertet. Bernhard Vogler schreibt, v. a. die „Tragödie der Zwangsrekrutierung" habe die elsässische Psychologie auf Dauer gekennzeichnet. Vgl. Vogler, Histoire culturelle, S. 434, 443 ff. Diese Prägekraft rührte aus ihrer zahlenmässigen Dimension und der Vielschichtigkeit der damit verbundenen Probleme und Folgen. Ab August 1942 wurden etwa 100 000 Elsässer in die deutsche Wehrmacht eingezogen, ab Januar 1944 wurden sie auch in die Waffen-SS eingegliedert. Zusammen mit dem Departement Moselle zählte das Elsass bei Kriegsende etwa 47 000 tote und vermisste, sowie 30 000 verletzte Zwangsrekrutierte. Damit war nahezu jede elsässische Familie von der Zwangsrekrutierung betroffen. Oft setzte sich das Leiden über das Kriegsende hinaus fort. So wurde das russische Lager Tambov zum Sinnbild ihrer Kriegsgefangenschaft, die Rückkehr zog sich bis 1955. Darüber hinaus prallten nach Ende des Kriegs unterschiedlichste Kriegserfahrungen der elsässischen Bevölkerung aufeinander, sodass manch ehemaliger Zwangsrekrutierter bei seiner Rückkehr auf Unverständnis stieß. Zu ihren Erfahrungen zählten Vorhaltungen, Beschimpfungen und der Ausschluss aus Veteranenverbänden. Der Oradour-Prozess und die langjährigen Bemühungen um Entschädigungen belebten das Thema immer wieder. Vgl. u. a. Kettenacker, Volkstumspolitik; Riedweg, „Malgré nous"; Vonau, Procès, dort die genannten Zahlen, S. 15; Vogler, Histoire culturelle; Vogler, Histoire politique; Herberich-Marx/Raphaël, Incorporés.
[15] Vgl. Farmer, Oradour, S. 169–177, Zitat S. 174.

Strafgesetzbuchs.[16] Der Präsident der ANFM war außer sich, wohingegen sich die Lage im Elsass entspannte.[17] Es war die Ruhe vor dem Sturm.

Offenbar war man dort davon ausgegangen, der Trennung des Verfahrens würde der Freispruch der französischen Zwangsrekrutierten folgen, denn kaum waren die Urteile gesprochen – ihre Strafen waren im Vergleich zu jenen der deutschen Angeklagten milder –, brach sich im Elsass ein Proteststurm Bahn. Abgeordnete intervenierten auf politischer Ebene, die Bürgermeister der beiden Departements planten einen Verwaltungsstreik, Fahnen wehten auf Halbmast, Glocken läuteten durch das Departement Oberrhein, in mehreren Orten wurden die *monuments aux morts* des Ersten Weltkriegs schwarz verhüllt, in Straßburg zogen 6000 Menschen zum Platz der Republik, auf dem das mit schwarzem Flor behängte Denkmal stand. Besorgt intervenierte die französische Legislative erneut in die juristische Ahndung des Massakers und amnestierte am 18. Februar 1953 die verurteilten französischen Zwangsrekrutierten im Sinne der Staatsräson.[18]

Die deutschen Angeklagten in Bordeaux und die westdeutsche Wahrnehmung der französischen Kriegsverbrecherprozesse

Dass die „elsässische Frage" den Prozess so dominieren konnte, war gewiss auch der Tatsache geschuldet, dass so wenige Deutsche auf der Anklagebank saßen. Als der Untersuchungsrichter im Oktober 1949 seine Ermittlungen abschloss, erklärte er 44 der 65 Angeklagten als „auf der Flucht", allesamt Deutsche.[19] Wo waren diese Männer? In der Mehrzahl tot, wie es Otto Weidinger den französischen Untersuchungsrichter, Capitaine Lesieur, glauben machen wollte?[20] Die 3. Kompanie sei in der Normandie „praktisch aufgerieben" und „nach den ersten Gefechtagen auf ungefähr dreißig Mann reduziert" worden, hieß es dann auch im Plädoyer der Anklagevertretung in Bordeaux.[21] Tatsächlich waren die Verluste, wie wir sehen werden, weitaus geringer.[22] Eine wichtige Rolle für das dürftige Ergebnis spielte die veränderte Haltung der Alliierten Frankreichs in der Auslieferungsfrage. Diese waren inzwischen nicht mehr bereit, ohne Weiteres alle Angehörigen einer Kompanie auszuliefern, ohne konkrete Angaben zur Rolle des Einzelnen zu erhalten.[23]

---

[16] Vgl. Danti-Juan, Réflexions, S. 30.
[17] Vgl. Farmer, Oradour, S. 177.
[18] Vgl. Farmer, Oradour, S. 184–194; Rioux, Procès, S. 16 f.
[19] Fouché, Politique, S. 118.
[20] Vgl. Vernehmungsprotokoll Otto Weidinger, 4. 5. 1949, StA Do, 45 Js 2/11, 2. SB, Bd. 11/3, Bl. 222–225. Weidinger gab an, das I. Bataillon habe bei den Kämpfen in der Normandie „60% seiner Effektivstärke verloren" und auch danach „sehr empfindliche neue Verluste" erlitten.
[21] Plädoyer des Anklagevertreters, Fall Oradour-sur-Glane, Tribunal Militaire Permanent (TMP) Bordeaux, Teil 1, 4. 2. 1953, Übersetzung, StA Do, 45 Js 2/11, 10. SB, Bd. 9/2.10, Bl. 5–52, hier Bl. 7.
[22] Vgl. Kapitel IV.2.1.
[23] Vgl. Moisel, Frankreich, S. 153.

So beschränkten die Briten 1948 ihre Auslieferungen auf Fälle, in denen ein Prima-Facie-Beweis (d. h. Beweis nach erstem Anschein) für Mord gegeben war. Kurz darauf verschärfte London die Anforderungen weiter, indem es jeweils eine überzeugende Begründung für die späte Antragstellung forderte. Auch auf amerikanischer Seite galt die Weisung, nur noch Mord-Fälle zu behandeln.[24] Ein weiterer Grund war möglicherweise, dass sich die ehemaligen Soldaten in den Kriegsgefangenenlagern absprechen konnten und die dortigen Gegebenheiten darüber hinaus ungünstig waren.[25] Sicher ist, dass mehrere in Oradour eingesetzte Männer in Kriegsgefangenschaft gerieten und wieder freikamen, teilweise ohne zu dem Massaker befragt zu werden.[26]

Unter den 21 Angeklagten im Gerichtssaal befanden sich Anfang 1953 damit nur sieben Deutsche, namentlich Karl Lenz, Fritz Pfeufer, Hermann Frenzel, Herbert Daab, Wilhelm Bläschke, Wilhelm Böhme und Erwin D.[27] Vier von ihnen waren zum Tatzeitpunkt 21 Jahre oder älter gewesen, drei hingegen zivilrechtlich minderjährig, einer davon auch strafrechtlich, das heißt noch keine 18 Jahre alt.[28] Was ihre Ränge anbelangt: Unter den anwesenden Angeklagten war kein Offizier.[29] Den höchsten Rang hatte zum Tatzeitpunkt Karl Lenz als SS-Oberscharführer (Unteroffizier) inne. Fritz Pfeufer, Hermann Frenzel und Herbert Daab waren SS-Grenadiere und damit einfach Soldaten. Wilhelm Böhme und Erwin D. gehörten seinerzeit zum Bataillonsstab, Böhme als Melder (SS-Rottenführer), D. als Angehöriger der Instandsetzungsstaffel (SS-Grenadier). Bläschke schließlich war SS-Unterscharführer (Unteroffizier) und Teil des Kompanietrupps.[30]

---

[24] Vgl. Brochhagen, Nürnberg, S. 175 f. Zur „anglo-amerikanischen Wende in der Auslieferungsfrage" im Jahr 1947 und zur Bedeutung für die französische Kriegsverbrecherpolitik vgl. Moisel, Frankreich, S. 103–117.

[25] So Claudia Moisel zu dem französischen Speziallager für Mitglieder der Waffen-SS, Camp des Sables, in dem es etwa an kompetenten Übersetzern mangelte. Aus diesem Lager wurden zwei der deutschen Angeklagten nach Bordeaux überstellt. Vgl. Moisel, Frankreich, S. 153.

[26] Eine Studie zum Schicksal der überlebenden Soldaten nach Kriegsende steht aus. In kanadische oder englische Kriegsgefangenschaft (1944–1947) kam nach eigenen Angaben C. B. befand sich seiner Aussage zufolge 1944–1946 in Frankreich und Belgien in amerikanischer Kriegsgefangenschaft. Z. gab später zu Protokoll, er habe bereits in amerikanischer Kriegsgefangenschaft ausgesagt. Vgl. Vernehmungsprotokolle C., 17. 2. 1978, 21. 8. 1979, StAM, 45 Js 11/78, Bd. 4, Bl. 1056–1063, sowie Bd. 7, Bl. 2203–2208; Vernehmungsprotokoll Z., 1. 2. 1994, Staatsarchiv Ludwigsburg (StaL), EL 317 III Zugang 2002/41, 2 Js 48144/89, Aktenordner; Vernehmungsprotokolle B., 12. 8. 1980, 13. 8. 1980 (2), BStU, MfS, HA IX/11, ZUV 66, Bd. 24 (ehem. GA 12), Bl. 33–38, 45–48.

[27] Die Schreibweise der Namen nach: Vermerk LKA NRW, EKHK Willms, Tatbeteiligte Einheitsangehörige des SS-Pz.Gren.Rgt. 4 „Der Führer", 20. 2. 2015, StA Do, 45 Js 2/11, HA, Bd. 16, Bl. 6295–6309.

[28] Was die französischen Angeklagten anbelangt, so hatten zum Tatzeitpunkt vier das 21. Lebensjahr vollendet, zehn waren jünger, vier davon noch keine 18 Jahre. Vgl. Fouché, Politique, S. 172.

[29] Vgl. Fouché, Politique, S. 171 f.

[30] Vgl. Vermerk LKA NRW, EKHK Willms, Tatbeteiligte Einheit(en) Oradour-sur-Glane, 28. 6. 2014, StA Do, 45 Js 2/11, HA, Bd. 14, Bl. 5478–5514.

Im Gegensatz zu den meisten französischen Angeklagten, die bis Prozessbeginn vorläufig freigelassen wurden,[31] befanden sich die deutschen Angeklagten seit mehreren Jahren in Untersuchungshaft.[32] Allein ein achter deutscher Angeklagter kam Ende Oktober 1952 vorerst frei. Es handelte sich dabei um Heinrich N., der bei seiner Verhaftung gestanden hatte, „ein Dorf" niedergebrannt, die Männer erschossen und Frauen in einer Kirche verbrannt zu haben.[33] Es folgten Widerrufe, erneute Geständnisse, Konkretisierungen zu seinem vermeintlichen Einsatz in Oradour, Entlastungsbeweise, widersprüchliche psychiatrische Gutachten, Falschaussagen zu seiner Identität und so fort. Schließlich konnte die Verteidigung seine wahre Identität und seine Beschäftigung in einer Fabrik zum Tatzeitpunkt nachweisen und bemühte sich, eine psychische Erkrankung zu belegen. Nach sechs Jahren Haft konnte Heinrich N., der niemals in Oradour gewesen war, das Militärgefängnis in Bordeaux bis auf Weiteres verlassen.

Fälle wie dieser waren nicht dazu angetan, das westdeutsche Bild von der strafrechtlichen Verfolgung der NS-Verbrechen in Frankreich zu verbessern, und dieses war bereits ausgesprochen negativ. Kritisiert wurden unter anderem die – teilweise von den Beschuldigten selbst verursachte – Länge der Verfahren, die Zusammensetzung der Militärgerichte (bis 1948 musste sich die Mehrheit der Beisitzer in der *Résistance* engagiert haben) und ganz besonders die sogenannte Lex Oradour. Die Rechtmäßigkeit der französischen Gerichtsverfahren wurde infrage gestellt, die französische Strafverfolgung als „willkürliche Siegerjustiz" angesehen, und in Politik und öffentlicher Meinung dominierte die Vorstellung, „es handele sich bei den Verfolgten nicht um schwer belastete NS-Verbrecher, sondern vielmehr um ‚Kriegsverurteilte', die für die Niederlage des Dritten Reiches büßen müssten".[34] Die Beschreibung des Falls N. in der Zeitschrift *Revue* unter dem Titel „Seit 6 Jahren unschuldig eingekerkert" fügte sich in dieses Bild. Während sein französischer Verteidiger angab, N. sei bei seinen Geständnissen gegenüber dem Untersuchungsrichter keinerlei Zwang ausgesetzt gewesen,[35] berichtete die *Revue*,

---

[31] In Untersuchungshaft befanden sich Georges René Boos, der sich freiwillig zur Waffen-SS gemeldet hatte, und G., inhaftiert seit 1945. Vgl. Fouché, Politique, S. 172. Boos' Vornamen werden in Akten und Publikationen teils in deutscher (Georg Rene), teils in französischer (Georges René) Schreibweise angegeben, mitunter wird nur sein zweiter Vorname genannt. Abgesehen von Zitaten und Quellenbelegen wird im Folgenden Georges Boos genutzt.

[32] Lenz seit 1945, Pfeufer seit 1946, Bläschke, Böhme, Frenzel und D. seit 1948, Daab seit 1949. Die meisten waren vorher bereits in Kriegsgefangenschaft. Vgl. Sténographie des audiences du procès de Bordeaux (12 janvier – 11 février 1953), StA Do, 45 Js 2/11, 10. SB, Bd. 3–6, hier 12. 1. 1953, S. 8–10, 16, 24–26; in einem Fall abweichend: Fouché, Politique, S. 172. Zum jeweiligen Beginn der Gefangenschaft: Born für von Trützschler, 14. 5. 1954, mit Anlage, PA AA, B 10, 2146. Angaben zu Haftzeiten und -orten auch bei Baginski, Gnade, S. 165, 167, 170.

[33] Vgl. hierzu und zum Folgenden die Rechtsschutz-Einzelfallakte zu Heinrich N., PA AA, B 10, 2158, hier Generalkonsulat der Bundesrepublik Deutschland, Paris, an Auswärtiges Amt (AA), 13. 6. 1951, dort auch Zitat.

[34] Brunner, Frankreich-Komplex, S. 80–91, 103–108, Zitate S. 80, 117. Zu den Reaktionen auf die „Lex Oradour" vgl. auch Moisel, Frankreich, S. 126 f., 239.

[35] Vgl. Generalkonsulat der Bundesrepublik Deutschland, Paris, an AA, 13. 6. 1951, PA AA, B 10, 2158.

er habe „bei seiner Festnahme, gezwungen durch Mißhandlungen der französischen Polizei, Geständnisse abgelegt", und diese aus „Furcht vor weiteren Schlägen" auch „vor dem Untersuchungsrichter wiederholt". Trotz vorliegender Beweise seiner Unschuld sei die Eröffnung des Hauptverfahrens angeordnet worden. Die Zeitschrift druckte Bilder des „primitiv[en] Mensch[en], der nicht über seinen nächsten Lebenskreis hinauszusehen noch hinauszudenken vermag", und seiner schluchzenden Mutter. Diese berichtete dem Blatt, ihr Sohn sei in Baden-Baden „zu den Franzosen" gegangen, „um sich in ein Lager einsperren und dort verpflegen zu lassen", vermutlich weil er keine Arbeit gefunden und „deshalb auch nichts zu essen" gehabt habe. Bei einer Vernehmung habe er gestanden, zu „einer bestimmten Einheit" gehört zu haben, ohne zu wissen, dass diese in Frankreich Verbrechen begangen habe. Daraufhin der französischen Polizei übergeben, habe diese „mit Schlägen und Mißhandlungen weitere ‚Geständnisse' aus ihm heraus[geholt]".[36]

Die Verteidigung der deutschen Angeklagten

Die sieben in Anwesenheit angeklagten Deutschen wurden von französischen Anwälten vertreten, zugleich waren die deutschen Verteidiger Dr. Alexander Lane, Dr. Theo Breymeier und Dr. Kurt Walters bestellt worden.[37] Der Hamburger Rechtsanwalt Walters koordinierte im Auftrag der Zentralen Rechtsschutzstelle (ZRS) die Verteidigung der deutschen Angeklagten und betreute diese auch vor Ort.[38] Die deutschen und französischen Rechtsanwälte standen in regem Kontakt und bereiteten die Verteidigung der deutschen Angeklagten vermutlich gemeinsam vor. Außer Frage stand jedoch sowohl für die Beschuldigten als auch für die französischen Verteidiger, dass ihre deutschen Kollegen während der Hauptverhandlung völlig passiv bleiben sollten. Rechtsanwalt Audet war der Meinung, es sei bereits schädlich, wenn diese eine Robe trügen. Allerdings sei es für die Angeklagten wichtig, die Anwesenheit der deutschen Verteidiger zu spüren.[39] Rechts-

---

[36] Seit 6 Jahren unschuldig eingekerkert, in: Revue, Nr. 36, 1952, PA AA, B 10, 2158. Sehr viel sachlicher berichtete *Die Welt* von N.s Entlassung. Vgl. Unschuldig in Haft, in: Die Welt, 29. 10. 1952, ebenda.
[37] Im Mai 1952 zählte weiterhin der Bad Kreuznacher Rechtsanwalt Karl Roemer zu den bestellten Rechtsanwälten. Offensichtlich legte er bis zum Prozessbeginn sein Mandat nieder, denn die diplomatische Vertretung in Paris nannte ihn zu diesem Zeitpunkt nicht mehr als bestellten Verteidiger. Roemer verteidigte in Frankreich u. a. den vormaligen Botschafter Otto Abetz und verhandelte 1951 im Auftrag von Kanzler Adenauer über die „Kriegsverbrecherfrage" in Frankreich. Vgl. Gawlik an AA, 21. 5. 1952, PA AA, B 10, 2143; Diplomatische Vertretung der Bundesrepublik Deutschland, Paris, an AA, 14. 1. 1953, ebenda. Zu Roemer vgl. Moisel, Frankreich, S. 140; Frei, Vergangenheitspolitik, S. 245 (Anm. 51). Der Vorname Breymeiers nach Kartheuser, Tulle, Bd. 4, S. 334. Der Vorname Lanes laut Auskunft des PA AA.
[38] Vgl. Moisel, Frankreich, S. 186, sowie Aufzeichnung von Trützschler, 20. 2. 1953, PA AA, B 10, 2144, in: Akten zur Auswärtigen Politik der Bundesrepublik Deutschland (AAPD), 1953, Bd. I, S. 216–218.
[39] Vgl. Roemer an Gawlik, 29. 2. 1952, Kopie, zwei Anlagen: Dusson-Martz an Roemer, 18. 2. 1952, Abschrift; Audet an Roemer, 22. 2. 1952, Abschrift, PA AA, B 10, 2143.

anwalt Walters jedenfalls sah die „Angelegenheit bei den beauftragten französischen Anwälten in guten Händen"[40] und war sich mit seinem Mainzer Kollegen Lane einig, dass diese sich offensichtlich „ihrer Aufgabe mit ernster Sorgfalt" annähmen und zu erwarten sei, dass so „eine gute Verteidigung gewährleistet ist".[41]

Das Budget, das der ZRS für ihre Aufgaben zur Verfügung stand, war beachtlich,[42] und die anwaltliche Tätigkeit für in Frankreich inhaftierte Deutsche „lukrativ und begehrt".[43] Im Fall Oradour war das Auswärtige Amt nicht nur bereit, „Sondergratifikationen" für französische, von Amtswegen bestellte Anwälte zu bezahlen,[44] sondern auch Hilfskräfte zum Aufkleben von Zeitungsausschnitten,[45] sowie auf Anregung von Rechtsanwalt Walters Reisekostenzuschüsse, um deutsche Journalisten in der Endphase des Prozesses zur Berichterstattung direkt aus Bordeaux zu ermutigen.[46]

Von der Zusammenarbeit zur Konkurrenz

Den deutschen Diplomaten in Paris war vor Beginn der Gerichtsverhandlung das „ausserordentliche Interesse der weiten Öffentlichkeit" am Prozess durchaus bewusst, wie auch seine „politische Wichtigkeit".[47] Auch hatte es immer wieder die Sorge gegeben, dass es zu „Demonstrationen seitens der Opfer der Vorfälle in Oradour und insbesondere von Seiten der kommunistischen Partei kommen könne".[48] Rechtsanwalt Walters erwartete eine heftige, aber kurze Presseagitation.[49] Gleichzeitig wussten die Diplomaten in Paris und das Auswärtige Amt seit No-

---

[40] Aufzeichnung Born für von Trützschler, 29. 4. 1952, PA AA, B 10, 2143.
[41] Diplomatische Vertretung der Bundesrepublik Deutschland, Paris, an AA, 30. 4. 1952, PA AA, B 10, 2143.
[42] Vgl. Brunner, Frankreich-Komplex, S. 116.
[43] Frei, Vergangenheitspolitik, S. 188. Dies galt auch nach Gründung der ZRS, obwohl mit deren Einrichtung die „Phase einer weitgehend unkontrollierten Aktivität deutscher Anwälte [endete], besonders für in Frankreich einsitzende Deutsche". Ebenda.
[44] Vgl. Walters an von Trützschler, 7. 2. 1953, PA AA, B 10, 2144; Aufzeichnung Born, 11. 2. 1953, Reinkonzept, ebenda, dort Zitat; Telegramm von Trützschler an Diplogerma Paris, 12. 2. 1953, ebenda.
[45] Vgl. Diplomatische Vertretung der Bundesrepublik Deutschland, Paris, an AA, 31. 1. 1953, PA AA, B 10, 2144; Entwurf von Trützschler, 9. 2. 1953, ebenda.
[46] Das Pressereferat des AA notierte: „Erfahrungsgemäß wirkt die Anwesenheit deutscher Pressevertreter bis zu einem gewissen Grade bremsend auf die Vorgänge im Prozeß. Angesichts des großen Interesses, das der Oradour-Prozeß in der Weltpresse gefunden hat, scheint es mir vertretbar, zwei oder dreitausend D-Mark als Reisekostenzuschuß zur Verfügung zu stellen." Diehl, Notiz für Herrn Krüger, 29. 1. 1953, PA AA, B 2, 41, Bl. 186. Ein Reisekostenzuschuss in Höhe von 750 DM wurde dem für *Die Welt* und den *Nordwestdeutschen Rundfunk* arbeitenden Rechtsanwalt Dr. Bley zugesagt. Vgl. Diehl, Notiz für Herrn Krüger, Vertraulich!, 2. 2. 1953, ebenda, Bl. 185.
[47] Diplomatische Vertretung der Bundesrepublik Deutschland, Paris, an AA, 15. 2. 1952, PA AA, B 10, 2143.
[48] Diplomatische Vertretung der Bundesrepublik Deutschland, Paris, an AA, 14. 1. 1953, PA AA, B 10, 2143.
[49] Vgl. Aufzeichnung Born für von Trützschler, 29. 4. 1952, PA AA, B 10, 2143.

vember 1952, dass der Vorsitzende Richter Marcel Nussy-Saint-Saëns nicht beabsichtigte, mittels der „Lex Oradour" zu möglichst harten Urteilen zu kommen. Bei einer Unterredung mit Dr. Walter Guttmann von der deutschen diplomatischen Vertretung in Paris versicherte der Richter mit „Tränen in den Augen", dass er „jedesmal krank" sei, wenn er ein Todesurteil verkünden müsse. Nussy-Saint-Saëns teilte weiter mit, er gedenke im Fall Oradour „die ganze Voruntersuchung noch einmal aufzunehmen, um die individuelle Verantwortung jedes einzelnen klar zu stellen". So hoffe er, „ein günstiges Resultat zu erreichen". Er bat explizit darum, seine Informationen vertraulich zu behandeln, sodass Gebhardt von Walther, Stellvertreter des Pariser Generalkonsuls Wilhelm Hausenstein, das Auswärtige Amt aufforderte, „unter keinen Umständen irgendwelche Mitteilungen über diese Unterhaltung an die Presse gelangen zu lassen".[50] Was hingegen weder die deutschen Anwälte noch die Pariser Botschaft, noch das Auswärtige Amt vorhersahen, war die enorme Sprengkraft, die dem Problem der angeklagten Zwangsrekrutierten innewohnte. Dies lag möglicherweise daran, dass noch im Dezember 1952 und damit kurz vor Prozessbeginn ein Arbeitstreffen zwischen den Anwälten der deutschen Angeklagten und den Verteidigern der französischen Zwangseingezogenen stattfand, das aus deutscher Sicht „durchaus erfolgreich" verlief.[51] Rechtsanwalt Pierre Schreckenberg, der zwölf der dreizehn französischen Zwangseingezogenen vertrat, erklärte im Namen der elsässischen Seite, „dass sie nicht im geringsten während der Verhandlung Angriffe gegen die deutschen Angeklagten vortragen oder Belastungen aussprechen würde". Alle Anwesenden waren sich darüber hinaus einig, dass es notwendig sei, „im engsten Einvernehmen miteinander zu arbeiten und trotz der etwas verschiedenen Situation der Angeklagten nach aussenhin [sic] geschlossen, soweit es möglich ist, aufzutreten". Die Anwälte erörterten diverse Fragen, verständigten sich auf ein erneutes Treffen vor Prozessbeginn und vereinbarten, „dass in der Zwischenzeit eine laufende gegenseitige Unterrichtung und ein Austausch des Materials stattfinden" werde.[52]

Dieser positive Ausgangspunkt dürfte den nahezu panischen Tonfall der beiden Telegramme erklären, die Botschaftsrat von Walther etwa einen Monat nach dem Treffen an das Auswärtige Amt sandte: Die Verteidigung versuche „mit allen Mitteln" die Abtrennung des Verfahrens gegen die Elsässer zu erreichen, was die Pariser Tagespresse „mit spaltenlangen Artikeln" unterstütze; das Militärgericht solle durch die Mobilisierung der öffentlichen Meinung „durch massierten Einsatz [der] Presse unter Heranziehung bekannter Persönlichkeiten" unter Druck gesetzt werden. Vertraulichen Mitteilungen zufolge solle geplant sein, eine Gesetzesvorla-

---

[50] von Walther an AA, 22. 11. 1952, PA AA, B 10, 2130.
[51] Walters an von Trützschler, 10. 12. 1952, PA AA, B 10, 2143.
[52] Roemer/Walters, Aktennotiz über die Besprechung i. S. Oradour in Paris am 8. 12. 1952, PA AA, B 10, 2143. Unter den aufgelisteten Teilnehmern ist kein Mitglied der deutschen Vertretung in Paris. Es ist jedoch kaum denkbar, dass die Diplomaten nicht über das Treffen und seinen Ausgang informiert waren, zumal es in Paris stattfand und Walters die Aktennotiz dem Auswärtigen Amt übersandte.

ge zur Änderung des Gesetzes vom 15. September 1948 zu Gunsten der angeklagten Elsässer „mit Unterstützung einflussreicher elsässischer Kreise und Parlamentarier" einzubringen.[53] Waren die Rechtsanwälte im Dezember noch davon ausgegangen, „dass die besondere Situation der elsässischen Angeklagten sich nur günstig für die deutschen Angeklagten auswirken" könne,[54] sorgte sich von Walther nun, eine Abtrennung würde die deutschen Angeklagten in eine höchst „gefährliche" Lage versetzen und sie „voller Wucht der Anklage aussetzen".[55] Während erste Beratungen in Paris zu der Überlegung führten, auf eine tatsächliche Abtrennung unter anderem mit einer zeitlich befristeten Niederlegung der Mandate durch die Verteidiger zu reagieren,[56] erwog man im Auswärtigen Amt eine Intervention bei der französischen Regierung.[57] Doch Hausenstein riet ab: Ein solcher Schritt würde vom Quai d'Orsay „zweifellos als unberechtigte Einmischung in ein schwebendes Gerichtsverfahren a limine zurückgewiesen" und könne die Situation nur verkomplizieren. Würde die Intervention bekannt, sei ein „Pressesturm zu befürchten".[58]

Tatsächlich forderten die Verteidiger der elsässischen Angeklagten umgehend nach Prozesseröffnung die Abtrennung des Verfahrens. „Die seitens der Verteidigung vorgebrachten Gründe", echauffierte sich von Walther in seinem Bericht an das Auswärtige Amt, „gipfelten darin, dass man Elsässer und Deutsche nicht in ein und demselben Verfahren aburteilen könne, weil man nicht die ‚bourreaux' [Henker] und ihre ‚victimes' [Opfer] gemeinsam auf die Anklagebank bringen dürfe."[59] Maître Schreckenberg hatte bei Prozessbeginn Gericht und Zuhörer wissen lassen: „[Was] die elsässische Verteidigung betrifft, so sind wir alle solidarisch."[60] Die wenige Wochen vorher verabredete deutsch-elsässische Zusammenarbeit war aufgekündigt.

Die Anwälte der deutschen Angeklagten verzichteten auf die zunächst ins Auge gefasste Niederlegung ihrer Mandate als Zeichen des Protests. Nach ausführlichen Beratungen war man zu dem Schluss gekommen, dass der Abtrennungsantrag auf rechtlicher Ebene nicht zu begründen sei, sodass man entschied, „jede politische Polemik zu vermeiden" und dem Antrag allein aus Rechtsgründen zu widersprechen. Das Gericht wies den Antrag tatsächlich zurück,[61] und doch war deutlich geworden, dass die „elsässische Frage" maßgeblichen Einfluss auf den Verlauf des Prozesses nehmen könnte.

---

[53] Telegramm von Walther an AA, 6. 1. 1953, 12:20 Uhr, PA AA, B 10, 2143.
[54] Roemer/Walters, Aktennotiz über die Besprechung i. S. Oradour in Paris am 8. 12. 1952, PA AA, B 10, 2143.
[55] Telegramm von Walther an AA, 6. 1. 1953, 12:20 Uhr, PA AA, B 10, 2143.
[56] Vgl. Telegramm von Walther an AA, 6. 1. 1953, 18:40 Uhr, PA AA, B 10, 2143.
[57] Vgl. Telegramm von Trützschler an Diplogerma Paris, 7. 1. 1953, PA AA, B 10, 2143.
[58] Vgl. Telegramm Hausenstein an von Trützschler, 9. 1. 1953, PA AA, B 10, 2143.
[59] von Walther an AA, 14. 1. 1953, PA AA, B 10, 2143.
[60] Zitiert nach Fouché, Politique, S. 144 f.
[61] von Walther an AA, 14. 1. 1953, PA AA, B 10, 2143. Die Frage der Abtrennung sollte jedoch zu einem späteren Zeitpunkt erneut geprüft werden.

Die Zeugen

Nachdem der Antrag auf Verfahrensabtrennung gescheitert war, begann die Befragung der Angeklagten, dann folgten die Zeugenaussagen. Der Anklagevertreter, der *Commissaire du Gouvernement* Colonel Gratien Gardon, hatte etwa 60 Zeugen geladen, darunter zahlreiche Überlebende und Hinterbliebene des Massakers. Jean-Jacques Fouché hat deren Aussagen in seiner Studie zum Prozess breiten Raum gegeben und so ein atmosphärisch dichtes Bild der „endlos tiefen Trauer" gezeichnet, „die die Opfer in Oradour quält".[62] Das erlebte Grauen der Hinterbliebenen und ihre Trauer spiegeln sich etwa in der Zeugenaussage von Madame Ledau:

„Ich habe dreizehn Angehörige verloren, meinen Ehemann und meinen Neffen mit meiner Tochter, ich habe zahlreiche Cousins, die ich schon gar nicht mehr zähle. [...] Am Montagmorgen gingen wir zurück zur Kirche und überallhin. Ich fand meine Mutter tot auf, bedeckt mit den Eingeweiden eines Tieres, das sie getötet hatten. [...] Am Dienstag ließen mich Herr Machefer und Herr Gelas rufen, sie hatten ein Kleines gefunden. Ich ging hin und es war mein Urgroßenkel. Ich legte ihn in einen Wagen seines Großvaters, der nicht verbrannt war. Er war siebeneinhalb Monate alt. Ich fand ihn neben seiner armen Mutter auf. Beide waren mit Erde bedeckt. Sie hatten Reisigbündel hingelegt, die gebrannt hatten. Am darauffolgenden Tag fertigte ich ihm seinen kleinen Sarg und legte ihn in ein Grab, das ich mit einem Stück Holz gemacht hatte. Eine Nachbarin half mir dabei [...] Acht Tage später wurden in der Leichengrube meine Tochter und sieben Kinder gefunden. Bei einem Kind fehlte der Kopf, bei einem anderen fehlten die Beine. Ich weiß nicht, was sie meiner Tochter angetan hatten, aber sie war nicht verbrannt worden, und ich erkannte gut, dass sie es war. Am Samstag taten wir alles, was wir konnten, um sie in Särge zu legen.
Mein Mann war von zu Hause aufgebrochen, da war es gerade erst zwei Uhr. Er sagte zu mir: Ich gehe etwas erledigen und dann komme ich zurück. Aber ich fand, dass diese Erledigung sehr lange dauerte und ich habe ihn nie wieder gesehen."[63]

Während ihrer Aussage wurde Madame Ledau von ihren Gefühlen überwältigt, und sie war nicht die einzige Zeugin, der es so erging. Doch mit der Anhörung der Zeugen der Verteidigung änderte der Prozess den „Kurs": „Es ist nicht der [Prozess] des ‚Hitlerismus', wie es der Vorsitzende am Tag der Eröffnung wünschte, er wurde auf Betreiben der elsässischen Abgeordneten der [Prozess] der Zwangsrekrutierten und damit zwangsläufig ein Rehabilitierungsprozess".[64] Die Verteidigung der elsässischen Angeklagten hatte 21 Entlastungszeugen geladen. Deren Aussagen bezogen sich – mit einer Ausnahme – nicht konkret auf die Angeklagten, sondern auf die Lage des Elsass zwischen *de facto* Annexion und Befreiung sowie auf die Situation der Zwangsrekrutierten.[65]

---

[62] Vgl. Fouché, Politique, S. 229–341, Zitat S. 338.
[63] Vernehmungsprotokoll Madame Ledau, 31. 1. 1953, Übersetzung, StA Do, 45 Js 2/11, 10. SB, Bd. 9/2.10, Bl. 15 f. Das französische Original zitiert in Auszügen: Fouché, Politique, S. 338 f. Tatsächlich dürfte es sich um einen Schreibfehler im ANFM-Protokoll der Gerichtsverhandlung und bei der Zeugin um Léonarde Ledot, geborene Devoyon gehandelt haben. Vgl. u. a. Erkenbrecher, Studie, StA Do, 45 Js 2/22, 16. SB.
[64] Fouché, Politique, S. 375.
[65] Vgl. Fouché, Politique, S. 341.

Dass der Prozess zum „Prozess der Zwangsrekrutierten" geriet, wurde dadurch verstärkt, dass die Verteidiger der deutschen Angeklagten keine Entlastungszeugen geladen hatten.[66] Im Gespräch gewesen war eine solche Ladung durchaus. Im Jahr 1952 kamen die Verteidiger zu dem Schluss, dass „für ein Auftreten in Bordeaux eigentlich nur der frühere Divisions-Richter der Division ‚Das Reich' in Betracht zu ziehen" sei. Rechtsanwalt Walters wies gegenüber dem Auswärtigen Amt darauf hin, dass Okrent seinerzeit von Lammerding umgehend mit der Einleitung eines kriegsgerichtlichen Verfahrens beauftragt worden sei und über die von ihm unternommenen Schritte aussagen könne. Die Verteidigung lege „besonderen Wert" auf dessen Aussage, „weil sie den Beweis dafür liefert, dass die Vorgänge in Oradour – entgegen der in dem Nürnberger Hauptkriegsverbrecher-Prozess von französischer Seite aufgestellte[n] Behauptung – nicht von der obersten Führung befohlen wurde, sondern befehlswidrig auf die eigene Initiative des hierfür verantwortlichen SS-Offiziers Dieckmann [sic] zurückzuführen sind".[67] Die Rechtsanwälte wollten also nicht nur die in Anwesenheit Angeklagten entlasten, sondern Waffen-SS und Wehrmacht im Ganzen, denn in Nürnberg hatten die Franzosen *in puncto* Oradour den Befehlsrahmen des OKW bzw. OB West betont. Indem man nun belegen wollte, dass das Verbrechen allein dem Bataillonskommandeur anzulasten war, sollte das brutale Vorgehen der Einheit als befehlswidrige Ausnahme dargestellt werden.

Allerdings sorgten sich die Verteidiger um Okrents „persönliche Sicherheit". Walters bat das Auswärtige Amt deshalb, bei der französischen Regierung zu eruieren, ob Okrent freies Geleit zugesichert werden könne. Als Begründung könne man anführen, „dass der Divisions-Richter zwar mit den Vorfällen in Oradour nicht in Zusammenhang zu bringen ist, jedoch mit Rücksicht auf das noch in Geltung befindliche Gesetz vom 15. 9. 1948 (Lex Oradour) möglicherweise als Angehöriger der Division ‚Das Reich' mit in das Verfahren hereingezogen werden könnte".[68] Heinz Trützschler von Falkenstein von der Politischen Abteilung des Auswärtigen Amts war „gerne bereit", in der Frage mit dem Hohen Kommissar in Kontakt zu treten,[69] doch die Verteidigung wich zurück und entschied, zunächst den Weg der eidesstattlichen Erklärungen zu beschreiten. Über die französischen Anwälte sollte der Anklagevertreter von den Erklärungen erfahren und so die Möglichkeit haben, selbst zu ermitteln. Hielte er dies für verzichtbar, würden die Dokumente bei der Hauptverhandlung verwendet werden können; entschiede er sich für Ermittlungen, solle ihm „nahegelegt werden, auf dem diplomatischen Wege die Vernehmungen der in Betracht kommenden Zeugen durch ein deutsches Gericht zu beantragen". Die Frage des freien Geleits würde sich erst dann stellen, wenn die Anklagevertretung die Ladung der Zeugen plane.[70] In den folgenden

---

[66] Darauf, dass keine Entlastungszeugen geladen wurden, verweist: Fouché, Politique, S. 342.
[67] Walters an von Trützschler, 13. 9. 1952, PA AA, B 10, 2143.
[68] Walters an von Trützschler, 13. 9. 1952, PA AA, B 10, 2143.
[69] Entwurf von Trützschler an Walters, 25. 9. 1952, PA AA, B 10, 2143.
[70] Walters an AA, 6. 10. 1952, PA AA, B 10, 2143.

Wochen gaben Detlef Okrent, Heinrich Lammerding und darüber hinaus fünf ehemalige hochrangige Mitarbeiter des OB West und MBF eidesstattliche Erklärungen bzw. Versicherungen ab.[71] Etwa einen Monat vor Prozessbeginn wurde bei der bereits genannten gemeinsamen Besprechung mit den Anwälten der französischen Zwangseingezogenen beschlossen, die „eidesstattlichen Versicherungen deutscher Zeugen zu der Frage, was die Division nach den Ereignissen in Oradour unternommen hat, und zu der Frage, was die vorgesetzten Dienststellen (Oberbefehlshaber West, Militärbefehlshaber, OKW usw.) veranlasst haben", dem Gerichtspräsidenten schnellstmöglich zukommenzulassen und auch dem Anklagevertreter zugänglich zu machen. Ein „persönliches Erscheinen der Zeugen" hielt man „nach dem gegenwärtigen Stand der Angelegenheit nicht für erforderlich".[72]

Der Beginn der Causa Lammerding

Es war die eidesstattliche Erklärung Lammerdings, die zum Auftakt dessen geriet, was im Folgenden als Causa Lammerding bezeichnet wird: Beginnend mit dem Bordeaux-Prozess und über Jahrzehnte hinweg wurde der ehemalige Kommandeur der Division „Das Reich" zum Inbegriff des Schuldigen für das Massaker in Oradour und zugleich zum Symbol des Justizversagens in diesem Fall. Alles begann in diesen ersten Wochen des Jahres 1953, und dies obwohl Lammerding in Bordeaux weder auf der Anklagebank saß, noch in Abwesenheit angeklagt war. Sein Name fand sich nicht einmal in der Anklageschrift.[73] Zwar war der ehemalige Divisionskommandeur 1951 vom Militärgericht Bordeaux in drei anderen Fällen – unter anderem für das Massaker in Tulle – in Abwesenheit zum Tode verurteilt worden,[74] folgt man allerdings seinen eigenen Angaben, so führte er derweil ein problemloses Leben im westlichen Teil Deutschlands. Acht Tage vor Kriegsende sei er in ein Lazarett gekommen, wo man sich habe in Zivil kleiden können. Bei Kriegsende – in Zivil festgenommen – sei er „kurz" bzw. „zwei Stunden" in amerikanische Gefangenschaft geraten, habe sich „dann aber aus dem Lager entfernt". Zunächst habe er unter richtigem Namen, „jedoch unter Verschweigen meiner SS-Dienststellung" in Bayern gelebt, sich sodann Mitte 1945 „polizeilich" in Düsseldorf angemeldet bzw. den „britischen Behörden" seine Fingerabdrücke gegeben und seinen Ausweis erhalten. Danach habe er ein Unternehmen des Hochbaus übernommen.[75] Auch wenn an dieser Version Zweifel angemeldet[76] und wieder-

---

[71] Vgl. Kapitel III.3, Abschnitt „Konflikte im Vorfeld des Oradour-Prozesses".
[72] Roemer/Walters, Aktennotiz über die Besprechung i. S. Oradour in Paris am 8. 12. 1952, PA AA, B 10, 2143.
[73] Vgl. Acte d'accusation, TMP Bordeaux, 1. 12. 1952, StA Do, 45 Js 2/11, 9. SB, Bd. 6, L XII, Bd. 4, Bl. 296.
[74] Vgl. Moisel, Frankreich, S. 190 mit Anm. 27.
[75] So zusammenfassend seine Angaben gegenüber der Dortmunder Staatsanwaltschaft und Beau/Gaubusseau. Lammerding gab teilweise unterschiedliche Details an, die sich jedoch nicht zwingend widersprechen. Vgl. Vernehmungsprotokoll Heinrich Lammerding, 19. 2. 1962, StAM, 45 Js 2/62, Bd. 1 (2094), Bl. 48–64, hier Bl. 54; Beau/Gaubusseau, R. 5, S. 345 f. Zu Beau/Gaubusseau vgl. Kapitel III.5, Abschnitt „*Trafic et crimes* und die Folgen".
[76] Vgl. etwa Fouché, Politique, S. 493–495.

holt über eine Zusammenarbeit Lammerdings mit dem amerikanischen Geheimdienst spekuliert wurde, so stehen Belege für solche Hypothesen aus.[77] Sicher ist, dass die Familie seit Anfang Januar 1949 in Düsseldorf-Unterrath wohnte und amtlich gemeldet war.[78]

Der Oradour-Prozess setzte Lammerdings ruhigem Leben erst einmal ein Ende und dafür war der Bauunternehmer wohl selbst verantwortlich bzw. seine eidesstattliche Erklärung. In dieser wies er jegliche Schuld an dem Massaker von sich und lastete es allein Bataillonskommandeur Adolf Diekmann an. Aus der notariellen Beglaubigung seiner Unterschrift ging auch Lammerdings Wohnort hervor: Der frühere SS-General – so lag es dem Gericht schwarz auf weiß und notariell beurkundet vor – lebte in Düsseldorf und damit in der britischen Besatzungszone.[79] Der deutschen Vertretung in Paris zufolge war Lammerdings Aufenthalt dem Gericht bis zu diesem Zeitpunkt nicht bekannt gewesen, „ja [e]s wurde sogar vermutet, daß er im Zusammenhang mit den Kriegsereignissen ums Leben gekommen ist". Erst durch sein Schreiben habe er „erneut die Aufmerksamkeit auf sich gelenkt und damit die Forderung nach seiner Auslieferung ausgelöst".[80] Letzteres wurde im Gerichtssaal zwar nicht verlesen,[81] doch dass er ein solches zugunsten der Angeklagten übersandt hatte, wie auch sein aktueller Wohnort und seine Tätigkeit als Ingenieur wurden am 16. Januar 1953 dennoch bekannt.[82] Eine Woche später titelte das *Neue Deutschland*: „SS-Mörder-General Lammerding lebt auf freiem Fuß in Düsseldorf".[83]

Die Forderung nach einer Auslieferung Lammerdings war zu Beginn des Jahres 1953 nicht mehr zu überhören.[84] Am 3. Februar 1953 nahmen in Limoges etwa

---

[77] Zu unterscheiden ist hier zwischen einer Protektion Lammerdings – die, wie noch zu zeigen sein wird, zweifelsfrei nachweisbar ist – und einer möglichen Gegenleistung etwa in Form einer Arbeit für den englischen oder amerikanischen Geheimdienst. Letzteres ist angesichts der angeblichen Schwierigkeiten, Lammerding vor 1953 zu finden, durchaus denkbar, allerdings bislang nicht bewiesen. Unterschiedliche Vermutungen, Hinweise und/oder Theorien u. a. bei Théolleyre, Procès, S. 39 f.; Soulier, Drame, S. 91–108, v. a. S. 107; Kartheuser, Tulle, Bd. 4, S. 299, 302, 309 f., 331, 384; Picaper, Ombres, S. 346; Rosh/Schwarberg, Tag, S. 114 f.; Przybylski/Busse, Mörder, S. 149.

[78] Vgl. Bericht Willms, 21. 11. 1961, StAM, 45 Js 2/62, Bd. 1 (2094), Bl. 4–9.

[79] Vgl. Eidesstattliche Versicherung Heinrich Bernard Laemmerding [sic], o. D. (notarielle Unterschriftenbeglaubigung: 29. 10. 1952), BStU, MfS, HA IX/11, ZUV 66, Bd. 30 (ehem. GA 18), Bl. 253 f. In den Akten der französischen Militärjustiz dürfte das Dokument abgelegt sein unter Liasse XII, cote 428, vgl. StA Do, 45 Js 2/11, 9. SB, Bd. 6/L XII, Bd. 5, Index.

[80] Diplomatische Vertretung der Bundesrepublik Deutschland, Paris, an AA, 4. 2. 1953, PA AA, B 10, 2144.

[81] Vgl. Fouché, Politique, S. 499.

[82] Das Datum, an dem die Existenz des Briefes bekannt wurde, nach: Delarue, Trafics (1968), S. 479.

[83] SS-Mörder-General Lammerding lebt auf freiem Fuß in Düsseldorf, in: Neues Deutschland, 23. 1. 1953. Im Artikel hieß es, Anklagevertreter Gardon habe der Presse mitgeteilt, dass sich Lammerding derzeit in Düsseldorf auf freiem Fuß befinde und dort als Ingenieur arbeite. Ob es Gardon war, der von dem Brief berichtete, geht aus dem Beitrag nicht eindeutig hervor.

[84] Vgl. Moisel, Frankreich, S. 190. Moisel weist mit Blick auf die vorhergehenden Abwesenheitsurteile darauf hin, dass dies *erst* Anfang 1953 der Fall war.

40 000 Personen an einer Demonstration teil, bei der die „gerechte" – die diplomatische Vertretung in Paris setzte das Wort in Anführungszeichen – „Bestrafung der Schuldigen und die Auslieferung aller SS Leute, die an dem Verbrechen von Oradour teilgenommen haben, insbesondere des Generals Lammerding gefordert wurde".[85] Und so sprach die Zeitung *Libération* am 4. Februar 1953 vermutlich vielen Franzosen aus der Seele: „Lammerding wurde beim Spazierengehen in Bonn gesehen. Worauf wartet man, um ihn zu verhaften?"[86]

(K)eine Auslieferung Lammerdings?

Dass Lammerding bis zu diesem Zeitpunkt nicht ausgeliefert worden war, mag auch am mangelnden Engagement der französischen Seite gelegen haben.[87] Dass er aber jetzt trotz der Bemühungen in Paris und dem öffentlichen Aufschrei nichts zu befürchten hatte, das verdankte der ehemalige General den Briten, den Amerikanern und seiner Protektion durch Bonn. Keine dieser drei Seiten hatte ein Interesse an seiner Auslieferung, und ihr Vorgehen griff so perfekt ineinander, dass Lammerding zu keinem Zeitpunkt in Gefahr war. Zunächst parierten die Briten die nun vehementen Auslieferungsforderungen der Franzosen. Ende Januar 1953 stellte die französische Regierung ein Auslieferungsersuchen an die Briten[88] und erhob – als Londons Antwort ausblieb – die Angelegenheit zur „Chefsache".[89] Bei einer Besprechung der beiden Außenminister in London verlangte Georges Bidault von seinem britischen Amtskollegen Anthony Eden persönlich die Auslieferung Lammerdings,[90] der französische Regierungschef René Mayer wies gegenüber dem britischen Premierminister Winston Churchill auf die Dringlichkeit der

---

[85] Diplomatische Vertretung der Bundesrepublik Deutschland, Paris, an AA, 4. 2. 1953, PA AA, B 10, 2144. Vgl. zu dieser Demonstration auch Farmer, Oradour, S. 183, und Fouché, Politique, S. 384 f.
[86] Zitiert nach Fouché, Politique, S. 380.
[87] Es ist unklar, ob bzw. in welchem Zusammenhang Frankreich vor 1953 die Auslieferung Lammerdings beantragte. Argumente bzw. Quellenhinweise, die dafür sprechen, finden sich bei Brochhagen, Nürnberg, S. 184 mit Anm. 48, S. 477; Rosh/Schwarberg, Tag, S. 115; Diplomatische Vertretung der Bundesrepublik Deutschland, Paris, an AA, 28. 1. 1953, PA AA, B 10, 2144. Hinweise für beide Möglichkeiten bei Javerliat, Bordeaux, S. 43–48. Zur Auslieferungsproblematik allgemein und u. a. ausführlich zum Fall Oradour vgl. Brochhagen, Nürnberg, S. 174–188.
[88] Laut Verteidigungsminister René Pleven stellte die französische Regierung am 22. 1. 1953 einen Auslieferungsantrag bei den britischen Besatzungsbehörden in Deutschland. Vgl. Javerliat, Bordeaux, S. 43. Moisel, Frankreich, S. 190, zufolge ließ der französische Hohe Kommissar den Auslieferungsantrag am 31. 1. 1953 der britischen Hochkommission zukommen. Formal bezog sich der Antrag auf Tulle. Vgl. Brochhagen, Nürnberg, S. 477 (Anm. 50). Die Auslieferungsbemühungen und ihren Kontext behandelt auch Fouché, Politique, S. 487–490.
[89] Brochhagen, Nürnberg, S. 185. Laut Farmer, Oradour, S. 278 (Anm. 1), antwortete die britische Hochkommission, „dass der Fall ‚geprüft' würde und dass sie auf Weisungen aus London warte". Weiterhin habe sie auf die seit 1948 bestehende Restriktion bei Auslieferungen hingewiesen.
[90] Vgl. Brochhagen, Nürnberg, S. 185; Moisel, Frankreich, S. 190; Farmer, Oradour, S. 278 (Anm. 1).

Angelegenheit hin.[91] War die offizielle Reaktion Edens schon sehr verhalten,[92] so zeigen die internen Beratungen und Dokumente eindrücklich, dass man auf britischer Seite keinerlei Interesse an einer Verfolgung Lammerdings hatte: „Man habe schon genug Ärger gehabt mit den Franzosen", ließ der britische Hochkommissar Ivone Kirkpatrick das *Foreign Office* mit Blick auf die scheinbar nicht enden wollenden französischen Kriegsverbrecherprozesse in Frankreich wissen.[93] Eden vermerkte, es sei sehr „lästig, was die Franzosen da verlangen. Was wirft man dem Mann vor? Auf den ersten Blick erscheint deren Forderung kaum angemessen, nach all den Jahren".[94]

Eden hatte sich Bidaults Forderung nach der Auslieferung Lammerdings insbesondere mit dem Hinweis entzogen, der Gesuchte sei – vom Pressewirbel alarmiert – untergetaucht.[95] Dass Lammerding aus der britischen Besatzungszone nach Bayern fliehen konnte, bevor seine Verhaftung erfolgte, entsprach jedoch genau dem Kalkül der Briten, „entsprach der politischen Entscheidung, die das Foreign Office insgeheim getroffen hatte – eine Entscheidung für Deutschland und gegen Frankreich, insofern gegen eine Auslieferung des SS-Generals".[96] Unverhohlen hieß es etwa in einem Entwurf für Churchill: „Die Verzögerung wird es Lammerding ermöglichen, aus Düsseldorf zu fliehen."[97] Erst am 18. Februar – Lammerding war schon über alle Berge – forderte das *Foreign Office* die britische Hochkommission offiziell auf, den Bauunternehmer festzunehmen.[98] Da half es nichts mehr, dass das *Neue Deutschland* am gleichen Tag mit Lammerdings genauer Adresse aufwartete.[99] Was motivierte die Briten? Claudia Moisel vermutet als bedeutsamen Grund für die britische Zurückhaltung im Unterschied zum energischen Handeln in der Naumann-Affäre,[100] dass sich Lammerding nach Kriegsende – anders als der Kreis um Naumann – nicht mehr politisch engagierte.[101] In Großbritannien, so Ulrich Brochhagen, seien die „späten und sich zäh hinziehenden französischen Kriegsverbrecherprozesse auf nur wenig Verständnis" gestoßen, und der Druck Bonns habe „ein übriges" bewirkt. Mit Rücksicht auf die EVG-Gegner in Frank-

---

[91] So Mayer am 18. 2. 1953 in der *Assemblée nationale*. Vgl. Javerliat, Bordeaux, S. 45.
[92] In seiner schriftlichen Antwort an Bidault vom 13. 2. 1953 ließ Eden wissen, „von Lammerding bislang noch nie etwas gehört zu haben", dämpfte die Erwartungen und wies auf die politischen Probleme einer Auslieferung so lange nach Kriegsende hin. Vgl. Moisel, Frankreich, S. 190, Zitat nach ebenda; Brochhagen, Nürnberg, S. 185.
[93] Brochhagen, Nürnberg, S. 184.
[94] Zitiert nach Brochhagen, Nürnberg, S. 184.
[95] Vgl. Brochhagen, Nürnberg, S. 185.
[96] Brochhagen, Nürnberg, S. 185.
[97] Zitiert nach Brochhagen, Nürnberg, S. 185. Auch aus einem Schreiben der ZRS von 1961 geht hervor, dass die Briten Anfang 1953 gegenüber den Franzosen keinen Zweifel daran ließen, dass mit einer Sonderbehandlung im Fall Lammerding nicht zu rechnen war. Vgl. Redenz an Ref. 204, 9. 1. 1961, PA AA, B 24, 460, Bl. 323–325.
[98] Vgl. Brochhagen, Nürnberg, S. 185.
[99] Vgl. Die Mörder decken einander, in: Neues Deutschland, 18. 2. 1953.
[100] Vgl. hierzu unten.
[101] Vgl. Moisel, Frankreich, S. 190 f.

reich habe man formal „rechtliche Schritte für eine Auslieferung Lammerdings eingeleitet. Nur finden wollte die Regierung in London Lammerding nicht."[102]

Wie noch zu zeigen sein wird, hatte nicht nur London diese Problematik im Blick, fielen der Prozess und seine unmittelbaren Folgen doch in die zweijährige Phase des „Ringen[s] um die EVG".[103] Im Mai 1952 waren in Bonn und Paris die Westverträge unterzeichnet worden. In einem Junktim verknüpft sah der EVG-Vertrag die Schaffung einer Europäischen Armee mit westdeutscher Beteiligung, der Generalvertrag die Aufhebung des Besatzungsstatuts und die Rückgabe der Souveränität an die Bundesrepublik vor.[104] Die Vertragswerke waren dies- und jenseits des Rheins hart umstritten, sodass ihre Ratifikation auf sich warten ließ. Eine knappe Woche vor Verhandlungsbeginn in Bordeaux designierte das französische Parlament René Mayer zum neuen Regierungschef, der den Abgeordneten noch am gleichen Tag versicherte, Zusatzprotokolle zum EVG-Vertrag auszuhandeln, eine Zusage, die in den kommenden Wochen zu Unruhe in Paris und Bonn, aber auch Washington und London führte, wie auch zu bisweilen harten Auseinandersetzungen.[105] Als das Militärtribunal am 12. Januar 1953 die Gerichtsverhandlung im Fall Oradour eröffnete, sprach Bundeskanzler Konrad Adenauer im Deutschen Presseclub mit Blick auf die EVG davon, dass das „Schicksal Europas niemals so auf des Messers Schneide gestanden [hat] wie in diesen Wochen".[106] Der Bundestag bestätigte die Verträge schließlich am 19. März 1953, die EVG scheiterte indes Ende August 1954 in der *Assemblée nationale*.

Doch zurück zu Lammerding. Dass es ihm gelang, rechtzeitig unterzutauchen, verdankte er nicht nur dem Aufsehen um seine Person in der Presse, sondern auch seinen guten Kontakten nach Bonn. Bei seiner Vernehmung 1962 gab er an:

„Über den vorgenannten Oradour-Prozeß kann ich selbst nicht viel sagen. Ich selbst stand nicht unter Anklage. Mein Angebot, als Zeuge aufzutreten, wurde im Hinblick auf mein Todesurteil von der Rechtschutzstelle [sic] des Auswärtigen Amts für gefährlich gehalten, desgleichen auch eine Vernehmung von einem französischen Richter in Deutschland, da im Hinblick auf die damalige staatsrechtliche Lage mit meiner Verhaftung durch die Franzosen zu rechnen war. Ich bin 1953 auf Anraten im Januar aus Düsseldorf weggegangen, weil angeblich die britische Besatzungsmacht einen Haftbefehl gegen mich für die Franzosen vollstrecken sollte. Die Warnung wurde mir von deutscher Seite erteilt. Ich fuhr dann nach München und habe mich in der Folgezeit bis 1954 in der amerikanischen Besatzungszone aufgehalten."[107]

---

[102] Brochhagen, Nürnberg, S. 185 f.
[103] Lappenküper, Beziehungen, Bd. 1, S. 638.
[104] Vgl. Lappenküper, Beziehungen, Bd. 1, S. 535–638.
[105] Vgl. Lappenküper, Beziehungen, Bd. 1, S. 638–757, hier v. a. S. 653–674.
[106] Zitiert nach Lappenküper, Beziehungen, Bd. 1, S. 657.
[107] Vernehmungsprotokoll Heinrich Lammerding, 19. 2. 1962, StAM, 45 Js 2/62, Bd. 1 (2094), Bl. 48–64, hier Bl. 64. Der Düsseldorfer Polizei berichtete Lammerding kurz vorher, er habe sich „zwischen 1950 – 1953 über das Auswärtige Amt in Bonn bzw. die Deutsche Botschaft in Paris mehrfach bemüht", zur Thematik vernommen zu werden, und sich auch bereit erklärt, zu einer Aussage nach Bordeaux zu reisen. Da man ihm kein freies Geleit habe zusagen können, habe er eine Vernehmung in Deutschland durch einen französischen Richter bzw. Staatsanwalt vorgeschlagen. Darauf sei jedoch „keine Reaktion erfolgt". Bericht Polizeipräsident Düsseldorf, i. A. Conrads, Februar 1962, StAM, 45 Js 2/62, Bd. 1 (2094), Bl. 37 f. Gegenüber Beau/Gaubusseau sagte Lammerding hingegen, er sei nicht vor dem Militärgericht er-

Während Lammerding recht vage blieb und an anderer Stelle lediglich von einem anonymen Anrufer oder von „Freunden" sprach, der ihm geraten hätte, in die amerikanische Zone zu reisen,[108] nannte der ehemalige Regimentskommandeur Sylvester Stadler Namen. Denn neben Lammerding hatte auch er Zuflucht unter dem Schutzschirm gefunden, den man in Bonn aufspannte:

> „Als in Frankreich der Oradour-Prozeß begann, wollte ich zusammen mit dem früheren Divisions-Kommandeur Lammerding durch Erklärungen zur Wahrheitsfindung beitragen. Im Justizministerium in Bonn wurde uns jedoch dringend davon abgeraten, in Frankreich aufzutreten. Man hielt das für sinnlos, weil nach dem bisherigen Verlauf die Prozeßführung nicht als objektiv bezeichnet werden konnte. Wir sprachen damals u. a. mit dem Justizminister Dehler. Wir haben dann im Justizministerium eine eidesstattliche Erklärung abgegeben."[109]

Stadlers Ausführungen bestätigen, woraus Dehler auch an anderer Stelle keinen Hehl machte: Von der französischen Justiz *in puncto* Kriegsverbrecherprozesse und gerade im Fall Oradour hielt der Bundesjustizminister wenig bis nichts.[110] Schon 1950 hatte er ein „Donnerwetter der Franzosen" provoziert,[111] als er im Bundestag unter anderem bemerkte, dass im Fall Oradour „Dinge geschehen sind, die über das menschlich Erträgliche hinausgehen" – und damit die Situation der wegen des Massakers Inhaftierten beschrieb.[112] Die Aussage Stadlers zeigt darüber hinaus, dass der Schutz Lammerdings – der in Frankreich immerhin drei Mal in Abwesenheit zum Tode verurteilt worden war – für den Justizminister kein Schreibtischfall und damit in gewisser Weise nicht abstrakt war. Dehler kannte und schützte Lammerding – wie auch Stadler – persönlich.

---

    schienen, weil dadurch keine Strafmilderung für die anderen, ihm früher untergeordneten Angeklagten zu erwarten gewesen wäre. Ein Generalstaatsanwalt (*procureur général*) habe ihm bestätigt, dass seine Anwesenheit nichts für die Angeklagten ändern würde. Vgl. Beau/Gaubusseau, R. 5, S. 346.

[108] Vgl. Bericht Polizeipräsident Düsseldorf, i. A. Conrads, Februar 1962, StAM, 45 Js 2/62, Bd. 1 (2094), Bl. 37 f. Von „Freunden", die ihm geraten hätten, „Bergluft zu atmen, die besser für meine Lungen wäre", sprach er im Interview mit Beau/Gaubusseau, R. 5, S. 346.

[109] Vernehmungsprotokoll Silvester Stadler, 18. 7. 1979, StAM, 45 Js 11/78, Bd. 6, Bl. 2070–2078, hier Bl. 2073. Eine eidesstattliche Erklärung Stadlers befand sich nicht in den konsultierten Akten. Die drohende Auslieferung Lammerdings ließ auch das AA reagieren: „Erbitte mit Rücksicht auf angekündigten Auslieferungsantrag bezüglich Lammerding Drahtbericht, ob Hauptverhandlung in Bordeaux gegen ihn schwerwiegende persönliche Belastungen erbracht hat und ob zu erwarten ist, dass Auslieferung auch wegen des im Tulleprozess in Abwesenheit ergangenen Todesurteils beantragt wird." Telegramm von Trützschler an Diplogerma Paris, 3. 2. 1953, PA AA, B 10, 2144.

[110] Vgl. Frei, Vergangenheitspolitik, S. 183–186; Brunner, Frankreich-Komplex, S. 104–106.

[111] Frei, Vergangenheitspolitik, S. 185.

[112] Vgl. Frei, Vergangenheitspolitik, S. 184. Zitat nach: Deutscher Bundestag, Plenarprotokoll, 1. Wahlperiode, 26. Sitzung, 11. 1. 1950, S. 782. Zum Massaker selbst sagte Dehler: „Es liegt uns wohl allen fern, das, was geschehen ist, beschönigen zu wollen. Ich glaube, für jeden von uns brennt der Name *Oradour* als ein Schandmal in der Seele." Weiter hieß es: „Wo sind die Schuldigen? Soweit Feststellungen getroffen worden sind, sind sie tot oder verschollen, übrig geblieben sind fünf kleine Leute, fünf junge Menschen, die zum größten Teil bei dem Vorgang noch minderjährig waren, die durch einen Befehl in ein Kommando hineingestellt worden sind, denen man – abgesehen von einem – gar nicht nachweisen kann, daß sie gehandelt haben; und der eine, der beschuldigt wird, ist ein Elsässer. So sehen die Dinge in der Praxis aus." Ebenda.

Das Netzwerk im Fall Lammerding war noch weiter gespannt. So waren sowohl sein Anwalt Justus Koch als auch Rechtsschutzstellenleiter Gawlik „Nürnberger ‚Veteranen'", also beide beim Nürnberger Prozess als Verteidiger aufgetreten,[113] und während Koch zum „Kern der Mannschaft" des 1949 gegründeten sogenannten Heidelberger Juristenkreises gehörte, war Gawlik dort regelmäßig Gast.[114] Was in dem Zusammenschluss – der in gewisser Weise als „Fortführung der Nürnberger Verteidigung in einem neuen organisatorischen Rahmen" verstanden werden kann,[115] – „mit Vorzug konzipiert und koordiniert wurde", war im Urteil Norbert Freis, „vergangenheitspolitischer Rechtspositivismus mit dem Anspruch auf ‚Objektivität' und mit dem Ziel, das Kriegsverbrecherproblem aus der Welt zu schaffen".[116] Darüber hinaus kontaktierte Koch Mitte März 1953 von Trützschler im Auswärtigen Amt, bei dem er eine „Anfrage bei den amerikanischen Behörden anregen" wollte.[117] Anfang 1955 schließlich informierte ein Angehöriger Lammerdings die ZRS, dass der Haftbefehl gegen den ehemaligen Divisionskommandeur aufgehoben und er an seinen Wohnort zurückgekehrt sei.[118] Seinen vehementesten Verfechter hatte Lammerding in Rechtsschutzstellenleiter Gawlik. Dieser wurde nicht müde, auf Lammerdings Unschuld im Fall Oradour hinzuweisen, er torpedierte die Ermittlungen gegen ihn und zeigte sich dem ehemaligen General gegenüber äußerst mitteilungsfreudig.[119] Und auch auf höchster Ebene des Auswärtigen Amts war das Interesse an einer Verfolgung Lammerdings gering. Adenauer, seit 1951 nicht nur Bundeskanzler, sondern auch Bundesaußenminister, reagierte auf die Darlegungen des britischen Hochkommissars im Fall Lammerding mit der Anmerkung, dieser „habe sich wie so viele andere Generäle dumm benommen".[120]

Bis Lammerding wieder nach Düsseldorf zurückkehrte, übernahmen die Amerikaner den Staffelstab seiner Protektion. Deren Hochkommission, der seit dem 23. Februar 1953 ein Auslieferungsantrag aus Paris vorlag, riet zu einem Vorgehen „wie auch sonst bei derartigen Auslieferungsanträgen: nach außen hin gemäß der

---

[113] Vgl. zu den Verteidigern bei den Nürnberger Prozessen die Studie von Seliger, Anwälte, Zitat S. 413.
[114] Vgl. Frei, Vergangenheitspolitik, S. 163 f., Zitat 163. Koch verließ 1950 den Kreis, der ihm „zu wenig radikal gewesen sein [dürfte]". Seliger, Anwälte, S. 421.
[115] Seliger, Anwälte, S. 413.
[116] Zitiert nach Seliger, Anwälte, S. 434, der in seiner Beurteilung des Kreises zu einer „vermittelnden Position" kommt. Dort auch zu abweichenden Einschätzungen.
[117] Vermerk Gawlik, 18. 3. 1953, PA AA, B 10, 2145. Am 17. 3. 1953 informierte Koch Gawlik, dass er am kommenden Tag im Düsseldorfer Rhein-Ruhr-Klub ein Co-Referat zu einem Vortrag über Oradour halten werde. Gawlik kontaktierte daraufhin Legationsrat Dr. Karl Born, Leiter des Referats A 8 (Kriegsgefangene, Kriegsverbrecher, Suchdienst, Kriegsgräber) bei der Politischen Abteilung des Auswärtigen Amts. Er bat ihn, bei von Trützschler anzuregen, er möge gegenüber Koch auf Gawliks Bedenken zu dem Vortrag hinweisen. Koch nämlich plante, an jenem Tag mit von Trützschler in Sachen Lammerding zu telefonieren.
[118] Vgl. Redenz an Ref. 204, 9. 1. 1961, PA AA, B 24, 460, Bl. 323–325.
[119] Vgl. hierzu auch die folgenden Kapitel.
[120] Zitiert nach Brochhagen, Nürnberg, S. 187.

rechtlichen Bestimmungen, intern ohne den Fall weiter zu verfolgen". Ungeachtet der Warnungen aus der britischen und amerikanischen Botschaft mit Blick auf die EVG-Frage in Frankreich, war auch das US-Außenministerium der Meinung, dass nichts weiter unternommen werden sollte. In Anbetracht „der in Deutschland noch ausstehenden Ratifizierung der Westverträge", so Ulrich Brochhagen, „wäre eine Auslieferung Lammerdings einem Desaster gleichgekommen".[121]

Folgt man Lammerding, so war die Frage seiner Auslieferung eine offen diskutierte Frage zwischen seinem Anwalt und „den Amerikanern". Während seines Aufenthalts in der amerikanischen Besatzungszone habe sein Anwalt mit diesen „wegen der weiteren Sachbehandlung" verhandelt. Die Amerikaner hätten deutlich gemacht, dass er in ihrer Besatzungszone untergetaucht bleiben solle, „weil sie gegen eine Auslieferung waren". Als die Bundesrepublik ihre Souveränität erhalten habe und für ihn damit „eine neue Situation" entstanden sei, sei er „mit Billigung der Amerikaner Ende Oktober 1954 wieder nach Düsseldorf zurückgekehrt".[122] Die von Lammerding genannte „neue Situation" bedeutete im Klartext das bundesdeutsche Auslieferungsverbot auch in seinem Fall. Artikel 16 des Grundgesetzes verbot der Bundesrepublik zwar die Auslieferung ihrer Staatsangehörigen an das Ausland, doch im Fall von Kriegsverbrechern war die Auslieferung bis zur Unterzeichnung der Pariser Verträge im Oktober 1954 und damit der Souveränität der Bundesrepublik alliiertes Vorbehaltsrecht.[123]

Was sich in der Frage um Lammerdings Auslieferung nahezu wie eine amerikanisch-britisch-westdeutsche konzertierte Aktion gegen Frankreichs Bemühungen ausnimmt, war tatsächlich Ausdruck und Konsequenz eines bereits seit mehreren Jahren schwelenden Konflikts in der Auslieferungsfrage. Während die USA und Großbritannien die 1945 in London vereinbarte Auslieferungspraxis, Kriegsverbrecher in das Land ihres Verbrechens zu überstellen,[124] schon länger zunehmend restriktiver handhabten und das gesamte Thema nach Möglichkeit am liebsten *ad acta* gelegt hätten, kam dies für Frankreich nicht infrage. Angesichts der neuen weltpolitischen Lage und in Anbetracht der Diskrepanz zwischen den bereits eingestellten Kriegsverbrecherprozessen auf amerikanischer und britischer Seite und den sich weiter hinziehenden französischen Verfahren, wirkten die Pariser Forderungen wie aus der Zeit gefallen. Auch in der Bundesrepublik hätte man am liebsten das Ende der Auslieferung von deutschen Staatsbürgern gesehen.[125] Vor diesem Hintergrund muss das Vorgehen der Briten und Amerikaner gegenüber Frankreichs andauernden und für die alliierten Partner enervierenden Forderun-

---

[121] Vgl. Brochhagen, Nürnberg, S. 187 f., Zitate S. 188.
[122] Vernehmungsprotokoll Heinrich Lammerding, 19. 2. 1962, StAM, 45 Js 2/62, Bd. 1 (2094), Bl. 48–64, hier Bl. 64. Ganz hatte sich Lammerding – zumindest anfangs – wohl nicht auf die Amerikaner verlassen wollen. Noch im März 1953 sammelte sein Anwalt entlastende Unterlagen zum Fall Tulle, die in den 1960er Jahren im Rahmen des Ermittlungsverfahrens gegen Lammerding vorgelegt wurden. Vgl. StAM, 45 Js 2/62, Bd. 1 (2094), Bl. 65–95.
[123] Vgl. Brochhagen, Nürnberg, S. 175–179.
[124] Mit Ausnahme der Hauptkriegsverbrecher.
[125] Vgl. Brochhagen, Nürnberg, S. 175–180.

gen als Umsetzung dessen gesehen werden, was schon 1950 im *Foreign Office* überlegt worden war: „dann eben einseitig auf Auslieferungen zu verzichten".[126]

Lammerding im *récit de la justice*

An dieser Stelle soll nach der Rolle gefragt werden, die Lammerding im Plädoyer des Anklagevertreters einnahm, und damit im Narrativ der französischen Justiz.[127] Für Regierungskommissar Gardon war das Massaker in Oradour weder Einzelfall noch Unfall, sondern ein aus dem Vorgehen der Division „Das Reich" in den vorausgegangenen Monaten erklärbarer, gewollter und geplanter Vergeltungsakt.[128] In seinem Plädoyer rief er vor allem die Verbrechen in Erinnerung, die das I. Bataillon im Rahmen der Zusammenarbeit zwischen der Division „Das Reich", Gestapo und Miliz im Südwesten Frankreichs und anschließend auf dem Marsch nach Norden verübt hatte. So nannte er unter anderem das am 21. Mai 1944 verübte Massaker in Fraissinet le Gélat, bei dem in Reaktion auf die Tötung eines deutschen Soldaten unter anderem drei Frauen erhängt wurden und für das Kompanieführer Otto Kahn 1949 in Abwesenheit zum Tode verurteilt wurde. Oradour, so Gardon, sei in diesen Rahmen „des systematischen Terrorunternehmens, das die Division ‚Das Reich' darstellte", einzuordnen. Mit seinem Verweis auf die Einschätzung des Internationalen Militärgerichtshofs in Nürnberg, der das Massaker „eines der charakteristischen Beispiele für die systematische Art und Weise" genannt hatte, „in der die Besatzungstruppen eine Schreckensherrschaft ausübten, um jeglichen Widerstand gegen ihre Autorität zu ersticken", stellte auch Gardon Oradour in den internationalen Kontext der NS-Besatzungspolitik.

Diese Interpretation des Massakers ließe es nur folgerichtig erscheinen, hätte sich Lammerding als Kommandeur der Division im „Fadenkreuz der französischen Justiz" befunden.[129] Tatsächlich aber legte der Anklagevertreter Befehl und Planung des Massakers weder der Divisions- noch der Regimentsführung zur Last. Anders als in Nürnberg wurden die Namen der beiden ehemaligen Kommandeure, Lammerding respektive Stadler, im Plädoyer zwar genannt, aber nicht in der Rolle der Befehlsgeber. Gardon nannte den Divisionskommandeur im Zusammenhang mit den Erhängungen in Tulle, die „auf Befehl von General Lammer-

---

[126] Brochhagen, Nürnberg, S. 178.
[127] Für Fouché beginnt das „récit de la justice du crime d'Oradour" mit der Ankunft der Division „Das Reich" im Raum Limoges. Vgl. Fouché, Politique, S. 388–396, hier S. 390. Im Folgenden wird hingegen auch die Einordnung des Massakers in den Kontext des Vorgehens der Division in Frankreich durch den Anklagevertreter einbezogen.
[128] Hierzu und zur folgenden Analyse des Plädoyers: Plädoyer des Anklagevertreters, Fall Oradour-sur-Glane, TMP Bordeaux, Teil 1, 4. 2. 1953, Übersetzung, StA Do, 45 Js 2/11, 10. SB, Bd. 9/2.10, Bl. 5–52.
[129] Moisel, Frankreich, S. 189, zufolge habe die „Vielzahl der Vorfälle im Bewegungsraum und der reibungslose Ablauf der ‚Strafexpedition' in Oradour" den „Verdacht aufkommen [lassen], daß die Entscheidung über den Einsatz am 10. Juni mit großer Wahrscheinlichkeit der Divisionsführung anzulasten war". Damit habe sich der ehemalige General „im Fadenkreuz der französischen Justiz" befunden.

ding" durchgeführt worden wären, Stadler allein dahingehend, dass er über Diekmanns Meldung am Abend des 10. Juni 1944 ausgesagt habe. Als Hauptschuldige für das Massaker konkret benannt wurden vor allem Diekmann und Kahn. Darüber hinaus wies Gardon auf die dem Massaker vorangegangene Besprechung am Vormittag des 10. Juni 1944 am Bataillonsgefechtsstand in Saint-Junien hin, nicht aber auf jene am frühen Morgen in Limoges. Eine gewisse Exkulpation der Hierarchie zeigt sich auch an Gardons Argumentation, die 3. Kompanie habe mit dem Massaker „ihren eigenen Vorgesetzten gegenüber einen echten Vertrauensbruch" begangen.

Gänzlich unkritisch sah die Anklage Stadler oder zumindest seine Aussage zu Diekmanns Meldung nicht, denn Gardon versah sie ausdrücklich mit einem Fragezeichen. Er ging jedoch nicht weiter auf diesen Zweifel ein, sondern nutzte sein Plädoyer, um „im Bemühen darum, der Wahrheit zu ihrem Recht zu verhelfen und ein für alle Mal mit eigennützigen Legenden, mit Lügengeschichten [aufzuräumen], wie derjenigen, die von Dickmann [sic] erfunden wurde, um gegenüber seinen Vorgesetzten seine Schandtat zu rechtfertigen zu versuchen". Es sei wichtig, „die Fakten zu verkünden", da „in Deutschland noch vor kurzem Publikationen erschienen" seien, in denen „einer so primitiven, so weit von der Realität entfernten Lügengeschichte bereitwillig Gehör geschenkt" worden sei. Damit dürfte der Anklagevertreter unter anderem auf den Artikel in der Zeitung *Talpost* angespielt haben, den ihm die ANFM hatte zukommen lassen.[130] Demgegenüber hielt Gardon fest, dass es in Oradour „weder am 10. Juni 1944 noch zu einem anderen Zeitpunkt ein Waffenlager oder Gruppen der französischen Widerstandsbewegung" gegeben habe. Den eigentlichen Grund, Auslöser oder Anlass für das Massaker benannte er nicht ausdrücklich, wies aber auf die Tötung deutscher Soldaten durch Widerstandskämpfer in Saint-Junien kurz vor der Ankunft des I. Bataillons im Ort sowie auf die Entführung Kämpfes hin. Diekmann habe noch am Abend des 9. Juni 1944 von der Entführung erfahren und „in Anbetracht der örtlichen Situation in St. Junien" habe dies nicht dazu beigetragen, Diekmanns „Vorkehrungen gegenüber der Bevölkerung zu verbessern". Kein Zweifel bestand für Gardon daran, dass das Massaker auf „Vergeltungsgedanken" zurückzuführen war. Als Beweis führte er zwei in Limoges aufgefundene Berichte des 19. SS-Polizeiregiments[131] aus den Tagen nach dem Massaker an, in denen es hieß, die „vorübergehende Aktion" der Division „in Limoges und Umgebung" habe „bei der Bevölkerung sichtbar Eindruck hinterlassen" bzw. der „Beginn der Vergeltungsmaßnahmen" habe „spürbar für Erleichterung gesorgt und die Truppenmoral positiv beeinflußt".

Sahen die französischen Ermittler im Fall Oradour tatsächlich keine Schuld bei der Regiments- und Divisionsführung, sondern gingen davon aus, dass Diekmann „eigenmächtig und ohne Befehl die Tötung in Oradour vorgenommen" hatte, wie etwa der ehemalige Regimentsadjutant Heinz Werner behauptete, der dies wäh-

---

[130] Vgl. Kapitel III.3, Abschnitt „Wechselwirkungen im Vorfeld des Oradour-Prozesses".
[131] Gardon präzisierte die Autoren der Berichte nicht. Vgl. hierzu Meyer, Besatzung, S. 161.

rend seiner Haft in Frankreich erfahren haben wollte?[132] Sicher ist: Das Fehlen Lammerdings im *récit de la justice* hatte Folgen: Mit dem Prozess in Bordeaux begann die Symbolhaftigkeit des Generals als Hauptverantwortlicher für das Massaker in der öffentlichen Meinung Frankreichs, ohne dass die französische Justiz seine Schuld nachwies. Hier tat sich eine Kluft auf, die in die strafrechtliche Ahndung des Massakers in der Bundesrepublik hineinwirkte und dazu beitrug, dass Lammerding nicht nur zum Sinnbild des Verantwortlichen für das Massaker wurde, sondern auch zum Symbol des Justizversagens in diesem Fall.

Der Abschluss des Prozesses

Anfang Februar wurde die Verhandlung im Fall Oradour getrennt, ab dem 4. Februar 1953 waren jeweils nur die französischen oder deutschen Angeklagten im Gerichtssaal anwesend.[133] Die Tatsache, dass nunmehr auch eine Verurteilung allein aufgrund der Mitgliedschaft in einer Einheit, die ein Kriegsverbrechen begangen hatte und Teil einer verbrecherischen Organisation war, nicht länger möglich war, war in den Augen von Rechtsanwalt Roemer ein grundsätzlicher Durchbruch in der Kriegsverbrecherfrage. Infolge der Aufhebung des Gesetzes von 1948 laufe das Verfahren in Bordeaux nunmehr „nach dem Prinzip der persönlichen Verantwortlichkeit unter Berücksichtigung der dienstlichen Stellung des einzelnen".[134] Was Gerichtspräsident Nussy-Saint-Saëns im November 1952 noch hinter vorgehaltener Hand zugesichert hatte, nämlich „die individuelle Verantwortung jedes einzelnen klar zu stellen", war nun verpflichtend. Roemer meinte, vor diesem Hintergrund sei eine „rasche Abwicklung aller Verfahren, die noch in der Schwebe" seien, „nunmehr zu erwarten".[135] Erneut hatte die „elsässische Frage" eine Dynamik entwickelt, die auf die Situation der deutschen Angeklagten und ihrer Verteidiger zurückwirkte, Roemer zufolge, sogar auf die Kriegsverbrecherfrage in Frankreich insgesamt.

Am 4. Februar 1953 begann der *Commissaire du Gouvernement* sein Plädoyer. Zur Rolle des ranghöchsten in Anwesenheit angeklagten Deutschen, SS-Oberscharführer Lenz, bemerkte Gardon ironisch, es bestehe „nicht die geringste Gefahr, dass wir eine seiner Aussagen gegen ihn verwenden könnten!" Lenz habe entschieden, „alles im Ganzen zu leugnen, nichts über diesen tragischen Tag zu wissen", eine für den Ankläger völlig unglaubwürdige Behauptung. Gardon ging vielmehr davon aus, dass der Unteroffizier unter anderem Gnadenschüsse auf die Männer in der Werkstatt Poutaraud abgegeben hatte. Entscheidend für den Ankläger war die Tatsache, „dass Lenz in Oradour SS-Oberscharführer war", denn der „teuflische[...] Wille" Diekmanns und Kahns habe nur verwirklicht werden kön-

---

[132] Vermerk Siehlow zum Vernehmungsprotokoll Heinz Werner, 4. 6. 1963, StAM, 45 Js 2/62, Bd. 2 (2097), Bl. 229 f.
[133] Vgl. Fouché, Politique, S. 382 f.; Moisel, Frankreich, S. 157.
[134] Vgl. Notiz „Telefonische Durchsage aus Bad Kreuznach", 29. 1. 1953, PA AA, B 10, 2144.
[135] Notiz „Telefonische Durchsage aus Bad Kreuznach", 29. 1. 1953, PA AA, B 10, 2144.

nen, "weil sie über Unteroffiziere verfügten, die blind und fanatisch gehorchten. Lenz gehörte dazu. Er war auf Kompanieebene ein wichtiges Rädchen in diesem grauenvollen Mechanismus."[136]

In drei Fällen konnte sich Gardon zumindest auf Teilgeständnisse stützen. Fritz Pfeufer und Hermann Frenzel – Letzterer zur Tatzeit noch keine 18 Jahre – hatten beide gestanden, als Teil des Exekutionskommandos in der Werkstatt Poutaraud auf die dort versammelten Männer geschossen zu haben, Fritz Pfeufer mit einem leichten Maschinengewehr, Hermann Frenzel mit einem Gewehr. An den Geschehnissen an der Kirche wollte keiner von beiden beteiligt gewesen sein, was Gardon als unglaubwürdig einschätzte. Auch Herbert Daab hatte gestanden, Teil eines Exekutionskommandos gewesen zu sein. Als Nachlader für das leichte Maschinengewehr hatte er vor der Autowerkstatt Desourteaux den Patronengurt gehalten, während der Schütze „ungefähr einhundert Geschosse" abfeuerte.[137]

Den drei anderen angeklagten Deutschen konnte Gardon keine persönliche Beteiligung nachweisen. Wilhelm Bläschke bestritt jegliche Teilnahme an dem Massaker und gab an, nur in seiner Rolle als Sanitäter agiert zu haben. Das Gegenteil war ihm nicht nachzuweisen. Bei den beiden Mitgliedern des Bataillonsstabs, Wilhelm Böhme und Erwin D., war die Beweislage noch diffiziler, sagten doch beide aus, erst am Abend des Tattages in Oradour gewesen zu sein. Wilhelm Böhme, Aufklärer und Motorradmelder, gab an, am 10. Juni 1944 Bürodienst beim Bataillon gehabt zu haben und erst am späten Abend in Oradour gewesen zu sein. Dorthin habe er Diekmann auf einem kurzen Kontrollbesuch begleitet. Gardon musste einräumen, dass allein Böhmes Zugehörigkeit „zu einer Truppe, die unzählige Verbrechen gegen unschuldige Zivilisten begangen hat", erwiesen sei. Bezugnehmend auf Böhmes Aussage zu seiner Rolle in Frayssinet-le-Gelat[138] wenige Wochen vor dem Massaker in Oradour, ergänzte er, das verbrecherische Verhalten dieser Truppe sei „etwas so Normales und Gewöhnliches, dass es der Angeklagte ganz normal findet, am 21. Mai 1944 auf Befehl seiner Vorgesetzten eine ältere Französin an das ‚Erhängungskommando' […] zu übergeben". Erwin D. schließlich gab an, wenige Tage vor dem Massaker zur Reparaturgruppe des Bataillons versetzt worden zu sein und Oradour am späten Abend des Tattages als Melder für Diekmann lediglich durchquert zu haben. Erwiesen sei auch in diesem Fall nur, so Gardon, dass der Angeklagte Mitglied einer Truppe war – „und zwar infolge einer freiwilligen Verpflichtung" –, die „unzählige Verbrechen gegen friedferti-

---

[136] Plädoyer des Anklagevertreters, Fall Oradour-sur-Glane, TMP Bordeaux, Teil 1, 4. 2. 1953, Übersetzung, StA Do, 45 Js 2/11, 10. SB, Bd. 9/2.10, Bl. 5–52, hier Bl. 35–37.
[137] Plädoyer des Anklagevertreters, Fall Oradour-sur-Glane, TMP Bordeaux, Teil 1, 4. 2. 1953, Übersetzung, StA Do, 45 Js 2/11, 10. SB, Bd. 9/2.10, Bl. 5–52, hier Bl. 37–39, Zitat Bl. 39.
[138] Unter dem Kommando Otto Kahns tötete die 3. Kompanie am 21. 5. 1944 in Frayssinet-le-Gelat 15 Menschen, darunter drei Frauen, die erhängt wurden. Vgl. Fouché, Oradour, S. 54; Fouché, Politique, S. 132, 221. Das Massaker war während der Gerichtsverhandlung mehrmals Thema.

ge Zivilisten begangen hat, obwohl er durch das siebte Gebot seines Handbuches gelernt hat, dass sie unantastbar sind".[139]

Diese Unterschiede schlugen sich in den von Gardon geforderten Strafen nieder: Für Karl Lenz forderte er die Todesstrafe, für Hermann Frenzel, Fritz Pfeufer und Herbert Daab – die er für „zweifellos schuldig" hielt – Zwangsarbeitsstrafen. Die Verurteilung zu Zwangsarbeitsstrafen beantrage er wegen krimineller Vereinigung ebenso für Wilhelm Bläschke, Wilhelm Böhme und Erwin D., und zwar „in Anbetracht des allgemeinen Verhaltens des ersten Bataillons und insbesondere der schwerwiegenden Taten, die sich in Frayssinet le Gélat [sic] abgespielt haben".[140] Das Gericht folgte dem Antrag des *Commissaire du Gouvernement* im Fall des ranghöchsten deutschen Angeklagten und verhängte die Todesstrafe gegen Lenz. Im Fall Erwin D.s kam es dem Antrag der Verteidigung nach und sprach ihn frei.[141] Die anderen fünf deutschen Angeklagten wurden zu zehn bis zwölf Jahren Gefängnis oder Zwangsarbeit verurteilt.[142] Für die Hinterbliebenen des Massakers – aber auch das Limousin und die PCF – waren die Urteile fraglos zu milde.[143] Für die Opferfamilien, so Sarah Farmer, wäre allein „die Todesstrafe für all jene, die aktiv an dem Massaker beteiligt gewesen waren", akzeptabel gewesen.[144] Auf deutscher Seite reagierte die Bundesregierung sehr zurückhaltend auf das Urteil,[145] die deutschen Verteidiger waren hingegen zu einer Stellungnahme für die Presse bereit. Dass diese im Vergleich zu den innerfranzösischen Reaktionen gemäßigt ausfiel, lag möglicherweise daran, dass das oberste Ziel die Verhinderung von Todesurteilen gewesen[146] und dies mit einer Ausnahme erreicht worden war:

„Nach dem Verlauf der Verhandlungen konnte ein anderes Urteil erwartet werden. Das Ergebnis muss als in manchen Punkten unbefriedigend bezeichnet werden. Dies gilt insbesondere für die gegen Lenz ausgesprochene Todesstrafe. Auch das Urteil gegen Böhme, der, wie auch der Ankläger zugegeben hatte, zur Zeit der Vorkommnisse in Oradour am 10. 6. 1944 nicht anwesend, erscheint ungerechtfertigt. Ebenfalls hätte Bläschke, der in Oradour nur als Sanitäter tätig gewe-

---

[139] Plädoyer des Anklagevertreters, Fall Oradour-sur-Glane, TMP Bordeaux, Teil 1, 4. 2. 1953, Übersetzung, StA Do, 45 Js 2/11, 10. SB, Bd. 9/2.10, Bl. 5–52,
[140] Plädoyer des Anklagevertreters, Fall Oradour-sur-Glane, TMP Bordeaux, Teil 2, 5. 2. 1953, Übersetzung, StA Do, 45 Js 2/11, 10. SB, Bd. 9/2.10, Bl. 3–13, hier Bl. 10–13.
[141] In Abwesenheit freigesprochen wurde Josef N. Vgl. Diplomatische Vertretung der Bundesrepublik Deutschland, Paris, an AA, 17. 2. 1953, PA AA, B 10, 2144.
[142] Ein zweites Todesurteil erging gegen Boos, den einzigen Elsässer, der sich freiwillig zur SS gemeldet hatte. Die 13 zwangsrekrutierten Elsässer wurden zu fünf bis acht Jahren Gefängnis oder Zwangsarbeit verurteilt. Vgl. Telegramm von Walther an AA, 13. 2. 1953, PA AA, B 10, 2144.
[143] Vgl. Fouché, Politique, S. 435.
[144] Farmer, Oradour, S. 188.
[145] Vgl. Moisel, Frankreich, S. 184. Im Auswärtigen Amt entschied man sich am 13. 2. 1953 gegen eine offizielle Stellungnahme. Für von Trützschler war eine solche „mit Rücksicht auf die große politische Bedeutung des Oradour-Prozesses umso weniger […] ratsam, als bisher weder eine abschließende Stellungnahme der Diplomatischen Vertretung in Paris noch der in Bordeaux anwesenden deutschen Anwälte vorliegt". Aufzeichnung von Trützschler, 13. 2. 1953, PA AA, B 10, 2144. Die Zeitung *Libération* schrieb dennoch, Adenauer erkläre sich „alles in Allem sehr zufrieden". Farmer, Oradour, S. 189.
[146] Vgl. Aufzeichnung Born, 29. 4. 1952, PA AA, B 10, 2143.

sen ist, und dem die Anklage keine Beteiligung an irgend einer Handlung nachweisen konnte, nach unserer Auffassung nicht verurteilt werden können. [...] Wir hoffen, dass die von den sieben deutschen Angeklagten seit 1944 bzw. 1945 erlittene Haft bzw. die Kriegsgefangenschaft in vollem Umfange angerechnet wird."[147]

Vom gleichen Gedanken ausgehend kam von Trützschler im Auswärtigen Amt zu dem Ergebnis, dass im Fall der zu Freiheitsstrafen verurteilten Deutschen „mit Rücksicht auf die Dauer ihrer Untersuchungshaft bereits die Voraussetzungen für eine vorläufige Freilassung vorliegen" dürften.[148] Die diplomatische Vertretung in Paris war weniger optimistisch und lag, wie sich herausstellen sollte, vor allem in ihrer Einschätzung der politischen Lage richtig. Auf Grundlage der jüngsten Erfahrungen kam man dort zu der Einschätzung, es liege „keine hinreichende Aussicht auf eine baldige Freilassung" in die *libération conditionelle* – das heißt eine bedingte Freilassung nachdem die Hälfte der Strafe verbüßt war – vor. Dagegen sprachen neben formalen Gründen auch politische: „Unter den verschiedenen Stellen, die sich zu einem solchen Vorschlag zu äussern haben, befindet sich auch das französische Innenministerium. Mit Rücksicht auf die besondere Bedeutung des Oradour-Prozesses und den ungeheuren Widerhall in weitesten Kreisen der französischen Bevölkerung ist nicht damit zu rechnen, dass sich das französische Innenministerium kurze Zeit nach Abschluss des Prozesses zu einem ‚avis favorable'[149] entschliessen wird."[150]

„Rechtsgleichheit"

Das Vorpreschen der elsässischen Protestbewegung nach der Urteilsverkündung war für die Vertreter der deutschen Interessen ein zweischneidiges Schwert. Einerseits setzte es sie unter Zugzwang: Die ausführlich diskutierte Frage, ob die zu Gefängnis oder Zwangsarbeit verurteilten Deutschen Kassationsbeschwerde einlegen sollten, entschied sich schließlich daran, dass alle elsässischen Verurteilten von diesem Rechtsmittel Gebrauch machten.[151] Andererseits bot die im Raum stehende Amnestie die Möglichkeit, auf den von der elsässischen Seite mit voller Kraft angestoßenen Zug Richtung Entlassung und Rehabilitierung der Verurteilten aufzuspringen. Zunächst bestand noch die Hoffnung, die Amnestie könne die deutschen Verurteilten einschliessen,[152] doch selbst als sich diese zerschlug, versuchte man die Amnestie für die eigenen Interessen zu nutzen.

Das Schlüsselwort hierfür hieß „Rechtsgleichheit", die dahinter stehende Logik war Folgende: Nicht nur die amnestierten Elsässer seien zwangsrekrutiert worden,

---

[147] Telegramm von Walther an AA, 13. 2. 1953, PA AA, B 10, 2144.
[148] Aufzeichnung von Trützschler, 13. 2. 1953, PA AA, B 10, 2144.
[149] Das heißt „Befürwortung".
[150] Diplomatische Vertretung der Bundesrepublik Deutschland, Paris, an AA, 17. 2. 1953, PA AA, B 10, 2144.
[151] Vgl. Diplomatische Vertretung der Bundesrepublik Deutschland, Paris, an AA, 17. 2. 1953, PA AA, B 10, 2144.
[152] Vgl. u. a. Diplomatische Vertretung der Bundesrepublik Deutschland, Paris, an AA, 17. 2. 1953, PA AA, B 10, 2144.

1. Deutschland und der Bordeaux-Prozess 1953

auch die zu Haftstrafen verurteilten Deutschen hätten sich nicht freiwillig zur Waffen-SS gemeldet. Darüber hinaus sei das Ausmaß, in dem sich die deutschen Verurteilten am Massaker beteiligten, nicht stärker gewesen als das der amnestierten Franzosen. Es handele sich deshalb um gleich gelagerte Fälle, sodass die alleinige Amnestie der französischen Zwangsrekrutierten zur Rechtsungleichheit geführt habe. Diese sei umso krasser, als die verurteilten Deutschen im Gegensatz zu den Elsässern bereits mehrere Jahre in Untersuchungshaft verbracht hätten. Nun gelte es, die Rechtsgleichheit wiederherzustellen, sprich auch die zu Freiheitsstrafen verurteilten Deutschen freizulassen.[153] Dass die elsässischen Verurteilten anders als die Deutschen zum Dienst an der Waffe in einer feindlichen Armee gezwungen worden waren und die französische Augustverordnung des Jahres 1944 die Zwangsrekrutierung durch den Feind als Kriegsverbrechen definierte,[154] ignorierte diese Sichtweise. Bundesjustizminister Dehler führte das Argument der Rechtsgleichheit in der Presse an, indem er darauf hinwies, dass man bei gleicher „strafrechtlicher Schuld" den „Grundsatz der Gleichheit vor dem Gesetz" missachtet habe,[155] und forderte die Freilassung der deutschen Verurteilten.[156] Ähnliches war vom „Sozialdemokratischen Pressedienst" zu hören,[157] wie überhaupt die deutsche Presse die unterschiedliche Behandlung der Verurteilten scharf kritisierte.[158] Bemerkenswert ist, dass sich die deutsche Seite hier des gleichen Arguments bediente wie Oradour. Auch dort wollte man keine Unterscheidung der Verurteilten nach der Nationalität anerkennen – allein, man generierte die entgegengesetzte Forderung daraus.

Am 20. Februar 1953 bereitete Legationsrat von Trützschler eine Verbalnote im Tenor der Rechtsgleichheit vor,[159] Rechtsanwalt Walters ließ dem Bundeskanzler ein Schreiben mit gleicher Argumentation zukommen. Sich über die elsässischen Befindlichkeiten und deren Bedeutung inzwischen im Klaren, wies er Adenauer darauf hin, dass eine Ausdehnung der Amnestie auf die verurteilten Deutschen nicht zu erwarten sei, da sie „erneut die elsässische Empfindlichkeit wegen einer

---

[153] Vgl. Aufzeichnung von Trützschler, 20. 2. 1953, mit Anlage „Verbalnote", PA AA, B 10, 2144. Die Aufzeichnung ist komplett, die Anlage zusammengefasst publiziert in: AAPD, 1953, Bd. I, S. 216–218. Die amerikanische und Schweizer Presse sollte darüber hinaus angeregt werden, das Amnestiegesetz in diesem Sinne zu kommentieren. Vgl. Aufzeichnung Born, 20. 2. 1953, PA AA, B 10, 2144; Diehl an Diplogerma Washington und Bern, 21. 2. 1953, ebenda.
[154] Vgl. Fouché, Politique, S. 72.
[155] Keesing's Archiv der Gegenwart, 20. 2. 1953, S. 3880, zitiert nach Rupieper, Umgang, S. 236. Ähnlich die vom Pressedienst der FDP veröffentlichte Stellungnahme Dehlers. Vgl. Dehler kritisiert Elsässer-Amnestie, in: Die Welt, 20. 2. 1953.
[156] Vgl. Diplomatische Vertretung der Bundesrepublik Deutschland, Paris, an AA, 24. 2. 1953, PA AA, B 10, 2144.
[157] Vgl. Rupieper, Umgang, S. 236.
[158] Vgl. Diplomatische Vertretung der Bundesrepublik Deutschland, Paris, an AA, 24. 2. 1953, PA AA, B 10, 2144.
[159] Vgl. Aufzeichnung von Trützschler, 20. 2. 1953, mit Anlage „Verbalnote", PA AA, B 10, 2144. Die Aufzeichnung ist komplett, die Anlage zusammengefasst publiziert in: AAPD, 1953, Bd. I, S. 216–218.

gleichartigen Betrachtungsweise der elsässischen und der deutschen Angeklagten wachrufen würde". Die französische Regierung habe jedoch andere Möglichkeiten, im Rahmen der Gnadenpraxis umgehend zu Gunsten der deutschen Verurteilten zu intervenieren. Der Anwalt bat den Kanzler nachdrücklich, „jede Möglichkeit, insbesondere die bevorstehende Gelegenheit des Zusammentreffens mit Mitgliedern des französischen Kabinetts dazu zu benutzen, um auf eine dem Gesichtspunkt der Rechtsgleichheit entsprechende Behandlung der deutschen Verurteilten hinzuwirken".[160]

Über den richtigen Zeitpunkt einer politischen Intervention herrschte jedoch Uneinigkeit. Während Rechtsanwalt Walters den aktuellen Zeitpunkt für einen deutschen Schritt als „psychologisch [...] besonders geeignet" ansah, da der Prozessverlauf und die legislativen Interventionen in das Verfahren „bei weiten französischen Kreisen Zweifel an der juristischen und moralischen Haltbarkeit des ganzen sog. Kriegsverbrecherverfahrens geweckt" habe,[161] war die diplomatische Vertretung in Paris ganz anderer Meinung. Ein „jetziger sofortiger Schritt", so Botschaftsrat von Walther, würde „zweifellos keinen Erfolg" haben, da so der Eindruck entstünde, „als ob für die deutschen Verurteilten etwas unter Druck geschähe, und die Gegenreaktion in Oradour, die ja auch gegen die Amnestierung der Elsässer sehr stark ist, würde bei einer Amnestierung der Deutschen zweifellos noch unvergleichlich viel schärfer werden". Das „schlechte Gewissen" der französischen öffentlichen Meinung sei zwar früher oder später zugunsten der verurteilten Deutschen „zu exploitieren", diese Chance aber würde man mit einer sofortigen Intervention zunichtemachen.[162] Falsch, so sollte sich zeigen, lag von Walther damit nicht.

Adenauer, der sich auch nach der Amnestie der Elsässer nicht öffentlich äußerte,[163] neigte zum sofortigen Intervenieren. Er wies an, „der französischen Regierung die Bitte zu unterbreiten, Maßnahmen zu treffen, die eine annähernd gleiche Behandlung der deutschen und französischen Verurteilten herbeiführen".[164] Anfang März überreichte von Walther dem französischen Außenministerium ein Aide-Mémoire,[165] dessen zentrales Argument allerdings nicht die Rechtsgleichheit war, sondern die unangenehmen Folgen einer Wiederaufnahme des Prozesses im Fall einer Kassation. Die Reaktionen in der Öffentlichkeit beider Länder auf ein zweites Gerichtsverfahren würden jene auf das erste „mit Abstand übertreffen", das Verfahren Gefahr laufen, dass vor allem die Frage des Amnestiegesetzes in der Presse und der öffentlichen Meinung Gegenstand von Diskussionen werde.

---

[160] Walters an Bundeskanzler, 19. 2. 1953, PA AA, B 10, 2144. Adenauer reiste kurz darauf nach Rom, wo am 24./25. 2. 1953 die Außenminister der Mitgliedstaaten der Europäischen Gemeinschaft für Kohle und Stahl (EGKS) zusammenkamen. Vgl. Aufzeichnung von Trützschler, 20. 2. 1953, ebenda, sowie AAPD, 1953, Bd. I, S. 216–218.
[161] Aufzeichnung von Trützschler, 20. 2. 1953, PA AA, B 10, 2144.
[162] von Walther an von Trützschler, 21. 2. 1953, Vertraulich, PA AA, B 10, 2144.
[163] Vgl. Moisel, Frankreich, S. 184.
[164] Zitiert nach AAPD, 1953, Bd. I, S. 218 (Anm. 9).
[165] Vgl. Moisel, Frankreich, S. 184.

Solche seien „um so unerfreulicher, da die deutsche Öffentlichkeit den ersten Prozess mit größter Objektivität und Zurückhaltung verfolgt" habe. Nach der Erörterung verschiedener Möglichkeiten regte man die Begnadigung des zum Tode verurteilten Lenz durch den Präsidenten (Strafmilderung) an und bat den Außenminister für die anderen Verurteilten eine Strafaussetzung (*suspension de peine*) zu prüfen.[166] Auch in den kommenden Monaten bemühte der Botschaftsrat im Quai d'Orsay vor allem das Argument der Presse, um die Franzosen „davon zu überzeugen, daß allein großzügige Gnadenerweise den deutschen Kanzler vom übermächtigen Druck der öffentlichen Meinung entlasten könnten".[167] Intern jedoch wies er bereits im Juni 1953 darauf hin, dass sich seinen Informationen zufolge „die öffentliche Meinung in Deutschland nur sehr schwer hochbringen lassen wird, so dass uns die Anwendung des letzten Druckmittels gar nicht möglich ist".[168] Der Zeitpunkt dieses Hinweises zeigt es bereits: Ein schneller Erfolg war den Bemühungen nicht beschert, die verurteilten Deutschen blieben weiter in Haft.

Bordeaux in der öffentlichen und veröffentlichten Meinung der Bundesrepublik

Ein Indikator dafür, wie die bundesdeutsche Bevölkerung den Prozess in Bordeaux wahrnahm, sind die vor allem an das Bundeskanzler- und Bundespräsidialamt gerichteten Eingaben von Bürgern und Verbänden.[169] Bereits deren Anzahl zeigt, dass Prozess und Amnestie keine Eingabewelle auslösten, die auf eine massenhafte Empörung in der Bevölkerung würde schließen lassen.[170] Dieser Befund bestätigt die Einschätzung des Botschaftsrats, die öffentliche Meinung in dieser Angelegenheit sei „nur sehr schwer hochzubringen", bereits für die Zeit ab Prozessbeginn. Etwa die Hälfte der Eingaben stammte von Interessenverbänden (Gliederungen des VdH,[171] und der HIAG, oder auch ein loser Kreis von Vetera-

---

[166] Aide-Mémoire, 5. 3. 1953, PA AA, B 10, 2145.
[167] Moisel, Frankreich, S. 184.
[168] Diplomatische Vertretung der Bundesrepublik Deutschland, Paris, an von Trützschler, 10. 6. 1953, PA AA, B 10, 2146.
[169] Der folgenden Auswertung liegen Eingaben zugrunde, die in der Mehrheit an den Bundeskanzler und Bundespräsidenten gerichtet waren, an das Auswärtige Amt weitergeleitet wurden und sich so in den Akten des PA AA niederschlagen. Vgl. PA AA, B 10, 2143–2146. Die in Altdeutsch verfassten Eingaben wurden nicht in die Auswertung einbezogen.
[170] Es handelt sich – von den in Altdeutsch verfassten Eingaben abgesehen – um insgesamt 23 zwischen Januar und August 1953 verfasste Eingaben. Nicht berücksichtigt bei dieser Zählung und nicht ausgewertet wurde der Schriftverkehr des Auswärtigen Amts mit der Deutschland-Zentrale der *Welt-Organisation der Mütter aller Nationen* (W.O.M.A.N.) ab Dezember 1954, da es sich nicht um eine direkte Reaktion auf den Prozess handelte. Ebenfalls hier nicht gezählt und an anderer Stelle behandelt wird eine Eingabe elsässischer Verbände. Vgl. hierzu unten.
[171] Zum VdH vgl. Schwelling, Heimkehr.

nen der Waffen-SS) und ehemaligen deutschen Soldaten, die teilweise in französischer Kriegsgefangenschaft gewesen waren.[172]

Der Tenor war eindeutig. Lob erhielt der Prozess von keiner Seite. Zentrale und immer wiederkehrende Punkte waren der Vorwurf der Siegerjustiz, der Hinweis auf den Befehlsnotstand der Angeklagten sowie Kritik an der Tatsache, dass die wirklich Verantwortlichen nicht auf der Anklagebank gesessen hätten. Auch auf die negativen Auswirkungen des Prozesses in Zeiten des Kalten Kriegs und für die Bemühungen um die EVG wurde hingewiesen. Nach der Amnestie der französischen Verurteilten kritisierten die Autoren wiederholt die fehlende Rechtsgleichheit und begrüßten die erfolgreichen Anstrengungen des Elsass, dem es die Bundesregierung nachtun sollte. Vor allem Gliederungen des VdH versuchten mit Telegrammen Druck auf die Regierung aufzubauen und verlangten etwa „tiefbewegt" von den elsässischen Erfolgen ein „gleiches unablässiges und entschiedenes Eintreten der Bundesregierung für deutsche Verurteilte", eine Amnestie oder gleich die „Freilassung der in Bordeaux verurteilten Deutschen".[173] Manche Autoren waren sichtlich um Differenzierung bemüht, doch das Mitleid mit den Opfern des Massakers hielt sich in engen Grenzen. In mehreren Briefen wurde das Massaker verharmlost, erklärt oder entschuldigt: Von „Partisanenerschießung" war dort etwa die Rede, oder davon, dass das Massaker in einer „Kriegspsychose" ausgeführt worden sei, möglicherweise ein Unfall gewesen wäre oder aber die Schuld des Widerstands.[174] Verschiedene Autoren stellten dem Massaker das Leiden der Deutschen gegenüber oder rechneten die Verbrechen auf. So meinte ein Briefschreiber aus Bayern, das Massaker sei Grund dafür gewesen, dass „Hunderttausende gefangene[...] Deutsche nach Beendigung der Kriegshandlung in den Gefangenenlagern auf das allerniederträchtigste misshandelt, und zu Tode gehungert worden sind"; das Verbrechen von Oradour sei dagegen ein „wohl auch sehr verwerflicher Tatbestand kleinsten Ausmaßes"[175] gewesen. Darüber hinaus wurde vor allem auf die alliierten Bombardements verwiesen und Oradour mit zerbombten deutschen Städten gleichgesetzt. Ob es jemals irgendjemandem in den Sinn kommen würde, die Besatzungen der Bomber zur Verantwortung zu ziehen, fragte beispielsweise Erika J. aus Berlin.[176] Das Schreiben, das eine absolute Ausnahme darstellte, kam aus Frankreich. Jean A., Lehrer aus Clermont-Ferrand, hoffte trotz

---

[172] Drei Schreiben stammten aus Frankreich, eines aus Belgien.
[173] Zitate: Telegramm VdH Baden-Württemberg, Villingen, an Bundeskanzler Adenauer in Rom, 22. 2. 1953, PA AA, B 10, 2144; Telegramm [VdH Freiburg] an Bundeskanzler, 22. 2. 1953 (Eingang Bundeskanzleramt); VdH, Kreisverband Lörrach, an Bundeskanzler Adenauer, 8. 3. 1953; Telegramm VdH, Ortsverband Schonach, an Bundeskanzler, 9. 3. 1953 (Eingang Bundeskanzleramt), alle drei ebenda, B 10, 2145.
[174] Argumente und Zitat: Horst D. an Staatssekretär, 17. 2. 1953, PA AA, B 10, 2144; Hans E. an Walters, 5. 2. 1953, Abschriften an Bundeskanzler und Bundesminister der Justiz (BMJ), ebenda; W. B. an Bundeskanzler, 10. 1. 1953, PA AA, B 10, 2143; Fritz M. an die Regierung in Bonn, o. D., PA AA, B 10, 2144. Der Autor des letztgenannten Schreibens, der die Schuld an dem Massaker dem französischen Widerstand zuschrieb, war Belgier.
[175] Hans E. an Walters, 5. 2. 1953, Abschriften an Bundeskanzler und BMJ, PA AA, B 10, 2144.
[176] Vgl. Erika J. an Bundeskanzler, 18. 1. 1953, PA AA, B 10, 2144.

seiner negativen Erfahrungen in den beiden Weltkriegen auf eine friedliche Zukunft zwischen Deutschland und Frankreich und schlug eine deutsche Versöhnungsgeste gegenüber Oradour vor.[177]

Einen „teils larmoyante[n], teils fordernde[n] Ton" attestiert Claudia Moisel der deutschen Prozessberichterstattung[178] und beschreibt damit gleichzeitig treffend den Tonfall der untersuchten Eingaben. Wie die Studien von Christoph Vatter und Lars Elliger zur Berichterstattung der deutschen Presse zeigen, finden sich darüber hinaus thematische Ähnlichkeiten.[179] So zeigt Elliger, dass die Journalisten den Zeitpunkt des Prozesses mit Blick auf die EVG-Verhandlungen kritisierten, „da sie Schäden am deutsch-französischen Verhältnis befürchteten".[180] Die nach der Amnestie der französischen Verurteilten in der Presse geforderte „Rechtsgleichheit", das heißt die Ausweitung der Amnestie auch auf die deutschen Verurteilten, wurde mit einem Appell an die „gemeinsame europäische Zukunft" verquickt, da „das deutsch-französische Verhältnis ohne die Gleichbehandlung der Verurteilten zwangsläufig beschädigt werden würde".[181] Die Verbindung des Fingerzeigs auf Unrecht und europäischer Zukunft macht für Elliger „in aller Klarheit das Grundproblem deutlich, mit dem der Prozess behaftet war: Die Durchsetzung der Rechtsordnung konnte nur bei einer so gering wie möglich ausfallenden Störung der ‚neuen' Prioritäten geschehen." Das „Hier und Jetzt" sei für beide Länder entscheidend gewesen.[182]

Elliger macht des Weiteren eine „sehr gnädig[e]" Haltung gegenüber den Verurteilten aus, „die nur Befehle ausführten".[183] Diese zeigt sich deutlich am Beispiel der FAZ und insbesondere an dem dort abgedruckten Kommentar Adelbert Weinsteins vom 30. Januar 1953, in dem von Oradour als einer „böse[n] Erinnerung" die Rede war, sowie von „dem menschlichen Verständnis im Jahre 1953 für diese einfachen SS-Soldaten und die zwei Unterführer". Der Journalist verlangte ein Einschreiten gegen „moderne[...] Kriege", bei denen „der Völkermord, wenn nicht zu einer Selbstverständlichkeit, so doch zu einem bequemen Ausweg zu wer-

---

[177] Vgl. Kapitel VI.1.2.
[178] Moisel, Frankreich, S. 183.
[179] Vatter, Berührungspunkte, untersucht die Berichterstattung der *Frankfurter Allgemeinen Zeitung* (FAZ), *Saarbrücker Zeitung* und *Le Monde* u. a. auf die Frage hin, „inwiefern die spezifische Situation des Saarlandes eine andere Form der interkulturellen Vermittlung zwischen deutschen und französischen Positionen bedingte, die sich auch in der Berichterstattung über die deutschen Verbrechen während der Besatzung Frankreichs widerspiegelt". Er kommt zu dem Ergebnis, die *Saarbrücker Zeitung* werde „der vermuteten interkulturellen Mittlerrolle zwischen deutschen und französischen Positionen gerecht". Lars Elliger analysiert Berichte und Kommentare der seinerzeit größten westdeutschen Tageszeitungen und mehrerer regionaler Blätter. Während Vatter seine Untersuchung vor der Amnestie der französischen Verurteilten enden lässt, umfasst Elligers Studie den Zeitraum Januar bis Ende März 1953. Der Autor spricht in seiner Arbeit wiederholt von der „deutschen Öffentlichkeit", meint aber wahrscheinlich die „veröffentliche Meinung". Elliger, Massaker.
[180] Elliger, Massaker, S. 44.
[181] Elliger, Massaker, S. 46.
[182] Elliger, Massaker, S. 47.
[183] Elliger, Massaker, S. 45.

den droht". Am Ende seines Textes hieß es, man dürfe „auf jeden Fall die Soldaten nicht wieder so ungeschützt ihrem Schicksal überlassen wie im letzten Krieg und dadurch eine tragische Verkettung von Tätern und Getöteten herbeiführen wie in Oradour".[184] Christoph Vatter sieht hierin den Versuch, „die Schuld der Beteiligten in einer universellen Beurteilung aufzulösen und das Verbrechen an den Einwohnern Oradours als Ergebnis einer schicksalhaften Verstrickung tragischer Umstände darzustellen, in denen auch die Täter im Grunde nur Opfer gewesen seien und aus der es für die Zukunft zu lernen gelte".[185] Wurden die deutschen Verurteilten auch nicht in das Amnestiegesetz eingeschlossen, so wurden sie „vonseiten der deutschen Presse" begnadigt, „ihr individueller Schuldanteil interessierte nur am Rande".[186]

Durchgehend war für die bundesdeutsche Presse „die Frage nach Recht und Unrecht" wesentlich, und die wiederholten Interventionen der Legislative waren dazu angetan, die Debatte in dieser Hinsicht immer wieder neu zu befeuern.[187] „Mit Vorliebe", so schreibt Claudia Moisel, hätten „die Kommentatoren scheinbar unlösbare rechtliche Probleme in den Vordergrund" gestellt,[188] und nach dem Amnestiegesetz war das Massaker in der deutschen Presse scheinbar „ebenso wenig von Belang" wie „der fatale Effekt, den der Beschluss auf die Hinterbliebenen der Opfer hatte".[189] Gar eine „eindeutig deutsche Perspektive mit kaum interkulturellem Bewusstsein und Verständnis für die französische Situation" attestiert Christoph Vatter der Berichterstattung in der FAZ.[190] Die in den Eingaben festgestellten ungenierten Versuche, das Verbrechen in Oradour aufzurechnen und zu relativieren, stellten in der Presse allerdings eine Ausnahme dar.[191]

Adenauers Sorge um das Image der Bundesrepublik

Adenauer, Anfang 1953 „seit Monaten um die Westverträge bangend",[192] wies nur einen Tag vor Verhandlungsbeginn im Deutschen Presseclub in Bonn darauf hin, dass die Gerichtsverhandlung ein äußerst negatives Bild der Deutschen wiederbeleben würde:

„Und jetzt steht vor der Tür der Prozeß von Oradour, eine grauenhafte Angelegenheit. Der Prozeß wird sich abspielen vor der breitesten Weltöffentlichkeit mit allen seinen Einzelheiten. Es wird gesagt werden, es war zwar Waffen-SS, und sie war kommandiert und mußte gehorchen.

---

[184] Zitiert nach Vatter, Berührungspunkte, S. 460.
[185] Vatter, Berührungspunkte, S. 460 f. Ähnlich auch Marion Dönhoff, die für *Die Zeit* berichtete und bereits „im Vorfeld der Verhandlung [versuchte,] mithilfe eines gesamtgesellschaftlichen Erklärungsansatzes einen universellen Schuldigen benennen zu wollen und durch die Transformation zu ‚Robotern' die mutmaßlichen Täter vorab von jeglicher individuellen Schuld freizusprechen". Elliger, Massaker, S. 30.
[186] Elliger, Massaker, S. 47.
[187] Elliger, Massaker, S. 46.
[188] Moisel, Frankreich, S. 183.
[189] Elliger, Massaker, S. 46 f.
[190] Vatter, Berührungspunkte, S. 462.
[191] Zu einem Beispiel vgl. Elliger, Massaker, S. 38–40.
[192] Frei, Vergangenheitspolitik, S. 373.

Aber glauben Sie mir, aus dieser Verhandlung wird in dem Empfinden der weitesten Kreise im Auslande wieder jenes Bild des Deutschen erneuert werden, das erfüllt ist von Grausamkeit und Blutdurst. Und das berücksichtigt der Deutsche leider viel zu wenig."[193]

Wenn sich Adenauer auch um das Bild der Deutschen im Ausland und die EVG sorgte,[194] so waren seine Worte doch ebenso eine Warnung vor „überzogenen deutschen Reaktionen" auf den Prozess. Denn die Passage war eingebettet in Ausführungen des Kanzlers, in denen er die Selbstüberschätzung der Deutschen kritisierte und deutlich machte, dass die schnelle Rehabilitierung der Bundesrepublik in erster Linie nicht Verdienst der Deutschen, sondern vielmehr der sowjetischen Politik und der neuen bipolaren Weltordnung geschuldet war.[195] Die anderen Völker, so Adenauer, hätten keinesfalls vergessen, „was der Nationalsozialismus nicht nur über Deutschland, sondern über die Welt gebracht" habe, es sei ein Irrtum zu glauben, die Deutschen seien von diesen „wieder aufgenommen als auch moralisch gleichberechtigte Partner, sogar als Freund".[196]

Als Adenauer am 21. Januar 1953 im Bundestag darauf hinwies, die „Bevölkerung der Bundesrepublik und das gesamte Ausland" könne überzeugt sein, „daß Deutschland niemals wieder zum Nationalsozialismus zurückkehren" werde,[197] hatte dies nicht – wie mitunter angeführt[198] – in erster Linie mit Oradour zu tun. Denn der von Adenauer befürchtete Image-Schaden für die Bundesrepublik war inzwischen von ganz anderer Seite eingetreten. In der Nacht vom 14. zum 15. Januar 1953 hatten die Briten in drei deutschen Städten Verhaftungen durchgeführt: Sechs Männer, darunter ehemalige ranghohe NSDAP-Mitglieder, denen man Planungen zu Machergreifung in der Bundesrepublik vorwarf, wurden festgenommen. Unter ihnen war Werner Naumann, früher Staatssekretär im Propagandaministerium unter Joseph Goebbels, und nun Namensgeber der sogenannten Naumann-Affäre.[199] Hinzu kam nur wenige Tage später ein Bericht der *New York Times* über Ergebnisse einer Meinungsumfrage, die unter anderem die Einstellung der Deutschen zum Nationalsozialismus untersuchte. Die ermittelten Zahlen wichen von früheren kaum ab, dennoch waren in der internationalen Presse nun erneut Schlagzeilen zu lesen, „von denen die Deutschen schon seit Jahren – und noch auf lange Zeit – vergeblich hofften, daß sie der Vergangenheit angehörten".[200] Vor diesem Hintergrund und in diesem Zusammenhang sprach der Kanzler am 21. Januar 1953 im Bundestag die genannte Zusicherung aus.[201] Im Bundesvorstand der Christlich Demokratischen Union (CDU) nannte er am 26. Januar 1953 den Fall

---

[193] Zitiert nach Brochhagen, Nürnberg, S. 163. Vgl. mit anderer Datierung und einem zweiten ähnlichen Zitat Javerliat, Bordeaux, S. 126.
[194] Vgl. Javerliat, Bordeaux, S. 126.
[195] Vgl. Brochhagen, Nürnberg, S. 162 f., Zitat S. 162.
[196] Zitiert nach Brochhagen, Nürnberg, S. 163.
[197] Deutscher Bundestag, Plenarprotokoll, 1. Wahlperiode, 245. Sitzung, 21. 1. 1953, S. 11673.
[198] Vgl. Javerliat, Bordeaux, S. 126 f.
[199] Zur Naumann-Affäre vgl. Frei, Vergangenheitspolitik, S. 361–396, hier v. a. S. 361 f.
[200] Vgl. Frei, Vergangenheitspolitik, S. 372 f., Zitat S. 373.
[201] Vgl. Frei, Vergangenheitspolitik, S. 374–376.

Naumann, die Veröffentlichungen in den USA und Oradour, als er wiederholte, die „anderen Völker" hätten mitnichten „die Vergangenheit so vergessen, wie wir sie vergessen haben". „Auf Oradour", so der Kanzler, brauche er „nicht besonders hinzuweisen". Es reiche, „den Namen auszusprechen, damit Sie daraus ersehen, mit welchen, mit welchen [sic] Schrecken noch viele Völker vielen Menschen gegenüberstehen". Er glaube daher, „daß wir bei alledem, was wir tun, sehr sorgfältig jede Reaktion des Auslandes in Erwägung ziehen müssen".[202]

Folgt man den vorliegenden Meldungen deutscher Auslandsvertretungen zur Presseberichterstattung im Gastland, so hielt sich der Schaden für das deutsche Ansehen durch den Prozess in Grenzen. Am 21. Januar 1953 meldeten die deutschen Vertreter an der Themse, seit einiger Zeit sei in der öffentlichen Meinung Englands „ein erhöhtes Mißtrauen gegenüber Deutschland" festzustellen. Dies sei Folge „des Zusammentreffens verschiedener Ereignisse", wobei der Oradour-Prozess nur eines der genannten Vorkommnisse war. Ihren „Höhepunkt" hätten die „kritischen und abträglichen Gefühle gegen Deutschland" wohl mit der „Verhaftung der sieben prominenten Nationalsozialisten durch die britische Besatzungsmacht" erreicht. Gleichwohl schloss der Bericht mit der Einschätzung, man könne „aus den Erfahrungen dieser unerfreulichen Tage jedenfalls den beruhigenden Schluß ziehen, daß die britische Regierung allen derartigen Störungen zum Trotz sich in aller Öffentlichkeit zu gedeihlichen deutsch-englischen Beziehungen auf Grund der Bonner und Pariser Verträge rückhaltlos" bekenne.[203]

Die deutsche Botschaft in Athen berichtete dem Auswärtigen Amt von einzelnen kritischen Artikeln, in denen etwa von den „deutschen Bestien in Bordeaux" die Rede war oder davon, dass sich die „Henker von Oradour" sicher in der „‚Atlantischen' Wehrmacht" einfinden würden. Einige Tage später konnte die Botschaft jedoch feststellen, dass die Presse nach der „Bestien"-Schlagzeile „keine weiteren derartigen Hinweise mehr gebracht" habe, möglicherweise auf ein Einlenken der Regierung hin.[204] Aus Italien berichtete das Mailänder Generalkonsulat in der Zeitspanne zwischen Urteil und Amnestie, alle Blätter würden den Prozess weiter aufmerksam verfolgen, wobei „die meisten Artikel den Akzent darauf legen, dass die Elsässer sich nicht weniger, sondern als französische Staatsbürger womöglich noch mehr schuldig gemacht hätten als die deutschen Angeklagten".[205] Allein die Gesandtschaft der Bundesrepublik in Luxemburg meinte, die ausführliche Berichterstattung zum Oradour-Verfahren und dem gleichzeitig stattfindenden Schirmeck-Prozess schade „dem teilweise wiedergewonnenen deutschen Ansehen natürlich sehr".[206]

---

[202] Protokoll des Bundesvorstands der CDU, 26. 1. 1953, Nr. 18, in: Buchstab, Adenauer, S. 311 f.
[203] Vortragender Legationsrat Rosen, London, an AA, 21. 1. 1953, in: AAPD, 1953, Bd. I, S. 93–96.
[204] Botschaft der Bundesrepublik Deutschland, Athen, an AA, 31. 1. 1953, mit „Anlage zum Bericht der Deutschen Botschaft Athen vom 31. Januar 1953", PA AA, B 10, 2144.
[205] „Teilabschrift aus einem Bericht des Generalkonsulats der Bundesrepublik Deutschland in Mailand vom 16. Februar 1953", PA AA, B 10, 2144.
[206] Gesandtschaft der Bundesrepublik Deutschland, Luxemburg, an AA, 19. 1. 1953, PA AA, B 10, 2144. Aus Brüssel liegt nur ein Schreiben vom Tag des Prozessbeginns vor, in dem es heißt, die

Der Prozess im *Neuen Deutschland*

Eindeutig negativ hingegen war das Bild, das das *Neue Deutschland* während des Prozesses vom bundesdeutschen Nachbarn zeichnete. Das Verfahren wurde in den Artikeln des SED-Zentralorgans vor allem vor dem Hintergrund der Westverträge interpretiert und für den Kampf gegen die Vertragswerke instrumentalisiert. Dies zeigte sich bereits vor Prozessbeginn:

„Der Prozeß findet zu einer Zeit statt, in der die Völker, besonders das französische und das deutsche Volk im erbitterten Kampf gegen die USA-Kriegsverträge von Bonn und Paris stehen, nach denen unter der Führung der alten Nazi-Kriegsverbrecher erneut deutsche Soldaten auf die Völker Europas losgelassen werden sollen. [...]
Die amerikanischen Absichten kennt das französische Volk nur zu gut. Dagegen weiß es, daß nur ein einheitliches, friedliebendes, demokratisches Deutschland und die Zerreißung der amerikanischen Verträge die Wiederholung solcher Verbrechen, wie sie in Oradour geschahen, verhindern kann. So hat das französische Volk mit besonderer Freude und Genugtuung die Erklärung unseres Präsidenten Wilhelm Pieck vom 13. November 1952 begrüßt:
‚[...] Die Deutsche Demokratische Republik ihrerseits wird nie und nimmer dulden, daß von deutscher Seite jemals wieder ein Krieg gegen das französische Volk geführt wird.'
Der Beginn des Prozesses gegen die Mörder von Oradour ist eine Mahnung an alle deutschen und französischen Patrioten, ihre Anstrengungen zu verdoppeln im Kampf gegen die amerikanischen Kriegsbrandstifter und ihre Pläne, die SS-Henker erneut auf Europa loszulassen. Der Prozeß ist eine Mahnung, den Kampf mit allen Kräften zu führen, bis der Friede endgültig gesichert, ein einheitliches, friedliebendes demokratisches Deutschland geschaffen ist und das französische Volk unter einer patriotischen, republikanischen Regierung die feste Gewißheit hat, daß nie mehr SS-Mörder in sein Land einfallen und seine Frauen und Kinder lebendigen Leibes verbrennen."[207]

Die Argumentation fügte sich im Wesentlichen in die gegen die EVG gerichtete SED-Propaganda in dieser Phase: „Gebetsmühlenartig präsentierte die SED ein Gefahrenszenario, in dem die Bundesrepublik als der historische Feind Frankreichs die Hauptrolle spielte. In immer wieder abgewandelter Form sagte die SED einen neuen Krieg voraus und stellte sich selber als Garanten des Friedens zwischen Deutschen und Franzosen dar."[208] Bei der in dem zitierten Artikel genannten Erklärung Wilhelm Piecks handelte es sich um eine Verlautbarung des Präsidenten der DDR gegenüber dem *Allgemeinen Deutschen Nachrichtendienst* (ADN) und *l'Humanité*. Die dabei ausgesprochene Zusicherung, die DDR würde sich gegen einen erneuten deutschen Krieg gegen Frankreich zur Wehr setzen, wurde „von den verschiedensten DDR-Organen in regelmäßigem Abstand wiederholt",[209] hier nun seitens des *Neuen Deutschlands* im Zusammenhang mit dem

---

belgische Presse habe sich in der vergangenen Woche „sehr intensiv mit dem Komplex Oradour-sur-Glane beschäftigt". Botschaft der Bundesrepublik Deutschland, Brüssel, an AA, 12. 1. 1953, PA AA, B 10, 2143. Die deutsche Handelsvertretung in Helsinki informierte das Auswärtige Amt zwei Monate nach Prozessende, dass eine dort erscheinende Zeitung zwei Artikel zum Prozess veröffentlicht habe, in denen die prominenten Autoren zu gegensätzlichen Schlüssen gelangt seien. Vgl. Handelsvertretung der Bundesrepublik Deutschland, Helsinki, an AA, 13. 4. 1953, PA AA, B 10, 2145.

[207] Lothar Killmer, Oradour mahnt Deutsche und Franzosen, in: Neues Deutschland, 11. 1. 1953.
[208] Pfeil, Beziehungen, S. 75.
[209] Pfeil, Beziehungen, S. 75.

*Abb. 7: Illustration zu dem Artikel „Oradour. Mahnung und Warnung für die Welt",
erschienen 1953 in der* Internationalen Zeitschrift Friedenswacht
(Illustrator unbekannt)

Oradour-Prozess. Mit der Verknüpfung von EVG-Kritik mit Prozess-Kritik schlug das Blatt denselben Weg ein wie die PCF.[210]

Die Berichterstattung der folgenden Wochen ließ dann auch kein gutes Haar am Prozess und kritisierte die deutsche und französische Regierung gleichermaßen. Die Strippenzieher saßen aus Sicht des SED-Zentralorgans in Washington und bemühten sich, „die Kriegsverbrecher von Oradour zu schützen und den Prozeß in Bordeaux ohne Ergebnis ausgehen zu lassen".[211] Das „milde Urteil" war in dieser Logik Teil der „amerikanischen Kriegsvorbereitungen". Eisenhower verbiete den Franzosen, „die Nazibestien, die morgen ihre ‚Verbündeten' werden sollen, für gemeinste Verbrechen ihrer gerechten Strafe zuzuführen".[212] Auch hinter der Amnestie der elsässischen Zwangsrekrutierten sah das *Neue Deutschland* den „Befehl Washingtons".[213] Der „deutsche Imperialismus" ziele unter anderem auf die „Einverleibung Elsass-Lothringens" und sei „entschlossen, zu diesem Zweck aus ganz Europa ein einziges Oradour zu machen". Dieses „geplante europäische Oradour" sei der „eigentliche Sinn

---

[210] Vgl. Barral, Affaire, S. 251. Ausführlicher zur Rolle der PCF im Rahmen des Prozesses vgl. Javerliat, Bordeaux, S. 171–199.
[211] Frankreich fordert strenge Bestrafung der SS-Mörder von Oradour, in: Neues Deutschland, 15. 1. 1953.
[212] Die Mörder decken einander, in: Neues Deutschland, 18. 2. 1953.
[213] 13 Mörder von Oradour auf freien Fuß gesetzt, in: Neues Deutschland, 20. 2. 1953.

der Verträge von Bonn und Paris".[214] Während sich Adenauer mit der Finanzierung von Anwälten „voll und ganz auf die Seite dieser Mörder" stelle, weil er sie für die Durchführung des Generalvertrags brauche,[215] entsprachen die Forderungen des *Neuen Deutschlands* in etwa jenen der Hinterbliebenen des Massakers:[216] Die „bestialischen Mörder" würden „nach der Meinung jedes anständigen Deutschen samt und sonders aufs Schafott" gehören.[217]

In seiner Schwarz-Weiß-Malerei schreckte das Blatt nicht vor Fehlinformationen zurück. Dazu gehört die Behauptung, unter den von „Adenauer auf Staatskosten" gestellten Anwälten, befände sich der Schwiegersohn des Kanzlers.[218] Auch hatte das Gericht keineswegs beweisen können, „daß alle Angeklagten ausnahmslos an dem furchtbaren Verbrechen [...] beteiligt waren".[219] Sprachlich blieb das Blatt wohl gewollt unpräzise: Es nannte die Angeklagten wiederholt „SS-Mörder" oder „SS-Verbrecher" und verurteilte sie damit noch ehe das Gericht sein Urteil sprach.[220] Eine Differenzierung zwischen den deutschen und den französischen Angeklagten blieb aus. Diese den Prozess dominierende Problematik wurde in der Berichterstattung sogar konsequent ausgeblendet. Nur wenn es gar nicht zu umgehen war – etwa nach der Amnestie –, erwähnte das Blatt, dass es sich bei den nicht-deutschen Angeklagten bzw. Verurteilten um Elsässer handelte.[221] Das Wort „Zwangseingezogene" fiel nicht einmal in der Berichterstattung zur Amnestie. Nahezu ganz unterschlagen wurde den Lesern auch die Entrüstung, die das Urteil im Elsass auslöste. Lediglich in einem Artikel zu angeblichen Plänen der „deutschen Imperialisten", das Elsass zu annektieren, kam die „von Westdeutschland lancierte[...] ‚Protestbewegung'" zur Sprache.[222]

---

[214] Es wird kein neues Oradour geben!, in: Neues Deutschland, 27.1.1953.
[215] Deutsch-französische Kampfbrüderschaft, in: Neues Deutschland, 13.1.1953.
[216] Wie bereits angeführt, wäre laut Sarah Farmer allein „die Todesstrafe für all jene, die aktiv an dem Massaker beteiligt gewesen waren", für die Familien der Opfer akzeptabel gewesen. Farmer, Oradour, S. 188.
[217] Deutsch-französische Kampfbrüderschaft, in: Neues Deutschland, 13.1.1953. Im Tenor der Berichterstattung des *Neuen Deutschlands* ähnlich: Käthe Muskewitz, Oradour. Mahnung und Warnung für die Welt!, in: Internationale Zeitschrift Friedenswacht, April 1953, S. 22–27, und der Bericht des wissenschaftlichen Assistenten am Institut für Strafrecht der Martin-Luther-Universität Halle, Wolfang Metz, in der *Neuen Justiz*. Vgl. Metz, Oradour.
[218] Deutsch-französische Kampfbrüderschaft, in: Neues Deutschland, 13.1.1953; Oradour-Prozeß begann in Bordeaux, in: Neues Deutschland, 13.1.1953. Diese Behauptung fand Eingang in Stitzer, Mordprozess, S. 11 f. Vgl. zu dieser Publikation Kapitel VI.3.1, Abschnitt „Karl Stitzers ‚Mordprozess Oradour' im Dietz Verlag". Fouché, Politique, S. 161, zufolge sprach *l'Humanité* von Adenauers Sohn.
[219] Die Mörder decken einander, in: Neues Deutschland, 18.2.1953.
[220] Unter anderem folgende Artikel im *Neuen Deutschland*: Oradour-Prozeß begann in Bordeaux, 13.1.1953; SS-Hauptsturmführer ermordete 30 Oradourer, 19.1.1953; SS ermordete Kinder, Frauen und Greise, 22.1.1953; SS-Mörder-General Lammerding lebt auf freiem Fuß in Düsseldorf, 23.1.1953.
[221] Vgl. 13 Mörder von Oradour auf freien Fuß gesetzt, in: Neues Deutschland, 20.2.1953. Von „13 elsässischen SS-Verbrecher[n]" war auch im Zusammenhang mit dem zurückgewiesenen Antrag auf Verfahrenstrennung die Rede. Frankreich fordert strenge Bestrafung der SS-Mörder von Oradour, in: Neues Deutschland, 15.1.1953.
[222] Kaiser finanziert „Heim-ins-Reich"-Bewegung im Elsaß, in: Neues Deutschland, 21.2.1953.

Schweigen versus Instrumentalisieren

Was sich in der bisherigen Darstellung bereits abzeichnet, lässt sich anhand eines besonderen Aktenfunds verdeutlichen. Die Reaktionen in Bonn und Ostberlin auf eine Eingabe elsässischer Verbände, die wortgleich an Bundeskanzler Adenauer und Präsident Pieck ging, belegt, dass die Regierung der Bundesrepublik Schweigen für das Gebot der Stunde hielt, während die Regierung der Deutschen Demokratischen Republik den Prozess nutzte, um sich als besseres Deutschland darzustellen. Gleichwohl war man auf fahndungspraktischer Ebene teilweise mit den gleichen Problemen konfrontiert.

Am 31. Januar 1953 ging im Bonner Bundeskanzleramt ein Einschreiben ein, unterzeichnet von 19 französischen Vereinigungen, in denen „etwa 200 000 ehemalige Frontsoldaten, Deportierte, Flüchtlinge, zwangsweise Eingegliederte, Internierte, Widerstandskämpfer und Kriegsopfer aus dem Elsass" organisiert waren, darunter die ADEIF. Unter den Angeklagten in Bordeaux, so das Schreiben, seien „Unschuldige, insbesondere unter den aus den Departements Bas-Rhin und Haut-Rhin stammenden französischen Angeklagten, die durch einen von dem Internationalen Gerichtshof selbst als Kriegsverbrechen bezeichneten Beschluss der deutschen Stellen in die Waffen-SS eingegliedert worden waren". Gleichzeitig hätten sich viele Überlebende der verantwortlichen Einheit – darunter die Hauptverantwortlichen für das Massaker – „der französischen Justiz entziehen" können, da sie in Deutschland außerhalb der französischen Besatzungszone wohnten. Die Verbände protestierten „energisch gegen diese unzulässigen Mängel, die eine derartige Verfälschung der Rechtsprechung ermöglichen", und baten den Kanzler nachdrücklich, „alles in seiner Macht stehende zu unternehmen, um Nachforschungen nach den in der Anlage Nr. 2 zu diesem Schreiben namentlich aufgeführten Personen zu veranlassen und ihre Auslieferung an die französische Justiz zu betreiben". Sollte diesen „berechtigten Forderungen nicht stattgegeben werden", sähe man sich in der Pflicht, „die interessierten Mächte mit allem Nachdruck auf die tiefe Empörung hinzuweisen, die die Bevölkerung unserer Landesteile und mit ihr das ganze französische Volk" empfinde.[223]

Bei „Anlage Nr. 2" handelte es sich um eine Liste mit den Nachnamen der 45 in Bordeaux in Abwesenheit Angeklagten.[224] In Bonn gingen Liste und Anschreiben vom Bundeskanzleramt ins Auswärtige Amt und dort über die Länder- in die Politische Abteilung.[225] Letztere reichte sie an die ZRS weiter, vermutlich mit der

---

[223] Elsässische Verbände an Monsieur le Chancelier de la République Fédérale Allemande, 26. 1. 1953, Einschreiben, mit Anlagen, PA AA, B 10, 2144, Übersetzung ebenda.

[224] Annexe N° 2, Elsässische Verbände an Monsieur le Chancelier de la République Fédérale Allemande, 26. 1. 1953, Einschreiben, PA AA, B 10, 2144, sowie zum Abgleich: Acte d'accusation, TMP Bordeaux, 1. 12. 1952, StA Do, 45 Js 2/11, 9. SB, Bd. 6, L XII, Bd. 4, Bl. 296. Die Namensliste der elsässischen Verbände führte keinen der in der Anklageschrift genannten Vornamen an und unterschied sich teilweise in der Schreibweise der Namen. Da auch Heinrich N. genannt wurde, ergab sich die Anzahl von 45 in Abwesenheit Angeklagten.

[225] Dies geht aus den Eingangsstempeln und Notizen auf dem Schreiben hervor.

Frage, ob dort Unterlagen zu den Genannten vorlägen. Gawliks Antwort enthielt Informationen zu zehn Männern. In allen anderen Fällen, so der ZRS-Leiter, lägen keine Unterlagen vor. Doch auch die genannten Angaben waren äußerst dürftig. Zu Kahns Aufenthaltsort hieß es, er sei nicht bekannt, es stehe auch nicht fest, ob er noch lebe, alle seitens der ZRS unternommenen Ermittlungen seien ohne Ergebnis geblieben. Bei den restlichen Fällen beschränkten sich die Informationen auf Angaben zu Haft, Verfahrensergebnissen und Freilassungen. In keinem Fall ging die Information zur Einheitszugehörigkeit über das Regiment hinaus, von einer möglichen Anwesenheit in Oradour oder gar Beteiligung an dem Massaker ganz zu schweigen. Nicht von einem der Genannten war der aktuelle Wohnort angegeben.[226] Angesichts Gawliks Haltung bei der Weitergabe von Unterlagen zur strafrechtlichen Verfolgung von Deutschen, die seine Stelle betreute,[227] darf man davon ausgehen, dass die Dürftigkeit der Angaben kein Zufall war.

Während Schreiben und Liste ihren Weg durch die Abteilungen des Auswärtigen Amts nahmen, veränderte sich die Situation, aus der heraus der Brief geschrieben wurde, stetig. Als sich die Verbände am 23. Januar 1953[228] zu ihrer Intervention entschieden, war die Trennung des Gerichtsverfahrens noch nicht erreicht und das im Brief genannte Gesetz vom 15. September 1948 noch in Kraft. Kurz darauf war die „Lex Oradour" geändert, das Verfahren getrennt und in der Nacht nach Gawliks Antwort fielen in Bordeaux die Urteile. Kaum eine Woche später trat mit der Amnestie der elsässischen Zwangsrekrutierten zumindest in deren Heimat Frieden ein. Am 22. Februar 1953, drei Tage nach der Amnestie, notierte Legationsrat Karl Born, Leiter des Referats A 8 (Kriegsgefangene, Kriegsverbrecher, Suchdienst, Kriegsgräber) im Auswärtigen Amt, am Rand des französischen Schreibens: „Beantwortung untunlich". Das Problem hatte sich ganz ohne Zutun Bonns gelöst und die Nichtbeantwortung des Briefs fügte sich vollauf in Adenauers Strategie hinsichtlich des Oradour-Prozesses: Zurückhaltung. Hinzu kommt, dass die Forderungen der Verbände und der Druck, den sie aufzubauen versuchten, wohl weitgehend ins Leere liefen. Das Grundgesetz verbot der Bundesregierung eine Auslieferung deutscher Staatsangehöriger und welche der in dem Schreiben angedrohten „interessierten Mächte" sollte Bonn fürchten? Wie erwähnt sah sich Paris in der Auslieferungsfrage Washington, London und Bonn gegenüber, die in diesem Punkt seit Jahren „insgesamt an einem Strang [zogen]".[229]

Ebenfalls mit Datum vom 26. Januar 1953 wandten sich die Verbände in einem identischen Schreiben an den Präsidenten der DDR,[230] dessen Privatkanzlei der

---

[226] Vgl. Gawlik an AA, Abt. II, 12. 2. 1953, mit Anlagen, PA AA, B 10, 2144.
[227] Vgl. Kapitel IV.2.3.
[228] Vgl. Annexe N° 1, Elsässische Verbände an Monsieur le Chancelier de la République Fédérale Allemande, 26. 1. 1953, Einschreiben, mit Anlagen, PA AA, B 10, 2144.
[229] Brochhagen, Nürnberg, S. 178.
[230] Vgl. Elsässische Verbände an Monsieur le Président de la Republique Démocratique Allemande, 26. 1. 1953, mit Anlagen, SAPMO-BArch, DA 4/56, Bl. 150–153, Übersetzung ebenda, Bl. 154–156.

Brief wohl um einiges später erreichte als das Bundeskanzleramt.[231] Am 16. Februar 1953, und damit zwischen Urteil und Amnestie der französischen Zwangsrekrutierten, übersandte der Chef der Privatkanzlei, Otto Winzer, das Schreiben an den Leiter der außenpolitischen Abteilung beim Zentralkomitee (ZK) der SED, Peter Florin. Man müsse, so Winzer, „klarstellen, was das für Organisationen sind", einen „Vorschlag ausarbeiten, in welcher Richtung geantwortet werden soll", und schließlich „die ganze Frage morgen im Politbüro zur Entscheidung stellen".[232] Ein Tag später lag der Entwurf eines Antwortschreibens als Vorlage für das Politbüro vor,[233] einen weiteren Tag später die korrigierte Version.[234] Diese wurde – von stilistischen Korrekturen abgesehen – auch nicht mehr verändert, als das französische Parlament am 19. Februar 1953 das Amnestiegesetz zugunsten der verurteilten französischen Zwangsrekrutierten verabschiedete. Das war auch nicht nötig, ignorierte das Antwortschreiben die dadurch aufgeworfenen Fragen doch vollends. Es datierte vom 24. Februar 1953 und war unterzeichnet von Max Opitz, Staatssekretär und Chef der Präsidialkanzlei. Adressiert war das Schreiben an die französische „Bruderorganisation unserer VVN" (*Vereinigung der Verfolgten des Naziregimes*), die FNDIRP,[235] die man bat, die anderen Organisationen „von dem Inhalt in Kenntnis" zu setzen.[236]

Bevor Opitz auf das Anliegen der Verbände einging, übermittelte er den Adressaten die Anteilnahme des Präsidenten. Dieser versichere, „dass er selbst und die Bevölkerung der Deutschen Demokratischen Republik tiefen Schmerz über jeden Franzosen empfinden, der dem abscheulichen faschistischen Verbrechen in Oradour zum Opfer fiel". In der DDR seien, so lautet die Antwort auf die französischen Forderungen, „alle Maßnahmen eingeleitet" worden, „um die Kriegsverbrecher festzustellen und ihrer gerechten Strafe zuzuführen". Den größten Teil des Schreibens nahm der sodann folgende Hinweis auf die Bundesrepublik und die Kritik an deren Umgang mit NS-Kriegsverbrechern ein. Der erhaltene Brief veranlasse den Präsidenten, „Ihre Aufmerksamkeit auf die westlichen Besatzungszonen Deutschlands zu lenken, wo die meisten der selbst von den alliierten Gerichten zum Tode und zu langjährigen Haftstrafen verurteilten Kriegsverbrecher aus dem Gefängnis entlassen wurden und die Gelegenheit erhielten, ihren verbrecherischen Einfluss in höchsten Staats- und Wirtschaftsfunktionen auszuüben". Es folgten Beispiele, allen voran das Lammerdings, einem „der Hauptverantwortlichen für die in Oradour begangenen Verbrechen", dem man ermöglicht habe, „als ‚Un-

---

[231] Vgl. Eingangsstempel auf: Elsässische Verbände an Monsieur le Président de la Republique Démocratique Allemande, 26. 1. 1953, SAPMO-BArch, DA 4/56, Bl. 150 f.
[232] Winzer an Florin, 16. 2. 1953, SAPMO-BArch, DA 4/6, Bl. 480.
[233] Vgl. Vorlage an das Politbüro, 17. 2. 1953, SAPMO-BArch, DA 4/6, Bl. 483 f.
[234] Vgl. Entwurf Anschreiben, 18. 2. 1953, SAPMO-BArch, DA 4/6, Bl. 481 f.
[235] Vgl. Opitz an FNDIRP, 24. 2. 1953, SAPMO-BArch, DA 4/56, Bl. 143 f. Opitz übersandte das Schreiben zusammen mit einem Anschreiben an die FNDIRP am 24. 2. 1953 an das Ministerium für Auswärtige Angelegenheiten (MfAA), das er um Weiterleitung bat. Vgl. Opitz an MfAA, 24. 2. 1953, mit Anlagen, SAPMO-BArch, DA 4/56, Bl. 141–144, Zitat Bl. 141.
[236] Opitz an FNDIRP, 24. 2. 1953, SAPMO-BArch, DA 4/56, Bl. 142.

bekannter' unterzutauchen". Diese Tatsachen „berechtigten zu der Annahme, dass auch die in Ihrem Schreiben namentlich benannten faschistischen Verbrecher von Oradour sich in Westdeutschland in Freiheit befinden". Das Schreiben endete mit Hinweisen auf die Gefahren einer Ratifizierung der Westverträge, den Kampf der deutschen Werktätigen gegen die Verträge, den Friedenswillen des „deutsche[n] Volk[s]" sowie darauf, dass in der DDR „das Potsdamer Abkommen verwirklicht und die ökonomischen Grundlagen zerschlagen" worden seien, „die zu Faschismus und Krieg führten". Die DDR würde „nie und nimmer dulden, dass von deutscher Seite jemals wieder ein Krieg gegen das französische Volk geführt wird".[237]

Adressiert an die FNDIRP, war das Schreiben nicht weniger an die Öffentlichkeit gerichtet: „Bonn deckt die Hauptschuldigen" titelte die *Berliner Zeitung* am 27. Februar 1953 und zitierte Auszüge aus dem Antwortschreiben.[238] Wiederholt war in dem Artikel von „französischen Widerstandskämpfern" die Rede, die sich an Präsident Pieck gewandt hätten. Darüber hinaus war zu lesen, die den „verschiedensten Organisationen angehörenden Widerstandskämpfer" würden „mehr als 200 000 Deportierte, Internierte, Flüchtlinge, Kriegsopfer und Widerstandskämpfer aus dem Elsaß" vertreten – dass die Verbände auch ehemalige Frontsoldaten und Zwangsrekrutierte umfassten, verschwieg der Artikel. In Frankreich veröffentlichten die Verbandsorgane der FNDIRP (*le Patriote Résistant*) und der *Association Nationale des Anciens Combattants de la Résistance Française* (*France d'abord*) das Schreiben im Wortlaut, *l'Humanité* druckte zwei Mal Auszüge[239] und selbst *Le Monde* war das Schreiben einen Artikel wert.[240]

So sicher man sich nach außen gab, war man intern keineswegs. Am Tag der Urteilsverkündung in Bordeaux hatte die für Fahndungsmaßnahmen zuständige Abteilung X des MfS einen „Plan für die Bearbeitung des Kahn, Otto" aufgestellt, der mehrere Überprüfungen vorsah, bei deren Erfolg Kahn „konspirativ festzunehmen" war. Der Fahndungsabteilung lagen Kahns Geburtsdatum und Geburtsort, Informationen zu ihm aus der Zeit des Nationalsozialismus sowie zwei mögliche Wohnorte vor.[241] Eine fast identische Angabe zum Wohnort hatte Anklagevertreter Gardon in seinem Plädoyer genannt.[242] Die durchgeführten Maßnahmen blieben ohne Erfolg.[243] Das Glück, das zeigte sich hier erstmals, war Kahn

---

[237] Opitz an FNDIRP, 24. 2. 1953, SAPMO-BArch, DA 4/56, Bl. 143 f.
[238] Vgl. Bonn deckt die Hauptschuldigen, in: Berliner Zeitung, 27. 2. 1953.
[239] Vgl. Komitee der Antifaschistischen Widerstandskämpfer (KdAW), Schumann, an Opitz, 10. 3. 1953, SAPMO-BArch, DA 4/56, Bl. 161; KdAW, Schumann, an Opitz, 21. 3. 1953, ebenda, Bl. 157.
[240] Georges Penchenier, Toutes les mesures ont été prises pour s'assurer des criminels d'Oradour, in: Le Monde, 2. 3. 1953. Auf den Artikel weist hin: Fouché, Politique, S. 515.
[241] Vgl. Abteilung X, Plan für die Bearbeitung des Kahn, Otto, 13. 2. 1953, BStU, MfS, HA IX/11, ZUV 66, Bd. [59] (ehem. AK, A 22), Bl. 33. Die Abteilung wurde 1954 aufgelöst, am 1. 3. 1956 im MfS die Abteilung X „Internationale Verbindungen" gegründet. Vgl. Vorläufiges Findbuch zur Abteilung X, S. 7 f.
[242] Vgl. Plädoyer des Anklagevertreters, Fall Oradour-sur-Glane, TMP Bordeaux, Teil 1, 4. 2. 1953, Übersetzung, StA Do, 45 Js 2/11, 10. SB, Bd. 9/2.10, Bl. 5–52.
[243] Vgl. Beißig, Bericht über die Dienstreise in die Bezirksverwaltung Neustrelitz, 14. 2. 1953, BStU, MfS, HA IX/11, ZUV 66, Bd. [59] (ehem. AK, A 22), Bl. 30–32. Die Ergebnisse der

hold. Denn hätte Kahns erste Ehefrau einen der überprüften Wohnorte nicht 1945 verlassen, um innerhalb des späteren Gebiets der DDR umzuziehen, hätte der Staatssicherheitsdienst sie 1953 ausfindig gemacht. Die Ehe des Paars war 1952 vor einem westdeutschen Gericht geschieden worden, doch Kahns frühere Frau wusste 1953, wo er sich aufhielt. Auch von seiner Beteiligung an dem Massaker in Oradour hatte er ihr zu diesem Zeitpunkt bereits berichtet.[244] So aber kamen die Verantwortlichen in beiden deutschen Staaten 1953 fast auf den Tag genau zum gleichen Ergebnis: Otto Kahn war nicht aufzufinden.

Was aber war mit den restlichen in Abwesenheit in Bordeaux Verurteilten? Während sich Pieck mit dem vermeintlich mustergültigen Umgang mit den Oradour-Tätern in der DDR brüstete, begann das MfS hinter den Kulissen erst am Tag des Berichts der *Berliner Zeitung* nach ihnen zu suchen. Ein Fahndungs-Orientierungs-Rundschreiben (FOR) der Abteilung X vom 27. Februar 1953, dem eine Liste mit 44 Namen von Personen, die „in dem in Bordeaux stattgefundenen ‚Oradour Prozess' genannt [wurden]", beilag, forderte die Adressaten auf, „genauestens zu ermitteln, ob in ihrem Bezirk Personen auftauchen, die mit den Genannten im Zusammenhang stehen". Vor allem müsse geprüft werden, „ob diese Personen, oder deren Angehörige und Verwandte während des Krieges einer SS-Einheit angehört haben".[245] Doch auch diese Recherchen blieben erfolglos.[246]

2. Die strafrechtliche Verfolgung in der Bundesrepublik 1949–1990

2.1 Zum Verbleib der Soldaten

Bis heute ist nicht abschließend geklärt, wie viele Soldaten am 10. Juni 1944 in Oradour eingesetzt waren. Sowohl Jean-Jacques Fouché als auch das Landeskriminalamt (LKA) Düsseldorf beziehen sich bei ihren Berechnungen auf eine kurz vor

---

Überprüfung Kahns in der Abteilung XII des MfS (Zentrale Auskunft, Speicher) waren in den konsultierten Akten nicht überliefert.

[244] Vgl. Vernehmungsprotokoll H. W., 10. 11. 1982, BStU, MfS, HA IX/11, ZUV 66, Bd. 30 (ehem. GA 18), Bl. 43–48.

[245] Abteilung X, FOR Nr. 12 – Z – vom 27. 2. 1953, 13. 3. 1953, Abschrift, mit Anhang „Verbrecher aus dem ‚Oradour Prozess'", BStU, MfS, HA IX/11, ZUV 66, Bd. [59] (ehem. AK, A 22), Bl. 24 f. Tatsächlich handelte es sich nicht um in Bordeaux „genannte" Personen, sondern um die dort in Abwesenheit Verurteilten (mit Ausnahme Kahns, N. dagegen war auf der Liste). Zahlreiche Namen waren falsch geschrieben und wichen teils bedeutend von der Schreibweise auf der Liste ab, die die elsässischen Verbände übersandt hatten.

[246] Diese Feststellung gilt unter dem Vorbehalt, dass in den konsultierten Akten nur verhältnismäßig wenige Rückmeldungen auf das FOR überliefert sind. Diese finden sich in BStU, MfS, AS 288/57, sowie BStU, MfS, HA IX/11, ZUV 66, Bd. [59] (ehem. AK, A 22). Keine der festgestellten Personen hatte an dem Massaker teilgenommen. Dies ergibt sich aus einem Abgleich mit: Vermerk LKA NRW, EKHK Willms, Tatbeteiligte Einheitsangehörige des SS-Pz.Gren.Rgt. 4 „Der Führer", 20. 2. 2015, StA Do, 45 Js 2/11, HA, Bd. 16, Bl. 6295–6309.

dem Massaker erstellte Kompanieliste, kommen jedoch zu recht unterschiedlichen Ergebnissen. Während Fouché von etwa 200 Männern spricht, bilanzierte das LKA Düsseldorf seine Recherchen im Rahmen des 2011 eröffneten Ermittlungsverfahrens mit dem Ergebnis, es seien etwa 150 Soldaten gewesen.[247] Grund für die verhältnismäßig hohe Abweichung ist, dass Fouché die Zahl der in Oradour eingesetzten Mitglieder des Kompanietrupps und des Bataillonsstabs schätzt, während das LKA von diesen Einheitsteilen nur die nachweislich in Oradour gewesenen Soldaten einbezieht.[248] Aufgrund der höheren Belastbarkeit der Zahlen wird im Folgenden vom Ergebnis des LKA Düsseldorf und damit von etwa 150 in Oradour eingesetzten Soldaten ausgegangen.

---

[247] Die Kompanieliste wird im Folgenden noch eine gewisse Rolle spielen. Die Aufstellung, deren genaues Ausstellungsdatum nicht bekannt ist, weist die Mitglieder der 3. Kompanie des I. Bataillons des SS-Panzer-Grenadier-Regiments 4 „Der Führer" und deren Funktionen für Mai/Juni 1944 aus. Fouché nennt diese Liste im Quellennachweis seiner Berechnungen nicht wörtlich, es sprechen jedoch zwei Gründe dafür, dass sie seiner Analyse zugrunde liegt: zum einen die Tatsache, dass das Dokument Teil der von Fouché konzipierten Dauerausstellung des CMO ist, ihm also bekannt war; zum anderen, dass die von ihm genannten Zugstärken bis auf einen Punkt (vgl. hierzu unten) mit jenen des LKA NRW übereinstimmen. Vgl. Fouché, Oradour, S. 83–85; Vermerk LKA NRW, EKHK Willms, Tatbeteiligte Einheitsangehörige des SS-Pz.Gren.Rgt. 4 „Der Führer", 9. 4. 2019, StA Do, 45 Js 2/11, HA, Bd. 19, Bl. 7399–7415. Zur Kompanieliste: Vermerk LKA NRW, EKHK Willms, Tatbeteiligte Einheit(en) Oradour-sur-Glane, 28. 6. 2014, ebenda, HA, Bd. 14, Bl. 5478–5514, hier Bl. 5485–5501. Die in der Dauerausstellung des CMO präsentierte Kompanieliste ist im Ausstellungskatalog abgebildet, vgl. CMO, Comprendre, S. 76.

[248] Übereinstimmend kommen das LKA NRW und Fouché auf eine Gesamtstärke der drei Züge der 3. Kompanie von 136 respektive 137 Soldaten (Fouché dürfte hier ein Zählfehler unterlaufen sein, oder er zählte Kompanieführer Otto Kahn zum I. Zug). Die Gesamtzahl von etwa 200 Soldaten in Oradour ermittelt Fouché, indem er zu diesen 137 Personen etwa zehn Mitglieder des Kompanietrupps addiert, sowie weitere ca. 50 Soldaten des Bataillonsstabs. Zu diesen Zahlen kommt er durch folgende Berechnungen: Die Gesamtstärke der 3. Kompanie betrug laut Fouché 207 Mann. Der Aussage eines ehemaligen Soldaten zufolge blieben am Tattag etwa 60 davon in Saint-Junien zurück. Fouché subtrahiert von der Gesamtstärke 207 diese 60 Männer sowie die 137 Zugmitglieder und kommt so auf die genannten ca. zehn Mitglieder des Kompanietrupps. Was den Bataillonsstab anbelangt, argumentiert er, dieser habe 112 Männer umfasst, „von denen zwischen einem Drittel und der Hälfte ihrem Kommandanten gefolgt sein könnten". Wie er zu dieser Einschätzung gelangt, gibt Fouché nicht an. Vgl. Fouché, Oradour, S. 83–85, Zitat S. 85.
Das LKA NRW hingegen addiert zu den 136 Männern der drei Züge lediglich jene 14 Personen, die zusätzlich zur Kompanieliste identifiziert werden konnten und sich „am 10. Juni 1944 im Bereich der Tatörtlichkeit bewegt haben dürften". Dabei handelt es sich um sieben Mitglieder des Bataillonsstabs, vier Mitglieder des Kompanietrupps sowie drei weitere Personen, die nachweislich in Oradour waren, aber keinem Einheitsteil konkret zugeordnet werden konnten bzw. nur unter Vorbehalt. Zu diesen insgesamt 150 Personen addiert das LKA NRW drei ehemalige Soldaten, die erwiesenermaßen dem II. Zug angehörten, sich aber nicht auf der Kompanieliste finden. Gleichzeitig wurde zu drei Personen der Liste festgestellt, dass sie am Tattag nicht in Oradour waren. Dass das LKA NRW von „ca. 150" Soldaten spricht, liegt daran, „dass nicht alle eingesetzten Angehörigen des Bataillonsstabs des I./SS-Pz.Gren.Rgt. 4 ‚Der Führer' sowie des Kompanietrupps der 3./SS-Pz.Gren.Rgt. 4 ‚Der Führer' ermittelt werden konnten, demgegenüber jedoch auch nicht alle in der Kompanieliste ‚Washingtoner Material' aufgeführten Personen am Tattag vor Ort waren". Vgl. Vermerk LKA

Die umfangreichen Recherchen der Düsseldorfer Ermittler ermöglichten es, 136 der 150 ermittelten Männern zu identifizieren. Von diesen konnte wiederum bei 134 das Schicksal geklärt werden.[249] Betrachtet man die vorliegenden Ergebnisse nach den Sterbedaten der Männer, so zeigt sich, dass weit mehr den Krieg überlebten als bislang angenommen.[250] Wie der starke Abfall bis zum 8. Mai 1945 in Abbildung 8 zeigt, waren die Verluste unter den 134 Soldaten bis zum Kriegsende mit 43,28% tatsächlich hoch.[251] Umgekehrt heißt dies aber auch, dass im Mai 1945 noch mehr als die Hälfte der in Oradour eingesetzten Einheitsangehörigen, konkret: 76, lebten und somit strafrechtlich hätten verfolgt werden können. Darüber hinaus starb der Großteil der Männer, die den Krieg überlebten, erst nach 1994: Am 50. Jahrestag des Massakers lebten noch 54 von ihnen. Erst danach stieg die Sterbezahl stark an, zwischen 1994 und 2004 verstarben 21 Männer. Im Juni 2014 und damit siebzig Jahre nach dem Massaker lebten noch mindestens acht der in Oradour eingesetzten Soldaten.[252]

Abb. 8: Anzahl der noch lebenden ehemaligen Soldaten, deren Identität und Nachkriegsschicksal das LKA NRW klären konnte und die am 10. Juni 1944 nachweislich oder höchstwahrscheinlich in Oradour eingesetzt waren
(© Andrea Erkenbrecher)

NRW, EKHK Willms, Tatbeteiligte Einheitsangehörige des SS-Pz.Gren.Rgt. 4 „Der Führer", 9. 4. 2019, StA Do, 45 Js 2/11, HA, Bd. 19, Bl. 7399–7415, Zitate Bl. 7399 f.

[249] Vgl. LKA NRW, EKHK Willms, Schlussvermerk Oradour-sur-Glane, 16. 6. 2021, StA Do, 45 Js 2/11, HA, Bd. 21, Bl. 8165–8300.

[250] Vgl. zu der bereits früh lancierten Information, nur wenige Beteiligte hätten den Krieg überlebt, Kapitel III.1, Abschnitt „Weidingers Bericht vom Februar 1949".

[251] Die Verluste der gesamten 2. SS-Panzer-Division „Das Reich" in der Normandie waren mit 22% (4000 Personen) vergleichsweise niedrig. Weitaus mehr Einheiten verzeichneten Verluste von über 25% und bis hin zu 100%. Vgl. Leleu, Waffen-SS, S. 1165.

[252] Vgl. LKA NRW, EKHK Willms, Schlussvermerk Oradour-sur-Glane, 16. 6. 2021, StA Do, 45 Js 2/11, HA, Bd. 21, Bl. 8165–8300.

2.2 Juristische Rahmenbedingungen

Die zehn Gebote, so soll Charles de Gaulle gesagt haben, seien deswegen so kurz und logisch, weil sie ohne Mitwirkung von Juristen zustande gekommen seien. Den juristischen Rahmenbedingungen der Ahndung von NS-Verbrechen in der Bundesrepublik ist tatsächlich kein Mangel an Komplexität vorzuwerfen. Die Geschichte des bundesdeutschen Versuchs, die Verbrechen unter nationalsozialistischer Herrschaft mithilfe des Rechts aufzuarbeiten, ist nicht nur ein ausgesprochen weites Feld, sondern Terminologie und Argumentation in den Justizakten sind für den juristischen Laien oft nur schwer verständlich. Um bei aller notwendigen Präzision eine möglichst gute Verständlichkeit zu ermöglichen, sind die Erläuterungen im Folgenden zweigeteilt: In diesem Kapitel werden die relevanten juristischen Rahmenbedingungen grob umrissen, in den Kapiteln zu den einzelnen Ermittlungsverfahren erforderlichenfalls präzisiert und zum konkreten Fall in Bezug gesetzt.[253]

Zuständigkeiten

Zehn Jahre nach Kriegsende traten 1955 die im vorangegangenen Herbst unterzeichneten Pariser Verträge in Kraft, mit denen die junge Bundesrepublik ihre Souveränität erlangte. Zum Vertragswerk gehörte der „Vertrag zur Regelung aus Krieg und Besatzung entstandener Fragen" – zumeist und auch im Folgenden kurz „Überleitungsvertrag" genannt –, der sich mit „der aus dem NS-Erbe entstandenen rechtlichen Problematik" beschäftigte. Das Abkommen übertrug dem westdeutschen Staat die Souveränität auch bei der Ahndung von NS-Verbrechen, wozu sie bis dato nur eingeschränkt berechtigt gewesen war.[254] Nach ihrem Sieg über das nationalsozialistische Deutschland hatten die Alliierten 1945 die Schließung der deutschen Gerichte verfügt und Reichsgericht, Volksgerichtshof, Sonder- und Parteigerichte aufgelöst. Sie hatten die NS-Gesetze außer Kraft gesetzt und das Strafgesetzbuch, wie es vor der „Machtergreifung" am 30. Januar 1933 existierte, für rechtskräftig erklärt. Wiedereröffnet wurden die deutschen Gerichte mehrheitlich ab Spätsommer 1945 und deren Zuständigkeit für die Ahndung von NS-Verbrechen im kommenden Jahrzehnt zunehmend erweitert.[255]

Zunächst grenzte das Kontrollratsgesetz (KRG) Nr. 4 zur „Umgestaltung des deutschen Gerichtswesens" vom 30. Oktober 1945 alliierte und deutsche Gerichts-

---

[253] Behandelt werden nur Aspekte, die für die Ahndung des Massakers in Oradour relevant sind, von einem umfassenden Überblick über die bundesdeutsche Geschichte der strafrechtlichen Ahndung von NS-Verbrechen wird abgesehen. Einführende Überblicke bietet: Reichel, Nationalsozialismus; Reichel, Vergangenheitsbewältigung; ausführlich: Rückerl, NS-Verbrechen; für die Jahre 1945–1949: Raim, Justiz; für die frühe Bundesrepublik: Eichmüller, Generalamnestie; für die 1960er Jahre: Greve, Umgang; mit Fokus auf die deutsch-deutsche Dimension: Weinke, Verfolgung; darüber hinaus: Freudiger, Aufarbeitung.

[254] Vgl. Brunner, Frankreich-Komplex, S. 109 f., Zitat S. 109.

[255] Vgl. Rückerl, NS-Verbrechen, S. 105; Raim, Wiederaufbau (2007), S. 143 f.

barkeit in diesem Bereich voneinander ab. Artikel III des Ende November 1945 in Kraft getretenen Gesetzes bestimmte die Zuständigkeit der wiedereröffneten deutschen Gerichte für „alle Zivil- und Strafsachen", schloss jedoch unter anderem „strafbare Handlungen, die von Nazis oder von anderen Personen begangen wurden, und die sich gegen Staatsangehörige Alliierter Nationen oder deren Eigentum richten", aus ihrer Gerichtsbarkeit aus.[256] Tatsächlich entschieden die drei Westalliierten in der Praxis die Zuständigkeitsfrage entlang der Nationalität der Opfer (deutsche Opfer: deutsche Gerichte; alliierte Opfer: alliierte Gerichte), gleichwohl gaben sowohl Amerikaner als auch Briten und Franzosen in ihren Besatzungszonen teils schon früh und immer mehr auch Fälle mit nichtdeutschen Opfern an die deutsche Justiz ab. Vorbehalte formulierten sie freilich trotz zunehmender Abgabefreudigkeit. So gaben die Franzosen im September 1948 im Rheinland auf dem Verordnungsweg bekannt, „dass nur noch in Ausnahmefällen französische Militärgerichte tätig würden, für die regulären Fälle seien die deutschen Gerichte zuständig", behielten sich aber weiterhin die Verfügungsgewalt vor, wenn ihre eigenen Staatsangehörigen betroffen waren.[257] Wäre dort im Herbst 1948 ein an dem Massaker in Oradour Beteiligter bekannt geworden, die Franzosen hätten das Verfahren sicherlich an sich gezogen[258] bzw. den Beschuldigten nach Frankreich überstellt, denn zuständig für Kriegsverbrechen, die Deutsche auf französischem Boden verübt hatten, waren nicht die französischen Gerichte der Besatzungszone, sondern die in Frankreich ansässigen Militärgerichte.[259]

Diese Möglichkeit blieb auch bestehen, als die deutsche Zuständigkeit mit dem Gesetz Nr. 13 des Alliierten Hohen Kontrollrats zur „Gerichtsbarkeit auf den vorbehaltenen Gebieten", das am 1. Januar 1950 rechtsgültig wurde, ihre nächste zentrale Erweiterung erfuhr: Nun zählten NS-Verbrechen an Angehörigen der Alliierten Nationen nicht mehr zu den der deutschen Gerichtsbarkeit entzogenen Straftatbeständen.[260] Dass „die Besatzungsmächte aber auch nach 1949 noch jederzeit die zumindest theoretische Möglichkeit [hatten], ein Verfahren wegen NS- oder Kriegsverbrechen an sich zu ziehen und an eines ihrer Militärgerichte zu überweisen", lag an dem bereits 1945 erlassenen Kontrollratsgesetz Nr. 10,[261] das weiterhin in Kraft war.[262] Angesichts der Tatsache, dass Briten und Amerikaner schon seit 1948/49 keine eigenen Ermittlungen und Prozesse mehr führten, war ein solches Vorgehen allein in der französischen Zone erwartbar, wo noch bis 1953

---

[256] Vgl. Rückerl, NS-Verbrechen, S. 106 f., zitiert nach ebenda, S. 107.
[257] Vgl. Raim, Justiz, S. 506–518, Zitat S. 518.
[258] Zu den Eingriffsmöglichkeiten der französischen Besatzungsmacht in deutsche Verfahren vgl. Raim, Justiz, S. 639–647.
[259] Vgl. Moisel, Résistance, S. 264 f., 271.
[260] Vgl. Rückerl, NS-Verbrechen, S. 123 f.
[261] Das Gesetz zur „Bestrafung von Personen, die sich Kriegsverbrechen, Verbrechen gegen den Frieden oder gegen die Menschlichkeit schuldig gemacht haben", bildete vornehmlich die Rechtsgrundlage für die alliierten NS-Verfahren. Das Vorgehen bei Auslieferungen wurde in Artikel IV definiert. Vgl. Raim, Justiz, S. 522 f.; Streim, Verfolgung, S. 17. Zum KRG 10 vgl. auch unten.
[262] Eichmüller, Generalamnestie, S. 71 f.

Kriegs- und NS-Verbrechen vor französische Gerichte kamen,[263] in Frankreich selbst auch noch darüber hinaus.[264] Eine zweite Interventionsmöglichkeit bestand für die Westalliierten weiterhin in der Auslieferung, ein Recht, das sie sich im Fall von Kriegsverbrechern vorbehalten hatten. So konnten sie die Täter an den Staat überstellen, in dem der Tatort lag, oder an eine andere Besatzungszone. Allerdings handhabten Briten und Amerikaner diese *de jure* gegebene Option – wie wir bereits gesehen haben – schon seit den späten 1940er Jahren zunehmend restriktiv.[265] Bilanzierend ist festzuhalten, dass die bundesdeutsche Justiz mit Beginn des Jahres 1950 auch im Fall Oradour eigenständig ermitteln und urteilen konnte, die Westalliierten hatten bis 1955 die Möglichkeit, die Ermittlungen in die eigene Zuständigkeit zu übernehmen.[266]

Innerhalb der Bundesrepublik konnte zunächst jede Staatsanwaltschaft und jedes Gericht für ein Oradour- bzw. NS-Verfahren allgemein verantwortlich werden, denn die Zuständigkeit einer Staatsanwaltschaft leitet sich aus dem Gerichtsstand her, der wiederum durch den Tatort bzw. den entsprechenden Gerichtsbezirk bestimmt ist. Er kann darüber hinaus „durch den Wohnsitz des Angeschuldigten zur Zeit der Anklage oder durch die Ergreifung des Beschuldigten begründet werden". Ist der Gerichtsstand fraglich oder nicht gegeben legt ihn der Bundesgerichtshof (BGH) fest.[267] In jenen Fällen, in denen der Ort des Verbrechens im Ausland lag – und dies war für die Mehrheit der NS-Verbrechen und selbstredend für Oradour der Fall –, schied die Zuständigkeitsbestimmung durch den Tatort aus bzw. lag dieser nicht im örtlichen Zuständigkeitsgebiet einer deutschen Staatsanwaltschaft. Dieser Umstand wirkte sich auf die Einleitung von Ermittlungsverfahren aus, die entweder infolge privater Anzeigen oder von Amtswegen aufgenommen werden können. Denn liegt keine Anzeige vor und erlangt ein Staatsanwalt Kenntnis von einer Straftat, so ist er nur dann gesetzlich zur Aufnahme von Ermittlungen verpflichtet, wenn die Tat in seinem Gerichtsbezirk verübt wurde, der Tatverdächtige dort wohnt oder festgenommen wird. Was für andere im Ausland begangene nationalsozialistische Verbrechen galt, dürfte deshalb auch für den Fall Oradour gegolten haben: Dass sich einem bundesdeutschen Staatsanwalt „in der Regel keine Anhaltspunkte für die Annahme [boten], daß sich der beziehungsweise die zumeist noch nicht einmal namentlich bekannten Täter ausgerechnet in seinem Bezirk aufhalten könnten". Folglich war kein Staatsanwalt in der Pflicht, „wegen eines

---

[263] Vgl. Eichmüller, Generalamnestie, S. 69, 71 f.
[264] Grundlegend zu den Prozessen in Frankreich: Moisel, Frankreich.
[265] Vgl. Eichmüller, Generalamnestie, S. 77–92; Brochhagen, Nürnberg, S. 175–179. Vgl. auch Kapitel IV.1, Abschnitt „(K)eine Auslieferung Lammerdings?".
[266] Insofern trifft es nicht zu, wenn Brunner, Frankreich-Komplex, S. 109 f., schreibt: „Erst mit diesem meist kurz ‚Überleitungsvertrag' genannten Abkommen wurde nun die strafrechtliche Souveränität der Bundesrepublik wiederhergestellt. Bis dahin hatten sich die Westalliierten die Strafverfolgung von Taten, die gegen nichtdeutsche Staatsangehörige und außerhalb des deutschen Territoriums verübt worden waren, nämlich selbst vorbehalten, so dass die bundesdeutsche Justiz bis 1955 gar kein Recht zur Verfolgung solcher Taten, wie sie in Frankreich begangen worden waren, gehabt hatte."
[267] Kunz, Justizakten.

NS-Verbrechens, das außerhalb des Gebietes der Bundesrepublik Deutschland begangen worden war und bei dem der Täter nicht bekannt war oder dessen Wohnsitz nicht feststand, ein Ermittlungsverfahren einzuleiten".[268]

Diese Zuständigkeitslücke schloss sich partiell mit der Gründung der *Zentralen Stelle der Landesjustizverwaltungen zur Aufklärung nationalsozialistischer Verbrechen* (ZStL) im Jahr 1958.[269] Die auf Beschluss der Justizministerkonferenz eingerichtete Stelle begann ihre Arbeit am 1. Dezember 1958 in Ludwigsburg. Aufgabe der dortigen Ermittler – jedes Bundesland sollte einen Richter oder Staatsanwalt nach Ludwigsburg entsenden – war das Sammeln und Sichten der zugänglichen einschlägigen Dokumente, das Definieren abgrenzbarer Tatkomplexe und die Feststellung der Täter bzw. deren Wohnort, ein Prozedere, für das man den Begriff „Vorermittlungen" wählte. Ergab sich dabei die Zuständigkeit einer Staatsanwaltschaft, war der Vorgang dorthin abzugeben. Da man der Zentralen Stelle nicht den Status einer Staatsanwaltschaft zugestand, war – und ist sie bis heute – in ihrem Handeln beschränkt. So kann sie eigenständig weder einen gerichtlichen Untersuchungs- und Beschlagnahmebeschluss veranlassen noch einen Antrag auf Haftbefehl stellen, noch Anklage erheben.

Die Zuständigkeit der neuen Stelle erstreckte sich auf Ermittlungen zu nationalsozialistischen Tötungsverbrechen an Zivilisten, „für die im Bundesgebiet (einschließlich Berlin) ein Gerichtsstand des Tatortes nicht gegeben" war und die „während der Zeit des zweiten Weltkrieges, jedoch außerhalb der eigentlichen Kriegshandlungen begangen worden waren". Damit fielen unter anderem „echte[...] Kriegsverbrechen, soweit diese nicht in untrennbarem Zusammenhang mit den aus nationalsozialistischer Gesinnung begangenen Verbrechen standen", nicht in den Verantwortungsbereich der Behörde. Sie blieben auch explizit ausgeschlossen als die Zuständigkeit Mitte der 1960er Jahre mit wenigen Ausnahmen auf alle NS-Verbrechen ausgedehnt wurde. Verfahren zu entsprechenden Kriegsverbrechen sollten „ohne Vorschaltung der Zentralen Stelle ausschließlich von den Staatsanwaltschaften betrieben werden, die nach dem Tatort oder dem Wohnort des (Haupt-) Beschuldigten örtlich zuständig" waren.[270] Gleichwohl konnten die Ludwigsburger Ermittler entsprechende bekanntwerdende Verbrechenskomplexe aufgrund des Legalitätsprinzips nicht ignorieren. Als sie etwa 1965 bei Archivauswertungen im Ausland und durch die Zusendung entsprechender Dokumente aus anderen Ländern von Kriegsverbrechen erfuhren, ließ die ZStL die zuständige Staatsanwaltschaft durch den BGH bestimmen und gab die eingeleiteten Verfahren ohne eigene Vorermittlungen dorthin ab.[271]

Die Einrichtung der Ludwigsburger Stelle bedeutete nicht nur eine zuvor ausgebliebene Zuständigkeitszuschreibung für bestimmte NS-Verbrechen, sondern war

---

[268] Vgl. Rückerl, NS-Verbrechen, S. 127 f., Zitate S. 128.
[269] Zur Geschichte der ZStL vgl. Weinke, Gesellschaft. Zum Folgenden: ebenda, S. 24–28; Rückerl, NS-Verbrechen, S. 142–147; Pauli, Zentrale Stelle, S. 47–50.
[270] Rückerl, NS-Verbrechen, S. 143.
[271] Vgl. Streim, Wehrmacht, S. 578.

2. Die strafrechtliche Verfolgung in der Bundesrepublik 1949–1990 217

auch dahingehend eine Zäsur, dass die ihr zugesprochenen Aufgaben „praktisch eine Umkehrung der bei der Strafverfolgung von NS-Verbrechen bis dahin geübten Verfahrensweise" nach sich zogen: Nun bedurfte es keines Tatverdächtigen bzw. keiner formalen Anzeige gegen einen solchen mehr, um Ermittlungen aufzunehmen, sondern deren Ausgangspunkt waren bekanntwerdende Verbrechen. Zudem war die zuständige Staatsanwaltschaft jetzt erst am Ende der Vorermittlungen festzulegen und nicht mehr am Beginn, womit sich das Risiko verringerte, dass Verfahren bereits an diesem frühen Punkt scheiterten.[272] Dies war ein Einschnitt in der Geschichte der strafrechtlichen Ahndung von NS-Prozessen in der Bundesrepublik, da gezielte Nachforschungen nach Verbrechen in der Zeit des Nationalsozialismus, systematische Ermittlungen und die Zentralisierung von Ermittlungsvorgängen vorher nicht gänzlich ausgeblieben, aber die Ausnahme gewesen waren.[273]

In den 1960er Jahren wurden die Ermittlungen zu NS-Verbrechen und folglich die Kompetenzen und Erfahrungen der damit befassten Beamten weiter, wenn auch nicht umfassend gebündelt. Dies geschah sowohl auf staatsanwaltlicher als auch auf polizeilicher Ebene. Während man bei den Landeskriminalpolizeiämtern Sonderkommissionen schuf, zog man in einigen wenigen Bundesländern und Oberlandesgerichtsbezirken die Zuständigkeit für diese Verfahren bei einer Staatsanwaltschaft zusammen.[274] Die Umgestaltung im Polizeiapparat zielte nicht nur auf „ausreichendes und vor allem erfahrenes Personal", sondern war auch eine Reaktion auf dortige Probleme, die bis hin zu „Seilschaften und Absprachekartelle von Polizeiangehörigen, die in die Verbrechen verstrickt gewesen waren und nach 1945 ihren Weg zurück in den Polizeidienst gefunden hatten", reichten.[275] Mit der Zusammenlegung der Verantwortung bei einzelnen Staatsanwaltschaften suchte man die Forcierung und „Steigerung der Effizienz der staatsanwaltlichen Ermittlungen durch eine zu erwartende Erfahrungskumulation" zu erreichen. So richtete Nordrhein-Westfalen zwei Zentralstellen bei den Staatsanwaltschaften in Dortmund und Köln ein, in München und Stuttgart entstanden Schwerpunktstaatsanwaltschaften und in Hamburg und Berlin wurden Abteilungen geschaffen, die allein für die Bearbeitung für NS-Verfahren zuständig waren.[276]

Es war die 1961 gegründete *Zentralstelle im Lande Nordrhein-Westfalen für die Bearbeitung Nationalsozialistischer Massenverbrechen* bei der Staatsanwaltschaft

---

[272] Rückerl, NS-Verbrechen, S. 145.
[273] Vgl. Eichmüller, Generalamnestie, S. 227–229; Rückerl, NS-Verbrechen, S. 129. Zur Vorgeschichte und Gründung der ZStL: Weinke, Gesellschaft, S. 10–28; von Miquel, Ahnden, S. 146–185; Rückerl, NS-Verbrechen, S. 139–146.
[274] Vgl. Rückerl, NS-Verbrechen, S. 163 f.; Kunz, Justizakten. In Baden-Württemberg wurde auf Polizeiebene bereits Anfang 1959 eine Sonderkommission mit dem Namen „Z" für „Zentrale Stelle" eingerichtet. Vgl. von Miquel, Ahnden, S. 183 mit Anm. 109.
[275] Kunz, Justizakten. Vgl. auch Rückerl, NS-Verbrechen, S. 164.
[276] Vgl. Rückerl, NS-Verbrechen, S. 164 f. mit Anm. 122, Zitat S. 164. Zur *Zentralstelle im Lande Nordrhein-Westfalen für die Bearbeitung der in Griechenland von deutschen Staatsangehörigen begangenen Kriegsverbrechen* bei der Staatsanwaltschaft Bochum, die von 1957 bis 1964 existierte, vgl. Kapischke, Zentralstellen, S. 9–11.

Dortmund (ZStD), die mehrmals im Fall Oradour ermitteln sollte. Anfang der 1960er Jahre hatte das nordrhein-westfälische Justizministerium bilanziert, dass bei ihren Staatsanwaltschaften Ende des Jahres 1960 insgesamt 105 Verfahren mit 1280 Beschuldigten wegen nationalsozialistischer Gewaltverbrechen anhängig waren. Bei zahlreichen Verfahren handelte es sich um umfangreiche Tatkomplexe, darüber hinaus erwartete man einen bedeutenden Anstieg der Verfahrens- und Beschuldigtenzahl. Vor diesem Hintergrund und angesichts des zunehmenden kritischen Interesses der Öffentlichkeit und (internationaler) Medien an der strafrechtlichen Ahndung der NS-Vergangenheit durch die bundesdeutsche Justiz führten die Überlegungen zu einer „zügige[n] Aufarbeitung des NS-Unrechts durch die nordrhein-westfälischen Staatsanwaltschaften und Gerichte" zur Gründung der beiden Zentralstellen in Dortmund und Köln.[277] Die Zuständigkeit der im September 1961 bei dem Leitenden Oberstaatsanwalt (LOStA) in Dortmund eingerichteten Behörde umfasste die Bearbeitung von Strafverfahren, „die nationalsozialistische Massenverbrechen zum Gegenstand haben, die außerhalb des Bundesgebiets begangen worden sind".[278] Voraussetzung für das Tätigwerden der Behörde war die örtliche oder durch den Bundesgerichtshof bestimmte Zuständigkeit einer nordrhein-westfälischen Staatsanwaltschaft für das fragliche Verfahren, nicht zuständig war sie für Verbrechen in NS-Konzentrationslagern, die in den Aufgabenbereich der Kölner Zentralstelle fielen.[279]

Deutsch-französischer Rechtskontext

Mit Inkrafttreten des sogenannten Überleitungsvertrags – es wurde bereits darauf hingewiesen – erlangte die Bundesrepublik 1955 die umfassende Befugnis zur Rechtsprechung auch für NSG-Verfahren. Artikel 3 des Abkommens formulierte allerdings eine Ausnahme, deren Interpretation für die Ahndung des Massakers in Oradour bedeutend war. Wörtlich hieß es in Absatz 3 b, deutsche Gerichte dürften ihre Gerichtsbarkeit ausüben „in Strafverfahren gegen natürliche Personen, *es sei denn*, daß die Untersuchung wegen [der] angeblichen Straftat von der Strafverfolgungsbehörde der betreffenden Macht oder Mächte endgültig abgeschlossen war".[280] Dieser Passus war das Resultat mühsamer Verhandlungen, bei denen die Westalliierten darauf abzielten, „die bereits ergangenen Urteile der Alliierten für die

---

[277] Vgl. Kapischke, Zentralstellen, S. 4–6, Zitat S. 5.
[278] So die Rundverfügung des nordrhein-westfälischen Justizministers vom 25. 9. 1961, zitiert nach Maaß, Zentralstelle, S. 14.
[279] Vgl. Kapischke, Zentralstellen, S. 6 f. Ab 1978 wurde die ZStD nach und nach auch für NS-Gewaltverbrechen zuständig, die im Bundesgebiet verübt worden waren und für die Staatsanwaltschaften in den drei Oberlandesgerichtsbezirken des Landes Nordrhein-Westfalen zuständig gewesen wären. 1997 schließlich gingen auch neue Verfahren zu NS-Konzentrationslagern in den Aufgabenbereich der ZStD über. Vgl. Maaß, Zentralstelle, S. 15–19. Zur Kölner Zentralstelle vgl. Weber, Massenverbrechen.
[280] Vgl. Brunner, Frankreich-Komplex, S. 206 f.; Rückerl, NS-Verbrechen, S. 138 f. Zitat: Vertrag zur Regelung aus Krieg und Besatzung entstandener Fragen vom 23. 10. 1954, BGBl, Jg. 1955, Teil II, S. 405–468, Hervorhebung durch die Verfasserin;

bundesdeutsche Justiz unangreifbar zu machen, da sie eine umfassende Revision ihrer Rechtsprechung befürchteten", Bonn hingegen versuchte, „Einschränkungen jeglicher Art zu vermeiden, da diese als Souveränitätsverlust gewertet wurden".[281]

Die zentrale durch den Absatz aufgeworfene Frage war in den kommenden Jahren, was genau als endgültig abgeschlossene Untersuchung anzusehen und somit der deutschen Gerichtsbarkeit entzogen war: allein abgeschlossene Ermittlungsverfahren, auch Verfahren mit Urteil oder schließlich gar Fälle, in denen nur Abwesenheitsurteile ergangen waren? Die Klärung dieser Fragen durch den BGH verlief, so Bernhard Brunner, „in einer Weise, welche die Strafverfolgung von NS-Verbrechern insgesamt behinderte". Zunächst setzte sich in der Praxis entgegen der bisherigen BGH-Urteile eine Rechtsprechung durch, die davon ausging, die Sperrwirkung gelte nicht allein für abgeschlossene alliierte Ermittlungsverfahren, sondern auch für Verfahren, in denen ein alliiertes Urteil ergangen war. 1960 untersagte der BGH sodann die im Abkommen genannte Option, in unklaren Fällen Auskunft bei der Botschaft des seinerzeit zuständigen Landes einzuholen, eine Praxis, der sich BMJ und Auswärtiges Amt vorher bereits aus politischen Erwägungen verweigert hatten. Schließlich bestätigte der BGH 1966 die in der Praxis bereits erfolgreiche Argumentation, die Blockadewirkung des Überleitungsvertrags gelte auch im Fall französischer Abwesenheitsurteile.[282]

Tatsächlich konnte bei den französischen Abwesenheitsurteilen nicht von einer abgeschlossenen Untersuchung die Rede sein:

„‚In contumaciam' – in Abwesenheit, damit ist eine Besonderheit der französischen und auch der belgischen Strafprozessordnung bezeichnet, die dem deutschen Strafrecht fremd ist. Haben die Gerichte Hinweise auf ein Verbrechen, ohne aber den Tatverdächtigen in ihrer Gewalt zu haben, so führen sie ein rein formales Verfahren in Abwesenheit des Beschuldigten durch, in dem es keine Möglichkeit einer Verteidigung gibt und das deshalb oft mit der Höchststrafe endet. [...] Entscheidend ist, dass diese Urteile nicht vollstreckbar sind. Werden die französischen Gerichte des Beschuldigten habhaft, so sind sie verpflichtet, ein neues, vollständiges Verfahren durchzuführen. Es handelt sich dabei also um ein Procedere der französischen Rechtsprechung, das in seiner Wirkung eher einem unbefristeten Haftbefehl gleicht als einem wirklichen Urteil in der Sache."[283]

Gleichwohl hatte der BGH am 14. Februar 1966 mit dem „Beschluss Hempen"[284] das letzte Wort in der Frage gesprochen: Die Sperrwirkung des Überleitungsvertrags galt auch für diejenigen Fälle, in denen ein französisches An- oder Abwesenheitsurteil ergangen war.[285] Bedeutsam war diese Entscheidung im Fall Oradour in erster Linie für die in Bordeaux in Abwesenheit Verurteilten – und damit für

---

[281] Brunner, Frankreich-Komplex, S. 206.
[282] Vgl. Brunner, Frankreich-Komplex, S. 206–224, Zitat S. 207.
[283] Brunner, Frankreich-Komplex, S. 81 f.
[284] Die Bezeichnung geht zurück auf Georg Hempen, ehemals Kommandant der Festung Göben, ein SS-Sonderlager unweit von Metz. Ab 1962 ermittelte zunächst die ZStL, dann die StA Oldenburg gegen Hempen. Da auch in seinem Fall ein französisches Abwesenheitsurteil vorlag, wurde das Verfahren mit Verweis auf die Sperrwirkung des Überleitungsvertrags eingestellt. Der Fall ging schließlich an den BGH und wurde zur endgültigen Klärung der Thematik dem Großen Senat für Strafsachen übergeben. Vgl. Brunner, Frankreich-Komplex, S. 221 f.; Moisel, Frankreich, S. 196–210.
[285] Zum Urteil vgl. Brunner, Frankreich-Komplex, S. 223 f.; Moisel, Frankreich, S. 207.

die Mehrheit, denn das Militärgericht hatte 1953 nur gegen 21 der insgesamt 65 Angeklagten in Anwesenheit verhandeln können und die anderen 44 *in contumaciam* verurteilt.[286]

Zur juristischen Sackgasse wurde die Sperrklausel des Überleitungsvertrags im Zusammenspiel mit dem Auslieferungsverbot in Artikel 16 des Grundgesetzes. Die in Abwesenheit verurteilten Deutschen wurden damit zum einen nicht nach Frankreich ausgeliefert, um dort vor Gericht gestellt zu werden, zum anderen blockierte die Auslegung des Überleitungsvertrags Ermittlungen durch die bundesdeutsche Justiz. Spielraum in dieser Frage gab es nur bis 1955, denn bis zum Inkrafttreten der Pariser Verträge war die Auslieferung von Kriegsverbrechern alliiertes Vorbehaltsrecht.[287]

Aus der so entstandenen Impasse führte schließlich das sogenannte Zusatzabkommen zum Überleitungsvertrag. Am 2. Februar 1971 unterzeichnet, berechtigte das „Abkommen zwischen der Regierung der Bundesrepublik und der Regierung der Französischen Republik über die deutsche Gerichtsbarkeit für die Verfolgung bestimmter Verbrechen" die westdeutsche Justiz zur strafrechtlichen Verfolgung der in Frankreich in Abwesenheit Verurteilten.[288] Allerdings zog sich die Ratifizierung des Vertrags bis Anfang 1975 hin, was unter anderem am Widerstand Ernst Achenbachs lag. Im besetzten Paris Leiter der Politischen Abteilung bei der deutschen Botschaft und danach Verteidiger in Nürnberg, war Achenbach inzwischen Anwalt in Essen, FDP-Politiker und „Zentralfigur im Netzwerk ehemaliger NS-Größen, die sich vor allem in Mühlheim, Essen und Düsseldorf eingefunden hatten". Die Ratifizierung des Zusatzabkommens zögerte er unter anderem als Berichterstatter im Auswärtigen Ausschuss hinaus, indem er es ablehnte, „die Beratung des Abkommens auf die Tagesordnung zu setzen".[289] Erst mit der Ratifizierung des Abkommens war der Weg für die deutschen Ermittler frei und gute drei Jahre später zählte man in Ludwigsburg mehr als 90 Verfahren, die im eigenen Haus oder bei den Kollegen in Köln und Dortmund wegen NS-Verbrechen auf französischem Boden anhängig waren.[290] Trotz dieser beachtlichen Zahl mündeten die durch das Zusatzabkommen ermöglichten Ermittlungen nur in einem Fall in einen Prozess: Im Februar 1980 verurteilte das Landgericht Köln Kurt Lischka,

---

[286] Vgl. zu den An- und Abwesenheitsurteilen gegen die deutschen Angeklagten TMP Bordeaux, Note de Jugement, StA Do, 45 Js 2/11, HA 10, Bd. 10, Bl. 3634–3750, hier Bl. 3744–3747.
[287] Vgl. Meyer, Besatzung, S. 266 (Anm. 90); Brochhagen, Nürnberg, S. 175–179. Zur Auslieferungsfrage vgl. auch oben.
[288] Ausführlich zum Abkommen vgl. Brunner, Frankreich-Komplex, S. 262–320; Moisel, Frankreich, S. 211–228.
[289] Vgl. Brunner, Frankreich-Komplex, S. 277–279, zweites Zitat S. 279; erstes Zitat: Brunner, Aufarbeitung, S. 184. Vgl. auch Moisel, Frankreich, S. 223–228. Zur Behandlung des Abkommens im Auswärtigen Ausschuss vor und nach Achenbachs Rückzug als Berichterstatter: Der Auswärtige Ausschuss des Deutschen Bundestages (AA/BT), Bd. 13/VII, Erster Halbband, S. LXXVIII–XC.
[290] Vgl. Leide, NS-Verbrecher, S. 125.

Herbert Hagen und Ernst Heinrichsohn wegen ihrer Beteiligung an der Deportation von Juden aus Frankreich zu mehrjährigen Haftstrafen.²⁹¹

Rechtsgrundlage und Verjährung

Das im Dezember 1945 vom Alliierten Kontrollrat erlassene KRG 10 zur „Bestrafung von Personen, die sich Kriegsverbrechen, Verbrechen gegen den Frieden oder gegen die Menschlichkeit schuldig gemacht haben", definierte die in seinem Titel genannten Straftatbestände und die „Zugehörigkeit zu verbrecherischen Vereinigungen oder Organisationen, die der Internationale Militärgerichtshof näher definierte", als Verbrechen.²⁹² Bildete es an erster Stelle auch die Rechtsgrundlage für die NS-Verfahren vor alliierten Militärgerichten, so ermächtigten die Besatzungsmächte – unter verschiedenen Bedingungen und in unterschiedlichem Maße – doch auch die deutsche Justiz, Delikte zu verfolgen, die den Tatbeständen Kriegsverbrechen und Verbrechen gegen die Menschlichkeit zuzuordnen waren.²⁹³ Diese Möglichkeit war auf deutscher Seite vor allem wegen der damit aufgeworfenen Frage des Rückwirkungsverbots umstritten und die neugeschaffenen Straftatbestände wurden nicht in innerdeutsches Recht überführt:²⁹⁴ Nach dem 31. August 1951 war das deutsche Strafgesetzbuch (StGB) die bundesweit einheitliche und alleinige Rechtsgrundlage zur Ahndung von den in der NS-Zeit begangenen Verbrechen.²⁹⁵

Problematisch war dies allemal, war das StGB doch „für die Ahndung der ‚normalen', alltäglichen Kriminalität geschaffen" und existierten zunächst keine Leitlinien, „wie die Gerichte mit der komplizierten Rechtslage bei nationalsozialistischen Gewalttaten umgehen sollten, wie bei der alleinigen Anwendung des auf individuelle Täterschaft zugeschnittenen Strafgesetzbuchs der kollektive Charakter der Verbrechen und die besondere Motivation der Handelnden berücksichtigt werden konnten".²⁹⁶ Während sich das KRG 10 mit dem Straftatbestand Verbrechen gegen die Menschlichkeit am Leiden der Opfer ausrichtete, war das StGB „viel täterzentrierter" und „gerade bei den Tötungsverbrechen fand die subjektive Einstellung der Täter starke Berücksichtigung".²⁹⁷

Um die verübten NS-Verbrechen mittels StGB zu ahnden, waren unter anderem die Straftatbestände Mord (§ 211), Totschlag (§ 212 Absatz 1), Körperverletzung mit Todesfolge (§ 226), Freiheitsberaubung mit Todesfolge (§ 239 Absatz 3) und Raub

---

²⁹¹ Zum Prozess vgl. Brunner, Frankreich-Komplex, S. 340–359; Moisel, Frankreich, S. 229–236. Zur Bedeutung der Abwesenheitsurteile im Fall Oradour nach Abschluss des Zusatzabkommens vgl. Kapitel IV.2.6, Abschnitt „Die Problematik der Abwesenheitsurteile".
²⁹² Raim, Justiz, S. 522.
²⁹³ Vgl. Streim, Verfolgung, S. 17; Rückerl, NS-Verbrechen, S. 107–109.
²⁹⁴ Vgl. Raim, Justiz, S. 501–607; Rückerl, NS-Verbrechen, S. 109; Reichel, Nationalsozialismus, S. 61.
²⁹⁵ Vgl. Eichmüller, Generalamnestie, S. 3 f.; Rückerl, NS-Verbrechen, S. 123 f.
²⁹⁶ Eichmüller, Generalamnestie, S. 243 f.
²⁹⁷ Eichmüller, Generalamnestie, S. 244.

(§§ 249, 250) relevant.[298] Die ersten fünf Jahre nach Kriegsende konnten aufgrund des verschobenen Stichtags für deren Verjährungsfrist auf den 8. Mai 1945 noch alle während der NS-Zeit begangenen Straftaten verfolgt werden.[299] Doch schon 1950 verjährten Delikte, für die das Gesetz bis zu fünf Jahre Haft vorsah, wie etwa leichte Körperverletzung, und 1955 Straftaten, für die bis zu zehn Jahren Freiheitsentzug drohte, wie schwere Körperverletzung, schwerer Landfriedensbruch, schwere Freiheitsberaubung und Aussageerpressung.[300] Weitreichende negative Folgen für die Ahndung von NS-Verbrechen hatte die fünf Jahre später eintretende Verjährung von Totschlag und weiteren Straftaten, für die bis zu 15 Jahre Haft vorgesehen waren, wie Körperverletzung oder Freiheitsberaubung mit Todesfolge. Der vorhergegangene Versuch der Bundestagsfraktion der Sozialdemokratischen Partei Deutschlands (SPD), eine Verschiebung des Verjährungszeitpunkts um vier Jahre zu erreichen, war im Bundestag gescheitert. Von den während der NS-Zeit begangenen Verbrechen konnten damit nur noch Morddelikte geahndet werden, deren Verjährung am 8. Mai 1965 bevorstand. Nach mehreren Debatten im Bundestag, in deren Folge zunächst der Stichtag für den Verjährungsbeginn von NS-Mordtaten um fünf Jahre verschoben (neue Verfolgungsverjährung 31. Dezember 1969) und die Verjährungsfrist sodann auf 30 Jahre verlängert (neue Verfolgungsverjährung 31. Dezember 1979) wurde, hob das Bonner Parlament die Verjährung für Mordverbrechen am 3. Juli 1979 schließlich ganz auf.[301]

Totschlag und Mord: Formen und Voraussetzungen

Bei den in der Bundesrepublik geführten Oradour-Verfahren spielten die juristischen Figuren *Totschlag* und *Mord* die zentrale Rolle. Da nahezu alle Ermittlungsverfahren nach 1960 und damit nach Ablauf der Verjährungsfrist für Totschlag geführt wurden, lautete die Kernfrage wiederholt, ob der Tatbeitrag der Beschuldigten als Totschlag oder Mord zu werten war. Entlang dieser Trennlinie entschied sich auch, ob noch Anklage erhoben werden konnte oder das Verfahren wegen eingetretener Verjährung einzustellen war. Wessen ein Beschuldigter angeklagt und zu welcher Strafe er verurteilt werden kann, hängt neben dem *Tatbestand* auch von der *Teilnahmeform* ab, das heißt, ob er in *Täterschaft* oder *Beihilfe* handelte. Während diese zweitgenannte Unterscheidung bei den untersuchten Verfahren meist eine untergeordnete Rolle spielte und an den jeweils relevanten Stellen der folgenden Kapitel betrachtet wird, war erstere zentral.

Das StGB definiert Totschlag (§ 212) in Abgrenzung zu Mord (§ 211) und kennzeichnet Letzteren dabei durch *mordqualifizierende Merkmale*:

---

[298] Vgl. Rückerl, NS-Verbrechen, S. 125, dort auch weitere Beispiele.
[299] Vgl. Raim, Justiz, S. 647. Grund für die Verschiebung war, dass zahlreiche Delikte bald nicht mehr hätten verfolgt werden können, ihre Verfolgung aber in den Jahren des Nationalsozialismus geruht hatte.
[300] Vgl. Streim, Verfolgung, S. 19; Eichmüller, Generalamnestie, S. 247.
[301] Vgl. Streim, Verfolgung, S. 21–25; Langer, „Verjährungsdebatten"; ausführlich zu den Verjährungsdebatten: von Miquel, Ahnden, S. 224–369.

„Mörder ist, wer aus Mordlust, zur Befriedigung des Geschlechtstriebs, aus Habgier oder sonst aus niedrigen Beweggründen, heimtückisch oder grausam oder mit gemeingefährlichen Mitteln oder um eine andere Straftat zu ermöglichen oder zu verdecken, einen Menschen tötet." (§ 211)[302]

„Wer einen Menschen tötet, ohne Mörder zu sein, wird als Totschläger mit Freiheitsstrafe nicht unter fünf Jahren bestraft." (§ 212)[303]

Der frühere ZStL-Leiter Adalbert Rückerl hat darauf hingewiesen, dass bei der strafrechtlichen Verfolgung von NS-Verbrechen von den mordqualifizierenden Merkmalen *de facto* „nur die Merkmale *Mordlust, niedrige Beweggründe, Heimtücke* und *Grausamkeit* eine Rolle" spielen,[304] und präzisierte vor allem mit Bezug auf die Rechtsprechung:

„Aus *Mordlust* handelt, wer aus unnatürlicher Freude an der Vernichtung eines Menschenlebens tötet. Beweggründe gelten dann als niedrig, wenn sie als Motiv einer Tötung nach allgemeiner sittlicher Anschauung verachtenswert sind und auf tiefster Stufe stehen. Politische Überzeugungen oder ideologische Motive reichen als solche zur Feststellung niedriger Beweggründe nicht ohne weiteres aus. Als auf tiefster sittlicher Stufe stehend und damit als *niedriger Beweggrund* ist aber nach ständiger Rechtsprechung der Rassenhaß zu werten oder wenn ein Täter sich aus reiner Willkür zum Herrn über Leben und Tod aufwirft. Die Feststellung einer *heimtückischen Begehung der Tötungshandlung* setzt voraus, daß der Täter die Arg- und Wehrlosigkeit der Opfer zur Begehung seiner Tat ausnutzt. *Grausam* handelt, wer seinem Opfer aus gefühlloser, unbarmherziger Gesinnung besondere Schmerzen oder Qualen zufügt. Als grausam im Sinne des Gesetzes gilt es auch, wenn bei einer Massenerschießung die nachfolgenden Opfer die Tötung der ihnen Vorhergehenden unmittelbar wahrnehmen konnten. Eine Erschießung in der bei der Vollstreckung standgerichtlicher Urteile üblichen Form ist dagegen nicht als grausam anzusehen."[305]

Betrachtet man den Ablauf des Massakers in Oradour, fallen zwei Mordmerkmale sogleich ins Auge. So führte man die Männer, Frauen und Kinder unter Vorwänden und offensichtlich um sie in Sicherheit zu wiegen vom Marktplatz an die Exekutionsorte, womit die Frage der *Heimtücke* aufgeworfen ist. Das zweite, klar ersichtliche Mordmerkmal liegt in der *Grausamkeit* der Tötungen an mindestens zwei Exekutionsorten. So berichteten Überlebende der Erschießungen in der Scheune Laudy und die Überlebende des Massakers in der Kirche, dass ein Teil der Opfer die Tötung anderer miterlebte, bevor sie selbst getötet wurden, und dass Menschen bei lebendigem Leib verbrannten.

Während das Kriterium der *Mordlust* in den untersuchten Ermittlungsverfahren zum Massaker in Oradour keine Rolle spielte, stellte sich die Frage nach dem *niedrigen Beweggrund* als neuralgischer Punkt heraus, konkret die Frage, ob „ein Täter sich aus reiner *Willkür* zum Herrn über Leben und Tod aufwirft".[306] Dieser Aspekt war im Fall Oradour untrennbar mit der Frage nach der Legitimität von Repressalmaßnahmen verbunden. Letztere „haben den Charakter einer zulässigen Selbsthilfemaßnahme als Antwort auf eine kriegsrechtswidrige Handlung des Gegners, mit dem Ziel, ihn in Zukunft zur Beachtung des Kriegsrechts zu zwingen

---

[302] Lackner, Strafgesetzbuch, S. 756 f.
[303] Lackner, Strafgesetzbuch, S. 763.
[304] Rückerl, NS-Verbrechen, S. 126, Hervorhebungen durch die Verfasserin.
[305] Rückerl, NS-Verbrechen, S. 126 f., Hervorhebungen durch die Verfasserin.
[306] Hervorhebung durch die Verfasserin.

oder ihn zur Beendigung eines rechtswidrigen Handelns zu bewegen".[307] Wurden dabei völkerrechtlich anerkannte Bestimmungen eingehalten – „vorherige Androhung der Maßnahme, Nichtergreifung der Täter, zeitlicher und räumlicher Zusammenhang mit dem auslösenden Ereignis, Verhältnismäßigkeit zwischen dem auslösenden Ereignis und der Repressalie (üblicherweise 1:10), Humanitätsschranke, nachfolgende Bekanntmachung" –, kann selbst die Tötung von Zivilisten als zulässige Kriegshandlung beurteilt werden.[308] Zumeist jedoch waren die durchgeführten Repressalien nicht dazu geeignet, Freischärler und Partisanen zum Einlenken zu bewegen, was auf deutscher Seite zu zunehmender Härte Zivilisten gegenüber führte, sodass „an die Stelle des Repressalien- ein Vergeltungscharakter [trat], eine Art Bestrafung von Schuldlosen, weil die Schuldigen nicht zur Rechenschaft gezogen werden konnten. Vergeltungsmaßnahmen in diesem Sinne sind jedoch mit der Rechtsordnung des Kriegsrechts nicht in Einklang zu bringen und überschreiten in der Regel die Grenzen zum Mord."[309] Es oblag deshalb der Justiz, im Rahmen der strafrechtlichen Verfolgung zu prüfen, „ob völkerrechtliche Rechtfertigungsgründe wie die ‚Kollektivstrafe' bzw. ‚Repressalie' gegeben sind, oder ob die Grenze zum ‚Kriegsverbrechen' überschritten wurde, und die Tat damit nach innerstaatlichem Strafrecht strafbar wird".[310]

Keine der völkerrechtlich anerkannten Regeln zur Durchführung von Repressalmaßnahmen war im Fall Oradour gegeben. Der Hemmschuh für die Ahndung des Massakers lag anstatt der *objektiven* in der *subjektiven* Tatbestandseinschätzung: War den an dem Massaker beteiligten Soldaten bekannt, dass es sich nicht um eine legitime Repressalie, sondern um eine willkürliche Tötung von Menschen im Sinne einer Vergeltung oder Racheaktion handelte?

Gesamtzahl der Ermittlungsverfahren in der Bundesrepublik

Die bundesdeutsche Justiz führte insgesamt zwölf Ermittlungsverfahren zu dem Massaker in Oradour.[311] Hinzu kamen die Wiederaufnahme[312] und die Prüfung

---

[307] Streim, Wehrmacht, S. 579.
[308] Rückerl, NS-Verbrechen, S. 72.
[309] Streim, Wehrmacht, S. 579.
[310] Freudiger, Aufarbeitung, S. 284.
[311] In chronologischer Reihenfolge (die letzte Zahl des Aktenzeichens bezeichnet das Jahr, in dem das Verfahren eingeleitet wurde): Ermittlungsverfahren gegen (1) A. Heinrich, 14b Js 35/56, (2) Heinrich Lammerding, 45 Js 2/62, (3) Rudi M., 45 Js 19/63, (4) Johann B., 6 Js 3897/67, (5) Kurt Sch., 5 Js 70/67, (6) Kaspar E., 117 Js 10/71 bzw. 30 Js 7/71, (7) Otto Kahn, später K. u. a., 45 Js 11/78, (8) Janßen, 20 Js 50/81, (9) Hans G., 320 Js 19532/85, (10) Adermann u. a., 45 Js 53/89, (11) Adolf u. a., 2 Js 48144/89, (12) StA Do, 45 Js 2/11. Die NSG-Datenbank weist weiterhin ein Verfahren der Staatsanwaltschaft Berlin (Aktenzeichen [AZ] 3 P [K] Js 1/91) aus, jedoch ohne Verwahrungsort und Signatur. Die Suche nach den Akten im BArch Ludwigsburg, bei der Staatsanwaltschaft Berlin sowie im Landesarchiv Berlin blieb erfolglos. Nicht ausgewertet wurden die Akten eines weiteren in der Datenbank verzeichneten Verfahrens gegen Heinrich Lammerding (AZ 8 Js 1205/62), da es sich um kein Ermittlungsverfahren zum Tatkomplex Oradour handelt.
[312] Wiederaufnahme des Verfahrens gegen K. u. a., StAM, 45 Js 11/78.

auf Wiederaufnahme³¹³ eines Verfahrens sowie zwei Untersuchungen, die nicht in ein Ermittlungsverfahren mündeten.³¹⁴ Die Ermittlungsverfahren unterschieden sich in mehrfacher Hinsicht. Zuständig waren Staatsanwaltschaften in der gesamten Bundesrepublik sowie die Zentralstellen in Ludwigsburg und Dortmund; es wurde gegen einzelne oder mehrere Personen ermittelt oder zum gesamten Tatkomplex; die Untersuchungen waren nach wenigen Wochen abgeschlossen oder erstreckten sich über Jahre; Zeitpunkte, Ausgangspunkte und Intensität der Ermittlungen variierten. Gemein ist hingegen allen Verfahren, dass keines zu einem Prozess oder gar der Verurteilung eines Beschuldigten führte. Allein in dem 2011 eröffneten Verfahren erhob die Staatsanwaltschaft Dortmund Anklage, doch die Eröffnung der Hauptverhandlung wurde durch das zuständige Landgericht abgelehnt.³¹⁵ Damit wurde in der Bundesrepublik keiner der an dem Massaker beteiligten Soldaten verurteilt.

2.3 Ermittlungsverfahren im Nachgang des Bordeaux-Prozesses

Spätestens mit dem französischen Oradour-Prozess stellte sich die Frage einer strafrechtlichen Ahndung des Massakers durch die westdeutsche Justiz, denn gegen das Gros der Angeklagten verhandelte das Militärgericht Bordeaux nur in Abwesenheit. Noch während das französische Gericht tagte, erörterten Oberregierungsrat Meyer vom BMJ, Rechtsschutzstellenleiter Gawlik und Legationsrat Born, „ob es angebracht" sei, „gegen deutsche Staatsangehörige, die sich der Strafverfolgung in Frankreich entzogen haben, ein Strafverfahren in Deutschland einzuleiten". Auf „Veranlassung der deutschen Strafverteidiger" wurde jedoch „von entsprechenden Schritten Abstand genommen".³¹⁶ Handelte es sich hierbei wohl um eine Überlegung grundsätzlicher Art, trat Rechtsanwalt Walters Ende Januar 1953 mit einem konkreten Anliegen an das Auswärtige Amt heran.³¹⁷ Er gab zu Bedenken, ob „auf Grund des bisherigen Ergebnisses der Hauptverhandlung im Oradour-Prozess nicht ein Ermittlungsverfahren gegen den Kompanieführer

---

³¹³ Prüfung auf Wiederaufnahme des Verfahrens gegen K. u. a., StAM, 45 Js 11/78, Sonderband Barth. Dazu: Verfügung Oberstaatsanwalt (OStA) Schacht, 4. 8. 1992, ebenda, Bl. 285–288; Verfügung OStA Schacht, 9. 9. 1992, ebenda, Bl. 294–296.
³¹⁴ Dies war der Fall bei den Ermittlungen gegen Karl-Heinz W., Staatsanwaltschaft Amberg, AZ 1 AR 29/1953, Staatsarchiv Nürnberg, Staatsanwaltschaft bei dem Oberlandesgericht Nürnberg Nr. 262, sowie gegen Josef S., I-110 AR 46/69, BArch Ludwigsburg, B 162/28417.
³¹⁵ Vgl. Pressemitteilung Oberlandesgericht (OLG) Köln, Nichteröffnung des Hauptverfahrens wegen der Beteiligung eines 90-jährigen Kölners am Massaker in Oradour-sur-Glane rechtmäßig, 17. 6. 2015, URL: http://www.olg-koeln.nrw.de/behoerde/presse/004_zt_letzte_pm_archiv_zwangs/002_archiv/index.php [11. 3. 2016].
³¹⁶ Verfügung Meyer, 20. 2. 1953, BArch Koblenz, B 141/21886, Bl. 12 f. Datum und Initiative der Besprechung sowie Argumente der Strafverteidiger werden nicht genannt.
³¹⁷ Die Akten zeigen nicht eindeutig, wie sich die beiden Episoden zueinander verhielten. Mehrere Punkte sprechen jedoch dafür, dass es sich nicht um dieselbe Diskussion handelte.

Kahn durch eine deutsche Strafverfolgungsbehörde eingeleitet werden sollte". Walters Motivation war prozesstaktischer Natur, hoffte er doch, „die Einleitung eines solchen Verfahrens" könnte „im Schlussplädoyer der Verteidigung erwähnt werden". Bei einer erneuten Besprechung zwischen BMJ, ZRS und Born erklärte der Vertreter des Justizministeriums „seine grundsätzliche Bereitschaft", die „Einleitung des Verfahrens gegen Kahn beschleunigt zu betreiben", und auch das Auswärtige Amt stimmte zu. Allerdings war zu diesem Zeitpunkt nicht einmal sicher, ob Kahn noch lebte.[318]

Nur einen Tag später schlug die deutsche Vertretung in Paris Alarm. „*Citissime!*" und mit dem Vermerk „von Trützschler. Sofort auf den Tisch" telegrafierte Generalkonsul Hausenstein nach Bonn, dass die Pariser Botschaft ein solches Verfahren für „nicht empfehlenswert" halte. Welches Ergebnis die Ermittlungen auch zeitigen würden, Hausenstein sah problematische Folgen: sollte Kahn nicht gefunden werden, die Kritik der französischen Presse, die deutschen Behörden würden die Strafverfolgung nicht ernstlich betreiben; bei seinem Auffinden und einem Verfahren die Schaffung eines Präzedenzfalls, der möglicherweise die „Forderung auf Durchführung zahlreicher weiterer Verfahren auslösen und begründen würde". Frankreich habe die Durchführung von Verfahren gegen Kriegsverbrecher durch deutsche Gerichte bisher nicht gefordert, so der Generalkonsul, und dies sei auch nicht zu erwarten, da man sich die Strafverfolgung vorbehalten habe. Es wären bei einem deutschen Verfahren gegen Kahn deshalb sogar Proteste denkbar. Auch wäre im Fall eines Verfahrens „schwer ein Auslieferungsbegehren Frankreichs abzulehnen". Die von Walters erhofften günstigen Folgen in Frankreich waren Hausenstein zufolge nicht zu erwarten, da man in „weiten Kreisen" eine „zunehmende Interesselosigkeit an Kriegsverbrecherprozessen" feststellen könne und „französische Regierungsstellen in erster Linie an [einer] rasche[n] Liquidierung" des „Gesamtproblems interessiert" seien. Der Generalkonsul schloss mit der Information, Walters teile nach „gestriger eingehender Besprechung" mit der diplomatischen Vertretung inzwischen die Auffassung, dass von einem Strafverfahren gegen Kahn „mindestens bis auf weiteres abzusehen" sei.[319] Von ihrer ablehnenden Haltung zu einem bundesdeutschen Oradour-Verfahren rückte die diplomatische Vertretung in Paris die nächsten drei Jahre nicht mehr ab.

In der Rosenburg, wo das Bundesjustizministerium seit 1950 seinen Sitz hatte,[320] blieb die Frage virulent, denn am 13. Februar 1953 schrieb der *Sozialdemo-*

---

[318] Der Referent des BMJ wollte zuerst noch den Staatssekretär oder Minister informieren. Born schlug von Trützschler vor, die Frage tags darauf bei der Direktorenbesprechung zu thematisieren, in der wohl eine Zustimmung erfolgte. Vgl. Aufzeichnung Born, 27. 1. 1953, PA AA, B 10, 2144, insbesondere auch handschriftliche Notiz. Zu Walters Vorschlag und den Reaktionen darauf vgl. auch Moisel, Frankreich, S. 186 f.

[319] Telegramm Hausenstein an AA, 28. 1. 1953, Citissime!, PA AA, B 10, 2144. Soweit Borns handschriftliche Notiz vom 29. 1. 1953 auf dem Telegramm lesbar ist, sollte nach Rücksprache mit von Trützschler die „Einleitung der Verfolgung gegen Kahn [...] mit Rücksicht auf [...] *nicht* angeregt werden".

[320] Vgl. Görtemaker/Safferling, Akte, S. 12.

kratische Pressedienst, „unsere moralische Selbstachtung und die Ehrfurcht vor den Toten von Oradour gebieten es, daß die deutsche Justiz diesen Mann [Lammerding] und alle anderen Hauptschuldigen ausfindig macht und sie aus der Gemeinschaft unseres Volkes ausschließt".[321] Etwa zeitgleich ging im BMJ ein Schreiben des damaligen deutschen Lektors der Universität Poitiers und späteren Gründers des *Carolus-Magnus-Kreises* (CMK), Rüdiger Hoffmann, ein, der empfahl, die sich in der Bundesrepublik befindlichen Verantwortlichen des Massakers dort vor Gericht zu stellen.[322] Gawlik ließ Meyer in der daraufhin folgenden Besprechung wissen, er sei „ausserstande, dem Bundesjustizministerium Namen und Anschriften von deutschen Staatsangehörigen bekanntzugeben, die sich der Strafverfolgung in Frankreich entzogen" hätten. Seine Behörde könne ansonsten nicht mehr davon ausgehen, „in anderen Verfahren Entlastungsmaterial zu beschaffen". Auch hielt es Gawlik „nicht für zweckmässig", deutscherseits ein Strafverfahren gegen den früheren Divisionsrichter Okrent zu eröffnen. Ein solches könne „nur gegen die flüchtigen Hauptverantwortlichen eingeleitet werden", wofür „in erster Linie" der ehemalige Kompaniechef Kahn infrage komme, der in Bordeaux „von allen Seiten stark belastet" worden sei. Nicht zu den Hauptverantwortlichen zählte Gawlik hingegen Stadler und Lammerding: gegen beide „lägen Beweise nicht vor".[323] Tags darauf erklärte auch Rechtsanwalt Walters bei einer erneuten Diskussion mit Meyer und Gawlik, dass „nach Auffassung aller Prozessbeteiligten die Hauptverantwortung für die Vorkommnisse in Oradour" bei Kahn läge, der sich Gerüchten zufolge in Spanien oder Südamerika versteckt halten solle. Und auch *in puncto* Belastungsmaterial sprang Walters Gawlik bei. Beide „bedauerten", dem Bundesjustizministerium „keine Unterlagen über die Beteiligung Kahns an den Greueltaten zur Verfügung stellen zu können und verwiesen an das Auswärtige Amt". Dort zeigte man sich kooperativer. Legationsrat Born sagte zu, die vorliegenden Akten auf amtliche Dokumente zu Kahns Beteiligung hin zu prüfen. Auch „äusserte er keine Bedenken grundsätzlicher Art" gegen die Einleitung eines Ermittlungsverfahrens gegen den früheren Kompanieführer.[324] Inzwischen versuchte das BMJ, Geburtsort, Geburtsdatum und den früheren Wohnort Kahns über die *Deutsche Dienststelle für die Benachrichtigung der nächsten Angehörigen von Gefallenen der ehemaligen deutschen Wehrmacht* (WASt) in Erfahrung zu brin-

---

[321] Die Hauptschuldigen fehlen, in: Sozialdemokratischer Pressedienst, 13. 2. 1953, S. 7 f., Zitat S. 7.
[322] Vgl. Dr. Rüdiger Hoffmann an Bundesminister, 11. 2. 1953, BArch Koblenz, B 141/21886, Bl. 8–11. Zum CMK und Hoffmann vgl. Egelhoff, „Carolus-Magnus-Kreis"; Rüdiger Hoffmann, Der CMK hat also einen Ehrenvorsitzenden?, in: Knoten, Jg. 22, Nr. 1, Frühjahr 2009, S. 4; Edgar Hellwig, Vorbemerkung zum Bestand N66/1, Carolus-Magnus-Kreis, Staatsarchiv Freiburg, URL: https://www2.landesarchiv-bw.de/ofs21/olf/einfueh.php?bestand=23463#_1 [6. 7. 2019].
[323] Verfügung Meyer, 20. 2. 1953, BArch Koblenz, B 141/21886, Bl. 12 f. Eine gute Woche vorher hatte Gawlik recht dürftige Angaben zu den in Abwesenheit Angeklagten an die Politische Abteilung des AA übersandt. Vgl. Kapitel IV.1, Abschnitt „Schweigen versus Instrumentalisieren".
[324] Verfügung Meyer, 21. 2. 1953, BArch Koblenz, B 141/21886, Bl. 14 f.

gen.³²⁵ Dort war man sich nicht sicher, ob Gesuchter und Ermittelter tatsächlich identisch waren, sodass das Ergebnis unter Vorbehalt galt: Otto Kahn, am 4. März 1908 in Berlin-Borsigwalde geboren, hatte zu einem nicht bekannten Zeitpunkt in Brüssow, Kreis Prenzlau, Löcknitzer Chausee in der „Ostzone" gelebt.³²⁶ Dem Bundesjustizminister reichten die Angaben offenbar, denn am 25. Februar 1953, wenige Tage nach dem französischen Amnestiegesetz, wies Dehler persönlich die Einleitung eines Strafverfahrens gegen Otto Kahn an. Die deutsche Vertretung in Paris sollte „von den französischen Justizbehörden amtliches Material [...] beschaffen, aus dem sich eine Beteiligung Kahns an den Straftaten in Oradour" ergebe.³²⁷

Am späten Nachmittag desselben Tags erreichte ein Schnellbrief das Bonner Justizministerium. Wie das Bayerische Staatsministerium der Justiz (BStMJ) darin mitteilte, hatte ein Strafgefangener namens W. in Amberg erklärt, er sei in Wirklichkeit der in Bordeaux in Abwesenheit zum Tode verurteilte SS-Untersturmführer Barth, bereit, sich den französischen Behörden zu stellen, und in der Lage, den zum Tode verurteilten Lenz zu entlasten.³²⁸ Schon nach wenigen Tagen stand fest, dass es sich bei W. nicht um den zu Tode verurteilten Barth handelte. Zu diesem Ergebnis kamen die – von der Politischen Abteilung des Auswärtigen Amts informierten³²⁹ – ZRS und Rechtsanwalt Walters, nachdem man „ehemaligen Angehörigen der in Oradour beteiligten Einheit" Bilder des Geständigen vorgelegt hatte und diese ihn nicht als Barth erkannten. Vor allem aber reiste Walters im Auftrag der Rechtsschutzstelle zu einer als Vernehmung getarnten Gegenüberstellung nach Bayern, begleitet vom „früheren Hauptfeldwebel [sic] der zuständigen SS-Einheit". Dessen Identität hielt Walters geheim und band die Gegenüberstellung an die Bedingung, dass der Name des Zeugen „zunächst nicht genannt werden muß", um „auf alle Fälle dieser Person Unannehmlichkeiten zu ersparen". Im Bericht des LKA an die Münchener Staatsanwaltschaft firmierte der Unbekannte sodann unter „X". Das Einzige, was Walters dem LKA-Beamten gegenüber preisgab, war, dass

---

³²⁵ Die ZRS hatte das BMJ vorher informiert, dass die WASt bislang nur erklärt habe, Kahn sei vermisst, sein vormaliger Wohnsitz unbekannt. Vgl. Verfügung Meyer, 21. 2. 1953, BArch Koblenz, B 141/21886, Bl. 14 f.

³²⁶ Es handelte sich dabei um die beim *Berlin Document Center* (BDC) eingetragene Heimatanschrift Kahns. Vgl. Fernschreiben WASt an BMJ, 23. 2. 1953, BArch Koblenz, B 141/21886, Bl. 16.

³²⁷ Verfügung Meyer, 7. 3. 1953, BArch Koblenz, B 141/21886, Bl. 35. Dass Dehler die Einleitung am 25. anordnete, geht nur implizit aus dem Dokument hervor. Meyer unterrichtete ihn an diesem Tag, tags darauf kontaktierte er das Auswärtige Amt wegen der französischen Unterlagen.

³²⁸ Vgl. Fernschreiben BStMJ an BMJ, 25. 2. 1953, Abschrift, PA AA, B 10, 2144, Original in BArch Koblenz, B 141/21886, Bl. 20. Akten zum Fall Karl-Heinz W. finden sich auch im Staatsarchiv Nürnberg, Staatsanwaltschaft bei dem Oberlandesgericht Nürnberg Nr. 262, 1 AR 29/1953.

³²⁹ Born, vom BMJ noch am 25. 2. 1953 in Kenntnis gesetzt, verfügte einen Tag später, den Vorgang der ZRS vorzulegen und dort anzuregen, „eine richterliche Vernehmung" Barths zu veranlassen, „sofern sie von Bedeutung sein" könne. Schnellbrief Meyer an Born, 25. 2. 1953, mit handschriftlicher Notiz, PA AA, B 10, 2144.

der Name des Zeugen im Oradour-Prozess nicht gefallen sei, er selbst „die Person genau kenne" und sich auf deren Aussagen „unbedingt verlassen könne". „X" selbst gab an, den in Bordeaux verurteilten Barth seit 1943 zu kennen, und konstatierte am Ende der Begegnung, W. „sei weder der Zugführer Barth noch sonst ein Angehöriger der 3. Kompanie".[330]

Problematisch blieb der Fall dennoch, denn W. nannte nun eine weitere Identität und behauptete, an der Vorbereitung des Massakers beteiligt und auch in Oradour gewesen zu sein.[331] Die größte damit einhergehende Sorge galt wohl der drohenden Öffentlichkeit. So wies Gawlik gegenüber Oberregierungsrat Marmann aus dem BMJ darauf hin, dass Maßnahmen zugunsten der im Oradour-Prozess Verurteilten eingeleitet worden seien und deren Erfolg „gefährdet werden [könnte], wenn Erklärungen von W[.] in die Öffentlichkeit gelangen". Gawlik sprach sich deshalb für eine möglichst rasche Feststellung von W.s wahrer Identität aus. Darüber hinaus bat er, „zu prüfen, ob gegen W[.] wegen seiner wahrheitswidrigen Angaben, er sei mit [Barth] identisch, ein Ermittlungsverfahren eingeleitet, Haftbefehl erlassen und Überhaft notiert werden könnte, damit der Schriftwechsel von der Staatsanwaltschaft überwacht werden" könne.[332] Ob Gawlik zu diesem Zeitpunkt bereits wusste, dass W. drohte, seine Unterlagen der Presse auszuhändigen, ist unklar.[333] Sicher ist hingegen, dass man bereits Anfang März eine Presseerklärung vermeiden wollte und mit entsprechender Bitte an das BStMJ herantrat.[334] Auch Legationsrat Born lag sehr an der möglichst schnellen Feststellung von W.s Identität,[335] und er reagierte befremdet, als er im Mai 1953 erfuhr, W.s Entlassung stehe unmittelbar bevor. Die Frage des BStMJ, ob die „Bundesregierung Interesse daran habe, W[.] in Haft zu belassen", war seiner Ansicht nach zu bejahen. Das BMJ bat das Münchener Justizministerium deshalb, die verantwortliche Staatsanwaltschaft anzuweisen, einen Haftbefehl gegen W. wegen Urkundenfälschung und Vortäuschung einer Straftat zu erwirken.[336]

---

[330] Vgl. Verfügung Meyer, 13. 3. 1953, BArch Koblenz, B 141/21886, Bl. 52 f.; Gawlik an Marmann, 17. 3. 1953, ebenda, Bl. 55; Bayerisches Landeskriminalamt (BLKA) an OStA München I, 13. 3. 1953, Abschrift, ebenda, Bl. 59–62. Möglicherweise handelte es sich um Maximilian J., zum Tatzeitpunkt Ordonnanz Kahns und im Heimaturlaub. Im August 1944 in Kriegsgefangenschaft geraten und nach England gebracht, wurde er nach Frankreich überstellt und Ende März 1951 aus dem Militärgefängnis Bordeaux entlassen. Für ihn spricht neben seinem Wohnort (zumindest 1977 Hamburg), dass er während seiner Haft in Frankreich mit den deutschen Anwälten in Kontakt gekommen sein dürfte. Darüber hinaus war er beim Oradour-Prozess 1953 nicht angeklagt. Vgl. Vernehmungsprotokoll Maximilian J., 23. 5. 1977, StA Do, 45 Js 2/11, 2. SB, Bd. 3/3, Bl. 546–549. Für diesen Hinweis danke ich Stefan Willms.
[331] Vgl. Gawlik an Marmann, 17. 3. 1953, BArch Koblenz, B 141/21886, Bl. 55; BLKA an OStA München I, 13. 3. 1953, Abschrift, ebenda, Bl. 59–62.
[332] Gawlik an Marmann, 17. 3. 1953, BArch Koblenz, B 141/21886, Bl. 55.
[333] Das entsprechende Schreiben W.s datiert vom 15. 3. 1953, wurde vom BStMJ jedoch erst Ende März übersandt. Vgl. BStMJ an BMJ, 31. 3. 1953, BArch Koblenz, B 141/21886, Bl. 71, mit Anlage W. an BMJ, 15. 3. 1953, ebenda, Bl. 72 f.
[334] Vgl. Verfügung Meyer, 3. 3. 1953, BArch Koblenz, B 141/21886, Bl. 28–30.
[335] Vgl. Verfügung Marmann, 27. 3. 1953, BArch Koblenz, B 141/21886, Bl. 69 f.
[336] Vgl. Verfügung Meyer, 26. 5. 1953, BArch Koblenz, B 141/21886, Bl. 123–126, dort Zitat; Telegramm BStMJ an BMJ, 23. 5. 1953, ebenda, Bl. 122.

Blieb der Fall Otto Kahn. Im unter anderem für Kriegsverbrecher zuständigen Referat des Auswärtigen Amts sah man Dehlers Entscheidung zur Einleitung eines Ermittlungsverfahrens inzwischen kritisch und formulierte Mitte Mai mehrere Bedenken. Der erste Vorbehalt gründete in der Annahme, dass sich ein deutsches Verfahren sicher nicht auf Kahn beschränken lasse, sondern es „durchaus möglich" sei, andere Beteiligte würden „in dieses Verfahren hineingezogen" und „hierbei der ganze Komplex der sicher verschiedenartigen deutschen und französischen juristischen Bewertungen aufgeworfen". Zweitens würde das Verfahren „den ganzen Komplex Oradour wieder in den Blickpunkt der Öffentlichkeit rücken und damit die Gefahr einer erneuten Belastung des deutsch-französischen Verhältnisses mit sich bringen". Beide Seiten würden „vom politischen Standpunkt aus" kein „vernünftiges Interesse an der Wiederaufrollung dieses Tatbestandes haben können". Drittens drohte dem Referat zufolge, dass die Verteidiger auf die Rolle der Elsässer abheben würden und diese mitsamt der „ganze[n] schwierige[n] Frage die in Frankreich so grosses Aufsehen erregt hat, nunmehr auch vor einem deutschen Forum wiederaufgerollt würde. Dies würde zumindest im gegenwärtigen Stadium für die deutschen Oradour-Verurteilten schädlich sein." Auch „für die übrigen deutschen Gefangenen in Frankreich wären die Folgen nicht absehbar". Viertens schließlich hatte man Bedenken, Material der Pariser Botschaft oder der ZRS „für die Einleitung eines Verfahrens zur Verfügung stellen zu lassen, das sich eines Tages auch gegen die Personen richten [könne], in deren Interesse diese Unterlagen zum Zwecke des Rechtsschutzes in Frankreich gesammelt worden" seien. Daraus „könnten sich schwerwiegende politische Vorwürfe gegen die mit der Rechtsschutztätigkeit befassten Stellen richten".[337]

Am 22. Mai machten Born und Gawlik dem BMJ dann auch deutlich, dass von ihrer Seite kein Belastungsmaterial gegen Kahn zu erwarten war. Es bestehe sonst die Gefahr, „dass das Vertrauen der wegen Kriegsverbrechen im Ausland verfolgten deutschen Staatsangehörigen zu der Zentralen Rechtsschutzstelle und zu der Deutschen Diplomatischen Vertretung in Paris erschüttert" werde. Was das Kahn-Verfahren *per se* anbelangte, teilte Born mit, sein Haus hielte die Einleitung „nicht für angebracht", denn der Quai d'Orsay habe die Begnadigung der in Bordeaux verurteilten Deutschen „grundsätzlich bereits zugesagt", die Pariser Regierung aber „Wert darauf gelegt, dass diese Verhandlungen nicht der Öffentlichkeit bekannt werden". Ein Verfahren, so die Sorge, gefährde möglicherweise die Gnadenmaßname.[338] Über die Problematik informiert, entschied Dehler, die Frage der

---

[337] Aufzeichnung, Ref. Born, Autor wahrscheinlich Born, „Herrn Dr. Trützschler nebst einem Drahterlass mit der Bitte um Genehmigung vorgelegt", 12. 5. 1953, PA AA, B 10, 2145. In der Aufzeichnung heißt es, das BMJ sei auf die Bedenken hinzuweisen. Quer über den Betreff und die ersten Zeilen des Dokuments findet sich eine nicht lesbare ausladende handschriftliche Notiz oder Unterschrift.
[338] Born unterstrich die Ablehnung außerdem damit, dass „der Aufenthaltsort Kahns unbekannt sei und wenig Aussicht bestehe, das Verfahren zu einem erfolgreichen Abschluss zu bringen". Verfügung Meyer, 26. 5. 1953, BArch Koblenz, B 141/21886, Bl. 123–126.

Verfahrenseinleitung bis zum Ausgang des Gnadenverfahrens zurückzustellen.[339] Kaum hatte das Auswärtige Amt die Ermittlungen im Fall Kahn abgebogen, tat sich ein neues Problem auf. Zum zweiten Mal innerhalb kurzer Zeit gab es ein Geständnis im Fall Oradour. Am 22. Juli 1953 wandte sich A. Heinrich aus Schirnding an die Dienststelle der Amerikaner in Rehau und erklärte, er sei an dem Massaker beteiligt gewesen und in Bordeaux in Abwesenheit zum Tode verurteilt worden.[340] Noch am selben Tag wurde er vor den Oberstaatsanwalt bei dem Landgericht Hof (Saale) gebracht, wo er aussagte.[341] Tags darauf erhielt die Rehauer Dienststelle durch die ihr vorgesetzte amerikanische Behörde Order, Heinrich zu entlassen. Wie sie der Staatsanwaltschaft Hof (Saale) mitteilte, habe sie nicht vor, „irgendwelche Maßnahmen zum Zwecke der Auslieferung des Heinrich an die französische Regierung zu treffen".[342] Wenige Monate nach Beginn der Causa Lammerding zeigten die Amerikaner damit erneut, dass sie nicht mehr an einer Auslieferung mutmaßlicher deutscher Kriegsverbrecher an Frankreich interessiert waren. Das Interesse der amerikanischen Besatzungsbehörden an Heinrich und damit an der Ahndung des Massakers in Oradour war so gering, dass sie wohl nicht einmal seine Verfolgung durch die westdeutsche Justiz anmahnten. Es war sicher nicht der entscheidende Grund, aber es mag auf die Entscheidung der Amerikaner verstärkend eingewirkt haben, dass Heinrich im Sommer 1953 nicht das erste Mal in Kontakt mit der amerikanischen Besatzungsmacht kam. Wie er zu Protokoll gab, war er im Juni und Dezember 1945 von den Amerikanern inhaftiert, aber beide Male nach kurzer Zeit wieder entlassen worden. Im Juni 1945 hatte er einen Entlassungsschein erhalten, „wobei er die Zugehörigkeit zur SS verschwiegen hatte".[343] Drohte damit und vor dem Hintergrund, dass Lammerding just zu diesem Zeitpunkt in der amerikanischen Besatzungszone Schutz fand, nicht ein zunehmend ungutes Licht auf die amerikanische Kriegsverbrecherpolitik zu fallen, sodass man auch deshalb entschied, dem Fall besser nicht zu großer Öffentlichkeit zu verhelfen?

Die Mühlen der bundesdeutschen Justiz setzten sich im Fall Heinrich dennoch in Gang. Im August 1953 informierte das BStMJ den Bundesjustizminister, es „beabsichtige, durch den Oberstaatsanwalt in Hof prüfen zu lassen, ob Anlaß besteht,

---

[339] Vgl. Verfügung Meyer, 18. 7. 1953, Streng vertraulich!, BArch Koblenz, B 141/21886, Bl. 137.
[340] Vgl. Aufzeichnung [Erster Staatsanwalt (EStA) Hof (Saale), 22. 7. 1953], Staatsarchiv München, Staatsanwaltschaften 34498, Bl. 1. Die Angaben zur Stelle, bei der sich Heinrich meldete, variieren. So werden in den Quellen die Abkürzungen MIC, MIS, oder MJC zur Bezeichnung einer Dienststelle in Rehau angegeben, darauf hingewiesen, Heinrich habe sich an eine „in Arzberg stationierte US-Einheit" gewandt, oder von der „Besatzungsmacht 2./Kav.Div. Arzberg" gesprochen.
[341] Vgl. OStA b. d. LG Hof (Saale) an GStA b. d. OLG Bamberg, 23. 7. 1953, BArch Koblenz, B 141/21886, Bl. 146 f.
[342] OStA b. d. LG Hof (Saale) an GStA b. d. OLG Bamberg, 27. 7. 1953, BArch Koblenz, B 141/21886, Bl. 148.
[343] Vgl. OStA b. d. LG Hof (Saale) an GStA b. d. OLG Bamberg, 23. 7. 1953, BArch Koblenz, B 141/21886, Bl. 146 f.; Aufzeichnung [EStA Hof (Saale), 22. 7. 1953], Staatsarchiv München, Staatsanwaltschaften 34498, Bl. 1, dort Zitat.

gegen den Beschuldigten ein Ermittlungsverfahren einzuleiten".[344] Das BMJ hegte hiergegen „keine Bedenken", legte die Unterlagen aus Bayern allerdings „mit der Bitte um gefl[issentliche] Kenntnisnahme" der Politischen Abteilung des Auswärtigen Amts vor[345] – ein folgenschwerer Schritt. Legationsrat Born nämlich ließ das BMJ wissen, ein Prozess gegen Heinrich sei „unerwünscht", fürchtete man doch einen französischen Auslieferungsantrag bei den Amerikanern und „störende Rückwirkungen über das Gnadenverfahren Lenz".[346] Am 21. Oktober 1953 wies das darüber unterrichtete BStMJ den Hofer Oberstaatsanwalt an, den Fall Heinrich „im Hinblick darauf, daß in Frankreich zur Zeit Gnadenverfahren laufen, verzögerlich zu behandeln".[347] Zum zweiten Mal hatte das Auswärtige Amt ein Oradour-Verfahren ausgebremst.

Offensichtlich befürchtete man auch im Fall Heinrich das Bekanntwerden der Angelegenheit durch den Geständigen, denn der Hofer Oberstaatsanwalt plante, Heinrich „dahingehend belehren zu lassen, daß er mit irgendwelchen Dienststellen in der gegenständlichen Angelegenheit Verhandlungen unterlassen möge". Heinrich aber hatte auf die ausbleibenden juristischen Konsequenzen seines Geständnisses bereits auf seine Art reagiert: Mitte August 1953 stahl er seinem Vater 100,- DM und verließ seine Heimat Richtung Frankreich, wo er sich als Sühne für seine Taten bei der Fremdenlegion melden wollte. Das Unternehmen endete mit einer Verurteilung wegen illegalen Grenzübertritts durch ein deutsches Gericht. Im Herbst 1953 arbeitete er bei einem Bauern in der Rheinpfalz. Die Staatsanwaltschaft Hof plante zu diesem Zeitpunkt, „falls keine gegenteilige Weisung erfolgt, in der Angelegenheit zunächst nichts zu unternehmen".[348]

Mehr als ein Jahr später zog man in der Rosenburg Bilanz in Sachen Oradour. Im Fall W. kämpfte die bayerische Justiz noch immer damit, dessen Identität zu beweisen;[349] im Fall Kahn befand man, eine weitere Verzögerung des Verfahrens

---

[344] BStMJ an BMJ, 7. 8. 1953, BArch Koblenz, B 141/21886, Bl. 145.
[345] Verfügung Marmann, 14. 8. 1953, BArch Koblenz , B 141/21886, Bl. 149.
[346] Verfügung Marmann, 15. 9. 1953, BArch Koblenz, B 141/21886, Bl. 153.
[347] OStA b. d. LG Hof (Saale) an GStA b. d. OLG Bamberg, 21. 10. 1953, BArch Koblenz, B 141/21886, Bl. 164.
[348] OStA b. d. LG Hof (Saale) an GStA b. d. OLG Bamberg, 21. 10. 1953, BArch Koblenz, B 141/21886, Bl. 164. Vgl. zum Motiv, einen „Teil meiner Schuld" durch eine Verpflichtung bei der Fremdenlegion „gutzumachen", Vernehmungsniederschrift A. Heinrich, 27. 6. 1956, Staatsarchiv München, Staatsanwaltschaften 34498, Bl. 9 f. Bis zu diesem Zeitpunkt waren die Ermittlungen in Hof nicht besonders weit gediehen. Mitte Oktober teilte der Hofer OStA dem BStMJ mit, dass „nur wenige Ermittlungen durchgeführt worden seien, die auf besondere Weisung des Oberstaatsanwalts streng vertraulich behandelt worden seien. Das Verfahren könne z. Zt. nicht fortgeführt werden, da vorher die Einsicht in die französischen Akten erforderlich sei, mit deren Hinzuziehung kaum gerechnet werden könne. Auch die Annahme, dass die amerikanischen Dienststellen sich einschalten würden, sei nicht gerechtfertigt." Verfügung Marmann, 12. 10. 1953, BArch Koblenz, B 141/21886, Bl. 158.
[349] Dies gelang erst im Dezember 1954 vor dem Amtsgericht München, das ihn u. a. wegen Vortäuschung einer Straftat zu einer Gefängnisstrafe verurteilte. In der Hauptverhandlung bestätigte W. die Angaben zu seiner Person und räumte „in Übereinstimmung mit dem Ermittlungs- und Beweisergebnis" ein, „mit der Oradour-Affaire nichts zu tun gehabt zu haben". OStA München I an GStA b. d. OLG München, 3. 1. 1955, BArch Koblenz, B 141/21886, Bl. 190.

dürfte nicht länger notwendig sein, da die beiden in Bordeaux verhängten Todesurteile inzwischen auf lebenslänglichen Zuchthausstrafen herabgesetzt worden waren; im Fall Heinrich hatte das BStMJ zwischenzeitlich angefragt, ob noch immer Gründe vorlägen, das Ermittlungsverfahren nicht weiterzuführen.[350] Vom BMJ um Stellungnahme gebeten,[351] machte von Trützschler – weitgehend der Einschätzung Hausensteins folgend – deutlich, dass Ermittlungen, zumindest öffentlich wahrnehmbare, so lange nicht wünschenswert waren, bis alle im Oradour-Prozess zu Zeitstrafen verurteilten Deutschen frei waren. Die Bemühungen um deren Freilassung, so war seinem Schreiben zu entnehmen, waren schwierig und befanden sich gerade an einem wichtigen Punkt. Bisher seien sie wohl erfolglos geblieben, „weil die französischen Gnadenstellen wegen des Aufsehens, das die Angelegenheit Oradour in Frankreich stets erregt hat, in diesem Fall besonders vorsichtig verfahren". Aktuell erfolge seitens der Anwälte und von Amts wegen ein neuer Vorstoß, da die politische Lage eine Begnadigung „eher als bisher erhoffen" lasse. Allerdings „würden das französische Justizministerium und die zuständige Gnadenkommission [...] aller Voraussicht nach veranlasst werden, die weitere Bearbeitung der Gnadengesuche bis zum Abschluss der in der Bundesrepublik anhängigen Verfahren zurückzustellen, wenn die Einleitung deutscher Ermittlungsverfahren wegen des Falles Oradour bekannt würde". Da die „Lösung der Gefangenenfrage" auch aus „aussenpolitischen Gründen sehr wünschenswert" sei, riet von Trützschler „dringend" an, sich dafür einzusetzen, dass das Verfahren gegen W. nicht bekannt würde und in jenem gegen Heinrich „zunächst keine weiteren Schritte unternommen werden, die eine Publizität zur Folge haben könnten". Im Fall Kahn riet er von der Einleitung eines Ermittlungsverfahrens ab, da „dessen publizistische Auswertung kaum zu verhindern sein würde".[352] Für die Pariser Diplomaten und die im Auswärtigen Amt mit Oradour befassten Beamten waren die Prioritäten gesetzt: Die Freilassung der bereits verurteilten Deutschen war wichtiger als die strafrechtliche Verfolgung weiterer Täter. In diesem Sinne lautete das Credo auch auf juristischer Ebene „Nicht an Oradour zu rühren!". BMJ und BStMJ trugen den Wünschen des Auswärtigen Amts erneut Rechnung.[353]

Gnadenbemühungen

Tatsächlich gestalteten sich die Verhandlungen um eine vorzeitige Freilassung der deutschen Verurteilten schwieriger als erwartet. Die französischen Ansprechpart-

---

[350] Vgl. Verfügung BMJ, 15. 12. 1954, BArch Koblenz, B 141/21886, Bl. 182–185.
[351] Vgl. Verfügung BMJ, 15. 12. 1954, BArch Koblenz, B 141/21886, Bl. 182–185.
[352] von Trützschler an BMJ, 3. 2. 1955, Vertraulich, BArch Koblenz, B 141/21886, Bl. 192 f.; Hausenstein an AA, 19. 1. 1955, Vertraulich, PA AA, B 10, 2146.
[353] Vgl. BMJ an BStMJ, 9. 2. 1955, Vertraulich!, Durchschrift, PA AA, B 10, 2146. Dort hieß es, man „wäre dankbar, wenn den Empfehlungen des Auswärtigen Amtes Rechnung getragen werden könnte". Das BStMJ wiederum wies den GStA Bamberg an, „das Ermittlungsverfahren gegen Heinrich zunächst nicht weiterzubetreiben". BStMJ an den BMJ, 23. 2. 1955, Vertraulich!, BArch Koblenz, B 141/21886, Bl. 196. Zum weiteren Vorgehen im Fall Heinrich vgl. unten.

ner zeigten wiederholt Verständnis für die deutsche Position, gaben sich zuversichtlich und um eine Lösung bemüht, *de facto* aber zeitigten die deutschen Bemühungen nicht den gewünschten Erfolg. Zunächst blieb das im März 1953 überreichte Aide-Mémoire[354] monatelang unbeantwortet. In der Pariser Botschaft schrieb man dies der französischen Regierungskrise zu: Da der Kassationshof die eingelegte Berufung wohl zurückweisen wolle, fühle sich die geschäftsführende Regierung sicher und wolle momentan keine Verantwortung übernehmen.[355] Dennoch war Rechtsanwalt Walters im Juni 1953 nach Gesprächen mit dem Direktor der Militärjustizverwaltung, Colonel Belin, und dem Ankläger im Oradour-Prozess, Colonel Gardon, zuversichtlich. Denn zum einen war, wie Belin bei dem Treffen „ausdrücklich" erklärte, „die Voraussetzung für die liberation conditionelle im heutigen Zeitpunkt für alle deutschen zu Freiheitsstrafen Verurteilten gegeben". Dies bedeutete konkret, dass die Inhaftierten bereits die Hälfte ihrer Strafe verbüßt hatten und somit ihre bedingte Entlassung (*liberation conditionelle*) beantragt werden konnte. Zum anderen hatte Walters den Eindruck „einer sehr wohlwollenden Einstellung" seiner Gesprächspartner gewonnen. Sowohl die Anträge auf *liberation conditionelle* als auch auf eine *remise de peine* (Strafmilderung) bedurften Stellungnahmen des Gerichtspräsidenten und Anklägers, deren Unterstützung laut Rechtsanwalt Walters „mit Bestimmtheit zu erwarten" sei.[356] Einen Monat später beteuerte man Botschaftsrat von Walther im Quai d'Orsay die dortigen Bemühungen und begründet den momentanen Stillstand mit der noch ausstehenden Entscheidung des Kassationshofs. Vorher könne Verteidigungsminister René Pleven – zuständig für die Gewährung einer *suspension de peine* (Strafaussetzung) – „nichts tun". Privatim hieß es hingegen, dass Pleven die Maßnahme zwar „in Aussicht genommen habe, daß er aber vorläufig sich scheue, die Verantwortung für diese suspension de la peine persönlich zu übernehmen, da die Folgen in der Öffentlichkeit nicht abzusehen seien". Nach dem Kassationsurteil aber würde der Vorgang sicherlich „irgendwie im Sinne der Verurteilten geregelt werden".[357] Tatsächlich blieb die angekündigte Regelung auch aus, als die Urteile im Sommer rechtskräftig wurden.

---

[354] Vgl. oben.
[355] Vgl. Aktennotiz Walters, 24. 6. 1953, PA AA, B 10, 2146. Zwei Wochen vorher teilte Botschaftsrat Gebhardt von Walther dem Auswärtigen Amt mit, seine Bemühungen, „die Angelegenheit Oradour" im Quai d'Orsay „wieder in Gang zu bringen", würden ihm „ohne jede Aussicht von Erfolg" erscheinen, „solange nicht eine neue Regierung gebildet ist und die ersten Anlaufschwierigkeiten überwunden sind". Von Walther an von Trützschler, 10. 6. 1953, ebenda.
[356] Aktennotiz Walters, 24. 6. 1953, PA AA, B 10, 2146. Die dritte Möglichkeit einer vorzeitigen Entlassung bestand in einer Strafaussetzung (*suspension de peine*). Die Entscheidungen lagen bei unterschiedlichen Stellen: Über eine *liberation conditionelle* entschied der Justizminister, über eine *remise de peine* der französische Präsident, über eine *suspension de peine* der Verteidigungsminister. Letztere hatte Belin zufolge „wenig Aussicht auf Erfolg", da sie „für Ausnahmefälle gedacht" sei, wenn etwa einem Verurteilten „die Möglichkeit der Bewährung an der Front gegeben werden sollte".
[357] Aufzeichnung von Walther, o. D. (übersandt am 17. 7. 1953), Abschrift, PA AA, B 10, 2146. Zur Übersendung der Aufzeichnung an das AA: von Walther an AA, 17. 7. 1953, ebenda.

Anfang Dezember 1953 war von Rechtsanwalt Walters' Optimismus nichts geblieben. Wie er bei Gesprächen in Paris hatte feststellen müssen, wurden die im Sommer gestellten Gnadengesuche und Anträge auf bedingte Entlassung „rein routinemässig" behandelt. Eine Entscheidung von höherer Seite sei nicht gefallen, berichtete er ins Auswärtige Amt, von keiner französischen Seite sei auf eine Beschleunigung der Verfahren hingewirkt worden, und so habe man mit „mehreren Monaten zu rechnen, bevor nach dem gegenwärtigen Stand eine Entlassung erfolgen" werde. Für Walters war dies „nicht recht in Einklang zu bringen mit den zu verschiedenen Malen vom französischen Aussenministerium Herrn Botschaftsrat von Walter [sic] gemachten Mitteilungen". Die momentane politische Situation sah er im doppelten Sinne als hinderlich für die Bemühungen an: Mitte Dezember stand in Paris die Präsidentenwahl an, vorher „dürfe eine Entscheidung auf politischer Ebene nicht erwartet werden können"; aber auch unabhängig davon sei die „augenblickliche politische Lage nicht günstig".[358] Walters spielte damit wohl auf den französischen Ratifizierungsprozess der EVG an, der im Oktober 1953 begonnen hatte und im November scharfe Auseinandersetzungen in der *Assemblée nationale* hervorrief, wo die Parlamentarier dem Projekt ihre prinzipielle Zustimmung mehrheitlich verweigerten.[359] Abfinden, so der Anwalt, könne man sich mit der jetzigen Lage nicht.[360] Wie ist Walters Drängen zu erklären? Und war es nicht unangemessen angesichts der Tatsache, dass seit dem Urteilsspruch in Bordeaux noch nicht einmal ein Jahr vergangen war? Ein wichtiger Grund für die Ungeduld, Enttäuschung und Erbitterung des Anwalts war der unmittelbar nach der Amnestie der französischen Zwangsrekrutierten aufgekommene Gedanke der Rechtsgleichheit.[361] Anlass der Intervention, so erinnerte er jetzt, sei der „Gedanke der gleichmässigen Behandlung gleichliegender Fälle gewesen". Die in seinem Verständnis durch die Amnestie entstandene Ungerechtigkeit gegenüber den deutschen Verurteilten wuchs mit jedem Tag, den sie weiter in Haft saßen: „Die französischen Verurteilten sind infolge der Amnestie bereits seit einem Dreivierteljahr wieder zu Hause, wobei insbesondere zu berücksichtigen ist, dass sie nur wenige Wochen in Haft sich befunden haben. Bei den deutschen Verurteilten wird es dazu kommen, dass sie bei einer Entlassung im Laufe des nächsten Jahres in der Mehrzahl der Fälle ihre volle Strafzeit – unter Einschluss der Vorhaftzeit – verbüsst haben." Dies sei „so unbillig", dass es dazu zwinge, „immer wieder erneut zu intervenieren und darauf hinzuweisen".[362]

Ganz falsch war Walters Berechnung nicht. Als das Militärgericht Bordeaux im Februar 1953 fünf Deutsche zu zehn- bis zwölfjährigen Zeitstrafen verurteilte, hatten alle schon zwischen fünf und sechs Jahre verbüßt. Die regulären Entlassdaten lagen damit – ohne jeden Strafnachlass – zwischen Mai 1957 und April 1959. Hin-

---

[358] Walters an von Trützschler, 3. 12. 1953, PA AA, B 10, 2146.
[359] Vgl. Lappenküper, Beziehungen, Bd. 1, S. 686–696.
[360] Vgl. Walters an von Trützschler, 3. 12. 1953, PA AA, B 10, 2146.
[361] Vgl. Kapitel IV.1, Abschnitt „Rechtsgleichheit".
[362] Walters an von Trützschler, 3. 12. 1953, PA AA, B 10, 2146.

zu kamen die Vorhaftzeiten, also jene Zeit, die die deutschen Gefangenen etwa in Kriegsgefangenschaft verbracht hatten. Walters zufolge befanden sich die Betroffenen „effektiv bereits seit 1944 bezw. 1945 [...] in Gefangenschaft". Diese Vorhaftzeiten konnten nicht – oder nicht ohne Weiteres – zur bereits verbüßten Haftzeit aufgrund der konkreten Straftat addiert werden, fielen aber bei den Anträgen auf bedingte Entlassung ins Gewicht.[363] Berücksichtigte man sie vollumfänglich, wie Walters bei seiner Überlegung, so hätten die deutschen Verurteilten 1954 ihre volle Haftzeit verbüßt gehabt. Diese Berechnung zeigt, wie unterschiedlich die Erwartungen an die Haftdauer der Verurteilten sein konnten. Während Rechtsanwalt Walters bereits kurz nach der Urteilsverkündung eine Entlassung für gerechtfertigt hielt, und eine solche formal auch möglich gewesen wäre, gingen mit den Haftverkürzungsregelungen nicht vertraute Personen möglicherweise davon aus, die Gefangenen kämen erst zwischen 1963 und 1965 frei.

Noch aber war es nicht so weit. Die von Walters gewünschte Beschleunigung der Angelegenheit auf höherer politischer Ebene blieb aus, und auch der reguläre Prozess geriet ins Stocken. Im März 1954 erfuhr der Anwalt bei Gesprächen in Paris, dass die routinemäßige Bearbeitung der Akten zwar beendet, deren endgültige Behandlung aber „seit einer gewissen Zeit blockiert" war. Neben einem formalen Grund[364] führten die Gesprächspartner den „politisch sehr ungeeignet[en]" Zeitpunkt an. So müsse man, wie Walters Gesprächspartner Jean Ricalens, Mitglied und Berichterstatter der Gnadenkommission im Kabinett des Staatspräsidenten,[365] anführte, mit „Interpellationen wegen der Begnadigung im Parlament" rechnen, weshalb es momentan „ausgeschlossen" sei, „die Oradour-Fälle abschliessend zu behandeln, da sich daraus evtl. eine innerpolitische Krise entwickeln könne". Ricalens wies in erster Linie auf die anstehenden Debatten in der EVG-Frage hin, deren Ende abzuwarten sei. Colonel Belin erklärte hingegen, der Zeitpunkt des Abschlusses sei eine „rein politische Frage", die ihm zufolge „von der deutschen diplomatischen Vertretung weiter behandelt werden müsse". Trotz dieser Einschätzung entschieden Rechtsanwalt Walters, Botschaftsrat von Walther und Dr. Weinhold, „die Frage einer etwaigen erneuten Intervention seitens der deutschen diplomatischen Vertretung noch etwas zurückzustellen". Eine eventuelle Interpellation in der

---

[363] Möglich war, die Vorverlegung des Stichtags, ab dem die Haftzeit angerechnet wurde, zu beantragen. Colonel Berlin vertrat im Juni 1953 jedoch die Auffassung, entsprechende Gesuche seien nicht notwendig, da die Voraussetzungen für eine *liberation conditionelle* bereits ohne die Berücksichtigung der Vorhaftzeiten gegeben seien. Er riet allerdings, diese Perioden bei den Anträgen auf bedingte Entlassung hervorzuheben, „da sie ein zusätzliches Element bei der Entscheidung über die Gesuche bilden würden". Aktennotiz Walters, 24. 6. 1953, PA AA, B 10, 2146. Vgl. auch Baginski, Gnade, S. 93.

[364] Auch später wurden Verzögerungen mehrmals mit Formalien begründet, etwa damit, dass die zu Freiheitsstrafen verurteilten Gefangenen erst nach den zum Tode Verurteilten begnadigt werden könnten. Vgl. „Auszug aus dem Schreiben des Herrn Rechtsanwalts Dr. Walters, Hamburg, vom 5. Juli 1954", PA AA, B 10, 2146. Vgl. auch Verfügung Born, 8. 6. 1954, ebenda.

[365] Gleichzeitig war Ricalens Sekretär des *Conseil supérieur de la magistrature* (CSM). Vgl. Baginski, Gnade, S. 79 mit Anm. 387.

Assemblée nationale, so war man einig, könne die „Situation ausserordentlich erschwer[en]".[366]

Ende August 1954 stimmte die Mehrheit der französischen Parlamentarier gegen die Ratifizierung der EVG,[367] Mitte September wurde bekannt, dass die in Bordeaux zum Tode Verurteilten Karl Lenz und Georges Boos anlässlich des Nationalfeiertags im Juli begnadigt worden waren.[368] Die Reaktion aus Oradour ließ nicht lange auf sich warten. Am 20. September druckte *Le Monde* ein Kommuniqué des Hinterbliebenenverbands, in dem sich die ANFM empört von der Maßnahme zeigte und entschiedenen Protest erhob. Die 642 Getöteten, so die Vereinigung verbittert, seien „tatsächlich vergebens gestorben", ihr Opfer umsonst gewesen, nun gäbe es „keine Gerechtigkeit mehr".[369] Wenige Tage später protestierte auch der Generalrat des Departements Haute-Vienne einstimmig gegen die Begnadigung.[370] Mit Rücksicht auf die „heftige[n] Proteste" des Hinterbliebenenverbands und der „kommunistischen Presse" entschieden Weinhold und Walters Ende September, zunächst von einer Intervention bei Ricalens abzusehen.[371]

Erst nach dem Jahreswechsel erfolgte ein neuerlicher Versuch, die vorzeitige Entlassung der in Bordeaux zu Zeitstrafen Verurteilten zu erreichen, und der Oradour-Prozess jährte sich zum zweiten Mal, als das Auswärtige Amt die deutschen Diplomaten in Paris bat, die Gnadengesuche zu unterstützen. Ein Austausch mit Ricalens hatte bei Walters inzwischen den Eindruck erweckt, „dass Freilassungen der Gefangenen aus den Prozessen, die in Frankreich besonderes Aufsehen erregt haben, nur von Zeit zu Zeit in die allgemeinen Gnadenmassnahmen der französischen Stellen eingestreut werden könnten". Zu diesen Fällen zählte der Rechtsanwalt „vor allem auch die Angelegenheit Oradour". Von Trützschler war dennoch der Meinung, „dass jetzt Widerstände bei den französischen Behörden nicht mehr wie bisher zu erwarten sein dürften".[372] Dass sich von Trützschler eine knappe Woche später gegenüber dem BMJ gegen Ermittlungen der deutschen Justiz im Komplex Oradour aussprach und dies mit den Bemühungen um eine Freilassung der Verurteilten begründete, ist in diesem Kontext zu sehen.[373]

Trotz positiver Entwicklungen in der Gnadenfrage dämpfte Colonel Belin noch im März 1955 die Erwartungen indem er auf die „besondere politische Bedeutung

---

[366] Walters an von Trützschler, 25. 3. 1954, PA AA, B10 2146.
[367] Vgl. Defrance/Pfeil, Nachkriegsgeschichte, S. 80.
[368] Vgl. Baginski, Gnade, S. 78 mit Anm. 380, der die Begnadigungen auf die Bemühungen des Kirchenpräsidenten der Evangelischen Kirche der Pfalz, Hans Stempel, zurückführt und in diesem Zusammenhang auf ein Gnadengesuch für Lenz an Staatspräsident Coty verweist. Dieses datierte allerdings vom 1. 8. 1953, sodass ihm kaum die entscheidende Rolle zukam.
[369] L'Association des familles des martyrs d'Oradour-sur-Glane proteste contre la mesure de grâce prise en faveur des deux SS condamnés à mort, in: Le Monde, 20. 9. 1954.
[370] Vgl. Le conseil général de la Haute-Vienne s'élève contre la grâce des condamnés d'Oradours, in: Le Monde, 30. 9. 1954.
[371] Weinhold an AA, 28. 9. 1954, PA AA, B 10, 2146.
[372] von Trützschler an Diplomatische Vertretung der Bundesrepublik, Paris, 28. 1. 1955, Reinkonzept, PA AA, B 10, 2146.
[373] Vgl. Kapitel IV.2.3.

dieses Falles" hinwies.[374] Doch kurz darauf war es so weit: Nacheinander wurden von April bis Oktober 1955 die in Bordeaux verurteilten Deutschen – mit Ausnahme des zum Tode verurteilten Lenz – entlassen. Am 9. April 1957 verließ schließlich auch Letzterer das französische Gefängnis als freier Mann.[375] Diese Gnadenmaßnahmen gegenüber den in Bordeaux verurteilten Deutschen werden in der „offiziellen Publikation" der ANFM sowie in der Überlebenden- und Hinterbliebenenliteratur fast durchgängig falsch erinnert und kommuniziert. Nur in einem Teil der Publikationen findet sich der zutreffende Hinweis auf die Begnadigung der beiden zum Tode Verurteilten im Jahr 1954.[376] Das Schicksal der restlichen verurteilten Deutschen wird indes durchweg falsch dargestellt. Dabei reichen die fehlerhaften Beschreibungen von der Angabe, die Männer seien „nach einigen Monaten"[377] auf freien Fuß gekommen, über die Aussage, sie hätten ihre Strafen bereits durch die Zeit der Untersuchungshaft verbüßt,[378] oder die Amnestie habe sich auf alle Verurteilten bezogen,[379] bis hin zu der Darstellung, nur wenige „Augenblicke" nach der Urteilsverkündung hätten „alle Verurteilten" das Gericht als freie Männer verlassen.[380] Dieser Befund unterstreicht die Feststellung Guillaume Javerliats, die Amnestie der französischen Zwangsrekrutierten habe die Erinnerung an das vorhergegangene Urteil gänzlich überlagert,[381] und verdeutlicht das bis über den Jahrtausendwechsel tradierte Narrativ des ungesühnten Verbrechens bereits mit Blick auf den Bordeaux-Prozess.

Die Einleitung des Ermittlungsverfahrens gegen A. Heinrich

Als sich Anfang 1956 nur noch Lenz in Haft befand, fragte das Auswärtige Amt bei der deutschen Vertretung in Paris an, ob die Ermittlungsverfahren gegen Heinrich und „gegebenenfalls Kahn" weitergeführt werden könnten, „ohne aussenpolitische Interessen zu gefährden".[382] Nun gab die Pariser Botschaft grünes Licht: Das Interesse an den „Vorfällen in Oradour" sei in Frankreich „so weit abgeflaut", dass eine entsprechende Gefahr durch die Weiterführung der Verfahren nicht

---

[374] Walters an Born, 18. 3. 1955, PA AA, B 10, 2146.
[375] Vgl. Baginski, Gnade, S. 98, 110 f., 170.
[376] Vgl. Perlier, Senon, S. 100 (Anm. 12); Hivernaud, Histoire (1975), S. 122; Hivernaud, Histoire (1977), S. 76; Hivernaud, Histoire (1988), S. 72. Masfrand/Pauchou, Oradour, S. 139, geben den Zeitpunkt der Begnadigung lediglich mit „einige Zeit später" an.
[377] Perlier, Senon, S. 100 (Anm. 12).
[378] Vgl. Hivernaud, Histoire (1975), S. 122; Hivernaud, Histoire (1977), S. 76; Hivernaud, Histoire (1988), S. 72; ähnlich: Masfrand/Pauchou, Oradour, S. 139.
[379] Vgl. Desourteaux/Hébras, Oradour, S. 158, 183; Hébras, Comprendre; Hébras/Borderie, Geschichte, S. 109.
[380] Hébras, Drame, S. 35. Valade, Oradour, S. 55 f., geht gar nicht auf das Schicksal der zu Zeitstrafen verurteilten Deutschen ein bzw. spricht von der Amnestie der „Zwangsrekrutierten", ohne deren Nationalität zu präzisieren.
[381] Vgl. Kapitel II.2, Abschnitt „1953 als zentrale Zäsur".
[382] Verfügung AA, Ref. 204, 24. 1. 1956, PA AA, B 10, 2146. Zunächst hatte es geheißen, „ohne die berechtigten Interessen von Lenz zu gefährden".

mehr zu befürchten sei. Auch für die Gnadenbemühungen im Fall Lenz fürchtete man keine Nachteile mehr.[383] Das Auswärtige Amt übermittelte die Einschätzung an das BMJ mit dem Zusatz, „Voraussetzung wäre allerdings, daß jegliche Publizität bei den Verfahren möglichst vermieden wird".[384]

Ende April 1956 begann die Staatsanwaltschaft Hof mit Ermittlungen gegen A. Heinrich.[385] Da er inzwischen in den Landkreis Fürstenfeldbruck verzogen war, ging das Vorermittlungsverfahren in die Zuständigkeit der Staatsanwaltschaft München II über.[386] Den Sorgen der Pariser Diplomaten und des Auswärtigen Amts trug man dabei mit wiederholten Hinweis auf die Vertraulichkeit des Falls Rechnung.[387] Im Juni 1956 leitete Staatsanwalt Geiger in München ein Ermittlungsverfahren gegen Heinrich wegen Beihilfe zum Totschlag ein und beauftragte die Landpolizei Fürstenfeldbruck mit seiner Vernehmung.[388] Auch hier fehlte der Hinweis nicht, die Ermittlungen „vertraulich zu führen, da jedes Aufsehen in der Öffentlichkeit möglichst vermieden werden soll".[389] Nahezu drei Jahre nach seinem freiwilligen Geständnis wurde A. Heinrich am 27. Juni 1956 in der Landpolizeistation Moorenweis vernommen.[390] Bis heute ist er der einzige an dem Massaker beteiligte deutsche Soldat, der sich stellte und ein umfassendes Geständnis über seine weitreichende Tatbeteiligung ablegte.

---

[383] Weinhold an AA, 24. 2. 1956, PA AA, B 10, 2146.
[384] AA an BMJ, 9. 3. 1956, BArch Koblenz, B 141/21886. Allerdings schwächte man die Einschätzung der Pariser Diplomaten dahingehend ab, dass man schrieb, die Gefährdung außenpolitischer Interessen sei „kaum mehr" zu befürchten.
[385] Vgl. Verfügung, 26. 4. 1956, Staatsarchiv München, Staatsanwaltschaften 34498, Bl. 2.
[386] Vgl. Bayerische Landpolizei, Kriminalaußenstelle Hof, an OStA b. d. LG Hof (Saale), 24. 5. 1956, Staatsarchiv München, Staatsanwaltschaften 34498, Bl. 4; OStA, Hof, i. V. EStA, an OStA b. d. LG München II, 31. 5. 1956, ebenda, Bl. 5.
[387] Vgl. Verfügung [EStA Hof], 26. 4. 1956, Staatsarchiv München, Staatsanwaltschaften 34498, Bl. 3; Bayerische Landpolizei, Kriminalaußenstelle Hof, an OStA b. d. LG Hof (Saale), 24. 5. 1956, ebenda, Bl. 4; OStA, Hof, i. V. EStA, an OStA b. d. LG München II, 31. 5. 1956, ebenda, Bl. 5. Die Betonung des vertraulichen Charakters mag auch daher rühren, dass das Auswärtige Amt in seinem Schreiben an das BMJ vom 9. 3. 1956 nicht darauf hinwies, dass nur noch Lenz in französischer Haft saß. Das BMJ fragte Ende Mai 1956 deshalb an, wie es um die Gnadenbemühungen für die in Bordeaux verurteilten Deutschen stehe. Als das Auswärtige Amt die Informationen nachreichte, hieß es aus dem BMJ, das BStMJ habe „Wert auf eine detaillierte Unterrichtung über den Stand der Gnadensachen im Oradour-Verfahren gelegt". BMJ, i. A. Grützner, an AA, 29. 5. 1956, Vertraulich, PA AA, B 10, 2146; AA an BMJ, 15. 6. 1956, mit Vermerk Schmidt, 15. 6. 1956, ebenda, dort Zitat; AA an BMJ, 15. 6. 1956, BArch Koblenz, B 141/21886, Bl. 203.
[388] Der Staatsanwalt verfügte die Eintragung des Falls in das Js-Register, was mit der Einleitung eines Ermittlungsverfahrens einhergeht. Vorgänge, „in denen vorläufig die Eröffnung eines Verfahrens nicht erwartet wird, oder die Verfahren anderer Staatsanwaltschaften oder Gerichte betreffen, mit denen sich die Behörde im Wege der Amts- oder Rechtshilfe befasst", werden im Allgemeinen Register (AR) eingetragen. Ermittlungsverfahren – die sich aus AR-Vorgängen ergeben können – finden hingegen Eingang in das Js-Register. Vgl. Finger, Quellenkunde, S. 98 f. Mein Dank für klärenden Austausch in juristischen Fachfragen geht an dieser Stelle an Bernd Seitz von der ZStL.
[389] Verfügung Geiger, 19. 6. 1956, Staatsarchiv München, Staatsanwaltschaften 34498, Bl. 7.
[390] Vgl. Vernehmungsniederschrift A. Heinrich, 27. 6. 1956, Staatsarchiv München, Staatsanwaltschaften 34498, Bl. 9.

Ein Sonderfall

Am 29. Dezember 1926 in Oberfranken geboren,[391] war A. Heinrich bei der „Machtergreifung" der Nationalsozialisten noch keine sieben Jahre alt. Er wurde Mitglied der HJ und dort Gefolgschaftsführer,[392] was Heinrich als Motiv für seine freiwillige Meldung zur SS bezeichnete. Zuvor hatte er nach dem Besuch der Volksschule eine Forstarbeiterlehre begonnen. Im August 1943 wurde er zum Reichsarbeitsdienst eingezogen und dort für die SS geworben. Im März 1944 folgte die Abordnung nach Frankreich, wo er die in Prag begonnene Ausbildung beendete, die er als Panzergrenadier abschloss. In Südfrankreich war Heinrich bis zur Landung der Alliierten im – wie er selbst es nannte – „Partisaneneinsatz".[393] An der Normandiefront wurde Heinrich verwundet und kam im September 1944 zum Ersatztruppenteil in Prag. Es folgten weitere Verlegungen, Verletzungen und Lazarettaufenthalte, bevor er nach einer Lazarettentlassung im April 1945 nicht wie angeordnet zur Truppe, sondern zu seinen Eltern zurückkehrte.

Wie bereits angeführt, internierte die amerikanische Besatzungsmacht den inzwischen 18-Jährigen nach Kriegsende zwei Mal, entließ ihn aber jeweils nach wenigen Wochen. Bis Juli 1953 arbeitete Heinrich unter anderem als Porzellanarbeiter in seinem Geburtsort, als Gehilfe auf einem Bauernhof in Oberbayern und im Ruhr-Bergbau. Als er sich im Sommer 1953 den Amerikanern stellte, war er als Arbeiter in einem Ziegeleiwerk tätig und wohnte bei seinen Eltern. Nur ihnen hatte er bisher von seiner Beteiligung an dem Massaker in Oradour erzählt.

Zu seinem Geständnis bewegt hatten Heinrich wohl Schuldgefühle und Angst. Der Einsatz, so heißt es im Bericht über seine Aussage, peinige ihn schon lange, und „zwar insbesondere", seitdem er ein Verhältnis mit einer Frau gehabt habe. Dieses habe er aus der Sorge heraus beendet, „daß sein Einsatz in Oradour bekannt werden könnte und er dadurch seine Frau unglücklich machen könnte". Er sei in „ständiger Sorge" gewesen, „insbesondere seit dem Zeitpunkt, als in den Zeitungen über den Oradourprozeß berichtet wurde und als er seinen Namen hierbei gelesen hat. Der in dem Artikel erwähnte Heinrich sei ohne jeden Zweifel er selbst." Wie Heinrich weiterhin angab, wurde er von niemandem verdächtigt, hatte

---

[391] Hier und zum Folgenden: Aufzeichnung [EStA Hof (Saale), 22. 7. 1953], Staatsarchiv München, Staatsanwaltschaften 34498, Bl. 1a; OStA b. d. LG Hof (Saale) an GStA b. d. OLG Bamberg, 23. 7. 1953, BArch Koblenz, B 141/21886, Bl. 146 f.; Vernehmungsniederschrift A. Heinrich, 27. 6. 1956, Staatsarchiv München, Staatsanwaltschaften 34498, Bl. 9 f. Von den unterschiedlichen in den Unterlagen genannten Geburtsdaten wurde jenes übernommen, das mit den Ermittlungsergebnissen des LKA Düsseldorf übereinstimmt. Vgl. Vermerk LKA NRW, EKHK Willms, Tatbeteiligte Einheitsangehörige des SS-Pz.Gren.Rgt. 4 „Der Führer", 20. 2. 2015, StA Do, 45 Js 2/11, HA, Bd. 16, Bl. 6295–6309, hier Bl. 6302.
[392] Gefolgschaftsführer standen in der HJ einer Gruppe von bis zu 250 Jungen vor und waren „im Rahmen der ‚kleinen Disziplinargewalt' berechtigt [...], auf leichtere, rein disziplinarische Verfehlungen der Jungen [ihrer] Einheit mit einer ‚Verwarnung' oder einem ‚Verweis' zu reagieren". Vgl. Schmitz-Berning, Vokabular, S. 255; Kollmeier, Ordnung, S. 133, dort Zitat.
[393] Zitat: Aufzeichnung [EStA Hof (Saale), 22. 7. 1953], Staatsarchiv München, Staatsanwaltschaften 34498, Bl. 1.

2. Die strafrechtliche Verfolgung in der Bundesrepublik 1949–1990 241

sich bereits mehrmals entschlossen, „sich zu melden", den Entschluss aber nie umgesetzt.[394] Tatsächlich hatte das Militärgericht Bordeaux einen Soldaten namens Heinrich in Abwesenheit angeklagt – ein ehemaliger Kamerad belastete ihn, Teil eines Exekutionskommandos in einer Scheune gewesen zu sein – und zum Tode verurteilt.[395] Sein Nachname stand darüber hinaus auf der Liste, die elsässische Verbände während des französischen Gerichtsverfahrens an Bundeskanzler Adenauer und Staatspräsident Pieck schickten. Der ZRS lagen zu diesem Zeitpunkt angeblich keine Unterlagen zu Heinrich vor.[396]

Auch 1956 berichtete der derweil 29-jährige Heinrich noch von Gewissensbissen.[397] Obwohl er jetzt verheiratet sei – Heinrich war inzwischen auch Vater –, drücke ihn „das Morden von damals immer noch". Das nach dem Krieg stetig anwachsende schlechte Gewissen – das sich offensichtlich durch sein Geständnis 1953 oder aber aufgrund der ausbleibenden juristischen Konsequenzen nicht hatte beruhigen lassen – hatte schließlich zu dem bereits genannten Entschluss geführt, sich bei der französischen Fremdenlegion zu melden.

Was den Einsatz in Oradour anbelangt, so war die Befehlslage am frühen Nachmittag Heinrich zufolge unmissverständlich:

„Unser Kompaniechef und unser Bataillonskommandeur verlangten 10 Geiseln. Der Bürgermeister der Ortschaft Oradour lehnte jedoch dies ab und stellte sich mit seiner vierköpfigen Familie für die Erschießung zur Verfügung. Dies tat auch der Ortsgeistliche. Der Kommandant war aber damit nicht einverstanden. Er erholte [sic] sich daraufhin bei der Division neue Informationen. Man sagte uns dann gegen 14.30 Uhr, daß wir das ganze Dorf liquidieren müßten."

Seine Beteiligung an den folgenden Tötungen gab Heinrich erneut unumwunden zu: Er habe mit einem Maschinengewehr auf die Männer geschossen, die sie zu erschießen gehabt hätten. Damit war Heinrich nicht nur der erste, sondern blieb auch der einzige an dem Massaker Beteiligte in der Bundesrepublik, der seine Teilnahme an der Erschießung der Männer Oradours gestand. Während drei in Bordeaux angeklagte Deutsche und später Heinz Barth vor einem DDR-Gericht ebenfalls ihre Beteiligung an der Tötung der Männer einräumten, so war und blieb A. Heinrich der einzige Deutsche überhaupt, der zugab, an der Tötung der Frauen und Kinder in der Kirche mitgewirkt zu haben:

„Anschließend [...] trafen wir uns an der Kirche. Wir bekamen den Auftrag, mit unseren Maschinengewehren durch die Kirchentür auf die Frauen und Kinder zu schießen. Es war ein furchtbares Schreien und Weinen. Voller Verzweiflung versuchten manche Frauen ins Freie zu kommen[.] Sie wurden aber alle erschossen."

---

[394] Aufzeichnung [EStA Hof (Saale), 22. 7. 1953], Staatsarchiv München, Staatsanwaltschaften 34498, Bl. 1.
[395] Vgl. Anklageschrift, Vorgang Oradour-sur-Glane, Ständiges Militärtribunal Bordeaux, 1. 12. 1952, Übersetzung, StA Do, 45 Js 2/11, HA, Bd. 2, Bl. 778–830, hier Bl. 808; TMP Bordeaux, Note de Jugement, ebenda, HA 10, Bd. 10, Bl. 3634–3750, hier Bl. 3745.
[396] Vgl. Gawlik an AA, Abt. II, 12. 2. 1953, PA AA, B 10, 2144, sowie zum Kontext Kapitel IV.1, Abschnitt „Schweigen versus Instrumentalisieren".
[397] Hierzu und zum Folgenden: Vernehmungsniederschrift A. Heinrich, 27. 6. 1956, Staatsarchiv München, Staatsanwaltschaften 34498, Bl. 9 f.

Genauso offen berichtete Heinrich vom Inbrandsetzen der Kirche und des Orts sowie davon, dass dabei angetroffene noch Lebende „mit einem Gnadenschuß erledigt" wurden. Schließlich gab er zu Protokoll, dem Truppenteil angehört zu haben, der tags darauf nach Oradour zurückkehrte. Wie wir heute wissen, war A. Heinrich mit großer Wahrscheinlichkeit Schütze in der 4. Gruppe des II. Zugs, die die Erschießung der Männer in der Scheune Laudy durchführte.[398]

Die Schuldgefühle des jungen Mannes gründeten aber offensichtlich nicht im Tötungsakt an sich. Er habe zuerst fest daran geglaubt, „daß der Befehl seine Rechtmäßigkeit" gehabt hätte. Er sei ja erst 17 Jahre alt gewesen. Dennoch seien ihm „Zweifel über das Ausmaß des Strafgerichtes gekommen". Gewissensbisse habe er erst bekommen, als er „erfuhr, daß wir den falschen Ort Oradour vernichtet hatten. Es gab nämlich noch ein Oradour, das in der Nähe von dem ausradierten Oradour war."[399] Darüber hinaus werfen die von Heinrich vorgebrachten Entlastungsargumente einen Schatten auf das Bild des aufrichtigen Büßers. Bei einem handelt es sich zweifellos um eine Falschaussage. So behauptete er, ein Kamerad sei „an Ort und Stelle vom Kompanietrupp erschossen" worden, weil er sich geweigert habe, auf die wehrlosen Bewohner zu schießen. Er wolle „damit gleich zum Ausdruck bringen, daß man gar nicht anders handeln konnte, als den Befehl auszuführen".[400] Heinrich verteidigte sich hier mit einem Vorfall, der nie stattfand.[401] Zu seiner Entlastung gab Heinrich weiterhin an, er habe einem Jungen die Flucht ermöglicht:

„So habe ich auch mit drei weiteren Grenadieren, Rochlitzer, Vogt und Neuner, einen 12jährigen Buben [...] laufen lassen. Am gleichen Tage hatten wir ihn in einem Weinberg gesehen. Keiner von uns hat auf ihn geschossen, weil kein Gruppen- und Zugführer in unserer Nähe war. Dieser Junge hatte damals unsere Ärmelabzeichen ‚Das Reich' gelesen. Er war der Hauptzeuge im Oradourprozeß. Niemand hätte sonst gewußt, welche Einheit Oradour vernichtete."[402]

Ob dies den Tatsachen entsprach oder er die entsprechenden Informationen aus der Presseberichterstattung zum Bordeaux-Prozess kannte, ist nicht abschließend zu klären.[403] Sicher ist hingegen, dass Heinrichs schlechtes Gewissen nicht mit der Vorstellung einer ging, er sei rechtlich für seine Taten verantwortlich:

---

[398] Vgl. Vermerk LKA NRW, EKHK Willms, Tatbeteiligung C., 21. 10. 2013, StA Do, 45 Js 2/11, HA, Bd. 12, Bl. 4461–4518, hier Bl. 4466, 4494–4496, 4501 f.; Vermerk LKA NRW, EKHK Willms, Tatbeteiligte Einheitsangehörige des SS-Pz.Gren.Rgt. 4 „Der Führer", 20. 2. 2015, ebenda, HA, Bd. 16, Bl. 6295–6309, hier Bl. 6302.
[399] Vernehmungsniederschrift A. Heinrich, 27. 6. 1956, Staatsarchiv München, Staatsanwaltschaften 34498, Bl. 9 f.
[400] Vernehmungsniederschrift A. Heinrich, 27. 6. 1956, Staatsarchiv München, Staatsanwaltschaften 34498, Bl. 9 f., hier Bl. 9.
[401] Die genannte Erschießung kam in keinem anderen Verfahren jemals zur Sprache. Auch dem LKA NRW wurde ein solcher Fall nicht bekannt. Vgl. Vermerk LKA NRW, EKHK Willms, Auswertung Akte zum Verfahren gegen A. Heinrich, 2. 3. 2012, StA Do, 45 Js 2/11, HA, Bd. 6, Bl. 2083–2087, hier Bl. 2085 f.
[402] Vernehmungsniederschrift A. Heinrich, 27. 6. 1956, Staatsarchiv München, Staatsanwaltschaften 34498, Bl. 9 f., hier Bl. 10.
[403] Für Heinrichs Angaben spricht, dass Roger Godfrin – von dem er ganz offensichtlich sprach – vor dem Militärgericht Bordeaux aussagte, einige Soldaten hätten ihm die Flucht

„Ich möchte jedoch heute von der ganzen Angelegenheit nichts mehr wissen. Ich selbst trage ja an dem Unglück keine rechtliche, jedoch eine moralische Schuld. Das war auch der Grund, warum ich mich selbst anzeigte. Ich will das nicht haben, daß ich versteckspiele. Ich schlafe ruhiger, wenn die Staatsanwaltschaft Kenntnis hat, daß ich in Oradour dabei war. Sie soll entscheiden, ob ich mich als einfacher Soldat, der ich war, schuldig machte oder nicht. Von meiner moralischen Schuld kann mich nur mein Herrgott entbinden."[404]

Die Einstellung des Verfahrens

Etwa sechs Wochen nach der Vernehmung Heinrichs stellte Staatsanwalt Geiger von der Staatsanwaltschaft München II das Verfahren gegen ihn ein. Nachdem die Unterlagen aus Fürstenfeldbruck Anfang Juli in München eingegangen waren, unternahm man dort keinerlei weitere Untersuchungen mehr.[405] Weitere Ermittlungen zu den Angaben des Beschuldigten, so Geiger in der Einstellungsverfügung, seien nicht möglich gewesen, „weil Anschriften von weiteren Beteiligten nicht bekannt" seien. Sie seien auch nicht nötig gewesen, „da die Angaben des Beschuldigten, der sich offensichtlich durch die Mitteilung seiner Tätigkeit in Oradour von einer seelischen Last befreien wollte, glaubwürdig erscheinen".[406] Und so basierte die rechtliche Würdigung des Falls, die zur Einstellung des Verfahrens führte, auf der gänzlich unkritischen Übernahme von Heinrichs Angaben:

„Die rechtliche Würdigung des festgestellten Sachverhalts ergibt, dass der Besch[uldigte] in subjektiver Hinsicht nicht wegen Beihilfe zu Tötungsverbrechen zu überführen ist. Dass der Beschuldigte auf Befehl gehandelt hat, entspricht der Lebenserfahrung. Daß weiter dieser Befehl die Ausführung von Verbrechen bezweckte, braucht nach Sachlage ebenfalls nicht ausgeführt zu werden. Hinsichtlich der Kenntnis des Befehlsempfängers von dem verbrecherischen Charakter dieses Befehls muß zwar davon ausgegangen werden, dass bei solchen normalen menschlichen Vorstellungen unbegreifbaren Massentötungen der Verbrechenscharakter einem erwachsenen

---

ermöglicht. Nachweisbar ist darüber hinaus, dass zwar die Soldaten Neuner und Voigt mit großer Wahrscheinlichkeit nicht Heinrichs Gruppe angehörten, wohl aber ein Soldat namens Rochlitzer. Zudem war Heinrichs Gruppe zeitweise in einem Ortsteil eingesetzt, in dem sich der fliehende Roger Godfrin den Weg bahnte. Gleichzeitig ist darauf hinzuweisen, dass Heinrich das Schicksal des Jungen der Presseberichterstattung zum Bordeaux-Prozess hätte entnehmen können. Zumindest die französische Zeitung *Le Monde* berichtete von der genannten Fluchthilfe für den Jungen. Dass Heinrich die Berichterstattung verfolgte, zeigt sich nicht nur daran, dass er so von seiner Verurteilung in Abwesenheit erfuhr. Auch der Umstand, dass sich viele Bewohner der umliegenden Weiler am 10. Juni 1944 in Oradour befanden, um ihre Tabakration abzuholen, wie Heinrich bei seiner Vernehmung berichtete, dürfte er kaum am Tag des Massakers erfahren haben. Vgl. Théolleyre, Procès, S. 150–152; Vermerk LKA NRW, EKHK Willms, Tatbeteiligte Einheitsangehörige des SS-Pz.Gren.Rgt. 4 „Der Führer", 20. 2. 2015, StA Do, 45 Js 2/11, HA, Bd. 16, Bl. 6295–6309; Erkenbrecher, Studie, StA Do, 45 Js 2/11, 16. SB.

[404] Vernehmungsniederschrift A. Heinrich, 27. 6. 1956, Staatsarchiv München, Staatsanwaltschaften 34498, Bl. 9 f., hier Bl. 10.
[405] Vgl. Bayerische Landpolizei, Kriminalaußenstelle Fürstenfeldbruck, an StA b. d. LG München II, 29. 6. 1956, Vertraulich, Staatsarchiv München, Staatsanwaltschaften 34498, Bl. 8. Es ist davon auszugehen, dass mit diesem Schreiben auch das Vernehmungsprotokoll übersandt wurde.
[406] Verfügung Geiger, 9. 8. 1956, Staatsarchiv München, Staatsanwaltschaften 34498, Bl. 11 f., Zitat Bl. 12.

und lebenserfahrenen Beteiligten offenkundig war. Der am 29. 12. 1926 geborene Beschuldigte war jedoch zur Tatzeit erst 17 Jahre alt. Bei diesem jugendlichen Alter und unter Berücksichtigung der gesamten Situation, in der er sich befand, insbes[ondere] des Umstandes, daß er von älteren, ihm erfahren erscheinenden Männern zu seinen Taten angehalten und durch deren Vorbild verleitet wurde und daß er wegen seiner zur Tatzeit sehr kurzen Militärdienstzeit offenbar keine sichere Vorstellung von der gebotenen Verhaltensweise gegenüber solchen Befehlen hatte, bestehen Zweifel, ob dem Beschuldigten im Gegensatz zu einem lebenserfahrenen Erwachsenen der verbrecherische Charakter des ihm erteilten Befehls positiv bekannt war (§ 47 MStGB).

Nach dem Ermittlungsergebnis ist aber darüberhinaus auch nicht auszuschliessen, daß der Beschuldigte sich in einer durch Nötigung geschaffenen und sein Verschulden ausschließenden Zwangslage befand oder zumindest eine solche für gegeben ansah (§ 52 StGB). Die – unwiderlegbare und mögliche – Erschiessung seines den gegebenen Befehlen nicht nachkommenden Kameraden Grünberger, bei dem offenbar ein Exempel statuiert wurde, war geeignet, dem Beschuldigten eine konkrete Lebensbedrohung bei Nichtausführung der gegebenen Befehle deutlich aufzuzeigen. Daß der Beschuldigte andererseits den Tötungsbefehlen dann nicht nachkam, wenn er nicht von seinen Führern beaufsichtigt wurde, zeigt sein ebenfalls nicht widerlegbares Verhalten bei dem Laufenlassen des 12-jährigen Knaben."[407]

Auffällig sind zunächst Tatbestand und Teilnahmeform. Geiger kam zu dem Schluss, Heinrich sei nicht wegen Beihilfe zu Tötungsverbrechen zu überführen, hatte in das Js-Register allerdings nicht den Oberbegriff „Tötungsverbrechen" – der auch Mord einschließt – eingetragen, sondern ein Verfahren wegen Beihilfe zum Totschlag. Die Akten geben keine Auskunft darüber, warum der Staatsanwalt kein Verfahren wegen Mord in Täterschaft führte, obwohl Heinrich einräumte, eigenhändig Männer, Frauen und Kinder getötet zu haben. Vor dem Hintergrund der Rechtsprechung der Jahre 1950 bis 1958 bei Mordanklagen, die eine „deutliche Tendenz der Milderung durch Abschwächung des Tatbestands" aufweist,[408] ist Geigers Wahl des Tatbestands jedoch nicht ungewöhnlich. Denkbar ist darüber hinaus, dass sich bereits im Stadium des Ermittlungsverfahrens der Grundgedanke der „Beihilferechtsprechung" niederschlug, die in den 1950er Jahren ihren Anfang nahm und im folgenden Jahrzehnt zur Regel wurde.[409] Auch „Gehilfenjudikatur" genannt, bezeichnet sie die „Rechtsprechungspraxis bei nationalsozialistischen Gewaltverbrechen, bei der viele Angeklagte nicht als Täter, sondern als Gehilfen verurteilt wurden".[410] Die Abgrenzung der beiden Teilnahmeformen war nicht nur problematisch und uneinheitlich, das Strafmaß im Fall einer Verurteilung unterschied sich darüber hinaus gravierend. Mord in Täterschaft war bindend mit lebenslanger Freiheitsstrafe zu ahnden, während das Strafmaß bei Beihilfe zum Mord bis auf drei Jahre gesenkt werden konnte.[411] Die bei Mord in Täterschaft drohende Strafe mag Geiger – und nicht nur ihm[412] – von vornherein völlig unangemessen für ein Handeln wie das Heinrichs erschienen sein.

---

[407] Verfügung Geiger, 9. 8. 1956, Staatsarchiv München, Staatsanwaltschaften 34498, Bl. 11 f., hier Bl. 12.
[408] Eichmüller, Generalamnestie, S. 250.
[409] Zur Gehilfenjudikatur vgl. Gerstle, „Gehilfenjudikatur", S. 145–147; Eichmüller, Generalamnestie, 251 f.; Freudiger, Aufarbeitung, S. 62–65; ausführlich: Greve, Umgang, S. 145–283.
[410] Gerstle, „Gehilfenjudikatur", S. 145.
[411] Vgl. Gerstle, „Gehilfenjudikatur", S. 145 f.
[412] So schreibt Rückerl, NS-Verbrechen, S. 276, es könne „kein Zweifel darüber bestehen, daß für die Neigung der Gerichte, bei eindeutig nicht-exzessiven Tatbeteiligten Beihilfe anstelle

Die Einstellung des Verfahrens beruhte auf den juristischen Figuren Verbotsirrtum/fehlendes Unrechtsbewusstsein bzw. deren Pendant im Militärstrafgesetzbuch (§ 47 MStGB) und Befehlsnotstand (§ 52 StGB). Der von Geiger angeführte § 47 MStGB war als Argument der Verteidigung und Grund für Freisprüche in NS-Prozessen von großer Bedeutung.[413] 1946 von der Militärregierung außer Kraft gesetzt, wandten die Gerichte das MStGB spätestens zu Beginn der 1950er Jahre wieder an. Da dessen Bestimmungen im Oktober 1939 unter anderem auf die SS-Verbände ausgeweitet worden waren, konnten sich auch frühere SS-Soldaten auf § 47 MStGB berufen. Er bestimmte, dass für einen ausgeführten rechtswidrigen Befehl allein der befehlsgebende Vorgesetzte verantwortlich war. Der ausführende Untergebene konnte nur dann als Teilnehmer bestraft werden, wenn er „den erteilten Befehl überschritten hat" oder ihm „bekannt gewesen ist, daß der Befehl des Vorgesetzten eine Handlung betraf, welche ein allgemeines oder militärisches Verbrechen oder Vergehen bezweckte".[414] Das MStGB war für die Beschuldigten hier insofern günstig, als es für eine Strafbarkeit voraussetzte, dass sie die Rechtswidrigkeit des Befehls sicher erkannt hatten, während die Strafbarkeit laut StGB schon dann gegeben war, wenn sie an der Gesetzwidrigkeit gezweifelt hatten (bedingter Vorsatz). Allerdings entschied der BGH 1955 zu § 47 MStGB, dass bei der Einschätzung des Befehlsempfängers keine „juristisch qualifizierte Kenntnis" notwendig war, sondern es reichte, „daß er in seiner Vorstellung und Begriffswelt aufgrund der ihm eigenen und geläufigen Denkweise zu dem Bewußtsein durchgedrungen ist, daß die befohlene Handlung etwas Unrechtes darstellt".[415] Bei der Anwendung des Paragraphen verfügten die Gerichte über einen „nicht unerheblich[n] Auslegungsspielraum, da es bei der Beurteilung dieser Frage sehr stark auf die Einschätzung der Persönlichkeit und die Bewertung der Glaubwürdigkeit von Verteidigungsargumenten ankam".[416] Diesen Ermessensspielraum nutzte Staatsanwalt Geiger zugunsten Heinrichs, der sich in dieser Frage ambivalent geäußert hatte: Er habe sich auf den Befehl, das Dorf zu liquidieren, hin, „weiter keine Gedanken darüber" gemacht, „komisch" sei ihm „die Sache" jedoch vorgekommen;

---

von Täterschaft anzunehmen, die Ursache darin zu sehen ist, daß im Falle der Täterschaft des Mordes zwingend und ohne jede Milderungsmöglichkeit auf eine lebenslange Freiheitsstrafe zu erkennen ist". Auch Eichmüller, Generalamnestie, S. 251 f., weist darauf hin, dass man in der „sich ausbreitenden Beihilferechtsprechung" eine „Reaktion der Gerichte auf die Problematik der Beurteilung von staatlich gelenkten und geförderten Verbrechen mit einem nicht für derartige Taten, sondern für die gewöhnliche Kriminalität ausgelegten Strafgesetz sehen [könne]. Viele Richter und auch Staatsanwälte weigerten sich, für NS-Täter dieselben Maßstäbe anzuwenden wie für andere Kriminelle. Die für Mord allein vorgesehene lebenslange Freiheitsstrafe erschien ihnen unangemessen für Personen, die nie zu solchen Taten gekommen wären, wenn sie nicht hätten glauben können, dafür nicht nur nicht bestraft zu werden, sondern auch noch im Sinne ihrer Führung, ihres Staates und auch der Gesellschaft insgesamt zu handeln."

[413] Zum Folgenden: Rückerl, NS-Verbrechen, S. 286–288; Eichmüller, Generalamnestie, S. 255–257.
[414] Zitiert nach Rückerl, NS-Verbrechen, S. 287.
[415] Rückerl, NS-Verbrechen, S. 287.
[416] Eichmüller, Generalamnestie, S. 286.

er habe zunächst „fest daran [geglaubt], daß der Befehl seine Rechtmäßigkeit" habe, dennoch seien ihm „Zweifel über das Ausmaß des Strafgerichtes gekommen". Beide Male wies Heinrich in diesem Zusammenhang auf sein junges Alter hin. Dass der in Oradour ergangene Befehl „die Ausführung von Verbrechen bezweckte", davon war der Staatsanwalt überzeugt. Dass dem Beschuldigten der „verbrecherische Charakter des ihm erteilten Befehls" aber „positiv bekannt" gewesen war, bezweifelte er aus drei Gründen: Heinrichs Alter, die Kürze seiner Militärdienstzeit, die Rolle der ihn umgebenden älteren Soldaten.

Auch die zweite das Verfahren entscheidende juristische Figur, der Befehlsnotstand (§ 52 StGB), war in vielen NS-Verfahren der 1950er Jahre von großer Wichtigkeit. Darüber hinaus begründete man zahlreiche Freisprüche, die auf § 47 MStGB basierten, „zusätzlich mit dem Vorliegen eines Befehlsnotstands (nach § 52 oder § 54 StGB) oder zumindest eines Putativnotstands, das bedeutet dem subjektiven Glauben des Angeklagten an eine bestehende Gefahr für Leib und Leben bei einer Befehlsverweigerung", sodass der Fall Heinrich in doppelter Hinsicht typisch ist.[417] Geigers Einschätzung basierte auch hier gänzlich auf der Übernahme von Heinrichs Angaben, konkret der Erschießung des befehlsverweigernden Kameraden und das Laufenlassen des Jungen. Beide Aussagen bezeichnete er als unwiderlegbar, was seine Vorstellungen zum Befehlsnotstand aber auch seinen Unwillen zu weiteren Ermittlungen offenbart. Geiger hielt die von Heinrich genannte Erschießung seines Kameraden für „möglich", und diese Beurteilung war so repräsentativ wie die Aussage des Beschuldigten: „Ein Befehlsnotstand wurde spätestens seit den frühen 50er Jahren von den allermeisten Angeklagten bei entsprechend gelagerten Fällen als Entschuldigung vorgebracht und spielte deshalb in diesem Jahrzehnt in zahlreichen Verfahren eine wichtige, wenn nicht entscheidende Rolle. Viele Gerichte nahmen zunächst recht allgemein und ohne großes Hinterfragen das Vorliegen eines Befehlsnotstands an und kamen deshalb nicht selten zu Freisprüchen".[418] Diese Annahme steht den späteren Rechercheergebnissen der ZStL entgegen, die zeigen, „dass tatsächlich kein einziger Fall nachweisbar war, in dem ein Untergebener, allein aufgrund seiner Weigerung, einen verbrecherischen Befehl auszuführen, mit dem Tode bestraft worden war, hingegen mehrere Fälle, in denen die Ablehnung der Durchführung von Erschießungsanordnungen ohne oder ohne gravierende Folgen geblieben war".[419] Um die vermeintliche Erschießung des genannten Kameraden zu widerlegen, wären auch keineswegs die Adressen weiterer am Geschehen Beteiligter notwendig gewesen. Schon ein Blick in die Presseberichterstattung des Oradour-Prozesses hätte gereicht, um zu sehen, dass ein solcher Fall vor Gericht nicht zur Sprache gekommen war. Hätte die von Heinrich behauptete Erschießung tatsächlich stattgefunden, Angeklagte, Verteidigung und Presse hätten diese zweifellos als Entlastungsargument angeführt. Auch wäre Geiger so vielleicht darauf aufmerksam geworden, dass in Bordeaux ein Be-

---

[417] Eichmüller, Generalamnestie, S. 257 f.
[418] Eichmüller, Generalamnestie, S. 258.
[419] Eichmüller, Generalamnestie, S. 258.

schuldigter namens Gr. auf der Anlagebank saß, bei dem es sich wohl um den genannten und ganz offensichtlich nicht erschossenen „Grünenberger" handelte.

Charakteristisch war der Umgang der deutschen Justiz mit dem Fall Heinrich auch in anderer Hinsicht. So waren Strafverfahren wegen Kriegsverbrechen im Sinne von Verbrechen an Zivilisten und mutmaßlichen Partisanen während der 1950er Jahre „eher selten", Anklagen hatten Ausnahmecharakter.[420] Darüber hinaus hemmten nicht nur im Fall Oradour „außenpolitische Erwägungen, die darauf gerichtet waren, die öffentliche Diskussion in den jeweiligen Staaten über die deutsche Besatzung so gering wie möglich zu halten",[421] die Strafverfolgung, und schließlich war Staatsanwalt Geiger nicht der Einzige, der ein Verfahren allein aufgrund der Angaben des Beschuldigten und ohne weitere Ermittlungen einstellte.

Während das erste Oradour-Verfahren in der Bundesrepublik mit einer Einstellung endete, war Otto Kahn das Glück ein weiteres Mal gewogen, denn offensichtlich gab es in der Rosenburg keine weiteren Bemühungen, ihn strafrechtlich zu verfolgen.[422] Ausgesprochen glücklich war dies für Kahn vor allem deshalb, weil die Oberfinanzdirektion Düsseldorf im Januar 1954 eine Anfrage bei der WASt stellte und dabei Kahns aktuelle Anschrift angab. Im Juli des Jahres wurde diese im Zusammenhang mit der Beantwortung des Schreibens auf die Zentralkarteikarte Kahns übertragen und hätte somit abgefragt werden können.[423] Eine erneute Anfrage des BMJ aber blieb aus.

2.4 Das Ermittlungsverfahren gegen Heinrich Lammerding

Während die Ermittlungen zu W., Heinrich und Kahn nicht an die Öffentlichkeit gelangten, verhielt es sich im Fall Lammerding ganz anders. In Frankreich bewegte die Causa noch Jahre nach dem Oradour-Prozess die Gemüter. 1958 fragte der Abgeordnete Pranchère die französische Regierung in der *Assemblée nationale*, ob sie Maßnahmen für Lammerdings Auslieferung ergriffen habe.[424] Die Antwort des Quai d'Orsay lautete Nein, mit Hinweis auf das Auslieferungsverbot des deutschen Grundgesetzes. Man unterstrich jedoch, Bonn wiederholt darauf aufmerksam gemacht zu haben, „daß ein politisches Engagement Lammerdings in der französischen Öffentlichkeit scharf kritisiert würde und zu einer spürbaren Belastung der deutsch-französischen Beziehungen führen müsse". Im Sommer 1960 informierte der sozialistische Abgeordnete Jean Montalat, der für das Departement Corrèze im Parlament saß, die französische Regierung über die Teilnahme Lammerdings

---

[420] Hierzu und zum Folgenden: Eichmüller, Generalamnestie, S. 315–330, Zitat S. 315. Zur Ausnahme, den Ermittlungen zu Kriegsverbrechen in Griechenland, vgl. darüber hinaus ebenda S. 129–134.
[421] Eichmüller, Generalamnestie, S. 319.
[422] Aus den eingesehenen Akten geht nicht hervor, wie das BMJ in seinem Fall weiter verfuhr. Die NSG-Datenbank des IFZ weist kein Ermittlungsverfahren gegen Kahn in diesen Jahren aus.
[423] Vgl. StA Do, 45 Js 2/11, Personenakte/Kahn, Otto.
[424] Hierzu und zum Folgenden: Moisel, Frankreich, S. 191.

an einem HIAG-Treffen. Wie der französische Botschafter in Bonn kurz darauf an die Seine berichtete, war Lammerding 1956 in Düsseldorf, 1958 in Hildesheim und 1959 in Arolsen und Hameln bei HIAG-Treffen gewesen. Montalats Interesse am Nachkriegsleben des früheren Generals war nicht verwunderlich, war er doch auch Bürgermeister der Stadt Tulle. Dort hatten Angehörige der SS-Division „Das Reich" am 9. Juni 1944 ein Massaker verübt, für das das Militärgericht Bordeaux Lammerding 1951 in Abwesenheit zum Tode verurteilte.[425]

Beharrlich – und mit gewissem Erfolg – intervenierte Montalat Ende 1960 erneut im Parlament. Angesichts der unerreichbaren Auslieferung forderte er die Regierung de Gaulle auf, „in Bonn aber zumindest mit Nachdruck an die Verpflichtung [zu] erinnern, den mutmaßlichen Urheber der Massaker von Tulle und Oradour vor ein deutsches Gericht zu stellen".[426] Auf die Intervention Bezug nehmend, bat die französische Botschaft in Bonn nun das Auswärtige Amt um möglichst rasche Beantwortung der Fragen, ob die Auslieferung Lammerdings nicht doch zu erreichen sei und ob in der Bundesrepublik gegen ihn ermittelt werde.[427] Die Ausführungen der zurate gezogenen Rechtsschutzstelle zeigen, wie genau man dort über die französischen Auslieferungsbemühungen im Rahmen des Oradour-Prozesses 1953 informiert war.[428] Von einem deutschen Ermittlungsverfahren gegen Lammerding wussten hingegen weder die ZRS noch das BMJ, die ZStL, das nordrhein-westfälische Justizministerium und die Düsseldorfer Staatsanwaltschaft zu berichten.[429]

Die deutsche Antwort *in puncto* Auslieferung lautete schließlich, an die Bundesregierung sei kein entsprechendes Ersuchen gestellt worden und einem solchen könnte aufgrund Artikel 16 des Grundgesetzes auch nicht entsprochen werden.[430] Explizit wies man darauf hin, dass sowohl die Briten als auch die Amerikaner den an sie gerichteten Auslieferungsanträgen seinerzeit nicht nachgekommen seien, weil Frankreich die geforderten Beweise für die „persönliche strafrechtliche Verantwortung Lammerdings" nicht beigebracht habe. In einem ersten Entwurf der Antwort gab das Auswärtige Amt darüber hinaus zu verstehen, dass nach dortigem Dafürhalten Lammerdings Schuld mehr als zweifelhaft war: Nach „den der Bundesrepublik vorliegenden Unterlagen und im Zusammenhang mit den Gerichtsverfahren in Bordeaux" habe sich gezeigt, dass Lammerding „persönlich nicht an den in Frage stehenden Vorkommnissen beteiligt" gewesen sei. Vielmehr habe er nach den „Vorgängen von Oradour sogar die Eröffnung eines Kriegsge-

---

[425] Zum Massaker in Tulle vgl. Kapitel III.1, Abschnitt „Die Division ‚Das Reich' im Südwesten Frankreichs", zum Urteil Fouché, Politique, S. 490.
[426] Vgl. Moisel, Frankreich, S. 191 f., Zitat S. 192.
[427] Vgl. Aide-Mémoire, Ambassade de France, 6. 1. 1961, PA AA, B 24, 460, Bl. 314, sowie Moisel, Frankreich, S. 192.
[428] Vgl. Redenz an Referat 204, 9. 1. 1961, PA AA, B 24, 460, Bl. 323–325.
[429] Vgl. Vermerk Götz, 12. 1. 1961, BArch Koblenz, B 141/21886, Bl. 205 f.
[430] Vgl. Notiz, o. D., PA AA, B 24, 460, Bl. 315. Die Notiz wurde dem zweiten Sekretär der französischen Botschaft nicht übergeben, sondern er wurde am 18. 1. 1961 mündlich informiert. Vgl. handschriftliche Anmerkung auf der genannten Notiz sowie auf: Aide-Mémoire, Ambassade de France, 6. 1. 1961, ebenda, Bl. 314.

richtsverfahrens gegen den verantwortlichen Sturmbannführer Dieckmann [sic] befohlen".[431] Diese Version wich allerdings der Formel, den deutschen Strafverfolgungsbehörden sei kein „Beweismaterial bekannt geworden", das „die persönliche strafrechtliche Verantwortung" Lammerdings gerechtfertigt habe, weshalb kein Strafverfahren habe eingeleitet werden können.[432] Im Quai d'Orsay sah man eben diesen Teil der Antwort „nicht als ausreichend" an und fürchtete, die Information „müsse zu unliebsamen Rückwirkungen in der französischen Öffentlichkeit führen".[433] Die Sorge des französischen Außenministeriums verweist auf die Bedeutung, die der SS-Division „Das Reich" im Limousin innewohnte, wo sie zum „Symbol der Barbarei" geworden war,[434] und Lammerding seit dem Bordeaux-Prozess 1953 zum Inbegriff des Schuldigen für das Massaker in Oradour.

Die deutsche Seite reagierte mit einer Mischung aus Halbwahrheiten und taktischem Geschick auf den französischen Unmut. In einer Notiz für die französische Botschaft hieß es nun, Lammerdings Aufenthalt sei bei Abschluss der Militärgerichtsverfahren zu Tulle und zu Oradour „nicht bekannt", die Einleitung eines Ermittlungsverfahrens deshalb „nicht möglich" gewesen. Darüber hinaus seien seinerzeit allein die alliierten Gerichte für die Verfolgung von Kriegsverbrechen zuständig gewesen.[435] Richtig daran war, dass Lammerding am Ende des Oradour-Prozesses 1953 bereits untergetaucht war. Ungesagt blieb, dass er vor seiner Flucht in Kontakt mit der ZRS des Auswärtigen Amts gestanden und sich mit Bundesjustizminister Dehler besprochen hatte.[436] Schlichtweg falsch waren die Angaben des Auswärtigen Amts zur strafrechtlichen Zuständigkeit, denn seit Januar 1950 konnte die deutsche Justiz auch in Fällen von NS-Verbrechen an Angehörigen der alliierten Nationen ermitteln – wovon nicht zuletzt der Fall A. Heinrich zeugte.[437]

Im Hinblick auf eine aktuelle strafrechtliche Verfolgung Lammerdings spielte man den Ball taktisch klug an die Franzosen zurück: „Sollte", so lautete der entsprechende Absatz, „die französische Regierung aufgrund des ihr vorliegenden Materials der Auffassung sein, daß die persönliche strafrechtliche Verantwortung für die Vorgänge in Tulle und Oradour auch nach deutschem Strafrecht gegeben" sei, so dürfe „anheimgegeben werden, ein entsprechendes Ersuchen um Übernahme der Strafverfolgung unter Beifügung der erforderlichen Beweisunterlagen der Bundesregierung zu übermitteln".[438]

---

[431] Entwurf Aide-Mémoire, PA AA, B 24, 460, Bl. 318 f.
[432] Notiz, o. D., PA AA, B 24, 460, Bl. 315.
[433] Vermerk Weinhold, 21. 1. 1961, PA AA, B 24, 460, Bl. 326.
[434] Fouché, Oradour, S. 47.
[435] Anlage zu Vermerk Weinhold, 21. 1. 1961, PA AA, B 24, 460, Bl. 327.
[436] Vgl. Kapitel IV.1.
[437] Vgl. Kapitel IV.2.2 und Kapitel IV.2.3.
[438] Anlage zu Vermerk Weinhold, 21. 1. 1961, PA AA, B 24, 460, Bl. 327. Im Deutschlandreferat des Quai d'Orsay zeigte man sich zufrieden mit der Information und plante, „in der Antwort an den Abgeordneten zum Ausdruck [zu] bringen, daß die [Bundesr]egierung sich bereit erklärt habe, die Verantwortlichkeit Lammerdings im Falle Tulle zum Gegenstand eines Ermittlungsverfahrens zu machen". Handschriftlicher Vermerk Mühlen auf Konzept für Vermerk Weinhold, 21. 1. 1961, PA AA, B 24, 460, Bl. 328.

Im deutschen Außenministerium sah man 1961 also keine Notwendigkeit, Ermittlungen gegen Lammerding anzuregen. Und auch keine der Stellen, die wegen eines möglicherweise bereits erfolgten Verfahrens angefragt wurden, nutzte die Gelegenheit, um die Vorwürfe zu prüfen. Doch offenkundig war das Interesse an einem Verfahren auch bei der französischen Regierung gering. So teilte der zweite Sekretär der französischen Botschaft in Bonn dem Auswärtigen Amt am 18. Januar 1961 mit, seine Regierung „beabsichtige, die parlamentarische Anfrage so knapp wie möglich zu beantworten".[439] Auch das anheimgestellte Ersuchen um Übertragung der Strafverfolgung an die Bundesrepublik blieb aus.[440] Der Hinterbliebenenverband in Oradour wusste wahrscheinlich weder von dieser Möglichkeit noch, dass sie ungenutzt blieb. Und dies obwohl erneute Bemühungen des ANFM-Präsidenten um die Auslieferung Lammerdings bei der Regierung und Präsident de Gaulle in die ersten Monate des Jahres 1961 gefallen sein dürften. Die Antworten waren „nicht sehr ermutigend", der Verband beteuerte seinen Mitgliedern jedoch, man werde in seinen Bemühungen „nicht nachlassen".[441]

Dass die bundesdeutsche Justiz zum Jahreswechsel 1961/62 dennoch Vorermittlungen gegen Lammerding einleitete – und zwar gleich zwei Ermittlungsbehörden unabhängig voneinander –, war dann auch keineswegs das Ergebnis einer politischen Intervention. Anlass waren vielmehr Presseberichte und indirekt Lammerding selbst. Mitte November 1961 reagierte die Düsseldorfer Staatsanwaltschaft auf einen Artikel der Wochenzeitung *Tatsachen*, in dem Lammerding für das Massaker in Oradour verantwortlich gemacht und von der französischen Auslieferungsforderung berichtet wurde. Der Leitende Oberstaatsanwalt legte einen Vorprüfungsvorgang (AR-Vorgang) zur Frage an, „ob der frühere General" an den „Vorgängen in Oradour-sur-Glane" beteiligt gewesen sei.[442] Die ersten, bereits wenige Tage später vorliegenden Ermittlungsergebnisse waren umfang- und erkenntnisreich, wohl auch deshalb, weil sich die Düsseldorfer Polizei kurz vorher bereits mit Lammerding befasst hatte. Als zwei Journalisten des kommunistischen *Echo du Centre* aus Limoges im Oktober versuchten, die Düsseldorfer Villa des früheren Generals zu fotografieren, wurden sie festgenommen und erst einige Stunden spä-

---

[439] Handschriftliche Notiz, Aide-Mémoire, Ambassade de France, 6. 1. 1961, PA AA, B 24, 460, Bl. 314.

[440] In den Akten weist nichts darauf hin, dass Frankreich Schritte in diese Richtung unternommen hätte. Ein Schreiben aus dem September desselben Jahres zeigt erneut, dass sich Bonn und Paris mit dem Thema Lammerding nicht in Schwierigkeiten bringen wollten. Als sich ein *Comité d'Action de la Résistance* in Sachen Lammerding an Adenauer wandte, riet die deutsche Botschaft in Paris von einer Beantwortung des Schreibens ab. Dabei führte man u. a. ins Feld, es handele sich wohl um eine „unbedeutende Vereinigung", bei der darüber hinaus der „Verdacht" bestehe, „daß es sich um eine stark unter kommunistischem Einfluss stehende Gruppe" handele. Man fürchtete, eine Beantwortung würde „der französischen Regierung innerpolitische Schwierigkeiten" bereiten, und wies „in diesem Zusammenhang" darauf hin, „daß ein kommunistischer Abgeordneter kürzlich eine kleine Anfrage an die Regierung gerichtet hat, ob und wann sie ein Auslieferungsersuchen in der Angelegenheit Lammerding an die Bundesregierung gestellt hätte". Knoke an AA, 22. 11. 1961, PA AA, B 24, 460, Bl. 332.

[441] ANFM, Assemblée générale, 26. 3. 1961, Compte rendu moral, ACMO, 5 FP 3.

[442] Verfügung LOStA b. d. LG Düsseldorf, 17. 11. 1961, StAM, 45 Js 2/62, Bd. 1 (2094), Bl. 1.

ter wieder freigelassen, was für einiges Aufheben sorgte.[443] Als die Beamten Lammerding in diesem Zusammenhang aufsuchten, führte er „ungefragt" aus, dass und warum er sich weder in Tulle noch in Oradour etwas habe zuschulden kommen lassen. Die ersten Ermittlungsergebnisse konstatierten auch ein reges Presseinteresse an Lammerding seit 1953 und als „neueste Nuance in dem Versuch von Presse und sonstigen publizistischen Institutionen, den Fall Oradour/Lammerding immer wieder zum Gegenstand von Veröffentlichungen zu machen", die Anrufe eines Radio Moskau-Mitarbeiters, der die Düsseldorfer Polizei zwei Mal um die Bestätigung von Lammerdings Wohnsitz bat.[444]

Das internationale Augenmerk auf Lammerding erfuhr die Düsseldorfer Staatsanwaltschaft kurz darauf auch selbst. Neben einer Anfrage des sozialdemokratischen *Vorwärts*[445] gingen dort zwei entrüstete Briefe aus Frankreich ein. Lammerding nämlich hatte als Antwort auf die Vorwürfe der französischen Presse zu Tulle und Oradour die Flucht nach vorn angetreten. Im Dezember 1961 ließ er seinen Anwalt in Düsseldorf eine Stellungnahme abgeben, in der er seine Unschuld erklärte.[446] Louis Boré, Augenzeuge des Massakers in Tulle und Absender einer der beiden französischen Briefe, erstattete daraufhin Anzeige gegen Lammerding.[447] Die Presseberichterstattung über Lammerdings öffentliche Erklärung fiel auch der Ludwigsburger Zentralstelle ins Auge, die Ende Dezember 1961 eine AR-Sache zu Lammerding anlegte.[448] Zum gleichen Zeitpunkt leitete die Düsseldorfer Staatsanwaltschaft nun ein Ermittlungsverfahren gegen Lammerding wegen Verdacht des Mordes ein und gab es an die Dortmunder Zentralstelle für die Bearbeitung nationalsozialistischer Massenverbrechen ab, die von nun an gegen den Bauunternehmer ermittelte.[449] Das Verfahren weitete sich

---

[443] Vgl. Moisel, Frankreich, S. 192, sowie Bericht Willms, Polizeipräsident -K-/14. Kommissariat, 21. 11. 1961, StAM, 45 Js 2/62, Bd. 1 (2094), Bl. 4–9.
[444] Bericht Willms, Polizeipräsident -K-/14. Kommissariat, 21. 11. 1961, StAM, 45 Js 2/62, Bd. 1 (2094), Bl. 4–9.
[445] Vgl. Redaktion Vorwärts an OStA Düsseldorf, 14. 12. 1961, StAM, 45 Js 2/62, Presseheft (2113), Bl. 1.
[446] Vgl. Vermerk Artzt, 27. 12. 1961, BArch Ludwigsburg, B 162/20795, Bl. 1–3.
[447] Vgl. Moisel, Frankreich, S. 192; Boré an OStA Düsseldorf, 11. 12. 1961, Übersetzung, StAM, 45 Js 2/62, Bd. 1 (2094), Bl. 14 f. Das zweite Schreiben stammte vom Präsidenten des ANACR-Komitees des Departement Cantal und wies auf die Tötung von Zivilisten durch eine Einheit der Division „Das Reich" in Aurillac hin. Die Ermittlungen wurden daraufhin um diesen Komplex erweitert. Vgl. Dage an GStA Düsseldorf, 13. 12. 1961, ebenda, Bl. 21a und b. Der *World Jewish Congress* New York fragte im März 1962 in Ludwigsburg an, ob ein Verfahren zu Oradour geführt werde. Vgl. World Jewish Congress New York an ZStL, 19. 3. 1962, BArch Ludwigsburg, B 162/20795, Bl. 37.
[448] Vgl. Vermerk Artzt, 27. 12. 1961, BArch Ludwigsburg, B 162/20795, Bl. 1–3; Verfügung Siehlow, 22. 1. 1962, StAM, 45 Js 2/62, Handakten, Bd. 1 (2100), Bl. 8–10. 1968 teilte der Leiter der ZStL dem BMJ mit, seine Behörde habe keine Vorermittlungen geführt, da es sich „bei den Tatvorwürfen gegen Lammerding um Kriegsverbrechen handelte und der Wohnsitz des Beschuldigten in der Bundesrepublik bekannt war". Rückerl an BMJ, BArch Ludwigsburg, B 162/20795, Bl. 189–192. Auch die Vorermittlungen der Ludwigsburger Zentralstelle wurden in das Allgemeine Register eingetragen. Vgl. Finger, Quellenkunde, S. 98 f.
[449] Vgl. Verfügung Diehl, 29. 12. 1961, StAM, 45 Js 2/62, Bd. 1 (2094), Bl. 19.

schließlich auf fünf Tatkomplexe aus, von denen im Folgenden die Ermittlungen zu Oradour im Mittelpunkt stehen.[450]

Mehrere Faktoren dürften in den ersten Monaten eine angespannte Atmosphäre bei den zuständigen Behörden geschaffen haben. Kurz nachdem die Dortmunder Zentralstelle das Verfahren übernommen hatte, gingen dort Presseanfragen und -berichte aus dem In- und Ausland ein, deren Tenor deutlich gegen den ehemaligen General gerichtet war. Unter anderem die Tatsache, dass Lammerding in Düsseldorf ein Bauunternehmen betrieb und eine Villa bewohnte, obwohl er in Frankreich in Abwesenheit zum Tode verurteilt worden war und es Auslieferungsbemühungen gegeben hatte, kommentierte die Presse bald ungläubig, bald verärgert: „Die Wagen seiner Firma laufen mit seinem Namenszug durch die Stadt", schrieb B. Schläppi für *Vorwärts*,[451] und der Bonner Korrespondent der Turiner Zeitung *La Stampa* formulierte zynisch, die deutschen Behörden hätten Lammerding wohl noch nicht ausfindig gemacht, weil sie vergessen hätten „das Düsseldorfer Telefonbuch durchzublättern".[452] Auch einige private Anschreiben drängten die Ermittler: „Könnte die Justiz sich endlich dieser traurigen Angelegenheit annehmen und so den letzten Schatten auf dem Bild der Versöhnung des deutschen und französischen Volkes auslöschen", fragte etwa Robert Cranga aus Algerien.[453] Andere wollten sich mit den Mitteln der Justiz nicht mehr zufrieden geben und drohten Lammerding unverhohlen:

„Wir werden jetzt keine Ruhe mehr geben, bis Sie SS-Mordbube und Spezialist im Erschießen endlich dingfest gemacht worden sind! Wenn unsere Beweise bei der Justiz nicht ausreichen, werden wir Sie schon zu finden wissen! Sie entgehen uns diesesmal nicht! Du SS-Nazischwein, kommst diesmal mit hinein und dann an den Galgen! Oradour-Lidice-Marzabotto-Putten und über 70 000 Städte in der friedlichen UdSSR sind Zeugen, wo die deutschen SS-Vandalen und Mordbuben gehaust haben. Oradour und Tulle gehen jedoch auf *ihr spezielles* Konto, wofür Sie so oder so noch zu büßen haben!
Wir kriegen Sie schon, SS-General Lammerding und linientreues Nazischwein!"[454]

In „Freundschaft und Treue" hatte ein „unbekannter Freund und ehem[aliger] SA-Sturmführer" Lammerding bereits wenige Wochen vorher gewarnt und ihm geraten, das Land zu verlassen. Er wollte erfahren haben, dass 14 „sog. ehem. Widerstandskämpfer (alles Mitglieder der VVN)" in München über Lammerdings „Schicksal als ‚Massenmörder' von Oradur [sic]" beraten hätten. Ein Teil der Anwesenden habe sich dafür ausgesprochen, ihn in seiner Wohnung zu überfallen und aufzuhängen, andere darauf bestanden, ihn nach Oradour „zu entführen und dort

---

[450] Auch zu den anderen Komplexen: Moisel, Frankreich, S. 192–195, sowie Kartheuser, Tulle, Bd. 4, S. 339–343, 384–393.
[451] B. Schläppi, Gegen Oradour angetreten, in: Vorwärts, 21. 12. 1961.
[452] Darauf verwies: Peter Zabel, SS-General Lammerding geht seinen Geschäften nach, in: Die Andere Zeitung, 8. 2. 1962, StAM, 45 Js 2/62, Presseheft (2113), nicht paginiert. Weitere Presseanfragen und -artikel ebenda und ebenda, Sonderheft (2099).
[453] Cranga an Pottgießer, 8. 12. 1962, StAM, 45 Js 2/62, Sonderheft (2099), Bl. 14; auch: Ulrich Moosdorf an Justizministerium (JM) NRW, 17. 4. 1962, ebenda, Berichtsheft, Bd. 1 (2114), Bl. 94, sowie Pottgießer an JM NRW, 16. 5. 1962, ebenda, Bl. 87–90.
[454] Pottgießer an JM NRW, 16. 5. 1962, StAM, 45 Js 2/62, Berichtsheft, Bd. 1 (2114), Bl. 87–90, Zitat Bl. 88.

zu lynchen". Ein federführender Funktionär der VVN habe schließlich erklärt, es sei aus politischen Gründen notwendig, Lammerding vor ein ordentliches bundesdeutsches Gericht zu bringen. Solle dies aber wider Erwarten in den nächsten Monaten nicht gelingen, würde er einer Entführung nach Oradour zustimmen.[455]

Der Düsseldorfer Polizeipräsident nahm die Drohung offensichtlich ernst, denn es wurden „zweckentsprechende Maßnahmen" getroffen, um „im Notfall Lammerding eine schnelle Schutzgewährung zu ermöglichen".[456] Gerüchte um die „Leibwache" des Bauunternehmers und eine drohenden Gefahr seitens französischer Widerstandskämpfer drangen daraufhin bis nach Dänemark.[457] Lammerding selbst fühlte sich wohl in dem Maße bedroht, dass er auf die Erteilung eines Waffenscheins klagte.[458] Beide, Düsseldorfer Polizei und Lammerding, hatten in diesen Tagen wahrscheinlich die Entführung Adolf Eichmanns vor Augen. Eichmann, der das Judenreferat des Reichssicherheitshauptamts geleitet und die Deportationen von mehreren Millionen Menschen in die nationalsozialistischen Konzentrations- und Vernichtungslager organisiert hatte, wurde 1960 vom israelischen Geheimdienst aus Argentinien entführt. 1961 wurde ihm in Israel der Prozess gemacht, das Todesurteil 1962 vollstreckt.[459]

Davon abgesehen war der Fall Lammerding inzwischen längst ein Politikum. „Wegen der besonderen Bedeutung der Sache" plante der Leiter der Dortmunder Zentralstelle, Oberstaatsanwalt Karl-Heinz Pottgießer, laufend an das nordrheinwestfälische Justizministerium zu berichten,[460] dem „umgehend" nach Lammerdings Vernehmung auch Abschriften des Protokolls zugeleitet werden sollten.[461] Darüber hinaus informierte das BMJ das Kanzleramt über das Verfahren, übersandte Berichte der Ermittlungsbehörden und sogar Lammerdings Vernehmungsprotokoll.[462] Und auch aus Frankreich kamen weiter Nachfragen. Im April 1962 informierte der Gesandte Graf de Courson von der französischen Botschaft in Bonn das Auswärtige Amt, dass französische Parlamentarier bisweilen Fragen wegen des Verfahrens gegen Lammerding stellten. Auf „französischer Seite bestehe eine gewisse Misstimmung darüber, dass gegen Lammerding in Deutschland kein

---

[455] Anlage zu Lammerding an OStA Dortmund, 9. 4. 1962, StAM, 45 Js 2/62, Bd. 1 (2094), Bl. 223 f.
[456] Polizeipräsident, Kriminalpolizei Düsseldorf, an Siehlow, 26. 4. 1962, StAM, 45 Js 2/62, Bd. 1 (2094), Bl. 225.
[457] Verfügung Hentrich, 17. 4. 1962, StAM, 45 Js 2/62, Presseheft (2113), Bl. 25.
[458] Vgl. Verfügung Siehlow, 7. 11. 1962, StAM, 45 Js 2/62, Handakten, Bd. 1 (2100), Bl. 68 f.; Verwaltungsgericht Düsseldorf an Leiter ZStD, 12. 12. 1963, ebenda, Bl. 76.
[459] Vgl. Meyer, „Eichmann-Prozess".
[460] Pottgießer an JM NRW, 30. 1. 1962, StAM, 45 Js 2/62, Berichtsheft, Bd. 1 (2114), Bl. 23–31. Pottgießer dürfte die ZStD seit ihrer Gründung geleitet haben. Dass er ihr im April 1962 vorstand, geht hervor aus: Hansjürgen Meier, Man fragte uns in Oradour: Warum schont ihr Lammerding?, in: Deutsche Volkszeitung (DVZ), 6. 4. 1962, BStU, MfS, HA IX/11, SV 6/83, Bd. 1, Bl. 143. Dort wird auch der Vorname genannt.
[461] Verfügung Pottgießer, 14. 2. 1962, StAM, 45 Js 2/62, Berichtsheft, Bd. 1 (2114), Bl. 33.
[462] Vgl. Verfügung Götz, 17. 2. 1962, BArch Koblenz, B 141/17088, Bl. 686 f.; Verfügung Götz, 5. 3. 1962, ebenda, Bl. 715; Verfügung Götz, 26. 3. 1962, ebenda, Bl. 737 f.

Verfahren durchgeführt werde und er anscheinend unbehelligt seinen Geschäften nachgehe". Über das inzwischen anhängige Verfahren informiert, „zeigte [er] sich sehr befriedigt darüber, dass die deutschen Behörden von sich aus ein Verfahren gegen Lammerding eingeleitet hätten".[463]

Schließlich übten auch Überlebende und Hinterbliebene Druck auf Justiz und Politik aus. Als de Gaulle im Mai 1962 die Ruinen des *village martyr* besuchte, forderte der Bürgermeister Oradours öffentlich „die Bestrafung aller Schuldigen" und Lammerdings Auslieferung. De Gaulle reagierte zurückhaltend, indem er auf die „Schranken des internationalen Rechts" verwies, versicherte aber, der Fall werde weiter verfolgt. Während das Auswärtige Amt das Auftreten de Gaulles als „Schlußstrich unter dieses düstere Kapitel deutschen Auftretens auf französischem Boden" interpretierte,[464] galt für manche Überlebenden und Hinterbliebenen nach wie vor: „Keine Versöhnung ohne Gerechtigkeit".[465] Diesen Standpunkt vertrat etwa die französische Delegation, die sich Anfang Juni 1962 bei der Dortmunder Staatsanwaltschaft ankündigte.[466] Ihr gehörten zwei Hinterbliebene des Massakers in Tulle an sowie der Journalist Charles Rivet und Martial, genannt Joseph, Beaubreuil.[467] Letzterer hatte sich am 10. Juni 1944 gemeinsam mit seinem Bruder Maurice verstecken und später aus Oradour fliehen können.[468]

War dem Leiter der ZStD der Fehler aufgefallen oder ihm klar, wie unklug es wäre, den Gästen mitzuteilen, Lammerding sei in Nürnberg durch ein alliiertes Militärgericht wegen Oradour „freigesprochen" worden? Jedenfalls wurde der Satz aus dem Vermerk über die den Empfang vorbereitende Besprechung gestrichen.[469] Im Gespräch mit Staatsanwälten der Dortmunder Stelle berichtete die vierköpfige Delegation, dass insgesamt neun Personen in die Bundesrepublik gereist seien und die anderen Teilnehmer Gespräche mit dem Düsseldorfer Oberbürgermeister und dem nordrhein-westfälischen Justizministerium führen würden. Zentralstellenleiter

---

[463] Gawlik an Bundesjustizminister, 11. 4. 1962, BArch Koblenz, B 141/17088, Bl. 762 f.
[464] Aufzeichnung Vogt („Hiermit über den Herrn Staatssekretär dem Herrn Minister mit der Bitte um Kenntnisnahme und der Anregung vorgelegt, den Herrn Bundeskanzler zu unterrichten"), 25. 5. 1962, PA AA, B 83, 69. Zu de Gaulles Besuch in Oradour 1962 vgl. auch Kapitel VI.1.3.
[465] Vgl. Keine Versöhnung ohne Gerechtigkeit, Organ und Datum nicht angegeben, StAM, 45 Js 2/62, Sonderheft (2099), Bl. 9.
[466] Vgl. J. Chabrerie an Monsieur le Procurer Général, Dortmund, 1. 6. 1962, StAM, 45 Js 2/62, Presseheft (2113), Bl. 39.
[467] Vgl. Verfügung Pottgießer, [7. 6. 1962], StAM, 45 Js 2/62, Berichtsheft, Bd. 1 (2114), Bl. 110–112. Martial Beaubreuil wird in mehreren Publikationen mit dem Vornamen „Joseph" genannt. Für die Information, dass auch sein Bruder ihn so nannte, danke ich Sandra Gibouin vom CMO.
[468] Vgl. zu den Brüdern Beaubreuil auch Kapitel V.2.2, Abschnitt „Der Kampf um Anerkennung und Entschädigung bestimmter Opfergruppen".
[469] Vermerk, 6. 6. 1962, StAM, 45 Js 2/62, Berichtsheft, Bd. 1 (2114), Bl. 108 f. Der Vermerk wurde wahrscheinlich von Regierungsdirektor Heimeshoff verfasst und sollte Pottgießer vorgelegt werden, der ihn schließlich abzeichnete. Wer die Streichung vornahm und aus welchem Grund – die entsprechende Passage wurde am Blattrand auch mit einem handschriftlichen Fragezeichen versehen –, ist nicht mit Sicherheit zu sagen.

Pottgießer unterrichtete die Gruppe über verschiedene Aspekte der Ermittlungsverfahren zu Tulle und Oradour, darunter mögliche Konsequenzen des Überleitungsvertrags. Auf die Frage, warum man Lammerding nicht ausliefere, antwortete er, dass kein entsprechendes Ersuchen vorliege.[470] Die am nächsten Tag im englischen Zimmer des Düsseldorfer Hauptbahnhofs stattfindende Pressekonferenz des „Koordinationskomitees von Tulle und Oradour für die Auslieferung von Lammerding" sorgte sodann für Schlagzeilen.[471] Als sich herausstellte, dass ein Journalist des „sowjetzonalen" *Deutschlandsenders* – gemeint war das „offizielle [Radio-]Programm der DDR für die Westdeutschen"[472] – ohne Wissen der Anwesenden Tonbandaufnahmen anfertigte, verließen mehrere bundesdeutsche Pressevertreter die Veranstaltung und informierten die Polizei, die die Aufnahmen beschlagnahmte.[473]

Abb. 9: Frühere Mitglieder der französischen Résistance 1962 in Düsseldorf, wo sie versuchten, die Auslieferung Lammerdings zu erreichen
(BArch Koblenz, Bild 183-94204-001/Fotograf: Hubert Berg)

---

[470] Vgl. Verfügung Pottgießer, [7. 6. 1962], StAM, 45 Js 2/62, Berichtsheft, Bd. 1 (2114), Bl. 110–112. Dass es sich um das Düsseldorfer Justizministerium handelte, geht hervor aus: Wirbel um Auslieferung Lammerdings, in: Rheinische Post, 8. 6. 1962, BStU, MfS, HA IX/11, SV 6/83, Bd. 2, Bl. 27 f.

[471] Vgl. Notiz Böhnke, o. D., StAM, 45 Js 2/62, Presseheft (2113), Bl. 40. Als die Düsseldorfer Polizei die ZStD über die geplante Pressekonferenz informierte, teilte man die Ansicht mit, dass es dabei „um eine KP-Sache" („Kommunistische Partei-Sache") gehe.

[472] Arnold, Kalter Krieg, S. 15.

[473] Polizei griff ein bei Konferenz um SS-General, in: Ruhr-Nachrichten, 8. 6. 1962, StAM, 45 Js 2/62, Presseheft (2113), Bl. 50.

In seinem Ziel, der Auslieferung Lammerdings, stimmte das Komitee mit der Forderung der ANFM in Oradour überein, es sprach aber nicht im Namen des Hinterbliebenenverbands, der in der Presseberichterstattung gar nicht auftauchte.[474] Die *Deutsche Volkszeitung* (DVZ) berichtete zwar, bei der Pressekonferenz seien „Fotokopien von Unterschriften der gesamten Einwohnerschaft des neuen Oradour, mit der Forderung nach Auslieferung Lammerdings" gezeigt worden.[475] Es deutet bislang jedoch nichts darauf hin, dass diese für die Intervention in Düsseldorf gesammelt worden wären. Davon abgesehen zeigt sich die große Bedeutung der strafrechtlichen Verfolgung Lammerdings für die Delegationsmitglieder in ihrer Verlautbarung, eine „Versöhnung zwischen dem deutschen und dem französischen Volke müsse erreicht werden, aber keine Versöhnung ohne Gerechtigkeit".[476]

Das öffentliche Aufsehen um die Ermittlungen legte sich im Sommer 1962,[477] nachdem die ZStD eine Presseerklärung zum Verfahrensstand veröffentlicht hatte. Darin wies man vor allem auf die in bestimmten Fällen blockierende Wirkung des Überleitungsvertrags hin und teilte mit, dass zur Prüfung, ob dies für die Ermittlungen gegen Lammerding gelte, französische Prozessunterlagen geprüft würden. Paris habe sich bereit erklärt, die infrage kommenden Akten bereitzustellen.[478] Anfang des Jahres – und vor dem französischen Angebot – war die Frage, ob und wenn ja an welche französischen Stellen wegen der Überlassung von Unterlagen heranzutreten sei, von den involvierten Behörden überschiedlich beantwortet worden. Im Ge-

---

[474] Vgl. folgende Artikel in BStU, MfS, HA IX/11, SV 6/83, Bd. 2: Polizeiterror gegen Pressekonferenz, in: Neues Deutschland (Berliner Ausgabe), 8. 6. 1962 (Bl. 26); Wirbel um Auslieferung Lammerdings, in: Rheinische Post, 8. 6. 1962 (Bl. 27 f.); Soll Lammerding erneut entkommen?, in: DVZ, 15. 6. 1962 (Bl. 29 f.).

[475] Soll Lammerding erneut entkommen?, in: DVZ, 15. 6. 1962, BStU, MfS, HA IX/11, SV 6/83, Bd. 2, Bl. 29 f. Dies übernahmen später Przybylski/Busse, Mörder, S. 151 f. Den Autoren zufolge gehörten die Unterschriften zu folgender Erklärung: „Diese Auslieferung stellt nach unserer Meinung einen Akt für die Wiederversöhnung unserer beiden Völker dar und würde ihr eine solide und dauerhafte Basis geben sowie der Gerechtigkeit und dem Frieden dienen." Der auch von den Autoren als Quelle angegebene Artikel der *Deutschen Volkszeitung* mag diese Verbindung suggerieren, formuliert sie aber nicht explizit. Die Deutschlandpolitik der ANFM lässt es höchst unwahrscheinlich erscheinen, dass der Verband eine solche Aktion initiiert oder auch nur unterstützt hätte.

[476] Keine Versöhnung ohne Gerechtigkeit, Organ und Datum nicht angegeben, StAM, 45 Js 2/62, Sonderheft (2099), Bl. 9.

[477] Das Presseheft des Verfahrens enthält so gut wie keine Artikel, die nach dem Sommer 1962 datieren. Im November 1963 übersandte die *Union Nationale des Associations de Déportés, Internés et Familles de Disparus* (UNADIF) Pottgießer einen Beschluss, die französische Regierung aufforderte, erneut für die Auslieferung Lammerdings einzutreten. Wie man dem Verband mitteilte, war der Verfahrenskomplex Tulle zu diesem Zeitpunkt bereits eingestellt. Vgl. UNADIF an Pottgießer, 28. 11. 1963, sowie Verfügung Siehlow, 12. 12. 1963, StAM, 45 Js 2/62, Sonderheft (2099), Bl. 23 f., 28 f.

[478] Vgl. Verfügung mit Anhang, [wohl 17. 8. 1962], StAM, 45 Js 2/62, Presseheft (2113), Bl. 56 f. Als *Le Monde* hierüber berichtete, hieß es fälschlicherweise, Lammerding sei in Frankreich auch wegen Oradour in Abwesenheit zum Tode verurteilt worden. Vgl. La France transmet à Bonn le dossier du bourreau d'Oradour, in: Le Monde, 20. 8. 1962, PA AA, B 24, 460, Bl. 346.

spräch mit Dortmund hielt es der Leiter der Ludwigsburger Zentralstelle, Erwin Schüle, für „untunlich" bei französischen Dienststellen in der Bundesrepublik nach dem 1953 gestellten Auslieferungsantrag anzufragen, „zumal Lammerding von den Franzosen im internationalen Fahndungsbuch für Kriegsverbrechen ausgeschrieben" sei. Gemeint war wohl ein weiterer, bislang nicht zu den Ermittlungen zählender Tatbestand, denn Franzosen und Engländer suchten Lammerding wegen Ende 1944 in der Normandie begangenen Mordes. In Betracht zu ziehen war für Schüle hingegen die Möglichkeit, zum Erhalt von Ermittlungsakten „evtl. in geeigneter Form Verbindung zu dem zuständigen Generalstaatsanwalt in Bordeaux" aufzunehmen. Und selbst hinsichtlich der Rechtsschutzstelle riet der Zentralstellenleiter – möglicherweise aufgrund seiner Erfahrung mit deren restriktiver Haltung[479] – davon ab, umgehend den offiziellen Weg zu beschreiten. Vielmehr empfahl Schüle den Dortmunder Kollegen, zuerst den Verbindungsmann des BMJ „inoffiziell nach seiner Meinung zu befragen".[480] Oberstaatsanwalt Pottgießer war daran gelegen, vor den ersten Vernehmungen die rechtliche Situation in Bezug auf den Überleitungsvertrag zu klären. Hierfür wollte er einen Veteranenverband der *Résistance* und das von Ludwigsburg empfohlene *Centre de documentation juive contemporaine* (CDJC) kontaktieren und um die Überlassung der französischen Prozessunterlagen zu Lammerding bitten.[481] Das nordrhein-westfälische Justizministerium aber setzte die Prioritäten anders: Lammerding sollte „möglichst bald" vernommen,[482] Gawliks Stelle sodann „auf dem Dienstwege" um die Überlassung „sämtlicher in Betracht kommende[r] Unterlagen" angefragt und von „Auskunftsersuchen" an die von Pottgießer vorgeschlagenen französischen Stellen „abgesehen" werden. Ein Rechtshilfeersuchen an Frankreich wollte man erst dann stellen, wenn die Ermittlungen es „unumgänglich" machten.[483] Fürchtete man, in Frankreich zu große Hoffnungen zu wecken und gegen Lammerding wegen eines weiteren Vorwurfs ermitteln zu müssen?

Rechtsschutzstellenleiter Gawlik versäumte jedenfalls nicht, dem Düsseldorfer Justizministerium umgehend mitzuteilen, seiner Erinnerung nach habe das französische Gericht den gefallenen Diekmann für den Hauptverantwortlichen im Fall Oradour gehalten,[484] antwortete aber auf das offizielle Ersuchen der ZStD, ihr alle Akten zu den relevanten französischen Verfahren zu überlassen, wochenlang nicht. Das mag daran gelegen haben, dass Dortmund keineswegs nur um Unterlagen zu der Frage bat, ob in Frankreich bereits geführte und abgeschlossene Verfahren deutsche Ermittlungen blockierten. Vielmehr zielte das Interesse der Ermittler auch auf die „Aufklärung des Sachverhalts" der verschiedenen Tatkomplexe und

---

[479] Vgl. Weinke, Gesellschaft, S. 30–33.
[480] Verfügung Siehlow, 22. 1. 1962, StAM, 45 Js 2/62, Handakten, Bd. 1 (2100), Bl. 8–10.
[481] Vgl. Pottgießer an JM NRW, 30. 1. 1962, PA AA, B 24, 460, Bl. 336–343; vorhergegangene Fassung des Schreibens: StAM, 45 Js 2/62, Berichtsheft, Bd. 1 (2114), Bl. 23–31; Verfügung Siehlow, 22. 1. 1962, StAM, 45 Js 2/62, Handakten, Bd. 1 (2100), Bl. 8–10.
[482] Verfügung Pottgießer, 14. 2. 1962, StAM, 45 Js 2/62, Berichtsheft, Bd. 1 (2114), Bl. 33.
[483] Verfügung Pottgießer, 19. 2. 1962, StAM, 45 Js 2/62, Berichtsheft, Bd. 1 (2114), Bl. 34 f.
[484] Vgl. Verfügung Pottgießer, 19. 2. 1962, StAM, 45 Js 2/62, Berichtsheft, Bd. 1 (2114), Bl. 34 f.

eine möglicherweise notwendige Ausdehnung des Verfahrens auf weitere Beteiligte.[485] Schließlich zog sich Gawlik auf die bereits im Rahmen des Oradour-Prozesses 1953 eingenommene Position zurück: Gegen die Übersendung der Akten bestünden Bedenken, da die Verteidigung sie seiner Stelle allein für Rechtsschutzzwecke überlassen habe. Gawlik fügte an, „hier" werde im übrigen die Ansicht vertreten, dass es für das Verfahren gegen Lammerding auf die Akten der Rechtsschutzstelle „nicht ankommen dürfte", da Paris angeboten habe, „das gesamte bei den französischen Behörden gegen Lammerding vorhandene Beweismaterial zur Verfügung zu stellen".[486]

Ein weiteres Mal verweigerte Gawlik so bundesdeutschen Oradour-Ermittlungen seine Unterstützung. Und damit nicht genug: Während er nicht bereit war, der Staatsanwaltschaft die gewünschten Dokumente zu überlassen, konnte er mit den Durchschlägen der Ermittlungsberichte und Vernehmungsprotokolle seinen streng gehüteten Dokumentenschatz weiter vergrößern.[487] Aus diesem schöpfend teilte er Lammerding auf Anfrage – und nach anfänglichen Bedenken – offiziell mit, er sei in Frankreich nie wegen Oradour angeklagt gewesen.[488] Mit der restriktiven Haltung Gawliks konfrontiert, wandte sich Dortmund schließlich an das Auswärtige Amt und bat, man möge darauf hinwirken, dass die französische Regierung, wie angeboten, das gesamte gegen Lammerding vorhandene Beweismaterial zur Verfügung stelle. Pottgießer unterstrich die Dringlichkeit mit dem Hinweis, die Unterlagen seien für die weiteren Ermittlungen unabdingbar. Die gegen Lammerding erhobenen Anschuldigungen, so der Oberstaatsanwalt weiter, seien „in der in- und ausländischen Presse bereits mehrfach eingehend erörtert worden", sodass auch deshalb „eine beschleunigte Fortführung des Verfahrens wünschenswert" erscheine.[489]

---

[485] Pottgießer an Gawlik, 9. 3. 1962, StAM, 45 Js 2/62, Berichtsheft, Bd. 1 (2114), Bl. 61–65.
[486] Gawlik an LOStA b. d. LG Dortmund, 7. 5. 1962, StAM, 45 Js 2/62, Berichtsheft, Bd. 1 (2114), Bl. 96–98. Gawlik verwies auf ein Schreiben vom 29. 9. 1958, in dem sich der Außenminister gegenüber seinem Ministerkollegen für Justiz gegen eine Übergabe der ZRS-Akten ausgesprochen hatte. Zum damaligen Konflikt und zum Schreiben vgl. Weinke, Gesellschaft, S. 30–34.
[487] Vgl. u. a. Pottgießer an Gawlik, 9. 3. 1962, StAM, 45 Js 2/62, Berichtsheft, Bd. 1 (2114), Bl. 61–65; Redenz an Siehlow, 8. 4. 1963, ebenda, Bl. 185.
[488] Möglicherweise veranlassten die Bedenken Gawlik zu der Bitte, Lammerding möge seinen Rechtsanwalt über den Besuch bei der ZRS informieren, der wiederum die Staatsanwaltschaft in Kenntnis setzen sollte. Rechtsanwalt von Busekist kam der Bitte nach und unterrichtete Staatsanwalt Siehlow weiterhin darüber, dass Gawlik nunmehr bereit sei, der Staatsanwaltschaft Einblick in die ZRS-Akten zu gewähren. Gawlik wies dies gegenüber Siehlow entschieden zurück, „erklärte sich aber bereit, in der nächsten Mitteilung an die Staatsanwaltschaft Dortmund ausdrücklich zu versichern, daß bezüglich der Ausschreitungen in Oradour aus den Akten des Auswärtigen Amtes kein Hinweis zu entnehmen sei, wonach der Beschuldigte Lammerding von den Franzosen seinerzeit unter Anklage gestellt worden ist". Vgl. von Busekist an Siehlow, 6. 7. 1962, StAM, 45 Js 2/62, Bd. 2 (2097), Bl. 5; Vermerk Siehlow, 10. 7. 1962, ebenda, Bl. 6 f.; Verfügung Siehlow, 1. 8. 1962, ebenda, Berichtsheft, Bd. 1 (2114), Bl. 129, dort Zitat.
[489] Pottgießer an AA, 25. 5. 1962, StAM, 45 Js 2/62, Berichtsheft, Bd. 1 (2114), Bl. 104 f.

Doch im Dezember 1962, nahezu ein Jahr nach Ermittlungsbeginn und sieben Monate nach Beantragung der Unterlagen, standen die Dokumente des französischen Oradour-Verfahrens noch immer aus.[490] Bis die kurz darauf im Auswärtigen Amt eingegangenen Akten schließlich bei der ZStD ankamen, war es März 1963 geworden.[491] Doch zum Oradour-Komplex war kein Belastungsmaterial darunter. Das französische Außenministerium teilte lediglich mit, Lammerding sei von der strafrechtlichen „Verfolgung nicht betroffen gewesen" („n'était pas compris dans les poursuites").[492] Selbst die gleichzeitig nach Dortmund übersandte Auflistung der 1953 in Bordeaux in Abwesenheit Verurteilten stammte nicht aus Frankreich, sondern aus der Rechtsschutzstelle.[493] Hier nun manifestierte sich deutlich die während des französischen Oradour-Prozesses entstandene Diskrepanz zwischen Lammerdings Schuld in der öffentlichen Wahrnehmung und der ausgebliebenen strafrechtlichen Verfolgung des Divisionskommandeurs durch das französische Militärgericht. Dieser Umstand mag auch das – nur scheinbar widersprüchliche – Verhalten des Quai d'Orsay Anfang 1961 erklären: Man bemängelte den deutscherseits angeführten Beweismangel in dem Bewusstsein um Lammerdings symbolische Bedeutung und möglicherweise der eigenen Überzeugung von seiner Schuld, kam dem Angebot, selbst Belastungsmaterial vorzulegen und um die deutsche Übernahme der Strafverfolgung zu bitten, aber nicht nach.

Die Versuche der Dortmunder Ermittler, auf verschiedenen Wegen an die Akten bzw. Informationen aus dem französischen Gerichtsverfahren zu gelangen, zeigen, dass sie den Unterlagen große Bedeutung zumaßen.[494] Die französische Mitteilung beendete das Interesse an den Dokumenten wohl gänzlich, denn es folgten keine weiteren Bemühungen um deren Erhalt. Die Ermittlungen konzen-

---

[490] Vgl. Verfügung Siehlow, 22. 12. 1962, StAM, 45 Js 2/62, Bd. 2 (2097), Bl. 130.
[491] Vgl. AA an LOStA b. d. LG Dortmund, 25. 1. 1963, StAM, 45 Js 2/62, Berichtsheft, Bd. 1 (2114), Bl. 171–174; JM NRW an Leiter ZStD, 11. 3. 1963, ebenda, Bl. 169 f.
[492] AA an LOStA b. d. LG Dortmund, 25. 1. 1963, BArch Ludwigsburg, B 162/20795, Bl. 167–170.
[493] Vgl. Verfügung Siehlow, 28. 12. 1962, StAM, 45 Js 2/62, Handakten, Bd. 1 (2100), Bl. 73 f.; Verfügung Siehlow, 14. 1. 1963, ebenda, Bl. 75. Es ist unklar, ob überhaupt und wenn ja, welche Unterlagen zu Oradour übersandt wurden. Im Aktenbestand des Dortmunder Verfahrens lassen sich keine Dokumente des Bordeaux-Prozesses nachweisen. Nachdem die französischen Unterlagen im Auswärtigen Amt eingegangen waren, teilte Gawlik Siehlow mit, dass Lammerding dem französischen Schreiben zufolge weder Angeklagter noch Verdächtiger im Oradour-Verfahren gewesen sei. Dennoch meinte Gawlik seinerzeit, bei den erhaltenen Akten handele es sich „soweit bisher ersichtlich" um Unterlagen aus dem Oradour-Komplex, „umfangreiche Unterlagen" seien nicht übergeben worden. Ebenda. Die aus der ZRS übersandte Aufstellung gefährdete die Genannten nicht, schützte der Überleitungsvertrag sie doch aufgrund des Abwesenheitsurteils. Darüber hinaus entstammten die Angaben dem französischen Urteil, waren dürftig und fehlerhaft.
[494] Die ZStD fragte Otto Weidinger, Hans Luther und die ZRS nach Prozessunterlagen. Außerdem bat sie die Rechtsschutzstelle um die Adressen der ehemaligen Verteidiger der deutschen Angeklagten und den französischen Journalisten Rivet um Informationen zum Prozess. Zu Weidinger: Verfügung Siehlow, 2. 3. 1962, StAM, 45 Js 2/62, Bd. 1 (2094), Bl. 181–183; zu Rivet: Vernehmungsprotokoll Charles Rivet, 6. 6. 1962, ebenda, Bl. 246–248; zu Luther: Verfügung Siehlow, 29. 1. 1963, StAM, 45 Js 2/62, Bd. 2 (2097), Bl. 149 f. Zur ZRS vgl. oben.

trierten sich ab diesem Zeitpunkt auf noch ausstehende Vernehmungen, und es waren letztlich die Aussagen des Beschuldigten und der vernommenen Zeugen, die zur Einstellung des Verfahrens führten.

Am 12. März 1964 stellte die Dortmunder Zentralstelle das Verfahren zum Tatkomplex Oradour ein.[495] Sie kam zu dem Ergebnis, die Aussage Lammerdings sei angesichts von Zeugenaussagen und Dokumenten „in einigen entscheidenden Punkten als widerlegt" anzusehen, das zur Verfügung stehende Beweismaterial reiche „aber letztlich nicht aus, ihm eine strafrechtliche Beteiligung an den Ausschreitungen in Oradour nachzuweisen". So sah es die Staatsanwaltschaft als erwiesen an, dass „die Kampfverbände der Division unter Führung des Beschuldigten entgegen seiner Einlassung zur Tatzeit im Einsatz gegen die französische Widerstandsbewegung" gestanden hatten. Es hätten sich jedoch „keine hinreichenden Anhaltspunkte dafür ergeben, daß der Beschuldigte den Befehl zum Einsatz der verstärkten 3. Kompanie des Panzergrenadier-Regiments ‚Der Führer' gegen Oradour erteilt hat oder daß auf Grund der von ihm herausgegebenen Kampfaufträge einer seiner Untergebenen dies getan hat".[496]

Konkret sprachen für die Staatsanwaltschaft drei Punkte gegen Lammerdings Schuld und alle basierten auf Zeugenaussagen. Erstens sagten die vernommenen früheren Stabsmitglieder des Regiments „Der Führer" – Stadler, Weidinger und Werner – allesamt aus, Lammerding sei bei der Befehlsausgabe an Diekmann nicht zugegen gewesen. Stadler versicherte darüber hinaus, er habe sich ohne Einwirkung Lammerdings für den Befehl entschieden. Zweitens sprachen Kahns Aussagen und Gerlachs Niederschrift aus dem Jahr 1953 gegen Lammerdings Mitwirkung am Einsatz. Der frühere Kompanieführer Kahn habe „auf wiederholten eindringlichen Vorhalt" angegeben, „Diekmann habe bei Bekanntgabe des Befehls und auch während der Dauer des gesamten Einsatzes immer nur davon gesprochen, der Befehl komme vom ‚Regiment'". Gerlach habe bei seiner Zeugenaussage gar nicht von Lammerding besprochen, aus seinen Aussagen aber ergäbe sich, dass „Stadler aus eigenem Entschluß den Befehl an Diekmann erteilt" habe. Drittens ließ Lammerdings Verhalten nach dem Massaker darauf schließen, dass er an der Befehlsgebung nicht beteiligt war. Der ehemalige Divisionsrichter Okrent habe bei seiner Vernehmung nämlich bestätigt, von Lammerding noch am Abend des Massakers mit der kriegsgerichtlichen Untersuchung der Vorfälle beauftragt worden zu sein.

Da sich Stadler, Weidinger und Werner außerdem – „nach den insoweit nicht zu widerlegenden Bekundungen" – einig waren, Stadler habe Lammerding nur insofern unterrichtet, „daß er Diekmann befohlen habe, die Kampfgruppe solle in dem Dorf nach dem höheren deutschen Offizier suchen und, wenn möglich, Gefangene der französischen Widerstandsbewegung einbringen, sich im übrigen

---

[495] Hierzu und zum Folgenden: Verfügung Leiter ZStD, i. V., Hesse, 12. 3. 1964, StAM, 45 Js 2/62, Bd. 5 (2106), Bl. 112–140.
[496] Hervorhebung im Original.

aber nicht in [sic] Kämpfe einlassen", sah die Staatsanwaltschaft auch keine Hinweise darauf, dass Lammerding aufgrund Stadlers Meldung „Veranlassung hatte, einzugreifen": Dass der Bataillonskommandeur den erteilten Auftrag „überschreiten und die festgenommenen Einwohner erschießen lassen würde", sei für den Beschuldigten „nicht voraussehbar" gewesen. Das Oradour-Verfahren gegen Lammerding wurde aus Mangel an Beweisen eingestellt.

Es ist ein schwieriges Unterfangen, das Ergebnis des Ermittlungsverfahrens abschließend zu bewerten, zumal Lammerdings Rolle bei der Befehlsgebung des Massakers bis heute nicht eindeutig geklärt ist.[497] Doch sind vier Punkte zu bedenken: Erstens die offensichtlichen Verbindungen der ehemaligen SS-Offiziere und deren Desinformationspolitik; zweitens die Erkenntnisse zum Geschehen in Oradour; drittens die mangelnde Berücksichtigung des historischen Kontexts und schließlich viertens die unterlassene Ausweitung des Verfahrens.

Zum ersten Punkt: Die Hinweise auf Verbindungen zwischen dem Beschuldigten und den ihn entlastenden Zeugen sowie auf deren Desinformationspolitik sind in den Akten unübersehbar, und sie müssen es ebenso für die Dortmunder Ermittler gewesen sein. Wie klar ersichtlich die Seilschaften waren, zeigt ein Beispiel im Rahmen der Ermittlungen zum Belgien-Komplex:[498] Gänzlich ungeniert berichtete Otto R. bei seiner Zeugenvernehmung von seinem guten Kontakt zum Beschuldigten und dessen früheren Ia, Stückler. Nach dem Eingang seiner Ladung habe er „Lammerding angerufen und gefragt, welcher Sachverhalt wohl Gegenstand der Vernehmung sei".[499] Auch im Oradour-Komplex mangelte es nicht an Hinweisen. So verheimlichten weder Lammerding noch Weidinger ihre Kontakte zu alten Kameraden, sondern belieferten die Staatsanwaltschaft mit Entlastungsdokumenten und -zeugen, soweit möglich gleich mit Anschrift und Telefonnummer.[500] Ebenso augenfällig waren die Versuche der ehemaligen SS-Offiziere, die Deutungshoheit über das Geschehen zu erlangen bzw. behalten: Der frühere Regimentskommandeur Stadler berichtete bei seiner Vernehmung, er habe 1950 mit Stückler eine Ausarbeitung angefertigt, die er ebenso für eine Kopie zur Verfügung stellte wie den mitgebrachten Gerlach-Bericht; Lammerding bezog sich bei seinen Aussagen teils auf einen Bericht Weidingers, den er dem Staatsanwalt gleich aushändigte; Weidinger wiederum wies in seiner Vernehmung nicht nur auf sein im Entstehen begriffenes Buch zum Regiment „Der Führer" hin, sondern bemerkte ebenso, die „Vorfälle" von Oradour und Tulle seien auch „in der amerikanischen Kriegsgeschichte eingehend erörtert worden" und zwar „aufgrund unserer Berichte".[501]

---

[497] Vgl. Kapitel III.1.
[498] Zu diesem Zeitpunkt war das Verfahren zum Komplex Oradour bereits eingestellt.
[499] Vermerk Reer, 13. 1. 1965, StAM, 45 Js 2/62, Bd. 5 (2106), Bl. 212.
[500] So etwa Vernehmungsprotokoll Heinrich Lammerding, 19. 2. 1962, StAM, 45 Js 2/62, Bd. 1 (2094), Bl. 48–64; Vernehmungsprotokoll Otto Weidinger, 23. 2. 1962, ebenda, Bl. 97–105; Vermerk Siehlow, 1. 3. 1962, ebenda, Bl. 180; Verfügung Siehlow, 2. 3. 1962, ebenda, Bl. 181–183.
[501] Vgl. Vernehmungsprotokoll Sylvester Stadler, 18. 12. 1962, StAM, 45 Js 2/62, Bd. 2 (2097), Bl. 97–110; Vernehmungsprotokoll Heinrich Lammerding, 19. 2. 1962, ebenda, Bd. 1 (2094), Bl. 48–64; Vernehmungsprotokoll Otto Weidinger, 23. 2. 1962, ebenda, Bl. 97–105.

Vor allem aber lag der Staatsanwaltschaft der „Stückler-Bericht" aus dem Jahr 1949 vor, in dem sich der ehemalige Ia der Division auf die angeblich geführten Ermittlungen zu Oradour und deren vermeintliche Ergebnisse berief: ein Gefecht mit dem bewaffneten Widerstand unweit Oradours, mehrere getötete deutsche Soldaten vor Ort, Angriff auf die Truppe im Dorf, heftige Explosionen in den Häusern und der Kirche durch dort gelagerte Waffen und Munition.[502]

Dass diese Angaben Stücklers schlicht gelogen waren, wurde spätestens deutlich als Staatsanwalt Siehlow 1963 den ehemaligen Divisionsrichter Detlef Okrent vernahm. Dieser sagte zwar aus, im Auftrag Lammerdings zum Fall Oradour ermittelt zu haben, gab jedoch unumwunden zu, es sei bei Kahns Vernehmung 1944 klar gewesen, dass „von einem Widerstand bei dem Vorrücken zur Siedlung keine Rede gewesen sein" könne. Weiterhin gab er zu Protokoll, Lammerding seinerzeit darüber unterrichtet zu haben.[503] Und auch von den Dortmunder Ermittlern vernommen, ließ Kahn keinen Zweifel daran, dass das Massaker bereits bei der Abfahrt aus Saint-Junien feststand und die Einheit in Oradour auf keinerlei Widerstand stieß.[504] Kurzum: Der Staatsanwaltschaft musste klar sein, dass das vermeintlich von Diekmann gemeldete Geschehen in Oradour mit den tatsächlichen Ereignissen nichts zu tun und der Regiments- und Divisionszirkel in den Nachkriegsjahren systematisch Fehlinformationen verbreitet hatte.

Claudia Moisel hat mit dem Blick auf das Ermittlungsverfahren gegen Heinrich Lammerding einen „irritierende[n] Vertrauensvorschuß" konstatiert, „der Zeugen wie dem ehemaligen Regimentskommandeur Stadler und seinem Stellvertreter Weidinger eingeräumt wurde, die doch nicht weniger tatverdächtig waren als der Beschuldigte selbst".[505] Tatsächlich mutet der Kontakt zwischen Staatsanwalt Siehlow und Otto Weidinger in den Akten befremdlich an. Der Staatsanwalt bat den ehemaligen Regimentskommandeur kurz nach seiner Vernehmung um die Überlassung von Dokumenten und dies in ausgesprochen freundlichem Tonfall, der mehr an eine Zusammenarbeit als an eine Korrespondenz mit einem Entlastungszeugen in einer Mordermittlung erinnert.[506] Ebenso seltsam wirkt seine Anfrage bei Lammerding, Einsicht in von diesem gesammelte Zeitungsartikel zum aktuellen Verfahren zu erhalten.[507] Festzustellen ist aber auch, dass die Kontakte zu beiden mit den fortschreitenden Ermittlungen abnahmen, und – wie wir im folgenden Abschnitt sehen werden – der „Vertrauensvorschuß" begrenzt war.

Zum zweiten Punkt: Zurückzuweisen ist der pauschale Vorwurf, die westdeutsche Justiz habe auch im Fall Oradour „die Aussagen, besser: (Selbst-) Rechtfertigungen von Lammerding & Co." nicht hinterfragt, „sondern für bare Münze [ge-

---

[502] Vgl. Kapitel III.3, Abschnitt „Der ‚Stückler-Bericht'".
[503] Vgl. Kapitel III.4, Abschnitt „1962: Justiz und Leserschaft".
[504] Vgl. Vernehmungsprotokoll Otto Kahn, 13. 12. 1962, StAM, 45 Js 2/62, Bd. 2 (2097), Bl. 77–95; Vernehmungsprotokoll Otto Kahn, 2. 1. 1964, ebenda, Bl. 247–250.
[505] Moisel, Frankreich, S. 195. Kartheuser, Tulle, Bd. 4, S. 343, stimmt dem zu.
[506] Vgl. Verfügung Siehlow, 2. 3. 1962, StAM, 45 Js 2/62, Bd. 1 (2094), Bl. 181–183.
[507] Vgl. Vermerk Siehlow, 25. 4. 1962, StAM, 45 Js 2/62, Handakten, Bd. 1 (2100), Bl. 22 f.

nommen], z. B. die längst widerlegte Lüge, dass in Oradour Partisanen angegriffen hätten".[508] Zum einen stellte die Einstellungsverfügung deutlich heraus, dass Lammerdings Aussage, seine Einheit sei zum Tatzeitpunkt nicht zur Partisanenbekämpfung eingesetzt gewesen, nicht den Tatsachen entsprach. Zum anderen führte sie seine Aussagen zum Geschehen in Oradour gewiss an, übernahm sie jedoch keineswegs unkritisch. Denn im Großen und Ganzen entsprach die zusammenfassende Darstellung der Ermittlungsergebnisse zu den Ereignissen in Oradour dem tatsächlichen Geschehen. Von einem Angriff auf die Einheit war dort mitnichten die Rede. Deutlich wird der kritische Blick auf Lammerdings Aussagen ebenso am Beispiel des Massakers in der Kirche. Die Einstellungsverfügung legte die Einlassungen des Beschuldigten als solche gekennzeichnet dar. Demnach war im Dorf durch „einen unglücklichen Zufall" eine „Feuersbrunst ausgebrochen, die auf die Kirche übergegriffen habe. Maßnahmen zur Rettung der eingeschlossenen Personen seien infolge explodierender Munition, die in den Häusern verborgen gewesen sei, nicht möglich gewesen, so daß sämtliche Frauen und Kinder in der Kirche verbrannt seien". Im Ergebnis der staatsanwaltlichen Ermittlungen lautete die Beschreibung hingegen:

„Um ein Entweichen [der Frauen und Kinder] zu verhindern, wurden die Türen von außen verschlossen oder noch offene Kirchenportale durch Wachposten besetzt, die die Gefangenen in der Kirche in Schach hielten. Der Pionier-Unteroffizier der Einheit mußte die gesamte Ausrüstung an Pioniersprengmitteln teils im Kirchenschiff, teils an den Kirchentüren anbringen. Auf Befehl Diekmanns wurde sodann das gesamte Material gleichzeitig gezündet. Da hierdurch aber das Gotteshaus nicht zerstört wurde, erteilte Diekmann den aufgestellten Posten nunmehr den Befehl, Dauerfeuer auf die im Kirchenraum Eingeschlossenen abzugeben, bis sich niemand mehr regte. Frauen, die mit ihren Kindern durch die Kirchenfenster zu entkommen suchten, wurden von außen abgeschossen."[509]

Die Staatsanwaltschaft folgte also in der Frage, was *in* Oradour geschehen war, keineswegs den (vermeintlichen) Angaben Diekmanns oder den frühen Desinformationen eines Albert Stückler.

Davon zu unterscheiden ist die Vor- und Nachgeschichte des Massakers. Ob und inwieweit die Ermittler auch diese vom Regiments- und Divisionszirkel vorgetragene Rahmenerzählung ihrer „Minimalversion" infrage stellten, ist schwer zu beantworten. Die Wiedergabe von Lammerdings Aussage in der Einstellungsverfügung enthielt auch diesen Aspekt: mehrere Hinweise auf gefangene Deutsche in Oradour und deshalb Entsendung Diekmanns dorthin, befehlswidriges Vorgehen des Bataillonskommandeurs vor Ort und daraufhin die Einleitung eines Kriegsgerichtsverfahrens durch ihn. Die Staatsanwaltschaft schwieg sich zu etwaigen eigenen Ermittlungsergebnissen in diesem Punkt aus, obwohl Lammerdings Narrativ nicht nur französischen Darstellungen widersprach, sondern auch bei den Vernehmungen von Otto Kahn und Detlef Okrent Widersprüche aufgetaucht waren. So wollte Kahn von der Suche nach deutschen Soldaten nichts gewusst haben und

---

[508] Unterhinninghofen, Prozess, S. 21.
[509] Verfügung Leiter ZStD, i. V., Hesse, 12. 3. 1964, StAM, 45 Js 2/62, Bd. 5 (2106), Bl. 112–140.

gab zu Protokoll, Diekmann habe sich bei dem – von Beginn an geplanten – Massaker stets auf einen Befehl des Regiments bezogen. Der ehemalige Divisionsrichter Okrent pflichtete dieser Darstellung insoweit bei, als er angab, Kahn habe ihm dies bereits 1944 berichtet und er Lammerding davon in Kenntnis gesetzt. Glaubte man Okrent in diesem Punkt, so verlor Lammerdings 1962 ohnedies obskur anmutende Behauptung, er wisse nicht, „daß die Frauen und Kinder in Oradour erschossen worden seien", jede Glaubwürdigkeit. Wer wollte, konnte auch in den übereinstimmenden Aussagen Kahns und Okrents, es habe bereits eine Intervention der militärischen Hierarchie vorgelegen, als Okrent Kahn vernahm, einen Zweifel an der von Lammerding angeblich sofort befohlenen Ermittlung entdecken.

Handfeste Beweise gegen die Darstellung der Vor- und Nachgeschichte des Massakers durch den Divisions- und Regimentszirkel waren dies gleichwohl nicht und Widersprüche aus der frühen Nachkriegszeit bei den wichtigen Zeugen Stadler, Weidinger und Werner waren inzwischen harmonisiert.[510] Eine entscheidende Rolle wäre hier dem angeblich nach Oradour entführten früheren Ordonnanzoffizier Gerlach zugekommen – just dieser Zeuge war aber nicht aufzufinden. Weidinger meinte, er lebe in Hamburg, Lammerding wollte das Gegenteil erfahren haben, und die (vermeintlichen) Bemühungen des Bauunternehmers, Gerlach ausfindig zu machen, blieben erfolglos.[511] Als es Staatsanwalt Siehlow schließlich gelang, einen Gerlach aufzuspüren, stellte sich bei dessen Vernehmung heraus, dass es sich nicht um den Gesuchten handelte.[512]

Und so ist bilanzierend festzuhalten, dass die Aussagen aller vernommenen Divisionsangehörigen Lammerding vom direkten Befehl für das Massaker freisprachen oder ihn zumindest nicht belasteten. Selbst Kahn, dessen Angaben das Narrativ seiner ehemaligen Vorgesetzten ins Wanken brachte, sprach lediglich von einem Regimentsbefehl und das nur aus zweiter Hand. Einem Alleingang Diekmanns widersprach dies nicht notwendigerweise, denn dieser hätte einen Regimentsbefehl gegenüber dem Kompanieführer schlicht behaupten können. Darüber hinaus bezeugte Detlef Okrent ausdrücklich, Lammerding habe ihn umgehend mit einem kriegsgerichtlichen Verfahren beauftragt. Das Narrativ des Regiments- und Divisionszirkels, so ist zu konstatieren, erwies sich als trag- und widerstandsfähig, als eines seiner Mitglieder in das Fadenkreuz der Justiz geriet.

Zum dritten Punkt: Blickt man vor diesem Hintergrund auf die Kritik an der Verfahrenseinstellung und die geschichtswissenschaftliche Debatte zu Lammerdings Rolle, wird deutlich, dass allein der Rekurs auf den Kontext des Massakers

---

[510] Vgl. Kapitel III.4, Abschnitt „1962: Justiz und Leserschaft".
[511] Vgl. Vernehmungsprotokoll Otto Weidinger, 23. 2. 1962, StAM, 45 Js 2/62, Bd. 1 (2094), Bl. 97–105; Vermerk Siehlow, 4. 1. 1963, ebenda, Bd. 2 (2097), Bl. 139; Verfügung Siehlow, 25. 1. 1963, ebenda, Bl. 147. In den beiden genannten Bänden finden sich auch Dokumente zur Aufenthaltsermittlung Gerlachs.
[512] Vgl. Vernehmungsprotokoll Hans Gerlach, 31. 5. 1963, StAM, 45 Js 2/62, Bd. 2 (2097), Bl. 214–218.

und dessen entsprechende Interpretation zur Feststellung seiner Schuld hätte führen können. Ein deduktives Vorgehen, die Betrachtung des Einsatzes der Division „Das Reich" in Südwestfrankreich als Bezugsrahmen des Massakers von Oradour, blieb nicht gänzlich aus, war jedoch verkürzt. Die Staatsanwaltschaft – es wurde bereits angeführt – widerlegte Lammerdings Aussage, seine Einheiten seien zum Tatzeitpunkt nicht im Einsatz gegen die französische Widerstandsbewegung gestanden, anhand von Kriegstagebüchern und Lammerdings persönlich unterzeichneten Divisionsbefehl für den 10. Juni 1944. Dabei zitierte sie in der Einstellungsverfügung den in der Forschung als zentral angesehenen Befehl des OB West, der im sogenannten Bandenkampf im Zentralmassiv „sofortiges und rücksichtsloses Zuschlagen starker Kräfte" forderte. Die Ausführungen zu einem anderen Tatkomplex zeigen darüber hinaus, dass die Ermittler vom Einsatz der Einheit bei der Partisanenbekämpfung bereits vor der Landung der Alliierten und den dabei erfolgten Ausschreitungen im Südwesten Frankreichs wussten.

Was aber fehlte war die Charakterisierung dieses Einsatzes, die Berücksichtigung der zugrunde liegenden Strategie, die eingesetzten Mittel, die Zusammenarbeit mit Sipo/SD – oder, wie der Anklagevertreter vor dem Militärgericht Bordeaux es 1953 nannte, der Rahmen „des systematischen Terrorunternehmens, das die Division ‚Das Reich' darstellte", und in den er das Massaker in Oradour einordnete.[513] Eine entsprechende Kontextualisierung hätte Lammerdings direkte Befehlsgebung zwar nicht bewiesen, doch die Frage, ob nicht „auf Grund der von ihm herausgegebenen Kampfaufträge einer seiner Untergebenen dies getan hat", hätte vor diesem Hintergrund ein anderes Gewicht erhalten.

Da Frankreich keine Akten des Oradour-Verfahrens übersandte, lag der ZStD Gardons Plädoyer nicht vor, allerdings wiesen andere eingegangene französische Akten auf Ausschreitungen der Division hin.[514] Darüber hinaus lagen den Dortmunder Ermittlern die Unterlagen des Internationalen Militärtribunals (IMT) und der zu den Nürnberger Beweismaterialien zählende erste Band der „Dokumente zur Kriegsgeschichte" vor.[515] Wie gesehen, verorteten diese das Massaker in Oradour im Kontext der letzten Besatzungsmonate auf französischem Boden, die „durch eine Verstärkung der terroristischen Politik gekennzeichnet [waren], die die Verbrechen gegen die Zivilbevölkerung vervielfachte".[516] Claudia Moisel ist deshalb zuzustimmen, wenn sie den Darlegungen des Staatsanwalts attestiert, sie ließen „eine unreflektierte Sicht auf die Besatzungszeit in Frankreich erkennen, die großzügig alle Hinweise darauf ignorierte, daß auch im Westen von der deutschen militärischen Führung Bestimmungen des Kriegs- und Völkerrechts miß-

---

[513] Vgl. Kapitel IV.1, Abschnitt „Lammerding im *récit de la justice*".
[514] Die bereits im Juni 1962 übersandten Dokumente finden sich in: StAM, 45 Js 2/62, Bd. 3 (2095).
[515] Dass Siehlow die IMT-Bände auf Oradour und Tulle hin prüfte, geht hervor aus: Vermerk Siehlow, 4. 2. 1962, StAM, 45 Js 2/62, Bd. 1 (2094), Bl. 31-34. Die Kopie des Buchs findet sich ebenda, Bl. 136-179.
[516] Vgl. Kapitel III.2, Abschnitt „Kriegsende und Nürnberg".

achtet worden waren".[517] Gleichwohl gilt zu bedenken, dass sich Dortmund im konkreten Fall gerade durch die Nürnberger Unterlagen bestätigt fühlen konnte. Denn diese hoben zum einen auf den Befehlsrahmen des OKW bzw. OB West ab und nannten zum anderen den verantwortlichen „Kommandant D..." – Lammerding bzw. die Divisions- oder Regimentsebene wurden nicht ins Feld geführt.[518] Auch korrespondierte das Ermittlungsergebnis mit den Ausführungen zu Oradour in der 1957 erschienenen und von Staatsanwalt Siehlow konsultierten[519] Studie Hans Luthers „Der französische Widerstand und seine Bekämpfung". Der Autor attestierte der Vorgeschichte des Massakers, wie sie der Regiments- und Divisionszirkel vertrat, sie würde als einzige von französischen Zeugenaussagen bekräftigt. Wie ein Blick in die Fußnoten zeigt, handelte es sich bei den relevanten „französischen Zeugenaussagen" in erster Linie um Auszüge aus der Anklageschrift des Bordeaux-Prozesses – und zwar um jene, in denen der Anklagevertreter Otto Weidingers Erklärung für das Massaker erläuterte. Luther berief sich darüber hinaus auf ein Manuskript Weidingers zum Einsatz des Regiments „Der Führer" vom 6. Juni bis 22. Oktober 1944, etwa wenn er schrieb, ein Befehl zu dem Massaker „soll jedenfalls weder von der Division noch vom Regiment erteilt worden sein".[520] Wie immer Staatsanwalt Siehlow dies einschätzte,[521] der Eindruck, dass nicht nur der Jurist Luther, sondern selbst das Militärgericht Bordeaux Weidingers Angaben zumindest teilweise Glauben schenkten, wäre berechtigt gewesen. Von dieser Warte aus betrachtet, konnte sich die ZStD bei ihrem Ergebnis in Übereinstimmung mit der alliierten und französischen Justiz wie auch der – damals – aktuellen Forschung sehen.

[517] Moisel, Frankreich, S. 195.
[518] Vgl. zu Oradour in Nürnberg Kapitel III.2, Abschnitt „Kriegsende und Nürnberg". In einem Schreiben Pottgießers vom Januar 1962 an den nordrhein-westfälischen Justizminister heißt es: „Angaben über eine etwaige Beteiligung des Beschuldigten an den Vorfällen in Oradour-sur-Glane und Tulle sind in der IMT-Dokumentensammlung nicht enthalten. Vielmehr hat der französische Ankläger zu dem Fall Oradour ausgeführt, daß der verantwortliche deutsche Kommandeur bei den Kämpfen in der Normandie gefallen sei [...]. Diese Erklärung deckt sich mit den Angaben des Beschuldigten, für die Exekution in Oradour sei nicht er, sondern der Oberst der Waffen-SS Diekmann verantwortlich gewesen". Pottgießer an Justizminister NRW, 30. 1. 1962, StAM, 45 Js 2/62, Berichtsheft, Bd. 1 (2114), Bl. 23–31.
[519] Kopien aus dem Buch in: StAM, 45 Js 2/62, Bd. 4 (2107), Bl. 106–144.
[520] Luther, Widerstand, v. a. S. 250–252, Zitate S. 252. Staatsanwalt Siehlow wusste auch aus der Vernehmung Weidingers, dass Luther dessen Manuskript genutzt hatte. Vgl. Vernehmungsprotokoll Otto Weidinger, 23. 2. 1962, StAM, 45 Js 2/62, Bd. 1 (2094), Bl. 97–105.
[521] Offen bleibt etwa, ob Siehlow wusste, dass Luther ab 1940 zunächst ein Jahr Militärverwaltungsrat (Bereich Polizei) beim MBF war und dann bis 1943 in Bordeaux Kommandeur der Sipo und des SD (KdS). Das Militärgericht Bordeaux verurteilte ihn später in Abwesenheit zu einer fünfjährigen Haftstrafe. Vor dem Hintergrund seiner einstigen Stellung in Frankreich, so Peter Lieb, sei es kaum verwunderlich, dass Luther in seiner Studie – der ersten deutschen Monographie zur Widerstandsbekämpfung in Frankreich – „das Bild einer weitgehend korrekten deutschen Besatzungsmacht [zeichnete], welche hauptsächlich Präventivmaßnahmen zu ihrem eigenen Schutz ergriff bzw. auf die Provokationen der französischen Résistance reagierte". Lieb attestiert dem Buch darüber hinaus eine „apologetische Grundhaltung", es untersuche „die deutsche Widerstandsbekämpfung völlig losgelöst vom verbrecherischen Grundcharakter des NS-Regimes". Lieb, Krieg, S. 4.

Zum vierten Punkt: Ausgedehnt wurde das Verfahren zu Oradour allein auf den früheren Kompanieführer Otto Kahn. Dessen aktuellen Wohnsitz kannte man bereits seit Mai 1962,[522] als Beschuldigter eingetragen wurde er im Oktober 1962, nachdem die Staatsanwaltschaft Münster eine Anzeige gegen ihn an die ZStD weiterleitete. Ein anonymer Briefschreiber zeigte darin mehrere Einwohner des nahe Münster gelegenen Orts an, darunter „Otto Kahn von der SS[,] Mörder von 500 Gefangenen in Frankreich[,] dort zum Tode verurteilt und noch gesucht".[523] Doch das Urteil des Militärgerichts Bordeaux, das Kahn 1953 in Abwesenheit zum Tode verurteilt hatte, schützte ihn zusammen mit den Bestimmungen des Überleitungsvertrags vor einer strafrechtlichen Verfolgung in der Bundesrepublik. Das Verfahren wurde eingestellt.[524]

Nicht ausgedehnt hingegen wurde das Verfahren auf Regimentskommandeur Stadler – auf dessen Befehlsgebung die Aussage Kahns hindeutete –, andere Mitglieder des Regiments- und Divisionsstabs sowie Angehörige der 3. Kompanie, die während des Massakers vor Ort waren.[525] Was die Offiziere auf Regiments- und Divisionsebene anbelangt, so dürfte die Stabilität ihres Narrativs, in dem sie sich gegenseitig entlasteten, für die ausgebliebene Ausweitung verantwortlich gewesen sein. Hinsichtlich der niedrigeren Ränge fragte Staatsanwalt Siehlow im Januar 1963 bei der WASt nach den Personalien der Angehörigen der 3. Kompanie, erhielt jedoch die Antwort, es lägen dort keine Einheitslisten der Waffen-SS vor.[526] Ob er überhaupt in Erwägung zog, das Verfahren auf vor Ort gewesene Soldaten auszudehnen, ist unklar. Seine Suche nach einzelnen, allerdings bereits in Bordeaux in An- oder Abwesenheit verurteilten Kompanieangehörigen diente allem Anschein nach vor allem dazu, das genaue Geschehen vor Ort aufzuklären.[527] Zu welchem

---

[522] Vgl. Anschreiben WASt, 9. 4. 1962, StAM, 45 Js 2/62, Bd. 1 (2094), Bl. 222. Mit gleicher Ortschaft, aber neuer Straße bestätigt wurden die Angaben durch: LKA NRW an LOStA b. d. LG Dortmund, 17. 5. 1962, ebenda, Bl. 243.

[523] Verfügung, 1. 10. 1962, StAM, 45 Js 2/62, Bd. 2 (2097), Bl. 51; „Begl. Abschrift aus 6 b AR 86/62", 18. 8. 1962, ebenda, Bl. 53, dort Zitat; Vermerk 14. Kommissariat Münster, 18. 9. 1962, Abschrift, ebenda, Bl. 54; Verfügung Siehlow, 15. 10. 1962, ebenda, Bl. 61 f.

[524] Vgl. Verfügung Leiter ZStD, i. V., Hesse, 12. 3. 1964, StAM, 45 Js 2/62, Bd. 5 (2106), Bl. 112–140.

[525] Ausgeweitet wurde das Verfahren im Komplex Tulle auf Albert Stückler, allerdings abgetrennt und an die Münchener Staatsanwaltschaft abgegeben, die es schließlich einstellte. Vgl. Verfügung Pottgießer, 9. 10. 1962, StAM, 45 Js 2/62, Bd. 2 (2097), Bl. 55–60; Kartheuser, Tulle, Bd. 4, S. 375 f.

[526] Übersandt wurden lediglich Informationen zu Personen, die angegeben hatten, zur Kompanie gehört zu haben. Wahrscheinlich allerdings zu einem anderen Zeitpunkt, denn den Ermittlungen des LKA NRW zufolge war keiner dieser Männer zum Tatzeitpunkt Kompaniemitglied. Vgl. Verfügung Siehlow, 29. 1. 1963, StAM, 45 Js 2/62, Bd. 2 (2097), Bl. 149 f.; WASt an ZStD, 27. 2. 1963, ebenda, Bl. 161; Vermerk LKA NRW, EKHK Willms, Tatbeteiligte Einheitsangehörige des SS-Pz.Gren.Rgt. 4 „Der Führer", 20. 2. 2015, StA Do, 45 Js 2/11, HA, Bd. 16, Bl. 6295–6309.

[527] Lammerding verwies bei seiner Vernehmung auf den in Bordeaux in Anwesenheit verurteilten Boos, der über die Vorgänge vor Ort Angaben machen könne. Dieser verweigerte zunächst die Aussage zu dem Massaker in Oradour und gab bei der zweiten, nun richterlichen Vernehmung eine Version des Geschehens zu Protokoll, die nicht nur äußerst knapp ausfiel und seine eigene Rolle extrem verharmloste, sondern auch anschlussfähig an die Darstellung

Ergebnis weitere Ermittlungen nach Tatbeteiligten, deren Verfolgung nicht durch den Überleitungsvertrag blockiert gewesen wäre, geführt hätten, sei an dieser Stelle dahingestellt. Als die Dortmunder Zentralstelle in den 1970er Jahren erneut im Fall Oradour ermittelte, zeigte sich, dass es bei entsprechendem Willen möglich war, eine Vielzahl von Zeugen zu finden und zu vernehmen.[528] Ein vergleichbares Engagement ist im Lammerding-Verfahren nicht nachzuweisen.

Für einen weiteren Punkt gilt, dass die Staatsanwaltschaft ihre Ermittlungsmöglichkeiten nicht ausschöpfte. Bereits zu Beginn des Verfahrens wies ein Ludwigsburger Kollege auf die Möglichkeit hin, zwei ehemalige Angehörige des KdS Limoges, Erich Bartels und Heinrich Joppen, als Zeugen zu vernehmen, und bot später nochmals Hilfe an, zumal die dortige Zentralstelle seinerzeit mit dem SD in Frankreich befasst war.[529] In Dortmund lagen die Prozessunterlagen aus Bordeaux – etwa das Plädoyer des Staatsanwalts – nicht vor, aus denen hervorging, dass kurz vor dem Massaker ein Treffen mit dem „SS-Obersturmführer Kleist von der Gestapo in Limoges" stattgefunden hatte.[530] Aber die Verbindungen zwischen Waffen-SS und SD wurden im Gespräch mit den Ludwigsburger Ermittlern erwähnt,[531] die Nürnberger Unterlagen wiesen auf deren Zusammenarbeit bei der „Bandenbekämpfung" hin,[532] und der örtliche SD tauchte in den Dortmunder Ermittlungen zu Oradour auf. So sagte der ehemalige Regimentsadjutant Heinz Werner aus, der Sipo- und SD-Führer Limoges habe Oradour als „Quartier eines gegnerischen Sta-

---

des Regiments- und Divisionszirkels war. Den in Bordeaux ebenso in Anwesenheit verurteilten Lenz, von dem Weidinger bei seiner Vernehmung angab, er lebe in der Pfalz, suchte Siehlow als Entlastungszeugen. Dass der Staatsanwalt kurz vor der Einstellung des Verfahrens noch versuchte, den früheren Zugführer Barth ausfindig zu machen, dürfte so zu erklären sein: Ein zweites Mal vernommen und mit den Widersprüchen zwischen seinen Aussagen und jenen des Regiments- und Divisionszirkels konfrontiert, beharrte Otto Kahn auf seinen früheren Angaben. Gleichzeitig gab er nun zu Protokoll, der ursprüngliche Befehl habe gelautet, zwei Dörfer niederzubrennen, und er habe seinen „ältesten Zugführer", Barth, in Oradour angewiesen „langsamer voranzumachen", um „eine weitere blutige Aktion gegen den Nachbarort" zu verhindern. Staatsanwalt Siehlow schickte daraufhin die Auflistung der in Bordeaux in Abwesenheit Verurteilten – sie lag ihm zu diesem Zeitpunkt bereits fast ein Jahr vor – an die WASt und bat zu prüfen, ob Unterlagen zu Barth vorlägen. In Berlin lag keine Anschrift des ehemaligen Zugführers vor. Die (wenigen) anderen übersandten Adressen der insgesamt 44 in Abwesenheit Verurteilten nutzte Siehlow nicht für weitere Ermittlungen. Vgl. Vernehmungsprotokolle Georg Boos, 23. 11. 1962, 10. 1. 1963, StAM, 45 Js 2/62, Bd. 2 (2097), Bl. 71 f., 144–146; Verfügung Siehlow, 25. 1. 1963, ebenda, Bl. 147; Siehlow an Kahn, 27. 12. 1963, sowie Vernehmungsprotokoll Otto Kahn, 2. 1. 1964, ebenda, Bl. 244, 247–250; Siehlow an WASt, 6. 1. 1964, ebenda, Bd. 4 (2107), Bl. 34–36; ZRS an LOStA b. d. LG Dortmund, 25. 1. 1963, ebenda, Bd. 2 (2097), Bl. 167–170; WASt an Leiter ZStD, 14. 2. 1964, ebenda, Bd. 5 (2106), Bl. 79–82.

[528] Vgl. Kapitel IV.2.6.
[529] Vgl. Vermerk Siehlow, 4. 2. 1962, StAM, 45 Js 2/62, Bd. 1 (2094), Bl. 31–34; Vermerk, 16. 1. 1964, ebenda, Handakten, Bd. 1 (2100), Bl. 99.
[530] Plädoyer des Anklagevertreters, Fall Oradour-sur-Glane, TMP Bordeaux, Teil 1, 4. 2. 1953, Übersetzung, StA Do, 45 Js 2/11, 10. SB, Bd. 9/2.10, Bl. 5–52.
[531] Vgl. Vermerk, 16. 1. 1964, StAM, 45 Js 2/62, Handakten, Bd. 1 (2100), Bl. 99.
[532] Vgl. Kapitel III.2, Abschnitt „Kriegsende und Nürnberg".

bes" bezeichnet,⁵³³ und im Stückler-Bericht war Ähnliches über die SD Limoges zu lesen.⁵³⁴ Es lässt sich in den Akten kein Nachweis finden, dass über die Möglichkeit, die vorgeschlagen Zeugen zu vernehmen, auch nur nachgedacht wurde.

Wenn die Ermittlungen und vor allem das Engagement der ZStD deshalb ambivalent anmuten, ist der Feststellung Ahlrich Meyers, in der Bundesrepublik sei „alles dafür getan worden, die Hauptverantwortlichen des Massakers, allen voran [...] Lammerding, vor einer Anklage bzw. einer Auslieferung nach Frankreich zu bewahren",⁵³⁵ mindestens in der Frage der direkten Befehlsgebung entgegenzuhalten, dass die Staatsanwaltschaft hier mit tatsächlichen Beweisschwierigkeiten konfrontiert war. Zu unterstreichen ist Meyers Einschätzung hingegen für den Leiter der Rechtsschutzstelle, der erneut die Herausgabe seiner Akten an die Justiz verweigerte. Gawlik war offenbar noch immer von der Unschuld Lammerdings und des Regiments- und Divisionszirkels überzeugt und förderte die Ermittlungen in diese Richtung.⁵³⁶

Im Februar 1964 konnte Lammerding die Einstellung des Verfahrens kaum mehr erwarten. Nachdem der Name seines Klienten erneut „mit der unwahren Behauptung oder Andeutung, er sei für Verbrechen in Oradour und Tulle verantwortlich", durch die Presse gegangen sei, schrieb sein Anwalt an Staatsanwalt Siehlow, läge natürlich „dem Beschuldigten selbst am meisten an dem zu erwartenden Einstellungsbescheid".⁵³⁷ Er bat zu prüfen, ob die Dortmunder Zentralstelle seinem Mandanten nicht „zumindest wegen der Vorfälle Tulle und Oradour eine Mitteilung" machen könne, da diesem an „einer Unterrichtung über diesen Fall besonders gelegen sei".⁵³⁸ Im Juni 1964, wenige Tage nachdem sich das Massaker in Oradour zum zwanzigsten Mal jährte, erhielt Lammerding den gewünschten Einstellungsbescheid.⁵³⁹ Wie wir sehen werden, endeten die Diskussionen um ihn damit aber keineswegs.

2.5 Von der Einstellung des Lammerding-Verfahrens⁵⁴⁰ zur Ratifizierung des Zusatzabkommens 1964–1975

In den 1950er Jahren und Anfang der 1960er Jahre hatte die bundesdeutsche Regierung keinerlei Interesse an einer strafrechtlichen Verfolgung Lammerdings ge-

---

533 Vernehmungsprotokoll Heinz Werner, 4. 6. 1963, StAM 45 Js 2/62, Bd. 2 (2097), Bl. 220–228.
534 Vgl. Kapitel III.3, Abschnitt „Der ‚Stückler-Bericht'".
535 Meyer, Besatzung, S. 151.
536 Im Gespräch mit Siehlow erklärte er, sich zu erinnern, „daß seinerzeit bereits die Rede davon gewesen sei, daß eine deutsche Untersuchung wegen Oradour sofort nach den Vorfällen stattgefunden habe. Hierüber wisse mit Sicherheit der damalige Richter der Division, Okrent, [Bescheid], dessen Vernehmung unter allen Umständen geboten erscheine." Verfügung Siehlow, 28. 12. 1962, StAM, 45 Js 2/62, Handakten, Bd. 1 (2100), Bl. 73 f.; Gawlik an BMJ, 11. 4. 1962, BArch Koblenz, B 141/17088, S. 762 f.
537 Roesen und Waldowski an Siehlow, 7. 2. 1964, StAM, 45 Js 2/62, Handakten, Bd. 2 (2101), Bl. 62.
538 Verfügung Siehlow, 11. 2. 1964, StAM, 45 Js 2/62, Handakten, Bd. 2 (2101), Bl. 63.
539 Vgl. Verfügung Siehlow, 12. 6. 1964, StAM, 45 Js 2/62, Handakten, Bd. 2 (2101), Bl. 65.
540 Ich beziehe mich hier auf die Einstellung des Verfahrenskomplexes Oradour im März 1964.

zeigt. Eine Episode aus dem Jahr 1964 macht deutlich, dass sich daran auch Mitte der 1960er Jahre nichts änderte. Seinerzeit wandte sich das niedersächsische Justizministerium mit dem Vorschlag eines deutsch-französischen Abkommens zu in Frankreich verurteilten deutschen Kriegsverbrechern an das Bundesjustizministerium. Dem Vorstoß war aber kein Erfolg beschieden, unter anderem aus folgendem Grund:

„Das Bundesjustizministerium hatte damals die politische Brisanz eines solchen Abkommens herausgehoben, da bei Abschluss des Abkommens auch der mutmaßliche Hauptverantwortliche für die Massaker in Tulle und Oradour, der ehemalige General der Waffen-SS Heinz Lammerding, hätte verfolgt werden müssen. Dieser lebte, durch den ‚Beschluss Hempen' geschützt, als wohlhabender Bauunternehmer in Düsseldorf, ein Umstand, der in den Augen des Ministeriums im Falle eines Prozesses dem Ansehen der Bundesrepublik ebenso abträglich gewesen wäre wie die Thematisierung dieser Verbrechen überhaupt."[541]

Nicht nur der Überleitungsvertrag, sondern auch die politische Brisanz seines Falls schützte Lammerding also weiter vor einer strafrechtlichen Verfolgung in der Bundesrepublik. Doch ganz ohne Folgen blieb das Dortmunder Ermittlungsverfahren weder für ihn noch für Otto Kahn.

Für den ehemaligen Kompaniechef waren es Folgen finanzieller Art. Nachdem er zwölf Jahre in der Reichswehr bzw. Wehrmacht gedient hatte, wurde Kahn 1938 als Hauptwachtmeister der Gendarmerie nach Brüssow in der Uckermark einberufen, zunächst auf Probe, nach Bestehen des Lehrgangs zum Gendarmeriehauptwachtmeister erfolgte die endgültige Übernahme in die Gendarmerie. Nur wenige Wochen später, am 23. Oktober 1939, wurde Kahn zur SS-Verfügungstruppe und damit der späteren SS-Division „Das Reich" einberufen. Bis 1945 blieb er bei der Waffen-SS eingesetzt. Bei seiner Vernehmung im Jahr 1962 gab er an, er sei aufgrund seiner früheren Beamtenstellung bei der Gendarmerie sogenannter 131-Beamter.[542] Damit verwies Kahn auf das im April 1951 erlassene „Gesetz zur Regelung der Rechtsverhältnisse der unter Artikel 131 des Grundgesetzes fallenden Personen", kurz „131er"-Gesetz.[543] Die Bestimmung gestand jenen Angehörigen des öffentlichen Dienstes ein Recht auf Wiederverwendung zu bzw. retablierte den Versorgungsanspruch derer, die ihre Stellung aufgrund von Wehrdienst, Vertreibung oder Entnazifizierung verloren hatten. Problematisch war das Gesetz unter anderem deshalb, weil es selbst früheren Mitgliedern der Waffen-SS und Beamten der Gestapo „ein Schlupfloch [öffnete], wieder im öffentlichen Dienst verwendet oder vom Staat finanziell versorgt zu werden".[544] Wahrscheinlich aufgrund seiner schweren Verwundung im August 1944, bei der er den linken Arm verlor, galt

---

[541] Vgl. Brunner, Frankreich-Komplex, S. 262f., Zitat S. 263.
[542] Vgl. Vernehmungsprotokoll Otto Kahn, 13. 12. 1962, StAM, 45 Js 2/62, Bd. 2 (2097), Bl. 77–95. Zum Lebenslauf vgl. auch IM NRW an Kahn, 23. 4. 1967, ebenda, Bd. „Vorgänge betr. Kahn" (2098), Bl. 22–29.
[543] Überblick bei: Fischer/Sprockhoff, „131er-Gesetzgebung"; ausführlich: Frei, Vergangenheitspolitik, S. 69–100.
[544] Fischer/Sprockhoff, „131er-Gesetzgebung", S. 95.

Kahn als dienstunfähig und war als Beamter pensioniert.[545] Im Frühjahr 1967 betrug sein Versorgungsanspruch als Hauptwachtmeister der Gendarmerie und Beamter auf Lebenszeit 648,59 DM.[546]

Wahrscheinlich 1964 erfuhr das nordrhein-westfälische Innenministerium durch die zuständige Zentrale Besoldungs- und Versorgungsstelle von Kahns möglicher Beteiligung am Massaker in Oradour.[547] Zur Prüfung, ob ihm deshalb seine Pension abzuerkennen war, bat man die Zentralstellen in Dortmund und Ludwigsburg um Hilfe und Unterlagen.[548] Eine Neufassung des 131er-Gesetzes schloss inzwischen nämlich all diejenigen aus dem Berechtigtenkreis aus, die „durch ihr Verhalten während der Herrschaft des Nationalsozialismus gegen die Grundsätze der Menschlichkeit oder Rechtsstaatlichkeit verstoßen" hatten (§ 3, Nr. 3 a).[549] Von Kahns Aussage, er habe während des Einsatzes keine Befehlsgewalt innegehabt, sich nicht an dem Massaker beteiligt, sondern versucht es zu verhindern, hielt man im Innenministerium wenig; nicht nur weil der frühere Regimentsadjutant Heinz Werner diese Version für falsch hielt, sondern in den Augen des Sachbearbeiters widersprach sie auch „den allgemeinen Lebenserfahrungen". Er suchte daher nach weiteren Mitgliedern der Kompanie, die zum Geschehen aussagen konnten.[550] Trotz Kahns schriftlicher Stellungnahme, in der er erneut jegliche Schuld von sich wies,[551] entschied das Innenministerium im April 1967 schließlich, er habe „durch sein Verhalten während der Herrschaft des Nationalsozialismus gegen die Grundsätze der Menschlichkeit und Rechtsstaatlichkeit verstoßen" und erkannte ihm seinen Versorgungsanspruch ab.[552] Kahns Widerspruch wies das Ministerium zurück.[553]

In seiner Begründung folgte das Ministerium im Wesentlichen den Aussagen der im Rahmen des Lammerding-Verfahrens vernommenen Divisionsangehöri-

---

[545] Vgl. Vernehmungsprotokoll Otto Kahn, 13. 12. 1962, StAM, 45 Js 2/62, Bd. 2 (2097), Bl. 77–95.
[546] Vgl. IM NRW an Kahn, 23. 4. 1967, StAM, 45 Js 2/62, Bd. „Vorgänge betr. Kahn" (2098), Bl. 22–29.
[547] Ausgangspunkt war möglicherweise Siehlows Anfrage bei der Zentralen Besoldungsstelle in Düsseldorf im Februar 1964. Vgl. Vermerk Siehlow, 13. 2. 1964, StAM, 45 Js 2/62, Bd. 5 (2106), Bl. 75.
[548] Vgl. IM NRW an Leiter ZStD, 10. 3. 1964 und 29. 10. 1965, StAM, 45 Js 2/62, Berichtsheft, Bd. 2 (2092), Bl. 51, 113 f. Zur Anfrage bei der ZStL: IM NRW an ZStL, 29. 10. 1965, sowie Entwurf Schüle an IM NRW, 10. 11. 1965, BArch Ludwigsburg, B 162/20795, Bl. 165 f., 171 f.
[549] Gesetz zur Regelung der Rechtsverhältnisse der unter Artikel 131 des Grundgesetzes fallenden Personen in der Fassung vom 11. September 1957, Bundesgesetzblatt (BGBl), Jg. 1957, Teil I, Nr. 50, 13. 9. 1957, S. 1297–1327, hier S. 1298. Alle Ausgaben des BGBl sind abrufbar unter URL: https://www.bgbl.de.
[550] IM NRW an Leiter ZStD, 29. 10. 1965, StAM, 45 Js 2/62, Berichtsheft, Bd. 2 (2092), Bl. 113 f.
[551] Vgl. Kahn an IM NRW, 27. 3. 1967, StAM, 45 Js 2/62, Bd. „Vorgänge betr. Kahn" (2098), Bl. 16–21.
[552] IM NRW an Kahn, 23. 4. 1967, StAM, 45 Js 2/62, Bd. „Vorgänge betr. Kahn" (2098), Bl. 22–29.
[553] Vgl. IM NRW an Kahn, StAM, 45 Js 2/62, Bd. „Vorgänge betr. Kahn" (2098), Bl. 30. Ob Kahn von seiner Möglichkeit, gegen die Entscheidung zu klagen, Gebrauch machte, geht aus den konsultierten Akten nicht hervor.

gen bzw. deren „Minimalversion", der zufolge Diekmann entgegen Stadlers Befehl gehandelt hatte. Wenn Diekmann aber den Befehl eigenhändig überschritten habe, so die Argumentation, wäre Kahn nicht verpflichtet gewesen, an einem solchen militärischen Verbrechen mitzuwirken: „Die Strafbarkeit und Rechtswidrigkeit der Aktion gegen die Bevölkerung in Oradour war dem altgedienten Berufssoldaten und Gendarmeriebeamten Kahn bekannt. Es wäre seine Pflicht gewesen, das Blutbad von Oradour mit allen Mitteln zu verhindern." Die Aussagen seiner früheren Untergebenen würden die „nicht glaubwürdigen Schutzbehauptungen" Kahns zweifelsfrei widerlegen. Diese hätten „überzeugend bekundet, daß SS-Hauptsturmführer Kahn auch während der Aktion in Oradour-sur-Glane die Kommandogewalt über die Kompanie hatte, nach der Lagebesprechung mit Dieckmann [sic] die Befehle zur Tötung der gesamten Einwohnerschaft dieses Ortes erteilte und den Fortgang der Aktion bis ins einzelne überwachte".[554] Während die bundesdeutsche Justiz aufgrund der Sperrklausel des Überleitungsvertrags weiterhin nicht gegen Kahn ermitteln konnte, fällte das nordrhein-westfälische Innenministerium ein klares Urteil gegen den ehemaligen Kompanieführer.

Lammerding hingegen fühlte sich durch die Einstellungsbescheide aus Dortmund offensichtlich gut gerüstet, um sich zu rehabilitieren, denn 1965 klagte er wegen Beleidigung gegen einen Redakteur des VVN-Blatts *Die Tat* und den Röderberg-Verlag.[555] Streitpunkt war ein Artikel, in dem es unter anderem hieß, die französische Justiz habe Lammerding wegen zahlreicher Geiselmorde verurteilt. Der Kläger versuchte nun, einen Widerruf zu erzwingen, das Gericht wies die Klage jedoch zurück.[556] Erfolg war hingegen Lammerdings Verfahren gegen den *Süddeutschen Rundfunk* beschieden, der in einem Vergleich die Behauptung zurücknahm, der frühere General sei wegen des Oradours-Massakers bestraft worden.[557] Nicht aus den Akten hervor geht der Ausgang einer Prüfung des Falls Lammerding durch den Regierungspräsidenten Düsseldorf. Dieser bat 1967 – und damit reichlich spät – um Einsichtnahme in die Ermittlungsakten der ZStD, um zu prüfen, „ob es gerechtfertigt ist, der Firma Lammerding GmbH mit Rücksicht auf das gegen Heinrich Lammerding in Frankreich ergangene Todesurteil Bauaufträge des

---

[554] IM NRW an Kahn, 23. 4. 1967, StAM, 45 Js 2/62, Bd. „Vorgänge betr. Kahn" (2098), Bl. 22–29.
[555] Über die Einstellung des letzten Ermittlungskomplexes – die Tötung von Belgiern im Rahmen der Ardennen-Offensive – wurde Lammerding erst im Juli 1965 informiert. Zu diesem Zeitpunkt war mindestens das im Folgenden genannte Verfahren gegen den *Süddeutschen Rundfunk* bereits anhängig, bei dem es allerdings allein um Oradour ging. Vgl. Verfügung, 6. 7. 1965, StAM, 45 Js 2/62, Handakten, Bd. 2 (2101), nicht paginiert, vor Bl. 111a; Landgericht Stuttgart an StA Dortmund, 2. 6. 1965, ebenda, nicht paginiert, vor Bl. 111a.
[556] Widerrufen musste das Blatt hingegen die Behauptung, „Lammerding treffe sich noch heute in seinem Düsseldorfer Stammlokal mit dem früheren Gauleiter Florian und vertreibe unliebsame Gäste". Vgl. Lammerding begehrt Persilschein, in: Die Tat, 13. 11. 1965, BArch Ludwigsburg, B 162/20795, Bl. 186; Gericht: Es war Geiselmord, in: Rheinische Post, 19. 1. 1966, StAM, 45 Js 2/62, Handakten, Bd. 2 (2101), Bl. 115, dort Zitat.
[557] Vgl. Es geschah am 9. Juni 1944..., in: Die Tat, 6. 11. 1965, BArch Ludwigsburg, B 162/20795, Bl. 173 f.

Landes N[ordrhein-]W[estfalen] zu erteilen".⁵⁵⁸ Und dennoch: Es müssen ruhige Jahre für Lammerding gewesen sein, verglichen mit den Zeiten, die ihm nun bevorstanden. Denn 1968 begann der Wind sich zu drehen, drohte das rettende Boot der Sperrklausel zu sinken und so das vergleichsweise ruhige Leben des Ex-Generals zu beenden.

Es war eine Fragestunde der französischen Nationalversammlung am 11. Oktober 1968, die dem Thema Lammerding erneut zu Aufmerksamkeit in der französischen und deutschen Öffentlichkeit verhalf. Jean Montalat, der als sozialistischer Abgeordneter und Bürgermeister von Tulle unermüdlich auf eine Verfolgung des mutmaßlich Verantwortlichen für das dortige Massaker drängte, wollte vom Außenminister wissen, ob es nicht möglich wäre, durch eine „dringende Demarche" bei der Bonner Regierung ein bundesdeutsches Gerichtsverfahren gegen Lammerding zu erreichen. Montalat begründete seine Anfrage mit dem kurz vorher erschienenen Buch Jacques Delarues, das Lammerdings Schuld an den Erhängungen beweise,⁵⁵⁹ und der anstehenden Verjährung für „Nazi-Verbrechen" in der Bundesrepublik.⁵⁶⁰ Eine weitere Rechtfertigung des Schritts sah Montalat in dem 1962 erschienenen ersten Band von Otto Weidingers Divisions-Geschichte. Sei es nicht wünschenswert, „die deutschen Regierung auf die Gefahr hinzuweisen, die eine solche skandalöse Verherrlichung [...] für die Jugend ihres Landes darstellen kann"? Diese Verherrlichung, so Montalat, verfälsche die Geschichte und könne, „die Herstellung einer wirklichen deutsch-französischen Aussöhnung gefährden". *In puncto* Oradour wies Montalat die Behauptung zurück, es habe dort Waffenlager oder Maquisards gegeben. Laut Delarue habe sich Lammerding während des Massakers nur wenige Kilometer von Oradour entfernt aufgehalten, heute lebe er friedlich und glücklich in einer Düsseldorfer Villa, führe ein florierendes Bauunternehmen und sei – „noch besser"! – eine der führenden Personen der HIAG.⁵⁶¹

---

⁵⁵⁸ Konkret wollte der Regierungspräsident das französische Abwesenheitsurteil gegen Lammerding einsehen, erhielt aus der ZStD aber die Antwort, die Akten befänden sich gerade außer Haus und würden das gewünschte Urteil nicht enthalten. Weiterhin ließ Staatsanwalt Stahlschmidt wissen, dass er aufgrund des Überleitungsvertrags nicht zu dem Sachverhalt ermittelt habe, sodass eine „Überprüfung des gegen Lammerding ergangenen Urteils durch das französische Militärgericht und der Grundlagen dieses Urteils [...] auch durch Einsichtnahme in die hiesigen Ermittlungsakten nicht erfolgen" könnte. Regierungspräsident Düsseldorf an Leiter ZStD, 25. 4. 1967, StAM, 45 Js 2/62, Handakten, Bd. 2 (2101), Bl. 136; Verfügung Stahlschmidt, 27. 4. 1967, ebenda, Bl. 137.

⁵⁵⁹ Zu Delarues Buch vgl. Kapitel III.5, Abschnitt „*Trafic et crimes* und die Folgen". Das deutsche Generalkonsulat Bordeaux ahnte die Sprengkraft der Publikation wohl. Nach einem Bericht über das Buch in der Zeitung *Le Populaire du Centre*, bat es das Auswärtige Amt im März 1968 um Mitteilung, zu welchem Ergebnis das Ermittlungsverfahren gegen Lammerding gekommen sei. Vgl. Bürger an AA, 12. 3. 1968, PA AA, B 83, 762.

⁵⁶⁰ J.O., Débats, Assemblée nationale, 11. 10. 1968, S. 3284–3286, Zitat S. 3284; Fernschreiben Deutsche Botschaft Paris, 11. 10. 1968, cito, PA AA, B 24, 644, Bl. 245 f. Montalat nannte den 1. 1. 1969 als Stichtag, tatsächlich drohte die Verjährung für Mord erst am 31. 12. 1969, wie noch während der Debatte richtiggestellt wurde. Vgl. hierzu auch Kapitel IV.2.2, Abschnitt „Rechtsgrundlage und Verjährung".

⁵⁶¹ J.O., Débats, Assemblée nationale, 11. 10. 1968, S. 3284–3286.

Jean de Lipkowski, gaullistischer Staatssekretär im Außenministerium, stimmte Montalat in seiner Antwort zu: Ein Buch, das die begangenen Verbrechen verherrliche, sei „besonders schockierend", solle sorgfältig geprüft und gegebenenfalls mit den deutschen Ansprechpartnern thematisiert werden. Noch wichtiger war jedoch sein Hinweis, die französische Regierung habe jüngst Kontakt mit der Bundesregierung aufgenommen, um eine Lösung in Sachen Sperrklausel zu finden.[562] Tatsächlich war es die bundesdeutsche Seite gewesen, die in dieser Frage an Frankreich herangetreten war, und die Folgen dieses Schritts waren für Lammerding weit bedrohlicher als Montalats Anfrage, die er bereits seit fünfzehn Jahren – aber mit geringem Erfolg – vorbrachte. Am 8. Oktober 1968 traten Delegationen beider Länder in Verhandlungen um eine Lösung der Blockadewirkung des Überleitungsvertrags ein.[563] Ausgangspunkt war die Anfrage der bei der Kölner Staatsanwaltschaft angesiedelten Zentralstelle (ZStK)[564] beim nordrhein-westfälischen Justizministerium im September 1966 gewesen. Bei der ZStK war seit Anfang des Jahres ein Ermittlungsverfahren gegen die Hauptverantwortlichen für die Deportation der Juden aus Frankreich anhängig, das seit dem BGH-Urteil im Fall Hempen vom 14. Februar 1966 erst einmal vor dem Aus stand. Denn gegen die Beschuldigten des Kölner Verfahrens lagen wie gegen Georg Hempen – und Lammerding – französische Abwesenheitsurteile vor, und der BGH hatte die Frage, ob gegen in Frankreich in Abwesenheit Verurteilte in der Bundesrepublik erneut ermittelt werden dürfe, abschlägig beschieden. Köln bat das Düsseldorfer Justizministerium deshalb zu prüfen, „ob bei der Bundesregierung die Frage angeregt werden soll, mit der Regierung der Französischen Republik eine Vereinbarung zu treffen, durch die der Ausschluß der deutschen Gerichtsbarkeit [...] wegen der während des Zweiten Weltkrieges in Frankreich begangenen Straftaten aufgehoben wird".[565] Was mit dieser Anfrage begann, führte nach mehreren Verhandlungsrunden schließlich zum Abschluss des „Abkommens zwischen der Regierung der Bundesrepublik und der Regierung der Französischen Republik über die deutsche Gerichtsbarkeit für die Verfolgung bestimmter Verbrechen". Am 2. Februar 1971 unterzeichnet, ermöglichte es deutschen Gerichten auch die strafrechtliche Verfolgung von Personen, die in Frankreich bereits in Abwesenheit verurteilt worden waren.[566]

---

[562] J.O., Débats, Assemblée nationale, 11. 10. 1968, S. 3284–3286, Zitat S. 3285. Zu Verärgerung und einer Beschwerde des Auswärtigen Amts bei der französischen Botschaft in Bonn führte die Tatsache, dass de Lipkowski auf die Unterredungen hingewiesen und sie als französische Initiative dargestellt hatte. Vgl. Brunner, Frankreich-Komplex, S. 269.

[563] Hierzu und zum Folgenden: Brunner, Frankreich-Komplex, S. 222–224, 238–240, 262–275; Moisel, Frankreich, S. 211–228; Weinke, Gesellschaft, S. 145 f.

[564] Die korrekte Bezeichnung der Stelle lautete: Zentralstelle im Lande Nordrhein-Westfalen für die Bearbeitung von nationalsozialistischen Massenverbrechen in Konzentrationslagern bei der Staatsanwaltschaft Köln. Vgl. zur Stelle Weber, Massenverbrechen.

[565] Zitiert nach Moisel, Frankreich, S. 211.

[566] Zur Bedeutung der Abwesenheitsurteile im Fall Oradour nach Abschluss des Zusatzabkommens vgl. Kapitel IV.2.6, Abschnitt „Die Problematik der Abwesenheitsurteile".

Die Hauptstreitpunkte bei den Verhandlungen des Abkommens waren andere, doch der Fall Lammerding tauchte in ihrem Kontext wiederholt auf. Als die deutsche Seite noch vor der ersten Verhandlungsrunde entschied, statt einer generellen nur eine Sonderregelung für „die acht dringendsten Einzelfälle" erreichen zu wollen, zählte man zu diesen auch Lammerding, „dessen Strafverfolgung man mittlerweile als unvermeidbar ansah". Nachdem die zweite Verhandlungsrunde ohne Einigung zu Ende ging und auf deutscher Seite verschiedene Einwände gegen das Abkommen vorgebracht wurden, gab es Überlegungen, die Angelegenheit schlicht *ad acta* zu legen. Dass dies nicht mehr möglich war, hatte indirekt auch mit Lammerding zu tun: Im November 1968 zu einem offiziellen Besuch in Israel, hatte Bundesjustizminister Gustav Heinemann „die unzureichende Ahndung des NS-Unrechts unter anderem mit der durch den Überleitungsvertrag blockierten Strafverfolgung erklärt, und zwar ausgerechnet am Beispiel Lammerdings". Dass er bei derselben Reise den „guten Willen der Bundesregierung zur Strafverfolgung mit Hinweis auf die deutsch-französischen Verhandlungen" betonte, machte eine Abkehr davon nahezu ungangbar. Auch Frankreich gegenüber war man im Zugzwang, hatte Paris doch seinerseits die Bereitschaft zu einem Abkommen bestätigt.[567] Lammerding war auch auf französischer Seite Thema geblieben, wo man seinen Fall etwa bei einem Treffen unter anderem von Vertretern des französischen Innen- und Außenministeriums im Jahre 1965 diskutierte.[568]

Doch kehren wir zurück zur Fragestunde in der *Assemblée nationale* und ihren Folgen. Montalats Anfrage fand nicht nur in der französischen Presse ein reges Echo,[569] sondern auch deutsche Zeitungen berichteten.[570] Sehr gut informiert zeigte sich allerdings nur der *Spiegel*, der darauf hinwies, dass zu keinem Zeitpunkt ein französisches Gericht Lammerding wegen des Massakers in Oradour angeklagt habe und die Dortmunder Staatsanwaltschaft deshalb gegen ihn habe ermitteln können. Mehrere andere Artikel sprachen Lammerding entweder direkt den Befehl oder zumindest die Schuld am Massaker zu, viele verwiesen fälschlicherweise darauf, auch wegen Oradour sei ein französisches Abwesenheitsurteil gegen Lammerding ergangen. Von dem deutschen Ermittlungsverfahren in Sachen Oradour war in diesen Veröffentlichungen ebenso wenig die Rede, wie in der genannten Fragestunde der *Assemblée nationale*. Montalats und de Lipkowskis Ausführungen

---

[567] Brunner, Frankreich-Komplex, S. 267, 271 f.
[568] Vgl. Moisel, Frankreich, S. 214.
[569] Vgl. Brunner, Frankreich-Komplex, S. 269.
[570] Ich beziehe mich im Folgenden auf eine Reihe Presseartikel, die sich in BArch Ludwigsburg, B 162/20796, befinden: Paris wünscht Wiederaufnahme des Falles Lammerding, in: FAZ, 14. 10. 1968, Bl. 6; Klaus Arnsperger, Paris wünscht Prozeß wegen Kriegsverbrechen, in: SZ, 14. 10. 1968, Bl. 21; [Artikel ohne Titel], in: Ludwigsburger Kreiszeitung, 14. 10. 1968, Bl. 3; Keine Handhabe gegen Lammerding, in: Allgemeine unhabhängige jüdische Wochenzeitung, 25. 10. 1968, Bl. 19; W. Sterzenbach, Sein Name wird mit Abscheu genannt, in: Die Tat, 26. 10. 1968, Bl. 20; Frankreich fordert Wiederaufnahme des Falles Lammerding, in: Freiheit und Recht, Jg. 14, Nr. 12, Dezember 1968, Bl. 39; Telephon aus Tulle, in: Der Spiegel, Nr. 48/1968, S. 67, Bl. 40; Kurt Kaiser-Blüth, „Eichmann der Waffen-SS", in: Aufbau, 29. 11. 1968, Bl. 43. Dort außerdem: Sowjetzonen-Spiegel, 19. 12. 1968.

waren hingegen unpräzise genug, um den Anschein zu erwecken, Lammerding sei in der Bundesrepublik nie strafrechtlich verfolgt, in Frankreich aber auch wegen Oradour verurteilt worden.[571] So konnte der irrige Eindruck entstehen, auch einer deutschen Strafverfolgung Lammerdings wegen des Massakers in Oradour stünde der Überleitungsvertrag entgegen.

„Was ein Abkommen festlegt, kann durch ein anderes rückgängig gemacht werden", so lautete Montalats und Delarues Antwort auf die Sperrklausel,[572] und auch mehrere Verbände waren nicht bereit, sich mit dem *Status quo* abzufinden. In der Bundesrepublik wandte sich der *Zentralverband demokratischer Widerstandskämpfer und Verfolgtenorganisationen e. V.* (ZDWV) an die Ludwigsburger Zentralstelle, um zu erfragen, ob dort bereits ein Verfahren gegen Lammerding eingeleitet worden sei. Die Regierung habe den Verband in den letzten Wochen wiederholt zu seinem Fall angesprochen, und man sei nicht bereit, die Frage auf sich beruhen zu lassen, sondern wolle beim Bundesjustizminister entsprechende Schritte unternehmen.[573] Jenseits des Rheins stand der Fall Lammerding auf der Agenda mehrerer Verbände. Im Sommer 1969 forderte der Verband der ehemaligen Widerstandskämpfer der französischen Eisenbahner seine Auslieferung,[574] im Spätherbst wandte sich das Komitee des Departements Haute-Vienne der ANACR an Bundeskanzler Willy Brandt und forderte ihn vor dem Hintergrund der drohenden Verjährung auf, sich „umgehend das vollständige von der Regierungskommission beim Militärgericht Bordeaux zusammengestellte Dossier vorlegen zu lassen, um den ehemaligen SS-General Lammerding vor Gericht zu stellen". In den Augen der Hinterbliebenenfamilien Oradours, so hieß es weiter in dem Schreiben, würde es der von ihm geführten neuen Regierung „zur Ehre gereichen, wenn Sie den immer von neuem vorgebrachten Wunsch von aufrichtig nach Gerechtigkeit und Frieden strebender Menschen sowohl in Frankreich als auch in Deutschland erfüllen würden".[575]

Als es am 5. Dezember 1969 in der Nationalversammlung zu der „auch in diesem Jahr wieder gestellten Anfrage" nach Lammerdings Bestrafung seitens der kommunistischen Abgeordneten Marie-Claude Vaillant-Couturier und Jean Montalat kam, musste die deutsche Botschaft in Paris feststellen, dass de Lipkowski

---

[571] Nur an einer Stelle in Montalats Ausführungen und allein bei genauem Hinhören war erkennbar, dass Lammerding nicht wegen Oradour verurteilt worden war: „Uns wurde auch entgegengehalten, dass 43 Deutsche, die beim Prozess [von Oradour in Bordeaux] nicht anwesend waren, in Abwesenheit zum Tode verurteilt worden waren. Aber diese Urteile zeitigten niemals Folgen, ebenso wenig wie die drei Todesurteile, die vor französischen Militärgerichten gegen General Lammerding verhängt wurden." J.O., Débats, Assemblée nationale, 11. 10. 1968, S. 3284–3286, Zitat S. 3285.
[572] Delarue, Trafics (1993), S. 492 f., Zitat S. 493.
[573] Vgl. ZDWV an Rückerl, 5. 11. 1968, BArch Ludwigsburg, B 162/20796, Bl. 27.
[574] Vgl. Die Tat, 30. 8. 1969, BArch Ludwigsburg, B 162/20795, Bl. 214.
[575] ANACR, Comité Départemental de la Haute-Vienne, an Monsieur le Chancelier, 11. 11. 1969, PA AA, B 83, 762. An das AA weitergeleitet, dankte dieses lediglich für den Aktenhinweis. Vgl. Strothmann an ANACR, Comité Départemental de la Haute-Vienne, 22. 1. 1970, ebenda.

„unerwartet scharf" reagierte: Die französische Regierung, so der Staatssekretär, sei schockiert, dass sich Lammerding in der Bundesrepublik frei bewege. Offensichtlich überrascht waren die deutschen Diplomaten auch darüber, dass die französische Presse den Vorfall zum Anlass nahm, die Frage einer Bestrafung Lammerdings und weiterer Kriegsverbrechen angeklagter Personen „noch einmal in unerwarteter Ausführlichkeit aufzurollen".[576] Drei Tage später war im Nachrichtenspiegel des Presse- und Informationsamts der Bundesregierung die Meldung des Pariser Korrespondenten der *Associated Press* (AP) zu lesen, de Lipkowskis Erklärung könne „nach Ansicht von Beobachtern einen *Mißklang in das offiziell herzliche deutsch-französische Verhältnis* bringen". Seine Äußerungen seien von politischen Beobachtern mit Überraschung vermerkt worden, zumal der Staatssekretär oftmals als derjenige angesehen werde, den die französische Regierung vorschicke, wenn sie eine Schwerpunktverlagerung in ihrer Politik vorbereite. In einigen Spekulationen seien seine Worte auch bereits als Ausdruck einer zunehmenden Besorgnis innerhalb der französischen Regierung über die Stärke der Bundesrepublik in Europa gewertet worden. Was Lammerding anging, so schrieb die AP, er sei „als Kommandeur der SS-Division, die 1944 die französische Ortschaft *Oradour* vernichtete [...], von einem französischen Gericht in Abwesenheit zum Tode verurteilt worden" – von Tulle war keine Rede.[577] Am gleichen Tag ließ der Deutschlandsender der DDR verlauten, nach Meinung der amerikanischen Presseagentur AP habe „das Verhalten Bonns im Fall des Henkers von Oradour, SS-General Lammerding, im west-deutsch-französischen Verhältnis einen Missklang hervorgerufen" – Tulle wurde nicht genannt.[578] Weder in den beiden Meldungen noch in der Nationalversammlung war darüber hinaus die Rede von dem deutschen Ermittlungsverfahren gegen Lammerding in Sachen Oradour.

Dass der Fall Lammerding ab Mitte der 1960er Jahre auch weit über Europa hinaus ein Thema war, zeigte unter anderem, dass sich Ector Munn 1965 an die ZStL wandte. Während der Invasion in der Normandie gehörte Munn zur *Psychological Warfare Division* der US-Armee und untersuchte im Herbst 1944 die Massaker in Tulle und Oradour. Nun bot er seine Ergebnisse den Ludwigsburger Ermittlern an und bat um Nachricht, „if any proceedings have ever been brought against him". In einem kleinen Seitenhieb nannte Munn Lammerdings Düsseldorfer Adresse und fügte in Klammern an: „They are in the telephone book".[579] Im Januar 1971 beschäftigte sich das amerikanische Magazin *Time* mit der „Lammerding Affair"[580] und auch nach Australien war die Kunde vom Düsseldorfer Bau-

---

[576] Fernschreiben Deutsche Botschaft Paris, 8. 12. 1969, PA AA, B 83, 762. Sitzungsprotokoll in: J.O., Débats, Assemblée nationale, 5. 12. 1969, S. 4697–4701.
[577] Presse- und Informationsamt der Bundesregierung, Nachrichtenspiegel I, 8. 12. 1969, PA AA, B 83, 762.
[578] Presse- und Informationsamt der Bundesregierung, DDR-Spiegel, 9. 12. 1969, BArch Ludwigsburg, B 162/20796, nicht paginiert.
[579] Munn an ZStL, 19. 3. 1965, BArch Ludwigsburg, B 162/20795, Bl. 187. Vgl. zu Munns Ermittlungen Fouché, Politique, S. 60 f.
[580] The Lammerding Affair, in: Time, 11. 1. 1971, S. 20, StAM, 45 Js 2/62, Bd. 2096.

unternehmer gedrungen, was die dortige Vereinigung *Association of Survivors of German War Crimes and Concentration Camps* (AOS) veranlasste, dem Düsseldorfer Oberbürgermeister brieflich zu wünschen, seine Stadt möge bei den nächsten Bombardements „besser bedacht" werden als „im verflossenen Krieg".[581]

Lammerding bekam den zunehmenden Druck auch persönlich zu spüren. Berichten des *Spiegels* aus dem Jahr 1968 zufolge, erhielt der Bauunternehmer Tag und Nacht Anrufe und wurde als Mörder bezeichnet: „Auf diese Art versuchten Einwohner der französischen Provinzstadt Tulle, den ehemaligen General der Waffen-SS aus seiner Bürgerruhe zu schrecken."[582] Ende 1968 informierte Herbert G. die Düsseldorfer Polizei, er habe 2000 DM für die Vollstreckung von Lammerdings Todesurteil ausgesetzt und den Betroffenen wie auch die französische Kommandantur in Berlin davon in Kenntnis gesetzt. Auf diese Weise wolle er einen Gerichtsprozess in Westberlin erzwingen, zu dem Lammerding als Zeuge geladen werden müsse. Die französischen Militärbehörden könnten ihn sodann festnehmen und das Todesurteil vollstrecken.[583]

Ende November 1970 kulminierten die französischen Bemühungen um die Auslieferung Lammerdings bei einer Massenkundgebung in Tulle. Wie Generalkonsul Christian Sell der deutschen Botschaft aus Bordeaux berichtete, zählte die Manifestation mindestens 5000 Teilnehmer, „darunter mehrere Abgeordnete der französischen Nationalversammlung, Generalräte verschiedener Departements, zahlreiche Bürgermeister, die Präsidenten der französischen Verbände ehemaliger Widerstandskämpfer sowie 52 Fahnenabordnungen von Widerstandskämpfern aus allen Regionen Frankreichs". Die Presse hebe die „auffallend starke Beteiligung von Vertretern der jungen Generation hervor".[584] Wie schon mit seinem Brief an das Militärgericht Bordeaux 1952 und der „Presseerklärung" seines Anwalts 1961, hatte Lammerding ein weiteres Mal zur Zuspitzung der Situation beigetragen, ja die Kundgebung indirekt selbst provoziert, diesmal durch ein Interview. Flankiert von Stückler und Weidinger traf er sich im Januar 1969 zu einer Unterredung mit den französischen Autoren Léopold Gaubusseau und Georges Beau, um seine persönliche Verantwortung für die Massaker in Tulle und Oradour abermals abzustreiten.[585]

Damit hatte Lammerding das Fass wohl zum Überlaufen gebracht, denn auf die Publikation des Buchs – und damit Lammerdings Rechtfertigungen – folgte die Gründung eines „Verbindungs- und Aktionskomités" in Tulle, das seine Auslieferung erreichen wollte und zu der genannten Kundgebung aufrief. Dort fasste man eine „Entschliessung" mit der dringenden Bitte an die französische Regierung, sie möge an die Regierung der Bundesrepublik herantreten und „die Auslieferung, die

---

[581] AOS an Oberbürgermeister Düsseldorf, 6. 8. 1969, PA AA, B 83, 762.
[582] Telephon aus Tulle, in: Der Spiegel, 24. 11. 1968, S. 67.
[583] Vgl. Bericht Kriminaloberkommissar (KOK) Offermanns, 22. 12. 1968, StAM, 45 Js 2/62, Handakten, Bd. 3 (2093), Bl. 11.
[584] Sell an Deutsche Botschaft Paris, 4. 12. 1970, PA AA, B 83, 762.
[585] Vgl. Kapitel III.5, Abschnitt „*Trafic et crimes* und die Folgen".

Überstellung und die Aburteilung" Lammerdings verlangen.[586] Dieser sei „verantwortlich für zahlreiche Ausschreitungen in Südwestfrankreich, von denen die abscheulichsten die Erhängungen in Tulle und das Massaker von Oradour-sur-Glane" seien.[587] Das *Komité zum Kampf gegen den Faschismus* der DDR sprang mit einem Solidaritäts-Telegramm auf den Zug auf: „Wir fordern mit Ihnen seine unverzügliche Auslieferung nach Frankreich", versicherte man den Adressaten. Doch die Angaben zu Lammerdings Abwesenheitsurteilen waren auch hier falsch, wenn es hieß, er sei für die Massaker in Tulle und Oradour von einem französischen Gericht zum Tode verurteilt worden.[588] Für den deutschen Botschafter in Paris, Hans Hellmuth Ruete, sprachen das Telegramm und der darin zu findende Hinweis auf „die neonazistischen und revanchistischen Kräfte in Westdeutschland" dafür, dass die DDR-Führung unverändert ihre zu französischen Gruppen bestehenden Verbindungen ausnutze, um die Bundesrepublik zu diskriminieren.[589]

Tatsächlich war der Fall Lammerding dafür bestens geeignet. Schon im Rahmen des Oradour-Prozesses in Bordeaux hatte das *Neue Deutschland* Adenauer vorgeworfen, den früheren General zu schützen.[590] Seit 1965 hatte er als „SS-Henker von Oradour und Tulle" einen eigenen Artikel im „Braunbuch",[591] ja zählte sogar zu dessen „Prominenz".[592] Zur gegenwärtigen Situation war dort „Diplom-Ingenieur und Bauunternehmer in Düsseldorf; führend in der SS-Organisation HIAG" vermerkt. Propagandistisch ebenso nützlich, wenn auch falsch hieß es am Ende des Eintrags, „Auslieferungsanträgen Frankreichs an westdeutsche Rechtsorgane" sei „nicht stattgegeben" worden.[593] 1969 gab die DDR-Nachrichtenagentur ADN eine Aufnahme von Lammerdings Bauunternehmen heraus, versehen mit der Bildunterschrift: „Westdeutsche Justiz verweigert Auslieferung – Düsseldorfer müssen mit dem Massenmörder leben."[594] Im November 1970 schließlich lancierte das *Neue Deutschland* unter dem Titel „Justiz in der BRD ist ein Dschungel" die Meldung, die französische Regierung habe auf eine Anfrage Marie-Claude Vaillant-Couturier geantwortet, sie sei bei ihrem Versuch, ein Verfahren gegen Lam-

---

[586] Sell an Deutsche Botschaft Paris, 4. 12. 1970, PA AA, B 83, 762.
[587] „Wortlaut der auf der Massenkundgebung in Tulle am 29. November 1970 gefassten Entschliessung", Anlage 1 zu Sell an Deutsche Botschaft Paris, 4. 12. 1970, PA AA, B 83, 762.
[588] „Wortlaut eines Telegramms des ‚Komités zum Kampf gegen den Faschismus' der DDR an die Teilnehmer der Massenkundgebung in Tulle am 29. November 1970", Anlage 3 zu Sell an Deutsche Botschaft Paris, 4. 12. 1970, PA AA, B 83, 762.
[589] Ruete an AA, 22. 1. 1971, PA AA, B 83, 762. In dem Telegramm hatte es auch geheißen, Lammerding beteilige sich „aktiv an dem Zusammenschluss aller Richtungen von Neonazis und Revanchisten, die sich in Westdeutschland formiert haben, um Entspannung, Sicherheit und Frieden zu bekämpfen".
[590] Vgl. Kapitel IV.1, Abschnitt „Der Prozess im *Neuen Deutschland*".
[591] Braunbuch, Nationalrat der nationalen Front, S. 83.
[592] Wieland, Ahndung (2003), S. 115f.
[593] Braunbuch, Nationalrat der Nationalen Front, S. 83. Zur Frage der Auslieferung vgl. Kapitel IV.1, Abschnitt „(K)eine Auslieferung Lammerdings?".
[594] Brochhagen, Nürnberg, S. 187. Das *Neue Deutschland* titelte am 9. 1. 1969 ähnlich „Wir müssen mit Mördern leben", die *Neue Zeit* veröffentlichte drei Tage später u. a. dieses Bild unter der Überschrift „Lammerding, die Bestie von Oradour und Tulle".

merding einzuleiten, auf einen „regelrechten Dschungel der Justiz in der Bundesrepublik Deutschland" gestoßen.[595]

Lammerding, das zeigen die französischen Anstrengungen dieser Jahre, war untrennbar mit dem Namen Oradour verknüpft, ja mit „Oradour" und „Tulle" gleichsam zu einem Amalgam verschmolzen. Dies ist insofern nicht verwunderlich, als der General an der Spitze der Division gestanden hatte, zu der die Einheiten gehörten, die beide Massaker verübten. Der deutsche Generalkonsul in Bordeaux formulierte dies in seinem Bericht über die Massenkundgebung in Tulle deutlich: Als Kommandeur der Division „Das Reich" sei Lammerding „in den Augen der hiesigen Öffentlichkeit für die tragischen Geschehnisse verantwortlich, die sich im Juni 1944 in Oradour, Tulle und an anderen Orten der Region ereigneten". Dass weder seine Auslieferung noch seine strafrechtliche Verfolgung in der Bundesrepublik möglich sei, habe „dazu beigetragen, wie es das Generalkonsulat bei seiner Arbeit in der betroffenen Region auf Schritt und Tritt zu spüren bekommt, dass die Erinnerung an die Leiden der Kriegszeit bei der Bevölkerung in schmerzhafter Weise wachgehalten wurde".[596]

Und doch ist bemerkenswert: Immer wieder wurde übergangen, dass Lammerding in Frankreich nie wegen Oradour angeklagt worden war, eine bundesdeutsche Ermittlungsbehörde zu diesem Komplex ermittelt und das Verfahren nicht wegen des Überleitungsvertrags, sondern aus Mangel an Beweisen eingestellt hatte. Dabei ist unklar, ob dieser Befund mit der Unwissenheit der Akteure oder damit zu erklären ist, dass diese trotz besseren Wissens nicht auf die Stoßkraft des Symbols Oradour verzichten wollten. In jedem Fall war die Konsequenz, dass Lammerdings behauptete Verantwortung für das Massaker in Oradour wohl ein treibender Faktor auf dem Weg zum Zusatzabkommen war, obwohl der Sachverhalt nicht unter die Problematik der Sperrklausel fiel.[597]

---

[595] Zitiert nach Martin Hirsch an Bundesaußenminister Scheel, 9. 11. 1970, PA AA, B 83, 762. Hirsch, Bundestagsmitglied und Stellvertretender Vorsitzender der Sozialdemokratischen Bundestagsfraktion, bat Scheel um „kurze Mitteilung über den wirklichen Sachverhalt", um gegebenenfalls mit einer Presseerklärung reagieren zu können. Als eine kommunistische Zeitung in Luxemburg dasselbe meldete, bat auch die dortige deutsche Botschaft um Klärung, um „wenn möglich, der Verbreitung dieser uns schädlichen Meldung mit geeigneten Mitteln entgegen[zu]treten". Fernschreiben Lueders an AA, 11. 11. 1970, ebenda. Nach Anfragen in der *Assemblé nationale* und dem Senat sowie einer Durchsicht der Presse konnte die deutsche Botschaft in Paris die Meldung nicht bestätigen. Vgl. Fernschreiben Deutsche Botschaft Paris an AA, 17. 11. 1970, ebenda. Sie lag mit ihrer Vermutung, es dürfte sich bei den Meldungen voraussichtlich um Fragen und Antworten aus früheren Jahren handeln, richtig, denn am 5. 12. 1969 hatte de Lipkowski in der Nationalversammlung den Begriff tatsächlich genutzt. Vgl. J.O., Débats, Assemblée nationale, 5. 12. 1969, S. 4697–4701.

[596] Sell an Deutsche Botschaft Paris, 4. 12. 1970, PA AA, B 83, 762.

[597] Auch in der deutschen Presse ist diese undifferenzierte Darstellung und die Bedeutung des Falls Lammerding für das Zusatzabkommen zu konstatieren. So hieß es etwa in der *Westfälischen Rundschau*: „Ein entsprechendes Abkommen soll in Kürze zwischen Bonn und Paris unterzeichnet werden. Zu den ‚prominentesten' Fällen etwaiger neuer deutscher strafrechtlicher Ermittlungsverfahren werden der frühere SS-General Lammerding und der jetzige Befehlshaber im Wehrbereich IV (Mainz), Generalmajor Karl Theodor Molinari gehören. Lammerding wird als früherer Befehlshaber der SS-Division ‚Das Reich' für die Massaker von

Für Botschafter Ruete war Oradour auch Anfang der 1970er Jahre noch eine Belastung für die deutsch-französischen Beziehungen, und er bezweifelte eine positive Wirkung des Zusatzabkommens auf das Verhältnis. Wie sich auch bei der Kundgebung in Tulle bestätigt habe, so Ruete in seinem Bericht an Bonn, gäbe es in Frankreich „Gruppen, die von der Vergangenheit leben und die aus unterschiedlichen Motiven bemüht sind, die Erinnerung an erlittenes Unrecht, aber auch an eigene Heldentaten, wachzuhalten". Eine besondere Rolle spiele hier die kommunistische Partei mit den vielen von ihr beeinflussten Vereinigungen.[598] Ihren Einfluss bei der Veranstaltung in Tulle schätzte der Botschafter als „nicht gering" ein, obgleich „nicht zu übersehen" sei, dass sie „auch von anderen Kreisen unterstützt" worden sei. Ruete berichtete weiter von der Erklärung eines gaullistischen Abgeordneten gegenüber der Botschaft, der jüngst in der *Assemblée nationale* zum Fall Lammerding gesprochen habe: Er „sehe sich aus innenpolitischen Gründen hierzu gezwungen, weil man dieses Terrain nicht allein den Kommunisten überlassen dürfe". Eine deutsch-französische Annäherung mit Hilfe des Zusatzabkommens sah Ruete kritisch:

„Da Mitglieder der Résistance die Schlüsselpositionen des französischen Establishments besetzen, zum Teil aber auch in der Opposition und insbesondere in der Kommunistischen Partei stehen, werden mit den oft nur vordergründig gegen die deutschen Kriegsverbrecher gerichteten Angriffen in Wirklichkeit bittere innen- und aussenpolitische Gegensätze ausgetragen. Ausserdem gehört das [...] Wachhalten der Erinnerung an die deutsche Kriegsschuld und die Heldentaten der Résistance zum bewährten Repertoire der offiziellen französischen Innen- und bei passenden Gelegenheiten auch der Informations-Politik. Ob die Vereinbarung über die Erweiterung der deutschen Strafgerichtsbarkeit angesichts dieser komplexen Zusammenhänge die mit der Geschichte der französischen Résistance und Vorfällen wie denjenigen von Tulle, Oradour und den Partisanen-Erschiessungen in den Ardennen eng verknüpfte Belastung der deutsch-französischen Beziehungen verringern wird, muss daher dahingestellt bleiben."[599]

Unerschüttert von den Vorwürfen gegen seinen früheren Vorgesetzten wurde Otto Weidinger nicht müde, ihn zu verteidigen. Er verfasste Artikel in der *National Zeitung*,[600] Leserbriefe[601] und sandte ein Einschreiben an Bundesjustizminister Heinemann: Für den Fall französischer Bemühungen auf Regierungsebene, Lammerding vor ein deutsches Gericht zu bringen, wolle er ihn „orientieren" und ihm

---

Tülle [sic] und Orandeur-sur-Glane [sic] [...] mitverantwortlich gemacht." Kriegsverbrecher können noch einmal verfolgt werden, in: Westfälischen Rundschau, 8. 12. 1969. Vgl. auch Vertrag mit Paris über Verfolgung von Kriegsverbrechern, in: Westdeutsche Allgemeine Zeitung, 9. 12. 1969; Paris überläßt Deutschen die Strafverfolgung, in: Westdeutsche Allgemeine Zeitung, 3. 2. 1971, alle StAM, 45 Js 2/62, Bd. 5 (2106), Bl. 267, 268, 299.

[598] Ruete sah folgenden Grund für das Handeln der kommunistischen Partei: „Weil ihre Moskauhörigkeit ihr insbesondere nach dem sowjetischen Einmarsch in die Tschechoslowakei scharfe Kritik eingebracht hat, versucht sie bei jeder sich bietenden Gelegenheit, ihre Bedeutung für die französische Résistancebewegung herauszustellen." Ruete an AA, 22. 1. 1971, PA AA, B 83, 762.

[599] Ruete an AA, 22. 1. 1971, PA AA, B 83, 762.

[600] Otto Weidinger, Die Wahrheit über Oradour und Tulle, in: National Zeitung, 24. und 31. 1. 1969, BArch Ludwigsburg, B 162/20796, Bl. 46–49.

[601] Otto Weidinger, Lammerding und Oradour, in: FAZ, 27. 1. 1971, StAM, 45 Js 2/62, Handakten, Bd. 3 (2093), Bl. 66.

ermöglichen, „zwischen Propaganda und historischen Tatsachen zu unterscheiden".[602] Zu dem von Weidinger befürchteten Prozess kam es nicht. Mitte November 1970 zog das Ehepaar Lammerding in den bayerischen Landkreis Bad Tölz, wo der Bauunternehmer wegen einer „schweren Erkrankung" behandelt wurde.[603] In den folgenden Wochen wurde er zwei Mal in das städtische Klinikum Bad Tölz eingeliefert. Während das französische *Comité pour l'extradition et le jugement du General Lammerding* eine Pressekonferenz in Düsseldorf plante, bei der sie neben Tulle auch den Fall Oradour ansprechen wollte,[604] erlag der ehemalige General am 13. Januar 1971 im Bad Tölzer Klinikum einem Krebsleiden.[605] Laut *Münchner Merkur* ließ seine Witwe den Verstorbenen auf Anraten des behandelnden Arztes obduzieren, „um den von französischer Seite verbreiteten Gerüchten, Heinz Lammerding habe Selbstmord begangen, wirksam entgegentreten zu können".[606]

Als die Nachricht vom Tod Lammerdings bekannt wurde, hielt die Mehrheit der französischen Presse eine Falschmeldung oder gar seine Flucht für möglich.[607] Die Tageszeitung *France-Soir* schickte zwei Reporter nach Bayern und titelte schließlich „Der Mörder von Tulle und Oradour auf dem Totenbett" – darunter ein großformatiges Bild von Lammerdings Leichnam.[608] Wie ein roter Faden ziehe sich das Motto „Vergeben, aber nicht vergessen" durch die französische Presseberichterstattung, meldete Botschafter Ruete aus Paris.[609] Während die Presse der DDR sogleich vom Tod des „Schlächter[s] von Oradour" berichtete,[610] der „die gesamte Bevölkerung von Oradour sur Glane ermorden" habe lassen,[611] musste die Nachrichtenagentur *Agence France-Presse* (AFP) feststellen, dass die westdeut-

---

[602] Weidinger an Justizminister, Einschreiben, 26. 10. 1968, StAM, 45 Js 2/62, Handakten, Bd. 2 (2101), Bl. 152–155.
[603] Vgl. LKA München an ZStL, 20. 1. 1971, BArch Ludwigsburg, B 162/20795, Bl. 221; Fall Lammerding: Tod eines Doppelgängers?, in: Münchner Merkur, 26. 1. 1971, ebenda, Bl. 223, dort Zitat.
[604] Vgl. Agence France-Presse (AFP), L'affaire Lammerding, 9.1.[1971], PA AA, B 83, 762; Endlich die Mörder ausliefern!, in: Der Morgen, 12. 1. 1971, BStU, MfS, HA IX/11, ZUV 66, Bd. 40 (ehem. AK 3), Bl. 55.
[605] Vgl. LKA München an ZStL, 20. 1. 1971, BArch Ludwigsburg, B 162/20795, Bl. 221. Als Todesursache wurde den Beamten lediglich mitgeteilt, Lammerding sei eines natürlichen Todes gestorben, nähere Auskünfte mit Verweis auf die ärztliche Schweigepflicht verweigert. Zur Krebserkrankung als Todesursache: Delarue, Trafics (1993), S. 496. Dort auch weitere Details zur Erkrankung und zum Sterben Lammerdings, allerdings mit anonym bleibender Quelle.
[606] Fall Lammerding: Tod eines Doppelgängers?, in: Münchner Merkur, 26. 1. 1971, BArch Ludwigsburg, B 162/20795, Bl. 223.
[607] Vgl. Fernschreiben Ruete, 14. 1. 1971, PA AA, B 24, 659, Bl. 273 f.
[608] Claude Vincent, Le bourreau de Tulle et d'Oradour sur son lit d'agonie, in: France-Soir, o. D., PA AA, B 83, 762.
[609] Fernschreiben Ruete, 15. 1. 1971, PA AA, B 24, 659, Bl. 275 f.
[610] Vgl. Schlächter von Oradour, Lammerding, gestorben, Beitragsmanuskript, Deutschlandsender, 14. 1. 1971, BStU, MfS, HA IX/11, ZUV 66, Bd. 40 (ehem. AK 3), Bl. 78. Lammerding sei der „Henker von Tulle und Oradour-sur-Glane", hieß es in: Nazihenker sterben in der BRD in ihrem Bett, Organ und Datum nicht angegeben, ebenda, Bl. 44.
[611] Kriegsverbrecher Lammerding gestorben, in: Neue Zeit, 14. 1. 1971, BStU, MfS, HA IX/11, ZUV 66, Bd. 40 (ehem. AK 3), Bl. 43.

schen Blätter die Nachricht „diskret" meldeten. Die *Bildzeitung* habe sich völlig darüber ausgeschwiegen, die *Rheinische Post* als einzige der großen Tageszeitungen – und allein aus lokalem, nicht politischem Interesse an Lammerding – einen Korrespondenten nach Bayern geschickt, die *Frankfurter Rundschau* – „die man als ‚links' einstufen kann" – der Meldung gerade einmal vier Zeilen gewidmet.[612] Die Rolle Lammerdings an der Spitze der Division „Das Reich", so *Le Monde* wenige Tage später, sei in der bundesdeutschen Presse nicht erwähnt worden. Das Blatt ordnete deren „bemerkenswerte Diskretion" in den „kühlen Empfang" ein, den die westdeutsche Presse der bevorstehenden Unterzeichnung des Zusatzabkommens bereitet habe.[613]

Auf den Schock über Lammerdings Tod so kurz vor der Unterzeichnung des Zusatzabkommens folgte die Empörung über sein Begräbnis. Der Düsseldorfer Lokalpresse zufolge hatten sich mehrere hundert Menschen auf dem dortigen Nordfriedhof eingefunden, unter ihnen zahlreiche Waffen-SS-Veteranen, die aus der gesamten Bundesrepublik angereist waren. Die französischen Medien druckten Bilder des großen Kranzes seiner früheren Divisionskameraden, der in den Farben Schwarz, Weiß und Rot gehalten war, und berichteten von der Grabrede eines ehemaligen SS-Offiziers, bei dem es sich höchstwahrscheinlich um Otto Weidinger handelte (vgl. Abb. 10).[614] Demnach nannte er den Verstorbenen einen „hervorragenden Offizier und guten Soldaten" und fügte an: „Nach dem Krieg wurde er als spätes Opfer der Affäre von Tulle gejagt. Die Verantwortung für die Tragödien von Tulle und Oradour muß Tausenden von Franzosen und Tausenden von Deutschen zugeschrieben werden. Man könnte vieles über das sagen, was die ‚Maquis' in jener Gegend gemacht haben: es war unmenschlich und kann vor diesem Grab nicht beschrieben werden. Im Interesse der Sicherheit deutscher Soldaten und zur Vermeidung neuer Schlächtereien der ‚Maquis' mußte ein Exempel statuiert werden". Darüber hinaus war den französischen Blättern zu entnehmen, dass „Vertreter rechtsradikaler Studentengruppen" Lammerding am Grab „als ‚Beispiel für die deutsche Jugend' hingestellt" hätten.[615] Kurzum: Lammerding starb, wie er lebte: Bestätigt von seinen Kameraden, im Juni 1944 in Südwestfrankreich nicht schuldig geworden zu sein. In Frankreich aber, so bilanzierte die FAZ, habe die Presse „Aufwand und Reden bei der Beisetzung des ehemaligen SS-Generals" als „schwer verständlich und Schatten auf den Beziehungen beider Länder" bezeichnet.[616]

---

[612] Annonce discrète en R.F.A. de la mort de l'ex général Lammerding, AFP, 14.1.[1971], PA AA, B 83, 762.
[613] La mort de l'ancien général SS Lammerding est brièvement signalée dans la presse, in: Le Monde, 16. 1. 1971, PA AA, B 83, 762.
[614] Darauf lässt ein überliefertes Redemanuskript schließen, wenn die entsprechenden Stellen mit der weiter unten zitierten Passage auch nicht wörtlich übereinstimmen. „Am Grabe von General a. D. Lammerding am 19. 1. 1971", BArch Freiburg, N 756/389.
[615] Erregung über Nachrufe auf Lammerding, in: FAZ, 21. 1. 1971, BArch Ludwigsburg, B 162/20796, nicht paginiert.
[616] Erregung über Nachrufe auf Lammerding, in: FAZ, 21. 1. 1971, BArch Ludwigsburg, B 162/20796, nicht paginiert.

Abb. 10: *Otto Weidinger (rechts neben dem Trauerkranz) und weitere Veteranen der Waffen-SS bei der Beerdigung Heinrich Lammerdings am 19. Januar 1971 in Düsseldorf*
(BArch Koblenz, Bild 183-K0122-302-001)

Und Oradour? Auch dort war man überrascht und ungläubig angesichts Lammerdings plötzlichem Tod. Der drohenden Verjährung für Mord[617] in der Bundesrepublik offensichtlich gewahr, hatte sich der Hinterbliebenenverband mit einem Schreiben an den französischen Präsidenten und die zuständigen Minister ge-

---

[617] Tatsächlich war im ANFM-Sitzungsprotokoll – wie auch wiederholt in den Medien – von der „Verjährung von Kriegsverbrechen" die Rede. Hierzu und zum Folgenden: ANFM, Assemblée générale, 30. 3. 1969, Procès-verbal, ACMO, 5 FP 3.

wandt, von dem wir bislang weder den genauen Zeitpunkt – das Zeitfenster liegt zwischen April 1968 und Ende März 1969 – noch Inhalt kennen. Wie der Verbandsvorsitzende André Madehors bei der Mitgliederversammlung im März 1969 berichtete, war bisher allein eine Eingangsbestätigung eingegangen. Er versicherte jedoch, den Schritt vor dem Eintreten der Verjährung so oft wie nötig zu wiederholen und gegebenenfalls die Presse einzuschalten. Im Jahr darauf hielt das Protokoll der Mitgliederversammlung fest: „Wir werden die Maßnahmen mit dem Ziel, die Verurteilung der Verbrecher zu erreichen, vor der Verjährung der Kriegsverbrechen fortsetzen." Vor allem aber hieß es im Frühjahr 1970 nicht nur, der Anwalt der ANFM könne zu Rate gezogen werden, sondern auch – und einmalig in den Verbandsprotokollen – es könnte, „sofern erforderlich, eine Delegation in die deutsche Botschaft entsandt werden".[618]

Wie und mit welchem Ergebnis der Verband schließlich handelte, geht aus den Akten nicht hervor. Öffentlich sichtbar aber wurde das Engagement der ANFM bei der bereits genannten Kundgebung in Tulle – wenn auch ungewollt. Camille Senon, Überlebende des Massakers und in mehreren Verbänden aktiv, fürchtete seinerzeit, die ANFM würde sich angesichts der geplanten Manifestation „erneut im Namen eines sterilen Apolitismus zurückhalten". Sie habe deshalb beschlossen, „den Lauf der Dinge ein wenig durcheinanderzubringen, um der Aktion eine Chance zu geben". Hinter den Kulissen sorgte Senon dafür, dass die Einladung zur Teilnahme an der Demonstration unmittelbar vor der nächsten Vorstandssitzung bei der ANFM eintreffen würde. So wollte sie sicherstellen, dass der gesamte Vorstand über die Beteiligung entscheiden musste. Das Vorhaben gelang, und auf das positive Votum hin reisten mehrere Verbandsmitglieder nach Tulle. Die Absicht des Geschäftsführers, die Abordnung würde nicht auf der Tribüne Platz nehmen, scheiterte als der Präsident vor Ort öffentlich dazu eingeladen wurde und nicht ablehnen konnte.[619]

Lammerdings Tod und dessen Umstände hinterließen in Oradour Bitterkeit. „Gott, wenn es ihn überhaupt gibt, hat sich nicht gerade korrekt verhalten", äußerte ein Vertreter des Hinterbliebenenverbands in der Presse.[620] *Le Monde* zitierte Bürgermeister Lapuelle mit den Worten, man könne jemanden nach seinem Tod nicht belangen, aber es sei sehr schwer zu vergessen. Er denke, die Opferfamilien würden immer der Ansicht bleiben, dass der Gerechtigkeit nicht Genüge getan wurde.[621] Damit sprach Lapuelle bereits aus, was die ANFM im Protokoll ihrer nächsten Mitgliederversammlung festhielt:

„Anfang des Jahres 1971 hatten wir die Hoffnung, eine erneute Verurteilung des Generals, der für die Martyrien von Oradour-sur-Glane und Tulle verantwortlich war, zu erreichen. Die Schrit-

---

[618] ANFM, Assemblée générale, 22. 3. 1970, Procès-verbal, ACMO, 5 FP 3.
[619] Vgl. Perlier, Senon, S. 178–180, Zitate S. 179.
[620] Claude Vincent, Le bourreau de Tulle et d'Oradour sur son lit d'agonie, in: France-Soir, o. D., PA AA, B 83, 762.
[621] Vgl. La mort de l'ancien général SS Lammerding est brièvement signalée dans la presse, in: Le Monde, 16. 1. 1971, PA AA, B 83, 762.

te, die das Komitee von Tulle dazu unternommen und an denen sich der Verband im November 1970 beteiligt hatte, standen kurz vor dem Erfolg.
Die Nachricht vom Tod dieses Verbrechers betrachten wir alle mit Skepsis, denn sie kommt allzu passend, um ihn der Justiz zu entziehen. Es wurden Schritte zur Überprüfung der Identität des Toten unternommen.
Seit 1953 sind wir durch die länger zurückliegenden und die jüngsten Ereignisse zu der Überzeugung gelangt, dass es keine Gerechtigkeit geben wird. Es erinnert uns an den Prozess von Bordeaux mit dem anschließenden Amnestiegesetz und an den 20. Februar 1953, an dem die unseren Opfern verliehene Ehrenlegion an den Präfekten der Haute-Vienne zurückgegeben wurde, weil sie für sie keine Bedeutung mehr hatte. Und es erinnert uns an unsere Versammlung am 8. März 1953, an deren Ende wir einstimmig beschlossen haben, der Asche unserer Eltern und Freunde selbst ein Grab zu geben. Ihre Grabstätte ist errichtet und wird von uns mit großer Hingabe gepflegt. [...]
Die beiden Tafeln werden entfernt und durch eine Keramiktafel ersetzt, auf der stehen wird, von welcher Einheit und unter welchem Anführer das Verbrechen verübt wurde.
Der Text der anzubringenden Tafel, die die Weigerung, Gerechtigkeit walten zu lassen, erklären soll, wird noch geprüft."[622]

Auch in Oradour, so zeigt die Passage, traute man der Nachricht von Lammerdings Tod nicht und hatte gar Schritte unternommen, um sie zu prüfen. Zu auffällig nah lagen Todeszeitpunkt und Abschluss des Zusatzabkommens zusammen. Für den Verband war Lammerding ungeachtet der Ergebnisse des deutschen Ermittlungsverfahrens der Verantwortliche für das Massaker in Oradour, und die große Bedeutung, die die ANFM seinem Tod zumaß, zeigt sich daran, dass sie ihn in eine Reihe mit dem Bordeaux-Prozess und der kurz darauf erfolgten Amnestie stellte, sowie der bitteren Überzeugung, dass es „keine Gerechtigkeit geben werde" (*justice ne sera pas rendue*). Nie wieder, dies sei an dieser Stelle vorweggenommen, wurde einem Ereignis der strafrechtlichen Verfolgung des Verbrechens diese Symbolkraft zugeschrieben. Dabei ist „zuschreiben" auch im wörtlichen Sinne zu verstehen, da der Verband den Namen Lammerdings als verantwortlichen Befehlsgeber wenn auch nicht in Stein meißeln, so doch auf Keramik schreiben wollte (vgl. das Buchcover dieser Studie).[623]

Blickt man auf die seit 1975, vor allem aber ab den 1990er Jahren erschienenen Publikationen von Überlebenden und Hinterbliebenen des Massakers, so wird deutlich, dass Lammerdings Straflosigkeit und sein „ruhiges Leben"[624] in der Bundesrepublik die verbindenden Elemente bei seiner Darstellung sind. Die juristische und politische Einordnung dieser Straflosigkeit bleibt dabei – sofern sie überhaupt unternommen wird – ungenau oder unvollständig, vor allem aber fehlt jeglicher Hinweis auf das Ermittlungsverfahren der bundesdeutschen Justiz gegen Lammerding in den 1960er Jahren.[625]

---

[622] ANFM, Assemblée générale, 4. 4. 1971, Procès-verbal, ACMO, 5 FP 3.
[623] Sarah Farmer vermutet, dass eine 1975 angebrachte Tafel von Einwohnern einer Stadt im Departement Yonne ihre Erklärung im Tod Lammerdings hat. Auf ihr hieß es u. a.: „Schande über das heutige Deutschland, das leider die Pronazi-Formationen wieder aufleben lässt und die ehemaligen Hitler-Monster schützt." Allerdings geht Farmer fälschlicherweise davon aus, dass Lammerding 1975 verstarb. Farmer, Oradour, S. 276 (Anm. 36).
[624] Hébras, Comprendre.
[625] Vgl. Hébras, Comprendre; Hébras, Drame, S. 33; Hivernaud, Histoire (1975), S. 124; Hivernaud, Histoire (1977), S. 78; Hivernaud, Histoire (1988), S. 74; Perlier, Senon, S. 91, 178, 180; Valade, Oradour, S. 54.

Drei Wochen nach Lammerdings Tod wurde das Zusatzabkommen unterzeichnet. Tatsächlich jedoch hätte Lammerding zu diesem Zeitpunkt keineswegs von den deutschen Justizbehörden verfolgt werden können, denn es sollte noch vier weitere Jahre dauern, bis mit der Ratifizierung des Abkommens der Weg für die deutsche Justiz frei war, um gegen in Frankreich in Abwesenheit verurteilte Deutsche zu ermitteln. Während sich in Deutschland und Frankreich Presse und Öffentlichkeit vor allem über den Fall Lammerding echauffierten und zu lesen war, er sei auch wegen des Massakers in Oradour in Abwesenheit verurteilt worden, legte die deutsche Justiz ihr Augenmerk im Fall Oradour schon zwei Jahre vor Lammerdings Tod und dem Abschluss des Zusatzabkommens auf Otto Kahn. Bei einer Besprechung im Düsseldorfer Justizministeriums mit den Zentralstellen zur Bearbeitung von nationalsozialistischen Massenverbrechen im Dezember 1968 erfuhren die Anwesenden nicht nur, dass die französische Regierung gerade prüfe, ob unter anderem im Fall Lammerding/Tulle auf die Sperrklausel des Überleitungsvertrags verzichtet werden solle. Das Ministerium machte darüber hinaus darauf aufmerksam, „daß ein derartiger Verzicht möglicherweise auch hinsichtlich des Beschuldigten Kahn wegen des Verdachts der Beteiligung an der Tötung der Einwohner des Dorfes Oradour-sur-Glane" infrage komme. Bereits jetzt solle deshalb untersucht werden, inwieweit er konkret belastet sei.[626] Die ZStD bat daraufhin beim nordrhein-westfälischen Innenministerium um Einsichtnahme in die dort bei der Überprüfung von Kahns Versorgungsanspruch entstandenen Unterlagen und beauftragte das LKA mit Ermittlungen zu Kahns persönlichen Verhältnissen.[627] Die ZStD-Korrespondenz der folgenden Jahre zeigt, dass man Kahn zu jenen Fällen zählte, die beim Wegfall der Sperrklausel wieder aufzunehmen waren. Bis dahin jedoch blieb er quasi in der Warteschleife, und die kommenden Jahre geschah nichts, außer dass sich die Dortmunder Ermittler mehrmals versicherten, dass Kahn den Wohnort nicht gewechselt hatte.[628]

Bei einer Besprechung des Falls am 4. September 1975 wies die Generalstaatsanwaltschaft die Dortmunder Zentralstelle schließlich an, die Ermittlungen im Fall Oradour aufzunehmen.[629] Erneut nahm die bundesdeutsche Justiz Kurs auf ein Oradour-Verfahren. Es sollten die bis dahin ausführlichsten in der Bundesrepublik geführten Ermittlungen zum Massaker des 10. Juni 1944 werden.

---

[626] Verfügung, 12. 12. 1968, StAM, 45 Js 2/62, Handakten, Bd. 2 (2101), Bl. 148. Es geht aus der Verfügung nicht explizit hervor, ob es sich um das Landesjustizministerium NRW handelte, es ist aber anzunehmen.
[627] Vgl. Verfügung, 12. 12. 1968, StAM, 45 Js 2/62, Handakten, Bd. 3 (2093), Bl. 1 f.; Verfügung Stahlschmidt, 20. 3. 1969, ebenda, Bl. 26 f.
[628] Vgl. u. a. Hesse an Justizminister NRW, 11. 1. 1971, StAM, 45 Js 2/62, Berichtsheft, Bd. 2 (2092), Bl. 138–140; Verfügung Carree, 28. 8. 1974, ebenda, Bl. 146 f.; Vermerk Kästner, 22. 8. 1974, ebenda, Bl. 148; Verfügung Nachtweh, 5. 2. 1971, ebenda, Bd. 5 (2106), Bl. 299a.
[629] Vgl. Verfügung Schlösser, 5. 9. 1975, StAM, 45 Js 2/62, Berichtsheft, Bd. 2 (2092), Bl. 168.

2.6 Das Ermittlungsverfahren gegen Kahn und andere

Fast viereinhalb Jahre ermittelten die Staatsanwaltschaft Dortmund und die dortige Zentralstelle[630] gegen Kahn, später gegen K. u. a. wegen der Tötung von mindestens 642 Männern, Frauen und Kindern und der versuchten Tötung einer unbekannten Zahl von Zivilpersonen in Oradour. Anders als im Verfahren gegen Lammerding, bei dem den deutschen Ermittlern im Rahmen eines Rechtshilfeersuchens Dokumente aus Frankreich geschickt wurden, war es den deutschen Staatsanwälten und Richtern aufgrund des Zusatzabkommens nun möglich, die fraglichen Akten bei Bedarf selbst einzusehen.[631] Auch in anderen Punkten unterschied sich das Verfahren von den vorhergegangenen bundesdeutschen Oradour-Ermittlungen: Der zuständige Staatsanwalt trug beinahe 400 Namen ehemaliger Angehöriger der 3. Kompanie und des Stabs des I. Bataillons des SS-Panzer-Grenadier-Regiments 4 „Der Führer" der 2. SS-Panzer-Division „Das Reich" zusammen, überprüfte eine noch höhere Anzahl und vernahm etwa 150 ehemalige Soldaten. Zum ersten Mal wurde damit in der Bundesrepublik ein Verfahren zum Gesamtkomplex Oradour geführt und nicht nur zu einer einzelnen Person ermittelt. Erstmals kam es darüber hinaus im Rahmen von Rechtshilfeersuchen zu Vernehmungen in Österreich und Frankreich, und in einigen Fällen wurden – auch dies ein Novum – Hausdurchsuchungen durchgeführt.

Dass trotz all dieser Bemühungen die Ermittlungen in keinem einzigen Fall in eine Anklageerhebung mündeten, ist erklärungsbedürftig. Hatte die deutsche Justiz gar kein Interesse an einer Anklage gegen Kahn, wie Jean-Jacques Fouché suggeriert?[632] Die Dortmunder Staatsanwaltschaft habe „die von Lammerding u. a. zu

---

[630] Die ZStD leitete das Verfahren (wieder) ein, sah jedoch ihre Zuständigkeit nicht gegeben, da „es sich bei der Erschießung der französischen Zivilpersonen um ein Kriegsverbrechen und nicht um ein nationalsozialistisches Massenverbrechen" handele. Mit dem Begriff „Massenverbrechen", so der frühere Leiter der ZStD, Ulrich Maaß, seien „in erster Linie die von der nationalsozialistischen Führung befohlenen Vernichtungsaktionen größeren Ausmaßes zu verstehen, wie zum Beispiel Exekutionen im Rahmen der ‚Endlösung der Judenfrage' und zur Beseitigung der sogenannten ‚potentiellen Gegner' des NS-Regimes". Charakteristisch für diese Akte sei „die Tatsache, dass in diesen Fällen eine Vielzahl von Menschen aus rassischen, völkischen oder politischen Gründen ohne Feststellung einer persönlichen Schuld getötet worden ist". Bevor die ZStD das Verfahren an die Staatsanwaltschaft Münster abgeben konnte – sie wäre aufgrund Kahns Wohnort zuständig gewesen –, beauftragte die GStA Hamm den LOStA in Dortmund mit der Wahrnehmung der Amtsverrichtung. Im Herbst 1978 ging das Verfahren an die ZStD zurück. Der zunächst für das Verfahren zuständige Staatsanwalt Piegsa wurde zusammen mit dem Verfahren von der ZStD zur Dortmunder Staatsanwaltschaft versetzt und zum 24. 1. 1977 wohl von Staatsanwalt Winfried Nitardy abgelöst. Letzterer wurde der Dortmunder Staatsanwaltschaft durch die GStA Hamm zugewiesen und folgte dem Verfahren, als es zurück an die ZStD ging. Die Wechsel sind dokumentiert in: StAM, 45 Js 11/78, Berichtsheft. Erstes Zitat: Barbrock an JM NRW, 17. 9. 1975, ebenda, Bl. 57 f.; weitere Zitate: Maaß, Zentralstelle, S. 14 (Anm. 6).

[631] Genauer gesagt, war diese Vereinbarung Teil eines zum Abkommen gehörenden Briefwechsels. Vgl. Brunner, Frankreich-Komplex, S. 274.

[632] Vgl. Fouché, Politique, S. 490. Zur begrenzten Quellenbasis von Fouchés Untersuchung vgl. Kapitel I.

Protokoll gegebenen Selbstrechtfertigungen weitgehend [übernommen]", vermerkte auch Ahlrich Meyer kritisch zur Einstellung des Verfahrens.[633] Tatsächlich decken sich die Ausführungen der Einstellungsverfügung zur Verantwortlichkeit des Massakers sowie dessen Vor- und Nachgeschichte im Wesentlichen mit jenen des Lammerding-Verfahrens: Diekmann überschritt den von Stadler erteilten Befehl, Bataillonskommandeur Kämpfe zu suchen bzw. zu befreien und ggf. Widerstandskämpfer gefangenzunehmen, indem er Exekutionen durchführen ließ, woraufhin Lammerding ein Kriegsgerichtsverfahren gegen ihn einleitete.[634] Obwohl man sich zu Beginn des Verfahrens aus den französischen Akten neue Informationen über die „Vorfälle" in Oradour erhoffte,[635] kam es in diesen Punkten zu keiner Erweiterung. Wieso also hielt man trotz unbeschränkter Akteneinsicht in Bordeaux an dieser Version fest? Und welche Rolle spielte diese Einordnung des Massakers für das Verfahren? Auffällig ist darüber hinaus der anklagende, nahezu aggressive Tonfall der Einstellungsverfügung was das französische Oradour-Verfahren betrifft. Wiederholt wird dort auf die fehlende Beweiskraft der französischen Abwesenheitsurteile verwiesen sowie auf unlautere Vernehmungsmethoden bis hin zu körperlicher Gewalt, zu denen es im Rahmen des Ermittlungsverfahrens gekommen sei. Worauf basierten diese Einschätzungen und welche Rolle spielten sie für die Verfahrenseinstellung? Schließlich: Welche weiteren Faktoren verhinderten eine Anklageerhebung?

Otto Kahn

Beim Blick auf das Ermittlungsverfahren lassen sich drei Phasen ausmachen: Die erste dauerte etwa eineinhalb Jahre und endete mit der Übersendung der französischen Unterlagen an die Dortmunder Staatsanwaltschaft im März 1977. Bereits im August 1975 hatte die ZStL für die Dortmunder Kollegen um Einsichtnahme in die französischen Akten gebeten.[636] Zum gleichen Zeitpunkt teilte die GStA Hamm der ZStD mit, das Verfahren gegen Kahn sei unabhängig von der Ludwigsburger Anfrage „beschleunigt fortzuführen" und es sei „umgehend" zu prüfen, „welche Ermittlungen bereits vor Eingang der französischen Unterlagen durchgeführt werden können".[637] Der verantwortliche Dezernent Piegsa beim Leitenden Oberstaatsanwalt Dortmund – der das Verfahren zwischenzeitlich übernommen hatte – arbeitete sich in das Verfahren ein und unternahm die gewünschte Prü-

---

[633] Meyer, Oradour, S. 184. Vgl. auch hier zu den von Meyer herangezogenen Quellen Kapitel I.
[634] Vgl. Verfügung Schacht, 28. 1. 1980, StAM, 45 Js 11/78, Handakten, Bd. 4, Bl. 89–137. Die Einstellungsverfügung wurde vom stellvertretenden Leiter der ZStD, Klaus Schacht, unterzeichnet, der Entwurf stammte von Staatsanwalt Nitardy. Vgl. Interview der Verfasserin mit Winfried Nitardy, 26. 4. 2010, Münster.
[635] Jordan an JM NRW, 15. 3. 1977, StAM, 45 Js 11/78, Berichtsheft, Bl. 122–125.
[636] Vgl. ZStL an die zuständige Behörde der Französischen Republik, 21. 8. 1975, StAM, 45 Js 11/78, Berichtsheft, Bl. 35–51. Im November 1975 erging der positive Bescheid des französischen Außenministeriums. Vgl. Botschaft der Bundesrepublik Deutschland, Paris, an AA, 17. 11. 1975, ebenda, Bl. 78 f.
[637] Der GStA, i. A. Quade, an Leiter ZStD, 25. 8. 1975, StAM, 45 Js 11/78, Berichtsheft, Bl. 34.

fung.⁶³⁸ Im Ergebnis konstatierte Oberstaatsanwalt Jordan im Februar 1976, zusätzliche Ermittlungen vor der Auswertung der französischen Unterlagen erschienen „unzweckmäßig". Jüngste Aktenauswertungen in einem anderen Verfahren hätten gezeigt, dass „bei Durchsicht der französischen Militärgerichtsakten die aufwendigen vorweggenommenen Ermittlungsarbeiten häufig durch das Auffinden von Dokumenten und sonstigen Angaben zu Personen und Orten gegenstandslos" würden.⁶³⁹ Im Herbst desselben Jahres reiste Piegsa nach Bordeaux, wo er nahezu zwei Wochen die Akten des französischen Oradour-Verfahrens einsah und zahlreiche Kopien bestellte. Die Übersendung der Unterlagen ließ bis ins kommende Frühjahr auf sich warten. Dennoch hieß es in einem Arbeitsvermerk vom 15. Dezember 1976 erneut mit Verweis auf die so vermeidbare Mehrarbeit, eine „Förderung des Verfahrens vor Eingang dieser Aktenauszüge" sei „unzweckmäßig".⁶⁴⁰ Erst im März 1977 und damit eineinhalb Jahre nach der Wiederaufnahme der Ermittlungen trafen die französischen Akten in Dortmund ein⁶⁴¹ – fünf Wochen später war Otto Kahn tot.⁶⁴²

Damit war der ranghöchste Offizier der 3. Kompanie und die zentrale Figur des Dortmunder Verfahrens verstorben, ohne dass er sich je vor einem Gericht für das Massaker in Oradour hatte verantworten müssen. So groß die öffentliche Empörung über die Straflosigkeit Lammerdings und dessen Nachkriegsleben war, so gering war sie im Fall Kahns. Und dies obwohl es an seiner Beteiligung an dem Massaker – im Gegensatz zur Rolle Lammerdings – keine Zweifel gab und seine Vita nach 1945 alle Voraussetzungen für einen veritablen Skandal erfüllte. Dass es dennoch zu keiner vergleichbaren öffentlichen Entrüstung kam, dürfte anfänglich daran gelegen haben, dass über Kahns Schicksal nichts bekannt war. Doch selbst als die bundesdeutsche Justiz auf den früheren Kompanieführer aufmerksam wurde, sein Leben nach 1945 rekonstruieren konnte und gegen ihn ermittelte, gelangte nicht an die Öffentlichkeit, wie er den Krieg überlebt und sich anschließend in einem neuen Leben eingerichtet hatte.

Nach dem Massaker in Oradour führte Kahn zunächst weiter die 3. Kompanie, wurde jedoch kurz darauf zwei Mal verwundet, am 8. August 1944 schwer.⁶⁴³ Durch ein Explosivgeschoss verletzt, verlor er seinen linken Arm und musste die Führung seiner Einheit abgeben. Nach seiner Genesung wurde er als Bataillonskommandeur bei Ausbildungseinheiten und im letzten Kriegsjahr noch im da-

---

⁶³⁸ Vgl. Jordan an JM NRW, 18. 11. 1975, StAM, 45 Js 11/78, Berichtsheft, Bl. 70 f.
⁶³⁹ Sachstandsvermerk [wahrscheinlich Jordan], 19. 2. 1976, StAM, 45 Js 11/78, Berichtsheft, Bl. 86 f.
⁶⁴⁰ Arbeitsvermerk für 10 Js 1118/75, 15. 12. 1976, StAM, 45 Js 11/78, Handakten, Bd. 1, nicht paginiert.
⁶⁴¹ Vgl. Jordan an JM NRW, 23. 5. 1977, StAM, 45 Js 11/78, Berichtsheft, Bl. 128 f.
⁶⁴² Vgl. Sterbeurkunde Otto Kahn, StAM, 45 Js 11/78, Bd. 2, Bl. 561.
⁶⁴³ Vgl. Vernehmungsprotokoll Otto Kahn, 13. 12. 1962, StAM, 45 Js 2/62, Bd. 2 (2097), Bl. 77–95. Fouché weist darauf hin, dass Kahn nach Diekmanns Tod und bis zu seiner eigenen Verletzung die Führung des I. Bataillons übernahm, dies aber während seiner Vernehmung nicht zu Protokoll gab. Vgl. Fouché, Oradour, S. 185; Fouché, Politique, S. 510.

maligen „Reichsprotektorat Böhmen und Mähren" eingesetzt, bei Kriegsende hielt er sich beim Höheren SS- und Polizeiführer in Prag auf. Dort in russische Kriegsgefangenschaft genommen, erfolgte bereits Ende desselben Jahres seine Freilassung. Keineswegs führte Kahns Weg nach Schweden, wie im Rahmen des Oradour-Prozesses in Bordeaux gemutmaßt wurde,[644] sondern über Österreich auf den Boden der späteren Bundesrepublik.[645] Während sich 1953 Ermittler, Justiz und Behörden dies- und jenseits des Rheins fragten, wo sich Kahn aufhielt, lebte er seit 1946 in der Nähe von Münster, wo er bis zu seinem Tod wohnen blieb.[646] Seine Wahl war nach dem Krieg wohl auf diesen Ort gefallen, weil er dort 1939 mit seiner Waffen-SS-Einheit untergebracht worden war. Mit seinem Zuzug ließ Kahn einen seinerzeit entstandenen Kontakt mit dem ehemaligen Textilwarenkaufmann F. wieder aufleben, der unter anderem wegen seines „Denunziantentums" in der NS-Zeit in Verruf geraten war. Im März 1946 bezog Kahn eine Wohnung des alten Bekannten und verbrachte des Öfteren Zeit mit ihm, gemeinsam besuchten sie Gastwirtschaften und zechten. Doch knapp ein Jahrzehnt nach Kriegsende kam es zu einer Wende in Kahns Leben. Inzwischen von seiner ersten Frau geschieden, zog er 1953 mit einer neuen Partnerin zusammen, die er 1954 heiratete. Einem Bericht des nordrhein-westfälischen LKA aus dem Jahr 1969 zufolge,[647] änderten sich mit seiner zweiten Ehe Umgang und Lebensart:

„Seitdem Kahn verheiratet ist, hat er sich grundlegend gewandelt. Er führt ein geordnetes Leben und widmet sich [...] nur noch seiner Familie. Durch seinen unauffälligen, fast vorbildlichen Lebenswandel hat Kahn in der Ortschaft Sympathien gewonnen und wird, evtl. mit einigen Ausnahmen, von den Einwohnern geschätzt."[648]

Laut Ermittlungsbericht war Kahn seinerzeit „korrekt gekleidet" und ging „täglich seiner Arbeit nach". Bereits seit mehreren Jahren arbeitete er als kaufmännischer Angestellter in Münster. Vor allem auf seine neue Familie konzentriert, vermied Kahn „jeden Verkehr in der Ortschaft", dem öffentlichen Leben in der Gemeinde

---

[644] So die Äußerung eines elsässischen Verteidigers. Vgl. Born für von Trützschler, 27. 1. 1953, PA AA, B 10, 2144.
[645] Vgl. Vernehmungsprotokoll Otto Kahn, 13. 12. 1962, StAM, 45 Js 2/62, Bd. 2 (2097), Bl. 77–95.
[646] Vgl. Bericht LKA NRW, 27. 3. 1969, StAM, 45 Js 2/62, Handakten, Bd. 3 (2093), Bl. 29–33; Sterbeurkunde Otto Kahn, StAM, 45 Js 11/78, Bd. 2, Bl. 561.
[647] Die ZStD beauftragte das LKA im März 1969 v. a. mit Blick auf eine mögliche Fluchtgefahr, Kahns persönliche Verhältnisse zu prüfen. Ziel war es zu entscheiden, ob Kahn bei einem Wegfall der Sperrklausel des Überleitungsvertrags umgehend in Haft zu nehmen war. Das LKA bilanzierte, mit einer Flucht sei nicht zu rechnen. Vgl. Verfügung Stahlschmidt, 20. 3. 1969, StAM, 45 Js 2/62, Handakten, Bd. 3 (2093), Bl. 26 f.; Bericht LKA NRW, 27. 3. 1969, ebenda, Bl. 29–33. Auch 1975 wurde wohl eine Inhaftierung erwogen, zu der es aber nicht kam. Vgl. Entwurf Verfügung, o. D., StAM, 45 Js 11/78, Handakten, Bd. 1, Bl. 7–9. Der Entwurf trägt das Aktenzeichen des Verfahrens gegen Lammerding und Kahn, der Inhalt zeigt hingegen, dass er nach der Ratifizierung des Zusatzabkommens verfasst wurde. Er muss also zwischen Januar und Mitte September 1975 – als das Verfahren ein neues Aktenzeichen erhielt – entstanden sein.
[648] Bericht LKA NRW, 27. 3. 1969, StAM, 45 Js 2/62, Handakten, Bd. 3 (2093), Bl. 29–33.

blieb er gänzlich fern. Darüber hinaus fanden die Ermittler keine Hinweise darauf, dass Kahn Kontakte zu früheren Einheitsangehörigen unterhielt, worauf auch Aussagen des Regiments- und Divisionszirkels hindeuten. Der frühere SS-Hauptsturmführer schien ganz mit dem Krieg abschließen zu wollen. Und doch bestimmten die Schatten der Vergangenheit wahrscheinlich noch immer einen Teil seiner Gegenwart: Nach wie vor weigerte sich Kahn, in die DDR und damit seine alte Heimat zu reisen.[649]

Weit vor dem Jahr 1969 und aus „unerfindlichen Gründen" wurde Kahns Beteiligung an dem Massaker in Oradour in seiner neuen Heimat bekannt. Doch über die Tatsache hinaus, dass er mindestens ein Mal „in beleidigender Form angesprochen" wurde, hatte diese Neuigkeit wohl keine Folgen.[650] Erst 1962 kam es zu der erwähnten Anzeige, die aufgrund der Sperrklausel des Überleitungsvertrags für Kahn keine strafrechtlichen Konsequenzen zeitigte.[651] In dem wiedereröffneten Dortmunder Verfahren nun war die Chance, zu einer Anklage zu kommen, besser als bei allen anderen bisher in der Bundesrepublik Beschuldigten, denn Kahn hatte in Oradour – so hielt die Dortmunder Einstellungsverfügung schließlich fest – unter anderem die Erschießung der Männer in den Scheunen und Garagen befohlen und war an der Tötung der Frauen und Kinder in der Kirche beteiligt.[652] Schon die französische Anklageschrift vor dem Militärgericht Bordeaux konnte auf zahlreiche Zeugenaussagen verweisen, aus denen hervorging, dass Kahn die 3. Kompanie vor Ort befehligt und „selbst die Befehle zu den Hinrichtungen und zu den Brandstiftungen erteilt" hatte.[653] Dem Plädoyer des Anklagevertreters zufolge hatte Kahn die Tötung der Frauen und Kinder sogar geleitet.[654] Wurde also mit der Entscheidung, das Verfahren gegen ihn vor dem Eingang der französischen Akten nicht weiter zu betreiben, und der damit einhergehenden 18-monatigen Verzögerung die Chance vertan, Otto Kahn anzuklagen und zu verurteilen? Diese Frage ist ohne Kenntnis von Kahns damaligen Gesundheitsstand nicht abschließend zu beantworten. Berücksichtigt man jedoch die Dauer der Ermittlungen gegen die anderen Beschuldigten und dass eine Abtrennung des Falls Kahn, der „im Zentrum der Ermittlungen" stand, dem zuständigen Staatsanwalt Winfried Nitardy zufolge nicht sinnvoll gewesen wäre und nie erwogen wurde,[655] so wäre das Verfahren auch bei sofortigem Ermittlungsbeginn kaum vor Kahns Tod zum Abschluss gekommen. Eine ungleich längere, nämlich vierjährige, Verzögerung kam

---

[649] Vgl. Bericht LKA NRW, 27. 3. 1969, StAM, 45 Js 2/62, Handakten, Bd. 3 (2093), Bl. 29–33. Die Ermittler hielten fest, (angeblich) habe Kahn in den ersten Jahren nach Kriegsende „auf Grund seiner früheren Zugehörigkeit zur Waffen-SS" nicht in die DDR ziehen wollen.
[650] Bericht LKA NRW, 27. 3. 1969, StAM, 45 Js 2/62, Handakten, Bd. 3 (2093), Bl. 29–33.
[651] Vgl. Kapitel IV.2.4.
[652] Vgl. Verfügung Schacht, 28. 1. 1980, StAM, 45 Js 11/78, Handakten, Bd. 4, Bl. 89–137.
[653] Anklageschrift, Vorgang Oradour-sur-Glane, Ständiges Militärtribunal Bordeaux, 1. 12. 1952, Übersetzung, StA Do, 45 Js 2/11, HA, Bd. 2, Bl. 778–830.
[654] Vgl. Plädoyer des Anklagevertreters, Fall Oradour-sur-Glane, TMP Bordeaux, Teil 1, 4. 2. 1953, Übersetzung, StA Do, 45 Js 2/11, 10. SB, Bd. 9/2.10, Bl. 5–52.
[655] Vgl. Interview der Verfasserin mit Winfried Nitardy, 26. 4. 2010, Münster.

durch die Verschleppung der Ratifizierung des Zusatzabkommens zustande, sodass die Straflosigkeit Otto Kahns auch den dafür verantwortlichen Politikern zuzuschreiben ist.

Von „Kahn u. a." zu „K[.] u. a."

Nach Kahns Tod ermittelte die Staatsanwaltschaft Dortmund gegen „K[.] u. a.". „Namensgeber" des Verfahrens war nun der 1922 geborene K., früher stellvertretender Gruppenführer der Aufklärungsgruppe des II. Zugs der 3. Kompanie und jetzt im Zuständigkeitsbereich der Staatsanwaltschaft Dortmund wohnhaft.[656] Als die französischen Akten in Dortmund eintrafen, hatte Winfried Nitardy das Verfahren bereits von Staatsanwalt Piegsa übernommen. Mit Nitardy begann ein junger Staatsanwalt die Ermittlungen, der sie mit Engagement und Akribie vorantrieb.[657] Das ist in vielen Akten erkennbar, etwa wenn er bei der Suche nach ehemaligen Soldaten zahlreiche Fahndungsmöglichkeiten nutzte,[658] oder in seiner Vor- und Nachbereitung von Vernehmungen.[659] Jahrgang 1941, war Nitardy Mitte dreißig, als ihm das Verfahren angetragen wurde, weder zuvor noch anschließend war er beruflich mit dieser Thematik befasst. Bei der Übernahme des Verfahrens stellte man ihm in Aussicht, es sei in etwa sechs Monaten abgeschlossen. Tatsächlich sollte Nitardy drei Jahre daran arbeiten, in denen er durch die gesamte Republik reiste. Seine Tätigkeit in der Dortmunder Zentralstelle bzw. die Zufriedenheit des zuständigen Generalstaatsanwalts mit seiner Arbeit, so Nitardy im Rückblick, förderte sein berufliches Weiterkommen oder um es in seinen Worten zu sagen, war der „Zugang" zu seinem „späteren Werdegang".[660]

Zurück zum Fortgang des Verfahrens: Die zweite Phase begann mit dem Erhalt der französischen Unterlagen und umfasste neben deren Auswertung auch die Personenrecherche und den Großteil der Zeugen- und Beschuldigtenvernehmungen. Sie dauerte zweieinhalb Jahre, bis Oktober 1979, eine Zeitspanne in der die Chancen, zu einer Anklage zu kommen, stetig schrumpften – obgleich die Auswertung der französischen Dokumente zur „namentlichen Feststellung zahlreicher Angehö-

---

[656] Vgl. Verfügung Nitardy, 27. 7. 1977, StAM, 45 Js 11/78, Bd. 3, Bl. 769–772; Sachstandsvermerk Nitardy, 30. 8. 1977, ebenda, Berichtsheft, Bl. 132 f.; Jordan an JM NRW, 28. 11. 1977, ebenda, Bl. 137 f. Im Juli 1977 war K.s Position zum Tatzeitpunkt noch nicht bekannt. Damals vorliegende Dokumente weisen ihn als stellvertretenden Gruppenführer der 1. Gruppe des I. Zugs aus.
[657] Interview der Verfasserin mit Winfried Nitardy, 26. 4. 2010, Münster.
[658] Zur Personensuche v. a.: StAM, 45 Js 11/78, Bd. 4 und Bd. 5. Deutlich wird Nitardys Engagement auch bei seiner Suche nach weiteren, 1953 nicht angeklagten französischen Kompaniemitgliedern. Vgl. Verfügung Nitardy, 5. 9. 1979, ebenda, Bd. 7, Bl. 2222–2225.
[659] Vgl. etwa die Vernehmungen in Frankreich unten.
[660] Nitardy wurde nach seiner Tätigkeit bei der ZStD schneller als üblich zur Erprobung an die GStA Hamm entsandt, die er erfolgreich absolvierte. Vgl. Interview der Verfasserin mit Winfried Nitardy, 26. 4. 2010, Münster, dort Zitat; E-Mail Winfried Nitardys an die Verfasserin, 14. 4. 2020.

riger der 3. Kompanie" geführt hatte.[661] Nachdem Nitardy alle ihm zur Verfügung stehenden Unterlagen ausgewertet hatte, reiste er nach Berlin, um in der WASt und dem *Berlin Document Center* (BDC) die Namen von über 400 ehemaligen Soldaten des Regiments 4 „Der Führer" zu überprüfen.[662] Bis zum Ende des Verfahrens schrumpfte diese Zahl auf 13 Beschuldigte: 168 der Überprüften waren tot oder vermisst, von weiteren 81 waren Schicksal und Aufenthalt nicht mehr zu klären; 19 der in Bordeaux in Anwesenheit Angeklagten lebten noch, gegen sie konnte jedoch nach Artikel 3 Absatz 3 Buchstabe b des Überleitungsvertrags nicht erneut ermittelt werden; über 100 Männer, deren Aufenthalt man hatte in Erfahrung bringen können, standen lediglich „wegen ihrer tatsächlichen oder mutmaßlichen Zugehörigkeit zum Stab des I. Bataillons und zur 3. Kompanie des Regiments ‚Der Führer' in dem Verdacht, an dem Massaker in Oradour beteiligt gewesen zu sein", sie bestritten allesamt, an dem Verbrechen beteiligt gewesen zu sein, was laut ZStD nicht zu widerlegen war, da niemand konkrete Beschuldigungen gegen sie erhob; von den 1953 in Bordeaux in Abwesenheit verurteilten 44 Männern – auf die das Zusatzabkommen abzielte –, waren 18 nicht mehr am Leben und 17 nicht ausfindig zu machen, sodass nur neun Beschuldigte blieben. Hinzu kamen vier weitere frühere Soldaten, die Nitardy als Mitglieder der 3. Kompanie oder des Bataillonsstabs festgestellt hatte und die einräumten, in Oradour gewesen zu sein.[663]

Weder unter den Beschuldigten noch unter den Identifizierten war A. Heinrich, der sich in den 1950er Jahren gestellt hatte.[664] Dieser war zwar noch am Leben, Nitardy aber machte nur einen Franz-Josef Heinrich ausfindig, der angab, niemals der 3. Kompanie oder dem Stab des I. Bataillons angehört zu haben.[665] Eine Geständnisbereitschaft, die auch nur annähernd der A. Heinrichs glich, legte keiner der Beschuldigten an den Tag: Drei bestritten, jemals in Oradour gewesen zu sein; acht räumten ein, am 10. Juni 1944 vor Ort gewesen zu sein, stritten aber jede Beteiligung am Massaker ab; ein weiterer machte von seinem Aussageverweigerungsrecht Gebrauch. Hier tritt ein zentraler Unterschied zu den Oradour-Verfahren in Bordeaux und Ostberlin zutage, in denen es zu Anklageerhebung, Prozess und Verurteilungen kam. In beiden Verfahren sahen sich Ermittler und Justiz Beschuldigten gegenüber, die – in Bordeaux immerhin zum Teil – gestanden, in Oradour Menschen getötet zu haben. Diesen Nachweis gegen die nun Beschuldigten zu erbringen, stellte sich für die ZStD als unmöglich heraus. Geschuldet war dies zum einen der Tatsache, dass sich die Staatsanwaltschaft auf keinerlei belastende Dokumente stützen konnte. Bereits 1952 hatte Colonel Gardon in seiner Anklageschrift zu den Betreffenden eingestanden, dass zu deren Rolle teils gar keine Informationen vorlagen und

---

[661] Jordan an JM NRW, 23. 5. 1977, StAM, 45 Js 11/78, Berichtsheft, Bl. 128 f.
[662] Vgl. Jordan an JM NRW, 28. 11. 1977, StAM, 45 Js 11/78, Berichtsheft, Bl. 137 f.; Sachstandsvermerk, 23. 2. 1978, ebenda, Bl. 141 f. Die hohe Zahl war der Tatsache geschuldet, dass die zugrunde liegenden Einheitslisten teilweise ein halbes Jahr vor dem Massaker datierten und die Einheiten danach aufgrund hoher Verluste aufgefrischt wurden.
[663] Vgl. Verfügung Schacht, 28. 1. 1980, StAM, 45 Js 11/78, Handakten, Bd. 4, Bl. 89–137.
[664] Vgl. zum Fall A. Heinrich Kapitel IV.2.3.
[665] Vgl. Vernehmungsprotokoll F. Heinrich, 24. 10. 1978, StAM, 45 Js 11/78, Bd. 5, Bl. 1470–1472.

in den anderen Fällen die Belastungen auf Zeugenaussagen beruhten.⁶⁶⁶ Die große Bedeutung der Belastungszeugen war das andere zentrale Problem des Dortmunder Verfahrens. Obwohl mit den in Bordeaux in Anwesenheit verurteilten Deutschen Zeugen zur Verfügung standen, die keine strafrechtliche Verfolgung mehr fürchten mussten, belastete keiner von ihnen die Beschuldigten.⁶⁶⁷ Im Mai 1978 musste die Staatsanwaltschaft bilanzieren, die weiteren Zeugenvernehmungen hätten „nur wenig zur Sachaufklärung beigetragen".⁶⁶⁸

Im Frühjahr 1979 beantrage Nitardy Durchsuchungsbeschlüsse für die Räumlichkeiten mehrerer Beschuldigter sowie die Anordnung der Beschlagnahme relevanter Fotografien, Personalunterlagen, Dokumente und weiterer Beweismittel.⁶⁶⁹ In drei Fällen konnte Fotomaterial sichergestellt werden.⁶⁷⁰ Der Staatsanwalt hatte es eilig gehabt mit den Durchsuchungen, denn er plante, vor allem die gefundenen Fotografien den französischen Zeugen vorzulegen.⁶⁷¹ Wie die in Bordeaux in Anwesenheit verurteilten Deutschen, hatten auch die in Bordeaux angeklagten Franzosen keine strafrechtliche Verfolgung mehr zu fürchten und waren damit objektive, gar ideale Zeugen.⁶⁷² Es nimmt deshalb nicht Wunder, dass Nitardy im Juni 1978 die französischen Behörden bat, die Adressen der ehemaligen Zwangsrekrutierten zu ermitteln, die „für den Fortgang der Ermittlungen wahrscheinlich bedeutsam" seien.⁶⁷³ Wie wichtig sie wurden, zeigt das Schreiben des stellvertretenden Leiters der ZStD, Klaus Schacht, an das Pariser Justizministerium, in dem er um die Vernehmung der Zeugen bat: „Da die Beschuldigten überwiegend eine Tatbeteiligung in Abrede stellen, ist es für die von mir zu treffende Entscheidung, ob Anklage gegen sie erhoben werden kann, erforderlich, die Zeugen zu den Einzelheiten der Ereignisse in Oradour-sur-Glane ergänzend zu vernehmen."⁶⁷⁴ Da man davon ausging, inzwischen mehr über das Massaker zu wissen als seinerzeit im französischen Ermittlungsverfahren, hoffte man, die ehemaligen Zwangsrekrutierten könnten – „konfrontiert mit neuen Erkenntnissen" – ergänzende Aussagen machen. Besonderes Gewicht kam der Vernehmung zweier Zeugen zu, hatten die-

---

666 Vgl. Anklageschrift, Vorgang Oradour-sur-Glane, Ständiges Militärtribunal Bordeaux, 1. 12. 1952, Übersetzung, StA Do, 45 Js 2/11, HA, Bd. 2, Bl. 778–830.
667 Vgl. hierzu folgende Vernehmungsprotokolle in StAM, 45 Js 11/78, Bd. 3: Wilhelm Blaeschke, 15. 8. 1977, Bl. 781–783; Fritz Pfeufer, 16. 8. 1977, Bl. 784–789; Wilhelm Böhme, 17. 8. 1977, Bl. 790–794; Erwin D., 18. 8. 1977, Bl. 795–798; Herbert Daab, 12. 10. 1977, Bl. 844–849; Hermann Frenzel, 12. 10. 1977, Bl. 850–855. Ebenfalls: Vernehmungsprotokoll Herbert Daab, 15. 2. 1978, ebenda, Bd. 4, Bl. 1050–1052.
668 Koch an JM NRW, 24. 5. 1978, StAM, 45 Js 11/78, Berichtsheft, Bl. 148 f.
669 Vgl. Verfügung Nitardy, 21. 3. 1979, StAM, 45 Js 11/78, Sonderband Durchsuchungen, Bl. 119–126.
670 Vgl. Bericht Ponthöfer, 4. 4. 1979, StAM, 45 Js 11/78, Sonderband Durchsuchungen, Bl. 146 f.; Bericht Dünwald, o. D., ebenda, Bl. 159; Vernehmungsprotokoll G., 5. 4. 1979, ebenda, Bl. 161 f.; Bericht Willmann, 5. 4. 1979, ebenda, Bl. 175–177.
671 Vgl. Verfügung Nitardy, 23. 3. 1979, StAM, 45 Js 11/78, Sonderband Durchsuchungen, Bl. 136–138.
672 Vgl. Interview der Verfasserin mit Winfried Nitardy, 26. 4. 2010, Münster.
673 Verfügung Nitardy, 30. 6. 1978, StAM, 45 Js 11/78, Berichtsheft, Bl. 150 f.
674 Schacht an JM Paris, 30. 11. 1978, StAM, 45 Js 11/78, Berichtsheft, Bl. 169–171.

se doch gelegentlich früheren Aussagen drei der Beschuldigten belastet.[675] Für Nitardy waren die Vernehmungen dringlich, in Straßburg hingegen verlief die Bearbeitung schleppend, was in Dortmund wiederum auf Unmut stieß. Als Nitardy in Straßburg zum wiederholten Mal den Stand der Dinge erfragte, teilte der zuständige Untersuchungsrichter mit, er werde sich jetzt, aus dem Urlaub zurück, dem Rechtshilfeersuchen widmen, verkündete aber gleichzeitig eine Straffung des Vernehmungsplans, da er „der Sache nicht so viel Zeit widmen könne, da er durch seine übrige Arbeit bereits ausgelastet sei".[676] Während Nitardys Aufenthalts in Straßburg begründete man die Verzögerungen mit organisatorischen Fragen und Schwierigkeiten.[677] Allerdings hatten zu diesem Zeitpunkt bereits mehrere Angehörige der französischen Justizbehörden gegenüber dem deutschen Staatsanwalt die „ausdrücklich als persönlich bezeichnete" Sorge angemeldet, „die Vernehmungen würden insbesondere bei der elsässischen Bevölkerung erhebliche Beunruhigung hervorrufen und nicht einschätzbare Gemütsbewegungen auslösen, wenn die Presse erwartungsgemäß die Sache aufgreife. Hierauf sei auch vermutlich die verzögerliche Behandlung des Rechtshilfeersuchens zurückzuführen. Darüber hinaus wurde bei den Gesprächen die Zweckmäßigkeit von Zeugenvernehmungen über 30 Jahre nach dem Tatgeschehen in Zweifel gezogen."[678]

Nitardys Reise nach Straßburg Ende Oktober 1979 markiert den Beginn der dritten und letzten Phase des Verfahrens. Das Einverständnis der Bundesregierung und des Straßburger Untersuchungsrichters ermöglichten ihm, bei den Vernehmungen anwesend zu sein.[679] Die Notwendigkeit seiner persönlichen Anwesenheit hatte die ZStD damit begründet, dass umfangreiche Kenntnisse des bisherigen Ermittlungsstandes notwendig seien, um das Wissen der Zeugen voll auszuschöpfen. Deren Darstellung würde den Rahmen eines Rechtshilfeersuchens sprengen.[680]

Die organisatorische und formale Bilanz der Vernehmungen war durchwachsen. Der zuständige Untersuchungsrichter empfing und betreute Nitardy „über das übliche Maß hinaus überaus zuvorkommend und herzlich".[681] Auch sei der Richter darum bemüht gewesen, den Sachverhalt aufzuklären. Allerdings habe er sich offensichtlich weder mit dem von ihm vorab übersandten noch dem vom Untersuchungsrichter selbst aus Bordeaux angeforderten Material vertraut gemacht. Als misslich habe sich auch herausgestellt, dass der französische Kollege die

---

[675] Vgl. Schacht an JM NRW, 30. 11. 1978, StAM, 45 Js 11/78, Berichtsheft, Bl. 166–168; Schacht an Monsieur le Procureur de la République b. d. Tribunal de Grande Instance de Strasbourg, 15. 3. 1979, ebenda, Bd. 6, Bl. 1951 f.
[676] Vgl. Verfügung Nitardy, 15. 6. 1979, StAM, 45 Js 11/78, Handakten, Bd. 1, Bl. 171 f.; Verfügung Nitardy, 13. 8. 1979, ebenda, Bl. 174 f., dort Zitat.
[677] Vgl. Weissing an JM NRW, 24. 10. 1979, StAM, 45 Js 11/78, Berichtsheft, Bl. 204–206.
[678] Weissing an JM NRW, 4. 7. 1979, StAM, 45 Js 11/78, Berichtsheft, Bl. 190 f.
[679] Vgl. BMJ an JM NRW, 8. 1. 1979, StAM, 45 Js 11/78, Berichtsheft, Bl. 180; Weissing an JM NRW, 4. 7. 1979, ebenda, Bl. 190 f.
[680] Schacht an JM NRW, 30. 11. 1978, StAM, 45 Js 11/78, Berichtsheft, Bl. 166–168.
[681] Weissing an JM NRW, 24. 10. 1979, StAM, 45 Js 11/78, Berichtsheft, Bl. 204–206.

von ihm erstellten, auf jeden Zeugen abgestimmten Vernehmungskonzepte nur teilweise genutzt habe. Die Mängel hätten größtenteils, doch nicht gänzlich, dadurch ausgeglichen werden können, dass sie sich vor jeder Zeugenvernehmung besprochen und der Untersuchungsrichter ihm ein Fragerecht bei den Vernehmungen eingeräumt hätte. Nitardy monierte außerdem die Neigung seines Kollegen, Zeugenaussagen als gesichertes Wissen zu protokollieren, selbst wenn sich die Zeugen nicht festlegen konnten. Da er nicht immer habe „korrigierend einzugreifen" können, berichtigte er die „in den Vernehmungsprotokollen ungenau oder unvollständig wiedergegebenen Angaben der Zeugen" in einem eigenen Vermerk.[682]

Inhaltlich war die Bilanz weitgehend negativ. Den ehemaligen Zwangsrekrutierten waren neben ihren elsässischen Kameraden vor allem Bataillonskommandeur Diekmann, Kompanieführer Kahn und der Führer der Aufklärungstruppe Boos, der sich als Franzose freiwillig zur Waffen-SS gemeldet hatte, im Gedächtnis geblieben.[683] Die gegen Kahn und Boos vorgebrachten konkreten Belastungen nutzten Nitardy nichts, denn Kahn war tot und Boos bereits in Bordeaux in Anwesenheit verurteilt worden. Auch andere, teilweise sehr präzise Beschuldigungen kamen zu spät, wie die Aussage, Gruppenführer Staeger habe eine alte, gehbehinderte Frau mit seiner Maschinenpistole erschossen[684] – Staeger war kurz nach dem Massaker gefallen.[685] Eindeutige Anschuldigungen waren jedoch die Ausnahme. Weit häufiger erklärten die Zeugen, sich nicht mehr an konkrete Personen oder Situationen zu erinnern oder widerriefen ihre früheren belastenden Aussagen.[686] Neben der Angabe, sich nicht mehr erinnern zu können, dürfte eine Rolle gespielt haben, dass sich einige Zeugen nicht mehr erinnern wollten. Denn während sich Untersuchungsrichter, Gerichtspräsident und der Leiter der Staatsanwaltschaft „jeder wertenden Äußerung über das Ersuchen und das diesem zugrundeliegende Ermittlungsverfahren" enthielten,[687] „äußerte sich die Mehrzahl der vernommenen Zeugen kritisch zu dem Verfahren, insbesondere unter Hinweis auf den langen Zeitablauf seit dem Tatgeschehen". Zwei „weigerten sich anfangs sogar, überhaupt Angaben zu machen",[688] einer davon bezeichnete „die Durchführung eines Ermittlungsverfahrens über 30 Jahre nach der Tat und die im Zuge dieses Verfahrens durchzuführenden Zeugenvernehmungen als ‚Komödie'". Erst auf die Andro-

---

[682] Verfügung Nitardy, 22. 10. 1979, StAM, 45 Js 11/78, Bd. 7, Bl. 2234–2243.
[683] Vgl. die Vernehmungsprotokolle der französischen Zeugen in: StAM, 45 Js 11/78, Bd. 7, Bl. 2306–2364.
[684] Vgl. Vernehmungsprotokoll O., 8. 10. 1979, StAM, 45 Js 11/78, Bd. 7, Bl. 2342–2347.
[685] Vgl. Verfügung Schacht, 28. 1. 1980, StAM, 45 Js 11/78, Handakten, Bd. 4, Bl. 89–137. Zum Datum: Vermerk LKA NRW, EKHK Willms, Tatbeteiligte Einheitsangehörige des SS-Pz.Gren.Rgt. 4 „Der Führer", 20. 2. 2015, StA Do, 45 Js 2/11, HA, Bd. 16, Bl. 6295–6309.
[686] Vgl. etwa Vernehmungsprotokoll G., 3. 10. 1979, StAM, 45 Js 11/78, Bd. 7, Bl. 2324–2328.
[687] Weissing an JM NRW, 24. 10. 1979, StAM, 45 Js 11/78, Berichtsheft, Bl. 204–206.
[688] Verfügung für Schreiben Weissing an JM NRW, 24. 10. 1979, StAM, 45 Js 11/78, Berichtsheft, Bl. 200–203. Dieser Passus wurde nicht in das Schreiben übernommen.

hung einer Bestrafung durch den Untersuchungsrichter hin zeigten sich die beiden zu einer Aussage bereit.⁶⁸⁹

Überdies entzogen drei Zeugen früheren Aussagen die Gültigkeit, indem sie auf zweifelhafte bis unzulässige Vernehmungsmethoden hinwiesen, was der Untersuchungsrichter gar nicht protokollierte. Laut Nitardys Zusatzprotokoll berichtete einer der Vernommenen, ein „Teil der Aussagen habe den Tatsachen nicht entsprochen; manche Bekundungen habe er überhaupt nicht gemacht; z. T. seien sie unkorrekt wiedergegeben worden. Man habe nicht gewagt zu widersprechen. Die Vernehmungspersonen hätten die Elsässer eingeschüchtert und ihnen immer wieder wegen ihrer Teilnahme in Oradour und auch wegen ihrer Zugehörigkeit zur Waffen-SS Vorwürfe gemacht." Die beiden anderen äußerten sich ähnlich, wobei einer anfügte, „er sei damals von dem Polizeikommissar Arnet geschlagen worden".⁶⁹⁰ Widersprüchlichkeiten führten einzelne Zeugen auch auf ihre damals schlechten Französischkenntnisse oder darauf zurück, dass die Vernehmung vor Gericht unter großem zeitlichen Druck stattfand.⁶⁹¹

Ob die Vorwürfe der Nötigung und Misshandlung zutrafen, muss dahin gestellt bleiben. Sicher ist, dass die ZStD dem nordrhein-westfälische Justizministerium berichtete, es hätten sich bei den Vernehmungen „konkrete Anhaltspunkte" dafür ergeben, dass „die Aussagen in dem Oradour-Verfahren in Frankreich unter Anwendung unzulässiger Vernehmungsmethoden u. a. durch Schläge, zustande gekommen" seien.⁶⁹² Staatsanwalt Nitardy hielt die Angaben möglicherweise auch deshalb für glaubwürdig, weil er in Straßburg nicht das erste Mal mit entsprechenden Vorwürfen konfrontiert wurde. So versetzte die Vorladung als Zeuge ein ehemaliges Mitglied des I. Bataillons in solche Rage, dass er beantragte, in Gegenwart einer Person seines Vertrauens vernommen zu werden, und Nitardy schriftlich mitteilte, er sei 1950 von seiner „Ausbildungsstätte weg – unter dem Vorwand eines kurzen Verhörs – verhaftet und unter Umgehung der bundesdeutschen Gerichtsbarkeit nach Frankreich deportiert" worden. Monatelang sei er für seine Angehörigen verschollen gewesen und erst nach 13 Monaten Untersuchungshaft in Bordeaux wieder nach Deutschland entlassen worden. Untersuchungsrichter vor dem Militärgericht Bordeaux in seinem Fall, so war dem Schreiben zu entnehmen, war Capitaine Lesieur.⁶⁹³ Der frühere Regimentskommandeur Sylvester Stadler

---

⁶⁸⁹ Verfügung Nitardy, 22. 10. 1979, StAM, 45 Js 11/78, Bd. 7, Bl. 2234–2243.
⁶⁹⁰ Verfügung Nitardy, 22. 10. 1979, StAM, 45 Js 11/78, Bd. 7, Bl. 2234–2243.
⁶⁹¹ Vgl. Vernehmungsprotokoll G., 3. 10. 1979, StAM, 45 Js 11/78, Bd. 7, Bl. 2329–2332; Vernehmungsprotokoll S., 9. 10. 1979, ebenda, Bl. 2348–2360.
⁶⁹² Weissing an JM NRW, 24. 10. 1979, StAM, 45 Js 11/78, Berichtsheft, Bl. 204–206. Die Hammer GStA, über die der Bericht weitergeleitet wurde, versah ihn nach einem Telefonat mit dem Zentralstellenleiter mit der Angabe, einer der Zeugen „habe seine früheren Angaben über das Tatgeschehen mit der Erklärung widerrufen, er sei während seiner Vernehmung in dem Oradour-Verfahren in Frankreich geschlagen worden", weitere „hätten zu dem jetzigen Widerruf ihrer früheren Angaben erklärt, sie seien damals massiv bedrängt worden". GStA an ZStD, 23. 11. 1979, ebenda, Bl. 207.
⁶⁹³ N. an Leiter ZStD, 30. 11. 1978, StAM, 45 Js 11/78, Bd. 5, Bl. 1627 f.

schilderte Nitardy seine Vernehmung durch Lesieur in amerikanischer Kriegsgefangenschaft folgendermaßen: „Ich erinnere mich noch sehr genau daran, daß ich während der stundenlangen Vernehmung, die an zwei Tagen stattfand, stehen mußte. Außerdem bedrohte mich der Vernehmende laufend mit der Pistole. Diese setzte er mir auch an den Kopf. Damit wollte er erreichen, daß ich aussagte, ich hätte den Befehl zu dieser Aktion erteilt."[694] Ohne Lesieur von diesen Vorwürfen freisprechen zu können und zu wollen, ist gleichwohl darauf hinzuweisen, dass von der genannten Vernehmung Stadlers bislang kein Protokoll bekannt ist und keiner der im Rahmen des Dortmunder Verfahrens vernommenen Deutschen, die in Bordeaux in Anwesenheit verurteilt worden waren, ähnliche Vorwürfe äußerte.[695]

Was nun die Vernehmungen im Elsass anbelangt, so tat sich in einem Fall tatsächlich eine Möglichkeit auf: Ein in Oradour eingesetzter Franzose widersprach der Aussage eines Beschuldigten in einem zentralen Punkt. Von Nitardy daraufhin anberaumte Nachvernehmungen blieben jedoch erfolglos.[696] Damit war auch die letzte Chance, zu einer Anklage zu kommen, zunichte gemacht. Am 28. Januar 1980 stellte der stellvertretende Leiter der ZStD, Klaus Schacht, das Oradour-Verfahren ein. In den meisten Fällen war es das Zusammenwirken von drei Faktoren, das zur Einstellung führte: Erstens bestritten die Beschuldigten ihre Teilnahme an, ja sogar ihre Kenntnis von den Tötungshandlungen in Oradour. Der Großteil der Beschuldigten wollte entweder gar nicht vor Ort gewesen oder aber außerhalb des Dorfs eingesetzt gewesen sein. Mit der vermeintlichen Nichtbeteiligung an dem Massaker ging wiederholt eine moralische Distanzierung von dem Geschehen einher, bis hin zur Selbstdarstellung als Lebensretter. Zweitens gingen aus den französischen Akten keine konkreten Beschuldigungen hervor oder aber sie waren nach deutschem Strafrecht nicht mehr zu ahnden. Drittens schließlich wurden die Beschuldigten weder durch andere Zeugenaussagen noch durch sonstige Beweismittel belastet.[697]

Die Beschuldigten

Wer waren die Beschuldigten und wie war ihr Leben nach Kriegsende verlaufen? Geboren zwischen 1911 und 1928 waren die Männer bei ihrer bzw. ihren Verneh-

---

[694] Vernehmungsprotokoll Silvester Stadler, 18. 7. 1979, StAM, 45 Js 11/78, Bd. 6, Bl. 2070–2078.
[695] Vgl. StAM, 45 Js 11/78, Bd. 3, Vernehmungsprotokolle Wilhelm Blaeschke, 15. 8. 1977, Bl. 781–783; Fritz Pfeufer, 16. 8. 1977, Bl. 784–789; Wilhelm Böhme, 17. 8. 1977, Bl. 790–794; Erwin D., 18. 8. 1977, Bl. 795–798; Herbert Daab, 12. 10. 1977, Bl. 844–849; Hermann Frenzel, 12. 10. 1977, Bl. 850–855. Ebenfalls: Vernehmungsprotokoll Herbert Daab, 15. 2. 1978, ebenda, Bd. 4, Bl. 1050–1052.
[696] Vgl. Verfügung Nitardy, 6. 12. 1979, StAM, 45 Js 11/78, Bd. 7, Bl. 2245–2247; Verfügung Nitardy, 14. 12. 1979, ebenda, Bl. 2289. Bilanzierend zu den verschiedenen Zeugenaussagen die Einstellungsverfügung des Verfahrens: Verfügung Schacht, 28. 1. 1980, ebenda, Handakten, Bd. 4, Bl. 89–137.
[697] Vgl. Verfügung Schacht, 28. 1. 1980, StAM, 45 Js 11/78, Handakten, Bd. 4, Bl. 89–137.

mungen zwischen 51 und 67 Jahre alt.⁶⁹⁸ Zum Zeitpunkt des Massakers hatten sechs von ihnen einen Mannschaftsdienstgrad inne, einer stand im Rang des Unteroffiziers, vier im Offiziersrang.⁶⁹⁹ Unter ihnen waren der Bataillons-Arzt, ein Zug- und ein Gruppenführer sowie zwei stellvertretende Gruppenführer.⁷⁰⁰ Mehr als die Hälfte der Beschuldigten geriet in Kriegsgefangenschaft, mindestens fünf dürften bei ihrer Gefangennahme noch immer der 3. Kompanie oder dem Stab des I. Bataillons angehört haben. 1948 waren alle Männer wieder frei. Als die Beschuldigten im Rahmen des Dortmunder Oradour-Verfahrens vernommen wurden, waren bzw. arbeiteten sie als Metzger/Koch, Wiegemeister, Kraftfahrer, Tankwart, Hochbautechniker, Angestellter, Maschinenschlosser bei Bayer in Leverkusen und Sachbearbeiter bei einer Kreissparkasse. Ein weiterer war Arbeiter bei Volkswagen, aber seit einem Jahr krank, einer Augenarzt, einer bereits Pensionist. Der „Namensgeber" des Verfahrens war Polizeibeamter. Soweit entsprechende Angaben vorliegen, hatten die Betroffenen nach dem Krieg Familien gegründet, Kinder bekommen, einer der Beschuldigten hatte bereits Enkelkinder.

Im Folgenden wird auf die zentralen Gründe eingegangen, die zur Einstellung des Verfahrens führten, wobei sie anhand einzelner oder mehrerer Beschuldigter verdeutlicht werden. Vorauszuschicken ist, dass die Einstellung meist auf mehreren Gründen basierte, hier aber diejenigen fokussiert werden, die jeweils besonders deutlich hervortreten.

Die Problematik der Abwesenheitsurteile

Im deutschen Recht nicht bekannt, handelte es sich bei den französischen Kontumazurteilen „eher um eine[n] unbefristeten Haftbefehl" als um ein „wirkliche[s] Urteil in der Sache". Bei einer Verhaftung des Verurteilten hätte das verhängte Urteil nicht vollstreckt werden können, sondern ein neues Verfahren eingeleitet werden müssen.⁷⁰¹ Drei der untersuchten Fälle zeigen den Charakter dieser Urtei-

---

698 Wenn nicht anders angegeben, hierzu und zum Folgenden: Verfügung Schacht, 28. 1. 1980, StAM, 45 Js 11/78, Handakten, Bd. 4, Bl. 89–137, sowie die Vernehmungsprotokolle folgender Beschuldigter: K., 19. 8. 1977, ebenda, Bd. 3, Bl. 824–826; N., 19. 4. 1978, ebenda, Bd. 4, Bl. 1216–1226; St., 6. 4. 1978, ebenda, Bl. 1170–1175; C., 17. 2. 1978, ebenda, Bl. 1056–1063; B., 30. 5. 1978, ebenda, Bd. 5, Bl. 1297–1302; N., 27. 7. 1978, ebenda, Bl. 1379; N., 10. 8. 1978, ebenda, Bl. 1398; G., 3. 11. 1978, ebenda, Bl. 1535–1540; S., 8. 11. 1978, ebenda, Bl. 1547–1554; J., 23. 7. 1979, ebenda, Bd. 6, Bl. 2079–82; Sch., 15. 2. 1979, ebenda, Bl. 1859–1865; C., 21. 8. 1979, ebenda, Bd. 7, Bl. 2203–2208, N., 18. 12. 1979, ebenda, Bl. 2290–2295. Darüber hinaus: Niederschrift Prinesdom, 4. 7. 1979, ebenda, Bd. 7, Bl. 2159 f.; Rechtsanwälte Schneemann, Spangenberg pp an Leiter ZStD, 19. 3. 1979, ebenda, Bd. 6, Bl. 1955–1961; Verfügung Nitardy, 21. 3. 1979, ebenda, Sonderband Durchsuchungen, Bl. 119–126.
699 Vgl. Vermerk LKA NRW, EKHK Willms, Tatbeteiligte Einheitsangehörige des SS-Pz.Gren.-Rgt. 4 „Der Führer", 20. 2. 2015, StA Do, 45 Js 2/11, HA, Bd. 16, Bl. 6295–6309; Vernehmungsprotokoll B., 30. 5. 1978, StAM, 45 Js 11/78, Bd. 5, Bl. 1297–1302. Höchstwahrscheinlich niedrige Ränge inne hatten P. und J., vgl. dazu unten.
700 Unklar ist, ob die Position bei beiden stellvertretenden Gruppenführern bekannt war.
701 Vgl. Kapitel IV.2.2, Abschnitt „Deutsch-französischer Rechtskontext"; Zitat: Brunner, Frankreich-Komplex, S. 82.

le und die daraus resultierenden Probleme für die deutsche Justiz besonders deutlich. Wie alle anderen, waren auch die drei Beschuldigten, um die es im Folgenden geht, 1953 *in contumaciam* zum Tode verurteilt worden.

Der erste Beschuldigte, B., war der französischen Anklageschrift zufolge „Küchenchef", der Vorwurf dürftig: „Es scheint nicht, daß er eine andere Rolle gespielt hat, als die, am nächsten Tag nach dem Massaker nach Oradour zurückzukommen, um Vieh zu stehlen."[702] Obwohl also nur der Verdacht der Plünderung bestand, verhängte das Militärgericht die Höchststrafe. Bei seiner Vernehmung 1978 bestritt B. die Beschuldigung. Er räumte ein, einer Kompanie des Regiments „Der Führer" angehört zu haben,[703] wo er „von Anfang an in der Küche eingesetzt" gewesen sei. Er sei aber selbst nie in Oradour gewesen und habe „weder an der Aktion teilgenommen", noch sei er „später in dem Ort gewesen". Weder habe er Vieh aus dem Ort geholt, noch jemandem „einen entsprechenden Auftrag erteilt". B.s Aussagen zufolge blieb der Tross – und damit er – am 10. Juni 1944 im Quartier zurück. Nachdem er „das Mittagessen vorbereitet" hatte, habe der Spieß ihm mitgeteilt, „daß die Kompanie nicht essen würde, weil sie zu einer Übung ausrücken müßte".[704] In der Dortmunder Einstellungsverfügung spiegelt sich eine gewisse Entrüstung über die Verurteilung B.s: Aus den französischen Akten würden sich „keine konkreten Belastungen" ergeben, im Abwesenheitsurteil werde in seinem Fall „– wie auch bezüglich der übrigen 43 Verurteilten – ohne jede Begründung davon ausgegangen, daß [er] an den Massentötungen beteiligt" gewesen sei. Der Staatsanwalt bilanzierte darüber hinaus, die Aussage des Beschuldigten sei nicht zu widerlegen und sonstige Belastungen hätten sich nicht ergeben, das Verfahren gegen ihn sei daher einzustellen.[705]

Ähnlich dürftig war die französische Beweislage gegen P., von dem es in der Anklageschrift hieß, er sei der „Waffenfachmann" der 3. Kompanie gewesen. Gardon räumte seinerzeit ein, dass sich die Zeugen uneins über P.s Anwesenheit in Oradour seien und man über seine Rolle nichts wisse.[706] 1979 vom österreichischen Bundesministerium für Inneres vernommen, bestritt P., jemals in Oradour gewesen zu sein. Er sei Hauptgeräteverwalter bei der 3., dann der 16. Kompanie gewesen und am Tattag beim Regimentsgefechtstand mit verschiedenen LKW-Transporten beauftragt worden.[707] Die Staatsanwaltschaft bilanzierte, P.s Angabe,

---

[702] Anklageschrift, Vorgang Oradour-sur-Glane, Ständiges Militärtribunal Bordeaux, 1. 12. 1952, Übersetzung, StA Do, 45 Js 2/11, HA, Bd. 2, Bl. 778–830.
[703] B. erklärte, der 4. Kompanie angehört zu haben, seine Angaben zum Tattag lassen jedoch keinen Zweifel daran, dass er – zumindest zu diesem Zeitpunkt – zur 3. Kompanie bzw. deren Tross gehörte.
[704] Vernehmungsprotokoll B., 30. 5. 1978, StAM, 45 Js 11/78, Bd. 5, Bl. 1297–1302.
[705] Verfügung Schacht, 28. 1. 1980, StAM, 45 Js 11/78, Handakten, Bd. 4, Bl. 89–137.
[706] Anklageschrift, Vorgang Oradour-sur-Glane, Ständiges Militärtribunal Bordeaux, 1. 12. 1952, Übersetzung, StA Do, 45 Js 2/11, HA, Bd. 2, Bl. 778–830.
[707] P. ließ offen, wann genau er von der 3. zur 16. Kompanie wechselte. „Bereits während des Normandieeinsatzes" habe er der 16. Kompanie angehört. Niederschrift Prinesdom, 4. 7. 1979, StAM, 45 Js 11/78, Bd. 7, Bl. 2159 f.

nicht an dem Massaker beteiligt gewesen zu sein, sei nicht zu widerlegen. Wie die Einstellungsverfügung ausführte, bezeichneten mehrere Zeugen ihn zwar als Angehörigen der Waffenkammer, an konkreten Belastungen aber lag nur eine Aussage aus dem Jahr 1947 vor, der zufolge P. an dem Massaker in der Kirche beteiligt war. Doch weder wurde diese Beteiligung näher ausgeführt, noch kam der Zeuge in späteren Vernehmungen erneut darauf zu sprechen. Im Dortmunder Verfahren zog er seine frühere Anschuldigungen schließlich zurück. Nun wollte er sich nicht einmal mehr daran erinnern, daß P. überhaupt vor Ort gewesen war. Ähnlich wie bei B. folgerte die Staatsanwaltschaft, dass „mangels entgegenstehender Erkenntnisse von der Einlassung des Beschuldigten auszugehen" und das Verfahren einzustellen sei.[708]

Etwas anders lag der Fall bei J., und er war sicher nicht dazu angetan, Nitardys Bild von dem französischen Oradour-Verfahren zu verbessern. Die Ausführungen in Gardons Anklageschrift waren verhältnismäßig ausführlich, was jedoch keiner umfassenden Beweislast geschuldet war, sondern der problematischen Entwicklung bis zur Anklageerhebung: In Innsbruck wegen einer Erkrankung behandelt, wurde J. demnach im Oktober 1946 vernommen, da er keine Papiere bei sich hatte. Er gab zu Protokoll, an dem Massaker in Oradour beteiligt gewesen zu sein, dabei auf Menschen geschossen und die Frauen und Kinder „in die Kirche gestoßen" zu haben. Ein gutes Jahr später widerrief er sein Geständnis vor dem französischen Untersuchungsrichter und gab an, bei der Unterzeichnung seiner damaligen Aussage krank und kaum bei Sinnen gewesen zu sein. Außerdem habe man ihm im Fall eines Geständnisses die Freiheit versprochen. Die vernehmenden Innsbrucker Polizeiinspektoren wiesen den Vorwurf jeglichen Zwangs zurück. J. habe „spontan über Oradour gesprochen und Details über seine Mitwirkung an den Verbrechen geliefert". Doch bei der Gegenüberstellung mit anderen Einheitsangehörigen erkannte keiner von ihnen J. Darüber hinaus erhielt das Gericht eine Bestätigung, der zufolge der Beschuldigte im Juni 1944 als Mitglied der HJ mit einem Schnellkommando bei dem Polizeirevier 6 in Braunschweig[709] eingesetzt war. Dessen ungeachtet schloss die Anklageschrift mit dem Hinweis, J. sei „durch einen Irrtum repatriiert" worden.[710]

Im Juli 1979 von Staatsanwalt Nitardy vernommen, gab J. zu Protokoll, nie in Oradour gewesen zu sein. Seinen Angaben zufolge wurde er erst 1945 zur Waffen-SS - wohl in die Division „Horst Wessel" - eingezogen. Die Vorwürfe, die er gegen die französischen Vernehmungsbeamten erhob, waren gewichtig. Seiner Darstellung nach wurde er im Innsbrucker Krankenhaus von einem Franzosen verhaftet

---

[708] Verfügung Schacht, 28. 1. 1980, StAM, 45 Js 11/78, Handakten, Bd. 4, Bl. 89–137; Vernehmungsprotokoll Georg Boos, 13. 12. 1979, ebenda, Bd. 7, Bl. 2281–2288.

[709] Die etwas unklaren Angaben hierzu in der Anklageschrift werden zusammen mit J.s Vernehmungsprotokoll verständlich. Vgl. Vernehmungsprotokoll J., 23. 7. 1979, StAM, 45 Js 11/78, Bd. 6, Bl. 2079–2082.

[710] Anklageschrift, Vorgang Oradour-sur-Glane, Ständiges Militärtribunal Bordeaux, 1. 12. 1952, Übersetzung, StA Do, 45 Js 2/11, HA, Bd. 2, Bl. 778–830.

und verhört, nachdem man bei ihm eine Verleihungsurkunde für das Kriegsverdienstkreuz 2. Klasse und eine Verpflegungskarte seiner letzten Einheit gefunden hatte. Diese und spätere Vernehmungen – im Juli 1946 wurde er in das Militärgefängnis Bordeaux überstellt – wie auch die Haftbedingungen beschrieb J. drastisch: Verhöre über mehrere Tage, bei denen man ihm „unbedingt weismachen" habe wollen, er habe „an dem Massaker in Oradour teilgenommen"; Einzelhaft und „Dunkelkammer"; tage- und seitenlang habe er seinen Namen schreiben müssen. Seine Angaben bei der Innsbrucker Vernehmung „durch einen Franzosen" begründete J. damit, „derart bedrängt worden" zu sein, dass er schließlich seine Ruhe habe haben wollen und „zu allem Ja gesagt habe". Außerdem habe man ihm die Freiheit versprochen. Die Formulierungen in dem damaligen Protokoll würden von dem französischen Vernehmungsbeamten stammen. Völlig befremdlich schließlich muten J.s Angaben zu seiner Entlassung an:

„Eines Tages wurde ich in einen Raum geführt, in dem auf einem Tisch ein Kreuz und rechts und links davon je eine Kerze stand. Dahinter hatten ungefähr 4 französische Offiziere Aufstellung genommen. Man sagte mir, daß ich, wenn ich wirklich nicht in Oradour dabei gewesen wäre, dies dann beschwören sollte. Das habe ich auch getan.
[...]
Nach dem oben beschriebenen Schwur wurde ich von den Franzosen nie mehr behelligt. Im November 1948 wurde ich nach Deutschland gebracht und am 28. 11. 1948 aus dem Lager Münster in Westfalen entlassen."[711]

Davon abgesehen, dass die jüngsten Aussagen des Beschuldigten nicht zu widerlegen waren, sprachen für die ZStD mehrere Aspekte gegen seine Teilnahme an dem Massaker: die SS-Division „Horst Wessel" hielt sich zum Tatzeitpunkt nicht in Frankreich auf, J. war im Juni 1944 erst 15 Jahre alt und „schließlich stimmen seine Angaben über das Zustandekommen seines ‚Geständnisses' mit denen anderer Mitbeschuldigter und Zeugen [...] überein, wonach Vernehmungspersonen die Vernommenen, zum Teil durch Schläge, zur Abgabe falscher Erklärungen genötigt oder dies versucht haben". Da ihn darüber hinaus weder Zeugen noch andere Beweismittel belasteten, wurde auch das Verfahren gegen J. eingestellt.[712]

Im „Chor der Selbstgerechten und Unschuldsbeteuerer"[713]

In den Vernehmungsprotokollen von Beschuldigten, die einräumten, in Oradour gewesen zu sein, findet sich wiederholt die Aussage, sie seien dennoch nicht an dem Massaker beteiligt gewesen, hätten sich nicht schuldig gemacht und/oder seien nur außerhalb des Dorfs eingesetzt worden.

Der Beschuldigte G. etwa ließ sich bei seiner Vernehmung nur äußerst knapp, wenn auch deutlich zur Sache ein: Er habe zum Tatzeitpunkt der 3. Kompanie angehört, aber „in Oradour keinen einzigen Schuß abgegeben". Am „Tod der Zi-

---

[711] Vernehmungsprotokoll J., 23. 7. 1979, StAM, 45 Js 11/78, Bd. 6, Bl. 2079–2082.
[712] Verfügung Schacht, 28. 1. 1980, StAM, 45 Js 11/78, Handakten, Bd. 4, Bl. 89–137.
[713] Reichel, Nationalsozialismus, S. 52.

vilpersonen" sei er „rechtlich in keiner Weise schuldigt", er sei sich „jedenfalls keiner Schuld bewußt".[714] Um einiges ausführlicher sagte N. zu seinem Aufenthalt in oder vielmehr außerhalb Oradours aus. Seinen Angaben zufolge gehörte er von 1940 bis Kriegsende nahezu durchgängig zur 3. Kompanie und wurde im Frühjahr 1944 in Südfrankreich zum Fahrlehrer ausgebildet, um dann innerhalb der Kompanie selbst Fahrschüler auszubilden. Seine Position gab er mit der des stellvertretenden Schirrmeisters an, er habe zum Tross gehört. Während des Massakers in Oradour wollte sich N. durchgehend bei den Fahrzeugen aufgehalten haben und – vom Durchqueren der Ortschaft abgesehen – außerhalb des Dorfs. Mit Ausnahme von Schüssen, zunächst vereinzelte, sodann zahlreiche, die sich „wie eine regelrechte Schießerei" angehört hätten, wollte er von dem Geschehen so gut wie nichts gewusst und gesehen haben. Demnach wusste er nichts von der Lagebesprechung beim ersten Halt, nichts vom Ziel des Einsatzes, nichts vom Inhalt der Befehle an die ausschwärmenden Soldaten, nicht was im Dorf geschah. Angeblich hatte er weder Schützenpanzer noch das Zusammentreiben der Bewohner noch was später im Dorf geschah gesehen, weder Tote noch Flammen noch Rauch. Während N.s Angaben zum Gelände und der gefahrenen Strecke sehr präzise waren, machten seine Äußerungen zu dem Massaker den Eindruck, es habe weitab der Fahrzeuge und damit seiner Wahrnehmung stattgefunden. „Ich selbst", so ist schließlich im Protokoll zu lesen, „habe an keiner Tötungshandlung teilgenommen oder sonst wie gefördert [sic]. Ich habe dergleichen auch nicht gesehen". Informationen zum Einsatz wollte er erst im Quartier erhalten haben, wo erzählt worden sei, „daß man einen Partisaneneinsatz gemacht" und „daß es Rabatz gegeben hätte".[715]

Die Informationen der Anklageschrift des Bordeaux-Verfahrens waren auch in diesen beiden Fällen spärlich. Zu G. hieß es, einem Einheitsmitglied zufolge habe er „an der Gruppe Lauber teilgenommen, die an der Peripherie der Ortschaft aufgestellt wurde, um zu verhindern, daß irgend jemand die Ortschaft betritt oder verläßt." Noch dürftiger waren die Angaben zu N.: Er habe „innerhalb der Einheit mit[gewirkt]" aber „seine Rolle in Oradour" kenne man nicht.[716] Darüber hinaus lag kein Belastungsmaterial gegen N. vor. Das Abwesenheitsurteil gäbe, „wie in allen anderen Fällen, keine Aufschlüsse darüber, aus welchen Gründen es den Beschuldigten der angenommenen Teilnahme an dem Massaker für überführt" halte. Da er von niemandem belastet werde, sei seine Aussage nicht zu widerlegen, eine „Beteiligung an oder auch nur Kenntnis von Tötungshandlungen" sei ihm nicht nachzuweisen, das Verfahren einzustellen.[717]

Die Einstellungsverfügung argumentierte auch im Fall G., dass sich aus den französischen Akten keine konkreten Belastungen ergeben, „aus denen auf eine Teilnahme des Beschuldigten oder auch nur auf die Kenntnis von Tötungshand-

---

[714] Vernehmungsprotokoll G., 3. 11. 1978, StAM, 45 Js 11/78, Bd. 5, Bl. 1535–1540.
[715] Vernehmungsprotokoll N., 19. 4. 1978, StAM, 45 Js 11/78, Bd. 4, Bl. 1216–1226.
[716] Anklageschrift, Vorgang Oradour-sur-Glane, Ständiges Militärtribunal Bordeaux, 1. 12. 1952, Übersetzung, StA Do, 45 Js 2/11, HA, Bd. 2, Bl. 778–830.
[717] Verfügung Schacht, 28. 1. 1980, StAM, 45 Js 11/78, Handakten, Bd. 4, Bl. 89–137.

lungen geschlossen werden" könne, sodass ihm eine Beteiligung an der Tat nicht nachzuweisen sei. Einzustellen sei das Verfahren, weil er im Übrigen nicht belastet werde.[718] Womöglich wäre das Verfahren für G. nicht so glimpflich ausgegangen, hätte Nitardy zwei Beweismittel zur Verfügung gehabt, die in späteren Ermittlungsverfahren vorlagen. Zum einen fehlte ihm jene Kompanieliste, von der bereits die Rede war und die G. als stellvertretenden Führer der 3. Gruppe des I. Zugs auswies.[719] Zum anderen lagen der Ostberliner Prozess gegen Heinz Barth und dessen Aussagen als Führer des I. Zugs zum Einsatz seiner Gruppen und deren Mitglieder noch in der Zukunft.[720]

Ausgeschöpfte Ermittlungsmöglichkeiten?

Der Weg von der nachweislichen Anwesenheit eines Beschuldigten am Tatort bis zum Nachweis des Mords bzw. der Beihilfe zum Mord war, wie wir noch sehen werden, ein weiter. Es kann und soll anhand der folgenden Beispiele deshalb nicht suggeriert werden, die Dortmunder Zentralstelle hätte diesen Weg bei entsprechenden Ermittlungen zweifellos zurücklegen können. Sie machen indes deutlich, dass sie ihre Ermittlungsmöglichkeiten nicht in jedem Fall ausschöpfte und so die Chance vergab, Beschuldigte mit Ermittlungsergebnissen zu konfrontieren, die ihre Aussagen als Schutzbehauptungen entlarvt hätten. Hierfür hätte es unter anderem einer genaueren Analyse der Vorgänge in und um Oradour am Nachmittag des 10. Juni 1944 bedurft, wie etwa im Fall von Eduard St.

In Bordeaux weder angeklagt noch verurteilt, gehörte St. zum Tatzeitpunkt dem Stab des I. Bataillons des Regiments „Der Führer" an. Bei seiner Vernehmung im April 1978 beschrieb er sein Verhältnis zum Bataillonskommandeur als „gespannt", weshalb Diekmann ihn „irgendwie beschäftigt" habe, um ihn „praktisch kaltzustellen". Als er – noch vor dem Massaker in Oradour – die Gewalt gegen einen Franzosen kritisiert habe, sei es „praktisch zum endgültigen Bruch mit Diekmann" gekommen. Auch St.s Schilderung des Tattags enthielt das Moment der Distanz zum Bataillonskommandeur. Dieser habe ihm keinen Befehl erteilt, sondern allein dem „Kommandant des Schützenpanzers, in dem ich mitfuhr". Die Anweisung lautete St. zufolge, „ein paar Kilometer vor dem Ort Sicherungsposten zu beziehen", woraufhin der Schützenpanzerkommandant „an einem Haus weit außerhalb der geschlossenen Ortschaft" angehalten habe. Später habe er „aus der Ferne Salven" gehört, die „aus der Richtung des Ortes" gekommen seien, woraufhin sie versucht hätten, „die aufgeregten Hausbewohner zu beruhigen". Er selbst habe zwar das Gefühl gehabt, „daß in Oradour Schlimmes vor sich" gehe, aber versucht, „den Franzosen klarzumachen", dass sie von ihm „nichts zu befürchten" hätten. Auch St. wollte vor dem Einsatz nicht gewusst haben, was in Oradour ge-

---

[718] Verfügung Schacht, 28. 1. 1980, StAM, 45 Js 11/78, Handakten, Bd. 4, Bl. 89–137.
[719] Vgl. Kapitel IV.2.1.
[720] Vgl. Kapitel IV.3.2.

plant, und erst später erfahren haben, was dort geschehen war. Weiter gab er zu Protokoll, sie hätten schließlich einen verwundeten Soldaten mit dem Schützenpanzer nach Limoges gebracht, wo er selbst beim Regimentsgefechtsstand abgesetzt worden sei und dort die Nacht verbracht habe.[721] Damit gehörte auch St. zu den Beschuldigten, die sich weit vom Zentrum des Geschehens entfernt aufgehalten und kaum etwas gesehen und gehört haben wollten.

Wie der Staatsanwalt in der Einstellungsverfügung ausführte, bestätigten zwei ehemalige Einheitsangehörige, dass St. Oradour während des Einsatzes verlassen habe. Einer der beiden bescheinigte darüber hinaus, den Beschuldigten beim Regimentsgefechtsstand abgesetzt zu haben, meinte aber, sodann mit ihm gemeinsam nach Oradour zurückgekehrt zu sein. Es sei, so bilanzierte die Staatsanwaltschaft, „zugunsten des Beschuldigten davon auszugehen, daß er sich während des Massakers außerhalb des Ortes aufgehalten und von den Tötungen keine Kenntnis hatte". Sein kurzer Aufenthalt im Dorf bei der Abholung des Verletzten widerspreche dem nicht, da zu diesem Zeitpunkt die Erschießungen beendet und die Detonation in der Kirche schon erfolgt gewesen sei. Nach alledem könne dem Beschuldigten „das Tatgeschehen nicht angelastet werden", das Verfahren gegen ihn sei einzustellen.[722]

Von zentraler Bedeutung in St.s Aussage ist das Haus, in dem er sich am Nachmittag des 10. Juni 1944 aufhielt. Entgegen seiner Angabe, der Sicherheitsposten sei „ein paar Kilometer" von Oradour entfernt eingerichtet worden, lassen die örtlichen Gegebenheiten und etliche Zeugenaussagen den Schluss zu, dass es sich um das sogenannte Haus Sage handelte. Der Ort, an dem der Schützenpanzer stationiert wurde, müsste entsprechend Croix de Bordes gewesen sein, wo Soldaten einen Sicherungsposten einrichteten. Wie zwei junge Frauen im Rahmen des französischen Oradour-Verfahrens zu Protokoll gaben, hielten sie sich am Nachmittag des 10. Juni 1944 am und im besagten Haus auf, wo sie sich auch mit Soldaten unterhielten.[723] Vor diesem Hintergrund vernachlässigte die Schlussfolgerung der Staatsanwaltschaft, St. habe sich „während des Massakers außerhalb des Ortes aufgehalten und von den Tötungen keine Kenntnis" gehabt, einen wesentlichen Aspekt: Das Haus Sage bzw. der Sicherheitsposten lag an der *Route de Bordes*, die die logistische und taktische „Hauptschlagader" des Einsatzes darstellte: Dort waren die Fahrzeuge der Einheit abgestellt, dort wurden neben dem Sicherungsposten auch der Gefechtstand, Truppenverbandplatz und eine Art Verpflegungsstation eingerichtet und dort wurden die Mannschaften abends zusammengezogen. Vor allem bzw. damit einhergehend zeigten sich die dort eingesetzten Soldaten im Laufe des 10. Juni 1944 besonders aggressiv, indem sie auf mehrere Menschen schossen und einige davon töteten. Mehr noch: Für einen Teil dieser (versuchten) Tötungen waren die Männer eines oder mehrerer Schützenpanzer verantwortlich,

---

[721] Vernehmungsprotokoll St., 6. 4. 1978, StAM, 45 Js 11/78, Bd. 4, Bl. 1170–1175.
[722] Verfügung Schacht, 28. 1. 1980, StAM, 45 Js 11/78, Handakten, Bd. 4, Bl. 89–137.
[723] Vgl. Erkenbrecher, Studie, StA Do, 45 Js 2/11, 16. SB.

der bzw. die in diesem Bereich zirkulierte(n).[724] Wenn die Einstellungsverfügung von „den Tötungen" sprach, von denen St. keine Kenntnis gehabt habe, reduzierte sie das Massaker fälschlicher Weise auf die Vorkommnisse im Ort.

Im Fall des Beschuldigten Sch. zeigen die Erkenntnisse zum Vorgehen der Einheit am Tattag, dass er wohl bereits bei den Angaben zu seinem vermeintlichen Einsatzort log. Sch., der zunächst erklärte, er sei an dem Massaker nicht beteiligt gewesen und der Ortsname Oradour sage ihm nichts, räumte erst „nach erneuter Belehrung" durch Nitardy ein, „etwa eineinhalb Kilometer von einem Ort entfernt auf Vorposten" gewesen zu sein. Dort wollte er bis zur Abfahrt geblieben sein, darüber hinaus nicht viel gewusst haben und sich nur an wenig erinnern können: Bei der Abfahrt sei nicht gesagt worden, wohin sie aufbrächen und was geplant sei; er könne anhand des vorgelegten Fotos seinen Standort nicht bestimmen; er wisse nicht, was die Kompanie im Ort gemacht habe und wie die mit ihm postierten Soldaten geheißen hätten usf. Allerdings räumte der Beschuldigte ein, MG-Feuer gehört und Flammen gesehen zu haben, und berichtete schließlich auch von einer Explosion und Angstschreien, die wohl aus der Kirche gekommen seien. Aus diesem Grund habe er vermutet, dass „im Ort Ungeheueres vorging" und deshalb – befehlswidrig – mehrere ankommende Personen zurückgeschickt.[725]

Da Erich Sch. in Bordeaux weder angeklagt noch verurteilt worden war, lagen von dieser Seite keine Belastungen gegen ihn vor. Die Einschätzung der ZStD in seinem Fall war kurz und bündig: Seine Aussage sei nicht zu widerlegen und von ihr „zu Gunsten des Beschuldigten auszugehen, da konkrete Belastungen gegen ihn nicht vorliegen". Folglich sei auch das Verfahren gegen ihn einzustellen, „weil er von den Tötungshandlungen nichts gewußt hat".[726] Ob es der Dortmunder Zentralstelle tatsächlich gelungen wäre, Sch. ein strafrechtlich relevantes Verhalten nachzuweisen, muss dahingestellt bleiben und kann bezweifelt werden. Allerdings hätte sie den Nachweis führen können, dass seine Angaben zum Einsatzort falsch waren, und damit vielleicht die Mauer seiner Verteidigung ein erstes Stück weit einreißen. So zeigt die Rekonstruktion der am 10. Juni 1944 um Oradour eingesetzten Wach- und Absperrposten, dass an dem von Sch. angegebenen, so weit vom Dorf entfernten Ort keine Soldaten postiert waren. Auch wurden bei den entsprechenden Recherchen keine Personen bekannt, die dort von Soldaten zurückgeschickt wurden. Im weiteren Verlauf der von Sch. genannten Strecke lag zwar tatsächlich ein Sicherungsposten, allerdings war dieser nur etwa 340 Meter vom Ortseingang entfernt und impliziert eine völlig andere Sicht auf das Geschehen und ggf. auch auf Sch.s Beteiligung daran.[727]

Zweifellos war das von Nitardy geführte Ermittlungsverfahren das ausführlichste und engagierteste bundesdeutsche Oradour-Verfahren bis zur Jahrtausendwende. Die angeführten Beispiele zeigen gleichwohl, dass der Blick auf die Ereignisse

---

[724] Vgl. Erkenbrecher, Studie, StA Do, 45 Js 2/11, 16. SB.
[725] Vernehmungsprotokoll Sch., 15. 2. 1979, StAM, 45 Js 11/78, Bd. 6, Bl. 1859–1865.
[726] Verfügung Schacht, 28. 1. 1980, StAM, 45 Js 11/78, Handakten, Bd. 4, Bl. 89–137.
[727] Vgl. Erkenbrecher, Studie, StA Do, 45 Js 2/11, 16. SB.

außerhalb des Dorfs nicht umfassend war. Ein Vergleich mit den seit 2011 geführten Ermittlungen macht darüber hinaus deutlich, was unterblieb: Tatortaufnahmen, eigene Vernehmungen vor Ort, die Auswertung der Akten des Hinterbliebenenverbands. Um zu den genannten Erkenntnissen zu gelangen, hätten wohl auch die vorliegenden französischen Militärgerichtsakten gereicht. Ergänzt mit den Wortprotokollen des Bordeaux-Prozesses, die nicht der Militärjustiz, sondern der ANFM vorlagen, hätte sich jedoch ein noch deutlicheres Bild des Einsatzes rekonstruieren lassen.[728] Und doch darf ein wichtiger Faktor bei dieser Einschätzung nicht außer Acht gelassen werden: Nitardy führte das erste Oradour-Verfahren der ZStD allein, während die *Ermittlungsgruppe Nationalsozialistische Gewaltverbrechen* beim Landeskriminalamt Nordhein-Westfalen (LKA NRW), die ab 2011 für die Dortmunder Stelle im Fall Oradour ermittelte, bis zu einem Dutzend Mitarbeiter umfasste.[729]

Kenntnis

Wie schwierig es war, zu einer Anklage zu kommen, selbst wenn Beschuldigte einräumten, zur Tatzeit im Ort gewesen zu sein, zeigt der Fall C. Sein Beispiel illustriert darüber hinaus besonders deutlich das Problem der nicht nachweisbaren Kenntnis der Beschuldigten, dass in Oradour ein Massaker geplant war, ein Aspekt, der die Verfahrenseinstellung in mehreren Fällen (mit-)begründete.

Zunächst als Zeuge vernommen, gestand C. auf die entsprechende Frage hin umgehend ein, „mit der 3. Kompanie nach Oradour gefahren" und „bei den Ereignissen in diesem Ort anwesend" gewesen zu sein. Damit war der Verdacht der Beihilfe zum Mord gegeben und C. wurde als Beschuldigter weitervernommen. Folgt man seiner Darstellung, so näherte er sich mit seiner Gruppe zunächst querfeldein den ersten Häusern Oradours mit dem Auftrag, „die Bevölkerung aus den Häusern zu holen und in den Ort zu bringen". Sodann war er im Dorf als Wachposten eingesetzt, erst an der Hauptstraße mit der Order „niemanden herauszulassen, aber von aussenkommende [sic] hereinzulassen", dann in einer anderen Straße Richtung Kirche. Schließlich hielt er sich „in der Nähe der Kirche" auf, ohne sich an den Grund erinnern zu können. Eine „besondere Aufgabe" habe er seines Wissens dort „nicht zu erfüllen" gehabt.

C. hatte seinen Angaben zufolge verschiedenste Sequenzen des Massakers im Dorf gehört und gesehen. Er war Augenzeuge, als „eine Gruppe zivilgekleideter Männer […] in eine Scheune oder einen Schuppen ging", und hörte später Schüs-

---

[728] Auf diesen Wortprotokollen basiert im Wesentlichen: Fouché, Politique. Vgl. zu den Protokollen ebenda, S. 545 (Anm. 4). Heute finden sie sich auch im Archiv des CMO.
[729] Vgl. Silke Buhrmester, Der Mann, der die NS-Verbrechen jagt, 18. 5. 2016, URL: https://www.lz.de/lz_serien/auschwitz_prozess/20797554_Der-Mann-der-die-NS-Verbrecher-jagt.html [5. 2. 2020]; „Mord verjährt nicht: Zentralstelle für Nazi- Kriegsverbrecher [sic] in Dortmund", 15. 8. 2017, URL: http://dortmund-ueberrascht-dich.de/blog/blog-1/zentralstelle-dortmund.html [12. 2. 2020].

se. Vom seinem zweiten Posten aus konnte er beobachten, „wie Frauen und Kinder in die Kirche gebracht wurden", wobei sie sich „äußerlich ruhig" verhalten hätten. Darüber hinaus sah er die Leiche einer Frau, dass bereits „vor dem Abrücken" Häuser brannten und er meinte sich zu erinnern, „dass noch am gleichen Tage hinter der Kirche [...] eine große Grube ausgehoben wurde".

Am detailliertesten waren seine Angaben zum Geschehen in der Kirche:

„Ich habe auch gesehen, wie Kisten mit Sprengstoff in die Kirche getragen wurden. Ich meine, dass die Kisten in der Kirche mit einer Plane bedeckt wurden. Es kann allerdings sein, dass ich davon nur gehört habe. Ich glaube, dass die Kisten vor den Frauen und Kindern in die Kirche gebracht wurden. Sie wurden zu einem größeren Stapel aufgeschichtet. Dieser hatte eine Höhe von etwa einem Meter bis 1,20 M[eter] und eine Breite und Tiefe von etwa je 2 M[etern]. Der Stapel stand in der Nähe des Altars, etwas rechts davon. Ich konnte ihn durch die Kirchentür sehen. [...]
Ich hörte dann eine starke Detonation aus der Kirche. [...] Nach der Explosion hörte ich Schrei[e] und Rufe aus der Kirche. Es hörte sich grauenvoll an."

So viel er auch gesehen hatte, so wenig wollte er selbst daran beteiligt gewesen sein: Er sei „in keinem Haus gewesen" und „nicht in der Kirche", habe „keine Häuser angezündet" und „in Oradour niemand erschossen", und schließlich war ihm „nicht erinnerlich, dass ich später noch einmal nach Oradour gekommen bin". Erinnern konnte er sich hingegen daran, zusammen mit anderen Soldaten „zwei Frauen zurückgeschickt" zu haben, „die in das Ortsinnere wollten". Schließlich schilderte C. seinen Schock über das Geschehen. Er sei darüber so entsetzt gewesen, dass er mehrere Tage nichts habe essen können. Zwischen „den Kameraden, selbst unter Freunden", sei das Thema Oradour „praktisch tabu" gewesen, keiner habe gewagt, davon zu sprechen.

Wenn auch nur am Rande, so tauchte doch auch in dieser Vernehmung bereits das Moment der Unwissenheit auf: Vor der Fahrt nach Oradour sei ihnen nicht gesagt worden, „was geplant war und was wir tun sollten", beim Anblick der Frauenleiche im Dorf habe er sich „noch gewundert, wie die Frau zu Tode gekommen ist, weil ich vorher nichts bemerkt hatte".[730] Bei seiner erneuten Vernehmung einenhalb Jahre später wurde die Frage der Kenntnis von dem geplanten Massaker zum Schlüsselmoment. Seine früheren Aussagen im Prinzip bestätigend, konkretisierte er nun mehrere Punkte, was er damit begründete, inzwischen die Gelegenheit gehabt zu haben, sich „die Einzelheiten des Geschehens vor Augen zu halten". Möglicherweise hatte C. aber zwischenzeitlich auch einen Rechtsbeistand befragt, sich selbst kundig gemacht oder ahnte, worauf die Fragen des Staatsanwalts hinausliefen, denn seine Erläuterungen zielten allesamt darauf ab, seine Beteiligung an dem Vorgehen weiter zu minimieren und nichts von den bevorstehenden Tötungen gewusst zu haben. So berichtete er seine Angabe, sie hätten den Befehl gehabt, die Bevölkerung aus den Häusern zu holen, mit „wir" meine er nicht seine Gruppe, sondern „allgemein Kompanieangehörige". Seine Gruppe habe „jedenfalls keine Leute aus den Häusern geholt", sondern nur Posten am Ortsrand stehen

---

[730] Vernehmungsprotokoll C., 17. 2. 1978, StAM, 45 Js 11/78, Bd. 4, Bl. 1056–1063.

müssen: „Das war an den ersten Häusern des Ortes; deshalb habe ich in der ersten Vernehmung gesagt: ‚Im Ort'".

In dieser Manier setzte sich die Vernehmung fort: C. wollte nicht gesehen haben, wie die Bewohner aus den Häusern geholt wurden, und bei dem Befehl, niemanden aus dem Dorf, Ankommende aber hineinzulassen, die Vorstellung gehabt haben, „daß eine Überprüfung von Personen stattfinden würde". Was die Männer in Zivil anbelangt, die er in ein Gebäude „gehen sah", präzisierte er, „keinerlei Ahnung" gehabt zu haben, „daß diese Männer erschossen werden sollten"; zwar habe er später Schüsse gehört, aber keine Tötungen gesehen: „Auch zu diesem Zeitpunkt war für mich nicht erkennbar, daß Exekutionen durchgeführt wurden". Was die Frauen und Kinder anbelangt, so lautete die Konkretisierung, er habe zwar gesehen, wie diese „in Richtung Kirche" gegangen seien, aber nicht, „wie sie die Kirche betraten". Erst als er nach der Detonation Schreie aus der Kirche gehört habe, habe er daraus geschlossen, dass sich die Frauen und Kinder in dem Gotteshaus befunden hätten. Vorher seien Sie „ganz ruhig" vorbeigegangen, weder mißhandelt noch angetrieben worden, er habe damals nicht gewusst, was mit ihnen geschehen solle. Angesichts „der geschilderten Umstände" habe er nicht einmal geahnt, „daß sie in der Kirche umgebracht würden."

Wie genau die einzelnen Elemente seiner Aussage aufeinander abgestimmt waren und darauf abzielten, jeden Zweifel daran auszuräumen, dass er das Geschehen in der Kirche nicht habe voraussehen können, verdeutlichen seine Erläuterungen zur Tötung der Frauen und Kinder und wie er in diesem Zusammenhang die gesehene Frauenleiche und das Zurückschicken zweier Frauen zeitlich verortete:

„Wenn ich in meiner ersten Vernehmung erklärt habe, ich hätte gesehen, wie Kisten mit Sprengstoff in die Kirche getragen wurden, so ist dies nicht ganz richtig. Ich habe lediglich einen, mit einer Plane verdeckten Stapel in der Nähe des Altars gesehen. Die frühere Angabe ist wohl darauf zurückzuführen, daß Kameraden mir später von dem Transport der Sprengstoffkisten erzählt haben und ich dies mit meinen eigenen Wahrnehmungen verbunden habe. Als ich damals den Stapel sah, wußte ich noch nicht, was sich unter der Plane verbarg. Daß es sich um Sprengstoff handelte, wurde mir erst bewußt, dann allerdings schlagartig, als ich die Detonation und anschließend die Schreie aus der Kirche hörte.
Durch diese Situation wurde ich völlig überrascht. Das Geschehen war für mich absolut unerklärlich und hat mich zutiefst erschüttert. Die Frau[,] die in der Nähe der Kirche lag, habe ich erst nach der Detonation gesehen.
[...] Ich meine mich zu erinnern, daß ich erst nach den geschilderten Ereignissen zusammen mit den Posten stehenden Kameraden zwei Frauen zurückgeschickt habe, die offenbar in das Ortsinnere wollten".[731]

Von Beginn an hatte C. von sich gewiesen, in Oradour Menschen getötet zu haben. Wie die Einstellungsverfügung zeigt, schied durch seine Aussagen nun auch eine Anklage wegen Beihilfe zum Mord aus:

„Ob der Beschuldigte durch seine Beteiligung an der Absperrung der Ortschaft objektiv Beihilfe zum Mord geleistet hat, kann dahinstehen. Denn ihm ist ein vorsätzliches Handeln nicht nachzuweisen. Es ist bereits nicht feststellbar, daß der Beschuldigte die wesentlichen Merkmale der Haupttat, jedenfalls bis zur Sprengung der Kirche, überhaupt erkannt hat. Zwar hat er das Abfüh-

---

[731] Vernehmungsprotokoll C., 21. 8. 1979, StAM, 45 Js 11/78, Bd. 7, Bl. 2203–2208.

ren einer Gruppe von Männern und von Frauen und Kindern bemerkt. Seine Behauptung, er habe nicht gewußt und nicht einmal geahnt, daß die Zivilpersonen getötet werden sollten, kann nicht lediglich als Schutzbehauptung angesehen werden. Denn die gesamten Umstände legen diesen Schluß nicht zwingend nahe."[732]

Kern dieser Argumentation ist der nicht nachweisbare Vorsatz des Beschuldigten. Nach § 27 StGB wird als Gehilfe bestraft, „wer vorsätzlich einem anderen zu dessen vorsätzlich begangener rechtswidriger Tat Hilfe geleistet hat".[733] Damit ist das vorsätzliche Handeln Voraussetzung für eine Bestrafung als Gehilfe. Um sich strafbar zu machen, muss ein doppelter Vorsatz durch den potenziellen Gehilfen erfüllt sein: Der Vorsatz muss zum einen die Unterstützungshandlung einschließen – hier die Abriegelung des Dorfes –, zum anderen „eine bestimmte, ihrem wesentlichen Unrechtsgehalt und der Angriffsrichtung nach umrissene, nicht notwendig schon in allen Einzelheiten konkretisierte" Handlung, die „die Voraussetzungen einer vorsätzlich begangenen rechtswidrigen Tat erfüllt [...] und nach der Vorstellung des Gehilfen nicht nur versucht [...], sondern vollendet werden soll".[734] Im konkreten Fall handelte es sich bei dieser zweiten Handlung, der Haupttat, um die Tötung der Männer, Frauen und Kinder Oradours. Deren „wesentliche Merkmale" aber, so die Argumentation, hatte C. bis nach der Detonation in der Kirche nicht nachweislich erkannt, konnte sie also nicht vorsätzlich unterstützen. Ob er durch die Ortsabsperrung Beihilfe zur Tötung der Zivilisten in der Sache, also objektiv, leistete, war damit nicht mehr relevant.

Soweit wir wissen, informierte man weder beim Aufbruch der Einheit noch bei deren Ankunft in Oradour alle Einheitsangehörigen über Grund und Ziel des Einsatzes.[735] Dieses Vorgehen mag darauf abgezielt haben, die Soldaten willfährig zu halten. In der Konsequenz aber war es über das Kriegsende hinaus auch ein gravierendes Hemmnis für die strafrechtliche Ahndung des Verbrechens. Wer den Befehl zu dem Massaker in Oradour ursprünglich gab, ob diese Entscheidung auf Bataillons-, Regiments- oder Divisionsebene getroffen wurde, spielte bei der Frage der strafrechtlichen Verantwortung der rangniedrigen Soldaten keine Rolle. Die zentralen Fragen waren hier andere: Wann und in welchem Umfang erfuhren die Beschuldigten, was in Oradour geplant war? Und wie wurde der Einsatz ihnen gegenüber begründet? Wie wir im folgenden Punkt sehen werden, galt auch für diesen zweiten Aspekt, dass die Erklärungen der SS-Offiziere vor Ort auf einen möglichst reibungslosen Ablauf abzielen mochten, gleichzeitig aber eine Hürde für die spätere strafrechtliche Ahndung schufen.

---

[732] Verfügung Schacht, 28. 1. 1980, StAM, 45 Js 11/78, Handakten, Bd. 4, Bl. 89–137.
[733] Lackner, Strafgesetzbuch, S. 146.
[734] Lackner, Strafgesetzbuch, S. 149.
[735] Vgl. Vermerk LKA NRW, EKHK Willms, Tatbeteiligung C., 21. 10. 2013, StA Do, 45 Js 2/11, HA, Bd. 12, Bl. 4461-4518; Vermerk LKA NRW, EKHK Willms, Stellungnahme Beschluss LG Köln vom 9. 12. 2014, 6. 2. 2015, ebenda, HA, Bd. 16, Bl. 6007-6070.

Die Tötung der Männer als erlaubte Repressalie

Gegen K. und N. erhob der Anklagevertreter in Bordeaux den gleichen Vorwurf: Als Mitglied eines Hinrichtungskommandos hätten sie an der Tötung von Zivilisten in einer Scheune mitgewirkt. Die Anschuldigung basierte in beiden Fällen auf Angaben des französischen SS-Freiwilligen Boos.[736] Nitardys Untersuchungen führten zu dem Ergebnis, dass die Männer seinerzeit der Gruppe unter Boos' Führung angehörten und Boos eines der Exekutionskommandos befehligte, die die Männer Oradours erschossen.[737] Hatten die Beschuldigten also nicht nur Boos' Gruppe, sondern auch dem Erschießungstrupp angehört und geschossen?

Die Antworten der Beschuldigten bzw. ihrer Rechtsvertreter auf diese Frage – mit den Vorwürfen konfrontiert, ließen sich beide anwaltlich vertreten[738] – waren eindeutig. K., in Oradour stellvertretender Gruppenführer[739] und inzwischen Polizist im Dienstgrad eines Polizeihauptmeisters,[740] ließ durch seinen Anwalt erklären, er sei „nicht Mitglied eines Erschießungskommandos in Oradour sur Glane gewesen" und habe „demgemäß auch nicht an Erschießungen teilgenommen". Eine „ausführliche Stellungnahme zur Sache" sei gegenwärtig nicht geplant,[741] woran sich bis zum Verfahrensende nichts änderte. Etwas wortreicher erklärte sich N., der zunächst eine larmoyante Stellungnahme durch seinen Rechtsanwalt abgeben ließ.[742] Der Kernsatz zu seiner Rolle in Oradour lautete, er habe „weder an der Erschießung der Franzosen in der Garage bzw. Werkstatt teilgenommen noch an der Sprengung der Kirche, in der sich die Frauen und Kinder von Oradour befanden". Zwar räumte er ein, er habe zur Gruppe von Boos gehört und diese sei

---

[736] Vgl. Anklageschrift, Vorgang Oradour-sur-Glane, Ständiges Militärtribunal Bordeaux, 1. 12. 1952, Übersetzung, StA Do, 45 Js 2/11, HA, Bd. 2, Bl. 778–830. K. wird dort mit falschem Vornamen genannt.
[737] Vgl. Verfügung Schacht, 28. 1. 1980, StAM, 45 Js 11/78, Handakten, Bd. 4, Bl. 89–137.
[738] Vgl. Sachstandsvermerk, 16. 8. 1978, StAM, 45 Js 11/78, Berichtsheft, Bl. 158.
[739] Vgl. Verfügung Nitardy, 21. 3. 1979, StAM, 45 Js 11/78, Sonderband Durchsuchungen, Bl. 119–126.
[740] Von K. über die Beschuldigungen informiert, erbat das Polizeipräsidium Bochum von der Dortmunder Staatsanwaltschaft nähere Angaben, um zu prüfen, ob beamtenrechtliche Maßnahmen zu treffen seien. Vgl. Polizeipräsident Bochum, i. V. Linnenbrink, an StA Dortmund, 14. 7. 1978, StAM, 45 Js 11/78, Handakten, Bd. 1, Bl. 129.
[741] Rechtsanwälte Budde, Krekeler, Manthey an StA Dortmund, 17. 11. 1978, StAM, 45 Js 11/78, Bd. 5, Bl. 1595.
[742] Die Ausführungen zu seiner Kriegsgefangenschaft – zunächst amerikanische, dann englische – implizierten eine von den Alliierten anerkannte Unschuld. Kurz nach der Gefangennahme sei er von der *Central Intelligence Agency* (CIA) verhört worden, wobei seine Zugehörigkeit zu der in Oradour eingesetzten Einheit bereits bekannt gewesen sei. Später sei er vom englischen Geheimdienst „intensiv" vernommen, „gleichwohl" 1946 „als einer der ersten Angehörigen der Waffen-SS aus der Kriegsgefangenschaft" entlassen worden. Ob man ihn jemals konkret zu Oradour befragt hatte, blieb offen. Suspekt muten N.s Angaben zu seiner Flucht aus der DDR an. Dass er das Land darüber hinaus just 1953 verlies, lässt einen Zusammenhang mit dem Bordeaux-Prozesse und dem dortigen Abwesenheitsurteil gegen ihn vermuten. Vgl. Rechtsanwalt Spangenberg an Leiter ZStD, 19. 3. 1979, StAM, 45 Js 11/78, Bd. 6, Bl. 1955–1961.

zur Bewachung einer Gruppe von Männern in einem Gebäude eingesetzt gewesen; auch gab er an, dass Boos nach einer Besprechung mit Kahn der Gruppe erklärt habe, auf ein Zeichen hin seien die Männer zu erschießen – allerdings habe er „diesen Befehl auf den bzw. auf die l[eichten-]MG-Schützen, die mit den Waffen im Hüftanschlag vor dem Raum standen", bezogen. Für die Gewehrträger – und damit ihn – sei es „völlig sinnlos" gewesen, ebenfalls zu schießen, „denn dieses würde und wurde durch das MG bzw. die MG's [sic] viel schneller erledigt". Auf das Zeichen Boos' hin sei „an allen Ecken und Enden des Ortes geschossen" worden. Nach der Erschießung wollte N. von Kahn zur Bewachung des Ortsausgangs abgeordnet worden sein, wo er habe verhindern sollen, dass „irgendjemand von den Einwohnern, der noch am Leben war, den Ort verlassen würde". Auf diesem Posten sei er bis zum Einsatzende geblieben.[743]

Von dieser Ausgangslage bestimmten zwei Weichen den Weg zur Einstellung des Verfahrens statt zur Anklageerhebung. Zum einen gelang es nicht, die Angaben der Beschuldigten zu widerlegen und deren „aktive Beteiligung" an der Erschießung „hinreichend sicher" festzustellen,[744] obwohl konkrete Belastungen vorlagen. So hatte etwa Gruppenführer Boos ausgesagt, N. und K. hätten sich „bei den Erschießungen" in seiner Gruppe befunden,[745] und ein französischer Zwangsrekrutierter K. „bezichtigt, mit einer Maschinenpistole geschossen zu haben".[746] Während Nitardys Aufenthalt in Straßburg vernommen, gab eben dieser Zeuge zu Protokoll, es sei mit MGs und Gewehren geschossen worden, und zwar, wie er glaube, von allen Gruppenmitgliedern. Allerdings konnte er sich nur äußerst vage an K. erinnern und ihn nicht identifizieren.[747] Infolge dieser Angaben beraumte Nitardy die Nachvernehmung des ehemaligen Gruppenführers Boos an,[748] doch der Versuch, ihn in Widersprüche zu verwickeln, misslang. Boos beharrte auf seiner bereits zwei Jahre vorher gemachten Aussage, nicht die ganze Gruppe habe geschossen. An N. wollte er „überhaupt keine Erinnerung" haben, und seine frühere Angabe, beide Männer seien „bei den Erschießungen" Mitglieder seines Kommandos gewesen, präzisierte er nun dahingehend, dass er habe sagen wollen, sie hätten „allgemein" seiner Gruppe angehört: „Ich konnte bereits damals und kann auch heute nicht behaupten, die beiden hätten selbst geschossen. Ich kann nicht einmal sagen, ob die beiden zum Zeitpunkt der Erschießung überhaupt anwesend waren." Kurzum: Boos zog seine Belastungsaussagen zurück.[749]

---

[743] Rechtsanwalt Spangenberg an Leiter ZStD, 19. 3. 1979, StAM, 45 Js 11/78, Bd. 6, Bl. 1955–1961.
[744] Verfügung Schacht, 28. 1. 1980, StAM, 45 Js 11/78, Handakten, Bd. 4, Bl. 89–137.
[745] Freiwillige Aussage des Kriegsgefangenen Georg Boos, 21. 4. 1947, StAM, 45 Js 11/78, Sonderband Durchsuchungen, Bl. 45–48.
[746] Verfügung Schacht, 28. 1. 1980, StAM, 45 Js 11/78, Handakten, Bd. 4, Bl. 89–137. Zu den belastenden Aussagen vgl. auch Verfügung Nitardy, 21. 3. 1979, ebenda, Sonderband Durchsuchungen, Bl. 119–126.
[747] Vgl. Verfügung Nitardy, 22. 10. 1979, StAM, 45 Js 11/78, Bd. 7, Bl. 2234–2243; Vernehmungsprotokoll B., 1. 10. 1979, ebenda, Bl. 2306–2311.
[748] Vgl. Verfügung Nitardy, 6. 12. 1979, StAM, 45 Js 11/78, Bd. 7, Bl. 2245–2247.
[749] Vernehmungsprotokoll Georg Boos, 13. 12. 1979, StAM, 45 Js 11/78, Bd. 7, Bl. 2281–2288.

Die Staatsanwaltschaft resümierte schließlich, die vorliegenden Zeugenaussagen seien teilweise widersprüchlich,[750] die Angaben des französischen Zeugen aufgrund seines Aussageverhaltens in einem anderen Punkt bedenklich, und es könne nicht ausgeschlossen werden, „daß jedenfalls nicht in allen Fällen die Exekutionskommandos von der jeweiligen ganzen Gruppe gebildet worden sind, so daß aus der Zugehörigkeit zu einer Gruppe nicht zwingend auf eine Teilnahme an einer Exekution geschlossen werden" könne.[751]

Neben der nicht nachweisbaren aktiven Tötung der Männer durch die Beschuldigten war der zweite Hemmschuh für eine Anklageerhebung die laut Staatsanwaltschaft nicht gegebene Beihilfehandlung: Durch ihre alleinige Anwesenheit am Tatort hätten „die Beschuldigten eine Beihilfe nicht verwirklicht", denn es lägen „keine Anhaltspunkte dafür vor, daß die Beschuldigten in irgendeiner Weise den Kameraden bei deren Vorgehen Hilfe geleistet haben oder sie dabei auch nur bestärkt hätten".[752]

Von besonderem Interesse ist ein dritter, nur in hypothetischer Form ausgeführter Punkt der Einstellungsverfügung, der an die beiden genannten Aspekte anschloss:

„Abgesehen davon wäre ein niedriger Beweggrund in der Verhaltensweise der Beschuldigten nicht festzustellen.
Die Einlassung des Beschuldigten N[.], er habe von der Durchführung anderer Erschießungen keine Kenntnis gehabt und habe geglaubt, bei den Franzosen handele es sich um Partisanen, ist auch insoweit nicht zu widerlegen. Sie wird vielmehr durch Aussagen der Mitbeschuldigten Boos, Daab und Pfeuffer bestätigt.
Es muß zugunsten der Beschuldigten, die jeweils nur an einem einzigen der verschiedenen Tatorte anwesend waren, davon ausgegangen werden, daß ihnen das Ausmaß der Tötung im Ort nicht bekannt war. Die nach ihrer Vorstellung allein erfolgende Erschießung von zehn Partisanen, die mit der Entführung eines deutschen Offiziers in Verbindung gebracht wurde, vermag die Annahme niedriger Beweggründe nicht zu rechtfertigen, so daß allenfalls Beihilfe zum Totschlag in Betracht käme, die aber verjährt ist."

Das heißt über den konkreten Fall hinaus nichts anderes, als dass selbst die eigenhändige Tötung der Männer in den Scheunen nicht als Mord geahndet worden wäre, wenn die Beschuldigten angaben, sie hätten nur von einer Erschießung gewusst und geglaubt, es handele sich bei den Opfern um Partisanen, und ihnen dies nicht zu widerlegen war. Mit dem genannten fehlenden mordqualifizierenden Merkmal „niedriger Beweggrund" war hier wohl das „Aufwerfen zum Herrn über Leben und Tod aus reiner Willkür"[753] gemeint, das aufgrund der vermeintlichen Legitimität von Repressalmassakern entfiel.[754] Dabei ging es nicht um die Frage,

---

[750] Herbert Daab, selbst MG-Schütze in Boos' Gruppe und in Bordeaux in Anwesenheit verurteilt, konnte sich weder erinnern, ob mit Gewehren geschossen worden war, noch ob die Beschuldigten vor dem Gebäude in Stellung gegangen waren. Vgl. Verfügung Schacht, 28. 1. 1980, StAM, 45 Js 11/78, Handakten, Bd. 4, Bl. 89–137.
[751] Verfügung Schacht, 28. 1. 1980, StAM, 45 Js 11/78, Handakten, Bd. 4, Bl. 89–137.
[752] Verfügung Schacht, 28. 1. 1980, StAM, 45 Js 11/78, Handakten, Bd. 4, Bl. 89–137.
[753] Lackner, Strafgesetzbuch, S. 758.
[754] Vgl. Kapitel IV.2.2, Abschnitt „Totschlag und Mord: Formen und Voraussetzungen". Offen ist, ob die Staatsanwaltschaft in einem solchen Fall geprüft hätte, ob weitere mordqualifizierende Merkmale vorlagen.

ob es sich tatsächlich um eine völkerrechtlich gedeckte Repressalie handelte, sondern entscheidend war, ob es in der Vorstellung der Beschuldigten eine solche war. N.s Vernehmungsprotokoll – der Beschuldigte war schließlich doch bereit auszusagen – deutet darauf hin, dass Nitardy Zweifel an der Behauptung hatte, ihm sei das Ausmaß der Erschießungen nicht bewusst gewesen – aber beweisen konnte er es nicht. N. nutzte die Möglichkeit vielmehr, die Passagen seiner anwaltlichen Stellungnahme abzusichern, die ihm gefährlich hätten werden können, um sich nun völlig unangreifbar zu machen.[755]

Fehlender niedriger Beweggrund?

Ist das Argument des fehlenden niedrigen Beweggrunds im dargestellten Zusammenhang noch nachvollziehbar, so mutet dessen Ausweitung im Fall des Beschuldigten N. nahezu grotesk an. Bereits die französische Anklageschrift wies N. als Unteroffizier und Gruppenführer im III. Zug aus und führte eine konkrete Anschuldigung an: N. habe „den Befehl erteilt, eine Frau zu erschießen, die mit einem Fahrrad ankam und ihren Leichnam in das Feuer zu werfen".[756] Im Dortmunder Verfahren des Mordes verdächtig,[757] ließ sich N. umgehend anwaltlich vertreten und machte von seinem Aussageverweigerungsrecht Gebrauch.[758]

Die Voraussetzungen für eine Anklage in diesem Fall erscheinen im Rückblick zunächst günstig: N. hatte Befehlsgewalt über die Mitglieder seiner Gruppe, die Beschuldigung des in Bordeaux angeklagten Franzosen S. war konkret und korrespondierte mit einem Leichenfund, der bereits in der frühen Oradour-Literatur und dem französischen Gerichtsverfahren thematisiert wurde. In dem unweit des Orts gelegenen Weiler Les Bregère hatte man den Leichnam der 26-jährigen Hélène Milord aufgefunden.[759] Dass es dennoch nicht zu einer Anklage kam, lag daran, dass S. seine ursprünglich zu Protokoll gegebene Version des Geschehens nicht aufrechterhielt und die Staatsanwaltschaft die abweichende Darstellung eines anderen Zeugen nicht als Mord, sondern – inzwischen verjährten – Totschlag wertete.

Im Jahr 1947 waren die Aussagen des früheren französischen Zwangsrekrutierten S. präzise: Am späteren Nachmittag mit seiner Gruppe an einer Kreuzung im Süden Oradours eingesetzt, stoppte der Beschuldigte N. eine mit dem Fahrrad ankommende Frau und beauftragte zwei Soldaten, sie zum ersten brennenden

---

[755] Vgl. Vernehmungsprotokoll N., 18. 12. 1979, StAM, 45 Js 11/78, Bd. 7, Bl. 2290–2295.
[756] Anklageschrift, Vorgang Oradour-sur-Glane, Ständiges Militärtribunal Bordeaux, 1. 12. 1952, Übersetzung, StA Do, 45 Js 2/11, HA, Bd. 2, Bl. 778–830.
[757] Vgl. Verfügung Nitardy, 21. 3. 1979, StAM, 45 Js 11/78, Sonderband Durchsuchungen, Bl. 119–126.
[758] Vgl. Vermerk Nitardy, 19. 7. 1978, StAM, 45 Js 11/78, Bd. 5, Bl. 1369; Vernehmungsprotokoll N., 10. 8. 1978, ebenda, Bl. 1398.
[759] Vgl. Vernehmungsprotokoll S., 20. 1. 1953, TMP Bordeaux, ANFM-Protokoll, StA Do, 45 Js 2/11, 10. SB, Bd. 7/2.10, Bl. 47–67; Französisches Verlagsamt, Oradour, S. 32 f.; Masfrand/Pauchou, Oradour, S. 65, 67.

Haus zu bringen, zu erschießen und in die Flammen zu werfen, was die Soldaten ausführten. Diese Version wiederholte der Zeuge bei späteren Vernehmungen nicht im Detail, 1949 etwa nannte er den Gruppenführer nicht beim Namen, in Bordeaux war von keinem entsprechendem Befehl die Rede.[760] Für Nitardy war S. aufgrund seiner belastenden Aussagen ein besonders wichtiger Zeuge.[761] Doch bei seiner Vernehmung in Straßburg wich er in zentralen Punkten von seinen früheren Angaben ab. Nun wollte er den Befehl des Gruppenführers, die Frau in einem Bauernhof zu töten, selbst erhalten und verweigert haben, woraufhin zwei andere Soldaten sie in Richtung des Hofs geführt hätten. Dass sie die Frau dort aber töteten, konnte S. nicht bestätigen: Die beiden seien wenig später allein zurückgekommen, er vermute, dass sie die Frau erschossen hätten, aber gesehen habe er es nicht. Er könne nicht einmal sagen, ob sie tatsächlich erschossen worden sei, er habe den Leichnam nicht gesehen. Was seinerzeit protokolliert worden sei, seien „Schlußfolgerungen". An den Namen seines Gruppenführers konnte sich S. nicht mehr erinnern, erkannte ihn auch auf Fotografien nicht wieder, stellte aber seine früheren Angaben zu dessen Identität nicht infrage. Darüber hinaus meinte S. nun, der Gruppenführer sei „kein Schuft" gewesen, bei einem anderen Unteroffizier, hätte er den Befehl nicht verweigern können. Erstmals äußerte er auch, der Gruppenführer habe den Befehl möglicherweise nicht selbst erteilt, sondern aus dem Ort erhalten, er sei erst nach längerer Diskussion getroffen worden. Schließlich gab er zu Protokoll, es sei nicht üblich, dass ein Unteroffizier einen solchen Befehl ohne Anweisung von oben gebe, und er traue dem Gruppenführer „auf Grund der ihm noch erinnerlichen menschlichen Haltung [...] nicht zu, den Erschießungsbefehl selbst erteilt zu haben".[762]

Welchen Wert diesen zunehmend abgeschwächten Aussagen beimessen? Keinen „entscheidende[n] Beweiswert", lautete die Einschätzung der Staatsanwaltschaft. S.s Widersprüche in der Sache und sein gesamtes Aussageverhalten würden „hinsichtlich der Richtigkeit seiner Darstellung des eigentlichen Tathergangs derart schwerwiegende Zweifel hervor[rufen], daß ein hinreichender Tatverdacht insoweit nicht angenommen werden" könne.[763] Nitardy, so zeigen die weiteren Ausführungen, kannte seine Akten gut. Völlig zu Recht wies er darauf hin, dass das von S. geschilderte Geschehen wahrscheinlich mit jenem Ereignis übereinstimmte, das der Zeuge Courivaud berichtete.[764] Dieser gab an, am Abend des 10. Juni 1944 kurz vor Oradour aufgehalten und durchsucht worden zu sein. Dabei habe

---

[760] Vgl. Verfügung Schacht, 28. 1. 1980, StAM, 45 Js 11/78, Handakten, Bd. 4, Bl. 89–137.
[761] Vgl. Schacht an JM NRW, 30. 11. 1978, StAM, 45 Js 11/78, Berichtsheft, Bl. 166–168.
[762] Vernehmungsprotokoll S., 9. 10. 1979, StAM, 45 Js 11/78, Bd. 7, Bl. 2348–2354, dort die beiden ersten Zitate, Bl. 2353, 2351; Verfügung Nitardy, 22. 10. 1979, ebenda, Bl. 2234–2243, dort das letzte Zitat, Bl. 2241.
[763] Verfügung Schacht, 28. 1. 1980, StAM, 45 Js 11/78, Handakten, Bd. 4, Bl. 89–137.
[764] Nitardys Kenntnis der Akten zeigt sich auch daran, dass er auf einen oft vernachlässigten zweiten Leichenfund in der Nähe hinwies und darauf, dass bei diesem „kein Bezug zum Tatgeschehen" zu erkennen sei. Zu den Leichenfunden und der Tötung von Madame Milord vgl. Erkenbrecher, Studie, StA Do, 45 Js 2/11, 16. SB.

er die bereits genannte Madame Milord gesehen, die sich zunächst mit dem Rad genähert habe, dann aber Richtung Les Brégères abgebogen sei, „zweifelsfrei, wie der Zeuge meint, um den Deutschen auszuweichen". Unmittelbar „nach Verlassen der Straße sei sie von deutschen Wachtposten erschossen worden".[765]

Diese Schilderung Courivauds wich von jener des Zeugen S. in „einem entscheidenden Punkt" ab, der die Einstellung des Verfahrens nach sich zog:

„Unter Zugrundelegung der Aussage des Zeugen Courivaud ist zwar eine vollendete Tötung anzunehmen. Mordqualifizierende Merkmale – es kommt allenfalls niedriger Beweggrund in Betracht – sind aber nicht festzustellen. Denn angesichts des Verhaltens des Opfers stellt sich die Tötungsanordnung nicht als reiner Willkürakt dar. Insbesondere konnte der Befehlsgeber die Vorstellung haben, bei der Frau handele es sich um eine flüchtende oder verdächtige, möglicherweise mit den gesuchten Widerstandskämpfern in Verbindung stehende Person. Hierfür spricht, daß der Zeuge selbst, außer einer Durchsuchung nach Waffen, unbehelligt geblieben ist. Der insoweit anzunehmende Totschlag wäre indessen verjährt."[766]

Zweifellos kannte der Staatsanwalt die genannten Vernehmungsprotokolle im Detail, doch der Kontext, in den er das Geschehen einordnete, war verkürzt. Zum Zeitpunkt des Geschehens waren nicht nur die Männer Oradours, sondern auch bereits die Frauen und Kinder in der Kirche getötet worden. Auf Widerstand oder Widerstandskämpfer war die Einheit zu keinem Zeitpunkt gestoßen. Die Gruppe des Beschuldigten war im Süden des Orts eingesetzt. Dort wurden im Laufe des Nachmittags immer wieder Personen in den Ort gelassen oder gebracht, wo sie getötet wurden – darunter auch junge Mütter auf der Suche nach ihren Kindern.[767] Vor diesem Hintergrund anzunehmen, der Gruppenführer habe eine junge Frau erschießen lassen, weil er sie für eine Partisanin hielt, und sich deshalb nicht des Mordes, sondern allein des Totschlags schuldig gemacht, verkennt Charakter und Ablauf des Massakers in Oradour und gestand nicht nur den Männern der Exekutionskommandos, sondern auch dem Beschuldigten im Range eines Gruppenführers zu, die Tötung von Zivilisten noch am Abend des Massakers für eine völkerrechtlich erlaubte Maßnahme gehalten zu haben. Wie lässt sich diese Einschätzung erklären und hatte sie über diesen Fall hinaus Einfluss auf den Verlauf des Verfahrens?

Le récit de la justice

Die Frage, ob der Befehl zu dem Massaker „von oben" kam, wurde laut Nitardy in der ZStD eingehend diskutiert.[768] Zumindest für die Annahme, es habe sich bei dem Einsatz um ein geplantes Massaker gehandelt, lagen mehrere Anhaltspunkte vor, darunter Anklageschrift und Plädoyer im französischen Oradour-Verfahren. Die im Wege der Rechtshilfe erhaltenen Akten enthielten darüber hinaus den Bericht Lesieurs, in dem der Untersuchungsrichter feststellte, Kämpfe sei „keineswegs in Oradour-sur-Glane in Haft gewesen, wo im übrigen niemals der ‚maquis'

---

[765] Verfügung Schacht, 28. 1. 1980, StAM, 45 Js 11/78, Handakten, Bd. 4, Bl. 89–137.
[766] Verfügung Schacht, 28. 1. 1980, StAM, 45 Js 11/78, Handakten, Bd. 4, Bl. 89–137.
[767] Vgl. Erkenbrecher, Studie, StA Do, 45 Js 2/11, 16. SB.
[768] E-Mail Winfried Nitardy an die Verfasserin, 16. 5. 2010.

gewesen" sei. Die „gegenteiligen Behauptungen" Weidingers seien „unrichtig", Diekmann habe die „Initiative zu diesem Racheakt an einer zufällig in der Gegend herausgegriffenen Ortschaft vollzogen".[769] Auch lagen die Aussagen Otto Kahns vor, dem zufolge Kompanie und Bataillonsstab mit dem Vorsatz nach Oradour gefahren waren, eben jenes Massaker zu begehen, das sie kurz darauf verübten.[770] Weiterhin indizierten Aussagen zum Geschehen vor Ort, dass es von Beginn an nicht um einen Partisaneneinsatz ging. So berichtete der ehemalige französische Zwangsrekrutierte O. vor dem Militärgericht Bordeaux 1953, sein Gruppenführer habe ihm gesagt, sie würden in Oradour die Männer, Frauen und Kinder aus den Häusern holen, wenn sich dort Kranke aufhielten, müssten diese „vor Ort getötet werden". Wie aus dem Protokoll weiterhin hervorging, geschah genau dies.[771] Bei seiner Vernehmung 1979 schilderte O. den Vorfall erneut: Gleich zu Beginn der Hausdurchsuchungen sei eine alte Frau „unter Gewehrkolbenschlägen herangeführt" worden, denn sie sei „mit zwei Stöcken" gegangen. Sein Gruppenführer habe „mit seiner Maschinenpistole das Feuer eröffnet", die Frau sei „von Kugeln im Bauch getroffen" worden und niedergestürzt.[772] Dass es zu keinem Zeitpunkt um die Suche nach Kämpfe, Waffen oder Sprengstoff ging, ließ sich auch aus der oberflächlichen Durchsuchung des Orts ableiten, die es relativ vielen Personen ermöglichte, in ihren Verstecken unentdeckt zu bleiben.[773]

Die Version des Regiments- und Divisionszirkels, es habe Hinweise auf den entführten Bataillonskommandeur und Widerstandskämpfer bzw. einen Maquisstab in Oradour gegeben, und Diekmann habe das Massaker allein und befehlswidrig angeordnet nachdem die Einheit in Oradour angegriffen worden sei, ging aus deren Angaben im Rahmen des Lammerding-Verfahrens hervor und fand bei der erneuten Vernehmung Weidingers und Stadlers ihre Bestätigung.[774] Stadler ließ darüber hinaus wissen, die „Tötungen, veranlaßt durch einen meiner damaligen Untergebenen, dazu noch kurz vor Abgabe des Regiments", würden ihn „auch heute noch schwer [belasten]".[775] Keinen Niederschlag in ihren jetzigen Aussagen

---

[769] Lesieur, Verfügung über die Vorlage der Akten des Verfahrens an den Herrn Generalstaatsanwalt beim Oberlandesgericht (*Cour d'appel*) in Bordeaux, 22. 10. 1949, StAM, 45 Js 11/78, Sonderband 1, Bl. 230–246.
[770] Vgl. Kapitel III.1.4, Abschnitt „1962: Justiz und Leserschaft".
[771] Protokoll der Hauptverhandlung, StAM, 45 Js 11/78, Sonderband 1, Bl. 247–323, Aussage O., Bl. 261 f. Hier zitiert nach Vernehmungsprotokoll O., 19. 1. 1953, TMP Bordeaux, Offizielles Gerichtsprotokoll, StA Do, 45 Js 2/11, 9. SB, Bd. 6/L XII, Bd. 8, Bl. 487.
[772] Vernehmungsprotokoll O., 8. 10. 1978, StAM, 45 Js 11/78, Bd. 7, Bl. 2342–2347.
[773] Besonders deutlich zeigt dies etwa die Aussage Jacqueline Pinèdes vor dem Militärgericht Bordeaux. Vgl. Protokoll der Hauptverhandlung, StAM, 45 Js 11/78, Sonderband 1, Bl. 247–323, hier Bl. 284.
[774] Vgl. Vernehmungsprotokoll Otto Weidinger, 14. 10. 1977, StAM, 45 Js 11/78, Bd. 3, Bl. 869–874; Vernehmungsprotokoll Silvester Stadler, 18. 7. 1979, ebenda, Bd. 6, Bl. 2070–2078. Neben Heinrich Lammerding war auch Heinz Werner bereits verstorben. Noch am Leben war Detlef Okrent, der jedoch nicht erneut vernommen wurde. Er verstarb am 24. 1. 1983. Vgl. Verfügung Nitardy, 31. 1. 1979, ebenda, Bd. 6, Bl. 1754–1772; StA Do, 45 Js 2/11, Personenakte/Okrent, Detlef.
[775] Vernehmungsprotokoll Silvester Stadler, 18. 7. 1979, StAM, 45 Js 11/78, Bd. 6, Bl. 2070–2078.

fanden die inzwischen von Herbert Taege vertretenen Behauptungen, die darauf abzielten, selbst Diekmann von jeder Schuld freizusprechen, indem man der französischen Widerstandsbewegung das Massaker anlastete. Weidinger, der diese Thesen kurz darauf in seine eigene Publikation aufnahm, hielt es der Justiz gegenüber offenbar nicht für angebracht, auf diese neuen „Erkenntnisse" hinzuweisen.[776]

Von den beiden Lesarten des Massakers – von Beginn an (und ggf. auf höherer Ebene) geplante Vergeltungsmaßnahme versus Spontantat Diekmanns vor Ort – war für Staatsanwalt Nitardy nur letztere schlüssig. Die ihm berichteten Maßnahmen des Regimentsstabs zum Austausch des entführten Bataillonskommandeurs Kämpfe hielt er für plausibel, dass es sich bei dem Massaker um einen geplanten Vergeltungsschlag für die Entführung handelte, nicht. Dagegen sprach für ihn bereits der damit verbundene Zeitverlust für die Einheit, deren vorrangiges Ziel er im Erreichen der Normandiefront sah. Den Akten und Vernehmungen nach, so der Oberstaatsanwalt a. D. im Rückblick, sei wohl die Entscheidung, den Ort zu zerstören und alle Menschen umzubringen, vor Ort gefallen, der entscheidende Mann mit ziemlicher Sicherheit Diekmann gewesen. Nitardy hatte bei der Durchsicht der französischen Akten, auch in anderen von ihm bearbeiteten Verfahren darüber hinaus den Eindruck gewonnen, die Rolle des Maquis sei weder im Fall Oradour noch in anderen französischen Ermittlungsverfahren objektiv dargestellt und bestimmte Erkenntnisse nicht zu den Akten genommen worden.[777] In dieser Frage traute er den Angaben der ehemaligen SS-Offiziere mehr als der französischen Justiz.

Für die strafrechtliche Beurteilung der bereits genannten Beschuldigten, die maximal den Rang eines Gruppenführers innehatten, war es unwesentlich, ob Diekmann den Befehl im Alleingang verantwortete oder er ihn von der Regiments- bzw. Divisionsführung erhalten hatte, denn sie erhielten ihre Anweisungen maximal von Kompanieführer Kahn oder Diekmann. Entscheidend war vielmehr, wie die an sie ergangenen Befehle lauteten. Ging man wie Nitardy davon aus, Oradour habe tatsächlich mit Widerstandsaktionen oder -kämpfern in Zusammenhang gestanden und bei dem Einsatz habe es sich zumindest anfangs um einen Partisaneneinsatz gehandelt, so lag seiner Argumentation, Gruppenführer N. habe die fliehende Frau für eine Partisanin halten können, eine gewisse Logik zugrunde. Doch sowohl in diesem Fall als auch bei der Annahme, Diekmann sei allein unter dem Vorwand der Partisanenbekämpfung zu einem Vergeltungs- oder Terrorschlag nach Oradour gefahren, musste die Kernfrage lauten: Wann konnten und mussten die Beschuldigten auch unabhängig von den erhaltenen Informationen Charakter und Ziel des Einsatzes erkennen? Um diese Frage zu beantworten hätte der zeitliche und räumliche Kontext stärkere Berücksichtigung finden müssen, und so ist nicht auszuschließen, dass die Einschätzung Nitardys zumindest indirekt auf seine strafrechtliche Beurteilung einwirkte.

---

[776] Vgl. Kapitel III.6, Abschnitt „Methodik".
[777] Vgl. Interview der Verfasserin mit Winfried Nitardy, 26. 4. 2010, Münster.

Das Geschehen in der Kirche

Spätestens bei der Tötung der Frauen und Kinder in der Kirche, dem „Massaker im Massaker",[778] stieß das Argument, man habe geglaubt, es handele sich um Partisanen, an seine Grenzen. Neben „niedriger Beweggrund" sind bei diesem Teil des Tatgeschehens zwei weitere mordqualifizierende Merkmale relevant, namentlich Heimtücke und Grausamkeit. Der Täter tötet heimtückisch, wenn er „die objektiv gegebene [...] Arg- und Wehrlosigkeit seines Opfers bewußt zur Tötung ausnutzt", und grausam, wenn er „dem Opfer besonders starke Schmerzen oder Qualen körperlicher oder seelischer Art [...] aus gefühlloser, unbarmherziger Gesinnung zufügt".[779] Im Fall Oradour ist in diesem Zusammenhang etwa daran zu denken, dass die Frauen und Kinder von den Männern getrennt und in die Kirche gebracht wurden, gemeinhin Ort der Zuflucht und des Schutzes. Ein zweiter entscheidender Punkt ist, dass ein Teil der Opfer bei lebendigem Leib verbrannte und vor dem eigenen Tod mitunter den der anderen mitansehen musste.[780] Es verwundert deshalb nicht, dass die Beschuldigten zum Massaker in der Kirche ein ganz spezifisches Aussageverhalten an den Tag legten: „Gerade was diesen Bereich angeht", wie Nitardy im Rückblick formuliert, „wurden die Aussagen immer ganz vage".[781] Auch die Akten belegen, dass keiner der Männer damit etwas zu tun gehabt haben wollte. Mehrere zeigten sich bei ihren Vernehmungen erschüttert über das Geschehen in der Kirche, damit einhergehend indes wiederholt eine vorgebliche „Amnesie". So sagte C. – wir haben es gesehen – zunächst zwar ausführlich zu seinen Beobachtungen an und in der Kirche aus, wollte aber nichts damit zu tun gehabt und sich an nichts mehr nach der Explosion erinnern können:

„Ich selbst war nicht in der Kirche.
Auf Vorhalt:
Von Schüssen mit Maschinenpistolen oder anderen Feuerwaffen oder von [sic] Werfen von Handgranaten in die Kirche habe ich nichts bemerkt. Jedenfalls ist mir solches heute nicht mehr in Erinnerung. Es kann auch sein, daß ich damals einen regelrechten Schock erlitten habe und dass ich deshalb von den nachfolgenden Ereignissen bewusst nichts mehr aufgenommen habe. Mir ist auch nicht erinnerlich, ob Brennmaterial in die Kirche geschafft worden ist."[782]

Ähnliche Angaben findet sich im Vernehmungsprotokoll S.s, zum Tatzeitpunkt Arzt im Stab des I. Bataillons und 1953 vor dem Militärgericht Bordeaux nicht angeklagt. Wie S. zu Protokoll gab, habe er weder Ort noch Ziel des Einsatzes gekannt und sei von dem Geschehen „völlig überrascht" worden. Er habe zunächst in einem Haus außerhalb des Dorfs den Truppenverbandsplatz eingerichtet und von dort aus „MG-Feuer und eine starke Detonation" gehört, was ihn veranlasst habe, „in den Ort zu gehen, um zu sehen, was dort vorgefallen war". Im Dorf habe er eine Scheune gesehen, vor der Soldaten und ein Maschinengewehr in Stellung

---

[778] Fouché, Oradour, S. 159.
[779] Lackner, Strafgesetzbuch, S. 759 f.
[780] Vgl. Kapitel II.1.
[781] Interview der Verfasserin mit Winfried Nitardy, 26. 4. 2010, Münster.
[782] Vernehmungsprotokoll C., 17. 2. 1978, StAM, 45 Js 11/78, Bd. 4, Bl. 1056–1063.

gestanden und in der „tote männliche Zivilisten in größerer Zahl" gelegen hätten. Sodann zur Kirche gegangen, habe er gesehen, „daß irgendetwas im Inneren der Kirche aufgestapelt war. Ich meine, daß es sich um Strohballen handelte." Waren seine Erinnerungen bis zu diesem Teil des Geschehens recht flüssig, wurden sie nun fragmenthaft. Zwar förderte er auf Vorhalt Weiteres zu Tage, unter anderem, dass er aus der Kirche „das Gewimmer von Frauen und Kindern" gehört habe. Allerdings gab er auch an, er habe „nicht erlebt, daß mit Maschinenpistolen in das Kircheninnere geschossen wurde und Handgranaten dort hineingeworfen wurden", was sich „daraus erklären [dürfte], daß das bisherige Geschehen mich derart schockiert hatte, daß ich mich abwandte".[783]

Auch das Verfahren gegen S. wurde eingestellt. Seine Einlassung, vom Ziel des Einsatzes nichts gewusst und von den Erschießungen erst erfahren zu haben, nachdem die Geräusche ihn darauf aufmerksam gemacht hätten, seien nicht zu widerlegen, belastende Aussagen gegen ihn lägen nicht vor. Da er „keine Kenntnis von den Tötungen" gehabt hätte, könnten sie ihm „nicht zugerechnet werden".[784]

Somit zählt auch die durchgehende Verneinung der Beschuldigten, an dem Geschehen in der Kirche beteiligt gewesen zu sein, zu den Gründen für die ausbleibenden Anklagen am Ende des Ermittlungsverfahrens. Sie lässt ferner das Bewusstsein der Beschuldigten erkennen, dass dieser Teil des Massakers nicht nur moralisch, sondern auch strafrechtlich anders einzuordnen war als die Erschießung der Männer in den Scheunen und Garagen. Nitardy hält es im Rückblick für denkbar, dass die HIAG beratend tätig war oder eine sonstige juristische Beratung zum gleichen Schluss kam wie er:

„Mit der Behauptung, das sind Partisanen [...], seid ihr raus. Weil das ist allenfalls Tötung, wenn ihr überhaupt als Beteiligte euch zu erkennen gebt, und kein Mord. Und dann seid ihr raus. Aber mit der Kirche, das ist ganz was anderes, da haltet die Schnauze."[785]

Eine solch konkrete Warnung schlägt sich in den eingesehenen Akten nicht nieder, doch wissen wir, dass Otto Weidingers 1974 geplante Oradour-Broschüre auch auf die Folgen des Zusatzabkommens abzielte und entsprechend Wehrmachtsbefehle und eine Darstellung der völkerrechtlichen Situation enthalten sollte.[786] Dass es unter ehemaligen Kameraden zu solchen Warnungen kam und wie sie aussehen konnten, zeigt ein anderes Ermittlungsverfahren des LKA NRW, in dem folgende telefonische Warnung aufgezeichnet wurde:

„Aufpassen, aufpassen! [...] Bei diesem Einsatz in dem Gebirgsraum des Monte [...] da sind auch Kinder getötet worden und auch ein drei Monate alter Säugling. Und jetzt sage ich was ganz wichtiges: Totschlag ist verjährt. *Mord* ist *nicht* verjährt. Und die Tötung eines Kindes ist immer Mord. Und in den Fällen würde ich Dir vorschlagen: Ein ganz klares, kurzes ‚Kenn ich nicht', ‚Nein', [...], bin ich nie gewesen'. So, Punkt. Genauso habe ich mich auch verhalten. Davon hab ich auch nie was gehört."[787]

---

[783] Vernehmungsprotokoll S., 8. 11. 1978, StAM, 45 Js 11/78, Bd. 5, Bl. 1547–1554.
[784] Verfügung Schacht, 28. 1. 1980, StAM, 45 Js 11/78, Handakten, Bd. 4, Bl. 89–137.
[785] Interview der Verfasserin mit Winfried Nitardy, 26. 4. 2010, Münster.
[786] Vgl. Kapitel III.5, Abschnitt „1974: Weidingers Broschüre".
[787] Schult/Merz, Kapitel (Dokumentarfilm).

Das Verfahren als „öffentliches Anliegen"?

Der Oradour-Komplex war insofern keine Ausnahme, als nach Abschluss des Zusatzabkommens zwar zahlreiche Ermittlungsverfahren eingeleitet wurden, aber nur ein einziges zu einem Prozess führte.[788] Claudia Moisel hat mit Blick auf das Zustandekommen des Lischka-Prozesses bilanziert, es habe dafür „engagierter Staatsanwälte" bedurft, „die vor den Mühen eines aufwendigen Verfahrens nicht zurückschreckten, eines Gerichts, das ihren Argumenten zu folgen bereit war, und engagierter Einzelner wie [Serge] Klarsfeld,[789] die es verstanden, ihre Mission in ein öffentliches Anliegen zu verwandeln".[790] Bei dem letztgenannten Faktor handelt es sich um eine frappante Leerstelle des Dortmunder Oradour-Verfahrens.

Wie die Ermittlungen gegen Lammerding, war auch das Kahn-Verfahren für Bonn von Interesse. Ab November 1975 gingen die Berichte der ZStD für die GStA Hamm auch an das BMJ und das Auswärtige Amt.[791] Doch nichts deutet in den Ermittlungsakten darauf hin, dass – wie im Fall Lammerding – Berichte oder gar Vernehmungsprotokolle ins Bundeskanzleramt geschickt wurden. Auch in der deutschen und französischen Öffentlichkeit fand das Verfahren nicht annähernd die Resonanz wie im Fall Lammerding. Eine eigene Pressemappe ist nicht überliefert, an die Dortmunder Zentralstelle oder Staatsanwaltschaft adressierte Meinungsäußerungen zum Verfahren finden sich in den Akten nicht. Als der *Spiegel* im November 1977 über nach dem Zusatzabkommen eingeleitete Verfahren berichtete, war keine Rede von Oradour.[792] Dieser Befund korrespondiert mit den Erinnerungen Nitardys, dem zufolge das Verfahren „absolut ruhig" verlaufen sei. Weder die Presse noch Serge und Beate Klarsfeld hätten seine Arbeit gestört. Einen Grund hierfür sieht der Oberstaatsanwalt a. D. in der Gleichzeitigkeit seiner Ermittlungen und dem Kölner Lischka-Verfahren, das die gesamte Aufmerksamkeit der Klarsfelds in Anspruch genommen habe.[793] Insofern habe auch „ein gewisser Druck" gefehlt.[794] Über die Aufmerksamkeit des Paars an dem Lischka-Verfahren hinaus bestand ein beachtliches öffentliches Interesse in der Bundesrepublik und

---

[788] Vgl. Kapitel IV.2.2, Abschnitt „Deutsch-französischer Rechtskontext".
[789] Zu Serge Klarsfeld und seinem Engagement vgl. unten.
[790] Moisel, Frankreich, S. 236. Vgl. zum Lischka-Prozess unten sowie Kapitel IV.2.2, Abschnitt „Deutsch-französischer Rechtskontext".
[791] Vgl. Handschriftlicher Vermerk, 24. 11. 1975, StAM, 45 Js 11/78, Berichtsheft, nicht paginiert.
[792] Vgl. „Das Deutschland der Heinrichsohns", in: Der Spiegel, 21. 11. 1977.
[793] Serge Klarsfeld, Franzose, Historiker und Anwalt, und seine in Berlin geborene Frau Beate setzten sich vehement und mit öffentlichkeitswirksamen Aktionen für die Ratifizierung des Zusatzabkommens ein und für die strafrechtliche Verfolgung jener Männer, die maßgeblich für die „Endlösung der Judenfrage" in Frankreich verantwortlich waren. Von Oktober 1979 bis Februar 1980 verhandelte das Kölner Landgericht schließlich gegen Kurt Lischka, Herbert Hagen und Ernst Heinrichsohn und verurteilte sie wegen ihrer Beteiligung an der Judendeportation aus Frankreich. Vgl. Brunner, Frankreich-Komplex, S. 280–314; Moisel, Frankreich, S. 230–236; Brunner, Aufarbeitung, S. 194.
[794] Interview der Verfasserin mit Winfried Nitardy, 26. 4. 2010, Münster.

Frankreich.⁷⁹⁵ Möglicherweise war auch der Majdanek-Prozess für die Gleichgültigkeit der Presse und Öffentlichkeit gegenüber dem Oradour-Verfahren mitverantwortlich. Das Gerichtsverfahren, in dem das Düsseldorfer Landgericht von 1975 bis 1981 gegen frühere Mitglieder der SS-Wachmannschaft des Konzentrations- und Vernichtungslager Majdanek verhandelte, interessierte Medien und Öffentlichkeit die ersten Jahre kaum, zog aber ab 1979 größere Aufmerksamkeit auf sich.⁷⁹⁶

Auf französischer Seite interessierte sich die Union Nationale des Déportés, Internés et Victimes de Guerre (UNDIVG) für die deutschen Oradour-Ermittlungen. So ließ sich der Verband vom BMJ über die ihn „am meisten interessierenden" Ermittlungsverfahren aufgrund in Frankreich verübter NS-Verbrechen unterrichten, darunter das Oradour-Verfahren.⁷⁹⁷ Erst im August 1978 setzte die französische Botschaft in Bonn den Quai d'Orsay vom Tod Kahns in Kenntnis und teilte mit, dass „das gegen andere an diesem Verbrechen beteiligte Mitglieder der Division Das Reich eingeleitete Verfahren weitergeführt" werde.⁷⁹⁸ Mehr als zwei Jahre nach der abschließenden Verfahrenseinstellung und auf entsprechende Nachfrage informierte Schacht den französischen Generalkonsul in Nordrhein-Westfalen über die Gründe: Diekmann und Kahn, die den Einsatz geleitet hätten, seien verstorben, gegen die anderen an dem Einsatz beteiligten Ermittelten habe „ein hinreichender Tatverdacht für eine noch verfolgbare, strafbare Handlung nicht nachgewiesen" werden können.⁷⁹⁹ Die Anfrage des Generalkonsuls diente einer ausführlichen Information seines Ministeriums,⁸⁰⁰ doch es ist bislang offen, ob der Quai d'Orsay den Hinterbliebenenverband in Oradour darüber unterrichtete, ob der Verband sich dort oder an anderer Stelle informierte, ja sogar, ob man in Oradour überhaupt von dem Dortmunder Verfahren wusste. Weder in den Sitzungsprotokollen der ANFM ist davon die Rede, noch findet es in der „offiziellen Publikation" des Verbands oder der Überlebenden- und Hinterbliebenenliteratur Erwähnung. Auch Kahns tatsächliches Nachkriegsleben schlägt sich darin nicht nieder,⁸⁰¹ im Gegen-

---

⁷⁹⁵ Vgl. Lichtenstein, NS-Prozesse, S. 72. Zu verschiedenen Gründen für das Interesse der bundesdeutschen Bevölkerung vgl. Brunner, Frankreich-Komplex, S. 341 f.
⁷⁹⁶ Vgl. Langer, „Majdanek-Prozess", S. 208–210.
⁷⁹⁷ BMJ an René Clavel, Président de l'UNDIVG, 30. 3. 1978, Abschrift, BArch Ludwigsburg, B 162/20791, Bl. 556 f.
⁷⁹⁸ Zitiert nach Fouché, Politique, S. 510.
⁷⁹⁹ Verfügung Schacht, 7. 4. 1982, StAM, 45 Js 11/78, Handakten, Bd. 4, Bl. 153 f. Vorausgegangen war eine Besprechung zwischen dem Generalkonsul und Schacht am 3. März, bei der der Zentralstellenleiter erklärte, dass und wann das Verfahren eingestellt worden war. Die französische Botschaft in Bonn hatte den Generalkonsul gebeten, „Auskünfte über das in Dortmund eingeleitete Strafverfahren gegen bestimmte deutsche Staatsangehörige, die 1944 an den Vorgängen in Oradour beteiligt waren, einzuholen." Le Consul Général de France en Rhénanie-du-Nord-Westphalie an ZStD, 30. 3. 1982, ebenda, Bl. 152.
⁸⁰⁰ Vgl. Le Consul Général de France en Rhénanie-du-Nord-Westphalie an ZStD, 30. 3. 1982, StAM, 45 Js 11/78, Handakten, Bd. 4, Bl. 152.
⁸⁰¹ Unklar ist, worauf sich Valade in seinem Kapitel zum Bordeaux-Prozess bezog mit der Angabe, Lammerding, Stadler, Kahn und Barth seien nicht anwesend gewesen, sondern hätten sich „bequem in der amerikanischen, britischen oder sowjetischen Besatzungszone niedergelassen". Valade, Oradour, S. 54.

teil. Albert Hivernauds „Petite histoire d'Oradour-sur-Glane" – erstmals erschienen 1975 und für die Auflagen der Jahre 1977 und 1988 jeweils überarbeitet – wies durchgängig aus, Kahn sei verschwunden, und da auch seine Familie verschwunden sei, habe man vermutet, er sei noch am Leben.[802] Noch in einer Publikation aus dem Jahr 2001 schreibt Robert Hébras, es werde „angenommen, dass er bei einem Bombenangriff einen Arm verlor und einige Zeit später als vermisst galt". Man wisse nicht, „was wirklich aus ihm geworden ist".[803] Die 2003 gedruckte Auflage des von der ANFM vertriebenen Buchs nennt Kahn im Anhang zum Bordeaux-Prozess, wiederholt jedoch allein die seinerzeit geäußerte Annahme, er sei „in Schweden ‚verschwunden'".[804]

Wo die Grenze zwischen Unkenntnis und ausgebliebener mündlicher und schriftlicher Weitergabe verläuft, ist vor allem für den Fall Otto Kahn unklar, denn es ist davon auszugehen, dass in den 1980er Jahren Informationen über seine Vernehmungen und möglicherweise auch sein Nachkriegsleben nach Oradour vordrangen: Kahns Aussagen aus den 1960er Jahren wurden während des Barth-Prozesses in Ostberlin thematisiert[805] und sie fanden Erwähnung in Publikationen, die im Nachgang des Gerichtsverfahrens entstanden.[806] Wenn die deutschen Bücher in Oradour vermutlich auch nicht gelesen wurden, bestanden zwischen Günther Schwarberg, einem der Autoren, und Robert Hébras, einem Überlebenden des Massakers, doch freundschaftliche Bande, die einen Austausch wahrscheinlich erscheinen lassen, zumal Schwarberg einen Teil seines Buchs in Hébras' Ferienhaus schrieb.[807] Das bereits 1984 im *Militärverlag der DDR* erschienene Buch und die dortigen Passagen über Kahns Nachkriegsleben waren Schwarberg bekannt.[808] Darüber hinaus erhielt Vinzenz Kremp Einblick in die Protokolle von Kahns Vernehmungen und informierte Abbé Boudet 1985 über deren Inhalt.[809] Angesichts seines vehementen Engagements gegen revisionistische Publikationen zu Oradour ist es wahrscheinlich, dass Kremp auch dem ANFM-Präsidenten von seinen Erkenntnissen berichtete.[810] Was diese Informationsflüsse genau beinhalteten, wen sie tatsächlich erreichten und inwieweit sich die Kenntnisse vor Ort verbreiteten,

---

[802] Vgl. Hivernaud, Histoire (1975), S. 114; Hivernaud, Histoire (1977), S. 68; Hivernaud, Histoire (1988), S. 60.
[803] Hébras, Drame, S. 33.
[804] Masfrand/Pauchou, Oradour, S. 138.
[805] Vgl. Plädoyer des Staatsanwalts, BStU, MfS, HA IX/11, ZUV 66, Bd. 33 (ehem. GA 21), Bl. 142–179.
[806] Vgl. Busse/Przybylski, Mörder, S. 160; Rosh/Schwarberg, Tag, S. 135, mit Hinweis auf eine Vernehmung.
[807] Vgl. Kapitel IV.3.3.
[808] Vgl. Kapitel IV.3.3. Busse/Przybylski, Mörder, S. 160, nannten Kahns Kriegsgefangenschaft, was und wo er arbeitete, seine Pension als „131er" und dass er im April 1977 verstarb. Falsch war die Angabe, die bundesdeutsche Justiz hätte selbst nach dem Zusatzabkommen kein Ermittlungsverfahren gegen ihn eingeleitet.
[809] Vgl. Kremp an Boudet, 9. 10. 1985, Privatunterlagen Henri Boudet.
[810] Vgl. Kapitel III.6, v. a. Abschnitt „Reaktionen auf den radikalisierten Revisionismus".

ist allerdings weitgehend unbeantwortet. Schriftlich erinnert, so viel ist sicher, wurden sie nicht.

Der Name Lammerding hingegen verlor auch nach dem Tod des ehemaligen Generals nicht an Wirkkraft. In einem in Frankreich aufgegebenen und an den Dortmunder Bürgermeister adressierten Schreiben drohte 1976 ein „Rachekommando" Lammerdings Hinterbliebenen mit dem Schicksal, das die Frauen und Kinder in Oradour erlitten hatten. Brisant war das Schreiben vor allem durch die darin hergestellte Verbindung zur Tötung Joachim Peipers, die man als Auftakt einer Mordserie darstellte.[811] Peiper, vormalig Adjutant Himmlers und 1946 bei den Dachauer Prozessen aufgrund des Malmédy-Massakers verurteilt, war im Sommer 1976 bei einem Anschlag auf sein Haus in Frankreich umgekommen, ohne dass die Tat je vollständig aufgeklärt werden konnte.[812]

Dem aufmerksamen Leser ist es nicht entgangen: Nur für zwölf der 13 Beschuldigten des Verfahrens wurde bisher erläutert, warum es zu keiner Anklage kam. Beim dreizehnten handelte es sich um Heinz Barth. Als Untersturmführer war er nach Otto Kahn der ranghöchste Beschuldigte der 3. Kompanie im Verfahren.[813] Aus der Anklageschrift des Militärgerichts Bordeaux ging hervor, dass Barth Führer des I. Zugs der 3. Kompanie und damit kein bloßer Befehlsempfänger gewesen war.[814] Dass die ZStD das Verfahren gegen ihn einstellte, lag nicht an mangelnden Beweisen, sondern an seinem Wohnort: Barth lebte in der DDR. Das Verfahren an die ostdeutschen Strafverfolgungsbehörden abzugeben oder Barth im Rahmen der Rechtshilfe auch nur zu vernehmen, käme nicht in Betracht, so die Argumentation der ZStD, da er „allein schon wegen seiner Zugehörigkeit zur Waffen-SS mit einem rechtsstaatlichen Grundsätzen nicht entsprechenden Verfahren überzogen und unter Umständen zum Tode verurteilt werden könnte". Da man davon ausging, mit seiner Einreise in die Bundesrepublik sei nicht zu rechnen, wurde das Verfahren auch in seinem Fall eingestellt.[815] Was Staatsanwalt Nitardy nicht wissen konnte: Heinz Barth war zu diesem Zeitpunkt bereits in das Fadenkreuz des DDR-Staatssicherheitsdienstes geraten und sollte drei Jahre später der Einzige sein, der sich in Deutschland je für seine Beteiligung an dem Massaker in Oradour vor Gericht verantworten musste. Der nächste Akt der deutschen Strafverfolgung des Verbrechens war ein ostdeutscher.

---

[811] Koch an JM NRW, 13. 9. 1976, StAM, 45 Js 11/78, Berichtsheft, Bl. 102–104.
[812] Vgl. Brunner, Frankreich-Komplex, S. 325 f. (Anm. 9). Zu Peiper vgl. Westemann, Krieger.
[813] S. und St. hatten höhere Dienstgrade, gehörten aber zum Bataillonsstab. Vgl. Vermerk LKA NRW, EKHK Willms, Tatbeteiligte Einheitsangehörige des SS-Pz.Gren.Rgt. 4 „Der Führer", 20. 2. 2015, StA Do, 45 Js 2/11, HA, Bd. 16, Bl. 6295–6309; Vernehmungsprotokoll B., 30. 5. 1978, StAM, 45 Js 11/78, Bd. 5, Bl. 1297–1302. P. dürfte als Hauptgeräteverwalter mit großer Sicherheit einen niedrigeren Dienstgrad gehabt haben, J. war zum Tatzeitpunkt erst 15 Jahre alt und wollte erst 1945 zur Waffen-SS eingezogen worden sein.
[814] Vgl. Anklageschrift, Vorgang Oradour-sur-Glane, Ständiges Militärtribunal Bordeaux, 1. 12. 1952, Übersetzung, StA Do, 45 Js 2/11, HA, Bd. 2, Bl. 778–830.
[815] Vgl. Verfügung Schacht, 28. 1. 1980, StAM, 45 Js 11/78, Handakten, Bd. 4, Bl. 89–137.

3. Die Strafverfolgung in der DDR 1949–1990

Die Gleichzeitigkeit ist frappierend: Im Juni 1978 gelang es dem Dortmunder Staatsanwalt Winfried Nitardy, eine Adresse des in Oradour als Zugführer eingesetzten und in Bordeaux *in absentia* zum Tode verurteilten Heinz Barth auszumachen. Von der Bundesversicherungsanstalt für Angestellte erfuhr Nitardy, dass Barth zuletzt in der DDR gelebt hatte,[816] sodass das Ermittlungsverfahren gegen ihn eingestellt wurde.[817] Nahezu zum gleichen Zeitpunkt, im Mai 1978, und völlig unabhängig von den westdeutschen Ermittlungen, stießen in der DDR Mitarbeiter des Staatssicherheitsdienstes auf Informationen, die auf eine mögliche Beteiligung Barths an dem Massaker in Oradour hinwiesen. Was mit diesen Hinweisen begann, endete in einem Prozess gegen Barth in Ostberlin, den die Dortmunder Juristen aufgrund der vermuteten mangelnden Rechtsstaatlichkeit eines solchen Verfahrens und der drohenden Todesstrafe in der DDR hatten verhindern wollen. 39 Jahre nach dem Massaker musste sich Heinz Barth vom 25. Mai bis zum 7. Juni 1983 vor dem Stadtgericht Berlin unter anderem für seine Teilnahme an dem Massaker in Oradour verantworten.

Das Verfahren gegen Heinz Barth ist in seiner Spezifik als Prozess wegen NS-Verbrechen in der DDR von besonderer Brisanz. Denn diesen Prozessen kam in der DDR von jeher eine besondere Bedeutung zu, waren sie doch Bestandteil des propagierten Antifaschismus, auf den die DDR ihr Existenzrecht in Abkehr von der Bundesrepublik gründete.[818] Der Antifaschismus war dabei sowohl innen- wie auch außenpolitisch von entscheidender Bedeutung: „Im Bemühen der SED um die Legitimation ihrer Herrschaft vor den Bürgern wie im Kampf um die außenpolitische Anerkennung als zweiter deutscher Staat stand der zur Staatsideologie erhobene Antifaschismus an erster Stelle."[819] Das offizielle Selbstbild der DDR zeichnete die ostdeutsche Strafverfolgung der NS-Verbrechen als überaus erfolgreich und vor allem als weit besser denn die westdeutsche. Dieses Bild geriet nach dem Ende der DDR ins Wanken, und es entspann sich eine Kontroverse um die tatsächlichen Verdienste des SED-Staats auf diesem Gebiet:[820] Die DDR-Justiz habe sich um die strafrechtliche Verfolgung von NS-Verbrechen trotz vereinzelter Fehler verdient gemacht, argumentierten frühere DDR-Juristen und -Geschichtswissenschaftler; Rechtswissenschaftler und Historiker aus der alten Bundesrepublik entgegneten, die Ahndung von NS-Verbrechen durch die Justiz der DDR sei vor dem Hintergrund zu sehen, dass die ostdeutsche Judikative allein ein Werkzeug der Politik gewesen sei. Einige Kritiker stellen die Rechtsstaatlichkeit der ostdeutschen NS-Prozesse sogar gänzlich infra-

---

[816] Vgl. Bundesversicherungsanstalt für Angestellte an StA Dortmund, 26. 6. 1978, StAM 45 Js 11/78, Bd. 5, Bl. 1341.
[817] Vgl. hierzu das vorherige Kapitel.
[818] Vgl. Wentker, Ahndung, S. 61, 71; Werkentin, Strafjustiz, S. 156 f.
[819] Werkentin, DDR-Justiz, S. 508.
[820] Vgl. Wentker, Ahndung; Dirks, Verbrechen, S. 16–21; Weinke, Verfolgung (2002), S. 17–19.

ge.[821] Im Folgenden wird deshalb zunächst ein Blick auf die wichtigsten Spezifika der NS-Prozesse in der DDR der 1970er und 1980er Jahre geworfen, um das Verfahren gegen Heinz Barth in diesen Rahmen einordnen zu können.

3.1 NS-Prozesse in der DDR in den 1970er und 1980er Jahren

Das Justizsystem der DDR, so formuliert die Historikerin Annette Weinke, habe „bis zum Schluss nicht den Standards eines demokratischen Rechtsstaats [entsprochen] und die juristische Wahrheitssuche in den politisch bedeutsamen NS-Verfahren [sei] in starkem Maße von politisch-ideologischen Vorgaben überformt" geblieben. Gleichwohl sei „die Rechtsprechung auch in diesem Bereich keineswegs statisch" gewesen.[822]

Die erste von vier wesentlichen Phasen umfasst die Zeit bis zum Beginn der 1950er Jahre. Sie war geprägt von der „Abwicklung der noch zu Besatzungszeiten eingeleiteten Verfahren nach SMAD-Befehl Nr. 201 und der Zweckentfremdung des alliierten Instrumentariums für die Verfolgung politischer Gegner".[823] In diese Phase fielen die Waldheimer Prozesse. Im Frühjahr 1950 verurteilten eigens dafür eingerichtete Sonderstrafkammern im sächsischen Waldheim mehr als 3300 aus sowjetischen Internierungslagern Entlassene in nicht öffentlich geführten Schnellverfahren, die jeder Legalität entbehrten. Um die Verfahren zu legitimieren und den vorgeblich entschlossenen antifaschistischen Charakter der SED herauszustellen, präsentierte man der Öffentlichkeit im Juni 1950 zehn gründlich vorbereitete Gerichtsverfahren mit (politisch loyalen) Verteidigern und Zeugen.[824] Für die SED setzten die Massenprozesse „einen symbolischen Schlussakkord unter das Kapitel NS-Strafverfolgung und Entnazifizierung".[825] In der zweiten, bis 1956 andauernde Phase kamen die Ermittlungen fast vollständig zum Erliegen und wurden von einer massiven Amnestiepolitik flankiert. Die dritte Phase setzte 1956 mit den gegen die Bonner Republik gerichteten „vergangenheitspolitischen Aktionen" ein. Die kommenden Jahre zeichneten sich unter anderem durch „eine vorwiegend nach opportunistischen Gesichtspunkten und auf unsicherer Rechtsgrundlage durchgeführte Strafverfolgung" aus. Sie gipfelte in den Schauprozessen „gegen westdeutsche Symbolfiguren wie Oberländer und Globke"[826], gegen die DDR-Gerichte in Abwesenheit verhandelten. Die vierte und letzte Phase begann mit dem

---

[821] Vgl. Wentker, Ahndung, S. 60 f. Zur erstgenannten Seite gehörte etwa Günther Wieland, 1963 bis 1990 Mitarbeiter der Generalstaatsanwaltschaft der DDR und dort zuständig für Rechtshilfevorgänge. Wieland vertrat seine Position in mehreren Aufsätzen, vgl. etwa Wieland, Ahndung (2002 und 2003). Seinen Beiträgen, so Christian Dirks, sei „ein gewisser apologetischer Zug des beteiligten Akteurs" gemeinsam. Dirks, Verbrechen, S. 18. Vgl. auf der Seite der Kritiker u. a. Werkentin, Strafjustiz, v. a. S. 156–224; Werkentin, DDR-Justiz.
[822] Weinke, Aufarbeitung, S. 59.
[823] Weinke, Aufarbeitung, S. 59.
[824] Vgl. Werkentin, Strafjustiz, S. 161–168; Weinke, Verfolgung (2002), S. 69–71. Vgl. zu den Waldheimer Prozessen auch Haase/Pampel, Prozesse.
[825] Weinke, Aufarbeitung, S. 59.
[826] Vgl. zu Hans Globke und Theodor Oberländer unten.

Entspannungszeitalter. Sie war gekennzeichnet „durch das Nebeneinander von antifaschistischer Rechtspropaganda, dem erneuten Rückgriff auf Nürnberger Recht und dem Beginn systematischer Ermittlungen gegen die ‚ganz normalen Männer'".[827] In diese letzte Phase fiel der Prozess gegen Heinz Barth.

Rechtsgrundlage für die Ahndung von NS-Verbrechen war in dieser vierten Phase das Strafgesetzbuch der DDR von 1968, in das die Tatbestände Verbrechen gegen die Menschlichkeit und Kriegsverbrechen (§§ 91, 93 StGB) Eingang gefunden hatten. § 95 StGB schloss das Geltendmachen des Befehlsnotstands aus, § 84 StGB die Verjährung solcher Verbrechen.[828] Auf der Basis des neuen Strafgesetzbuchs der DDR von 1968 verurteilten ostdeutsche Gerichte bis ins Jahr 1989 in 52 Prozessen 62 Angeklagte wegen Kriegsverbrechen und Verbrechen gegen die Menschlichkeit. Die Urteile umfassten neun Todesstrafen (Begnadigung in einem Fall), 30 lebenslängliche Haftstrafen, zehn Zeitstrafen à 15 Jahre sowie 13 Zeitstrafen unter 15 Jahren.[829] Das letzte Todesurteil wurde 1977 verhängt, der Verurteilte jedoch begnadigt. Im Jahr zuvor war es zum letzten vollstreckten Todesurteil gekommen.[830] Was die Qualität der Urteile anbelangt, ist für die 62 seit 1968 erfolgten Verurteilungen Folgendes festzuhalten: Nach 1990 wurde in zwölf Fällen ein Rehabilitierungsantrag gestellt. In drei Viertel der Fälle wiesen bundesdeutsche Gerichte die Anträge zurück, in einem Fall wurde die verhängte Todesstrafe in eine lebenslängliche Freiheitsstrafe umgewandelt, bei zwei Urteilen kamen die Richter zu dem Schluss, die Verurteilung sei teilweise rechtsstaatswidrig gewesen, wohingegen die Strafen beibehalten wurden.[831] Falco Werkentin verweist mit Blick auf NS-Verfahren in der DDR auf „Urteile mit gefälschten und/oder verfälschten Tatvorwürfen" ab 1950, eine Praxis, die in den 1960er Jahren zu Ende gegangen sei, während man in den 1970er und 1980er Jahren „mit Deliktfabrikaten nicht mehr operiert" habe.[832]

Auf Ermittlungsebene hatte sich bereits seit Mitte der 1950er Jahre die Vorherrschaft des MfS über die rechtmäßig seit Anfang des Jahrzehnts ebenfalls zuständige Abteilung C der Kriminalpolizei entwickelt. Die seit 1965 geführten 75 Verfahren wegen NS-Verbrechen basierten allesamt auf Ermittlungen des Geheimdienstes.[833] Die zentralen in den 1970er und 1980er Jahren an den Ermittlungen beteiligten Abteilungen des MfS wurden im vorhergehenden Jahrzehnt und vor dem Hintergrund der zeithistorischen Entwicklungen geschaffen. Beeinflusst durch innen- und außenpolitische Entwicklungen intensivierte die SED ab Mitte der 1950er Jahre ihre Bemühungen, „die politisch und wirtschaftlich erfolgreichere Bundesrepublik auf vergangenheitspolitischem Gebiet in die Defensive zu drängen". Schon am Ende des vorangegangenen Jahrzehnts hatte sich abgezeichnet, dass sie die strafrechtliche

---

[827] Weinke, Strafverfolgung, S. 70.
[828] Vgl. Weinke, Verfolgung (2002), S. 306; Wentker, Ahndung, S. 70.
[829] Vgl. Wieland, Ahndung (2002), S. 78, 97 f.; Rüter, DDR-Justiz, Verfahrensregister, S. 368–386.
[830] Vgl. Rüter, DDR-Justiz, Verfahrensregister, S. 374 (N° 1021), 376 (N° 1024); Wieland, Ahndung (2002), S. 78 mit Anm. 339, 97 f.; Werkentin, SED-Führung, S. 184 f., dort auch eine Gesamtstatistik der verhängten und vollstreckten Todesstrafen in Verfahren wegen NS-Verbrechen.
[831] Vgl. Rüter, DDR-Justiz, Verfahrensregister, S. 368–386.
[832] Werkentin, DDR-Justiz, S. 508 f., 514.
[833] Vgl. Leide, Vergangenheit, S. 513 f.; Weinke, Aufarbeitung, S. 59 f.

Ahndung von NS-Verbrechen „in den Dienst der ideologischen Systemauseinandersetzung" stellte und „als Waffe im ‚Kalten Krieg' gegen den Westen" einsetzte.[834] Nun führte man massive Kampagnen gegen westdeutsche Funktionsträger aufgrund ihrer Rolle im Nationalsozialismus und in den 1960er Jahren Schauprozesse in Abwesenheit der bundesdeutschen Angeklagten, zu denen der Chef des Bonner Kanzleramts, Hans Globke, sowie der Bundesminister für Vertriebene, Flüchtlinge und Kriegsgeschädigte, Theodor Oberländer, gehörten.[835] Die Kampagnenpolitik der DDR verfehlte zwar ihr „Maximalziel", eine „nachhaltige Destabilisierung der Bundesrepublik",[836] trug aber dazu bei, dass die Justiz der Bundesrepublik ihre Ermittlungen zu NS-Verbrechen wieder verstärkte.[837]

Wie gesehen wurde 1958 die Ludwigsburger Zentralstelle gegründet und Mitte der 1960er Jahre kam es vor bundesdeutschen Gerichten zu mehreren Prozessen wegen Verbrechen in nationalsozialistischen Vernichtungslagern. Diese veränderte Situation im Westen wirkte wiederum auf den Osten zurück, denn im „Schatten ihrer Kampagnenpolitik drohte die DDR nunmehr, bei der konkreten justitiellen Verfolgung von NS-Verbrechen hinter der Bundesrepublik zurückzubleiben", sodass man nun auch dort die Ermittlungen forcierte.[838] Entgegen der postulierten konsequenten und erfolgreichen Verfolgung von NS-Verbrechen waren die Ermittlungen bis in die 1960er Jahre lediglich dezentral und regional geführt worden.[839] Die ermittlungstechnischen Strukturen für die systematischen Untersuchungen der 1970er und 1980er Jahre entstanden Mitte des vorhergehenden Jahrzehnts. Bezugnehmend auf den 1964 gesetzlich fixierten Ausschluss der Verjährung von Nazi- und Kriegsverbrechen wurde 1965 das Referat III bei der Abteilung 2 der Hauptabteilung XX (HA XX/2/III) eingerichtet. Es war zuständig für die „konzentrierte politisch-operative Bearbeitung von Nazi- und Kriegsverbrechen" und zwar mit Blick auf ostdeutsche und westdeutsche Verdächtige. Lagen Verdachtsmomente gegen DDR-Bürger vor, erfolgte die Bearbeitung zumeist durch die lokal zuständige MfS-Diensteinheit. Nachdem die zur Verfügung stehenden Materialien dorthin abgegeben waren, kam Referat III der HA XX/2 die Aufgabe zu, die Bearbeitung zu koordinieren und anzuleiten.[840] Schon einige Monate vor Gründung des Referats wurde im MfS-Untersuchungsorgan, der Hauptabteilung IX (HA IX), eine neue Abteilung eingerichtet. Bis 1980 firmierte sie unter der Bezeichnung HA IX/10, sodann als HA IX/Arbeitsgruppe „Verbrechen gegen die Menschlichkeit" (AG VgM).[841] Der unter der Leitung von Lothar Stolze stehenden Abteilung 10 oblag die „strafrechtliche Einschätzung" der Vorgänge, wenn die lokalen Diensteinheiten der Meinung waren, die Beweislage

---

[834] Weinke, Aufarbeitung, S. 60.
[835] Vgl. Weinke, Verfolgung (2002), S. 76–82, 141–157. Zur Kampagnenpolitik auch: Lemke, Antifaschismus.
[836] Weinke, Aufarbeitung, S. 60.
[837] Vgl. Weinke, Verfolgung (2002), S. 343; Leide, NS-Verbrecher, S. 416.
[838] Leide, Vergangenheit, S. 517.
[839] Vgl. Leide, Vergangenheit, S. 514.
[840] Vgl. Leide, Vergangenheit, S. 518; Leide, NS-Verbrecher, S. 97. Zitat nach ebenda.
[841] Vgl. Leide, NS-Verbrecher, S. 100.

rechtfertige die Einleitung eines offiziellen Ermittlungsverfahrens. Stimmte auch die HA IX/10 zu, ging das Dossier zur Entscheidung an den Minister für Staatssicherheit Erich Mielke: „Die Einleitung eines offiziellen Ermittlungsverfahrens, was in diesen Fällen zwangsläufig die sofortige Verhaftung des Beschuldigten nach sich zog, durfte nur mit Zustimmung Mielkes oder eines seiner Stellvertreter erfolgen."[842] Die dritte relevante Stelle – Abteilung 11 bei der HA IX – wurde erst 1968 offiziell gegründet, befand sich aber bereits seit 1965 im Aufbau. Es handelte sich dabei um eine „zentrale Materialsammel- und -aufbereitungsstelle", die Unterlagen aus den Jahren des Nationalsozialismus erfassen, archivieren, auswerten und anderen Dienststellen zur Verfügung stellen sollte,[843] und tatsächlich zur „zentralen Auskunftsstelle innerhalb des MfS zu Personen und Sachverhalten, die die Zeit von 1933 bis 1945 betreffen", wurde.[844]

Bei seinen nunmehr ab Ende der 1960er Jahre systematisch durchgeführten Recherchen stieß das MfS „mit erstaunlicher Regelmäßigkeit auf mehrere Dutzend Angehörige" der überprüften Einheiten, die „seit mehr als 25 Jahren unbehelligt in der DDR lebten".[845] Doch bei Weitem nicht jeder Fall, bei dem sich eine Beteiligung an NS-Verbrechen herauskristallisierte, führte zu einem offiziellen Ermittlungsverfahren.[846] Generell galt für die Arbeit des MfS-Untersuchungsorgans, dass der Eröffnung eines strafrechtlichen Ermittlungsverfahrens häufig eine konspirative Phase vorausging, in der die Fälle im Rahmen eines Operativen Vorgangs (OV) oder einer Operativen Personenkontrolle (OPK) bearbeitet wurden. Ein Operativer Vorgang war zwar ein „konspirativ durchgeführtes Untersuchungsverfahren", das indes „nicht den Regelungen der Strafprozessordnung unterlag und somit auch nicht dem Staatsanwalt angezeigt werden mußte."[847] Die „Abschlussart" von Operativen Vorgängen richtete sich nach dem „größten sicherheitspolitischen Nutzen". Neben der Möglichkeit eines Strafverfahrens gab es etwa die Option einer Anwerbung des Verdächtigen oder Belasteten als Inoffizieller Mitarbeiter (IM) oder seiner sonstigen Nutzung durch die Staatssicherheit.[848] Hinsichtlich Vorgängen zu NS-Verbrechen setzte der Staatssicherheitsdienst parallel zu seinen systematischen Recherchen und ihren Ergebnissen

„die Anforderungen für die Eröffnung eines förmlichen Ermittlungsverfahrens so hoch, dass jährlich nur etwa ein bis zwei Verfahren diese Hürde nahmen. Eine Verurteilung blieb dadurch fast ausschließlich Tätern vorbehalten, bei denen eine lebenslängliche oder Todesstrafe aufgrund der Tatschwere, der Beweislage, der Prozessfähigkeit des Beschuldigten praktisch garantiert war und sich die These des bedauerlichen Einzeltäters, der es geschickt verstanden habe, sich in der DDR-Gesellschaft zu tarnen, aufrecht zu erhalten war. War die Erfüllung auch nur

---

[842] Leide, Vergangenheit, S. 518
[843] Leide, NS-Verbrecher, S. 101.
[844] So die Einschätzung von Dieter Skiba, zunächst stellvertretender Leiter (1980–1989), dann Leiter der Abteilung, der Leide zustimmt. Zitiert nach Leide, NS-Verbrecher, S. 104.
[845] Leide, NS-Verbrecher, S. 416.
[846] Vgl. Leide, NS-Verbrecher, S. 114.
[847] Vollnhals, Macht, S. 246.
[848] Vgl. Leide, NS-Verbrecher, S. 111, 114; Vollnhals, Macht, S. 246 f. Zitat aus einer Richtlinie zur Entwicklung und Bearbeitung Operativer Vorgänge, zitiert nach Leide, NS-Verbrecher, S. 111.

eines dieser Kriterien unsicher, so sah die Staatssicherheit von der Verfahrenseröffnung ab und beließ es bei den üblichen geheimpolizeilichen Observationen."[849]

Bereits im Stadium des OV sollte eine hieb- und stichfeste Beweislage geschaffen werden, das offizielle Ermittlungsverfahren lediglich die Funktion haben, die Beweise den formalen Erfordernissen anzupassen.[850] Federführend im offiziellen Ermittlungsverfahren war die HA IX/10, später HA IX/AG VgM, die selbst agierte oder die Arbeit der Abteilung IX in der zuständigen Bezirksverwaltung anleitete. Sie fixierte unter anderem die Ermittlungsziele und war für die Organisation und Koordination aller „für die Durchführung der gerichtlichen Hauptverhandlung notwendigen Maßnahmen" zuständig: von der Auswahl und geheimdienstlichen Absicherung der Zeugen über die Entscheidung, wie viele Pressevertreter zuzulassen waren, bis zur Manipulation der Akten, damit „keine Rückschlüsse auf die IM-Arbeit oder andere MfS-Methoden möglich waren."[851] *De jure* unterlagen die Untersuchungsorgane bei ihren Ermittlungen der Aufsicht eines Staatsanwalts, dem es oblag, „auf die Einheitlichkeit der Rechtspraxis zu achten und eine zügige Abwicklung des Verfahrens zu garantieren."[852] *De facto* bilanzierte der spätere Leiter der HA IX/AG VgM, Dietrich Muregger, 1980, die „enge und kameradschaftliche" Zusammenarbeit von Staatssicherheitsdienst und Staatsanwalt sei die Grundlage „für einen reibungslosen und rationellen Prozessablauf" gewesen, „sodass die Hauptverhandlungen vor Gerichten der DDR im Gegensatz zur Bonner Rechtspraxis in keinem einzigen Fall über drei Wochen andauerten".[853]

Mit der Anerkennung der DDR hatte der SED-Staat ein Ziel erreicht, das er auch mittels seines vergangenheitspolitischen Agierens verfolgt hatte.[854] Gleichwohl agierte der Staatssicherheitsdienst bei der Verfolgung von NS-Verbrechen weiter nach dem Opportunitätsprinzip und in betonter Abgrenzung vom westdeutschen Nachbarn: „Zur propagandistischen Begleitmusik gehörte der ehrgeizige Anspruch, die ‚von der BRD-Justiz aufgestellte These von einer angeblichen Beweisnot bei der Verfolgung von Nazi- und Kriegsverbrechen' zu widerlegen und zur ‚Entlarvung der in der BRD geübten Rechtsspruchpraxis' beizutragen."[855] Das Plädoyer des Staatsanwalts im letzten in der DDR geführten Prozess wegen NS-Verbrechen gegen Jakob Holz zeige, so die Hamburger Oberstaatsanwältin Helge Grabitz, dass „Diktion, Vokabular und propagandistische Angriffe gegen die Bundesrepublik" noch immer die gleichen gewesen seien.[856] Das Verfahren wurde 1987 von der Hamburger Staatsanwaltschaft an die DDR-Justiz übergeben, die Holz im September 1989 zu lebenslanger Haft verurteilte. Ein Kommentar in der Zeitschrift *Neue Justiz*, die auch Auszüge des Plädoyers veröffentlichte, warf der Hamburger Staatsanwaltschaft unter ande-

---

[849] Leide, NS-Verbrecher, S. 416.
[850] Vgl. Leide, NS-Verbrecher, S. 111 f.
[851] Leide, NS-Verbrecher, S. 113.
[852] Leide, NS-Verbrecher, S. 113.
[853] Zitiert nach Leide, NS-Verbrecher, S. 113.
[854] Vgl. Weinke, Aufarbeitung (1996), S. 61; Leide, NS-Verbrecher, S. 105.
[855] Leide, NS-Verbrecher, S. 105.
[856] Grabitz, Verfolgung, S. 164.

rem vor, das Verfahren über Jahre verzögert zu haben, ohne den Grund für die späte Übergabe – die in der DDR erst 1987 abgeschaffte Todesstrafe – zu nennen. Mit Blick auf Plädoyer und Kommentar bilanzierte Helge Grabitz, „daß noch inmitten der Wende im Herbst 1989 der alte Geist des Antifaschismus und des sozialistischen Klassenkampfes auch die Gerichtssäle beherrschte, selbst wenn es darum ging, NS-Verbrechen aufzuklären und zu sühnen".[857]

3.2 Der Prozess gegen Heinz Barth

Heinz Barth

Heinz Barth wurde am 15. Oktober 1920 in Gransee als Sohn eines Reichsbahnarbeiters und späteren Reichsbahnbeamten geboren. Nach dem Abschluss der Volksschule absolvierte er eine Ausbildung zum Textilkaufmann, während der er sich zum Schaufensterdekorateur weiterbildete. Anschließend arbeitete er bis zu seiner Einberufung zur Schutzpolizei der Reserve im Januar 1940 als Verkäufer und Dekorateur. Barth war Mitglied zahlreicher NS-Organisationen: Ab 1932 gehörte er dem Deutschen Jungvolk an, anschließend der HJ, dem Nationalsozialistischen Kraftfahrerkorps, der NS-Volksfürsorge und der Deutschen Arbeitsfront. 1939 trat er der NSDAP bei. Im Schlussbericht des MfS-Ermittlungsverfahrens hieß es 1983 über ihn: „Ständig der zielgerichteten und massiven nazistischen Erziehung und der faschistisch-ideologischen Beeinflussung in der Schule und Berufsschule sowie in den zuvor genannten drei faschistischen Organisationen ausgesetzt, war Barth nach eigenen Einlassungen derart von der faschistischen Politik überzeugt, daß er auch während seiner späteren Dienstzeit in der faschistischen Schutzpolizei und in der Waffen-SS ständig bestrebt war, alle übertragenen Befehle bedingungslos und gewissenhaft auszuführen".[858] Während seiner Zugehörigkeit zur Schutzpolizei der Reserve war Heinz Barth vor allem im sogenannten Protektorat Böhmen und Mähren eingesetzt. Im Februar 1943 wurde er zur Waffen-SS abkommandiert und war dort überwiegend in Frankreich stationiert. Ende Juni 1944 in der Normandie schwer verletzt und daraufhin einseitig beinamputiert, wurde er im SS-Lazarett Hohenlychen zum SS-Obersturmführer befördert und mit dem Eisernen Kreuz II. Klasse ausgezeichnet. Zu seinen Auszeichnungen zählten weiterhin das Panzer-Grenadier-Sturmabzeichen sowie die Verwundetenabzeichen in Schwarz, Silber und Gold.[859]

Nach Kriegsende begann Barth, seine NS-Vergangenheit zu verschleiern. Im Juni 1945 ließ er sich im Reserve-Lazarett Burg/Dithmarschen ein Ersatzsoldbuch ausstellen, aus dem seine Zugehörigkeit zur Waffen-SS nicht mehr hervorging. Diese verschwieg er auch in seinen Lebensläufen und Personalbogen, was ebenso für die

---

[857] Grabitz, Verfolgung, S. 164 f.; Wentker, Ahndung, S. 76.
[858] Vgl. Heine, Schlußbericht, 16. 11. 1982, BStU, MfS, HA IX/11, ZUV 66, Bd. 34 (ehem. GA 21a), Zitat Bl. 13 f. Nach Auswertung der Vernehmungsprotokolle kommt auch Meyer zu einer ähnlichen Einschätzung. Vgl. Meyer, Besatzung, S. 167 f.
[859] Vgl. Heine, Schlußbericht, 16. 11. 1982, BStU, MfS, HA IX/11, ZUV 66, Bd. 34 (ehem. GA 21a).

genauen Einheiten der Schutzpolizei zutrifft, bei denen er zeitweilig Dienst getan hatte, fürchtete er doch, „daß seine Teilnahme an völkerrechtswidrigen Handlungen in der CSR und in Frankreich bekannt werden würden und er sich dafür zu verantworten hätte". Aufgrund des Kriegsverlaufs war Barth im März 1945 mit seiner späteren Frau aus Gransee geflohen, blieb nach Kriegsende etwa ein Jahr in den Westzonen und kehrte im Juni 1946 an seinen Geburtsort zurück, wo er bis zu seiner Verhaftung 1981 wohnen blieb. Für seine „berufliche und gesellschaftliche Tätigkeit" wurde er „neunmal als ,Aktivist der sozialistischen Arbeit', einmal als Mitglied eines ,Hervorragenden Jugendkollektivs der DDR', zweimal als Mitglied eines ,Kollektivs der sozialistischen Arbeit' und einmal mit der Ehrennadel für Verdienste in der Volkskontrolle der DDR ausgezeichnet". Als das MfS 1976 auf ihn aufmerksam wurde und bis kurz vor seiner Inhaftierung war Barth Leiter der Abteilung Rationalisierung der Konsumgenossenschaft Kreis Gransee.[860]

Abb. 11: Der in Oradour als Zugführer eingesetzte Heinz Barth bei seinem Prozess in Ostberlin 1983
(BStU, MfS, HA IX/11, ZUV 66, Bd. 8 [ehem. EV 8], Bl. 128)

---

[860] Vgl. Heine, Schlußbericht, 16. 11. 1982, BStU, MfS, HA IX/11, ZUV 66, Bd. 34 (ehem. GA 21a), Zitate Bl. 24, 26.

Mitte der 1950er Jahre war das MfS schon einmal auf Barth aufmerksam geworden, allerdings in ganz anderem Kontext, nämlich im Rahmen einer Überprüfung der Kommission für Überplanbestände. Da Barth der Kommission angehörte, sollte er als Kontaktperson (KP) angeworben werden, „um während dieser Aktion festzustellen, ob irgendwelche Feindtätigkeiten durchgeführt" würden. Am 9. November 1955 wurde er verpflichtet. Barth gab sein „vollstes Einverständnis", das MfS „bei der Lösung der Aufgaben" zu unterstützen, und verfasste „ohne Schwierigkeiten" eine handschriftliche Verpflichtung.[861] Zu diesem Zeitpunkt war Barths Original-Polizeiakte, aus der auch seine Abordnung zur SS-Division „Das Reich" hervorging, beim MfS bereits erfasst,[862] wurde aber wohl nicht eingesehen, denn aus der in Gransee geprüften „Personalakte" Barths ging hervor, dass er „während des Faschismus nicht organisiert gewesen sei". Außerdem hieß es im Bericht des dortigen Sachbearbeiters, Barth sei von 1940–1944 „Soldat bei der staatlichen Polizeiverwaltung in Frankfurt/Oder" und sein letzter Dienstgrad Leutnant der Reserve gewesen.[863] Als sich ein Familienmitglied etwa 15 Jahre später zur inoffiziellen Zusammenarbeit mit dem MfS verpflichtete,[864] unterzog der Staatssicherheitsdienst die gesamte Familie einer Prüfung. Einsicht in Barths Polizeiakte wurde wohl erneut nicht genommen, denn in einer „Verwandtenaufstellung" des MfS hieß es lediglich, bei der Familie handele es sich um „Menschen, die unserer Entwicklung aufgeschlossen gegenüber" stünden, die Nachforschungen hätten „keinerlei negative Momente" ergeben, Vorstrafen und Republikfluchten seien nicht zu verzeichnen.[865]

Obwohl es wahrscheinlich seine falschen Angaben waren, die Heinz Barth beide Male schützten, trifft doch keineswegs zu, was noch anlässlich seines Todes 2007 in der französischen Presse zu lesen war: dass Barth „unter falschem Namen ver-

---

[861] Müller, Vorschlag als Kontaktperson für die Aktion Überplanbestände, 3. 3. 1956, BStU, MfS, Pdm AOP 1994/81, Bd. 1, Bl. 238 f.; vgl. auch Barth, Schweigeverpflichtung, 9. 11. 1955, ebenda, Bl. 240. Der Begriff „Kontaktperson" bezeichnete „Abwehrdiensteinheiten des MfS für Personen, zu denen Kontakt (Verbindung) hergestellt wurde mit dem Ziel, diese Personen partiell zu nutzen. Keine Kategorie inoffizieller Mitarbeiter, aber nicht selten Nutzung von KP mit Zügen der IM-Arbeit. KP wurden nicht registriert." BStU, Abkürzungsverzeichnis (2004), S. 53. Außerdem: „Person, die in der Regel vom nachrichtendienstlichen Charakter der Verbindung keine Kenntnis hatte oder Person, die Kontakt zu inoffiziellen Mitarbeitern hatte." BStU, Abkürzungsverzeichnis (2015), S. 49.

[862] Vgl. Analyse über die Entstehung des operativen Ausgangsmaterials zu Barth, o. D., BStU, MfS, HA IX/11, ZUV 66, Bd. 38 (ehem. AK 1), Bl. 9–13.

[863] Müller, Vorschlag als Kontaktperson für die Aktion Überplanbestände, 3. 3. 1956, BStU, MfS, Pdm AOP 1994/81, Bd. 1, Bl. 238 f.

[864] B., Verpflichtung, 1. 3. 1971, BStU, MfS, AP 7078/73, Bl. 40.

[865] Verwandtenaufstellung KP „Ingenieur", o. D., BStU, MfS, HA IX/11, ZUV 66, Bd. 46 (ehem. AK 9), Bl. 88, sowie in BStU, MfS, AP 7078/73, Bl. 39. Zunächst KP, sollte die Person als Gesellschaftlicher Mitarbeiter für Sicherheit (GMS) verpflichtet werden. In der handschriftlichen Verpflichtung erklärte sie sich zur „inoffiziellen Zusammenarbeit" mit dem MfS bereit. Vgl. HA-A/Abteilung IV, Fröde, Auskunft und Vorlage zur Verpflichtung der KP „Ingenieur" als GMS für das Ministerium für Staatssicherheit, ebenda, Bl. 34–38; B., Verpflichtung, 1. 3. 1971, ebenda, Bl. 40.

steckt" in der DDR gelebt habe.[866] Dass der Staatssicherheitsdienst schließlich auf seine tatsächliche NS-Vergangenheit aufmerksam wurde, war schlicht dem Zufall geschuldet.

Das inoffizielle Ermittlungsverfahren

Der Stein kam Ende 1976 ins Rollen. Am 16. Dezember wandte sich die Kreisdienststelle (KD) Gransee des MfS mit einem Auskunftsersuchen an die HA IX/11 des MfS in Berlin. Da man Heinz Barths Sohn zu den DDR-Grenztruppen einberufen wollte, sollte auch sein Vater überprüft werden. Die Granseer KD bat deshalb um Informationen zu Barth aus den Jahren vor 1945.[867] Und so wurde Heinz Barth einer derjenigen schwereren Fälle, auf die die HA/IX 11 im „Schleppnetz" ihrer Routineauskünfte stieß.[868] Sieben Wochen später konnte das MfS bilanzieren, dass Barth seine Zugehörigkeit zur Waffen-SS nach dem Krieg verschwiegen hatte, und etliche Etappen seines tatsächlichen Lebenslaufs von 1940 bis 1944 nachvollziehen. Außerdem ergaben die Recherchen, dass Barth Gruppenführer bei einer Kompanie des Reserve-Polizei-Bataillons Kolin gewesen war, die Geiselerschießungen durchgeführt hatte.[869] Das MfS ermittelte zunächst fast eineinhalb Jahre in diese Richtung weiter, allerdings mit mäßigem Erfolg.[870] Erst als die Ermittler weitere Einheiten überprüften, denen Barth angehört hatte, stießen sie auf Oradour:

„Durch Überprüfung zum Komplex I./SS-Panzer-Grenadier-Regiment 4 ‚Der Führer' im Dok. Zentrum wurde bekannt, daß von Angehörigen dieser Einheit das Massaker von Oradour/Frankreich begangen wurde. [...] Aus einem Artikel des zeitweiligen Regiments-Kommandeurs, SS-Obersturmbannführer Weidinger, welcher 1964 in der HIAG-Zeitschrift ‚Der Freiwillige' veröffentlicht wurde, ist ersichtlich, daß dieses Verbrechen von Angehörigen der 3. Kompanie begangen worden sein soll. Aus einer namentlichen Aufstellung der 3./SS-Panzer-Grenadier-Regiment 4 ‚Der Führer' vom 24. 6. 1944 ist ersichtlich, daß Barth dieser Kompanie angehörte. Aus weiteren Unterlagen geht hervor, daß Barth als Zugführer (SS-Untersturmführer) Verwendung fand."[871]

---

[866] Eva Sala, „Ne pas oublier de quoi a été capable un tel type", in: L'Echo, 16. 8. 2007, ACMO, 1 ETUD 25.
[867] Vgl. KD Gransee an HA IX/11, 16. 12. 1976, BStU, MfS, HA IX/11, ZUV 66, Bd. 46 (ehem. AK 9), Bl. 2; Aktenvermerk, 3. 2. 1977, ebenda, Bl. 3. Zum Verlauf der Ermittlungen auch HA IX/11, Übersicht über die Entwicklung des Vorgangs zu Barth, Heinz, 15. 6. 1983, ebenda, Bd. 38 (ehem. AK 1), Bl. 6–8.
[868] Leide, NS-Verbrecher, S. 116.
[869] Vgl. Lösche, Leitungsvorlage, 3. 2. 1977, BStU, MfS, HA IX/11, ZUV 66, Bd. 38 (ehem. AK 1), Bl. 21–25. 1971 wurde der frühere Bataillons-Kommandeur des Reserve-Polizei-Bataillons Kolin, Fritz Gottspfennig, in Schwerin verurteilt, sodass umfangreiche Materialien zu diesem Komplex vorlagen. Vgl. ebenda sowie Rüter, DDR-Justiz, Verfahrensregister, S. 384 (N° 1045).
[870] Nachweisbar war, dass Barth einer Einheit und einem Lehrgang angehört hatte, die Erschießungen durchführten, seine Teilnahme an einer Erschießung war allerdings nicht belegt. Vgl. HA IX/11/5, Czepluch, Sachstandsbericht, 31. 5. 1978, BStU, MfS, HA IX/11, ZUV 66, Bd. 38 (ehem. AK 1), Bl. 37–44.
[871] Czepluch, Ergänzung zum Sachstandsbericht vom 31. 5. 1978, 24. 7. 1978, BStU, MfS, HA IX/11, ZUV 66, Bd. 38 (ehem. AK 1), Bl. 45 f., Zitat Bl. 45.

Diese Feststellung im Juli 1978 war der Ausgangspunkt für die weiteren Ermittlungen zu Barths Beteiligung an dem Massaker in Oradour.

Nach diesem ersten Hinweis dauerte es drei Jahre bis zu Barths Verhaftung. Die Ermittlungen in diesem Zeitraum sind vor allem hinsichtlich eines etwaigen Rechtshilfeersuchens an Frankreich interessant, das von Beginn an im Gespräch war, aber nicht zustande kam.[872] Das Ringen darum – vor allem zwischen den Mitarbeitern der HA IX/11 und der Generalstaatsanwaltschaft – verdeutlicht, dass der Schritt wohl an der Angst scheiterte, öffentliche Aufmerksamkeit zu erregen, bevor die eigene Beweislage es erlaubte, „gezielt und mit Erfolgsgarantie zu einer Verurteilung [zu] kommen".[873] Für die Ermittler der HA IX/11 bedeutete die restriktive Haltung der GStA, dass sie nicht auf französische Originaldokumente zurückgreifen konnten und auf teils umständlichen Wegen Beweismaterial besorgen mussten.

Den ersten konkreten Vorstoß für ein Rechtshilfeersuchen (RHE) unternahm die HA IX/11 Anfang 1979. In einem Schreiben an Karl-Heinrich Borchert, Leiter der Abteilung IA für politische Delikte bei der Generalstaatsanwaltschaft und stellvertretender Generalstaatsanwalt der DDR, bat man, das französische Justizministerium zum „Zwecke der Prüfung der Identität des eingangs genannten Barth mit dem gleichnamigen SS-Offizier und der Feststellung des möglichen individuellen Tatbeitrages desselben an dieser völkerrechtswidrigen Straftat" in einem Rechtshilfeersuchen zu bitten, „die Prozeßunterlagen des Strafverfahrens vor dem Höheren Militärgericht Bordeaux dahingehend zu prüfen, welche Angaben zur Person und zur Teilnahme des Barth, Heinz als SS-Offizier und Dienstvorgesetzter in der erwähnten Einheit an dem Tatgeschehen darin enthalten sind".[874] Tatsächlich waren die Ermittler der HA IX/11 zu diesem Zeitpunkt keineswegs sicher, ob Heinz Barth am 10. Juni 1944 der tatausführenden Einheit noch angehört hatte und in Oradour gewesen war, ja selbst seine eindeutige Identifizierung war noch nicht gelungen.[875] Bei der Generalstaatsanwaltschaft stieß die Anfrage zunächst auf offene Ohren. Günther Wieland, zuständig für die Bearbeitung von Rechtshilfevorgängen, plante, am Monatsende ein vom Generalstaatsanwalt Josef Streit „zu unterzeichnendes RHE im Entwurf vorzulegen".[876] Und Wieland wollte noch weitergehen: Das angeregte RHE im Fall Barth „sollte angesichts der internationalen Entwicklung in der Verjährungsfrage […] zum Anlaß genommen werden, zu prüfen, ob nicht schon aus diesem Grunde das Anliegen betr. den konkreten Fall

---

[872] Hierzu bereits: Leide, NS-Verbrecher, S. 131–136.
[873] Leide, NS-Verbrecher, S. 133.
[874] HA IX/11, Leiter, an Borchert, 22. 1. 1979, BStU, MfS, HA IX/11, ZUV 66, Bd. 38 (ehem. AK 1), Bl. 54f. Die Gegenüberlieferung zum RHE findet sich in BArch Berlin, DP 3/2146. Unterleutnant Czepluch von der HA IX/11 hatte direkt bei den ersten Hinweisen auf Oradour ein RHE an Frankreich vorgeschlagen, sollten die von ihm in die Wege geleiteten Überprüfungen keinen Erfolg zeitigen. Vgl. Czepluch, Ergänzung zum Sachstandsbericht vom 31. 5. 1978, 24. 7. 1978, BStU, MfS, HA IX/11, ZUV 66, Bd. 38 (ehem. AK 1), Bl. 45f.
[875] Vgl. Analyse über die Entstehung des operativen Ausgangsmaterials zu Barth, o. D., BStU, MfS, HA IX/11, ZUV 66, Bd. 38 (ehem. AK 1), Bl. 9–13.
[876] Verfügung Wieland, 2. 2. 1979, BArch Berlin, DP 3/2146, Bl. 3.

in einem umfassenderen Schritt zum Ausdruck gebracht werden sollte". In einem bereits ausformulierten Anschreiben an den französischen Justizminister versicherte die DDR-Staatsanwaltschaft, sie würde, „falls Sie mir die Aufstellung der in Betracht kommenden, insbesondere der von Gerichten der Französischen Republik in Abwesenheit verurteilten Angehörigen des faschistischen Aggressionsregimes übermitteln, nach all diesen Personen die erforderlichen Ermittlungen einleiten". Schließlich regte Wieland an, ähnliche Schreiben an weitere westliche Staaten zu richten.[877]

Dazu kam es nicht. Bei einer Besprechung entschieden sich Borchert und der stellvertretende Leiter der HA IX, Karli Coburger, sowohl gegen das RHE in Sachen Oradour als auch gegen Wielands Vorschlag *in puncto* „Frankreichverurteilte".[878] In einer späteren Zusammenfassung der Ermittlungen heißt es, aus „rechtspolitischen Gesichtspunkten" sei auf Anraten des Generalstaatsanwalts von dem Ersuchen abgesehen worden, da seinerzeit die Beweislage nicht ausgereicht habe, „um als Voraussetzung für das Rechtshilfeersuchen ein Ermittlungsverfahren gegen Barth einzuleiten".[879] Einen Tag nachdem sich Borchert und Coburger gegen ein Herantreten an Frankreich entschieden hatten,[880] erklärte der Leiter der HA IX, Rolf Fister, gegenüber Mielke hingegen, da kein Rechtshilfevertrag mit Frankreich bestehe, würde „ein offizielles Rechtshilfeersuchen unter Umständen unbeantwortet bleiben", und schlug deshalb vor, die Prozess-Unterlagen anderweitig zu beschaffen.[881] Diese und eine weitere Erklärung führte eine Mitarbeiterin der HA IX/11 1983 in ihrer Fachschulabschlussarbeit an, in der sie unter anderem „Rechtshilfeersuchen der DDR an nichtsozialistische Staaten und Gesichtspunkte ihrer politisch-operativen Absicherung" anhand des Falls Barth behandelte. Dort hieß es: „Das Ersuchen von Rechtshilfe im operativen Bearbeitungsstadium ist bei Fehlen eines Rechtshilfevertrages generell problematisch, da ein offizielles Rechtshilfeersuchen unbeantwortet bleiben und außerdem nicht ausgeschlossen werden kann, daß der Tatverdächtige in der DDR aufgrund des Wirkens der westlichen Massenmedien Kenntnis über die Ermittlungen gegen seine Person erhält."[882] Für wahrscheinlicher als all diese Gründe

---

[877] Verfügung, wohl Wieland, 21. 3. 1979, BArch Berlin, DP 3/2146, Bl. 6 f.
[878] Stolze an Wieland, 20. 4. 1979, BArch Berlin, DP 3/2146, Bl. 11.
[879] Analyse über die Entstehung des operativen Ausgangsmaterials zu Barth, o. D., BStU, MfS, HA IX/11, ZUV 66, Bd. 38 (ehem. AK 1), Bl. 9–13, Zitat Bl. 12. Der maschinenschriftliche Text ist mit handschriftlichen Zusätzen versehen, der Satzteil „weil zu diesem Zeitpunkt die Beweislage nicht ausreichte" gestrichen.
[880] Deren Besprechung soll noch am 21. 3. 1979 stattgefunden haben. Vgl. Stolze an Wieland, 20. 4. 1979, BArch Berlin, DP 3/2146, Bl. 11.
[881] Fister, Vorschlag zur Beschaffung von Prozeßunterlagen zum Massaker gegen die Einwohner von Oradour-sur-Glane aus der Republik Frankreich, 22. 3. 1979, BStU, MfS, HA IX/11, ZUV 66, Bd. 38 (ehem. AK 1), Bl. 58.
[882] Angela Juch, Anforderungen und Erfahrungen der politisch-operativen Arbeit zur Realisierung und Absicherung des Rechtshilfeverkehrs zwischen dem Generalstaatsanwalt der DDR und den Justizorganen nichtsozialistischer Staaten, insbesondere der BRD und Berlin-West, bei der Aufklärung und Verfolgung von faschistischen Verbrechen gegen die Menschlichkeit und Kriegsverbrechen, Fachschulabschlußarbeit Juristische Hochschule (JHS) Potsdam, 15. 2. 1983, BStU, MfS, VVS-o001, MfS JHS Nr. 720/83, Zitat Bl. 47 f.

hält Henry Leide, „dass man 1979 während der Kampagnen gegen die in der Bundesrepublik erneut anstehende Verjährungsfrist für Mord nicht Gefahr laufen wollte, mit eigenen Versäumnissen konfrontiert zu werden".[883]

Mielke jedenfalls erklärte sich mit Fisters Vorschlag einverstanden, statt eines RHE mit Hilfe des Auslandsnachrichtendienstes die Kontakte des ehemaligen Botschafters der DDR in Frankreich, Ernst Scholz, zu französischen Widerstandskämpfern zu nutzen, „um die erforderlichen Unterlagen zu Barth aus dem Verfahren vor dem Militärgericht Bordeaux zu beschaffen".[884] Tatsächlich gelang es, auf inoffiziellem Weg einen Auszug des Urteils, Presseartikel zum Prozess und die Broschüre des Französischen Verlagsamts zum Massaker zu erhalten.[885] Im Dezember 1979 kam Hauptmann Kober von der HA IX/11, der den Fall Barth seit November 1978 bearbeitete,[886] zu dem Ergebnis, Barth sei zum Tatzeitpunkt Zugführer der verantwortlichen Kompanie und tatsächlich bei der Einheit gewesen. Eine „eigenhändige Mitwirkung" an dem Massaker konnte ihm zwar nicht nachgewiesen werden, dennoch sah Kober Barths strafrechtliche Verantwortlichkeit für die Taten gegeben, und zwar nach Artikel 6 des IMT-Statuts vom 8. August 1945. Dieser lege die strafrechtliche Verantwortung von Anführern für bestimmte Handlungen fest, die auf ihren Befehl hin ausgeführt worden seien, ein Grundsatz, dem auch die ständige Rechtsprechung des Obersten Gerichts der DDR entspreche. Es sei erwiesen, dass Barth als Zugführer Anführer im Sinne des Artikels 6 des IMT-Status vom 8. August 1945 sei und zur Tatzeit seine Einheit befehligt habe. Kober schlug deshalb vor, „wegen des dringenden Verdachts der Mitwirkung an Kriegsverbrechen und Verbrechen gegen die Menschlichkeit" ein Ermittlungsverfahren einzuleiten und Barth zu inhaftieren.[887] Die HA IX/10, der man den Vorgang zur „strafrechtlichen Einschätzung" vorlegte,[888] schloss sich dem Vorschlag „trotz der vorhandenen Beweisführungsschwierigkeiten (vorhandenes inoffizielles Material und Publikationen dokumentarischen Charakters zur Tatteilnahme des Verdächtigen)" an. Diese Probleme sollte die HA IX/10 im Rahmen des Ermittlungsverfahrens durch eine Vernehmung Barths und ein Rechtshilfeersuchen an Frankreich lösen.[889]

---

[883] Leide, NS-Verbrecher, S. 133.
[884] Fister, Vorschlag zur Beschaffung von Prozeßunterlagen zum Massaker gegen die Einwohner von Oradour-sur-Glane aus der Republik Frankreich, 22. 3. 1979, BStU, MfS, HA IX/11, ZUV 66, Bd. 38 (ehem. AK 1), Bl. 58.
[885] Vgl. Faktenzusammenstellung über die Entwicklung des Vorgangs zu Barth, o. D., BStU, MfS, HA IX/11, ZUV 66, Bd. 38 (ehem. AK 1), Bl. 15–20, hier Bl. 17; HA IX/11, Übersicht über die Entwicklung des Vorgangs zu Barth, Heinz, 15. 6. 1983, ebenda, Bl. 6–8, hier Bl. 7; Kober, Sachstandsbericht, 17. 12. 1979, ebenda, Bl. 65–73, hier Bl. 67.
[886] Vgl. Faktenzusammenstellung über die Entwicklung des Vorgangs zu Barth, o. D., BStU, MfS, HA IX/11, ZUV 66, Bd. 38 (ehem. AK 1), Bl. 15–20, hier Bl. 17.
[887] Kober, Sachstandsbericht, 17. 12. 1979, BStU, MfS, HA IX/11, ZUV 66, Bd. 38 (ehem. AK 1), Bl. 65–73, Zitat Bl. 72.
[888] Stolze an Coburger, 4. 1. 1980, BStU, MfS, HA IX/11, ZUV 66, Bd. 38 (ehem. AK 1), Bl. 82. Kober hatte in seinem Sachstandsbericht vorgeschlagen, vor der Einleitung des Ermittlungsverfahrens Barths Haftfähigkeit zu prüfen, Stolze konnte nun vermerken, diese sei gegeben.
[889] Muregger, Strafrechtliche Einschätzung des Vorganges AK 5776/76 der Hauptabteilung IX/11, 28. 1. 1980, BStU, MfS, HA IX/11, ZUV 66, Bd. 38 (ehem. AK 1), Bl. 92–98.

Am 30. Januar 1980 trafen sich der Leiter der HA IX/11, Lothar Stolze, und der Verfasser der strafrechtlichen Einschätzung aus der IX/10, Dietrich Muregger, mit dem stellvertretenden Leiter der HA IX, Coburger, zu einer Besprechung des Falls, bei der die diffizile Beweislage nochmals auf den Tisch kam: Zwar ging die HA IX/10 davon aus, dass Barth der gesuchte SS-Untersturmführer war, aber die 1946 in deutscher Übersetzung erschienene Publikation „Oradour sur Glane"[890] enthielt keine Informationen zu seinem individuellen Tatbeitrag. Angaben zu Barth, die die HA IX/11 aus dem Buch „Oradour" des dänischen Autors Jens Kruuse[891] herausgearbeitet hatte, wiederum konnten „so nicht als Beweismittel genutzt werden". Der vorliegende Urteilsauszug schließlich enthielt „zwar Hinweise zu Barth", jedoch „keine konkreten Belastungen außer dem Strafausspruch" – Letzteres ein Problem, das auch dem Dortmunder Staatsanwalt Nitardy wohlbekannt war. Vor diesem Hintergrund lehnte Coburger die Übergabe des Vorgangs an die HA IX/10 und damit die Einleitung eines offiziellen Ermittlungsverfahrens mit Haft ab. Vielmehr sollte die HA IX/11 – unter Nutzung der „operativen Möglichkeiten des MfS zu entsprechenden Journalisten im Ausland" – Kruuse überprüfen, um zu erfahren, wo dieser „Einsicht in die Materialien genommen und welche Materialien er in seinem Besitz hat". Auch brachte Coburger erneut das Rechtshilfeersuchen an Frankreich ins Gespräch, das er nach Rücksprache mit Borchert bei der GStA vorschlagen wollte. Coburger spielte sogar mit dem Gedanken, „zur Durchführung des Rechtshilfeersuchens an die Republik Frankreich ein Ermittlungsverfahren gegen Unbekannt" einzuleiten.[892]

Dazu kam es nicht, aber wie angekündigt bat Coburger Borchert, ein RHE an Frankreich zu richten, um zweifelsfrei Barths Identität sowie seinen individuellen Tatbeitrag klären zu können. Von besonderem Interesse sei ein beglaubigtes Urteil des Militärgerichts Bordeaux oder ein Auszug daraus, sowie beglaubigte Auszüge aus den Gerichtsakten. Darüber hinaus sollte um die Mitteilung von Zeugen gebeten werden.[893] Doch der stellvertretende Generalstaatsanwalt erteilte Coburger – offensichtlich auf Weisung Mielkes[894] – eine zweite Absage: Das Rechtshilfersu-

---

[890] Französisches Verlagsamt, Oradour. Dass es sich um diese Publikation gehandelt haben dürfte, geht hervor aus: Muregger, Strafrechtliche Einschätzung des Vorganges AK 5776/76 der Hauptabteilung IX/11, 28. 1. 1980, BStU, MfS, HA IX/11, ZUV 66, Bd. 38 (ehem. AK 1), Bl. 92–98, hier Bl. 93.

[891] Der 1908 geborene Kruuse war Lektor an der Pariser Sorbonne und arbeitete später u. a. als Redakteur für eine dänische Zeitung. Anlässlich des 25. Jahrestags des Massakers veröffentlichte der Suhrkamp Verlag 1969 eine erweiterte, deutsche Ausgabe seiner 1947 im Original erschienenen Publikation. Dem Buch war zu entnehmen, dass sich der Autor u. a. auf Gerichtsprotokolle des Oradour-Prozesses in Bordeaux stütze. Vgl. Stolze an Abt. Agitation, Leiter, 26. 2. 1980, BStU, MfS, HA IX/11, ZUV 66, Bd. 38 (ehem. AK 1), Bl. 99; Kruuse, Oradour, v. a. S. 179 und Informationen zu Autor und Buch vor dem Titelblatt.

[892] Stolze, Aktenvermerk, 30. 1. 1980, BStU, MfS, HA IX/11, ZUV 66, Bd. 38 (ehem. AK 1), Bl. 100 f.

[893] Vgl. Coburger an Borchert, 29. 2. 1980, BStU, MfS, HA IX/11, ZUV 66, Bd. 38 (ehem. AK 1), Bl. 104 f.

[894] Vgl. Stolze an Coburger, 10. 2. 1981, BStU, MfS, HA IX/11, ZUV 66, Bd. 38 (ehem. AK 1), Bl. 115 f.

chen in der Angelegenheit Barth berühre „grundsätzliche Probleme", er schlage deshalb vor, den Fall „zunächst gemeinsam in einer Problemberatung zu erörtern."[895]

Auch der nächste Versuch der HA IX/11 im Mai 1980 scheiterte. Oberstleutnant Winkler wies in seinem für Stolze, Fister und Mielke bestimmten Vorschlag für ein RHE darauf hin, dass der Urteilsauszug, von dem auf „operativem Wege" eine nicht beglaubigte Kopie beschafft worden sei, nicht mit dem endgültigen, rechtskräftigen Urteil des Militärgerichts Bordeaux übereinstimme. Außerdem, so drängte Winkler weiter, habe man in der DDR bislang keine weiteren Beweismittel auftun können, die die Einleitung eines Ermittlungsverfahrens und die Beantragung des Haftbefehls gegen Barth ermöglichen würden. Er schlug daher ein RHE an Frankreich vor, „sofern dadurch die gegenwärtigen politischen und ökonomischen Beziehungen der DDR zu Frankreich nicht beeinträchtigt" würden. Winkler schloss seinen Vorschlag mit dem Argument, die französische Reaktion könnte auch Klarheit in der Frage bringen, inwieweit offiziell Beweismaterial gegen andere in Frankreich in Abwesenheit verurteilte DDR-Bürger angefordert werden könne.[896]

Da das Rechtshilfeersuchen ausblieb und man die Beweismittelsuche über den dänischen Autor Jens Kruuse abgebrochen hatte,[897] musste Stolze im Februar 1981 resümieren, die „mit der Rückgabe des Vorgangs verbundenen weiteren Beweissicherungsmaßnahmen" hätten nicht realisiert werden können.[898] Dennoch waren die Ermittler einen entscheidenden Schritt vorangekommen, und zwar durch Zeugenvernehmungen. Sie hatten ein Dutzend ehemalige Mitglieder des I. Bataillons des SS-Panzer-Grenadier-Regiments 4 „Der Führer" der 2. SS-Panzer-Division „Das Reich" in der DDR ausfindig gemacht und zehn von ihnen vernommen. Mithilfe der Zeugenaussagen gelang es, eine Lücke in der bisherigen Beweisführung zu schließen. Denn Barths Zugehörigkeit zur 3. Kompanie des I. Bataillons war erst ab dem 24. Juni 1944 durch eine Namensliste belegt, eine weitere Kompanieliste, die ihn als Führer des I. Zugs einer nicht genannten Kompanie auswies, war undatiert.[899] Da die Aufstellung neben Barth einen der vernommenen Männer auswies und dieser Angaben zum Entstehungsdatum der Liste machte, ließ sich schlussfolgern, dass Barth zum Tatzeitpunkt Führer des

---

[895] Borchert an Coburger, 20. 3. 1980, BStU, MfS, HA IX/11, ZUV 66, Bd. 38 (ehem. AK 1), Bl. 106.

[896] Winkler, Vorschlag für ein Rechtshilfeersuchen an die Republik Frankreich, 14. 5. 1980, BStU, MfS, HA IX/11, ZUV 66, Bd. 38 (ehem. AK 1), Bl. 107-109.

[897] Die Abteilung Agitation verfügte über keine Informationen, weder zur Publikation noch zum Autor. Die HA IX/11 entschied, dass von einer Kontaktaufnahme mit Kruuse, die allein „auf einem bestimmten Weg über J.M." möglich gewesen wäre, abzusehen sei. Abt. Agitation, Leiter, an HA IX/11, Leiter, 17. 3. 1980, mit handschriftlicher Notiz, BStU, MfS, HA IX/11, ZUV 66, Bd. 38 (ehem. AK 1), Bl. 103, dort Zitat; Stolze an Coburger, 10. 2. 1981, ebenda, Bl. 115 f.

[898] Stolze an Coburger, 10. 2. 1981, BStU, MfS, HA IX/11, ZUV 66, Bd. 38 (ehem. AK 1), Bl. 115 f., Zitat Bl. 115.

[899] Vgl. zur letztgenannten Kompanieliste Kapitel IV.5.1.

I. Zugs der in Oradour eingesetzten 3. Kompanie des I. Bataillons gewesen war. Darüber hinaus gaben der Genannte und ein weiterer ehemaliger Soldat der Waffen-SS zu Protokoll, sie seien in Oradour eingesetzt gewesen – und mit ihnen Heinz Barth.[900]

Als Kober den Stand der Ermittlungen zusammenfasste, wies er darauf hin, dass sich die „Belastungen, daß Barth zur Tatzeit am Tatort war", allein auf die beiden Zeugenaussagen stützten und ihm noch immer keine „eigenhändige Mitwirkung" an dem Massaker nachgewiesen werden könne. Die strafrechtliche Verantwortlichkeit Barths sah er aufgrund seiner Rolle als Anführer dennoch gegeben und schlug deshalb ein weiteres Mal die Übergabe des Beweismaterials an die HA IX/10 – inzwischen: HA IX/AG VgM – zur strafrechtlichen Einschätzung vor. Obwohl „die Beweismittellage im Operativvorgang weitestgehend ausgeschöpft" war, empfahl Kober kein RHE an Frankreich. Vielmehr sollte „im Zusammenhang mit der strafrechtlichen Einschätzung berücksichtigt werden, ob im Rahmen des § 95 StPO eine Befragung des Barth, um eine endgültige Entscheidung im Vorgang herbeizuführen, gegeben ist".[901]

Dieses Mal waren sich HA IX/11 und HA IX/AG VgM einig: In einer Besprechung zwischen Coburger, Stolze und dem Leiter der HA IX/AG VgM, Muregger, legte Letzterer die Beweislage dar und sprach sich für die Einleitung eines Ermittlungsverfahrens mit Haft aus, Stolze und Coburger stimmten zu. Die HA IX/11 wurde beauftragt, einen Inhaftierungsvorschlag anzufertigen, der in jedem Fall enthalten müsse, dass „zur Beweissicherung unbedingt ein Rechtshilfeersuchen an Frankreich gerichtet werden muß."[902] Einen Monat später bekam Erich Mielke den „Vorschlag zur Inhaftierung des DDR-Bürgers Barth, Heinz" auf den Schreibtisch. Nach der Einleitung des Ermittlungsverfahrens – vorgesehen in der ersten Julihälfte – sollte die Generalstaatsanwaltschaft ein Rechtshilfeersuchen an Frankreich richten, um „weiteres Beweismaterial zum Massaker in Oradour und eventuell anderer von den Angehörigen der SS-Einheit in Frankreich begangener Verbrechen" zu beschaffen. Darüber hinaus schlug die HA IX/11 vor, „das Verfahren gegen Barth auszunutzen, um den individuellen Tatbeitrag der 3 weiteren DDR-Bürger am Massaker in Oradour nachzuweisen, von denen zwei über ihre Teilnahme zeugenschaftlich ausgesagt haben". Mielke war einverstanden.[903]

---

[900] Kober, Sachstandsbericht zum Vorgang AK 5776/76 (Barth, Heinz), 7. 1. 1981, BStU, MfS, HA IX/11, ZUV 66, Bd. 40 (ehem. AK 1), Bl. 117–140.
[901] Kober, Sachstandsbericht zum Vorgang AK 5776/76 (Barth, Heinz), 7. 1. 1981, BStU, MfS, HA IX/11, ZUV 66, Bd. 40 (ehem. AK 1), Bl. 117–140.
[902] Muregger, Vermerk über die Absprache zum Vorgang „Oradour" der Hauptabteilung IX/11, 15. 5. 1981, BStU, MfS, HA IX/11, ZUV 66, Bd. 38 (ehem. AK 1), Bl. 150–152, Zitat Bl. 152.
[903] Kober, Vorschlag zur Inhaftierung des DDR-Bürgers Barth, Heinz, 15. 6. 1981, BStU, MfS, HA IX/11, ZUV 66, Bd. 38 (ehem. AK 1), Bl. 153–157, darauf handschriftlicher Vermerk „einverstanden Mielke", Zitate Bl. 157. Um wen es sich bei der dritten Person handelt, geht aus dem Vorschlag nicht hervor.

Neben der sicheren Beweislast lassen sich in den MfS-Akten zum Fall Barth, dem Zentralen Untersuchungsvorgang 66 (ZUV 66),[904] keine weiteren Gründe für die Entscheidung nachweisen, das inoffizielle in ein offizielles Ermittlungsverfahren zu überführen. Öffnet man den Blick über diese Akten hinaus, ist es indes höchst unwahrscheinlich, dass nicht auch andere Faktoren die Entscheidung beeinflussten. Vorgeschichte und Kontext der Ermittlungen zeigen, dass dem Staatssicherheitsdienst ein solcher Prozess aus mehreren Gründen äußerst gelegen kam und der „Zufallsfund" Barth enormes politisches und propagandistisches Potenzial barg. Zu dieser Einschätzung gelangt man bei Berücksichtigung der vier folgenden Aspekte: *Primo* war Heinz Barth der einzige in Frankreich in Abwesenheit verurteilte DDR-Bürger, der sich vor einem ostdeutschen Gericht für seine Taten verantworten musste, und damit eine erklärungsbedürftige Ausnahme. *Secundo* sind der Lischka-Prozess und die internationalen Reaktionen auf das Gerichtsverfahren vor dem Hintergrund zu beachten, dass der SED-Staat Prozesse wegen NS-Verbrechen mit Blick auf entsprechende Verfahren in der Bundesrepublik konzipierte und führte.[905] *Tertio* ist der außenpolitische deutsch-deutsch-französische Kontext zu diesem Zeitpunkt zu bedenken. *Quarto* schließlich offerierte der Tatkomplex Oradour ideale Voraussetzungen, um sich mit einem Prozess zu profilieren.

Zum ersten Punkt. Nach der Ratifizierung des Zusatzabkommens 1975 begannen in der Bundesrepublik zahlreiche Ermittlungen zu in Frankreich in Abwesenheit verurteilten Deutschen.[906] 1976 zog der ostdeutsche Staat nach. Das MfS beschaffte geheimdienstlich Namenslisten mit Deutschen, gegen die in Frankreich ein Abwesenheitsurteil verhängt worden war.[907] Allerdings beabsichtigte das MfS zu diesem Zeitpunkt keineswegs, die darin erwähnten DDR-Bürger strafrechtlich zu verfolgen, sondern die Maßgabe lautete, so formuliert Henry Leide pointiert, „Vertuschung hier, propagandistische Ausschlachtung da".[908] In den folgenden Monaten brachte die HA IX/11 in Erfahrung, dass 14 der auf den Listen genannten Personen in der DDR lebten. Bei mindestens zwei weiteren waren die Anschuldigungen bereits bekannt. Unter den Genannten fand sich auch Heinz Barth, allerdings waren die Angaben zu ihm lückenhaft. Abgesehen von Barth – gegen den die Ermittlungen in anderem Zusammenhang begannen – zeitigte ihre „Entdeckung" für keinen der DDR-Bürger strafrechtliche Folgen, mit einer Ausnahme

---

[904] Bei einem ZUV – insgesamt wurden 96 angelegt – handelte es sich um eine „spezielle Art von Untersuchungsvorgang – geführt wegen Verbrechen gegen die Menschlichkeit und Kriegsverbrechen 1939–1945 – auch: Materialsammlung zu Personen und ihrem Wirken in der NS-Zeit. Ein ZUV enthielt reguläre Strafakten sowie weitere Dokumente des MfS und anderer Institutionen zum personenbezogenen Vorgang/Umfeld." Frank Joestel, „Zentraler Untersuchungsvorgang (ZUV)", URL: https://www.stasi-unterlagen-archiv.de/mfs-lexikon/detail/zentraler-untersuchungsvorgang-zuv/ [20. 11. 2021].
[905] Vgl. etwa zum „Auschwitz-Prozeß der DDR" Dirks, Verbrechen.
[906] Vgl. Kapitel IV.2.2, Abschnitt „Deutsch-französischer Rechtskontext".
[907] Angeblich stammten die Listen von Serge Klarsfeld. Vgl. Leide, NS-Verbrecher, S. 125 f. mit Anm. 526.
[908] Leide, NS-Verbrecher, S. 126.

wurden nicht einmal „nennenswerte" Recherchen unternommen.[909] Wie dargelegt, wurde auch Wielands Vorschlag vom März 1979, Frankreich offiziell um die Zusammenarbeit in der Kriegsverbrecherfrage – vor allem bezüglich der *in absentia* Verurteilten – anzufragen, abgelehnt. Folgt man Henry Leide, so setzte das MfS auf „die biologische Lösung des Problems".[910] Warum blieb Heinz Barth der einzige in Frankreich in Abwesenheit verurteilte NS-Täter, bei dem das MfS ausgedehnte Ermittlungen unternahm und ihn vor Gericht brachte?

Der Fall Barth weist Unterschiede zu den anderen in Frankreich verurteilten DDR-Bürgern auf, die Erklärungsansätze für diese Ausnahme bieten. Dies betrifft zum einen die Beweislage und deren Zustandekommen. Auf Barths mögliche Beteiligung an dem Massaker in Oradour stießen die Ermittler, nachdem sie zunächst zu Erschießungen im „Reichsprotektorat Böhmen und Mähren" recherchiert hatten, und gelangten im Gegensatz zu den anderen Frankreich-Fällen auf inoffiziellem Weg schnell an Prozessunterlagen. Das so erhaltene Urteil reichte für das MfS zwar nicht aus, um ein offizielles Ermittlungsverfahren einzuleiten, brachte die Ermittlungen aber voran. Zum anderen unterscheidet sich der Zeitpunkt, zu dem das MfS versuchte, die Unterlagen aus Frankreich zu beschaffen. Bei den anderen in Abwesenheit Verurteilten brach es die Bemühungen nach zwei erfolglosen Jahren im Frühjahr 1979 ab. Im Fall Barth begannen die Versuche erst 1979 und waren Ende desselben Jahres erfolgreich. Der Erhalt der Dokumente fiel so mit dem Lischka-Prozess zusammen, der vom 23. Oktober 1979 bis zum 11. Februar 1980 in Köln geführt wurde und den es nachfolgend zu berücksichtigen gilt.

Zum zweiten Punkt. Der Prozess vor dem Kölner Landgericht war der erste – und einzige –, der auf der Basis des westdeutsch-französischen Zusatzabkommens zustande kam.[911] Das öffentliche Interesse daran war in der Bundesrepublik und Frankreich beachtlich, und die Reaktionen auf den Prozess zumeist positiv – auch jenseits des Rheins.[912] Wie die Berichterstattung des *Neuen Deutschlands* zeigt, kam dieser Erfolg für die DDR wohl unerwartet, zumindest aber ungelegen.[913] Hatte sich das SED-Zentralorgan zu Prozessbeginn noch in mehreren Artikeln und auf Seite eins über das Verfahren empört, berichtete nur noch ein kleiner Artikel auf Seite fünf von der Verurteilung der Angeklagten. Das Blatt zitierte internationale Kritik am Prozess, doch zur Brandmarkung des bundesrepublikanischen Umgangs mit der

---

[909] Vgl. Leide, NS-Verbrecher, S. 127–130, Zitat S. 130.
[910] Leide, NS-Verbrecher, S. 130.
[911] Vgl. zum Lischka-Prozess Kapitel IV.2.2, Abschnitt „Deutsch-französischer Rechtskontext".
[912] Lichtenstein, NS-Prozesse, S. 72; Brunner, Frankreich-Komplex, S. 352–358.
[913] Vgl. die folgenden Artikel im *Neuen Deutschland*: „Lischka-Prozeß in Köln eröffnet", „73 000fache SS-Mörder stehen jetzt endlich vor dem Gericht" (24. 10. 1979); „Wie der Majdanek-Prozeß?", „Prof. Kaul: Nazifeindbild in BRD nahtlos übernommen", „Zitieri. Lischka-Prozeß – ‚peinlich langer Weg zur Anklage'" (25. 10. 1979); „Nur sechs bis zwölf Jahre Freiheitsstrafe für SS-Mörder" (12. 2. 1980); „In der BRD wird der Mörder Ernst Thälmanns noch immer vor gerechter Strafe bewahrt", „Der Mord an Ernst Thälmann verjährt nie!", „Milde Urteile für SS-Mörder am Pranger" (13. 2. 1980); „‚La Cité': Prozeß gegen Lischka lange verzögert" (14. 2. 1980).

NS-Vergangenheit taugte das Verfahren nicht mehr. Auf Seite eins war bereits von einem anderen Fall die Rede, in dem die Bundesrepublik eine „systematische Behinderung der Strafverfolgung von SS-Bestien" betreibe.[914] Die Berichterstattung des *Neuen Deutschlands* zeigt, dass die DDR das Feld der strafrechtlichen Ahndung von NS-Verbrechen auch am Ende der 1970er Jahre noch als deutsch-deutsche Kampfarena ansah. Dass das Blatt den Erfolg des Kölner Prozesses nicht eingestehen konnte, verdeutlicht darüber hinaus, wie wichtig die bundesdeutsche Ahndung von NS-Verbrechen als Negativfolie für die SED war.

Zum dritten Punkt. Die Tatsache, dass in Köln Verbrechen auf französischem Boden verhandelt wurden und auch in Frankreich die positiven Pressereaktionen überwogen, bringt die deutsch-deutsche Konkurrenz in den Beziehungen zu Frankreich als weiteren Faktor ins Spiel. Nach der offiziellen Anerkennung der DDR durch Frankreich 1973 verstärkten sich die Kontakte zwischen den beiden Ländern auf politischer Ebene, „zum Leidwesen der SED-Führung [ließen] jedoch weder Giscard noch Mitterrand Zweifel an ihrer deutschlandpolitischen Präferenz".[915] 1979/80 – im unmittelbaren zeitlichen Umfeld des Lischka-Prozesses – kam es zwar zum „eigentliche[n] Durchbruch" in den bilateralen Beziehungen, doch auch dabei zeigte sich, dass die DDR mehr erwartete, als Frankreich zu geben bereit war. Im Juli 1979 besuchte mit Jean François-Poncet „erstmals ein Außenminister einer der drei westlichen Siegermächte" die DDR. Für Ostberlin war der Besuch insofern erfolgreich, als man die Verdoppelung des gemeinsamen Handelsvolumens bis 1980 vereinbarte. Hinnehmen musste die SED-Führung indes, dass der französische Außenminister unterstrich, „dass sein Reiseziel ‚Berlin' sei, und er nicht zu einem Besuch *in* die DDR reise, sondern *bei* der Regierung der DDR Gespräche führe". Gerichtet war die damit einhergehende Botschaft an Bonn und Pankow und sie lautete, „dass Paris nicht gewillt war, ‚Ost-Berlin' als Hauptstadt der DDR anzuerkennen und auch in Zukunft seine Rechte als alliierte Siegermacht in Berlin wahrnehmen wolle".[916] Ähnliches gilt für das nach jahrelangem Ringen 1980 unterzeichnete Konsularabkommen: Auch nach dem 1972 unterzeichneten Grundlagenvertrag beharrte die Bundesrepublik auf der Geltung des im Grundgesetz verankerten gesamtdeutschen Staatsbürgerrechts. Sie erhob damit den Anspruch, „nicht alleine die Westdeutschen, sondern auch die Ostdeutschen im Ausland zu vertreten, und gedachte auf diese Weise, die Einheit der deutschen Nation aufrecht zu erhalten". Im Gegensatz dazu zielte die DDR auf die deutsche Zweistaatlichkeit, die mit der Anerkennung der uneingeschränkten ostdeutschen Staatsbürgerschaft bestätigt worden wäre. Frankreich seinerseits weigerte sich, mit Rücksicht auf Bonn und Blick auf die eigenen Vorbehaltsrechte infolge des Zweiten Weltkriegs, im Rahmen eines Konsularabkommens die Staatsbürgerschaft wie von

---

[914] In der BRD wird der Mörder Ernst Thälmanns noch immer vor gerechter Strafe bewahrt, in: Neues Deutschland, 13. 2. 1980. Vgl. in diesem Zusammenhang: Werkentin, Strafjustiz, S. 203–217.
[915] Pfeil, Beziehungen, S. 630.
[916] Pfeil, Beziehungen, S. 449–453.

Ostberlin vorgeschlagen anzuerkennen.[917] Vor diesem Hintergrund ist es durchaus möglich, dass die Konkurrenzsituation zur Bundesrepublik gegenüber Frankreich durch den Lischka-Prozess auch auf der Ebene der NS-Verfolgung verschärft wahrgenommen wurde.

Die zeitliche Nähe der beiden Prozesse und die Tatsache, dass es sich beim Fall Barth um den ersten Prozess in der DDR seit 1955 handelte, bei dem Verbrechen auf französischem Boden verhandelt wurden, sprechen für einen Zusammenhang mit dem Kölner Verfahren. Zeitpunkt und Ergebnis des Lischka-Prozesses deuten darauf hin, dass er als Katalysator für die Ermittlungen gegen Barth gewirkt haben könnte, sodass das ostdeutsche Gerichtsverfahren als Reaktion auf den Kölner Prozess zu sehen wäre. Sicher ist: Vor dem Hintergrund des Kölner Verfahrens konnte der DDR ein Prozess gegen Barth nur willkommen sein, denn er bot die Möglichkeit, sich erneut positiv von der westdeutschen Justiz abzuheben, etwa durch ein zügigeres Verfahren und ein höheres Strafmaß.

Zum vierten Punkt. Der Umgang mit Oradour in den beiden deutschen Staaten bis zu diesem Zeitpunkt bot dem SED-Staat ideale Voraussetzungen, um mit einem Prozess gegen Barth das jahrelang auch am Beispiel Oradours propagierte Selbstbild als besserer deutscher Staat öffentlichkeitswirksam unter Beweis zu stellen. Ein Artikel Gerhard Leos, Pariser Korrespondent des *Neuen Deutschlands* und während des Zweiten Weltkriegs im französischen Widerstand engagiert,[918] verdeutlicht das enorme politische Potenzial, das einem Oradour-Prozess innewohnte. Der Beitrag erschien am 9. Juni 1979, einen Tag vor dem 35. Jahrestag des Massakers und etwa ein Jahr nachdem das MfS auf Barths etwaige Tatbeteiligung aufmerksam geworden war. Leo prangerte darin die vermeintlichen Erklärungen für das Massaker seitens der SS-Traditionsverbände in der BRD an, kam auf die dortigen justiziellen Verfehlungen zu sprechen und konstatierte, dass dies eine bis heute schwelende Wunde bei der französischen Bevölkerung sei: „In der französischen Öffentlichkeit verbindet sich auch heute noch die Trauer um Oradour mit dem Zorn über die von den Behörden in der Bundesrepublik geschützten Nazikriegsverbrecher." Nie sei in der Bundesrepublik gegen Lammerding oder „andere überführte Teilnehmer an dem Verbrechen auch nur ein Verfahren eingeleitet worden". Leo verwies weiterhin darauf, dass es in Frankreich eine „sehr starke Bewegung gegen die in der BRD für Ende dieses Jahres vorgesehene Verjährung der Kriegsverbrechen und Verbrechen gegen die Menschlichkeit" gebe. Alles, „was auch nur entfernt an Oradour erinnern kann, wird von der französischen Bevölkerung und der Mehrheit ihrer politischen Repräsentanten mit größter Wachsamkeit verfolgt". 35 Jahre nach dem Massaker sei in Frankreich mit Recht nichts vergessen, „und die Einstellung vieler Franzosen zu beiden deutschen Staaten ergibt sich

---

[917] Pfeil, Beziehungen, S. 440 f.
[918] Vgl. zu Gerhard Leo Kapitel VI.2.7, Abschnitt „Notwendigkeit oder Unmöglichkeit einer Öffnung nach Deutschland: Argumente und Grenzen".

auch aus der Haltung, die in der DDR und in der BRD zum Faschismus und zu den Verbrechen gegen die Menschlichkeit eingenommen wird".[919]

Das offizielle Ermittlungsverfahren und die politischen Ziele des Prozesses

Knapp einen Monat nachdem Mielke seine Inhaftierung befürwortet hatte, unterzeichnete er den Haftbeschluss gegen Heinz Barth.[920] Morgens um sechs und wohl kaum zufällig am französischen Nationalfeiertag, dem 14. Juli 1981, wurde Heinz Barth festgenommen[921] und das offizielle Ermittlungsverfahren gegen ihn eingeleitet.[922] Schon zwei Tage später konnte Oberleutnant Bernd Heine, der das offizielle Ermittlungsverfahren nun führte,[923] festhalten, dass der Beschuldigte geständig sei. Barth machte Aussagen zu seinem militärischen Werdegang und gestand, seine Zugehörigkeit zur Waffen-SS in der Nachkriegszeit verheimlicht zu haben. Auch seine Anwesenheit in Oradour räumte er ein: Er habe zu Beginn des Einsatzes mit seinem Zug das Dorf umstellt und gesichert, später mit einem Teil seiner Untergebenen im Ort eine Gruppe Männer erschossen. Er habe seinen Männern den Befehl gegeben, auf die in einer Scheune oder Garage versammelten Dorfbewohner zu schießen, und auch selbst geschossen. Ohne sich vom Tod der Opfer zu überzeugen, habe er befohlen, das Gebäude in Brand zu setzen. Damit belastete sich Barth eines individuellen Tatbeitrags, zu dem bislang keinerlei andere Beweise vorgelegen hatten.[924] Zu diesem Zeitpunkt kam es letztlich zu dem Rechtshilfeersuchen an Frankreich. Barth habe, so der Generalstaatsanwalt der DDR, Josef Streit, in dem Ersuchen, „gegen Ende des Zweiten Weltkrieges seine Personaldokumente vernichtet und sich durch falsche Angaben und Ausnutzung einer schweren Kriegsverletzung neue Personaldokumente beschafft"[925] – eine Dramatisierung, die wohl rechtfertigen sollte, warum man dem Verdächtigen erst jetzt habhaft geworden war.[926] Streit bat seinen französischen Amtskollegen unter anderem um die Befragung von Überlebenden und in Bor-

---

[919] Gerhard Leo, Oradour ist nicht vergessen, in: Neues Deutschland, 9. 6. 1979, BArch Berlin, DP 3/2146, gelbe Mappe, nicht paginiert. Seinen eigenen Angaben zufolge erfuhr Gerhard Leo erst aus der Presse von Barths Verhaftung und war nicht vorher darüber informiert. Vgl. telefonische Mitteilung Gerhard Leo an die Verfasserin, 25. 10. 2005.
[920] Vgl. Haftbeschluss Heinz Barth, 14. 7. 1981, BStU, MfS, HA IX/11, ZUV 66, Bd. 1 (ehem. EV 1), Bl. 13.
[921] Vgl. KD Gransee, Aktenvermerk zum OV „Oradour", 15. 7. 1981, BStU, MfS, Pdm AOP 1994/81, Bd. 1, Bl. 531.
[922] Vgl. Fister, Verfügung zur Einleitung eines Ermittlungsverfahrens gegen Heinz Barth, 14. 7. 1981, BStU, MfS, HA IX/11, ZUV 66, Bd. 1 (ehem. EV 1), Bl. 22 f.
[923] Vgl. Fister, Verfügung zur Einleitung eines Ermittlungsverfahrens gegen Heinz Barth, 14. 7. 1981, BStU, MfS, HA IX/11, ZUV 66, Bd. 1 (ehem. EV 1), Bl. 22 f.
[924] Vgl. Heine, Bericht, 16. 7. 1981, BStU, MfS, HA IX/11, ZUV 66, Bd. 1 (ehem. EV 1), Bl. 98–100.
[925] Streit an GStA der Französischen Republik, 15. 9. 1981, BArch Berlin, DP 3/2146, Bl. 32–34, Zitat Bl. 32.
[926] Vgl. Leide, NS-Verbrecher, S. 135 f.

deaux verurteilten Franzosen zu Barths Rolle bei dem Massaker, die Prüfung der französischen Ermittlungsakten auf diese Frage hin und eine Ausfertigung des Urteils im Oradour-Prozess.[927] Bereits die ersten Reaktionen aus Frankreich waren positiv: Der Berater und persönliche Referent des französischen Außenministers, so berichtete die französische Botschaft dem Ministerium für Auswärtige Angelegenheiten (MfAA), engagiere sich stark in dem Fall und stelle über den Außenminister eine schnelle und gründliche Bearbeitung durch das Justizministerium in Aussicht.[928]

Im Februar 1982 übersandte das französische Justizministerium unter anderem Vernehmungsprotokolle von Überlebenden und an dem Massaker Beteiligten sowie die Anklageschrift und Auszüge des Urteils aus dem französischen Oradour-Prozesses. Im Ergebnis stimmten nicht nur die Aussagen der Opfer im Wesentlichen mit Barths Schilderung des Massakers überein, auch die Angaben ehemaliger Soldaten zu seiner Rolle bestätigten Barths Darstellung.[929] Nachdem durch die AFP zunächst bekannt geworden war, dass sich Hinterbliebene für eine Auslieferung Barths nach Frankreich aussprachen, und man daraufhin die Rechtslage und mögliche politische Konsequenzen eruierte,[930] löste sich schließlich auch dieses potenzielle Problem. Denn unter den vom französischen Justizministerium übersandten Dokumenten war auch ein Schreiben des Hinterbliebenenverbands, in dem es hieß, der Vorstand der ANFM und die Überlebenden hätten entschlossen, „in die Justiz der DDR das Vertrauen zu setzen, den Verlauf der Ermittlungen und des Prozesses verantwortungsbewußt durchzuführen."[931]

Etwa eineinhalb Jahre lang hatten sich die Ermittler auf den Oradour-Komplex konzentriert, als Heinz Barth am 23. Juli 1981 gestand, bereits während seines Einsatzes im „Reichsprotektorat Böhmen und Mähren" an einer Erschießung teilgenommen zu haben.[932] Vor allem die daraufhin folgenden Ermittlungen und Rechtshilfeersuchen zogen das Ermittlungsverfahren mehr in die Länge als geplant.[933] Erst

---

[927] Vgl. Streit an GStA der Französischen Republik, 15. 9. 1981, BArch Berlin, DP 3/2146, Bl. 32–34.
[928] Vgl. Vermerk Nürnberg, 20. 10. 1981, BArch Berlin, DP 3/2146, Bl. 36.
[929] Vgl. Französische Republik, Ministerium für Justiz, an GStA der DDR, 11. 2. 1982, Übersetzung, Abschrift, BStU, MfS, HA IX/11, ZUV 66, Bd. 25 (ehem. GA 13), Bl. 5 f.; Heine, Bericht, 7. 4. 1982, ebenda, Bd. 5 (ehem. EV 5), Bl. 32 f.
[930] Vgl. Bericht über den Stand der Bearbeitung des Ermittlungsverfahrens gegen Barth, Heinz, 27. 11. 1981, BStU, MfS, HA IX/11, ZUV 66, Bd. 1 (ehem. EV 1), Bl. 109–116.
[931] Vgl. Streit an Minister für Justiz der Republik Frankreich, 2. 6. 1982, BStU, MfS, HA IX/11, ZUV 66, Bd. 5 (ehem. EV 5), Bl. 34; ANFM, Vorsitzender, an Herrn Kommissar, 8. 12. 1981, Übersetzung, ebenda, Bd. 25 (ehem. GA 13), Bl. 8 f., Zitat Bl. 8. In der Übersetzung wird das Wort „Verwaltungsrat" genutzt, eine alternative Übersetzung für *conseil d'administration*.
[932] Vernehmungsprotokoll Heinz Barth, 23. 7. 1981, BStU, MfS, HA IX/11, ZUV 66, Bd. 16 (ehem. GA 4), Bl. 36–41; Zusatz zur Niederschrift vom 23. 7. 1981, Heinz Barth, 27. 7. 1981, ebenda, Bd. 14 (ehem. GA 2), Bl. 35–37.
[933] Im November 1981 plante die AG VgM, das Ermittlungsverfahren im besten Fall Ende März 1982 abzuschließen und die Hauptverhandlung im Juni 1982 zu eröffnen. Vgl. Bericht über den Stand der Bearbeitung des Ermittlungsverfahrens gegen Barth, Heinz, 27. 11. 1981, BStU, MfS, HA IX/11, ZUV 66, Bd. 1 (ehem. EV 1), Bl. 109–116, hier Bl. 112. Der jeweilige

Mitte November 1982 wurden die Ermittlungen abgeschlossen und in einem Schlussbericht zusammengefasst.[934]

Drei Monate später, am 17. Februar 1983, erhob der Vertreter der Generalstaatsanwaltschaft, Horst Busse, Anklage gegen Heinz Barth, am 25. Mai 1983 eröffnete der vorsitzende Richter und Direktor des Stadtgerichts Heinz Hugot die Hauptverhandlung.[935] Verteidigt wurde Barth von den Rechtsanwälten Friedrich Wolff und Gerd Graubner.[936] Zum Oradour-Komplex hatte Hugot acht Überlebende des Massakers geladen.[937] Fünf folgten der Ladung: Robert Hébras, Jean-Marcel Darthout und Yvon Roby, die die Erschießungen in der Scheune Laudy überlebt hatten; Maurice Beaubreuil, der sich zusammen mit seinem Bruder unweit der Kirche versteckt hatte; Martial Machefer, dem gleich zu Beginn des Einsatzes die Flucht aus Oradour gelungen war (vgl. Abb. 12 und 13). Marguerite Rouffanche, einzige Überlebende des Massakers in der Kirche und inzwischen 85 Jahre alt, sagte ihre Teilnahme am Prozess aus gesundheitlichen Gründen ab. Ihre Aussage wurde vor Gericht verlesen.[938] Aus Frankreich reiste des Weiteren Gérard Lorich zum Prozess, dessen Familie von dem Massaker in Oradour betroffen war. In Berlin vertrat er die ANFM und stand den Überlebenden als Übersetzer zur Verfügung.[939] Einer Einladung des Komitees der Antifaschistischen Widerstandskämpfer (KdAW) folgend, beobachteten auch Jean Sénamaud als Vertreter der ANACR und Eva Tichauer, Präsidiumsmitglied der FNDIRP, den Prozess.[940] Der französische Konsul und der französische Botschafter in Ostberlin, Maurice Deshors, waren an mehreren Verhandlungstagen als Zuschauer im Gerichtssaal.[941]

Ermittlungsstand zwischen Oktober 1981 und Oktober 1982 findet sich in den Berichten der HA IX an die GStA, ebenda, Bl. 130–134.

[934] Vgl. Heine, Schlußbericht, 16. 11. 1982, BStU, MfS, HA IX/11, ZUV 66, Bd. 34 (ehem. GA 21a).

[935] Vgl. Busse an Stadtgericht Berlin, Anklageschrift, 17. 2. 1983, BStU, MfS, HA IX/11, ZUV 66, Bd. 1 (ehem. EV 1), Bl. 338–351; SS-Kriegsverbrecher vor Gericht, in: Neues Deutschland, 26. 5. 1983.

[936] Wolff hatte als Wahlverteidiger um die Beiordnung eines Pflichtverteidigers ersucht. Sein publizierter Rückblick auf die Tätigkeit als Anwalt in „politischen Verfahren" enthält auch ein Kapitel zum Barth-Prozess. Vgl. Wolff, Prozesse, S. 176–196, hier S. 179.

[937] Vgl. Verfügung Hugot, 28. 3. 1983, BStU, MfS, HA IX/11, ZUV 66, Bd. 32 (ehem. GA 20), Bl. 26 f.; Busse, Bestätigung der Zustellung der Zeugenladungen an Bürger anderer Staaten, o. D., ebenda, Bl. 28 f.

[938] Zu den einzelnen Zeugen vgl. Überlebende von Oradour sagten aus, in: Neues Deutschland, 1. 6. 1983; Beweisaufnahme wurde abgeschlossen, in: Neues Deutschland, 2. 6. 1983. Vgl. zu diesen Überlebenden auch Kapitel II.1 und Kapitel V.2.2.

[939] Vgl. ANFM, Vorsitzender, an Lorich, 21. 5. 1983, Übersetzung, BStU, MfS, HA IX/11, ZUV 66, Bd. 5 (ehem. EV 5), Bl. 23; Les rescapés du massacre lundi à Berlin, in: Le Populaire du Centre, 24. 5. 1983.

[940] Vgl. Départ des rescapés d'Oradour pour Berlin, in: L'Écho du Centre, 30. 5. 1983; Verurteilung eines Systems, in: Wochenpost, o. D., BStU, MfS, HA IX/11, ZUV 66, Bd. 10 (ehem. EV 10), Bl. 288; Fister, Information zum Stand der Vorbereitung der Hauptverhandlung gegen Heinz Barth, 24. 5. 1983, ebenda, Bd. 9 (ehem. EV 9), Bl. 164 f.

[941] Vgl. Beweisaufnahme zu SS-Verbrechen in der Tschechoslowakei abgeschlossen, in: Neues Deutschland, 28. 5. 1983; Lebenslänglich für Kriegsverbrecher, in: Neues Deutschland, 8. 6. 1983; Barth: Le citoyen tranquille traqué par son passé, in: Le Populaire du Centre, 2. 6. 1983.

3. Die Strafverfolgung in der DDR 1949–1990   349

Abb. 12: Robert Hébras (Zweiter von rechts) bei seiner Aussage vor dem Stadtgericht Berlin 1983
(BStU, MfS, HA IX/11, ZUV 66, Bd. 8 [ehem. EV 8], Bl. 131)

Abb. 13: Robert Hébras, Yvon Roby, Jean-Marcel Darthout, Madame Darthout, Martial Machefer und Maurice Beaubreuil (v. l. n. r.) während ihres Aufenthalts in Ostberlin anlässlich des Barth-Prozesses
(Benoît Sadry)

Das Gerichtsverfahren, so das *Neue Deutschland*, finde „vor einer breiten internationalen Öffentlichkeit statt".942 Tatsächlich waren 59 ausländische Journalisten akkreditiert worden – mit Abstand die meisten aus der Bundesrepublik und Frankreich –, zum Prozessauftakt fanden sich insgesamt 62 Berichterstatter im Berliner Stadtgericht ein. Unter den zugelassenen Medienvertretern waren auch Fernsehjournalisten aus der DDR, der Sowjetunion, der Tschechoslowakei (ČSSR), Polen, der Bundesrepublik und Frankreich.943 Gleichwohl hatte die Abteilung Agitation des ZK der SED über die Akkreditierungen mitentschieden und auch die Zusammensetzung der Zuschauer im Gerichtssaal wurde nicht dem Zufall überlassen.944

Für den Prozess gegen Heinz Barth ist – anders als für das inoffizielle Ermittlungsverfahren – eindeutig nachweisbar, dass mit dem Verfahren politische Ziele verfolgt wurden. Kurz nach Abschluss des offiziellen Ermittlungsverfahrens legte Horst Busse, Staatsanwalt bei der GStA und Ankläger im Prozess, in einer mit Muregger inhaltlich besprochenen „Konzeption für den Abschluß der Strafsache gegen Heinz Barth" die „Zielstellung des Verfahrens" fest:

- „Sühne für die schweren Verbrechen, zumal Barth der erste Offizier des SS-Panzer-Grenadier Regiments ,Der Führer' ist, der sich persönlich vor einem Gericht zu verantworten hat. [...]
- Beitrag zur Geschichte des 2. Weltkrieges, zumal der Sachverhalt in Übereinstimmung mit dem Nürnberger Hauptkriegsverbrecherprozeß steht,
- Entlarvung der von der HIAG konstruierten Legende über Oradour, wonach die kommunistische Widerstandsbewegung das Massaker provoziert habe, um die ,freundschaftlichen' Beziehungen der Franzosen zur faschistischen Besatzungsmacht zu beeinträchtigen. Der Ort sei nur in Brand geraten, weil in allen Häusern Munition gewesen wäre.
- Festigung der Beziehungen der DDR zu fortschrittlichen Kräften der Republik Frankreich, zumal die BRD die dort lebenden Schuldigen an dem Massaker [...] nicht zur Verantwortung gezogen hat. [...]
- Der Verwaltungsrat der Nationalen Vereinigung der Familien der Märtyrer von Oradour-sur-Glane hat beschlossen, in die Justiz der DDR das Vertrauen zu setzen, den Prozeß verantwortungsbewußt durchzuführen.
Am 13. Februar 1983 jährt sich zum 30. Mal der Tag der Verkündung des Urteils von Bordeaux.
- Stärkung des internationalen Ansehens der DDR"945

Darüber hinaus verständigten sich (vermutlich) die AG VgM und die GStA über die „Rechtspolitische Zielstellung" des Verfahrens.946 Unter dem Leitsatz „Die

---

942 SS-Kriegsverbrecher vor Gericht, in: Neues Deutschland, 26. 5. 1983.
943 Vgl. Abt. Agitation, Miermeister, Bericht über die Arbeit des Pressebüros während der gerichtlichen Hauptverhandlung gegen den ehemaligen SS-Obersturmführer Barth, 3. 6. 1983, mit Anlage: Akkreditierte Journalisten für den Straf-Prozeß [sic] gegen Barth, BStU, MfS, HA IX/11, ZUV 66, Bd. 9 (ehem. EV 9), Bl. 210–217.
944 Unter den rund 50 Zuschauern waren „neben jungen Mitarbeitern des MfS Angehörige des Komitees der Antifaschistischen Widerstandskämpfer der DDR, junge Staatsanwälte und Richter, Genossen der Bezirksleitungen der SED und FDJ sowie Vertreter der Kreisleitung der SED von Gransee und des Betriebes des Angeklagten." Vgl. Muregger, Vorschlag zur Durchführung eines Prozesses vor erweiterter Öffentlichkeit, 28. 3. 1983, BStU, MfS, HA IX/11, ZUV 66, Bd. 9 (ehem. EV 9), Bl. 138–143.
945 Busse, Konzeption für den Abschluß der Strafsache gegen Heinz Barth, 29. 11. 1982, BStU, MfS, HA IX/11, ZUV 66, Bd. 9 (ehem. EV 9), Bl. 110–113, hier Bl. 111.
946 Grundkonzeption des Verfahrens gegen den ehemaligen SS-Obersturmführer Barth, o. D., BStU, MfS, HA IX/11, ZUV 66, Bd. 9 (ehem. EV 9), Bl. 185–200. Da v. a. die AG VgM und

Rechtsprechung der DDR hütet ihre unverrückbaren Prinzipien der Gesetzlichkeit und Gerechtigkeit" hieß es etwa, die späte Entdeckung schmälere nicht die Schuld an den Taten, „selbst wenn der Täter inzwischen gesellschaftlich Nützliches geleistet" habe. Eine Berufung auf den Befehlsnotstand wies man zurück, „wenn das Unrecht offenkundig und die persönliche Entscheidung gefordert war." Interessant bei diesen Ausführungen ist vor allem folgender Punkt:

„Die Schuld wird erst festgestellt, wenn es keinen Zweifel an der kriminellen Handlung des Täters gibt. Selbst so abscheuliche Verbrechen vermögen die Prinzipien der Wahrheitsforschung, der Präsumtion der Unschuld, des Rechts auf Verteidigung, der Wahrung der Würde des Menschen und [d]er anderen elementaren Grundsätze nicht einzuengen. Das ist wichtig auch für die Verhandlungsführung."[947]

Als dieses Dokument entstand, war nahezu sicher, dass der Prozess vor internationaler Presse stattfinden würde. Ganz offensichtlich fürchtete der Autor, die internationalen Beobachter könnten an der Rechtsstaatlichkeit des Verfahrens zweifeln.

Die beiden anderen Punkte der „Rechtspolitische[n] Zielstellung" lauteten:

„1.1. Die DDR tritt unbeirrbar für den Frieden ein, indem sie:
[1.] Geist und Buchstaben des Potsdamer Abkommens von 1945 und des Nürnberger Urteils von 1946 als völkerrechtliche Verbindlichkeiten achtet und durchsetzt;
[2.] von Anfang an für die Nichtverjährbarkeit von Kriegs- und Verbrechen gegen die Menschlichkeit kämpfte und die UNO-Deklaration vom 26. 11. 1968 de facto stets ihren Handlungen zugrundelegte und de jure sofort nach Aufnahme der DDR in die UNO als für sie verbindlich erklärte (Art. 8 und 91 der Verfassung der DDR fixieren das Völkerrecht als unmittelbar geltendes Recht);
[3.] jedem Versuch des Revanchismus entgegentritt, der die Verbrechen des 2. Weltkrieges leugnen oder verharmlosen oder gegen vermeintliches Unrecht der Siegermächte aufrechnen möchte. (Lidice, Lezaky und Oradour waren und bleiben unvergessene Grausamkeiten des deutschen Imperialismus und Faschismus und deren Handlanger in Gestalt der SS, der Gestapo und anderer Unterdrückungsorgane).
[4.] In der BRD werden die Verantwortlichen für Kriegsverbrechen geschont. Der SS-Hauptsturmführer Kahn, Kompanieführer der 3. Kompanie, welche das Massaker in Oradour ausführte, durfte unbehelligt eines natürlichen Todes sterben. Die SS-Kommandeure Stadler, Weidinger, Lammerding u. a. erfreuten sich wohlwollender und schließlich eingestellter Ermittlungsverfahren, obwohl die Blutspuren der SS-Division ,Das Reich' an der Ostfront wie 1944 in Frankreich unübersehbar sind.
1.2. Die Rechtsprechung der DDR ist Ausdruck der Friedenspolitik
[1.] Sie verfolgte und verfolgt konsequent alle bekanntgewordenen Kriegsverbrechen und deren Verantwortliche, soweit es in ihrer Macht steht und sie der Verbrecher habhaft wird.
[2.] Sie verurteilt die Täter und den ausführenden Mörder ebenso wie den Befehlshaber oder Schreibtischmörder.

---

die GStA den Prozess planten, dürfte auch diese Konzeption dort entstanden sein. Sie enthielt neben der „Rechtspolitische[n] Zielstellung" einen „Ablaufplan" der Hauptverhandlung, der eine ungefähre Datierung des Dokuments ermöglicht. So sah der Zeitplan die Teilnahme von Zeugen vor, die zwar zur Hauptverhandlung geladen wurden, aber nicht erschienen. Es ist daher gut möglich, dass die Konzeption im Zusammenhang mit der Festlegung des Hauptverhandlungstermins und der Zeugenladungen Ende März 1983 entstand. Vgl. hierzu: Verfügung Hugot, 28. 3. 1983, ebenda, Bd. 32 (ehem. GA 20), Bl. 26 f.

[947] Grundkonzeption des Verfahrens gegen den ehemaligen SS-Obersturmführer Barth, o. D., BStU, MfS, HA IX/11, ZUV 66, Bd. 9 (ehem. EV 9), Bl. 185–200, Zitat Bl. 186 f.

[3.] Sie läßt sich nicht beirren, Gerechtigkeit zu jeder Zeit zu üben, auch nach Jahren und Jahrzehnten, weil nur das stets wache Bewußtsein an jene Verbrechen und die Gewißheit der Strafverfolgung ohne Ansehen der Person – gleich welche Zeit es der Täter verstand, sich der Verantwortung zu entziehen – die Menschheit vor der Wiederholung zu schützen in der Lage ist. Die konkrete Wiederholungsgefahr ist offensichtlich."[948]

Diese Ausführungen lassen sich als Selbstdarstellung der DDR verstehen, die es galt, während des Prozesses nach außen zu transportieren. Dabei wird der Versuch deutlich, zwei existenzielle Selbstbilder des SED-Staats miteinander zu verknüpfen: die DDR als Friedensstaat und die DDR als antifaschistischer Staat. Die SED habe, so formuliert Peter Graf Kielmannsegg, „in ihrem Bemühen, Zustimmung für sich und ihren Staat zu gewinnen, im wesentlichen mit vier Argumenten gearbeitet: Sie hat die DDR als Bollwerk des Antifaschismus, als Wegbereiter des Sozialismus, als Friedensmacht und als Wohlfahrtsstaat zu rechtfertigen versucht."[949] Die konsequente Verfolgung und Bestrafung von NS-Verbrechen war für die DDR Ausdruck ihrer antifaschistischen Ausrichtung und wird im Text ausführlich belegt: das Bekenntnis zu Potsdam und Nürnberg, die Nichtverjährbarkeit von Kriegsverbrechen und Verbrechen gegen die Menschlichkeit, der Kampf gegen „Revanchismus" in Form des Geschichtsrevisionismus. Die Verbindung zur DDR als Friedensstaat bestand in dem Argument, nur die fortdauernde Konsequenz gegenüber den Verbrechen des Nationalsozialismus könne deren Wiederholung verhindern. Der ostdeutsche Staat sollte während des Prozesses folglich nicht nur als antifaschistischer Staat dargestellt werden, sondern auch als Friedensstaat. Dies ist vor dem Hintergrund zu sehen, dass die Friedenspolitik in der Außenpolitik der DDR seit 1982 eine entscheidende Rolle einnahm.[950] Die von Staatsanwalt Busse formulierte „Zielstellung des Verfahrens" zeigt schließlich, dass der Prozess eindeutig mit Blick nach Westen ausgerichtet war, denn seine Ausführungen bezogen sich allein auf den Verhandlungskomplex Oradour. Ein ähnliches Dokument für den ČSSR-Komplex liegt nicht vor.

Wie die Ziele während der Verhandlung umgesetzt wurden, lässt sich anhand Busses Plädoyer und des Sachverständigengutachtens zeigen. Dabei wird deutlich, dass die von Busse aufgelisteten Verfahrensziele eng miteinander verflochten und aufeinander bezogen waren bzw. wurden. So widerlegte der Historiker Klaus Geßner vom Militärgeschichtlichen Institut der DDR in seinem Gutachten die geschichtsrevisionistische Darstellung des Massakers („Entlarvung der von der HIAG konstruierten Legende") und leistete damit den „Beitrag zur Geschichte des 2. Weltkrieges".[951] Gleichzeitig nutzte er dieses Moment zur „Stärkung des internationalen Ansehens der DDR", indem er die Bundesrepublik diskreditierte. Geßner verwies auf wiederholte und unlängst zunehmende revisionistische Tendenzen zu dem Massaker in der Bundesrepublik und erklärte, den Verantwortli-

---

[948] Grundkonzeption des Verfahrens gegen den ehemaligen SS-Obersturmführer Barth", o. D., BStU, MfS, HA IX/11, ZUV 66, Bd. 9 (ehem. EV 9), Bl. 185–200, Zitat Bl. 185 f.
[949] Kielmansegg, Katastrophe, S. 561 f.
[950] Vgl. Siebs, Außenpolitik, S. 220–311.
[951] Vgl. hierzu ausführlicher unten.

chen gehe es in erster Linie darum, die Waffen-SS von solchen Kriegsverbrechen reinzuwaschen und das Nürnberger Urteil, die Waffen-SS sei Teil einer verbrecherischen Organisation gewesen, als unrechtmäßig darzustellen. „Diese Angriffe gegen das Nürnberger Urteil", so Geßner, die gesamte Bundesrepublik angreifend, könnten dort „durch neofaschistische Kräfte in breitem Maße ungehindert publiziert werden, obwohl der friedensgefährdende Charakter von Neonazismus und Revanchismus allgemein bekannt und solche Bestrebungen deshalb international geächtet sind." Sodann schlug der Gutachter den Bogen zum westdeutschen Versagen bei der justiziellen Verfolgung von NS-Verbrechen: „In engem Zusammenhang hiermit steht die Tatsache, daß in der BRD – im krassen Gegensatz zur DDR, wo Nazi- und Kriegsverbrecher konsequent verfolgt und entsprechend dem Grad ihrer individuellen Schuld bestraft wurden – die Verantwortlichen für die Greueltaten der Waffen-SS ebenso wie die anderen faschistischen Kapitalverbrecher nur in wenigen Fällen eine gerichtliche Bestrafung erfuhren." Die Gründe für dieses Scheitern seien nicht die unzureichenden Beweislage und das Alter der Täter gewesen, sondern, „daß die Bundesrepublik Deutschland von Anfang an in keiner Weise an einer vollen Aufdeckung der Verbrechen des deutschen Imperialismus und an der konsequenten Verfolgung von Nazi- und Kriegsverbrechen interessiert" gewesen sei."[952]

Geßners Ausführungen verdeutlichen ferner, dass die westdeutschen und französischen Versäumnisse bei der Ahndung des Verbrechens die Negativfolie für das Verfahren gegen Heinz Barth darstellten. Drei Mal hatte sich Busse bei den formulierten Zielen des Prozesses auf die bisher erfolgte und die bislang ausgebliebene strafrechtliche Ahndung des Verbrechens bezogen: Das Ziel der Sühne verband er mit der Tatsache, dass Barth der erste Offizier vor Gericht sei, und verwies auf den in der Bundesrepublik verstorbenen Kahn.[953] Das Ziel, die „Beziehungen der DDR zu fortschrittlichen Kräften der Republik Frankreich" zu stärken, nannte er explizit vor dem Hintergrund, dass die westdeutsche Justiz die Verantwortlichen für das Massaker nicht belangt habe. Der Feststellung schließlich, die ANFM habe der DDR-Justiz ihr Vertrauen ausgesprochen, folgte der Hinweis auf den 30. Jahrestag des Urteils des Militärgerichts Bordeaux. Dies waren die vorangegangenen Ereignisse, von denen sich das Berliner Verfahren abheben sollte.

Auch Staatsanwalt Busse nutzte sein Plädoyer für überschwängliches Lob für den ostdeutschen Staat – bei gleichzeitiger Herabwürdigung des westdeutschen Nachbarn. So nahm er die Frage, ob Heinz Barths Entwicklung nach 1945 strafmildernd wirke, zum Anlass, um über das Schicksal von Barths ehemaligen Vorge-

---

[952] Sachverständigengutachten, Klaus Geßner, Militärgeschichtliches Institut der Deutschen Demokratischen Republik, BStU, MfS, HA IX/11, ZUV 66, Bd. 9 (ehem. EV 9), Bl. 69–93.
[953] Insgesamt nannte Busse vier in Oradour anwesende Offiziere: den verstorbenen Diekmann, Barth, Kahn und Lange. Die drei Letztgenannten hatte das Militärgericht Bordeaux in Abwesenheit zum Tode verurteilt. Vgl. Busse, Konzeption für den Abschluß der Strafsache gegen Heinz Barth, 29. 11. 1982, BStU, MfS, HA IX/11, ZUV 66, Bd. 9 (ehem. EV 9), Bl. 110–113, hier Bl. 111.

setzten der Division „Das Reich" in der Bundesrepublik zu sprechen: „Diesen, in vielen Staaten auf Kriegsverbrecherlisten stehenden Lammerdings, Stadlers und Kahns ist in der BRD, wie Tausenden ihrer Komplicen, kein Haar gekrümmt worden". Ihre Identität und ihr Aufenthalt seien „offiziellen Kreisen, einschließlich alliierter Dienststellen, [...] jederzeit bekannt" gewesen, und über die Tatsache hinaus, „daß sie unter den gesellschaftlichen Bedingungen der BRD zu Wohlstand und Ansehen gelangen konnten, durften sie sich in sogenannten Traditionsverbänden zusammenrotten und in amtlich lizensierten Zeitschriften und Büchern ihre Verbrechen verherrlichen, mit Fälschungen und Greuelmärchen Goebbelsschen Stils den völkerrechtlich gebotenen Kampf der Widerstandsbewegung herabwürdigen und ihre Opfer, auch die Männer, Frauen und Kinder von Oradour-sur-Glane, schamlos verhöhnen". Um die Protektion der Männer in der Bundesrepublik zu illustrieren, zitierte Busse aus den Vernehmungsprotokollen von Lammerding und Stadler, die er auf dem Weg der Rechtshilfe aus Hamm erhalten hatte.[954] „Diese Praktiken", so Busse im Gerichtssaal, seien „keine sensationellen Neuigkeiten", die „Namen Lammerding und Stadler könnte man gegen eine beliebige Anzahl anderer Namen auswechseln".[955]

Ganz anders die Verhältnisse in der DDR. Busse lobte den Prozess wiederholt als objektiv, sachlich und wissenschaftlich und versicherte allen „Opfern des Faschismus, daß in unserem Staat die universelle und unbefristete Verfolgung und Bestrafung von Schuldigen an Naziverbrechen nicht nur erfolgt, weil es das Gesetz so gebietet". Entgegen anderer Staaten sehe die DDR „die Haltung eines Staates zu den Opfern des Faschismus einerseits und den Verantwortlichen an den Kriegsverbrechen und Verbrechen gegen die Menschlichkeit andererseits, als wesentlichen Gradmesser der Verwirklichung der Menschenrechte und der Demokratie" an. Der Staatsanwalt stellte darüber hinaus die Verbindung zwischen der Verfolgung von NS-Verbrechen und der DDR-Friedenspolitik her, wie sie in der „Rechtspolitische[n] Zielstellung" des Prozesses bereits erfolgt war: Bei der „konsequente[n] Verfolgung der faschistischen Verbrecher" gehe es nicht nur um Sühne für deren Taten, sondern sie sei „aus völkerrechtlicher Sicht ein unverzichtbares Element der Vorbeugung gegen jegliche Neuauflage derartiger Verbrechen gegen die Menschlichkeit und gegen den Frieden." Der Staatsanwalt ließ wissen, weshalb er diese erneute Gefahr sah: „In einer Zeit, da in der imperialistischen Welt der Neonazismus wuchert und aggressive Kreise gar einen Kernwaffenkrieg einkalkulieren, ist die Abrechnung mit den Völkermördern von gestern, ist auch der gegenwärtige Strafprozeß von besonderer Aktualität".[956] Busse holte damit noch deutlicher als Geßner die Nachrüstungsfrage in die Verhandlung[957] und schrieb dem

---

[954] Vgl. zu deren Aussagen auch Kapitel IV.1, Abschnitt „(K)eine Auslieferung Lammerdings?".
[955] Plädoyer des Staatsanwalts, BStU, MfS, HA IX/11, ZUV 66, Bd. 33 (ehem. GA 21), Bl. 142–179.
[956] Plädoyer des Staatsanwalts, BStU, MfS, HA IX/11, ZUV 66, Bd. 33 (ehem. GA 21), Bl. 142–179.
[957] Geßner griff in seinem Gutachten auch Israel und die USA an. Mit Blick auf die USA dürfte seine Kritik u. a. auf die geplante Stationierung von Mittelstreckenraketen und Marschflug-

Prozess so nicht nur eine außerordentliche Wichtigkeit zu, sondern gab auch zu verstehen: Während sich die DDR für den Frieden einsetze, gefährdeten ihn die USA und die Bundesrepublik.

Im Gegensatz zur Härte, die Busse gegenüber dem westdeutschen Umgang mit Oradour an den Tag legte, kritisierte er den französischen Oradour-Prozess des Jahres 1953 mit keiner Silbe. Anlass zur Kritik hätte das Verfahren gegeben, denn nicht nur die westdeutsche Justiz hatte die Überlebenden und Hinterbliebenen des Massakers enttäuscht, sondern auch der Prozess vor dem Militärgericht Bordeaux und die darauf folgende Amnestie. Entsprechend scharf hatte das *Neue Deutschland* das Verfahren 1953 attackiert.[958] Doch davon war 1983 nichts mehr zu hören. So auffällig dieses Schweigen ist, so wenig war es zufällig. Als sich Busse 1988 mit dem Leiter der HA IX/11 beim MfS darüber verständigte, ob man die Anfrage eines westdeutschen Journalisten zur Anzahl der am Massaker beteiligten Elsässer beantworten sollte, sprach er sich für Zurückhaltung aus, „da unsere Verhandlungskonzeption das Ziel hatte, Erörterungen dieses Problems weitestgehend zu vermeiden, was auch gelungen ist".[959] Stolze war der Meinung, generell „sollten DDR-seitig, wie übrigens auch während des gesamten Barth-Prozesses, jegliche Äußerungen zum Elsässer-Problem unterbleiben und nur ,Täter-Opfer-Verhältnisse' dargestellt werden".[960]

Zurück zum Plädoyer des Staatsanwalts. Busse nutzte es noch in einem weiteren Punkt, um die beiden deutschen Staaten zu kontrastieren: Heinz Barths späte Entdeckung. Vor dem Hintergrund der behaupteten formidablen Leistungen der DDR bei der Ahndung von Kriegsverbrechen stand der Anklagevertreter unter Zugzwang, zu erklären, wieso man den Angeklagten nicht früher aufgespürt hatte. Denn nicht nur in der Konsumgenossenschaft Gransee hatte man nach Barths Verhaftung die Frage gestellt, wie der späte Zeitpunkt zu erklären sei.[961] Auch aus dem MfS, der Generalstaatsanwaltschaft und dem ZK der SED kam die Frage, „wieso Barth so lange unerkannt in der DDR leben konnte".[962] Ferner zeigte die

---

körpern in Westeuropa angespielt und er somit Aktuelles aus der Tagespolitik in sein Sachverständigengutachten und den Gerichtssaal geholt haben. Sachverständigengutachten, Klaus Geßner, Militärgeschichtliches Institut der Deutschen Demokratischen Republik, BStU, MfS, HA IX/11, ZUV 66, Bd. 9 (ehem. EV 9), Bl. 69–93.

[958] Vgl. Kapitel IV.1, Abschnitt „Der Prozess im *Neuen Deutschland*".
[959] Busse an Stolze, 9. 6. 1988, BStU, MfS, HA IX/11, RHE 34/88, Bl. 2.
[960] Stolze an Busse, 15. 9. 1988, BStU, MfS, HA IX/11, RHE 34/88, Bl. 10 f.
[961] Vgl. KD Gransee, Aktenvermerk zum OV „Oradour", 16. 7. 1981, BStU, MfS, HA IX/11, ZUV 66, Bd. 1 (ehem. EV 1), Bl. 91; KD Gransee, Aktenvermerk zum OV „Oradour", 23. 7. 1981, ebenda, Bl. 96.
[962] Die Antwort des bzw. der danach gefragten MfS-Mitarbeiter(s) bestand in einer knappen Beschreibung von Barths Werdegang ab Ende Juni 1944 und dem Hinweis, dass er „ohne Schuldnachweis in einem anderen Verbrechenskomplex bekannt geworden war und durch komplizierte Ermittlungen unter Ausnutzung amerikanischer Mikrofilme als Mittäter in Oradour identifiziert werden konnte." Muregger, Vermerk, 26. 4. 1983, BStU, MfS, HA IX/11, ZUV 66, Bd. 9 (ehem. EV 9), Bl. 155–157.

französische Presse ein reges Interesse am „mystère" seiner Verhaftung.⁹⁶³ Busse wählte eine Doppelstrategie: Internalisierung der Erfolge, Externalisierung der Schuld. Die Schuld schrieb er Barth, den Umständen und der Bundesrepublik zu. Nicht nur, dass Barth seine Vergangenheit verschleiert habe, so der erste Punkt, sondern durch sein „ich möchte sagen – wesenseigene[s] Bestreben – situationsangepaßt und unter allen Bedingungen ,seine Pflicht' zu erfüllen", habe er, „auch keinen erkennbaren Anlaß dafür [geboten], die Angaben zu seiner Vergangenheit einer Prüfung zu unterziehen". Nach Kriegsende hätten viele Jahre „zeitbedingt", so die zweite Erklärung, „weder alle Beweisdokumente noch alle Zeugen zur Verfügung" gestanden. „Daß sich die Gerechtigkeit erst jetzt durchsetzen konnte", so das dritte Argument, sei „im übrigen auch darauf zurückzuführen, daß die in der BRD im Ermittlungsverfahren gegen Lammerding vor mehr als 2 Jahrzehnten erschlossenen massiven Beschuldigungen gegen Barth hier nicht bekannt wurden." Als eigene Verdienste wies Busse hingegen aus, dass in der DDR „durch systematische Forschungen und internationale Zusammenarbeit [...] zunehmend lückenlose Beweise über faschistische Untaten und die sie verübenden Einheiten, einschließlich der mitwirkenden Personen erschlossen" worden seien, und deshalb „auch die Stunde Barths" geschlagen habe. Trotz der wenigen Informationen, die 1953 im französischen Oradour-Prozess zu Barth vorgelegen hätten, habe man ihn „durch intensive Untersuchungen und die Analyse auch ausländischer Archivunterlagen" identifizieren können.⁹⁶⁴ Darüber, dass dem MfS Barths Original-Polizeiakte bereits seit den 1950er Jahren vorgelegen hatte und seine Entdeckung reiner Zufall gewesen war, verlor Busse kein Wort.

Le récit du massacre: Die historische Einordnung des Massakers

Im Jahr 2000 fasste der Politologe Ahlrich Meyer, der als erster Wissenschaftler den ZUV 66 auswertete, den Erkenntniswert von Barths Aussagen so zusammen:

> „Denn bei aller Vorsicht gegenüber den Quellen, gerade solchen aus dem Bereich staatlicher Sicherheitsorgane, kann man festhalten, daß Barth, der ein hohes Strafmaß gewärtigen mußte, während seiner zahlreichen Verhöre zwischen 1981 und 1983 – ohne die französischen Beweismittel und Zeugenaussagen zu kennen, mit denen er dann konfrontiert wurde – die Geschehnisse in Oradour und seine Beteiligung daran im wesentlichen so darstellte, wie sie bereits 1953 durch den Militärgerichtsprozeß in Bordeaux geklärt worden waren. Weder machte er den Versuch, Tatbestände zu leugnen, noch wurde er von den Vernehmungsoffizieren ersichtlich manipuliert, soweit die Protokolle darüber Auskunft geben. Und wenn Barths Geständnisse auch den bisherigen historischen und juristischen Erkenntnisstand nur bestätigten, so lieferten sie doch Informationen, welche vor allem die von der SS-Division ,Das Reich' und der Wehrmacht initiierte Legendenbildung aufdeckten. Auf die beiden zentralen Fragen, die auch im Berliner Prozeß nochmals aufgeworfen wurden: Wer gab den Befehl? Warum wurde die Ortschaft Oradour aus-

---

⁹⁶³ Vgl. etwa L'ancien SS était devenu un employé zélé et modèle, in: Sud-Ouest, 30. 5. 1983, ACMO, 1 ETUD 25. Ausführlich zur französischen Presseberichterstattung: Erkenbrecher, Prozess, S. 104–111.
⁹⁶⁴ Plädoyer des Staatsanwalts, BStU, MfS, HA IX/11, ZUV 66, Bd. 33 (ehem. GA 21), Bl. 142–179.

gewählt? konnte Barth allerdings keine Antwort geben – wohl weil er keinen Zugang zur Entscheidungsebene gehabt hatte."⁹⁶⁵

Dieser Einschätzung ist in weiten Teilen zuzustimmen, unter anderem hinsichtlich Barths Aussagen zu den noch vor Ort erteilten Instruktionen, das tatsächliche Geschehen zu verschleiern. Noch am Tag seiner Festnahme machte er Angaben zum Ablauf des Massakers und räumte die „Möglichkeit" ein, „daß auch ich im Ort Oradour mit meiner Maschinenpistole auf Menschen geschossen habe".⁹⁶⁶ Tags darauf gab er zu Protokoll:

> „Wie ich mich noch erinnern kann, hat der Bataillonskommandeur nach Beendigung der Aktion gegen Oradour den Kompaniechef Kahn und alle Zugführer der 3. Kompanie zusammengeholt und Instruktionen bezüglich des Charakters der Aktion erteilt, um die ganze Sache zu vertuschen.
> Entsprechend diesen Instruktionen sollten die Angehörigen der 3. Kompanie, wenn die Rede auf Oradour kommen sollte, entgegen den Tatsachen gegenüber anderen Personen sinngemäß folgendes sagen: ‚Die Kompanie sei in Oradour von Widerstandskämpfern angegriffen worden, und im Rahmen der sich entwickelnden Kampfhandlungen seien die Einwohner getötet worden und die Gebäude des Ortes in Brand geraten.'"⁹⁶⁷

Damit bestätigte Barth, was andere Soldaten bereits im Rahmen der französischen Ermittlungen ausgesagt hatten. Auch von Angriffen auf die Einheit in Oradour, dort befindlichen Widerstandskämpfern, Waffenlagern oder Munitionsdepots war in seinen Aussagen keine Rede. Zur Frage der Vorgeschichte des Massakers und der Befehlsgebung beim Aufbruch der Einheit in Saint-Junien ist in Barths Aussagen jedoch ein plötzlicher und gewichtiger Umschwung festzustellen. Am 16. Juli 1981 verfasste er eine mehrseitige Niederschrift, in der er erstmals auf diese Punkte einging. Seine Angaben deckten sich in Teilen mit dem Narrativ des Regiments- und Divisionszirkels:

> „Wie kam es zu den Geschehnissen in Oradour an der Glane?
> Der Bataillons-Kommandeur Diekmann hatte erfahren, daß in Oradour auch Widerstandskämpfer sein sollten und dort seinen Freund, den Bataillons-Kommandeur, vermutete [sic]. Der Bataillons-Kommandeur Diekmann befahl den Einsatz der Durchsuchung durch die 3. Kompanie, Kompanie-Chef Kahn. Die Gesamtleitung des Einsatzes hatte der Bataillons-Kommandeur Diekmann. [...] Vor dem Ortseingang wurde Halt gemacht und von dem Kompanie-Chef Kahn die Aufgaben erteilt. Die Aufgabe lautete, daß im Ort der gesuchte Bataillons-Kommandeur, der Freund des Bataillons-Kommandeurs Diekmann, sein soll bzw. gewesen ist, genau weiß ich das heute nicht mehr, und daß das Dorf zu umstellen ist und keine Dorfbewohner das Dorf verlassen und keine Personen in das Dorf hineingelassen werden dürfen. Bei Ausbruchversuchen ist von der Schußwaffe Gebrauch zu machen. Die Häuser sind zu durchsuchen und die Bewohner zur Dorfmitte zu bringen. Von einem Erschießungsbefehl und einer Niederbrennung der Häuser war mir zu diesem Zeitpunkt, soweit ich meinem Gedächtnis nachspüre, nichts bekannt.
> [...]
> Eines weiß ich, daß der ‚Freund' von Bataillons-Kommandeur Diekmann nicht gefunden wurde und auch, wie mir erinnerlich ist, keine Widerstandskämpfer gesondert zusammen in einem

---

⁹⁶⁵ Meyer, Besatzung, S. 163 f.
⁹⁶⁶ Vernehmungsprotokoll Heinz Barth, 14. 7. 1981, BStU, MfS, HA IX/11, ZUV 66, Bd. 13 (ehem. GA 1), Bl. 59–65, Zitat Bl. 65.
⁹⁶⁷ Vernehmungsprotokoll Heinz Barth, 15. 7. 1981, BStU, MfS, HA IX/11, ZUV 66, Bd. 16 (ehem. GA 4), Bl. 6–11, hier Bl. 10.

Gebäude eingesperrt wurden. So vermute ich aus heutiger Sicht, daß der Bataillons-Kommandeur an den Kompanie-Chef den Befehl des Einsperrens der Bewohner in der Kirche und dem garagenähnlichen Bau sowie das Anzünden der Gebäude des Dorfes gegeben hat. Ebenfalls den Schießbefehl. <u>Der fronterfahrene Bataillons-Kommandeur war sicherlich enttäuscht über den Mißerfolg der Suchaktion und geriet in Ekstase und wollte ein Exempel an der Bevölkerung statuieren</u>, das abschreckend und einschüchternd auf andere Einwohner der Umgebung des Dorfes Oradour wirken sollte.
[...]
Bevor der Abmarsch befohlen wurde, wurden alle Zug- und Gruppenführer einschließlich Kompanie-Chef davon unterrichtet, daß im Dorf Widerstandskämpfer waren und es zu Kampfhandlungen mit diesen gekommen ist. <u>Dabei wurde das Dorf in Mitleidenschaft gezogen und Häuser in Brand geschossen und Bewohner getötet. Diese Version sollten die Männer übermittelt bekommen, falls sie einmal von anderen gefragt werden sollten. Es sollte somit die als Durchsuchungsaktion angelaufene und in eine Straf- oder Vergeltungsaktion ausgeartete Maßnahme verschleiert und vertuscht werden.</u> Zumindest, so aus heutiger Sicht gesehen, für einen gewissen Zeitraum."⁹⁶⁸

Bei den im Zitat unterstrichenen Stellen handelt es sich um Passagen, die im Original handschriftlich am Textrand angestrichen wurden. Der zweite markierte Textabschnitt wurde zusätzlich mit einem Fragezeichen versehen. Wer diese Markierungen wann anbrachte, ist unklar. Heinz Barths nächste Vernehmung – von der auch eine Schallaufzeichnung angefertigt wurde – folgte einen Tag später. Er verneinte die Frage, ob er seine bisherigen Aussagen ergänzen wolle, und erklärte, eine Niederschrift angefertigt zu haben, die er „heute abgeben möchte".⁹⁶⁹ Diesen Angaben zufolge lag die Niederschrift vom Vortag den Mitarbeitern des MfS zum Zeitpunkt der Vernehmung (8.15 Uhr – 14.20 Uhr) noch nicht vor, oder dieser Eindruck sollte vermittelt werden. Vor diesem Hintergrund sind die erste thematische Frage des Vernehmenden und Barths Antwort zu sehen:

„Frage: Zu welchem Zeitpunkt war den Zugführern der 3. Kompanie des I./SS-Panzer-Grenadier-Regiments 4 ‚DF' und Ihnen bekannt, daß die Ortschaft Oradour an der Glane und ihre Bewohner durch die 3. Kompanie vernichtet werden sollten?
Antwort: Wenn ich mir die Frage genau überlege, so möchte ich sagen, daß den Zugführern der 3. Kompanie schon vor der Abfahrt nach Oradour bekannt war, daß dieser Ort durch unsere Kompanie vernichtet werden sollte. [...]
Wie ich mich in diesem Zusammenhang noch erinnern kann, hat der Bataillonskommandeur Diekmann den Kompaniechef Kahn und die Zugführer der 3. Kompanie, darunter befand auch ich mich, zumindest vor der Abfahrt nach Oradour zu einer Besprechung zusammengerufen und hierbei mitgeteilt, daß das Dorf Oradour von unserer Kompanie zu vernichten ist."⁹⁷⁰

Es ist diese zweite Version des Geschehens, die Heinz Barth im Laufe seiner weiteren Vernehmungen mehrfach wiederholte und noch präzisierte, ohne dass – wie Ahlrich Meyer bereits feststellte – die Akten auf seine Manipulation hinweisen. Explizit mit Bezug auf seine erste Niederschrift verfasste Barth am 25. und 26. Juli

---

⁹⁶⁸ Niederschrift Heinz Barth, 16. 7. 1981, BStU, MfS, HA IX/11, ZUV 66, Bd. 16 (ehem. GA 4), Bl. 14–20, hier Bl. 14 f., 17, 20.
⁹⁶⁹ Vernehmungsprotokoll Heinz Barth, 17. 7. 1981, BStU, MfS, HA IX/11, ZUV 66, Bd. 16 (ehem. GA 4), Bl. 32–35, hier Bl. 32.
⁹⁷⁰ Vernehmungsprotokoll Heinz Barth, 17. 7. 1981, BStU, MfS, HA IX/11, ZUV 66, Bd. 16 (ehem. GA 4), Bl. 32–35, hier Bl. 33.

1981 einen „Zusatz zur Niederschrift", die er mit der Angabe einleitete, er habe „mehrmals intensiv nachgedacht und nachgegrübelt", was seine damalige Aussage zur „Vorbereitung der Handlung gegen die Ortschaft Oradour an der Glane und ihre Bewohner, das heißt in welcher Form die Befehlsübermittlung des Bataillonskommandeurs Diekmann an den Kompanie-Chef und die Zugführer gegeben wurde" anbelange. Barth erinnerte sich in dieser Niederschrift, „daß mit dem festen Vorsatz nach Oradour gefahren wurde, das Dorf anzustecken, die Einwohner zusammenzutreiben und zu töten. So oder ähnlich muß der Befehl gelautet haben."[971]

Mehrere Punkte sprechen dafür, dass es sich bei Barths zweiter Darstellung um den tatsächlichen Ablauf des Geschehens handelte: die Aussagen Otto Kahns zur Befehlsgebung in Saint-Junien; das Vorgehen der Einheit, die den Ort an vielen Stellen nur oberflächlich durchsuchte; die sofort beginnende Tötung alter und bettlägeriger Dorfbewohner;[972] die Einschätzung seines damaligen Anwalts Friedrich Wolff.[973] Barths unvermittelter und bedeutender Wechsel bei der Darstellung des Geschehens ist vor diesem Hintergrund erklärungsbedürftig und dies umso mehr, als er in den 1990er Jahren erneut widersprüchliche Aussagen in dieser Frage machte.[974] Auf drei Punkte ist in diesem Zusammenhang hinzuweisen: Erstens ist die zunächst von Barth formulierte Version zwar höchst unwahrscheinlich, widerspricht aber nicht notwendigerweise der Tatsache, dass das Massaker bereits geplant war, als Diekmann nach Oradour aufbrach. Allein, der Bataillonskommandeur hätte auch den Zugführern das Ziel des Einsatzes möglichst lange verschwiegen. Zweitens ist denkbar, dass Barth anfangs – wie andere Beschuldigte – versuchte, durch die behauptete Unkenntnis vom Charakter des Einsatzes seine Schuld zu minimieren. Drittens wollte der ehemalige SS-Offizier das Narrativ des Regiments- und Divisionszirkels möglicherweise zunächst aus Überzeugung aufrecht erhalten. Darauf deutet Folgendes hin: Ende der 1980er Jahre wurde der damals 22-jährige Ingo Hasselbach in jener Brandenburger Justizvollzugsanstalt inhaftiert, in der Heinz Barth seine Haftstrafe verbüßte. Hasselbach, der sich während seiner Haftzeit radikalisierte und später zu einem der führenden Neonazis der DDR wurde, berichtet, Barth sei zu einem der Helden für die inhaftierten Neonazis geworden und „unheimlich daran interessiert" gewesen, ihnen „sein Bild zu vermitteln und sein Wissen aus der Zeit weiterzugeben".[975] Gegenüber Mitgefangenen vertrat Barth eine revisionistische Darstellung des Massakers in Oradour.[976]

---

[971] Heinz Barth, Zusatz zur Niederschrift vom 16. 7. 1981, 27. 7. 1981, BStU, MfS, HA IX/11, ZUV 66, Bd. 16 (ehem. GA 4), Bl. 28 f.
[972] Vgl. hierzu auch Kapitel III.1, Abschnitt „Weidingers Angaben im Licht der Forschung".
[973] Vgl. E-Mail Friedrich Wolff an die Verfasserin, 12. 10. 2009.
[974] Vgl. Kapitel IV.5.1.
[975] Vgl. Hasselbach, Bedrohung, S. 44; Fräntzel, Die DDR, Teil 4 (Dokumentarfilm), dort Zitat.
[976] Vgl. Wärnke/Feldmann, Umsturz (Dokumentarfilm); E-Mails Ingo Hasselbach an die Verfasserin, 21. 9. 2020.

Wie immer es sich konkret verhielt, zweifellos waren Barths Aussagen zum Tatgeschehen bedeutend für das MfS, nicht nur in juristischer Hinsicht. Wie bereits erwähnt, hatten Staatsanwalt Busse und der Leiter der AG VgM, Muregger, als „Zielstellung des Verfahrens" unter anderem „Beitrag zur Geschichte des 2. Weltkrieges, zumal der Sachverhalt in Übereinstimmung mit dem Nürnberger Hauptkriegsverbrecherprozeß" stehe, festgelegt, sowie „Entlarvung der von der HIAG konstruierten Legende über Oradour". Diese beiden Ziele waren eng miteinander und mit einem dritten Ziel verbunden, namentlich der „Festigung der Beziehungen der DDR zu fortschrittlichen Kräften der Republik Frankreich". Mit „fortschrittlichen Kräften" meinte Busse hier wohl die französischen Verbände ANACR und FNDIRP.[977] Für die ANACR der Haute-Vienne dürfte der Prozess von besonderem Interesse gewesen sein. Der Verband war von Mitgliedern der *Francs-tireur et partisans français* (FTP) gegründet worden,[978] dem „bewaffnete[n] Arm" der PCF während des Zweiten Weltkriegs.[979] Dieser *Résistance*-Gruppe gehörten jene Männer an, die am Vortag des Massakers Sturmbannführer Kämpfe entführten,[980] und Herbert Taege warf den FTP in seinem Buch vor, das Massaker in Oradour provoziert zu haben.[981] Busse hatte in seinen „Zielen" eigens darauf hingewiesen, die Legende der HIAG, „wonach die kommunistische Widerstandsbewegung das Massaker provoziert habe", sei zu widerlegen.

Bereits die ersten Informationen, die das MfS im Sommer 1978 auf eine mögliche Beteiligung Barths an dem Massaker hinwiesen, zeigten, dass das Thema Oradour für die HIAG von Bedeutung war, denn zu dem Material gehörte ein Artikel des Presse-Organs der HIAG, der Zeitschrift *Der Freiwillige*, aus dem Jahr 1964. Kurz nachdem in Frankreich und der Bundesrepublik bekannt wurde, dass die DDR im Fall eines Oradour-Täters um französische Rechtshilfe gebeten hatte, veröffentlichte *Der Freiwillige* einen Artikel, der Barths Schuld infrage stellte. Außerdem mutmaßte der Autor – wahrscheinlich war es Herbert Taege –, der Prozess diene dazu „mit Hilfe neuer abstoßender Schlagzeilen einen Keil zwischen die Nato-Verbündeten zu treiben".[982] Es blieb nicht bei verbalen Attacken, sondern der Oradour-Revisionismus avancierte zum handfesten Problem für MfS und Generalstaatsanwaltschaft.

---

[977] Wolf, Sprache, S. 70 f., führt zu Gebrauch und Bedeutung des Worts „fortschrittlich" in der DDR aus: „Im offiziellen Sprachgebrauch gleichbedeutend mit Engagement für den Sozialismus, in der Regel verbunden mit dem eindeutigen Bekenntnis zu den Lehren von Marx, Engels und Lenin. Der Theorie des dialektischen und historischen Materialismus folgend, war fortschrittlich nur derjenige, der für eine gesellschaftliche Weiterentwicklung im Sinne der Überwindung des kapitalistischen Gesellschaftssystems und somit für den Sieg des Sozialismus eintrat."
[978] Vgl. Histoire, URL: https://www.anacr.com [16. 11. 2021].
[979] Grenard, Légende, S. 317.
[980] Vgl. Fouché, Oradour, S. 57 mit Anm. 1 (S. 253), 73.
[981] Vgl. u. a. Taege, Kain, S. 230 f.
[982] Vor neuem Oradour-Prozeß in der DDR?, in: Der Freiwillige, H. 3, 1982, S. 9 f. (Autor wahrscheinlich Herbert Taege, Kürzel: „tg."), BStU, MfS, HA IX/11, ZUV 66, Bd. 6 (ehem. EV 6), Bl. 260–262.

Herbert Taege spielte dabei die zentrale Rolle. Als er von dem bevorstehenden Prozess erfuhr, versuchte er sein 1981 erschienenes Buch als Beweismittel in die DDR zu schicken. Im Dezember 1981 unternahm er einen ersten, aber vergeblichen Versuch, indem er die Publikation über das westdeutsche Justizministerium an die DDR-Behörden weiterleiten lassen wollte. Im Januar 1982 wandte er sich sodann direkt an die Ehefrau des Angeklagten, deren Wohnort er der französischen Presse entnommen hatte. In einem Schreiben bat er sie, den Anwalt ihres Mannes von seiner Publikation zu unterrichten, damit er das Buch als Beweismittel anfordern könne, und kontaktierte sie auch telefonisch.[983] Das MfS erfuhr von den Versuchen. Nachdem Barths Ehefrau die erhaltenen Unterlagen an den Rechtsanwalt ihres Mannes weitergeleitet hatte, informierte Wolff den zuständigen Staatsanwalt.[984] Alles, so resümierte Otto Weidinger im Juni 1983, sei versucht worden, „den Verteidigern von Barth Entlastungsmaterial zukommen zu lassen – vergebens".[985] Nichtsdestotrotz war das MfS beunruhigt. Man fürchtete, Barths Anwalt könnte Taeges Buch gelesen haben und sich vor Gericht darauf beziehen. Um die Anklage für diesen Fall zu wappnen, stellte man möglichen Fragen des Rechtsanwalts vorformulierte Antworten Barths gegenüber, die Taeges Thesen widerlegten.[986] Die in diesem „Rollenspiel" angeführten Antworten waren allerdings keine fingierten Repliken, sie stimmten inhaltlich mit Barths Aussagen überein.[987]

Auch anderweitig versuchte das MfS, das Verfahren unangreifbar zu machen. Vonseiten der HIAG erwartete man zwei Stoßrichtungen, um die DDR zu „verunglimpfen": Zum einen den Vorwurf, die DDR habe nicht alle Möglichkeiten genutzt, „um die Geschehnisse wahrheitsgemäß aufzuklären, da auch in der BRD Täter wohnhaft sind". Diese Sorge hatte die HA IX allerdings nicht nur mit Blick auf die HIAG, sondern allgemein: Da Barth der „erste Offizier der für das Massaker in Oradour verantwortlichen faschistischen Einheit ist, der sich vor Gericht strafrechtlich zu verantworten hat, muß die BRD annehmen, daß durch B[arth] die Wahrheit über die Vorgänge in Oradour ans Licht kommt und daß sie dazu Stellung beziehen muß. Daß der DDR dann keine Vorwürfe seitens Bonn gemacht werden können, ist in diesem Zusammenhang von immenser Bedeutung." Durch

---

[983] Vgl. BMJ an Askania Verlagsgesellschaft mbH, 6. 1. 1982, Abschrift, BStU, MfS, HA IX/11, ZUV 66, Bd. 1 (ehem. EV 1), Bl. 223; Askania Verlagsgesellschaft mbH an Ehefrau Heinz Barth, 19. 1. 1982, Abschrift, ebenda, Bl. 222; Busse, Konzeption, 29. 11. 1982, ebenda, Bd. 9 (ehem. EV 9), Bl. 110–113.
[984] Vgl. Heine, Entwurf, o. D., BStU, MfS, HA IX/11, ZUV 66, Bd. 9 (ehem. EV 9), Bl. 123–134; Busse, Konzeption, 29. 11. 1982, ebenda, Bl. 110–113.
[985] Weidinger an Heck, Vertraulich!, 8. 6. 1983, BArch Freiburg, N 756/389.
[986] Vgl. Probleme und Fragestellungen, die vom Verteidiger des Beschuldigten, Rechtsanwalt Wolff, Friedrich, in der Hauptverhandlung gegen Barth aufgeworfen werden können, o. D., BStU, MfS, HA IX/11, ZUV 66, Bd. 9 (ehem. EV 9), Bl. 135–137.
[987] Bei einer Vernehmung am 24. 6. 1982 wurde Barth mit mehreren der aufgelisteten Fragen konfrontiert. Dem Vernehmungsprotokoll zufolge teilte man Barth nicht mit, dass sie sich auf Taeges Darstellung bezogen. Vgl. Vernehmungsprotokoll Heinz Barth, 24. 6. 1982, BStU, MfS, HA IX/11, ZUV 66, Bd. 16 (ehem. GA 4), Bl. 210–216.

ein Rechtshilfeersuchen an die Bundesrepublik, so die Überlegung, hatte man sich hiergegen abgesichert.[988] Der zweite erwartete Angriff betraf das vermeintlich noch während des Kriegs stattgefundene Ermittlungsverfahren gegen Offiziere des I. Bataillons. Gegen die etwaige Behauptung aus HIAG-Kreisen, die USA hielten zu diesem Verfahren Dokumente zurück, sollte ebenfalls ein Rechtshilfeersuchen angeführt werden. In dem Ersuchen an die USA habe man zwar nicht explizit nach den Verfahrensunterlagen gefragt, doch sei die DDR „mit der Bitte um Durchführung von Archivüberprüfungen zum Verbrechenskomplex Oradour in den USA in dieser Hinsicht abgesichert".[989]

Wie ernst man das Problem auch weiterhin nahm, zeigt, dass Busse „über die übliche Hetzpropaganda hinausgehende Aktivitäten" der HIAG während des Prozesses nicht ausschloss, da das Verfahren geeignet sei, „die vorwiegend durch die HIAG konstruierte Legende von der Schuldlosigkeit der Waffen-SS an dem Massaker von Oradour ein erneutes Mal zu zerschlagen". Er regte deshalb an, zu überlegen, ob während des Prozesses überhaupt andere Verhandlungen im gleichen Gebäude stattfinden könnten und wie der Publikumsverkehr zu kontrollieren sei. Er brachte sogar die Überlegung ins Spiel, den Prozess in einem anderen Gebäude als dem „zentral gelegene[n] Stadtgericht" abzuhalten.[990]

Als Busse das Ziel, die HIAG-Version des Massakers zu widerlegen, im November 1982 fixierte, hatte er bereits Schritte unternommen, um es zu erreichen. Im Juli 1982 wandte er sich mit der Bitte um ein Sachverständigengutachten an das Militärgeschichtliche Institut der DDR. Er erläuterte dem Institutsdirektor Reinhard Brühl, Der Freiwillige habe mit Bezug auf das Rechtshilfeersuchen an Frankreich begonnen, „den beabsichtigten Prozeß als Versuch, einen Keil zwischen die NATO-Partner treiben zu wollen, zu diffamieren". Zur umfassenden Klärung der militärischen Zusammenhänge und angesichts der „internationalen Bedeutung des Prozesses" halte man die Teilnahme eines Sachverständigen des Instituts an der Gerichtsverhandlung für geboten.[991] In der Folge übergab der Staatssicherheitsdienst dem Institut Unterlagen zur Erarbeitung eines Gutachtens. Da in den Akten des MfS mehrere Versionen des Gutachtens mit den Vermerken „neu erstellt", „Expl. wurde überarbeitet", „Endgültige Fassung" vorliegen, ist davon aus-

---

[988] Im August 1982 bat Staatsanwalt Busse die GStA Hamm um Rechtshilfe, im November folgte ein Ergänzungsrechtshilfeersuchen. Vgl. Busse an GStA Hamm, 12. 8. 1982, BArch Berlin, DP 3/2146, Bl. 124 f.; Busse an GStA Hamm, 8. 11. 1982, ebenda, Bl. 130 f.

[989] Angela Juch, Anforderungen und Erfahrungen der politisch-operativen Arbeit zur Realisierung und Absicherung des Rechtshilfeverkehrs zwischen dem Generalstaatsanwalt der DDR und den Justizorganen nichtsozialistischer Staaten, insbesondere der BRD und Berlin-West, bei der Aufklärung und Verfolgung von faschistischen Verbrechen gegen die Menschlichkeit und Kriegsverbrechen, Fachschulabschlußarbeit Juristische Hochschule Potsdam, 15. 2. 1983, BStU, MfS, VVS-o001, MfS JHS Nr. 720/83, Bl. 47–55. Zur Frage der Ermittlungen während des Kriegs vgl. Kapitel III.1, Abschnitt „Weidingers Angaben im Licht der Forschung".

[990] Busse, Konzeption, 29. 11. 1982, BStU, MfS, HA IX/11, ZUV 66, Bd. 9 (ehem. EV 9), Bl. 110–113, hier Bl. 112.

[991] Busse an Brühl, Juli 1982, BStU, MfS, HA IX/11, ZUV 66, Bd. 9 (ehem. EV 9), Bl. 3–5.

zugehen, dass die HA IX und eventuell auch Busse in den Entstehungsprozess einbezogen waren.[992]

Die dabei entstandene Korrespondenz zeigt die außerordentliche Bedeutung von Barths Aussagen. Im März 1983 berichtete der wissenschaftliche Oberassistent am Militärgeschichtlichen Institut, Klaus Geßner, dem Leiter der HA IX/AG VgM, trotz der erhaltenen ausführlichen Übersicht, sei ihm die Erarbeitung des „besprochenen Komplexes ‚Auseinandersetzung mit Oradour-Verfälschungen' auf Grundlage der wenigen aussagekräftigen Widersprüche in den Aussagen Okrent/Lammerding nicht möglich" gewesen. Geßner war der Meinung, man würde „hier in die falsche Richtung schießen, im ‚klein-klein' stecken bleiben" und schlug vor, das „von uns gewünschte Anliegen durch eine ausführliche ‚Würdigung' der Aussagen von Barth am Schluß meines Gutachtens zu erfüllen", denn allein „auf der Grundlage der Aussagen von Barth" könne seiner Meinung nach eine „wirklich komplexe und stichhaltige Abrechnung mit den Verfälschungen erfolgen"; mit den vorhandenen Dokumenten sei dies „nicht möglich."[993] Damit bestätigte der Sachverständige indirekt eine Feststellung der bundesdeutschen Justiz: Allein anhand der Aussagen seiner Vertreter war das Narrativ des Regiments- und Divisionszirkels nicht ohne Weiteres zu widerlegen.

Entsprechend zeigt Geßners Gutachten Folgendes: Er konnte das Massaker in die Befehlslage und das Vorgehen der Division „Das Reich" im Südwesten Frankreichs einordnen; Barths Aussagen ermöglichten ihm darüber hinaus, die revisionistischen Darstellungen des Geschehens vor Ort und die These einer Eskalation im Laufe des Einsatzes zu widerlegen. Den konkreten Beweis zu führen, dass die Regiments- oder Divisionsführung das Massaker befohlen hatte, gelang jedoch auch Geßner nicht. Er versuchte es erst gar nicht, sondern umging dieses Bindeglied zwischen allgemeiner Befehlslage und Verhalten der Division „Das Reich" einerseits und dem Massaker in Oradour andererseits.[994]

Zentrale Bedeutung schrieb Geßner dem Befehl des OB West vom 8. Juni 1944 zu, in dem von Rundstedt auf die „Erwartung" des Wehrmachtsführungsstabs Bezug nahm, bei den „Großunternehmen gegen die Banden in Südfrankreich" werde „mit äußerster Schärfe und ohne Nachsicht vorgegangen", und „schärfste Maßnahmen" zur „Abschreckung der Bewohner dieser dauernd verseuchten Gebiete" forderte.[995] Für den Sachverständigen handelte die 2. SS-Panzer-Division bei ihrem „Terrorfeldzug durch Süd- und Mittelfrankreich" auf der „Grundlage dieses

---

[992] Die Entwürfe des Gutachtens, Übergabeprotokolle, das endgültige Gutachten und Schriftverkehr hierzu finden sich v. a. in BStU, MfS, HA IX/11, ZUV 66, Bd. 9 (ehem. EV 9), Bl. 3–93.

[993] Geßner an Mohrecker [wohl Muregger], 28. 3. 1983, BStU, MfS, HA IX/11, ZUV 83, Bd. 58, Bl. 229 f. Anfang März hatte Geßner auch aus Hamm übersandte Vernehmungsprotokolle erhalten. Vgl. Übergabeprotokoll, 2. 3. 1983, BStU, MfS, HA IX/11, ZUV 66, Bd. 9 (ehem. EV 9), Bl. 44–46.

[994] Hierzu und zum Folgenden: Sachverständigengutachten, Klaus Geßner, Militärgeschichtliches Institut der Deutschen Demokratischen Republik, BStU, MfS, HA IX/11, ZUV 66, Bd. 9 (ehem. EV 9), Bl. 69–93.

[995] Vgl. Kapitel III.1, Abschnitt „Exzesstat versus gezielte Terrorisierung der Zivilbevölkerung".

verbrecherischen Grundsatzbefehls". Die Massaker von Tulle und Oradour seien „prägnante Beispiele dafür, mit welcher Brutalität die 2. SS-Panzerdivision ihren verbrecherischen Auftrag zur Unterdrückung der französischen Bevölkerung erfüllte".

Geßner betonte, die Ergebnisse des Strafverfahrens gegen Barth würden „in allen wesentlichen Teilen voll inhaltlich" mit den Erkenntnissen des Nürnberger Prozesses übereinstimmen, der „Charakter und Verlauf des Massakers" enthüllt habe. Er führte sechs Punkte an, die das Ostberliner Verfahren – „insbesondere die Aussagen des Angeklagten" – „erneut bestätigt" habe, dass nämlich

- „vor Beginn der Aktion der eindeutige Befehl zur Ermordung aller Einwohner von Oradour-sur-Glane – einschließlich Frauen und Kinder – und der Zerstörung des Ortes als ,Sühnemaßnahme' erging;
- seitens der SS keinerlei Widerstand in diesem Ort vermutet und bei der Besetzung des Ortes keinerlei Widerstand geleistet wurde;
- bei der zur Zusammentreibung der Bevölkerung erfolgenden Durchsuchung der Häuser weder Waffen noch Sprengstoff vorgefunden wurden;
- die männlichen Einwohner des Ortes in mehreren Gruppen in Scheunen und Garagen geführt und dort erschossen wurden;
- die Frauen und Kinder in der Kirche des Ortes ermordet und dabei zum Teil lebendigen Leibes verbrannt wurden;
- alle Gebäude des Ortes durch Inbrandsetzung zerstört wurden."

Der Historiker ordnete das Massaker außerdem in einen breiteren Kontext ein: es sei „eindeutig Bestandteil der vom deutschen Faschismus hervorgebrachten ,Abschreckungs- und Straftechnik' [gewesen], die von den deutschen Okkupanten in den von ihnen besetzten Gebieten zur rücksichtslosen Unterdrückung des antifaschistischen Widerstandskampfes der Völker sowie zur terroristischen Einschüchterung der Bevölkerung angewandt wurde". Wie im Fall Oradour habe dabei oft „nicht der geringste Zusammenhang zwischen dem Ort der Widerstandshandlung und dem Objekt der ,Strafmaßnahme' bestanden."

Anklagevertreter Horst Busse ging weiter als Geßner. In seinem Plädoyer verwies er auf das Gutachten des Historikers, das gezeigt habe, mit welcher Brutalität die Division bei ihrem Marsch durch Süd- und Mittelfrankreich jenen verbrecherischen Grundsatzbefehl verwirklicht habe. Das Vorgehen der Division „Das Reich" in den osteuropäischen Staaten, so Busse, sei „in dem Maße auf Westeuropa übertragen [worden], in dem die Faschisten auch dort die militärische Initiative verloren" hätten. Nach der Entführung des Bataillonskommandeurs Kämpfe sei beschlossen worden, „als ,Sühnemaßnahme' ein Dorf mit allen seinen Einwohnern zu vernichten". Diekmann habe von Stadler „den Befehl erhalten, eine Kompanie nach Oradour-sur-Glane in Marsch zu setzen" und Kahn sowie den Zugführern der 3. Kompanie „den Befehl" „übermittelt", „als Vergeltung für die Gefangennahme des SS-Offiziers Kämpfe, Oradour-sur-Glane niederzubrennen und die Einwohner zu ermorden". Wenn sich Busse zusammenfassend auf das Gutachten berief, das „wissenschaftlich belegt" habe, „daß der Überall auf Oradour nicht durch einen spontanen Entschluß eines einzelnen undisziplinierten Bataillonkommandeurs ausgelöst wurde und auch nicht als ein extremer Übergriff einer einzigen Kompanie, sondern als Bestandteil der von der Waffen-SS im Rahmen des faschistischen Terrorsystems verübten Verbrechen zu werten" sei, dann schuf er ein Verbindungsglied zwischen Kontext und Massaker, das Geßner so nicht formuliert hatte. Das Bindeglied dürfte Busse in Kahns Aussage gesehen haben, laut Diekmann sei der Befehl vom Regiment gekommen. Dass dies auch eine Schutzbehauptung Diekmanns sein konnte, wurde nicht thematisiert.[996] Um es zuzuspitzen: So sehr die westdeutschen Staatsanwälte der Minimalversion des Regiments- und Divisionszirkels Glauben schenkten, so sehr wies der DDR-Staatsanwalt sie zurück. Das Gericht ließ in seinem Urteil keinen Zweifel am Charakter des Einsatzes und dem vorsätzlichen Handeln Diekmanns. Es wählte indes eine Formulierung, die offen ließ, ob der Befehl zu dem Massaker tatsächlich von höherer Stelle gekommen war:

„Am 10. 6. 1944 entschied sich das Schicksal Oradours. Tags zuvor war der Kommandeur des III. Bataillons, SS-Sturmbannführer Kämpffe [sic], von Partisanen gefangengenommen worden. Dafür sollte Vergeltung und Rache geübt werden.
Am Vormittag des 10. Juni wurde der Angeklagte zu einer Zusammenkunft der Kommandeure befohlen, in der Diekmann *unter Berufung auf einen höheren Befehl* der 3. Kompanie den Befehl erteilte, das Dorf Oradour-sur-Glane nordwestlich von Limoges zu besetzen, die gesamte Bevölkerung vom Säugling bis zum Greis ausnahmslos zu töten und den Ort niederzubrennen. In diesem abseits gelegenen, militärisch bedeutungslosen Ort war keinerlei Widerstand zu erwarten. Die Führung der Aktion übernahm SS-Sturmbannführer Diekmann."[997]

Das Urteil

Das Berliner Stadtgericht folgte der Staatsanwaltschaft auch in der geforderten Strafhöhe: Heinz Barth wurde am 7. Juni 1983 aufgrund „mehrfach begangener Kriegsverbrechen und Verbrechen gegen die Menschlichkeit" zu lebenslanger Freiheitsstrafe verurteilt.[998] Seine Handlungen ordneten die Richter wie folgt ein:

„Bei den festgestellten Handlungen des Angeklagten, die er als Deutscher während des Krieges an der Zivilbevölkerung in den von Deutschland okkupierten Gebieten beging, handelt es sich um Kriegsverbrechen nach Artikel 6 des IMT-Statuts. [...]
Der Angeklagte wirkte als einer der leitenden Offiziere am Massaker in Oradour-sur-Glane mit. Auch diese Aktion war in ihrer Gesamtheit nur so zu realisieren, als alle Beteiligten arbeitsteilig handelnd ihren notwendigen Beitrag zum Gesamtergebnis leisteten. Diese Überlegung liegt dem Tatbestand der Beteiligung im Sinne des IMT-Statuts zugrunde. Einen solchen tatbestandsmäßigen Beitrag hat der Angeklagte zu verantworten. Durch Befehlsausführung, Befehlserteilung, eigenhändige Erschießung und durch die Kontrolle seiner Untergebenen machte sich der Angeklagte nach der gleichen Alternative des angeführten IMT-Statuts schuldig.
Artikel 6, Buchstabe b des IMT-Statuts stellt ferner die Beteiligung an der mutwilligen Zerstörung von Dörfern in besetzten Gebieten unter Strafe. Die Beteiligung des Angeklagten als Führer

---

[996] Plädoyer des Staatsanwalts, BStU, MfS, HA IX/11, ZUV 66, Bd. 33 (ehem. GA 21), Bl. 142–179.
[997] Stadtgericht Berlin, Strafsenat 1a, Urteil gegen Heinz Barth, 7. 6. 1983, BStU, MfS, HA IX/11, ZUV 66, Bd. 33 (ehem. GA 21), Bl. 188–218, hier Bl. 203. Hervorhebung durch die Verfasserin.
[998] Stadtgericht Berlin, Strafsenat 1a, Urteil gegen Heinz Barth, 7. 6. 1983, BStU, MfS, HA IX/11, ZUV 66, Bd. 33 (ehem. GA 21), Bl. 188–218, Zitat Bl. 189. Folgendes Zitat ebenda, Bl. 212–214, 216.

einer SS-Einheit an der Niederbrennung Oradours ist somit gleichfalls der Verurteilung zugrundezulegen.
Der Angeklagte handelte in allen Tatkomplexen vorsätzlich. Davon geht die Anklagevertretung aus und dem pflichtet die Verteidigung hinsichtlich des Tatkomplexes Oradour in vollem Umfange bei.
[...]
Auch seine Beteiligung an den Verbrechen in Oradour findet keine Rechtfertigung im Befehlsnotstand. Nach Artikel 8 des IMT-Statuts ist bei der nach Artikel 6 erwiesenen Teilnahme an Kriegsverbrechen das Handeln auf Befehl kein Strafausschließungsgrund, es kann unter bestimmten Umständen allenfalls Strafmilderungsgrund sein. Letzteres ist hier zu verneinen, weil er sich in keinerlei innerem Widerspruch zu dem erteilten Vernichtungsbefehl befand, sondern mit diesem absolut übereinstimmte."

Dass Barth weder Strafmilderung noch Befehlsnotstand zuerkannt wurden, ist nicht überraschend, war dies doch bereits im Vorfeld der Hauptverhandlung als Prozessziel fixiert worden. Zudem zeigt das Urteil: Die Richter des Ost-Berliner Stadtgerichts konnten anders als ihre westdeutschen Amtskollegen auf den Straftatbestand Kriegsverbrechen zurückgreifen, vor allem aber sahen sich Ermittler und Gericht mit Heinz Barth einem ganz anderen Beschuldigten respektive Angeklagten gegenüber als die westdeutsche Justiz bei ihren Oradour-Ermittlungen: Barth gestand nicht nur, eigenhändig Menschen getötet zu haben, er hatte darüber hinaus Befehlsgewalt innegehabt und unter anderem die Exekution einer Gruppe Männer befohlen. Darüber hinaus räumte selbst Barths Verteidiger den Vorsatz seiner Handlungen ein. Als das Oberlandesgericht Brandenburg das Urteil 1997 überprüfte, kam es zu dem Schluss, es habe „rechtsstaatlichen Grundsätzen entsprochen" und Barth wäre „nach bundesdeutschem Gesetz als Mörder gem. § 211 StGB verurteilt worden".[999]

Dass sein Mandant in der Bundesrepublik 1983 tatsächlich wegen Mordes zu lebenslanger Haft verurteilt worden wäre, sah Barths Anwalt hingegen kritisch. Denn zum einen gelte inzwischen als sicher, „dass nationalsozialistische Gewaltverbrechen in der Vergangenheit nicht so bestraft worden [seien], wie das ihrem Charakter entsprochen hätte", zum anderen sei in der Bundesrepublik keinem von Barths „Mittäter[n]" der Prozess gemacht worden.[1000]

Was das vom Stadtgericht Berlin verhängte Strafmaß anbelangt, so hielt die AG VgM noch im Sommer 1982 fest, dass „der Ausspruch der Höchststrafe nicht auszuschließen" sei.[1001] *De jure* wurde die Todesstrafe in der DDR erst 1987 abgeschafft, *de facto* aber nach 1981 nicht mehr verhängt.[1002] Offen ist, ob erwogen wurde, im Fall Barth eine Ausnahme zu machen. Die Akten zeigen indes, dass der DDR-Generalstaatsanwalt Josef Streit den ersten Sekretär des ZK der SED und Staatsratsvorsitzenden Erich Honecker über das Strafmaß, das Busse beantragen wollte, unterrichtete und um sein Einverständnis bat – ein mit der propagierten

---

[999] Junge, Kriegsbeschädigtenversorgung, S. 110.
[1000] Wolff, Prozesse, S. 193.
[1001] Entwurf Heine, o. D., mit Anlage, BStU, MfS, HA IX/11, ZUV 66, Bd. 9 (ehem. EV 9), Bl. 123–134, Zitat Bl. 124.
[1002] Vgl. Werkentin, SED-Führung, S. 185.

Rechtsstaatlichkeit des Verfahrens unvereinbares Vorgehen. Honecker stimmte der Durchführung des Prozesses und dem Vorschlag, „gegen Barth die lebenslängliche Freiheitsstrafe zu beantragen" zu.[1003] Mit Blick auf das zweitinstanzliche Urteil lässt sich zeigen, dass das Ergebnis der Berufungsverhandlung offensichtlich schon im Vorfeld feststand und unter anderem mit dem MfS abgestimmt worden war. Am 9. Juni 1983 legten Barths Anwälte Berufung gegen das Urteil des Stadtgerichts ein und beantragten, „den Angeklagten von der Anklage 1942 in der CSR begangener Kriegsverbrechen und Verbrechen gegen die Menschlichkeit freizusprechen und ihn wegen der Verbrechen in Oradour zu einer zeitlich begrenzten Freiheitsstrafe zu verurteilen".[1004] In einem Schreiben vom 19. Juli 1983 wandte sich der erste Vizepräsident des Obersten Gerichts, Günter Sarge, an den Verantwortlichen des Bereichs „Justiz" bei der Abteilung Staats- und Rechtsfragen im ZK der SED, Siegfried Heger,[1005] um ihn „zum weiteren Lauf der Strafsache Barth" zu informieren. Sarge unterrichtete Heger über das geplante Vorgehen im Zusammenhang mit der Berufungsverhandlung, das mit dem Generalstaatsanwalt, dem MfS und vermutlich auch dem Präsidenten des Obersten Gerichts abgestimmt worden war. Punkt vier der Auflistung lautete: „Das Urteil des Stadtgerichts wird gehalten".[1006] Bereits am Tag vor der Verhandlung legte Muregger Mielke den Vorschlag für die Pressemeldung zur Berufungsverhandlung vor, in der es hieß, das Oberste Gericht habe die Berufung zurückgewiesen. Mureggers Schreiben wurde von Mielke, die ADN-Meldung von Honecker handschriftlich abgezeichnet.[1007]

Bei der genannten Abstimmung zwischen Oberstem Gericht, MfS und GStA war auch festgelegt worden, dass Joachim Ermisch, Vorsitzender des 1. Strafsenats des Obersten Gerichts, den Vorsitz der Berufungsverhandlung übernehmen und Ursula Fieber als eine der beiden Beisitzenden fungieren sollte.[1008] Ende August 1983 wandte sich Ermisch mit dem Vorschlag an Sarge, die „Genossin Ursula Fieber für die gründliche und ausgezeichnete Vorbereitung der zweitinstanzlichen Hauptverhandlung gegen den Kriegsverbrecher Barth mit einer Geldprämie von 200,- Mark auszuzeichnen."[1009] Denkbar ist, dass es sich bei der Zahlung um eine Gratifikation für das harte Urteil handelte, die dazu diente, „mögliche Anfälle von Zweifeln oder moralische Gewissensbisse unter den DDR-Richtern im Keim zu ersticken".[1010]

[1003] Sorgenicht an Verner, 11. 4. 1983, SAPMO-BArch, DY 30 vorl. SED 42603/1.
[1004] Wolff/Graubner an Oberstes Gericht der DDR, 17. 6. 1983, Abschrift, BStU, MfS, HA IX/11, ZUV 66, Bd. 9 (ehem. EV 9), Bl. 366–373, Zitat Bl. 373.
[1005] Vgl. zu Hegers Position in der Abt. Staats- und Rechtsfragen Vollnhals, Macht, S. 233.
[1006] Sarge an Heger, 19. 7. 1983, BArch Berlin, DP 2/2026, Bl. 96 f.
[1007] Vgl. Muregger, Strafverfahren gegen Heinz Barth wegen Kriegsverbrechen und Verbrechen gegen die Menschlichkeit, handschriftlicher Vermerk: „einverstanden Mielke", mit Anlage: Entwurf ADN-Meldung, handschriftliche Initialen Honeckers („EH"), BStU, MfS, HA IX/11, ZUV 66, Bd. 9 (ehem. EV 9), Bl. 399 f.
[1008] Vgl. Sarge an Heger, 19. 17. 1983, BArch Berlin, DP 2/2026, Bl. 96 f. Die Vornamen der Genannten und die Position Ermischs nach: Weinke, Verfolgung (1996), S. 106 (Anm. 29).
[1009] Zitiert nach Weinke, Verfolgung (1996), S. 106 (Anm. 29).
[1010] Weinke, Verfolgung (1996), S. 101 mit Anm. 29.

Die „Zeugen" B. und A.

Einer der aussagekräftigsten Aspekte des Verfahrens gegen Heinz Barth betrifft den Umgang des MfS und des zuständigen Staatsanwalts mit zwei „Zeugen". Hierfür ist es notwendig, in der Chronologie noch einmal in die Phase des inoffiziellen Ermittlungsverfahrens zurückzukehren. Wie erwähnt, waren unter den damals ermittelten früheren Angehörigen des I. Bataillons des Regiments „Der Führer" zwei Männer, die am 10. Juni 1944 in Oradour eingesetzt waren. Bei den beiden handelte es sich um B. und A.[1011]

Der zum Tatzeitpunkt 18-jährige B. geriet einige Wochen nach dem Massaker in der Nähe von Paris in amerikanische Kriegsgefangenschaft,[1012] aus der er schon nach kurzer Zeit wieder entlassen wurde. 1945 zog er mit seiner Frau nach Brandenburg, wo 1949 das erste Kind des Ehepaars zur Welt kam, im Jahr darauf das zweite. Ab 1946 arbeitete B. als Bergmann im Kreis Hoyerswerda, während seine Familie in Brandenburg blieb. Im Jahr 1962 zog auch er dorthin zurück. Nach fünf Jahren in der Dachsteinproduktion begann B. 1967 als Melker in einer landwirtschaftlichen Produktionsgenossenschaft (LPG) und stieg aufgrund seiner Zuverlässigkeit und seines Engagements zum Schichtleiter im Milchviehkombinat auf.[1013] In der Familie, so brachte das MfS in Erfahrung, hatte B. nicht über seine Militärzeit vor 1945 gesprochen, die einem „unausgesprochenen Tabu" gleichgekommen sei.[1014] Von seiner früheren SS-Zugehörigkeit wussten weder Kollegen und Dorfbewohner noch seine Kinder.[1015] Wie B. bei einer seiner Vernehmungen durch den Staatssicherheitsdienst zu Protokoll gab, sei er zur Durchsuchung Oradours eingesetzt gewesen und dabei auf einen älteren Mann in einer Schmiede gestoßen. Barth, sein Zugführer, habe ihm befohlen, den Mann „an Ort und Stelle zu erschießen", wogegen er sich gesträubt und Barth ihm deshalb mit dem Kriegsgericht gedroht habe. Wie die Auseinandersetzung endete, daran wollte sich B. nicht erinnern können, Folgen jedoch habe seine „Befehlsverweigerung" nicht gehabt.[1016]

A., zum Tatzeitpunkt ebenfalls 18 Jahre alt, geriet im Mai 1945 in Linz in Kriegsgefangenschaft, aus der er nach etwa einem Jahr in Nürnberg entlassen wurde. Von dort kehrte A. zunächst in seine Heimatstadt im Erzgebirge zurück, 1950 zog er in einen wenige Kilometer entfernten Ort. Seine Zugehörigkeit zur SS-Division

---

[1011] Vgl. Kober, Sachstandsbericht zum Vorgang AK 5776/76 (Barth, Heinz), 7. 1. 1981, BStU, MfS, HA IX/11, ZUV 66, Bd. 38 (ehem. AK 1), Bl. 117–140.
[1012] Vgl. Vernehmungsprotokoll B., 12. 8. 1980, BStU, MfS, HA IX/11, ZUV 66, Bd. 24 (ehem. GA 12), Bl. 33–38.
[1013] Vgl. Haas, Ermittlungsbericht, 18. 2. 1982, BStU, MfS, FfO, AOPK 862/83, Bd. 1, Bl. 15–18.
[1014] Haas, Zwischenbericht zur OPK „Täuscher", 12. 10. 1982, BStU, MfS, FfO, AOPK 862/83, Bd. 1, Bl. 92–94.
[1015] Vgl. Haas, Einstellungsbericht, 27. 6. 1983, BStU, MfS, FfO, AOPK 862/83, Bd. 1, Bl. 102–104.
[1016] Vernehmungsprotokoll B., 10. 9. 1980, BStU, MfS, HA IX/11, ZUV 66, Bd. 24 (ehem. GA 12), Bl. 56–64, Zitate Bl. 57, 59.

"Das Reich" – A. hatte sich 1943 freiwillig zur Waffen-SS gemeldet[1017] – führte er nach 1945 in seinen Personalunterlagen an.[1018] Dennoch stellte das MfS 1982 fest, dass man in A.s Wohnort nichts über seine Vergangenheit wisse, da er zugezogen sei. Allein der Bürgermeister wusste zu berichten, dass A. „ein SS-Mann gewesen sein soll". Weiterhin ergaben die Ermittlungen, A. werde als „ruhiger, höflicher und bescheidener Mensch" eingeschätzt, der der DDR gegenüber wohl „keine ablehnende Haltung" habe, da die Familie bislang immer ihrer Wahlpflicht nachgekommen sei. Gesellschaftspolitisch aktiv war die Familie jedoch nicht.[1019] Wahrscheinlich erzählte auch A. seiner Familie nichts von seinem Einsatz in Oradour und ließ wohl selbst seine Frau über die wahren Umstände seiner Vernehmungen durch den Staatssicherheitsdienst im Unklaren.[1020] Dort sagte er aus, in Oradour außerhalb des Orts eingesetzt gewesen zu sein.[1021]

Mit ihren Aussagen brachten die beiden Männer die Ermittlungen gegen Barth entscheidend voran,[1022] belasteten sich allerdings auch selbst, da sie ihre Anwesenheit am Tatort einräumten. Beide wollten in Oradour keine Menschen getötet haben, aber daran waren die Ermittler ganz offensichtlich auch nicht interessiert. Weder konfrontierten sie sie mit kritischen Nachfragen noch mit entsprechenden Vorhalten.[1023] Dabei mangelte es nicht an Ansatzpunkten. So widersprach Barth dem von B. beschriebenen Vorfall in der Schmiede. Der ehemalige Zugführer gab an, er habe bei der Durchsuchung der Gebäude einem Angehörigen des Zugtrupps befohlen, eine „bettlägerige Person an Ort und Stelle, d. h. in ihrem Bett, zu erschießen bzw. deren Erschießung zu veranlassen". Die von B. geschilderte Szene bestätigte er indes nicht und machte deutlich, dass er eine Befehlsverweigerung sicher nicht vergessen hätte.[1024] Auch B.s Beschreibungen der Exekution einer Gruppe von Männern und des Massakers in der Kirche, die er allein passiv beobachtet haben wollte, führte zu keinen kritischen Nachfragen. Was A.s Aussagen zu seiner Rolle in Oradour anbelangt, so war deren Inkonsistenz offensichtlich: Gab er zunächst an, seine Aufgabe habe darin bestanden, am Ortseingang notfalls unter Waffengewalt zu verhindern, dass Zivilpersonen das Dorf betraten oder ver-

---

[1017] Vgl. Vernehmungsprotokoll A., 18. 3. 1980, BStU, MfS, HA IX/11, ZUV 66, Bd. 24 (ehem. GA 12), Bl. 3–8.
[1018] Vgl. Vernehmungsprotokoll A., 19. 3. 1980, BStU, MfS, HA IX/11, ZUV 66, Bd. 24 (ehem. GA 12), Bl. 9–17; KD Karl-Marx-Stadt/Land, Leiter, an HA IX, 27. 5. 1982, ebenda, Bd. 3 (ehem. EV 3), Bl. 9 f.
[1019] KD Karl-Marx-Stadt/Land, Wohngebietsermittlung, 22. 5. 1982, BStU, MfS, HA IX/11, ZUV 66, Bd. 3 (ehem. EV 3), Bl. 11 f.
[1020] Vgl. Schreiben eines Familienmitglieds an die Verfasserin, 29. 10. 2007.
[1021] Vgl. Vernehmungsprotokoll A., 19. 3. 1980, BStU, MfS, HA IX/11, ZUV 66, Bd. 24 (ehem. GA 12), Bl. 9–17.
[1022] Vgl. Kapitel IV.3.2, Abschnitt „Das inoffizielle Ermittlungsverfahren".
[1023] Vgl. Vernehmungsprotokoll B., 10. 9. 1980, BStU, MfS, HA IX/11, ZUV 66, Bd. 24 (ehem. GA 12), Bl. 56–64; Vernehmungsprotokoll A., 19. 3. 1980, ebenda, Bl. 9–17; Vernehmungsprotokoll A., 13. 11. 1980, ebenda, Bl. 24–32.
[1024] Vernehmungsprotokoll Heinz Barth, 28. 12. 1981, BStU, MfS, HA IX/11, ZUV 66, Bd. 16 (ehem. GA 4), Bl. 106–114.

ließen, wollte er später außerhalb des Orts zur Fahrzeugwache eingeteilt gewesen sein. Vor allem aber war es unmöglich, von außerhalb des Dorfs zu sehen, was er gesehen haben wollte: das Zusammentreiben der Bevölkerung auf einem großen Platz und die dortige Erschießung einer großen Gruppe von Personen. Fakt ist: Die Vernehmungen, in denen die beiden Barth belasteten, blieben ihre letzten Befragungen.

Allerdings behielt das MfS sie im Auge. Im Fall von B. leitete das MfS eine OPK ein.[1025] In der zuständigen Kreisdienststelle war man überrascht, denn B.s Aussage, der Waffen-SS angehört und in Oradour gewesen zu sein, stand deren Ansicht nach entgegen, dass in der zentralen Materialablage des MfS „keinerlei Hinweise" auf B.s SS-Zugehörigkeit vorlagen, sein Sohn drei Jahre im Wachregiment des MfS gedient hatte und „B. als eine politisch positive und gesellschaftlich aktive Person geachtet wird".[1026] Ob B. seine Zugehörigkeit zur Waffen-SS nach Kriegsende verschwiegen hatte, konnte die KD nicht abschließend klären, brachte aber in Erfahrung, dass er sich seit Jahren gesellschaftlich engagierte, seit 1965 dem Ortsausschuss der Nationalen Front und der National-Demokratischen Partei Deutschlands (NDPD) angehörte, seit 1966 gewählter Gemeindevertreter war und bereits mehrere Jahre Vorstandsmitglied seiner LPG. Beruflich sei er pflichtbewusst und gewissenhaft, für seine Arbeit opfere er sich nahezu auf. Sein Charakter wurde als „ausgeglichen, ruhig und hilfsbereit" beschrieben. Nur einmal, 1961 hatte er die Contenance verloren und über einen Kollegen geschimpft. Dieser sei ein „arbeitsscheues Element", dem er das Arbeiten schon beibringen werde. Er sei früher bei der SS gewesen, da habe man mit „solchen Leuten ganz andere Dinge gemacht".[1027] Auch im Fall von A. bat das MfS die zuständige Bezirksverwaltung im Dezember 1981, „operative Kontrollmaßnahmen" einzuleiten, da nicht auszuschließen sei, dass im Laufe der Ermittlungen gegen Barth „belastende Hinweise" zu A. bekannt würden.[1028]

Vermutlich im Januar 1983 verfasste Oberleutnant Heine aus der AG VgM einen Entwurf für die strafrechtliche Einschätzung der beiden Fälle. Zwar konnte man ihnen zu diesem Zeitpunkt nicht nachweisen, Menschen getötet zu haben, doch sie seien, so Heine, „dringend verdächtigt", am 10. Juni 1944 „arbeitsteilig an der Vernichtung des Dorfes Oradour-sur-Glane mitgewirkt zu haben": A. indem er „in Kenntnis der bevorstehenden Mordaktion das Dorf gemeinsam mit weiteren Tatkomplicen absicherte, um Fluchtversuche seitens der Dorfbewohner zu unter-

---

[1025] Vgl. Coburger an KD Bad Freienwalde, 3. 12. 1981, BStU, MfS, FfO, AOPK 862/83, Bd. 1, Bl. 13 f.
[1026] Haas, Einleitungsbericht zur OPK „Täuscher", 3. 2. 1982, BStU, MfS, FfO, AOPK 862/83, Bd. 1, Bl. 8 f. Das Wachregiment Berlin des MfS (WR) wurde 1954 gebildet, um Objekte der Partei- und Staatsführung zu bewachen. Seit Ende 1967 trug es den Namen „WR ‚Feliks Edmundowitsch Dzierzynski'". Vgl. BStU, Abkürzungsverzeichnis (2015), S. 84.
[1027] Haas, Zwischenbericht zur OPK „Täuscher", 12. 10. 1982, BStU, MfS, FfO, AOPK 862/83, Bd. 1, Bl. 92–94, Zitat Bl. 92.
[1028] Coburger an KD Stollberg, 3. 12. 1981, BStU, MfS, HA IX/11, ZUV 66, Bd. 3 (ehem. EV 3), Bl. 7 f.

3. Die Strafverfolgung in der DDR 1949–1990   371

binden", B. indem er „ebenfalls in Kenntnis des bevorstehenden Massakers, zunächst an der Zusammentreibung von Ortsbewohnern teilnahm und anschließend mit die Kirche umstellte, um Frauen und Kinder an Fluchtversuchen aus der Kirche zu hindern". Die Handlungen der beiden, wie die gesamte Vernichtungsaktion seien Kriegsverbrechen und Verbrechen gegen die Menschlichkeit. Außerdem fürchtete Heine, die Namen und Aussagen der beiden – Barth war mit deren Angaben konfrontiert worden – könnten vor Gericht erwähnt und „insbesondere durch Massenmedien in der BRD gegen die DDR mißbraucht werden". Er schlug deshalb vor, die beiden zu inhaftieren und zusammen mit Barth anzuklagen. Heine fügte hinzu, dieses Vorgehen könne auch genutzt werden, um die Kontakte zur Republik Frankreich aufrechtzuerhalten. Nur eine handschriftliche Notiz Mureggers auf dem Entwurf weist darauf hin, wer den Vorschlag zurückwies: „Auf Weisung Gen. Cob[urger] wird in Abstimmung mit Gen. Busse (Absprache am 12.1.83) keine Inhaftierung durchgeführt".[1029] Wie Henry Leide in seiner Studie bereits zeigte, verschwanden die Zeugen und deren Angaben daraufhin aus dem Verfahren:[1030] Wurden sie im Schlussbericht des MfS noch genannt – auf dem sich auch handschriftliche Notizen des späteren Vorsitzenden des Gerichts, Hugot, befinden –, sind sie weder in der Anklageschrift noch in diversen die Zeugenladungen betreffenden Unterlagen zu finden. Auch in den Protokollen der Hauptverhandlung tauchen ihre Namen nicht auf.[1031]

Die Argumentation an den Ermittlungen bzw. dem Prozess beteiligter Akteure, die Entscheidung gegen eine Anklage und Zeugenladung der beiden Männer sei eine rein juristische gewesen,[1032] und nicht – wie Leide schreibt – mit Blick auf die Öffentlichkeit getroffen worden,[1033] ist unglaubwürdig. Unbestreitbar waren die Aussagen der beiden im Prozess nicht mehr nötig, um Barths Anwesenheit in Oradour zu bezeugen, die durch sein Geständnis und die französischen Unterlagen eindeutig belegt war. Die Beweislage war darüber hinaus ausreichend, um ohne ihre Belastungen zu einem Schuldspruch zu kommen. Ob die beiden ehemaligen SS-Soldaten dennoch für das Verfahren wichtige Aussagen hätten machen können, soll hier dahingestellt bleiben. Gleichwohl ist Leide beizupflichten und

---

[1029] Heine, Strafrechtliche Einschätzung zum Verbrechenskomplex „Oradour-sur-Glane", Entwurf, BStU, MfS, HA IX/11, ZUV 66, Bd. 1 (ehem. EV 1), Bl. 14–21, handschriftliche Notiz Bl. 14, die anderen Zitate Bl. 20 f.
[1030] Vgl. Leide, NS-Verbrecher, S. 138 f.
[1031] Vgl. Heine, Schlußbericht, 16. 11. 1982, BStU, MfS, HA IX/11, ZUV 66, Bd. 34 (ehem. GA 21a); Busse an Stadtgericht Berlin, „Anklageschrift", 17. 2. 1983, ebenda, Bd. 1 (ehem. EV 1), Bl. 338–351; Protokoll der Öffentlichen Hauptverhandlung des Stadtgerichts Berlin, Strafsache gegen Heinz Barth, ebenda, Bd. 33 (ehem. GA 21), Bl. 4–218; Verfügung des Strafsenats 1a, Stadtgericht Berlin, gezeichnet Hugot, 28. 3. 1983, ebenda, Bd. 32 (ehem. GA 20), Bl. 26 f.
[1032] Horst Busse, Dieter Skiba und der beim Prozess mitwirkende Richter Hans-Herbert Nehmer griffen in einer Publikation mit dem Titel „Anti-Leide" Leides Studie scharf an, wobei der apologetische Grundton evident ist. Vgl. speziell zum Fall Barth Busse/Nehmer/Skiba, „Anti-Leide", S. 56–111.
[1033] Vgl. Leide, NS-Verbrecher, S. 138.

über die nachweisbare Manipulation der Akten hinaus vor allem auf die Folgen hinzuweisen, die schon eine Zeugenladung der Männer gezeitigt hätte. Als Heine Anfang 1983 die Befürchtung formulierte, die bundesdeutschen Massenmedien könnten die Namen und Aussagen der beiden gegen die DDR verwenden, war bereits deutlich geworden, dass sich die französische Presse für die Frage interessierte, wieso Barths Vergangenheit erst jetzt bekannt geworden war. So berichtete das Magazin *vendredi-samedi-dimanche* (VSD) im Dezember 1981, die Erklärung der DDR-Behörden, Barth habe seinen Namen geändert, sei falsch, in Wirklichkeit habe er unter seinem richtigen Namen in seinem Geburtsort gelebt: „Der Beweis: Diese Woche haben wir in Gransee angerufen. Nachdem wir die Nummer ganz einfach von der internationalen Auskunft erhalten hatten. Am Telefon antwortet eine Frauenstimme: ‚Ja, mein Mann heißt Heinz Barth und er wurde verhaftet. Aber ich kann nicht mehr sagen, nicht sofort.'"[1034] Als Journalisten einer weiteren Tageszeitung, von *VSD* inspiriert, ebenfalls nach Gransee telefonierten,[1035] hörte das MfS mit – Telefon- und Postverkehr der Familie wurden überwacht.[1036] Spätestens aus dem HIAG-Organ *Der Freiwillige* erfuhr das MfS im März 1982, dass eben jene Tageszeitung einen französischen Historiker mit der Aussage zitierte, die ostdeutsche Justiz und Polizei bewahre „im Kühlschrank eine Reihe von Namen ehemaliger Nazis auf, um deren Existenz sie sehr wohl weiß. Und dann, eines schönen Tages, kommt es zu einer Verhaftung. Man weiß nie, warum […]. Eines ist sicher, es geschieht nie ohne Grund".[1037]

B. und A. vor Gericht – dies hätte den vermeintlichen Musterstaat der Verfolgung von NS-Verbrechen in arge Erklärungsnot gebracht. Wie hätte man erklären sollen, dass nicht nur ein an dem Massaker Beteiligter, sondern drei durch das Netz der systematischen Recherchen geschlüpft waren? Darüber hinaus: Einer von ihnen hatte seine Zugehörigkeit zur Waffen-SS nie verschwiegen, zwei waren angesehene DDR-Bürger. Und schließlich: Hätten Überlebende, Hinterbliebene und die französische Presse kritiklos akzeptiert, dass Barths ehemalige Untergebene

---

[1034] Jean-Noël Fournier, Heinz Barth, le SS qui avait oublié Oradour, in: VSD, 3.–9. 12. 1981, S. 11 f., ACMO, 1 ETUD 25. Wo in der Informationskette aus Heinz Barth, der – wie es im RHE vor der Übersetzung ins Französische hieß – „gegen Ende des Zweiten Weltkrieges seine Personaldokumente vernichtet und sich durch falsche Angaben und Ausnutzung einer schweren Kriegsverletzung neue Personaldokumente beschafft" hatte, ein Mann wurde, der unter falschem Namen lebte, ist offen. Sicher ist, dass die GStA mit ihrer Dramatisierung der tatsächlichen Gegebenheiten die besten Voraussetzungen hierfür schuf.

[1035] Vgl. Bernard Bouillon, L'épouse du „SS" Heinz Barth: „Je n'ai rien à vous dire …", Organ und Datum nicht angegeben, ACMO, 1 ETUD 25.

[1036] Vgl. Vermerk Muregger, 2. 12. 1981, BStU, MfS, HA IX/11, ZUV 66, Bd. 1 (ehem. EV 1), Bl. 119 f.; Entwurf Heine, o. D., mit Anlage, ebenda, Bd. 9 (ehem. EV 9), Bl. 123–134, hier Bl. 131.

[1037] Vgl. Vor neuem Oradour-Prozeß in der DDR?, in: Der Freiwillige, H. 3, 1982, S. 9 f. (Autor wahrscheinlich Herbert Taege, Kürzel: „tg."), BStU, MfS, HA IX/11, ZUV 66, Bd. 6 (ehem. EV 6), Bl. 260–262. Übersetzung des Zitats nach dem Original: Bernard Bouillon, L'épouse du „SS" Heinz Barth: „Je n'ai rien à vous dire…", Organ und Datum nicht angegeben, ACMO, 1 ETUD 25.

als Zeugen und nicht als Angeklagte vor Gericht gestanden hätten? Vor diesem Hintergrund kann kein Zweifel daran bestehen, dass B.s und A.s Auftreten vor Gericht dem Image der DDR geschadet hätte und dieser Aspekt die Entscheidung gegen ihre Ladung als Zeugen aber auch gegen eine Anklage zumindest mitbestimmte.

3.3 Propaganda nach dem Prozess

Im MfS war man sich einig: Der Prozess war ein voller Erfolg.[1038] Auf Mielkes Geheiß erhielten mehr als ein Dutzend Mitarbeiter der HA IX Auszeichnungen oder Geldprämien für ihre Arbeit im Fall Barth.[1039] Doch die Nutzung des Prozesses zu Propagandazwecken war noch nicht zu Ende. Die Abteilung Agitation arbeitete eine Prozessdokumentation aus, die „ausschließlich MfS-intern sowohl für die Motivation als auch für die politische und moralische Legitimation der Mitarbeiterschaft genutzt wurde".[1040] Ein weiteres Projekt zielte auf ungleich größeres Publikum: 1984 veröffentlichten Horst Busse und Peter Przybylski[1041] im *Militärverlag der DDR* das Buch „Mörder von Oradour".[1042] Die Schrift wolle, so die Autoren in ihrem Projektvorschlag, „keine spezielle Monographie für Historiker sein", sondern solle sich „an einen breiten Leserkreis, insbesondere an junge Menschen, wenden, um deren antifaschistisches Geschichtsbewußtsein vertiefen zu helfen". Weiter hieß es zu „Methode und Ziel" des Vorhabens:

„Das Verbrechen von Oradour soll als eines der Symbole der faschistischen Aggressions- und Ausrottungspolitik dargestellt und an ihm das Wesen der Nazibarbarei enthüllt werden. Im Vordergrund der Abhandlung soll jedoch das Schicksal jener Mörder von Oradour stehen, die das Ende des 2. Weltkrieges überlebt haben. So könnte am Fall Barth einerseits sowie an der Nichtverfolgung seiner vorgesetzten Befehlsgeber und Komplicen in der BRD andererseits die gegensätzliche Haltung der zwei deutschen Staaten zur Verfolgung der faschistischen Kriegsverbrecher und Verbrecher gegen die Menschlichkeit und mithin zur Frage der Verhütung neuen Völkermordes und der Vorsorge für friedliche Koexistenz in Europa plastisch gemacht werden."[1043]

[1038] Vgl. MfS, Abteilung Agitation, Bericht über die Arbeit des Pressebüros während der gerichtlichen Hauptverhandlung gegen den ehemaligen SS-Obersturmführer Barth, 3. 6. 1983, BStU, MfS, HA IX/11, ZUV 66, Bd. 9 (ehem. EV 9), Bl. 210–217; Muregger, Bericht über den Verlauf der Hauptverhandlung gegen Barth, 9. 6. 1983, ebenda, Bl. 225 f.

[1039] Vgl. Leide, NS-Verbrecher, S. 140.

[1040] Leide, NS-Verbrecher, S. 140.

[1041] Przybylski war 1963–1990 Staatsanwalt beim GStA der DDR und dort seit 1964 für die Öffentlichkeitsarbeit zuständig. Ab 1965 arbeitete er beratend und kommentierend für die DDR-Fernsehreihe „Der Staatsanwalt hat das Wort". Im Rahmen des Barth-Prozesses war Przybylski Sprecher des Pressebüros. Vgl. URL: https://www.bundesstiftung-aufarbeitung.de/de/recherche/kataloge-datenbanken/biographische-datenbanken/peter-przybylski [28. 9. 2020]; Leide, NS-Verbrecher, S. 141.

[1042] Busse/Przybylski, Mörder. Vgl. zur Publikation auch Leide, NS-Verbrecher, S. 140 f.

[1043] Busse/Przybylski, Vorschlag zur Erarbeitung einer populärwissenschaftlichen Schrift über das Verbrechen der Waffen-SS in Oradour-sur-Glane (unter besonderer Berücksichtigung des Prozesses gegen den ehemaligen SS-Obersturmführer Heinz Barth vor dem Stadtgericht Berlin im Juni 1983), o. D., BStU, MfS, HA IX/11, ZUV 66, Bd. 57 (ehem. AK 20), Bl. 57–61.

Erscheinen sollte das Buch anlässlich des 40. Jahrestags des Massakers.[1044]

Ebenfalls anlässlich des Jahrestags veröffentlichte das Magazin *stern* 1984 eine Oradour-Serie des Journalisten Günter Schwarberg.[1045] Dieser war im vorangegangenen Jahr als freischaffender Journalist für den Barth-Prozess akkreditiert[1046] und plante schon zu diesem Zeitpunkt ein Buch über Oradour.[1047] Im Rahmen seiner Recherchen zum Thema baute Schwarberg in den folgenden Jahren zunehmend gute Kontakte zur DDR-Generalstaatsanwaltschaft auf, von denen beide Seiten profitierten. Zunächst dürfte ein Teil seiner Fragen für die Ansprechpartner allerdings misslich gewesen sein. So interessierte sich Schwarberg bei einer Besprechung mit Staatsanwalt Busse im Dezember 1983 unter anderem für die Frage, wieso Barth erst so spät entdeckt worden war. Das „Auftreten des BRD-Journalisten Schwarzberg [sic]" stand daraufhin auf der Agenda eines Treffens von Vertretern der HA IX/11 und der GStA, bei der sich Busse und Stolze einigten, „in keinem Falle von der offiziellen und auch in der Veröffentlichung des Genossen Busse dargestellten Version der Entlarvung des Barth" abzuweichen. Auf eine mögliche Bitte um Prozessdokumente wollte Busse „ausweichend" antworten.[1048] Im August 1984 – Busses und Przybylskis Buch war inzwischen erschienen – versicherte Schwarberg den Autoren, „ein sehr gutes Buch" gemacht zu haben, das als „exemplarisches Werk über eines der schlimmsten faschistischen Verbrechen und eben so über die Strafverfolgung der Naziverbrecher in der DDR und die Nichtverfolgung in der BRD angesehen werden" könne. Sein Schreiben enthielt jedoch auch eine Liste „kleine[r] Fehler" und Fragen, von denen mehrere auf Übertreibungen oder Falschinformationen abhoben.[1049] Etwa zum gleichen Zeitpunkt bat das DDR-Büro des *stern* darum, Bilder und Schriftstücke aus Busses und Przybylskis Publikation in der eigenen Oradour-Serie nachdrucken zu dürfen.[1050] Die HA IX hatte keine „politisch-operativen Einwände", regte jedoch eine vertraglich geregelte Vorlagepflicht der Bildunterschriften an, um einer „möglichen Verunglimpfung der Rechtsprechung der DDR vorbeugen zu können".[1051]

[1044] Vgl. Muregger, Stellungnahme zum Manuskript des Buches „Mörder von Oradour", 5. 12. 1983, BStU, MfS, HA IX/11, ZUV 66, Bd. 57 (ehem. AK 20), Bl. 65 f.

[1045] Vgl. Schwarberg, Erinnerungen, S. 348; Vermerk Busse, o. D., BStU, MfS, HA IX/11, ZUV 66, Bd. 57 (ehem. AK 20), Bl. 55 f.

[1046] Vgl. MfS, Abteilung Agitation, Bericht über die Arbeit des Pressebüros während der gerichtlichen Hauptverhandlung gegen den ehemaligen SS-Obersturmführer Barth, 3. 6. 1983, hier: Anlage „Akkreditierte Journalisten für den Straf-Prozeß gegen Barth", BStU, MfS, HA IX/11, ZUV 66, Bd. 9 (ehem. EV 9), Bl. 210–217, hier Bl. 216.

[1047] Vgl. Schwarberg an Hugot, o. D., BStU, MfS, HA IX/11, ZUV 66, Bd. 32 (ehem. GA 20), Bl. 148.

[1048] HA IX/11, Vermerk, 6. 12. 1983, BStU, MfS, HA IX/11, ZUV 66, Bd. 57 (ehem. AK 20), Bl. 1.

[1049] Schwarberg an Busse, 1. 8. 1984, BStU, MfS, HA IX, Nr. 21783, Bl. 14 f.

[1050] Vgl. Abteilung Agitation, Leiter, an HA IX, Leiter, 21. 8. 1984, mit Anlage: Vermerk Busse, o. D., BStU, MfS, HA IX/11, ZUV 66, Bd. 57 (ehem. AK 20), Bl. 54–56.

[1051] HA IX, Leiter, an Abteilung Agitation, Leiter, 29. 8. 1984, BStU, MfS, HA IX/11, ZUV 66, Bd. 57 (ehem. AK 20), Bl. 51 f.

Letztendlich dürften MfS und GStA mit Schwarbergs *stern*-Serie zufrieden gewesen sein, denn als er wenige Jahre später darum ersuchte, den inhaftierten Heinz Barth für einen Fernsehfilm über Oradour zu interviewen, wurde dem Antrag stattgegeben.[1052] 1988 zeigte der Südwestfunk (SWF) den Dokumentarfilm „Die Bewältigung – Oradour", der unter der Regie von Günther Schwarberg und Lea Rosh entstanden war und für den ihnen Heinz Barth Rede und Antwort gestanden hatte.[1053] Im gleichen Jahr publizierte das Autorenduo das Buch „Der letzte Tag von Oradour", das nach kurzer Zeit mit einer Auflage von 11 000 Exemplaren bereits ein „Mini-Bestseller" war.[1054] Den Ostberliner Barth-Prozess lobten die Autoren darin als „vorbildhaft in Vorbereitung, Gründlichkeit, Rechtsstaatlichkeit".[1055]

Günther Schwarberg knüpfte in diesen Jahren auch engen Kontakt mit Robert Hébras, in dessen Sommerhaus er sogar einen Teil des Buchs schrieb.[1056] Als Hébras an die Spitze des Hinterbliebenenverbands aufrückte und Schwarberg von der geplanten Gründung eines „Dokumentationsarchiv[s]" in Oradour erfuhr, bot er sich bei der DDR-Generalstaatsanwaltschaft als Mittelsmann an. Er denke, so Schwarberg, „dass die DDR dazu aus dem Barth-Prozess einiges Wertvolle beisteuern könnte".[1057] Staatsanwalt Busse sah keinen Grund, das Projekt „nicht zu unterstützen und dadurch auf die inhaltliche Gestaltung Einfluß zu nehmen". Neben den bereits während des Prozesses freigegebenen Unterlagen hielt er es für denkbar, eine Kopie von Kahns Aussage zu übersenden sowie „Auszüge aus den Vernehmungen von Lammerding, in denen er schildert, wie offizielle Vertreter der USA und der BRD seine Auslieferung an Frankreich verhindert haben".[1058] Im MfS sprach sich die HA IX/2 jedoch gegen eine Übergabe der Zeugenaussagen aus, da man diese im Rahmen eines Rechtshilfeersuchens erhalten habe und sie „entstellende Aussagen" zu dem Massaker beinhalteten, sodass sie nicht kommentarlos für publizistische Zwecke verwendbar seien.[1059] Schließlich stimmte das MfS der Unterstützung des Vorhabens zu, meinte allerdings, hierfür könnten „zumindest jene Dokumente und Fotografien [...] übersandt werden, die vom dama-

---

[1052] Schwarberg wandte sich zunächst persönlich an Wieland, der das Schreiben an Busse weiterleitete und Schwarberg empfahl, beim MfAA einen offiziellen Antrag zu stellen. Im Januar notierte Wieland, laut Borchert liege dem MfAA nun ein Ansuchen vor, „dem wohl stattgegeben wird". Vgl. Schwarberg an Wieland, 21. 11. 1986, persönlich, BArch Berlin, DP 3/2146, Bl. 215; Wieland an Schwarberg, 2. 1. 1987, ebenda, nicht paginiert; Verfügung Wieland, 23. 1. 1987, ebenda, nicht paginiert, dort Zitat.
[1053] Rosh/Schwarberg, Bewältigung (Dokumentarfilm).
[1054] Schwarberg an Generalstaatsanwalt der DDR, Staatsanwalt Plath, 25. 4. 1988, BArch Berlin, DP 3/2146, nicht paginiert.
[1055] Rosh/Schwarberg, Tag, S. 137.
[1056] Vgl. Information Robert Hébras an die Verfasserin; Schwarberg an Generalstaatsanwalt der DDR, Staatsanwalt Plath, 25. 4. 1988, BArch Berlin, DP 3/2146, nicht paginiert.
[1057] Schwarberg an Generalstaatsanwalt der DDR, Staatsanwalt Plath, 25. 4. 1988, BArch Berlin, DP 3/2146, nicht paginiert.
[1058] Busse an Stolze, 9. 6. 1988, BStU, MfS, HA IX/11, RHE 34/88, Bl. 2.
[1059] Stellungnahme HA IX/2, Leiter, 25. 7. 1988, BStU, MfS, HA IX/11, RHE 34/88, Bl. 8 f.

ligen Pressezentrum zum Barth-Prozess den anwesenden Berichterstattern zur Verfügung gestellt worden sind". Auch sah man die Möglichkeit, die Unterlagen über die DDR-Botschaft in Paris oder das KdAW zu übersenden, hielt es jedoch für günstiger, wenn Schwarberg Hébras „inspirieren könnte, seine Vorstellungen und Wünsche bezüglich des ‚Dokumentationsarchivs Oradour' der dortigen Dienststelle zu unterbreiten".[1060] Schwarberg übersandte das Antwortschreiben der Generalstaatsanwaltschaft in Kopie an die ANFM bzw. Hébras und bat, sich direkt mit dem zuständigen Staatsanwalt in Verbindung zu setzen.[1061]

Auch die Dortmunder Zentralstelle wurde auf Schwarbergs und Roshs Film aufmerksam und sah sich durch Barths ausführliche Angaben veranlasst, die eigenen Oradour-Ermittlungen wieder aufzunehmen. ZStD-Leiter Klaus Schacht hielt es für möglich, dass Barth Belastendes zu denjenigen Einheitsangehörigen aussagen könnte, gegen die man in Dortmund ermittelt hatte und von denen das Gros noch lebte.[1062] Als das BMJ grünes Licht für ein Rechtshilfeersuchen an die DDR-Generalstaatsanwaltschaft gab,[1063] nahm Schacht die Ermittlungen Anfang September 1988 wieder auf.[1064] Von Belang ist hierbei, dass Dortmund zu diesem Zeitpunkt keinerlei Akten aus dem Barth-Verfahren vorlagen. 1982 hatte die GStA Hamm im Vorfeld des Barth-Prozesses auf dem Rechtshilfeweg Akten nach Ostberlin gesandt und im Gegenzug um „Abdrucke oder Ablichtungen von sämtlichen dort aus Anlaß der Vernehmung des Beschuldigten Barth gefertigten Niederschriften" gebeten, da Aussagen zum Tatbeitrag seiner Mittäter „auch in der Bundesrepublik Deutschland Anlaß zu weiteren Ermittlungen geben" könnten.[1065] Doch trotz erneutem Nachsuchen im Februar 1983[1066] übersandte Busse erst ein knappes halbes Jahr nach Prozessende das Protokoll *einer* Zeugenvernehmung, die noch dazu speziell für diesen Zweck angefertigt wurde.[1067]

Nun unternahm Schacht in Bezugnahme auf den Film einen weiteren Versuch. In seinem Rechtshilfeersuchen wies er auf die „ausführliche[n] Angaben" Barths im Film hin und argumentierte, es sei „nicht auszuschließen, daß sich aus einer ergänzenden Vernehmung des Barth insbesondere zu dem weiter an der Tatausführung beteiligten Personenkreis Verdachtsgründe gegen in meinem Verfahren als noch lebend ermittelte Angehörige der oben bezeichneten Einheit ergeben". Er bat deshalb, Barth selbst vernehmen oder an einer Vernehmung teilnehmen und Fragen stellen zu dürfen. Zur Vorbereitung bat er um Übersendung von Kopien

---

[1060] Stolze an Busse, 15. 9. 1988, BStU, MfS, HA IX/11, RHE 34/88, Bl. 10 f.
[1061] Vgl. Schwarberg an Plath, 7. 11. 1988, BArch Berlin, DP 3/2207, Bl. 163 f.
[1062] Vgl. Verfügung Schacht, 22. 6. 1988, StAM, 45 Js 11/78, Berichtsheft, Bl. 222; Schacht an JM NRW, 22. 6. 1988, ebenda, Bl. 227.
[1063] Vgl. BMJ an JM NRW, 1. 8. 1988, StAM, 45 Js 11/78, Berichtsheft, Bl. 231; JM NRW an Leiter ZStD, 5. 8. 1988, ebenda, Bl. 229.
[1064] Vgl. Verfügung [Schacht], 1. 9. 1988, StAM, 45 Js 11/78, Bd. 7, Bl. 2434.
[1065] GStA Hamm an GStA der DDR, 23. 12. 1982, BArch Berlin, DP 3/2146, Bl. 139 f.
[1066] GStA Hamm an GStA der DDR, 3. 2. 1983, BArch Berlin, DP 3/2146, Bl. 142.
[1067] Busse an GStA Hamm, 15. 11. 1983, BStU, MfS, HA IX/11, ZUV 66, Bd. 9 (ehem. EV 9), Bl. 405; Vernehmungsprotokoll Heinz Barth, 11. 10. 1983, ebenda, Bl. 406–416.

des Urteils und Barths früherer Aussagen.[1068] Busses Antwort war nicht nur ernüchternd, sondern dreist:

„Da ich voraussetze, daß die Ihnen am 15. November 1983 übersandte richterliche Vernehmung des Verurteilten Barth vom 11. Oktober 1983 der für die Ermittlungen zuständigen Staatsanwaltschaft bekannt sein dürfte, bin ich über das Ersuchen verwundert.
In der richterlichen Vernehmung vom 11. Oktober 1983 hatte Barth sowohl das Tatgeschehen ausführlich geschildert, als auch Angaben zu den Tatbeiträgen einiger ihm bekannter Mittäter gemacht.
Da aus dem Rechtshilfeersuchen der Staatsanwaltschaft Dortmund auch nicht zu erkennen ist, gegen welche Personen dort ermittelt wird, ist eine Entscheidung zu diesem Ersuchen nicht möglich."[1069]

Die Ostberliner Generalstaatsanwaltschaft, das wird hier deutlich, hatte nicht das geringste Interesse daran, die bundesdeutschen Ermittlungen zu unterstützen. Das sah auch Schacht so: Das Schreiben lasse erkennen, dass man nicht gewillt sei, dem Rechtshilfeersuchen stattzugeben. Barths richterliche Vernehmung sei „natürlich bekannt" gewesen, man habe mittels Vorhalt der Namenslisten aber eventuell versuchen wollen, weitere Erkenntnisse zu gewinnen. Mit der Genehmigung zur Teilnahme an einer Vernehmung Barths, so schloss er, könne „nicht mehr gerechnet werden". Schacht stellte das Verfahren wieder ein.[1070] Da eine Antwort der westdeutschen Justizorgane ausblieb, hieß es bei der Ostberliner GStA nach mehrmaliger Wiedervorlage des Vorgangs im Januar 1989 lapidar: „austragen, weglegen."[1071]

Das Agieren der DDR-Generalstaatsanwaltschaft zeigt, dass sie das Feld der strafrechtlichen Ahndung von NS-Verbrechen bis zum Ende der 1980er Jahre als eine Kampfarena deutsch-deutscher Konkurrenz ansah, in der es in erster Linie um die Wahrung des Selbstbildes und nicht um die bedingungslose Ahndung der Verbrechen ging. Während man bundesdeutschen Journalisten ein Interview mit Heinz Barth gewährte, versagte man der westdeutschen Justiz – der man lautstark Tatenlosigkeit vorgeworfen hatte – die Vernehmung des Verurteilten.

3.4 Die Bewertung des Falls Heinz Barth in Oradour

Bereits unmittelbar nach ihrer Anhörung äußerten sich die fünf französischen Zeugen sehr positiv über den Prozess. Wie sie gegenüber der Tageszeitung *Le Populaire du Centre* erklärten, seien sie „zufrieden mit der Art und Weise, wie dieser Prozess geführt" würde, und hätten „volles Vertrauen in die Sachkompetenz des Gerichts unter dem Vorsitz von Monsieur Hugot".[1072] Zurück in Frankreich be-

---

[1068] Schacht an GStA der DDR, 1. 9. 1988, StAM, 45 Js 11/78, Bd. 7, Bl. 2435 f.
[1069] Busse an GStA Hamm, 23. 9. 1988, StAM, 45 Js 11/78, Bd. 7, Bl. 2437.
[1070] Verfügung Schacht, 10. 10. 1988, beglaubigte Abschrift, StAM, 45 Js 11/78, grüne nicht beschriftete Mappe, nicht paginiert.
[1071] Verfügungen vom 27. 9. 1988, 25. 12. 1988, 20. 12. 1988, 19. 1. 1989, BArch Berlin, DP 3/ 2290, Mappe 243-44-88, nicht paginiert.
[1072] Pierre Blois, Berlin-Est: Barth insensible aux questions des rescapés, in: Le Populaire du Centre, 1. 6. 1983.

richtete Maurice Beaubreuil, „die große Würde und das hohe Niveau der Verhandlungen" hätten ihn sehr positiv beeindruckt. Er betonte „das Taktgefühl und die große Freundlichkeit", mit der der Gerichtspräsident den Prozess geführt habe – ein Urteil, dem sich Robert Hébras anschloss. Letzterer zeigte sich darüber hinaus verblüfft von der Gefasstheit des Angeklagten und enttäuscht darüber, dass Barth kein Wort der Entschuldigung an sie gerichtet hatte. Zur beantragten Strafe des Staatsanwalts wollten sich beide nicht äußern. Sie erklärten allerdings, nicht den Tod des Angeklagten zu wünschen und darauf zu vertrauen, „dass die Justiz der DDR ihm die Strafe auferlegt, die er verdient".[1073] Auch das *Neue Deutschland* berichtete, dass sich Maurice Beaubreuil anerkennend über die DDR-Justiz geäußert habe. Mit Bezug auf AFP hieß es, die Justiz der DDR habe das Vertrauen, das er in sie gesetzt habe, nicht enttäuscht. Das Urteil gebe „der Gedenkzeremonie des 39. Jahrestages des Massakers vom 10. Juni in Oradour eine andere Dimension". Beaubreuil sah ebenso wie der Autor der „Rechtspolitischen Zielstellungen" eine Präventivwirkung des Prozesses. Dieser habe „ins Gedächtnis zurückgerufen, ‚was die Leute leicht vergessen', und diejenigen informiert, die jene Epoche nicht kennengelernt haben. Dies sei angesichts der Gefahren eines Wiederauflebens des Faschismus aber dringend notwendig." Robert Hébras' positive Äußerungen fanden in einem längeren Zitat Erwähnung: Die gegen Barth verhängte Strafe entspreche dem, „was ich von der offenen und loyalen Justiz in der DDR erwartet habe. Der Prozeß war beispielhaft. In seinem Verlauf wurde die Achtung des Individuums, ob es der Zeuge oder der Angeklagte war, niemals verletzt, und es wurde niemals weder dem einen noch von dem anderen irgendeine Fangfrage oder nicht eindeutige Frage gestellt. Wenn alle Justizbehörden der Welt so gehandelt hätten, wären nicht so viele Kriegsverbrecher in ihren Betten gestorben."[1074] Martial Machefer allerdings könnte von dem Urteil enttäuscht gewesen sein, war er doch überzeugt, auf Barth warte die Todesstrafe.[1075] Im Jahr 1988 schrieb Günter Schwarberg, in Oradour habe die DDR durch den Prozess „ein grosses Ansehen gewonnen".[1076]

Die Sitzungsprotokolle des Hinterbliebenenverbands enthielten sich jeder Wertung. Über knappe sachliche Informationen hinaus, findet das ostdeutsche Verfahren dort keine Erwähnung.[1077] In das kollektive Gedächtnis des Verbands bzw. in sein Narrativ ging der Prozess jedoch ein: Zu einem nicht bekannten Zeitpunkt erweiterte die ANFM ihre seit 1945 kaum veränderte „offizielle Publikation" um

---

[1073] Frappés par la grande dignité des débats, 3. 6. 1983, Organ nicht angegeben, ACMO, 1 ETUD 25.
[1074] Justiz der DDR hat unser Vertrauen gerechtfertigt, in: Neues Deutschland, 9. 6. 1983.
[1075] Vgl. Luc Rosenzweig, Berlin-Est: les rescapés d'Oradour face au SS Barth, in: Libération, 1. 6. 1983.
[1076] Schwarberg an Sabine Neef, Redaktion „Der antifaschistische Widerstandskämpfer", 27. 5. 1988, BStU, MfS, HA IX/11, RHE 34/88, Bl. 13.
[1077] Vgl. ANFM, Assemblée générale, März 1982, Procès-verbal, ACMO, 5 FP 3; ANFM, Assemblée générale, 6. 3. 1983, Procès-verbal, ebenda; ANFM, Assemblée générale, 4. 3. 1984, [Procès-verbal], ebenda.

einen Anhang mit dem Titel „Der Berliner Prozess".[1078] Der rein informative, lakonisch formulierte Text umfasst kaum eine Seite und schließt mit dem Hinweis auf Barths weiteres Schicksal: „Alt und krank" sei er 1997 aus der Haft entlassen worden. Deutlich wird der Text allein in seinem Misstrauen gegenüber Barths „Entdeckung":

> „Oberleutnant Barth lebte in der DDR in seinem Heimatdorf und unter seinem richtigen Namen, ohne bis 1981 behelligt zu werden. Und dann ‚gelang' es der für die Verfolgung von Kriegsverbrechern zuständigen Stelle, ihn wiederzufinden, mitten im ‚Kalten Krieg'. Übermäßigen Diensteifer kann man ihr nicht vorwerfen. Aber vielleicht haben ja andere, politischere Gründe zu dieser Entdeckung geführt."[1079]

Deutet sich hier bereits eine gewisse Reserviertheit gegenüber dem Prozess an, so zeigt die Presseberichterstattung zu Barths Tod deutlich, dass und inwieweit sich der Blick auf den Fall Barth inzwischen geändert hatte. Als Heinz Barth im August 2007 mit 86 Jahren in seinem Geburts- und Heimatort Gransee verstarb, berichtete die französische Presse ausführlich.[1080] Barth war so bekannt in Frankreich, dass sogar der Elysee-Palast eine Stellungnahme abgab.[1081] In Deutschland schaffte es die Nachricht immerhin in das Register des *Spiegels*.[1082] Auffällig in der französischen Presse sind Verständnislosigkeit, Frust und das Aufbrechen alter Wunden bei Überlebenden, dem Bürgermeister Oradours und dem Präsidenten der ANFM – obwohl Barth der einzige an dem Massaker Beteiligte war, der von einem deutschen Gericht verurteilt wurde, und mit 14 Jahren eine vergleichsweise lange Haftstrafe verbüßte. In der Presseberichterstattung lassen sich vier Gründe für diese kollektive Enttäuschung ausmachen: erstens Barths fehlende Reue; zweitens die Ansicht, er habe nicht zur Klärung offener Fragen beigetragen; drittens seine vorzeitige Entlassung, die ihm ermöglichte, noch zehn Jahre in Freiheit zu leben; viertens eine ihm in den 1990er Jahren zugesprochene Kriegsopferrente.

[1078] Masfrand/Pauchou, Oradour, S. 140. Der Anhang in der zur Auswertung herangezogenen Ausgabe aus dem Jahr 2003 verweist auch auf Barths Entlassung 1997. Ob der gesamte Anhang erst nach 1997 aufgenommen oder der Text zwischenzeitlich aktualisiert wurde, ist unklar.

[1079] Masfrand/Pauchou, Oradour, S. 140.

[1080] Vgl. u. a. Décès de Barth, l'un des assassins d'Oradour, in: Le Populaire du Centre, 14. 8. 2007, ACMO, 1 ETUDE 25; Eva Sala, „Ne pas oublier de quoi a été capable un tel type", in: L'Echo, 16. 8. 2007, ebenda. Außerdem: Heinz Barth n'avait jamais regretté, in: Le Populaire du Centre, 16. 8. 2007. Berichte erschienen darüber hinaus in den Onlineausgaben von *Libération*, 14. 8. 2007 (Mort en liberté du nazi Heinz Barth, l'„assassin d'Oradour-sur-Glane"); *Dernières Nouvelles d'Alsace*, 15. 8. 2007 (Un homme „sans regrets" selon les survivants); *Le Monde*, 14. 8. 2007 (L'„assassin d'Oradour-sur-Glane" est mort à l'âge de 86 ans); *Le Figaro*, 13. 8. 2007 („L'assassin d'Oradour-sur-Glane" est mort).

[1081] Vgl. Heinz Barth n'avait jamais regretté, in: Le Populaire du Centre, 16. 8. 2007.

[1082] Vgl. Heinz Barth, in: Der Spiegel, 19. 8. 2007. In den Internetausgaben der *Süddeutschen Zeitung*, der *Frankfurter Allgemeinen Zeitung* und der *Zeit* vom 14. und 15. 8. 2007 wurde das Thema nicht erwähnt. Meldungen fanden sich in den Onlineausgaben von *Frankfurter Rundschau*, 15. 8. 2007 (Heinz Barth); *Berliner Kurier*, 15. 8. 2007 (Norbert Koch-Klaucke, Der Tod des Nazi-Schlächters); *Welt online*, 14. 8. 2007 (Der „Schlächter von Oradour" ist tot).

Die beiden letzten Punkte weisen auf die justiziellen und finanziellen Perspektiven hin, die die Vereinigung der deutschen Staaten Barth eröffneten. Nachdem das Präsidium der Volkskammer ein von Barths Anwalt Friedrich Wolff im Februar 1990 eingereichtes Gnadengesuch ablehnte, beantragte der Rechtsanwalt wenige Tage nach der deutschen Vereinigung die Überprüfung des Berufungsurteils des Obersten Gerichts der DDR. Doch der Kassationsantrag wurde als „offensichtlich unbegründet" zurückgewiesen.[1083] Auch ein weiteres Gnadengesuch im Jahr 1992 wurde abschlägig beschieden. Erst fünf Jahre später hatte Wolff Erfolg. Im Frühjahr 1996 stellte er den Antrag, die Vollstreckung der verbleibenden Strafe auszusetzen. Der 1986 eingeführte § 57a StGB ermöglichte unter bestimmten Voraussetzungen, „die Vollstreckung des Rests einer lebenslangen Freiheitsstrafe zur Bewährung" auszusetzen. Hierfür musste der Verurteilte bereits 15 Jahre abgebüßt haben und die besondere Schwere seiner Schuld durfte die weitere Haft nicht gebieten. Darüber hinaus musste nach § 57 StGB „verantwortet werden [können] zu erproben, ob der Verurteilte außerhalb des Strafvollzugs keine Straftaten mehr begehen wird und der Verurteilte einwilligt".[1084] Das Landgericht Potsdam wies den Antrag mit der Begründung ab, die besondere Schwere der Schuld gebiete die Vollstreckung von 20 Jahren der Freiheitsstrafe. Die von Wolff daraufhin eingelegte sofortige Beschwerde erachtete die Brandenburger GStA als unbegründet, das dortige OLG setzte die Anhörung Barths an. Am 10. Juli 1997 entschied das Gericht, die Vollstreckung von Barths Reststrafe zur Bewährung auszusetzen. Zwar sah man die besondere Schuldschwere; für Barth sprachen jedoch seine Schuldeinsicht und die „eindeutige Distanzierung von den begangenen Verbrechen".[1085] Diesen positiven Eindruck hatte das Gericht aus Angaben des Leiters der Justizvollzugsanstalt (JVA) und kirchlicher Vertreter gewonnen, wie auch bei Barths Anhörung. Auch der Gesundheitszustand des Inhaftierten – ein plötzliches Versterben hielt man für möglich – spielte eine Rolle.[1086]

Geradezu asymmetrisch zu Barths Bemühungen um Haftentlassung verliefen seine Bemühungen um Kriegsopferrente. Im Januar 1992 stellte er einen Antrag auf Beschädigtenversorgung nach Artikel 1 des 1950 verabschiedeten Bundesversorgungsgesetzes (BVG):[1087] „Wer durch eine militärische oder militärähnliche Dienstverrichtung oder durch einen Unfall während der Ausübung des militärischen oder militärähnlichen Dienstes oder durch die diesem Dienst eigentümlichen Verhältnisse eine gesundheitliche Schädigung erlitten hat, erhält wegen der gesundheitlichen und wirtschaftlichen Folgen der Schädigung auf Antrag Versorgung."[1088] Das Gesetz schloss weder Kriegsverbrecher noch Angehörige der Waf-

---

[1083] Vgl. Wolff, Prozesse, S. 191, Zitat nach ebenda.
[1084] Zitiert nach Wolff, Prozesse, S. 192.
[1085] Zitiert nach Wolff, Prozesse, S. 195.
[1086] Vgl. Wolff, Prozesse, S. 193–196.
[1087] Vgl. Junge, Kriegsbeschädigtenversorgung, S. 110 f.
[1088] Gesetz über die Versorgung der Opfer des Krieges (Bundesversorgungsgesetz) vom 20. Dezember 1950, BGBl, Jg. 1950, Teil I, Nr. 53, 21. 12. 1950, S. 791–806, Zitat S. 791.

fen-SS als Bezugsberechtigte aus.[1089] Da Barth als Angehöriger der Waffen-SS militärischen Dienst ausgeübt und dabei ein Bein verloren hatte, konnte er nach der deutschen Vereinigung einen Rentenanspruch geltend machen.

Im März 1993 wurde Barths Antrag auf Beschädigtenversorgung unter Vorbehalt bewilligt, die ihm zugestandene Grundrente betrug von Juli 1997 bis Februar 1998 monatlich 812 DM. Schon im Jahr der Antragstellung informierte die Dortmunder Staatsanwaltschaft das zuständige Versorgungsamt von Barths Verurteilung wegen Kriegsverbrechen, hatte das Urteil des Berliner Stadtgerichts aber nicht vorliegen. Nachdem dieses im März 1995 an das Versorgungsamt gegangen war, folgte ein Jahr später der endgültige Bescheid über Barths Antrag: Sein Versorgungsanspruch wurde rückwirkend zurückgewiesen, die Rentenzahlung zum Monatsende eingestellt. Barth legte erfolglos Widerspruch ein, klagte und erhielt 1997 vor dem Sozialgericht Potsdam Recht. Das Gericht verwies auf die fehlende Rechtsgrundlage und verwarf damit die Argumentation des Versorgungsamts, das auf die analoge Anwendung von § 8 Kriegsgefangenenentschädigungsgesetz (KgfEG) rekurrierte. Dieser verweigerte all jenen einen Entschädigungsanspruch, die nach Kriegsende „wegen eines Verbrechens rechtskräftig zu einer Freiheitsstrafe von mindestens einem Jahr verurteilt [wurden], begangen vor dem 8. 5. 1945 in Ausübung [ihrer] tatsächlichen oder angemaßten Befehlsbefugnis".[1090]

Doch Anfang 1997 sorgte das ARD-Magazin *Panorama* für Furore, als es von Kriegsverbrechern berichtete, die völlig legal Rente nach dem BVG bezogen. Auf fünf Prozent schätzte der Historiker Gerhard Schreiber in der Sendung den Anteil von Kriegsverbrechern bzw. der Zugehörigkeit zu belasteten Einheiten unter den früheren Mitgliedern von Wehrmacht und Waffen-SS – und *Panorama* entsprechend hoch deren Zahl unter den Rentenempfängern.[1091] Während der Bericht nur das zerstörte Oradour zeigte, aber Barths Namen nicht nannte, verhielt es sich in der folgenden Presseberichterstattung anders: Der „Opferrentner" Barth habe in den letzten sieben Jahren gut 40 000 DM erhalten, hieß es in der *Zeit*, die auch zu berichten wusste, dass das für Barth zuständige Versorgungsamt Cottbus „schon mal zur Selbsthilfe gegriffen" und seine Opferrente gestrichen habe.[1092] Im Jahr 1998 konnte sich das Amt schließlich auf eine neue Rechtslage stützen, da im Januar § 1a BVG in Kraft getreten war. Dieser legte fest, dass Leistungen nach dem BVG abzulehnen seien, wenn der „Berechtigte oder derjenige, von dem sich die Berechtigung ableitet, während der Herrschaft des Nationalsozialismus gegen die

---

[1089] Vgl. Thomas Kleine-Brockhoff, Zuschlag für die Täter, 31. 1. 1997, URL: http://www.zeit.de/1997/06/Zuschlag_fuer_die_Taeter [20. 2. 2017].
[1090] Vgl. Junge, Kriegsbeschädigtenversorgung, S. 110 f., Zitat S. 110.
[1091] Vgl. Steuermilliarden für Naziverbrecher. Deutsches Recht macht Täter zu Opfern, in: Panorama, 30. 1. 1997. Der Beitrag ist online abrufbar unter URL: https://daserste.ndr.de/panorama/media/Steuermilliarden-fuer-Naziverbrecher-Deutsches-Recht-macht-Taeter-zu-Opfern,naziverbrecher4.html [5. 10. 2020].
[1092] Thomas Kleine-Brockhoff, Zuschlag für die Täter, 31. 1. 1997, URL: http://www.zeit.de/1997/06/Zuschlag_fuer_die_Taeter [20. 2. 2017]. Vgl. auch Wirklich perfide, in: Der Spiegel, 2. 2. 1997, S. 37.

Grundsätze der Menschlichkeit oder Rechtsstaatlichkeit verstoßen hat und er nach dem 13. November 1997 einen Antrag auf Leistungen gestellt hat."[1093] Barth wurde die Beschädigtenversorgung ab dem 1. März 1998 versagt. Er klagte erneut, nun mit dem Ziel, sowohl die seit 1991 erhaltenen Leistungen als auch den künftigen Versorgungsanspruch behalten zu dürfen. Das Sozialgericht Potsdam gab ihm im Jahr 2000 teilweise Recht: Es sah die Zurückweisung seines Versorgungsanspruchs von Anfang 1991 bis Februar 1998 als rechtswidrig an, Barth musste die in dieser Zeitspanne erhaltene Grundrente nicht zurückzahlen. Ab 1. März 1998 aber waren ihm nach Auffassung des Gerichts seine Versorgungsleistungen zu Recht entzogen worden.[1094]

In Oradour erfuhr man im Mai 1995 von Barths Kriegsopferrente. Unter dem Zitat „C'est écœurant!" – *Man ist angewidert* – ließ der Journalist Gilles Deville drei der Überlebenden zu Wort kommen, die 1983 nach Ostberlin gereist waren. Robert Hébras war außer sich, Maurice Beaubreuil empört, Jean-Marcel Darthout zunächst schockiert, sodann gelassen.[1095] Als Heinz Barth zwei Jahre später vorzeitig aus der Haft entlassen wurde, war die Empörung einer gewissen Bitterkeit gewichen.[1096] Und so bleibt festzuhalten, dass die Entrüstung über Barths Opferrente und die Verbitterung über seine Freilassung die unmittelbaren positiven Reaktionen auf den Prozess im Laufe der Zeit wohl überlagerten.

4. Weitere Ermittlungsverfahren in der Bonner Republik und ihr Erkenntniswert

In die Zeit der deutschen Zweistaatlichkeit fallen weitere sieben Oradour-Verfahren, die allesamt in der Bundesrepublik geführt wurden. Es waren dies wesentlich weniger umfangreiche Ermittlungen als jene gegen Lammerding und Otto Kahn/ K. u. a.,[1097] und sie endeten ausnahmslos mit einer Einstellung.[1098] In allen Fällen

---

[1093] Gesetz zur Änderung des Bundesversorgungsgesetzes vom 14. Januar 1998, BGBl, Jg. 1998, Teil I, Nr. 3, 20. 1. 1998, S. 66.
[1094] Vgl. Junge, Kriegsbeschädigtenversorgung, S. 111.
[1095] Vgl. Gilles Deville, „C'est écœurant!", Organ und Datum nicht angegeben, ACMO, 1 ETUD 25. Auf das Datum lässt schließen: Le bourreau d'Oradour remis en liberté, 7. 9. 1997, Organ nicht angegeben, ebenda.
[1096] Vgl. Le bourreau d'Oradour remis en liberté, 7. 9. 1997, Organ nicht angegeben; Heinz Barth libéré: Impuissance et incompréhension à Oradour, in: Le Populaire du Centre, 8. 9. 1997; Un bourreau nazi libéré en Allemagne, in: Echo du Centre, 8. 9. 1997; Émotion après la libération de l'ancien SS Heinz Bartz [sic], in: Charente Libre, 8. 9. 1997; M. G., Oradour: la colère des familles des martyrs, in: Républicain Lorraine, 8. 9. 1997; Jean-Paul Vigneaud, Une libération qui fait mal, in: Sud-Ouest, 14. 9. 1997; Libération d'Heinz Barth: L'emoi partagé du Premier ministre, in: Le Populaire du Centre, 6. 2. 1998, alle ACMO 1 ETUD 25.
[1097] Zur besseren Lesbarkeit wird das Ermittlungsverfahren Js 45 11/78 gegen Otto Kahn, später K. u. a. im Folgenden vereinfachend als Kahn-Verfahren bezeichnet.
[1098] Davon ist auch im Verfahren der Staatsanwaltschaft Bad Kreuznach gegen Johann B. (AZ 6 Js 3897/67) auszugehen, dessen Akten nicht ausfindig gemacht werden konnten. Im Landes-

4. Weitere Ermittlungsverfahren in der Bonner Republik und ihr Erkenntniswert 383

stellte sich heraus, dass die Beschuldigten wohl niemals in Oradour gewesen waren. Aussagekräftig sind die Verfahren dennoch.

Zum einen deuten sie darauf hin, dass das Massaker ab etwa Mitte der 1960er Jahre einem Teil der bundesdeutschen Gesellschaft nicht nur bekannt war, sondern Einzelnen auch geeignet schien, unliebsamen Personen zu schaden, indem sie sie einer Tatbeteiligung beschuldigten. Dieser erste Befund ergibt sich aus den Ausgangs- und Zeitpunkten der Verfahren. So zeigt der Blick auf die Chronologie, dass alle Fälle nach dem Beginn des Lammerding-Verfahrens (Jahreswechsel 1961/62) datieren, die Mehrheit zwischen 1963 und 1971. Das Gros der Ermittlungen wurde somit in einer Phase aufgenommen, in der die Presse wiederholt über die Causa Lammerding und damit das Massaker in Oradour berichtete. Ausgangspunkt der Verfahren waren ausnahmslos private Anzeigen bei Staatsanwaltschaften[1099], der ZStL[1100] sogar dem Bayerischen Staatsministerium der Justiz[1101], oder aber Beschuldigungen, die an einschlägige Institutionen (VVN[1102], *Dokumentationszentrum des Bundes jüdischer Verfolgter des Naziregimes*[1103]) herangetragen wurden, die sich ihrerseits an die Strafverfolgungsbehörden wandten. Es waren Verbandsmitglieder[1104], Familienangehörige[1105], Bekannte[1106], Nachbarn[1107] oder anonym bleibende Personen[1108], die Männer der Teilnahme

---

hauptarchiv Koblenz, an das die Staatsanwaltschaft Bad Kreuznach ihre Dokumente abgab, finden sich keine Unterlagen zu dem Verfahren. Vgl. E-Mail StA Bad Kreuznach an die Verfasserin, 27. 1. 2010; Landeshauptarchiv Koblenz an die Verfasserin, 9. 2. 2010. Ein kurzer Schriftwechsel zu dem Verfahren findet sich in StAM, 45 Js 2/62, Handakten, Bd. 2 (2101), Bl. 141 f.

[1099] Vgl. Ermittlungsverfahren gegen Janßen (AZ 20 Js 50/81), Staatsarchiv Bremen, 4,89/3–982. In den beiden folgenden Fällen geht aus den Akten nicht hervor, ob sich die Anzeigeerstatter an die Staatsanwaltschaft oder an eine Polizeidienststelle wandten: Ermittlungsverfahren gegen Johann B. (AZ 6 Js 3897/67), StAM, 45 Js 2/62, Handakten, Bd. 2 (2101); Ermittlungsverfahren gegen Kurt Sch. (AZ 5 Js 70/67), BArch Ludwigsburg, B 162/28019.

[1100] Vgl. Ermittlungsverfahren gegen Hans G. (AZ 320 Js 19532/85), BLKA, Vorgangsnummer K 2785/85 LKA München, Sachgebiet 623, sowie Staatsanwaltschaft München I, AZ 320 Js 195 32/85.

[1101] Vgl. Ermittlungsverfahren gegen Kaspar E. (AZ 117 Js 10/71 bzw. 30 Js 7/71), BArch Ludwigsburg, B 162/25622.

[1102] Vgl. Ermittlungsverfahren gegen Rudi M. (AZ 45 Js 19/63), BArch Ludwigsburg, B 162/25903.

[1103] Vgl. Vorverfahren gegen Josef S. (AZ I-110 AR 46/69), BArch Ludwigsburg, B 162/28417.

[1104] Im Fall Janßen (AZ 20 Js 50/81) erstatteten Mitglieder der *Gesellschaft für christlich-jüdische Zusammenarbeit* Anzeige, vgl. Staatsarchiv Bremen, 4,89/3–982. Vgl. hierzu auch unten.

[1105] Vgl. Ermittlungsverfahren gegen Kurt Sch. (AZ 5 Js 70/67), BArch Ludwigsburg, B 162/28019.

[1106] Vgl. Ermittlungsverfahren gegen Rudi M. (AZ 45 Js 19/63), BArch Ludwigsburg, B 162/25903.

[1107] Vgl. Ermittlungsverfahren gegen Hans G. (AZ 320 Js 19532/85), BLKA, Vorgangsnummer K 2785/85 LKA München, Sachgebiet 623, sowie Staatsanwaltschaft München I, AZ 320 Js 195 32/85.

[1108] Vgl. Ermittlungsverfahren gegen Johann B. (AZ 6 Js 3897/67), StAM, 45 Js 2/62, Handakten, Bd. 2 (2101); Vorverfahren gegen Josef S. (AZ I-110 AR 46/69), BArch Ludwigsburg, B 162/28417; Ermittlungsverfahren gegen Kaspar E. (AZ 117 Js 10/71 bzw. 30 Js 7/71), BArch Ludwigsburg, B 162/25622.

an dem Massaker verdächtigten oder bezichtigten – offensichtlich zu Unrecht. In mehreren Fällen deuten die Akten darauf hin, dass die Anzeigen im Zusammenhang mit privaten Konflikten standen.[1109] Besonders deutlich wird dies im Verfahren gegen Kurt Sch. 1967 stellte Caroline T. aus Niedersachsen Strafanzeige gegen ihren Schwiegersohn wegen des Verdachts des Mordes. Ihr zufolge hatte er angegeben, unter anderem in Oradour eingesetzt gewesen zu sein. Darüber hinaus berichtete sie, Sch. trinke seit mehreren Jahren, misshandle ihre Tochter und habe dieser gedroht, sie „kaputt[zu]machen", solle sie sich scheiden lassen, denn „auf einen mehr oder weniger" käme es nicht an, er habe „im Kriege bereits Hunderte von Juden erschossen".[1110] Im Rahmen des daraufhin eingeleiteten Verfahrens wies der Beschuldigte die Vorwürfe zurück und verdächtigte einen Zeugen, der die Selbstbezichtigungen bestätigte, „ehewidriger Beziehungen" zu seiner Ehefrau. Vor allem aber ergaben die Ermittlungen, dass Sch. zwar der SS-Division „Das Reich" angehört hatte, 1944 allerdings bei der SS-Panzeraufklärungsersatzabteilung eingesetzt war. Das Verfahren wurde mangels begründeten Tatverdachts eingestellt.[1111]

Zum anderen zeigen diese sieben Vor- bzw. Ermittlungsverfahren, dass keines über die angezeigte Person hinaus ausgedehnt, das heißt zum Anlass genommen wurde, weitere Tatverdächtige ausfindig zu machen und strafrechtlich zu verfolgen. Bis zum Beginn des Kahn-Verfahrens 1975 – fünf der sieben Verfahren datieren vor diesem Zeitpunkt[1112] – kam es zu keinem Komplex-Verfahren im Fall Oradour. Zwar stand in diesen Jahren die Sperrklausel des Überleitungsvertrags Ermittlungen gegen die in Bordeaux in Abwesenheit Verurteilten entgegen, wie das Kahn-Verfahren aber zeigt, war es durchaus möglich, an dem Massaker Beteiligte ausfindig zu machen, gegen die kein Kontumazurteil vorlag.

Ein näherer Blick auf ein zweites der sieben genannten Verfahren lohnt, denn der „Fall Janßen" macht deutlich, wie sich die Ergebnisse des Kahn-Verfahrens auf weitere Ermittlungen auswirken konnten.[1113] Darüber hinaus ist eine „Fortsetzung" des Falls überliefert, anhand der sich die deutsch-deutsche Dimension der

---

[1109] Vgl. Ermittlungsverfahren gegen Rudi M. (AZ 45 Js 19/63), BArch Ludwigsburg, B 162/25903; Ermittlungsverfahren gegen Kurt Sch. (AZ 5 Js 70/67), ebenda, B 162/28019; Ermittlungsverfahren gegen Hans G. (AZ 320 Js 19532/85), BLKA, Vorgangsnummer K 2785/85 LKA München, Sachgebiet 623, sowie Staatsanwaltschaft München I, AZ 320 Js 195 32/85; Ermittlungsverfahren gegen Kaspar E. (AZ 117 Js 10/71 bzw. 30 Js 7/71), BArch Ludwigsburg, B 162/25622.

[1110] LOStA b. d. LG Bielefeld an ZStL, 8. 6. 1967, BArch Ludwigsburg, B 162/28019, Bl. 2.

[1111] Verfügung Junker, 8. 2. 1968, Beglaubigte Abschrift, BArch Ludwigsburg, B 162/28019, Bl. 7–10.

[1112] Vgl. Ermittlungsverfahren gegen Rudi M. (AZ 45 Js 19/63), BArch Ludwigsburg, B 162/25903; Ermittlungsverfahren gegen Kurt Sch. (AZ 5 Js 70/67), ebenda, B 162/28019; Vorverfahren gegen Josef S. (AZ I-110 AR 46/69), ebenda, B 162/28417; Ermittlungsverfahren gegen Kaspar E. (AZ 117 Js 10/71 bzw. 30 Js 7/71), ebenda, B 162/25622; Ermittlungsverfahren gegen Johann B. (AZ 6 Js 3897/67), StAM, 45 Js 2/62, Handakten, Bd. 2 (2101).

[1113] Der Nachname des Beschuldigten ist im Folgenden von Bedeutung und wird deshalb genannt. Zum Schutz der Persönlichkeitsrechte, wird der Vorname nicht angegeben.

strafrechtlichen Ahndung des Massakers in Oradour illustrieren lässt. Den Anstoß zu den Ermittlungen gaben im Februar 1980 Mitglieder der *Gesellschaft für christlich-jüdische Zusammenarbeit* in Siegen, die sich in einem Schreiben an die Staatsanwaltschaft Bremerhaven wandten.[1114] Die Staatsanwaltschaft nahm die Ermittlungen gegen den in dem Anschreiben genannten Janßen auf und Ende desselben Jahres teilte Frankreich im Rahmen der internationalen Rechtshilfe mit, das Militärgericht Bordeaux habe den Beschuldigten 1953 im Oradour-Prozess in Abwesenheit zum Tode verurteilt.[1115] Darüber hinaus erfuhr die Staatsanwaltschaft, dass die örtliche Kriminalpolizei bereits zwei Mal mit Janßen befasst gewesen war.[1116] So hatte die Ludwigsburger Zentralstelle 1974 aufgrund von Namenslisten von in Frankreich in Abwesenheit verurteilten Personen darum gebeten, nach Möglichkeit einen in Bremerhaven lebenden „Janssen" zu ermitteln.[1117] Drei Jahre später, 1977, wandte sich Staatsanwalt Nitardy an die dortige Kriminalpolizei. Bei seiner Suche nach zwei Soldaten mit dem phonetisch gleichen Nachnamen, die der in Oradour eingesetzten 3. Kompanie angehört haben sollten, war Nitardy auf Janßen gestoßen. Dieser war 1942 der 11. Kompanie des Regiments „Der Führer" zugeteilt worden. Da allerdings offen war, ob er jemals der tatausführenden Einheit angehört hatte, bat Nitardy um seine Vernehmung.[1118] 1974 und 1975 befragt – 1977 verzichtete man auf eine erneute Vernehmung[1119] –, gab Janßen zu Protokoll, er habe ab Herbst 1942 bzw. 1943 der Sanitätsabteilung des II. SS-Panzerkorps angehört, Mitglied der 3. Kompanie oder des Stabs des I. Bataillons des Regiments „Der Führer" sei er nie gewesen.[1120]

Offensichtlich erwartete sich der Bremerhavener Oberstaatsanwalt Unterstützung aus Dortmund, als er sich im Frühjahr 1981 mit wesentlichen Fragen an die dortige Zentralstelle wandte.[1121] Klaus Schacht, stellvertretender Leiter der ZStD, antwortete, der in Bremerhaven ansässige Janßen dürfte mit jenem identisch sein, der auch im Dortmunder Oradour-Verfahren erwähnt worden sei, konnte oder

---

[1114] Vgl. Charlotte L. u. a. an LOStA b. d. StA Bremerhaven, 27. 2. 1980, Staatsarchiv Bremen, 4,89/3–982, Bl. 1. Das Schreiben bezog sich nicht auf den Tatbestand Oradour, sondern auf ein französisches Abwesenheitsurteil gegen „Janssen" aus dem Jahr 1951, das sich als falsch herausstellte. Auf den Tatkomplex Oradour verwiesen erst die französischen Behörden. Vgl. hierzu die folgenden Ausführungen.
[1115] Vgl. Verteidigungsministerium der Französischen Republik an Justizminister, 17. 12. 1980, Nichtamtliche Übersetzung, Staatsarchiv Bremen, 4,89/3–982, Bl. 29 f.; Französisches Justizministerium an BMJ, 24. 12. 1980, Nichtamtliche Übersetzung, ebenda, Bl. 28; BMJ an Senator für Rechtspflege und Strafvollzug, Bremen, 19. 2. 1981, ebenda, Bl. 27.
[1116] Vgl. Ermittlungsbericht Rippke, 12. 3. 1980, Staatsarchiv Bremen, 4,89/3–982, Bl. 5.
[1117] Vgl. ZStL an Stadt- und Polizeiamt Bremen, 19. 12. 1974, Staatsarchiv Bremen, 4,89/3–982, Bl. 6 f.
[1118] Vgl. Nitardy an Kriminalpolizei Bremerhaven, 12. 8. 1977, Staatsarchiv Bremen, 4,89/3–982, Bl. 10 f.
[1119] Vgl. KOK Schawaller an StA Dortmund, 24. 8. 1977, Staatsarchiv Bremen, 4,89/3–982, Bl. 15.
[1120] Vgl. Vernehmungsprotokoll Janßen, 23. 8. 1974, Staatsarchiv Bremen, 4,89/3–982, Bl. 12–14; Neumann an ZStL, [4. 2. 1975], ebenda, Bl. 8 f.
[1121] Vgl. Verfügung Tscheppan, 16. 4. 1981, Staatsarchiv Bremen, 4,89/3–982, Bl. 58 f.

wollte aber keine abschließende rechtliche Einschätzung abgeben. Er übersandte die Einstellungsverfügung des inzwischen abgeschlossenen Kahn-Verfahrens mit dem Hinweis, die Dortmunder Akten könnten für weitere Erkenntnisse eingesehen werden.[1122] Doch nach dem erfolglosen Versuch, die Unterlagen zu erhalten,[1123] und den ebenso vergeblichen Vernehmungen der Anzeigeerstatter[1124] sah sich Bremerhaven dem Vorgang nicht mehr gewachsen: Die Informationsmöglichkeiten seien im derzeitigen Verfahrensstadium ausgeschöpft, hieß es in einem Schreiben an den LOStA Bremen, sodass nunmehr zu entscheiden wäre, ob in Bremerhaven ein Ermittlungsverfahren einzuleiten sei. Da aber vor Ort keine Sonderzuständigkeit für NSG-Straftaten bestehe, hierfür „besondere Sachkenntnisse insbesondere politischen und historischen Inhalts erforderlich" seien und nicht zur Verfügung stünden, wie auch „im Hinblick auf die notwendigen Verbindungen zu mit der Verfolgung derartiger Straftaten befaßten Spezialbehörden", bat man um die Übernahme des Verfahrens. Aufgrund der „bestehenden örtlichen Gegebenheiten", schloss das Schreiben, „dürfte ein Ermittlungsverfahren hier auch einen Umfang von Publizität in der Lokalpresse annehmen, der die unbeeinträchtigte Ermittlungstätigkeit nahezu ausschließt".[1125]

Ende 1981 übernahm die Bremer Staatsanwaltschaft den Fall und leitete ein Ermittlungsverfahren wegen Mordes ein.[1126] Kurz darauf erneut vernommen, erklärte Janßen ein weiteres Mal und nachdrücklich, der Einheit, die Oradour zerstört habe, nie angehört zu haben. Nach 45 Minuten verweigerte er die Aussage zu den Beschuldigungen und erklärte, aus gesundheitlichen Gründen einen Rechtsanwalt einschalten zu wollen.[1127] Kurz darauf legte er eine eidesstattliche Erklärung und ein Schreiben vor, in denen ehemalige Kameraden bestätigten, dass er von 1942 bis 1945 der Sanitätsabteilung des Kranken-Kraftwagen-Zugs des II. SS-Panzerkorps angehört hatte.[1128] Auch die bei der WASt und dem BDC eingeholten Informationen erhärteten die Vorwürfe nicht, denn zum einen bezogen sie sich lediglich auf die Zeit bis 1942/1943, zum anderen stimmten die Einheitsangaben der WASt bis 1943 mit der Aussage des Beschuldigten überein. Das Verfahren wurde eingestellt. Es könne, so führte der zuständige Staatsanwalt in der Einstellungsverfügung aus, nur vermutet werden, warum der Beschuldigte in Frankreich verurteilt worden sei: Das vorliegende französische Urteil unterstelle die Zugehörigkeit zur 3. Kompanie. Dieser Einheit habe tatsächlich ein „Jansen"

[1122] Vgl. Schacht an StA Bremen, Zweigstelle Bremerhaven, 22. 4. 1981, Staatsarchiv Bremen, 4,89/3–982, Bl. 60 f.
[1123] Vgl. Vermerk, 25. 6. 1981, Staatsarchiv Bremen, 4,89/3–982, Bl. 116.
[1124] Vgl. Aussagen Charlotte L., Günter H., Heinz J., sowie Verfügung vom 16. 9. 1981, Staatsarchiv Bremen, 4,89/3–982, Bl. 119a
[1125] Tscheppan an LOStA Bremen, 4. 11. 1981, Staatsarchiv Bremen, 4,89/3–982, Bl. 133 f.
[1126] Vgl. Verfügung Stegelmann, 22. 12. 1981, Staatsarchiv Bremen, 4,89/3–982, Bl. 135.
[1127] Vgl. Vermerk Rippke, 13. 1. 1982, Staatsarchiv Bremen, 4,89/3–982, Bl. 137 f.
[1128] Vgl. Vermerk Rippke, 18. 3. 1982, Staatsarchiv Bremen, 4,89/3–982, Bl. 144; Eidesstattliche Erklärung Hans M., 20. 1. 1982, ebenda, Bl. 145; Anschreiben [Harry S.], 1. 3. 1982, ebenda, Bl. 146.

angehört und da dem Gericht die BDC-Unterlagen vorgelegen hätten, die den Beschuldigten als Mitglied des Regiments „Der Führer" auswiesen, sei „eine irrtümliche Verurteilung nicht auszuschließen". Weitere Begründungen führe das Urteil nicht an. Man könne zwar versuchen, die Akten des französischen Militärgerichts auswerten zu lassen, das erscheine jedoch deshalb „überflüssig",

„weil ein Beweis selbst dann nicht zu führen ist, wenn sich feststellen ließe, daß der Beschuldigte der 3. Kompanie angehört hat. Nicht alle Angehörigen dieser Kompanie haben nämlich auf die Opfer von Oradour geschossen. So wurde das Verfahren 45 Js 11/78 der Staatsanwaltschaft Dortmund gegen Angehörige der 3. Kompanie deswegen eingestellt, weil die Kompanieführer verstorben waren und von den Mannschaften nicht mehr festgestellt werden konnte, wer geschossen hat."[1129]

Die Bremer Staatsanwaltschaft erfuhr nicht, was wenige Monate später feststand: Der in Bremerhaven ansässige Janßen war tatsächlich nicht der Gesuchte. Am 8. November 1982 bat der Generalstaatsanwalt der DDR, Horst Busse, im Vorfeld des Barth-Prozesses seinen Amtskollegen in Hamm um die zeugenschaftliche Vernehmung von drei Bürgern der Bundesrepublik. Neben dem früheren Kompanieführer Otto Kahn und dem in Bordeaux 1953 in Anwesenheit verurteilten Hermann Frenzel sollte ein dritter Zeuge vernommen werden. Er hieß: Jantzen.[1130] Alle drei, so Busses unschwer als Spitze erkennbare Erläuterung, seien nach ihrer Verurteilung durch das Militärtribunal Bordeaux „in der Bundesrepublik Deutschland wohnhaft" gewesen.[1131] Tatsächlich hatte das MfS bei den Ermittlungen zu Barth und potentiellen Mittätern festgestellt, dass Jantzen bis September 1955 in der DDR gelebt hatte, bevor er illegal in die Bundesrepublik ausreiste,[1132] ein Umstand, den Busse gegenüber Hamm freilich nicht zur Sprache brachte. In der Bundesrepublik war es Staatsanwalt Nitardy im Rahmen des Kahn-Verfahrens trotz umfangreicher Ermittlungen nicht gelungen, den nun von Busse übersandten Wohnort Jantzens ausfindig zu machen.[1133] Allerdings hatte Nitardy 1977 Hermann Frenzel vernommen. Dieser sagte aus, er habe der 1. Gruppe des I. Zugs angehört und glaube, der stellvertretende Gruppenführer habe „Jansen" geheißen. Seine Gruppe sei zunächst zur Absperrung am Ortsrand eingesetzt gewesen und habe dann im Ort eine Gruppe Männer in einem Schuppen erschossen.[1134] Schon 1947 hatte mit Fritz Pfeufer ein Mitglied derselben Gruppe ausgesagt, sein stellvertretender Gruppenführer sei „Jansen" gewesen. Auch Pfeufers Angaben zur Ortsabsperrung und Exekution stimmten im Kern mit Frenzels Aussage überein. Das Pro-

---

[1129] Verfügung Stegelmann, 26. 8. 1982, Staatsarchiv Bremen, 4,89/3–982, Bl. 161–164.
[1130] Für den Hinweis auf den im Folgenden dargestellten „zweiten Teil" des „Falls Jantzen" danke ich Stefan Willms.
[1131] Vgl. Busse an GStA Hamm, 8. 11. 1982, DP 3/2146, Bl. 130 f., Zitat Bl. 130.
[1132] Vgl. MfS, HA IX/11 – VK zu Jantzen sowie BV Rst. AK-Ermittlung Abt. IX/126, beides StA Do, 45 Js 2/11, HA, Bd. 20, Bl. 7678 f.
[1133] Vgl. Verfügung Schacht, 28. 1. 1980, StAM, 45 Js 11/78, Handakten, Bd. 4, Bl. 89–137, sowie u. a. Verfügung Nitardy, 28. 4. 1978, ebenda, Bl. 1240–1248.
[1134] Vgl. Vernehmungsprotokoll Hermann Frenzel, 12. 10. 1977, StAM, 45 Js 11/78, Bd. 3, Bl. 850–855.

tokoll der Vernehmung hatte Nitardy vorliegen.[1135] Kurzum: Möglicherweise war der stellvertretender Führer der 1. Gruppe des I. Zugs Jantzen Mitglied eines Exekutionskommandos in Oradour gewesen.

Zweieinhalb Monate nach Busses Schreiben vernahm Oberstaatsanwalt Hermann Weissing von der Hammer Generalstaatsanwaltschaft den Zeugen. Jantzen räumte ein, am 10. Juni 1944 in Oradour gewesen zu sein, meinte sich aber zu erinnern, dem III. Zug angehört zu haben. Weder den Namen seines Zug- noch seines Gruppenführers wollte er noch in Erinnerung haben. Er sei zum Zeitpunkt des Massakers „noch einfacher Schütze" gewesen, „erst wesentlich später" Sturmmann geworden und habe zusammen mit seinen Kameraden „lediglich den Befehl [gehabt], am Ortsrand abzusperren und niemanden in den Ort hineinzulassen". Als „die Schießerei" im Ort aufgehört habe, sei seine „Absperrtätigkeit am Ortsrand" zunächst beendet gewesen und er habe zusammen mit seinen Kameraden die Anweisung erhalten, „eine Straßenkreuzung zu sichern". Zu keiner Zeit wollte er vor Ort Genaueres über den Einsatz erfahren haben.[1136]

Da Jantzen bzw. ein „Jansen" in Bordeaux lediglich in Abwesenheit verurteilt worden war,[1137] hätte einer strafrechtlichen Verfolgung in der Bundesrepublik zu diesem Zeitpunkt nichts entgegen gestanden. Doch seine „Entdeckung" blieb für Jantzen ohne Folgen – das Vernehmungsprotokoll ging nicht einmal in die Akten der Dortmunder Zentralstelle zum Kahn-Verfahren ein. Es mögen Nitardys Ermittlungsergebnisse gewesen sein, die Oberstaatsanwalt Weissing zu der Überzeugung führten, in einem entsprechend gelagerten Fall bestehe keine Aussicht auf eine Anklageerhebung. Und möglicherweise war es die tags darauf folgende Aussage Hermann Frenzels, die einer etwaigen Überlegung, die Ermittlungen wieder aufzunehmen, postwendend ein Ende setzte. Sechs Jahre nach seiner Vernehmung durch Nitardy behauptete Frenzel gegenüber Weissing, nicht mehr zu wissen, wer sein stellvertretender Gruppenführer gewesen sei. „An den Namen Jansen oder Jantzen" wollte er sich „in diesem Zusammenhang trotz Vorhalts nicht mehr" erinnern können.[1138] Ob eine eingehende Durchsicht der Dortmunder Ermittlungsakten entscheidende Belastungsmomente gegen Jantzen zutage gefördert hätte, soll an dieser Stelle dahingestellt bleiben. Sicher ist, dass das MfS gleich über zwei potentiell durchschlagende Beweismittel verfügte: Den Ermittlern lag die bereits genannte Kompanieliste[1139] vor und diese wies Jantzen als SS-Sturmmann und stellvertretenden Führer der 1. Gruppe des I. Zugs aus.[1140] Just diesen Zug hatte der in der DDR

[1135] Vgl. Vernehmungsprotokoll Fritz Pfeufer, 7. 8. 1947, wahrscheinlich Übersetzung, StAM, 45 Js 11/78, 1. Sonderband, Bl. 173–176.
[1136] Vernehmungsprotokoll Jantzen, 26. 1. 1983, BStU, MfS, HA IX/11, ZUV 66, Bd. 30 (ehem. GA 18), Bl. 63–66.
[1137] Vgl. TMP Bordeaux, Note de Jugement, StA Do, 45 Js 2/11, HA 10, Bd. 10, Bl. 3634–3750, hier Bl. 3745.
[1138] Vernehmungsprotokoll Hermann Frenzel, 27. 1. 1983, BStU, MfS, HA IX/11, ZUV 66, Bd. 30 (ehem. GA 18), Bl. 60–62.
[1139] Vgl. Kapitel IV.2.1.
[1140] Vgl. Kompanieliste „Washingtoner Material", o. D., BStU, MfS, HA IX/11, ZUV 66, Bd. 27 (ehem. GA 15), Bl. 38–41, hier Bl. 41.

inhaftierte Heinz Barth geführt. Er hätte somit zum Einsatz der 1. Gruppe und möglicherweise konkret zu Jantzens Rolle aussagen können. So wenig Hamm eine Wiederaufnahme der Ermittlungen veranlasste, so wenig wies Ostberlin auf die genannten Möglichkeiten hin. Jantzen verstarb 2005 im Alter von 79 Jahren[1141] ohne je mit der Kompanieliste oder Barths Aussagen konfrontiert worden zu sein.

5. Die Strafverfolgung im vereinigten Deutschland 1990–1995

Die deutsche Vereinigung öffnete den Dortmunder Ermittlern den Weg zu den Akten des Barth-Prozesses, ein Weg, den die DDR zuletzt 1988 blockiert hatte. Die Überprüfung des ZUV 66 durch Klaus Schacht, inzwischen Leiter der Dortmunder Zentralstelle, fiel in den Zeitraum zwischen April 1991 und September 1992. Damit überschnitt sie sich mit zwei weiteren Ermittlungsverfahren zum Tatkomplex Oradour. Beide resultierten aus der Auswertung der Fahndungslisten der *United Nations War Crimes Commission* (UNWCC) und des *Central Registry of War Crimes and Security Suspects* (CROWCASS) und beide wurden 1989, das heißt noch in der alten Bundesrepublik, eingeleitet (1989) und im vereinigten Deutschland abgeschlossen (1991 respektive 1995). Im Folgenden wird zunächst die Auswertung der Akten des Staatssicherheitsdienstes zum Barth-Verfahren durch die ZStD in den Blick genommen, da deren Ergebnisse in eines der beiden UNWCC-Verfahren einflossen. Darüber hinaus kam es bei der ZUV-Auswertung zu einem Schlüsselmoment für die weiteren Oradour-Ermittlungen in der Bundesrepublik mit unmittelbaren Auswirkungen auf eines der beiden anderen Verfahren.

5.1 Die Überprüfung des Verfahrens gegen Heinz Barth

Im Frühjahr 1991 erhielt die Ludwigsburger Zentralstelle drei Bände mit Handakten aus dem Barth-Verfahren zur Auswertung.[1142] Ludwigsburg gab die Unterlagen wohl an die Dortmunder Zentralstelle weiter, denn deren Leiter Klaus Schacht reiste im August 1991 nach Brandenburg, um den dort inhaftierten Heinz Barth zu vernehmen.[1143] Dieser wies recht schnell darauf hin, sich kaum mehr an Namen von Einheitsangehörigen zu erinnern, was wahrscheinlich an seiner kurzen Zeit bei der 3. Kompanie liege, er die Namen also „nicht etwa aus falsch verstande-

---

[1141] Vgl. Vermerk LKA NRW, EKHK Willms, Tatbeteiligte Einheitsangehörige des SS-Pz.Gren.Rgt. 4 „Der Führer", 20. 2. 2015, StA Do, 45 Js 2/11, HA, Bd. 16, Bl. 6295–6309.
[1142] Vgl. StA. b. d. LG Berlin an Leiter ZStL, 18. 4. 1991, StAM, 45 Js 11/78, Sonderordner Barth, Bl. 1.
[1143] Vgl. Verfügung Schacht, 2. 5. 1991, StAM, 45 Js 11/78, Sonderordner Barth, Bl. 64–66; Vernehmungsprotokoll Heinz Barth, 23. 8. 1991, ebenda, Bl. 76–87.

ner Kameradschaft" verschweige. Seine Aussagen im Rahmen des ostdeutschen Strafverfahrens hätten seinen damaligen Erinnerungen entsprochen, er habe sich „bemüht, bei diesen Vernehmungen die Wahrheit zu sagen".[1144]

Im Laufe der Befragung musste Schacht allerdings feststellen, dass Barth seinen früheren Angaben jetzt in mehreren, teils bedeutenden Punkten widersprach. Die Widersprüche betrafen unter anderem das Ziel des Einsatzes und den Zeitpunkt, zu dem man die Soldaten darüber informiert hatte. War das Stadtgericht Berlin in seinem Urteil 1983 zu dem Schluss gekommen, das Massaker sei eine Vergeltung und Rache für die Gefangennahme des Bataillonskommandeurs Helmut Kämpfe gewesen und der am Vormittag des 10. Juni 1944 unter anderem an Barth ausgegebene Befehl habe gelautet, Oradour „zu besetzen, die gesamte Bevölkerung vom Säugling bis zum Greis ausnahmslos zu töten und den Ort niederzubrennen",[1145] so gab Barth nun zu Protokoll, die „gegen die Ortschaft Oradour durchgeführte Aktion sollte dazu dienen, Kempfe [sic] und seinen Fahrer zu suchen und, nach Möglichkeit, aus der Hand der französischen Resistance zu befreien". Oradour sei Ziel des Einsatzes gewesen, „weil Kempfe und sein Fahrer dort zuletzt gewesen sein sollten".[1146] Zur Befehlsausgabe an alle Soldaten hieß es im Urteil des Berliner Stadtgerichts, der „den Offizieren bereits bekannte Befehl" sei „der Truppe unmittelbar vor dem Ort gegen 14:00 Uhr bekanntgegeben" worden.[1147] Auch hier war Barths Version jetzt eine andere:

„Vor dem Beginn des Einsatzes hat eine Besprechung mit dem Bataillonskommandeur und unserem Kompaniechef stattgefunden, an der ich als Führer des 1. Zuges und auch die Führer der anderen Züge der Kompanie teilgenommen haben. Wir wurden unterrichtet, daß der Ort umstellt und durchsucht werden sollte. Ich bin mir nicht sicher, ob auch schon bei dieser ersten Besprechung etwas darüber gesagt worden ist, was anschließend mit dem Ort und der Bevölkerung des Ortes geschehen sollte.
Auf jeden Fall hat unmittelbar nach dem Eintreffen der eingesetzten Kräfte vor dem Ort Oradour eine weitere Besprechung zwischen dem Bataillonskommandeur, dem Kompaniechef und den Zugführern der 3. Kompanie stattgefunden. Bei dieser Besprechung wurden die Aufgaben der eingesetzten Kräfte näher bezeichnet. Der von mir angeführte 1. Zug erhielt die Aufgabe, den Ort zu umstellen und eine äußere Absperrung vorzunehmen. Nach meiner Erinnerung erhielten die anderen Züge die Aufgabe, den Ort zu durchsuchen. Bei dieser Besprechung war auch die Rede davon, daß anschließend eine Vergeltungsaktion gegen den Ort durchgeführt werden sollte, falls Kempfe [sic] und sein Fahrer nicht gefunden werden sollten. Es kann sein, daß die Ankündigung einer Vergeltungsaktion auch bereits bei der ersten Besprechung stattgefunden hat. Einzelheiten über die Art der Vergeltungsaktion sind dabei nicht zur Sprache gekommen, es war aber wohl klar, daß auch die Bevölkerung des Ortes in diese Vergeltungsaktion einbezogen werden sollte. Wie dieses geschehen sollte, ist aber nicht besprochen worden.

[1144] Vernehmungsprotokoll Heinz Barth, 23. 8. 1991, StAM, 45 Js 11/78, Sonderordner Barth, Bl. 76–87.
[1145] Stadtgericht Berlin, Strafsenat 1a, Urteil gegen Heinz Barth, 7. 6. 1983, BStU, MfS, HA IX/11, ZUV 66, Bd. 33 (ehem. GA 21), Bl. 188–218.
[1146] Vernehmungsprotokoll Heinz Barth, 23. 8. 1991, StAM, 45 Js 11/78, Sonderordner Barth, Bl. 76–87.
[1147] Stadtgericht Berlin, Strafsenat 1a, Urteil gegen Heinz Barth, 7. 6. 1983, BStU, MfS, HA IX/11, ZUV 66, Bd. 33 (ehem. GA 21), Bl. 188–218.

Nach meiner Erinnerung war von der Erschießung der Einwohner des Ortes nicht die Rede."[1148]

Staatsanwalt Schacht hielt Barth daraufhin mehrere seiner früheren Aussagen vor, die hierzu im Gegensatz standen. Nachdem er die erste verlesen und Barth zu einer Stellungnahme aufgefordert hatte, antwortete dieser:

„Nach meiner heutigen Erinnerung war von einer Niederbrennung des Ortes und der Tötung der Einwohner bei den beiden von mir erwähnten Einsatzbesprechungen nicht die Rede; es ist nur ganz allgemein von einer Vergeltungsaktion gesprochen worden. Ich glaube auch nicht, daß ich das, was mir vorgelesen worden ist, bei dem Staatsanwalt Busse ausgesagt habe. Ich glaube auch nicht, daß ich ein solches Protokoll unterschrieben habe."[1149]

Während Barth auf seinen jetzigen Aussagen beharrte und sich verwundert über seine früheren Angaben zeigte, beteuerte er gleichzeitig, seinerzeit die Wahrheit gesagt zu haben. So reagierte er auf einen zweiten Vorhalt mit der Versicherung, seinerzeit wahrheitsgemäß ausgesagt zu haben, schwenkte allerdings umgehend wieder darauf um, die damaligen Aussagen anzuzweifeln:

„Ich habe heute wirklich nicht mehr in Erinnerung, ob von dem Niederbrennen des Ortes und von der Tötung der Ortsbewohner bei einer der von mir erwähnten beiden Besprechungen oder bei beiden die Rede gewesen ist. Wenn ich das damals aber so gesagt habe, und ich habe das Protokoll unterschrieben, wovon ich mich überzeugt habe, dann war das auch so. Ich habe mich, wie ich bereits ausgesagt habe, damals bemüht, die Wahrheit zu sagen.
Nach der von mir erwähnten zweiten Einsatzbesprechung unmittelbar vor dem Ort Oradour habe ich meine Leute vom ersten Zug unterrichtet, daß wir die Außenabsperrung des Ortes zu übernehmen hätten. Vorher, nach der ersten Einsatzbesprechung, habe ich meine Leute über den Zweck des Einsatzes nicht unterrichtet. Ob ich jetzt auch die Angehörigen des von mir geführten ersten Zuges von der beabsichtigten Vergeltungsaktion unterrichtet habe, kann ich heute nicht mehr sagen. Ich glaube, ich habe meine Leute über den Zweck des Einsatzes und über die geplante Vergeltungsaktion nicht unterrichtet. Sicher bin ich mir aber nicht."[1150]

Damit stellte Barth zwei bedeutende Ergebnisse des Berliner Gerichtsverfahrens infrage: dass die Zerstörung Oradours und die Tötung seiner Bewohner von Anfang an beabsichtigt und die gesamte Einheit zu Beginn des Einsatzes darüber informiert worden war. Beides zusammengenommen hätte all jene in Bedrängnis gebracht, die niedrige Ränge bekleidet hatten und sich darauf beriefen, keine Kenntnis vom Charakter des Einsatzes gehabt zu haben – ein zentraler Punkt, wie das von Staatsanwalt Nitardy geführte Ermittlungsverfahren zeigt.

Es geht aus den Akten nicht explizit hervor, ob Schacht bei der Vernehmung auf diesen Aspekt abzielte, wie er die Widersprüche einordnete und zu welchem Schluss sie ihn führten. Ebenso wenig ist daraus ersichtlich, dass er Barths Aussagen in die Dortmunder Erkenntnisse integrierte und zu einer umfassenderen Version des Tatgeschehens zusammenführte. Dabei hätte ein Abgleich von Barths ge-

---

[1148] Vernehmungsprotokoll Heinz Barth, 23. 8. 1991, StAM, 45 Js 11/78, Sonderordner Barth, Bl. 76–87.
[1149] Vernehmungsprotokoll Heinz Barth, 23. 8. 1991, StAM, 45 Js 11/78, Sonderordner Barth, Bl. 76–87.
[1150] Vernehmungsprotokoll Heinz Barth, 23. 8. 1991, StAM, 45 Js 11/78, Sonderordner Barth, Bl. 76–87.

gensätzlichen Aussagen mit dem tatsächlichen Tatgeschehen zumindest in einigen Punkten Klarheit gebracht und Barths früheren Angaben mehr Gewicht verliehen. Besonders deutlich lässt sich dies an der Frage zeigen, ob die von Barth bei Einsatzbeginn im Nordwesten Oradours errichtete Ortsabsperrung im Laufe des Nachmittags aufgelöst und die daran beteiligten Soldaten in das Dorf befohlen wurden. „Die äußere Absperrung", so gab Barth gegenüber Schacht zunächst an, sei „bis zum Ende des Einsatzes gegen Abend hin aufrechterhalten" worden. Vom Vernehmenden mit seiner Aussage im Jahr 1981 konfrontiert, er habe nach einer gewissen Zeit den Auftrag erhalten, „zur Übernahme anderer Aufgaben mit meinem Zug die Absperrung des Ortes auf[zu]lösen und mich mit dem Zug in das Zentrum des Dorfes [zu] begeben", zeigte sich Barth irritiert:

„So, wie es mir vorgehalten worden ist, war es nach meiner heutigen Erinnerung nicht. So kann ich das auch nicht gesagt haben. Danach müßte die ganze äußere Absperrung ja aufgelöst worden sein, während die Aktion im Ort noch durchgeführt wurde. Dann hätten ja jederzeit von außen Leute in den Ort kommen können. Nach meiner Erinnerung war es nicht so, wie es bei der Aussage vor der Stasi protokolliert worden ist, sondern so, wie ich es heute gesagt habe."[1151]

Allein, genau so, wie er es in den 1980er Jahren ausgesagt hatte, war es gewesen. Was Barth nun unvorstellbar schien, dass „jederzeit von außen Leute in den Ort kommen" konnten, war im Einsatzbereich seines Zugs definitiv der Fall gewesen. So sagten Zeugen etwa vor dem Militärgericht Bordeaux aus, dass sie den nordwestlichen Ortsteil noch während des Einsatzes problemlos hatten betreten und sich dort bewegen können.[1152] Konnte Barths Aussageverhalten den Eindruck erwecken, Staatssicherheitsdienst und DDR-Justiz hätten seine Aussagen manipuliert, so hätte das Zusammenführen der Quellen ein differenziertes Bild gezeichnet.

Heinz Barth beendete seine Vernehmung mit der Bekräftigung seines guten Willens, aber auch seiner Zweifel:

„Ich betone noch einmal, daß ich bei meiner heutigen Vernehmung das ausgesagt habe, was ich in Erinnerung habe. Ich habe nichts beschönigt. Ich habe auch nicht etwa versucht, die Angehörigen meines Zuges aus den eigentlichen Erschießungsaktionen rauszuhalten. Nach meiner Erinnerung war der Geschehensablauf nicht so, wie ich ihn bei den verschiedenen Aussagen in dem gegen mich anhängigen Verfahren geschildert habe. Ich bin erforderlichenfalls bereit, weitere Aussagen zu machen."[1153]

Wie immer Schacht sich Barths Widersprüche auch erklärte, ein Hinweis des Inhaftierten gab zu weitergehenden Recherchen Anlass. Bei den Vernehmungen durch den Staatssicherheitsdienst, so berichtete er Schacht, sei ihm „eine Kompanieliste mit den Namen aller Angehörigen der Kompanie vorgelegt worden". Aus dieser sei ersichtlich gewesen, „zu welchen Zügen bzw. Gruppen die aufgeführten Kompanieangehörigen gehört" hätten.[1154] Der ZStD-Leiter hielt es deshalb für er-

---

[1151] Vernehmungsprotokoll Heinz Barth, 23. 8. 1991, StAM, 45 Js 11/78, Sonderordner Barth, Bl. 76–87.
[1152] Vgl. Erkenbrecher, Studie, StA Do, 45 Js 2/11, 16. SB.
[1153] Vernehmungsprotokoll Heinz Barth, 23. 8. 1991, StAM, 45 Js 11/78, Sonderordner Barth, Bl. 76–87.
[1154] Vernehmungsprotokoll Heinz Barth, 23. 8. 1991, StAM, 45 Js 11/78, Sonderordner Barth, Bl. 76–87.

forderlich, „die Akten des Verfahrens gegen Barth selbst auszuwerten".[1155] Nach fast einem Jahr trafen schließlich 17 Kartons Unterlagen in Dortmund ein.[1156] Am Ende der Auswertung konstatierte Schacht, die enthaltenen Listen seien im Dortmunder Verfahren bereits bekannt gewesen.[1157] Dieser Irrtum des Oberstaatsanwalts war ein Schlüsselmoment für die strafrechtlichen Ahndung des Massakers in der neuen Bundesrepublik, denn die von Barth genannte Liste existierte tatsächlich, Schacht aber übersah sie bei seiner Durchsicht der Unterlagen oder ordnete sie falsch ein. Als Andreas Brendel, seit 2010 Leiter der Dortmunder Zentralstelle, die Ermittlungen zum Tatkomplex Oradour 2011 wieder aufnahm, wurden die Akten des ZUV 66 erneut überprüft und die Liste gefunden. *Der Spiegel* bezeichnete diese Aufstellung der 3. Kompanie 2014 deshalb als „Brendels Liste".[1158] Welche Bewandtnis hat es mit diesem Schriftstück?

Zwischen 1965 und 1981 erwarb die DDR über Dritte in den USA verfilmte Akten bei den *National Archives* in Washington, ab 1982 offiziell. Die Filme wurden im Militärarchiv der DDR in Potsdam verwahrt.[1159] Über diesen Weg dürfte die Kompanieliste in den Besitz des Staatssicherheitsdienstes der DDR gekommen sein. Ob und seit wann das Dokument vor der deutschen Vereinigung auch in einem bundesdeutschen Archiv aufbewahrt wurde, ist noch nicht geklärt.[1160] Allerdings ist die Liste seit der Eröffnung des CMO 1999 Teil der dortigen Dauerausstellung, aufgefunden beim *Service historique de l'armée de terre* in Vincennes.[1161] Dass Schacht die Liste übersah oder falsch einordnete, mag daran liegen, dass die erste Seite des Dokuments nicht überliefert und die Aufstellung bzw. deren Wert deshalb auf den ersten Blick schwer zu erkennen ist. Bedeutend ist das Dokument, da die aufgeführten Personen „im Wesentlichen den Personalstand und die Funktionen der jeweiligen Einheitsangehörigen der 3./SS-Panzer-Grenadier-Regiment 4 ‚Der Führer' im Mai/Juni 1944 – somit zur Tatzeit der Ereignisse in Oradour-sur-Glane vom 10. Juni 1944 – abbilden".[1162] Dies heißt unter anderem, dass die MG-Schützen der verschiedenen Gruppen auf der Liste verzeichnet sind.[1163] Als Schacht die Liste im Sommer 1992 übersah, lebten noch 57 Männer, die am 10. Juni 1944 in

---

[1155] Verfügung Schacht, 26. 8. 1991, StAM, 45 Js 11/78, Sonderordner Barth, Bl. 73–75.
[1156] Schacht bemühte sich über Monate, die Akten einzusehen, die sich währenddessen bei unterschiedlichen Stellen befanden. Erst im Juni 1992 wurden sie an ihn versandt. Vgl. hierzu die Korrespondenz in StAM, 45 Js 11/78, Sonderordner Barth, Bl. 73–113.
[1157] Vgl. Verfügung Schacht, 4. 8. 1992, StAM, 45 Js 11/78, Sonderordner Barth, Bl. 285–288.
[1158] Vgl. Beate Lakotta, Brendels Liste, in: Der Spiegel, 17. 3. 2014, URL: http://www.spiegel.de/ spiegel/print/d-125966637.html [4. 8. 2016].
[1159] Vgl. Vermerk LKA NRW, EKHK Willms, Tatbeteiligte Einheit(en) Oradour-sur-Glane, 28. 6. 2014, StA Do, 45 Js 2/11, HA, Bd. 14, Bl. 5478–5514, hier Bl. 5485–5487.
[1160] Vgl. Vermerk LKA NRW, EKHK Willms, Tatbeteiligte Einheit(en) Oradour-sur-Glane, 28. 6. 2014, StA Do, 45 Js 2/11, HA, Bd. 14, Bl. 5478–5514, hier Bl. 5487f.
[1161] Die Liste ist auch im Ausstellungskatalog abgedruckt (Dokument 173), vgl. CMO, Comprendre, S. 76, Quellennachweis S. 144.
[1162] Vermerk LKA NRW, EKHK Willms, Tatbeteiligte Einheit(en) Oradour-sur-Glane, 28. 6. 2014, StA Do, 45 Js 2/11, HA, Bd. 14, Bl. 5478–5514, hier Bl. 5485f., 5501.
[1163] Vgl. CMO, Comprendre, S. 76.

Oradour gewesen waren. Als sein Nachfolger Andreas Brendel das Verfahren im Jahr 2011 wieder aufnahm, waren es nur noch 17.[1164]

Allerdings stieß Schacht in den ZUV-Akten auf Informationen zu Angehörigen der 3. Kompanie, die in Dortmund nicht bekannt geworden, in der DDR hingegen vernommen worden waren, darunter B. und A. Begründeten deren Aussagen eine Wiederaufnahme des Verfahrens? Schacht zufolge war das zu prüfen,[1165] und das Ergebnis seiner Prüfung lautete Nein. Drei der bis dahin Unbekannten, so stellte der Oberstaatsanwalt fest, waren gar nicht oder zum Tatzeitpunkt nicht mehr Mitglied der 3. Kompanie gewesen. B. und A. hatten schon im Rahmen des Barth-Verfahrens eingeräumt, am 10. Juni 1944 in Oradour gewesen zu sein. Doch auch in ihrem Fall kam Schacht zu dem Schluss, dass nichts zu veranlassen sei und es bei der Einstellung des Verfahrens bleibe. Diese Entscheidung basierte auf den Aussagen der beiden ehemaligen Soldaten: von diesen sei „auszugehen"; „Beweismittel, die geeignet wären, die Darstellungen der Beschuldigten zu widerlegen", seien „nicht vorhanden". Demnach aber bestehe kein „hinreichender Tatverdacht für eine Beihilfehandlung".[1166]

Bevor Schachts strafrechtliche Argumentation nachgezeichnet wird, sei zunächst seine Zusammenfassung der Aussagen angeführt, auf denen sie beruhte:

„Der Beschuldigte A[.] hat angegeben, er habe dem von Barth geführten Zuge angehört[,] er habe gemeinsam mit anderen Zugangehörigen den Ort absperren müssen. Es seien ihnen zwar keinerlei weitere Instruktionen erteilt worden; er habe also nicht gewußt, worum es ging, als er abgesperrt habe.
Während des Einsatzes habe er dann aus dem Ort Schüsse und Schreie gehört; Häuser im Ort hätten ‚lichterloh' gebrannt.
[...] Der Beschuldigte B[.] hat angegeben, er habe ebenfalls dem von Barth geführten Zug angehört. Er schildert in seiner Vernehmung ein Ereignis, welches vermutlich mit dem Geschehen in Oradour identisch ist. Danach hat der Beschuldigte B[.] nicht, wie andere Angehörige des Zuges Barth, den Ort abgesperrt; er ist vielmehr mit anderen Einheitsangehörigen in das Innere des Ortes vorgerückt. Auch er wußte nicht, worum es ging; Instruktionen sind zu Beginn des Einsatzes an die Mannschaftsdienstgrade nicht erteilt worden.
Wie B[.] angibt, habe er im Verlaufe des Einsatzes von Barth den Befehl erhalten, einen älteren Mann zu erschießen; diesen Befehl habe er verweigert. Zu Konsequenzen habe das nicht geführt. Im weiteren Verlauf des Einsatzes habe er gesehen, daß eine Frau erhängt worden sei. Er habe außerdem bemerkt, daß Frauen und Kinder in einer Kirche zusammengetrieben worden seien. Er habe dann Schüsse und Schußsalven gehört und beobachtet, daß die Kirche angezündet worden sei.
Nähere Einzelheiten über seine eigene Tatbeteiligung gibt der Beschuldigte nicht an; er will keine Erinnerung mehr daran haben, was genau er in dem Ort gemacht habe. Er bringt aber zum Ausdruck, daß er selbst nicht geschossen und Menschen getötet habe."[1167]

[1164] Vgl. StA Do, 45 Js 2/11, Personenakte Allgemein. Zu berücksichtigen ist, dass die Zahlenangabe für das Jahr 2011 Personen einschließt, die 1953 durch das Militärgericht Bordeaux in Anwesenheit verurteilt wurden und deshalb Strafklageverbrauch eingetreten war. Zu den 57 noch lebenden Personen im Jahr 1992 zählte darüber hinaus Heinz Barth, für den das Gleiche galt. Er verstarb jedoch vor der erneuten Verfahrenseröffnung 2011, sodass er nicht zu den genannten 17 Personen zählte.
[1165] Vgl. Verfügung Schacht, 4. 8. 1992, StAM, 45 Js 11/78, Sonderordner Barth, Bl. 285–288.
[1166] Verfügung Schacht, 9. 9. 1992, StAM, 45 Js 11/78, Sonderordner Barth, Bl. 294–296.
[1167] Verfügung Schacht, 9. 9. 1992, StAM, 45 Js 11/78, Sonderordner Barth, Bl. 294–296.

Erinnern wir uns an dieser Stelle zunächst, dass § 27 StGB Beihilfe dann verwirklicht sieht, wenn der Beschuldigte „vorsätzlich einem anderen zu dessen vorsätzlich begangener rechtswidriger Tat Hilfe geleistet hat".[1168] Hierfür sah Schacht zwei notwendige Voraussetzungen nicht gegeben. Zum einen lag seiner Ansicht nach keine Hilfeleistung vor oder um es in seinen Worten zu sagen, die Beschuldigten hätten „durch ihren Tatbeitrag die Haupttat nicht gefördert". Dabei unterschied sich seine Einschätzung in einem wesentlichen Punkt von Nitardys Bewertung im Rahmen des Kahn-Verfahrens, denn Schacht ging zwar ebenso davon aus, dass den Beschuldigten zu Beginn des Einsatzes „der Zweck ihrer befehlsgemäß durchgeführten Handlungen nicht bekannt" gewesen sei, und sie den „von ihnen geleistete[n] Tatbeitrag" nicht in „Kenntnis der Tatsache, daß dieser zu einem Tötungsdelikt erbracht worden ist", geleistet hätten. Diese mangelnde Kenntnis sah er allerdings nicht für den gesamten Tatzeitraum als gegeben an: Nachdem B. und A. „im Verlaufe des Einsatzes erfahren mußten, daß hierbei Menschen getötet worden sind, war ihnen bekannt, daß die von ihnen geleistete Beihilfehandlung der Durchführung eines Tötungsdeliktes diente". Eine „strafbare Beihilfe" sah Schacht dennoch nicht als gegeben an, denn diese verlange, daß der Gehilfenbeitrag die Handlung des Haupttäters fördere. Das Tatgeschehen wäre jedoch „in keiner Weise anders verlaufen, wenn der Beschuldigte A[.] seinen Posten im Rahmen der Absperrkette verlassen oder der Beschuldigte B[.] eine Mitwirkung an weiteren Durchsuchungshandlungen abgelehnt hätte". Auch psychische Beihilfe liege nicht vor, denn die Beschuldigten – „beide Mannschaftsdienstgrade" – hätten „keine für die Tatausführung wesentliche Funktionen ausgeführt". Für die Haupttäter sei ihr Tatbeitrag „völlig nebensächlich und unbedeutend" gewesen.[1169]

Diese Argumentation ist in zweierlei Hinsicht bemerkenswert. Zum einen lässt sie außer Acht, dass sowohl Soldaten der Außenabsperrung als auch Soldaten, die den Ort durchsuchten, den Befehl erhalten hatten, Personen zu töten, und es im Einsatzbereich von Barths Zug nachweislich zu solchen Tötungen kam. Zum anderen ist Schachts Einschätzung im konkreten Fall erstaunlich, überträgt man sie auf das Gesamtgeschehen. Es ist durchaus vorstellbar, dass die Befehlsverweigerung der beiden Verdächtigen am Fortgang des Massakers nichts geändert hätte. Gleichwohl kann kein Zweifel daran bestehen, dass die „Haupttäter" das Massaker ohne die Absperrung und Durchsuchung des Orts durch eine Vielzahl rangniedriger Soldaten nicht hätten verüben können. Die zweite Bedingung für eine Beihilfehandlung, die Schacht als nicht gegeben ansah, war, „daß der Gehilfe das Zustandekommen der Haupttat, zu deren Förderung er tätig wird, will, und zwar auch deren Erfolg". Wenn der Gehilfe, so Schacht, „es nur untätig bei einem bestehenden Zustand beläßt, nachdem er von der Haupttat Kenntnis erlangt hat", fehle der Wille, die Tat zu unterstützen.[1170] Schachts Ausführungen verdeutlichen auch,

---

[1168] Vgl. Kapitel IV.2.6, Abschnitt „Kenntnis".
[1169] Verfügung Schacht, 9. 9. 1992, StAM, 45 Js 11/78, Sonderordner Barth, Bl. 294–296.
[1170] Verfügung Schacht, 9. 9. 1992, StAM, 45 Js 11/78, Sonderordner Barth, Bl. 294–296.

dass er von den Ergebnissen des ostdeutschen Oradour-Verfahrens offensichtlich nichts hielt. Die Schlussfolgerung des Berliner Urteils etwa, wonach allen Soldaten bei der Ankunft vor Oradour das Ziel des Einsatzes mitgeteilt worden war, und dass dies den Angaben der beiden ehemaligen Soldaten widersprach, erwähnte er mit keinem Wort. Erklärungsbedürftig bleibt, warum er die Möglichkeit nicht nutzte, die Beschuldigten mit vorliegenden, ihren Angaben teils widersprechenden Erkenntnissen und Aussagen zu konfrontieren. Bei der Lektüre der Vernehmungsprotokolle konnte Schacht nicht entgangen sein, dass die Ermittler des MfS seinerzeit in erster Linie an Aussagen zu Barth interessiert waren und nicht an der Rolle der Vernommenen bei dem Massaker. So hatte man B. etwa gar nicht damit konfrontiert, dass Barth seiner angeblichen Befehlsverweigerung widersprach.[1171] Darüber hinaus hatte Schacht die Einstellungsverfügung des von Nitardy geführten Verfahrens unterzeichnet. In dieser waren die Angehörigen von Barths Zug aufgelistet, von denen man die identifizierten noch Lebenden zur Rolle der beiden Verdächtigen hätte befragen können. Nichts davon geschah.

Das Ergebnis der ZUV-Überprüfung im Fall Oradour war insofern keine Ausnahme, als „die teilweise Wiederaufnahme von insgesamt 88, bereits abgeschlossenen Zentralen Untersuchungsvorgängen aus den Beständen des MfS-Zentralarchivs nur in wenigen Fällen zu einer erfolgreichen Verurteilung" führte. Dies war, wie Annette Weinke konstatiert,

„weder ein Indiz für die Unschuld der seinerzeit identifizierten Tatverdächtigen, noch ließ sich daraus im Nachhinein ‚die Exaktheit der in den letzten beiden Jahrzehnten der DDR gegen NS-Verdächtige anhängigen Ermittlungs- und Strafverfahren' herleiten, wie dies beispielsweise der systemloyale DDR-Jurist Günther Wieland nach der Wende nahezulegen versuchte. Vielmehr waren es auch hier, ähnlich wie im Westen, oftmals rechtstatsächliche Gründe wie Tod oder Krankheit von Beschuldigten sowie die fehlende Erinnerungsfähigkeit von Zeugen, die zur endgültigen Einstellung der Verfahren führten. Hinzu kamen strukturelle Faktoren wie der Personalmangel bei den westdeutschen Schwerpunktstaatsanwaltschaften, verbunden mit einem Rückgang zeithistorischen und rechtlichen Wissens, das für eine effektive Bearbeitung dieser schwierigen Verfahren notwendig gewesen wäre."[1172]

5.2 Die Verfahren gegen Adermann und andere sowie Adolf und andere 1989–1995

Es war auch Oberstaatsanwalt Klaus Schacht, der eines der beiden Ermittlungsverfahren einstellte, die auf der Auswertung der UNWCC- und CROWCASS-Fahndungslisten basierten. Die von 1943 bis 1948 bestehende UNWCC war von 17 Mitgliedstaaten der Alliierten Nationen geschaffen worden und erfasste Kriegsverbrechen und Verbrechen gegen die Menschlichkeit. Verwahrt wurden die so entstandenen Listen seit 1949 beim Sekretariat der Vereinten Nationen, eine Einsichtnahme – abgesehen für wissenschaftliche Nutzung – verwehrten

---

[1171] Vgl. Kapitel IV.3.2, Abschnitt „Die ‚Zeugen' B. und A."
[1172] Weinke, Gesellschaft, S. 158.

die Vereinten Nationen (UNO) später mit dem Verweis auf die Vertraulichkeit und Fehlerhaftigkeit der Unterlagen. 1986 wurden die Aufstellungen der Ludwigsburger Zentralstelle zur Auswertung übergeben, zusammen mit den Listen der CROWCASS, einer Einrichtung, die 1945 von den *Supreme Headquarters, Allied Expeditionary Forces* (SHAEF) zur Unterstützung der UNWCC eingerichtet worden war. Mit der Übergabe der Unterlagen ging ein stark wachsendes Arbeitspensum einher, denn die UNWCC hatte bis 1948 30 000 (Reichs-)Deutsche erfasst, die wegen Kriegsverbrechen gesucht wurden, oder als Zeugen aufgenommen worden waren. Fast zwei Jahre und mit aufgestocktem Personal wertete die ZStL die Listen aus, leitete circa 28 000 Überprüfungsvorgänge ein und gab etwa die Hälfte an die zuständigen Staatsanwaltschaften ab.[1173]

Der Hinweis auf die enorme Arbeitsbelastung der Ludwigsburger Ermittler findet sich auch in Dokumenten zur Abgabe der beiden Verfahren, die uns hier interessieren. Dort heißt es, die insgesamt mehr als 30 000 aufgelisteten Personen könnten in der Zentralen Stelle allein anhand der dortigen Zentralkartei überprüft werden, vor allem sei man nicht imstande, die UNWCC-Unterlagen über die den Listen zugrunde liegenden Sachverhalte auszuwerten. Die Vorermittlungsverfahren müssten deshalb im gegenwärtigen Stand abgegeben werden.[1174]

Im Jahr 1989 entschied der Bundesgerichtshof die Zuständigkeit des Landgerichts Dortmund für das eine, die der Stuttgarter Staatsanwaltschaft für das zweite Verfahren.[1175] Die Dortmunder Zentralstelle ermittelte in der Folge gegen Angehörige der 2. SS-Panzer-Division „Das Reich" und Mitglieder anderer deutschen Einheiten und Dienststellen in Frankreich wegen Mordes bzw. Beihilfe zum Mord.[1176] Oradour dürfte bei der Übergabe des Verfahrens noch nicht zu den zu untersuchenden Tatkomplexen gehört haben, sondern erst im weiteren Verlauf als neuer Tatort hinzugekommen sein.[1177] Zu den Beschuldigten zählten schließlich vier ehemalige Angehörige der Division „Das Reich". Genauere Informationen zu ihrer Einheitszugehörigkeit waren nicht angegeben, und in drei Fällen konnte weder Schicksal noch Aufenthalt geklärt werden. Das Verfahren gegen sie wurde aufgrund erschöpfter Fahndungsmöglichkeiten gemäß § 170 II Strafprozessordnung (StPO) eingestellt. Bei dem vierten Beschuldigten handelte es sich um Karl C., der – so das Ermittlungsergebnis – dem Regiment „Der Führer" angehört hatte und damit mehrerer Verbrechen der Einheit, einschließlich des Massakers von Oradour, verdächtigt wurde.[1178] Der 1912 geborene C. hatte bereits zu den Beschuldigten des Kahn-Verfahrens gehört und bei seiner Vernehmung angegeben, als technischer Führer Kraftfahrwesen (TFK) dem Stab des I. Bataillons angehört

---

[1173] Vgl. Weinke, Gesellschaft, S. 154f.
[1174] Vgl. Vermerk Luft-Hansen, 21. 8. 1989, mit Anlage, StAM, 45 Js 53/89, Bd. 1, Bl. 145–148; Vermerk Hiegert, 30. 3. 1989, StaL, EL 317 III Zugang 2002/41, 2 Js 48144/89, Roter Band 2.
[1175] Vgl. ZStL an ZStD, 17. 10. 1989, StAM, 45 Js 53/89, Berichtsheft, Bl. 1; ZStL an StA b. d. LG Stuttgart, 20. 6. 1989, StaL, EL 317 III Zugang 2002/41, 2 Js 48144/89, Roter Band 1.
[1176] Vgl. Verfügung Schacht, 31. 5. 1991, StAM, 45 Js 53/89, Handakten, Bl. 147–172.
[1177] Vgl. Vermerk Luft-Hansen, 21. 8. 1989, mit Anlage, StAM, 45 Js 53/89, Bd. 1, Bl. 145–148.
[1178] Vgl. Verfügung Schacht, 31. 5. 1991, StAM, 45 Js 53/89, Handakten, Bl. 147–172.

und von Oradour nur gehört zu haben.[1179] Im April 1991 erneut vernommen, gab er zu Protokoll, im Sommer 1944 dem Stab angehört und die Instandsetzungsstaffel geführt zu haben. Nie habe er der kämpfenden Truppe seiner Einheit angehört, nie an deren Kampfhandlungen teilgenommen.[1180] Der Beschuldigte, so bilanzierte Staatsanwalt Schacht, stelle in Abrede, „an den hier in Rede stehenden Tötungshandlungen beteiligt gewesen zu sein und Kenntnis von diesen Vorfällen zu haben". Da konkrete Belastungen durch Zeugen oder weitere Beschuldigte nicht vorlägen und sich solche auch aus den UNO-Akten nicht ergäben, sei er „nicht mit der für eine Anklageerhebung erforderlichen Gewißheit zu überführen". Auch das Verfahren gegen ihn wurde nach § 170 II StPO eingestellt.[1181]

Im zweiten Verfahren ermittelte die Stuttgarter Staatsanwaltschaft gegen Adolf und 64 andere wegen Mordes.[1182] Auch dort hatten sich die NSG-Verfahren seit Anfang 1988 vervielfacht. Der Dezernent, so klagte der LOStA, Dieter Jung, in einem Schreiben an das Stuttgarter Justizministerium, sei nicht mehr in der Lage, Verfahren wie das vorliegende binnen eines Jahres zu bearbeiten und an das baden-württembergische LKA weiterzuleiten. Außerdem würde sich wegen der vielen neuen Verfahren auch die dortige Bearbeitungszeit „ganz erheblich" verlängern.[1183] Tatsächlich sollte es über sechs Jahre dauern, bis das Verfahren zum Abschluss kam. Bis Februar 1993 berichtete die Stuttgarter Staatsanwaltschaft dem ortsansässigen Justizministerium halbjährlich allein vom schleppenden Fortgang des Verfahrens, das bis zu diesem Zeitpunkt über die Auswertung der UNWCC-Listen und -Akten nicht hinauskam.[1184] Euphorisch hatten die aus Ludwigsburg übersandten Unterlagen die Staatsanwaltschaft sicher nicht gestimmt, enthielten sie doch, was man einen *tour d'horizon* der bundesdeutschen Oradour-Ermittlungen nennen könnte: Einstellungsverfügungen aus der ganzen Republik als Ergebnis von drei Jahrzehnten Oradour-Ermittlungen.[1185] Bevor er das LKA mit Ermittlungen beauftragte, wollte Jung deshalb zunächst prüfen lassen, ob gegen die nun Beschuldigten schon Verfahren geführt worden waren bzw. bereits Strafklageverbrauch eingetreten war.[1186] Werfen wir, diesen Punkt aufnehmend, einen näheren Blick auf die Tatverdächtigen.

41 der 65 Männer waren zum Zeitpunkt der Ermittlungen bereits verstorben, konnten nicht ermittelt werden oder über ihr Nachkriegsschicksal war nichts be-

---

[1179] Vgl. Vernehmungsprotokoll Karl C., 16. 5. 1979, StAM, 45 Js 11/78, Bd. 6, Bl. 2015–2020.
[1180] Vgl. Vernehmungsprotokoll Karl C., 29. 4. 1991, StAM, 45 Js 53/89, Bd. 2, Bl. 167–169.
[1181] Verfügung Schacht, 31. 5. 1991, StAM, 45 Js 53/89, Handakten, Bl. 147–172.
[1182] Vgl. Vermerk Schrimm, 19. 9. 1995, StaL, EL 317 III Zugang 2002/41, 2 Js 48144/89, Heftsteg.
[1183] Jung an JM Stuttgart, 5. 7. 1989, StaL, EL 317 III Zugang 2002/41, 2 Js 48144/89, Berichtsheft.
[1184] Vgl. die Korrespondenz im entsprechenden Zeitraum in StaL, EL 317 III Zugang 2002/41, 2 Js 48144/89, Berichtsheft.
[1185] Vgl. StaL, EL 317 III Zugang 2002/41, 2 Js 48144/89, Roter Band 2.
[1186] Vgl. Jung an JM Stuttgart, 5. 7. 1989, StaL, EL 317 III Zugang 2002/41, 2 Js 48144/89, Berichtsheft.

kannt. Fünf weitere konnten nicht erneut verfolgt werden, da sie wegen des Massakers bereits verurteilt worden waren. Von den verbleibenden 19 waren 14 bereits Beschuldigte im Kahn-Verfahren oder zumindest vernommen worden. Fünf davon hatten zu den „Hauptverdächtigen" gezählt, das heißt, sie waren entweder in Bordeaux in Abwesenheit verurteilt worden oder hatten eingeräumt, in Oradour gewesen zu sein. Zu den meisten der anderen neun Männern hatte Nitardy in seiner Einstellungsverfügung bilanziert, sie stünden „nur wegen ihrer tatsächlichen oder mutmaßlichen Zugehörigkeit zum Stab des I. Bataillons und zur 3. Kompanie des Regiments ‚Der Führer' in dem Verdacht, an dem Massaker in Oradour beteiligt gewesen zu sein", hätten jedoch eine Tatbeteiligung in Abrede gestellt, das Gegenteil sei ihnen nicht nachzuweisen, da niemand sie konkret belaste. Anhaltspunkte für weitere Ermittlungen lägen nicht vor.[1187] Bei den restlichen fünf Beschuldigten zeigten die vorliegenden Dokumente in einem Fall, dass der Tatverdächtige erst nach dem Massaker der Division „Das Reich" angehörte. Bei einem zweiten namens B. kamen die Ermittler zu dem Ergebnis, es könnte sich um einen 1943 Gefallenen oder den vom Staatssicherheitsdienst vernommenen B. handeln. Bei den drei letzten Männern schließlich handelte es sich um Z., L. und J. Letzterer war nicht unter den von Nitardy ermittelten Männern, bei Z. war es Nitardy nicht gelungen, Schicksal und Aufenthalt zu klären, und schließlich hatte er seinerzeit einen anderen, bereits verstorbenen L. ermittelt.[1188] Alle drei Männer bzw. Männer mit gleichem Nachnamen waren 1953 vom Militärgericht Bordeaux in Abwesenheit verurteilt worden.[1189]

Was unternahmen die Ermittler in den 18 Fällen, in denen eine strafrechtliche Verfolgung weiterhin möglich war? Über eine „Tatverdächtigenidentifizierung"[1190] hinaus erst einmal nicht viel, denn offensichtlich hatten der zuständige Dezernent der Stuttgarter Staatsanwaltschaft und der ermittelnde LKA-Beamte entschieden, sich bei den weiteren Ermittlungen zunächst „vorrangig auf die Führungsleute der am 10. 06. 1944 in Oradour-sur-Glane eingesetzten Einheit" zu konzentrieren. Das Ergebnis war – wenig verwunderlich – mehr als dürftig. Außer Heinz Barth, der seit 1983 seine Haftstrafe verbüßte, und dem ehemaligen Regimentskommandeur Sylvester Stadler, waren alle Überprüften verstorben.[1191]

[1187] Einen Mann hatte Nitardy in seiner Einstellungsverfügung als tot angeführt, Schicksal und Aufenthalt eines weiteren nicht klären können. In beiden Fällen aber waren Männern gleichen Nachnamens vernommen worden, die nun Aufnahme in die Stuttgarter Einstellungsverfügung fanden. Beide hatten ihre Beteiligung an dem Massaker ebenfalls abgestritten. Vgl. Verfügung Schacht, 28. 1. 1980, StAM, 45 Js 11/78, Handakten, Bd. 4, Bl. 89–137.
[1188] Vgl. Verfügung Schacht, 28. 1. 1980, StAM, 45 Js 11/78, Handakten, Bd. 4, Bl. 89–137.
[1189] Nur in einem Fall hatte dem Militärgericht ein – ähnlicher – Vorname vorgelegen, in einem weiteren Fall war der Nachname phonetisch gleich. Vgl. TMP Bordeaux, Note de Jugement, StA Do, 45 Js 2/11, HA 10, Bd. 10, Bl. 3634–3750, hier Bl. 3634–3637, 3744–3747.
[1190] LKA Baden-Württemberg (BW), Fick, an StA Stuttgart, 17. 5. 1993, StaL, EL 317 III Zugang 2002/41, 2 Js 48144/89, Aktenordner.
[1191] LKA BW, Fick, an StA Stuttgart und ZStL, 5. 8. 1993, StaL, EL 317 III Zugang 2002/41, 2 Js 48144/89, Aktenordner. Überprüft wurden: Divisionskommandeur Heinz Lammerding, Regimentskommandeur Sylvester Stadler und sein Nachfolger Otto Weidinger, der Kommandeur des I. Bataillons, „Heinrich [sic]" Diekmann, und der Kommandeur des III. Ba-

Schon drei Wochen vor dieser Feststellung, Mitte Juli 1993, hatte sich das LKA an die JVA Brandenburg gewandt und nach dem Verbleib der Verfahrensakten zum Fall Barth gefragt, die „zur Sachverhaltsklärung und Bewertung von besonderer Bedeutung" seien. Auch bat man Barth zu fragen, ob er zu einer Vernehmung bereit sei.[1192] Zu diesem Zeitpunkt hatte Klaus Schacht seine Auswertung des ZUV 66 für die Dortmunder Zentralstelle bereits abgeschlossen (September 1992), und seine Vernehmung Barths lag knapp zwei Jahre zurück (August 1991). Hatte Barth seinerzeit zu Protokoll gegeben, „erforderlichenfalls bereit [zu sein], weitere Aussagen zu machen",[1193] teilte die JVA nun mit, er sei es nicht. Auch der Verbleib der Verfahrensakten war dort unbekannt.[1194] Die Akten geben keine Auskunft darüber, ob und in welchem Umfang das Stuttgarter LKA im Laufe der Ermittlungen noch Einsicht in den ZUV 66 nahm. Allerdings erhielt die Staatsanwaltschaft einen Teil der Unterlagen aus Ludwigsburg, darunter Anklageschrift und Urteil.[1195] Darüber hinaus finden sich in den Akten der Stuttgarter Staatsanwaltschaft einige Vernehmungsprotokolle Barths, unter anderem das Protokoll der 1991 von Schacht geführten Befragung.[1196]

Oberstaatsanwalt Jung sah nach der Information des LKA, dass von den seinerzeit eingesetzten „Führungsleuten" nur noch Barth und Stadler lebten, das Ende des Verfahrens bereits in nächster Nähe. Es habe lediglich noch einen Regimentskommandeur ermittelt werden können, berichtete er ins Stuttgarter Justizministerium, der „allerdings heute 82 Jahre alt" sei. Voraussichtlich könne „nach dessen Vernehmung – soweit eine solche überhaupt noch möglich ist – das Verfahren abgeschlossen werden".[1197] Es wundert vor diesem Hintergrund nicht, dass Kriminalhauptkommissar (KHK) Fick nicht besonders hartnäckig war, als er im Oktober 1993 nach Bayern reiste, um den inzwischen 83-jährigen Sylvester Stadler in seiner Wohnung zu befragen. Dieser zeigte sich wenig kooperationsbereit, ein richtiges Vernehmungsprotokoll kam gar nicht zustande. Fick fertigte stattdessen einen Vermerk über das Treffen, in dem es hieß:

„Nach den Vorgängen in und um Oradour-sur-Glane direkt angesprochen, erklärte Herr Stadler, daß er zu dieser Angelegenheit sowohl von den Alliierten – Amerikanern und Franzosen – während seiner Kriegsgefangenschaft und auch später von der deutschen Justiz – StA Dortmund – mehrmals eingehend und umfassend stets als Zeuge vernommen wurde und er bitte darum,

taillons, Helmut Kämpfe, Kompaniechef Otto Kahn, die drei Zugführer der 3. Kompanie und in einem Fall der stellvertretende Zugführer.

[1192] Fick an JVA Brandenburg, 14. 7. 1993, StaL, EL 317 III Zugang 2002/41, 2 Js 48144/89, Aktenordner.
[1193] Vgl. Kapitel IV.5.1.
[1194] Vgl. JVA Brandenburg an LKA BW, 19. 7. 1993, StaL, EL 317 III Zugang 2002/41, 2 Js 48144/89, Aktenordner.
[1195] Vgl. hierzu den Schriftverkehr zwischen ZStL und StA Stuttgart vom März 1993, StaL, EL 317 III Zugang 2002/41, 2 Js 48144/89, Aktenordner.
[1196] Die Protokolle finden sich in StaL, EL 317 III Zugang 2002/41, 2 Js 48144/89, Ordner Vernehmungsprotokolle.
[1197] Jung an JM Stuttgart, 25. 8. 1993, StaL, EL 317 III Zugang 2002/41, 2 Js 48144/89, Berichtsheft.

seine dort gemachten Angaben für dieses Verfahren beizuziehen, da er keine anderen und ergänzenden Aussagen zur Sache machen könne. Zum Handeln und Verhalten des ehemaligen SS-Sturmbannführers und Bataillons-Kommandeurs Diekmann [sic] damals in Oradour-sur-Glane angesprochen, meinte Stadler, er könne nur vermuten, daß Diekmann sein damaliges Handeln mit dem ‚Sperrle-Befehl' beim Verhalten im Kampf mit französischen Widerständlern gesehen haben könnte. Die von ihm, Stadler, angeordnete kriegsgerichtliche Untersuchung gegen Diekmann ist wegen der Gesamtumstände, Marsch der Division an die Invasionsfront, durch den Chefrichter der Division nicht sofort zum Tragen gekommen. Die für den späteren Zeitpunkt vorgesehene Einvernahme des Diekmann konnte nicht mehr erfolgen, da dieser noch im Juni 1944 bei den Abwehrkämpfen in der Normandie gefallen sei."[1198]

Stadler sei als Zeuge vernommen worden, legte Fick im nächsten turnusmäßigen Bericht der Staatsanwaltschaft dar, und käme „insbesondere deshalb nicht als Beschuldigter in Betracht", weil „die Erschießungen von Zivilisten [sic], die den Gegenstand des Ermittlungsverfahrens bilden, entgegen seinen ausdrücklichen Befehl durchgeführt worden waren und er seinerzeit unverzüglich eine kriegsgerichtliche Untersuchung des Vorfalls veranlasst hat".[1199]

Der Blick auf die vorangegangenen bundesrepublikanischen Ermittlungsverfahren hat es gezeigt: Ermittler und Staatsanwälte folgten immer wieder der „Minimalversion" des „Regiments- und Divisionszirkels". Bei dem Stuttgarter Ermittlungsverfahrens kommt diesem Befund indes eine besondere Bedeutung zu, hatte der Barth-Prozess diese Version des Geschehens doch infrage gestellt. Zwar konnte man – bei genauer Aktenkenntnis – Zweifel an der ein oder anderen Feststellung des Berliner Gerichts hegen, etwa an dem Befund, allen Soldaten sei bei der Ankunft in Oradour mitgeteilt worden, was genau bevorstehe. Auch konnten Barths Aussagen gegenüber Schacht den Verdacht wecken, seine früheren Angaben seien manipuliert worden. Und doch: Die Tatsache, dass jeglicher Verweis auf die Ergebnisse des ostdeutschen Verfahrens und die damit einhergehenden Widersprüche zum Narrativ des „Regiments- und Divisionszirkels" in den Stuttgarter Dokumenten fehlt, ist frappierend. Dazu gehört, dass Ermittler und Staatsanwaltschaft das Verhalten der SS-Division „Das Reich" im Südwesten Frankreichs bei ihrer historischen Einordnung des Massakers komplett ausblendeten. Im Dezember 1993 übersandte der Historiker Hans Umbreit vom Militärgeschichtlichen Forschungsamt Freiburg eine Fotokopie des von Stadler genannten „Sperrle-Befehls" an KHK Fick und erläuterte in seinem Schreiben kurz Zusammenhang und Bedeutung des Befehls.[1200] Diese Erläuterungen Umbreits übernahm die Stuttgarter Staatsanwaltschaft als „historische[n] Hintergrund", vor dem die Taten zu sehen seien, nahezu wortwörtlich in ihre Einstellungsverfügung, wie auch einen Auszug aus dem „Sperrle-Befehl". Eine argumentative Verknüpfung von Umbreits Ausführungen und dem gewählten Dokumentenauszug mit dem Massaker in Oradour blieb je-

---

[1198] Vermerk Fick, 15. 10. 1993, StaL, EL 317 III Zugang 2002/41, 2 Js 48144/89, Aktenordner Vernehmungsprotokolle.
[1199] Jung an JM Stuttgart, 23. 2. 1994, StaL, EL 317 III Zugang 2002/41, 2 Js 48144/89, Berichtsheft.
[1200] Vgl. Umbreit an Fick, 7. 12. 1993, StaL, EL 317 III Zugang 2002/41, 2 Js 48144/89, Aktenordner.

doch aus. Statt dessen standen „historischer Hintergrund" und die darauf folgenden Erläuterungen zum „Sachverhalt", der dem Verfahren zugrunde lag, bezugslos nebeneinander.[1201] Den „Sachverhalt" hatte man – von einigen Kürzungen abgesehen – komplett aus der Einstellungsverfügung des Kahn-Verfahrens übernommen, inklusive der fehlerhaften Schreibweise von Helmut Kämpfes Namen. Keine einzige Erkenntnis des Barth-Verfahren fand darin Eingang. So war etwa keine Rede von dem Sachverständigengutachten, das den Einsatz der Division als „Terrorfeldzug durch Süd- und Mittelfrankreich", dem hunderte französische Bürger zum Opfer gefallen seien, bezeichnete, und das in den Massakern von Tulle und Oradour „prägnante Beispiele" dafür sah, „mit welcher Brutalität die 2. SS-Panzerdivision ihren verbrecherischen Auftrag zur Unterdrückung der französischen Bevölkerung erfüllte".[1202] In diesem Punkt fiel die Darstellung in der Einstellungsverfügung sogar noch hinter jene des Lammerding-Verfahrens zurück. Dort hatte es ausdrücklich geheißen, die Einheit sei zum Tatzeitpunkt zur Bekämpfung des bewaffneten Widerstands eingesetzt gewesen. Hier nun hieß es allein, sie habe sich auf dem Weg in die Normandie befunden.[1203]

Auch für dieses Ermittlungsverfahren gilt: Die Frage nach dem ursprünglichen Befehlsgeber war für den Mordnachweis einzelner Soldaten niedrigen Rangs kaum von Belang. Mit Sylvester Stadler aber hatte man den Regimentskommandeur – vermeintlich – ins Fadenkreuz genommen, sodass die Frage von höchster Relevanz war. Doch wie bei der Überprüfung des ZUV 66 durch den Leiter der ZStD ist auch hier zu konstatieren, dass die Erkenntnisse des Ost-Berliner Verfahrens in der Einstellungsverfügung nicht einmal erwähnt wurden.

Kommen wir noch einmal zurück zu denjenigen 19 Tatverdächtigen, die lebten und bei denen kein Strafklageverbrauch eingetreten war. In einer ausführlichen Sachstandsmitteilung vom Januar 1994 berichtete KHK Fick, er habe zur „Erkenntnisgewinnung hinsichtlich Sachzusammenhänge und der genannten Tatbeteiligten" das Kahn-Verfahren ausgewertet. Zu den 14 seinerzeit bereits Beschuldigten bzw. Vernommenen fasste er deren Vernehmungsprotokolle zusammen und/oder konstatierte die Einstellung des Verfahrens gegen die fünf „Hauptverdächtigen".[1204] Dass das LKA kurz vor Abschluss des Verfahrens die Dortmunder Einstellungsverfügung mit dem Hinweis „wie tel. besprochen als

---

[1201] Vermerk Schrimm, 19. 9. 1995, StaL, EL 317 III Zugang 2002/41, 2 Js 48144/89, Heftsteg.
[1202] Sachverständigengutachten, Klaus Geßner, Militärgeschichtliches Institut der Deutschen Demokratischen Republik, BStU, MfS, HA IX/11, ZUV 66, Bd. 9 (ehem. EV 9), Bl. 69–93.
[1203] Die Einsätze der Division „Das Reich" in der Bekämpfung des bewaffneten Widerstands in Frankreich fehlten auch in einer ausführlichen Darlegung des historischen Kontextes durch das LKA vom August 1994. Dort war darüber hinaus vom „gegnerischen Bandenwiderstand der Maquis [sic]" die Rede und davon, Bataillonskommandeur Helmut Kämpfe sei „von französischen Maquisards am 10. 6. 1944 bei Oradour-sur-Glane erschossen" worden. Fick an StA Stuttgart, 11. 1. 1994, StaL, EL 317 III Zugang 2002/41, 2 Js 48144/89, Aktenordner.
[1204] Fick an StA Stuttgart, 11. 1. 1994, StaL, EL 317 III Zugang 2002/41, 2 Js 48144/89, Aktenordner.

Erledigungshilfe" an die Staatsanwaltschaft übersandte,[1205] deutet es bereits an: Zu den fünf früheren „Hauptverdächtigen" bezog sich die Stuttgarter Einstellungsverfügung – wenn überhaupt – allein auf die Dortmunder Argumentation und versah diese nicht einmal durchgängig mit dem Hinweis, dass neue Erkenntnisse nicht vorlägen.[1206] Bei den anderen neun bereits in Nitardys Verfahren beschuldigten bzw. vernommenen Männern blieb es bei einer Zusammenfassung ihrer damaligen Aussagen und zuallermeist dem Hinweis, diese seien nicht zu widerlegen.[1207] Unter ihnen war auch der von Nitardy falsch identifizierte Heinrich, der 1978 angegeben hatte, er sei zum Tatzeitpunkt Angehöriger des II. Bataillons gewesen. Doch inzwischen wäre es ohnehin zu spät gewesen. Der „richtige" A. Heinrich war 1985 verstorben.[1208]

Mit dem Stuttgarter Verfahren lag der Fall B. inzwischen das dritte Mal zur strafrechtlichen Einschätzung vor. Auch hier hielt man eine erneute Vernehmung offensichtlich für überflüssig und stellte das Verfahren auf seinen früheren Angaben basierend ein – allerdings mit einer anderen Begründung als Schacht wenige Jahre zuvor:

„Die bloße Anwesenheit am Tatort erfüllt nicht den Tatbestand der Beihilfe zum Mord, da insoweit das Vorliegen eines niedrigen Beweggrundes nicht nachgewiesen werden kann. Wie gezeigt, war ein Teil der Soldaten der Auffassung, es handle sich um einen Einsatz gegen Partisanen. Es muß zugunsten der Beschuldigten, denen eine direkte Beteiligung insbesondere an der Tötung der Frauen und Kinder nicht nachgewiesen werden kann, davon ausgegangen werden, daß ihnen das Ausmaß der Tötungen im Ort nicht bekannt war. Die nach ihrer Vorstellung erfolgende Erschießung von Partisanen, die mit der Entführung eines deutschen Offiziers in Verbindung gebracht wurde, vermag die Annahme niedriger Beweggründe nicht zu rechtfertigen, so daß allenfalls Beihilfe zum Totschlag in Betracht käme. Diese wäre verjährt."[1209]

Mit dieser – teils wörtlich aus der Dortmunder Einstellungsverfügung zu N.[1210] übernommenen – Argumentation gestand man B. eine pauschale Unwissenheit zu, die Schacht ihm in seiner Einschätzung bereits nicht mehr eingeräumt hatte.

Vernommen wurden neben Sylvester Stadler allein die drei bereits genannten Männer Z., L. und J. Analog zu Stadlers Befragung rechnete man auch hier kaum mit Erfolg. Das Verfahren könne voraussichtlich nach der Durchführung der Vernehmungen abgeschlossen werden, berichtete Oberstaatsanwalt Jung erneut an das Stuttgarter Justizministerium.[1211] J., 1924 geboren und Ruheständler, gab dann

---

[1205] LKA BW an Schrimm, [nach 8. 9. 1995], StaL, EL 317 III Zugang 2002/41, 2 Js 48144/89, Heftsteg 2.
[1206] Nur in einem Fall verwies man auf die Argumentation im Fall B., und damit indirekt erneut auf das Kahn-Verfahren. Vgl. hierzu unten.
[1207] In einem Fall schätzte man die Angaben als glaubhaft ein, in einem anderen wies man explizit darauf hin, eine konkrete Tatbeteiligung sei nicht nachzuweisen. Vgl. Vermerk Schrimm, 19. 9. 1995, StaL, EL 317 III Zugang 2002/41, 2 Js 48144/89, Heftsteg.
[1208] Vgl. Vermerk LKA NRW, EKHK Willms, Tatbeteiligte Einheitsangehörige des SS-Pz.Gren.Rgt. 4 „Der Führer", 20. 2. 2015, StA Do, 45 Js 2/11, HA, Bd. 16, Bl. 6295–6309.
[1209] Vermerk Schrimm, 19. 9. 1995, StaL, EL 317 III Zugang 2002/41, 2 Js 48144/89, Heftsteg.
[1210] Vgl. Kapitel IV.2.6, Abschnitt „Die Tötung der Männer als erlaubte Repressalie".
[1211] Vgl. Jung an JM Stuttgart, 23. 2. 1994, StaL, EL 317 III Zugang 2002/41, 2 Js 48144/89, Berichtsheft.

auch zu Protokoll, zwar der Division „Das Reich" angehört, aber zur Tatzeit mit zehn Kameraden in Magdeburg Panzer abgeholt zu haben.[1212] Im Fall von L. war eine Vernehmung aufgrund seiner starken Hörbeeinträchtigung nicht möglich. In einer von seiner Tochter protokollierten schriftlichen Erklärung gab er an, nach seiner Kriegsverletzung im Januar 1943 nicht mehr zu Kampfeinsätzen herangezogen worden zu sein. Zur Tatzeit habe er sich in der Unterführerschule Radolfzell aufgehalten. Und selbst vorher hatte L. seiner Niederschrift zufolge nicht zur tatausführenden Einheit gehört.[1213]

Die dritte Vernehmung verdeutlich den Wert der von Klaus Schacht übersehenen Kompanieliste, denn diese weist Z. als Führer der 3. Gruppe des I. Zugs unter Heinz Barth aus.[1214] Ohne das Dokument aber hatte der Vernehmende von der Landespolizeidirektion Leipzig Z.s Angaben nichts entgegenzusetzen. Z. räumte zwar ein, der Division „Das Reich" und zeitweise auch dem Regiment „Der Führer" angehört zu haben und 1944 in Frankreich eingesetzt gewesen zu sein, betonte aber wiederholt, sich nicht mehr an genaue Einheiten, Zeiten und Orte zu erinnern. Schließlich wurde der Vernehmende konkret: „Waren Sie dabei, als die verstärkte 3. Kompanie des Bataillons den Ort Oradour-sur-Glane umstellte, dort ein Massaker beging und brandschatzte?" In diesem Punkt war sich Z. sicher: „an dieser Stelle" könne er „eindeutig sagen, daß ich nicht dabei war, als diese Ungeheuerlichkeiten begangen wurden".[1215] Z. mit seiner Nennung als Gruppenführer auf der Kompanieliste zu konfrontieren, war den Ermittlern im 2011 eröffneten Verfahren nicht mehr möglich. Er verstarb ein knappes Jahr nach seiner Vernehmung im Rahmen des Stuttgarter Verfahrens.[1216] Oberstaatsanwalt Jung bilanzierte in seiner Einstellungsverfügung zu allen dreien, ihre Einlassungen könnten nicht widerlegt werden. Und so endete das letzte deutsche Oradour-Verfahren im 20. Jahrhundert mit den Sätzen: „Die Ermittlungsmöglichkeiten sind erschöpft. Das Verfahren ist, soweit die Beschuldigten verstorben sind, erledigt. Im übrigen wird es gemäß § 170 Abs. 2 StPO insgesamt eingestellt."[1217]

In Ludwigsburg hatte man wohl den Eindruck, sich der Gründlichkeit der Ermittlungen versichern zu müssen. Als man im Dezember 1990 die angeforderten Kopien aus den UNWCC-Akten nach Stuttgart schickte, wies man darauf hin, dass darin weitere Verdächtige genannt würden, und übersandte dazugehörige Informationen aus der Ludwigsburger Zentralkartei. Noch am gleichen Tag übersandte

---

[1212] Vgl. Vernehmungsprotokoll J., 28. 3. 1995, StaL, EL 317 III Zugang 2002/41, 2 Js 48144/89, Aktenordner.
[1213] Vgl. Erklärung L., o. D., StaL, EL 317 III Zugang 2002/41, 2 Js 48144/89, Aktenordner; Vermerk Kriminalpolizeiaußenstelle Elmshorn, KHK Mader, 17. 8. 1994 und 18. 8. 1994, ebenda.
[1214] Allerdings nur mit Nachnamen. Vgl. Kompanieliste „Washingtoner Material", o. D., BStU, MfS, HA IX/11, ZUV 66, Bd. 27 (ehem. GA 15), Bl. 38–41, hier Bl. 38.
[1215] Vernehmungsprotokoll Z., 1. 2. 1994, StaL, EL 317 III Zugang 2002/41, 2 Js 48144/89, Aktenordner.
[1216] Vgl. Sterbeurkunde Z., StA Do, 45 Js 2/11, Personenakte/Z.
[1217] Vermerk Schrimm, 19. 9. 1995, StaL, EL 317 III Zugang 2002/41, 2 Js 48144/89, Heftsteg.

man ein zweites Schreiben, in dem es hieß, man gehe mit Blick auf die zusätzlichen Verdächtigen davon aus, „daß Sie das gegebenenfalls Erforderliche veranlassen und uns hiervon alsbald benachrichtigen werden."[1218] Die Anzahl der Verdächtigen blieb jedoch bei 65. Im September 1997, genau zwei Jahre nach der Einstellung des Verfahrens, vermerkte ein ZStL-Mitarbeiter in den Akten der Stuttgarter Staatsanwaltschaft, es sei „noch zu prüfen, ob alle in den UNWCC-Akten aufgeführten Tatverdächtigen von der Staatsanwaltschaft in das Verfahren einbezogen worden" seien. Aber auch die ZStL scheiterte wohl am eigenen Arbeitspensum: Die Überprüfung sei „wegen vordringlicher anderer Arbeiten" derzeit nicht möglich. Nach einem Jahr sollte der Vorgang wieder vorgelegt werden – der Aktenlage zufolge blieb die Überprüfung aus.[1219]

Sind also die Stuttgarter Ermittlungen nur ein typischer Fall der UNWCC-Ermittlungen? Wie Annette Weinke aufzeigt, sahen sich die Ludwigsburger Ermittler nach dem eigenen erheblichen Arbeitsaufwand allgemein mit völlig unbefriedigten Ergebnissen konfrontiert, denn:

„zu diesem Zeitpunkt waren die meisten Staatsanwaltschaften schon nicht mehr bereit oder in der Lage, den von Ludwigsburg übermittelten Hinweisen mit der gebotenen Sorgfalt nachzugehen. Vielfach ließ man daher eine gewisse Schamfrist verstreichen, um das Verfahren aus ermittlungstechnischen Gründen nach Paragraph 170 Absatz 2 StPO einstellen zu können. Angesichts der Tatsache, daß diese Form von Verfahrenserledigung nicht etwa ausnahmsweise vorkam, sondern vielmehr zum Regelfall wurde, gelangte man in Ludwigsburg sehr schnell zu der Auffassung, die Arbeit an den UNWCC-Listen sei ein ‚politisches Kind' gewesen, daß die Justizminister der Zentralen Stelle aus außenpolitischen Sachzwängen heraus aufgedrückt hätten."[1220]

Der Gang der Dinge hat die Frage beantwortet, ob mehr Sorgfalt zu einem anderen Ermittlungsergebnis geführt hätte. Die Antwort lautet Ja. Anfang des Jahres 2011 leitete die Staatsanwaltschaft Dortmund erneut ein Ermittlungsverfahren zum Tatkomplex Oradour ein, und nahezu 70 Jahre nach dem Massaker erhob Andreas Brendel im Januar 2014 Anklage gegen den inzwischen 88-jährigen Werner C. wegen „gemeinschaftlich begangenen Mordes an 25 Menschen und Beihilfe zum Mord an mehreren hundert Menschen".[1221]

[1218] Beide Male: Hiegert an StA b. d. LG Stuttgart, 11. 12. 1990, StaL, EL 317 III Zugang 2002/41, 2 Js 48144/89, Heftsteg 3.
[1219] Verfügung Kr., 25. 9. 1997, BArch Ludwigsburg, B 162/41743, letztes Blatt.
[1220] Weinke, Gesellschaft, S. 155 f.
[1221] Landgericht Köln, Pressestelle, Pressemitteilung. Anklageerhebung gegen einen 88-jährigen Kölner wegen der Morde in Oradour-sur-Glane im Juni 1944, 8. 1. 2014, URL: http://www.lg-koeln.nrw.de/behoerde/040_presse/zt_presse/archiv/PM-2014-112-Oradour-sur-Glane.pdf [13. 3. 2017].

V. Entschädigungszahlungen

Die Untersuchung deutscher Entschädigungszahlungen an Oradour beginnt zeitlich und räumlich weit entfernt vom deutsch-französischen Globalabkommen des Jahres 1960 und den 1973 beginnenden Verhandlungen zwischen der DDR und Frankreich. Sie nimmt ihren Anfang im gerade erst zerstörten Oradour mit der Frage nach finanzieller Unterstützung der Überlebenden und Hinterbliebenen durch den französischen Staat. Dieser Rückblick hat drei Gründe. *Primo*: Als die Entschädigungsgelder aus dem deutsch-französischen Globalabkommen in den 1960er Jahren verteilt wurden, war allein Paris für die Distribution verantwortlich. Die französische Regierung griff dabei auf Kriterien zurück, die sie bereits in den 1940er Jahren im Rahmen der innerfranzösischen Kriegsopferversorgung festgelegt hatte. Welche Opfer und in welcher Höhe aus den bundesdeutschen Geldern entschädigt werden konnten, war somit eng an dieses innerfranzösische System geknüpft. *Secundo*: Durch die französische Verteilungshoheit über die bundesdeutsche Globalsumme wurde nicht der zahlende Nachfolgestaat des Deutschen Reichs, sondern die französischen Behörden zum Gegenüber der Opfer im Sinne der Entschädigung als „Begegnungsgeschichte".[1] Aufgrund der Ernennung Oradours zum nationalen Symbol bestand eine besondere Beziehung zwischen dem Ort bzw. den Überlebenden und Hinterbliebenen des Massakers und dem französischen Staat. Um diese stand es in den 1960er Jahren nicht gut, der Bordeaux-Prozess und seine Folgen belasteten das Verhältnis noch immer. Darüber hinaus führte gerade die innerfranzösische Kriegsopferversorgung seit Ende der 1940er Jahre wiederholt zu Konflikten. Die deutschen Entschädigungszahlungen wurden somit Teil einer angespannten Beziehung. Fragt man nach der Rezeption der bundesdeutschen Entschädigung, so gilt es, diese besondere Beziehungsfacette in den Blick zu nehmen. *Tertio*: Die französischen Leistungen waren vielzählig, verschiedener Gestalt und wurden teilweise – etwa bei Rentenzahlen – über einen langen Zeitraum hinweg geleistet. Die einmalige bundesdeutsche Entschädigung war gleichsam umgeben von einem Geflecht französischer Leistungen, in das sie einzuordnen ist, um die Reaktionen auf die deutschen Zahlungen verstehen und ihre Bedeutung näher bestimmen zu können.

1. Französische Entschädigungen für die Opfer von Oradour

Erste Unterstützungen

Mit dem Massaker in Oradour gingen in vielen Fällen finanzielle Sicherheiten verloren: Frauen verloren ihre Ehemänner und damit in der Regel die Ernährer der

---

[1] So Winstel, Gerechtigkeit, S. 12, mit Bezug auf Rückerstattung, „etwa wenn jüdische Alteigentümer und ‚arische' Erwerber in der neuen Konstellation als Berechtigte und Pflichtige aufeinander trafen".

Familie; Kinder verloren ihre Eltern und wurden zu Halb- oder Vollwaisen; Eltern verloren ihre Kinder und damit die Generation, die ihr Leben im Alter möglicherweise hätte absichern können. Diejenigen, die überlebten, waren mitunter ihrer Lebensgrundlage beraubt. Die Soldaten der Waffen-SS hatten 328 Gebäude zerstört und ein Ruinenfeld auf 15 Hektar Land zurückgelassen. Wohnraum aber auch landwirtschaftliche Betriebe, Werkstätten und Geschäfte lagen in Trümmern. Etwa 60 Überlebende aus Oradour besaßen nach dem 10. Juni 1944 nichts mehr.[2] Und so ging es nach dem Massaker nicht nur um psychisches und physisches Leid, es ging auch um wirtschaftliches Überleben. Diese doppelte Notwendigkeit spiegelt sich in der Gründung der *Association des Sinistrés et Rescapés d'Oradour-sur-Glane* (ASRO) im September 1944, deren Aufgabe es sein sollte, die „materiellen und immateriellen Rechte" der Geschädigten und Überlebenden zu verteidigen.[3] Im Kern ging es dem Verband darum, seine Mitglieder über ihre Rechte zu informieren, sie bei der Einforderung dieser Rechte zu unterstützen und ihre Interessen hinsichtlich des Wiederaufbaus und sonstiger Unterstützung durch den Staat und soziale Hilfswerke zu verteidigen.[4] Jenseits staatlicher Entschädigungen erfuhr Oradour vielfältige und internationale Unterstützung, wenn deren monetäre Bedeutung und Reichweite hier auch nicht eingeschätzt werden können. Neben der Hilfe französischer sozialer Hilfswerke[5] erreichten den Ort Geld- und Sachspenden aus dem In- und Ausland – die bekanntesten Spender waren Vincent Auriol und Charles de Gaulle –, in Buenos Aires wurde eine Wohltätigkeitsveranstaltung zugunsten Oradours ausgerichtet, es entstanden Patenschaften für Waisenkinder und für die Schule im *village provisoire*.[6]

---

[2] Zahlen nach: Desourteaux/Hébras, Oradour, S. 163, 173. Bei den Überlebenden des Orts Oradour sind diejenigen Personen nicht mitgerechnet, die sich zum Zeitpunkt des Massakers in Kriegsgefangenschaft befanden, sowie jene, die zum Arbeitsdienst in Deutschland (*Service du travail obligatoire*, STO) oder den *chantiers de jeunesse* verpflichtet worden waren. Vgl. ebenda, S. 163.
[3] ASRO, Président, Rundschreiben, 20. 11. 1944, ACMO, 8 FP 4.
[4] Vgl. ASRO, Statuts, 16. 9. 1944, hier Artikel 2, ACMO, 8 FP 4. Wie sich dies im Einzelnen gestaltete, ist mit Ausnahme des Baus des neuen Oradour bislang nicht erforscht. Vgl. dazu Essaian/Fouché, Construction, sowie aus Sicht der Überlebenden Desourteaux/Hébras, Oradour, S. 173–175.
[5] Die Hilfsorganisation *Entr'aide française* verteilte über die ANFM Haushaltsgeräte und Laken. Das *Comité des œuvres sociales des organisations de Résistance* (COSOR) ermöglichte, „die in Oradour Erschossenen den erschossenen Widerstandskämpfern gleichzusetzen und dadurch eine monatliche Beihilfe zu erhalten, die diese Organisation direkt an Witwen und Witwer mit zu versorgenden Kindern, die eine finanzielle Unterstützung benötigen, Waisen, alte Menschen und Kranke auszahlt". Waisenkinder erhielten darüber hinaus Päckchen mit Weihnachtsgeschenken. ANFM, Assemblée générale, 26. 1. 1947, Compte rendu moral, ACMO, 5 FP 2.
[6] Nachweise für diese und andere Beispiele finden sich in den Protokollen der ANFM, vor allem bis Anfang der 1950er Jahre, ACMO, 5 FP 2 und 5 FP 3. Das Festival in Buenos Aires wurde von einer französischsprachigen Zeitung veranstaltet, die Patenschaften für Waisenkinder übernahm ein amerikanischer Verein, die Patenschaft für die Schule die französische Stadt Saint-Maur-des-Fossés. Darüber hinaus übergaben Besucher der Ruinen dem dortigen Fremdenführer regelmäßig Spenden. Zur Schulpatenschaft vgl. Valade, Oradour, S. 29, der darauf hinweist, dass auch andere Spenden zur Einrichtung der Schule und der Ausstattung der Schü-

Was die Kriegsopferversorgung des französischen Staats für die Überlebenden und Hinterbliebenen des Massakers anbelangt, so war die Lage komplex.[7] Die drei zentralen Handlungsbereiche der ANFM in diesem Bereich waren Kriegsschäden, Pensionen und Wiederaufbau. Wer von den Überlebenden und Hinterbliebenen, wie und in welcher Höhe entschädigt wurde, hing von vielen Faktoren ab: Wie waren Familienangehörige ums Leben gekommen? Wozu hatten die zerstörten Gebäude gedient und lagen sie im Bereich des *monument historique*? Konnte die Höhe der entstandenen Schäden belegt werden? Waren durch das Massaker verwitwete Personen inzwischen wieder verheiratet?[8] Die französische Kriegsopferversorgung zählte neben den Bemühungen um die strafrechtliche Verfolgung der Täter und dem ehrenden Gedenken an die Opfer (*culte du souvenir*) zu den „großen Problemen" des Verbands[9] und war bis etwa Anfang der 1960er Jahre einer der wichtigsten Bereiche der Verbandsarbeit. Die genannte Formulierung verweist bereits auf das Konflikthafte, das diesem Thema innewohnte. In mehreren Punkten sah sich die ANFM verpflichtet, die Interessen ihrer Mitglieder gegenüber dem Gesetzgeber zu vertreten, und sie tat dies mit Nachdruck, langem Atem und vielfach mit Erfolg.

Der Bau des neuen Oradour

Der Bau des neuen Oradour war ein Sonderfall im französischen Wiederaufbau nach dem Zweiten Weltkrieg und erwies sich gerade deshalb als problematisch für die künftigen Bewohner.[10] Ein Gesetz vom 10. Mai 1946 schrieb die Sonderbehandlung des *village martyr* fest und darin lag der Keim der folgenden Konflikte. Notwendig geworden war das Gesetz, weil sich der französische Staat mit rechtlichen Problemen konfrontiert sah, als zwei bereits 1944 beschlossene bauliche Vorhaben umgesetzt werden sollten. Im November 1944 hatte die provisorische Regierung unter General de Gaulle entschieden, die Ruinen zu erhalten und in unmittelbarer Nähe ein neues Oradour zu errichten. Das Gesetz von 1946 sollte die inzwischen aufgetretenen Probleme der Eigentums- und Erbschaftsrechte lö-

---

ler beitrugen. Jacques Delarue berichtet, die MUR hätten den Überlebenden des Massakers jeweils 1000 Franc aus ihrem Sozialfonds (*Service social*) zur Verfügung gestellt. Vgl. Delarue, Trafics (1968), S. 432–434.

[7] Offizielle Unterstützung seitens der Präfektur in Limoges erhielten die Opfer laut Delarue, Trafics (1968), S. 434, erstmals am 18. Juli 1944 in Höhe von 1500 Franc pro Familie. Als in der Nähe der Ruinen Holzbaracken für die Überlebenden und Hinterbliebenen gebaut wurden, konnten die neuen Bewohner über das Ministerium für Kriegsveteranen und Kriegsopfer (*Ministère des Anciens combattants et victimes de guerre*, MACVG) Möbel erwerben oder mieten. Die Kosten konnten ggf. über eine besondere Beihilfe finanziert werden. Vgl. Valade, Oradour, S. 20 f.

[8] Diese Themen werden in den Protokollen der ANFM vor allem bis Anfang der 1960er Jahre genannt. Dort finden sich allerdings keine Informationen darüber, wer schließlich mit welchen Summen entschädigt wurde. Vgl. ACMO, 5 FP 2 und 5 FP 3.

[9] ANFM, Assemblée générale, 22. 2. 1948, Compte rendu moral, ACMO, 5 FP 2.

[10] Hierzu und zum Folgenden wenn nicht anders angegeben: Essaian/Fouché, Construction.

sen. Die Anspruchsberechtigten der Ruinen wurden enteignet, der neue Ort sollte mit Hilfe von Kriegsschädenkrediten gebaut werden. Darüber hinaus zeigt der Gesetzestext das symbolische Moment des Vorhabens. Mit dem neuen Oradour, so hieß es darin, hätten die französischen und ausländischen Pilger „neben dem Sinnbild des geschundenen Frankreich, jenes des wieder aufblühenden".[11]

Was den Behörden schon vor der Grundsteinlegung deutlich wurde, erfuhren die Geschädigten erst 1949: Der Bau ihrer neuen Häuser überstieg das vorhandene Budget oder konkreter: Dem französischen Staat schwebte der Bau eines Modeldorfs vor, doch die geplanten Häuser waren mit den Entschädigungssummen nicht zu bezahlen. Bereits vor der Verabschiedung des Gesetzes 1946 war das Vorhaben auf Ablehnung der Justiz- und der Finanzverwaltung gestoßen, die einen Verstoß gegen die allgemeinen Leitlinien des Wiederaufbaus kritisierten. Letztere wurden erst ein halbes Jahr später festgelegt und sahen bei den Entschädigungen Abschläge für Baufälligkeit vor. Da dieser Aspekt in dem Gesetz zum Wiederaufbau Oradours gar nicht zur Sprache gekommen war, entstand einer Finanzierungslücke, die man auf die Geschädigten abzuwälzen versuchte. Man stellte sie vor die Entscheidung, ihre Häuser entweder kleiner und unfertig zu übernehmen oder aber deren Fertigstellung zuzustimmen – auf eigene Kosten. Das Gros der Häuser wurde wie geplant fertiggestellt (die Arbeiten waren bereits weit fortgeschritten gewesen) und das Gros der Besitzer schuldete dem französischen Staat folglich eine Ausgleichszahlung, die die meisten nicht bereit waren zu begleichen. Es folgten zehn Jahre, in denen Eigentümer, Gemeinde und Behörden verhandelten, bis eine Lösung zugunsten der Besitzer erreicht wurde.[12]

Weitere Konflikte wurzelten in der geringen Beachtung der künftigen Eigentümer. Der Wille, ein Modelldorf zu errichten, kam unter anderem in der besonderen Sorgfalt zum Ausdruck, die den öffentlichen Gebäuden zuteilwurde. Dem Rathaus etwa sprach man eine ganz neue Bedeutung zu und ein entsprechender Bau wäre mit dem Gegenwert des alten Gebäudes nicht finanzierbar gewesen. Der französische Staat kam schließlich nicht nur für die gesamten Kosten des Rathauses, sondern aller öffentlichen Gebäude auf. So groß das Interesse an den öffentlichen Gebäuden war, so gering war es am Komfort der Wohnhäuser und an ihren Besitzern: „Das ohne die Mitwirkung seiner Bewohner entworfene und wiederaufgebaute neue Dorf", so Jean-Jacques Fouché, habe „vor allem die Besucher, die ‚Erinnerungspilger' ansprechen" sollen.[13] Enteignung, Wiederaufbau und das Leben währenddessen in den Holzbaracken waren emotional eine Herausforderung. Elisabeth Essaian und Jean-Jacques Fouché sprechen von einem konfliktträchtigen „doppelte[n] Prozess", bei dem es galt, sich vom Enteigneten zu lösen und sich das Neue zu eigen zu machen.[14] Die Ruinen waren seit 1946 nicht nur rechtlich Staatsbesitz, sondern durch eine Mauer auch physisch abgegrenzt. Dem Empfin-

---

[11] Zitiert nach Farmer, Oradour, S. 115.
[12] Die Protokolle der ANFM zeigen, dass auch der Verband intervenierte.
[13] Essaian/Fouché, Construction, S. 11.
[14] Essaian/Fouché, Construction, S. 12.

den mancher Bewohner nach war das alte Oradour indes noch immer ihr Ort, und in diesen kehrten sie zurück, indem sie über die Mauer kletterten. Sie taten sich schwer mit ihnen gegenüber ausgesprochenen Verboten und „empörten sich, dass ihnen untersagt wurde, weiterhin ihre Gärten zu bewirtschaften". Elisabeth Essian und Jean-Jacques Fouché sehen in diesem Verhalten einen „Versuch der Wiederaneignung des Orts", mit der die Betroffenen nicht nur die „tragische Vergangenheit des 10. Juni 1944", sondern auch „jene des Oradours vor dem Massaker" gesucht hätten.[15] Darüber hinaus spielten – in welchem Ausmaß auch immer – wohl auch praktische Gründe eine Rolle. So berichtet André Desourteaux, die ehemaligen Besitzer hätten sich am Tag nach der Grundsteinlegung des neuen Orts durch Präsident Auriol verbittert darüber beschwert, dass sie seit der Enteignung bereits mehr als ein Jahr auf einen neuen Wohnsitz und eine Entschädigung für ihre Gärten und Obstwiesen warteten.[16]

Ende 1953 waren die meisten Häuser des neuen Dorfs bewohnt und eine beeindruckende Zahl an Geschäften hatte eröffnet.[17] Die Spannungen zwischen Oradour und dem französischen Staat aber bestanden weiter. Anfang des Jahres kam es in Bordeaux zum Oradour-Prozess, der vor allem aufgrund der darauffolgenden Amnestie der verurteilten französischen Zwangsrekrutierten als „tiefstes Unrecht" empfunden wurde. Dieses Empfinden wirkte negativ auf die beginnenden Verhandlungen über die Bezahlung der das Budget übersteigenden Kosten ein.[18]

Der Status der „internés politiques" und weitere Konflikte

1948 definierte der französische Gesetzgeber den Status der *internés politiques* und vor allem entlang dieser Definition entschied sich in den 1960er Jahren, welche Opfer des Massakers das Recht auf eine Entschädigung aus dem Globalabkommen hatten. Auf dem Gesetzesweg festgelegt wurden 1948 Status und Versorgung der Deportierten und Internierten. Die französische Regierung unterschied dabei zwei Gruppen: Die deportierten und internierten Widerstandskämpfer (*les déportés et internés de la Résistance*) einerseits und die sogenannten „politischen" Deportierten und Internierten (*les déportés et internés politiques*) andererseits. Diese zweite, stark heterogene Gruppe der zivilen Kriegsopfer fasste „alle Regimegegner, die nicht mit der Waffe in der Hand gegen den Nationalsozialismus eingetreten waren, mit Geiselhäftlingen sowie mit den jüdischen Deportierten" zusammen.[19] Ein Gesetz vom 9. September 1948 ermöglichte sodann die Integration zweier Opfergruppen des Massakers in Oradour in die Kategorie der *internés politiques*. Zum einen konnte die größte Opfergruppe, die bei dem Massaker getöteten Französinnen und Franzosen, *post mortem* den Status der „politischen" Internierten erhal-

---

[15] Essaian/Fouché, Construction, S. 12.
[16] Vgl. Desourteaux/Hébras, Oradour, S. 175.
[17] Vgl. Desourteaux/Hébras, Oradour, S. 175.
[18] Essaian/Fouché, Construction, S. 5.
[19] Vgl. Moisel, Formelkompromiss, S. 245 f., Zitat S. 246.

ten.²⁰ Zum anderen integrierte eine Ausnahmeregelung die kleinste Opfergruppe, die *rescapés*, hier verstanden als die Frau, die das Massaker in der Kirche, und die fünf Männer, die die Exekutionen in der Scheune Laudy überlebt hatten.²¹ Artikel 3 des Gesetzes band den Status der *internés politiques* an eine Mindesthaftzeit von drei Monaten nach dem 16. Juni 1940, nahm aber unter anderem diejenigen Personen aus der Restriktion aus, die aus der Internierung hatten fliehen können.²² Indem man die Festnahme bzw. den Umgang mit den *rescapés* am 10. Juni 1944 als Internierung, ihr Entkommen aus der Kirche respektive der Scheune als Flucht aus der Internierung wertete, wurden sie zu Anspruchsberechtigten: „Berücksichtigter Internierungszeitraum", heißt es in einem positiven Bescheid über den Antrag einer Interniertenkarte: „Interniert am 10. Juni 1944, geflüchtet am selben Tag".²³

Verbunden mit diesem Status waren die symbolische Anerkennung als Opfer und Versorgungsleistungen.²⁴ Um Letztere geltend machen zu können, mussten die Überlebenden bzw. die Rechtsnachfolger der Getöteten beim französischen Ministerium für Kriegsveteranen und Kriegsopfer (*Ministère des Anciens combattants et victimes de guerre*, MACVG) eine sogenannte Deportierten- bzw. Interniertenkarte beantragen, wo eine Kommission jeden Einzelfall prüfte.²⁵ Der Fall von Robert Hébras, einer der sechs *rescapés*, zeigt, wie problemlos die Kartenvergabe erfolgen konnte: Am 27. Juli 1953 beantragte er seine *carte d'interné politique*, der positive Bescheid erging am 10. November 1953, weitere acht Tage später wurde ihm die Karte ausgehändigt. Nichts in seiner Akte beim MACVG deutet auf Probleme oder Verzögerungen bei der Vergabe hin.²⁶

In der Verordnung vom 9. September 1948 hatte der Gesetzgeber eine Reihe symbolischer Anerkennungen und finanzieller Unterstützungen für die „politischen" Internierten und Deportierten festgelegt: Eine „Deportations- und Internierungs-Medaille" mit Ordensspangen wurde eingeführt, die allen französischen deportierten oder internierten „Politischen" verliehen wurde (Artikel 7, 8). Der Gesetzgeber versicherte darüber hinaus die schnellstmögliche Rückführung der Körper der verstorbenen „Politischen" an ihre Familien und erstattete einmalig die Reisekosten eines Angehörigen an den mutmaßlichen Ort des Verbrechens (Artikel 9). Die Verordnung sah außerdem die Gewährung einer finanziellen Zu-

---

[20] Vgl. Loi n° 48-1404 du 9 septembre 1948 définissant le statut et les droits des déportés et internés politiques, J.O., Lois et Décrets, 10. 9. 1948, S. 8946 f., hier Artikel 4, S. 8946.
[21] Vgl. zum Begriff *rescapés* und seiner Nutzung Kapitel I.
[22] Vgl. Loi n° 48-1404 du 9 septembre 1948 définissant le statut et les droits des déportés et internés politiques, J.O., Lois et Décrets, 10. 9. 1948, S. 8946 f.
[23] Dossier statut (Jean-Marcel Darthout), Archives du monde combattant, Caen (AdMC).
[24] Einen wenn auch nicht vollständigen Überblick mit Fokus auf die „politischen" Deportierten bietet: Mission interministérielle, Éléments, S. 11-32.
[25] Vgl. Moisel, Formelkompromiss, S. 246.
[26] Vgl. Dossier statut (Robert Hébras), AdMC. Robert Hébras kann sich nicht erinnern, die Karte beantragt zu haben. Vgl. E-Mail Robert Hébras an die Verfasserin, 1. 6. 2012. Möglicherweise kümmerte sich die ANFM oder die Gemeindeleitung um die Antragstellung.

lage vor (Artikel 5) und öffnete den Karteninhabern und ihren Rechtsnachfolgern den Zugang zu den gesetzlichen Regelungen für zivile Kriegsopfer (Artikel 6). Der „Verlust von Vermögensgegenständen aller Art", der sich direkt aus der Verhaftung und Deportation ergeben hatte, sollte vollständig entschädigt werden (Artikel 10).[27]

Doch die „politischen" Deportierten und Internierten waren im Vergleich zu den deportierten und internierten Widerstandskämpfern dreifach benachteiligt. Das Engagement der Widerstandskämpfer brachte ihnen im Nachkriegsfrankreich erstens ein höheres Sozialprestige ein. Sie waren zweitens im finanziellen Vorteil, da sie nach den Kategorien der „Militärpensionen für Schwerbehinderte" versorgt wurden. Drittens waren mit den verschiedenen Status unterschiedliche Restriktionen verbunden, allem voran hinsichtlich der Nationalität der Opfer. Wenn manche „Politische" das Gefühl einer Hierarchisierung der Opfergruppen hatten, so hatten sie dies zu Recht.[28]

Die ANFM reagierte verärgert und verbittert auf die Benachteiligung ihrer Mitglieder. Eine solche sah der Verband in der gesetzlichen Regelung der dauerhaften Grabstätten ziviler Kriegsopfer. So übernahm der französische Staat zwar einmalig die Reisekosten eines Angehörigen an den Ort des Verbrechens eines verstorbenen „politischen" Internierten, eine dauerhafte Grabstätte aber gestand der Gesetzgeber nur denjenigen zivilen Kriegsopfern zu, deren Tod die „unmittelbare Folge einer aus freiem Willen begangenen Handlung im Kampf gegen den Feind" war und deren amtliche Todesurkunde den Eintrag „Mort pour la France" auswies.[29] Die ANFM verstand sich in diesen Jahren ausdrücklich als Verband aller Hinterbliebenen des Massakers, nicht nur derer, die in Oradour lebten.[30] Sie versuchte deshalb, diese Bedingung aufzubrechen und so kostenlose Reisen an die Gräber

---

[27] Loi n° 48–1404 du 9 septembre 1948 définissant le statut et les droits des déportés et internés politiques, J.O., Lois et Décrets, 10. 9. 1948, S. 8946 f., Artikel 7 und 8, S. 8947.
[28] Vgl. Mission interministérielle, Eléments, S. 12–32; Moisel, Formelkompromiss, S. 245–247. Während die Widerstandskämpfer und ihre Rechtsnachfolger unabhängig von ihrer Staatsbürgerschaft Zugang zu Renten und anderen Versorgungsleistungen hatten, waren die Regelungen bei den „Politischen" und ihren Rechtsnachfolgern ausgesprochen restriktiv. Erst ab den 1970er Jahren wurden die Invalidenrenten der „Politischen" nach und nach jenen der Widerstandskämpfer angeglichen. Die Einschränkungen hinsichtlich der Nationalität der Opfer und ihrer Rechtsnachfolger wurden erst 1998 gänzlich aufgehoben. Vgl. Mission interministérielle, Eléments, S. 15 f.
[29] Vgl. ANFM, Assemblée générale, 4. 3. 1951, Compte rendu moral, ACMO, 5 FP 2. Zitate: Loi n° 48–1332 du 27 août 1948 relative aux sépultures perpétuelles des victimes civiles de la guerre, J.O., Lois et Décrets, 28. 8. 1948, S. 8466 f.
[30] Vgl. u. a. ANFM, Assemblée générale, 26. 3. 1950, Compte rendu moral, ACMO, 5 FP 2: „Die Solidaritätsmaßnahmen Ihres Verbands gehen weit über die Grenzen Oradours hinaus. [...] Der Verband, dem Sie angehören, ist ein nationaler Verband. Dieses Attribut soll daran erinnern, dass Oradour nicht nur den in Oradour wohnenden Überlebenden gehört, sondern auch all jenen, die überall in Frankreich in weit größerer Zahl ihre bei uns ermordeten Angehörigen beweinen. Wenngleich uns die Entfernung trennt, sollen sich die Unsrigen in der Ferne nicht vergessen wähnen. Wir alle gehören der gleichen leidgeprüften Familie an: Wir haben nicht das Recht, dies zu vergessen, wir haben die Pflicht, es zu sagen."

der Verstorbenen zu erreichen. Die Verbitterung über die Benachteiligung zeigt sich im Tätigkeitsbericht des Hinterbliebenenverbands aus dem Jahr 1951, wenn es zu dem entsprechenden Gesetzestext heißt, dieser sei „von bitterer Ironie, wenn man weiß, wie die Opfer von Oradour gestorben sind. Wieder einmal ist es ihre Schuld, dass sie sich massakrieren ließen."[31] Probleme bereitete auch die in der Verordnung vom September 1948 vorgesehene Entschädigung für den Verlust von Vermögensgegenständen aller Art. Erst 1953 erreichte die ANFM, dass die Opfer des Massakers in Oradour in den entsprechenden Artikel einbezogen wurden.[32] Eine weitere Benachteiligung bestand bei der Anmeldung zur Sozialversicherung. Hier konnte die ANFM zum 1. Januar 1954 eine Gleichstellung erreichen.[33]

Die prinzipielle Schlechterstellung der Überlebenden und Hinterbliebenen des Massakers als „politische" Internierte gegenüber den Widerstandskämpfern musste in Oradour als Widerspruch zur symbolischen Bedeutung erlebt werden, die der französische Staat dem Ort zugeschrieben hatte. Wenn Elisabeth Essaian und Jean-Jacques Fouché – wie bereits zitiert – schreiben, man habe in Oradour das Gefühl gehabt, der französische Staat sei seiner moralischen und materiellen Schuld dem Ort gegenüber schlecht nachgekommen, so ist die tatsächliche Benachteiligung der Opfer als „politische" Internierte zu berücksichtigen.

Den mit Abstand längsten Kampf focht der Verband für das Recht auf Elternrente (*pension d'ascendant*) aus.[34] Der Gesetzgeber sah für den Fall, dass das getötete Kind noch keine zehn Jahre alt gewesen war, keinerlei Rentenanspruch vor. 1947 wies die ANFM gegenüber dem MACVG darauf hin, dies führe im Fall Oradour dazu, „dass mehr als die Hälfte der Eltern unserer kleinen Schüler-Märtyrer (129 der 205 ermordeten Schüler und der insgesamt 643 Opfer waren unter 10 Jahre alt) nicht zu den Begünstigen dieses Gesetzes zählen".[35] Mit Léonard Gourceau hatten die betroffenen Eltern einen Verfechter ihres Anliegens, der über eine schier unerschöpfliche Ausdauer verfügte. Gourceaus Tochter Andrée war am 10. Juni 1944 in Oradour getötet worden, wenige Monate vor ihrem zehnten Geburtstag,[36] sodass er selbst von der Restriktion betroffen war. Jahrelang intervenierte er privat und im Auftrag der ANFM bei Verbänden, Abgeordneten, Parteien, Behörden, Ministern und Staatspräsidenten.[37] Er habe die Meinung vertreten, so erinnert seine Cousine Camille Senon, dass „unsere Kinder, die noch nicht ein-

---

[31] ANFM, Assemblée générale, 4. 3. 1951, Compte rendu moral, ACMO, 5 FP 2.
[32] Vgl. ANFM, Assemblée générale, 8. 3. 1953, Procès-verbal, ACMO, 5 FP 3. Vgl. hierzu auch Mission interministérielle, Eléments, S. 24.
[33] Vgl. ANFM, Assemblée générale, 16. 3. 1952, Compte rendu moral, ACMO, 5 FP 2; Assemblée générale, 7. 3. 1954, Compte rendu moral, ebenda, 5 FP 3. Vgl. hierzu auch Mission interministérielle, Eléments, S. 23 f.
[34] Zum Begriff *ascendant* vgl. unten.
[35] ANFM, Assemblée générale, 26. 1. 1947, Procès-verbal, Annexe: Vœu à adresser à Monsieur le Ministre des Anciens Combattants et Victimes de la Guerre, ACMO, 5 FP 2.
[36] Vgl. Fiche de contrôle (Andrée Gourceau), AdMC; E-Mail Benoît Sadry an die Verfasserin, 17. 10. 2011.
[37] Vgl. Protokolle der ANFM bis 1973, ACMO, 5 FP 2 und 5 FP 3. Die Auseinandersetzung begann 1947.

mal zehnjährig gestorben sind, [...] später einmal für unsere Familien gesorgt hätten".[38] 1973 zeitigte Gourceaus Engagement schließlich Erfolg. Er selbst sollte indes nicht mehr davon profitieren können, denn Gourceau starb im selben Jahr.[39]

Entschädigung für (Halb-)Waisen 2000/2004

Im April 1967 schrieb die ANFM, seit einigen Jahren seien ihre Haupttätigkeiten das ehrende Gedenken an die Opfer (*culte du souvenir*) und die gegenseitige soziale Unterstützung (*entr'aide sociale*).[40] 1963 waren die Verhandlungen zwischen Oradour und den französischen Behörden über die Baukosten des neuen Dorfs abgeschlossen[41] und schon seit Beginn der 1960er Jahre war das Thema der finanziellen Unterstützung und Entschädigung der Opfer in den Versammlungsprotokollen des Verbands kaum mehr präsent. Von der verbandsinternen *entr'aide* abgesehen, gab es nur von Gourceaus Bemühungen um die Elternrente regelmäßig Neues zu berichten. Die Elternrente bezeichnete man allerdings als „moralische Entschädigung", nicht als Entschädigung für „Sachschäden", die im Gegensatz dazu „beglichen werden konnten".[42] Nachdem 1973 auch Gourceaus Engagement Früchte trug, verschwand das Thema Kriegsopferversorgung für 30 Jahre nahezu ganz aus den Protokollen.[43] Virulent wurde die Frage der innerfranzösischen Entschädigung erst wieder im Jahr 2000, als die französische Regierung per Dekret eine „Entschädigungsmaßnahme für die Waisen, deren Eltern Opfer antisemiti-

---

[38] Interview der Verfasserin mit Camille Senon, 12. 5. 2008, Limoges. Zum Verwandtschaftsverhältnis von Senon und Gourceau: Perlier, Senon, S. 177.
[39] Ob er vor oder nach der Entscheidung verstarb, ist dem Protokoll der ANFM-Mitgliederversammlung nicht zu entnehmen. Die Rente wurde an einen Einkommensvorbehalt geknüpft. Vgl. ANFM, Assemblée générale, 15. 4. 1973, [Procès-verbal,] ACMO, 5 FP 3.
[40] Vgl. ANFM, Assemblée générale, 30. 4. 1967, Procès-verbal, ACMO, 5 FP 3.
[41] Essaian/Fouché, Construction, S. 5, sprechen von Verhandlungen bis 1963. Einen Durchbruch scheint es bereits 1959 gegeben zu haben. Im Protokoll der ANFM-Mitgliederversammlung vom 15. März 1959 heißt es: „Herr Montagne erläutert die Bestimmungen bei Immobilienschäden. Er hat nach zahlreichen Reklamationen vom Bauministerium in Paris eine günstigere Lösung hinsichtlich der definitiven Bestimmungen erreicht. Er ist der Ansicht, das Maximum erreicht zu haben. Dies ist auch die Meinung der anwesenden Betroffenen, die ihm danken." ANFM, Assemblée générale, 15. 3. 1959, Procès-verbal, ACMO, 5 FP 3.
[42] ANFM, Assemblée générale, 30. 4. 1967, Procès-verbal, ACMO, 5 FP 3.
[43] Es finden sich lediglich vereinzelt Informationen zur *entr'aide* des Vereins. Dabei ist auf folgende Quellenproblematik hinzuweisen: Für die Jahre 1992–1999 finden sich im ACMO keine Protokolle der Mitgliederversammlungen, für 2000–2001 allein das Verbandsbulletin. Für die Zeit seit Anfang der 1960er Jahre ist weiterhin festzuhalten, dass die Protokolle sehr viel kürzer ausfielen als in den unmittelbaren Nachkriegsjahren. Mehrere Indizien lassen vermuten, dass die Themen Kriegsopferversorgung und Entschädigung den Verband und seine Mitglieder mehr beschäftigten, als es die Protokolle widerspiegeln. So ist auffällig, dass die westdeutsche Entschädigung im Rahmen des Globalabkommens und der damit einhergehende jahrelange Kampf von Überlebenden um ihre Anerkennung als „politische" Internierte dort nur knapp erwähnt werden. Auch ein Informationsabend zum Globalabkommen wird nicht thematisiert. Vgl. ausführlich hierzu unten.

scher Verfolgung waren", einführte.[44] Mehrere Opferverbände sahen hierin eine Ungleichbehandlung jüdischer und nichtjüdischer Waisen des Zweiten Weltkriegs und forderten eine entsprechende Ausdehnung des Dekrets. Auch der Vorsitzende der ANFM, Claude Milord, wandte sich an den Premierminister und bat um die Ausweitung der Maßnahme auf alle Waisen.[45] Im Juli 2004 wurde das Dekret erweitert und führte eine „Finanzhilfe in Anerkennung des Leidens der Waisen, deren Eltern während des Zweiten Weltkriegs barbarischen Taten zum Opfern fielen", ein. Den Berechtigten stand eine lebenslängliche monatliche Rente in Höhe von 457,35 € oder eine einmalige Entschädigungszahlung in Höhe von 27 440,82 € zu.[46] Mehrere Personen, die bei dem Massaker in Oradour einen oder beide Elternteile verloren hatten, dürften in der Folge entschädigt worden sein.[47]

Bilanzierend ist festzuhalten: Die materiellen Rechte der Überlebenden und Hinterbliebenen des Massakers spielten in den etwa 15–20 Jahren nach dem 10. Juni 1944 eine zentrale Rolle für die ANFM. Verschiedenste nichtstaatliche Stellen reagierten mit finanziellen und lebenspraktischen Hilfestellungen auf das Massaker. Der französische Staat integrierte die zahlenmäßig größte und kleinste Opfergruppe des Massakers, das heißt die Todesopfer und die sechs *rescapés*, in die Gruppe der „politischen" Internierten, was den Überlebenden und Hinterbliebenen über die symbolische Anerkennung hinaus auch finanzielle Entschädigungen ermöglichen konnte. Dennoch führte das Thema der staatlichen finanziellen Hilfen immer wieder zu Konflikten zwischen ANFM und französischem Staat, deren Beziehung seit 1953 zusätzlich durch den Oradour-Prozess und seine Folgen belastet war. Als die Bundesrepublik und Frankreich 1960 das Globalabkommen schlossen und die Auszahlung der Gelder für die Entschädigungsberechtigten im Fall Oradour 1962 begann, ging der Konflikt um die „materiellen Schäden" zwischen Ort und Staat langsam seinem Ende zu. Die Beziehung aber, innerhalb der die Verteilung der deutschen Gelder nun stattfinden sollte, war in finanzieller Hinsicht bereits belastet und auf der Ebene der Erinnerungspolitik waren Staat und Dorf noch gänzlich zerstritten.

---

[44] Vgl. Décret n° 2000–657 du 13 juillet 2000 instituant une mesure de réparation pour les orphelins dont les parents ont été victimes de persécutions antisémites, J.O., Lois et Décrets, 14. 7. 2000, S. 10838.

[45] Vgl. „L'indemnisation des orphelins", in: ANFM, Bulletin d'information, Januar 2003, S. 7, ACMO, 5 FP 6. Dort heißt es, dass zahlreiche andere Verbände, vor allem die FNDIRP, die gleichen Forderungen erhoben hätten. Grosser, Frankreich, S. 30, nennt die Intervention eines bretonischen Verbands von Waisenkindern, die ihre Eltern durch Deportation oder Erschießung verloren hatten.

[46] Vgl. Décret n° 2004–751 du 27 juillet 2004 instituant une aide financière en reconnaissance des souffrances endurées par les orphelins dont les parents ont été victimes d'actes de barbarie durant la Deuxième Guerre mondiale, J.O., Décrets, arrêtés, circulaires, 29. 7. 2004, Texte n° 39.

[47] Vgl. Interviews der Verfasserin mit Jean-Marcel Darthout, 15. 10. 2007, Saint-Victurnien; Albert Valade, 17. 10. 2007, Oradour-sur-Glane; Camille Senon, 12. 5. 2008, Limoges; Robert Hébras, 14. 5. 2008, Oradour-sur-Glane.

2. Westdeutsche Entschädigungen im Rahmen des deutsch-französischen Globalabkommens

Wiedergutmachung, so wurde prägnant formuliert, sei ein „umstrittener Begriff und ein weites Feld".[48] Dieses weite Feld, das der Wiedergutmachungsbegriff als „sprachliche Klammer" umfasst, teilt sich in sechs Handlungsbereiche. Neben (1) der Rückerstattung von entzogenem Eigentum beinhaltet es (2) die Entschädigung für personenbezogene Schäden, (3) Sonderrechte für Opfer der nationalsozialistischen Verfolgung, (4) die rechtliche Rehabilitierung, (5) mehrere internationale Verträge sowie schließlich (6) „die Formenvielfalt der ideellen oder erinnerungskulturellen Aufarbeitung der Geschichte von Verfolgern und Verfolgten als auch [...] Initiativen nicht staatlicher, sondern zivilgesellschaftlicher Art".[49] Zwei dieser Felder sind von unmittelbarer, ein drittes von mittelbarer Bedeutung für die Wiedergutmachung im Fall Oradour. Wesentlich ist das 1960 zwischen der Bundesrepublik und Frankreich geschlossene Globalabkommen, aus dessen 400 Millionen DM auch Opfer des Massakers entschädigt wurden.[50] Von indirekter Bedeutung hierfür war die unter Punkt zwei genannte Entschädigung für personenbezogene Schäden, da deren Entwicklung und Ausgestaltung in der Bundesrepublik wesentlich zum Zustandekommen des Globalabkommens beitrug. Die im letzten, sechsten Punkt genannten Formen der Wiedergutmachung wiederum waren im Fall Oradour zahlreich und werden in gesonderten Kapiteln behandelt.[51]

2.1 Das deutsch-französische Globalabkommen 1960

Der Weg zur Demarche der Acht

Es war, das haben die vorhergehenden Ausführungen gezeigt, der französische Staat, der sich in verschiedener Weise um die NS-Verfolgten im eigenen Land kümmerte, und 1945 war dies keine Besonderheit. Vielmehr war es zu diesem

---

[48] Hockerts, Wiedergutmachung (2003), S. 7. Ausführlich zur Entschädigungsfrage in der Bundesrepublik: Goschler, Schuld; zur Frühphase der Wiedergutmachung in der französischen Besatzungszone: Hudemann, Anfänge; zur Verwendung des Begriffs: Goschler, Schuld, S. 11–16; Herbst, Einleitung; Hockerts, Wiedergutmachung (2003), S. 9–13; Brunner/Frei/Goschler, Lernprozesse, S. 36; Goschler, Wiedergutmachungspolitik, S. 62; als Beispiel für eine dezidierte Ablehnung des Begriffs: Assmann/Frevert, Geschichtsvergessenheit, S. 57. Ausführlich zum Gebrauch des Begriffs vgl. den Beitrag „Wiedergutmachung" in Eitz/Stötzel, Wörterbuch, Bd. 1, S. 677–701.
[49] Hockerts, Wiedergutmachung (2003), S. 11.
[50] Zu den sogenannten Globalabkommen: Hockerts/Moisel/Winstel, Grenzen; zum deutsch-französischen Abkommen: Moisel, Formelkompromiss; Moisel, „Opfer"; Herbert, Wiedergutmachungsansprüche; Féaux de la Croix, Ergänzungen; Meyer, Wiedergutmachungsabkommen; Lappenküper, Bundesrepublik; Mission interministérielle, Éléments, S. 21–23.
[51] Vgl. Kapitel VI.2 und Kapitel VI.3.

Zeitpunkt ein „durchaus konsensfähiger Grundsatz", dass die ausländischen NS-Verfolgten aus den von Deutschland geleisteten Reparationszahlungen entschädigt würden.[52] Eine innerdeutsche Entschädigungsgesetzgebung war anfänglich als Ergänzung gedacht, und zwar mit Blick auf diejenigen Verfolgten, die keine Ansprüche aus den bezahlten Reparationen geltend machen konnten. Dass nahezu allen ausländischen NS-Verfolgten das Recht auf Entschädigung aus dem innerdeutschen Entschädigungsrecht verwehrt blieb, war deshalb „anfangs nichts Anstößiges oder gar Skandalöses".[53] Ein Problem, das schließlich auch zur Unterzeichnung des deutsch-französischen Globalabkommens führte, erwuchs nicht aus der Trennung zwischen innerdeutscher Entschädigung und Entschädigung im Rahmen der deutschen Reparationszahlungen an sich, sondern aus deren Ausgestaltung im Lauf der Zeit:

„Eine fundamentale Ungleichbehandlung in- und ausländischer Verfolgter ergab sich erst durch zwei merkwürdig gegenläufige Entwicklungen [...]: Die eine führte zum Reparationsstopp, die andere zu einem kräftigen Ausbau der Leistungen nach dem Bundesentschädigungsgesetz. Aus dieser Diskrepanz entsprang eine weitere Entwicklungslinie, die sich als langer und steiniger Pfad erwies und bis in unsere Gegenwart reicht: die Durchsetzung von Entschädigungsansprüchen ausländischer NS-Opfer *jenseits* der Reparationen."[54]

Was den Entwicklungsstrang der Reparationszahlungen anbelangt, so fixierte das Potsdamer Abkommen vom August 1945 ein sehr weites Verständnis von Reparationen, aber weder Höhe noch Dauer der deutschen Reparationszahlungen.[55] Beide Fragen blieben auch im Schlussdokument der Pariser Reparationskonferenz Anfang 1946 offen. Übereingekommen war man in Potsdam jedoch darüber, Deutschland reparationspolitisch zu teilen, woraus eine „entschädigungsrechtliche Spaltung Europas"[56] resultierte: Die westalliierten Reparationsforderungen sollten dem Potsdamer Protokoll zufolge aus den Westzonen, die sowjetischen aus der Sowjetischen Besatzungszone beglichen werden. Wenige Monate später wurde in Paris entschieden, wie die „Westmasse"[57] zu verteilen sei. Die USA und Großbritannien, denen an einer finanziellen Schonung der Westzonen – und damit ihrer eigenen Subventionen – gelegen war, forderten die an der Konferenz beteiligten Staaten auf, alle ihre Ansprüche zusammenzufassen und sie mit dem ihnen zugesprochenen Anteil als abgegolten zu akzeptieren. Als es 1953 zum Reparationsstopp kam, betrug die verteilte „Westmasse" nur einen kleinen Teil der von den Staaten ursprünglich geforderten Summen. Der Reparationsstopp kam mit dem Londoner Schuldenabkommen, das in Artikel 5,2 festlegte, dass „eine Prüfung der aus dem Zweiten Weltkriege herrührenden Forderungen von Staaten, die sich mit Deutschland im Kriegszustand befanden oder deren Gebiet von Deutschland besetzt war, und von Staatsangehörigen dieser Staaten gegen das Reich und im Auf-

---

[52] Hockerts, Entschädigung, S. 10.
[53] Vgl. Hockerts, Entschädigung, S. 56 f., Zitat S. 57.
[54] Hockerts, Entschädigung, S. 57.
[55] Vgl. hierzu und zum Folgenden Hockerts, Entschädigung, S. 10–19.
[56] Hockerts, Entschädigung, S. 11.
[57] Hockerts, Entschädigung, S. 11.

trage des Reichs handelnde Stellen oder Personen [...] bis zur endgültigen Regelung der Reparationsfrage zurückgestellt"[58] würde. *De facto* waren damit weitere Verhandlungen in der Reparationsfrage auf unabsehbare Zeit blockiert. Denn „endgültig" hieß nach vorherrschendem und vor allem bundesrepublikanischen Verständnis der Abschluss eines Friedensvertrags. Und da nach Auffassung Bonns der Reparationsbegriff die Entschädigungen für ausländische NS-Verfolgte einschloss, waren diese samt Reparationsforderungen *ad calendas graecas* verschoben.

Während sich die Reparationsfrage für Frankreich negativ entwickelte, wandte sich auch die Situation auf dem Gebiet der deutschen Entschädigungsgesetzgebung nicht zugunsten französischer NS-Opfer.[59] Zentrales Problem war hier das „subjektiv-persönliche[...] Territorialitätsprinzip",[60] das den Großteil ausländischer Opfer des Nationalsozialismus aus dem Berechtigtenkreis der innerdeutschen Entschädigungsgesetze ausschloss. Dieses erstmals 1949 im Entschädigungsgesetz der US-Zone angewandte Wohnsitzkriterium besagte, dass nur berechtigt war, „wer am 1. 1. 1947 seinen Wohnsitz oder gewöhnlichen Aufenthalt in einem Land der US-Zone hatte oder seither diesem Land als Flüchtling zugewiesen worden war, außerdem Verfolgte, die vor dem Stichtag ausgewandert waren, aber ihren letzten inländischen Wohnsitz in diesem Land gehabt hatten".[61] Eine zweite, im Gesetz verankerte Eingrenzung, die von großer Bedeutung war, betraf den Verfolgtenbegriff. Nur Personen, die wegen politischer Gegnerschaft, ihrer Rasse oder ihres Glaubens verfolgt worden waren, konnten Ansprüche aus dem Gesetz geltend machen. Die Nichtberücksichtigung von „auslandstypische[n] Verfolgungsakte[n]"[62] wie der Unterdrückung des nationalen Widerstandes in den besetzten Gebieten entsprach der Logik, dass die ausländischen NS-Verfolgten im Rahmen der Reparationen entschädigt werden sollten. Sowohl die Definition des Verfolgtenbegriffs im US-Zonengesetzes wie auch das „Territorialitätsprinzip" – nun mit dem Bezugsraum des Bundesgebiets statt der US-Zone – wurden in das erste bundeseinheitliche Entschädigungsgesetz vom Juli 1953 (Bundesergänzungsgesetz, BErgG) übernommen. Als dieses 1956 einer großen Novelle unterzogen wurde und so das Bundesentschädigungsgesetz (BEG) – das „Kernstück der westdeutschen Wiedergutmachung"[63] – entstand, hielt der Gesetzgeber erneut am „Territorialitätsprinzip" fest. Seine Reichweite wurde zwar ausgedehnt und Ausnahmen geschaffen, allein für das Gros der ausländischen NS-Verfolgten änderte dies nichts. Wenn rund 80% der deutschen Entschädigungszahlungen aus dem BEG ins Ausland flossen, so vor allem an deutsche Emigranten.[64]

---

[58] Zitiert nach Hockerts, Entschädigung, S. 14.
[59] Vgl. hierzu und zum Folgenden Hockerts, Entschädigung, S. 19–26.
[60] Hockerts, Entschädigung, S. 20.
[61] Hockerts, Entschädigung, S. 20 (Anm. 41). Ausgenommen von dieser Regelung waren „Displaced Persons" (DP), die sich am 1. 1. 1947 in einem DP-Lager aufgehalten hatten.
[62] Hockerts, Entschädigung, S. 19.
[63] Hockerts, Entschädigung, S. 22.
[64] Zu einer letzten Novellierung kam es 1965 (BEG-Schlußgesetz). Vgl. Hockerts, Entschädigung, S. 25.

Mit diesen Entwicklungen konfrontiert, versuchte Frankreich mehrmals, die Bestimmungen zugunsten der NS-Verfolgten im eigenen Lande aufzubrechen bzw. zu erweitern. Anfang der 1950er Jahre geriet die Regierung in Paris wegen Entschädigungsansprüchen französischer NS-Verfolgter innenpolitisch unter Druck. Grund für die Forderungen war wohl die schlechte finanzielle Versorgung der Betroffenen durch den eigenen Staat. Aber auch mit Blick auf die bundesdeutsche Entschädigungsgesetzgebung und das Wiedergutmachungsabkommen der Bundesrepublik mit Israel wurde die Regierung in Paris zum Handeln gedrängt.[65] Bei den Verhandlungen um die Ablösung des Besatzungsstatus Anfang der 1950er Jahre versuchte unter anderem Frankreich – das „vor allem die nach Deutschland deportierten französischen Widerstandskämpfer vor Augen" hatte – „ausländische NS-Verfolgte mit dem Hebel des Besatzungsrechts in die deutsche Entschädigung einzubeziehen", allerdings erfolglos.[66] Nachdem 1953 sowohl der Verfolgtenbegriff des US-Zonengesetzes wie auch das „Territorialitätsprinzip" in das BErgG übernommen wurden, intervenierten Frankreich und Großbritannien abermals, diesmal mit dem Ziel, „die Entschädigungsansprüche von Ausländern aus dem herkömmlichen Reparationsbegriff herauszulösen".[67] Auch dieser Versuch blieb erfolglos.[68] Als drei Jahre nach dem Reparationsstopp auch das BEG die Mehrheit der ausländischen NS-Verfolgten aus dem Kreis der Entschädigungsberechtigten ausschloss, wurde das Jahr 1956 zur „zentrale[n] Zäsur in der Geschichte der Entschädigung der französischen NS-Verfolgten".[69] Gemeinsam mit sieben west- und nordeuropäischen Ländern ging Paris in die Offensive. Es forderte die Aufhebung des Territorialitätsprinzips und Gespräche zur Lösungsfindung – ein Schritt, der umso eindrücklicher war, als auch die Botschafter der sieben anderen Länder, mit

---

[65] Vgl. Moisel, Formelkompromiss, S. 247; Lappenküper, Bundesrepublik, S. 77 f. Die Bundesrepublik verpflichtete sich in einem Abkommen mit Israel vom September 1952 zu einer Globalentschädigung von drei Milliarden DM. Zusammenfassend zum Luxemburger Abkommen: Goschler, Wiedergutmachungspolitik, S. 73 f.; ausführlicher: Goschler, Schuld, S. 159–175.

[66] Vgl. Hockerts, Entschädigung, S. 20 f., dort Zitate; Moisel, Formelkompromiss, S. 247 f. Dem Ziel Frankreichs und Großbritanniens, auch den Verfolgungsgrund „Nationalität" zu etablieren, war nur geringer Erfolg beschieden. Der Terminus fand zwar Platz im Text des Überleitungsvertrags, aber mit weit weniger Geltungskraft als gewollt. Vgl. Hockerts, Entschädigung, S. 20 f.

[67] Hockerts, Entschädigung, S. 22.

[68] Der Verfolgungsgrund „Nationalität" war in einer Sonderregelung aufgenommen worden, blieb jedoch in den engen Grenzen des Überleitungsvertrags. Vgl. Hockerts, Entschädigung, S. 21. Die am 23. 10. 1954 von Konrad Adenauer und dem französischen Regierungschef und Außenminister, Pierre Mendès France, unterzeichnete „Convention sur le réglement de certains problèmes nés de la déportation de France" umfasste keine Entschädigungszahlungen für die französischen Deportierten. Die Bundesrepublik verpflichtete sich in dem Abkommen u. a., den Inhabern einer französischen Deportiertenkarte (oder, wenn die betroffene Person während ihrer Lagerhaft verstorben war, zwei Familienmitgliedern) ein Mal jährlich die Reise an den Ort, an den sie verschleppt worden waren, zu finanzieren, sofern dieser auf dem Staatsgebiet der Bundesrepublik lag. Die convention ist online abrufbar, vgl. URL: https://basedoc.diplomatie.gouv.fr/exl-php/cadcgp.php [3. 11. 2018]. Auf das Abkommen weist hin: Soutou, Alliance, S. 28 f.

[69] Moisel, Formelkompromiss, S. 244.

denen sich Frankreich zusammengetan hatte, gleichlautende und vom gleichen Tag datierte Verbalnoten an das Auswärtige Amt sandten.[70] Die Demarche war der Auftakt zur „Kernzeit der westeuropäischen Entschädigungsdiplomatie".[71] Bis 1964 – zuerst multi-, ab 1958/59 bilateral – verhandelte die Bundesrepublik und schloss schließlich mit elf westeuropäischen Staaten Globalabkommen. In diesen bilateralen Verträgen verpflichtete sich Bonn zur Zahlung von Globalsummen, deren Verteilung dem jeweiligen Empfängerland überlassen wurde.[72]

Die deutsch-französischen Verhandlungen

Im deutsch-französischen Fall gestalteten sich die Verhandlungen verhältnismäßig lange und kompliziert.[73] Zwei zentrale Konfliktpunkte waren hierfür verantwortlich. Zum einen die Frage nach einer Entschädigung für Opfer von Menschenversuchen, auf die hier nicht näher eingegangen wird.[74] Zum anderen bereitete die Festlegung der Summe erhebliche Probleme. Dass die beiden zu Beginn in die Verhandlungen eingebrachten Beträge so weit auseinanderklafften – Frankreich forderte bei der ersten Verhandlungsrunde 800 Millionen DM,[75] die Bundesrepublik bot 100 Millionen DM an – lag auch an den unterschiedlichen Vorstellungen über den Kreis der entschädigungsberechtigten Opfer.[76] Dies war keineswegs eine besondere Problemlage der deutsch-französischen Verhandlungen, ganz im Gegenteil. In der Definition des Verfolgtenbegriffs lag der „Hauptdissens" aller bilateralen Verhandlungen um die Globalabkommen.[77] Darüber hinaus war der französische Fall noch in anderer Hinsicht typisch, denn auch hier war die Frage nach einer Einbeziehung der Widerstandskämpfer in den Kreis der Berechtigten von großer Bedeutung. Wenn die beiden Summen und die ihnen zugrunde liegenden Opferzahlen anfangs so weit voneinander entfernt lagen, dann weil Frankreich auch die Angehörigen der *Résistance* und darüber hinaus die Witwen und Waisen der zu Tode gekommenen NS-Opfer entschädigt sehen wollte. Die französischen Delegationen ließen in den kommenden Verhandlungsrunden auch keinen Zwei-

---

[70] Vgl. Moisel, Formelkompromiss, S. 249.
[71] Hockerts, Entschädigung, S. 28.
[72] Vgl. Hockerts, Entschädigung, S. 28 f.
[73] Vgl. Moisel, Formelkompromiss, S. 253–260; ausführlich: Lappenküper, Bundesrepublik.
[74] Vgl. zu diesem Konfliktpunkt und zur Verteilung der Gelder für diese Opfergruppe nach Abschluss des Globalabkommens Moisel, Formelkompromiss, S. 255 f., 265–271. Zur Entschädigung von Opfern nationalsozialistischer Humanexperimente vgl. Baumann, Menschenversuche.
[75] So Moisel, Formelkompromiss, S. 256. Féaux de la Croix, Ergänzungen, S. 242, zufolge belief sich bei der ersten Verhandlungsrunde „das Gesamtvolumen der französischen Vorstellungen (nicht ausdrücklich genannt, aber bis auf den Heller errechenbar) auf rund 1 Mrd DM". Auf diesen Unterschied wird hingewiesen, weil in den 1970er Jahren im französischen MACVG mit Blick auf das Globalabkommen ebenfalls von einer ursprünglichen Forderung von 1 Mrd. DM die Rede war. Vgl. hierzu Kapitel V.3.
[76] Vgl. Moisel, Formelkompromiss, S. 256.
[77] Hockerts, Entschädigung, S. 35.

fel daran, dass daran nicht zu rütteln sei.[78] Die Forderung einer Berücksichtigung der Witwen und Waisen war für den Fall Oradour von allergrößter Bedeutung, denn das Massaker hatte ungleich mehr Hinterbliebene als Überlebende zurückgelassen. Hätte sich die deutsche Delegation mit ihrer Forderung durchgesetzt, nur überlebende Opfer zu Entschädigungsberechtigten zu machen und darüber hinaus selbst über die Auszahlung der Gelder bestimmt, so wären im Fall Oradour nahezu 95% der Opfer bzw. ihrer Hinterbliebenen von den deutschen Zahlungen ausgeschlossen gewesen.[79]

Nach heutigem Forschungsstand war die Frage, ob auch Opfer von Massakern wie jenem in Oradour in den Empfängerkreis aufgenommen werden sollten, kein Thema in den deutsch-französischen Verhandlungen. Das mag daran gelegen haben, dass die Hinterbliebenenverbände der französischen *villages martyrs* keinen vergleichbaren Druck aufbauten wie dies beispielsweise in Griechenland der Fall war.[80] Was die französischen Verbände anbelangt, so verweist die Forschung ebenso durchgehend wie vage auf die anhaltenden und massiven Forderungen von Verbänden ehemaliger KZ-Häftlinge und der *Résistance*.[81] Es gibt hingegen bislang keine Hinweise darauf, dass sich die ANFM gegenüber der französischen oder gar der deutschen Regierung für eine Berücksichtigung der Opfer des Massakers einsetzte. Dabei war die entschädigungsrechtliche Stellung der Opfer von Massakern im Rahmen der sogenannten Bandenbekämpfung von deutscher Seite aus klar zuungunsten der Betroffenen. Die deutschen Delegationen nämlich beriefen sich bei den Verhandlungen um die Globalabkommen auf den Verfolgtenbegriff des BEG. Von den ausländischen NS-Verfolgten sollten nur diejenigen Entschädigungsberechtigte werden, die in dessen Raster passten, konkret: die wegen politischer Gegnerschaft, ihrer Rasse, ihres Glaubens oder ihrer Weltanschauung verfolgt worden waren. Dieser Verfolgungsbegriff – für das BEG und damit für die innerdeutsche Entschädigungsgesetzgebung definiert – entstammte „dem inländischen Erfahrungsraum" und „passte daher nicht ohne weiteres auf auslands- und besatzungstypische Verfolgungsakte" wie Massaker im Rahmen der Partisanenbekämpfung.[82] Dass sich die Pariser Delegationen offenbar nicht speziell für eine Berücksichtigung der Opfer von Repressalmassakern einsetzten, mag daran gelegen haben, dass sich deren Anzahl neben den ehemaligen Wider-

---

[78] Vgl. Moisel, Formelkompromiss, S. 256–259.
[79] Diese Angabe bezieht sich auf die tatsächlich entschädigungsberechtigten Opfergruppen. Vgl. Kapitel V.2.2, Abschnitt „Berechtigtenstruktur, Entschädigungssummen, Splitting und Kumulation".
[80] Vgl. Fleischer/Konstantinakou, Griechenland, S. 406–410.
[81] Vgl. Lappenküper, Bundesrepublik, S. 77, 79; Meyer, Wiedergutmachungsabkommen, S. 145; Féaux de la Croix, Ergänzungen, S. 202, 239. Nur an einer Stelle wird konkret auf einen Verband, namentlich die *Association nationale des Anciens Déportées et Internées de la Résistance* hingewiesen, vgl. Lappenküper, Bundesrepublik, S. 94. Nicht berücksichtigt sind hier die Forderungen nach Entschädigungen für Opfer von Menschenversuchen.
[82] Hockerts, Entschädigung, S. 35. Vgl. hierzu beispielsweise die bundesdeutsche Argumentation gegenüber dem italienischen Ort Sant'Anna di Stazzema, Focardi/Klinkhammer, Wiedergutmachung.

standskämpfern und Deportierten vergleichsweise gering ausnahm. So liegt die Anzahl der aus Frankreich Deportierten bei etwa 161 000,[83] wohingegen 4000–5000 französische Zivilisten dem deutschen Kampf gegen den Maquis zum Opfer fielen.[84] Eine weitere Erklärungsmöglichkeit liegt darin, dass auf französischer Seite schon früh klar war, wie der Berechtigtenkreis aus dem deutschen Globalabkommen aussehen sollte – und dass Opfer wie die des Massakers in Oradour dabei Berücksichtigung finden würden. Offiziell machte die französische Delegation erst in der dritten Verhandlungsrunde Mitte Februar 1960 die sogenannten Deportiertenkarten zur Basis ihrer Berechnungen. Intern wurde auf französischer Seite aber bereits 1952 zwischen Deportierten und entschädigungsberechtigten NS-Opfern unterschieden. Noch vor dem Übergang in die bilaterale Phase der Verhandlungen hatte der französische Delegationsleiter 1958 in einem privaten Gespräch mit einem Mitarbeiter des Westeuropareferats des Auswärtigen Amts angedeutet, dass Paris wohl nur die Karteninhaber berücksichtigen werde. Doch ging Frankreich 1959 aus taktischen Gründen mit möglichst hohen Opferzahlen in die Verhandlungen um das Globalabkommen. Wenn ab der dritten Verhandlungsrunde von den 90 000 „Deportiertenkarten" als Berechnungsgrundlage gesprochen und ausgegangen wurde, bedarf dies einer begrifflichen Konkretisierung: Der französische Gesetzgeber unterschied, wie gesehen, zwischen *Deportierten*, sprich Häftlingen, die in ein Lager auf Reichsgebiet verbracht worden waren, und *Internierten*, also Häftlingen in Lagern und Gefängnissen auf französischem Boden. In den nun zugrunde gelegten 90 000 Fällen befanden sich aber nicht nur Deportierte im Sinne dieser Unterscheidung, sondern auch Internierte.[85] Die Heranziehung der Karten als Berechtigungskriterium zeigte deutlich, „dass auch die französische Regierung über Exklusionskriterien verfügte und entschädigungsberechtigte von nicht-entschädigungsberechtigten Deportierten unterschieden wissen wollte".[86] Und für die meisten Opfer des Massakers von Oradour war der hier angelegte Maßstab vorteilhaft.

Während Paris also 1958 bereits die Deportierten- und Interniertenkarten als Berechtigungskriterium heranzog, verwies Bonn im gleichen Jahr darauf, dass die deutschen Globalsummen von den Empfängerländern verteilt werden sollten. Ein solcher *modus operandi* hatte mehrere Vorteile. Er entlastete die deutschen Behörden administrativ und schob unangenehme Rechtfertigungen für ablehnende Bescheide den Empfängerregierungen zu. Gleichzeitig konnten bei einem solchen Vorgehen die Verteilungskriterien der Vertragspartner Anwendung finden, „womit gegensätzliche Auffassungen stillschweigend überbrückt werden konnten".[87] *De facto* einigten sich Paris und Bonn bis zum Abschluss des Abkommens nicht über den Kreis der Entschädigungsberechtigten. Die Lösung war ein „pragmati-

---

[83] Vgl. Moisel, Formelkompromiss, S. 264.
[84] Vgl. Lieb, Répression, S. 182.
[85] Vgl. Moisel, Formelkompromiss, S. 252–265.
[86] Moisel, Formelkompromiss, S. 264.
[87] Vgl. Goschler, Schuld, S. 239 f., Zitat S. 240.

scher Formelkompromiss",⁸⁸ in dem die Definition der Entschädigungsberechtigten vage blieb („von nationalsozialistischen Verfolgungsmaßnahmen betroffenen französischen Staatsangehörigen") und ein Begleitbrief von deutscher Seite darauf verweisen konnte, dass nur typische NS-Verfolgte bei den Berechnungen der Globalsumme berücksichtigt worden seien.⁸⁹ Während die Bundesrepublik also „auf der Fiktion [beharrte], dass lediglich für ‚echte' NS-Verfolgte (also solche im Sinne der restriktiven Definitionen des BEG) gezahlt würde",⁹⁰ ließ sie Paris bei der Verteilung der Gelder gewähren. Wenn in Frankreich wie auch in anderen Ländern aus den deutschen Zahlungen auch Widerstandskämpfer entschädigt wurden, dann hat Bonn im Urteil Ernst Féaux de la Croixs hier „bewußt links weggeschaut".⁹¹ Hinzugefügt werden muss, dass Verhandlungen und Globalsumme neben Opferstatistiken und dem Streit um den Verfolgtenbegriff auch – und vielleicht sogar stärker – von realpolitischen Interessen beeinflusst waren.⁹² Die deutschen Diplomaten in Paris beurteilten die Wiedergutmachungsfrage als ernsthaften Störfaktor in den deutsch-französischen Beziehungen, die es zu festigen galt, und der internationale Kontext der Pariser Gipfelkonferenz drängte die Delegationen zur schnellen Lösung.⁹³

Am 4. August 1961 trat der Vertrag über die deutschen Entschädigungszahlungen an Frankreich schließlich in Kraft, fünf Tage später wies Bonn die Zahlung der ersten Rate an.⁹⁴ Bis 1975 stellten rund 124 000 Personen einen Antrag auf Entschädigung aus dem deutsch-französischen Globalabkommen, über die eine eigens eingerichtete Kommission (*Commission interministérielle pour la répartition des indemnités allemandes aux victimes du nazisme*) entschied. Am Ende belief sich die Anzahl der entschädigten Personen auf 112 396.⁹⁵

Wer im Einzelnen und in welcher Höhe aus den deutschen Geldern entschädigt wurde, darüber geben die sogenannten *fiches de contrôle* Auskunft. Dabei handelt es sich um Karteikarten, die für jede aus dem Abkommen entschädigte Person angelegt wurden. Auf den Karten sind neben dem Namen auch Geburtsdatum und -ort des Opfers sowie Angaben zu dem bzw. den Zahlungsempfängern, Verwandschaftsart zum Opfer, die ausgezahlte Summe, Auszahlungsdatum und die zuständige interdepartementale Direktion (*Direction Iinterdépartementale*) des MACVG angegeben. Die in schwere Holzkisten gepressten Karten lagern in den

---

⁸⁸ Moisel, Formelkompromiss, überschreibt so ihre Analyse des Abkommens.
⁸⁹ Vgl. Lappenküper, Bundesrepublik, S. 98, Zitat nach ebenda.
⁹⁰ Goschler, Schuld, S. 242.
⁹¹ Féaux de la Croix, Ergänzungen, S. 284. Féaux de la Croix arbeitete seit 1949 im Bundesfinanzministerium, wo er nicht nur Abteilungsleiter, sondern auch „Experte für Wiedergutmachungsfragen" wurde. Vgl. Klee, „Féaux de la Croix, Ernst", S. 145; Moisel, Formelkompromiss, S. 243; Schrafstetter, Verfolgung, dort Zitat S. 456.
⁹² Vgl. Goschler, Schuld, S. 240-243; Hockerts, Entschädigung, S. 36.
⁹³ Vgl. Moisel, Formelkompromiss, S. 257-260; Lappenküper, Bundesrepublik, S. 96.
⁹⁴ Vgl. Lappenküper, Bundesrepublik, S. 98.
⁹⁵ Vgl. Moisel, Formelkompromiss, S. 271. Die Anträge auf Entschädigung für Opfer pseudomedizinischer Versuche verliefen gesondert. Vgl. hierzu Moisel, Formelkompromiss, S. 265-271.

früheren *Archives du monde combattant* (AdMC) in Caen und sind der Kernquellenbestand für die folgenden Analysen. Ausgangspunkt für die Recherche in diesen zehntausenden Karteikarten waren die Liste der Todesopfer in der „offiziellen Publikation" der ANFM[96] sowie die ausführlichste dem CMO vorliegende Auflistung der Überlebenden.[97] Diese Quellenkombination ermöglicht – trotz Schwächen – einen bestmöglichen und vor allem ganz neuen Blick auf die bundesdeutsche Entschädigung Oradours.[98]

---

[96] Masfrand/Pauchou, Oradour, S. 141–190. Vgl. zur Entstehung des Buchs Kapitel I.

[97] Vgl. André Désourteaux, Survivants, ACMO, 14 FP 12; André Désourteaux, Passagers du tram de 19h30, ebenda. Die Namen der fünf Männer und derjenigen Frau, die die Erschießungen in der Scheune Laudy bzw. das Massaker in der Kirche überlebten, u. a. bei: Desourteaux/Hébras, Oradour, S. 161.

[98] Die Opferliste bei Masfrand/Pauchou ist aus folgenden Gründen problematisch: Wie sich bei der Auswertung der *fiches de contrôle* zeigte, ist die Schreibweise mehrerer Namen fehlerhaft. Auch waren den Autoren der Liste Vorname und/oder Geburtsdatum mancher Opfer nicht bekannt oder wurden falsch angegeben, sodass eine Prüfung bei häufig vorkommenden Namen nur schwer oder gar nicht möglich war. Was die Überlebenden des Massakers anbelangt, so existiert bis heute keine vollständige Liste. Auch die *fiches de contrôle* als Gegenüberlieferung sind kritisch zu betrachten. Die Karten sind alphabetisch nach Opfernamen geordnet und meist in *internés* und *résistants* gegliedert. Die Arbeit mit den Karten zeigte, dass sie größtenteils aber nicht durchgehend in richtiger alphabetischer Reihenfolge abgelegt sind. Darüber hinaus ist der Verlust einzelner Karten nicht auszuschließen. Die Vorteile des gewählten Vorgehens überwiegen diese Unsicherheiten jedoch bei Weitem. Denn die Namen der Opfer ermöglichen den gezielten Zugriff auf Karteikarten, und damit Mindestangaben zur Anzahl und zu den Summen der ausgezahlten Entschädigungen im Fall Oradour. Die Suche über den Opfernamen ermöglicht darüber hinaus departementübergreifende Ergebnisse. Bei Weitem nicht alle Überlebenden und Hinterbliebenen des Massakers blieben im Bereich der *Direction interdépartementale de Limoges* wohnen, sie lebten später in verschiedenen Teilen Frankreichs oder auch im Ausland. Allgemeine oder auf die *Directions interdépartementales* bezogene Statistiken, wie sie in den Akten zur Umsetzung des deutsch-französischen Globalabkommens vorliegen (seinerzeit etwa: AdMC, Indemnisations, Accord franco-allemand [AFA], 27 P 166–177), sind deshalb keine aussagekräftige Alternative zur Einzelauswertung der Karten. Eine Auswertung der Statistiken würde darüber hinaus weitere Probleme bereiten: So sind etwa die Opfer des Massakers darin nicht gesondert ausgewiesen. Als Vorteil der gewählten Vorgehensweise ist weiterhin zu nennen, dass sich durch die hohe Fallzahl „normale" Verläufe abzeichnen, aus denen Sonderfälle herausstechen. Das betrifft beispielsweise Ausreißer beim Auszahlungszeitpunkt oder spezifische Opfergruppen, für die keine Zahlung nachweisbar ist. Diese Sonderfälle waren Ausgangspunkt für weitergehende Recherchen in den sogenannten *dossiers statuts*, die ebenfalls in den *Archives du monde combattant* in Caen archiviert waren. Dabei handelt es sich um Einzelfallakten, die bei der Beantragung einer Internierten- oder Deportiertenkarte angelegt wurden. Da die Karten zentrales Berechtigungskriterium für eine Entschädigung aus dem Globalabkommen waren, stellten sich die *dossiers statuts* als aussagekräftige Quellen heraus.
Nicht in Caen archiviert werden die eigentlichen Anträge auf Entschädigung aus dem Globalabkommen. Über deren Verbleib konnte dort keine Auskunft gegeben werden. Die Akten der Interministeriellen Kommission schließlich galten lange Zeit als unauffindbar, vgl. Moisel, Formelkompromiss, S. 274. Erst beim Abschluss meiner Recherchen tauchten diese und weitere Überlieferungen zur Umsetzung des Abkommens schließlich in Caen auf. Eine umfassende Auswertung des Bestands war nicht mehr möglich, sodass die Akten nur gezielt mit Blick auf Oradour (soweit erkennbar) eingesehen und ausgewertet wurden (damals: AdMC, Indemnisations, AFA, 27 P 167 und -168; dort auch die Unterlagen zu den Verhandlungen mit der DDR, vgl. Kapitel V.3; zum heutigen Aufbewahrungsort der Akten vgl. Kapitel I.)

2.2 Entschädigungszahlungen an Oradour

In Oradour gab es keine kollektive Ablehnung der deutschen Entschädigung aus dem Globalabkommen. In knapp der Hälfte der überprüften Fälle (49,86%) ist eine Entschädigungszahlung nachzuweisen (vgl. Tabelle 1). Der Prozentsatz erhöht sich noch etwas, berücksichtigt man – wie dies weiter unten geschehen wird –, dass nicht alle, die eine Entschädigung forderten, auch entschädigungsberechtigt waren.

Der Befund, dass Oradour bzw. der Hinterbliebenenverband die Zahlungen nicht geschlossen zurückwies, ist nicht selbstverständlich. Denn zum einen könnte eine solche prinzipielle Ablehnung erklären, warum die deutschen Entschädigungen im Rahmen des Globalabkommens bislang weder in der Oradour-Forschung noch in der Überlebendenliteratur thematisiert wurden. Zum anderen sind Zurückweisungen aus anderen Kontexten bekannt, etwa bei einem Teil der von den Nationalsozialisten als Juden Verfolgten.[99] In Frankreich sprach sich unter anderem der Philosoph Vladimir Jankélévitch, der als Jude selbst unter dem Nationalsozialismus und dem Vichy-Regime gelitten und in der *Résistance* gekämpft hatte, gegen die Annahme deutscher Entschädigungszahlungen aus. In seinem Essay „Verzeihen?" schrieb er 1971: „Behaltet eure Entschädigungen, die Verbrechen lassen sich nicht in klingende Münze umsetzen; es gibt keinen Schadenersatz, der uns für sechs Millionen zu Tode Gemarterter entschädigen könnte, es gibt keine Wiedergutmachung für das Nichtwiedergutzumachende."[100]

Tab. 1

	Auswertung der *fiches de contrôle*					
	überprüfte Fälle	*fiche de contrôle* nachweisbar	in %	kein *fiche de contrôle* nachweisbar	in %	nicht prüfbar
Getötete	642[101]	333	51,87%	309	48,13%	–
Überlebende	60[102]	17	28,33%	40	66,67%	3
SUMME	**702**	**350**	**49,86%**	**349**	**49,72%**	**3**

---

[99] Vgl. Winstel, Gerechtigkeit, S. 269 f.; Brunner/Frei/Goschler, Lernprozesse, S. 16.

[100] Jankélévitch, Verzeihen, S. 278 f. Wiederholt kam Jankélévitch in seinen Ausführungen auf das Massaker in Oradour zu sprechen, das er als eines der „entsetzlichen Geheimnisse […], deren Träger wir sind" mit den Vernichtungslagern in eine Reihe stellte. Ebenda, S. 280.

[101] Überprüft wurden die 639 bei Masfrand/Pauchou, Oradour, S. 141–190, namentlich aufgelisteten Todesopfer. Desourteaux weist darauf hin, dass die letzte richterliche Entscheidung über die Feststellung der Opferzahl vom März 1962 die Gesamtzahl auf 644 erhöhte. In Desourteaux/Hébras, Oradour, S. 218–221, bietet er eine Auflistung der Opfer nach Alter. Leider wurde ich auf diese Liste erst nach der Aktenauswertung aufmerksam. In drei Fällen stieß ich bei der Auswertung der *fiches de contrôle* allerdings auf Karten für Personen, die bei Masfrand/Pauchou, Oradour, nicht verzeichnet, allerdings auf der Opferliste Desourteaux' enthalten sind. Daraus ergibt sich die genannte Gesamtzahl von 642 überprüften Todesopfern.

[102] Zu den in diese Kategorie aufgenommenen Personen vgl. Tabelle 5.

2. Westdeutsche Entschädigungen 427

Ob man in Oradour erwog, die deutschen Gelder kollektiv abzulehnen, ist unklar. In den Protokollen der ANFM-Mitgliederversammlungen finden sich keine Hinweise darauf, allerdings wurden die deutschen Entschädigungszahlungen aus dem Globalabkommen darin überhaupt nur ein Mal und das sehr knapp thematisiert.[103] Auch die geführten Interviews mit Überlebenden lassen keinen endgültigen Schluss zu.[104] Sicher ist, dass die ANFM kurz nach Kriegsende deutsche Entschädigungszahlungen nicht nur akzeptiert hätte, sondern ausdrücklich forderte. In einer Resolution an mehrere Parlamentarier der Haute-Vienne, darunter zwei Minister auf nationaler Ebene, forderte der Verband 1946, dass die Ausgaben für Renten, den Erhalt der Ruinen oder den Bau eines Denkmals wie auch für Kriegsschäden „ausschließlich zulasten Deutschlands gehen".[105] Aus dieser Resolution auf eine grundsätzliche Akzeptanz der deutschen Entschädigungszahlungen fünfzehn Jahre später zu schließen, ist heikel. Denn die Forderung der ANFM im Jahr 1946 stand im Kontext eines innerfranzösischen Entschädigungskonflikts. Vorangegangen war die Weigerung des damaligen Finanzministers René Pleven, jene Sonderverordnung für Oradour zu unterzeichnen, die eine komplette Erstattung der geschätzten Kriegsschäden ermöglichen sollte. Pleven wollte einen Präzedenzfall verhindern. Bei der Mitgliederversammlung im Januar 1946 wurden daraufhin Stimmen laut, die kein Verständnis dafür zeigten, dass man den Fall Oradour mit anderen Schadensfällen gleichsetzen könnte, und die Meinung vertreten, „dass Deutschland alles bezahlen" müsse.[106] In diesem Sinne argumentierte die ANFM auch in ihrer Resolution.[107] Bis zum Abschluss des Globalabkommens hatte sich die Situation auf dem innerfranzösischen Entschädigungsfeld jedoch in mehrerlei Hinsicht und meist zugunsten Oradours verändert.[108] Die Basis, auf der man dort Anfang der 1960er Jahre zwischen Akzeptanz und Ablehnung einer deutschen Entschädigungszahlung abwog – wenn man es denn tat –, war also eine gänzlich andere als 1946. Ob und wie auch immer eine solche Diskussion geführt wurde, zu einer geschlossenen Zurückweisung der deutschen Gelder aus dem Globalabkommen kam es nicht.

---

[103] Vgl. ANFM, Assemblée générale, 15. 4. 1962, Compte rendu moral, ACMO, 5 FP 3. Vgl. ausführlich hierzu unten.
[104] Die interviewten Personen erinnerten sich nicht daran, die Entschädigung selbst abgelehnt haben zu wollen. Robert Hébras glaubte zu erinnern, war aber nicht sicher, dass die ANFM die Entschädigung ursprünglich habe zurückweisen wollen, sich der Vorstand aber schließlich anders entschieden habe. Vgl. Interviews der Verfasserin mit Robert Hébras, 14. 5. 2008, Oradour-sur-Glane; Camille Senon, 12. 5. 2008, Limoges; Jean-Marcel Darthout, 15. 10. 2007, Saint-Victurnien.
[105] ANFM, Conseil d'administration, 6. 1. 1946, Procès-verbal, ACMO, 5 FP 2. Die Forderung wurde 1947 in einer Resolution an den Minister für Kriegsveteranen und Kriegsopfer wiederholt. Darin wurde außerdem und besonders die Ausweitung des Rechts auf Elternrente für Eltern verstorbener Kinder unter zehn Jahren gefordert. Vgl. ANFM, Assemblée générale, 26. 1. 1947, Procès-verbal, Annexe: Vœu à adresser à Monsieur le Ministre des Anciens Combattants et Victimes de la Guerre, ACMO, 5 FP 2.
[106] ANFM, Assemblée générale, 6. 1. 1946, Procès-verbal, ACMO, 5 FP 2.
[107] Vgl. ANFM, Conseil d'administration, 6. 1. 1946, Procès-verbal, ACMO, 5 FP 2.
[108] Vgl. hierzu Kapitel V.1.

Berechtigtenstruktur, Entschädigungssummen, Splittung und Kumulation

Nimmt man die *fiches des contrôle* der an Oradour ausgezahlten Entschädigungen genauer in den Blick, geben sie unter anderem Auskunft über die Berechtigtenstruktur und die daraus resultierenden Entschädigungssummen (vgl. Tabelle 2). Bei mehr als der Hälfte der Entschädigten handelte es sich um Eltern (*ascendants*), was die große Anzahl der im Massaker getöteten Kinder spiegelt.[109] Bei der relativ geringen Anzahl der entschädigten Ehegatten bzw. Lebensgefährten ist zu berücksichtigen, dass das Recht auf Entschädigung aus dem Globalabkommen für Ehepartner und Lebensgefährten durch eine (Wieder-)Verheiratung oder eine neu eingegangene rechtlich anerkannte nicht eheliche Lebensgemeinschaft verloren ging.[110]

Was die ausbezahlten Summen anbelangt, so ist die Differenz zwischen Überlebenden (*rescapés* und *survivants*) und Hinterbliebenen (*ascendants*, *descendants* und *conjoints*) frappierend. Die entschädigungsberechtigten Überlebenden des Massakers erhielten je 1710 Franc und damit die für überlebende Internierte vorgesehene Summe.[111] Anders verhielt es sich bei der Entschädigung von Eltern (*ascendants*), Ehepartnern und Nachkommen der in Oradour Getöteten. Zunächst hatte die Interministerielle Kommission die gleiche Entschädigungssumme für die überlebenden Internierten und bei deren Tod für ihre Rechtsnachfolger vorgesehen.[112] Eine Verordnung vom Februar 1962 stellte die Hinterbliebenen von Erschossenen oder Massakrierten jedoch mit den Deportierten und ihren Rechtsnachfolgern gleich.[113] Dies führte zu einem erheblichen Unterschied in der Entschädigungssumme, denn der allgemein festgelegte Berechnungsschlüssel sah eine drei Mal höhere Entschädigung der Deportierten und ihrer Angehörigen als der Internierten und ihrer An-

---

[109] Der Begriff „ascendants" umfasst nicht nur Eltern, sondern „Familienangehörige in aufsteigender Linie". Moisel, Formelkompromiss, S. 273. Im Fall Oradour ist davon auszugehen, dass die Anzahl der verwaisten Eltern in dieser Berechtigtengruppe hoch war. Darauf deutet u. a. hin, dass die ANFM im Zusammenhang mit der „pensions d'ascendants" 1947 konstatierte, aufgrund der Altersbeschränkung der Opfer habe die Mehrheit der Eltern (*parents*) kein Recht auf die Zahlung. Unter den Todesopfern des Massakers waren laut Desourteaux/ Hébras, Oradour, S. 161, 206 Kinder bis 14 Jahre. Im Folgenden wird deshalb die Bezeichnung „Eltern" mit dem Klammerzusatz (*ascendants*) verwendet.

[110] Vgl. Décret n° 61–971 du 29 août 1961 portant répartition de l'indemnisation prévue en application de l'accord conclu le 15 juillet 1960 entre la République française et la République fédérale d'Allemagne, en faveur des ressortissants français ayant été l'objet de mesures de persécutions national-socialistes, J.O., Lois et Décrets, 30. 8. 1961, S. 8132 f., Artikel 3, S. 8132, sowie Décret n° 62–192 du 21 février 1962 modifiant le décret n° 61–971 du 29 août 1961, J.O., Lois et Décrets, 22. 2. 1962, S. 1837 f., Artikel 2, S. 1838.

[111] Vgl. Moisel, Formelkompromiss, S. 272 f.

[112] Vgl. Décret n° 61–971 du 29 août 1961 portant répartition de l'indemnisation prévue en application de l'accord conclu le 15 juillet 1960, J.O., Lois et Décrets, 30. 8. 1961, S. 8132 f., Artikel 6, S. 8132.

[113] Vgl. Décret n° 62–192 du 21 février 1962 modifiant le décret n° 61–971 du 29 août 1961, J.O., Lois et Décrets, 22. 2. 1962, S. 1837 f., Artikel 4, S. 1838, sowie Code des pensions militaires d'invalidité et des victimes de la guerre, Version vom 1. 2. 1962, Section 2: Pécule et indemnisations diverses, Article R391–3 (ebenso abrufbar unter URL: https://www.legifrance.gouv.fr).

Tab. 2

	Nachweisbare Zahlungen nach Berechtigtenkategorie		
	Entschädigungsfälle	potenzielle Entschädigungshöhe im Einzelfall[114]	Gesamtsumme
Überlebende (rescapés und survivants)	16[115]	1710,00	27 360,00
Eltern (ascendants)	177	5557,50	978 120,00
Nachkommen (descendants)	130	5985,00	774 060,00
Ehepartner (conjoints)	27	5985,00	158 175,00
Gesamt	**350**		**1 937 715,00**

gehörigen vor.[116] Die Rechtsnachfolger der in Oradour Getöteten wurden folglich wie die Rechtsnachfolger von Deportierten mit 5985 Franc (Ehepartner und Nachkommen) bzw. 5557,50 Franc (Eltern, *ascendants*) entschädigt. Vergleicht man die Entschädigungszahlungen aus dem Globalabkommen mit dem französischen Durchschnittsgehalt des Jahres 1963 von jährlich 68 140 Franc (1998), so entsprachen die Entschädigungen für Eltern (*ascendants*) (42 500 Franc, 1999) etwa siebeneinhalb Monatsgehälter, die für Nachkommen und Ehe- oder Lebenspartner (45 000 Franc, 1999) etwa acht Monatsgehälter. Die Entschädigung für Überlebende jedoch lag mit 13 500 Franc (1999) bei nicht einmal zweieinhalb Monatsgehältern.[117]

Die im Vergleich zu den Überlebenden hohen Entschädigungssummen für die Hinterbliebenen zerfielen in vielen Fällen in mehrere und entsprechend niedrigere Beträge. Die Interministerielle Kommission legte 1962 fest, dass im Fall des Todes der Deportierten oder Internierten der Betrag „an den überlebenden Ehepartner oder, wenn ein solcher nicht (mehr) vorhanden ist, an die Nachfahren oder Vorfahren gemäß Erbfolge oder an den festen Lebenspartner verteilt wird".[118] In

---

[114] Nicht in allen Fällen wurde die Gesamtsumme ausbezahlt, etwa dann nicht, wenn nur ein Elternteil oder nicht alle entschädigungsberechtigten (Enkel-)Kinder einen Antrag auf Entschädigung einreichten. Die Zahl der Entschädigungsfälle multipliziert mit der Einzelfallsumme entspricht deshalb nicht immer der Gesamtsumme.

[115] Der Unterschied zu Tabelle 1, die 17 entschädigte Überlebende ausweist, erklärt sich folgendermaßen: Der Überlebende des Massakers Armand Senon verstarb 1960, seine Witwe beantragte im Rahmen des Globalabkommens erfolgreich eine Interniertenkarte für ihren verstorbenen Ehemann. Die erfolgte Entschädigungszahlung fällt deshalb hier unter *Ehepartner* und nicht unter *Überlebende*. Vgl. Dossier statut (Armand Senon), AdMC. Alter und Sterbedatum Senons nach: Valade, Oradour, S. 77.

[116] Mit dieser Unterscheidung sollte berücksichtigt werden, dass die Lebensbedingungen in einem Lager außerhalb des französischen Staatsgebiets meist härter gewesen waren. Vgl. Moisel, Formelkompromiss, S. 272.

[117] Ich beziehe mich hier auf das in Mission interministérielle, Eléments, S. 29, aufgeführte Durchschnittsgehalt und die Entschädigungswerte in Franc (1999) bei Moisel, Formelkompromiss, S. 273.

[118] Décret n° 62-192 du 21 février 1962 modifiant le décret n° 61-971 du 29 août 1961, J.O., Lois et Décrets, 22. 2. 1962, S. 1837 f., Artikel 2, S. 1838. Neu im Vergleich zur ersten Fassung

welch kleine Teile eine Entschädigungssumme bei entsprechender Konstellation zerfallen konnte, zeigt im Fall Oradour am eindrücklichsten folgendes Beispiel: Anne P., geboren 1877, wurde am 10. Juni 1944 in Oradour getötet. Nahezu 20 Jahre später, im Sommer 1963, wurden ihre Nachkommen mit insgesamt 5985 Franc aus dem deutsch-französischen Globalabkommen entschädigt. Ihre beiden Kinder erhielten je 1995 Franc, die restlichen 1995 Franc wurden unter den sieben Enkeln der Verstorbenen aufgeteilt, was einer Summe von je 285 Franc entsprach.[119] Es handelt sich hier zwar um ein besonders extremes Beispiel, die Aufteilung der Entschädigungssumme war aber durchaus keine Ausnahme: Weniger als die Hälfte der entschädigten Nachkommen waren allein entschädigungsberechtigt, in den anderen Fällen wurden die ausbezahlten Gelder zwischen mehreren Kindern und/ oder Enkeln, in manchen Fällen sogar Urenkeln aufgeteilt (vgl. Tabelle 3). Die Entschädigungen für die Opfer des Massakers in Oradour bedeuteten in dieser Hinsicht einen hohen Arbeitsaufwand für die Sachbearbeiter.[120]

Tab. 3

	Aufteilungsstruktur der Entschädigungssumme bei Nachkommen								
	ein Teil	zwei Teile	drei Teile	vier Teile	fünf Teile	sechs Teile	sieben Teile	neun Teile	unklar	Summe
Fälle	58	40	16	7	4	1	1	1	2	130

War die Aufteilung der Entschädigungssumme für Nachkommen ein häufig auftretender Fall, so war sie bei der Entschädigung von Eltern die Ausnahme, die bei deren Scheidung zum Tragen kam.[121] Im Gegensatz zur Splittung der Entschädigungssumme war auch die Kumulation mehrerer Ansprüche möglich.[122] Die entsprechenden Beispiele zeigen besonders drastisch, welche Lücken das Massaker in die

von 1961 war dort lediglich die Einbeziehung der Lebensgefährten. Vgl. Décret n° 61–971 du 29 août 1961 portant répartition de l'indemnisation prévue en application de l'accord conclu le 15 juillet 1960, J.O., Lois et Décrets, 30. 8. 1961, S. 8132 f., Artikel 3.

[119] Vgl. Fiche de contrôle (Anne P., Kartennummer [im Folgenden: n°] 2387.0843), AdMC. In diesem konkreten Fall sind die Verwandtschaftsverhältnisse auf der Karte nicht vermerkt, allerdings zeigen andere Fälle, dass diese Verteilung der Konstellation bei einer Entschädigung von Kindern und Enkeln entsprach, vgl. etwa Fiche de contrôle (Marie A., n° 2308.01594), AdMC.

[120] Vgl. MACVG, Direction interdépartementale de Limoges, Directeur interdépartemental, F. Giraudel, Indemnisation des victimes du nazisme, Compte rendu concernant les operations, 18. 3. 1965, AdMC, Indemnisations, AFA, 27 P 167.

[121] Als Beispiel sei auf die bereits genannte Aline Perney verwiesen, die im Massaker ihre Tochter verlor. Bei Auszahlung der Entschädigung 1963 geschieden, wurde sie mit einem halben Elternteil (2778,75 Franc) entschädigt. Ihr geschiedener Mann stellte offenbar keinen Entschädigungsantrag. Vgl. Fiche de contrôle (Marie Josiane R., n° 2387.0261), AdMC.

[122] Artikel 8 der Verordnung vom 29. 8. 1961 führte eine Obergrenze für die Kumulation ein. Neben der Entschädigung für die eigene Internierung oder Deportation konnten Begünstigte verstorbener oder vermisster Opfer maximal zwölf Teile kumulieren. Ein Teil entsprach der für überlebende Internierte vorgesehenen Summe von 1710 Franc, sodass die Obergrenze bei 20 520 Franc lag. Vgl. hierzu auch Mission interministérielle, Eléments, S. 22. Da das

betroffenen Familien gerissen hatte. So war Jean D. vor dem 10. Juni 1944 ein 37-jähriger Familienvater, der dem Massaker selbst nicht zum Opfer fiel, weil er sich an diesem Tag außerhalb Oradours aufhielt.[123] Doch die Soldaten der Waffen-SS töteten seine Frau, seine Mutter und seine vier Kinder, das jüngste sechs Monate, das älteste acht Jahre. Im Januar 1963, Jean D. war inzwischen 57 Jahre alt, erhielt er aus dem Globalabkommen insgesamt 29 711,25 Franc. Je 5557,50 Franc wurden ihm für jedes verlorene Kind ausbezahlt, 5985 Franc für den Tod seiner Ehefrau. Die Gesamtentschädigungssumme für den Tod seiner Mutter teilte sich Jean D. mit seinen beiden Geschwistern (je 1496,25 Franc) und zwei Enkeln der Getöteten (je 748,125 Franc).[124]

Befragt man die *fiches de contrôle* nach dem Auszahlungszeitpunkt der Entschädigungen im Fall Oradour, wird deutlich, dass Ende 1963 bereits mehr als 90% der Gelder genehmigt bzw. angewiesen worden waren (vgl. Tabelle 4).

Tab. 4

	Zeitpunkt der nachweisbaren Zahlungen[125]							
Jahre	1962	1963	1964	1965	1966	1971	1972	Summe
Zahlungen	150	173	10	3	1	2	11	350

Diese Werte und ein Bericht der *Direction interdépartementale de Limoges* aus dem Jahr 1965 sprechen dafür, dass die Entschädigung im Fall Oradour trotz der Herausforderungen, die mit der häufig notwendigen Aufteilung der Gelder einhergingen, weitestgehend problemlos verlief.[126] Claudia Moisel hat mit Blick auf den allgemein hohen Prozentsatz der bewilligten Anträge auf Entschädigung aus dem deutsch-französischen Globalabkommen darauf hingewiesen, „dass die französische Regierung von Anfang an eine sehr genaue Vorstellung davon hatte, wer einen Anspruch auf eine Entschädigung haben sollte", nämlich ausschließlich die Inhaber einer Deportierten- oder Interniertenkarte.[127]

Diese Erklärung ist zentral, will man die im Fall Oradour auffallend spät erfolgten Zahlungen verstehen. Die drei extremen Ausreißer (Zahlungen 1971 bzw.

Dekret vom 21. 2. 1962 diese Bestimmung beibehalten, ist unklar, warum der Höchstbetrag im folgenden Fall überschritten wurde.

[123] Vgl. André Désourteaux, Survivants, ACMO, 14 FP 12.
[124] Vgl. Fiches de contrôle (Gu. D., n° 1308.01334; Ge. D., n° 1308.01331; Gi. D., n° 2308.01333; Mo. D., n° 2308.01332; Ma. D., n° 2308.01335; Marg. D., n° 2308.01610), AdMC.
[125] In der Regel beziehe ich mich auf das auf den *fiches de contrôle* vermerkte „Date d'émission du titre de payement", das heißt den Tag, an dem die Zahlungsanweisung ausgestellt wurde. Lag ein Jahreswechsel zwischen diesem Datum und dem Tag, an dem die Zahlungsanweisung versandt wurde („envoyé le"), habe ich den späteren Zeitpunkt in die Statistik aufgenommen.
[126] Vgl. MACVG, Direction interdépartementale de Limoges, Directeur interdépartemental, F. Giraudel, Indemnisation des victimes du nazisme, Compte rendu concernant les opérations, 18. 3. 1965, AdMC, Indemnisations, AFA, 27 P 167.
[127] Moisel, Formelkompromiss, S. 271.

1972) sind unterschiedlich zu erklären. Im ersten Fall (Zahlung 1971) war der Antrag verspätet eingereicht worden und gehörte darüber hinaus zu einer Gruppe von Fällen, die einer besonderen Prüfung bedurften.[128] Der zweite Fall betrifft Jean-Marcel Darthout. Erinnern wir uns: Der damals 20-Jährige hatte die Exekution in der Scheune Laudy überlebt und aus dem brennenden Gebäude fliehen können. Aufgrund seiner Verletzungen hatte er den anderen Männern bei ihrer Flucht aus Oradour nicht folgen können und war im Dorf versteckt zurückgeblieben, bis ihn Bewohner umliegender Orte in Sicherheit brachten.[129] Obwohl ihm als *rescapé* seit 1948 eine Interniertenkarte zustand, beantragte er sie erst nach dem Abschluss des deutsch-französischen Globalabkommens, konkret am 10. Januar 1962.[130] Während Darthout bereits im Januar 1963 aus dem Globalabkommen für den Tod seiner Mutter entschädigt wurde,[131] musste er auf die Entschädigung für seine „Internierung" mehrere Jahre warten. Als seinem Antrag auf eine Interniertenkarte – unter anderem nach mehreren Zeugenvernehmungen durch die *Gendarmerie nationale* – im November 1964 schließlich zugestimmt und die Karte versandt wurde, war sie unzustellbar, denn Darthout war inzwischen verzogen. Dass er Anfang der 1970er Jahre erneut Schritte zum Erhalt der Karte unternahm, hängt mit jenen Fällen zusammen, in denen die Entschädigung 1972 ausbezahlt wurde. Offensichtlich hatte Darthout erfahren, dass mehrere Überlebende des Massakers ihre Interniertenkarte bei einer feierlichen Übergabe im Ministerium für Kriegsveteranen erhalten hatten, während seine Karte trotz zweimaliger Antragstellung noch immer ausstand. Er beschwerte sich deshalb beim Bürgermeister seines neuen Wohnorts, der beim zuständigen Minister intervenierte. Im Mai 1972 wurde Darthout seine Interniertenkarte schließlich ausgehändigt. Seine Entschädigung aus dem Globalabkommen war bereits im August 1971 angewiesen worden.[132]

Der Kampf um Anerkennung und Entschädigung bestimmter Opfergruppen

Bei den Überlebenden, die ihre Interniertenkarte und vermutlich auch die *médaille de l'internement*[133] bei einer Zeremonie im *Ministère des Anciens combattants* überreicht bekamen, handelte es sich höchstwahrscheinlich um jene elf Personen, die 1972 aus dem Globalabkommen entschädigt wurden. Sie waren allesamt Überlebende, die sich während des Massakers hatten verstecken und/oder fliehen können. Die Verleihung der Interniertenkarten war ihr Sieg am Ende eines zehnjährigen Kampfs um den Status des *interné politique*. Dieser Kampf verweist auf einen wichtigen As-

---

[128] Vgl. Dossier statut (Marguerite S., n° 2308.16803), AdMC.
[129] Vgl. Kapitel II.1.
[130] Vgl. Dossier statut (Jean-Marcel Darthout), AdMC.
[131] Vgl. Fiche de contrôle (Anne Thérèse Darthout), AdMC.
[132] Vgl. Dossier statut und Fiche de contrôle (Jean-Marcel Darthout), AdMC.
[133] Die Medaille war mit dem Dekret vom 9. 9. 1948, Artikel 7, eingeführt worden.

pekt der Geschichte der Wiedergutmachung, nämlich darauf, dass sie sich „als ein fortwährender Streit um Inklusion und Exklusion erzählen" lässt.[134] Die Lebens- und Erfahrungswirklichkeit der ehemals Verfolgten entsprach nicht immer dem rechtlichen Rahmen. Die mögliche Abweichung konnte die Gerechtigkeitsvorstellung ehemaliger Opfer verletzen und zu der Wahrnehmung führen, ihnen würde ein weiteres Mal Unrecht zugefügt.[135] Im Fall Oradour zeigt sich diese Facette der Entschädigungsgeschichte an den *survivants*, das heißt denjenigen, die das Massaker auf andere Weise überlebten als die aus der Scheune Laudy bzw. der Kirche Entkommenen. Anders als die sechs *rescapés* waren die *survivants* seit 1948 vom Status der „politischen" Internierten ausgeschlossen und sollten deshalb auch nicht aus den deutschen Geldern entschädigt werden.[136] Ein Teil der Betroffenen begehrte nun gegen die Exklusion auf.

Abb. 14: *Überlebende des Massakers in Oradour, wahrscheinlich Anfang der 1980er Jahre. Nur Robert Hébras (ganz rechts) gehörte zu den sogenannten* rescapés, *d. h., er überlebte die Erschießung an einem der zentralen Exekutionsorte. Martial, genannt Joseph, Beaubreuil, Marcel Belivier, Maurice Beaubreuil, Paul Doutre, Jacqueline Pinède, Martial Brissaud, Jeanine Renaud und Martial Machefer (v. l. n. r.) hingegen überlebten, weil es ihnen gelang, sich zu verstecken und/oder sofort zu fliehen (sogenannte* survivants).
(Benoît Sadry)

---

[134] So Brunner/Frei/Goschler, Lernprozesse, S. 39, in Bezug auf die Entschädigungen aus dem BEG. Der Befund trifft jedoch auch für die Entschädigungen aus den Globalabkommen zu, vgl. den Sammelband von Hockerts/Moisel/Winstel, Grenzen.
[135] Vgl. Kausch, Widerstreit, S. 94, 97.
[136] Zur Problematik der Begriffe *rescapés* und *survivants* vgl. Kapitel I.

Es war nicht ungewöhnlich oder oradourspezifisch, dass Personen erst anlässlich des deutsch-französischen Globalabkommens eine Internierten- oder Deportiertenkarte beantragten. Von den in Frankreich insgesamt eingereichten Entschädigungsanträgen stammten mehr als ein Fünftel von Personen, die noch nicht im Besitz einer Deportierten- oder Interniertenkarte waren.[137] Im Fall Oradour sind diese Neuanträge zum einen nachweisbar für Überlebende bzw. Rechtsnachfolger von Opfern, die bereits seit 1948 ein Anrecht auf eine Interniertenkarte hatten, wie beispielsweise Jean-Marcel Darthout. Zum anderen – und dies ist der interessantere Punkt – beantragten bislang aus der Kategorie der „politischen" Internierten ausgeschlossene *survivants* eine Interniertenkarte. Neben jenen, die überlebt hatten, weil sie sich hatten verstecken und/oder fliehen können, waren dies Trambahnpassagiere, die am Abend des 10. Juni 1944 aus Limoges nach Oradour gekommen und dort zum Gefechtsstand der Waffen-SS gebracht worden waren.[138]

In keinem der überprüften Fälle hatte einer der *survivants* bereits vor dem Abschluss des deutsch-französischen Globalabkommens um die Erteilung einer Interniertenkarte angesucht.[139] Auch die ANFM-Protokolle thematisieren den Ausschluss dieser Opfergruppen vom Status der „politischen" Internierten nicht. Entweder also stellten die Betroffenen die staatlichen Inklusions- und Exklusionskriterien bis zum Beginn der 1960er Jahre nicht infrage oder aber sie sahen keine Möglichkeit, sie aufzubrechen. Die konsultierten Einzelfallakten des MACVG, die bei der Beantragung einer *carte de déporté ou d'interné* angelegt wurden (*dossiers statut*), lassen keinen Schluss darüber zu, was die Antragsteller im Rahmen des Globalabkommens dazu motivierte, jetzt eine Interniertenkarte zu beantragen.[140] Sicher ist lediglich, dass Anfang November 1961 in Oradour eine Informationsveranstaltung der *Direction interdépartementale de Limoges* des MACVG zu den bevorstehenden deutschen Entschädigungen stattfand, an der auch der ANFM-Präsident teilnahm.[141] Wurden die Betroffenen bei der Veranstaltung ermuntert, nun den Status des *interné politique* zu beantragen? Oder revoltierten sie mit ihren Anträgen vielmehr gegen die Tatsache, dass sie erneut und diesmal von einer deutschen Entschädigung ausgeschlossen werden sollten? In jedem Fall beantragte Martial Brissaud nur wenige Wochen nach der Veranstaltung eine Interniertenkarte.[142] An seinem Beispiel werden im Folgenden die Bemühungen eines knappen Dutzends Überlebender um die *carte d'interné politique* dargestellt, denen es am 10. Juni 1944 gelungen war sich zu verstecken und/oder zu fliehen.

---

[137] Vgl. Féaux de la Croix, Ergänzungen, S. 246.
[138] Vgl. Kapitel II.1.
[139] Von den 54 mir bekannten Fällen habe ich 18 auf die Existenz eines *dossier statut* bzw. eines Antrags auf eine Interniertenkarte vor 1961 geprüft.
[140] Anfragen der Verfasserin an ehemalige Antragsteller blieben unbeantwortet.
[141] Vgl. MACVG, Direction interdépartementale de Limoges, Directeur interdépartemental, F. Giraudel, Indemnisation des victimes du nazisme, Compte rendu concernant les opérations, 18. 3. 1965, AdMC, Indemnisations, AFA, 27 P 167.
[142] Vgl. Dossier statut (Martial Brissaud), AdMC.

Am 10. Juni 1944 war Martial Brissaud 17 Jahre alt. Als die Soldaten der Waffen-SS Oradour erreichten, besprach er mit seinem Freund Robert Hébras gerade die Unternehmungen für den nächsten Tag. Von der Ankunft der SS-Einheit verängstigt, ging Brissaud nach Hause und schloss sich auf dem Dachboden ein, während Soldaten seine Eltern zum Marktplatz brachten. Von seinem Versteck aus hörte der junge Mann, wie Soldaten das Haus durchsuchten und in Brand steckten. Schließlich gelang es ihm, zunächst aus dem Haus, dann aus dem Dorf zu fliehen.[143] Im Oktober 1962 nahm der *Directeur interdépartemental* Stellung zu Brissauds Antrag und schlug die Ablehnung (*avis défavorable*) mit der Begründung vor, es habe keine Festnahme (*arrestation*) im Sinne des Dekrets vom 1. März 1950 stattgefunden.[144] Genau zwei Jahre später erhielt Brissauds einen Ablehnungsbescheid in dem es hieß: „Weder verhaftet, noch interniert. Erfüllt nicht die Bedingungen für den Status der deportierten und politischen Internierten."[145] Auch in anderen ähnlich gelagerten Fällen ergingen 1964 Ablehnungen, etwa an Martial und Maurice Beaubreuil.[146] Die Brüder hatten am 10. Juni 1944 ihre Tante und ihren Onkel in Oradour besucht. Martial, damals 32 Jahre, war aus der Kriegsgefangenschaft geflohen, Maurice, elf Jahre jünger, hatte eine Einberufung zum *Service du travail obligatoire* (STO) erhalten, sodass die beiden entschieden, sich unter einer verborgenen Falltür in Sicherheit zu bringen, als die Deutschen im Ort auftauchten. Von dort aus hörten sie, wie das Haus durchsucht und das Hausmädchen im angrenzenden Garten erschossen wurde, sie hörten zahlreiche Schüsse und die Schreie der Frauen in der unweit gelegenen Kirche. Als das im Haus gelegte Feuer die beiden zu ersticken drohte, verließen sie ihr Versteck. Bis elf Uhr nachts verbargen sie sich in einem Graben, während der Ort um sie herum brannte. Sie wechselten ihr Versteck nochmals, bevor sie schließlich um zwei Uhr nachts Oradour verlassen und sich in Sicherheit bringen konnten.[147] Ebenfalls abgelehnt wurde Robert Bessons Antrag auf eine Interniertenkarte.[148] Auch Besson war während des Kriegs zum STO einberufen worden, hatte der Ladung aber keine Folge geleistet. Am 10. Juni 1944 konnte er sich zusammen mit seinem Freund Jacques Garraud in einem Brombeerstrauch verstecken. Die beiden jungen Männer verharrten dort bis in die Nacht hinein, bevor sie die Flucht aus dem Dorf wagten.[149] Auch in Bessons Fall schlug der *Directeur interdépartemental* ein *avis défavorable* vor, da keine „Verhaftung gemäß Erlass vom 1. März 1950" stattgefunden habe.[150]

---

[143] Vgl. Fouché, Oradour, S. 137; Fouché, Politique, S. 289 f.; Dossier statut (Martial Brissaud), AdMC.
[144] Vgl. Dossier statut (Martial Brissaud), AdMC. Zum genannten Dekret vgl. unten.
[145] Dossier statut (Martial Brissaud), AdMC.
[146] Vgl. Dossiers statuts (Martial und Maurice Beaubreuil), AdMC.
[147] Vgl. Fouché, Oradour, S. 137, 155; Fouché, Politique, S. 283–285.
[148] Vgl. Dossier statut (Robert Besson), AdMC.
[149] Vgl. Fouché, Politique, S. 279 f.; Dossier statut (Robert Besson), AdMC.
[150] Dossier statut (Robert Besson), AdMC. Auch die Anträge von Armand Senons Witwe und Hippolyte Redon wurden 1964 zurückgewiesen. Vgl. Dossiers statuts (Armand Senon, Hippolyte Redon), AdMC.

Die elf Überlebenden fanden sich mit dieser Zurückweisung nicht ab und wandten sich in einem nächsten Schritt wohl direkt an den französischen Präsidenten.[151] Wahrscheinlich erhofften sie sich von de Gaulle die persönliche Unterstützung ihres Anliegens, denn immerhin hatte der General Oradour zum nationalen Symbol erhoben, seine persönliche Betroffenheit in einer privaten Spende zum Ausdruck gebracht und das *village martyr* im Mai 1962 abermals besucht. Doch das zuständige Ministerium beschied die Anträge im Juni 1966 erneut abschlägig. Es berief sich in seinem Bescheid ausführlich auf die Einschätzung der *Commission nationale des déportés et internés politiques*,[152] die in Oradour zwei Opferkategorien unterschieden wissen wollte. Zur ersten Gruppe zählte sie die Überlebenden der Scheune Laudy, die die Bedingungen für den Status der „politischen" Internierten erfüllen würden.[153] Die Erlebnisse dieser Männer am 10. Juni 1944 bewertete die Kommission als „verhaftet, interniert und geflüchtet": „Tatsächlich entkamen die Betroffenen, die mit einer der Gruppen verhafteter Männer in der Scheune Laudy eingesperrt waren, wie durch ein Wunder dem Feuer der am Scheuneneingang aufgestellten Maschinengewehre, stellten sich tot und flohen, während die SS-Männer Stroh und Benzin holten, um die Leichen zu verbrennen." In diese Gruppe integrierte das Gremium auch die aus der Kirche geflohene Marguerite Rouffanche. Davon unterschieden wollte man unter anderem jene wissen, die vom Status des „politischen" Internierten nicht hätten profitieren können, weil sie – „von den Deutschen nicht entdeckt, da versteckt und geflohen" – „weder verhaftet, noch interniert" worden seien.[154] Das heißt: Bis zu diesem Zeitpunkt verlief die Trennlinie zwischen den *rescapés* und dieser Untergruppe der *survivants*, zwischen dem Recht auf den Status des „politischen" Internierten und seiner Versagung und damit letztlich die Grenze zwischen Entschädi-

---

[151] Darauf deutet ein Schreiben aus dem Jahr 1966 hin, das an mehrere Betroffene ging. Vgl. MACVG, Directeur des Statuts et des Services Médicaux an Martial Brissaud, 2. 6. 1966, AdMC, Dossier statut (Martial Brissaud). Gleichlautende Schreiben vom selben Tag finden sich in den daraufhin überprüften *dossiers statuts* von Robert Besson, Martial Beaubreuil und Maurice Beaubreuil.

[152] Die Status *déporté politique* und *interné politique* wurden durch die Entscheidung des Ministers für Kriegsveteranen und Kriegsopfer verliehen. Unterstützt wurde das Ministerium von dafür eingerichteten nationalen und departementalen Kommissionen. Vgl. Décret n° 50–325 du 1er mars 1950 portant règlement d'administration publique pour application de la loi n° 48–1404 du 9 septembre 1948 définissant le statut et les droits des déportés et internés politiques, J.O., Lois et Décrets, 17. 3. 1950, S. 3033–3035, Artikel 9, S. 3034, zur Zusammensetzung der Kommissionen vgl. Artikel 10, S. 3034.

[153] Die Kommission verwies auf Artikel R. 328 des *Code des pensions militaires d'invalidité et des victimes de guerre*, der im Kern diejenigen Bedingungen festschrieb, die den *rescapés* bereits 1948 den Zugang zur Kategorie der „politischen" Internierten ermöglicht hatte.

[154] MACVG, Directeur des Statuts et des Services Médicaux an Martial Brissaud, 2. 6. 1966, AdMC, Dossier statut (Martial Brissaud). Der im Schreiben genannte André Nicolas taucht in diversen Korrespondenzen zur Entschädigung derjenigen Überlebenden, die sich hatten verstecken und/oder fliehen können, auf, ohne dass ein *dossier statut* oder *fiche de contrôle* nachweisbar ist. Der Name ist weder dem CMO noch Robert Hébras bekannt, sodass sein Fall im Folgenden außen vor bleibt. Vgl. E-Mail Robert Hébras an die Verfasserin, 16. 3. 2011; E-Mail Sandra Gibouin an die Verfasserin, 15. 3. 2011.

gung und nicht Entschädigung entlang der Frage, ob die Betroffenen von den deutschen Soldaten festgenommen (*arrêtés*) und interniert (*internés*) worden waren. Einzelne Überlebende hatten die daraus resultierende Exklusion offenbar schon vorher nicht hinnehmen wollen und die Schilderung ihrer Erlebnisse am 10. Juni 1944 entsprechend angepasst. Im Gegensatz zu früheren Aussagen behaupteten zwei *survivants* in ihren Anträgen auf Erteilung einer Interniertenkarte 1962, sie seien von den Deutschen zunächst zum Marktplatz gebracht worden und von dort geflohen. Einer legte darüber hinaus eine beglaubigte Zeugenaussage vor, die diese unwahre Version bestätigte. Da den Anträgen jedoch auch frühere, unter anderem vor dem Militärgericht Bordeaux gemachte Aussagen beilagen, unterstrichen die Sachbearbeiter die entsprechenden Passagen mit Rotstift und versahen sie mit dem Vermerk „falsch".[155]

Der Versuch, mithilfe von Falschaussagen eine staatliche Leistung zu erhalten, lässt sich kaum als „moralisch gerechtfertigte Selbsthilfe" in dem Sinn verstehen, dass zwar eine juristische Berechtigung bestand, allein der Beweis nicht auf legalem Wege zu erbringen war.[156] Aber gerade vor dem Hintergrund der bereits angesprochenen Kluft, die sich zwischen dem Erleben der Opfer, ihren Gerechtigkeitsvorstellungen und den starren rechtlichen Kategorien auftun konnte, ist das Verhalten aussagekräftig. Die rechtliche Definition von Internierung führte in Oradour zu einer Hierarchisierung der Opfer und des von ihnen erlebten Leidens. Diejenigen *survivants*, die das Massaker überlebt hatten, weil sie sich hatten verstecken und/oder fliehen können, wurden den *rescapés* untergeordnet, die den Exekutionskommandos in den Scheunen und der Kirche ausgesetzt waren. Die daraus resultierende Exklusion in der Entschädigungsfrage verkannte die Tatsache, dass auch diese Überlebenden dem Risiko ausgesetzt waren, getötet zu werden – von den psychischen Belastungen ganz abgesehen. So hatten beispielsweise viele *survivants* die Tötung von Menschen mitansehen oder -anhören müssen, andere konnten sich, von SS-Soldaten unter Beschuss genommen, nur knapp retten.[157] Um jedoch auf die Falschaussagen von zwei Überlebenden zurückzukommen, so ist zu bemerken, dass diese wahrscheinlich keine negativen Folgen nach sich zogen. Möglicherweise ordneten die Sachbearbeiter diese „Form des *corriger la fortune*" in die Kategorie des „juristisch falsch, andererseits aber doch menschlich verständlich" ein.[158]

---

[155] Dies geht aus Unterlagen in den *dossiers statuts* der betreffenden Personen hervor, auf deren namentliche Nennung verzichtet wird. Angesichts der relativ geringen Anzahl von Überlebenden wäre selbst anhand ihrer Initialen ein Rückschluss auf die Identität der Betroffenen möglich.
[156] Winstel, Gerechtigkeit, S. 338.
[157] Vgl. hierzu Kapitel II.1 sowie ausführlich das Kapitel „Récit du massacre" bei Fouché, Oradour, S. 129–187.
[158] So in anderem Zusammenhang: Winstel, Gerechtigkeit, S. 339. In den entsprechenden *dossiers statuts* findet sich kein Hinweis darauf, dass die falschen Angaben Folgen hatten. Das gilt auch für den Zeugen, der eine falsche Aussage abgegeben hatte.

Das bereits genannte Schreiben des MACVG vom Juni 1966 schloss neben den Überlebenden, die sich hatten verstecken und/oder fliehen können, weitere *survivants* aus dem Kreis der „politischen" Internierten aus: die Trambahnpassagiere. Diese, so das Ministerium, hätten von dem Status ebenso wenig profitieren können, da sie „nach drei Stunden Haft wieder freigelassen wurden, ohne misshandelt worden zu sein".[159] Auch mehrere Überlebende dieser Gruppe hatten im Rahmen des Globalabkommens eine Interniertenkarte beantragt, darunter Marie-Marguerite, genannt Camille Senon. Am 10. Juni 1944 waren ihr Vater, ihre Großeltern und mehrere Onkel, Tanten und Cousins getötet worden. Sie selbst hatte in Limoges die Abendtrambahn nach Oradour bestiegen, um dort ihre Eltern zu besuchen.[160] In ihrem Antrag beschrieb Senon 1962 kurz und knapp ihre Erlebnisse am Tag des Massakers. Dort hieß es unter anderem, SS-Soldaten hätten die Trambahn angehalten, „ließen alle Fahrgäste nach Oradour s/Glane aussteigen und führten sie unter strenger Bewachung an den Ort, an dem sie ihren Gefechtsstand eingerichtet hatten".[161] Die *Direction interdépartementale de Limoges* des MACVG nahm auch hier ablehnend Stellung. In einer „Kurze[n] Zusammenfassung der Geschehnisse in Oradour s/Glane vor dem Massaker an den Bewohnern" legte sie ihre Einschätzung der Trambahnepisode dar:

„Unter Berücksichtigung der bekannten Umstände, unter denen die betreffenden Verhaftungen erfolgten, erscheint folgende Schlussforderung angebracht:
1° Es fand keine Verhaftung im eigentlichen Sinne statt, sondern eine Kontrolle der Ausweispapiere
2° Die Operation dauerte ungefähr 1 Stunde, woraufhin die Fahrgäste der Trambahn auseinandergetrieben wurden und weggingen, ohne behelligt zu werden [*sans être inquiétés*]
3° Niemand ist geflohen."[162]

Abgesehen von einem eklatanten Fehler bereits im Titel des Dokuments – die Vorkommnisse hatten nicht vor, sondern nach der Massakrierung der Dorfbewohner stattgefunden – dürfte die Zusammenfassung der *Direction interdépartementale* dem Erleben und Empfinden der Betroffenen in mehreren Punkten widersprochen haben. Dies betraf zum einen die Einschätzung, es habe keine „Verhaftung im eigentlichen Sinne" gegeben, sondern lediglich eine Überprüfung der Ausweispapiere. Diese Einschätzung musste den Erlebnissen der Betroffenen Hohn sprechen, die von bewaffneten Soldaten zum Gefechtsstand der Einheit gebracht und dort festgehalten wurden. Hier blieb nicht zuletzt die psychische Belastung der Opfer außen vor, die teilweise damit rechneten, erschossen zu werden.[163] Die Be-

---

[159] MACVG, Directeur des Statuts et des Services Médicaux an Martial Brissaud, 2. 6. 1966, AdMC, Dossier statut (Martial Brissaud).
[160] Zu Camille Senon vgl. Fouché, Politique, S. 293–295, sowie Interviews der Verfasserin mit Camille Senon, 6. und 12. 5. 2008, Limoges, 29. 5. 2008, telefonisch.
[161] Marie-Marguerite Senon, Demande d'attribution du titre d'interné politique, 26. 1. 1962, AdMC, Dossier statut (Marie-Marguerite Senon).
[162] MACVG, Direction interdépartementale de Limoges: Résumé succinct des faits qui se sont déroulés à Oradour s/Glane avant le massacre des habitants, AdMC, Dossier statut (Marie-Marguerite Senon).
[163] Vgl. Fouché, Oradour, S. 170.

gründung im Bescheid, der Camille Senons Antrag am 29. Juli 1965 schließlich zurückwies, lautete: „Fällt nicht unter den Status der deportierten und politischen Internierten. Es erfolgte keine Verhaftung".[164]

Dass sich das Blatt für einen Teil der *survivants* doch noch wandte, lag Senons Erinnerung zufolge daran, dass in den 1970er Jahren Bewegung in die Beziehung zwischen Oradour und dem französischen Staat kam. Die Regierung habe zu diesem Zeitpunkt „diese Verfemung beenden und eine Normalisierung der Beziehungen zwischen dem Staat und Oradour-sur-Glane erreichen" wollen. Der damalige Minister für Kriegsveteranen sei nach Oradour gekommen und anlässlich des Besuchs seien neue Forderungen gestellt worden: „Im Bemühen um eine Beruhigung der Lage erklärte sich das Ministerium für Kriegsveteranen bereit, dass das Verstecken in dem von den SS-Soldaten besetzten und umzingelten Dorf mit einer Verhaftung und das Entkommen mit einer Flucht gleichgesetzt werden könne."[165] Wie die Akten belegen, entschied der damalige Minister für Kriegsveteranen und Kriegsopfer, Henri Duvillard (*Union des démocrates pour la République*, UDR), im Herbst 1971 persönlich, „den Personen, die im Dorf Oradour-sur-Glane von den Deutschen umzingelt worden waren, aber dem Massaker entkommen konnten, weil sie nicht entdeckt wurden, den Status der politischen Internierten zuzuerkennen".[166] Das Kriterium der „Verhaftung" wurde durch „umzingelt werden" ersetzt.

Mehr als zehn Jahre nach seinem ersten Antrag auf eine Interniertenkarte erhielt Martial Brissaud am 22. Februar 1972 den positiven Bescheid. Im Juli 1972 wurde er als *interné politique* mit 1710 Franc aus den deutschen Zahlungen entschädigt und mit ihm zehn weitere Überlebende, die seit 1962 für den Erhalt ihrer Interniertenkarte gekämpft hatten.[167] Wichtige Fragen sind in diesem Zusammenhang noch offen: Handelte es sich um eine Grundsatzentscheidung, die die Inklusionskriterien für den Erhalt einer Interniertenkarte allgemeingültig verschob, oder um eine Sonderregelung für Oradour? Und wie lauten die Kriterien genau? Denn wie der Fall Hippolyte Redons zeigt, wich das Ministerium bei der Umsetzung des Beschlusses von der zitierten Regelung ab. Wie andere *rescapés* hatte Redon im Januar 1962 erstmals einen Antrag auf eine Interniertenkarte gestellt, der 1964 ebenso zurückgewiesen wurde. Schließlich wurde auch er im Juli 1972 als *interné politique* mit 1710 Franc aus dem deutsch-französischen Globalabkommen entschädigt.[168] Doch bei genauer Betrachtung erfüllte Redon die Bedingungen der formulierten Neuregelung nicht. Der junge Mann hatte sich am 10. Juni 1944 nicht

---

[164] MACVG, Sous-Direction des Statuts de Combattants et Victimes de Guerre an Marie-Marguerite Senon, 29. 7. 1965, AdMC, Dossier statut (Marie-Marguerite Senon).
[165] Schreiben Camille Senon an die Verfasserin, 16. 11. 2012. Ähnlich: E-Mail Robert Hébras an die Verfasserin, 1. 6. 2012.
[166] Note Jean Bergeras an Directeur des Statuts et des Services Médicaux, le Meignen, 22. 11. 1971, AdMC, Dossier statut (Martial Brissaud).
[167] Vgl. Fiches de contrôle und Dossiers statuts (Martial Brissaud u. a.), AdMC. Eine Ausnahme war Robert Besson, der seine Entschädigung erst im Herbst 1972 erhielt. Vgl. Fiche de contrôle (Robert Besson), ebenda.
[168] Vgl. Dossier statut und Fiche de contrôle (Hippolyte Redon), AdMC.

versteckt, sondern war direkt bei der Ankunft der Deutschen mit dem Fahrrad aus Oradour geflohen, was die Soldaten sehr wohl bemerkten, denn sie eröffneten das Feuer auf ihn.[169] Redon war in dem Sinn von den Deutschen eingekreist worden, dass er sich im Ort aufhielt, als die Deutschen das Dorf gerade umstellten, allerdings noch nicht gänzlich abgeriegelt hatten. Das Kriterium „nicht entdeckt worden sein" erfüllte er hingegen nicht. War es folglich entscheidend, dass sich die betreffende Person in dem von den Deutschen umzingelten Bereich aufhielt und – bemerkt oder unbemerkt – von dort fliehen konnte? Diese Auslegung hätte ermöglicht, etwa Redon in die Gruppe der „politischen" Internierten zu integrieren und den Trambahnpassagieren den Status weiterhin abzusprechen, was tatsächlich geschah: Laut Camille Senon habe man ihre erneut vorgebrachte Forderung ein weiteres Mal mit den gleichen Begründungen wie zuvor zurückgewiesen, nun aber „unwiderruflich".[170] Keiner der ehemaligen Trambahnpassagiere wurde aus dem deutsch-französischen Globalabkommen entschädigt.

Tab. 5

	Differenzierung nach Überlebendenkategorie					
	überprüfte Fälle	*fiche de contrôle* nachweisbar	in %	kein *fiche de contrôle* nachweisbar	in %	nicht prüfbar
rescapés	6	6	100,00%	–	0,00%	–
versteckt und/oder geflohen	34[171]	11	32,35%	22	64,71%	1
Trambahnpassagiere	20[172]	–	0,00%	18	90,00%	2
SUMME	**60**	**17**	**28,33%**	**40**	**66,67%**	**3**

---

[169] Vgl. Déposition orale du témoin Redon, Hippolyte, faite le 24 janvier 1953 au cours de l'audiance du procès d'Oradour-sur-Glane, AdMC, Dossier statut (Hippolyte Redon). Bei seiner Vernehmung am 10. 9. 1944 hatte Redon in etwa die gleiche Aussage gemacht, vgl. ebenda.
[170] Schreiben Camille Senon an die Verfasserin, 16. 11. 2012.
[171] In diese Kategorie wurden aufgenommen: erstens Personen, die sich bei der Ankunft der SS-Einheit im Ort oder am Ortsrand aufhielten und unter Beschuss genommen fliehen konnten; zweitens Personen, die sich im Ort versteckten und/oder zu einem späteren Zeitpunkt flohen. Als Sonderfälle wurden Yvonne Gaudy sowie Marguerite Villeger und ihre drei Töchter einbezogen. Vgl. zu deren Schicksal Kapitel II.1. Der Fall René Lévy war unter „nicht überprüfbar" einzuordnen. Fouché zufolge versteckte sich der Überlebende im Ort. Zwar lag für diesen Namen ein *fiche de contrôle* vor, allerdings ist der Name häufig und das Geburtsdatum auf der Karte stimmt nicht mit den Angaben bei Desourteaux überein. Vgl. André Desourteaux, Survivants, ACMO, 14 FP 12; Fouché, Oradour, S. 135, 142; Erkenbrecher, Studie, StA Do, 45 Js 2/11, 16. SB.
[172] André Desourteaux, Passagers du tram de 19h30, ACMO, 14 FP 12. Zwei Personen, die Oradour etwa zum gleichen Zeitpunkt erreichten, wurden gemeinsam mit den Trambahnpassagieren festgehalten und später freigelassen. In zwei Fällen bot die Liste nicht genug Angaben für eine Überprüfung.

Warum war es den *survivants* so wichtig, im Rahmen des Globalabkommens zu Berechtigten zu werden? Aufgrund der schwierigen Quellenlage ermöglichen bislang lediglich Camille Senons Erinnerungen Einblick in deren Motive.[173] Ihr zufolge ging es nicht in erster Linie um das Recht auf die deutsche Entschädigung:

> „Es ging um mehr als die deutschen Entschädigungszahlungen, denn eine monatliche Pension des französischen Staats und die Behandlung bestimmter Krankheiten konnten als Folge des Traumas der Internierung gewertet werden. Wer noch am Leben ist, erhält diese bis heute."[174]

Diese Einschätzung ist plausibel, hält man sich noch einmal vor Augen, dass die überlebenden „politischen" Internierten mit 1710 Franc den niedrigsten der ausbezahlten Sätze erhielten, der Anfang der 1960er Jahre nur etwa zweieinhalb Monatsgehältern entsprach. Es ist deshalb gut möglich, dass es den Betroffenen vor allem um ihre Anerkennung als Opfer und die damit einhergehenden französischen Leistungen ging. Möglicherweise hatte das Globalabkommen vor allem katalysatorische Wirkung, denn mit der Verteilung der deutschen Gelder wiederholte sich die innerfranzösische Exklusion dieser Opfergruppe. So sahen die Betroffenen im deutsch-französischen Globalabkommen womöglich einen Hebel, mit dessen Hilfe sie den Zugang zum gewünschten Status und den damit einhergehenden innerfranzösischen Rechten öffnen konnten.[175]

Gründe für ausgebliebene Entschädigungen

Von den 702 überprüften Namen der Todesopfer und Überlenden des Massakers liegt bei 49,72% kein *fiche de contrôle* vor. Das Fehlen der Karteikarte belegt, dass für die entsprechende Person keine Entschädigung ausgezahlt wurde, schweigt aber über die Gründe. Sie sind uns im Fall der 20 überlebenden Trambahnpassagiere bekannt, aber wie verhielt es sich mit den restlichen 329 Fällen? Vier möglichen Erklärungen wird im Folgenden nachgegangen: Erstens konnte auch im Fall der in Oradour Getöteten eine Entschädigung aus rechtlichen Gründen ausgeschlossen sein, also kein Anspruch auf die Zahlung vorliegen. War dieser Anspruch aber gegeben, so konnten mehrere andere Faktoren eine Inanspruchnahme verhindern. Die Überlebenden und Hinterbliebenen mussten – dies ist der zweite

---

[173] Anfragen bei ehemaligen Antragstellern blieben unbeantwortet.
[174] Schreiben Camille Senon an die Verfasserin, 16. 11. 2012.
[175] Besonders deutlich wird der Zugang zu verschiedenen Rechten durch den Erhalt des Status des „politischen" Internierten daran, dass die Betroffenen zusammen mit ihrer Interniertenkarte sogleich die Formulare für einen Antrag auf „Entschädigung für Vermögensverluste" erhielten. Vgl. Note Jacques le Meignen à l'attention de Monsieur Bergeras, Conseiller technique, 28. 2. 1972, AdMC, Dossier statut (Martial Brissaud). 1953 hatte die ANFM erreicht, dass die Opfer des Massakers in Artikel 10 des Gesetzes vom 9. 9. 1948 einbezogen wurden. Dieser sah vor, dass „jegliche Vermögensverluste, die eine unmittelbare Folge der Verhaftung und Deportation darstellen und für die ein vorschriftsmäßiger Nachweis erbracht wird, [...] vollständig entschädigt" würden. Vgl. ANFM, Assemblée générale, 8. 3. 1953, Procès-verbal, ACMO, 5 FP 3; Zitat: Loi n° 48-1404 du 9 septembre 1948 définissant le statut et les droits des déportés et internés politiques, J.O., Lois et Décrets, 10. 9. 1948, S. 8946 f.

Punkt – über ihr Recht informiert sein, sie mussten das Anrecht drittens wahrnehmen wollen und viertens wahrnehmen können. Die „stummen Opfer", also diejenigen, „die sich um Entschädigung nicht bemühen konnten oder wollten", sind methodisch besonders problematisch,[176] etwa beim Versuch sie zahlenmäßig zu fassen. Aber auch bei der Frage nach rechtlicher Inklusion und Exklusion, sind den Erkenntnissen enge Grenzen gesetzt. Denn welche Opfer oder Hinterbliebenen die in den Gesetzestexten vorgegebenen Bedingungen erfüllten, ist im Rahmen der vorliegenden Studie mit vertretbarem Aufwand nicht *en détail* zu prüfen. Es geht deshalb im Folgenden nicht um die abschließende Fixierung von Zahlen und Gründen, sondern vielmehr darum, die verschiedenen Erklärungsmöglichkeiten im Fall Oradour auszuleuchten.

Rechtliche Exklusion

Mit einer Verordnung vom 29. August 1961 regelte der französische Gesetzgeber die Verteilung der deutschen Entschädigungszahlung aus dem Globalabkommen.[177] Sie enthielt unter anderem die Kriterien, die aus Opfern des Nationalsozialismus nun Berechtigte machten. Das Recht auf eine Entschädigung, so bestimmte der erste Artikel, hatten französische Inhaber einer Deportierten- oder Interniertenkarte, sofern sie nicht bereits aus der Bundesrepublik entschädigt worden waren.[178] Die Eingrenzung auf Karteninhaber verwies auf den Kriterienkatalog, den der französische Staat bereits Ende der 1940er Jahre festgelegt hatte. Von ihm und seiner Auswirkung auf den Fall Oradour war bereits die Rede: Sowohl den im Massaker Getöteten als auch den *rescapés* stand der Status des „politischen" Internierten und die entsprechende Karte zu. Von diesem Kriterium abgesehen, konnte Personen der Status des „politischen" Internierten aus mehreren Gründen verweigert werden. Ausgeschlossen waren Personen, die von einem zuständigen Sondergericht wegen Kollaboration verurteilt und nicht amnestiert worden waren, sowie Deportierte und Internierte, die eine „dem Geist der Solidarität vor dem Feind zuwiderlaufende Haltung" an den Tag gelegt hatten.[179] Im Oradour der Besatzungszeit, so schreibt Jean Jacques Fouché, habe es „Pétain-Anhänger, Verfechter der politischen Kollaboration und sogar einen Fall von ,horizontaler Kollaboration'" gegeben.[180] Nur in einem Fall, dem einer in Oradour geborenen Frau, die nach dem Massaker

---

[176] Moisel, Formelkompromiss, S. 282.
[177] Vgl. Décret n° 61–971 du 29 août 1961 portant répartition de l'indemnisation prévue en application de l'accord conclu le 15 juillet 1960, J.O., Lois et Décrets, 30. 8. 1961, S. 8132 f.
[178] Vgl. Moisel, Formelkompromiss, S. 271.
[179] Die Verordnung n° 50–325 vom 1. 3. 1950 legte fest, dass auch deren Rechtsnachfolger von den ihnen potenziell übertragbaren Vorteilen ausgeschlossen waren. Vgl. Décret n° 50–325 du 1er mars 1950 portant règlement d'administration publique pour application de la loi n° 48–1404 du 9 septembre 1948 définissant le statut et les droits des déportés et internés politiques, J.O., Lois et Décrets, 17. 3. 1950, S. 3033–3035.
[180] Zu den politischen Einstellungen im Oradour der Kriegsjahre vgl. Fouché, Oradour, S. 87–128, Zitat S. 125.

ein Verhältnis mit dem KdS Limoges unterhielt, wissen wir, dass sie deshalb bei der *Libération* verhaftet wurde.[181] Ob dies aber der Grund war, dass sie nicht für den Tod ihrer Eltern in dem Massaker entschädigt wurde, ist bislang offen.[182]

Ein Kriterium für den Erhalt einer Interniertenkarte, das im Fall Oradour für eine weitaus größere Gruppe Bedeutung hatte, war die Nationalität der Opfer. Relevant ist dieser Aspekt vor allem für die im Massaker getöteten ausländischen Flüchtlinge. Mit Blick auf die Nationalität der Betroffenen, unterschied das Gesetz von 1948 zwischen Titel einerseits und damit verbundenen Ansprüchen andererseits. So konnten ausländische Opfer den Status des „politischen" Internierten oder Deportierten erhalten, ihre damit verbundenen Rechte waren aber stark eingeschränkt. Bedingung für den Erhalt war, dass die Betroffenen bereits vor dem 1. September 1939 in Frankreich gewohnt hatten.[183] Von den am 10. Juni 1944 in Oradour getöteten ausländischen Flüchtlingen lebten die meisten bereits vor Kriegsbeginn in Frankreich.[184] Die Spanier unter ihnen waren schon Anfang des Jahres 1939 nach Oradour gekommen,[185] die Eheleute Maria und Joseph Kanzler, in Warschau und Budapest geboren, lebten spätestens seit 1930 im Elsass, wo ihre beiden Töchter 1930 und 1934 zur Welt kamen.[186] Die italienische Familie Miozzo war bereits 1927 nach Frankreich gekommen. Von den insgesamt neun Kindern war ein Teil in Italien geboren, die anderen kamen in Frankreich zur Welt.[187] Zu zwei Familien geben Literatur und Geburtsdaten keine Auskunft über ihre Ankunft in Frankreich. Dies betrifft zum einen die Familie Aliotti. Cléa Aliotti wurde in Italien geboren, ihr Mann Félix, der am 10. Juni 1944 in der Scheune Laudy neben Jean-Marcel Darthout starb, kam in Tunesien zur Welt. Ihre drei im Massaker getöteten Töchter wurden in Frankreich geboren, die älteste allerdings erst 1940.[188] Zum anderen geben auch die vorliegenden Daten zu Jean Jackow aus Polen keine Auskunft darüber, ob er sich bereits vor Kriegsbeginn in Frankreich niedergelassen hatte.[189] Der französische Staat verbesserte die Situation der nichtfranzösischen Opfer zwar ab 1947 schrittweise durch wechselseitige Abkommen

---

[181] Vgl. Fouché, Oradour, S. 259 (Anm. 67); Vernehmungsprotokoll J. D., 7. 11. 1944, StA Do, 45 Js 2/11, 9. SB, Bd. 7/L V, Bl. 14.
[182] Weder für ihren Vater noch für ihre Mutter liegt ein *fiche de contrôle* vor.
[183] Vgl. Loi n° 48–1404 du 9 septembre 1948 définissant le statut et les droits des déportés et internés politiques, J.O., Lois et Décrets, 10. 9. 1948, S. 8946 f., Artikel 14, S. 8947.
[184] Dies ist aus Angaben in der Literatur abzuleiten sowie aus den Geburtsorten und -daten vor allem der Kinder der Flüchtlinge.
[185] Vgl. Fouché, Oradour, S. 101.
[186] Vgl. die Opferliste in Masfrand/Pauchou, Oradour, S. 165, 168.
[187] Zu den widersprüchlichen und teils fehlerhaften Angaben zur Familie Miozzo in mehreren Quellen vgl. Andrea Erkenbrecher, Personen italienischer Staatsangehörigkeit unter den Opfern des Massakers von Oradour-sur-Glane, 17. 1. 2014, StA Do, 45 Js 2/11, HA, Bd. 14, Bl. 5234–5273.
[188] Vgl. Masfrand/Pauchou, Oradour, S. 142, 146, 173; Andrea Erkenbrecher, Personen italienischer Staatsangehörigkeit unter den Opfern des Massakers von Oradour-sur-Glane, 17. 1. 2014, StA Do, 45 Js 2/11, HA, Bd. 14, Bl. 5234–5273.
[189] Vgl. Masfrand/Pauchou, Oradour, S. 145.

mit mehreren Ländern. Noch in diesem Jahr wurde das erste Abkommen mit Polen geschlossen. Erst 1998 aber entfielen die Restriktionen hinsichtlich der Nationalität zum Zeitpunkt der Deportation oder Internierung der „Politischen" gänzlich und erst dann auch für italienische Opfer.[190]

Bilanzierend gilt festzuhalten: Die nicht erfolgten Entschädigungen aus dem Globalabkommen im Fall Oradour sind wohl nur in sehr begrenzter Anzahl darauf zurückzuführen, dass die Opfer kein Recht auf den Statuts des *interné politique* hatten.

Hatten die Opfer den Status des „politischen" Internierten inne, konnten mehrere andere Kriterien der Verordnung von 1961 einer Entschädigung im Weg stehen. Während für den Statuserhalt der Wohnort bei Kriegsbeginn ausschlaggebend war, sah Artikel 2 der Verordnung vom 29. August 1961 vor, dass allein diejenigen Karteninhaber einen Anspruch auf Entschädigung aus dem Globalabkommen geltend machen konnten, die zum Zeitpunkt ihrer Deportation oder Internierung und am Stichtag des 15. Juli 1960 die französische Staatsangehörigkeit besaßen. Wenn Betroffene oder ihre Rechtsnachfolger die französische Staatsangehörigkeit erst nach ihrer Verfolgung, aber vor dem 15. Juli 1960 erworben hatten, konnten sie entschädigt werden, sofern sie aufgrund ihrer Verfolgung noch keine Entschädigung seitens der Bundesrepublik erhalten hatten.[191] Eine Novelle der Verordnung im Jahr 1962 führte darüber hinaus die Entschädigungsmöglichkeit für die Rechtsnachfolger von Personen ein, die zum Zeitpunkt ihrer Verfolgung nicht die französische Staatsangehörigkeit besaßen, aber vorher ein Einbürgerungsgesuch gestellt hatten. Weitere Bedingung in diesem Fall war, dass die Betroffenen während oder an den Folgen ihrer Deportation oder Internierung verstorben waren, ihre Rechtsnachfolger vor dem 15. Juli 1960 die französische Staatsangehörigkeit erhalten und sie bislang keine bundesdeutsche Entschädigung empfangen hatten.[192]

Die Opferliste der ANFM weist die Nationalität der Getöteten nicht aus. Indizien liefern lediglich die dort bei 26 Personen angegebenen nichtfranzösischen Geburtsorte.[193] Ob die im Ausland Geborenen vor ihrem Tod die französische

---

[190] Vgl. Mission interministérielle, Eléments, S. 15 f.
[191] Vgl. Décret n° 61-971 du 29 août 1961 portant répartition de l'indemnisation prévue en application de l'accord conclu le 15 juillet 1960, J.O., Lois et Décrets, 30. 8. 1961, S. 8132 f.
[192] Vgl. Décret n° 62-192 du 21 février 1962 modifiant le décret n° 61-971 du 29 août 1961, J.O., Lois et Décrets, 22. 2. 1962, S. 1837 f.
[193] Vgl. Masfrand/Pauchou, Oradour, S. 141–190. Dies widerspricht der Angabe im Ausstellungskatalog des CMO, Oradour, S. 91, der die Anzahl der im Ausland geborenen Opfer mit 31 angibt, die Namen der Betroffenen jedoch nicht ausweist. Ein Abgleich mit der Opferliste bei Masfrand/Pauchou zeigt, dass die Differenz allein aus der Anzahl der in Italien geborenen Opfer resultiert, von denen die Autoren drei verzeichnen, der Ausstellungskatalog hingegen von acht Personen spricht. Da die Namen der Opfer in Letzterem nicht angegeben werden, ist die Abweichung nicht zu klären. Hinzuweisen ist darauf, dass auf der Opferliste bei Masfrand/Pauchou ein viertes in Italien geborenes Opfer fehlt, namentlich Antonio Miozzo. Der Grund dürfte sein, dass sein Tod erst 1956 offiziell festgestellt wurde. Vgl. Andrea Erkenbrecher, Personen italienischer Staatsangehörigkeit unter den Opfern des Massakers von Oradour-sur-Glane, 17. 1. 2014, StA Do, 45 Js 2/11, HA, Bd. 14, Bl. 5234–5273.

Staatsbürgerschaft angenommen oder beantragt hatten und welche Staatsangehörigkeit ihre in Frankreich geborenen Kinder besaßen, bleibt jedoch unklar. Wie wir gesehen haben, dürfte im Fall Oradour die nichtfranzösische Staatsbürgerschaft das Recht auf den Statuts des *interné politique* in den meisten Fällen nicht eingeschränkt haben. Betrachtet man aber die Gruppe derjenigen Opfer, die außerhalb Frankreichs geboren wurden, so zeigt sich bei der Frage nach ausgezahlten und nicht ausgezahlten Entschädigungen aus dem Globalabkommen eine signifikante Abweichung vom Gesamtgruppenwert: In 84,62% der Fälle ist hier keine Entschädigung nachzuweisen, das heißt von den 26 im Massaker getöteten im Ausland geborenen Opfern erfolgte nur für vier eine Entschädigung aus dem Globalabkommen. Folgender Befund verstärkt die Annahme, dass in den anderen Fällen die Nationalität der Opfer und/oder ihrer Rechtsnachfolger der Grund für die ausgebliebene Zahlungen sein könnte: In den vier nachweisbaren Entschädigungsfällen gibt es Hinweise darauf, dass die Opfer 1944 bereits die französische Staatsbürgerschaft innehatten. Vor allem aber waren die entschädigungsberechtigten Hinterbliebenen zum Zeitpunkt der Zahlungen Franzosen oder lebten in Frankreich.[194] Zusammengenommen lässt dies den Schluss zu, dass ein Teil der nicht erfolgten Entschädigungen in der Nationalität der Opfer oder ihrer Rechtsnachfolger begründet sein konnte.

Ausgeschlossen vom Recht auf Entschädigung aus dem Globalabkommen – wie bereits vom Erhalt einer Interniertenkarte – waren weiterhin verurteilte und nicht amnestierte Kollaborateure sowie diejenigen, die sich „dem Geist der Résistance zuwiderlaufenden Aktivitäten" schuldig gemacht oder eine „dem Geist der Solidarität vor dem Feind zuwiderlaufende Haltung" an den Tag gelegt hatten (Artikel 4).

Waren die Karteninhaber verstorben oder den Opfern der Status *post mortem* zuerkannt worden, gingen die Ansprüche an den Ehepartner oder, wenn dies nicht möglich war, an die Nachkommen oder Vorfahren entlang der Erbfolge über (Artikel 3). Eltern (*ascendants*) verloren ihr Recht auf Entschädigung, wenn ihnen die elterlichen Rechte aberkannt worden waren. Ehepartner waren von einer Entschädigung ausgeschlossen, wenn sie in der Zwischenzeit wieder verheiratet waren oder in einer rechtlich anerkannten nichtehelichen Lebensgemeinschaft lebten. Keine Ansprüche geltend machen konnten auch geschiedene Ehepartner und die-

---

[194] Die vier Personen sind: Albert Mirablon, Carmen Pinède, Pierre Legros und Joseph Bergmann. Angaben zu Albert Mirablon: Fouché, Oradour, S. 157; zur Familie Pinède: ebenda, S. 105 f.; Masfrand/Pauchou, Oradour, S. 144, 185; Fiches de contrôle (Isaac Robert, Carmen und Sarah Elodie Rachel Gabrielle Pinède), AdMC; zu Pierre Legros: Fiche de contrôle (Pierre Legros), ebenda; zu Joseph Bergmann: Fiches de contrôle (Joseph, Serge und Maria Bergmann), ebenda; Masfrand/Pauchou, Oradour, S. 150, 153. Nicht abschließend geklärt werden konnten die Hinweise darauf, dass der in Tunesien geborene Félix Aliotti die französische Staatsbürgerschaft besaß. Vgl. Andrea Erkenbrecher, Personen italienischer Staatsangehörigkeit unter den Opfern des Massakers von Oradour-sur-Glane, 17. 1. 2014, StA Do, 45 Js 2/11, HA, Bd. 14, Bl. 5234–5273. Auch der Annahme, dass die aus Spanien geflohenen und in Oradour untergekommenen Flüchtlinge nicht die französische Staatsbürgerschaft besaßen, da die Familienväter teilweise in die GTE eingezogen worden waren, konnte nicht nachgegangen werden. Vgl. hierzu die Aufsätze von Plas und Léger in Ateneo Republicano, Oradour.

jenigen, die sich mit Alleinschuld getrennt hatten.[195] 1962 wurde der Berechtigtenkreis der Hinterbliebenen über Ehepartner, Eltern und Nachkommen hinaus auf Lebensgefährten ausgeweitet. Auch für sie war eine inzwischen geschlossene Ehe oder eine rechtlich anerkannte nichteheliche Lebensgemeinschaft ein Ausschlusskriterium.[196] Für Oradour kann in mehreren Fällen die Wiederverheiratung von Witwen und Witwern als Grund für eine ausgebliebene Entschädigungszahlung angenommen werden. Bei einem Vergleich der *fichés de contrôle* mit der Opferliste der ANFM fällt wiederholt auf, dass überlebende Ehepartner zwar für den Tod der gemeinsamen Kinder, aber nicht für den Tod des Ehepartners entschädigt wurden. Dies ist etwa der Fall bei Martial Machefer, der für den Tod seiner beiden Kinder eine Entschädigungszahlung erhielt, nicht aber für den Tod seiner Ehefrau.[197] Auch Jean-Marcel Darthout, der seine Interniertenkarte erst Anfang der siebziger Jahre erhielt und als *interné politique* aus den deutschen Geldern entschädigt wurde, erhielt keine Entschädigung für den Tod seiner ersten Ehefrau. In seinem Fall wissen wir, was sich in anderen nur andeutet: Darthout hatte in der Zwischenzeit eine neue Ehe geschlossen.[198]

Was den Verwandtschaftsgrad der Hinterbliebenen betrifft, so fallen bei der Auswertung der *fiches de contrôle* zwei weitere Punkte ins Auge, die ausgebliebene Entschädigungszahlungen erklären könnten. Zum einen handelte es sich bei zehn Todesopfern um Waisen in behördlicher Obhut bzw. Pflegefamilien (*pupilles de l'Assistance publique*).[199] In keinem dieser Fälle ist eine Zahlung aus dem Globalabkommen nachweisbar. Vermutlich gingen mit der Aufnahme der Kinder in Pflegefamilien keine Ansprüche erbrechtlicher Natur einher.[200] Zum anderen waren Geschwister aus dem Kreis der Rechtsnachfolger ausgeschlossen. Artikel 3 der Verordnung von 1961 sah bei Tod oder vermisst sein des Internierten lediglich vor, dass der Anspruch auf den „überlebenden Ehepartner oder, wenn ein solcher nicht (mehr) vorhanden ist, die Nachfahren oder Vorfahren gemäß Erbfolge" überging.[201] Sehr deutlich zeigt sich dieser Ausschluss der Geschwister am Bei-

---

[195] Artikel 3 verwies außerdem auf Artikel L. 59 des *Code des pensions militaires d'invalidité et des victimes de la guerre* (abrufbar unter URL: https://www.legifrance.gouv.fr). Dieser legte fest, in welchen Fällen Ansprüche auf Witwenrente eines „zum Kriegsdienst […] Einberufenen" verloren gingen.

[196] Vgl. Décret n° 62-192 du 21 février 1962 modifiant le décret n° 61-971 du 29 août 1961, J.O., Lois et Décrets, 22. 2. 1962, S. 1837 f.

[197] Vgl. Masfrand/Pauchou, Oradour, S. 147, 173; Fiches de contrôle (Yvette-Alice und Désiré Machefer), AdMC.

[198] Vgl. Interview der Verfasserin mit Jean-Marcel Darthout, 15. 10. 2007, Saint-Victurnien. Die Wiederverheiratung dürfte auch eine Rolle gespielt haben bei François G. und Louise R. Vgl. Masfrand/Pauchou, Oradour, S. 166, 182, 184; Fiches de contrôle (Hubert G., n° 1357.0052; Daniel G., n° 1357.0049; Bernadette R., n° 2357.0048), AdMC.

[199] Vgl. Masfrand/Pauchou, Oradour, S. 141–190.

[200] Den Information, dass diese Kinder bei Familien in der Gemeinde Oradour untergebracht waren, erhielt ich von Albert Valade.

[201] Décret n° 61-971 du 29 août 1961 portant répartition de l'indemnisation prévue en application de l'accord conclu le 15 juillet 1960, J.O., Lois et Décrets, 30. 8. 1961, S. 8132 f.

spiel Roger Godfrins, der zum Zeitpunkt des Massakers knapp acht Jahre alt war und als einziges Kind seiner Familie überlebte.[202] Die Opferliste bei Masfrand/ Pauchou verzeichnet sechs Todesopfer der Familie Godfrin.[203] Entschädigungszahlungen an Roger Godfrin sind hingegen nur für seine Eltern nachweisbar. Mit je 5985 Franc wurde er im Dezember 1962 aus dem deutsch-französischen Globalabkommen für deren Tod entschädigt.[204] Für seine vier Geschwister liegen keine *fiches de contrôle* vor.

Schließlich ist als weiteres Erklärungsmoment beim Übergang der Rechte auf Familienangehörige Folgendes nicht zu vergessen: Womöglich hatte in manchen Fällen kein potenzieller Rechtsnachfolger das Massaker überlebt.[205] Darüber hinaus waren zwischen dem 10. Juni 1944 und den ersten Auszahlungen aus dem Globalabkommen nahezu 20 Jahre vergangen, sodass möglicherweise inzwischen auch letzte Rechtsnachfolger verstorben waren.

Fehlende Information, Ablehnung, körperliche und psychische Hindernisse

Eine Entschädigung aus dem Globalabkommen setzte voraus, dass die Berechtigten über ihr Recht informiert waren. In Oradour war eine besonders gute Informationssituation gegeben. Im November 1961 – es war bereits die Rede davon – hielt die in Limoges ansässige *Direction interdépartementale* des MACVG in Oradour eine Informationsveranstaltung im Beisein des ANFM-Präsidenten ab. Darüber hinaus übersandte die Behörde Informationen an die betroffenen Verbände und einen Fragebogen an jeden einzelnen Karteninhaber, der keinen Antrag auf Entschädigung gestellt hatte.[206] Neben dieser engagierten Informationspolitik von Behördenseite ist davon auszugehen, dass auch die ANFM ihre Mitglieder systematisch informierte, zählte zu ihren Gründungszielen doch, „ihren Mitgliedern zur Inanspruchnahme von Unterstützung und Leistungen zu verhelfen, die von Behörden oder Hilfswerken möglicherweise bereitgestellt werden".[207]

Ob andere *Directions interdépartementales* vergleichbar vorgingen, ist bislang nicht bekannt.[208] Es muss deshalb offenbleiben, ob auch Überlebende und Hinter-

---

[202] Vgl. Kapitel II.1.
[203] Vgl. Masfrand/Pauchou, Oradour, S. 165, 173.
[204] Vgl. Fiches de contrôle (Arthur und Georgette Godfrin), AdMC. Eine ähnliche Konstellation deutet sich an bei Familie V. Vgl. Fiche de contrôle (Marie V., n° 2308.01351); Masfrand/ Pauchou, Oradour, S. 162, 189.
[205] Aufgrund der Schwierigkeiten bei der Erbfolge, die sich beim Bau des neuen Dorfs ergaben, ist zu vermuten, dass dies auch bei der Entschädigungsfrage eine Rolle gespielt haben könnte. Vgl. Desourteaux/Hébras, Oradour, S. 175.
[206] Vgl. MACVG, Direction interdépartementale de Limoges, Directeur interdépartemental, F. Giraudel, Indemnisation des victimes du nazisme, Compte rendu concernant les opérations, 18. 3. 1965, AdMC, Indemnisations, AFA, 27 P 167.
[207] ANFM, Statuts. Revus et corrigés après la réunion de bureau du 20 janvier 1945, 11. 3. 1945, Privatunterlagen Benoît Sadry.
[208] Vgl. Moisel, Formelkompromiss, S. 283.

bliebene des Massakers, die weder ANFM-Mitglied noch im Bereich der *Direction interdépartementale de Limoges* wohnhaft waren, von staatlicher Seite informiert wurden. Doch selbst beim Vorgehen der Limoger Behörde deutet sich eine Schwachstelle an: Informierte bzw. erreichte sie auch Personen, die noch keine Internierten- oder Deportiertenkarte hatten, denen sie aber zustand? Diese Frage stellt sich insbesondere mit Blick auf diejenigen Überlebenden, die erst 1972 den Status des „politischen" Internierten erhalten konnten. Warum wurden von den insgesamt 34 *survivants*, die sich im Ort hatten verstecken und/oder fliehen können, nur elf aus dem Globalabkommen entschädigt? Informierte nicht einmal die ANFM die Betroffenen systematisch über ihre neuen Rechte?

Tatsächlich gab es Lücken im Informationsnetz und die möglichen Folgen zeigt der Fall von Jacques Garraud.[209] Geboren 1922 in Vouziers im Departement Ardennes, war Garraud 1943 wegen der Verweigerung des Arbeitsdienstes verhaftet worden. Er floh ins Landesinnere und kam in Oradour unter. Am 10. Juni 1944 gelang es ihm, sich zusammen mit Robert Besson zu verstecken, doch vier seiner Familienmitglieder überlebten den Tag nicht. Garraud kehrte nach Vouziers zurück, heiratete, wurde Vater zweier Söhne, arbeitete zunächst als Mechaniker und betrieb später eine Tankstelle. Bei seinem Renteneintritt mit 65 Jahren war er bereits seit mehreren Jahren erkrankt und nahezu blind. Erst 1989, als er anlässlich des 45. Jahrestags des Massakers Oradour besuchte, erfuhr er, dass seit nunmehr 17 Jahren auch denjenigen Überlebenden, die sich hatten verstecken und/oder fliehen können, eine Internierenkarte zustand – und damit auch ihm. Garraud beantragte die Karte im Oktober 1989. Ein halbes Jahr später wandte er sich persönlich an den zuständigen Minister, um in Erfahrung zu bringen, inwieweit seine ausstehende Karte auch rückwirkende Geltung hätte. In seinem Schreiben kam Garraud zwei Mal darauf zu sprechen, dass er nicht über seine Rechte informiert worden war: „Da ich der Vereinigung der Märtyrer von Oradour angehörte und angesichts der geringen Anzahl *rescapés* ist es unvorstellbar, dass mich diese Organisation vergessen hat." Er habe „niemals einen Gesetzestext zu den *rescapés* von Oradour gesehen" und sei „von niemandem in Kenntnis gesetzt" worden. Außerdem sei er „seit 1982 blind und zu 100 [%] Invalide".[210] Im Mai 1990 teilte man Garraud mit, sein Antrag werde bearbeitet, aber die Entscheidung kam zu spät. Für den Herbst 1990 hatte der Überlebende eine Reise nach Oradour geplant, doch er verstarb im August 1990. Vier Monate später erhielt seine Witwe den positiven Bescheid über die Erteilung einer Internierenkarte für ihren verstorbenen Ehemann. Das Ministerium hatte sich intern explizit auf die ministerielle Entscheidung des Jahres 1972 bezogen, die es den Einzelfallakten von Robert Besson und Martial Brissaud entnahm.[211] Das knappe Dutzend *survivants*, das zehn Jahre um

---

[209] Zum Folgenden: Dossier statut (Jacques Garraud), AdMC.
[210] Schreiben Garraud (wahrscheinlich an MACVG), 2. 3. 1990, AdMC, Dossier statut (Jacques Garraud).
[211] Vgl. Dossier statut (Jacques Garraud), AdMC. Garraud hatte Robert Besson und Martial Brissaud als Zeugen angegeben. Die *Direction interdépartementale de Metz* forderte daraufhin deren Akten an. Vgl. Dossier statut (Martial Brissaud), ebenda.

den Status des *interné politique* kämpfte, hatte einen Präzedenzfall für ihre „camarades rescapés"²¹² geschaffen, auf den sich diese berufen konnten – aber sie hatten ihre ehemaligen Leidensgenossen offensichtlich nicht umgehend über deren neue Rechte informiert. Garrauds Witwe wurde als Rechtsnachfolgerin ihres verstorbenen Mannes nicht aus dem deutsch-französischen Globalabkommen entschädigt, es liegt kein *fiche de contrôle* auf seinen Namen vor. Ihr Mann hatte die rückwirkende Gültigkeit seiner Interniertenkarte gefordert, aber die Akten schweigen darüber, ob er damit auch auf eine Entschädigung aus den deutschen Geldern abzielte.

Garrauds Schreiben an das Ministerium zeigt seine Verärgerung, nicht über seine Rechte informiert worden zu sein, und verweist zugleich auf einen weiteren Informationsweg: den Austausch unter den Betroffenen. Dass finanzielle Ansprüche in Oradour diskutiert wurden, zeigen die Erinnerungen Jean-Marcel Darthouts, der berichtete, er sei bei Heimaturlauben oft darauf angesprochen worden, warum er denn die ihm zustehende Pension nicht beantrage.²¹³ Warum die notwendigen Informationen Jacques Garraud nicht erreichten, bleibt zu klären.

Neben dem *Wissen* um das eigene Recht auf Entschädigung, war das *Wollen* eine zentrale Voraussetzung. Wenn es auch keine kollektive Zurückweisung der deutschen Zahlungen in Oradour gab, wie verhielt es sich auf individueller Ebene? Die hohe Anzahl ausgebliebener Entschädigungszahlungen lässt vermuten, dass die Ablehnung der Gelder eine Rolle spielte. Doch selbst eine nur annähernde Einschätzung der Größenordnung ist unmöglich. Andeutungen in Gesprächen, die auf eine ablehnende Haltung verwiesen, ließen sich nicht überprüfen. Lediglich kurze handschriftliche Notizen auf zwei *fiches de contrôle* deuten in einem Fall in diese Richtung: Léonie und Léonard M. waren im Alter von 54 und 56 Jahren in Oradour getötet worden. Im Mai 1963 wurden Ida D., wohnhaft in Limoges, und Denise L., wohnhaft in Oujde, Marokko, für den Tod ihrer beiden (Groß-)Eltern aus dem deutsch-französischen Abkommen entschädigt. Doch von den zwei Mal 5985 Franc, die für den Tod des Ehepaars vorgesehen waren, wurden nur zwei Drittel ausbezahlt: Ausgerechnet der dritte, in Oradour lebende Berechtigte, Martial M., so notierte der Sachbearbeiter, habe „keinen Antrag gestellt".²¹⁴ Mangelndes Wissen über das Recht auf eine Entschädigung ist aufgrund des Wohnorts und der erfolgten Zahlungen an die Geschwister wenig wahrscheinlich.

Neben der Möglichkeit, dass Martial M. die Entschädigung bewusst ablehnte, ist eine weitere Erklärung denkbar: Vielleicht war es ihm unmöglich, den Antrag zu stellen. 1945 hatte die ANFM als eines ihrer Ziele formuliert, ihre Mitglieder bei der Erstellung der notwendigen Dossiers für den Wiederaufbau Oradours zu unterstützen.²¹⁵ Auch im Rahmen des deutsch-französischen Globalabkommens

---

²¹² Schreiben Garraud (wahrscheinlich an MACVG), 2. 3. 1990, AdMC, Dossier statut (Jacques Garraud).
²¹³ Vgl. Interview der Verfasserin mit Jean-Marcel Darthout, 15. 10. 2007, Saint-Victurnien.
²¹⁴ Fiches de contrôle (Léonie M., n° 2387.0369; Léonard M., n° 1387.0368), AdMC.
²¹⁵ Vgl. ANFM, Statuts. Revus et corrigés après la réunion de bureau du 20 janvier 1945, 11. 3. 1945, Privatunterlagen Benoît Sadry.

half der Verband bei der Zusammenstellung der Unterlagen.[216] Erneut stellt sich hier die Frage, welche Hilfe Opfer hatten, die nicht Verbandsmitglied waren. Die Bemühungen um eine deutsche Entschädigung konnten daran scheitern, dass die Berechtigten aufgrund ihres Alters oder einer Krankheit nicht in der Lage waren, den Antrag zu stellen und die nötigen Nachweise beizubringen. Neben körperlichen Gebrechen sind auch psychische Hindernisse denkbar. Die Bemühung um eine Entschädigung konnte eine erneute emotionale Konfrontation mit dem Massaker bedeuten, die die Betreffenden zu vermeiden versuchten. Denn für Berechtigte konnte „Ansprüche zu verfechten" bedeuten, „an das Verlorene und an die Verlorenen zu denken."[217] Im Fall Oradour fiel es manchen Betroffenen noch nach Jahrzehnten schwer, über das Massaker und/oder seine Folgen zu sprechen,[218] sodass auch dieser Erklärungsansatz für ausgebliebene Entschädigungen in Betracht gezogen werden muss.

2.3 Bedeutung und Rezeption

Welche Bedeutung die deutschen Entschädigungszahlungen für die Überlebenden und Hinterbliebenen des Massakers in Oradour hatten, ist aufgrund der außerordentlich schwierigen Quellenlage bislang kaum zu beantworten. Und doch kristallisiert sich gerade in dieser Quellenproblematik ein verbindendes Moment mit Erklärungskraft heraus: das Fehlen des Themas in den zeitgenössischen Quellen und der kollektiven Erinnerung Oradours. Die nahezu komplette Abwesenheit des deutsch-französischen Globalabkommens und seiner Umsetzung in den Protokollen der ANFM ist frappierend. Dies umso mehr, als die französischen Versorgungsleistungen für die Opfer dort ausführlichst thematisiert wurden. Auch der jahrelange Kampf der *survivants* um den Status des „politischen" Internierten, der mit dem Globalabkommen seinen Anfang nahm, fand so gut wie keinen Eingang in die Sitzungsprotokolle des Hinterbliebenenverbands. Erst im Mai 1975 hieß es in einem äußerst knappen Vermerk, Überlebende hätten „die Karte für politische Internierte erhalten".[219] Zu diesem zeitgenössischen Schweigen tritt der Befund, dass die deutschen Entschädigungsgelder auch in den untersuchten Publikationen keinen Raum haben. Dies gilt für die „offizielle Publikation" des Hinterbliebenenverbands, deren Text seit 1945 unverändert blieb, allerdings durch Anhänge ergänzt wurde. Versteht man diese Ergänzungen als Ausdruck dessen, was in den Augen des Verbands erinnerungswürdig war, so ist zu folgern: Die deutschen Entschädigungszahlungen waren es nicht.[220] Das Gleiche gilt für die publizierten Er-

---

[216] Vgl. ANFM, Assemblée générale, 15. 4. 1962, Compte rendu moral, ACMO, 5 FP 3.
[217] Brunner/Frei/Goschler, Lernprozesse, S. 37.
[218] Vgl. Interview der Verfasserin mit Lucette und Camille Morliéras, 8. 5. 2008, Limoges.
[219] ANFM, Assemblée générale, 6. 5. 1975, Procès-verbal, ACMO, 5 FP 3. Das Protokoll zeigt überdies die uneinheitliche Nutzung der Begriffe *survivants* und *rescapés*, denn hier war von *rescapés* die Rede, die die Karte erhalten hätten.
[220] Vgl. Masfrand/Pauchou, Oradour, S. 138–140.

innerungen von Überlebenden und Hinterbliebenen des Massakers. Auch in ihren Büchern ist an keiner Stelle die Rede von den deutschen Entschädigungszahlungen.[221]

Wie ist dieser Befund zu erklären? Zunächst ist zu berücksichtigen, dass das Schweigen über erhaltene Wiedergutmachungsleistungen nicht oradourspezifisch ist. Die Mehrzahl der ehemals jüdischen Verfolgten etwa sprach nicht über die deutschen Zahlungen, unter anderem weil selbst in der Familie oft Uneinigkeit in der Frage herrschte, ob das deutsche „Blutgeld" anzunehmen sei.[222] Begibt man sich auf die Suche nach weiteren Gründen für das Schweigen in Oradour, so rücken vier Aspekte in das Blickfeld, die vor allem in ihrem Zusammenwirken Erklärungskraft entwickeln. Im Zentrum des ersten Aspekts steht die bereits genannte, einzige Erwähnung des Globalabkommens in den Protokollen der ANFM-Mitgliederversammlungen. Im April 1962, das heißt kurz nach Ablauf der gesetzlichen Frist zur Einreichung der Entschädigungsanträge, dankte der Geschäftsführer des Verbands, André Desourteaux, denjenigen Mitgliedern, die geholfen hatten, die „Anträge auf Entschädigungszahlungen, die von Deutschland an die Opfer des Nationalsozialismus zu leisten sind", zu erstellen.[223] Er fügte hinzu: „Materielle Schäden, [deren Entschädigung] die Verbrechen leider in keiner Weise ungeschehen oder auch nur vergessen machen kann."[224] Damit war der Bedeutung der Zahlungen eine klare Grenze gesetzt: Die Bundesrepublik hatte eine finanzielle Entschädigung geleistet, nicht mehr und nicht weniger. Der Erwähnung würdig war diese nur, um zu betonen, dass das Verbrechen damit weder ungeschehen gemacht noch vergessen war. Der Verband, zumindest aber André Desourteaux, dessen engste Familie die Waffen-SS nahezu ausgelöscht hatte,[225] wollte keinen Zweifel daran lassen, was die Zahlung eben nicht bedeutete. Und dies übrigens ganz im Einklang mit dem zugrunde liegenden Abkommenstext: Das deutsch-französische Abkommen war zwar Teil der bundesdeutschen Wiedergutmachungspolitik, der Begriff „Wiedergutmachung" war im Titel des Gesetzes aber nicht enthalten. Im Französischen, wo es eine Entsprechung des deutschen Worts „Wiedergutmachung" nicht gibt, war von „Entschädigung" (*indemnisation*) die Rede. In der deutschen Fassung des Gesetzes hieß es sogar noch vager „Leistungen".[226] Semantisch waren die französischen ehemaligen

---

[221] Desourteaux/Hébras, Oradour; Hébras, Comprendre; Hébras, Drame; Hébras/Borderie, Geschichte; Hivernaud, Histoire (1975); Hivernaud, Histoire (1977); Hivernaud, Histoire (1988); Perlier, Senon, Valade, Oradour.
[222] Winstel, Gerechtigkeit, S. 270, bezugnehmend auf Bergmann/Jucovy, Generations, S. 59 f.
[223] Im Original ist – vermutlich versehentlich – die Rede von der „constitution des dossiers de *dommages* devant être versés par l'Allemagne aux Victimes du nazisme". Hervorhebung durch die Verfasserin.
[224] Auch dort im Original: „*Dommages* matériels, qui malheureusement ne peuvent [abs]olument pas effacer les crimes, ni seulement les faire oublier." ANFM, Assemblée générale, 15. 4. 1962, Compte rendu moral, ACMO, 5 FP 3.
[225] Farmer, Oradour, S. 138.
[226] Accord entre la République Française et la République Fédérale d'Allemagne au sujet de l'indemnisation des ressortissants français ayant été l'objet de mesures de persécution nationalsocialistes, Décret n° 61–945 du 24 août 1961 portant publication de l'accord entre la France et l'Allemagne au sujet de l'indemnisation des ressortissants français ayant été l'objet de me-

Verfolgten somit nicht mit dem Erwartungsdruck konfrontiert, der im Wiedergutmachungsbegriff „als aufdringliche Versöhnungserwartung mitschwingen kann".²²⁷ Die wenigen Worte des ANFM-Geschäftsführers lassen sich dahingehend interpretieren, dass er sich einer solchen Interpretation der Zahlungen auch ausdrücklich verweigerte, und mit ihm möglicherweise der Verband. Das heißt: Die deutsche Entschädigung fanden in den Erinnerungen Oradours vielleicht auch deshalb keinen Platz, weil man ihr über die finanzielle Entschädigungsdimension hinaus keine Bedeutung zuschreiben wollte.

Als zweiter Faktor ist die Geschlossenheit des *récit du massacre* vor Ort zu nennen und die Bedeutung der strafrechtlichen Verfolgung darin. Das Narrativ des Massakers änderte sich in den Jahrzehnten nach dem Verbrechen kaum und wurde nur um wenige Ereignisse und Entwicklungen der Nachkriegszeit erweitert.²²⁸ Der (ausgebliebenen) strafrechtlichen Ahndung des Massakers kam dabei eine Sonderrolle zu. Dieser Teil der „zweiten Geschichte" des Massakers war der einzige, den die ANFM dem Urtext ihrer „offiziellen Publikation" in Form von Anhängen hinzufügte. Legt man Entschädigungszahlungen und strafrechtliche Verfolgung als zwei Felder des deutschen Umgangs mit dem Massaker vergleichend nebeneinander, tritt ein deutlicher Unterschied zutage: Die negativen Erfahrungen im Bereich der Strafverfolgung überwogen die möglicherweise positiven Impulse der Entschädigung bereits quantitativ beträchtlich. Als ANFM-Mitglieder in Oradour ihre Anträge auf Entschädigung aus dem deutsch-französischen Globalabkommen erstellten, eröffnete die Düsseldorfer Staatsanwaltschaft im Januar 1962 zwar ein Verfahren gegen den früheren Kommandeur der 2. SS-Panzer-Division „Das Reich", Heinrich Lammerding. Doch Lammerding, der für die Überlebenden und Hinterbliebenen zum Inbegriff des Schuldigen für das Massaker geworden war, wurde von der bundesdeutschen Justiz nicht angeklagt, sondern das Verfahren 1964 eingestellt.²²⁹ Es war nur eine Enttäuschung in einer ganzen Reihe desillusionierender Erfahrungen und empörender Neuigkeiten aus dem Land der Täter: Lammerdings Verhalten während des Bordeaux-Prozesses, seine wiederholten Versuche, sich und seine Einheit öffentlichkeitswirksam reinzuwaschen, die Umstände seines Begräbnisses; darüber hinaus die bereits früh beginnenden und sich zunehmend radikalisierenden revisionistischen Agitationen der Waffen-SS-Veteranen; schließlich nach dem zunächst als positiv empfundenen Prozess gegen Heinz Barth dessen Opferrente und vorzeitige Haftentlassung nach der deutschen

---

sures de persécution national-socialistes, signé le 15 juillet 1960, J.O., Lois et Décrets, 26. 8. 1961, Bl. 8020 f. Gesetz zu dem Vertrag vom 15. Juli 1960 zwischen der Bundesrepublik Deutschland und der Französischen Republik über Leistungen zugunsten französischer Staatsangehöriger, die von nationalsozialistischen Verfolgungsmaßnahmen betroffen worden sind, vom 27. 7. 1961, BGBl, Jg. 1961, Teil II, Nr. 38, 1. 8. 1961, S. 1029–1033. Auf den Verzicht der Begriffe „Wiedergutmachung" oder selbst „Entschädigung" im Text weist auch hin: Lappenküper, Bundesrepublik, S. 98.

²²⁷ Hockerts, Wiedergutmachung (2003), S. 10.
²²⁸ Vgl. Kapitel I.
²²⁹ Vgl. Kapitel IV.2.4.

Vereinigung. Aus Sicht der Opfer musste das Ungleichgewicht eklatant sein: Während Bonn sie mit einer einmaligen und allenfalls symbolischen Geldleistung entschädigte, blieb ihnen die unentwegt geforderte Bestrafung der Täter weitgehend versagt. Es ist deshalb gut möglich, dass sich eine positive Wirkung der Entschädigungszahlungen in der Menge dieser negativen Erfahrungen zunehmend verflüchtigte, dass die als gescheitert empfundene strafrechtliche Ahndung des Massakers die Bedeutung der Zahlungen verdünnte bzw. verdrängte.

Damit verbunden ist der dritte Aspekt: die Tatsache, dass es sich bei der deutschen Entschädigung aus dem Globalabkommen um eine einmalige Zahlung handelte. Eine fortlaufende Rentenzahlung hatte demgegenüber mehrere Vorteile. Über die monetäre Dimension hinaus konnte ihr wichtige symbolische Bedeutung zukommen. Sie konnte eine sich wiederholende Vergewisserung darüber sein, dass der Schuldner dauerhaft Verantwortung für das geschehene Unrecht übernahm, oder wahrgenommen werden als „eine monatliche Bestätigung dafür, dass die Zeit der Entrechtung vorüber ist".[230] Hätte diese Erfahrung im Fall Oradour eine Art „Gegengewicht" zu den negativen Erfahrungen in den Bereichen der strafrechtlichen Verfolgung und des Revisionismus dargestellt? Das ist durchaus möglich, zu berücksichtigen ist gleichwohl, dass allmonatliche Rentenzahlungen auch eine wiederkehrende schmerzhafte Konfrontation mit dem Verlust der geliebten Menschen bedeuten konnten. Im Fall Oradour berichtete Albert Valade, wie seine Mutter die monatliche Auszahlung ihrer französischen Elternrente erlebte. Eine Erfahrung von solch emotionaler Kraft, dass sie Valade noch Jahrzehnte später beschäftigte:

„Nun, was ich Ihnen sagen kann, ist, dass sie jedes Mal, wenn sie zur Post ging, um ihre Pension abzuholen, weinend zurückkam. Das ist eine meiner schlimmsten Erinnerungen. Meine Mutter kam mit dem Geld von der Post zurück, sie gab mir immer etwas, auch meiner Frau, und sie sagte mir: ‚Meine Tochter hat sich töten lassen, damit ich Geld bekomme.' Das war nur schwer zu ertragen und [...] [nach dem, was] ich von anderen Leuten hören konnte, war es in allen Häusern genauso. Sie war zufrieden, etwas zu bekommen, und es war nicht ungerechtfertigt, aber es schmerzte sie. *Voilà*, das kann ich Ihnen dazu sagen. Das ist kein Bluff, das ist keine Erfindung."[231]

Der vierte Faktor betrifft schließlich den Umstand, dass die Verteilung der deutschen Gelder dem französischen Staat oblag. Folglich gerieten die Zahlungen zwischen die „Fronten" des Konflikts zwischen Oradour und der französischen Regierung, in deren komplexem Verhältnis die Frage der unbeglichenen Schuld eine wichtige Rolle spielte. In Oradour war man der Meinung, der französische Staat sei seiner Verantwortung für die Opfer und Hinterbliebenen nicht nachgekommen und stehe in deren Schuld.[232] Von diesem Standpunkt aus musste jegliche Leistung des französischen Staats als den Opfern und Hinterbliebenen geschuldet angesehen werden – auch deren Berücksichtigung bei der Verteilung der deutschen Ent-

---

[230] Vgl. Winstel, Gerechtigkeit, S. 274 f., 279, dort Zitat. Soweit die Rentenempfänger noch leben, gilt dies natürlich bis in die Gegenwart.
[231] Interview der Verfasserin mit Albert Valade, 18. 10. 2007, Oradour-sur-Glane.
[232] Vgl. Kapitel II.2, Abschnitt „1953 als zentrale Zäsur".

schädigungsgelder. Wie hätte Paris auch begründen sollen, dass just jener Ort, den de Gaulle zum nationalen Symbol erhoben hatte, außen vor blieb? Vor diesem Hintergrund wurden die Zahlungen möglicherweise als selbstverständlich und somit als nicht nennens- und nicht erinnerungswert angesehen. Darüber hinaus verhinderte der gewählte *modus operandi*, dass die Überlebenden und Hinterbliebenen mit deutschen Behörden in Kontakt kamen. Damit war einerseits das Risiko einer erneuten Traumatisierung der Opfer im Kontakt mit dem Land der Täter umgangen,[233] andererseits vielleicht eine Chance vertan. Da der Kontakt mit deutschen Behörden ausblieb, konnten Überlebende und Hinterbliebene nicht die Erfahrung machen, im Land der Täter als Opfer anerkannt zu werden. Und so verstärkte das gewählte Vorgehen wohl, dass die deutschen Zahlungen in der spezifischen Beziehung zwischen Oradour und dem französischen Staat verfangen blieben.

3. Keine Entschädigungszahlungen aus der DDR

Der ostdeutsche Staat hat die Überlebenden und Hinterbliebenen des Massakers in Oradour nicht finanziell entschädigt. Oradour ist dabei keine Ausnahme. Zwar erbrachte Ostberlin Leistungen für NS-Opfer, die auf dem Staatsgebiet der DDR lebten, diese wurden aber weder auf anderswo ansässige NS-Opfer ausgedehnt, noch kam es ergänzend zu zwischenstaatlichen Abkommen vergleichbar den von der Bundesrepublik geschlossenen Globalabkommen.[234] Kurzum: Die DDR hat zu keinem Zeitpunkt im Ausland lebende Opfer des Nationalsozialismus finanziell entschädigt.[235] Die Begrenzung der Leistungen auf die Inlandsgesellschaft – sowie deren Charakter einer verbesserten Sozialfürsorge statt individueller Entschädigungszahlungen[236] – ist eng mit dem Selbstverständnis der DDR verbunden. Der

---

[233] Vgl. u. a. die Beschreibungen bei Winstel, Gerechtigkeit, S. 285–289, der sich auf Restitution und Entschädigung nach dem BEG bezieht. Auch der Sammelband von Brunner/Frei/Goschler kommt zu einem heterogenen Ergebnis: „Teils glückte es, auf dem Wege der Wiedergutmachung ein Stück jenes Weltvertrauens wiederherzustellen, das unter den Schlägen der Verfolgung zerbrochen war, teils verstärken sich die negativen Erfahrungen." Brunner/Frei/Goschler, Lernprozesse, S. 29.

[234] Zur Wiedergutmachung in der DDR vgl. v. a. Goschler, Wiedergutmachung (1993); Goschler, Wiedergutmachung (1995); Goschler, Wege; Goschler, Wiedergutmachungspolitik; eine umfassende Synthese in: Goschler, Schuld, v. a. S. 361–411; zusammenfassend und besonders auf die Unterschiede zur Bundesrepublik abhebend auch: Hockerts, Sozialstaat, S. 123–129; speziell für die Jahre 1945–1953 und Sachsen-Anhalt: Kessler/Peter, Wiedergutmachung; Hölscher, NS-Verfolgte, konzentriert sich auf die „innere Wiedergutmachung" in der DDR und dabei vor allem auf die Anerkennungspolitik, Zitat: S. 10; zur Rückerstattung: Spannuth, Rückerstattung; zu Forderungen von und Verhandlungen mit Israel sowie der *Jewish Claims Conference* (JCC) vgl. unten.

[235] Zum Sonderfall des 1963 geschlossenen Abkommens zwischen der DDR und Jugoslawien vgl. Janjetović, Devisen; Goschler, Schuld, S. 402; Goschler, Bundesrepublik, S. 97.

[236] Beides wurde in der „Anordnung zur Sicherung der rechtlichen Stellung der anerkannten Verfolgten des Naziregimes" vom 5. 10. 1949 festgeschrieben, dem „rechtliche[n] Kernstück der Maßnahmen zugunsten von NS-Verfolgten in der DDR" bis Mitte der 1960er Jahre.

ostdeutsche Staat sah sich nicht wie die Bundesrepublik als Rechtsnachfolger des Deutschen Reichs, sondern als „antifaschistische Neuschöpfung außerhalb dieser Tradition und akzeptierte folglich auch nur eine sozialpolitisch begründete Verantwortung für diejenigen ehemaligen Verfolgten, die auf ihrem Staatsgebiet lebten".[237] Mit diesem Selbstbild ging einher, dass die DDR auch die „moralische Anerkennung einer Mitverantwortung für die Verbrechen des nationalsozialistischen Deutschland" zurückwies.[238] Ein Schulddiskurs entsprechend dem in der Bundesrepublik wurde beim östlichen Nachbar deshalb nicht geführt, die Bemühungen gingen vielmehr dahin, die „Existenz der DDR [als] die eigentliche Wiedergutmachung" darzustellen.[239]

Das heißt nicht, dass aus dem Ausland keine Entschädigungsforderungen gegenüber der DDR erhoben wurden. So trugen der jüdische Staat und die *Jewish Claims Conference* (JCC) ihre Forderungen nach ostdeutschen Wiedergutmachungszahlungen in der vierzigjährigen Geschichte der DDR wiederholt vor.[240] Erfüllt wurden die erhobenen Ansprüche zu keinem Zeitpunkt und seine ablehnende Position in der Wiedergutmachungsfrage begründete der SED-Staat bis Anfang 1989 mit drei zentralen Argumenten: DDR-Politiker verwiesen erstens darauf, dass die DDR alles ihr Mögliche getan habe, „um den deutschen Faschismus auszurotten" und auf diese Weise auch das jüdische Volk vor einer erneuten deutschen Gefahr bewahre; sie wiesen zweitens auf die Leistungen hin, die der SED-Staat für die Opfer des Faschismus auf seinem Staatsgebiet leiste, sowie drittens darauf, dass Ostberlin den im Potsdamer Abkommen beschlossenen Reparationszahlungen gänzlich nachgekommen sei.[241] Parenthetisch sei hier angefügt, dass sich der Begriff „Wiedergutmachung" im ostdeutschen Verständnis fast ausnahmslos auf die hohen an die Sowjetunion geleisteten Reparationen bezog, und dort deshalb der Eindruck entstand – und sich hielt –, die Wiedergutmachung sei allein von der DDR geschultert worden. Im Gegensatz dazu bezeichnet „Wiedergutmachung" in der Bundesrepublik vor allem Rückerstattung, Entschädigung und Globalabkommen. Da die Leistungen auf diesen Feldern fast ausschließlich

---

Goschler, Schuld, S. 373. Mit der 1965 eingeführten „Ehrenpension" für die Verfolgten des Naziregimes (VdN) wurden zwar zentrale Punkte der Verordnung hinfällig, aber eine Ausweitung der Leistungen auf NS-Verfolgte über das Gebiet der DDR hinaus fand auch jetzt nicht statt. Zur Ehrenpension vgl. Goschler, Schuld, S. 383–397.

[237] Goschler, Wiedergutmachung (1993), S. 300.
[238] Goschler, Schuld, S. 398.
[239] Vgl. Goschler, Schuld, S. 361, 401, dort Zitat.
[240] Vgl. Timm, Drittel; ausführlich: Timm, Claims.
[241] Vgl. Timm, Drittel, S. 220 f., Zitat nach ebenda, S. 220. Erst mit der politischen Wende 1989/90 endete die Verweigerungshaltung der DDR. Ministerpräsident Hans Modrow erkannte „die Verantwortung des gesamten deutschen Volkes für die Vergangenheit" an sowie die „humanitäre Verpflichtung" gegenüber den überlebenden jüdischen NS-Opfern. Die 1990 begonnenen Verhandlungen zwischen Ostberlin und der JCC führten zu keinem Abkommen mehr. Vgl. ebenda, S. 235–238, Zitat nach ebenda, S. 236.

von der Bundesrepublik erbracht wurden, sprachen westliche Autoren der DDR wiederum ab, überhaupt Wiedergutmachung geleistet zu haben.[242]

Der DDR-Argumentation zum Trotz erhoben in den 1960er Jahren auch französische Verbände vereinzelt Entschädigungsforderungen. Dabei spielte das westdeutsch-französische Globalabkommen eine gewisse Rolle, denn nach dessen Abschluss wandten sich die Verbände mit ihrem Anliegen an die französischen Behörden oder direkt an Ansprechpartner in der DDR. So kontaktierte etwa die *Union Nationale des Associations de Déportés, Internés et Familles de Disparus* 1963 und 1964 das MACVG mit dem Wunsch, die Führung Ostdeutschlands möchte eine „Reparationsgeste" unternehmen, indem sie eine Entschädigung gleich der bundesdeutschen gewähre.[243] In seiner Antwort verwies das Ministerium unter anderem auf das Fehlen diplomatischer Beziehungen zwischen den beiden Staaten, was Gespräche unmöglich mache[244] – ein Argument, das mit der Anerkennung der DDR durch Frankreich ein Jahrzehnt später seine Gültigkeit verlor. Anfang der 1970er Jahre wurde das Thema Entschädigungszahlungen durch die DDR jedoch weit über Frankreich hinaus aktuell. Es war eine Begleiterscheinung der „Anerkennungswelle" der DDR 1972/73, dass mehrere Staaten nun Entschädigung für Vermögensverluste und Wiedergutmachung für das unter den Nationalsozialisten erlittene Unrecht forderten.[245] Obwohl wir wissen, dass Ostberlin letztlich keine Entschädigungen an Frankreich zahlte, lohnt ein Blick auf die ostdeutsch-französischen Verhandlungen um vermögensrechtliche Fragen in diesen Jahren. Denn er zeigt, welchen Stellenwert die Entschädigungsforderung einnahm, welche Vorstellung Paris von einer solchen Zahlung hatte und schließlich auch, ob die Opfer des Massakers in Oradour entschädigungsberechtigt gewesen wären.

Wenige Tage vor Verhandlungsbeginn über die Herstellung diplomatischer Beziehungen mit der DDR – diese begannen am 17. Januar 1973[246] – informierte das französische Außenministerium das MACVG über die anstehenden Unterredungen. Dabei wandte sich der Quai d'Orsay telefonisch an den Leiter der Verwaltung der nationalen Nekropolen und der Rückgabe der sterblichen Überreste (*Bureau des nécropoles nationales et des restitutions de corps*). In einer hausinternen Note berichtete dieser, man habe ihn gebeten, dem Außenministerium die „Art der Fragen" mitzuteilen, „die unsere Abteilung aufzunehmen wünscht als eine der Forderungen, welche Frankreich in Bezug auf die französischen Verluste in Ost-

---

[242] Vgl. Hockerts, Sozialstaat, S. 123 f.; Goschler, Wege, S. 116; Goschler, Wiedergutmachungspolitik, S. 67.

[243] Note (handschriftlich: 12. 1. 1973), AdMC, Indemnisations des internés & déportés – AFA, 27 P 174–32 R.D.A. correspondances 1973/80. Vgl. auch den von Goschler, Schuld, S. 402, angeführten Brief der *Union Internationale des Résistants et Déportés* an das KdAW vom 26. 5. 1967, in dem der Verband Entschädigungszahlungen anmahnte. Goschler weist darauf hin, dass solche Forderungen Ausnahmecharakter hatten.

[244] Vgl. Note (handschriftlich: 12. 1. 1973), AdMC, Indemnisations des internés & déportés – AFA, 27 P 174–32, R.D.A. correspondances 1973/80.

[245] Vgl. Winters, Außenpolitik, S. 809 f., Zitat S. 809.

[246] Vgl. Pfeil, Beziehungen, S. 159.

deutschland aufgrund des Zweiten Weltkriegs formulieren könnte".[247] Das Außenministerium bat zwar um zügige Beantwortung, aber der späte Zeitpunkt der Nachfrage deutet bereits an, was später offen ausgesprochen wurde: Ein Junktim zwischen Forderungen aus dem MACVG und der Aufnahme diplomatischer Beziehungen sollte es nicht geben. Als der Quai d'Orsay das MACVC auch schriftlich informierte, hieß es, die französische Delegation beabsichtigte bei den Verhandlungen, „die Probleme anzusprechen, die Gegenstand *künftiger* Verhandlungen mit Ostdeutschland sein könnten".[248] Auch von Entschädigungszahlungen war in diesem Schreiben keine Rede, und dies, obwohl es an die *Sous-Direction des Statuts de Combattants et Victimes de Guerre* adressiert war, der die Abteilung für Entschädigungen unterstand.[249] Das Außenministerium bat um die Fragen, „die mit unseren ostdeutschen Ansprechpartnern erörtert werden sollten", führte als Beispiele aber lediglich „französische Grabstätten in Ostdeutschland, Rückgabe sterblicher Überreste etc…" an.[250] Ganz anders verhielt es sich MACVG-intern, wo die Entschädigungsfrage gleich nach der telefonischen Information auf den Tisch gekommen war. Umgehend hatte man Zahlen notiert[251] und den Quai d'Orsay in der schriftlichen Antwort – einer „offene[n] Liste der Fragen, die bei diesen Vorverhandlungen angesprochen werden müssen" – wissen lassen, es wäre angebracht, „die Fragen zum Vorgehen bei den Entschädigungsleistungen vorzusehen".[252]

Dass die Forderungen nach Entschädigung für französische NS-Opfer keinen prominenten Platz auf der Agenda des französischen Außenministeriums einnahmen, unterstreichen auch die Akten des Bonner Auswärtigen Amts. Ende 1972

---

[247] Chef du Bureau des nécropoles nationales et des restitutions de corps, Posse, Note à l'attention de Monsieur Le Meignen, Directeur des Statuts et des Services Médicaux, 11. 1. 1973, vermutlich Durchschlag, AdMC, Indemnisations des internés & déportés – AFA, 27 P 174–32, R.D.A. correspondances 1973/80.
[248] Ministère des Affaires étrangères (MAE), Direction des Affaires politiques, Europe, Sous-Direction d'Europe centrale, Boyer, an Monsieur le Ministre des Anciens Combattants et Victimes de Guerre, Sous-Direction des Statuts de Combattants et Victimes de Guerre, 15. 1. 1973, AdMC, Indemnisations des internés & déportés – AFA, 27 P 174–32, R.D.A. correspondances 1973/80. Hervorhebung durch die Verfasserin.
[249] Zur Zuordnung: MACVG, Chef du Bureau des Indemnisations et de la Documentation, R. Pasqualini, Note à l'attention de Monsieur le Directeur des Statuts et des Services Médicaux, 17. 8. 1973, AdMC, Indemnisations des internés & déportés – AFA, 27 P 174–32, R.D.A. correspondances 1973/80.
[250] MAE, Direction des Affaires politiques, Europe, Sous-Direction d'Europe centrale, Boyer, an Monsieur le Ministre des Anciens Combattants et Victimes de Guerre, Sous-Direction des Statuts de Combattants et Victimes de Guerre, 15. 1. 1973, AdMC, Indemnisations des internés & déportés – AFA, 27 P 174–32, R.D.A. correspondances 1973/80.
[251] Vgl. Note (handschriftlich: 12. 1. 1973), AdMC, Indemnisations des internés & déportés – AFA, 27 P 174–32, R.D.A. correspondances 1973/80. Titel und Inhalt zeigen, dass es sich wohl um eine MACVG-interne Aufzeichnung in Reaktion auf die telefonische Anfrage am vorhergegangenen Tag handelt.
[252] MACVG, Directeur des Statuts et des Services Médicaux, Jacques Le Meignen, an Monsieur le Ministre des Affaires étrangères, Direction des Affaires politiques, Europe centrale, 16. 1. 1973, Copie, AdMC, Indemnisations des internés & déportés – AFA, 27 P 174–32, R.D.A. correspondances 1973/80.

hatte man in der Koblenzer Straße aus der Presse erfahren, dass „einige Regierungen westlicher Staaten, die mit der Bundesrepublik Abkommen über die globale Entschädigung von NS-Verfolgten abgeschlossen haben, sowie Israel im Zusammenhang mit der Vorbereitung der Aufnahme diplomatischer Beziehungen mit der DDR erwägen, nun auch gegen die DDR Wiedergutmachungsforderungen zu erheben". Mehr als ein Dutzend Botschaften wurden daraufhin um diesbezügliche Informationen aus dem Gastland gebeten.[253] Die deutsche Botschaft in Paris erwartete keine französischen Forderungen in dieser Richtung,[254] musste sich wenige Tage später jedoch korrigieren. Wie sie in einem Gespräch mit dem Leiter des Büros für private Sachvermögen und Interessen (*Service des Biens et Intérêts Privés*) beim französischen Außenministerium, d'Huart,[255] erfuhr, hatte die französische Seite bei den laufenden Verhandlungen mit der DDR nun doch Wiedergutmachungsforderungen zur Sprache gebracht, „ohne jedoch bereits konkretere Einzelheiten zu erwähnen". Aus d'Huarts Informationen ging ebenso hervor, dass die Forderungen alles andere als prioritär waren und von einem Junktim nicht die Rede sein konnte. Vorgebracht hatte man die Forderungen demnach „insbesondere im Hinblick auf die eigene öffentliche Meinung", um sich „später nicht dem Vorwurf auszusetzen", man habe „Anliegen eines Teils der Bevölkerung nicht gebührend gegenüber der DDR vertreten". Bei den Verhandlungen war zu diesem Zeitpunkt bereits vereinbart worden, „über Einzelheiten erst nach Aufnahme der vollen diplomatischen Beziehungen weiterzusprechen".[256] Zu jenem Teil der Bevölkerung, dessen Anliegen die französische Regierung zumindest *pro forma* vertreten wollte, zählten – wie bereits erwähnt – mehrere französische Opferverbände.[257] In den Protokollen der ANFM findet sich hingegen kein Hinweis darauf,

---

[253] AA, Rumpf, an Deutsche Botschaften, u. a. Paris, 20. 12. 1972, PA AA, AV NA, 18 480.

[254] Vgl. Deutsche Botschaft Paris, Heuseler, an AA, 12. 1. 1973, Durchdruck als Konzept, PA AA, AV NA, 18 480.

[255] Zu d'Huarts Postition im Mai 1973: MAE, Chef du Service des Biens et Intérêts Privés, d'Huart, an, Monsieur le Ministre des Anciens Combattants et Victimes de Guerre, Sous-Direction des Statuts de Combattants et Victimes de Guerre, 30. 5. 1973, AdMC, Indemnisations des internés & déportés – AFA, 27 P 174–32, R.D.A. correspondances 1973/80.

[256] Deutsche Botschaft Paris, Heuseler, an AA, 19. 1. 1973, Durchdruck als Konzept, inkl. handschriftlicher Notiz, PA AA, AV NA, 18 480.

[257] Zu spät für die Verhandlungen um die Aufnahme diplomatischer Beziehungen dürfte sich der Druck ausgewirkt haben, den die JCC aufzubauen versuchte. Ende Januar 1973 forderte ihr Präsident, Nahum Goldmann, „alle Teilorganisationen auf, in ihren Ländern Einfluß darauf zu nehmen, daß bei Verhandlungen über die Herstellung diplomatischer Beziehungen mit der DDR die Wiedergutmachungsproblematik angesprochen würde". Timm, Drittel, S. 222; auch Timm, Claims, S. 95. Später in diesem Jahr versuchte die Organisation über jüdische Verbände die Unterstützung ihrer Forderungen bei mehreren westeuropäischen Regierungen, darunter der französischen, zu erreichen. Vgl. Timm, Claims, S. 98. Das israelische Finanzministerium entsandte Anfang 1973 einen Mitarbeiter in die Hauptstädte Westeuropas, „um in Erfahrung zu bringen, ob in bereits geschlossenen Vereinbarungen über die Aufnahme diplomatischer Beziehungen zur DDR jüdische Ansprüche berücksichtigt worden seien". Timm, Drittel, S. 222; auch Timm, Claims, S. 97. Aus den eingesehenen Akten geht nicht hervor, ob diese Interventionen die französische Haltung bei den Verhandlungen mit der DDR beeinflussten. In einem Schreiben der Pariser Botschaft vom 19. 1. 1973 heißt es lediglich, „dass das französische Aussenministerium den ‚Fonds Social Juif Unifié' als Dachorganisation um zahlenmässige Un-

dass auch sie in diesen Jahren ostdeutsche Entschädigungszahlungen gefordert hätte.²⁵⁸

Während d'Huart die vorgebrachten Wiedergutmachungsforderungen gegenüber den deutschen Diplomaten wie ein innenpolitisches Feigenblatt darstellte, verwies er gegenüber dem französischen Botschafter in London auf die Ernsthaftigkeit, mit der man diese Forderungen vorgetragen, und die Vehemenz, mit der man sie gegen ostdeutsche Argumente verteidigt habe.²⁵⁹ Wie die französische Delegation tatsächlich aufgetreten war, geht aus der „Information über vermögensrechtliche Fragen, die in dem Meinungsaustausch zwischen Delegationen der DDR und Frankreichs über die Gestaltung der Beziehungen nach Herstellung diplomatischer Beziehungen aufgeworfen wurden", im Aktenbestand des MfAA nicht hervor. Allerdings zeigt sie, dass es sich bei zwei der sieben zur Sprache gebrachten Punkte um „Wiedergutmachungsforderungen für Opfer des Nazismus (KZ-Häftlinge und andere Verfolgte)" bzw. „Wiedergutmachungsforderungen für zwangsweise in die Wehrmacht Eingegliederte und deren Hinterbliebene" handelte. Mit dem Fragenkatalog konfrontiert, wies die ostdeutsche Delegation „auf die Bereitschaft der DDR" hin, „zu einem späteren Zeitpunkt offene vermögensrechtliche Fragen in beiderseitigem Interesse zu regeln" und in diesem Kontext „u. a. auf das auf dem Gebiet der DDR belegene französische Vermögen". Gemeint war damit der sechste Punkt der französischen Agenda, die „Regelung der Fragen der auf dem Gebiet der DDR am 8. 5. 1945 belegenen französischen Vermögenswerte einschließlich der Restitution französischer Kunstwerke". Weniger Verhandlungsbereitschaft zeigte die DDR-Seite hinsichtlich der Wiedergutmachungsforderungen. Mit „Hinweis auf das Potsdamer Abkommen" wurde hier „der Rechtsstandpunkt der DDR dargelegt und zum Ausdruck gebracht, daß die DDR die ihr obliegenden Wiedergutmachungsverpflichtungen erfüllt hat". Folgt man der Aufzeichnung der DDR-Seite weiter, so nahmen die Franzosen „den Rechtsstandpunkt der DDR zur Kenntnis". Jedoch hätte die „in den von beiden Delegationsleitern unterzeichneten Protokollvermerk aufgenommene Formulierung in Bezug auf die Regelung vermögensrechtlicher Fragen" nicht ausgeschlossen, „daß französischerseits die oben dargelegten Forderungskategorien zu einem späteren Zeitpunkt vorgebracht" würden. Zugleich gäbe sie aber „auch der DDR die Möglichkeit, ihrerseits Ansprüche gegenüber Frankreich geltend zu machen".²⁶⁰ Kurzum, der Fragenkomplex

---

terlagen für etwaige Wiedergutmachungsansprüche gegen die DDR gebeten hat. Der Fond Social hat sich eine Antwort vorbehalten, da er sich vorher mit den jüdischen Organisationen anderer Länder abstimmen möchte." Deutsche Botschaft Paris, Heuseler, an AA, 19. 1. 1973, Durchdruck als Konzept, PA AA, AV NA, 18 480.
²⁵⁸ Vgl. ACMO, 5 FP 3.
²⁵⁹ Vgl. d'Huart an Monsieur l'Ambassadeur de France en Grand-Bretagne, 16. 5. 1974, wahrscheinlich Durchdruck, AdMC, Indemnisations des internés & déportés – AFA, 27 P 174–32, R.D.A. correspondances 1973/80.
²⁶⁰ Information über vermögensrechtliche Fragen, die in dem Meinungsaustausch zwischen Delegationen der DDR und Frankreichs über die Gestaltung der Beziehungen nach Herstellung diplomatischer Beziehungen aufgeworfen wurden (handschriftlich: 1973), PA AA, MfAA C, 20/78, Bl. 1 f.

wurde in beiderseitigem Einvernehmen vertagt. Am 9. Februar 1973 unterzeichneten die beiden Staaten die „Vereinbarung über die Herstellung diplomatischer Beziehungen"[261], ohne dass die Entschädigungsfrage geklärt worden war.

Auch nach der Aufnahme diplomatischer Beziehungen setzte man im Quai d'Orsay weiter ein Fragezeichen hinter das Thema Entschädigungszahlungen: „Seit der Aufnahme diplomatischer Beziehungen mit der Deutschen Demokratischen Republik stellt sich die Frage, ob es geboten ist, gegenüber der Regierung in Berlin die Entschädigung der französischen Opfer des Nationalsozialismus zu fordern", hieß es im Mai 1973 in einem Schreiben an das MACVG. Vor dem Hintergrund, dass man diese Frage mit der Bundesrepublik sowohl ihm Rahmen des Bundesentschädigungs- und Bundesrückerstattungsgesetzes (BEG und BRüG) als auch durch das Globalabkommen geregelt habe, scheine es „folgerichtig, dass mit der Deutschen Demokratischen Republik genauso verfahren werde, und sei es nur aus Gründen der Billigkeit". Man bat das MACVG um Mitteilung seiner Grundsatzhaltung in dieser Angelegenheit und um Vorschläge, wie zur Erlangung einer Entschädigung vorzugehen sei.[262] Ein Zögern ganz anderen Ausmaßes zeigte die DDR-Seite. Dort hatte man es alles andere als eilig, die Anfang des Jahres vertagten Verhandlungen um vermögensrechtliche Fragen wieder aufzunehmen. Frankreich war schon im Oktober 1973 bereit, in die Verhandlungen „über die Beilegung der privatrechtlichen Streitsachen" einzutreten und bat Ostberlin, Ort und Zeitpunkt vorzuschlagen. Von dort kamen lediglich ausweichende Antworten – eine Hinhaltetaktik, die die DDR auch gegenüber Großbritannien eingeschlagen hatte. Frankreich aber hatte einen Trumpf im Ärmel und drohte, ihn auszuspielen: Erst wenn ein Datum für den Verhandlungsbeginn in dieser Sache festgelegt sei, könnten auch die Verhandlungen über ein Konsularabkommen beginnen, ließ man Ostberlin wissen. Die DDR lenkte ein, das zweite Halbjahr 1974 wurde anvisiert.[263]

In den kommenden Jahren trafen sich wiederholt Delegationen beider Länder in Paris und Ostberlin zu Unterredungen. Geführt wurden die Verhandlungen auf französischer Seite vom *Service des Biens et Intérêts Privés à l'étranger* (SBIP), einer Abteilung des französischen Außenministeriums,[264] für Ostberlin verhandelte das

---

[261] Pfeil, Beziehungen, S. 160.

[262] D'Huart an Monsieur le Ministre des Anciens Combattants et Victimes de Guerre, Sous-Direction des Statuts de Combattants et Victimes de Guerre, 30. 5. 1973, AdMC, Indemnisations des internés & déportés – AFA, 27 P 174–32, R.D.A. correspondances 1973/80.

[263] D'Huart an Monsieur l'Ambassadeur de France en Grand-Bretagne, 16. 5. 1974, wahrscheinlich Durchdruck, AdMC, Indemnisations des internés & déportés – AFA, 27 P 174–32, R.D.A. correspondances 1973/80. Mit einer Regelung der Staatsbürgerfrage in ihrem Sinn im Rahmen eines Konsularabkommens mit Frankreich, das darin die DDR-Staatsbürgerschaft anerkennen sollte, zielte die DDR auf eine weitere Abgrenzung von der Bundesrepublik und auf die Teilung der deutschen Nation. Im Herbst 1974 legte die DDR-Seite Frankreich einen entsprechenden Entwurf vor. Dies lief jedoch sowohl den Interessen Frankreichs als auch der Bundesrepublik entgegen. Die Verhandlungen um das Konsularabkommen zogen sich schließlich über Jahre hin und wurden in dieser Zeit „zum Knackpunkt in den Beziehungen" zwischen Frankreich und der DDR. Vgl. Pfeil, Beziehungen, S. 440 f., Zitat S. 440.

[264] Vgl. u. a. Vermerk, Betr.: Ansprüche des französischen Staates gegen die DDR, 29. 10. 1975, PA AA, AV NA, 18 480. Zum Teil ist in den Dokumenten nur die Rede von einer Unterabtei-

*Amt für den Rechtsschutz des Vermögens der DDR.*²⁶⁵ Im Oktober 1976 startete die dritte Verhandlungsrunde, 1978 und 1980 kamen mehrere Expertenkommissionssitzungen und Vollversammlungen zusammen.²⁶⁶ Während der Verhandlungen bestätigte sich, was schon vor der Aufnahme der diplomatischen Beziehungen 1973 deutlich geworden war: Was französische Vermögenswerte anbelangte, die bei Kriegsende auf dem Gebiet der DDR belegen waren, zeigte sich die DDR durchaus verhandlungsbereit.²⁶⁷ Vor allem die Rückgabe von französischen Kunstwerken wurde mehrmals, wenn auch nicht ohne Hintergedanken, angeboten.²⁶⁸ Die Verhandlungen kamen voran, zogen sich aber in die Länge.²⁶⁹ Was den Komplex der Wiedergutmachungsforderungen anbelangt – die französische Seite sprach das Thema wiederholt an²⁷⁰ –, verhielt sich die DDR-Delegation entspre-

lung des französischen Außenministeriums, deren Leiter Frankreich bei den Treffen vertrat. Darüber hinaus wird in den deutschen Akten vom *Office des biens et intérêts privés* (OBIP) gesprochen. Diese Bezeichnung trug die Abteilung nur bis 1955, danach firmierte sie unter *Service des Biens et Intérêts Privés à l'étranger* (orthografisch folge ich den Angaben in den Akten). Vgl. hierzu den online einsehbaren Findbucheintrag zu diesem Bestand, II. Archives de l'Administration centrale et des Commissions Interministérielles, S. 2, URL: http://www.diplomatie.gouv.fr/fr/IMG/pdf/IV_-_Administration_centrale.pdf [5. 10. 2012].

²⁶⁵ Das Amt leitete auch die Verhandlungen mit anderen Ländern. Zu den ostdeutschen Delegationen gehörte ein Vertreter des MfAA. Vgl. AA an Deutsche Botschaften, u. a. Paris, und Ständige Vertretung Berlin (Ost), 7. 10. 1975, PA AA, AV NA, 18 480. Bezüglich der Verhandlungen mit Frankreich lässt sich die Zuständigkeit u. a. belegen mit: Deutsche Botschaft Paris, Voos, an AA, 4. 7. 1979, Durchdruck als Konzept, ebenda.

²⁶⁶ Eine komplette, hinreichend gesicherte Übersicht der Treffen ist anhand der eingesehenen Akten nicht möglich. Die genannten Rahmendaten entstammen: Fernschreiben Herbst an AA u. a., 14. 10. 1976; Deutsche Botschaft Paris, Voos, an AA, 10. 7. 1978, Durchdruck als Konzept; Deutsche Botschaft Paris, Voos, an AA, 4. 7. 1979, Durchdruck als Konzept; Deutsche Botschaft Paris, Voos, an AA, 15. 4. 1980, Durchdruck als Konzept, alle PA AA, AV NA, 18 480.

²⁶⁷ Die Ständige Vertretung der Bundesrepublik in der DDR kam 1976 zu der Einschätzung, die Verhandlungen mit den verschiedenen Ländern würden sich künftig „im wesentlichen" auf die beiden folgenden Forderungskomplexe konzentrieren: „Ansprüche aus Enteignung und enteignungsgleichen Eingriffen für am 8. 5. 1945 in der DDR gelegene ausländische Vermögenswerte" sowie „Ansprüche auf Vermögenswerte, die nach dem 8. 5. 1945 – etwa durch Erbschaft – Ausländern zugefallen sind". Auf Forderungen, die ihrer Ansicht nach Reparationen darstellten, habe die DDR hingegen „negativ reagiert", darunter „Ansprüche aus Wiedergutmachung für Opfer des Nationalsozialismus". Ständige Vertretung der Bundesrepublik Deutschland in der DDR an AA u. a., 11. 3. 1976, Verschlusssache (VS)-Nur für den Dienstgebrauch, PA AA, AV NA, 18 480.

²⁶⁸ Vgl. zum Angebot der Rückgabe von Kulturgüter u. a. Fernschreiben Herbst an AA u. a., 14. 10. 1976, PA AA, AV NA, 18 480; Ständige Vertretung der Bundesrepublik Deutschland in der DDR an AA u. a., 11. 3. 1976, VS-Nur für den Dienstgebrauch, ebenda. Für die Ständige Vertretung zielte die DDR darauf, eigene Ansprüche gegenüber der Bundesrepublik im Rahmen der deutsch-deutschen Kulturverhandlungen durchzusetzen sowie eigene Forderungen gegenüber den Verhandlungspartnern zu erheben. Vgl. ebenda.

²⁶⁹ Vgl. Deutsche Botschaft Paris, Voos, an AA, 4. 7. 1979, Durchdruck als Konzept, PA AA, AV NA, 18 480; Deutsche Botschaft Paris, Voos, an AA, 15. 4. 1980, Durchdruck als Konzept, ebenda.

²⁷⁰ Vgl. MAE, Service des Biens et Intérêts Privés, A. Rousselet, an Monsieur le Secretaire d'État aux Anciens Combattants, Sous-Direction des Statuts de Combattants et Victimes de Guerre, 7. 3. 1978, Urgent, AdMC, Indemnisations des internés & déportés – AFA, 27 P 174-32, R.D.A. correspondances 1973/80.

chend der bereits Anfang 1973 vertretenen Position, nämlich im Grunde ablehnend, konkret: „sehr zurückhaltend".[271]

Die 1973 gegenüber Frankreich eingenommene Haltung der Verhandlungsbereitschaft bei bestimmten vermögensrechtlichen Fragen bei gleichzeitiger Verweigerung *in puncto* Wiedergutmachungsforderungen entsprach der zu diesem Zeitpunkt prinzipiell vertretenen Position der DDR, wenn es um Wiedergutmachungsforderungen aus dem Ausland ging.[272] Auch die in der Praxis der ostdeutsch-französischen Verhandlungen nun an den Tag gelegte Doppelstrategie von Gesprächsbereitschaft einer-, Zurückweisung anderseits, war keineswegs frankreichspezifisch. Nachdem sich Ostberlin 1974 im Protokoll über die Aufnahme diplomatischer Beziehungen mit den USA widerwillig bereit erklärt hatte, Gespräche unter anderem über die Entschädigung von Opfern des Nationalsozialismus aufzunehmen,[273] beschloss der DDR-Ministerrat im Frühjahr 1975 eine Konzeption für die Verhandlungen mit den USA. Daraus geht hervor, dass die DDR-Führung „weder eine rechtliche noch eine moralische Verpflichtung für irgendeine Form der Wiedergutmachung gegenüber den USA und ihren Staatsbürgern" zu übernehmen bereit war. Gleichzeitig sollte versucht werden, „die Verhandlungen über einen langen Zeitraum hinweg auszudehnen, jedoch so, daß die weitere Entwicklung der Beziehungen zu den USA entsprechend den Notwendigkeiten zur Durchsetzung der Prinzipien der friedlichen Koexistenz nicht gestört werden".[274] Die Gespräche weiterzuführen und sie gleichzeitig möglichst auszudehnen, entsprach, so Angelika Timm, der „pragmatischen, auf politische Anerkennung und wirtschaftlichen Vorteil ausgerichteten Interessenwahrnehmung" der DDR.[275] Forderungen nach Wiedergutmachung, so ging aus dem Ministerratsbeschluss darüber hinaus hervor, sollten prinzipiell zurückgewiesen werden.

Die zögernde bzw. ablehnende Haltung der DDR muss indes auch vor dem Hintergrund der finanziellen Dimension dieser Fragen gesehen werden. So weist Constantin Goschler hinsichtlich der Verhandlungen zwischen DDR und JCC

---

[271] Deutsche Botschaft Paris, Voos, an AA, 13. 1. 1977, Durchdruck als Konzept, PA AA, AV NA, 18 480.

[272] Vgl. Winters, Außenpolitik, S. 809 f. Auch gegenüber Frankreich führte die DDR-Seite neben dem Verweis auf Potsdam das Standardargument an, der ostdeutsche Staat sei seinen „moralischen Verpflichtungen in diesem Bereich bereits nachgekommen". D'Huart an Monsieur l'Ambassadeur de France en Grand-Bretagne, 16. 5. 1974, wahrscheinlich Durchdruck, AdMC, Indemnisations des internés & déportés – AFA, 27 P 174–32, R.D.A. correspondances 1973/80.

[273] Die JCC, die die Verhandlungen auf amerikanischer Seite führte, hatte im Sommer 1974 in einem Memorandum an die DDR ihre Forderungen (bei Ausschluss der israelischen Forderungen) in drei Kategorien geteilt: „a) Zahlungen für die Wiedereingliederung von außerhalb Israels lebenden Holocaust-Überlebenden, b) Entschädigung für auf dem Territorium der DDR befindliches jüdisches Eigentum ohne Erben bzw. bisher nicht in jüdische Hände zurückgegebenes Eigentum von Privatpersonen, jüdischen Organisationen oder Gemeinden sowie c) Entschädigungszahlungen an Juden, die die nationalsozialistischen Konzentrations- und Vernichtungslager überlebt hatten." Timm, Drittel, S. 223.

[274] Zitiert nach Timm, Drittel, S. 224.

[275] Timm, Drittel, S. 224.

auch auf die schlechte wirtschaftliche Lage der DDR hin.[276] Den wirtschaftlichen Faktor sah mit Blick auf die „Verhandlungen finanzieller Forderungen dritter Staaten gegen die DDR" im Frühjahr 1976 auch die Ständige Vertretung der Bundesrepublik in Ostberlin. Dort hatte man den Eindruck gewonnen, „daß die DDR weiterhin zunächst einmal darum bemüht ist, einen Überblick [über] die auf sie zukommenden Forderungen insgesamt zu erhalten. Nach den hier vorliegenden Zahlen ergibt eine grobe Schätzung, daß das Gesamtvolumen der gegen die DDR erhobenen Forderungen mindestens den Betrag von DM 4 Mrd. erreichen wird. Dabei ist zu berücksichtigen, daß die verhandelnden Staaten bislang nur einen Bruchteil ihrer Forderungen aufbereitet und in die Verhandlungen eingeführt haben."[277]

Es ist vor diesem Hintergrund erstaunlich, dass zu einem nicht genauer bekannten Zeitpunkt Bewegung in die Frage der Entschädigung für französische NS-Opfer kam. Im Januar 1977 erfuhr die deutsche Botschaft in Paris aus dem Quai d'Orsay, dass sich die DDR nach Einzelheiten des deutsch-französischen Globalabkommens erkundigt habe,[278] und wohl Anfang 1978 schlug die ostdeutsche Delegation sogar vor, Frankreich solle „einen präzisen und bezifferten Antrag" vorlegen, dies allerdings ohne „irgend eine diesbezügliche Verpflichtung einzugehen".[279] Woher der plötzliche Sinneswandel?

Die scheinbare Öffnung der DDR in der Entschädigungsfrage fiel in einen Zeitraum, in dem sich die Beziehungen zu Frankreich schlechter als von Ostberlin erwartet und erhofft entwickelten. Das „blockierte Verhältnis" zwischen den beiden Staaten in diesen Jahren fand seinen Ausdruck im „Beharren beider Seiten auf ihren Positionen in der Frage des Konsularabkommens".[280] Katalysatorisch könnte – soweit die DDR davon unterrichtet war – auch die Tatsache gewirkt haben, dass Mitte Dezember 1977 in Paris die Interministerielle Kommission für Fragen der deutsch-französischen Zusammenarbeit (*Commission Interministérielle pour les questions de coopération franco-allemande*) zusammenkam und das MACVG daraufhin um Zahlenmaterial für eine Entschädigung der ehemaligen französischen Zwangsrekrutierten durch die Bundesrepublik gebeten wurde.[281] Vor diesem Hintergrund wirkt die vermeintliche Verhandlungsbereitschaft der DDR eher als taktischer Schritt denn als Ausdruck einer sich verändernden Grundhaltung. Vermeint-

---

[276] Vgl. Goschler, Schuld, S. 405.
[277] Ständige Vertretung der Bundesrepublik Deutschland in der DDR an AA u. a., 11. 3. 1976, VS-Nur für den Dienstgebrauch, PA AA, AV NA, 18 480.
[278] Vgl. handschriftlicher Vermerk auf: Voos für Zierer, 21. 1. 1977, PA AA, AV NA, 18 480.
[279] MAE, Service des Biens et Intérêts Privés, A. Rousselet, an Monsieur le Secretaire d'État aux Anciens Combattants, Sous-Direction des Statuts de Combattants et Victimes de Guerre, 7. 3. 1978, Urgent, AdMC, Indemnisations des internés & déportés – AFA, 27 P 174-32, R.D.A. correspondances 1973/80.
[280] Pfeil, Beziehungen, S. 435–447, hier v. a. S. 444–447, Zitate S. 447.
[281] Vgl. Jacques Le Meignen, Note à l'attention de Monsieur Bondil, Conseiller Technique du Cabinet du Ministre (handschriftlich: 20. 1. 1978), wahrscheinlich Durchschlag, AdMC, Indemnisations des internés & déportés – AFA, 27 P 174-32, R.D.A. correspondances 1973/80.

lich, weil die DDR-Delegation schon bald nichts mehr von ihrer Avance wissen wollte. Als die französische Seite die Forderungen Mitte Juli 1979 erneut ansprach, stellten sich die ostdeutschen Verhandlungspartner taub.[282] Damit korrespondiert, dass sich die Beziehungen zwischen beiden Staaten trotz „diplomatischen Hakeleien" im unmittelbaren Vorfeld des Treffens nun besser anließen als noch ein Jahr zuvor.[283]

Wie sich dieser Punkt und allgemein die ostdeutsch-französischen Verhandlungen zu vermögensrechtlichen Fragen in den folgenden Jahren weiter entwickelten, geht aus den ausgewerteten Akten nicht hervor. Nach allem was bekannt ist, änderte sich an den bereits ausgegebenen Leitlinien nichts. Dies zeigt auch das im Juni 1982 von dem SED-Politbüro beschlossene „Weitere Vorgehen in den Verhandlungen mit den kapitalistischen Staaten zur Regelung der offenen vermögensrechtlichen Fragen". Grundsätzlich zurückgewiesen werden sollten demnach „Ansprüche für Leiden und Vermögensverluste, die ehemals deutsche, heute ausländische Staatsbürger während der Zeit des Faschismus im früheren Deutschland aus politischen oder rassistischen Gründen erlitten haben". Begründet werden sollte diese Zurückweisung mit dem bekannten Argument, dies seien Wiedergutmachungsforderungen, und die DDR habe die ihr im Potsdamer Abkommen auferlegten Wiedergutmachungsforderungen vollständig erfüllt. Flexibler zeigte sich das Politbüro hinsichtlich „Forderungen auf Entschädigung für Vermögensverluste", die sich „auf in der DDR belegenen Grundbesitz beziehen, der sich als damaliges Reichseigentum oder als Eigentum von Nazi- und Kriegsverbrechern heute in Volkseigentum oder noch in Privatbesitz der damaligen Erwerber bzw. deren Erben befindet". Hier sollten „mit dem Ziel der Vermeidung außenpolitischer Belastungen differenzierte Lösungen" vorbereitet werden.[284] Wie sahen die französischen Vorstellungen einer ostdeutschen Entschädigung für NS-Opfer im Detail aus? Wären demnach auch die Opfer des Massakers in Oradour entschädigungsberechtigt gewesen? Die Antwort auf letztere Frage ist eine dreifache: *Primo*, ja, die meisten Opfer des Massakers in Oradour bzw. deren Rechtsnachfolger wären Berechtigte gewesen, denn nach den französischen Vorstellungen sollte der Berechtigtenkreis all jene einschließen, die bereits aus dem Globalabkommen entschädigt worden waren. Die Zahl der tatsächlich Entschädigten hätte sich, *secundo*, wohl auch im Fall Oradour erhöht, da verspätet eingereichte Anträge auf Erhalt des notwendigen Status jetzt berücksichtigt werden sollten. Keine Änderungen deuteten sich hingegen bei den Bedingungen an, die die verschiedenen Opfer des Massakers zu „politischen" Internierten gemacht hätten, sodass *tertio* etwa die Gruppe der überlebenden Trambahnpassagiere auch wei-

---

[282] Vgl. Deutsche Botschaft Paris, Voos, an AA, 4. 7. 1979, Durchdruck als Konzept, PA AA, AV NA, 18 480.
[283] Vgl. Pfeil, Beziehungen, S. 447–449, Zitat S. 449.
[284] Zitiert nach Timm, Drittel, S. 227; ebenda, S. 226 f., auch zum Verlauf der Verhandlungen mit den USA um Entschädigungsanprüche von US-Bürgern. Zu den Verhandlungen mit Griechenland um offene vermögensrechtliche Fragen vgl. Fleischer/Konstantinakou, Griechenland, S. 438–441.

terhin aus dem Berechtigtenkreis ausgeschlossen worden wäre. Über diese Aspekte hinaus zeigt sich, dass die französischen Überlegungen zu ostdeutschen Entschädigungszahlungen auch eine Bilanz des Globalabkommens und seiner Umsetzung waren. Dies verdeutlicht, wie eng die deutsch-deutsche „zweierlei Bewältigung"[285] in Drittstaaten aufeinander bezogen werden konnte.

Für das MACVG waren Globalabkommen und andere (west-)deutsch-französische Abkommen der Hintergrund, vor dem mit der DDR verhandelt werden sollte. Das zeigte sich sogleich in der Frage, wie mit den während des Zweiten Weltkriegs auf dem späteren Gebiet der DDR umgekommenen Franzosen bzw. deren dort verbliebenen sterblichen Überresten umzugehen sei. Die zuständige Abteilung des MACVG wünschte ein Abkommen „ähnlich dem am 23. Oktober 1954 mit der Regierung der Bundesrepublik Deutschland unterzeichneten".[286] Im Fall der Entschädigungsforderungen für NS-Opfer stellte sich die Situation allerdings etwas komplizierter dar. Gegenüber dem Quai d'Orsay meinte das MACVG zunächst, die Verhandlungen seien auf die gleichen juristischen und moralischen Grundlagen zu stützen wie seinerzeit gegenüber der Bundesrepublik, das heißt „auf den alle Rechtsnormen sprengenden Charakter bestimmter Formen der nationalsozialistischen Verfolgung, insbesondere der Deportation in Konzentrationslager einschließlich der Probleme, die aus der ganz besonderen Situation der Opfer von pseudo-medizinischen Untersuchungen resultierten".[287] Einige Monate später war aus der Abteilung Entschädigung und Dokumentation (*Indemnisation et Documentation*) jedoch zu hören, dass man nach dortigem Dafürhalten eine Entschädigung von der DDR nur mit dem Hinweis fordern könne, dass die erhaltenen bundesdeutschen Entschädigungszahlungen gegenüber bestimmten französischen Opfern des Nationalsozialismus entweder ungenügend oder gar nicht erfolgt waren.[288] D'Huart vom französischen Außenministerium formulierte die Problemlage deutlich: Ostberlin wisse sehr wohl, dass die Bundesrepublik im Rahmen des

---

[285] Herbert/Groehler, Zweierlei Bewältigung.
[286] Vgl. Chef du Bureau des nécropoles nationales et des restitutions de corps, Posse, Note à l'attention de Monsieur Le Meignen, Directeur des Statuts et des Services Médicaux, 11. 1. 1973, vermutlich Durchschlag, AdMC, Indemnisations des internés & déportés – AFA, 27 P 174–32, R.D.A. correspondances 1973/80, dort Zitat; MACVG, Directeur des Statuts et des Services Médicaux, Jacques Le Meignen, an Monsieur le Ministre des Affaires étrangères, Direction des Affaires politiques, Europe centrale, 16. 1. 1973, Copie, ebenda.
[287] MACVG, Directeur des Statuts et des Services Médicaux, Jacques Le Meignen, an Monsieur le Ministre des Affaires étrangères, Direction des Affaires politiques, Europe centrale, 16. 1. 1973, Copie, AdMC, Indemnisations des internés & déportés – AFA, 27 P 174–32, R.D.A. correspondances 1973/80; Note à l'attention de Monsieur le Ministre (handschriftlich: „signée J. le Mengien" und „2 mai 1978"), ebenda.
[288] Vgl. MACVG, Chef du Bureau des Indemnisations et de la Documentation, R. Pasqualini, Note à l'attention de Monsieur le Directeur des Statuts et des Services Médicaux, 17. 8. 1973, AdMC, Indemnisations des internés & déportés – AFA, 27 P 174–32, R.D.A. correspondances 1973/80. Diesen Hinweis nahm man in folgendes Schreiben an das MAE auf: MACVG (handschriftlich: Pour le Ministre et par délégation, le Directeur du Cabinet) an Monsieur le Ministre des Affaires Etrangères, Service des Biens et Intérêts Privés (handschriftlich: 17. 9. 1973), wahrscheinlich Durchschlag, ebenda.

deutsch-französischen Globalabkommens und durch ihre eigene Entschädigungsgesetzgebung Opfer des Nationalsozialimus entschädigt habe. Dabei habe die Bundesrepublik als „Gesamtnachfolgestaat des Dritten Reichs" gehandelt, sodass „die Entschädigung, die wir von der DDR fordern werden", sich „kaum auf individuelle Dossiers stützen" könne, sondern allein „mit moralischen und politischen Argumenten begründet sein" werde.[289] Indem also die Bundesrepublik auch *in puncto* Entschädigung den Alleinvertretungsanspruch erhoben und Frankreich dies akzeptiert hatte, waren zentrale Argumente gegenüber der DDR aus der Hand gegeben.[290] Das Wissen der DDR um den von der Bundesrepublik vertretenen Alleinvertretungsanspruch in der Entschädigungsfrage war für d'Huart der Grund, dass die Forderungen zwar gleich zu Beginn der ostdeutsch-französischen Verhandlungen angesprochen werden sollten, „aber auf sehr allgemeine Art und Weise".[291] Dem Globalabkommen und seiner Umsetzung stellte das MACVG kein besonders gutes Zeugnis aus. Dort sah man mehr als zehn Jahre nach Abschluss des Abkommens deutlich dessen Grenzen. Zum einen, dass Frankreich seinerzeit einen Bedarf von 1000 Millionen DM errechnet und gefordert hatte, die Bundesrepublik aber nur 400 Millionen DM zahlte; zum anderen, dass die Opfer von Menschenversuchen ebenfalls und gegen den Willen Frankreichs aus dieser Summe zu entschädigen waren, was nur eine äußerst unzulängliche Entschädigung ermöglichte; weiterhin dass die Begrenzung der Begünstigten auf Internierte und Deportierte sowohl die *Patriotes résistants à l'occupation des départements du Rhin et de la Moselle incarcérés en camps spéciaux (PRO)*[292] als auch die ehemaligen Zwangsrekrutierten ausgeschlossen hatte;[293] und schließlich, dass nach Fristende eingereichte Anträge nicht mehr zugelassen werden konnten.[294]

---

[289] D'Huart an Monsieur l'Ambassadeur de France en Grand-Bretagne, 16. 5. 1974, wahrscheinlich Durchdruck, AdMC, Indemnisations des internés & déportés – AFA, 27 P 174–32, R.D.A. correspondances 1973/80.
[290] Zum Alleinvertretungsanspruch der Bundesrepublik in der Entschädigungsfrage vgl. Goschler, Wiedergutmachung, S. 300 f., sowie zu den Folgen der „neuen Ostpolitik" auch in diesem Feld Goschler, Bundesrepublik, S. 95–105.
[291] D'Huart an Monsieur l'Ambassadeur de France en Grand-Bretagne, 16. 5. 1974, wahrscheinlich Durchdruck, AdMC, Indemnisations des internés & déportés – AFA, 27 P 174–32, R.D.A. correspondances 1973/80.
[292] Wörtlich übersetzt in etwa: *Widerstand leistende Patrioten aus den Rhein- und Mosel-Departements, die in Spezallagern interniert waren*. Zu dieser Opfergruppe zählten „die Familienmitglieder von Verweigerern aus dem Elsass und dem Departement Moselle, die umgesiedelt wurden, weil sie die Germanisierungsmaßnahmen und die Zwangseinziehung in die Wehrmacht verweigert hatten". Note d'information sur les Patriotes résistants à l'occupation des départements du Rhin et de la Moselle incarcérés en camps spéciaux, AdMC, Indemnisations des internés & déportés – AFA, 27 P 174–32, R.D.A. correspondances 1973/80.
[293] Vgl. MACVG (handschriftlich: Pour le Ministre et par délégation, le Directeur du Cabinet) an Monsieur le Ministre des Affaires Etrangères, Service des Biens et Intérêts Privés (handschriftlich: 17. 9. 1973), wahrscheinlich Durchschlag, AdMC, Indemnisations des internés & déportés – AFA, 27 P 174–32, R.D.A. correspondances 1973/80.
[294] Vgl. MACVG, 3ème Bureau, Documentation et Indemnisation, Note pour Monsieur Kahn, Adjoint au Directeur des Statuts et des Services Médicaux, 12. 4. 1978, wahrscheinlich Durchdruck, AdMC, Indemnisations des internés & déportés – AFA, 27 P 174–32, R.D.A. correspondances 1973/80.

Diese Kritikpunkte kamen zum Tragen, als die DDR-Delegation Verhandlungsbereitschaft in der Entschädigungsfrage signalisierte, indem sie Frankreich zur Vorlage einer konkreten und bezifferten Forderung anhielt. Im MACVG – um „alle Informationen über den Gesamtbetrag der Entschädigung, die gefordert werden könnte", gebeten – bezog die Abteilung *Documentation et Indemnisations* drei Berechtigtenkreise in ihre Berechnungen ein: die *déportés et internés résistants et politiques*, die französischen Zwangseingezogenen und die PRO.[295] Damit übernahm sie einerseits das bereits im Rahmen des Globalabkommens mit der Bundesrepublik geltende Kriterium der Deportierten- bzw. Interniertenkarten, erweiterte andererseits den Berechtigtenkreis um zwei bislang ausgegrenzte Opfergruppen. Auch hinsichtlich der zu fordernden Entschädigungssumme für die Inhaber der Deportierten- und Interniertenkarte berief sich die Abteilung auf die Erfahrungen aus dem Globalabkommen: Bis zum 1. März 1978 waren 124 895 Anträge gestellt, 107 506 davon positiv, 17 339 negativ beschieden worden; 50 Fälle waren noch anhängig. Für die positiv beschiedenen Anträge waren insgesamt 489 363 298 Franc ausgezahlt worden und damit nahezu die gesamte Summe des Globalabkommens (491 239 500 Franc). Nun ging man davon aus, dass die für die Auszahlungen aus dem Globalabkommen festgelegte Antragsfrist bei einer möglichen Entschädigungszahlung aus der DDR nicht für diejenigen gelten könne, die ihre Anträge auf den Erhalt einer Deportierten- oder Interniertenkarte erst nach dem 1. März 1962 gestellt hatten, und die Forderungshöhe an die veränderte Lage anzupassen sei. In Zahlen ausgedrückt hieß dies, dass man zum 1. März 1978 157 000 ausgegebene Deportierten- und Interniertenkarten zählte, 2900 Akten waren noch in Bearbeitung: „Im Vergleich zu den Entschädigungsanträgen, die im Rahmen des deutsch-französischen Abkommens vom 15. Juli 1960 (107 506) [positiv beschieden und] beglichen wurden, würde der Prozentsatz der erteilten Titel rund 30% höher liegen (ca. 160 000). Es wäre also geboten, von der Deutschen Demokratischen Republik einen um 50% höheren Betrag zu fordern als die von der Bundesrepublik Deutschland gezahlte Summe, d. h. ca. 750 Millionen Franc."

Je nachdem, ob man die französischen Zwangseingezogenen und PRO als Internierte oder Deportierte einordnete, variierte deren Entschädigungshöhe erheblich.[296] *Summa summarum* ergab sich ein Betrag zwischen 928 526 280 und 1 252 240 680 Franc, der aber lediglich eine „grobe Schätzung der Größenordnung" darstelle, „da für eine genauere Berechnung der definitiven Summen zuvor selbstverständlich die möglichen Anspruchsberechtigten erfasst werden müssten".

Im Grundzug folgte der Büroleiter des Staatssekretärs für Kriegsveteranen, Jacques Deschamps, den Forderungen der Abteilung *Documentation et Indemnisa-*

---

[295] Hierzu und zum Folgenden: MACVG, 3ème Bureau, Documentation et Indemnisation, Note pour Monsieur Kahn, Adjoint au Directeur des Statuts et des Services Médicaux, 12. 4. 1978, wahrscheinlich Durchdruck, AdMC, Indemnisations des internés & déportés – AFA, 27 P 174-32, R.D.A. correspondances 1973/80.

[296] Zwischen 161 426 280 und 457 780 680 Franc für die Zwangsrekrutierten; zwischen 17 100 000 und 44 460 000 Franc für die PRO.

tion, blieb bei den Zahlen jedoch etwas zurückhaltender. In einem für den Außenminister aufgesetzten Schreiben verwies auch er auf das Globalabkommen, meinte aber, es scheine ihm „vernünftig, von der DDR die gleiche Summe zu fordern" (unter Rücksichtnahme auf zwischenzeitlich erfolgte Wechselkursentwicklungen und mögliche Verzugszinsen). Auch er verwies auf die noch nicht entschädigten Deportierten und Internierten, deren Status nach Wegfall der Anspruchsverjährung 1975[297] anerkannt worden war, wie auch auf die Zwangsrekrutierten und PRO, die bislang weder von Ost- noch von Westdeutschland entschädigt worden seien. Er fügte an, dass hierzu gerade Verhandlungen mit der Bundesrepublik im Gange seien, sodass es angebracht wäre, „der DDR zu verstehen zu geben, dass sie in jedem Fall zu einem späteren Zeitpunkt diese beiden Opferkategorien ihrerseits werde entschädigen müssen". Eine Gesamtzahl der Forderungshöhe war dem Schreiben nicht zu entnehmen.[298]

Ob die französische Delegation bei den weiteren Verhandlungen mit der DDR auf die vom MACVG vorgelegten Argumente und Zahlen zurückgriff, muss hier offenbleiben. Die Entwicklungen bei der Entschädigung der ehemaligen französischen Zwangsrekrutierten zeigen indes, dass sich die deutsch-deutsche Rollenverteilung in der Entschädigungsfrage in den 1970er Jahren weiter verfestigte. Nachdem beide deutschen Staaten mit entsprechenden Forderungen konfrontiert wurden,[299] war es am Ende allein die Bundesrepublik, die in Form einer Zahlung von 250 Millionen DM an die eigens hierfür eingerichtete *Fondation Entente Franco-Allemande* (FEFA) darauf einging.[300] Auf die Frage des *Verbands Kriegsgefangener elsässischer Zwangseingezogener in die Wehrmacht* an den Regierungsvorsitzenden der DDR nach der „Position und [der] Meinung Ihrer Regierung zu dem Wiedergutmachungsproblem der elsässischen Zwangseingezogenen"[301] wurde der

---

[297] Vgl. Décret n° 75–725 du 6 août 1975 portant supression des forclusions opposables à l'acceuil des demandes de certains titres préveus par le code des pensions militaires d'invalidité et des victimes de guerre, J.O., 9. 8. 1975, S. 8156.

[298] Jacques Deschamps an Monsieur le Ministre des Affaires étrangères, Service des Biens & Intérêts Privés, 2. 6. 1978, wahrscheinlich Durchschlag, AdMC, Indemnisations des internés & déportés – AFA, 27 P 174–32, R.D.A. correspondances 1973/80.

[299] Vgl. zur Thematisierung gegenüber der DDR: Information über vermögensrechtliche Fragen, die in dem Meinungsaustausch zwischen Delegationen der DDR und Frankreichs über die Gestaltung der Beziehungen nach Herstellung diplomatischer Beziehungen aufgeworfen wurden (handschriftlich: 1973), PA AA, MfAA C, 20/78, Bl. 1 f. Zu den Forderungen gegenüber der Bundesrepublik u. a.: Note (handschriftlich: 12. 1. 1973), AdMC, Indemnisations des internés & déportés – AFA, 27 P 174–32, R.D.A. correspondances 1973/80; Chef du Bureau des Indemnisations et de la Documentation, R. Pasqualini, Note, 6. 4. 1977, ebenda. In diesem Bestand auch Dokumente zu den Forderungen mehrerer Verbände, der Behandlung der Frage zwischen MACVG und MdAE sowie der Entwicklung bezüglich der Bundesrepublik. Zu Forderungen und Vorgehen der französischen ehemaligen Zwangsrekrutierten vgl. auch Riedweg, „Malgré nous", S. 289 f.

[300] Vgl. Riedweg, „Malgré nous", S. 291; Bailliard, Indemnisation, S. 96.

[301] Präsident des Verbands Kriegsgefangener elsässischer Zwangseingezogene in die Wehrmacht, Thuet, an den Regierungsvorsitzenden der Deutschen Demokratischen Republik, 27. 7. 1975, PA AA, MfAA C, 20/78, Bl. 4.

französischen Botschaft Ende 1975 „der bekannte Standpunkt der DDR zur Wiedergutmachungsproblematik dargelegt".[302]

Und so fällt die Bilanz der finanziellen Entschädigung für das Leiden, das den französischen Opfern im Allgemeinen und jenen von Oradour im Besonderen in deutschem Namen zugefügt wurde, für die DDR gänzlich negativ aus. Die französische Seite hatte ihre diesbezüglichen Forderungen aber auch nicht mit besonderem Nachdruck vertreten. Das Fazit bedarf darüber hinaus eines weiteren Nachtrags. In begrenztem Rahmen konnten auch im Ausland lebende Opfer nationalsozialistischer Verfolgung von der eigentlich auf die DDR-Inlandsgesellschaft begrenzte Unterstützung der Verfolgten des Naziregimes (VdN) im Rahmen der Sozialfürsorge profitieren. Im Fall Oradour galt dies für Camille Senon, die überlebende Trambahnpassagierin, die der französische Gesetzgeber von verschiedenen Entschädigungszahlungen ausschloss, und ihre Mutter. Zwanzig Jahre nach dem Massaker, bei dem die beiden Frauen zahlreiche Verwandte verloren hatten, wurden sie zu einem Kuraufenthalt in die DDR eingeladen.[303] Diese und andere Ausprägungen der „ideellen oder erinnerungskulturellen Aufarbeitung"[304] des Massakers in Oradour stehen im Mittelpunkt der folgenden Kapitel.

---

[302] Vgl. MfAA, Abt. Rechts- und Vertragswesen, Süß, Hausmitteilung an Stellvertreter des Ministers, Gen. Nier, 16. 10. 1975, PA AA, MfAA C, 20/78, Bl. 3; Aufzeichnung Abteilung Westeuropa, Abteilung Rechts- und Vertragswesen, stellvertretender Abteilungsleiter, Bibow, 3. 12. 1975, inkl. handschriftlicher Vermerk, Jessel, ebenda, Bl. 5, dort Zitat; Aufzeichnung Haustein, Gen. Bibow zur Kenntnisnahme und Bestätigung, inkl. handschriftlicher Vermerk, ebenda, Bl. 6.
[303] Vgl. Interview der Verfasserin mit Camille Senon, 29. 5. 2008, telefonisch.
[304] Hockerts, Wiedergutmachung (2003), S. 11.

VI. Versöhnungsgesten gegenüber Oradour

1. Der lange Weg nach Oradour

Im Mai 1956 brach Bundespräsident Theodor Heuss zu seiner ersten Auslandsreise als Staatsoberhaupt der Bundesrepublik Deutschland auf. Die Reise führte ihn nach Griechenland und dort unter anderem nach Kalavryta, wo die Wehrmacht im Dezember 1943 als „Sühnemaßnahme" mehr als 500 Männer und Jungen erschoss.[1] Der Bundespräsident legte an der Grabstätte der Opfer einen Strauß weißer Lilien nieder.[2] Bereits zwei Jahre vorher hatte Bundeskanzler Konrad Adenauer anlässlich seiner ersten offiziellen Reise nach Griechenland einen Scheck über 50 000 DM überreichen lassen, der den Witwen der Getöteten zugute kommen sollte.[3] Als Theodor Heuss im November 1957 Italien besuchte, legte er einen Kranz an den Fosse Ardeatine nieder, wo Soldaten der Waffen-SS 1944 als „Vergeltungsmaßnahme" 335 Menschen erschossen hatten.[4] Früh also waren Orte, an denen Waffen-SS und Wehrmacht während des Zweiten Weltkriegs Repressalmassaker verübt hatten, Orte deutschen Gedenkens in der auswärtigen Repräsentation der Bundesrepublik und auch Heuss' Nachfolger besuchten solche „Orte des Grauens".[5] So reiste Johannes Rau im April 2000 nach Kalavryta und zwei Jahre später in das italienische Marzabotto.[6] Am 4. September 2013 besuchte mit Joachim Gauck erstmals ein deutsches Staatsoberhaupt Oradour, und dieser späte Zeitpunkt verwundert. Zum einen im Vergleich mit den bereits angeführten Beispielen viel früherer Reisen an europäische „Märtyrerorte" von Gaucks Vorgängern; zum anderen angesichts der mitunter als beispielhaft bezeichneten deutsch-französischen Versöhnung nach dem Zweiten Weltkrieg.[7] Es verwundert schließlich auch angesichts der besonderen nationalen Bedeutung und Symbolik Oradours in Frankreich. Die Frage, wie die lange Zeitspanne bis zum Besuch des Bundespräsidenten zu erklären ist, wird

---

[1] Kompakt zu Kalavryta: Rondholz, Kalavryta; ausführlich: Meyer, Wien, hier v. a. S. 303–310.
[2] Vgl. Günther, Heuss, S. 49 f., 86.
[3] Vgl. Schramm, Hilfswerk, S. 53; Fleischer/Konstantinakou, Griechenland, S. 388 f.
[4] Vgl. Günther, Heuss, S. 50–52; Prauser, Mord, S. 207–216; Prauser, Rom.
[5] Zitat nach dem Titel des Sammelbands von Ueberschär, Orte.
[6] Vgl. zum Besuch Kalavrytas Králová, Vermächtnis, S. 240. Bei dem Massaker in Marzabotto tötete eine Einheit der Waffen-SS 1944 770 Zivilisten, nahezu alle waren Frauen und Kinder. Vgl. Gentile, Marzabotto. Zu Raus Besuch in Marzabotto: Ansprache von Bundespräsident Johannes Rau am 17. April 2002 in Marzabotto. Diese wie auch die im Folgenden genannten Reden von Bundespräsidenten und Bundeskanzlern finden sich im Wortlaut auf der Internetseite des Presse- und Informationsamts der Bundesregierung, URL: https://www.bundesregierung.de/breg-de/service/bulletin#/ [15. 12. 2021].
[7] Vgl. Defrance, Meistererzählung; vgl. auch Moll, Versöhnung, zu der Frage, ob sich Versöhnung bzw. konkret das deutsch-französische Versöhnungsmodell „exportieren" lasse, am Beispiel der Nachfolgestaaten Jugoslawiens. Zum Begriff der Versöhnung – den Diplomaten auf französischer und deutscher Seite im ersten Jahrzehnt nach Kriegsende umgingen und statt dessen von „Annäherung" oder „Verständigung" sprachen – vgl. Defrance/Pfeil, Verständigung, S. 28–43.

umso drängender, weitet man den Blick über die höchsten Repräsentanten der Bundesrepublik hinaus: Im Jahr 2004 besuchte Bundesinnenminister Otto Schily die Gedenkfeierlichkeiten zum 60. Jahrestag des Massakers im italienischen Sant'Anna di Stazzema,[8] der deutsche Botschafter in Griechenland reiste im gleichen Jahr in das griechische Distomo, wo er um Verzeihung für das 1944 dort verübte Massaker bat und im Namen des Bundespräsidenten Johannes Rau einen Kranz niederlegte.[9] Auch auf dieser Ebene gilt: Vergleichbares fand in Oradour nicht statt. Kein deutscher Botschafter bat um Verzeihung, kein Bundesminister besuchte die Ruinen Oradours. Wie ist dies zu erklären?

1.1 Reims, Verdun, Versailles – und Oradour?

Im „Bilderbuch" der deutsch-französischen Gipfeldiplomatie finden sich mehrere Abbildungen, auf denen der französische Staats- und der deutsche Regierungschef die deutsch-französische Versöhnung nach dem Zweiten Weltkrieg im Wortsinn verkörpern. Es sind dies vor allem die Bilder von de Gaulle und Adenauer bei der gemeinsam gefeierten Messe in der Kathedrale von Reims 1962, der Bruderkuss der beiden Politiker anlässlich der Unterzeichnung des Élysée-Vertrags 1963, das *mano a mano* von Mitterrand und Kohl in Verdun 1984 sowie die Umarmung von Chirac und Schröder 2004 anlässlich der Feierlichkeiten zum 60. Jahrestag der alliierten Landung in der Normandie. De Gaulle und Adenauer wie auch Kohl und Mitterrand „verstanden politisches Handeln immer auch als kommunikatives Handeln" und wussten um die Bedeutung, die Bildern innewohnt.[10] Indem sie sich und damit die deutsch-französische Freundschaft an „negative[n] Erinnerungsorte[n]" in Szene setzten und dort feierliche Zeremonien abhielten, verwandelten sie diese Orte, gleich einer „Geisteraustreibung", in „positive Erinnerungsorte der deutsch-französischen Versöhnung".[11] Geht man der Frage nach, warum Oradour über 69 Jahre hinweg nicht Schauplatz einer solchen Inszenierung, Zeremonie und damit Transformation war, finden sich drei Erklärungsansätze: Oradour passte erstens nicht in die Reihe der hierfür gewählten Orte, die sich lange vor allem auf Ereignisse vor dem Zweiten Weltkrieg bezogen; es ist zweitens der Charakter des Verbrechens, der Oradour lange Zeit ausschloss; drittens ist die spezifische Situation vor Ort, das heißt der Konflikt zwischen Oradour und dem französischen Staat sowie die Haltung von Gemeinde und Hinterbliebenenverband, zu nennen.

---

[8] Vgl. Cornelissen, Sant'Anna, S. 291. Schon zwei Jahre vorher war es vor Ort zu einer offiziellen Entschuldigung durch einen Repräsentanten der deutschen Botschaft gekommen.
[9] Vgl. Ansprache von Botschafter Dr. Albert Spiegel zur Gedenkfeier in Distomo, 9. 6. 2004, URL: http://www.griechenland.diplo.de/Vertretung/griechenland/de/08/Gedenkfeier__Distomo.html [13. 2. 2012]. Vgl. zu Distomo und der Frage nach Versöhnung Rondholz, Distomo.
[10] Vgl. Defrance/Pfeil, Nachkriegsgeschichte, S. 203, dort Zitat; Pfeil, Händedruck, S. 504.
[11] Vgl. Defrance/Pfeil, Nachkriegsgeschichte, S. 203; Pfeil, Händedruck, S. 502, dort Zitate; Frank, Élysée-Vertrag, S. 243–245.

Zum ersten Punkt. Die zentralen, für die deutsch-französische Aussöhnungssymbolik gewählten Erinnerungsorte verwiesen, wenn auch nicht ausschließlich, so doch vor allem auf Ereignisse vor dem Zweiten Weltkrieg.[12] Zunächst die „Märtyrerstadt" Reims, die von den Deutschen im Ersten Weltkrieg schwer beschädigt wurde und deren Kathedrale das „Symbol der im Ersten Weltkrieg zerstörten Bauwerke" darstellte.[13] Die Kathedrale ist darüber hinaus der „mythische Ort der Taufe Chlodwigs und der Königskrönungen".[14] Sodann Verdun, wo 843 das Karolingerreich geteilt wurde, französische Soldaten während des Deutsch-Französischen Kriegs 1870/71 Widerstand leisteten, und das schließlich Schauplatz jener monatelangen Schlacht zwischen Deutschen und Franzosen wurde, der „Hölle von Verdun" des Jahres 1916.[15] Beide Orte hatten auch Berührungspunkte mit dem Zweiten Weltkrieg, war doch in Reims 1945 die deutsche Kapitulation unterzeichnet worden, und sowohl für Mitterrand als auch für Kohl waren eigene Erinnerungen mit Verdun verknüpft, wo sie darüber hinaus die toten Soldaten des Ersten *und* des Zweiten Weltkriegs ehrten.[16] Doch diese Aspekte standen nicht im Vordergrund[17] bzw. fanden kein Gehör,[18] sodass Alfred Grosser kritisierte, Kohl und Mitterrand seien 1984 „einen Krieg zu spät dran" gewesen.[19] Als anlässlich des 40. Jahrestags der Unterzeichnung des Élysée-Vertrags die Parlamentarier beider Länder zusammenkamen, versammelten sie sich in Versailles, und „ein weiteres Mal evozierte der gewählte Ort negative Erinnerungen an eine gemeinsame Geschichte"[20] – vor dem Zweiten Weltkrieg. 1871 wurde dort das Deutsche Kaiserreich ausgerufen, 1919 der Versailler Vertrag unterzeichnet.[21]

Oradour ist angesichts der großen deutsch-französischen Versöhnungsgesten folglich keine Ausnahme, sondern vielmehr die Manifestation dessen, was die „große Erzählung der deutsch-französischen Versöhnung" seit 1962 aussparte. So argumentierte Mathias Delori noch 2007, dieses Narrativ klammere weitgehend jene Themen aus, die seit den 1970er Jahren die zeitgenössischen Erinnerungsdebatten dominierten, nämlich Fragen des Zweiten Weltkriegs respektive jene nach den „nationalen Verantwortlichkeiten für Verbrechen gegen die Zivilbevölkerung". Die „offizielle deutsch-französische Erinnerung" bediene sich hingegen lieber der „einvernehmlichen Erinnerungsorte", sodass eine „Diskrepanz zwischen der offiziellen deutsch-französischen Erinnerung und der Entwicklung der Debat-

---

[12] Vgl. Delori, Symbolique, S. 2; Delori, „Aussöhnung/Réconciliation", S. 32; Defrance, Meistererzählung.
[13] Vgl. Pfeil, Händedruck, S. 502, dort erstes Zitat; zweites Zitat: Frank, Élysée-Vertrag, S. 244.
[14] Delori, Symbolique, S. 2.
[15] Pfeil, Händedruck, S. 500.
[16] Mitterrand wurde 1940 in Verdun verwundet, Kohl kannte die Schlacht aus Erzählungen seines Vaters. Vgl. Pfeil, Händedruck, S. 502 f.; Defrance, Meistererzählung.
[17] Vgl. Delori, Symbolique, S. 2 f.
[18] Vgl. Defrance, Meistererzählung.
[19] Im Original: „en retard d'une guerre". Vgl. Miard-Delacroix, Zeichen, S. 222, Übersetzung zitiert nach ebenda.
[20] Frank, Élysée-Vertrag, S. 245.
[21] Vgl. Frank, Élysée-Vertrag, S. 245; Defrance, Meistererzählung.

ten in den beiden Gesellschaften" bestehe. Warum, so fragte Delori pointiert, „setzt man sich weiterhin in Reims, Verdun oder Versailles in Szene, wenn die Orte, an denen sich die zeitgenössischen Erinnerungsdebatten herauskristallisieren, Oradour-sur-Glane, Drancy oder Buchenwald heißen?"[22]

Valérie Rosoux, die die Bezugnahme auf die Vergangenheit in den deutsch-französischen Beziehungen anhand von Reden und anderen offiziellen Dokumenten der französischen und deutschen Regierungen untersucht hat, weist darauf hin, dass in der Phase der Annäherung bis 1963 jegliche Nennung der Vergangenheit die deutsch-französische Versöhnung intendiert habe.[23] Dabei hätten die vergangenen Konflikte nicht vergessen werden sollen, wie schon Charles de Gaulle und der deutsche Bundespräsident Heinrich Lübke 1961/1962 versicherten und auch in der Anerkennung der Opfer des jeweils anderen Landes zum Ausdruck brachten.[24] Der zentrale Referenzpunkt beim Rückgriff auf die Vergangenheit aber seien nicht die leidvollen Geschehnisse des Zweiten Weltkriegs gewesen. In dieser Phase der Annäherung sei es vielmehr darum gegangen, die konflikthaften Erinnerungen, wenn auch nicht zu vergessen, dann doch zu beruhigen (*apaiser*). Und so habe man Episoden der gegenseitigen Wertschätzung, des Einverständnisses und der Zusammenarbeit in den vergangenen Jahrhunderten betont. Die Thematisierung der Vergangenheit habe nun nicht mehr der Etablierung und Aufrechterhaltung eines „altüberlieferten Anatagonismus" gedient, sondern einer „ursprünglichen Komplementarität".[25] Daran anschließend – Rosoux spricht von der Phase der „Kooperation" ab 1963 – sei das „Erinnern an die Konfrontation" von der „Erinnerung an die Aussöhnung", konkret „an den Elysée-Vertrag und seine Vorgeschichte" abgelöst worden. Betont worden sei „die jahrhundertalte gemeinsame Geschichte, die die gemeinsamen Werte und Aufgaben rechtfertigen sollte".[26] Auch jetzt seien die Erinnerungen an die Zeit des Zweiten Weltkriegs nicht ausgespart worden.[27] In das Zentrum rückten sie aber nicht.

Für Corine Defrance stellen „fraglos die Feiern zum 60. Jahrestag der Landung der Alliierten in Caen im Juni 2004" – denen nun erstmals der deutsche Bundeskanzler beiwohnte – den „Wendepunkt in der offiziellen Gedenkpolitik"

---

[22] Delori, Symbolique, S. 2f.
[23] Vgl. Rosoux, Usages, S. 350.
[24] Vgl. Rosoux, Usages, S. 29, 33, 192. So besuchte de Gaulle bei seiner Deutschlandreise 1962 die Feldherrnhalle in München und gedachte damit der Toten des Deutsch-Französischen Kriegs 1870/71 und des Ersten Weltkriegs. Während Rosoux mehrere Beispiele für die Anerkennung der deutschen Toten durch französische Präsidenten nennt, führt sie von den großen deutsch-französischen Gesten abgesehen keine vergleichbaren Rituale von deutscher Seite an. Zu nennen wären hier u. a. die Kranzniederlegungen durch Bundespräsident Walter Scheel am *Mémorial des martyrs de la déportation* auf der Ile de la Cité in Paris während seiner Frankreichreise 1975. Vgl. Botschaft der Bundesrepublik Deutschland, Paris, Staatsbesuch des Herrn Bundespräsidenten und Frau Dr. Scheel vom 21. bis 25. April 1975 in Frankreich, 21. 4. 1975, PA AA, AV NA, 13 547. Zum Denkmal vgl. Barcellini/Wieviorka, Passant, S. 413 f.
[25] Vgl. ausführlich zur „logique de rapprochement" (in etwa: „Logik der Annäherung") Rosoux, Usages, S. 181–193; Zitate: ebenda, S. 351.
[26] Vgl. Rosoux, Usages, S. 37 f., 351, Zitate S. 38, 351.
[27] Beispiele finden sich u. a. bei Rosoux, Usages, S. 54, 62, 80.

dar.²⁸ Einschränkend wurde darauf hingewiesen, dass es sich hierbei um eine internationale Gedenkveranstaltung handelte,²⁹ und Defrance selbst macht darauf aufmerksam, dass „bei diesem gemeinsamen Gedenken die schmerzhaftesten Kapitel des Zweiten Weltkriegs wie das Massaker von Oradour-sur-Glane [...] oder die Deportationen in die Konzentrations- und Vernichtungslager ausgespart" blieben.³⁰ Beide Hinweise sind berechtigt, gleichwohl zu ergänzen: Ja, es handelte sich um eine internationale Gedenkzeremonie. Daneben fanden aber auch nationale und binationale Gedenkfeierlichkeiten statt, darunter eine deutsch-französische Zeremonie vor dem *Mémorial de Caen*.³¹ Und ja, Oradour wurde insofern übergangen, als es noch immer nicht Ort eines gemeinsamen Versöhnungsrituals war. In seiner Ansprache in Caen indes nannte Bundeskanzler Gerhard Schröder Oradour und gedachte der Opfer des Massakers: ein Markstein im Umgang der bundesdeutschen Regierung mit dem *village martyr*.³² Den ersten Punkt resümierend ist festzuhalten, dass sich die Wahl der Schauplätze der großen deutsch-französischen Versöhnungsgesten überhaupt erst nach der Jahrtausendwende und zunächst nur bedingt hin zu Orten des Zweiten Weltkriegs öffnete.

Kommen wir zum zweiten Faktor. Oradour dürfte auch deshalb über geraume Zeit als Ort einer solchen deutsch-französischen Versöhnungsgeste ausgeschieden sein, weil die klassische Versöhnungssymbolik dem dort verübten Verbrechen nicht gerecht werden konnte. Valentin Rauer hat die Pressereaktionen auf die Versöhnungsakte in Reims/Mourmelon, Verdun und Bitburg unter Berücksichtigung des Konzepts des „Versöhnungskitschs"³³ untersucht und kommt zu dem Ergeb-

---

[28] Defrance, Meistererzählung. Für Robert Frank wandte sich die Erinnerung schon 1994 hin zum Zweiten Weltkrieg, als Mitterrand und Kohl am 14. 7. 1994 gemeinsam die Militärparade auf den Champs-Élysées abnahmen, an der in diesem Jahr auch deutsche Soldaten der deutsch-französischen Brigade und des 1992 geschaffenen Eurocorps teilnahmen. Die Teilnahme sollte allerdings die ausgebliebene Einladung des deutschen Kanzlers zu den Feierlichkeiten am 6. 6. 1994 kompensieren, der 14. Juli wurde darüber hinaus nicht mit dem Zweiten Weltkrieg assoziiert. Zwar verwiesen die Champs-Élysées als „Ort der Wehrmacht unter der nationalsozialistischen Besatzung, Ort der Befreiung 1945" auf den Zweiten Weltkrieg, riefen aber genau deshalb heftige Kritik an dem Auftreten deutscher Soldaten hervor. Frank wertet den „herzliche[n] Applaus", mit dem die Soldaten schließlich empfangen wurden, als Zeichen dafür, dass erneut „eine für die Franzosen traumatische Erinnerung (die Aufmärsche von Wehrmachtssoldaten in den Straßen von Paris während der Besatzungszeit) in etwas Positives umgewandelt" worden war. Vgl. Frank, Élysée-Vertrag, S. 244 f., dort, S. 245, die beiden letzten Zitate; Mandret-Degeilh, „Erinnerungsorte/Lieux de mémoire", S. 72, dort erstes Zitat; Rosoux, Usages, S. 72 f.; Lappenküper, Mitterrand, S. 335.

[29] Vgl. Delori, Symbolique, S. 2.

[30] Defrance, Meistererzählung.

[31] Vgl. Petermann, Rituale, S. 234–236.

[32] Vgl. Kapitel VI.1.9.

[33] Von Rauer definiert als „die Setzung eines ‚Endes der Feindschaft' [...], als ein Ende, das schlicht ‚da sein soll', ohne dass die Vergangenheit und die Ursachen des Konfliktes noch Anlass zur Reflexion böten. Die versöhnende Erinnerung an das Konfliktverhältnis bedeute in Wahrheit ein versöhnendes Vergessen". Rauer, Kitsch, S. 55. Vgl. zu dem von Klaus Bachmann geprägten Begriff „Versöhnungskitsch" Hahn/Hein-Kircher/Kochanowska-Nieborak, Erinnerungskultur. Dort auch der 1994 in der *tageszeitung* erschienene Beitrag Bachmanns mit dem Titel „Versöhnungskitsch zwischen Deutschen und Polen".

nis, dass die beiden deutsch-französischen Versöhnungsrituale vor dem Hintergrund einer „gefälligen" Erinnerung erfolgreich waren: So „bezieht sich die gemeinsame Militärparade aus dem Jahre 1962 in Mourmelon oder das Gedenken in Verdun auf Schlachtfelder des Ersten Weltkriegs, also auf die Konflikte der Vorgängergeneration. Sich angesichts des erst 17 Jahre zurückliegenden Zweiten Weltkriegs symbolisch nach dem Ersten Weltkrieg zu versöhnen, tut niemandem weh".[34] Dabei war gerade das Ausblenden des Zweiten Weltkriegs und seiner traumatischen Dimensionen ein Grund für den Erfolg der Gesten in der internationalen Öffentlichkeit.[35] In anderen Worten und auf de Gaulle und Adenauer bezogen, schlug sich in deren „Geisteraustreibung" der 1960er Jahre auch eine gewisse „Schlussstrichmentalität" nieder.[36]

Ganz anders das Versöhnungsritual zwischen Bundeskanzler Helmut Kohl und dem amerikanischen Präsidenten Ronald Reagan 1985 auf dem Soldatenfriedhof in Bitburg, auf dem auch Soldaten der Waffen-SS begraben sind.[37] Hier sei deutlich geworden, so Rauer, „dass es ‚weh tue', wenn die Versöhnungsrituale an einem Erinnerungsort stattfinden, der auch auf Kriegsverbrechen verweist". Vor dem Hintergrund der von Deutschen begangenen Verbrechen während des Zweiten Weltkriegs könne „nicht auf die klassischen symbolischen Mittel der egalitären Versöhnungszeremonie zurückgegriffen werden".[38] „Während sich der Krieg zu einer symbolisch verkitschten Darstellung neuer Freunde" eigne, sperre sich „die traumatische Erinnerung an den Holocaust gegen jede Versöhnungsrhetorik".[39]

Nun ist Oradour, anders als der Bitburger Soldatenfriedhof, kein Ort der Täter und auch kein Symbol des Holocaust. Dennoch verdeutlichen Rauers Überlegungen, dass sich ein Versöhnungsakt in Oradour vor einer doppelten Herausforderung gesehen hätte: Das Massaker lag erstens nicht so weit in der Vergangenheit,

---

[34] Rauer, Kitsch, S. 67. Rauer einschränkend ist darauf hinzuweisen, dass die „Erzählung der deutsch-französischen Versöhnung" auch in Hinblick auf den Ersten Weltkriegs Widerstand provozieren konnte. So stieß Jacques Chirac 1998 auf starken Widerspruch, als er anlässlich des 80. Jahrestages des Waffenstillstands von 1918 äußerte, es sei nötig, „die gemeinsame Geschichte der kämpfenden Nationen" zu feiern. Rosoux, Réconciliation, S. 4 f.
[35] Vgl. Rauer, Kitsch, S. 61, 67.
[36] Defrance/Pfeil, Nachkriegsgeschichte, S. 204. Die Autoren weisen allerdings auf den grundlegenden Unterschied der Rituale in Reims und Verdun hin. Während Adenauer 1962 „einen zentralen Ort des französischen Gedenkens" gewürdigt habe, hätten Mitterrand und Kohl 22 Jahre später „zusammen der französischen *und* der deutschen im Krieg gefallenen Soldaten" gedacht. Dadurch hätten sie „ein Zeichen für die *gemeinsame Erinnerung* an den Ersten Weltkrieg, d. h. für eine gemeinsame und versöhnliche Aufarbeitung setzen und die gleiche Aufgabe im Hinblick auf den Zweiten Weltkrieg anregen" wollen. Ebenda, S. 111 (Anm. 79).
[37] Die *New York Times* berichtete seinerzeit, bei der Mehrzahl der auf dem Friedhof begrabenen SS-Soldaten handele es sich um Männer, die der SS-Division „Das Reich" angehört hätten und damit der Division, aus der die Männer stammten, die das Massaker in Oradour begingen. Kurz darauf räumte die Zeitung ein, dass wohl keiner der dort Begrabenen zum Täterkreis gehört hatte. Vgl. Karl-Heinz Janßen, Flecken auf dem Schild, 3. 5. 1985, URL: http://www.zeit.de/1985/19/flecken-auf-dem-schild [7. 2. 2017]. Zu Bitburg vgl. u. a. Nordblom, Bitburg.
[38] Rauer, Kitsch, S. 64.
[39] Rauer, Kitsch, S. 67.

dass eine symbolische Versöhnung ohne die Betroffenen möglich gewesen wäre. Zahlreiche Überlebende und Hinterbliebene des Massakers lebten noch und viele von ihnen in unmittelbarer Nähe der Ruinen. Sie hätten bei dem Versöhnungsakt ebenso berücksichtigt werden müssen wie das Paradox des Versöhnungsgedankens an Orten wie Oradour. Was Rauer für Bitburg und mit Bezug auf den Philosophen Jacques Derrida formuliert, lässt sich vollends auf Oradour übertragen: Dass „im Rahmen der Versöhnung das ‚Unversöhnliche' immer mitgedacht" werden müsse und Versöhnung seit dem Zweiten Weltkrieg ein Widersinn innewohne, „da sie das Unversöhnliche, wie hier konkret die Verbrechen an der Menschlichkeit, immer mit einschließt".[40]

Eine dritte Erklärung für die in Oradour lange ausgebliebene deutsch-französische Versöhnungsgeste auf höchster politischer Ebene ist die innerfranzösische Problematik des Orts. Wie hätte Oradour, das sich 1953 gerade auf der Ebene des Gedenkens mit dem französischen Staat überworfen hatte, Bühne für die Inszenierung der deutsch-französischen Versöhnung auf nationaler Ebene sein können, wenn der Ort selbst über Jahrzehnte nicht zur Versöhnung mit dem französischen Staat bereit war? Anders gesagt: Solange der durch die Amnestie der ehemaligen französischen Zwangsrekrutierten ausgelöste binnenfranzösische Konflikt nicht beigelegt war, war das gemeinsame Auftreten eines französischen Präsidenten mit einem deutschen Staatsoberhaupt oder Regierungschef respektive der Regierungschefin undenkbar. Dies gilt insbesondere für die Regierungsjahre François Mitterrands, der 1953 für die Amnestie gestimmt hatte und deshalb in ganz besonderer Weise in den innerfranzösischen Konflikt verstrickt war. Die Tatsache, dass die Ruinen des alten Oradour in Staatsbesitz waren, dürfte dabei kaum eine Rolle gespielt haben. Die ursprünglichen Besitzer waren enteignet, entschädigt und das alte Oradour unter Denkmalschutz gestellt worden. *De jure* hätte der französische Präsident das *village martyr* deshalb jederzeit gemeinsam mit einem deutschen Gast besuchen können. *De facto* dürfte sich die Lage aber anders gestaltet haben. Die ANFM sah sich weiterhin als moralischer Eigentümer der Ruinen[41] und hatte 1953 jegliche zukünftige staatliche Präsenz bei den Gedenkfeierlichkeiten des Massakers ausgeschlossen. An dieses „Besuchsverbot" hielten sich die französischen Staatspräsidenten der Vierten und Fünften Republik bis 1994. Erst dann und auf Einladung hin besuchte am 50. Jahrestag des Massakers mit François Mitterrand erstmals wieder ein französischer Staatspräsident die Gedenkfeierlichkeiten des 10. Juni. Auch abgesehen vom Jahrestag des Massakers hatten bis dahin nur zwei Staatspräsidenten Oradour offiziell besucht, de Gaulle 1962, Mitterrand 1982. Der französische Staat respektierte die vor Ort geforderte Distanz sowohl an den Jahrestagen als auch darüber hinaus.[42]

So sehr diese Faktoren erklären, weshalb Oradour über Jahrzehnte nicht zum Schauplatz einer deutsch-französischen Versöhnungsgeste auf höchster politischer

---

[40] Rauer, Kitsch, S. 69.
[41] Vgl. ANFM, Assemblée générale, 26. 1. 1947, Compte rendu moral, ACMO, 5 FP 2.
[42] Vgl. Kapitel II.2.

Ebene wurde, so sehr werfen sie neue Fragen auf: Was hinderte die deutschen Bundespräsidenten und Bundeskanzler wie auch die Bundeskanzlerin an einer Versöhnungsgeste gegenüber Oradour jenseits eines gemeinsamen Besuchs mit dem französischen Präsidenten? Stand eine solche Geste auf höchster politischer oder auf anderer Ebene jemals zur Debatte? Wenn ja, warum kamen sie nicht zustande?

1.2 1953: Nicht an Oradour rühren!
Zur Entstehung eines Credos

Während der Oradour-Prozess und die anschließende Amnestie eines Teils der Verurteilten Frankreich in Atem hielt, sah sich auch das Auswärtige Amt mit unterschiedlichsten Resonanzen auf das Verfahren konfrontiert.[43] Sie kamen sowohl aus Politik und Justiz als auch aus dem zivilgesellschaftlichen und privaten Bereich. Die Reaktionen des Auswärtigen Amts und der deutschen Botschaft in Paris zeigen, wie man das Thema Oradour dort zu Beginn der 1950er Jahre einschätzte und wie nach dortigem Dafürhalten damit umzugehen war. Die eingenommene Haltung lässt sich in dem Satz „Nicht an Oradour rühren!" verdichten, ein Credo das sich als äußert langlebig erweisen sollte.

Doch zunächst zurück in das Jahr 1953. Die Reaktionen auf den Prozess zeigen, welch unterschiedliche gesellschaftliche Bereiche sich mit der Gerichtsverhandlung vor dem Militärgericht Bordeaux befassten und wie verschieden die Schlüsse waren, die daraus gezogen wurden. Jean A., Lehrer aus Clermont-Ferrand, etwa schlug Bundeskanzler Adenauer eine „spektakuläre" Versöhnungsgeste vor:

„Wenn Deutsche – zum Beispiel eine Zeitung oder eine politische Organisation oder die Regierung selbst – die Idee zu einer spektakulären Geste für die Opfer von Oradour oder das Dorf hätten: eine Spendensammlung oder jegliche andere materielle Hilfe, glaube ich, dass diese Geste keine minder große Wirkung hätte als der aktuelle Prozess und einer neuen Solidarität zwischen Franzosen und Deutschen einen weitaus gewichtigeren Ausdruck verleihen würde als alle offiziellen Reden."[44]

In ganz andere Richtung zielte das Vorgehen der rechtsextremen Europäischen Volksbewegung (EVB).[45] In einem geplanten Presseaufruf mit dem Titel „Aktion für Europa", Untertitel „Versöhnungsaktion ‚Oradour'" sollten alle Deutschen dazu aufgerufen werden, folgende Erklärung zu unterschreiben: „Ich bin bereit, einen Strich unter die hassvolle deutsch-französische Vergangenheit zu setzen und trete für die Aufnahme freundschaftlicher Beziehungen zwischen Deutschland und Frankreich ein." Der EVB ging es dabei allerdings nicht um eine „Versöh-

---

[43] Vgl. hierzu auch Kapitel IV.1.
[44] Jean A. an Bundeskanzler, 7. 2. 1953, PA AA, B 10, 2144.
[45] 1951 konstituierte sich in Schweden die *Europäische Soziale Bewegung* (ESB) mit mehreren nationalen Gruppen. In Reaktion auf seinen Ausschluss aus der französischen Sektion gründete Maurice Bardèche Anfang 1953 die EVB. Vgl. Stöss, Vernetzung, S. 23 f.; Frédéric Becker, Aktion für Europa (Versöhnungsaktion „Oradour"), Mai 1953, Abschrift, PA AA, B 10, 2145.

nung" mit dem Ort Oradour bzw. den von dem Massaker Betroffenen, sondern um die Ausweitung der Amnestie der französischen Zwangsrekrutierten auf die in Bordeaux verurteilten Deutschen. Der Prozess und seine Folgen, so die EVB, hätten exemplarisch gezeigt, „welch' tiefe Kluft noch zwischen Frankreich und Deutschland – zwei Kernländern des künftigen Europa – besteht." Mit der Amnestie der französischen Verurteilten habe man „einen *Strich unter die Vergangenheit* gezogen", die damit verbundene Ungerechtigkeit gegenüber den deutschen Verurteilten aber habe den „unseligen Spalt" zwischen beiden Ländern aufs Neue vertieft. Die unterzeichneten Erklärungen sollten nun dabei helfen, „im *französischen Volk* einen Widerhall zugunsten einer *Aufhebung dieser Ungerechtigkeit* zu wecken".[46]

Für das Auswärtige Amt und die deutsche Botschaft in Paris war nicht nur eine Versöhnungsgeste gegenüber Oradour auf staatlicher Ebene ausgeschlossen, sondern auch ein zivilgesellschaftliches Engagement für das *village martyr*, ja die bloße Nennung des Orts in der Öffentlichkeit war unerwünscht. So heißt es im Entwurf einer Stellungnahme des Auswärtigen Amts für das Bundespräsidialamt zur geplanten Aktion der EVB:

„Der Begriff ‚Oradour' ist für die meisten Franzosen zweifellos mit besonders schmerzlichen Vorstellungen verbunden. Auch die nach dem Oradourprozess durch ein Sondergesetz erfolgte Amnestierung der elsässischen Verurteilten […] dürfte den Begriff ‚Oradour' nicht geeigneter machen, um als Basis für eine deutsch/französische Annäherung auf breiter Basis zu dienen. Das Gefühl für eine Verletzung der Rechtsgleichheit, das wohl in einigen französischen Kreisen nach der Amnestierung der Elsässer aufgekommen sein mag, wird kaum stark genug sein, um das im Zusammenhang mit Oradour stehende Geschehen zur wirksamen Propagierung einer deutsch/französischen Verständigung geeigneter zu machen."[47]

Diese Argumentation aus dem Jahr 1953 enthält bereits einen Gedanken, der in den deutsch-französischen Versöhnungsgesten der Staats- und Regierungschefs ab 1962 zum Ausdruck kam: Orte bzw. hier Begriffe, die (noch immer) mit „besonders schmerzlichen Vorstellungen verbunden waren", eigneten sich nicht für eine „deutsch/französische Annäherung auf breiter Basis".

Dass demgegenüber am besten gar nicht an Oradour gerührt werden sollte, zeigt sich besonders deutlich an der Reaktion des Pariser Botschafters Wilhelm Hausenstein auf eine Pressemeldung in der FAZ, der zufolge der Präses der Evangelischen

---

[46] Frédéric Becker, Aktion für Europa (Versöhnungsaktion „Oradour"), Mai 1953, Abschrift, PA AA, B 10, 2145, Hervorhebungen im Original.

[47] AA an Bundespräsidialamt, 16. 6. 1953, Entwurf, PA AA, B 10, 2145. Weiter lautete die Einschätzung: „2. Ob eine Vielzahl deutscher Unterschriften unter dem von der ‚Aktion Oradour' verfassten Entwurf in Frankreich als wirksame Förderung einer deutsch/französischen Annäherung aufgefasst wird, erscheint mit Rücksicht auf den Wortlaut dieser Erklärung zweifelhaft. Es dürfte psychologisch nicht sehr günstig sein, im gegenwärtigen Zeitpunkt im Zusammenhang mit dem Begriff ‚Oradour' von deutscher Seite mit einer Erklärung des Inhalts zu operieren, dass der Unterschreibende bereit sei, ‚einen Strich unter die hassvolle deutsch/französische Vergangenheit zu setzen' und für die Aufnahme freundschaftlicher Beziehungen zwischen Deutschland und Frankreich einzutreten." Im dritten Punkt wurde darauf hingewiesen, dass ein Nutzen für die deutschen Verurteilten „durchaus zweifelhaft" sei.

Kirche von Westfalen zu einer „Oradour-Spende" aufgerufen habe. Hausenstein telegraphierte auf die Nachricht hin mit dem Vermerk *cito* an das Auswärtige Amt: „Gelegentlich früherer ähnlicher Initiativen für Oradour hat hiesige Vertretung bereits auf Bedenken hingewiesen, die durch noch so wohlmeinende Absicht nicht zerstreut werden können." Es müsse befürchtet werden, dass die geplante Aktion „entweder in Oradour auf Ablehnung stossen oder zumindest Erinnerungen an [die] Ereignisse [in] Oradour erneut beleben würde". Er stellte anheim, „Präses Wilm auf hiesige Bedenken in geeigneter Form aufmerksam zu machen".[48] Eine Rücksprache von Trützschlers mit dem Außenamt der Evangelischen Kirche ergab, dass es sich bei der Pressemeldung um einen Irrtum handelte. Die Sammlung hatte mit dem Ort Oradour nichts zu tun und war schon gar nicht als Versöhnungsgeste gegenüber den Bewohnern geplant. Vielmehr wollte die Evangelische Kirche in Deutschland der Protestantischen Kirche Frankreichs mit einem größeren Geschenk für die vielfachen Kontakte bei der Betreuung der „Kriegsverurteilten" danken, insbesondere dafür, dass sie sich während des Bordeaux-Prozesses eingeschaltet und „auf die durch die Untaten von Oradour betroffenen französischen Kreise und die französische Öffentlichkeit im allgemeinen mässigend eingewirkt hat".[49] Dennoch legte von Trützschlers dem Kirchlichen Außenamt nahe, es solle bei weiteren Aufrufen dieser Art den Namen Oradour vermeiden. Gegen eine allgemeine Spende für die Protestantische Kirche, so notierte er bezeichnenderweise, dürften keine Bedenken bestehen.[50]

Von Trützschlers Befürchtung, derlei Aktionen könnten in Oradour auf Ablehnung stoßen, war berechtigt. 1947 hatte die ANFM das Angebot junger Deutscher, am Wiederaufbau Oradours mitzuhelfen, vehement abgelehnt – vor allem mit dem Argument, die Täter seien noch nicht zur Rechenschaft gezogen worden.[51] Es gehörte nicht viel dazu, sich die Reaktionen in Oradour auf ähnliche Unternehmungen kurz nach dem „zweite[n] Martyrium"[52] im Jahr 1953 vorzustellen. Dass man in der deutschen Botschaft in Paris eine Wiederbelebung der Erinnerungen an das Massaker fürchtete, hatte indes einen weiteren Grund. Wie gesehen, bemühten sich die Botschaft und die Anwälte der in Bordeaux angeklagten Deutschen seit Prozessende um die vorzeitige Entlassung der Verurteilten. Dabei versuchten sie jegliche öffentliche Aufmerksamkeit zu vermeiden, zumal die französische Regie-

---

[48] Telegramm Hausenstein an AA, 26. 2. 1954, cito, PA AA, B 10, 2146.
[49] von Trützschler an Diplomatische Vertretung der Bundesrepublik Deutschland, Paris, 27. 2. 1954, Durchdruck als Konzept, PA AA, B 10, 2146. Die Maßnahme ging v. a. auf die Anregung des Kirchenpräsidenten der Evangelischen Kirche der Pfalz, Hans Stempel, zurück. Zum Engagement der evangelischen Kirche für die Freilassung der „Kriegsverurteilten" in Frankreich allgemein und im Fall Oradour vgl. Baginski, Gnade. Zum Verhalten von Vertretern unterschiedlicher Religionen in Frankreich während des Prozesses vgl. Javerliat, Bordeaux, S. 114–121.
[50] Vgl. von Trützschler an Diplomatische Vertretung der Bundesrepublik, Paris, Durchdruck als Konzept, 27. 2. 1954, PA AA, B 10, 2146. Das Kirchliche Außenamt sagte zu, in einem Rundschreiben die betreffenden Landeskirchen zu informieren.
[51] Vgl. Kapitel VI.2.1, Abschnitt „Der Aufruf des *benjamin* 1947".
[52] Vgl. Kapitel II.2, Abschnitt „1953 als zentrale Zäsur".

rung Wert darauf legte, dass die Verhandlungen in dieser Frage nicht an die Öffentlichkeit gelangten. Die Hierarchie der unterschiedlichen Interessen war dabei eindeutig: Die Freilassung der Verurteilten war wichtiger als die strafrechtliche Verfolgung weiterer Täter und wichtiger als Versöhnungsgesten gegenüber ihren Opfern.[53]

Auch im Fall Kalavryta wurden Anfang der 1950er Jahre deutsche Versöhnungsgesten zugunsten der Klärung der „Kriegsverbrecherfrage" zurückgedrängt. Die Bemühungen der Autorin und SPD-Landtagsabgeordneten Ehrengard Schramm um Hilfe für das griechische Dorf kollidierten damals mit den Bemühungen des Auswärtigen Amts, den letzten noch in Griechenland inhaftierten mutmaßlichen Kriegsverbrecher Heinz Zabel nach Deutschland überstellen zu lassen.[54] Hier kam es später allerdings zu einer Einbindung des Ministeriums in Schramms Hilfsprojekte für vom NS-Terror betroffene griechische Dörfer und selbst Adenauer engagierte sich für Kalavryta. So empfing der Bundeskanzler Jungen aus dem Ort, die nach Deutschland kamen, um dort eine Ausbildung zu absolvieren. Das Gleiche gilt für Bundespräsident Heuss.[55] Im Fall Oradour ist eine ähnliche Entwicklung nicht zu verzeichnen. Im Jahr 1954 soll Adenauer gegenüber Ehrengard Schramm geäußert haben, das Verbrechen in Kalavryta sei „viel schlimmer als Oradour"[56] – wie immer er dies meinte. Noch 1956, als die deutschen Diplomaten in Paris zu dem Schluss kamen, einem deutschen Ermittlungsverfahren im Fall Oradour stünde nichts mehr entgegen, war die Bedingung für das Auswärtige Amt, „daß jegliche Publizität [...] möglichst vermieden wird".[57]

1.3 1962: „Schlußstrich unter dieses finstere Kapitel"

Am 21. Mai 1962 besuchte Charles de Gaulle Oradour. Nur wenige Wochen später unternahm Konrad Adenauer seine Frankreichreise, die am 8. Juli 1962 mit der Versöhnungsmesse in Reims endete. Chronologie und Konstellation sind aussagekräftig, fuhr de Gaulle doch *allein* nach Oradour, um kurz darauf *gemeinsam* mit Adenauer in Reims den bekannten deutsch-französischen Versöhnungsakt zu begehen. Damit machte de Gaulle deutlich, dass er das *village martyr* in seiner Deutschlandpolitik nicht im Bereich der deutsch-französischen Versöhnung verortete. Sein Auftreten in Oradour eröffnet jedoch Einblick in die Einschätzungen der deutschen Diplomaten kurz vor Adenauers Aufbruch nach Frankreich. Es wirft darüber hinaus ein Schlaglicht auf die Situation vor Ort, in dem deutlich wird, dass nicht nur ein gemeinsamer deutsch-französischer Besuch des „Märty-

---

[53] Vgl. Kapitel IV.2.3.
[54] Vgl. Schramm, Hilfswerk, hier v. a. S. 48–50, Zitat nach ebenda, S. 50; zur Vorgeschichte von Zabels Überstellung vgl. Králová, Vermächtnis, S. 136–143.
[55] Vgl. Schramm, Hilfswerk, S. 59–61, 75–77.
[56] Schramm, Hilfswerk, S. 53.
[57] Vgl. Kapitel IV.2.3, Abschnitt „Die Einleitung des Ermittlungsverfahrens gegen A. Heinrich".

rerdorfs", sondern auch ein Besuch des Kanzlers oder Bundespräsidenten allein zu diesem Zeutpunkt kaum denkbar war.

Gemeinsam mit dem Bürgermeister Oradours, dem ANFM-Präsidenten und nur wenigen anderen ging de Gaulle am 21. Mai 1962 durch das *village martyr*. Sein Besuch beinhaltete weiterhin eine Kranzniederlegung am Denkmal des Hinterbliebenenverbands und eine Ansprache vor dem Rathaus des neuen Oradour.[58] Neben dem General hielt auch der Bürgermeister Oradours eine Rede. In einer Aufzeichnung des Auswärtigen Amts, über die auch Adenauer informiert werden sollte, heißt es, der Bürgermeister habe die Bestrafung aller Schuldigen und die Auslieferung Lammerdings gefordert.[59] Rufen wir uns an dieser Stelle in Erinnerung, dass die Causa Lammerding seit dem französischen Oradour-Prozess immer wieder für Empörung sorgte und die bundesdeutsche Justiz Ende 1961/Anfang 1962 begann, gegen den ehemaligen Divisionskommandeur zu ermitteln.[60] Nun nutzte Bürgermeister Lapuelle den Besuch de Gaulles, um dessen Unterstützung in der Angelegenheit einzufordern, jedoch vergeblich. Der General, so heißt es in der Aufzeichnung des Auswärtigen Amts, habe verhalten reagiert, indem er auf die Schranken des internationalen Rechts verwiesen, jedoch erklärt habe, die Angelegenheit werde weiter verfolgt. Bisher, so setzte der Referent in Klammer, sei Lammerdings Auslieferung von der französischen Regierung nicht beantragt worden und seine „strafrechtliche Verantwortung" für Oradour dürfte „nach deutschem Recht [...] zweifelhaft sein". Was Deutschland bzw. die deutsch-französischen Beziehungen anbelangte, habe de Gaulle in seiner Ansprache „jede Äußerung, welche die deutsch-französischen Beziehungen hätte belasten können", vermieden, die Worte „Deutschland" oder „deutsch" seien in der Ansprache nicht vorgekommen.[61]

Die Zeitung *Die Welt* geriet angesichts de Gaulles Rede regelrecht ins Schwärmen. Sie sei „die schönste Rede seiner Reise" gewesen, „das maßvolle Wort eines bedeutenden Staatsmannes und einfühlsamen Psychologen, der alles sagte, indem er das meiste ungesagt ließ". Der Schuldigen sei „keine Erwähnung getan" worden.[62] Das *Neue Deutschland* hingegen kritisierte nicht nur die Berichterstattung der *Welt*, sondern prangerte auch Lammerdings Nachkriegskarriere als Bauunternehmer an, nicht ohne darauf hinzuweisen, dass im „wahren Deutschland", „in der Mahn- und Gedenkstätte Buchenwald auf dem Ettersberg ein Häuflein geheiligter Erde aus Oradour" ruhe.[63]

Die Schlussfolgerung, die der berichtende Referent im Auswärtigen Amt aus de Gaulles Auftreten in Oradour zog, war radikal:

---

[58] Vgl. Valade, Oradour, S. 78.
[59] Vgl. Aufzeichnung Voigt, 25. 5. 1962, PA AA, B 83, 69, sowie B 24, 339, Bl. 361 f.
[60] Vgl. Kapitel IV.2.4.
[61] Aufzeichnung Voigt, 25. 5. 1962, PA AA, B 83, 69, sowie B 24, 339, Bl. 361 f.
[62] Zitiert nach Verbrecher jubeln, in: Neues Deutschland, 23. 5. 1962, BStU, MfS, HA IX/11, SV 6/83, Bd. 2, Bl. 25.
[63] Verbrecher jubeln, in: Neues Deutschland, 23. 5. 1962, BStU, MfS, HA IX/11, SV 6/83, Bd. 2, Bl. 25.

„Durch sein gemessenes Auftreten am Ort einer der grössten Missetaten des nationalsozialistischen Regimes, kurz vor dem Staatsbesuch des Herrn Bundeskanzlers in Frankreich vom 2.–8. Juli 1962, hat General de Gaulle sichtlich dartun wollen, daß das verwüstete Dorf für ihn kein die Beziehungen des heutigen Frankreich zur Bundesrepublik belastendes Mahnmal ist, daß dem schrecklichen Geschehen vielmehr eine allgemein menschliche Bedeutung zukommt. Er hat damit in vorsichtiger Weise, ohne französische Gefühle zu verletzen, einen Schlußstrich unter dieses düstere Kapitel deutschen Auftretens auf französischen Boden gezogen, soweit es bisher noch ein Hindernis auf dem Weg zur Verständigung zwischen den beiden Völkern bildete."[64]

In den Augen des Referenten hatte de Gaulle knapp sechs Wochen vor Adenauers Frankreichreise und etwa sieben Wochen vor der Versöhnungsmesse in Reims einen Schlussstrich unter Oradour gezogen und damit den Weg für die deutsch-französische Verständigung weiter geebnet. Wenn Corine Defrance und Ulrich Pfeil mit Blick auf Adenauer und de Gaulle schreiben, deren „Geisteraustreibung" sei „auch von einer Schlussstrichmentalität geprägt" gewesen,[65] so zeigt die Aufzeichnung, dass man de Gaulles Besuch in Oradour im Auswärtigen Amt genau so wahrnahm. Mit der Bezeichnung Oradours als „verwüstetes Dorf", als „belastendes Mahnmal", als „schreckliches Geschehen" abstrahierte der Autor den Ort, indem er ihn auf das dort stattgefundene Verbrechen und seine symbolische Bedeutung reduzierte. Ausgeblendet blieben die Überlebenden, die Hinterbliebenen der Opfer und die Bewohner des neuen Oradour sowie deren Forderungen. Für sie war mit dem Besuch de Gaulles jedoch ganz offensichtlich kein „Schlußstrich unter dieses düstere Kapitel" gezogen.

Für Ulrich Lappenküper zeigt de Gaulles Auftreten in Oradour, „wie umsichtig der General sein Volk auf den neuen Kurs präparierte", und dieser zeigte zunehmend in Richtung eines privilegierten deutsch-französischen Zweierbündnisses.[66] Sowohl diese rückblickende Einordnung wie auch die zeitgenössische Analyse des Besuchs im Auswärtigen Amt lassen einen Punkt außer Acht, der für unsere Fragen wesentlich ist: De Gaulle besuchte mit Oradour nicht nur das nationale *village martyr*, das heißt einen Ort, an dem aufgrund seiner Leidensgeschichte besondere Sensibilität gefragt war. Er besuchte auch einen Ort, der sich vom französischen Staat verraten fühlte und dessen Vertreter deshalb aus dem gemeinsamen Gedenken ausgeschlossen hatte, ja, einen Ort, an dem er selbst nicht mit offenen Armen empfangen wurde. Während Le Monde seinerzeit berichtete, der Empfang sei „freundlich und laut" gewesen,[67] schrieb Bürgermeister Lapuelle rückblickend von einer „aufgewühlte[n] Stimmung" (*climat passionnel*), die den Besuch begleitetet habe.[68] Grund für diese Emotionalität war wohl de Gaulles Verhalten im

---

[64] Aufzeichnung Voigt, 25. 5. 1962, PA AA, B 83, 69, sowie B 24, 339, Bl. 361 f.
[65] Defrance/Pfeil, Nachkriegsgeschichte, S. 204.
[66] Vgl. Lappenküper, Beziehungen, Bd. 2, S. 1722–1726, Zitat S. 1724. Zusammenfassend zur Entwicklung von de Gaulles Machtantritt 1958 bis zum Élysée-Vertrag vgl. Defrance/Pfeil, Nachkriegsgeschichte, S. 98–114.
[67] Zitiert nach Thomas Wieder, A Oradour-sur-Glane, mémoires vives franco-allemandes, 2. 9. 2013, URL: http://www.lemonde.fr/a-la-une/article/2013/09/02/a-oradour-memoires-vives-franco-allemandes_3469788_3208.html [15. 10. 2016].
[68] [Robert Lapuelle], „Lettre du maire", in: Le petit radounaud, [Mai 1982], ACO.

Kontext des Bordeaux-Prozesses 1953. Kurz vor der Debatte um die Amnestie hatte der General Verständnis für die Wut der elsässischen Bevölkerung gezeigt und sich – wenn auch indirekt – „für eine Gnadenmaßnahme gegenüber den in Bordeaux verurteilten französischen Zwangsrekrutierten" ausgesprochen. Eine Haltung, die die Tageszeitung *L'Écho du Centre* als Stellungnahme „zugunsten der SS-Mörder von Oradour" wertete.[69] Es ist argumentiert worden, de Gaulles Besuch 1962 könne nicht als Abkehr Oradours vom Ausschluss staatlicher Repräsentanten gewertet werden, da der General vor Ort wohl „in erster Linie nicht als Inhaber des höchsten politischen Amtes angesehen" worden sei, sondern als treibende Kraft der nationalen Anerkennung Oradours.[70] In anderen Worten: Man hatte aufgrund de Gaulles Sonderrolle eine Ausnahme gemacht, doch selbst diese erregte die Gemüter vor Ort.[71] Kurzum, der General betrat mit Oradour die Bühne eines binnenfranzösischen Konflikts, er stellte sich einer komplexen, konfliktreichen Beziehung und war auch deshalb zu äußerster Sensibilität verpflichtet. Dass de Gaulle ohne Adenauer nach Oradour reiste und dort mit keinem Wort auf Deutschland zu sprechen kam, muss auch vor diesem Hintergrund gesehen werden.

Diese Problematik *franco-française* verdeutlicht auch, worauf schon an anderer Stelle hingewiesen wurde: Die Haltung der Betroffenen vor Ort war eine der zentralen Achsen, die das Koordinatensystem aufspannten, in dem die Möglichkeit eines deutschen Besuchs bestimmt wurde. Hatte der Referent im Auswärtigen Amt in seiner Analyse das neue Oradour und seine Bewohner auch weitgehend übergangen, bei einem Besuch des *village martyr* durch den deutschen Bundeskanzler oder Bundespräsidenten wäre dies kaum möglich gewesen. Der westdeutsche Umgang mit dem Massaker und seinen Folgen war in diesen Jahren in Oradour in doppelter Hinsicht aktuell. Zum einen hatte der Hinterbliebenenverband Anfang der 1960er Jahre seine Bemühungen um eine Auslieferung Lammerdings wieder aufgenommen und die bundesdeutsche Justiz ermittelte seit dem Jahreswechsel 1961/62 gegen den ehemaligen Divisionskommandeur;[72] zum anderen hatten im Mai 1962 bereits zahlreiche Überlebende und Hinterbliebene des Massakers Anträge auf Entschädigung aus dem deutsch-französischen Globalabkommen gestellt und noch im Laufe desselben Jahres erfolgte nahezu die Hälfte der Auszahlungen.[73] Ob dies die Bereitschaft der Betroffenen beförderte, einen Repräsentanten der Bundesrepublik zu empfangen oder in den Ruinen auch nur zu dulden, ist unsicher. Lapuelles Forderung nach der Bestrafung aller Schuldigen und Lammer-

---

[69] Javerliat, Bordeaux, S. 124. Ausführlich zu de Gaulles Äußerung vgl. ebenda, S. 122–125.
[70] Meyer, Oradour-sur-Glane, S. 70. Dort heißt es fälschlicherweise, de Gaulle habe an der Gedenkfeier am Jahrestag des Massakers teilgenommen.
[71] Auf diesen Ausnahmecharakter weist in seinen Erinnerungen auch hin: Valade, Oradour, S. 78.
[72] Vgl. Kapitel IV.2.4.
[73] Vgl. ANFM, Assemblée générale, 15. 4. 1962, Compte rendu moral, ACMO, 5 FP 3, sowie Kapitel V.2.2, Abschnitt „Berechtigtenstruktur, Entschädigungssummen, Splittung und Kumulation.

dings Auslieferung zeigt, dass die strafrechtliche Ahndung des Verbrechens weiterhin von großer Wichtigkeit für die Betroffenen war. Die Auslieferungsforderung kann darüber hinaus als Zeichen mangelnden Vertrauens in die deutsche Justiz interpretiert werden, trotz der eingeleiteten Ermittlungen.[74] Überhaupt war die Causa Lammerding seit Ende der fünfziger Jahre wieder verstärkt Thema in Frankreich und sorgte in den Monaten vor de Gaulles Besuch in Oradour international für Schlagzeilen. Die Presseberichte warfen indes kein gutes Licht auf die Bundesrepublik: französische Journalisten wurden bei ihrem Versuch, Lammerding zu fotografieren, verhaftet; Lammerding konnte in Düsseldorf sein Bauunternehmen führen, obwohl er in Frankreich in Abwesenheit zum Tode verurteilt worden war; Gerüchten zufolge hatte die Düsseldorfer Polizei dem ehemaligen Chef der SS-Division „Das Reich" eine „Leibwache" zur Verfügung gestellt.[75]

Ohne sich zu weit auf das dünne Eis des Kontrafaktischen vorwagen zu wollen, ist doch nahezu sicher, dass ein Besuch Adenauers oder Lübkes in Oradour Anfang der 1960er Jahre zumindest von vehementen Forderungen nach der strafrechtlichen Verfolgung der Täter dominiert gewesen wäre. Dass die Frankreichreisen von Bundeskanzler und Bundespräsident zur Bühne einer „Demonstration des Unwillens gegen Deutschland" würden, daran konnte von deutscher Seite kein Interesse bestehen.[76]

1.4 1964: Noch immer: Nicht an Oradour rühren!

Die Mahnung, nicht an Oradour zu rühren, hatte auch Mitte der 1960er Jahre noch Bestand, indes war die Begründung für das Gebot inzwischen eine andere. Wir haben bereits gesehen, dass das niedersächsische Justizministerium 1964 vorschlug, eine deutsch-französische Vereinbarung bezüglich der in Frankreich in Abwesenheit verurteilten deutschen Kriegsverbrecher zu erreichen. Das Bundesjustizministerium betonte seinerzeit die politische Brisanz eines solchen Vorgehens und nahm dabei direkt Bezug auf Oradour bzw. Lammerding. So meinte das Ministerium, Lammerding hätte beim Abschluss eines solchen Abkommens verfolgt werden müssen. Dass Lammerding in Düsseldorf ungestört seinen einträglichen Geschäften hatte nachgehen können, war eine Tatsache, die in den Augen des Ministeriums im Fall eines Gerichtsverfahrens dem Ansehen der Bun-

---

[74] Dies mit folgender Einschränkung: Ob man in Oradour bereits über das Ermittlungsverfahren gegen Lammerding informiert war, ist unklar. Spätestens im Juni 1962 dürfte dies der Fall gewesen sein, denn zu diesem Zeitpunkt besuchte eine französische Delegation die Dortmunder Staatsanwaltschaft. Der Gruppe gehörte auch ein Überlebender des Massakers in Oradour an. Vgl. Kapitel IV.2.4.
[75] Vgl. Kapitel IV.2.4.
[76] Chef des Protokolls, Betr.: Staatsbesuch des Herrn Bundespräsidenten in Paris, 31. 5. 1961, PA AA, AV NA, 5.243. Vor diesem Hintergrund riet der Quai d'Orsay von einer Kranzniederlegung am Mont Valérien durch Heinrich Lübke während seiner Frankreichreise 1961 dringend ab.

desrepublik ebenso abträglich gewesen wäre wie die Thematisierung dieser Verbrechen überhaupt.[77] Galt es 1953, Rücksicht auf die in Bordeaux verurteilten Deutschen zu nehmen, galt es nun, das „Ansehen der Bundesrepublik" zu wahren. Die Sorge, die dem Bundesjustizministerium hier die Feder führte, kam womöglich aus dem Osten, wo die DDR die NS-Vergangenheit bundesdeutscher Politiker nach wie vor gegen Bonn zu nutzen versuchte. In der ersten Hälfte der 1960er Jahre führte die DDR-Justiz Abwesenheitsprozesse gegen den bundesdeutschen Minister für Vertriebene, Flüchtlinge und Kriegsgeschädigte, Theodor Oberländer, und Hans Globke, Staatssekretär im Bundeskanzleramt.[78] Es ist deshalb gut möglich, dass das Bundesjustizministerium das öffentliche Interesse an dem Bauunternehmer Lammerding nicht noch verstärken und Ostberlin damit eine Art Steilvorlage liefern wollte. Doch eine solche war nicht nötig, Lammerding fand auch ohne sie seinen Platz im 1965 präsentierten Braunbuch.[79] Auch der Kalte Krieg und die damit einhergehende Systemkonkurrenz der beiden deutschen Staaten trugen folglich dazu bei, das Credo „Nicht an Oradour rühren!" in der Bundesrepublik zu zementieren und in der Konsequenz einen Besuch des deutschen Bundeskanzlers oder Bundespräsidenten in Oradour unwahrscheinlich zu machen. Besonders deutlich wurde die Bedeutung des Ost-West-Konflikts in dieser Frage Ende der 1960er und Anfang der 1970er Jahre.

1.5 1968: „Oradour ist [...] kein örtliches Problem": Der geplante Besuch des deutschen Generalkonsuls

Es waren 22 Jahre nach dem Massaker vergangen, als sich das Auswärtige Amt erstmals Planungen eines offiziellen deutschen Besuchs in Oradour gegenüber sah. Die Reaktionen auf das Vorhaben zeigen, dass man dort weiterhin an dem Credo „Nicht an Oradour rühren!" festhielt.

Der Vorschlag kam im Juli 1968 aus dem deutschen Generalkonsulat in Bordeaux. Christian Sell, Jahrgang 1923, war bereits 1956/1957 acht Monate in Frankreich – damals in Marseille – eingesetzt gewesen. Am 8. Mai 1968 trat er sein Amt als Generalkonsul in Bordeaux an. Nur zwei Monate später teilte er dem Auswärtigen Amt mit, er beabsichtige, am 2. November 1968 Oradour einen offiziellen Besuch abzustatten. Das von Sell vorgesehene Programm umfasste die Anreise am Abend des Vortags, Teilnahme am Allerseelenamt, danach – „falls nach Fühlungnahme mit lokalen Behörden erwünscht" – Kranzniederlegung, anschließend Besuch beim Bürgermeister und Überreichung eines Geschenks sowie am Abend schließlich ein Lichtbildervortrag. Der Generalkonsul bat um Weisung, ob das

---

[77] Vgl. Kapitel IV.2.5.
[78] Vgl. Kapitel IV.3.1.
[79] Vgl. Kapitel IV.2.5.

Programm für angemessen und ausreichend erachtet würde, und gegebenenfalls um ergänzende Vorschläge.[80]

Dass Sell den Besuch Oradours so früh nach seiner Amtsübernahme plante, zeigt, dass er sich der symbolischen Bedeutung des *village martyr* bewusst war.[81] Über die spezifische Lage vor Ort war er aber offenbar nicht unterrichtet. So vermittelt sein Schreiben den Eindruck, dass ihm nicht bekannt war, dass der Besuch ein Novum dargestellt hätte. Auch weitere Details des vorgesehenen Programms lassen auf die Unkenntnis der schwierigen Situation in Oradour schließen. Zwar wollte Sell wegen einer Kranzniederlegung zunächst die Lage vor Ort eruieren, plante aber eine schwarz-rot-goldene Kranzschleife mit der Aufschrift „Den Opfern".[82] Heute wissen wir, dass in Oradour bis zur Jahrtausendwende wiederholt von Deutschen niedergelegte Kränze oder die daran angebrachten Schleifen entfernt wurden.[83] Auch der vorgesehene Lichtbildvortrag wirkt unglücklich. Der Vortrag unter dem Titel „Land und Leute in Obervolta" sollte unter dem Motto „Die deutsch-französische Zusammenarbeit erhebt keinen Anspruch auf Ausschließlichkeit; sie genügt sich nicht selbst. Die Daseinsberechtigung dieser Arbeits- und Reflexionsgemeinschaft ist es, für den Fortschritt überall auf der Welt zu kämpfen." stattfinden. Sell ergänzte „Hinweis auf deutsch-französische Zusammenarbeit in Obervolta sowie auf die Tätigkeit des Europäischen Entwicklungsfonds". Vor dem Hintergrund, dass in Oradour zu diesem Zeitpunkt noch immer das ungeschriebene Gesetz galt, Deutsche nicht offiziell zu empfangen, wirkt das Vorhaben gänzlich deplatziert.

Kritik an Sells Vorhaben kam umgehend von Peter Limbourg, seit 1965 Gesandter bei der deutschen Botschaft in Paris. Limbourg war dort 1952–1955 bereits Legationsrat gewesen, zu einer Zeit also, als der Bordeaux-Prozess Frankreich in eine nationale Krise stürzte und sich die deutschen Diplomaten um die vorzeitige Entlassung der in Bordeaux verurteilten Deutschen bemühten.[84] Diese Erfahrun-

---

[80] Sell an AA, 9. 7. 1968, PA AA, B 24, 631, Bl. 299 f. Für die biographischen Angaben und das genaue Datum des Amtsantritts danke ich Birgit Kmezik aus dem PA AA, vgl. E-Mail an die Verfasserin, 30. 3. 2021.

[81] Kurz vor Sells Amtsantritt hatte das Generalkonsulat Bordeaux das Auswärtige Amt um Auskunft zum Ergebnis des Ermittlungsverfahrens gegen Lammerding gebeten. Anlass der Nachfrage war ein Artikel zu Jacques Delarues Buch „Trafics et crimes sous l'occupation" in der Zeitung *Le Populaire du Centre*. Darin hieß es, der Autor versuche unter anderem Lammerdings „Beteiligung an den in Oradour und anderen Orten begangenen Verbrechen nachzuweisen". Bürger an AA, 12. 3. 1968, PA AA, B 83, 762. Zu Delarues Publikation vgl. Kapitel III.5, Abschnitt „*Trafic et crimes* und die Folgen".

[82] Sell an AA, 9. 7. 1968, PA AA, B 24, 631, Bl. 299 f.

[83] Vgl. Kapitel VI.2.3, Abschnitt „Akteure, Möglichkeiten und Grenzen", Kapitel VI.2.4 und Kapitel VI.2.6, Abschnitt „Kranzniederlegung und Rede: Heidemarie Wieczorek-Zeul in Oradour.

[84] Limbourg, Jahrgang 1915, wurde 1939 zum Militär eingezogen und geriet später in Kriegsgefangenschaft. 1950 begann er seine Tätigkeit bei der Dienststelle für Auswärtige Angelegenheiten des Bundeskanzleramts. Vgl. „Limbourg, Peter", in: Munzinger Online/Personen – Internationales Biographisches Archiv, URL: http://www.munzinger.de/document/00000007873 [8. 2. 2017].

gen mögen Limbourgs Einschätzung beeinflusst haben, dessen Kritik an Sells Vorhaben nicht auf der spezifischen Situation in Oradour basierte. Gegen den geplanten Besuch, so telegrafierte Limbourg an das Auswärtige Amt, habe er

„ganz erhebliche politische Bedenken. Das seinerzeit in Oradour Geschehene stellt auch heute noch in weitesten Kreisen der französischen Öffentlichkeit den neuralgischsten Punkt bei der Überwindung der Vergangenheit dar. Es wird sicherlich noch längere Zeit vergehen müssen, ehe eine Versöhnungsgeste erfolgen kann, die zudem wohl auch zunächst von französischer Seite ausgehen müsste. Hierzu liegen im Augenblick keinerlei Anzeichen vor. Im Gegenteil werden die Erinnerungen an Oradour von vielen, zum Teil Deutschland nicht gewogenen Seiten bewusst wachgehalten.

Ich wäre dankbar, wenn Generalkonsul Sell auch von dort aus die Weisung erhalten könnte, nicht nur von seinem Vorhaben, sondern auch von diesbezüglichen Fühlungnahmen mit den Behörden des Ortes Oradour Abstand zu nehmen."[85]

Das Auswärtige Amt schloss sich diesen Bedenken an und bat Bordeaux darum, von dem Besuch und „diesbezüglichen Kontakten mit örtlich zuständigen Behörden Abstand [zu] nehmen".[86] In der ausführlichen Begründung folgte Ministerialdirigent Berndt von Staden, Leiter der Unterabteilung A der Politischen Abteilung I, den Argumenten Limbourgs weitestgehend. Er übernahm die Formulierung, Oradour sei der „neuralgischste Punkt" bei der Überwindung der Vergangenheit, und fügte hinzu, der Ort sei wie Auschwitz, Treblinka oder Lidice „zugleich Stätte und Symbol der Untaten des Nationalsozialismus".[87] In einem persönlichen Schreiben von Stadens an Sell – den man wegen „der Bedeutung der Frage" sogar während eines Kuraufenthalts benachrichtigte – hieß es:

„Wir neigen zu der Ansicht, daß noch eine längere Zeit vergehen muß, ehe amtliche deutsche Vertreter in Oradour auftreten sollten. Eine verfrühte deutsche Versöhnungsgeste könnte der Mißdeutung ausgesetzt sein. Man kann sich auch fragen, ob die Initiative zu einem solchen Schritt nicht von der französischen Seite ausgehen sollte, die damit bekunden würde, daß das Geschehen von Oradour auch für sie im vollen Sinne des Wortes Vergangenheit geworden ist."[88]

Anders ausgedrückt hatte von Staden in einem Entwurf formuliert, der Zeitpunkt für eine deutsche Versöhnungsgeste in Oradour scheine noch nicht gekommen. Die Erinnerung sei „noch zu unmittelbar und mit anderen Fakten im deutsch-französischen Verhältnis noch nicht zu einem geschichtlichen Ablauf verschmolzen, der eine von Emotionen freie Betrachtungsweise ermöglichen könnte".[89]

Die Ausführungen der Pariser Botschaft und des Auswärtigen Amts bestätigen zu diesem Zeitpunkt für Oradour, was Valentin Rauer zu den großen deutsch-französischen Versöhnungsgesten in Mourmelon/Reims und Verdun herausgear-

---

[85] Fernschreiben Limbourg an AA, für Ministerialdirektor Dr. Frank [Leiter Politische Abteilung I], 15. 7. 1968, PA AA, B 24, 631, Bl. 301.
[86] Fernschreiben Legationsrat Erster Klasse Nipperdey (Verfasser, gezeichnet: von Staden) an Deutsches Generalkonsulat Bordeaux, 18. 7. 1968, citissime, PA AA, B 24, 631, Bl. 304.
[87] von Staden an Deutsches Generalkonsulat Bordeaux, 23. 7. 1968, Durchdruck als Konzept, PA AA, B 24, 631, Bl. 307 f.
[88] von Staden an Sell, 30. 8. 1968, Durchschlag als Konzept, PA AA, B 24, 631, Bl. 313 f.
[89] von Staden an Deutsches Generalkonsulat Bordeaux, 23. 7. 1968, Entwurf, PA AA, B 24, 631, Bl. 309 f.

beitet hat: Eine Versöhnungsgeste – selbst des Generalkonsuls – kam erst infrage, wenn das Massaker „im vollen Sinne des Wortes Vergangenheit geworden ist", wenn es ohne „Emotionen" betrachtet werden könne – oder um mit Rauer zu sprechen: Wenn die Erinnerung an Oradour zu einer „gefälligen" Erinnerung geworden sei und ein Versöhnungsakt niemandem mehr „weh" tue. Betrachtet man die Semantik genau, wird deutlich, dass dies im Auswärtigen Amt bereits der Fall war. Eine französische Initiative zu einer solchen Geste würde bekunden, so die Formulierung, dass *auch* für diese Seite das Geschehen Vergangenheit geworden sei. Aus dieser Deutungsdifferenz entsprang die Sorge um die Missdeutung eines offiziellen Besuchs in Oradour.[90]

Neben der Frage des Zeitpunkts wurde auch die des angemessenen Akteurs thematisiert, allerdings im selben Moment vertagt. Von Staden informierte das Generalkonsulat in Bordeaux, dass erst, wenn „ein deutscher Schritt in Oradour ohne Fehldeutung möglich und sinnvoll sein könnte" auch zu entscheiden wäre, „ob der erste offizielle deutsche Besuch durch den örtlichen Vertreter der Bundesrepublik oder angesichts der Bedeutung des Komplexes Oradour für den Gesamtzusammenhang der deutsch-französischen Beziehungen nicht eher durch einen Politiker vorgenommen werden sollte". Was schließlich Limbourgs Argument betraf, die Erinnerungen an Oradour würde von vielen, zum Teil Deutschland nicht gewogenen Seiten bewusst wachgehalten, führte von Staden weiter aus, in „solchen Kreisen" käme „die Erinnerung an Oradour einer Warnung gegenüber dem Vertrauen zu Deutschland gleich". Oradour sei deshalb „kein örtliches Problem, sondern eine Frage von wesentlicher politischer Bedeutung für das deutsch-französische Verhältnis insgesamt".[91]

Mit den genannten „Kreisen" war in erster Linie die PCF gemeint. In seiner Einschätzung der bereits erwähnten Massenkundgebung in Tulle, bei der 1970 die Auslieferung Lammerdings gefordert wurde, benannte das Auswärtige Amt die kommunistische Partei Frankreichs deutlich.[92] Zunächst berichtete Generalkonsul Sell nach Paris, Lammerding sei als Kommandeur der SS-Division „Das Reich" „in den Augen der hiesigen Öffentlichkeit für die tragischen Geschehnisse verantwortlich, die sich im Juni 1944 in Oradour, Tulle und an anderen Orten der Region ereigneten". Die juristische Sackgasse, die weder seine strafrechtliche Verfolgung

---

[90] Dies wird vor allem in einem weiteren Entwurf von Stadens deutlich. Dort hieß es: „Eine verfrühte deutsche Versöhnungsgeste könnte mancher Missdeutung ausgesetzt sein, und dies umsomehr als die Erinnerung an Oradour zum Teil bewußt von Kreisen wachgehalten wird, die auch dem heutigen Deutschland mit Vorbehalten gegenüberstehen. Wir neigen daher zu der Ansicht, daß noch eine längere Zeit vergehen muß, ehe amtliche deutsche Vertreter in Oradour auftreten sollten. Man kann sich auch fragen, ob die Initiative zu einem solchen Schritt nicht von der französischen Seite ausgehen sollte, die damit bekunden würde, daß das Geschehen von Oradour auch für sie im vollen Sinne des Wortes Vergangenheit geworden ist." Von Staden an Sell, 22. 8. 1968, Durchdruck als Konzept, handschriftlich gestrichen, PA AA, B 24, 631, Bl. 311 f.
[91] von Staden an Deutsches Generalkonsulat Bordeaux, 23. 7. 1968, Durchdruck als Konzept, PA AA, B 24, 631, Bl. 307 f.
[92] Zur Kundgebung vgl. Kapitel IV.2.5.

in der Bundesrepublik noch seine Auslieferung möglich machte, habe „dazu beigetragen, wie es das Generalkonsulat bei seiner Arbeit in der betroffenen Region auf Schritt und Tritt zu spüren bekommt, dass die Erinnerung an die Leiden der Kriegszeit bei der Bevölkerung in schmerzhafter Weise wachgehalten wurde". Er wies darauf hin, dass es sich das „Komité zum Kampf gegen den Faschismus" der DDR nicht habe nehmen lassen, ein Solidaritätstelegramm nach Tulle zu senden, hob jedoch die Rolle der PCF bei der Veranstaltung nicht besonders hervor.[93] In der deutschen Botschaft in Paris sah man das anders. Wie die Massenkundgebung in Tulle erwiesen habe, so der deutsche Botschafter Ruete in seinem Bericht an das Auswärtige Amt, „gibt es in Frankreich Gruppen, die von der Vergangenheit leben und die aus unterschiedlichen Motiven bemüht sind, die Erinnerung an erlittenes Unrecht, aber auch an eigene Heldentaten, wachzuhalten". Eine besondere Rolle spiele hierbei die kommunistische Partei mit den zahlreichen von ihr beeinflussten Vereinigungen. Ihren Einfluss bei der Veranstaltung schätzte Ruete als „nicht gering" ein, „obwohl nicht zu übersehen ist, dass diese Veranstaltung auch von anderen Kreisen unterstützt wurde".[94] Ruete verwies auf die Mitteilung eines UDR-Abgeordneten, der in der Nationalversammlung zum Fall Lammerding gesprochen habe, und sich „aus innenpolitischen Gründen hierzu gezwungen" gesehen habe, weil man dieses Terrain nicht allein den Kommunisten überlassen dürfe".[95] Während Sell einen Grund für die noch immer virulenten Erinnerungen an das Leiden des Kriegs in Lammerdings Straflosigkeit sah, war Ruete kritisch, ob sich das gerade unterzeichnete Zusatzabkommen, das eine Strafverfolgung des ehemaligen Divisionskommandeurs durch die bundesdeutsche Justiz ermögliche, positiv auf die deutsch-französischen Beziehungen auswirken würde. Zu sehr ging es seiner Meinung nach den ehemaligen Widerstandskämpfern bei dem Thema Kriegsverbrecher im Kern um eine andere politische Auseinandersetzung, zu bedeutend waren deutsche Kriegsschuld und französischer Widerstand für die französische Innen- und Informationspolitik.[96] Der Bedeutung Oradours für die deutsch-französischen Beziehungen gewahr, bat das Auswärtige Amt das deutsche

---

[93] Sell an Deutsche Botschaft Paris, 4. 12. 1970, PA AA, B 83, 762.

[94] Das Engagement der Partei erklärte Ruete folgendermaßen: „Weil ihre Moskauhörigkeit ihr besonders nach dem sowjetischen Einmarsch in die Tschechoslowakei scharfe Kritik eingebracht hat, versucht sie bei jeder sich bietenden Gelegenheit, ihre Bedeutung für die französische Résistancebewegung herauszustellen." Ruete an AA, 22. 1. 1971, PA AA, B 83, 762.

[95] Ähnlich argumentierte die Politische Abteilung des Auswärtigen Amts im Oktober 1971 mit Blick auf die ausstehende Ratifizierung des Zusatzabkommens. Im Fall einer Verzögerung fürchtete man dort das Wiederaufleben antideutscher Vorurteile. „Besonders die kommunistische Partei und ihr nahestehende Kreise, die in den Organisationen der ehemaligen Widerstandskämpfer und der Naziverfolgten stark vertreten sind […], werden diese Ressentiments zu schüren wissen und eine Kampagne entfachen, die unsere bisherigen Erfahrungen noch übertreffen könnte. Die DDR wird nicht verfehlen, dabei nach Kräften mitzuwirken. […] Im Interesse unserer guten Beziehungen zu Frankreich ist es also dringend geboten, das Abkommen möglichst bald ohne öffentliche Auseinandersetzung zu ratifizieren." Zitiert nach Moisel, Frankreich, S. 223.

[96] Vgl. Kapitel IV.2.5.

Generalkonsulat in Bordeaux, künftig „über dortige Gedenkfeiern und ähnliche Manifestationen stets zu berichten".[97]

Die Diskussion um den geplanten Besuch des Generalkonsuls macht schließlich deutlich, dass Oradour für das Auswärtige Amt 1968 auch in anderer Hinsicht kein „örtliches Problem" war. Wie bereits 1962 spielte die Haltung der Dorfbewohner bei den Überlegungen des Ministeriums keinerlei Rolle. Wie wir sehen werden, war es die französische Seite, die diesen Faktor drei Jahre später ins Spiel brachte.

1.6 1971: Der Vorschlag von Graf Charles-Albert de Boissieu

Anfang Juli 1971 schlug der Präsident des *Cercle Franco-Allemand*, Graf Charles-Albert de Boissieu, der deutschen Botschaft in Paris eine deutsch-französische Versöhnungsgeste vor. Was de Boissieu vorschwebte, war eine gemeinsame Kranzniederlegung des Generalstabschefs der französischen Armee und seines deutschen Amtskollegen, dem Inspekteur des Heeres, aus Anlass des Totensonntags oder Allerheiligen. De Boissieu glaubte zu wissen, dass General de Boissieu – sein Cousin und Schwiegersohn General de Gaulles – „gerne [dazu] bereit sei". Angelegt sein sollte die Geste als „Parallelaktion". So stellte er sich vor, „dass die beiden Generäle gemeinsam entweder am Heidelberger Schloss, das durch die Truppen Ludwig XIV. zerstört worden sei, oder an einer anderen uns [der deutschen Botschaft] geeignet erscheinenden Gedenkstätte, eventuell ein Soldatenfriedhof in Frankreich je einen Kranz niederlegen, und dass dann eine Parallelaktion in Oradour durchgeführt würde". Die Gesten sollten keine „grosse[n] Veranstaltungen" sein, sondern eine „schlichte Zeremonie ohne Reden, bei der unter Trommelwirbel schweigend die Kränze niedergelegt würden". De Boissieu „glaub[t]e sicher zu sein", dass der Akt „grossen Erfolg" bei der französischen Bevölkerung haben würde.[98]

Die Botschaft in Paris wies sogleich darauf hin, dass das Massaker in Oradour von einer Einheit der Waffen-SS verübt worden sei, und deshalb die Bundeswehr vielleicht zögere, dort in Erscheinung zu treten. De Boissieu aber zerstreute die Bedenken. Eine Kranzniederlegung durch einen deutschen General in Oradour werde in der französischen Öffentlichkeit sicher nicht als Identifizierung der Bundeswehr mit den Verbrechen der Waffen-SS, sondern nur als eine Versöhnungsgeste verstanden. Gleichwohl verabredeten die Gesprächspartner, den Vorschlag „äusserst vertraulich weiter zu verfolgen".[99]

---

[97] von Staden an Deutsches Generalkonsulat Bordeaux, 23. 7. 1968, Durchdruck als Konzept, PA AA, B 24, 631, Bl. 307 f., Zitat Bl. 308.
[98] Deutsche Botschaft Paris an AA, 1. 7. 1971, PA AA, B 24, 649, Bl. 2 f.
[99] Deutsche Botschaft Paris an AA, 1. 7. 1971, PA AA, B 24, 649, Bl. 2 f.

Im Auswärtigen Amt teilte man die Sorge der Botschaft und hatte darüber hinaus weitere kritische Anmerkungen.[100] Handschriftlich notierte ein Beamter, er „halte nichts von solchen Akten der Vergangenheitsbewältigung, die zum Anlass für Pressepolemik gegen uns benutzt werden können". Die Praktizierung des deutsch-französischen Vertrags sei der sichtbare Ausdruck für die deutsch-französische Versöhnung und habe ihren symbolischen Ausdruck 1962 in der Kathedrale von Reims und der anschließenden Parade französischer und deutscher Truppen vor Adenauer und de Gaulle gefunden.[101] Für die differenzierter argumentierenden Referate (Kriegsfolgen und Frankreich)[102] sprachen drei Argumente gegen die vorgeschlagene Geste: Ort, Akteur und Zeitpunkt. Mit Blick auf die vorgeschlagenen Orte sah man eine problematische Asymmetrie. Die von de Boissieu genannten Beispiele wirkten „für eine Parallelaktion [...] nicht überzeugend", argumentierte der Leiter des Kriegsfolgen-Referats, Helmut Rumpf. Die Zerstörung des Heidelberger Schlosses liege so weit zurück, dass „keine sinnvolle Gedankenverbindung in der Öffentlichkeit mehr zu erwarten" sei. Eine entsprechende Geste „auf einem deutschen Soldatenfriedhof böte kein Äquivalent für eine Erinnerungsgeste, die ein Ereignis betrifft, das in Frankreich als Symbol deutscher Kriegsverbrechen betrachtet" werde. Als „passendes Gegenstück" sah er „allenfalls die mutwillige Zerstörung von Freudenstadt im Schwarzwald" an.[103] Im April 1945 hatte die erste französische Armee die Stadt zwei Tage unter schweres Artilleriefeuer genommen und nach der Einnahme weitere Brände gelegt. Nahezu 600 Häuser fielen dem Feuer zum Opfer, 40% der Stadt lag in Trümmern. Darüber hinaus kam es zu Plünderungen und Massenvergewaltigungen, 70 Todesopfer waren zu beklagen.[104] Es verwundert kaum, dass gerade Referatsleiter Rumpf die Ansicht vertrat, Freudenstadt könne möglicherweise als Gegenstück zu Oradour gesehen werden. Als Delegationsleiter in den Verhandlungen um das Zusatzabkommen hatte Rumpf denjenigen inner- und außerhalb des Auswärtigen Amts seine Stimme verliehen, die mehr „Gegenseitigkeit" bei dem Abkommen forderten, sprich vor allem die strafrechtliche Verfolgung vermeintlicher französischer Besatzungsverbrechen.[105]

Für das Frankreich-Referat hatte die Ortsfrage noch weiterreichende Implikationen:

„Oradour hat – wie Tulle – für die Franzosen den Charakter eines Symbols für alle Kriegsverbrechen erhalten. Ein vergleichbares Symbol für ähnliche Ereignisse auf deutschem Gebiet gibt es –

---

[100] Einzig Referat I A 7 (NATO, WEU [militärische Angelegenheiten] und Verteidigung) beurteilte den Vorschlag positiv, allerdings ohne Begründung. Vgl. Verfügung Ref. I A 3, 26. 7. 1971, PA AA, B 24, 649, Bl. 13 f.
[101] Handschriftliche Notiz für Ref[erats]L[eiter]. I A 1, 9.7.[1971], Unterschriftenkürzel „Li", nicht vollständig lesbar, auf: Verfügung Ref. I A, 8. 7. 1971, PA AA, B 24, 649, Bl. 4 f.
[102] Referat I A 3 hatte bei den Referaten I A 7 und V 7 um Stellungnahme gebeten. Vgl. Verfügung Ref. I A 3, 8. 7. 1971, PA AA, B 24, 649, Bl. 4 f.
[103] Vgl. Rumpf an Ref. I A 3, 19. 7. 1971, PA AA, B 24, 649, Bl. 9.
[104] Vgl. Adler/Heidebrecht, Freudenstadt, S. 84–88; Satjukow/Gries, Besatzungskinder, S. 35.
[105] Vgl. Brunner, Frankreich-Komplex, S. 270–273, Zitat S. 270; Moisel, Frankreich, S. 222.

jedenfalls im Bewusstsein der Franzosen – nicht. Es würde auch keineswegs der Versöhnung dienen, nun nach vergleichbaren Untaten von Franzosen in Deutschland zu suchen. Würde man für die Versöhnungsgeste das Heidelberger Schloss oder irgendeinen Soldatenfriedhof wählen, so würde dies als Versuch angesehen, das in Oradour Geschehene zu verharmlosen oder in die Geschichte abzudrängen. Für viele Franzosen gehören diese Ereignisse aber noch zur Gegenwart. Die Reaktion auf den Tod des Generals Lammerding [...] hat dies jüngst bewiesen."[106]

Die angeführten Argumente zeigen die Grenzen der „großen Erzählung der deutsch-französischen Versöhnung" angesichts des Massakers in Oradour. Ein zentrales Moment dieses Narrativs war, wie gesehen, die Anerkennung der gemeinsamen Geschichte nebst der gegenseitigen Verletzungen, und in dieses Muster fügte sich der Vorschlag einer Parallelaktion. Die Idee des egalitären Gedenkens musste angesichts des Massakers in Oradour und im Kontext des Zweiten Weltkriegs indes scheitern. Die Einschätzung des Frankreich-Referats zur Gegenwart der Vergangenheit dürfte auf den Erfahrungen und Beobachtungen des Auswärtigen Amts bei den Verhandlungen zum Zusatzabkommen basiert haben. Bis zur Unterzeichnung des Kontrakts in der Bundesrepublik hatte sich in Frankreich immer wieder lautstarker Protest am Thema Oradour bzw. Lammerding entzündet.[107] Damit war unübersehbar, dass das Massaker für viele Franzosen „noch zur Gegenwart" gehörte.

Was den Akteur anbelangte, so bezweifelte das Frankreich-Referat, dass die Bundeswehr der geeignete Part war. Es sei fraglich, ob man ihr zumuten solle, in Oradour in Erscheinung zu treten und damit eine Verbindung zu den Toten der Waffen-SS herzustellen. Unter diesem Gesichtspunkt wäre „die Geste eines Politikers weniger problematisch".[108] Zu dieser Auffassung war man bereits 1968 gelangt, doch auch jetzt resultierte daraus kein konkreter alternativer Vorschlag. Das lag möglicherweise an dem dritten Argument gegen de Boissieus Vorschlag: der Zeitpunkt. Nach Auffassung seines Referats, so Rumpf, „sollte von der Verwirklichung des Vorschlags der ‚Versöhnungsgeste' zumindest vorläufig abgeraten werden". Er wies darauf hin, dass zum genannten Zeitpunkt das Parlament wohl über das Zusatzabkommen verhandeln würde, und die geplante Geste „als Versuch zur Beeinflussung der Abstimmung im Bundestag aufgefaßt werden" könnte. Außerdem würde sie den „Sinn des Vertrages, der von der Bundesregierung in erster Linie in der Wiederherstellung der deutschen Gerichtsbarkeit gesehen wird, in eine andere Richtung" wenden. Offensichtlich fürchtete Rumpf, die Geste könnte als Versicherung verstanden werden, die Bundesrepublik werde nun mit allen Mitteln die strafrechtliche Verfolgung der in Frankreich in Abwesenheit verurteilten NS-Verbrecher betreiben. Was auch immer ihm vor Augen schwebte, er kam

---

[106] Verfügung Ref. I A 3, 26. 7. 1971, PA AA, B 24, 649, Bl. 13 f.
[107] Vgl. Kapitel IV.2.5.
[108] Verfügung Ref. I A 3, 26. 7. 1971, PA AA, B 24, 649, Bl. 13 f. An anderer Stelle hatte es bereits geheißen: „Wenn je in Oradour etwas gemacht werden sollte (‚attention, Attention'), müßte dies wohl von einer politi[schen] Persönlichkeit kommen." Handschriftlicher Vermerk, Herrn Dg [(Ministerial-)Dirigent] I A, teilweise nicht lesbar, auf: Verfügung Ref. I A 3, 8. 7. 1971, ebenda, Bl. 4 f.

schließlich zu dem Schluss, selbst eine Parallelaktion Oradour/Freudenstadt „würde sich in Anbetracht des heutigen Standes der deutsch-französischen Beziehungen [...] nicht empfehlen".[109] Einen von der Öffentlichkeit hergestellten Zusammenhang zwischen Geste und Ratifizierung, „der in Wirklichkeit gar nicht besteht", fürchtete auch das Frankreich-Referat und meinte darüber hinaus, der ganze Komplex könne dadurch erneut „eine Publizität erhalten, an der beide Seiten vernünftigerweise kein Interesse haben können". Sicherlich dachte man hier auch an die heftigen Reaktionen, die dies- und jenseits des Rheins mit dem Zusatzabkommen einhergegangen waren, und nicht zuletzt an die noch vor der Unterzeichnung gestartete Kampagne, bei der sich die HIAG und der VdH hervorgetan hatten.[110] Der Vorschlag de Boissieus schien dem Referat deshalb *summa summarum* „trotz der guten Absicht" nicht geeignet, der deutsch-französischen Versöhnung zu dienen.[111]

Doch wie den Vorschlag zurückweisen? Das Frankreich-Referat wollte den Diplomaten in Paris vorschlagen, gegenüber de Boissieu auf die Schwierigkeit hinzuweisen, in Deutschland einen Ort zu finden, der mit Oradour in Verbindung gebracht werden könne, ohne in Frankreich Missverständnisse hervorzurufen. Auch sollte angeführt werden, dass „die Versöhnung zwischen unseren Völkern seit langem im Gange" und durch den Élysée-Vertrag „entscheidend gefördert worden" sei. Dieser Prozess sei „jedoch noch nicht abgeschlossen, und es sei besser, der Zeit zu vertrauen als eine Geste zu wagen, die sicher in der besten Absicht vorgeschlagen worden sei, die jedoch Risiken in sich berge".[112] Doch de Boissieu kam der Ablehnung zuvor und zog seinen Vorschlag zurück. Mit seiner Begründung brachte er die von deutscher Seite bislang weitestgehend ausgeblendete Situation in Oradour ins Spiel. De Boissieus Cousin hatte sich in einem zwischenzeitlich stattgefundenen Gespräch gegen ein Treffen zweier Generalstabschefs in Oradour ausgesprochen. Dabei berief er sich auf die Bitte des Präfekten der Haute-Vienne im Jahr 1969, er möge Oradour nicht mit einer Gruppe Kadetten durchqueren. Die verbliebenen Einwohner seien nämlich noch immer „überaus erbittert ob des erlittenen Leids" und stünden zudem „unter dem Einfluss starker kommunistischer Propaganda". Sie würden heute „alle Armeen gleichermaßen" verurteilen und „beabsichtige[n], gegen die Anwesenheit waffentragender französischer Soldaten zu demonstrieren". Vor diesem Hintergrund sei „vorerst Zurückhaltung geboten".[113] Hatten die deutsche Botschaft in Paris und das Auswärtige Amt bislang vor allem die politische Instrumentalisierung des Massakers durch die PCF angeführt, kam jetzt das Bild einer kommunistisch beeinflussten Dorfgemeinschaft im

---

[109] Rumpf an Ref. I A 3, 19. 7. 1971, PA AA, B 24, 649, Bl. 9.
[110] Vgl. Kapitel III.5, Abschnitt „*Trafic et crimes* und die Folgen".
[111] Verfügung Ref. I A 3, 26. 7. 1971, PA AA, B 24, 649, Bl. 13 f.
[112] AA, Ref. I A 3, an Deutsche Botschaft Paris, 27. 7. 1971, VS-Nur für den Dienstgebrauch, PA AA, B 24, 649, Bl. 15 f. Das Schreiben ist nicht unterzeichnet und durchgestrichen, es wurde wahrscheinlich wegen der zwischenzeitlichen Intervention de Boissieus – vgl. unten – nicht abgesandt. Vgl. Vermerk Schmidt, o. D., ebenda, Bl. 18.
[113] [de Boissieu] an Deutschen Botschafter Paris, 13. 7. 1971, Kopie, PA AA, B 24, 649, Bl. 7.

neuen Oradour hinzu. Wie das Frankreich-Referat beschwor auch der französische General nun die Zeit: „Hier wird Zeit ihr Werk vollbringen und die Situation beruhigen müssen."[114]

Die Idee einer Versöhnungsgeste in Oradour wurde nicht weiter verfolgt. De Boissieu brachte stattdessen eine militärische Versöhnungszeremonie auf zwei Soldatenfriedhöfen ins Spiel und verschob die Versöhnungsgeste damit in einen Rahmen, der ein egalitäres Gedenken ermöglichte. Es verwundert deshalb nicht, dass das Frankreich-Referat die Anregung befürwortete,[115] und kurz darauf Kontakt zum Führungsstab des Heeres beim Bundesministerium der Verteidigung (BMVg) aufnahm.[116]

1.7 1971–1998: Erste Kontakte und Veränderungen vor Ort

Auch in den Jahren nach Boissieus Vorschlag besuchte kein deutscher Kanzler oder Bundespräsident Oradour, doch mehrere Faktoren, die auf die Möglichkeit eines solchen Besuchs einwirkten, veränderten sich erheblich.[117] Auf nationaler Ebene leitete der fast zeitgleiche Amtsantritt des deutschen Bundeskanzlers Helmut Schmidt und des französischen Staatspräsidenten Valéry Giscard d'Estaing im Jahr 1974 eine neue Phase zwischen den beiden Nachbarstaaten ein, die sogar das „goldene Zeitalter" genannt wurde.[118] Für eine Versöhnungsgeste in Oradour war es keine günstige Zeit, denn die enge Kooperation und Freundschaft des „Tandem[s]" Schmidt-Giscard d'Estaing ging nicht mit „aufwändig inszenierten Kommemorationen und Zeremonien" zur Versinnbildlichung der deutsch-französischen Versöhnung einher.[119] Gerichtet war die politische Symbolik der beiden

---

[114] [de Boissieu] an Deutschen Botschafter Paris, 13. 7. 1971, Kopie, PA AA, B 24, 649, Bl. 7.
[115] Vgl. Ref. I A 3, Steger, an Ref. I A 7, 28. 7. 1971, Durchschlag als Konzept, PA AA, B 24, 649, Bl. 17.
[116] Vgl. Verfügung Ref. I A 3 für Schreiben an den BMVg, Führungsstab des Heeres, 11. 8. 1971, Durchschlag als Konzept, PA AA, B 24, 665, Bl. 241. Der Inspekteur des Heeres zeigte sich Ende des Jahres „im Prinzip mit der Anregung einverstanden". Allerdings sollte die Zeremonie „nicht allzusehr spektakulär und keinesfalls in Oradour stattfinden", um Heer und Waffen-SS nicht gleichzusetzen. Er schlug stattdessen vor, „einen markanten Kriegerfriedhof des 2. Weltkrieges (nicht des 1. Weltkrieges!) herauszusuchen, mit möglichst nahe zusammenliegenden französischen und deutschen Gräbern, um den symbolischen Sinn besonders deutlich zu machen." Mit diesem Vorschlag hatte sich auch der Generalinspekteur bereits einverstanden erklärt. BMVg, FÜ H I 3, Freiherr von Rosen, an AA, 22. 12. 1971, ebenda, Bl. 243. Der weitere Verlauf geht aus den eingesehenen Akten nicht hervor.
[117] Wie sich der Blick auf Oradour im Auswärtigen Amt, in der Botschaft Paris und im Generalkonsulat Bordeaux in diesen Jahren veränderte, konnte aufgrund der dreißigjährigen Aktensperrfrist und des nicht stattgegebenen Antrags auf Schutzfristverkürzung nicht anhand der Aktenbestände im PA AA nachgezeichnet werden. Es wird deshalb auf andere Quellenbestände, Interviews und Literatur zurückgegriffen, um zentrale Punkte dieser nahezu drei Jahrzehnte zu rekonstruieren.
[118] So der Historiker Haig Simonian, zitiert nach Waechter, Schmidt, S. 14.
[119] Vgl. Waechter, Schmidt, S. 69–78, dort, S. 70, zweites Zitat; Miard-Delacroix, Zeichen, S. 62–68, dort, S. 65, erstes Zitat; Frank, Élysée-Vertrag, S. 242 f.

Staatsmänner, die sich als „zukunftsorientierte Pragmatiker" verstanden, auf Gegenwart und Zukunft, nicht auf die Vergangenheit.[120] Es nimmt deshalb nicht wunder, dass es in den Jahren von Schmidts Kanzlerschaft zu keinem Gedenkakt in Oradour kam. Als Bundespräsident Walter Scheel 1975 zum Staatsbesuch nach Frankreich reiste, ließ er bei den Gedenkzeremonien den Zweiten Weltkrieg keineswegs unbeachtet, legte er doch zusammen mit seiner Frau einen Kranz am *Mémorial des martyrs de la déportation* nieder und würdigte den Widerstandskämpfer Jean Moulin in einer Ansprache in Lyon. Ein Besuch Oradours wurde bei der Vorbereitung der Reise nicht erwogen.[121]

Im Generalkonsulat Bordeaux hingegen blieb Oradour in diesen Jahren Thema. Als man dort erfuhr, dass die bundesdeutsche Justiz im Rahmen eines Ermittlungsverfahrens zum Oradour-Komplex Akten in Bordeaux ausgewertet hatte, bat man im November 1976, über die Ergebnisse informiert zu werden, da „der Fall Oradour-sur-Glâne [sic] im hiesigen Amtsbezirk, besonders im Limousin, immer wieder in Gesprächen Erwähnung findet, wobei es verschiedene Versionen über die Vorgänge gibt".[122] Vor allem aber kam es 1977 zum ersten Kontakt der deutschen Vertretung in Bordeaux mit Oradour. Ausgangspunkt war das zivilgesellschaftliche Engagement Vinzenz Kremps für Oradour, das 1976 mit der Übergabe eines Kandelabers begann und aus dem sich anhaltende Kontakte zwischen Kremp und dem Ortspfarrer Henri Boudet entwickelten. Inspiriert von Kremps Versöhnungsaktion sammelten Kriminalbeamte der Polizeidirektion Freiburg Geld, das der deutsche Generalkonsul – damals Dr. Karl Barte[123] – wohl 1977 in Form eines Schecks über 4161,40 Franc Ortspfarrer Boudet überreichte.[124] Unter anderem auf Kremps Vorschlag hin wurde Boudet schließlich 1986 mit dem Bundesverdienstkreuz ausgezeichnet. Im Vorfeld der Auszeichnung besuchte der deutsche Generalkonsul in Bordeaux – es dürfte sich um Carl-Hellmut Boehncke gehandelt haben[125] – den Pfarrer.[126] Dieser Kon-

---

[120] Vgl. Waechter, Schmidt, S. 69–78, Zitat S. 70; Frank, Élysée-Vertrag, S. 242 f. Vgl. etwa zum Vorstoß Giscard d'Éstaings, die jährliche Zeremonie zum Gedenken an den 8. 5. 1945 in Frankreich abzuschaffen und stattdessen einen europaweiten Gedenktag zur Gründung der Staatengemeinschaft einzuführen, ebenda, S. 242; Waechter, Schmidt, S. 70–75.

[121] Vgl. PA AA, AV NA, 13 547–13 549, insbesondere Bd. 13 547. Zum *Mémorial des martyrs de la déportation* (in den Akten fälschlicherweise *Monument de la Deportation* genannt) vgl. Barcellini/Wieviorka, Passant, S. 413 f.

[122] Barte an AA, 25. 11. 1976, StAM, 45 Js 11/78, Berichtsheft, Bl. 117. Obwohl die Staatsanwaltschaft in ihrer Stellungnahme ausdrücklich darauf hinwies, die Kopien der französischen Akten seien noch nicht vollständig ausgewertet, die mitgeteilten Informationen würden deshalb auf anderen Dokumenten beruhen und seien „noch unvollständig[...]", befand das Generalkonsulat, die Angaben seien „sehr wertvoll, aber auch ausreichend" gewesen. Jordan an JM NRW, 15. 3. 1977, ebenda, Bl. 122–125; Deutsches Generalkonsulat Bordeaux an AA, 21. 2. 1978, ebenda, Bl. 145.

[123] Vgl. Geschichte der deutschen Vertretungen in Bordeaux, URL: http://www.bordeaux.diplo.de/Vertretung/bordeaux/de/02/GK-Geschichte__seite.html [27. 2. 2012].

[124] Vgl. zu Kremps Engagement Kapitel VI.2.3. Wie das Generalkonsulat in diesen Kontakt involviert wurde, ist bislang unklar.

[125] Vgl. Geschichte der deutschen Vertretungen in Bordeaux, URL: http://www.bordeaux.diplo.de/Vertretung/bordeaux/de/02/GK-Geschichte__seite.html [27. 2. 2012].

[126] Vgl. Kremp an Boudet, 27. 11. 1984, Privatunterlagen Henri Boudet; Interview der Verfasserin mit Henri Boudet, 9. 5. 2008, Limoges.

takt datiert aus einer Zeit, als Gemeindeleitung und Hinterbliebenenverband noch immer die Politik verfolgten, Deutsche in Oradour nicht offiziell zu empfangen.

Zentral für die weitere Entwicklung war, dass sich das Verhältnis zwischen Oradour und dem französischen Staat in den 1980er und 1990er Jahren zunehmend normalisierte.[127] Sieht man diese Beziehung als Faktor, der die Möglichkeit einer deutsch-französischen Versöhnungsgeste in Oradour mitbestimmte, wundert es nicht, dass sich Bürgermeister Lapuelle Ende der 1980er Jahre mit der Frage nach einer solchen Geste an Staatspräsident Mitterrand wandte.[128] Doch Mitterrand reagierte zurückhaltend, und dies mag an seiner spezifischen Rolle in dem innerfranzösischen Konflikt gelegen haben wie auch daran, dass die Versöhnung des französischen Staats mit Oradour in seinen Augen noch nicht zu einem endgültigen Abschluss gekommen war. Darauf deutet hin, dass sich Mitterrands Rede am 50. Jahrestag des Massakers 1994 auf die nationale (Wieder-)Anerkennung des *village martyr* konzentrierte und auch der französische Oradour-Prozess und das anschließende Amnestie-Gesetz zur Sprache kamen. Vom Versuch, „eine neue Freundschaft zwischen Völkern ins Werk zu setzen, die sich erbittert bekämpft haben", sprach Mitterrand am Ende seiner Rede in weltweiter und vor allem europäischer Hinsicht, das Wort „deutsch" hingegen sprach er – wie de Gaulle 1962 – nicht einmal aus.[129] Dass sich der französische Präsident „jeglicher anti-deutscher Spitzen" versagte, sieht Ulrich Lappenküper nicht nur in Mitterrands Ja zur Amnestie im Jahr 1953 begründet. Dass er „auch dieser Rede bewusst einen versöhnlichen, zukunftsweisenden Schluss" gab, sei Mitterrand „umso mehr geboten [erschienen], als seine Einladung deutscher Soldaten zur Parade am Nationalfeiertag [...] eine heftige Kontroverse ausgelöst hatte".[130] Mit dem Blick auf Oradour verweist Mitterrands Schweigen zu Deutschland indes auch darauf, dass es noch immer um eine innerfranzösische Versöhnung ging. Mitterrand hielt sich an die von Gemeindeleitung und ANFM vorgegebene Ausrichtung des Jahrestags: nicht die Beziehung zu Deutschland, sondern die Öffnung des Orts hin zu anderen europäischen Märtyrerorten stand im Mittelpunkt.[131] Während Bürgermeister Lapuelle die Möglichkeit einer deutsch-französischen Versöhnungsgeste in Oradour wahrscheinlich noch hinter den Kulissen ausgelotet hatte, nahm sein Nachfolger die Annäherung an Deutschland ab 1995 auf andere Weise in Angriff. Raymond Frugier brach mit der Politik seines Vorgängers, keine offiziellen Kontakte mit Deutschland zu pflegen, und begann, deutsche Besucher des *village martyr* offiziell zu empfangen. Damit öffnete er unter anderem die Tür für eine weitere Annäherung mit der deut-

---

[127] Vgl. Kapitel II.2.
[128] Vgl. Tulle et Oradour, Table ronde, France 3 Limousin, 2004, ACMO, V4.5.2/03.
[129] Allocution de Monsieur François Mitterrand, Président de la République, lors de la commémoration du 50ème anniversaire du massacre d'Oradour sur Glane, Oradour sur Glane le 10 juin 1994, ACMO, A 4A17.
[130] Lappenküper, Mitterrand, S. 335; zum Kontext der Gedenktage 1994 auch Rosoux, Usages, S. 70–73.
[131] Vgl. Kapitel II.2, Abschnitt „Tiefgreifende Umwälzungen: Von den 1980er Jahren bis 1995".

schen Vertretung in Bordeaux und bereitete auf lange Sicht den Weg zum Besuch des deutschen Bundespräsidenten 2013.

1.8 1998–2003: Neue Ansprechpartner, Themen und Entwicklungen

Bei den Überlegungen des Auswärtigen Amts und der Pariser Botschaft 1962, 1968 und 1971 zur Frage einer deutschen Versöhnungsgeste in Oradour spielte die Haltung der Überlebenden und Hinterbliebenen, der Konflikt zwischen Oradour und dem französischen Staat sowie die konflikthafte Beziehung des Orts mit dem Elsass keine Rolle. Dies änderte sich 1998, und das Credo „Nicht an Oradour rühren!" wandelte sich mit dieser Wahrnehmungsverschiebung zu „Sich Oradour behutsam annähern!".[132]

Der erste Faktor, der als Hemmschuh für eine deutsche Versöhnungsgeste wahrgenommen wurde, war die Elsass-Problematik. Anlass waren die Gedenkfeierlichkeiten am 10. Juni 1998, bei denen erstmals seit 1953 eine elsässische Abordnung zugegen war, an ihrer Spitze der damalige Straßburger Bürgermeister Roland Ries.[133] Das deutsche Generalkonsulat Straßburg informierte das Auswärtige Amt und die deutschen Vertretungen in Paris und Bordeaux über Ries' Besuch wie auch darüber, dass es bei den damit verbundenen Versöhnungsbemühungen darum gehe, „die Bitterkeit der Hinterbliebenen von Oradour gegenüber den Elsässern zu mildern, offenbar auch heute noch ein gewichtiger Faktor".[134] Als 1999 neben Roland Ries weitere Vertreter des Elsass an der Eröffnung des CMO teilnahmen, glaubte das Generalkonsulat in Bordeaux, „damit dürfte der Schlussstrich unter die Vergangenheit gezogen sein, in der die Beziehungen zwischen den beiden Regionen wegen der Beteiligung von zwangsverpflichteten Elsässern an dem Massaker, ihrer Verurteilung und Amnestierung belastet waren".[135] Diese Bewertung sollte sich als Fehlschluss erweisen und die innerfranzösischen Spannungen auf die Beziehungen zwischen Bundesrepublik und Oradour einwirken.

Zunächst ging mit der Eröffnung des CMO jedoch ein weiterer Schritt der Annäherung zwischen Deutschland und Oradour einher. Bereits zwei Monate vor der Einweihungsfeier beschäftigte das Generalkonsulat und das Auswärtiges Amt die Frage, ob man bei einer ausbleibenden Einladung von sich aus „eine Beteiligung betreiben" sollte und wie? Sogar das Bundeskanzleramt wurde darüber infor-

---

[132] Dieses Kapitel kann sich aufgrund einer Sondergenehmigung erneut auf Akten des PA AA stützen.
[133] Vgl. Meyer, Wandel, S. 373 f.
[134] Fernschreiben Generalkonsulat Straßburg an AA, weitergeleitet an Deutsche Botschaft Paris, 23. 6. 1998, auch für Bordeaux und Moskau, PA AA, AV NA, 32 185.
[135] Fernschreiben Generalkonsulat Bordeaux an AA, weitergeleitet an Deutsche Botschaft Paris, 20. 7. 1999, auch für Generalkonsulat Straßburg, PA AA, AV NA, 32 185.

miert.[136] Schließlich erfolgte die Einladung durch Bürgermeister Frugier und Jean-Claude Peyronnet, Präsident des Regionalrats des Departement Haute-Vienne (*Conseil Régional de la Haute-Vienne*) und des CMO.[137] Da Generalkonsul Erwin Starnitzky verhindert war, nahm ein Stellvertreter am 16. Juli 1999 an den Einweihungsfeierlichkeiten teil. Mit Blick auf den Raum, den das Thema Deutschland während der Feierlichkeiten eingenommen hatte, berichtete er an das Auswärtige Amt, Präsident Chirac habe im Gegensatz zu Bürgermeister Frugier – „der in seiner Rede jeden Hinweis auf Deutschland vermieden hatte" – deutlich ausgesprochen, wer das Massaker verübt habe. Gleichzeitig habe er betont, dass „das Deutschland von damals nicht das von Adenauer, Brandt und Kohl sei, mit denen man das geeinte Europa aufgebaut habe, in dem sich die Sehnsucht nach Frieden und Menschlichkeit verwirklichen lasse".[138] Anders als de Gaulle 1962 und Mitterrand 1994 umging Chirac das Thema Deutschland nicht. Dies lässt sich zum einen damit erklären, dass Chirac anders als die beiden Vorgänger nicht in die Konflikte verstrickt war, die im Bordeaux-Prozess und der darauffolgenden Amnestie wurzelten. Zum anderen mag eine Rolle gespielt haben, dass die Fertigstellung des CMO ein Meilenstein im Prozess der Wiederannäherung zwischen französischem Staat und Oradour darstellte, womit Raum für neue Themen entstand.

Die Ansprechpartner für die deutsche Vertretung in Bordeaux blieben in den folgenden Jahren Gemeindeleitung und CMO. Darin spiegelt sich die allgemeine Öffnungspolitik sowohl Frugiers als auch des CMO gegenüber Deutschland. Der Hinterbliebenenverband war in diese Entwicklung zunächst nicht integriert. Diese Aufstellung im Akteursfeld zeigt sich deutlich beim nächsten Schritt der Annäherung: der Kranzniederlegung des deutschen Generalkonsuls im Mai 2001. Diese fand am *Tombeau des Martyrs*, dem Mahnmal der ANFM auf dem lokalen Friedhof, statt. Doch ausgerechnet vom Hinterbliebenenverband war kein offizieller Vertreter anwesend. Empfangen und begleitet wurden die Gäste von Bürgermeister Frugier, den beiden letzten Überlebenden[139] des Massakers, der Direktorin und Mitarbeitern des CMO. Nach dem Rundgang durch Ruinen und Gedenkstätte folgte ein Empfang durch Jean-Claude Peyronnet.[140]

---

[136] Fernschreiben Generalkonsulat Bordeaux an AA, citissime, weitergeleitet an Deutsche Botschaft Paris, 27. 5. 1999, citissime, auch für Chef des Bundeskanzleramts, PA AA, AV NA, 32 185.

[137] In der Forschung wurde bislang betont, die Einladung eines Vertreters Deutschlands bzw. eine deutsche Präsenz sei für die *communauté d'Oradour* nicht infrage gekommen. Vgl. Fouché, Centre, S. 135; Fouché, Oradour, S. 11. Zur Position Peyronnets als Präsident des CMO vgl. Meyer, Wandel, S. 352 f..

[138] Fernschreiben Generalkonsulat Bordeaux an AA, weitergeleitet an Deutsche Botschaft Paris, 20. 7. 1999, auch für Generalkonsulat Straßburg, PA AA, AV NA, 32 185.

[139] Wörtlich war die Rede von „den beiden letzten von ursprünglich sechs Überlebenden des Massakers", womit wohl die beiden letzten überlebenden Männer der Exekution in der Scheune Laudy, Robert Hébras und Jean-Marcel Darthout gemeint waren. Generalkonsulat Bordeaux an AA, 17. 5. 2001, Doppel, PAA AA, AV-NA, 32 185.

[140] Vgl. Generalkonsulat Bordeaux an AA, 17. 5. 2001, Doppel, PA AA, AV NA, 32 185. Dem Schreiben liegen mehrere schwarz-weiß ausgedruckte Bilder der Zeremonie bei, eines zeigt Kranz und Kranzschleife.

Der Gedenkakt verdeutlicht, wie klein die Schritte der Annäherung waren. Allem Anschein nach war er von Beginn an als gemeinsames Gedenken des deutschen Generalkonsuls mit zwei Europaabgeordneten und im Rahmen eines Studientags zu Europafragen geplant. Nachdem sich Bürgermeister Frugier mit der gemeinsamen Kranzniederlegung einverstanden erklärt hatte,[141] besuchte Generalkonsul Starnitzky das *village martyr* am 10. Mai 2001 zusammen mit dem Europaabgeordneten Gilles Savary und François Spirlet. Letzterer war von den Nationalsozialisten deportiert worden und nun Vorsitzender der *Association Devoir du Mémoire* in Arcachon. Ebenfalls anwesend waren Schüler, die sich mit dem Thema „Devoir de Mémoire et Construction de l'Europe" beschäftigten. Damit war der Besuch des Generalkonsuls in einen europäischen Kontext gerahmt bzw. der deutsch-französische Gedenkakt gleichsam darin „verdünnt". Der von dem Generalkonsul niedergelegte Kranz war dennoch mit einer schwarz-rot-goldenen Schleife und der Aufschrift „Der Generalkonsul der Bundesrepublik Deutschland" versehen.[142]

Von Generalkonsul Starnitzky wurde französischerseits keine Ansprache erwartet, sodass sich die Frage nach deren Gestaltung in Wohlgefallen auflöste.[143] Im Vorfeld der Kranzniederlegung war Starnitzky „davon aus[gegangen], dass eine ausdrückliche Bitte um Vergebung angesichts der mit dem Elysee-Vertrag besiegelten deutsch-französischen Aussöhnung und der seither bestehenden Freundschaft und Zusammenarbeit nicht tunlich wäre".[144] Doch dieser Rückzug hinter den inzwischen fast vierzigjährigen deutsch-französischen Freundschaftsvertrag entsprach nicht mehr den Zeichen der Zeit. Schon Anfang 2001 war die Frage einer Entschuldigung gegenüber Oradour Thema im Auswärtigen Amt, nachdem die IG Metall Verwaltungsstelle Ludwigshafen-Frankenthal eine solche Geste gegenüber der rheinland-pfälzischen Staatskanzlei zur Sprache gebracht hatte. Mainz leitete die Resolution der Verwaltungsstelle an das Auswärtige Amt weiter.[145] Spätestens jetzt schlug sich im Fall Oradour eine Entwicklung nieder, die bereits viel früher eingesetzt hatte. 1970 hatte Willy Brands Kniefall in Warschau „den Reigen der historisch-politischen Schuldbekenntnisse eröffnet [...]".[146] Es war ein „politische[s] Bußritual",[147] wie es – wenn auch in anderen Formen – ab Ende der

---

[141] Vgl. Fernschreiben Generalkonsulat Bordeaux an E 10, auch für Deutsche Botschaft Paris, mehrfach weitergeleitet, 25. 4. 2001, PA AA, AV NA, 32 185.

[142] Vgl. Anlage 3 zu Generalkonsulat Bordeaux an AA, 17. 5. 2001, Doppel, PA AA, AV NA, 32 185.

[143] Vgl. Generalkonsulat Bordeaux an AA, 17. 5. 2001, Doppel, PA AA, AV NA, 32 185.

[144] Fernschreiben Generalkonsulat Bordeaux an E 10, auch für Deutsche Botschaft Paris, mehrfach weitergeleitet, 25. 4. 2001, PA AA, AV NA, 32 185.

[145] Die Resolution liegt den Akten nicht bei und bei der IG Metall Ludwigshafen-Frankenthal nicht mehr vor. Vgl. E-Mails Birgit Mohme an die Verfasserin, 13. und 20. 2. 2012. Die Informationen sind allein folgendem Dokument zu entnehmen: Christoph Zöpel, Staatsminister im AA, an Chef der Staatskanzlei des Landes Rheinland-Pfalz, Herrn Staatssekretär Klaus Rüter, 23. 1. 2001, Entwurf, PA AA, AV NA, 32 185.

[146] Sachse, Entschuldigung, S. 227.

[147] So der Untertitel von Hermann Lübbes kritischem Essay „‚Ich entschuldige mich'. Das neue politische Bußritual" aus dem Jahr 2001.

1990er Jahre zunehmend praktiziert wurde, und sich so weltweit ein „historisch neuer Politikstil" konstituierte.[148] Der „Trend zu politischen Entschuldigungen"[149] – sogar von einem „age of apology"[150] ist die Rede – wird kontrovers gesehen. Während manche meinen, darin „a sign of political and moral progress" zu sehen, bewerten andere die öffentlichen Entschuldigungen als „empty rituals" und „destructive moralisation of international politics".[151]

Das Antwortschreiben des Auswärtigen Amts an die rheinland-pfälzische Staatskanzlei zeigt, wie sehr sich der Duktus auch in Sachen Oradour verändert hatte. Hatte man 1962 von einem „Schlussstrich" gesprochen und Oradour allein abstrakt wahrgenommen, so hieß es jetzt, der deutsch-französische Aussöhnungsprozess beruhe „nicht zuletzt auf der gemeinsamen Auseinandersetzung mit einer schrecklichen Vergangenheit". Das Massaker sei „für alle Deutschen Grund zur Trauer, Betroffenheit und Scham". Darüber hinaus spielten die von dem Massaker Betroffenen in der weiteren Argumentation eine wichtige Rolle: Bei der Frage, „in welcher Weise dies von der Bundesregierung zum Ausdruck gebracht werden sollte", müsse „auch die Haltung der Hinterbliebenen respektiert und berücksichtigt werden, die sich [in] der Vergangenheit gegen eine Einladung von deutschen Vertretern ausgesprochen" hätten.[152]

Für die Zurückhaltung des Auswärtigen Amts gab es möglicherweise einen weiteren Grund. Denn intern wurde das der Rechtsabteilung unterstehende Referat 503 (zuständig für Kriegsfolgen, aus Krieg und Besatzung entstandenen Fragen, Wiedergutmachung u. a.)[153] gebeten, zu prüfen, „wie allgemein mit Bitten um Entschuldigung für konkrete Gräueltaten aus der NS-Zeit verfahren" werde.[154] Womöglich wollte man klären, wie sich offizielle Entschuldigung und finanzielle Forderungen zueinander verhielten. Das Auswärtige Amt verwies in seinem Schreiben an die Mainzer Staatskanzlei weiterhin darauf, dass ein Vertreter des deutschen Generalkonsuls in Bordeaux an der Einweihung des CMO teilgenommen und Bundeskanzler Schröder Oradour in seiner Rede anlässlich der Ausstellungseröffnung „Juden in Berlin 1938–1945" am 8. Mai 2000 zusammen

---

[148] Sachse, Entschuldigung, S. 227. Vgl. zu dieser Entwicklung auch Sassoon, Entschuldigung; Assmann, Schatten, S. 114–116.
[149] Daase, Entschuldigung; Daase/Engert/Renner, Introduction, S. 1.
[150] So der Titel eines Sammelbands von Gibney u. a., zitiert nach Daase/Engert/Renner, Introduction, S. 1.
[151] Daase/Engert/Renner, Introduction, S. 1.
[152] Christoph Zöpel, Staatsminister im AA, an Chef der Staatskanzlei des Landes Rheinland-Pfalz, Herrn Staatssekretär Klaus Rüter, 23. 1. 2001, Entwurf, PA AA, AV NA, 32 185.
[153] Referat 503 war 1987–2012 zuständig für Kriegsfolgen, aus Krieg und Besatzung entstandene Fragen, Truppenstationierung, Auslandsvermögen, Auslandsverschuldung, Wiedergutmachung und Grenzen der Bundesrepublik Deutschland. Vgl. telefonische Auskunft des PA AA am 7. 2. 2017.
[154] Die Bitte um Überprüfung und Ergänzung durch Referat 503 ist handschriftlich durchkreuzt, ebenso die Verteilerauflistung. Christoph Zöpel, Staatsminister im AA, an Chef der Staatskanzlei des Landes Rheinland-Pfalz, Herrn Staatssekretär Klaus Rüter, 23. 1. 2001, Entwurf, PA AA, AV NA, 32 185.

mit Lidice, Auschwitz und Rotterdam als „Ort des Zivilisationsbruchs schlechthin" genannt habe.[155]

In Oradour war Schröders Rede indes nicht bekannt, wie Generalkonsul Starnitzky bei seinem Besuch am 10. Mai 2001 erfuhr. Die Frage der „noch ausstehenden Bitte um Vergebung", so berichtete er nach der Kranzniederlegung ins Auswärtige Amt, sei während seines Besuchs nur indirekt zur Sprache gekommen. So hatte er von einem der Überlebenden erfahren, die deutschen Besucher, besonders Journalisten, seien so beeindruckt, dass sie von sich aus um Entschuldigung für die Taten ihrer Eltern und Großeltern bäten. Darüber hinaus hatte ihm die Leiterin des CMO, Anne-Dominique Barrère, mitgeteilt, es „werde nicht eigentlich eine Entschuldigung erwartet, sondern eine offizielle Anerkennung des seinerzeit Geschehenen durch die Bundesregierung". Starnitzky schlug dem Auswärtigen Amt deshalb vor, die Gedenkstätte und den Bürgermeister Oradours über die Passagen aus Schröders Rede zu informieren.[156] Dies geschah offenbar, denn in der Dezember-Ausgabe des Gemeindeblatts zitierte Bürgermeister Frugier die entsprechende Passage und schrieb, die Rede sei seiner Ansicht nach „die erste explizite Anerkennung des Massakers von Oradour" und „eine De-facto-Anerkennung der Verantwortung des deutschen Volks".[157] Auch das Auswärtige Amt teilte auf entsprechende Anfragen nun mit, die Aussage Schröders komme „einer offiziellen Anerkennung des Verbrechens gleich".[158]

Spätestens im Nachgang der Kranzniederlegung wurde das Generalkonsulat Bordeaux auch über die schwierige Lage hinsichtlich des Hinterbliebenenverbands informiert. In einem Schreiben bezeichnete Bürgermeister Frugier die Geste des Generalkonsuls als „hochsymbolisch". Langfristig könne er sich eine Beteiligung des Generalkonsuls oder sogar des Botschafters an den jährlichen Gedenkveranstaltungen am 10. Juni vorstellen, „noch aber seien die Einwohner von Oradour, insbesondere die Nationale Vereinigung der Märtyrer-Familien nicht dazu bereit". Starnitzky resümierte, die Frage müsse „von unserer Seite behutsam angegangen werden." Als langfristiges Ziel sah er an, dass „eine offizielle deutsche Beteiligung an den Gedenkveranstaltungen zum 10. Juni ebenso eine Selbstverständlichkeit

---

[155] Christoph Zöpel, Staatsminister im AA, an Chef der Staatskanzlei des Landes Rheinland-Pfalz, Herrn Staatssekretär Klaus Rüter, 23. 1. 2001, Entwurf, PA AA, AV NA, 32 185. Die Ansprache wird darin fälschlicherweise auf den 8. 5. 2001 datiert. Vgl. Rede von Bundeskanzler Gerhard Schröder anlässlich der Eröffnung der Ausstellung „Juden in Berlin 1938–1945" in der Stiftung „Neue Synagoge Berlin – Centrum Judaicum" am 8. 5. 2000 in Berlin. Die Ansprache findet sich im Wortlaut auf der Internetseite des Presse- und Informationsamts der Bundesregierung URL: https://www.bundesregierung.de/breg-de/service/bulletin#/ [15. 12. 2021].
[156] Generalkonsulat Bordeaux an AA, 17. 5. 2001, Doppel, PA AA, AV NA, 32 185.
[157] Raymond Frugier, „Au plan de l'Histoire", in: Oradour sur Glane, Bulletin municipal, Le Radounaud, Dezember 2001, S. 4, ACO.
[158] Vgl. AA an den Leistungskurs „Französisch", Katholische Schule St. Marien, Berlin, 27. 7. 2001, Durchschlag als Konzept, PA AA, AV NA, 32 185. Die Schüler hatten in einem Anschreiben an den Präsidenten des Deutschen Bundestags, Wolfgang Thierse, „die Frage einer offiziellen Kenntnisnahme" des Massakers „von deutscher Seite" aufgeworfen.

[wird,] wie unsere Beteiligung am Tag der Deportation, am 8. Mai, am 11. November oder offizielle französische Beteiligungen am Volkstrauertag jetzt schon sind".[159]

Einen weiteren Schritt auf dem Weg zur Normalisierung ging Starnitzkys Nachfolgerin Generalkonsulin Gudrun Lücke-Hogaust zwei Jahre später zusammen mit Bürgermeister Frugier: Bei ihrem Besuch des *village martyr* wurde die Vertreterin der Bundesrepublik im Rathaus empfangen – und Frugier berichtete darüber im lokalen Gemeindeblatt.[160] Das von Starnitzky formulierte langfristige Ziel wurde jedoch auch in den nächsten Jahren nicht erreicht. Als am 10. Juni 2004 der 60. Jahrestag des Massakers begangen wurde, waren weder der Generalkonsul noch der deutsche Botschafter zugegen, von Bundeskanzler und Bundespräsident ganz zu schweigen.

1.9 2004: Kein „Raum für einen politischen Versöhnungsakt seitens Deutschland"

Fünf Jahre nachdem das Generalkonsulat in Bordeaux einen Schlussstrich unter dem Konflikt zwischen Oradour und dem Elsass zu sehen glaubte, musste die Pariser Botschaft feststellen, dass die Gedenkfeier zum 60. Jahrestag des Massakers „ganz im Zeichen der innerfranzösischen Aussöhnung zwischen Oradour und dem Elsass" stand: der Straßburger Erzbischof und der Bischof von Limoges feierten gemeinsam die Messe, elsässische Abgeordnete, Vertreter des Regionalrats und die Straßburger Bürgermeisterin Fabienne Keller nahmen am Gedenkakt teil, elsässische Delegationen fanden breiten Raum in den Medien.[161] Und auch im Verhältnis zum französischen Staat gab es noch Folgen des Zerwürfnisses von 1953 zu beseitigen: Premierminister Jean-Pierre Raffarin brachte jene Gedenktafel nach Oradour zurück, die de Gaulle 1945 überreicht und die Opferfamilien 1953 zurückgegeben hatten.[162]

Das die Gedenkfeierlichkeiten dominierende Moment der Versöhnung mit dem Elsass wirkte auch auf die offiziellen deutschen Beziehungen zu Oradour ein. So berichtete die deutsche Botschaft in Paris in das Auswärtige Amt, diese „schwierige nationale Aufgabe hätte keinen Raum für einen politischen Versöhnungsakt seitens Deutschland zu diesem Zeitpunkt gelassen". Sie sei jedoch „conditio sine qua non für unsere weiteren Bemühungen". Den Grund für die ausgebliebene Einladung zum Gedenktag vermuteten die Pariser Diplomaten bei den „immer noch – zumindest bei einem Teil der Opferfamilien – vorhandenen Widerständen"

---

[159] Generalkonsulat Bordeaux an AA, 17. 5. 2001, Doppel, PA AA, AV NA, 32 185.
[160] Vgl. „Le 14 janvier 2003", in: Oradour sur Glane, Bulletin municipal, Le Radounaud, Juli 2003, S. 10, ACO. Gudrun Lücke-Hogaust hatte im Juli 2001 die Nachfolge von Generalkonsul Starnitzky angetreten. Vgl. E-Mail Generalkonsulat Bordeaux an die Verfasserin, 14. 3. 2012.
[161] Fernschreiben Deutsche Botschaft Paris an AA, 11. 6. 2004, PA AA, Zwischenarchiv 413 469.
[162] Vgl. „Cérémonies – Manifestations", in: Oradour sur Glane, Bulletin municipal, Le Radounaud, Dezember 2004, S. 11 f., hier S. 12, ACO.

oder aber in der Tatsache, diesen Jahrestag „ganz im Zeichen der innerfranzösischen Aussöhnung sehen zu wollen". Eine Einladung der Generalkonsulin zum Mittagessen und einer anschließenden Veranstaltung durch das CMO hatte man ausgeschlagen. Angesichts der ablehnenden Haltung einiger Opferfamilien und der Tatsache, dass das CMO aufgrund seiner „Öffnungspolitik" mit dem Ort Oradour bisweilen „über Kreuz" liege, bewertete man die Anwesenheit am Jahrestag ohne offizielle Einladung des Orts als „nicht angezeigt". Die deutschen Diplomaten hatten im Vorfeld des 10. Juni beobachten können, wie heikel die Frage einer deutschen Beteiligung an der Gedenkzeremonie noch immer war. An den Gedenkfeierlichkeiten nahmen in diesem Jahr deutsche Jugendliche teil, die ein europäisches Jugendseminar im CMO besuchten. Doch ihr Aufenthalt „war im Vorfeld in Oradour selbst höchst umstritten und hatte zu heftigen Diskussionen geführt".[163]

Dennoch konnte das Auswärtige Amt einen Fortschritt bei der Annäherung an Oradour vonseiten der höchsten politischen Ebene verzeichnen. Wie bereits erwähnt nahm Gerhard Schröder vier Tage vor dem 10. Juni 2004 als erster deutscher Bundeskanzler an den Gedenkfeierlichkeiten zum Jahrestag der alliierten Landung in der Normandie teil. Schröder ging in Caen einen Schritt weiter auf Oradour zu als in seiner Berliner Rede 2001. Nachdem er unter anderem auf die Verantwortung Deutschlands für den Zweiten Weltkrieg und die daraus resultierende Verantwortung hingewiesen hatte, fuhr er fort: „Ich gedenke auch der Bürger von Oradour. Sie fielen vor 60 Jahren einer entfesselten, unmenschlichen Waffen-SS zum Opfer."[164] Damit erkannte der deutsche Bundeskanzler das Massaker nicht nur an, sondern gedachte explizit der Opfer des Verbrechens – wenn auch aus der Ferne. Es ist gut möglich, dass diese vor der Weltöffentlichkeit ausgesprochene Anerkennung des Geschehens auf den Erfahrungen und dem Wissen der deutschen Vertretung in Bordeaux basierte.[165] Die Pariser Botschaft bilanzierte, dass dieser Schritt „uns Wohlwollen eingebracht" habe. Sowohl in den Medien als auch in der Bevölkerung sei die ausdrückliche Erwähnung gewürdigt worden.[166]

Mehrere Dokumente des Jahres 2004 zeigen, dass die deutsche Seite jetzt eine „politische" oder „offizielle" Versöhnungsgeste anstrebte, die Lage vor Ort respektive die Beziehung zu Oradour jedoch noch nicht als solide genug für diesen

---

[163] Fernschreiben Deutsche Botschaft Paris an AA, 11. 6. 2004, PA AA, Zwischenarchiv 413 469. Vgl. auch Kapitel VI.2.7, Abschnitt „Notwendigkeit oder Unmöglichkeit einer Öffnung nach Deutschland: Argumente und Grenzen.

[164] Rede von Bundeskanzler Gerhard Schröder bei den französisch-deutschen Feierlichkeiten des „D-Day" am 6. Juni 2004 in Caen. Die Ansprache findet sich im Wortlaut auf der Internetseite des Presse- und Informationsamts der Bundesregierung, URL: https://www.bundesregierung.de/breg-de/service/bulletin#/ [28. 4. 2021].

[165] Eine erste Rohfassung der Rede schrieb Michael Naumann, 1998–2000 Kulturstaatsminister unter Schröder, „durchgesehen wird sie unter anderem von der Leiterin des Kanzlerbüros und ihrem Stellvertreter, außerdem von Doris Schröder-Köpf und einem Berliner Historiker". Schöllgen, Schröder, S. 773.

[166] Fernschreiben Deutsche Botschaft Paris an AA, 11. 6. 2004, PA AA, Zwischenarchiv 413 469.

Schritt einschätzte. Im Vordergrund stand daher zunächst eine weitere Annäherung in kleinen und nicht nur politischen Schritten. Entsprechend hieß es nach der Gedenkfeier zum 60. Jahrestag, ein kommender politischer Versöhnungsakt erfordere „Begleitmaßnahmen mit ‚menschlicher' Symbolkraft (vgl. Projekt ‚Rosen für Lidice'), Projekte der Jugendbegegnung und der Erinnerungsarbeit".[167] Die Idee, eine politische Geste mit zivilgesellschaftlichem, aber staatlich finanziertem Engagement zu flankieren, kam nicht von ungefähr. Das Auswärtige Amt hatte bereits mit einer nicht unerheblichen Summe ein im CMO veranstaltetes Projekt unterstützt. Die Jugendlichen, die daran teilnahmen, waren in die Gedenkfeier zum 60. Jahrestag des Massakers integriert. Da diese Teilnahme an der Gedenkfeier in den Medien positiv aufgenommen wurde, hielt man in Paris fest, das Geld „hätte nicht besser angelegt sein können". In Oradour sei „mit großem Interesse vermerkt worden", dass die Jugendlichen bei der Renovierung des Rosengartens von Lidice mitgeholfen hätten.[168]

Dieser Logik entsprechend setzte sich die Pariser Botschaft kurz darauf für die Unterstützung einer Oradour-Ausstellung in Berlin und für ein trinationales Fortbildungsseminar für Lehrer in Oradour ein, beides mit dem Gedanken einer weiteren Normalisierung bzw. Annäherung und um „das Terrain für eine offizielle deutsche Versöhnungsgeste vorzubereiten". Da Innenminister Otto Schily am 12. August 2004 das italienische Sant'Anna di Stazzema besucht habe, so die Botschaft in Paris in diesem Zusammenhang, „bleiben die Erwartungen uns gegenüber hoch".[169]

Angesichts der Eindringlichkeit, mit der in der Pariser Botschaft im Sommer 2004 von der anvisierten politischen Versöhnungsgeste die Rede war, stellt sich die Frage, warum es erst 2013 dazu kam. Sicher, der deutsche Generalkonsul in Bordeaux oder sein Vertreter waren nach 2004 mehrmals bei Veranstaltungen in Oradour zugegen[170] und 2012 verlieh Generalkonsul Hans-Werner Bussmann das Bundesverdienstkreuz an Robert Hébras.[171] Auch Bürgermeister Frugier empfing zunehmend höherrangige deutsche Politiker.[172] Doch von der 2001 gewünschten

---

[167] Fernschreiben Deutsche Botschaft Paris an AA, 11. 6. 2004, PA AA, Zwischenarchiv 413 469.
[168] Fernschreiben Deutsche Botschaft Paris an AA, 11. 6. 2004, PA AA, Zwischenarchiv 413 469. Das Seminar war der dritte Teil eines zuvor in Lidice (2002) und Kalavryta (2003) veranstalteten, von der Europäischen Union finanzierten Projekts.
[169] Fernschreiben Deutsche Botschaft Paris an AA, 18. 8. 2004, Nr. 787, PA AA, Zwischenarchiv 413 469; Fernschreiben Deutsche Botschaft Paris an AA, 18. 8. 2004, Nr. 788, ebenda, dort Zitate.
[170] So waren u. a. bei dem Empfang anlässlich des Konzerts der Schwaiger Chorgemeinschaft und des Fürther Kammerorchesters in Oradour zwei Vertreter des Generalkonsulats anwesend. Vgl. Andreas Sichelstiel, Europahymne Höhepunkt, in: Pegnitz-Zeitung (Lauf u. a.), 21. 5. 2007, S. 4. Vgl. zu dem Konzert Kapitel VI.2.7, u. a. Abschnitt „Schlüsselpersonen und Strukturen".
[171] Vgl. Laurent Borderie, Le jour de ses 90 ans, Robert Hébras reçoit une haute distinction de la République Allemande, in: Le Populaire du Centre, 1. 7. 2015, URL: http://www.lepopulaire.fr/oradour-sur-glane/armee-conflit/politique/2015/07/01/le-jour-de-ses-90-ans-robert-hebras-recoit-une-haute-distinction-de-la-republique-allemande_11503401.html [20. 2. 2017].
[172] Vgl. Kapitel VI.2.7.

„Selbstverständlichkeit", mit der der deutsche Generalkonsul oder gar der deutsche Botschafter an den Gedenkfeierlichkeiten des 10. Juni teilnehmen sollten, war man mehr als zehn Jahre später weit entfernt. Was sprach weiterhin gegen die geplante Geste?

Die Erklärung liegt vermutlich darin, dass sich die Beziehung zwischen Oradour und dem Elsass nicht endgültig entspannte und die Opferfamilien einer solchen Geste nicht einmütig zustimmten – beides Gründe, die 2004 gegen eine deutsche Versöhnungsgeste angeführt wurden.[173] Nach dem 60. Jahrestag nahmen weiterhin Vertreter des Elsass an den jährlichen Gedenkfeiern teil,[174] und auch darüber hinaus gab es Kontakte und Austausch.[175] Doch mit den entstehenden Beziehungen trafen auch Erinnerungen und Verletzungen aufeinander und führten teils zu erheblichen Konflikten. So klagte die *Association des Déserteurs, Evadés et Incorporés de Force* (ADEIF) im Herbst 2010 gegen Robert Hébras, weil er in einem Buch die Zwangsrekrutierung der in Oradour eingesetzten Elsässer infrage gestellt hatte. Als Hébras 2011 in Straßburg einen Film über sein Leben vorstellte, entgleiste die daran anschließende Diskussion dermaßen, dass die Straßburger Tageszeitung *Dernières Nouvelles d'Alsace* (DNA) von einer „misslungenen Versöhnung" sprach.[176] Der innerfranzösische Konflikt blieb auch Jahrzehnte nach dem Bordeaux-Prozess emotional stark aufgeladen.[177] Zwischen Oradour und Deutschland entwickelten sich die Beziehungen nach 2004 unterhalb der höchsten

---

[173] Der Antrag auf vorzeitige Auswertung der relevanten Akten im PA AA aus den Jahren nach 2004 wurde 2011 mit dem Verweis auf personenbezogene Informationen abschlägig beschieden. Diese Entscheidung, so die Begründung, hinge darüber hinaus „nicht zuletzt damit zusammen, dass die Aussöhnung betreffend die Ereignisse in Oradour einen noch nicht abgeschlossenen Prozess im deutsch-französischen Verhältnis darstellt". E-Mail Frhr. von Boeselager an die Verfasserin, 15. 9. 2011.

[174] So beispielsweise Delegationen aus Straßburg und Schiltigheim im Jahr 2011. Vgl. „10 Juin 2011, Cérémonies commémoratives du massacre", in: Oradour-sur-Glane, Le Radounaud, Bulletin Municipal, August 2011, S. 13, ACO.

[175] Kontakte entstanden etwa mit der elsässischen Gemeinde Lembach. Vgl. persönliche Information des Bürgermeisters von Lembach, Charles Schlosser, an die Verfasserin, sowie u. a. Des visiteurs d'Oradour, 28. 4. 2007, URL: http://sitemap.dna.fr/articles/200704/28/des-visiteurs-oradour,wissembourg,000013369.php [4. 5. 2021].

[176] Manuel Plantin, Une réconciliation ratée, 24. 11. 2011, URL: http://www.dna.fr/actualite/2011/11/24/une-reconciliation-ratee [5. 4. 2012]. Was die Eskalation der Diskussion anbelangt, so liegt auch meine eigene Einschätzung des Abends zugrunde, bei dem ich anwesend war. Wenige Monate später reagierte Hébras erstmals mit einer Anzeige auf ein anonymes Schreiben, in dem er beleidigt wurde. Vgl. Masacre d'Oradour: Robert Hébras porte plainte, 27. 2. 2012, aktualisiert am 10. 6. 2020, URL: https://france3-regions.francetvinfo.fr/grand-est/info/massacre-d-oradour--robert-hebras-porte-plainte-134963.html [3. 5. 2021].

[177] Und dies, obwohl der französische Staatspräsident Nicolas Sarkozy am 8. 5. 2010 die ehemaligen Zwangsrekrutierten in Colmar gewürdigt und ihnen attestiert hatte, keine Verräter gewesen zu sein. Es war dies das erste Mal, „dass ein Staatschef das Gedenken an die Zwangsrekrutierten aus dem Elsass und dem Departement Moselle so deutlich und öffentlich würdigte". 8 mai 1945: Nicolas Sarkozy en Alsace pour „réparer une injustice", 8. 5. 2010, URL: https://www.lemonde.fr/societe/article/2010/05/08/8-mai-1945-nicolas-sarkozy-en-alsace-pour-reparer-une-injustice_1348672_3224.html [17. 12. 2020]

politischen Ebene zunehmend weiter.[178] Dabei wurde – wahrscheinlich auch für das Auswärtige Amt – deutlich, dass der Hinterbliebenenverband bei der Annäherung an Deutschland noch immer hinter dem Engagement der Gemeindeleitung zurückblieb. Darüber hinaus waren aus der ANFM nach wie vor kritische Stimmen zu hören, was die Teilnahme deutscher Vertreter bei den Gedenkfeierlichkeiten am 10. Juni anbelangte.

Und so nahm sich die Nachricht des deutschen Botschafters in Frankreich, Reinhard Schäfers, zum 65. Jahrestag des Massakers ausgesprochen demütig aus, als er schrieb, im Angesicht der Ruinen Oradours „ermisst man voll und ganz die historische Tragweite des deutsch-französischen Freundschaftsvertrags". Die Deutschen würden nicht vergessen, dass vor allem Frankreich ihnen nach dem Krieg die Hand gereicht habe. Man sei sich „vollkommen bewusst", dass die „Wunden des Dramas von Oradour nicht verheilt" seien.[179] Noch deutlicher wurde das Auswärtige Amt nur wenige Wochen vor Joachim Gaucks Reise nach Oradour in der Antwort auf eine Kleine Anfrage. Mehrere Parlamentarier und die Fraktion Die Linke, allen voran der Abgeordnete Jan Korte, wollten von der Bundesregierung wissen, ob es stimme, „dass bis heute kein hochrangiger Vertreter der Bundesregierung an den Feierlichkeiten zur Erinnerung an das Massaker von Oradour teilgenommen" habe, und wenn dies zutreffe, warum.[180] Das Auswärtige Amt nahm im Namen der Bundesregierung Stellung und die Begründung für die bislang tatsächlich ausgebliebene Teilnahme lautete im Kern, man sei nicht eingeladen worden. Weiter hieß es, die Bundesregierung könne „wegen der Schwere der Verbrechen nur mit kleinen Schritten auf Opfer und Opfergemeinden zugehen, um z. B. jeweils diskret die Akzeptanz etwaiger deutscher Gesten zu sondieren". In diesem Zusammenhang führte das Auswärtige Amt die 2012 erfolgte Verleihung des Bundesverdienstkreuzes an Robert Hébras an. Schließlich machte das Außenministerium auf die innerfranzösische Oradour-Problematik aufmerksam: Die Opfervereinigung habe „im Übrigen auch über Jahrzehnte hinweg keine Vertreter der französischen Zentralregierung oder des Elsass" zu den alljährlichen Gedenkfeierlichkeiten eingeladen, was „die generelle Komplexität des Sachverhalts und die Unabdingbarkeit einer sensiblen Herangehensweise" unterstreiche.[181] Während das Auswärtige Amt damit vor allem die Haltung der Opfer hervorhob, ist bislang nicht bekannt, welches Mitbestimmungsrecht diese bei dem zu diesem

---

[178] Vgl. Kapitel VI.2.7.
[179] Message de l'ambassadeur Schäfers à l'occasion du 65e anniversaire du massacre d'Oradour-sur-Glane, URL: http://www.paris.diplo.de/Vertretung/paris/fr/01/amb_Schaefers/commemorations/Oradour_seite.html [10. 6. 2009].
[180] Kleine Anfrage der Abgeordneten Jan Korte, Steffen Bockhahn, Ulla Jelpke, Petra Pau, Jens Petermann und der Fraktion Die Linke, 28. 6. 2013, Deutscher Bundestag, 17. Wahlperiode, Drucksache 17/14927. Die Anfrage und die Antwort darauf sind abrufbar auf der Internetseite des Deutschen Bundestags, vgl. URL: https://www.bundestag.de/drucksachen [4. 5. 2021].
[181] Antwort der Bundesregierung auf die Kleine Anfrage der Abgeordneten Jan Korte, Steffen Bockhahn, Ulla Jelpke, weiterer Abgeordneter und der Fraktion Die Linke, 16. 7. 2013, Deutscher Bundestag, 17. Wahlperiode, Drucksache 17/14403.

Zeitpunkt bereits entschiedenen Besuch des deutschen Bundespräsidenten tatsächlich hatten.

1.10 2013: Joachim Gauck in Oradour: Anerkennung

Was Joachim Gaucks Besuch in Oradour 2013 *en detail* vorausging, wird erst mit der Öffnung der Archive zu beantworten sein. Den bisherigen Informationen zufolge lud der französische Staatspräsident François Hollande den deutschen Bundespräsidenten bei einem Vier-Augen-Gespräch am 23. Mai 2013 zu einem Frankreichbesuch ein. Die beiden Staatsmänner waren unmittelbar vor den Feierlichkeiten zur 150-Jahrfeier der SPD in Leipzig zusammengekommen. Joachim Gauck soll zustimmend reagiert, allerdings den Wunsch geäußert haben, bei diesem Anlass einen „symbolischen Ort" zu besuchen. Daraufhin soll der französische Staatspräsident einen gemeinsamen Besuch Oradours vorgeschlagen und Gauck „umgehend" zugesagt haben.[182]

Am 4. September 2013 gingen die beiden Präsidenten begleitet von Robert Hébras durch die Ruinen des alten Oradour und ergriffen anschließend das Wort. Während Joachim Gauck und mehrere seiner Vorgänger an anderen Orten deutscher Verbrechen während des Zweiten Weltkriegs um Verzeihung oder Vergebung baten,[183] war dies in Oradour nicht der Fall. Der Bundespräsident sei mit seiner Bitte um Verzeihung im griechischen Lingiades „sehr weit" gegangen, schrieb *Spiegel online* im März 2014, „weiter als im vergangenen September bei seiner Rede im französischen Oradour".[184] Dieser Kommentar impliziert, Joachim Gauck habe in Oradour nicht das Maximum der möglichen Versöhnungsformeln ausgeschöpft. In der ausbleibenden Bitte um Verzeihung oder Vergebung eine vergebene Möglichkeit zu sehen, ist jedoch verfehlt. Zu berücksichtigen ist zunächst, dass die ausdrückliche Bitte um Vergebung oder Verzeihung für die Betroffenen mit der gefühlten moralischen Verpflichtung einhergehen kann, ihr auch nachzukommen. Auf dieses Nachsuchen zu verzichten, kann deshalb bedeuten, das Gegenüber vor diesem Dilemma bewahren zu wollen, gerade vor dem

---

[182] Thomas Wieder, A Oradour-sur-Glane, mémoires vives franco-allemandes, 2. 9. 2013, URL: http://www.lemonde.fr/a-la-une/article/2013/09/02/a-oradour-memoires-vives-francoallemandes_3469788_3208.html [15. 10. 2016].

[183] Als Beispiele seien genannt Gaucks Bitte um Verzeihung im griechischen Lingiades sowie die Bitte um Vergebung des ehemaligen Bundespräsidenten Johannes Rau in der Knesset. Vgl. Florian Gathmann, Verneigung im Dorf der Märtyrer, 7. 3. 2014, URL: https://www.spiegel.de/politik/ausland/griechenland-gauck-entschuldigt-sich-fuer-verbrechen-der-wehrmacht-a-957535.html [28. 4. 2021], sowie Ansprache von Bundespräsident Johannes Rau vor der Knesset am 16. Februar 2000 in Jerusalem. Die Ansprache findet sich im Wortlaut auf der Internetseite des Presse- und Informationsamts der Bundesregierung, URL: https://www.bundesregierung.de/breg-de/service/bulletiin#/ [28. 4. 2021].

[184] Florian Gathmann, Verneigung im Dorf der Märtyrer, 7. 3. 2014, URL: https://www.spiegel.de/politik/ausland/griechenland-gauck-entschuldigt-sich-fuer-verbrechen-der-wehrmacht-a-957535.html [28. 4. 2021].

1. Der lange Weg nach Oradour   509

Abb. 15: *Der französische Staatspräsident François Hollande (l.) und der deutsche Bundespräsident Joachim Gauck (r.) bei ihrem gemeinsamen Besuch des französischen* village martyr, *zusammen mit Robert Hébras, in der Ruine der Kirche von Oradour*
(Bundesregierung, B 145 Bild-00290536/Fotografin: Sandra Steins)

Hintergrund solch monströser Verbrechen wie jenem in Oradour.[185] Vor allem aber war Gaucks Agieren präzise in die lokalen Verhältnisse und Erwartungen eingepasst.

Was bei dem Besuch eines deutschen Bundeskanzlers oder Bundespräsidenten in Oradour erwartet würde, darüber war in der Presse Unterschiedliches zu lesen. Im Jahr 2003 etwa erklärte der ANFM-Vorsitzende, manche Personen in Oradour wünschten, dass Deutschland die Betroffenen um Verzeihung bitte („nous demande pardon") und ergänzte sogleich: „Nur die Toten hätten das Recht gehabt, die Bitte um Verzeihung einzufordern. Mir steht dies nicht zu."[186] Raymond Frugier vertrat noch 2011 die Meinung, es gehe bei einem eventuellen deutschen Besuch auf höchster politischer Ebene nicht um die Bitte um Verzeihung, sondern um Anerkennung.[187] Offensichtlich hatte Schröders Rede in der Normandie 2004 das Bedürfnis, das Massaker von deutscher Seite anerkannt zu sehen, nicht gestillt.

---

[185] Mein Dank gilt Corine Defrance, die mich auf diesen Gedanken aufmerksam machte. Inzwischen in gedruckter Form und insbesondere im Zusammenhang mit Oradour nachzulesen in: Defrance, Passé, S. 439.
[186] Im Original: „Seuls les morts auraient eu le droit d'exiger un pardon. Moi, je ne suis pas habilité pour cela." „Il faut poursuivre", in: ANFM, Bulletin d'information, Januar 2003, S. 11, ACMO, 5 FP 6.
[187] Vgl. Interview der Verfasserin mit Raymond Frugier, 23. 7. 2011, Oradour-sur-Glane.

Diese Haltung dürfte angesichts der anhaltenden Beziehungen zwischen Oradour und dem deutschen Generalkonsulat in Bordeaux sowohl dort als auch in Berlin bekannt gewesen sein.

Tatsächlich nahm der Aspekt der Anerkennung in Gaucks Rede eine wichtige Rolle ein. Der Bundespräsident erkannte das Massaker an und die Schuld, die Deutsche damit auf sich geladen hatten, ebenso das Leiden der Opfer und die Tatsache, dass sein Besuch möglicherweise schwierig für sie war. Vor allem aber räumte der Bundespräsident die Unzulänglichkeit der deutschen Justiz ein und erkannte die Empfindungen an, die dieser Mangel bei den Betroffenen auslösen konnte:

„Wenn ich heute in die Augen derer blicke, die von diesem Verbrechen gezeichnet sind, kann ich hier in Oradour sagen: Ich teile die Bitterkeit darüber, dass Mörder nicht zur Verantwortung gezogen wurden, dass schwerste Verbrechen ungesühnt blieben. Sie ist meine Bitterkeit".[188]

Dies kann als Anerkennung auf zweiter Ebene gesehen werden. Die von den Überlebenden und Hinterbliebenen geforderte Verurteilung der Täter war in der Bundesrepublik ausgeblieben, was ihren durch das Massaker verursachten Schmerz noch verstärkte – ein Schmerz, dem der Bundespräsident beistimmte. Die Reaktion des ANFM-Vorsitzenden noch am gleichen Tag lässt darauf schließen, dass Gauck mit seiner Konzentration auf den Aspekt der Anerkennung den richtigen Schritt gegangen war. Die Anerkennung der deutschen Verantwortlichkeit für dieses Massaker, so Claude Milord, sei es gewesen, was die Opferfamilien erwartet hätten.[189]

Kehren wir am Ende dieses Kapitels noch einmal an seinen Anfang zurück und damit zu den großen deutsch-französischen Versöhnunggesten. Anlässlich des 60. Jahrestags des Massakers in Oradour schrieb Serge Tisseron, das *village martyr* gehöre heute „zum Bilderbuch der französischen Nation".[190] Mit dem Besuch Joachim Gaucks wurde das Ruinendorf zur Kulisse einer neuen Seite im „Bilderbuch" der deutsch-französischen Versöhnung. Die Bilder, die vom Besuch des deutschen Bundespräsidenten wohl bleiben werden, zeigen Joachim Gauck und François Hollande in der Kirchenruine Oradours. Sie hielten sich an den Händen, nahmen Robert Hébras in ihre Mitte und umarmten ihn. Damit erreichte die Versöhnung der beiden Länder auf symbolischer Ebene eine neue Stufe: Nicht nur, dass sie sich erstmals seit 1945 an einem Ort inszenierte, der ausschließlich auf den Zweiten Weltkrieg bezogen ist; auch in ihrer Körperlichkeit ging diese Geste weiter als die vorherigen und bezog – ebenfalls ein Novum – ein Opfer des kriegerischen Konflikts ein.

---

[188] Staatsbesuch in der Französischen Republik vom 3. bis 5. September 2013 – Ansprache von Bundespräsident Dr. h. c. Joachim Gauck beim Besuch der Mahn- und Gedenkstätte Oradour-sur-Glane am 4. September 2013 in Oradur-sur-Glane [sic]. Die Ansprache findet sich im Wortlaut auf der Internetseite des Presse- und Informationsamts der Bundesregierung, URL: https://www.bundesregierung.de/breg-de/service/bulletin#/ [28. 4. 2021].

[189] Vgl. France Bleu Limousin, Le traumatisme et la réconciliation. Emission spéciale Oradour-sur-Glane, 3. 9. 2013, URL: https://www.francebleu.fr/infos/emission-speciale-oradour-sur-glane/le-traumatisme-et-la-reconciliation# [29. 12. 2014].

[190] Tisseron, Piéges, S. 20.

2. Deutsche in Oradour: Erinnerungskulturelles Engagement und seine Grenzen

Das Verhältnis zwischen Oradour und der Bundesrepublik im Sinne ihrer offiziellen Vertreter war, wie wir gesehen haben, mehr als fünf Jahrzehnte weitgehend eine Nicht-Beziehung. Wie aber verhielt es sich mit Kontakten im politischen Bereich jenseits der höchsten staatlichen Ebene und vor allem in der zivilgesellschaftlichen und privaten Sphäre? 1990 vermittelte Jacqueline Deloffre in der *Zeit* den Eindruck einer allumfassenden Nicht-Beziehung zwischen Oradour und Deutschland. Die für ihren Artikel nach Oradour gereiste Journalistin wusste zu berichten, dass dort niemals versucht worden sei, mit deutschen Opfern des Nationalsozialismus in Kontakt zu treten, lange sei „Deutsch als Fremdsprache in der Schule ein Tabu" gewesen, und „jenseits vom Rhein hat noch niemand seinen Urlaub verbracht, es ist zumindest nicht bekannt". Sich als Deutsche in Oradour aufzuhalten, mutete in Deloffres Beschreibung fast unheimlich an:

„Auch wenn ein Wagen mit deutschem Kennzeichen auf dem kleinen Platz vor dem neuen Rathaus anhält. Es ist nicht zu übersehen: Hier und dort bewegen sich Gardinen. Und es ist bestimmt nicht zufällig, daß eine ältere Frau mit einem Male auf dem Bürgersteig erstarrt. Sie bleibt Bruchteile von Sekunden stehen und schüttelt den Kopf ganz leise, ganz vorsichtig, als ob sie nein sagen würde, bevor sie in plötzlicher Eile um die Ecke verschwindet."[191]

Diese Beschreibung des Verhältnisses zwischen Oradour und Deutschen ist kein Einzelfall[192] und – so viel sei vorweggenommen – in diesem Ausmaß falsch.

Gefragt wird im diesem Kapitel deshalb nach, *primo*, erinnerungskulturellem Engagement Deutscher gegenüber Oradour, *secundo*, den Reaktionen darauf vor Ort und, *tertio*, ob und inwieweit dieses Handeln dort kommuniziert und erinnert wurde. Diese Leitfragen bedürfen einiger Konkretisierungen. Zur ersten Kernfrage: Die Formulierung „erinnerungskulturelles Engagement" umfasst absichtlich ein möglichst weites Handlungsfeld. Sie wird dem Begriff „Versöhnungsgesten" hier vorgezogen obwohl die Akteure ihre Motive oder Ziele selbst mit Worten wie „Versöhnung", „Wiedergutmachung" oder „Aussöhnung" beschrieben. Allerdings konnten die gewählten Bezeichnungen für die Handelnden jeweils Unterschiedliches bedeuten. Darüber hinaus schlösse eine Engführung entlang des Begriffs „Versöhnungsgesten" manches Agieren aus und beschränkte so unnötigerweise die möglichen Erkenntnisse. Wie zu zeigen sein wird, sind die deutschen Akteure häufig im zivilgesellschaftlichen Feld zu verorten. Den Blick auf diese Sphäre zu begrenzen, würde jedoch bedeuten, die vielfachen Verknüpfungen und Prozesse nicht abzubilden, die aus den Überschneidungen mit der staatlichen und privaten Sphäre resultieren.[193] Gerade diese Verflechtungen spielten in den recherchierten

---

[191] Jacqueline Deloffre, Manche Hände zittern noch, in: Die Zeit, 28. 9. 1990, URL: http://www.zeit.de/1990/40/manche-haende-zittern-noch [1. 11. 2016].
[192] Vgl. etwa Kapitel VI.2.3, Abschnitt „Akteure, Möglichkeiten und Grenzen".
[193] Vgl. zu den verschiedenen Sphären Defrance, Société; Richter, Zivilgesellschaft. Dem Bereich „Wirtschaft" kommt in den untersuchten Beziehungen keine Bedeutung zu.

Kontakten indes eine wichtige Rolle, sodass das Handeln all jener Akteure berücksichtigt wird, die jenseits der bereits untersuchten höchsten staatlichen Ebene angesiedelt waren. Beim Blick auf Oradour als Adressat gilt zu beachten, welche Orte, Kollektive und Einzelpersonen jeweils adressiert wurden und in welchem Verhältnis sie zueinander standen. Als Ort des Handelns wird in erster Linie auf den Schauplatz Oradour geblickt, das heißt sowohl auf die Ruinen als auch auf das neue Dorf. Vereinzelt richtet sich der Blick auch über den Rhein, wenn ausfindig gemachten Kontakten große Bedeutung für die Entwicklung der Beziehung zwischen Deutschen und Oradour bzw. das Verständnis dieser Beziehung zukommt. Schließlich finden auch geplante, aber nicht realisierte Besuche in Oradour Eingang in die Auswertung, da den Gründen für ihr Scheitern relevante Erklärungskraft innewohnen kann.

Einendes Band dieses heterogenen Untersuchungsfelds ist die zweite Leitfrage nach den Reaktionen in Oradour, ein Aspekt dem doppelte Bedeutung zukommt. Zum einen erlangten die während des Massakers ihrer Selbstbestimmung beraubten Überlebenden ihre Freiheit nach dem Abzug der Waffen-SS aus Oradour zurück. Mit einer Positionierung gegenüber dem deutschen Agieren nach der *Libération* konnten Überlebende und Hinterbliebene diese zurückgewonnene Selbstbestimmung manifestieren.[194] Zum anderen ist die Frage bedeutsam, ob und welche Kontakte oder Beziehungen sich aus den deutschen Initiativen entwickelten.

Die dritte leitende Frage entspringt dem bereits konstatierten Widerspruch zwischen nachweisbarem deutschen Engagement und den oftmals anderslautenden Darstellungen. Wie ist diese Diskrepanz zu erklären?

2.1 Zurückweisung und Kontaktverweigerung 1947–1955

Der Aufruf des *benjamin* 1947

Am 3. November 1947 rief die Zeitschrift *benjamin* junge Menschen auf, beim Wiederaufbau Oradours mitzuhelfen.[195] Die in Hamburg mit britischer Lizenz und einer Auflage von 80 000 Stück herausgegebene Zeitschrift – mit einer „gewisse[n] Neigung zur Sozialdemokratie" – sah ihre Leserschaft bei den 20- bis 35-Jährigen.[196] In ihrem Aufruf hieß es:

---

[194] Ich danke Hans Günter Hockerts, der mich auf diesen Aspekt hinwies. Die amerikanische Psychiaterin Judith Herman betont einen ähnlichen Punkt beim Genesungsprozess nach erlittenen Traumata: „Das Trauma löst beim Opfer ein Gefühl der Ohnmacht und des Kontrollverlustes aus. Für die Genesung ist es daher von grundlegender Bedeutung, daß der Patient seine Stärke und die Kontrolle über sich und sein Leben wiedererlangt." Herman, Narben, S. 221.

[195] Der Aufruf wird wiedergegeben bei Erb, Oradour, S. 87, 90 f.

[196] Zum *benjamin* – der zu diesem Zeitpunkt den Untertitel *Zeitschrift für junge Menschen* trug – vgl. Doderer, Trümmern, S. 527–551, Zitat S. 543.

„Wenn wir es als junge Generation ablehnen, die Schuld für diese und andere Grausamkeiten, die in Deutschlands Namen begangen wurden, zu übernehmen, so können wir uns doch, gerade weil wir unser Volk lieben, der Verantwortung nicht entziehen.
Es ist unser Wille, mit der Vergangenheit restlos zu brechen, in Frieden und Eintracht mit den anderen Völkern zu leben. Darum rufen wir alle jungen Menschen auf, am Wiederaufbau von Oradour mitzuhelfen.
Wir sind arm geworden in Deutschland. Was wir zu bringen haben, sind unsere sich nach Frieden sehnenden Herzen und unsere Hände, die auch in diesem Krieg sauber blieben."[197]

Das Blatt bat die französische Regierung in ihrem Aufruf, sich mit Arbeitsgruppen am Wiederaufbau des Orts beteiligen zu dürfen, und fügte hinzu: „Wir möchten zu einem bescheidenen Teil dort wiedergutmachen, wo Deutsche schuldig wurden."[198] Der Herausgeber des *benjamin*, Karl-Heinz Ressing, reiste nach Baden-Baden, um das Vorhaben den französischen Besatzern persönlich zu präsentieren.[199]

In Deutschland berichtete die Presse auch über Hamburg hinaus von dem Aufruf,[200] die in der französischen Besatzungszone herausgegebene Jugendzeitschrift *Die Zukunft* schloss sich dem Appell an[201] und die Resonanz war beeindruckend. Im April 1948 resümierte das *Deutsche Büro für Friedensfragen*, über tausend Jugendliche hätten sich beim *benjamin* gemeldet.[202] Bei der Zeitschrift machte man sich bereits Gedanken um die konkrete Umsetzung – je fünfzig Personen für fünf Wochen, Unterbringung in Zelten und Baracken –,[203] doch Oradour lehnte das Angebot ab. Möglicherweise hatte man dort aus der Presse von dem Aufruf des *benjamin* erfahren.[204] ANFM und Gemeinderat protestierten gegenüber Regierungschef Robert Schuman und wiesen den Vorschlag zurück.[205] Die „Annahme des deutschen Angebotes", so begründete der Verband seine Ablehnung, „würde bedeuten, daß der Wille zur Gerechtigkeit geschwächt und die Achtung vor den Toten von Oradour herabgesetzt werde". Die „einzige Geste des Entgegenkommens", so der Verband, „um welche die Überlebenden von Oradour diese jungen Deutschen bitten können, ist die, daß sie in ihrem eigenen Kreise oder in ihrer

---

[197] Erb, Oradour, S. 90.
[198] Erb, Oradour, S. 90.
[199] Vgl. Besser als Reparationen, in: Der Spiegel, 17. 1. 1948, S. 7.
[200] Vgl. die Pressesammlung in SAPMO-BArch, BY 5/ V 279/ 23.
[201] Vgl. Erb, Oradour, S. 92. Die Auflage der *Zukunft* betrug 100 000 Exemplare. Vgl. Doderer, Trümmern, S. 531.
[202] Vgl. U. v. Ketelhodt, Oradour-sur-Glane. Ein Beitrag zum Problem der psychologischen Reparationen, 1. 4. 1948, BArch Koblenz, Z 35/544, Bl. 1–8. Ähnlich hohe Zahlen in: Die Welt, 13. 1. 1948 (700), Frankfurter Neue Presse, 19. 1. 1948 (921), SAPMO-BArch, BY 5/ V 279/ 23. Das Vorhaben erhielt auch eine internationale Dimension, als sich Franzosen, Engländer und Schweizer bereit erklärten, an der Aktion teilzunehmen, und die *Baseler Nationalzeitung* von dem Vorhaben berichtete. Vgl. Besser als Reparationen, in: Der Spiegel, 17. 1. 1948, S. 7.
[203] Vgl. Besser als Reparationen, in: Der Spiegel, 17. 1. 1948, S. 7.
[204] Meyer, Oradour-sur-Glane, S. 109, verweist auf einen Artikel der Tageszeitung *Le Populaire du Centre* vom 29. 12. 1947, der von dem Aufruf und der Bitte gegenüber der französischen Regierung berichtete.
[205] Vgl. ANFM, Assemblée générale, 22. 2. 1948, Compte rendu moral, ACMO, 5 FP 2. Laut Desourteaux wandten sich Verband und Gemeinderat mit „entrüsteten Protesten" an die Regierung. Désourteaux/Hébras, Oradour, S. 175.

Umgebung nach denen forschen, die für das Massaker verantwortlich sind, um sie der französischen Justiz zu übergeben." Das sei „das einzige Mittel, mit dem sie das Verbrechen verurteilen und den Schandfleck von ihrem Land entfernen können."[206] Die französische Regierung akzeptierte die Entscheidung und Marie-Pierre Koenig, französischer Oberkommandierender in Deutschland, lehnte in deren Namen das Angebot des *benjamin* ab – wenn auch weit diplomatischer als der Hinterbliebenenverband und mit anerkennenden Worten für den Vorschlag und dessen positive Bedeutung für die deutsch-französischen Beziehungen.[207]

Beendet war die Angelegenheit damit nicht. Auf die publizierte Ablehnung hin erhielt der Hinterbliebenenverband ein Schreiben von Deutschen, die, so die Geschäftsführerin der ANFM bei der Mitgliederversammlung im Februar 1948, „unser ‚Unverständnis' bedauern und darauf bestehen, dass wir annehmen". Tatsächlich war das Schreiben ein einziger Affront gegenüber den Bewohnern Oradours. Die Autoren warfen ihnen vor, den deutschen Behörden 1944 nicht wie gefordert die Verantwortlichen für einen entgleisten Zug ausgeliefert zu haben: „Oradour soll sich also nicht als unschuldiges Opfer darstellen. [...] Sicherlich wussten die jungen Deutschen nichts von der Niederträchtigkeit, die die Einwohner Oradours begangen hatten und die der Grund für die gerechte Bestrafung war."[208] Kaum war das Schreiben vor den Vereinsmitgliedern verlesen, wuchs „die Empörung der Anwesenden; ein Raunen erhebt sich und lässt erst nach, als der Saal sich nach Worten des Vorsitzenden sicher sein kann, dass der Verband seine Anstrengungen verdoppeln wird, um diesem Unvermögen der Justiz ein Ende zu setzen: es bewirkt, dass die trauernden Familien von denen beleidigt werden, die am meisten von dieser Schwäche profitieren".[209] Wohl um die Forderung des Verbands nach einer strafrechtlichen Verfolgung der Täter zu unterstreichen, sandte die ANFM einen Abzug der Zuschrift unter anderem an den französischen Präsidenten.[210]

Für seine Entscheidung kritisiert wurde der Hinterbliebenenverband auch in der Presse. Die mediale Aufmerksamkeit, die der Aufruf in Deutschland und Frankreich fand, ebbte mit der Zurückweisung Oradours nicht ab. Vielmehr entzündete sich daran eine Diskussion dies- und jenseits des Rheins, die französische Zeitschrift *l'Ordre* führte gar eine Umfrage zur Ablehnung des Angebots

---

[206] Ich folge hier der Übersetzung der Protestschrift in der *Rhein Post* vom 14. 1. 1948, SAPMO-BArch, BY 5/ V 279/ 23. Diese ist umfassender und präziser als das Zitat in Maurice Vaussards Artikel „A propos d'un geste de réparation", den die *Dokumente* in Übersetzung veröffentlichten, vgl. Erb, Oradour, S. 91. Zur Stellungnahme des Schriftstellers Maurice Vaussard vgl. unten. Die Tageszeitung *La Liberté du Centre* zitierte am 9. 1. 1948 aus der Protestschrift. Vgl. Meyer, Oradour-sur-Glane, S. 109. Eine – allerdings teils unleserliche – Kopie des Artikels „Oradour-sur-Glane ne veut pas être reconstruit par de jeunes Allemands" findet sich im Anhang des Tätigkeitsberichts der ANFM. Vgl. ANFM, Assemblée générale, 22. 2. 1948, Compte rendu moral, ACMO, 5 FP 2.
[207] Vgl. Die Bitte des „Benjamin" abgelehnt, in: Frankfurter Neue Presse, 9. 2. 1948, SAPMO-BArch, BY 5/ V 279/ 23.
[208] ANFM, Assemblée générale, 22. 2. 1948, Compte rendu moral, ACMO, 5 FP 2.
[209] ANFM, Assemblée générale, 22. 2. 1948, Procès-verbal, ACMO, 5 FP 2.
[210] ANFM, Assemblée générale, 22. 2. 1948, Compte rendu moral, ACMO, 5 FP 2.

durch.²¹¹ Auf deutscher Seite berichteten zahlreiche Zeitungen, teils ausführlich, über die Ablehnung.²¹² Das *Echo der Woche* und die deutsch-französische Zeitschrift *Dokumente* beleuchteten das Thema von verschiedenen Seiten, unter anderem kam einer der Jugendlichen zu Wort, der sich der Aktion hatte anschließen wollen.²¹³ Kritische Stimmen zur Ablehnung der ANFM kamen auch aus Frankreich. In seinem Leitartikel für *L'Aube* monierte Maurice Vaussard die seitens Oradour vorgebrachte Begründung.²¹⁴ Diese impliziere eine „grundlose Beleidigung der Urheber dieses Vorschlages", gehe sie doch davon aus, die persönlich für das Massaker Verantwortlichen könnten sich „unter ihnen" befinden. Vor allem aber hieße eine solche Argumentation, „auf ein Anerbieten der *Wiedergutmachung* um den Preis einer freiwillig übernommenen Verdemütigung durch eine Forderung nach *Vergeltung* zu antworten". Für Vaussard bedeutete dies, „die Frage auf eine andere Ebene [zu] verschieben und an die Stelle eines Standpunktes, der im tiefsten Grunde durchaus christlicher Inspiration und, sagen wir es freimütig, höher zu sein scheint, einen Standpunkt [zu] setzen, der so alt ist wie das Heidentum, das noch immer den größten Teil unserer Institutionen inspiriert".²¹⁵

In der deutschen Presse schwankte der ein oder andere Journalist zwischen Verbitterung und Verständnis.²¹⁶ Am ausführlichsten setzte sich die deutsche Ausgabe der *Dokumente* mit dem Fall auseinander. Alfons Erb gab darin die „Oradour-Dokumente" wieder, mit denen auch der *benjamin* über das Massaker informiert

---

²¹¹ Vgl. Erb, Oradour, S. 87.
²¹² Vgl. die Pressesammlung in SAPMO-BArch, BY 5/ V 279/ 23.
²¹³ Vgl. Auszüge aus dem *Echo der Woche*, darunter der Brief des Jugendlichen, in: Le procès des SS d'Oradour, in: Documents, 1953, S. 243–248, hier S. 246–248; Erb, Oradour, S. 86–93.
²¹⁴ Vgl. Maurice Vaussard, A propos d'un geste de réparation, in Übersetzung bei Erb, Oradour, S. 91 f. Vaussard nannte nur den ersten Teil der Begründung und übersetzte sie zudem anders: „daß nämlich die Annahme eines solchen Vorschlages ‚ein Verstoß gegen die Gerechtigkeit' bedeuten würde (,serait faillir à la justice')".
²¹⁵ Erb, Oradour, S. 91 f. Der französische *Allgemeine Europäische Pressedienst* veröffentlichte mehrere Stellungnahmen, darunter die der in Saint-Junien geborenen Schriftsteller Jean und Jérôme Tharaud, des ehemaligen französischen Regierungschefs Joseph Paul-Boncour sowie des Schriftstellers David Rousset, der Gefangener in deutschen Konzentrationslagern war. Das *Deutsche Büro für Friedensfragen* resümierte die Diskussion im April 1948 und verwies auf eine vom *benjamin* herausgegebene Broschüre, in der die Zeitschrift die Meinungen aus Zeitungen und eingegangenen Briefen zusammenfasste. Vgl. U. v. Ketelhodt, Oradour-sur-Glane. Ein Beitrag zum Problem der psychologischen Reparationen, 1. 4. 1948, BArch Koblenz, Z 35/544, Bl. 1–8; „Der Funke Menschlichkeit", in: Hamburger Echo, 30. 1. 1948, SAPMO-BArch, BY 5/ V 279/ 23.
²¹⁶ Vgl. Pressesammlung in SAPMO-BArch, BY 5/ V 279/ 23. Um Verständnis bemüht aber merklich verärgert, hieß es in der *Welt* vom 13. 1. 1948: „Die Bitterkeit, die in dieser Antwort liegt, ist nur zu gut zu verstehen. Doch mit bloßer Bitterkeit ist keinerlei Aufbau zu bewerkstelligen und niemandem geholfen. Das aus Milliarden Wunden blutende Europa kann sie sich nicht leisten. Auch ist es schwerlich zu wünschen, daß arbeitswillige junge Leute in Deutschland Kriminalpolizei spielen." Die *Frankfurter Neue Presse* vom 19. 1. 1948 erfasste die Empfindungen vor Ort vielleicht am besten, wenn sie schrieb: „Im Fall Oradour aber sollten Franzosen, die am eigenen Leib oder an den nächsten Angehörigen bitterstes Unrecht erlitten, neben Angehörigen des Volkes, das ihnen dieses Unrecht zufügte, am Denkmal für ihre Toten bauen?"

hatte, zitierte den Aufruf der Zeitschrift und den Leitartikel Vaussards. Der 1907 geborene Erb, späterer Vizepräsident des deutschen Zweigs der *Pax Christi* und Gründer des Maximilian-Kolbe-Werks, hatte sich bereits vor dem Zweiten Weltkrieg von nationalistischen Positionen abgewandt und war zu einem „überzeugten Pazifisten der katholischen Friedensbewegung" geworden. Nach Kriegsende erneuerte er umgehend seine Beziehungen nach Frankreich.[217] In seinem Artikel zur Aktion des *benjamin* betonte Erb die Notwendigkeit, genau zu wissen, was in Oradour passiert war. Nicht nur, um „den Abgrund" zu erfassen, den das Geschehen „zwischen Frankreich und Deutschland aufgerissen" habe, sondern auch, um die Ablehnung Oradours „im rechten Geiste" beurteilen zu können. Für Erb gehörte der Aufruf des *benjamin* „zum Wichtigsten und Tröstlichsten, was in diesen Jahren in Deutschland geschehen ist". Kritisch sah er ihn dennoch:

„Wer die oben stehenden Dokumente liest, wird, tief erschüttert, den innigen Wunsch haben, nach seinen Kräften dazu beizutragen, gerade in Oradour wiedergutzumachen. Es ist also mehr als verständlich, daß der ‚benjamin' Oradour wählte. Aber glücklich war diese Wahl wohl nicht. Zwar wird alles, was Deutsche durch Aktionen wie die vorgeschlagene an äußerlich sichtbarer Reparation leisten können, in keinem Verhältnis stehen zu dem, was Deutschland und Deutsche angerichtet haben. (Es kann das alles nur ein demütiger Beitrag zur Wiedergutmachung wie zur Versöhnung sein.) Aber diese Unverhältnismäßigkeit müßte im Falle Oradour besonders kraß hervortreten."[218]

Damit sprach Erb einen zentralen Punkt an: das Spannungsverhältnis zwischen den persönlichen Empfindungen der Betroffenen und der politischen Symbolik Oradours. Den Überlebenden und Hinterbliebenen wurde aufgrund der Bedeutung des Orts bisweilen nicht weniger auferlegt, als die Verantwortung dafür, einen neuen Weltkrieg zu verhindern:

„Es geht hier um weitaus mehr als nur den Wiederaufbau von Oradour, es geht darum, ob die Kräfte des Friedens und der Versöhnung zwischen den Völkern über die Kräfte der Rache, des Krieges und des Hasses siegen werden. [...] Das ‚Angebot für Oradour' abzulehnen ist Wasser auf die Mühlen aller Feinde der Demokratie und der Versöhnung zwischen den Völkern; daher wollen wir hoffen und wünschen, dass diese Ablehnung nicht endgültig ist. Es geht nicht um Oradour, Ziel dieser Geste des guten Willens und der Versöhnung zwischen den Völkern muss nicht unbedingt Oradour sein.
Es geht schlicht und einfach darum zu verhindern, dass in zehn, zwanzig oder dreißig Jahren ein Journalist auf dieser oder der anderen Seite des Rheins schreiben kann: ‚Hätte die Haltung dieser pazifistischen jungen Deutschen, die reinen Herzens den Wiederaufbau Oradours angeboten haben, triumphiert, dann hätte es keinen dritten Weltkrieg gegeben!'."[219]

Erb hob hingegen die Menschen hervor, nicht das Symbol, wenn er fragte, ob nicht gerade *wegen* des Ausmaßes des Leidens eine solche Geste in Oradour unangemessen sei. Es wäre, so meinte er, „besser gewesen, man hätte die seelische Verfassung der Angehörigen der Opfer vorher bedacht und hätte sie nicht direkt vor eine solche Entscheidung gestellt, hätte also das Anerbieten nicht namentlich an Oradour

---

[217] Vgl. Süß, Wiedergutmachung, S. 160 f., Zitat S. 160.
[218] Erb, Oradour, S. 86 f., 92 f.
[219] Echo der Woche, 7. 2. 1948, zitiert nach Le procès des SS d'Oradour, in: Documents, 1953, S. 243–248, hier S. 248.

gerichtet, sondern hätte es allgemein gehalten, um es den Franzosen selbst zu überlassen, wie sie davon Gebrauch machen wollten".[220]

In Oradour führte die Diskussion in der Presse zu keinem Sinneswandel, der neue Ort wurde ohne deutsche Hilfe gebaut. Offenbar fürchteten ANFM und Gemeinderat, dass sich die Akzeptanz der Versöhnungsofferte negativ, das heißt schwächend auf den strafrechtlichen Verfolgungsdruck auswirken könnte, und ließen keinen Zweifel an der Rangordnung: Man erwartete die strafrechtliche Ahndung des Verbrechens, symbolische Wiedergutmachungsgesten wie sie der *benjamin* vorschlug, waren nicht oder zumindest solange nicht willkommen, wie die Täter nicht gefunden und bestraft waren. Oder, wie André Desourteaux die Haltung von Verband und Gemeinderat in der Rückschau formuliert: „Keine Deutschen in Oradour, solange das Verbrechen ungestraft ist."[221] Zwischen Tätern und anderen Deutschen unterschieden die Verantwortlichen in Oradour dabei nicht.

Die Spende der Castrop-Rauxeler Waldschule 1953

Noch während des Oradour-Prozesses in Bordeaux oder kurz danach wandte sich eine Volksschulklasse aus Castrop-Rauxel mit einem Brief in bemühtem Französisch an die Einwohner Oradours. Sie hätten, so die Schüler, in den letzten Wochen das Thema Frankreich behandelt und dabei auch von dem Prozess erfahren:

„Wir anderen deutschen Kinder haben zum ersten Mal von dem grausamen Verbrechen gehört, das von Deutschen begangen wurde, die Ihr Dorf zerstört und all seine Bewohner ermordet haben. Wir haben Fotos davon in einer Zeitung gesehen. Wir haben Mitleid mit diesen armen, unschuldigen Menschen. Wir haben auch gelesen, dass es Menschen in Frankreich gibt, die dieses schreckliche Verbrechen nicht vergessen können, und dass sie uns andere Deutsche hassen. Wir können dieses Empfinden sehr gut nachvollziehen. Aber damit unsere Zukunft eine gemeinsame und europäische werden kann, ist die Voraussetzung, dass diese Rachegefühle sich wandeln.
Deshalb wollen wir deutschen Schüler mit einem kleinen Beitrag zur deutsch-französischen Versöhnung beginnen. Vor allem *bitten wir Sie um Vergebung* für all das Unrecht, das die Deutschen in ganz Frankreich zu verantworten haben. Wir sind fest überzeugt, dass wir damit im Namen vieler Deutscher sprechen können. *Bitte akzeptieren Sie* unseren guten Willen stellvertretend für alle Deutschen, die eine Annäherung zwischen den europäischen Völkern wünschen und vor allem die Annäherung mit Frankreich.
Als Zeichen unseres guten Willens wollen wir einen für Sie sichtbaren Schritt unternehmen. Wir haben eine Sammlung veranstaltet, die sich aus dem Ertrag freiwilliger Arbeit und aus Ersparnissen zusammensetzt. Bitte akzeptieren Sie diese 50,- Dmk und benutzen Sie sie für die neue Schule."[222]

Verantwortlich für diesen Brief zeichnete der Rektor der Waldschule in Castrop-Rauxel, Dr. Franz Wagner, der den Schülern der siebten und achten Klasse die

---

[220] Erb, Oradour, S. 92f., Zitat S. 93. Nichtsdestotrotz machte Erb deutlich, dass Vaussards Stellungnahme auch ihn „aufatmen" ließ. Ebenda, S. 87.
[221] Desourteaux/Hébras, Oradour, S. 175.
[222] Les écoliers d'un village allemand envoient 50 marks au maire d'Oradour-sur-Glane, vermutlich in: Le Figaro (vgl. unten), o. D., ACMO, A 4A13. Das genaue Datum des Schreibens ist nicht bekannt, muss allerdings zwischen Prozessbeginn in Bordeaux (12. 1. 1953) und André François-Poncets Notiz zu dem Brief (31. 3. 1953) liegen.

Spendenaktion vorgeschlagen hatte.[223] Ein ehemaliger Schüler erinnert Wagner als sehr gläubigen Katholiken, „der wohl unter den Nazis viel erlitten hat".[224] Auch sei er der einzige Lehrer gewesen, der sie im Geschichtsunterricht über die Verbrechen der Nationalsozialisten informiert habe.[225] Die gesammelten Spendengelder kamen schließlich auf unterschiedliche Weise zusammen: Die Eltern der Schüler spendeten oder die Schüler verdienten das Geld selbst, etwa durch das Sammeln und Verkaufen von Schrott.[226] Während der Brief vermutlich direkt nach Oradour gesandt wurde, schickte Wagner eine Kopie des Schreibens zusammen mit der Spende an den französischen Hochkommissar André François-Poncet, der den Betrag in Francs wechseln und sodann Oradour zukommen lassen sollte. Für die Verwendung des Geldes schlugen die deutschen Schüler den Kauf von Bäumen für den Schulhof oder -garten vor. Sie wären glücklich, so hieß es im Brief, „wenn französische Kinder künftig im Schatten der Bäume spielen würden, die das Geschenk und Zeichen der Bruderliebe ihrer deutschen Kameraden waren. So wächst die deutsch-französische Annäherung wie die kleinen Bäume wachsen."[227]

François-Poncet zeigte sich beeindruckt von der Geste. Er übergab das Schreiben der Tageszeitung *Le Figaro*, damit ein Brief „von solche[m] Wert" in der französischen Öffentlichkeit bekannt würde.[228] Wenige Wochen später zweifelte der Hohe Kommissar in seinem monatlichen Bericht an Paris daran, dass man dem Schreiben in Frankreich die gebührende Bedeutung beigemessen hatte.[229] Tatsächlich ist unbekannt, wie die Bewohner Oradours auf die Geste reagierten. Bei der ersten Mitgliederversammlung der ANFM nach dem Prozess von Bordeaux war von der Spende ebenso wenig die Rede wie im darauffolgenden Jahr.[230] Dabei ist jedoch zu berücksichtigen, dass der Kassenbericht für das Jahr 1953 unter „diverse Spenden" 356 415 Franc und allein für „Spenden für den Kauf von Blumen" 21 460 Franc ausweist.[231] Die umgerechnet etwa 4000 Franc[232] aus Castrop-Rauxel waren – wenn Sie überhaupt von der ANFM und nicht von der Gemeinde verwaltet wurden – in dieser Hinsicht keine ausnehmend große Summe. Auch in den publizierten Erinnerungen von Überlebenden und Hinterbliebenen, die die

---

[223] Vgl. Schreiben Hans-Peter Schuchardt an die Verfasserin, 5. 1. 2010; Michael Fritsch, Nazi-Gräuel waren für Rektor Wagner 1953 kein Tabu, in: Ruhr Nachrichten, 24. 10. 2009.
[224] Schreiben Hans-Peter Schuchardt an die Verfasserin, 5. 1. 2010.
[225] Vgl. Hans-Peter Schuchardt nach: Michael Fritsch, Nazi-Gräuel waren für Rektor Wagner 1953 kein Tabu, in: Ruhr Nachrichten, 24. 10. 2009.
[226] Vgl. Michael Fritsch, Nazi-Gräuel waren für Rektor Wagner 1953 kein Tabu in: Ruhr Nachrichten, 24. 10. 2009, sowie Interview der Verfasserin mit den ehemaligen Schülern Wagners Walter Bittkowski, Eugen Schäpers und Hans-Peter Schuchardt, Castrop-Rauxel, 30. 4. 2010.
[227] Les écoliers d'un village allemand envoient 50 marks au maire d'Oradour-sur-Glane, vermutlich in: Le Figaro, o. D., ACMO, A 4A13.
[228] Vgl. Brochhagen, Nürnberg, S. 162, Zitat nach ebenda.
[229] Vgl. François-Poncet, Rapports, S. 927 (31. 3. 1953).
[230] Vgl. ANFM, Assemblée générale, 8. 3. 1953, Procès-verbal, ACMO, 5 FP 3; ANFM, Assemblée générale, 8. 3. 1953, Compte rendu moral, ebenda; ANFM, Assemblée générale, 7. 3. 1954, Procès-verbal, ebenda; ANFM, Assemblée générale, 7. 3. 1954, Compte rendu moral, ebenda.
[231] ANFM, Assemblée générale, 7. 3. 1954, Compte rendu moral, ACMO, 5 FP 3.
[232] Vgl. Les écoliers d'un village allemand envoient 50 marks au maire d'Oradour-sur-Glane, vermutlich in: Le Figaro, o. D., ACMO, A 4A13.

Fertigstellung der Schule im neuen Oradour thematisieren, wird die Spende nicht genannt.²³³ Das ist umso bemerkenswerter, als der Unterricht im neu gebauten Schulkomplex im Mai 1953 und damit wenige Wochen nach dem Schreiben begann und das schon 1948 errichtete Denkmal für die getöteten Schüler und Lehrer jetzt seinen Platz „unter dem Schutz von Bäumen" im Schulhof fand.²³⁴ Was in einer der Publikationen hingegen Erwähnung findet, ist die von der Stadt Saint-Maur-des-Fossés geleistete Hilfe bei der Gestaltung des Denkmalbereichs, zu der auch die Bepflanzung zählte.²³⁵ Woher die Zeitung *Die 7 Tage* ihre Information bezog, als sie am 8. Mai 1953 berichtete, im Schulhof des neuen Oradour seien jüngst die Bäumchen der Castrop-Rauxeler Schüler gepflanzt worden, und ob dies zutrifft, bleibt offen.²³⁶ Möglicherweise schloss der Autor dies allein aus dem Dankschreiben, das François-Poncet an die Schüler richtete.²³⁷ Dem Zeitungsbericht zufolge nannte er die Spende darin eine „ermutigende Geste für alle diejenigen, die an der Gestaltung einer besseren Zukunft arbeiten".²³⁸ Ein direkter Kontakt zwischen Oradour und den Schülern aber kam nicht zustande.

Die Delegation der Rombergpark- und Penzbergverbrechen in Oradour 1954

Die erste deutsche Abordnung, deren Reise nach Oradour wir kennen, war eine „Delegation der Hinterbliebenen und Opfer des Naziregimes", der die Witwe eines Opfers der sogenannten Penzberger Mordnacht sowie eine Witwe der Rombergparkverbrechen in Dortmund angehörte.²³⁹ Beide Verbrechen des Frühjahrs 1945 gehören zu den sogenannten Endphasenverbrechen. Darunter sind nationalsozialistische Gewaltverbrechen in der letzten Kriegsphase auf dem Boden des Reichs zu verstehen, die sich nicht mehr nur gegen die „klassischen" Opfer des NS-Terrors richteten und nicht mehr nur von den „klassischen" Tätern begangen wurden. Die Gewalt traf jetzt beispielsweise auch jene, die den deutschen Sieg in Frage stellten oder nicht mehr bereit waren, sich dafür einzusetzen („Wehrkraftzersetzer", „Volksverräter").²⁴⁰ Sie entlud sich weiterhin – wie etwa in Penzberg – gegenüber jenen, die unmittelbar vor Kriegsende den Aufstand wagten,²⁴¹ oder traf – wie dies in Dortmund der Fall war – von der Gestapo Inhaftierte, die aufgrund der näherrückenden Front und der ausge-

---

²³³ Vgl. Valade, Oradour, S. 60; Desourteaux/Hébras, Oradour, S. 175.
²³⁴ Vgl. Danthieux/Grandcoing, Oradour, S. 82, dort Zitat; Valade, Oradour, S. 24, 60.
²³⁵ Vgl. Valade, Oradour, S. 155.
²³⁶ Vgl. H. M., Laßt Bäume darüber wachsen, in: Die 7 Tage, 8. 5. 1953, PA AA, B 10, 2146. Dort heißt es fälschlicherweise, die Schüler hätten Schösslinge nach Oradour geschickt.
²³⁷ Vgl. Schreiben Hans-Peter Schuchardt an die Verfasserin, 5. 1. 2010; Michael Fritsch, Nazi-Gräuel waren für Rektor Wagner 1953 kein Tabu, in: Ruhr Nachrichten, 24. 10. 2009.
²³⁸ H. M., Laßt Bäume darüber wachsen, in: Die 7 Tage, 8. 5. 1953, PA AA, B 10, 2146.
²³⁹ Vgl. Feierliche Ehrung der Märtyrer von Oradour, in: Die Tat, 19. 6. 1954, dort Zitat; Man muß ihnen das Handwerk legen!, in: Die Tat, 19. 6. 1954.
²⁴⁰ Vgl. Keller, Verbrechen; einführend zu den Endphasenverbrechen: Pohl, Verfolgung, S. 151 f.
²⁴¹ Zur Niederschlagung des Aufstands in Penzberg am 28. 4. 1945 und zur Tötung weiterer Personen in der folgenden Nacht vgl. Tenfelde, Provinz, S. 369–382, v. a. S. 376–380.

bliebenen Evakuierung exekutiert wurden.²⁴² Am 10. Juni 1954 legte die Delegation im Namen der Angehörigen der Opfer einen mit schwarz-rot-goldener Schleife versehenen Kranz am Denkmal der getöteten Kinder an der Schule und dem *Tombeau des Martyrs* auf dem Friedhof nieder. Dort übergaben sie auch eine Marmortafel mit der Inschrift „Die Waisen, Witwen und überlebenden Inhaftierten der Nazibarbarei in Deutschland zum Andenken den Märtyrern von Oradour-sur-Glane". Schließlich lud die Delegation Angehörige der Opfer zu „den zehnjährigen Gedenkfeiern in Dortmund und Penzberg im April 1955" ein.²⁴³

Auch wenn die *Tat*, die von dem Besuch berichtete, es nicht ausdrücklich schrieb, so ist doch unverkennbar, dass die Delegation nicht offiziell an den Gedenkfeierlichkeiten dieses 10. Jahrestags teilnahm. Die Abordnung habe das *village martyr* „in den Abendstunden des 10. Juni 1954" besucht, hieß es im Presseorgan der VVN. Offen ließ die Zeitung, wem die Gruppe die Gedenktafel übergab, und sprach nur vage davon, dass die Delegation „die Gelegenheit [hatte], mit einigen Angehörigen der Opfer des Verbrechens von Oradour zu sprechen", denen sie die Einladung für das kommende Jahr aussprachen.²⁴⁴ Die Begegnungen dürften zufällig zustande gekommen sein. Dafür spricht unter anderem, dass es sich bei einem der Gesprächspartner höchstwahrscheinlich um Pierre Cordeau, einen in den Ruinen tätigen Fremdenführer (*guide*), handelte.²⁴⁵

Aus dem Bericht der *Tat* auf die Haltung Oradours gegenüber der Delegation und Deutschland allgemein zu schließen, ist heikel; zu vage bleiben die Gesprächspartner, zu augenfällig entsprechen deren Standpunkte den Positionen des Blattes. So kritisierten sie dem Artikel zufolge die „Soldatentreffen und Reden ehemaliger deutscher Offiziere und Kommandeure" in der Bundesrepublik, die „nicht dazu angetan [seien], die Verständigung zu fördern", lobten die Bemühungen in der DDR für die „Verständigung der Völker" und nahmen „mit Freude [...] die Versicherung der deutschen Delegation entgegen, daß in Deutschland alle aufrechten Deutschen und Antifaschisten alles tun werden, um die Wiederbewaffnung der deutschen Militaristen und Faschisten zu verhindern".²⁴⁶ Diese Äußerungen korrespondieren mit der Haltung der *Tat*, die sich gegen die Treffen von Veteranen der Waffen-SS und die EVG aussprach und die den Leitsatz des Jahrestags der Befreiung des Konzentrationslagers Buchenwald („Nie wieder ein SS-Europa") übernahm, einer Veranstaltung im April 1954, die vom Kampf der DDR gegen die westdeutsche Wiederbewaffnung geprägt war.²⁴⁷ Gleichwohl stießen westdeutsche

---

²⁴² Vgl. Grünnewig, Kriegsende.
²⁴³ Feierliche Ehrung der Märtyrer von Oradour, in: Die Tat, 19. 6. 1954.
²⁴⁴ Feierliche Ehrung der Märtyrer von Oradour, in: Die Tat, 19. 6. 1954.
²⁴⁵ Bezeichnet wurde er als „Friedhofsaufseher und Fremdenführer, ein in deutscher Kriegsgefangenschaft amputierter ehemaliger französischer Soldat". Feierliche Ehrung der Märtyrer von Oradour, in: Die Tat, 19. 6. 1954. Zu Pierre Cordeau vgl. Kapitel VI.2.3, Abschnitt „Akteure, Möglichkeiten und Grenzen".
²⁴⁶ Feierliche Ehrung der Märtyrer von Oradour, in: Die Tat, 19. 6. 1954.
²⁴⁷ Vgl. Das Verbrechen von Oradour, in: Die Tat, 5. 6. 1954, S. 5; Man muß ihnen das Handwerk legen!, in: Die Tat, 19. 6. 1954. Vgl. zum Jahrestag der Befreiung Kapitel VI.2.1, Abschnitt „Erde aus Oradour in Buchenwald".

Wiederbewaffnung und EVG in der ANFM tatsächlich auf Empörung[248] und folgt man Albert Valades Erinnerungen, so stand „die ganze Bevölkerung von Oradour [...] einer möglichen Wiederbewaffnung Deutschlands ablehnend gegenüber".[249] Über die Haltung des Verbands gegenüber den politischen Entwicklungen in der DDR ist hingegen wenig bekannt.[250] Sicher ist, dass der Hinterbliebenenverband im Frühjahr 1954 der Bitte um Übergabe von etwas Erde aus Oradour für das Mahnmal in Buchenwald nachkam.[251]

Während die deutsche Delegation allem Anschein nach weiteren Kontakt mit den Opfern und Hinterbliebenen Oradours wünschte, gibt es keine Anzeichen dafür, dass dieser zustande kam.[252] Allein mit der „Autoisolation" Oradours nach dem Prozess in Bordeaux und der vor Ort vorherrschenden „Vorstellung der Einzigartigkeit der Geschichte Oradours", die „keinen Vergleich [...] und somit keinen Austausch" zuließ,[253] ist dies nicht zu erklären. Denn just im Jahr 1954 reisten Vertreter der ANFM nach Marzabotto.[254] Davon abgesehen, dass Details der deutschen Einladung unbekannt sind, bleibt zu konstatieren, dass sich die Austauschpolitik von Gemeinde und ANFM mit anderen symbolischen Stätten des NS-Terrors auf nichtdeutsche Orte beschränkte und dies mit dem „ungeschriebenen Gesetz" Oradours korrespondierte, Deutsche nicht offiziell zu empfangen.[255] Auch ob die übergebene Gedenktafel einen Platz unter den zahlreichen am Friedhof Oradours angebrachten Erinnerungsplaketten fand, ist bislang ohne Antwort. Heute ist sie dort nicht mehr zu finden.[256]

Pater Manfred Hörhammer in Oradour und die Sühnegabe der deutschen *Pax Christi* 1955

Die katholische Friedensbewegung *Pax Christi* wurde 1945 in Frankreich mit dem Ziel einer Versöhnung mit Deutschland gegründet, drei Jahre später entstand die

---

[248] Vgl. Zur Haltung der ANFM Kapitel II.2, Abschnitt „Oradour 1944–2011: und Deutschland?".
[249] Valade, Oradour, S. 37 f., schreibt dies allerdings im Zusammenhang mit einem sicherlich vor dem Prozess in Bordeaux erfolgten Protest des Bürgermeisters von Oradour, der am provisorischen Rathaus ein Spruchband mit der Aufschrift „Oradour lehnt die Wiederbewaffnung Deutschlands zu 99,9% ab" anbringen ließ.
[250] Vgl. Kapitel VI.2.4.
[251] Vgl. Kapitel VI.3.1, Abschnitt „Erde aus Oradour in Buchenwald".
[252] Eine entsprechende Reise ist in den Protokollen der ANFM nicht nachweisbar.
[253] Meyer, Wandel, S. 383.
[254] Vgl. ANFM, Assemblée générale, 20. 3. 1955, Compte rendu moral, ACMO, 5 FP 3. Im dortigen Kassenbericht ist ohne nähere Erläuterungen von „Delegationen in Marzabotto" die Rede.
[255] Vgl. Kapitel II.2, Abschnitt „Oradour 1944–2011: und Deutschland?".
[256] Vielen Dank an Annemarie Niemann und Benoît Sadry, die sich für mich auf die Suche nach der Erinnerungsplakette machten. Es ist natürlich nicht auszuschließen, dass sie zwischenzeitlich abgenommen wurde oder zu Bruch ging. In der ANFM-Mitgliederversammlung 1966 wurde der Umgang mit den zahlreichen Gedenktafeln diskutiert, wobei Einigkeit darüber bestand, dass weitere Tafeln keinesfalls zurückgewiesen werden könnten. Vgl. ANFM, Assemblée générale, 3. 4. 1966, Procès-verbal, ACMO, 5 FP 3.

deutsche *Pax Christi*-Sektion.²⁵⁷ Erster Sekretär des deutschen Zweigs war Manfred Hörhammer, Kind deutsch-französischer Eltern und Kapuzinerpater.²⁵⁸ Anfang 1955 besuchte Hörhammer die Ruinen Oradours und berichtete davon in einem Beitrag in der *Pax Christi-Zeitschrift*.²⁵⁹ Hörhammer, der von Freunden aus Limoges nach Oradour begleitet wurde, wagte vor Ort nicht, seine Identität preiszugeben. Erschüttert von seinen Eindrücken beschloss er, dass die deutsche *Pax Christi* ein Jahresgedenken an das Massaker halten würde. „Eigentlich", so der Pater, „hätte es längst geschehen müssen."

„Wir werden dies dem Pfarrer von Oradour und Mutter Roffange [sic] auch schreiben. Und einmal, so hoffen wir, wenn unsererseits mehr begriffen und weniger vergessen worden, wenn auch die Ehemaligen der Schutzstaffel [...] begriffen haben, was ihre Ehre geböte, werden deutsche Priester mit einem Bischof und mit deutschen Frauen und Müttern nach Oradour gehen und Mutter Roffange bitten, uns an die Gräber und den Friedhof zu führen. Vielleicht kommt auch der Tag, an dem die englischen und amerikanischen Flieger in Dresden und vielerorts die gleichen Kränze niederlegen, wie es die unseren in Coventry und anderswo zu tun hätten. Bis zu diesem Tage werden wir am Pax Christi-Kreuz in Bühl sowohl am 10. Juni wie am Totentag von Dresden die Europaflagge auf Halbmast setzen."²⁶⁰

Nachdem auch in einer weiteren katholischen Zeitung ein Bericht Hörhammers über seinen Besuch des *village martyr* erschienen war, entschied eine Leserin, ihren Familienschmuck für einen Kelch für Oradour zu stiften.²⁶¹ Zur Übergabe des Kelchs nutzte *Pax Christi* sein deutsch-französisches Netzwerk. Für einen unmittelbaren Kontakt, so hieß es später, sei es noch zu früh gewesen.²⁶² Und so überreichte der Präsident der deutschen *Pax Christi*, Bischof Joseph Schröffer von Eichstätt, den Kelch dem Präsidenten und Gründer der *Pax Christi* in Frankreich, Bischof Pierre Marie Théas von Lourdes.²⁶³ Bischof Théas wiederum soll ihn dem Bischof von Limoges, Louis Rastouil, weitergegeben haben, der ihn seinerseits dem Pfarrer von Oradour, damals Abbé Martinighi, übergeben haben soll.²⁶⁴ Auf dem Gedenkblatt, das dem Kelch beilag, war als Tag der Übergabe der 22. Mai 1955 verzeichnet und als Anliegen vermerkt, die Mitglieder der deutschen *Pax Christi* würden damit „bezeugen [wollen], daß sie sich völlig dessen bewußt sind, was sich am 10. Juni 1944 zugetragen hat und daß sie wissen, daß dieses Verbrechen nur im Blute des Erlösers getilgt werden kann".²⁶⁵

---

²⁵⁷ Zu Entstehung, Selbstverständnis und „Vergangenheitsbewältigung" der deutschen *Pax Christi*-Bewegung jetzt Oboth, Pax Christi.
²⁵⁸ Vgl. Kißener, Katholizismus, S. 93.
²⁵⁹ Vgl. Manfred Hörhammer, Aus meinem Tagebuch, in: Pax Christi 7 (1955), Nr. 2.
²⁶⁰ Manfred Hörhammer, Aus meinem Tagebuch, in: Pax Christi 7 (1955), Nr. 2; Pfister, Friede, S. 119.
²⁶¹ Vgl. Risse, Oradour, S. 3. Die Spenderin soll Hörhammer erzählt haben, ihr Großvater sei „kommandierender General 1970", ihr Vater „Oberst von Verdun" gewesen. Pfister, Friede, S. 119.
²⁶² Vgl. Risse, Oradour, S. 3.
²⁶³ Vgl. Oradour – Ruf und Echo, in: Pax Christi 7 (1955), Nr. 4.
²⁶⁴ Vgl. Pfister, Friede, S. 119. Zur Quellenproblematik dieser Angabe vgl. unten.
²⁶⁵ Oradour – Ruf und Echo, in: Pax Christi 7 (1955), Nr. 4.

Abb. 16: Der 1955 von der deutschen Pax Christi übergebene Kelch. 1963 überbrachte eine deutsche Pax Christi-Gruppe auch Löffel und Patene.
(© Benoît Sadry)

Die Frage, ob der Kelch in Oradour tatsächlich – und von wem – in Empfang genommen wurde, führt zu widersprüchlichen Quellen und einer zentralen Differenzierung der lokalen Akteure. 1988 erfuhren deutsche Pilger der *Pax Christi* in Oradour, dass man den Kelch für die von ihnen geplante Messe aus einem Nachbarort hatte holen müssen, da man ihn in Oradour nicht hatte behalten wollen.[266] 1994 teilte der Ortspfarrer Oradours einer weiteren Gruppe von *Pax Christi*-Mitgliedern mit, der Kelch werde „in der Nachbargemeinde St. Junien im Gottesdienst verwendet".[267] Angesichts der auch darüber hinaus schwierigen Quellenlage, kann allein als sicher gelten, dass der Bischof von Limoges, Louis Rastouil, den Kelch 1955 annahm. Vermutlich nutzte er ihn auch, wenn er Messen in Oradour zelebrierte, möglicherweise bereits kurz nach der Übergabe des Kelchs am 11. Jahrestag des Massakers.[268] Mit der gebotenen Vorsicht steht zu vermuten, dass auch Abbé

---

[266] Vgl. Alice Rapp, „Sonntag, 10. Juli 1988", in: 40 Jahre Pax-Christi-Bewegung – deutsche Sektion – Auf den Spuren der Pax Christi in Frankreich, 1.–16. Juli 1988, Bischöfliches Diözesanarchiv Aachen (BDA), Ala Pax Christi 33. Im Jahr 1963 hatte bereits eine Gruppe der deutschen *Pax Christi* eine Sühnemesse in Oradour mit dem Kelch gefeiert, ohne dass aus den Berichten hervorgeht, wo der Kelch zu diesem Zeitpunkt aufbewahrt wurde. Vgl. „Pax Christi in Oradour", in: Pax Christi 15. Jg. (1963), Nr. 5, sowie Alfons Erb, Vor 20 Jahren Oradour, in: Der Fährmann, H. 5, Mai 1964 („Frankreich heute"), S. 11 f.

[267] Unklar ist, wie weitgehend sich hier eine Verwechslung auswirkte. Nach der Messe stellte sich heraus, dass der Pfarrer den Kelch verwechselt und einen anderen, ebenfalls von deutscher Seite gespendeten Kelch bereitgestellt hatte. Da der für Oradour seinerzeit zuständige Abbé Jean Robert auch für die Gemeinde Saint-Victurnien verantwortlich war, handelte es sich darüber hinaus möglicherweise um die dortige Pfarrgemeinde, nicht um jene in Saint-Junien, in der Kelch genutzt wurde. Vgl. Hedwig Groß, Das Geheimnis der Versöhnung heißt Erinnerung, in: Begegnungsfahrt. 50 Jahre deutsch-französische Geschichte. 50 Jahre Pax Christi Frankreich. 25. April bis 4. Mai 1994 (im Folgenden: Groß, Versöhnung, in: Begegnungsfahrt 1994), BDA, Ala Pax Christi 35. Zu Jean Robert vgl. Valade, Oradour, S. 166, sowie persönliche Nachricht Albert Valade an die Verfasserin. Über den zweiten hier genannten Kelch ist wenig bekannt. Erhalten hatte ihn der damalige Pfarrer Oradours wohl im September 1971. Aus der Inschrift geht hervor, dass er von einem Pfarrer namens Jean Kohlen aus Wachtendonk („Westdeutschland") stammte, der selbst Opfer des Nationalsozialismus war, den Kelch „schon 1948 versprochen" hatte und ihn der Pfarrgemeinde Oradour als „Zeichen der Sühne" stiftete. Philippe Schneider, Quelques „témoignages" apportés à la „mémoire", S. 15, 21 f., ACMO, 1 FP 2.

[268] Schickel und Sadry nennen – beide ohne Quellenangabe – einen Dankesbrief des Bischofs. Laut Schickel schrieb Rastouil darin, er *wolle* mit dem Kelch die Messe am 10. 6. 1955 in Oradour feiern. Sadry hingegen zitiert aus dem Schreiben, dass Rastouil dies bereits *getan*

Martinighi den Kelch annahm[269] – ohne dass wir wissen, ob und wann er und seine Nachfolger ihn nutzten.[270]

Deutlich wird in jedem Fall, dass mit der lokalen Kirchengemeinde in Oradour neben ANFM und Gemeinde ein drittes Kollektiv existierte, das Adressat deutscher Versöhnungsgesten und Akteur deutsch-französischen Austauschs sein konnte. Wie weit die Offenheit der Kirchengemeinde oder aber auch nur des Pfarrers gegenüber solchen symbolischen Gesten zu diesem Zeitpunkt war, ist aus den genannten Gründen schwer zu sagen. Es ist gleichwohl anzunehmen, dass der Ortspfarrer hier schwieriges Terrain betrat, und zweifelhaft, dass Bischof Rastouil bei der Annahme und Verwendung des Kelchs die Bewohner Oradours einmütig hinter sich wusste. Im Jahr 1953 hatte sich der Hinterbliebenenverband aufgrund von Rastouils Verhalten im Rahmen des Oradour-Prozesses mit dem Bischof überworfen. Anders als 1944, als der Geistliche kurz nach dem Massaker beim Kommandant des Verbindungsstabs in Limoges, Gleiniger, intervenierte und eine Untersuchung geforderte, versuchte er während des Prozesses beruhigend zu wirken. Er verweigerte sich einer Parteinahme zwischen dem Elsass und Oradour, zeigte auch Verständnis für die französischen Angeklagten und sprach sich für eine unterschiedliche Behandlung zwischen ihnen und den angeklagten Deutschen aus.[271] In der ANFM war man unter anderem über einen Brief Rastouils an den Straßburger Bischof so erzürnt, dass sich die bei der Mitgliederversammlung Anwesenden mit nur einer Gegenstimme gegen sein Kommen am 10. Juni 1953 aussprachen.[272] Ist vor diesem Hintergrund denkbar, dass der Bischof zwei Jahre später im Wissen der Überlebenden und Hinterbliebenen den deutschen Kelch beim 11. Jahrestag des Massakers nutzte? Eines darf als sicher gelten: Hätten die Überlebenden und Hinterbliebenen gewusst, dass sich die führenden Verantwortlichen der deutschen *Pax Christi*-Sektion für die Freilassung der in Frankreich

---

habe. Vgl. Schickel, Kardinal, S. 112; Benoît Sadry, Histoire et Inventaire des Biens Mobiliers de l'Eglise d'Oradour-sur-Glane, 2003, S. 22, Privatunterlagen Benoît Sadry. Dem Hörensagen nach soll Rastouil Wert darauf gelegt haben, „die Messe jedes Mal, wenn er nach Oradour kam, mit diesem Kelch zu feiern". Philippe Schneider, Quelques „témoignages" apportés à la „mémoire", S. 14 f., ACMO, 1 FP 2.

[269] Auch die Angabe, Martinighi habe den Kelch „erhalten", beruht auf Hörensagen. Die Annahme, er habe ihn angenommen, wird durch eine Andeutung des späteren Ortspfarrers Henri Boudet gestützt, Martinighi sei offen für eine solche Geste gewesen. Vgl. Philippe Schneider, Quelques „témoignages" apportés à la „mémoire", S. 14 f., ACMO, 1 FP 2; Interview der Verfasserin mit Henri Boudet, 9. 5. 2008, Limoges. Pfister, Friede, S. 119, schreibt – ebenfalls ohne Quellenangabe –, der Bischof habe den Kelch am 10. 6. 1955 dem Pfarrer Oradours übergeben und die Gemeinde gebeten, ihn anzunehmen, was sie getan habe. Weiter heißt es dort: „1958 – Jahre später – nachdem Manfred [Hörhammer] vom Pfarrer des Ortes offiziell empfangen worden ist, darf er auch mit diesem Kelch zelebrieren." Hinweise auf diesen Empfang fanden sich in den Findbüchern des *Pax Christi*-Archivs in Aachen nicht.

[270] Der 1977 geborene Benoît Sadry erinnert, dass er seine erste Kommunion aus diesem Kelch erhalten habe und er darüber hinaus bei allen Messen in Oradour eingesetzt worden sei. Vgl. Casper, Fall (Dokumentarfilm).

[271] Vgl. Javerliat, Bordeaux, S. 116 f.

[272] Vgl. ANFM, Assemblée générale, 8. 3. 1953, Procès-verbal, ACMO, 5 FP 3.

inhaftierten mutmaßlichen deutschen Kriegsverbrecher engagierten, dass Hörhammer selbst zahlreiche Anstrengungen unternommen hatte, um einen vermeintlich unschuldigen früheren SS-Mann aus französischer Haft zu befreien, und gegen die sogenannte Lex Oradour gekämpft hatte; hätten sie gewusst, dass die Entstehung des Bühler Friedenskreuzes, auf dem Hörhammer die Flagge am 10. Juni „auf Halbmast" hängen wollte, auf das engste mit diesen Bemühungen zusammenhing und Hörhammer, wie es sich auch in seinem öffentlichen „Tagebucheintrag" zu Oradour zeigt, mindestens ebenso stark auf die deutschen Opfer des Bombenkriegs fokussierte wie auf die Opfer des NS-Terrors[273] – die Mehrheit hätte sich gegen die Nutzung des Kelchs ausgesprochen. Tatsächlich führte erst die Erschütterung Hörhammers über seine Eindrücke in Oradour in der deutschen *Pax Christi*-Sektion „zu einer Hinwendung zu den ausländischen Opfern des Nationalsozialismus".[274]

2.2 Der Ort als Adressat

Die bisher angeführten Beispiele haben ein verbindendes Element: Die Symbolik des Orts spielte für die Motive der Akteure zwar eine Rolle, doch ihr Handeln zielte auch oder gar in erster Linie auf die Überlebenden und Hinterbliebenen des Massakers. Dieser Umstand führt ein wesentliches Merkmal Oradours vor Augen: Während zahlreiche Opfer des NS-Terrors an die Orte ihres Leidens und oft auch Sterbens verschleppt wurden und die Überlebenden die Gefängnisse, Konzentrations- oder Vernichtungslager nach ihrer Befreiung verließen, wurden die meisten Opfer des Massakers in Oradour an ihrem Heimatort getötet. Die Entscheidung des französischen Staats, die Ruinen zu erhalten, unter Denkmalschutz zu stellen und nicht weit entfernt ein neues Dorf zu bauen, machte Oradour zu einem vierfachen Ort: Oradour ist, erstens, ein *lieu de mémoire* im Nora'schen Sinn und durch die physisch greifbaren Ruinen, zweitens, ein *site de mémoire*.[275] „Ein ‚Oradour'" wurde, drittens, begrifflich zum Synonym für „ein Massaker an einer wehrlosen Zivilbevölkerung durch eine Militäreinheit".[276] Viertens ist das neu errichtete Oradour Heimat für Überlebende und Hinterbliebene des Massakers. Was bedeutet dies für die Besucher Oradours?

Aleida Assmann weist auf den multiperspektivischen Charakter traumatischer Orte hin: „Der Ort ist all das, was man an ihm sucht, was man von ihm weiß, was man mit ihm verbindet. So gegenständlich konkret er ist, so vielfältig präsentiert er sich in den unterschiedlichen Perspektivierungen."[277] Zwar lassen sich die Ruinen Oradours nicht ohne Weiteres in die Kategorie der traumatischen Orte nach Ass-

---

[273] Vgl. Oboth, Pax Christi, S. 394–416.
[274] Vgl. Oboth, Pax Christi, S. 445 f., Zitat S. 446.
[275] Für den Begriff *site de mémoire* in diesem Zusammenhang danke ich Rainer Hudemann.
[276] Fouché, Oradour, S. 8.
[277] Assmann, Schatten, S. 225.

mann einordnen,[278] den Aspekt und des Multiperspektivischen teilen sie jedoch zweifellos mit ihnen. Assmann unterscheidet sechs Kategorien von Besuchern dieser Orte und die jeweils spezifischen, dem Ort für sie innewohnenden Bedeutungen: Für (1) manche Gruppen früherer Häftlinge sei der traumatische Ort „die Beglaubigung und das konkrete Unterpfand einer gemeinsamen Erfahrung"; für (2) diejenigen, die überlebten, und deren Nachkommen sei er zuallererst ein Friedhof; für (3) Personen ohne persönliche Beziehung zu den Opfern, stehe „der touristische Ort mit seinem Museum im Vordergrund"; ein Wallfahrtsort sei der traumatische Ort (4) für Gruppen kirchlicher oder politischer Natur; während er (5) für Staatsoberhäupter zur „Kulisse für öffentliche Bekenntnisse, Mahnungen, Erklärungen, Ansprüche" werde; schließlich sei er (6) für Geschichtswissenschaftler ein „archäologischer Schauplatz der Spurensuche und Spurensicherung".[279] In Oradour lässt sich diese Aufschlüsselung um einen weiteren Aspekt erweitern: Für einen Teil der Überlebenden und Hinterbliebenen sind die Ruinen auch „lieux de souvenir", das heißt „Orte, die für eine individuelle Lebensgeschichte bedeutsam sind".[280] Die Überreste des alten Oradour sind Ort ihrer Kindheits-, Jugend- und Heimaterinnerungen, bevor der NS-Terror das Dorf in Schutt und Asche legte.[281]

Während Besucher anderer traumatischer Orte, etwa ehemaliger Konzentrationslager, vor allem mit dem Ort in seiner jeweils spezifischen Bedeutung konfrontiert sind, ist die Situation in Oradour komplexer: Das neue Dorf liegt in Sichtweite der Ruinen, sodass die Besucher einem doppelten Oradour gegenüber stehen. Wie wirkte sich dieser Umstand auf die deutschen Besucher Oradours aus? In welches

---

[278] Assmann, Erinnerungsräume, S. 328 f., grenzt traumatische Orte von Gedenkorten folgendermaßen ab: „Gedenkorte sind solche, an denen Vorbildliches geleistet oder exemplarisch gelitten wurde. […] Sie sind unvergeßlich, sofern sie von einer Gruppe in eine positiv verpflichtende Erinnerung übersetzt werden. Traumatische Orte unterscheiden sich von Gedenkorten dadurch, daß sie sich einer affirmativen Sinnbildung versperren. Das religiöse und nationale Gedächtnis ist reich an Blut und Opfern, doch sind diese Erinnerungen nicht traumatisch, weil sie normativ besetzt sind und für eine persönliche oder kollektive Sinnstiftung in Anspruch genommen werden. […] Während der Erinnerungsort stabilisiert wird durch die Geschichte, die von ihm erzählt wird, wobei der Ort seinerseits diese Erzählung stützt und verifiziert, kennzeichnet den traumatischen Ort, daß seine Geschichte nicht erzählbar ist. Die Erzählung dieser Geschichte ist durch psychischen Druck des Individuums oder soziale Tabus der Gemeinschaft blockiert. […] Der traumatische Ort hält die Virulenz eines Ereignisses als Vergangenheit fest, die nicht vergeht, die nicht in die Distanz zurückzutreten vermag." Während auf nationaler Ebene Oradour demnach zumindest in Teilen ein Gedenkort ist, trägt es für die *communauté d'Oradour* Züge eines traumatischen Orts. Dies kommt etwa darin zum Ausdruck, dass bestimmte Aspekte der Geschichte nicht erzählt werden konnten, wie etwa die Frage des sexuellen Missbrauchs der Opfer. Während eine affirmative Sinnbildung auf nationaler Ebene durchaus gelang, zeichnet sich die Situation vor Ort durch eine Spannung zu eben dieser aus. So schreibt Tisseron, Pièges, S. 21, bezeichnend: „Seine [Oradours] Bewohner wurden verdammt, als Wächter vor einem Tempel nationalen Gedenkens zu verharren, das nicht das ihre war."
[279] Assmann, Schatten, S. 225.
[280] Assmann, Schatten, S. 217.
[281] Vor allem Farmer, Oradour, v. a. S. 121–158, hat sich mit den räumlichen Aspekten des Gedenkorts beschäftigt.

der beiden Oradour kamen sie? Wurde ihr Aufenthalt in den Ruinen im neuen Dorf wahrgenommen? Wurden die beiden konkreten Orte, aber auch das symbolische mit dem physischen Oradour verknüpft und zu welchem Zweck?

Die Recherchen der VVN in Oradour 1962

Nachdem die Düsseldorfer Polizei Mitarbeiter der französischen Tageszeitung *L'Écho du Centre* bei dem Versuch, Heinrich Lammerding zu fotografieren, festgenommen hatte,[282] reiste 1962 eine Delegation der *Vereinigung der Verfolgten des Naziregimes* (VVN) nach Oradour. Ziel der Reise war wahrscheinlich, Informationen über den Stand des deutschen Ermittlungsverfahrens gegen den früheren Divisionskommandeur zu erhalten und französische Meinungen hierzu einzufangen. Die Wochenzeitung *Die Tat*, Organ der VVN, berichtete von der Reise.[283] Man habe unter anderem in Tulle und Oradour erfahren, so das Blatt, dass bisher noch kein einziger Zeuge angeschrieben worden sei. In Oradour ging die Abordnung durch die Ruinen und über den Friedhof. Wen genau sie dort zum Gespräch traf, ließ die Zeitung im Vagen. Man habe „mit einem Widerstandskämpfer" gesprochen, der versichert habe, „daß er keinen Haß gegen die Deutschen hege; nicht Rache gegenüber Deutschland bewege ihn". „Eine Frau", mit der die Delegation offensichtlich ebenso sprach, zitierte das Blatt mit den Worten, für „uns ist der Kampf um die Auslieferung und Verurteilung Lammerdings gleichzeitig ein Kampf gegen die OAS,[284] die von der SS so manches gelernt hat und sich nicht scheut, das auch noch offen auszusprechen". Eine Erklärung, wer genau es schließlich war, der „uns in Oradour [fragte], warum Herr Lammerding auch nach 18 Jahren immer noch geschont wird und die westdeutsche Polizei gewissermaßen mit Argusaugen über seine Sicherheit wacht", blieb das Blatt schuldig.

Auch Hansjürgen Meier reiste im Frühjahr 1962 nach Tulle und Oradour und berichtete in der *Deutschen Volkszeitung* (DVZ) von der Reise. Meier ließ ebenso offen, wer „die Franzosen an Ort und Stelle" waren, die ihm bestätigt hätten, dass „noch keine Zeugen aus Tulle oder Oradour vernommen" worden seien. Offensichtlich aber waren es weder Überlebende noch Hinterbliebene des Massakers in Oradour, sondern „ein französischer Journalist", der die deutsche Justiz für den Umgang mit Lammerding kritisierte. Dieser Umstand hinderte das Blatt jedoch nicht, im Titel eben diesen Eindruck zu erwecken: „Man fragte uns in Oradour: Warum schont ihr Lammerding?"[285] Indem die Zeitungen „Oradour" eine Stimme zuschrieben, benutzten sie die symbolische Bedeutung des Orts und die Exis-

---

[282] Vgl. Kapitel IV.2.4.
[283] Hierzu und zum Folgenden: Hans-Peter Scherf, Lammerdings Mordbrenner, in: Die Tat, 14. 4. 1962, S. 12.
[284] Gemeint ist die französische Untergrundbewegung *Organisation armée secrète*, die gewaltsam gegen die Unabhängigkeit Algeriens kämpfte.
[285] Hansjürgen Meier, Man fragte uns in Oradour: Warum schont ihr Lammerding?, in: DVZ, 6. 4. 1962, BStU, MfS, HA IX/11, SV 6/83, Bd. 1, Bl. 143.

tenz des neuen Oradour, um die bislang ausgebliebene strafrechtliche Ahndung des Verbrechens in der Bundesrepublik zu kritisieren und Druck auf die nun eingeleiteten Ermittlungen gegen Lammerding bei der Dortmunder Staatsanwaltschaft aufzubauen.

„Deutsche Ferienkinder besuchten Oradour"

Ähnlich wenig Kontakt mit den Überlebenden und Hinterbliebenen des Massakers kam wohl im Rahmen der Besuche deutscher Ferienkinder zustande. Vermutlich 1962 besuchte eine solche Gruppe das *village martyr*, legte Kränze nieder und ließ sich von einem „Überlebenden" die Zerstörung Oradours beschreiben. Rahmen des Besuchs war das internationale Ferienlager der *Fédération internationale des résistants* (FIR)[286] in Saint-Junien, bei dem Kinder aus mehreren europäischen Länder zusammenkamen, darunter auch Kinder aus der Bundesrepublik und DDR. Bei den ostdeutschen Teilnehmern handelte es sich um „Jugendliche, deren Angehörige während des Nazi-Regimes verfolgt worden sind". Zum Ferienprogramm gehörten zahlreiche Gedenkstättenbesuche, darunter der Besuch Oradours.[287] Bei dem im Pressebericht nicht namentlich genannten „Überlebenden" dürfte es sich um einen in den Ruinen tätigen *guide* gehandelt haben, und damit um ein von der Verwaltung des *monument historique* ausgewähltes ANFM-Mitglied.[288] Zu einem offiziellen Empfang der Gruppe durch den Bürgermeister, wie an anderen Orten des Aufenthalts, kam es in Oradour nicht.[289] Henri Boudet, 1972 bis 1985 Pfarrer in Oradour, erinnerte, dass verschiedentlich Deutsche das zerstörte Oradour besuchten und er eines Tages von einem in den Ruinen tätigen *guide* erfuhr, dass ein deutscher Offizier dort gewesen sei.[290] Man sprach in Oradour also von deutschen Besuchern des *village martyr* – zumindest wenn es Ungewöhnliches zu berichten gab. Und so waren womöglich auch die deutschen Ferien-

---

[286] 1947 war mit der *Fédération internationale des anciens prisonniers politiques* (FIAPP) ein „internationaler Dachverband" gegründet worden, der „sämtliche ehemaligen KZ-Häftlinge und ihre Interessen über die beginnende Spaltung Europas hinweg vertreten sollte." Der „klar kommunistisch dominiert[e]" Verband trug ab 1951 den Namen *Fédération internationale des résistants* (FIR), sein Sitz wechselte von Warschau nach Wien. Lunow, NS-Opfer, S. 172 f.

[287] Deutsche Ferienkinder besuchten Oradour, Organ und Datum nicht angegeben, StAM, 45 Js 2/62, Sonderheft (2099), Bl. 8. Das Veranstaltungsjahr schließe ich aus einem Reisebericht westdeutscher Betreuer, der dem genannten Zeitungsartikel teilweise ähnelt. Auch die Teilnahme von Kindern aus der Bundesrepublik lässt sich daraus ableiten. Vgl. Ferienaktion der FIR 1962, Auszüge aus Berichten der Betreuer, Bundesrepublik Deutschland, Kinder in Frankreich, o. D., SAPMO-BArch, DY 57/290.

[288] Vgl. Fouché, Oradour, S. 234.

[289] Vgl. Deutsche Ferienkinder besuchten Oradour, Organ und Datum nicht angegeben, StAM, 45 Js 2/62, Sonderheft (2099), Bl. 8. Dies geht nicht explizit aus dem Artikel hervor. Da Oradour das „eindrucksvollste Erlebnis" der Gedenkstättenbesuche genannt wird und relativ viel Platz im Artikel einnimmt, ist davon auszugehen, dass eine solcher Empfang erwähnt worden wäre.

[290] Vgl. Interview der Verfasserin mit Henri Boudet, 9. 5. 2008, Limoges.

kinder Thema im Dorf oder bei den Treffen der ANFM, ohne dass weitergehende Kontakte entstanden.

Für die Annahme, dass der Besuch der Ferienkinder im neuen Dorf bekannt war, spricht auch, dass der Besuch der Ruinen im Rahmen der FIR-Ferienlager wohl keine einmalige Angelegenheit war, denn die Ferienaktion lief über mehrere Jahre.[291] Darüber hinaus liegt Saint-Junien, wo sich das Erholungsheim befand, in dem „alljährlich Kinder aus ganz Europa zusammen[kamen]",[292] weniger als 20 Kilometer von Oradour entfernt. Nach all dem, das wir über den Aufenthalt der deutschen Kinder- und Jugendgruppen in Oradour wissen, gleichen sie denjenigen Besuchen traumatischer Orte, für die „der touristische Ort mit seinem Museum im Vordergrund [steht], das den konservierten Tatort in Ausstellungen und Führungen präsentiert".[293]

Pax Christi in Oradour 1963

Für Besucher, die als Pilger nach Oradour kamen, um dort eine Messe zu feiern, war das neue Dorf bzw. die dortige Kirche von Bedeutung. Dies galt etwa für die *Pax Christi*-Gruppe aus den Erzdiözesen München und Freiburg, die am 21. Juli 1963 nach Oradour kam, darunter Alfons Erb, inzwischen Vizepräsident der deutschen *Pax Christi*-Sektion. Wie schon 1955 hatte *Pax Christi* zunächst innerkirchliche Kontakte aktiviert. Der Bischof von Limoges, Louis Rastouil, gab sein Einverständnis für die geplante Sühnemesse in der Kirche des neuen Oradour. Zelebriert wurde der Gottesdienst von dem Weihbischof von Aachen, Joseph Ludwig Buchkremer, der während des Nationalsozialismus im Konzentrationslager Dachau inhaftiert war. Die Eucharistie feierte die Gruppe mit dem 1955 übergebenen Kelch, für den sie jetzt eine vollständige Ausstattung – wahrscheinlich Patene und Löffel[294] – übergaben. Gesungen und gebetet wurde während der Andacht auf Deutsch und Französisch, begleitet wurden die deutschen Besucher von einer Gruppe befreundeter Franzosen aus Saint-Junien, die die Sühnemesse mitfeierten.[295] Der Folklore-Verein aus Saint-Junien hatte 1961 bereits zum zweiten Mal München besucht und war von der dortigen *Pax Christi*-Gruppe empfangen worden. Im Rahmen des Besuchs hatten die Franzosen die Gedenkstätte des ehema-

---

[291] Vgl. Tagung der Kommission für Soziale Tätigkeit der FIR in Budapest am 25. und 26. 1. 1964, Anlage zu: FIR, Stellvertretender Generalsekretär Aleksander Cichocki, an alle angeschlossenen Verbände, 10. 1. 1964, SAPMO-BArch, DY 57/290.
[292] Hans-Peter Scherf, Lammerdings Mordbrenner, in: Die Tat, 14. 4. 1962, S. 12.
[293] Assmann, Schatten, S. 225. Allerdings nennt Assmann diese Bedeutung des Orts für „diejenigen, die keine persönliche Verbindung zu den millionenfachen Opfern haben", was in diesem Fall nicht zutrifft, da es sich bei Eltern der Gruppenmitglieder um Opfer des Nationalsozialismus handelte.
[294] Vgl. Benoît Sadry, Histoire et Inventaire des Biens Mobiliers de l'Eglise d'Oradour-sur-Glane, 2003, S. 22, Privatunterlagen Benoît Sadry.
[295] Vgl. Pax Christi in Oradour. „Wir wollen versuchen, uns christlich dem Grauen zu stellen", in: Pax Christi (1963) Sept/Okt, Privatunterlagen Klaus von Armeln; sowie: Alfons Erb, Vor 20 Jahren Oradour, in: Der Fährmann, H. 5, Mai 1964, („Frankreich heute"), S. 11 f.

ligen Konzentrationslagers Dachau besucht und Erde aus Oradour übergeben. Diese sollte ihren Platz unter dem Hauptaltar der Kapelle auf dem Gedenkstättengelände finden.[296] Nach der gefeierten Messe in Oradour gingen die Deutschen und Franzosen durch die Ruinen, beteten auf dem Friedhof und in der zerstörten Kirche.[297]

Dass an der Messe keine Bewohner Oradours teilnahmen, erwähnten die Artikel über die Reise nicht ausdrücklich, war zwischen den Zeilen aber mit Händen zu greifen. In deutlichem Kontrast zum Besuch in Oradour standen etwa die Berichte über die herzliche Aufnahme der Gruppe an anderen Orten, unter anderem bei dem Weihbischof von Limoges, der die Gäste von dem bereits hochbetagten Bischof Rastouil grüßen ließ. Sie sollten, so habe der Weihbischof ihnen gesagt, „im Anblick der entsetzlichen Bilder, die sie von Oradour mitnähmen, wissen, daß ‚fast alle Franzosen einen wahren Frieden mit den Deutschen wollen'"[298], was möglicherweise als Anspielung auf die Haltung in Oradour zu verstehen war.

Die Predigt des deutschen Bischofs in Oradour zeigt, dass man auf die Teilnahme von Einwohnern gehofft, vielleicht auch damit gerechnet hatte, denn Buchkremer wandte sich in seinen Ausführungen mehrmals direkt an die – offensichtlich nicht erschienenen – Dorfbewohner:

„Darum sind wir in euer Gotteshaus gekommen, um das heilige Opfer zu feiern. Wir bringen es dar für euch und eure Toten, für die Opfer von Oradour [...] Im Zeichen des Kreuzes bitten wir euch, die ihr so schwer geschlagen wurdet von Angehörigen unseres Volkes – und wir können euch nur bitten darum: Laßt uns miteinander bemüht sein... um die Liebe und den Frieden, um die Pax Christi."[299]

Doch *Pax Christi* übte sich in Zurückhaltung, möglicherweise mit Blick auf die von Erb 1947 vertretene Position, man müsse die Empfindungen der Opfer und Hinterbliebenen berücksichtigen. In Buchkremers Predigt fand sich auch der seinerzeit von Erb herausgehobene Aspekt, dass jeder Beitrag zur Wiedergutmachung an Orten wie Oradour zu kurz greifen müsse:

„Wir wollen Sühne leisten; aber wir wissen, daß mit äußerer Wiedergutmachung, mag sie noch so groß sein, diese Sühne nicht erfüllt sein kann; daß sie eine bleibende Verpflichtung ist. Ja, daß

---

[296] Albert Valade machte mich auf den Besuch der Folklore-Gruppe in Dachau aufmerksam, überließ mir einen zeitgenössischen Zeitungsartikel darüber (Autor: Albert Masle, o. D., ohne Angabe des Organs) sowie Auszüge der französischen Ansprache in Dachau. Unklar ist, wo die Erde niedergelegt wurde. In dem genannten Zeitungsbericht heißt es, sie solle ihren Platz unter dem „Hauptaltar der Kapelle, die gebaut wird" finden. Die katholische „Todesangst Christi Kapelle" auf dem Gelände der Gedenkstätte wurde bereits 1960, die Evangelische Versöhnungskirche erst 1967 eingeweiht. Vgl. Comité Internationale de Dachau, Konzentrationslager, S. 216, 221. Zum Empfang der Gruppe in München: Pax Christi in Oradour. „Wir wollen versuchen, uns christlich dem Grauen zu stellen", in: Pax Christi (1963) Sept/Okt, Privatunterlagen Klaus von Armeln

[297] Pax Christi in Oradour. „Wir wollen versuchen, uns christlich dem Grauen zu stellen", in: Pax Christi (1963) Sept/Okt, Privatunterlagen Klaus von Armeln

[298] Pax Christi in Oradour. „Wir wollen versuchen, uns christlich dem Grauen zu stellen", in: Pax Christi (1963) Sept/Okt, Privatunterlagen Klaus von Armeln

[299] Alfons Erb, Vor 20 Jahren Oradour, in: Der Fährmann, H. 5, Mai 1964 („Frankreich heute"), S. 11 f., Zitat S. 12.

sie im Grunde von Menschen gar nicht geleistet werden kann. Darum sind wir in euer Gotteshaus gekommen, um das heilige Opfer zu feiern. [...] In diesem Opferkelch ist das Opfer Christi, sein Leben und Sterben, gegenwärtig – und damit verbunden alles Leid, alle Angst und Todesnot der Menschen auf Erden. [...] Er selbst hat sich dem Vater angeboten zur Sühne für alle Untaten, und wir dürfen uns diesem seinem Opfer anschließen. In seinem Opfer allein ist die wahre Sühne, die geleistet werden kann – für alle Schuld auf Erden. Darum gedenken wir auch derer, die hier schuldig geworden sind an den armen Opfern ..."[300]

Da wahrscheinlich keine Ortsbewohner an der Messe teilnahmen, muss offen bleiben, wie sie auf diese Einbeziehung der Täter in den Sühneakt reagiert hätten.

Die geplante Gedenkfahrt der *Falken* nach Oradour 1964

Die Bedeutung des traumatischen Orts als „Kulisse für öffentliche Bekenntnisse, Mahnungen, Erklärungen [und] Ansprüche", die Aleida Assmann Staatsoberhäuptern zuschreibt, kann auch von anderen Akteuren mit politischen Ambitionen in Anspruch genommen werden. Dies zeigt beispielsweise die geplante Fahrt der *Sozialistischen Jugend Deutschlands – Die Falken* (SJD – Die Falken) nach Oradour.

Stattfinden sollte die vom Berliner Landesverband der *Falken* geplante Gedenkfahrt „im Rahmen der moralischen Wiedergutmachung, der Aussöhnung mit Frankreich und der Völkerverständigung" an den Ostertagen des Jahres 1964. Der Samstagnachmittag und -abend waren für das „Treffen mit der Jugend" vorgesehen und für denselben Abend war eine „große politische Kundgebung und Feierstunde in Oradour" gemeinsam mit „vielen Gruppen verschiedener Jugendverbände" geplant. Der Landesverband rechnete mit etwa 2000 Jugendlichen aus Berlin, Voraussetzung für die Realisierung des Projekts war jedoch die finanzielle Unterstützung der Bundesregierung.[301]

Das Vorhaben lässt erkennen, dass sich die Veranstalter zwar mit Oradour als *lieu de mémoire*, nicht aber mit den konkreten Gegebenheiten vor Ort auseinandergesetzt hatten. Offensichtlich war ihnen nicht bekannt, dass seit 1953 öffentliche Kundgebung in den Ruinen verboten und im neuen Oradour nicht weniger unerwünscht waren.[302] Dies war auch nicht das Argument, mit dem der französi-

---

[300] Alfons Erb, Vor 20 Jahren Oradour, in: Der Fährmann, H. 5, Mai 1964 („Frankreich heute"), S. 11 f., Zitat S. 12.
[301] SJD – Die Falken, Landesverband Berlin, an alle Mitglieder und Teilnehmer der Fahrten nach Theresienstadt und Lidice, 29. 10. 1963, in: Archiv der Arbeiterjugendbewegung (AAJB), Franz-Neumann-Archiv (FNA) Peter Weiß 4. Den wenig umfangreichen und lückenhaften, allerdings komplett verzeichneten Bestand der Westberliner Gliederung der *Falken* hat Alexander Schwitanski, ehemaliger Archivleiter des AAJB, für mich auf relevante Dokumente hin überprüft und mir Kopien zukommen lassen. Dafür sei ihm an dieser Stelle herzlich gedankt. Der rechtsextremen *Deutschen Wochen-Zeitung* zufolge regte der Westberliner SPD-Senator und spätere Bürgermeister der Stadt, Kurt Neubauer, die Reise an. Vgl. Nicht nach Oradour. Rote „Falken" sind dort unerwünscht, in: Deutsche Wochen-Zeitung, 14. 2. 1964, BArch Freiburg, N 756/389.
[302] Vgl. Kapitel II.2, Abschnitt „1953 als zentrale Zäsur".

sche Stadtkommandant Berlins das Vorhaben stoppte. Die „offizielle Begründung" lautete dem *Spiegel* zufolge, dass im von „Linksradikalen" verwalteten Oradour „antideutsche Demonstrationen zu befürchten" seien; der tatsächliche Grund hingegen sei die Befürchtung der Franzosen gewesen, „die linksorientierten Falken, die bereits bei Bewältigungs-Reisen in der Tschechoslowakei und in Polen mit den Gastgebern guten Kontakt hielten, könnten mit den Einwohnern von Oradour gegen Bonn und Paris demonstrieren". Dem Blatt zufolge akzeptierten die *Falken* – „deren Reise vom deutsch-französischen Jugendwerk bezahlt" werde – den Alternativvorschlag des Stadtkommandanten und planten eine Fahrt in das elsässische Struthof, wo die Nationalsozialisten ein Konzentrationslager errichtet hatten.[303]

Es ist kaum verwunderlich, dass die französischen Behörden alarmiert waren und intervenierten. Zur Ablehnung jeglicher politischer Kundgebung vor Ort kam die Tatsache, dass im Frühjahr 1964 das Verfahren gegen Heinrich Lammerding unter anderem wegen des Massakers in Oradour noch anhängig war. Den Ausschlag aber dürfte die geplante groß angelegte politische Manifestation gegeben haben. Dafür spricht, dass noch im selben oder darauffolgenden Jahr eine etwa 400 *Falken* zählende Gruppe das *village martyr* besuchte, einen Kranz niederlegte und dort wohl auch Überlebende traf, die von dem Massaker berichteten.[304] Dieser Besuch fand im Rahmen eines Zeltlagers der *Falken* unweit von Bordeaux statt, und seitens der französischen Veranstalter war der Besuch der Ruinen mit Oradour wohl abgesprochen oder zumindest angekündigt worden.[305]

2.3 Ein erster Durchbruch: Das Engagement Vinzenz Kremps in Oradour

Mitte der 1970er Jahre mündete eine deutsche Versöhnungsgeste in Oradour erstmals in anhaltende Beziehungen zwischen Deutschen und Bewohnern des Orts. An ihrem Anfang stand der 1915 in Freiburg geborene Vinzenz Kremp, der seit 1961 Jugendlager und Tageseinsätze der Freiburger Fernmeldelehrlinge im Rahmen des *Volksbundes Deutsche Kriegsgräberfürsorge* (VDK) leitete. 1975 erfuhr Kremp, dass sein nächster Einsatz auf einem Soldatenfriedhof in Limoges geplant war, und damit unweit Oradours.[306]

---

[303] Falken-Reise, in: Der Spiegel, 12. 2. 1964. Auch der rechtsextremistische *Reichsruf* berichtete, die französische Militärverwaltung Berlin habe auf „die stark linksgerichtete Mehrheit in Oradour" aufmerksam gemacht, „die Zwischenfälle befürchten lasse". Sie habe sich allerdings „auch auf Anweisungen vorgesetzter Dienststellen" bezogen. Reiseziele. Hat Oradour die „Falken" satt?, in: Reichsruf, 13. 3. 1964, BArch Freiburg, N 756/389.

[304] Vgl. Sinn, Suche, S. 152, sowie persönliche Mitteilung Günter Rixe an die Verfasserin. Rixe leitete die Gruppe seinerzeit. Zu ihr zählten auch etwa 50 französische Jugendliche.

[305] Persönliche Mitteilung Günter Rixe an die Verfasserin.

[306] Vgl. Karl-Heinz Darweger, Die Messe von Oradour, Organ und Datum nicht angegeben, Privatunterlagen Henri Boudet. Zu den biographischen Daten: Josef Spinner, Vinzenz Kremp (1915–1996), URL: http://www.umkirch.de/ceasy/modules/cms/main.php5?cPageId=166 [26. 1. 2012].

Abb. 17: Vinzenz Kremp
(Franz Rebholz)

Abb. 18: Der 1976 von Vinzenz Kremp und deutschen Jugendlichen übergebene Kandelaber in der Kirche Oradours: Die Erinnerung an die Opfer des Massakers wird symbolisch eingerahmt und überragt von Versöhnung, Frieden *und* Brüderlichkeit/Freundschaft.
(Franz Rebholz)

Kontaktaufnahme und Übergabe des Versöhnungsleuchters 1976

Der Gedanke, während des Aufenthalts im Limousin einen Kandelaber für die Ruinen der niedergebrannten Kirche Oradours zu übergeben, stammte entweder von Kremp selbst oder aber von seinem Freund Herbert Eckerle. Letzterer hatte bereits einen Kerzenleuchter für das Beinhaus in Douaumont gefertigt und schmiedete nun einen Kandelaber für Oradour.[307] Dieser sah in der Mitte eine Kerze für die Toten Oradours vor, überragt von drei in unterschiedlicher Höhe angeordneten Armen, deren Kerzen aufsteigend Versöhnung (*réconciliation*), Frieden (*paix*) und Brüderlichkeit/Freundschaft (*fraterinité/amitié*) symbolisieren sollten (vgl. Abb. 18).[308]

---

[307] Vgl. Karl-Heinz Darweger, Die Messe von Oradour, Organ und Datum nicht angegeben, Privatunterlagen Henri Boudet; August Graf von Kageneck, Oradour-Senones-Hilden und ausgestreckte Hände, in: Kriegsgräberfürsorge, 53. Jg., H. 1, Januar 1977, S. 136 f.

[308] Beschreibung nach Foto und Zeichnung des Kandelabers in den Privatunterlagen Henri Boudets. Entweder war zunächst eine höhere Bodenplatte vorgesehen, die seitlich die Aufschrift „Unsere Märtyrer" („Nos martyrs") tragen sollte (Zeichnung), oder aber die tiefste Kerze sollte die „Märtyrer" repräsentieren.

Kremp versuchte über verschiedene Kontakte ein offizielles Einverständnis für die Übergabe zu erreichen, doch Anfragen des Freiburger Oberbürgermeisters und dortigen Erzbischofs blieben zunächst unbeantwortet.[309] Schließlich informierte der Bischof von Limoges den Freiburger Erzbischof, dass er mit dem Ortspfarrer in Oradour und dem Präsidenten der ANFM Kontakt aufgenommen habe:

„Beide haben von dieser Geste abgeraten. Zum einen ist es Tradition geworden, dem Ort, so wie er nach der Tat der SS geblieben ist, nichts hinzuzufügen oder zu entfernen. Zum anderen geben sie zu bedenken, dass einige wenige aber noch einflussreiche Persönlichkeiten, die überaus empfindlich reagieren gegenüber allem, was die Ereignisse des Jahres 1944 berührt, mit ihren Protesten das Ziel der Geste zunichtemachen könnten. Sie hätten jedoch keine Einwände, wenn der Kandelaber seinen Platz in der neuen Kirche des neuerbauten Dorfes fände. Sie betonen aber, dass auch dies diskret erfolgen sollte."[310]

Der Bischof erklärte weiterhin, es sei notwendig, Ortspfarrer Henri Boudet zu kontaktieren, um Einzelheiten zu klären.[311] Boudet kam so eine Schlüsselrolle zu, denn er entschied, in welchem Rahmen die Übergabe stattfinden sollte. Er erklärte sich einverstanden, Kremp und seine Jugendgruppe hierfür bei einer sonntäglichen Messe zu begrüßen, und schuf damit den Raum für eine Begegnung zwischen den Deutschen und Dorfbewohnern. Darüber hinaus organisierte er einen anschließendem Empfang im Pfarrhaus, an dem neben einigen in der Kirchengemeinde engagierten Jugendlichen auch der stellvertretende Bürgermeister Henri Cathalifaud und der ANFM-Präsident Camille Beaulieu teilnahmen. Die entscheidende Entwicklung aber war, so Boudet, einem „Zusammentreffen glücklicher Umstände" geschuldet: Boudet, der nach der gemeinsamen Messe noch zwei Taufen zu zelebrieren hatte, betraute die französischen Jugendlichen mit der Rolle der Gastgeber. Diese knüpften schnell Kontakt mit den gleichaltrigen Deutschen und luden sie zu einer Ausstellung im Rathaus ein, sodass Kremp und seine Gruppe nach dem Mittagessen in Limoges noch am selben Tag nach Oradour zurückkehrten.[312] Von Boudet über den Verlauf des Besuchs informiert, zeigte sich der Bischof von Limoges in einem Schreiben an Kremp „außerordentlich glücklich" darüber und „dankbar, daß Sie diesen Besuch mit einer außerordentlichen Zurückhaltung vollzogen haben". Dies sei „ohne Zweifel einer der Gründe" gewesen,

---

[309] Vgl. Karl-Heinz Darweger, Die Messe von Oradour, Organ und Datum nicht angegeben, Privatunterlagen Henri Boudet. Demnach soll „aus Limoges" schließlich höflich gebeten worden sein, „die Einwohner von Oradour in Frieden zu lassen".

[310] Évêché de Limoges an Archevêque de Fribourg, 1. 7. 1976, Doppel, Anlage zu: Évêché de Limoges an Henri Boudet, 6. 7. 1976, Privatunterlagen Henri Boudet.

[311] In mehreren Presseberichten hieß es später, die deutschen Schreiben seien vor Ort „inzwischen ringsum bekannt und überall heiß diskutiert worden", wobei die „Befürworter einer Kontaktnahme mit den Deutschen" deutlich „in der Minderheit geblieben" seien. Ludwig Wien, Kommt! Wir wollen es wagen!, in: Aufbruch. Evangelische Kirchenzeitung für Baden, 22. Jg., H. 6, 9. 2. 1986; ähnlich, teils mit gleichem Wortlaut: Karl-Heinz Darweger, Die Messe von Oradour, sowie: Ludwig Wien, Begegnung in Oradour, Organ und Datum bei beiden nicht angegeben, Privatunterlagen Henri Boudet. Diese Angaben decken sich nicht mit Boudets Erinnerungen und erscheinen angesichts seiner Darstellung höchst unwahrscheinlich. Vgl. Interview der Verfasserin mit Henri Boudet, 9. 5. 2008, Limoges.

[312] Vgl. Interview der Verfasserin mit Henri Boudet, 9. 5. 2008, Limoges.

die „letzten Endes dazu geführt haben, daß dieser Besuch Erfolg hatte und sogar freundliche Bande sich gebildet haben".[313]

Von der einmaligen Geste zum dauerhaften Kontakt

Schon wenige Wochen nach der Übergabe des Kandelabers zeigte sich, dass es nicht bei diesem einmaligen Kontakt bleiben sollte. Kremp, der sich sorgte, Pfarrer Boudet und den ANFM-Vorsitzenden in eine missliche Lage gebracht zu haben, wandte sich mit seiner Befürchtung an Beaulieu, der ihn beruhigte.[314] Der VDK, der offensichtlich von der Geste in Oradour erfahren hatte, informierte Kremp, dass der Verband gerne zwei Personen aus Oradour einladen würde. Wie Kremp Boudet berichtete, lud der Volksbund jedes Jahr Personen aus dem Ausland ein, die mit den Ferienlagern in Kontakt gestanden hatten. Wir wissen nicht warum, aber Kremp richtete sich mit der Einladung an den Ortspfarrer – nicht an Beaulieu oder Cathalifaud –, bat Boudet inständig, sie anzunehmen und überließ ihm die Wahl seiner Begleitperson. Er selbst dachte dabei an den Bürgermeister, den ANFM-Präsidenten, den Jugendvertreter oder eines der Mädchen, die bei dem Empfang einige Wochen vorher anwesend waren.[315] Boudet akzeptierte[316] und erhielt eine offizielle Einladung des VDK zu einem fünftägigen Aufenthalt in Hilden und Bonn anlässlich des Volkstrauertags im November 1976.[317] Begleitet wurde er von Patrice Milord, einem der Jugendlichen, die an der gemeinsamen Messe in Oradour teilgenommen hatten.[318] Gemeinsam nahmen sie an der „Gedenkstunde des Volksbundes für die Gefallenen der Kriege und die Opfer der Gewaltherrschaft" und dem 16. Internationalen Friedensseminar des VDK teil.[319] In diesem Rahmen wurden sie von Bundespräsident Walter Scheel empfangen,[320] und ihre Anwesenheit verhalf dem Massaker und Kremps Geste zu gewisser Aufmerksamkeit in den deutschen Medien.[321]

Hatten Besuch und Gegenbesuch bis zu diesem Zeitpunkt in formellem Rahmen stattgefunden, besuchten sich Boudet und Kremp bald regelmäßig privat. Die beiden Männer tauschten sich telefonisch aus und pflegten einen regen Briefverkehr. Die Beziehung zwischen Kremp und Boudet wurde so vertraut, dass der französische Pfarrer in der Familie des Freunds Kinder taufte.[322] Auf Vorschlag von Kremp

---

[313] Bischof von Limoges an Kremp, zitiert nach: Karl-Heinz Darweger, Die Messe von Oradour, Organ und Datum nicht angegeben, Privatunterlagen Henri Boudet.
[314] Vgl. Kremp an Boudet, 13. 8. 1976, Privatunterlagen Henri Boudet.
[315] Vgl. Kremp an Boudet, 13. 8. 1976, Privatunterlagen Henri Boudet.
[316] Vgl. Kremp an Boudet, 27. 8. 1976, Privatunterlagen Henri Boudet.
[317] Vgl. Präsident des VDK, Willi Thiele, an Henri Boudet, 30. 9. 1976, Privatunterlagen Henri Boudet.
[318] Vgl. Interview der Verfasserin mit Henri Boudet, 9. 5. 2008, Limoges.
[319] Vgl. Freiburger Kriminalbeamte sammelten für die neue Kirche von Oradour, in: Kriegsgräberfürsorge, 53. Jg., H. 4, November 1977, S. 234.
[320] Vgl. August Graf von Kageneck, Oradour-Senones-Hilden und ausgestreckte Hände, in: Kriegsgräberfürsorge, 53. Jg., H. 1, Januar 1977, S. 136 f.
[321] Vgl. Kremp an Boudet, 1. 12. 1976, Privatunterlagen Henri Boudet.
[322] Vgl. Korrespondenz Kremp-Boudet, Privatunterlagen Henri Boudet. Beim Großteil des Schriftwechsels handelt es sich um Briefe Kremps an Boudet. Leider befinden sich Boudets Schreiben

Abb. 19: Vinzenz Kremp (links) und Abbé Boudet (rechts) bei der Verleihung des Bundesverdienstkreuzes 1986
(Volksbund Bildarchiv)

und dem VKD,[323] zeichnete der südbadische Regierungspräsident Norbert Nothhelfer Henri Boudet 1986 schließlich mit dem Verdienstkreuz Erster Klasse des Bundesverdienstordens aus. In der Laudatio hieß es, Boudet habe „,ungewöhnlichen Mut zur Versöhnung' bewiesen und ‚in einer großen menschlichen und christlichen Tat' zuerst die Tore seiner Kirche und dadurch auch die Herzen der Menschen geöffnet".[324] Zu diesem Zeitpunkt hatte Boudet Oradour bereits verlassen und eine andere Gemeinde übernommen.[325] Die beiden Männer blieben dennoch in Verbindung und nach Kremps Tod 1996 hielten Boudet und ein Teil von Kremps Kindern brieflichen und persönlichen Kontakt aufrecht.[326] Nach Oradour brachen die Kontakte der Familie Kremp jedoch schon viele Jahre vor Boudets Tod 2011 ab,[327] womit eine zentrale Frage berührt ist: Wer genau war in die entstandenen Kontakte integriert? Und war Boudets Haltung repräsentativ für Oradour?

weder in Kremps Unterlagen im Bundesarchiv-Militärarchiv Freiburg, noch liegen sie seinen Kindern vor. Vgl. ebenso Interview der Verfasserin mit Henri Boudet, 9. 5. 2008, Limoges.
[323] Vgl. Kremp an Boudet, 16. 10. 1984, Privatunterlagen Henri Boudet.
[324] Ludwig Wien, Kommt! Wir wollen es wagen!, in: Aufbruch. Evangelische Kirchenzeitung für Baden, 22. Jg., H. 6, 9. 2. 1986.
[325] Vgl. Kremp an Boudet, 9. 1. 1985, Privatunterlagen Henri Boudet.
[326] Vgl. Interview der Verfasserin mit Wolfram Kremp, 19. 2. 2010, Freiburg; E-Mail Wolfram Kremp an die Verfasserin, 21. 2. 2010; Interview der Verfasserin mit Henri Boudet, 9. 5. 2008, Limoges.
[327] Vgl. E-Mail Wolfram Kremp an die Verfasserin, 21. 2. 2010.

Akteure, Möglichkeiten und Grenzen

Mehrere deutsche Presseartikel über Kremps Engagement in Oradour vermitteln den Eindruck, dort habe ein regelrechtes „Versöhnungsmärchen" stattgefunden. So sprach der Journalist Karl-Heinz Darweger von Oradour als einem Dorf, in das er selbst sich als Deutscher auch so lange Zeit nach Kriegsende nicht „gewagt" hätte, in dem Kremp und seine Begleiter „mit allen Zeichen des Hasses" gerechnet hätten, um am Ende – „der Leuchter ist in stiller Zustimmung angenommen" – festzustellen: „Das Wort von der Versöhnung über den Gräbern ist keine leere Phrase – nicht einmal mehr für die Menschen von Oradour".[328]

Sicher ist, dass Kremps Engagement auf deutscher Seite beachtliche Kreise zog. Neben dem bereits genannten Interesse des VDK wurde auch das baden-württembergische Kultusministerium auf Kremp aufmerksam. Nach einer Einladung des Ehepaars durch den Minister reiste einer seiner Mitarbeiter nach Umkirch, um mehr über die VDK-Ferienlager und Oradour zu erfahren.[329] Darüber hinaus veranlassten Berichte über Kremps Versöhnungsgeste Kriminalbeamte der Freiburger Polizeidirektion zu einer Spendensammlung für Oradour. Der deutsche Generalkonsul in Bordeaux übergab die gesammelten 4161,40 Franc in Form eines Schecks persönlich an Henri Boudet.[330] Und nicht zuletzt in Kremps kirchlichem Umfeld wuchs das Interesse an Oradour: Die Kirchengemeinde seines Wohnorts – für die Oradour „ein fester Begriff" geworden war[331] – versicherte 1979 in einer Urkunde, „für immer" die Altarkerzen für das dortige Gotteshaus zur Verfügung zu stellen,[332] und der Pfarrer einer unweit von Umkirch gelegenen Gemeinde besuchte mit Pilgergruppen nun Oradour.[333] Schließlich empfing Pfarrer Boudet eine etwa 20-köpfige Gruppe des Umkircher Gemeinderats in Oradour.[334] Im

---

[328] Karl-Heinz Darweger, Die Messe von Oradour, Organ und Datum nicht angegeben, Privatunterlagen Henri Boudet. Ähnlich pathetisch: Ludwig Wien, Kommt! Wir wollen es wagen!, in: Aufbruch. Evangelische Kirchenzeitung für Baden, 22. Jg., H. 6, 9. 2. 1986. Dort heißt es u. a., es sei der ANFM-Vorsitzende gewesen, der die Jugendlichen zu einem Umtrunk eingeladen und damit „für den entscheidenden Durchbruch" gesorgt habe. Er habe den jungen Besuchern dabei gesagt, die Ortsbewohner „hätten nun verstanden, was mit ihres Seelsorgers Appel gemeint sei". Boudet hatte dem Artikel zufolge die Gemeinde „inständig" gebeten, „die Vaterunserbitte um Vergebung von Stund' an ganz und gar ernst zu nehmen. Es gelte, den Haß, der ja immer wieder nur neues Leid verursache, ein für allemal zu vergessen. Es sei an der Zeit, im Vertrauen auf die versöhnende Kraft des Kreuzestodes Christi Brücken über den Abgrund der Schuld zu schlagen." Angesichts Boudets Erinnerungen an den Empfang Kremps ist kaum vorstellbar, dass er eine solche Mahnung formulierte.

[329] Vgl. Kremp an Boudet, 13. 10. 1979, 10. 11. 1979, Privatunterlagen Henri Boudet.

[330] Vgl. Freiburger Kriminalbeamte sammelten für die neue Kirche von Oradour, in: Kriegsgräberfürsorge, 53. Jg., H. 4, November 1977, S. 234.

[331] [Isolde Doelfs], Versöhnung und Freundschaft hat sich gefestigt, in: Breisgauer Nachrichten, 22./23. 4. 1978.

[332] Isolde Doelfs, Die Versöhnung vertiefen, in: Konradsblatt, Nr. 38, 23. 9. 1979, dort Zitat; Kremp an Boudet, 15. 7. 1979, beides Privatunterlagen Henri Boudet.

[333] Vgl. Kremp an Boudet, 19. 6. 1978, 27. 5. 1979, Privatunterlagen Henri Boudet.

[334] Vgl. Interview der Verfasserin mit Henri Boudet, 9. 5. 2008, Limoges. Ob der Gemeinderat Oradour 1980, 1983 oder in beiden Jahren besuchte, lässt sich nicht eindeutig klären. Vgl. Kremp an Boudet, 19. 5. 1980, 8. 6. 1980, 19. 9. 1983, 19. 10. 1983, Privatunterlagen Henri Boudet.

Rahmen dieses Austauschs übergaben die Deutschen auch weitere Geschenke an die dortige Kirchengemeinde.[335]

Weitaus schwieriger ist die Frage zu beantworten, wer und in welchem Maß seitens Oradour in die Kontakte einbezogen war. Was die ANFM anbelangt, so enthält das Schreiben des Bischofs von Limoges 1976 zwei wichtige Aspekte: Zum einen war Beaulieu nicht prinzipiell gegen eine solche Geste, er verlangte allerdings, dass sie „diskret" sei. Dies kann als nach wie vor starke Ablehnung jeglicher öffentlicher Manifestation *in* und jeglicher Instrumentalisierung *von* Oradour interpretiert werden. Zum anderen impliziert die Formulierung des Bischofs, dass es sich bei den Gegnern des Vorhabens um eine Minderheit handelte. Die unter dem Strich positive Reaktion des ANFM-Präsidenten und seine Teilnahme am Empfang der Gruppe lassen sich als eine gewisse neue Offenheit des Verbands gegenüber entsprechenden Gesten verstehen. Dies umso mehr, als sie dem Wandel zu mehr Öffnung entspricht, der für das Oradour der späten 1970er Jahre allgemein festzustellen ist.[336] Die Rolle der ANFM als Unterstützer, nicht aber Initiator solcher Kontakte zeigt sich hier ebenso wie bei dem zwei Jahre später in Oradour stattfindenden internationalen Fußballturnier und charakterisierte den Verband bis über die Jahrtausendwende hinaus.[337]

Gleichzeitig dürfte für Beaulieus Verhalten die persönliche Ebene eine Rolle gespielt haben. Pfarrer und ANFM-Vorsitzender kannten sich aus der Pfarrgemeinde gut, und Boudet informierte Beaulieu über die geplante Messe. Dennoch nahm Beaulieu nicht als Privatperson an dem Empfang teil, sondern als Vorsitzender des Verbands.[338] Auch zwischen Kremp und Beaulieu entwickelte sich wohl ein guter persönlicher Kontakt, zumindest zählt der Verbandsvorsitzende zu jenen Personen, die Kremp in seinen Briefen an Boudet wiederholt nannte und als Freunde bezeichnete.[339] Bezeichnender Weise beschrieb Boudet die ersten Kontakte zwischen Kremp und Oradour als „ein wenig offiziell, ohne es wirklich zu sein".[340] Die engen Grenzen dieses semi-offiziellen Kontakts zwischen Kremp und dem Hinterbliebe-

---

[335] Darunter ein weiterer Kerzenständer, vgl. u. a. Kremp an Boudet, 24. 8. 1980, 7. 2. 1981, 16. 11. 1981, Privatunterlagen Henri Boudet. Einer Information der *Communauté des Sœurs Ursulines d'Oradour-sur-Glane* zufolge, hatte ein Deutscher aus Freiburg der Kirche darüber hinaus einen Wandteppich geschenkt. Vgl. Notice d'information dans l'eglise d'Oradour-sur-Glane, in: Philippe Schneider, Quelques „témoignages" apportés à la „mémoire", S. 12 f., ACMO, 1 FP 2.

[336] Vgl. Kapitel II.2, Abschnitt „Öffnung nach außen: Die 1970er Jahre".

[337] Vgl. Kapitel II.2, Abschnitt „Öffnung nach außen: Die 1970er Jahre", und Kapitel VI.2.7, Abschnitt „Wer ist Oradour? Differenzierung, Konkurrenzen, Repräsentanz".

[338] So die Einschätzung Henri Boudets. Vgl. Interview der Verfasserin mit Henri Boudet, 9. 5. 2008, Limoges.

[339] Vgl. u. a. Kremp an Boudet, 4. 8. 1982, Privatunterlagen Henri Boudet. Für einen vertrauten Kontakt spricht auch, dass es offensichtlich ungewohnt für Kremp war, Beaulieu sehr förmlich – „wie ein Fremder" – anzuschreiben, als er eine offizielle Bestätigung von ihm benötigte. Vgl. Kremp an Boudet, 27. 1. 1982 und Kremp an Boudet, 2. 2. 1982, dort Zitat, Privatunterlagen Henri Boudet.

[340] Interview der Verfasserin mit Henri Boudet, 9. 5. 2008, Limoges.

nenverband werden unter anderem daran deutlich, dass trotz entsprechender Vorschläge[341] weder der Verbandsvorsitzende noch ein Überlebender oder Hinterbliebener des Massakers nach Bonn und Hilden reiste.[342] Das Gleiche gilt für die Gemeindeebene. Boudet wurde zu keinem Zeitpunkt von Bürgermeister Lapuelle oder dessen Stellvertreter Cathalifaut nach Deutschland begleitet. Dies entsprach Lapuelles „Außenpolitik", die Gemeinde zwar für Verbindungen zu anderen europäischen „Märtyrerorten" zu öffnen, aber nicht zu Deutschland. Ebenso wenig fand Kremps Engagement im lokalen Gemeindeblatt Erwähnung, während dort beispielsweise bekannt gegeben wurde, dass der Künstler Maurice Juvin-Paul eine Pieta für die Kirche Oradours stiftete.[343] Für Kremps Engagement, so ist zu bilanzieren, gab es weder von ANFM noch Gemeindeleitung ein offizielles Forum oder offizielle Anerkennung.

Das Gravitationszentrum von Kremps Aktivitäten blieb durchgehend die lokale Kirchengemeinde. Nach einigen Jahren war Kremp dort so weit integriert, dass er bei seinen Besuchen hin und wieder die Lesung während der Messe übernahm, ein selbst geschriebenes Gebet verlas und Pfarrer Boudet ihn und seine Ehefrau dort öffentlich begrüßen konnte. Das Ehepaar, so Boudet, sei nach einiger Zeit in Oradour bekannt gewesen, vor allem aber im engeren Kreis der Gemeinde. Kremp habe zahlreiche von dem Massaker betroffene Familien gekannt und auch einige davon besucht.[344] Fragt man aber nach engeren Kontakten und Freundschaften, zeigt sich, dass sich dieser Personenkreis über die Jahre kaum veränderte und diese Kontakte fast ausschließlich aus dem Gemeindekontext hervorgingen. Neben Boudet, einem Pater und einer Schwester waren dies vor allem die Familien Cordeau

---

[341] Wie dargestellt schlug zunächst Kremp den Verbandsvorsitzenden oder den Bürgermeister als Begleitperson Boudets vor. Nachdem der Pfarrer und Patrice Milord zugesagt hatten, ließ der VDK über Kremp vorschlagen, auch einen Überlebenden und Hinterbliebenen einzuladen, wenn Boudet dies wünsche. Wie der Pfarrer daraufhin verfuhr, ist unklar. Da sich Boudet und Beaulieu gut kannten, ist unwahrscheinlich, dass sie nie über diese Möglichkeit sprachen. Vgl. Kremp an Boudet, 27. 8. 1976, Privatunterlagen Henri Boudet. Zur Beziehung zwischen Beaulieu und Boudet vgl. Interview der Verfasserin mit Henri Boudet, 9. 5. 2008, Limoges.

[342] Wie heikel eine offizielle Einbindung der ANFM wohl war, zeigt sich auch an der genannten Geldspende von Freiburger Polizeibeamten. Die Spende war ursprünglich für den Hinterbliebenenverband vorgesehen. Kremp, der dies als „schwieriges Problem" einschätzte, fragte Boudet, ob es nicht besser sei, vor einer offiziellen Anfrage diskret bei der ANFM nachzufragen. Die Beamten seien auch damit einverstanden, das Geld der Kirche zu spenden. Dass dies später tatsächlich geschah – die Spende wurde für die Stromanlage der Kirche Oradours genutzt –, lässt zwei verschiedene Schlüsse zu: Entweder sprach Boudet mit Beaulieu, der die Spende ablehnte, oder aber Boudet schätzte es als nicht opportun ein, mit dem Vorschlag an Beaulieu heranzutreten. Vgl. Kremp an Boudet, 1. 12. 1976, Privatunterlagen Henri Boudet; Isolde Doelfs, Versöhnung nach bitterem Verbrechen, in: Konradsblatt, 62. Jg., Nr. 22, 28. 5. 1978, S. 26.

[343] Vgl. „Don à l'église d'Oradour sur Glane", in: Le petit radounaud, [August 1981], S. 15, ACO. Freilich ist zu bedenken, dass sich der Künstler möglicherweise an die Gemeinde wandte und nicht wie Kremp über Kirchenkontakte agierte.

[344] Vgl. Interview der Verfasserin mit Henri Boudet, 9. 5. 2008, Limoges.

und Milord sowie der ANFM-Präsident.³⁴⁵ So besuchten neben Kirchenangestellten auch Mitglieder der Familie Milord Kremp und seine Familie in Deutschland und unterhielten darüber hinaus brieflichen Kontakt (vgl. Abb. 20).³⁴⁶ Außerdem reiste Boudet zwei Mal mit Jugendlichen aus Oradour nach Deutschland, wo sie unter anderem Vinzenz Kremp und seine Familie besuchten.³⁴⁷

Abb. 20: *Gäste aus Oradour zu Besuch bei Familie Kremp in Umkirch: Marie-Joëlle Milord, Bernhard und Norbert Kremp, Vinzenz Kremps Schwiegersohn Franz Rebholz, Patrice Milord und Solveig Kremp (v. l. n. r.)*
(Franz Rebholz)

---

³⁴⁵ Diese Personen tauchen immer wieder in Kremps Briefen auf und werden teils explizit als Freunde bezeichnet. Besonders aussagekräftig ist ein Brief aus dem Jahr 1983, in dem Kremp Boudet bat, mehrere Personen zu einem Empfang anlässlich des Aufenthalts des Umkircher Gemeinderats in Oradour einzuladen. Dort ist neben den bereits Genannten weiterhin von den Familien Lapage und Bennezon die Rede. Der Name Lapage taucht an dieser Stelle erstmals in der überlieferten Korrespondenz auf. Bei M. Bennezon handelt es ich um einen Stadtrat aus Limoges, den Kremp aus dem Kontext der Kriegsgräberfürsorge kannte und mit dem er befreundet war. Vgl. Kremp an Boudet, 19. 9. 1983, 28. 2. 1979, Privatunterlagen Henri Boudet, sowie Interview der Verfasserin mit Henri Boudet, 9. 5. 2008, Limoges. In einem Schreiben an die ZStD 1985 zählte Kremp auch den stellvertretenden Bürgermeister, Cathalifaud, zu denjenigen Personen, zu denen die Verbindungen „vertieft und unterhalten" worden seien. Da Cathalifaud allerdings nicht in gleichem Maße in Kremps privater Korrespondenz auftaucht, ist möglich, dass Kremp mit der Nennung seine guten Beziehungen nach Oradour unterstreichen wollte. Vgl. Kremp an ZStD, 13. 8. 1985, StAM, 45 Js 11/78, Handakten, Bd. 4, Bl. 166 f.
³⁴⁶ Vgl. Kremp an Boudet, 3. 12. 1977, 19. 6. 1978, 28. 2. 1979, 9. 12. 1983, Privatunterlagen Henri Boudet.
³⁴⁷ Vgl. Interview der Verfasserin mit Henri Boudet, 9. 5. 2008, Limoges.

2. Deutsche in Oradour: Erinnerungskulturelles Engagement und seine Grenzen   541

Am nachhaltigsten, so zeigt Kremps Korrespondenz, beschäftigte und bewegte ihn der Kontakt zum Ehepaar Cordeau. Die in Oradour geborene Léonie Cordeau war während der Besatzungszeit mit ihrer Tochter aus Paris in ihre Heimat zurückgekehrt, Pierre Cordeau musste als Kriegsgefangener Zwangsarbeit in der Nähe von Danzig leisten. Die gemeinsame 16-jährige Tochter Bernadette begann in Oradour eine Schneiderlehre, während Madame Cordeau in Limoges arbeitete.[348] Mutter und Tochter lebten in Les Bordes, dem größten Dorf der Gemeinde Oradour. Da Bernadette am 10. Juni 1944 nicht wie üblich in Les Bordes zu Mittag aß, sondern in Oradour blieb, geriet sie in die Fänge der Waffen-SS. Pierre Cordeau wurde just an diesem Tag aus deutscher Gefangenschaft entlassen. Nach seiner Rückkehr nach Oradour wurde er einer der in den Ruinen tätigen *guides*. Als Kremp Oradour 1976 erstmals besuchte, war Pfarrer Boudet bereits eng mit dem Ehepaar Cordeau befreundet, das gleich neben dem Pfarrhaus wohnte.[349]

Schon bald darauf tauchen in Kremps Briefen regelmäßig Nachfragen nach dem Paar und der Hinweis auf brieflichen Kontakt mit ihnen auf.[350] Im Frühjahr 1978 kam es zu einer Begegnung mit den beiden, welche Kremp und seine Frau tief bewegte. In einem Brief an Boudet schrieb er:

„Dank Ihnen haben wir ein zweites, sehr bewegendes Ereignis erlebt. Ich meine die Begegnung mit Herrn und Frau Cordeau. Mutti und ich sehen immer noch diese Frau mit dem vom Schmerz zerfurchten Gesicht vor uns. Ich werde ihre Augen, die so viele Tränen vergossen haben, nie vergessen können. Sie hat Mutti umarmt! Das muss ein Zeichen des Wunders sein. Und am nächsten Tag hat uns auch der Vater Cordeau seine Sympathie bezeugt! Ich muss Ihnen sagen, dass wir tief erschüttert waren."[351]

Boudets Erinnerungen zeigen, dass ihn die Begegnung ebenso bewegte. Für ihn war dieses Zusammentreffen – neben Kremps Besuch bei Madame Rouffanche – der ergreifendste Moment des jahrelangen Engagement Kremps. Als „Moment der Versöhnung" bezeichnete er die Begegnung der beiden Frauen,[352] und dies ist bezeichnend dafür, was in diesen Jahren bereits als Erfolg angesehen werden musste.

Während Kremp und seine Frau eine tiefe Zuneigung zu den Cordeaus entwickelten, war der Kontakt zu Deutschen für das verwaiste Ehepaar ungleich problematischer, vor allem wohl für Madame Cordeau. Wie sehr Léonie Cordeau vom Verlust ihrer einzigen Tochter gezeichnet war und wie schwer ihr die Begegnung mit Deutschen fiel, verdeutlicht folgende Szene: Vinzenz Kremp kannte die Familie Cordeau bereits seit über zehn Jahren, als er sie zusammen mit seinem Sohn Wolfram, dessen Frau und dem etwa einjährigen Sohn besuchte. Kremp hat eine eindrückliche Erinnerung an das Zusammentreffen behalten. Das Haus der Familie, so erinnert er, glich noch nahezu vierzig Jahre nach dem Massaker einem der getöteten Tochter gewidmeten „Museum". Vor allem aber weigerte sich Madame

---

[348] Vgl. Hastings, Division (2008), S. 250 f.
[349] Vgl. Interview der Verfasserin mit Henri Boudet, 9. 5. 2008, Limoges.
[350] Vgl. u. a. Kremp an Boudet, 10. 11. 1979, Privatunterlagen Henri Boudet; der Hinweis auf brieflichen Kontakt in: Kremp an Boudet, 10. 10. 1981, ebenda.
[351] Kremp an Boudet, 4. 5. 1978, Privatunterlagen Henri Boudet.
[352] Interview der Verfasserin mit Henri Boudet, 9. 5. 2008, Limoges.

Cordeau, den deutschen Männern die Hand zu reichen, mit der Begründung, an deutschen Männerhänden klebe Blut:

> „Nicht einmal meinen Sohn, der damals vielleicht gerade ein Jahr alt war, hat sie angerührt. Meiner Frau hat sie die Hand gegeben, aber den Männern nicht. Also nicht einmal den Spätgeborenen".[353]

Während es Boudet möglich war, nach Deutschland zu reisen und Kremps Enkelkinder zu taufen, war für Madame Cordeau die körperliche Berührung eines einjährigen deutschen Kindes undenkbar oder unmöglich. Dass Boudet zu einem unbefangeneren Kontakt mit Deutschen in der Lage war, mag auch oder vor allem daran gelegen haben, dass er trotz aller Empathie mit den Überlebenden und Hinterbliebenen selbst nicht vom Massaker betroffen war. In Oradour, so beschrieb Boudet seine Beziehung zu den Bewohnern bezeichnenderweise, „heiratet man ein bisschen in eine Gemeinschaft ein und es ist eine Gemeinschaft, die litt, die gelitten hatte". Seine Erinnerungen an die Zeit in Oradour und die dabei gewählten Worte verdeutlichen das Bild des „Einheiratens" in die Gemeinschaft Oradours: seine Besuche bei den vom Massaker betroffenen Familien, die Fotografien der Toten in den Häusern, die Erzählungen von den getöteten Kindern, das Leiden der Familien, die Last der Veranstaltungen und der Erinnerung, vor der er in der Nachbargemeinde kurz Erholung fand. Wenn Boudet davon sprach, wie er die Geschichte Oradours kennenlernen musste, so nutzte er Wendungen wie „von Grund auf, über das Leiden", „im tiefsten Inneren" oder „es riss mich sofort mit fort". Es war eine beständige Konfrontation mit den Toten und ihrer Bedeutung für die Hinterbliebenen, und dies wirkte auf Boudet ein, wie seine Besuche bei den Cordeaus zeigen:

> „Als ich [nach Oradour] kam, sagte ich mir: Du kommst hier an, aber du wirst erst einmal alles über Oradour lernen müssen. Denn hier musst du Oradour von Grund auf, über das Leiden erfahren, denn von außen gesehen ist das Leid nicht das gleiche, wie wenn man jeden Tag ein Bild, ein Foto sieht [...]. Ich sagte mir, diese Person hat – nein: hätte heute mein Alter, sie war ein Jahr jünger als ich, Bernadette, und ich sah sie jeden Tag."[354]

Der enge Kontakt mit den Opferfamilien und seine Auswirkungen auf den Ortspfarrer weisen Parallelen zur Erfahrung Robert Lapuelles auf, der durch seine Tätigkeit als Arzt und Bürgermeister fortwährend mit dem Leid der betroffenen Bewohner in Berührung kam und daraus eine enge Solidarität entwickelte.[355] Boudets Formulierung, die Leiden Oradours und die davon Betroffenen „geheiratet" zu haben, enthält ein zentrales Moment, das auch auf Lapuelle zutrifft: Sie waren eben nicht in die „Familie" der von dem Massaker Betroffenen „geboren" und standen so trotz allem in einer anderen Beziehung zu dem Geschehen.

---

[353] Interview der Verfasserin mit Wolfram Kremp, 19. 2. 2010, Freiburg. Monsieur Cordeau habe dem Sohn bei der Verabschiedung über den Kopf gestrichelt und gesagt: „Hier Junge, ihr müsst aufpassen, dass sowas nicht mehr passiert."
[354] Interview der Verfasserin mit Henri Boudet, 9. 5. 2008, Limoges.
[355] Vgl. Kapitel II.2.

Vielleicht ermöglichte diese Distanz Boudet, als Mittler zwischen Kremp und den Menschen in Oradour zu wirken.[356] Diese Mittlerrolle war zum Teil ganz praktischer Natur. Boudet richtete Grüße für Kremp aus, stellte Nachfragen an und erledigte Botengänge.[357] Bei Kremps Kontakten nach Oradour wirkte der Ortspfarrer darüber hinaus als Ratgeber und Wegbereiter. So bremste er Kremp beispielsweise 1976, indem er ihm erklärte, es sei zu früh, bei der geplanten Messe auf Deutsch zu singen. Kurz bevor er die Pfarrstelle in Oradour verließ, leitete Boudet auch die Begegnung mit Madame Rouffanche in die Wege.[358] Ebenso agierte Boudet in umgekehrter Richtung als Mittler. In Deutschland interviewt, betonte er zwar die Notwendigkeit von Versöhnung, wies aber gleichzeitig darauf hin, dass dies nicht allen Menschen in Oradour leicht falle.[359] Einfach war die Mittlerrolle für Boudet keineswegs immer. So war er sich etwa 1976, als er der Übergabe des Kandelabers zustimmte, darüber im Klaren, dass er nicht alle Bewohner Oradours kannte und man ihm hätte vorwerfen können, dass er selbst von dem Massaker gar nicht betroffen war. Die Sorge, wie die Bevölkerung seine Kontakte mit den Deutschen um Kremp aufnehmen könnte, verschwand auch nach Jahren nicht. Noch 2008 erinnerte sich Boudet eindringlich an den Besuch des Umkircher Gemeinderats Anfang der 1980er Jahre. Nach einem gemeinsamen Restaurantbesuch saß Boudet mit einem Teil der Gäste im Pfarrhaus zusammen, wo die Stimmung in den Abendstunden weinselig und die Stimmen lauter wurden. Ihm war bewusst, dass der Lärm auf der Straße zu hören war, und er fürchtete mögliche Reaktionen. Boudet war hin- und hergerissen zwischen der Freude über die stattfindende Versöhnung einerseits und seiner Empathie und Solidarität mit den Bewohnern und ihrem Leiden andererseits.[360]

Wie das Gros der Bevölkerung zu Kremp und seinem Engagement letztlich stand, ist noch eine offene Frage. Boudet deutete in seinen Erinnerungen einzelne Konflikte an, erinnerte unangebrachte Bemerkungen und dass ein vom Umkircher Gemeinderat niedergelegtes Blumengebinde nach einigen Tagen entfernt wurde. Wenn in seinen Erinnerungen auch kaum Szenen konkreter Ablehnung oder Anfeindung auftauchen, so zeichnen sie doch ein Stimmungsbild, das vor allem von

---

[356] Auch Boudet sah sich als Mittler zwischen den Bewohnern Oradours und den Bewohnern Umkirchs. Vgl. Isolde Doelfs, Die Versöhnung vertiefen, in: Konradsblatt, Nr. 38, 23. 9. 1979, Privatunterlagen Henri Boudet; Isolde Doelfs, Kerzen als Geste der Versöhnung, in: Badische Zeitung, 10. 9. 1979.

[357] Vgl. Korrespondenz Kremp an Boudet, Privatunterlagen Henri Boudet.

[358] Vgl. Interview der Verfasserin mit Henri Boudet, 9. 5. 2008, Limoges.

[359] Die in der deutschen Presse zitierten Aussagen Boudets sind teilweise widersprüchlich und in ihrem Aussagewert zur Haltung der Menschen in Oradour schwer einzuschätzen, weshalb sie hier nicht in die Auswertung aufgenommen werden. Vgl. August Graf von Kageneck, Oradour-Senones-Hilden und ausgestreckte Hände, in: Kriegsgräberfürsorge, 53. Jg., H. 1, Januar 1977, S. 136 f.; Freiburger Kriminalbeamte sammelten für die neue Kirche von Oradour, in: Kriegsgräberfürsorge, 53. Jg., H. 4, November 1977, S. 234; [Isolde Doelfs], Versöhnung und Freundschaft hat sich gefestigt, in: Breisgauer Nachrichten, 22./23. 4. 1978; Isolde Doelfs, Kerzen als Geste der Versöhnung, in: Badische Zeitung, 10. 9. 1979.

[360] Vgl. Interview der Verfasserin mit Henri Boudet, 9. 5. 2008, Limoges.

der Notwendigkeit einer langsamen und prozesshaften Entwicklung geprägt ist. Worte und Redewendungen wie „Reifungsprozess", „verfrüht", „Schritt für Schritt" und der wiederholte Hinweis, es sei eben damals noch nicht wie heute gewesen, verdeutlichen dies.[361] Belegbar ist, dass Kremps Verhalten im Hinterbliebenenverband nie eine solche Empörung hervorrief, dass es auf die Tagesordnung der Mitgliederversammlung gesetzt wurde, wie dies 1948 nach dem Aufruf der Zeitschrift *benjamin* der Fall war.[362] Nach allem was wir wissen, wurde Kremps Engagement also zumindest weitgehend toleriert.

Ein Grund für diese Toleranz dürfte Kremps ausgesprochene Sensibilität gegenüber den Menschen in Oradour gewesen sein. Er hatte die Bedingungen für ein Wirken vor Ort – diskrete Gesten, keine „Inszenierung" (*spectacle*)[363] – verstanden und akzeptiert. In seinem Kontakt mit Personen vor Ort tastete er sich über Boudet an die Frage heran, was gangbar war, oder fragte beim Ortspfarrer zurück, wenn er sich sorgte, eine Grenze überschritten zu haben.[364] Die Kontakte und Treffen vor Ort, so Boudet, „das machte man nicht mit großem Tamtam".[365]

Oradour: Die Katharsis des Vinzenz Kremp?

Bei allen Fragen, die zur Bedeutung von Kremps Engagement für die Menschen in Oradour offenbleiben, steht doch fest: Am tiefgreifendsten veränderten es wohl Kremp selbst. Jahrgang 1915 und Waise des ersten Weltkriegs, verbrachte Kremp seine Kindheit, Schulzeit und Jugend in Umkirch.[366] Im Zweiten Weltkrieg diente er als Wehrmachtssoldat beim Frankreich-, dann beim Russlandfeldzug, wurde drei Mal verwundet und geriet in Gefangenschaft. Als Kremp aus der Gefangen-

---

[361] Interview der Verfasserin mit Henri Boudet, 9. 5. 2008, Limoges. Einschränkend muss gesehen werden, dass Boudet auch nach seinem Weggang aus der Gemeinde noch einen gewissen Kontakt nach Oradour pflegte, wo er, soweit es ihm möglich war, stets am 10. Juni die Messe konzelebrierte. Seine Zurückhaltung im Gespräch, konkret auf Konfliktsituationen und Ablehnung einzugehen, ist evident und muss vor diesem Hintergrund gesehen werden. Dies kann auch erklären, dass Wolfram Kremp Boudet als Menschen erinnert, der sich in Oradour nicht sehr wohl gefühlt habe, dem auch das Engagement seines Vaters manchmal etwas viel geworden sei, der schlecht habe akzeptieren können, dass die Menschen in Oradour sich nicht ändern wollten. All dies kam in Boudets Erinnerungen nicht zur Sprache. Die These, dass es zu keinen aggressiven Anfeindungen gegen Vinzenz Kremp kam, wird jedoch auch durch die Korrespondenz der beiden Männer und die Erinnerungen Wolfram Kremps gestützt, in denen entsprechende Erfahrungen nie zur Sprache kamen.

[362] Vgl. zum Aufruf des *benjamin* und seinen Folgen Kapitel VI.2.1, Abschnitt „Der Aufruf des *benjamin* 1947".

[363] So schrieb Kremp zur Übergabe eines Geschenks für die Kirche Oradours: „Wir wollen keine große Inzenierung daraus machen!" („*On ne veut pas faire de spectacle!*"), Kremp an Boudet, 8. 6. 1980, Privatunterlagen Henri Boudet.

[364] Vgl. u. a. Kremp an Boudet, 22. 11. 1976, 1. 12. 1976, 26. 10. 1978, 17. 1. 1980, 8. 6. 1980, 9. 12. 1983, Privatunterlagen Henri Boudet.

[365] Interview der Verfasserin mit Henri Boudet, 9. 5. 2008, Limoges.

[366] Vgl. hierzu und zum Folgenden: Josef Spinner, Vinzenz Kremp (1915–1996), URL: http://www.umkirch.de/ceasy/modules/cms/main.php5?cPageId=166 [18. 2. 2010]; Vinzenz Kremp, Oradour-sur-Glane, S. 2, Privatunterlagen Vinzenz Kremp.

2. Deutsche in Oradour: Erinnerungskulturelles Engagement und seine Grenzen 545

schaft zurückkehrte, übernahm er die Lehrlingsausbildung beim Fernmeldeamt Freiburg und pflegte schon früh Soldatenfriedhöfe für den VDK. Mehrmals wurde er für seine Verdienste ausgezeichnet: Der Volksbund ehrte ihn, er erhielt die Ehrenplaketten der Städte Limoges und Bruges – die Städtepartnerschaft zwischen Bruges und Umkirch ging auf Kremp zurück –, er war Träger des Verdienstkreuzes am Bande und 1995 erhielt er eine Einladung des französischen Staatspräsidenten Mitterrand zu den Feierlichkeiten anlässlich des 50. Jahrestags des Kriegsendes.

In seiner Familie war Kremps Haltung indes nicht unumstritten. Er hatte sich, so sah es zumindest sein Sohn Wolfram, der 1968 zu studieren begann, nicht wirklich vom Nationalsozialismus gelöst. Seine Kontakte zu ehemaligen NS-Größen, die sich teils nach wie vor zum Dritten Reich bekannten, bestimmte Einstellungen und die andauernde Beteuerung, die Wehrmacht habe einen sauberen Krieg geführt und er erst nach Kriegsende vom Holocaust erfahren, führten zu heftigen Diskussionen zwischen Vater und Sohn. In Wolfram Kremps Wahrnehmung führte erst die Beschäftigung mit Oradour dazu, dass sein Vater sich von Einstellungen löste, an denen er bisher festgehalten hatte. Im Zuge dessen brach Vinzenz Kremp auch mit alten Kameraden, die sein Engagement für Oradour nicht guthießen. Es war diese Veränderung durch den Kontakt und die Beschäftigung mit Oradour, die schließlich auch Vater und Sohn wieder zueinander brachte.[367]

Die Frage zu beantworten, warum Kremp die Begegnung mit Oradour so sehr beschäftigte[368] und auch veränderte, ist aufgrund der wenigen verfügbaren Quellen ein gewagtes Unterfangen. Nur ein Mal, in einem Brief vom Dezember 1978, ging Kremp konkreter auf die Bedeutung des Orts für sein Leben ein:

„An diesem Tag, dem 10. Juni 44, war ich in einem Krankenhaus im Osten, ziemlich weit weg von Frankreich. Und doch fühle ich mich schuldig an diesem furchtbaren Verbrechen. ‚Stellvertretend'! Warum habe ich nicht vor dem Krieg gegen den Nazismus gekämpft? Natürlich konnte ich 33 Hitler nicht wählen, ich war noch zu jung. Aber wenn ich wählen hätte können, hätte ich Hitler natürlich nicht gewählt. Aber später gab es Deutsche, die gegen Hitler gekämpft haben. Die meisten sind in Konzentrationslagern umgekommen. Doch ich wäre lieber tot wie sie, als die Zeit, die mir zu leben bleibt, diese Scham zu tragen, nachdem ich erfahren habe, was in Oradour und anderswo geschehen ist. Wenn der liebe Gott will, werden Mutti und ich am 10. Juni 79 in Oradour sein. Doch Sie wissen, was ich denken werde und warum mir schwer ums Herz sein wird! Mea culpa ‚Stellvertretend'".[369]

Es war demnach die Scham über die Verbrechen eines Regimes, gegen das er keinen Widerstand geleistet hatte und für dessen Handlungen er sich deshalb mitverantwortlich fühlte, die Kremp mehr als vierzig Jahre nach Kriegsende quälte. Und so ist denkbar, dass das Ausmaß des Leidens, mit dem Kremp in Oradour konfrontiert wurde, die Konsequenzen des NS-Terrors für ihn begreiflicher werden ließ.[370]

---

[367] Vgl. Interview der Verfasserin mit Wolfram Kremp, 19. 2. 2010, Freiburg.
[368] Dass Oradour in Kremps Leben einen großen Platz einnahm, ist anhand vieler seiner Briefe belegbar. So schrieb er wiederholt, er sei in Gedanken in Oradour, 1982 berichtete er Boudet gar: „Jeden Tag bin ich in meinen Gedanken stundenlang in Oradour". Kremp an Boudet, 27. 1. 1983, Privatunterlagen Henri Boudet.
[369] Kremp an Boudet, 4. 12. 1978, Privatunterlagen Henri Boudet.
[370] Auch als Kremp 1988 von französischen Journalisten interviewt und gefragt wurde, was seine Botschaft an die Menschen Oradours sei, tauchte das Moment der Scham auf: „Ich bin Deut-

Darüber hinaus schreiben sowohl Henri Boudet als auch Wolfram Kremp Kremps Erfahrungen während der Partisanenbekämpfung in Russland Erklärungskraft zu.[371] Wolfram Kremp meint, dass sein Vater diese Erlebnisse möglicherweise durch seine Forschungen zu Oradour aufzuarbeiten versuchte. Denn Anfang der 1980er Jahre, als in Deutschland neue und aggressivere revisionistische Publikationen zu Oradour erschienen, erweiterte Kremp sein Engagement für Oradour um eine Facette. Er verschrieb sich dem Kampf gegen diese Veröffentlichungen und wurde dafür nicht nur von den Autoren der Bücher und deren Sympathisanten, sondern auch aus dem Kreis der eigenen ehemaligen Kameraden angegriffen. In der Folge wandelte sich nicht nur Kremps Einstellung, er brach auch mit Freunden aus ehemaligen SS- und Wehrmachtskreisen.[372]

Vinzenz Kremp und *Pax Christi* 1988: Bedingungen für Erfolg und Misserfolg

Wie wenig selbstverständlich es war, dass aus einer Versöhnungsgeste (dauerhafte) Kontakte erwuchsen und wie sehr diese Entwicklung im Fall von Vinzenz Kremp an ihn und sein Gegenüber Henri Boudet gebunden war, zeigt die Versöhnungsfeier der deutschen *Pax Christi* in Oradour im Jahr 1988. Anlässlich des 40-jährigen Bestehens der deutschen *Pax Christi*-Sektion brach eine 16-köpfige Gruppe zu einer Pilgerreise nach Frankreich auf, die am Bühler Friedenskreuz begann und unter anderem nach Lourdes, Tulle, Ascq und Oradour führte.[373] Wie bereits 1955 und 1963 wandte sich *Pax Christi* an den Bischof von Limoges, um das Einverständnis für die in Oradour geplante Messe zu erhalten.[374] Kremp und *Pax Christi* wählten also den gleichen Weg zur Vorbereitung ihres Besuchs. Limoges gab zwar grünes Licht, auch dafür, die Messe mit dem 1955 übergebenen Kelch zu feiern. Doch wie schon mehr als zehn Jahre vorher bei Kremp musste die Frage letztlich vor Ort geklärt werden, wie der französische Koordinator der Reise berichtete:

„Es scheint, daß die Einwohner von Oradour Besuchen gege[n]über reservierter sind als die in Tulle. Ich warte auf einen Brief des Pfarrers und die Erlaubnis, die Heilige Messe mit dem Kelch

---

scher. Und ich schäme mich für das, was dort geschehen ist. So ist es. Und [...] ich schäme mich für diese falschen Bücher, die in Deutschland über Oradour erschienen sind. Ich schäme mich." Follin/Wilmart, Oradour (Dokumentarfilm).

[371] Vgl. Interview der Verfasserin mit Henri Boudet, 9. 5. 2008, Limoges.

[372] Vgl. Interview der Verfasserin mit Wolfram Kremp, 19. 2. 2010, Freiburg. Vgl. zu Kremps Engagement gegen die revisionistische Oradour-Geschichtsschreibung Kapitel III.6, Abschnitt „Reaktionen auf den radikalisierten Revisionismus".

[373] Vgl. Ansgar Koschel, Pax Christi – 40 Jahre aus dem Geist der Versöhnung – zur Überwindung von Feindschaft und Krieg. Frankreich-Fahrt der deutschen Sektion 1988, Privatunterlagen Klaus von Armeln. Dort der Ausdruck „Feier der Versöhnung". Zur Gruppengröße: Telex, 11. 7. 1988, BDA, Ala Pax Christi 31. Zum Zeitraum der Reise: Ansgar Koschel/Hedwig Groß an die Teilnehmer der Frankreich-Fahrt, 21. 6. 1988, Privatunterlagen Klaus von Armeln. Dass die Reise als Pilgerreise angelegt war: Ansgar Koschel an die Leitung der französischen Sektion von Pax Christi, 27. 10. 1987, Entwurf, BDA, Ala Pax Christi 31.

[374] Vgl. Pax Christi, Délégation de la Correze, Délégué laïc, François Devouge, an Ansgar Koschel, 19. 1. 1988, BDA, Ala Pax Christi 31.

von Oradour zu feiern. Die Genehmigung des Bischofs von Limoges, M[onseigneur] Henri Gufflet liegt schon vor. Andererseits müssen wir auch auf das Komitee der Familien der Opfer Rücksicht nehmen, an dessen Präsidenten ich geschrieben habe, um ihn von Eurem Besuch zu informieren, und um ihn um seinen Rat zu bitten, was möglich und was nicht möglich ist. Ich warte immer noch auf die Antworten. Ihr seht, es ist nicht leicht!"[375]

In Oradour hatten inzwischen die Verantwortlichen gewechselt. Seit März 1988 stand Robert Hébras an der Spitze des Hinterbliebenenverbands, nachdem Camille Beaulieu aus gesundheitlichen Gründen zurückgetreten war,[376] für die Kirchengemeinde war inzwischen Abbé Yves Labrune verantwortlich.[377] Wenn auch beide der Messe zustimmten – zumindest liegen keine gegenteilige Hinweise vor[378] –, so hatte doch weder die Entwicklung in Oradour noch Kremps Engagement dazu geführt, dass damit (automatisch) ein offizieller Empfang einherging. In seinem Bericht über das vergangene Jahr wies der ANFM-Präsident im März 1985 auf „den Empfang aller Delegationen" hin, „die rechtzeitig genug darum gebeten hatten, damit es im Rahmen seiner Verfügbarkeit möglich war". Dabei nahm er deutsche Delegationen weder explizit aus, noch hob er sie hervor.[379] Im März 1988 erneuerte die ANFM ihre Satzung und ergänzte die Vereinsziele um den Punkt, sowohl lokale als auch von außerhalb kommende Gruppen, „die der Märtyrer an ihrem Grab in Ruhe und Würde gedenken möchten", bei ihrem Vorhaben zu unterstützen.[380] Dennoch glich der Besuch der *Pax Christi*-Mitglieder schließlich weitgehend jenem 25 Jahre zuvor. Die Pilger überreichten ein Geschenk, die Messe wurde gemeinsam von einem Pfarrer, der Häftling in Dachau gewesen war, und dem Generaldelegierten von *Pax Christi*, Monseigneur Gérard Leman, zelebriert, der hierfür eigens aus Paris angereist war (vgl. Abb. 21). Der Ortspfarrer habe, so heißt es im Tagebuchbericht einer Teilnehmerin, die Messe in der Nachbargemeinde feiern müssen. Die – möglicherweise falsche – Auskunft, dass der Sühnekelch von 1955 aus dem Nachbarort hatte geholt werden müssen, da Oradour ihn nicht habe behalten wollen, wertete Monseigneur Leman gegenüber der Gruppe als „Zeichen, daß das Entsetzen über die deutschen Greueltaten noch nicht überwunden" sei. Die Lesung Lemans, so eine Teilnehmerin, habe deutlich gemacht: „nicht wir, nicht unsere Geschenke können Verzeihung erwirken. ‚In ihm haben wir die Erlösung durch sein Blut, die Vergebung der Sünde …'".[381]

---

[375] François [Devouge] an [Ansgar] Koschel, 19. 3. 1988, Übersetzung, BDA, Ala Pax Christi 31. Zur Rolle Devouges als Koordinator: Gabriele Schönhuber, Pax Christi, Bistumsstelle München, Internationale Kontakte, an François Devouge, 24. 2. 1988, ebenda.
[376] Vgl. ANFM, Assemblée générale, 6. 3. 1988, Procès-verbal, ACMO, 5 FP 3.
[377] Vgl. Valade, Oradour, S. 166.
[378] Die Akten zur Frankreich-Fahrt der deutschen *Pax Christi*-Sektion 1988 finden sich in BDA, Ala Pax Christi 31–34.
[379] ANFM, Assemblée générale, 2. 3. 1985, [Procès-verbal], ACMO, 5 FP 3.
[380] ANFM, Statuts. Modification presenté à l'Assemblée générale extraordinaire du 6 mars 1988, ACMO, 5 FP 1.
[381] Alice Rapp, Sonntag, 10. Juli 1988, in: 40 Jahre Pax-Christi-Bewegung – deutsche Sektion – Auf den Spuren der Pax Christi in Frankreich, 1.–16. Juli 1988, BDA, Ala Pax Christi 33. Zur Position Lemans: Ansprache von Ansgar Koschel beim Treffen mit den Geschwistern von Marcel Callo und deren Familien und mit Pax-Christi-Mitgliedern in Rennes, 11. 7. 1988,

548 VI. Versöhnungsgesten gegenüber Oradour

Abb. 21: Eucharistiefeier in der Kirche Oradours anlässlich des Besuchs der deutschen
Pax Christi-Gruppe 1988
(BDA, Ala Pax Christi 34)

Ein, wenn auch kleiner Schritt, nach vorne war 1988 dennoch zu verzeichnen. Finden sich in den Berichten zum Jahr 1963 keinerlei Hinweis auf Kontakte mit Bewohnern des Orts, so kam es jetzt zu Gesprächen mit dem *guide* und im Restaurant im neuen Oradour. Auch nahmen wohl Einwohner an der Messe teil: „Beim Friedensgruß der Messe ‚La paix du Christ', dem Händedruck mit den Frauen in der Bank hinter uns, hatte ich das Gefühl, Eis zum Schmelzen zu bringen."[382] Zwischen dem, was von anderen Stationen der Reise zu berichten war, und der Erfahrung in Oradour blieb gleichwohl eine unübersehbare Diskrepanz: in Tulle ein Gottesdienst mit dem dortigen Bischof, die Frau des ehemaligen Dachau-Häftlings und späteren französischen Politikers Edmond Michelet „reicht uns [...] lächelnd die Hand", Empfang im Rathaus;[383] in Ascq Empfang und Imbiss bei Mit-

in: 40 Jahre Pax-Christi-Bewegung – deutsche Sektion – Auf den Spuren der Pax Christi in Frankreich, 1.–16. Juli 1988, BDA, Ala Pax Christi 33. Zu den von der Gruppe überbrachten Kerze: Auf den Spuren der Pax Christi[.] Fahrt durch Frankreich vom 1.–16. Juli 1988, Fotos, BDA, Ala Pax Christi 34.

[382] Hierzu und zum Folgenden: Alice Rapp, Sonntag, 10. Juli 1988, in: 40 Jahre Pax-Christi-Bewegung – deutsche Sektion – Auf den Spuren der Pax Christi in Frankreich, 1.–16. Juli 1988, BDA, Ala Pax Christi 33.

[383] Ilse Tobias, Dienstag, 5. Juli 1988, in: 40 Jahre Pax-Christi-Bewegung – deutsche Sektion – Auf den Spuren der Pax Christi in Frankreich, 1.–16. Juli 1988, BDA, Ala Pax Christi 33.

gliedern der Gemeinde und *Pax Christi*, eine nahezu volle Kirche, reger Austausch zwischen Deutschen und Franzosen;[384] in Caen ein herzlicher Willkommensbrief der dortigen *Pax Christi*-Gruppe, Übernachtung bei Familien und ein Treffen mit den Geschwistern des 1945 in Mauthausen gestorbenen und später selig gesprochenen Marcel Callo.[385]

Warum verlief der Aufenthalt der *Pax Christi*-Gruppe so anders als der Besuch Kremps? Und warum war es *Pax Christi* trotz der wiederholten Besuche Oradours nicht gelungen, die Bewohner in die Rituale zu integrieren? Ob eine Rolle spielte, dass es sich bei Kremps Gruppe 1976 um Jugendliche handelte, während die Mitglieder der *Pax Christi*-Gruppe Erwachsene waren, kann vermutet aber nicht abschließend belegt werden.[386] Offen bleiben muss auch, ob es wirklich allein Terminschwierigkeiten des Ortspfarrers und ANFM-Präsidenten waren, die einen ersten Kontakt und daraus möglicherweise hervorgehende weitergehende Beziehungen verhinderten. Sicher ist, dass ein wesentlicher Faktor, wenn nicht der wichtigste für Kremps Erfolg darin lag, dass er mit Henri Boudet nicht nur auf eine Person stieß, mit der sich eine Freundschaft entwickelte, sondern Boudet in seiner Funktion des Ortspfarrers als Mediator agieren konnte und wollte. Auch Kremps Verhalten, eine Mischung aus Sensibilität und Hartnäckigkeit,[387] mag den Unterschied erklären. Dies umso mehr, als Kremp nahezu jährlich nach Oradour reiste und brieflich Kontakt hielt, während die *Pax Christi*-Gruppen den Ort in mehr oder weniger langen Abständen und jeweils nur für kurze Zeit besuchten.

2.4 Delegationen aus der DDR und Kontakte in die DDR

Es wurde bislang noch nicht darauf eingegangen, ob für die Beurteilung vor Ort eine Rolle spielte, ob die Delegationen und Besucher Oradours aus West- oder Ostdeutschland stammten. Angaben zu dieser Frage sind selten und widersprüchlich. 1994 äußerte Bürgermeister Lapuelle in einem Interview, es seien immer wieder SED-Funktionäre nach Oradour gekommen und hätten Kränze niedergelegt.

---

[384] Ilse Tobias, Dienstag, 5. Juli 1988, in: 40 Jahre Pax-Christi-Bewegung – deutsche Sektion – Auf den Spuren der Pax Christi in Frankreich, 1.–16. Juli 1988, BDA, Ala Pax Christi 33. Zum „erfolgreichen" Versöhnungs- und Wiedergutmachungsengagement der deutschen *Pax Christi*-Sektion in Ascq bereits 1957 vgl. Oboth, Pax Christi, S. 440–443.

[385] Vgl. Schreiben Pax Christi, Caen, 12.7.1988, BDA, Ala Pax Christi 31; Ansprache von Ansgar Koschel beim Treffen mit den Geschwistern von Marcel Callo und deren Familien und mit Pax-Christi-Mitgliedern in Rennes, 11.7.1988, in: 40 Jahre Pax-Christi-Bewegung – deutsche Sektion – Auf den Spuren der Pax Christi in Frankreich, 1.–16. Juli 1988, BDA, Ala Pax Christi 33; Leroy an Koschel, 30.5.1988, BDA, Ala Pax Christi 31.

[386] Vgl. zum Alter der Teilnehmer: Frankreich-Fahrt, 1.–16. Juli 1988, Teilnehmerliste, o.D., BDA, Ala Pax Christi 31. Boudet schreibt der Tatsache, dass es sich 1976 um Jugendliche handelte, eine wichtige Rolle zu. Vgl. Interview der Verfasserin mit Henri Boudet, 9.5.2008, Limoges. Vgl. zum Besuch einer weiteren deutschen *Pax Christi*-Gruppe im Jahr 1994 Kapitel VI.2.6, Abschnitt „*Pax Christi* in Oradour 1994".

[387] Vgl. Interview der Verfasserin mit Henri Boudet, 9.5.2008, Limoges.

Diese seien von den Menschen aus Oradour „sofort zertrampelt" und später „einfach weggeschmissen" worden.[388] Im Gegensatz dazu hieß es 2004 in einem Fernsehbericht, es habe seit einem halben Jahrhundert keine deutschen Delegation und keinen Austausch mit Deutschland gegeben, „nur in den sechziger Jahren waren einige Kränze aus Deutschland gestattet und nur wenn sie aus Ostdeutschland kamen".[389] Wie bereits gesehen, lassen sich gegen beide Darstellungen Belege anführen: Blumengebinde aus der Bundesrepublik konnte das gleiche Schicksal ereilen und es gab sehr wohl Austausch mit (West-)Deutschen.[390] Der Versuch, sich über den Umweg der parteipolitischen Präferenzen in Oradour der Haltung gegenüber dem SED-Staat zu nähern, bleibt in seinem Ergebnis widersprüchlich. Einerseits hatte die PCF Anfang der 1950er Jahre ihren Kredit bei der lokalen Bevölkerung verspielt, andererseits äußerten sich Bewohner Oradours gegenüber Journalisten der *Tat* bereits 1954 positiv über die Entwicklung in der DDR, es gibt Hinweise auf im Oradour der 1960er Jahre bestehende „kommunistische Zellen"[391] und die PCF erzielte etwa bei der Präsidentenwahl 1981 gute Ergebnisse vor Ort.[392]

In den Protokollen der ANFM zeichnet sich die DDR vor allem durch ihre Abwesenheit aus. Wenn dort Deutschland auf der Agenda stand, dann die Bundesrepublik, und zwar durchgehend negativ. Nur zwei Mal tauchte der ostdeutsche Staat auf: 1954, als man entschied, symbolisch etwas Erde aus Oradour für das entstehende Mahnmal in Buchenwald zur Verfügung zu stellen, und in den 1980er Jahren im Rahmen des Barth-Prozesses, allerdings ohne jegliche Wertung.[393] Die DDR lieferte der ANFM folglich anders als die Bundesrepublik keinen Grund für offiziellen Protest. Doch selbst wenn dies im Verband zu einem positiven – oder zumindest im Vergleich zur Bundesrepublik günstigeren – Bild der DDR führte, Auswirkungen auf den Umgang mit ostdeutschen Delegationen sind nicht nachweisbar. Dies wird am Besuch der ost- und westdeutschen Ferienkinder in den 1960er Jahren deutlich, sowie am Besuch einer Delegation des Freien Deutschen Gewerkschaftsbunds (FDGB) im Jahr 1980.

Am 11. Juni 1980 – einen Tag, nachdem sich das Massaker zum 36. Mal jährte – legte Harry Tisch, Vorsitzender des Bundesvorstands des FDGB und Mitglied des Politbüros des ZK der SED, ein Blumengebinde am Mahnmal des *village martyr*

---

[388] Stefan Endell, Tröste meine Trauer!, in: Frankreich-Reportagen im Herbst 1994, hrsg. v. Centre de Formation et de Perfectionnement des Journalistes, CFPJ, Paris. Im gleichen Reportagenheft: „Kleine Schritte zurück ins Leben", die Oradour-Reportage, 50 Jahre nach dem Tag X, Privatunterlagen Stefan Endell.
[389] Tulle et Oradour, Table ronde, France 3 Limousin, 2004, ACMO, V4.5.2/03.
[390] Vgl. Kapitel VI.2.3.
[391] Unter anderem: La voix d'Oradour/Glane, Edité par les cellules communistes d'Oradour/Glane, 10. 5. 1963, N° 2, ACMO, 1 ETUD 20. Weitere Dokumente ebenda.
[392] Vgl. Kapitel II.2.
[393] Vgl. ANFM, Assemblée générale, 7. 3. 1954, Procès-verbal, ACMO, 5 FP 3; ANFM, Assemblée générale, März 1982, Procès-verbal, ebenda; ANFM, Assemblée générale, 6. 3. 1983, Procès-verbal, ebenda.

nieder.[394] Dieser Gedenkakt fand im Rahmen des Besuchs statt, den eine Delegation des Bundesvorstands des FDGB unter Tischs Leitung dem Allgemeinen Französischen Gewerkschaftsbund (*Confédération générale du travail*, CGT) abstattete. Während seines Aufenthalts in Frankreich traf Tisch mit dem Generalsekretär der PCF, Georges Marchais, und dem PCF-Politbüromitglied Maxime Gremetz zusammen. Tischs Delegation führte darüber hinaus Gespräche mit dem CGT und absolvierte mehrere Termine in der Öffentlichkeit. Während Tischs Aufenthalt in Limoges kamen dort mehrere hundert „Werktätige" und CGT-Funktionäre zu einer Kundgebung zusammen. Diese sei, so Harry Tisch in seinem Reisebericht für die Mitglieder und Kandidaten des Politbüros, zu einem „politischen Höhepunkt und einer Manifestation des gemeinsamen Kampfes zwischen CGT und FDGB im Interesse der Erhaltung des Friedens, der Fortsetzung der Entspannung, einer wirklichen und effektiven Abrüstung sowie der Freundschaft zwischen dem französischen Volk und dem Volk der DDR" geworden. Tisch betonte bei der Kundgebung die hohe Verantwortung, die sie als Gewerkschaften der DDR trügen und wahrnähmen, damit von deutschem Boden nie wieder ein Krieg ausgehe. Über die Bedeutung des Oradour-Besuchs in diesem Kontext waren sich Tisch und Gremetz im Vorfeld einig:

„Besonders unterstrichen wurde von Genossen Gremetz die von Genossen Tisch hervorgehobene Tatsache, daß der Delegationsbesuch, die Arbeiterkundgebung in Limoges und die Annahme des gemeinsamen Appells zu einem politisch wichtigen Zeitpunkt erfolgte und daß besonders der Besuch der Delegation in Oradour zur Verstärkung des antifaschistischen Kampfes gegen Imperialismus und Faschismus beitragen wird."[395]

Die von Tisch genannten Schlagworte Frieden, Entspannung und Abrüstung verweisen auf den wenige Monate vorher erfolgten NATO-Doppelbeschluss und die Haltung der DDR in dieser Frage. Nur eine Woche nach dem Beschluss – er datiert vom 12. Dezember 1979 – hatten sich SED und PCF sowie FDGB und CGT in „internationalistische[r] Solidatrität" für Frieden und gegen Aufrüstung ausgesprochen und sich einig gegen das „Wiedererwachen des Faschismus" in Westdeutschland gezeigt.[396] Die Delegation habe, so berichtete Tisch weiter, während des Aufenthalts in Limoges, die Möglichkeit erhalten, „im Ehrenhain von Oradour ein Blumengebinde niederzulegen und den Opfern des Naziterrors die Ehre zu erweisen".[397] Das *Neue Deutschland* konkretisierte, dass Tisch zusammen mit dem

---

[394] Vgl. FDGB-Delegation ehrte Opfer des Faschismus in Oradour, in: Neues Deutschland, 12. 6. 1980. Gemeint dürfte das *Tombeau des Martyrs*, das heißt das von der ANFM errichtete Mahnmal auf dem Friedhof Oradours sein.
[395] Harry Tisch, Information für die Mitglieder und Kandidaten des Politbüros des ZK der SED über den Besuch einer Delegation des Bundesvorstandes des FDGB beim Allgemeinen Französischen Gewerkschaftsbund in Frankreich in der Zeit vom 8.–13. Juni 1980, 19. 6. 1980, SAPMO-BArch, DY 34/11742, Bl. 85–96.
[396] Vgl. Pfeil, Beziehungen, S. 459. Zitate nach ebenda.
[397] Harry Tisch, Information für die Mitglieder und Kandidaten des Politbüros des ZK der SED über den Besuch einer Delegation des Bundesvorstandes des FDGB beim Allgemeinen Französischen Gewerkschaftsbund in Frankreich in der Zeit vom 8.–13. Juni 1980, 19. 6. 1980, SAPMO-BArch, DY 34/11742, Bl. 85–96, hier Bl. 95.

Generalsekretär der CGT, Georges Séguy, am Mahnmal Oradours ein Blumengebinde niedergelegt habe: „Den Opfern des deutschen Militarismus und Faschismus in ehrendem Gedenken" habe auf der Kranzschleife im Namen der Delegation des FDGB gestanden, „Den Märtyrern von Oradour-sur-Glane" auf dem Blumengebinde des CGT. Die Delegation besuchte nach Angaben des *Neuen Deutschlands* außerdem die Kirche des alten Oradour sowie die dortige Krypta.[398]

Wie wurde die Delegation in Oradour aufgenommen? Aussagekräftig ist vor allem, was in den Berichten über den Besuch *nicht* gesagt wurde. So ging Tisch auf etwaige Reaktionen in Oradour gar nicht näher ein, sondern resümierte nur vage zum Aufenthalt in Limoges und Oradour, das Auftreten der FDGB-Delegation in diesem „vom Faschismus leidgeprüften Gebiet" habe „unter der Bevölkerung und in den Massenmedien starke Beachtung gefunden". Wiederholt sei die Existenz der DDR und ihre konsequente Friedenspolitik honoriert worden.[399] Im *Neuen Deutschland* war kein Wort über einen offiziellen Empfang oder die etwaige Resonanz auf den Besuch in Oradour zu lesen. Das Blatt vermied darüber hinaus, das konkrete Datum der Geste zu benennen: Am „Mittwoch anläßlich des 36. Jahrestages" des Massakers hieß es dort,[400] nicht aber, dass der Besuch am 11. Juni und damit einen Tag nach den offiziellen Gedenkfeierlichkeiten stattgefunden hatte, an denen Tisch offensichtlich nicht teilgenommen hatte. Was 1954 für die Abordnung der Hinterbliebenen der Penzberg- und Rombergparkverbrechen galt, galt auch 24 Jahre später und auch für Vertreter der DDR: Der Besuch einer deutschen Delegation am 10. Juni in Oradour war nicht geboten.

Ein weiterer Punkt wird beim Blick auf den Umgang mit deutschen Delegationen vor Ort deutlich: Es gab in Oradour Kollektive jenseits von ANFM, Kommune und Kirchengemeinde, die Deutsche im *village martyr* empfingen bzw. Kontakte nach Deutschland pflegten. Die Zahl der örtlichen Vereine stieg in den 1970er Jahren weiter an[401] und deren Tätigkeit ist über das seit 1969 erscheinende Gemeindeblatt grob nachzuvollziehen. So informierte der ANACR-Ortsverband die Leser 1979 über seine Aktivitäten, zu denen der „Kampf gegen das Wiederaufleben des Nazismus und Faschismus und gegen die Verjährung der Naziverbrechen" zählte. Der Verband hatte 1970 an der Demonstration gegen Lammerdings Straflosigkeit in Tulle teilgenommen und 1978 wohl an der internationalen Kundgebung „Für die Auflösung der SS-Verbände – gegen die Rehabilitierung des Nazismus" in Köln.[402] Der Verbandsvorsitzende Jean Vignaud und der Geschäftsführer des

---

[398] Vgl. FDGB-Delegation ehrte Opfer des Faschismus in Oradour, in: Neues Deutschland, 12. 6. 1980.

[399] Harry Tisch, Information für die Mitglieder und Kandidaten des Politbüros des ZK der SED über den Besuch einer Delegation des Bundesvorstandes des FDGB beim Allgemeinen Französischen Gewerkschaftsbund in Frankreich in der Zeit vom 8.–13. Juni 1980, 19. 6. 1980, SAPMO-BArch, DY 34/11742, Bl. 85–96, hier Bl. 95.

[400] FDGB-Delegation ehrte Opfer des Faschismus in Oradour, in: Neues Deutschland, 12. 6. 1980.

[401] Vgl. Kapitel II.2, Abschnitt „Öffnung nach außen: Die 1970er Jahre".

[402] J. Vignaud/P. Roby, „A.N.A.C.R.," in: Bulletin Municipal Oradour sur Glane, Juni 1979, ACO. Die Veranstaltung fand am 22. 4. 1978 statt, im Beitrag für das Gemeindeblatt ist hingegen

2. Deutsche in Oradour: Erinnerungskulturelles Engagement und seine Grenzen 553

Vereins, Pierre Roby, berichteten darüber hinaus, sie würden häufig von *Résistance*-Vereinigungen darum gebeten, sie durch die Ruinen zu begleiten; sie hätten sogar „einige ausländische Delegationen" empfangen, „vor allem deutsche und österreichische".[403] Neben seinem Engagement im ANACR-Ortsverband saß Pierre Roby der lokalen Vertretung der *Association Buchenwald-Dora* vor und diese pflegte Kontakte in die DDR. Geboren in einer Nachbargemeinde Oradours, hatte Roby die Region früh verlassen, in Paris gearbeitet und sich dort in Gewerkschaft und Politik engagiert. Während des Zweiten Weltkriegs wegen wiederholter *Résistance*-Tätigkeit zwei Mal verhaftet, wurde er schließlich nach Buchenwald deportiert. Nach dem Ende seines Berufslebens kehrte Roby in das Limousin zurück, zunächst nach Limoges, dann nach Oradour. Roby, dessen „Herzensfamilie" seine Kameraden, vor allem die der Deportation waren, intervenierte unter anderem in Schulen als Zeitzeuge.[404] Im *Bulletin Municipal* warb er für die Tombola des Vereins, deren Erlöse in die Informationspolitik über das ehemalige Lager flossen, und für die Teilnahme an den jährlich mehrmals stattfindenden Pilgerfahrten an die Leidensorte der ehemaligen KZ-Häftlinge. An diesen Reisen nahmen mindestens ein Mal Bewohner Oradours teil: Im Jahr 1984 besuchte ein Ehepaar die früheren Konzentrationslager Buchenwald-Dora, Sachsenhausen und Ravensbrück.[405] Ob das Paar von dem Massaker betroffen war und inwieweit darüber hinaus Überlebende und Hinterbliebene in die Aktivitäten der beiden Verbände einbezogen waren, ist bislang offen.[406] Die Beziehungen mit den anderen örtlichen Vereinen bezeichnete die ANACR als „herzlich". Ihren konkreten Ausdruck fänden diese Beziehungen in „gemeinsamen Gedenkfeiern zu unterschiedlichen Jahrestagen".[407]

---

von einer internationalen Veranstaltung in Köln am 22. 5. 1978 die Rede, wobei es sich um ein Versehen handeln dürfte. Zur Kundgebung in Tulle vgl. Kapitel IV.2.5, zur Demonstration in Köln Kapitel III.6, Abschnitt „Reaktionen auf den radikalisierten Revisionismus".

[403] J. Vignaud/P. Roby, „A.N.A.C.R.", in: Bulletin Municipal Oradour sur Glane, Juni 1979, ACO. Der Ortsverband zählte lediglich 16 Mitglieder, wovon sieben nicht in der Gemeinde lebten. Grund hierfür war, dass der Ort kein Zentrum der *Résistance* gewesen war. Die Aktivitäten des Vereins waren an die *Association Départementale* in Limoges gebunden und wurden von dort aus organisiert. Vgl. ebenda. 1983 fusionierte der Ortsverband aufgrund sinkender Mitgliederzahlen mit dem *Comité* in Cieux, wohin auch der Sitz verlegt wurde. Vgl. „ANACR", in: Le petit radounaud, [handschriftlich: (19)83], ACO.

[404] „Section Oradour/Glane et Saint-Junien des Déportés Internés Résistans Patriotes: Hommage à Pierre ROBY", in: Le Radounaud. Bulletin Municipal d'Oradour-sur-Glane, 3ème trimestre 1998, ACO.

[405] Vgl. „Avec les déportés et les internés", in: Le petit radounaud, [handschriftlich: Nov (19)84], ACO; „Association Buchenwald-Dora", in: Le petit radounaud, [handschriftlich: Janv (19)84], ebenda. Vgl. zu dieser Art von Pilgerfahrten Lunow, NS-Opfer.

[406] Weder Vignau, noch der mit der *Association Buchenwald-Dora* nach Deutschland gereiste Paul H. wurden aus dem deutsch-französischen Globalabkommen entschädigt. Es ist daher unklar, ob sie Familienangehörige bei dem Massaker verloren.

[407] „A.N.A.C.R.", in: Bulletin Municipal d'Oradour-sur-Glane, Juni 1979, ACO.

2.5 Oradour in Deutschland:
Das „Nürnberger Friedensgespräch" der SPD 1985

An dieser Stelle empfiehlt es sich, die Frage „Deutsche in Oradour?" einmal umzudrehen und nach „Oradour in Deutschland?" zu fragen. Grund ist das von der SPD veranstaltete „Nürnberger Friedensgespräch" am 7. Mai 1985, zu dem auch ein Vertreter Oradours eingeladen werden sollte.[408] Im September 1984 hatte das SPD-Präsidium auf eine Anregung aus Nürnberg hin beschlossen, dort eine Veranstaltung anlässlich des 40. Jahrestags des Kriegsendes abzuhalten. „Kernpunkt" des Vorschlags war die „Einladung von Vertretern der europäischen Städte, die durch den Krieg besonders zerstört worden sind".[409] Eine eigens für die Veranstaltung eingerichtete Arbeitsgruppe entschied, welche Städte dies sein sollten. Unter ihnen war Oradour.[410] Bürgermeister Lapuelle, der offensichtlich als Vertreter Oradours vorgesehen war, folgte der Einladung nicht. Er übersandte jedoch wenige Tage vor der Veranstaltung ein Grußwort, dessen Kürze womöglich der Tatsache geschuldet war, dass es sich um ein Fernschreiben handelte. Doch auch inhaltlich war das Schreiben distanziert und nicht ausdrücklich an die Gastgeber gerichtet: „Die Gemeinde Oradour sur Glane kann an den Gesprächen in Nürnberg nicht teilnehmen und richtet eine Botschaft des Friedens und der Hoffnung auf die brüderliche Verbundenheit zwischen den Völkern an die Märtyrerstädte, die Opfer der Nazibarbarei waren."[411] Ob Lapuelle tatsächlich verhindert war oder es nur vorgab, ist bislang nicht zu klären. Seine spezifische, Deutschland ausklammernde Öffnungspolitik spricht für Letzteres, die Tatsache, dass er Ende der 1980er Jahre die Möglichkeit einer deutsch-französischen Versöhnungsgeste gegenüber Mitterrand auslotete,[412] lässt hingegen möglich erscheinen, dass sich Lapuelle mit dem Gedanken trug, Westdeutschland in die kommunale Austauschpolitik zu integrieren.

Etwas festeres Quellenterrain betreten wir bei der Frage, wie es nach Lapuelles Absage zur Einladung Robert Hébras' kam. Hebras' Erinnerung zufolge schlug ihn ein Journalist, dem er vom Barth-Prozesses 1983 bekannt war, als Vertreter Ora-

---

[408] Die Veranstaltung und vor allem der tags darauf folgende 40. Jahrestag des Kriegsendes sind im Kontext der damaligen Diskussion um die Bedeutung des 8. Mais – „Befreiung" oder „Niederlage"? – und dem Umgang damit zu sehen, der jedoch für unsere Fragestellung außen vor bleiben kann. Vgl. Pressemitteilung durch den SPD-Vorstandssprecher Wolfgang Clement, 7. 12. 1984, Archiv der sozialen Demokratie der Friedrich-Ebert-Stiftung (AdsD), SPD-Parteivorstand, 2/PVAE000070; Runderlaß Ministerialdirektor Pfeffer, 16. 1. 1985, in: AAPD, 1985, Bd. I, S. 44–50; Schmid, Deutungsmacht, S. 184, 196–199.

[409] Peter Wardin an Hanspeter Weber u. a., 11. 10. 1984, AdsD, SPD-Parteivorstand, 2/PVAE000070.

[410] Vgl. Vermerk Peter Wardin, Ref. Veranstaltungen, Kongresse und Reisen, an Peter Glotz, 7. 11. 1984, AdsD, SPD-Parteivorstand, 2/PVBJ000270.

[411] Telex Lapuelle an Sozialdemokratische Partei Deutschlands, [3. 5. 1985], AdsD, Willy-Brandt-Archiv, A11.9/34, Bl. 226. Das Datum ist abzuleiten aus: Vermerk Peter Wardin, Veranstaltungen, Reisen und Kongresse, an Peter Glotz, 4. 5. 1985, ebenda, Bl. 224 f. Wann und auf welchem Weg Lapuelle eingeladen wurde und wann und mit welcher Begründung er absagte, geht aus den Akten nicht hervor.

[412] Vgl. Kapitel VI.1.7.

2. Deutsche in Oradour: Erinnerungskulturelles Engagement und seine Grenzen 555

Abb. 22: Robert Hébras (links) an der Seite Willy Brandts beim „Nürnberger Friedensgespräch" der SPD 1985. Rechts im Bild neben dem Altkanzler John Fox, Vertreter des Jewish Labour Committees.
(dpa Picture-Alliance GmbH)

dours vor.[413] Im März 1985 erhielt der Überlebende des Massakers eine persönliche Einladung des SPD-Vorsitzenden Willy Brandt.[414] Dass ihm während der Veranstaltung der Ehrenplatz neben dem Altkanzler zuteilwurde (vgl. Abb. 22), verdankte Hébras in gewisser Weise der Tatsache, dass er gerade nicht die Gemeinde Oradour repräsentierte: So sollten der Vertreter des *Jewish Labour Committees*, John Fox, und seine Frau in der ersten Reihe neben Brandt platziert werden, um nicht mit dem „der Veranstaltung zugrundegelegte[n] Prinzip der Städtevertreter" zu brechen. Da bei den „öffentlichen Ankündigungen die Stadt Oradour immer eine herausgehobene Rolle gespielt" habe, Hébras „aber nicht die Stadt Oradour" vertrete, wurde angeregt, „ihn ebenfalls neben den Vorsitzenden zu setzen".[415]

Den Veranstaltern war also bewusst, dass Hébras nicht Oradour vertrat. Dennoch kam auch er zu Wort und wandte sich mit folgenden Worten an die Besucher in der Nürnberger Meistersingerhalle:

„Herr Vorsitzender, meine Damen und Herren, als Augenzeuge von Oradour sur Glane möchte ich den tiefen Wunsch aus Frankreich überbringen, den Frieden zu erhalten. Daß an diesem 40. Jahrestag dieses Friedensgespräch für unsere beiden Völker die Gelegenheit sei, laut zu sagen: nie wieder solche Konfrontationen zwischen den Ländern. Es geht nicht darum, zu vergessen, sondern aus der Vergangenheit zu lernen, um zu versuchen, zusammen eine Zukunft aufzubauen, die den Frieden zum Ziel hat.

[413] Vgl. Interview der Verfasserin mit Robert Hébras, 7. 5. 2008, Oradour-sur-Glane.
[414] Vgl. Willy Brandt an Robert Hébras, 3. 3. 1985, wahrscheinlich Durchschlag, AdsD, Willy-Brandt-Archiv, A11.9/34, Bl. 21.
[415] Vermerk Peter Wardin, Veranstaltungen, Reisen und Kongresse, an Peter Glotz, 4. 5. 1985, AdsD, Willy-Brandt-Archiv, A11.9/34, Bl. 224 f.

Oradour ist heute eine Gemeinde wie die anderen, wo die Jugend genauso lebt, wie überall anders in Frankreich, zukunftsorientiert und damit beschäftigt, die Alltagsprobleme zu bewältigen. Jedes Jahr werden junge Deutsche in Familien von Oradour empfangen.[416] Und genauso junge Franzosen in Deutschland. Durch diesen Austausch wird die gegenseitige Kenntnis verstärkt. Ich werde meine Rede beenden mit unserem Motto in Oradour: ‚Weder Haß noch Vergessen.'"[417]

Hébras sprach folglich nur für sich und die Veranstalter platzierten ihn nicht neben den Städtevertretern. Doch das verwirrte die anwesenden Journalisten oder interessierte sie nicht, denn Hébras wurde in der Presse zwar als Überlebender des Massakers bezeichnet, aber bisweilen auch als Vertreter oder Bürgermeister Oradours.[418] Vor allem aber dürften seine Worte viele Zuhörer beeindruckt haben, denn sie fanden Eingang in mehrere Berichte, die *Westdeutsche Allgemeine Zeitung* wählte sein Motto sogar als Titel.[419]

Hébras' Auftreten in Nürnberg und die Reaktionen darauf verdeutlichen zweierlei: Erstens agierten in Oradour nicht nur Kollektive oder deren Vertreter, wenn es um Kontakte mit Deutschland ging, sondern auch einzelne von dem Massaker persönlich Betroffene. Zweitens konnte diesen Akteuren in Deutschland eine Repräsentativität für Oradour zugeschrieben werden, die man ihnen vor Ort nicht übertragen, möglicherweise sogar abgesprochen hatte.[420] Von Bedeutung ist die Einladung zum „Nürnberger Friedensgespräch" darüber hinaus wegen ihrer Folgen. Im Rahmen der Veranstaltung lernte Robert Hébras den SPD-Politiker Fritz Körber kennen und zwischen den beiden Männern entwickelte sich eine Freundschaft. Aus dieser Freundschaft wiederum erwuchs ein deutsch-französischer Austausch, der in Oradour zunehmend mehr Akteure integrierte.[421] Gewichtig ist Hébras' Besuch in Nürnberg schließlich auch, weil der Überlebende ihm rückblickend zentrale Bedeutung für sein Verhältnis zu Deutschland zuschreibt:

„Als ich in Nürnberg ankam, war ich sehr überrascht, dass man viel von Oradour sprach. Auf den Gehwegen waren Plakate, man sprach von Oradour, ‚Nie wieder!'. Und dann traf ich Leute, die Menschen wie ich waren, die den Krieg bei sich zu Hause erlebt hatten, wie ich ihn bei mir zu Hause erlebt hatte, und in Wahrheit waren wir alle – gleich, im Unglück, und man musste sich die Hand reichen. Und von diesem Zeitpunkt an bin ich oft nach Deutschland gereist, um Schulklassen oder andere Personen, Verbände zu treffen."[422]

---

[416] Hierbei dürfte es sich um einen Fehler handeln, der möglicherweise bei der Übersetzung entstand, denn wie mir Robert Hébras versicherte, sei dies nicht der Fall gewesen. Auch im Rahmen meiner Recherchen fanden sich keine Hinweise auf entsprechenden Besuche deutscher Jugendlicher in Oradour.
[417] Robert Hébras, Oradour, in: Materialien. 40 Jahre danach, hrsg. vom Vorstand der SPD, Abt. Presse und Information, Bonn, S. 47 f., AdsD, Willy-Brandt-Archiv, A3/1193, Bl. 239.
[418] Vgl. die verschiedenen Presseartikel in AdsD, SPD-Parteivorstand, 2/PVBJ000270. Darüber hinaus wurde Oradour als Ortsteil von Villeneuve d'Ascq dargestellt oder Villeneuve d'Ascq als Ort, an dem früher Oradour gestanden habe.
[419] Vgl. Überlebender von Oradour: Weder Haß noch Vergessen, in: Westdeutsche Allgemeine Zeitung, 8. 5. 1985, AdsD, SPD-Parteivorstand, 2/PVBJ000270.
[420] So etwa im Fall von Camille Senon, vgl. Kapitel III.6, Abschnitt „Reaktionen auf den radikalisierten Revisionismus".
[421] Vgl. Kapitel VI.2.7, Abschnitt „Schlüsselpersonen und Strukturen".
[422] Interview der Verfasserin mit Robert Hébras, 7. 5. 2008, Oradour-sur-Glane.

Die Bedeutung die dieser Erfahrung innewohnt – oder die Hébras ihr im Rückblick zuschreibt – zeigt sich auch darin, dass er sie spätestens seit 2003 öffentlich erinnert und teilt.[423] Bis dahin hatte sie allerdings keinen Platz in seinen Publikationen gefunden. Erwähnung fand die Einladung auch im lokalen Gemeindeblatt und den Protokollen der ANFM nicht. Bis heute fehlt sie darüber hinaus in den Erinnerungen anderer Überlebender und Hinterbliebener, wie auch in der „offiziellen Publikation" des Hinterbliebenenverbands.

2.6 Fünfzig Jahre danach: Deutsche Delegationen in Oradour 1994

Erinnern und Zukunft, eine neue Phase in der Beziehung zum französischen Staat, die Öffnung hin zu anderen *villages martyrs* – all diese Aspekte finden sich in den Gedenkfeiern zum 50. Jahrestag des Massakers. Bürgermeister Lapuelle ließ den 10. Juni in den nationalen Kalender der Gedenktage eintragen und Oradour empfing das erste Mal seit 1947 wieder einen französischen Staatspräsidenten am Jahrestag des Massakers. Die offizielle Zeremonie mit der Rede des Präsidenten und die den Familien vorbehaltene Gedenkfeier symbolisierten das *„souvenir"* (Erinnerung), die anwesenden Kinder aus mehreren französischen und europäischen Städten versinnbildlichten die *„avenir"* (Zukunft). Die Gedenkfeier war gleichzeitig Ausdruck und Höhepunkt von Lapuelles lokaler Öffnungspolitik hin zu anderen, vom Zweiten Weltkrieg gezeichneten Orten.[424]

Der Jahrestag verdeutlicht darüber hinaus, dass eine offizielle deutsche Teilnahme an den Gedenkfeiern auch 50 Jahre nach dem Massaker nicht erwünscht war. Daran ließen Bürgermeister Lapuelle und der ANFM-Vorsitzende – inzwischen Jean-Marcel Darthout – gegenüber deutschen Journalisten keinen Zweifel. Im Gespräch mit der *Frankfurter Rundschau* versicherte der Überlebende des Massakers, er empfinde nicht mehr wie noch vor 50 Jahren. Man lebe in Europa und wolle „keinen Haß, aber auch kein Vergessen". Dass unter den jährlich mehreren hunderttausend Besuchern Oradours auch Deutsche waren, begrüßte Darthout. „Aber was offizielle Besuche zum Gedenktag des 10. Juni und andere Versuche der Aussöhnung – etwa eine Städtepartnerschaft – angeht, winkt er ab: ‚Erst wenn ich nicht mehr da bin.'"[425] Damit nannte der ANFM-Vorsitzende zwei Kriterien im Umgang mit Deutschen: die Form des Kontakts und die Generationenfrage. Bürgermeister Lapuelle sekundierte dem ANFM-Präsidenten im Gespräch mit dem

---

[423] Bei einem Zeitzeugengespräch in Nürnberg im Jahr 2003 nannte Hébras das Friedensgespräch und sprach von der Bedeutung, die es für ihn gehabt habe. In seinem 2014 veröffentlichten Buch und der 2017 erschienenen Übersetzung ist der Zäsurcharakter, den Hébras der Veranstaltung zuschreibt, noch stärker. Vgl. Bezirksjugendring, Pädagogik, S. 10; Hébras/Borderie, Voix, S. 107; Hébras/Borderie, Geschichte, S. 119 f.
[424] Vgl. Kapitel II.2, Abschnitt „Tiefgreifende Umwälzungen: Von den 1980er Jahren bis 1995".
[425] Hans-Hagen Bremer/Helmut Lölhöffel, Oradour heute – kein Haß, kein Vergessen, in: Frankfurter Rundschau, 10. 6. 1994, ACMO, 1 ETUD 15.

Journalisten Stefan Endell: Es gebe „keine deutschfeindliche Stimmung" in Oradour, wohl aber noch immer „Nuancen im Umgang mit Deutschen". Bei der jungen Generation sei der Austausch problemlos und mit Deutschen stärker als mit Engländern. Begegnungen mit gleichaltrigen Deutschen waren jedoch selbst für Lapuelle schwierig: „Da fragt man sich unweigerlich, was haben die wohl im Krieg gemacht. Aber auch dies ist ja kein Deutschen-Hass, sondern dies ist eine gewisse Zurückhaltung gegenüber einer beschränkten Bevölkerungsgruppe der Deutschen." Zur Art des Austauschs führte er an, Oradour sei offiziell „keine Städtepartnerschaft mit einer deutschen Stadt eingegangen", es gäbe aber „das Bemühen um privaten Austausch. Niemand würde das unterbinden." Allerdings, so Endell:

„Schwierig wird es sofort, wenn Bürgermeister, Botschafter, Abgeordnetengruppen kommen und empfangen werden wollen und vielleicht sogar leutselig über ‚die Schrecken der Vergangenheit' reden wollen. Dann herrscht in Oradour sofort Funkstille. So war der Bürgermeister von Oradour in diesem Jahr zur 50-Jahrgedenkfeier auch nicht unglücklich, dass der deutsche Botschafter nicht wie in Lidice und in Griechenland auch hier am Gedenktag einen Kranz niederlegen wollte. Dann hätte er ihn fortschicken müssen, der Verein der Überlebenden-Familien hätte ihn nicht akzeptiert. Nein, auch 50 Jahre danach sollten die Deutschen sich nicht in offizieller Mission dazustellen dürfen, wenn nur in kleinem Rahmen dem nationalen Symbol der geschändeten französischen Unschuld gedacht werde. ‚Dies ist ja kein Akt der Feindseligkeit', beteuert Lapuelle, dies sei die Gemütslage der Überlebenden-Familien, die es zu respektieren gelte. Und einen Kranz hätten die Deutschen ja auch in aller Stille einen Tag nach der offiziellen Feierlichkeit – eben inoffiziell – niederlegen können. [...] Es findet sich in Oradour keiner, der eine deutsche Delegation offiziell empfangen würde', sagt Lapuelle noch einmal."[426]

Wenn Lapuelles Äußerungen hier so breiter Raum gegeben wird, dann nicht nur, weil es sich um eine seltene explizite Äußerung zum Verhältnis zwischen Oradour und Deutschland in diesen Jahren handelt. Seine Angaben entfalten darüber hinaus maßgebliche Erklärungskraft im Zusammenhang mit dem Gedenkakt Heidemarie Wieczorek-Zeuls in Oradour, um den es im Folgenden geht.

Kranzniederlegung und Rede: Heidemarie Wieczorek-Zeul in Oradour

Anlässlich des 50. Jahrestags des Massakers legte die damalige Bundestagsabgeordnete und stellvertretende Vorsitzende der SPD, Heidemarie Wieczorek-Zeul, am 11. Juni 1994 in Oradour einen Kranz nieder.[427] Oradour war der Politikerin bereits länger bekannt, unter anderem durch den Kontakt mit französischen Kollegen im Europäischen Parlament. Den Gedanken zu diesem Besuch hatte Wieczorek-Zeul selbst, und der SPD-Parteivorstand sprach sich einstimmig dafür aus.

---

[426] Stefan Endell, Feine Nuancen bestimmen den Takt, in: Frankreich-Reportagen im Herbst 1994, hrsg. v. Yves Agnès, S. 48, Privatunterlagen Stefan Endell.
[427] Vgl. „Wer sich der Unmenschlichkeit nicht erinnern will, wird anfällig für neue Ansteckungsgefahren." Rede anläßlich der Kranzniederlegung in Oradour-sur-Glane am 11. Juni 1994, von Heidemarie Wieczorek-Zeul, in: Sozialdemokratischer Pressedienst, 49. Jg./111, 14. 6. 1994, S. 7 f.

Vor Ort folgte auf die Kranzniederlegung ein Gang durch die Ruinen und ein Besuch des neuen Oradour.[428] Darüber hinaus hielt Wieczorek-Zeul eine Ansprache.

Die stellvertretende SPD-Vorsitzende begann ihre Rede mit der Feststellung, mit dem Namen Oradour sei „auf immer der Terror und das Verbrechen der Nazis, der SS, begangen in deutschem Namen, verbunden". Sie wies darauf hin, dass ihre eigene politische Aktivität aus der Erschütterung über die NS-Verbrechen entstanden sei, wie auch darauf, dass die SPD unter anderem durch Willy Brandt mit dem Widerstand gegen die NS-Diktatur verbunden sei. Sie wolle, so Wieczorek-Zeul an die Anwesenden gewandt, „mit Ihnen um die Menschen trauern, die hier durch die SS grauenhaft ermordet wurden". Im Namen der SPD-Mitglieder, „aber auch im Namen der vielen Millionen Menschen, die sich Ihnen in Deutschland verbunden fühlen", wolle sie „der Opfer des Massakers gedenken".[429] Die Schleife des niedergelegten Kranzes dürfte in den Farben der SPD gehalten gewesen sein[430] und war mit den Worten „Laßt uns das nie vergessen" bedruckt.[431]

Der 11. Juni 1994 als Tag der Kranzniederlegung demonstriert die von Lapuelle und Darthout beschriebene Haltung in Oradour: Am Jahrestag des Massakers waren keine deutschen Delegationen willkommen. Doch es zeigt sich auch eine deutliche Rezeptions- und Erinnerungsdifferenz zwischen Akteurin und Adressaten. Heidemarie Wieczorek-Zeul erinnert, es sei bei ihrem Besuch auch ein Vertreter Oradours anwesend, und alle seien dankbar gewesen, dass sie die Initiative ergriffen habe.[432] In Oradour hingegen wurde die Schleife des von ihr niedergelegten Kranzes entfernt.[433] Geht man davon aus, dass sich Lapuelles Worte, „einen Kranz hätten die Deutschen ja auch in aller Stille einen Tag nach der offiziellen Feierlichkeit – eben inoffiziell – niederlegen können", auf die SPD-Politikerin bezogen, bedeutet dies, dass er ihre Geste als inoffiziellen Akt wertete. Tatsächlich wurde ihr Besuch bei den Rückblicken auf die Gedenkfeierlichkeiten im Gemeindeblatt weder von der ANFM noch von der Gemeindeleitung erwähnt.[434] Kranzniederlegung und Rede fanden auch keinen Eingang in die publizierten Erinnerungen Al-

---

[428] Vgl. Interview der Verfasserin mit Heidemarie Wieczorek-Zeul, 28. 10. 2010, Berlin.
[429] „Wer sich der Unmenschlichkeit nicht erinnern will, wird anfällig für neue Ansteckungsgefahren." Rede anläßlich der Kranzniederlegung in Oradour-sur-Glane am 11. Juni 1994, von Heidemarie Wieczorek-Zeul, in: Sozialdemokratischer Pressedienst, 49. Jg./111, 14. 6. 1994, S. 7 f.
[430] Vgl. Interview der Verfasserin mit Heidemarie Wieczorek-Zeul, 28. 10. 2010, Berlin.
[431] Vgl. Hans-Hagen Bremer/Helmut Lölhöffel, Oradour heute – kein Haß, kein Vergessen, in: Frankfurter Rundschau, 10. 6. 1994, ACMO, 1 ETUD 15. Dort heißt es auch, Wieczorek-Zeul würde sich „allein nach Oradour-sur-Glane auf[machen], um still einen Kranz niederzulegen".
[432] Vgl. Interview der Verfasserin mit Heidemarie Wieczorek-Zeul, 28. 10. 2010, Berlin.
[433] Vgl. E-Mails Jean-Jacques Fouché an die Verfasserin, 8. 3. 2011, 17. 1. 2012. Fouché hat dies später vor Ort erfahren und spricht von einer Schleife in den Farben der Bundesrepublik. Die Information beruht nur auf Hörensagen, korrespondiert aber damit, dass von Deutschen niedergelegte Blumen und Kränze wiederholt entfernt wurden, wie selbst Bürgermeister Lapuelle 1994 in der Presse einräumte.
[434] Vgl. Le Radounaud, Bulletin d'information municipal, Juli 1994, ACO; Heft *Ambiance de fêtes*, Ende 1994, ebenda.

bert Valades, obwohl der Autor dem 50. Jahrestag ein eigenes Kapitel widmete und auch auf Programmpunkte am 11. Juni 1994 einging. Sein Schweigen ist umso bemerkenswerter, als Valade am 10. Juni 1994 für die Kranzniederlegungen zuständig war.[435]

Ist es möglich, dass der Besuch der Sozialdemokratin in der gewaltigen Organisationslast der Gedenkfeierlichkeiten schlicht unterging? Mehrere hundert Personen mussten untergebracht, Staatspräsident und Premierminister empfangen und weitere Programmpunkte organisiert werden.[436] Auch die Bedeutung von Mitterrands Besuch ist nicht zu unterschätzen: Dass ein französischer Staatspräsident und vor allem Mitterrand an einem 10. Juni nach Oradour kam, war 1994 ebenso wenig selbstverständlich wie die Tatsache, dass er eine Rede vor der staatlichen Krypta hielt.[437] Beschäftigten also andere Fragen die Menschen vor Ort? All dies mag dazu beigetragen haben, dass Heidemarie Wieczorek-Zeuls Gedenkakt nicht die Aufmerksamkeit erhielt, die ihm zu einem anderen Zeitpunkt zugekommen wäre. Gleichwohl lassen Lapuelles Schweigen gegenüber der Presse, das Entfernen der Kranzschleife und das Fehlen der Geste in den Rückblicken auf den Jahrestag den Schluss zu, dass es sich anders verhielt: Dem Umstand, dass mit der Bundestagsabgeordneten und stellvertretenden SPD-Vorsitzenden die bis zu diesem Zeitpunkt höchstrangige deutsche Bundespolitikerin der Opfer gedachte, *wollte* man in Oradour nicht mit offizieller Anerkennung begegnen, man *wollte* der Geste keine Bedeutung zuschreiben und man *wollte* sie nicht erinnern. Man tolerierte oder akzeptierte sie im Moment und beschwieg sie darüber hinaus.

Pax Christi in Oradour 1994

Dass der Weg zu Versöhnung in Oradour ein steiniger war, musste im Jahr des 50. Jahrestags auch die deutsche *Pax Christi* erneut erfahren. Zum dritten Mal nach 1963 und 1988 besuchte im April 1994 eine Gruppe Oradour, um dort einen Gottesdienst zu feiern. Fast vierzig Jahre vorher hatte Pater Manfred Hörhammer geschrieben: „Und einmal, so hoffen wir, wenn unsererseits mehr begriffen und weniger vergessen worden, wenn auch die Ehemaligen der Schutzstaffel [...] begriffen haben, was ihre Ehre geböte, werden deutsche Priester mit einem Bischof und mit deutschen Frauen und Müttern nach Oradour gehen und Mutter Roffange [sic] bitten, uns an die Gräber und den Friedhof zu führen."[438] Teilweise hatte sich Hörhammers Wunsch erfüllt: Deutsche waren nach Oradour gegangen. Madame Rouffanche aber war 1988 verstorben, und auch davon abgesehen war Hörham-

---

[435] Vgl. Valade, Oradour, S. 157–160.
[436] Vgl. Valade, Oradour, S. 157 f.
[437] Laut *Le Journal du Dimanche* (JDD) schieden sich die Geister der Überlebenden noch immer an der Frage, ob Mitterrand in Oradour willkommen sei. Vgl. Franck Johannès, Marcelle, la mémoire d'Oradour, in: JDD, 12. 6. 1994, ACMO, 1 ETUD 15.
[438] Vgl. Kapitel VI.2.1, Abschnitt „Pater Manfred Hörhammer in Oradour und die Sühnegabe der deutschen *Pax Christi* 1955".

2. Deutsche in Oradour: Erinnerungskulturelles Engagement und seine Grenzen 561

mers Wunsch des gemeinsamen Trauerns bislang nicht wahr geworden. Er erfüllte sich auch 1994 nicht.

Dem Generalsekretär der deutschen *Pax Christi*, Joachim Garstecki, war bewusst, dass man mit Oradour keinen Ort wie andere besuchte. In seinem Schreiben an den französischen *Pax Christi*-Priester Antoine Wahl, der gemeinsam mit den Deutschen die Eucharistie in Oradour feiern sollte, schrieb er:

„Wir sind uns der Bedeutung dieses Zeichens [der gemeinsamen Eucharistie] dankbar bewußt, und ich möchte Ihnen […] gern sagen, wie sehr Sie uns mit diesem Entgegen-Kommen – im wörtlichen Sinn des Wortes – helfen, gerade diesen Ort unserer Begegnungsfahrt in der Hoffnung auf Vergebung und Erneuerung zu betreten. […] Wir wissen, daß unsere Anwesenheit an diesem Ort, wenige Wochen vor dem 50. Jahrestag des Massakers der SS, alles andere als selbstverständlich ist. Wir bitten darum, daß unser Kommen im Geist der Pax Christi helfen möge, alte Trennungen zu überwinden und noch immer fortbestehende Gräben zuzuschütten – wie es schon die Absicht von Pater Manfred Hörhammer war, als er 1955 zum ersten Mal nach Oradour kam."[439]

Aus dem Eintrag einer Teilnehmerin im Reisetagebuch der Gruppe geht hervor, dass die Besucher in Oradour auch dieses Mal durch die Ruinen gingen und auf dem Friedhof Blumen niederlegten. Sie lasen einen Psalm im zerstörten Dorf und hörten ein Flötenstück in der Kirche. Die Beschreibung des Gottesdienstes zeigt, dass es bei der Annäherung mit Oradour Fortschritte gab, die eigentlichen Adressaten der Geste aber nicht erreicht wurden. Die Messe, bei der die Gruppe „erneut um Vergebung bitten und um Versöhnung werben" wollte, feierte sie dieses Mal zusammen mit dem Ortspfarrer Oradours, Jean Robert. Eigentlich aber war es den Pilgern um etwas anderes gegangen: „Unser geheimer Wunsch, es möchten auch einige Dorfbewohner mit uns Eucharistie feiern, bewahrheitete sich leider nicht." Eine Weiterentwicklung ist auch auf anderer Ebene zu konstatieren: Erstmal kam in diesem Jahr der stellvertretende Bürgermeister, um die Gruppe zu begrüßen: „Er tat dies zwar kurz, doch offiziell und mit der Erklärung, es gebe ‚keinen Groll', aber doch ‚immer noch Ressentiments' in der Bevölkerung."

Vor allem die Begegnung mit Ortspfarrer Jean Robert war eine wichtige Erfahrung für die Gruppe: Er hieß die Besucher „sehr herzlich" willkommen, hatte den 1955 übergebenen Sühnekelch vorbereitet, lieh dem *Pax Christi*-Priester sein Messgewand und erteilte der Gruppe die Absolution. Sie glaubten, so schrieb eine Teilnehmerin, „daß vor allem durch die Person des Pfarrers unsere Bitte um Vergebung in Oradour jetzt doch ein offenes Ohr und ein offenes Herz gefunden hat. Bleibt die Hoffnung, daß eines Tages auch eine versöhnende Begegnung mit den Menschen des Ortes möglich sein wird."[440] Nach dem gemeinsamen Gottesdienst begleitete Abbé Robert die Gruppe zu einem Essen und brachte einen Teilnehmer zum Bahnhof in Limoges.[441] Zum ersten Mal waren damit ähnliche Rahmenbedingungen für die *Pax Christi*-Mitglieder gegeben wie für Vinzenz Kremp 1976: Sie trafen vor Ort auf einen Ansprechpartner, der bereit war, auf ihre Bemühungen

---

[439] Joachim Garstecki an Antoine Wahl, 11. 4. 1994, BDA, Ala Pax Christi 36.
[440] Groß, Versöhnung, in: Begegnungsfahrt 1994, BDA, Ala Pax Christi 35.
[441] Vgl. Herbert Fröhlich an Jean Robert, 6. 6. 1994, BDA, Ala Pax Christi 35.

einzugehen. Mehr als dieser Ansatzpunkt war auch fünfzig Jahre nach dem Massaker und nach mehreren Sühnegaben und Sühnemessen nicht möglich. „Der Weg der Versöhnung in Oradour war nicht einfach", schrieb die bereits zitierte Teilnehmerin, „und eigentlich hat er bis heute noch nicht endgültig ans Ziel geführt."[442]

2.7 Offizielle Akte, Differenzierung, Konkurrenzen: Kontakte mit Deutschland ab 1995

Raymond Frugiers Amtsantritt als Bürgermeister Oradours 1995 war eine Zäsur in den Beziehungen des Orts zu Deutschland. Die einschneidende Veränderung bestand in seiner Politik der offiziellen Kontakte mit Deutschland, wie sie bis zum Ende von Lapuelles Amtszeit nicht existierte. In Frugier als offiziellem Repräsentanten der Gemeinde fanden deutsche Akteure ein Gegenüber, das ihr Engagement anerkannte und darauf einging. Diese Politik Frugiers führte zu einer ganzen Reihe Premieren in Oradour, die verglichen mit den vorhergegangenen Jahrzehnten schnell aufeinander folgten. Der Bürgermeister empfing deutsche Delegationen und zunehmend bedeutendere politische Repräsentanten. Höhepunkt dieser Öffnungspolitik war im September 2013 der Besuch des deutschen Bundespräsidenten Joachim Gauck. Über die punktuellen Kontakte bei Empfängen hinaus, ermöglichte Frugiers Politik, dass deutsch-französische Strukturen und Netzwerke zum Tragen kamen, gegen die sich Oradour bislang abgegrenzt hatte. So entstanden längerfristige Kooperationen, bei denen auf deutscher Seite – ähnlich wie beim Engagement Vinzenz Kremps[443] – private, zivilgesellschaftliche und politische Sphäre eng verflochten waren. Für Oradour ist in diesem Zusammenhang ein Prozess der Ausdifferenzierung von Positionen festzustellen und damit einhergehend Konflikte und Konkurrenzen. Die Frage, wer „Oradour" in den Beziehungen zu Deutschland repräsentiert, stellte sich nun deutlicher als im 20. Jahrhundert.

Premieren in Oradour: Ein tour d'horizon

Am 4. Oktober 1997 empfing Raymond Frugier den Ersten Bürgermeister der fränkischen Stadt Bad Windsheim, Wolfgang Eckhardt, im Rathaus Oradours. Eckhardt besuchte Bad Windsheims Partnerstadt Saint-Yrieix-la-Perche, als sein dortiger Amtskollege Daniele Boisserie den Wunsch äußerte, Eckhardt möge mit ihm nach Oradour fahren. Der Bad Windsheimer Bürgermeister sagte ad hoc zu, hielt tags darauf eine Ansprache in Oradour und legte einen Kranz nieder.[444] Es

---

[442] Groß, Versöhnung, in: Begegnungsfahrt 1994, BDA, Ala Pax Christi 35.
[443] Vgl. Kapitel VI.2.3.
[444] Vgl. Meyer, Oradour-sur-Glane, S. 110; Ansprache des Ersten Bürgermeisters der Stadt Bad Windsheim, Diplom-Ingenieur Wolfgang Eckardt anläßlich des Besuchs der Gedenkstätte Oradour-sur-Glane mit Kranzniederlegung am 4. 10. 1997, Privatunterlagen Wolfgang Eckardt.

2. Deutsche in Oradour: Erinnerungskulturelles Engagement und seine Grenzen 563

war das erste Mal, dass ein deutscher Bürgermeister offiziell Oradour besuchte,[445] und Frugier selbst charakterisierte seinen Schritt in der Presse als das „Überschreiten eines ungeschriebenen Gesetzes", keinesfalls „einen deutschen Amtsträger offiziell im Rathaus Oradours zu empfangen".[446] Zweieinhalb Jahre später, am 28. Mai 2000, wählte Frugier nahezu die gleichen Worte, als er in seiner Rede anlässlich des Besuchs des bayerischen Ministers für Bundes- und Europaangelegenheiten Reinhold Bocklet sagte, er sei sich bewusst, dass er mit dem offiziellen Empfang im Rathaus Oradours „ein ungeschriebenes Gesetz übertrete, das außer Acht zu lassen, keiner meiner Vorgänger seit nunmehr 56 Jahren gewagt hätte".[447] Lagen zwischen diesen beiden Premieren noch mehr als zwei Jahre, so folgten die weiteren Schritte der Annäherung bald im Jahrestakt: 2001 besuchten Gemeinderatsmitglieder Oradours einen ökumenischen Gottesdienst anlässlich des Besuchs einer deutschen Gruppe der „Versöhnungs-Wege",[448] im Januar 2003 reiste Frugier nach München, um am Gedenktag für die Opfer des Nationalsozialismus eine Rede im Münchener Hauptstaatsarchiv zu halten.[449] Noch im selben Jahr empfing Frugier die deutsche Generalkonsulin Gudrun Lücke-Hogaust, die das *village martyr* besuchte und sich ins Goldene Buch der Gemeinde eintrug.[450] 2004 fiel ein weiteres Tabu, als am 60. Jahrestag des Massakers erstmals Deutsche an der offiziellen Gedenkfeier teilnahmen und einen Kranz niederlegten.[451] Ein weiteres Jahr später besuchte Frugier zusammen mit Robert Hébras in Deutschland die Schwaiger Kulturtage, in deren Rahmen eine Fotoausstellung zu Oradour gezeigt wurde.[452] 2006 empfing der Bürgermeister erstmals Soldaten der Deutschen Bundeswehr in Oradour. Der Bad Windsheimer Bürgermeister Wolfgang Eckhardt, den Frugier bereits 1997 empfangen hatte, war auch Oberstleutnant der Reserve und Kommandeur eines Bataillons, das im Rahmen einer Truppenwehrübung in

---

[445] Vgl. Meyer, Oradour-sur-Glane, S. 110.
[446] Zitiert nach Meyer, Wandel, S. 386.
[447] Rede des 1. Bürgermeisters von Oradour-sur-Glane Raymond Frugier, anlässlich des offiziellen Besuchs einer Delegation der Bayerischen Staatsregierung am 28. 5. 2000 im Martyriumsdorf unter der Führung von Herrn Reinhold Bocklet, Bayerischer Staatsminister für Bundes- und Europaangelegenheiten, in: Montgelas-Gesellschaft, Oradour, S. 4 f.
[448] Vgl. „Au plan des manifestations" und „Manifestations", in: Oradour sur Glane, Bulletin municipal, Le Radounaud, Dezember 2001, S. 4, 9, ACO.
[449] Vgl. Montgelas-Gesellschaft, Oradour, S. 8–49.
[450] Vgl. „Le 14 janvier 2003", in: Oradour sur Glane, Bulletin municipal, Le Radounaud, Juli 2003, S. 10, ACO, sowie Kapitel VI.1.8.
[451] Vgl. Raymond Frugier, „La cérémonies [sic] du 10 juin 2004", in: Oradour-sur-Glane, Bulletin Municipal, Le Radounaud, Juni 2004, S. 5, ACO; Flyer: Einladung zu einer Bildungsfahrt nach Oradour (Frankreich), URL: http://www.drafd.de/files/flyer_oradour.pdf [1. 2. 2012]; André Keil, Oradour 2004 – Erinnerung von André, 15. 6. 2004, URL: http://www.drafd.de/?Oradour_04_Andre [1. 2. 2012]; Peter Rau, Eine fast schon diplomatische Mission, in: DRAFD-Information, Juli/August 2004, S. 10–12; Richter, Souviens-toi, S. 52.
[452] Vgl. Rede von Bürgermeister Körber zur Eröffnung der Fotoausstellung „Oradour-sur-Glane – Ruinen als Mahnmal" am 18. 10. 2005, Privatunterlagen Fritz Körber; Begrüßung von Bürgermeister Körber zum Abend der Vorträge mit Bürgermeister Raymond Frugier und Robert Hébras aus dem Limousin am 21. 10. 2005 im Schwaiger Schloss, ebenda.

Frankreich nun das *village martyr* besuchte.⁴⁵³ Ein Jahr später hieß Frugier die Schwaiger Chorgemeinschaft und das Fürther Kammerorchester im Rathaus willkommen. Die Musiker gaben das erste deutsche Konzert in der Kirche des neuen Oradour.⁴⁵⁴ Ebenfalls 2007 traf Frugier in Oradour mit der damaligen Vizepräsidentin des Deutschen Bundestags für die Christlich-Soziale Union (CSU), Gerda Hasselfeldt, zusammen und empfing sie bei einem weiteren Besuch im Jahr 2009 im Rathaus.⁴⁵⁵ Nachdem die lokale Fußballmannschaft zeitgleich zu Hasselfeldts Besuch ein Team aus Dachau empfangen hatte, reisten die französischen Sportler 2010 begleitet von Bürgermeister Frugier und einer – bis zu diesem Zeitpunkt einmalig großen – Delegation Oradours nach Dachau.⁴⁵⁶ Schließlich lud Bürgermeister Frugier seinen Dachauer Amtskollegen Peter Bürgel 2011 zur Teilnahme an den Gedenkfeierlichkeiten des 10. Juni ein.⁴⁵⁷

Der aufmerksame Leser mag es an den Anmerkungen bereits gesehen haben: Mit der Öffnungspolitik und der Offizialisierung der Kontakte nach Deutschland ging auch deren Kommunikation im Gemeindeblatt einher. Sucht man in den Jahren von Lapuelles Amtszeit dort vergeblich nach entsprechenden Hinweisen, so berichtete Frugier immer wieder von seinen Empfängen und Reisen. Und noch etwas deutet sich in der gezeichneten Premierenskizze bereits an: Einige Namen, Orte und Regionen tauchen immer wieder auf und sie verweisen auf Schlüsselpersonen, Strukturen und Netzwerke, die nun zum Tragen kamen und aus denen länger anhaltende Kontakte entstanden.

Schlüsselpersonen und Strukturen

1981 unterzeichneten das Departement Haute-Vienne und der Bezirk Mittelfranken eine Partnerschaftsurkunde. Ausgeweitet wurde die *jumelage* auf französischer Seite später auf die Departements Creuse (1989) und Corrèze (1994). Im Mai 1995 schließlich setzten die Präsidenten der Region Limousin und des Bezirks Mittelfranken ihre Unterschriften unter eine Regionalpartnerschaftsurkunde.⁴⁵⁸ Obwohl Oradour nicht in Form einer Städtepartnerschaft eingebunden war, wirkte

---

⁴⁵³ Vgl. Wolfgang Eckardt (verantw.), Erfahrungsbericht zur 4. Truppenwehrübung des Pionierbrückenbataillon 704 (GerEinh) vom 3. 9.–9. 9. 2006 in Frankreich mit offiziellem Besuch der Gedenkstätte „Centre de la mémoire d'Oradour", Privatunterlagen Wolfgang Eckardt.

⁴⁵⁴ Vgl. Musik kontra Massaker, in: Pegnitz-Zeitung, 26.–28. 5. 2007, S. 11; Andreas Sichelstiel, Europahymne Höhepunkt, in: Pegnitz-Zeitung (Lauf u. a.), 21. 5. 2007, S.4.

⁴⁵⁵ Vgl. Interview der Verfasserin mit Gerda Hasselfeldt, Juni 2008, Berlin; Gemeinsames Gedenken an Massaker vor 65 Jahren, URL: http://www.hasselfeldt.de/de/detail/aktuelles,1195.html [1. 7. 2009].

⁴⁵⁶ Vgl. Laurent Borderie, Foot et émotion pour l'USO, in: Le Populaire du Centre, 2. 7. 2010.

⁴⁵⁷ Vgl. E-Mail Benoît Sadry an die Verfasserin, 27. 4. 2011, 3. 6. 2011.

⁴⁵⁸ Vgl. Geschichte der Regionalpartnerschaft, in: Paroles de citoyens ... Menschen erzählen ... Histoires franco-allemandes de 30 années de jumelage/Deutsch-französische Geschichten aus 30 Jahren Regionalpartnerschaft, hrsg. v. Bezirk Mittelfranken, Büro für Regionalpartnerschaften, Ansbach 2011.

2. Deutsche in Oradour: Erinnerungskulturelles Engagement und seine Grenzen 565

das Netzwerk auf den Ort ein – zunächst auf das *village martyr* und den Überlebenden des Massakers Robert Hébras.

Ab 1984 und in zwölf aufeinander folgenden Jahren besuchte Fritz Körber mit Jugendgruppen der Arbeiterwohlfahrt das Limousin und dabei immer auch Oradour. Körber, der 1982 für die SPD in den Bezirkstag Mittelfranken gewählt wurde, war seither auch Mitglied des dort angesiedelten Ausschusses für Partnerschaft und Völkerverständigung sowie politischer Beauftragter für diesen Bereich. Ziel seiner Gruppenreisen in das Limousin, so Körber, sei es gewesen „partnerschaftliche Beziehungen und Völkerverständigung" zu organisieren.[459] Körbers Engagement zeigt, wie lang der Weg bis zur Einbindung der Gemeinde Oradour war, dass und welche anderen Adressaten er zunächst einbezog und wie sich dabei unterschiedliche Sphären berührten. Auf französischer Seite dominierte zunächst der private Bereich. Nachdem Körber beim Nürnberger Friedensgespräch der SPD Robert Hébras kennengelernt hatte, führte der Überlebende Körbers Jugendgruppen durch die Ruinen seines Heimatorts, und zwischen den beiden Männern entwickelte sich eine Freundschaft.[460] Für Hébras brachte die Regionalpartnerschaft weitere Kontakte nach Deutschland mit sich: 2001 etwa organisierte die Schulabteilung der Regierung Mittelfranken ein Zeitzeugengespräch an einer Nürnberger Schule, von der 2003 Schüler nach Oradour reisten und von Robert Hébras durch das *village martyr* begleitet wurden.[461] Bereits ein Jahr vorher war die Dokumentarfilmgruppe einer Rothenburger Schule nach Oradour gereist. Dorthin war ihr Blick aufgrund der Regionalpartnerschaft gefallen, und Hébras spielte als Zeitzeuge eine wichtige Rolle bei der Filmarbeit der Schüler.[462]

Mit dem CMO entstand 1999 darüber hinaus eine Institution in Oradour, die sich für einen Austausch im Rahmen der Regionalpartnerschaft offen zeigte und ihm Raum bot. So unterstützte das CMO im Jahr 2000 die Recherchen der Rothenburger Filmgruppe und akzeptierte 2002 eine Praktikantin, die über den Bezirk Mittelfranken den Kontakt nach Oradour gesucht hatte.[463] Ein Jahr später besuchte die Leiterin des CMO zusammen mit Robert Hébras eine Fachtagung in Nürnberg[464] und zeigte 2004 eine deutsch-französische Ausstellung, bei deren Eröffnung Fritz Körber das Grußwort hielt.[465] Im Jahr 2005 zeigte wiederum das

---

[459] E-Mail Fritz Körber an die Verfasserin, 31. 10. 2011.
[460] Vgl. Interview der Verfasserin mit Fritz Körber, Schwaig, 1. 6. 2010.
[461] Vgl. Rudi Groh, Souviens toi – Geschichte erleben. Nürnberger Schüler begegnen dem SS-Massaker von Oradour-sur-Glane 1944, in: Bezirksjugendring, Pädagogik, S. 24 f.
[462] Vgl. Thilo Pohle, „Und sie wussten, was sie tun." Eine Dokumentation der Dokumentarfilmgruppe Rothenburg mit Robert Hébras, in: Bezirksjugendring, Pädagogik, S. 27.
[463] Vgl. Thilo Pohle, „Und sie wussten, was sie tun." Eine Dokumentation der Dokumentarfilmgruppe Rothenburg mit Robert Hébras, in: Bezirksjugendring, Pädagogik, S. 27; Julia Oschmann, Postkartenprojekt – Erfahrungen und Ergebnisse Oradour – Stutthof – Nürnberg, in: ebenda, S. 21–23.
[464] Vgl. Bezirksjugendring, Pädagogik.
[465] Vgl. Rede von Bürgermeister Körber zur Eröffnung der Ausstellung „Memoires visions franco-allemandes" am 08. 10. 2004 in Oradour sur Glane im Limousin in Frankreich, Privatunterlagen Fritz Körber.

Nürnberger *Dokumentationszentrum Reichsparteitagsgelände* in Zusammenarbeit mit dem Bezirk Mittelfranken eine im CMO entstandene Wanderausstellung.[466]

Erst 2005 fand Körbers Engagement in Oradour auch Resonanz auf der Gemeindeebene. Körber hatte in seinem Heimatort Schwaig inzwischen das Bürgermeisteramt übernommen und das Thema Oradour in seine Arbeit eingebracht. 2005 eröffnete er die ersten *Schwaiger Kulturtage*, in deren Rahmen in der lokalen Bücherei die Fotoausstellung „Oradour-sur-Glane – Ruinen als Mahnmal" gezeigt wurde.[467] Neben Körbers langjährigem Freund Robert Hébras reiste auch Körbers Kollege im Amt, Raymond Frugier, zum „Abend der Vorträge".[468] Den Höhepunkt seines Engagements stellte für Körber das 2007 in Oradour stattfindende Konzert des Schwaiger Chors und des Fürther Kammerorchesters dar, nachdem er mit dem Versuch, offizielle Kontakte mit Oradour herzustellen, jahrelang erfolglos geblieben war.[469] Doch es blieb auch eine Grenze. Den Traum von einer Städtepartnerschaft mit Oradour hatte der SPD-Politiker zu diesem Zeitpunkt bereits aufgegeben, zu schwer sei die historische Last des Massakers.[470] Sein Einsatz für Oradour hielt dennoch an. Als 2011 ein Film über Robert Hébras in die französischen Kinos kam, hielt Körber eine Rede bei der Filmpremiere und spendete 3000 Euro für die Erstellung einer deutschen Version. Und auch das Netzwerk der Regionalpartnerschaft wirkte hier weiter: Der Bezirk Mittelfranken und die Bayerische Staatskanzlei bezuschussten das Projekt mit je 15 000 €.[471]

Der finanzielle Beitrag der Bayerischen Staatskanzlei verweist auf ein weiteres Netzwerk, das sich in Oradour auswirkte: die Partnerschaft zwischen dem Freistaat Bayern und den französischen Regionen Languedoc-Roussillon, Midi-Pyrénées und Provence-Alpes, Côte d'Azur und Limousin. Die Schlüsselfigur war hier Pierre Wolff. Sohn eines Vaters aus dem Elsass und einer Mutter aus dem Burgund, geboren und aufgewachsen in Limoges, verheiratet mit einer Deutschen – das

---

[466] Vgl. Erzähl' mir von Oradour. Eine Fotoausstellung über die Gedenkstätte Oradour-sur-Glane/Frankreich, 11. Juni bis 31. August 2005, URL: http://www.museen.nuernberg.de/dokuzentrum/archiv/2005.html [18. 1. 2012].

[467] Vgl. Rede von Bürgermeister Körber zur Eröffnung der Fotoausstellung „Oradour-sur-Glane – Ruinen als Mahnmal" am 18. 10. 2005, Privatunterlagen Fritz Körber.

[468] Vgl. Begrüßung von Bürgermeister Körber zum Abend der Vorträge mit Bürgermeister Raymond Frugier und Robert Hébras aus dem Limousin am 21. 10. 2005 im Schwaiger Schloss, Privatunterlagen Fritz Körber.

[469] Vgl. Musik kontra Massaker, in: Pegnitz-Zeitung, 26.–28. 5. 2007, S. 11.

[470] Vgl. Andreas Sichelstiel, Europahymne Höhepunkt, in: Pegnitz-Zeitung (Lauf u. a.), 21. 5. 2007, S. 4. Körber hatte eine solche Partnerschaft angestrebt. Bei seinem Abschied aus dem Bürgermeisteramt 2006 meinte er, die Tatsache, dass es dazu nicht gekommen sei, habe ihn sehr geschmerzt und ihn fast am meisten beschäftigt. Die Gründe hierfür hätten jedoch auf Seiten seiner Gemeinde gelegen. Es gebe „in der Gemeinde immer noch einige Leute, die lieber in den Spiegel als durch eine Glasscheibe schauten" und so eine Partnerschaft verhindert hätten. Körber: Abschied in allen Ehren, in: Pegnitz-Zeitung vom 16. 5. 2006, URL: http://www.angelika-weikert.de/index.php?page_id=120&number=367 [23. 4. 2011].

[471] Vgl. „Wir müssen Oradour überwinden", in: Fränkische Landeszeitung, 8. 9. 2011; Une vie avec Oradour: Avant-première, URL: http://www.socialistes-limousin.fr/index.php/jean-paul-denanot/communiques-de-presse/262-une-vie-avec-oradour-avant-premiere [13. 12. 2011].

Thema Oradour, so Pierre Wolff, sei immer wieder in sein Wirkungs- und Seinsfeld als „Elsässer und Germanist in Limoges" gerückt.[472] Wolff, der zunächst Deutschlehrer in Frankreich war, absolvierte seinen französischen Wehrdienst in Bayern, und zwar in Form von Kulturarbeit im Französischen Kulturinstitut in München. Später arbeitete er als Lehrer für Französisch als Fremdsprache im Europäischen Patentamt und als Attaché beim französischen Generalkonsulat in München. In dieser Position war Wolff Mitinitiator des „Französischen Frühlings in Bayern" 1997, einer bayernweiten Veranstaltung, an der sich neben Partnerkommunen auch der Freistaat Bayern und seine vier Partnerregionen in Frankreich beteiligten.[473] Bereits 1993 hatte Wolff die *Montgelas-Gesellschaft zur Förderung der bayerisch-französischen Zusammenarbeit e. V.* gegründet, die maßgeblich an der Organisation des französischen Pendants zum „Französischen Frühling", dem „Rendez-vous avec la Bavière", im Jahr 2000 beteiligt war.[474] Im Rahmen dieser Veranstaltung kam es zum Besuch des bayerischen Staatsministers für Bundes- und Europaangelegenheiten, Reinhold Bocklet, in Oradour, und Pierre Wolff war nach eigenen Angaben maßgeblich an der Planung beteiligt.[475] Am 27. Mai 2000 wurde das Limousin als vierte französische Region in die Partnerschaft mit Bayern aufgenommen und das „Rendez-vous avec la Bavière" eröffnet.[476] Reinhold Bocklet war zu diesem Anlass in das Limousin gereist und Bürgermeister Frugier erfuhr zwei Tage vor dem geplanten Termin von der Absicht der Delegation um Bocklet, Oradour zu besuchen. Frugier erklärte sich bereit, die Delegation nicht nur in den Ruinen, sondern auch im Rathaus zu empfangen.[477]

Auch für den zweiten offiziellen Kontakt in diesem bayerisch-französischen Rahmen, Frugiers Besuch in München am 27. Januar 2003, zeichnete nach eigenen Angaben Wolff verantwortlich.[478] Unter anderem organisiert von der *Montgelas-Gesellschaft* unter Wolffs Vorsitz, hielt Raymond Frugier im Münchener Hauptstaatsarchiv einen Vortrag zum Thema „Oradour und die europäische Erinne-

---

[472] Interviews der Verfasserin mit Pierre Wolff, 29. und 30. 6. 2011, München.
[473] Vgl. α-Forum, Sendung vom 23. 9. 2008, Pierre Wolff, Vorsitzender der Montgelas-Gesellschaft im Gespräch mit Christoph Lindenmeyer, URL: http://www.br-online.de/content/cms/Universalseite/2008/09/22/cumulus/BR-online-Publikation--203894-20080922152059.pdf [18. 1. 2012], sowie Interviews der Verfasserin mit Pierre Wolff, 29. und 30. 6. 2011, München. Die Angaben zum „Französischen Frühling in Bayern" nach: URL: http://www.bayern-france.info/Untermenue/Themen/Ausstellung11/Exponat196.html [18. 1. 2012].
[474] Vgl. α-Forum, Sendung vom 23. 9. 2008, Pierre Wolff, Vorsitzender der Montgelas-Gesellschaft im Gespräch mit Christoph Lindenmeyer, URL: http://www.br-online.de/content/cms/Universalseite/2008/09/22/cumulus/BR-online-Publikation--203894-20080922152059.pdf [18. 1. 2012]. Ein kurzer Überblick über die Geschichte des Vereins, seine Aktivitäten und Rolle beim „Rendez-vous avec la Bavière" bei: Fischer, Beziehungen, S. 24, 27–29.
[475] Vgl. Interviews der Verfasserin mit Pierre Wolff, 29. und 30. 6. 2011, München.
[476] Vgl. Fischer, Beziehungen, S. 25, 28.
[477] Vgl. Interview der Verfasserin mit Raymond Frugier, 23. 7. 2011, Oradour-sur-Glane. Reinhold Bocklet wurde begleitet vom Regionalpräfekten Pierre Mutz und dem Präsidenten der Region Limousin, Robert Savy. Vgl. die Presseartikel in Montgelas-Gesellschaft, Oradour, S. 43, 50 f., sowie Meyer, Oradour-sur-Glane, S. 110 f.
[478] Vgl. Interviews der Verfasserin mit Pierre Wolff, 29. und 30. 6. 2011, München.

rungsarbeit". Anlass war eine „Bayerisch-französische Gedenkveranstaltung im Rahmen der interregionalen Kooperation zwischen dem Freistaat Bayern und der Region Limousin und anlässlich des 40-jährigen Jubiläums des Deutsch-Französischen Elysée-Vertrags". Zu den prominenten Gästen des Abends gehörten unter anderem Marie-Luise Schultze-Jahns, die Münchener Bürgermeisterin Gertraud Burkert sowie der Staatssekretär im Bayerischen Staatsministerium für Unterricht und Kultus, Karl Freller.[479]

Wenn Oradour auch noch immer keine Partnerschaft mit einer deutschen Stadt einging, so entstand parallel zu den Kontakten durch Wolffs Engagement doch erstmals ein formalisierter längerfristiger Austausch auf Schulebene. Seit 2000 unterstützte die *Montgelas-Gesellschaft* die Idee zweier französischer Lehrer, den Fremdsprachenunterricht via Videokonferenzen zwischen deutschen und französischen Partnerschulen zu fördern. Anerkannt und gefördert von dem Bayerischen Kultusministerium und der Bayerischen Staatskanzlei im Rahmen der Partnerschaft zwischen Bayern und den französischen Regionen erweiterte sich das Projekt *Prim'Net France-Bayern*, und Wolff warb in Oradour mit Erfolg für eine Beteiligung der dortigen Grundschule.[480] Seit 2003 tauschten sich die Schüler einer Klasse mit Schülern der Nürnberger Grundschule Schnieglinger Straße aus, zunächst traditionell per Post, schließlich wöchentlich via Internet-Chat. Auf diesem Weg kam es 60 Jahre nach dem Massaker zu einem ersten deutsch-französischen Schüleraustausch mit Oradour: Im Mai 2004 empfingen Familien in Oradour 22 deutsche Kinder, im Juni reisten die französischen Schüler nach Nürnberg.[481] Und selbst als die Förderung durch den Freistaat eingestellt wurde, blieb der Austausch zwischen den beiden Schulen in Oradour und Nürnberg weiter bestehen.[482]

Dass die Kontakte nach Deutschland in diesen Jahren den zivilgesellschaftlichen Bereich immer weiter durchdrangen, zeigt auch Wolffs nächste Intervention. 2009 feierte die Fußballmannschaft Oradours, die *Union Sportive Oradour-sur-Glane* (USO), den 60. Jahrestag ihres Beitritts zur *Fédération Française de Football*. Zu diesem Anlass wollte der Verein mit einem Spiel gegen eine deutsche Mannschaft ein symbolisches Zeichen setzen. Dass die deutsche Mannschaft aus Dachau kam, ging auf den Vorschlag Wolffs zurück, den Frugier kontaktiert hatte.[483] Bei

---

[479] Vgl. Montgelas-Gesellschaft, Oradour, Zitate S. 8, 16. Weitere Veranstalter waren demnach der Verein *Gegen Vergessen – Für die Demokratie*, der Bezirksausschuss Maxvorstadt der Landeshauptstadt München sowie der Generaldirektor der Staatlichen Archive, Prof. Rumschöttel.

[480] Zum Projekt vgl. Nicole Imbert-Buckenmaier/Régis Bracq, Das Projekt Prim'Net France-Bayern, URL: http://www.paris.diplo.de/contentblob/2164106/Daten/338288/Bracq_datei_2.pdf [18. 1. 2012]; zur Integration Oradours vgl. Interviews der Verfasserin mit Pierre Wolff, 29. und 30. 6. 2011, München.

[481] Vgl. Patrick Gorce, „A l'école de l'Europe", in: Oradour sur Glane, Bulletin municipal, Le Radounaud, Juni 2004, S. 14, ACO.

[482] Vgl. Interviews der Verfasserin mit Pierre Wolff, 29. und 30. 6. 2011, München.

[483] Vgl. Raymond Frugier, „Le mot du maire", sowie „20 Juin 2009 : L'U. S.O. fête ses 60 ans d'affiliation à la Fédération Française de Football", in: Oradour-sur-Glane, Le Radounaud, Bulletin Municipal, August 2009, S. 3 f., 16 f., ACO. Außerdem Interviews der Verfasserin mit Pierre Wolff, 29. und 30. 6. 2011, München.

den daraufhin am 20. Juni 2009 stattfindenden Feierlichkeiten überlagerten sich nun zwei Entwicklungsstränge: Zum einen reiste ein Fußballteam des Dachauer Effner-Gymnasiums nach Dachau, zum anderen hielt sich die Bundestagsvizepräsidentin für die CSU, Gerda Hasselfeldt, für mehrere Tage in Oradour auf. Ihr Besuch war Teil eines anderen, unabhängig von Wolff entstandenen Kontakts.

Gerda Hasselfeldt hatte das *village martyr* und das CMO bereits im September 2007 besucht. Als Bundestagsvizepräsidentin war sie die erste Bundespolitikerin überhaupt, die offiziell nach Oradour reiste. Mit ihrem Besuch folgte Hasselfeldt einer Einladung des CMO-Direktors Richard Jezierski. Sie besichtigte die Gedenkstätte und wurde bei ihrem Gang durch die Ruinen von Robert Hébras begleitet.[484] Am Anfang dieses bis dahin höchstrangigen deutschen Besuchs in Oradour stand mit Florian Förster ein Akteur der Zivilgesellschaft.[485] Förster arbeitete als Freiwilliger für die *Aktion Sühnezeichen Friedensdienste* im CMO und wurde in diesem Zusammenhang vom Deutschen Bundestag als Teilnehmer der Jugendbegegnung anlässlich des Gedenktages für die Opfer des Nationalsozialismus am 27. Januar eingeladen. Da Försters Wohnort im Wahlkreis der Bundestagsvizepräsidentin (Fürstenfeldbruck-Dachau)[486] lag, suchte Förster im Rahmen der Veranstaltung Kontakt zu Hasselfeldt. Als er später dank Hasselfeldts Engagement am Planspiel *Jugend und Parlament* des Bundestags teilnehmen konnte, berichtete er ihr von Oradour und regte ihren Besuch an. Sie selbst, so Hasselfeldt, habe Oradour vor dem Gespräch mit Förster nicht gekannt, und vielen ihrer Kollegen sei es ähnlich gegangen.[487] In Oradour traf Hasselfeldt neben dem Gedenkstättendirektor auch mit Bürgermeister Frugier zusammen,[488] und auf dieser Ebene vertieften sich die Kontakte in der Folge besonders.

Doch Hasselfeldt engagierte sich auch in Deutschland. Auf Ihre Initiative hin reisten die Teilnehmer der Jugendbegegnung des Deutschen Bundestags 2009 unter anderem nach Oradour.[489] Auch ihre Anregung einer verstärkten Kooperation unter den NS-Gedenkstätten Europas blieb nicht ohne Folgen. Die Bundestagsvizepräsidentin setzte sich dafür ein, dass auch Oradour an der internationalen Jugendbegegnung in Dachau teilnehmen konnte.[490]

---

[484] Vgl. Besuch in Gedenkstätte in Oradour. Bundesvizepräsidentin Gerda Hasselfeldt, MdB, als erste Bundespolitikerin im „Centre de la mémoire", URL: http://www.hasselfeldt.de/de/detail/aktuelles_2,737.html [15. 9. 2007]; Interview der Verfasserin mit Gerda Hasselfeldt, Juni 2008, Berlin.
[485] Hierzu und zum Folgenden: Interview der Verfasserin mit Gerda Hasselfeldt, Juni 2008, Berlin.
[486] Vgl. Bundestagsvizepräsidentin Hasselfeldt in Oradour, in: Dachauer SZ, 5. 9. 2007, S. 1. Hasselfeldt war seit 1990 direkt gewählte Abgeordnete ihres Wahlkreises, vgl. URL: http://www.hasselfeldt.de/de/main/im_wahlkreis_2.html [19. 5. 2011].
[487] Vgl. Interview der Verfasserin mit Gerda Hasselfeldt, Juni 2008, Berlin.
[488] Vgl. Interview der Verfasserin mit Gerda Hasselfeldt, Juni 2008, Berlin.
[489] Vgl. URL: http://www.hansjoerg-christmann.de/htm/pm2009Juni17.html [4. 5. 2011]. Hansjörg Christmann war bis 2014 Landrat in Dachau. Vgl. URL: http://www.bundestag.de/dokumente/datenhandbuch/07/07_18/index.html [4. 5. 2011].
[490] Vgl. URL: http://www.hansjoerg-christmann.de/htm/pm2009Juni17.html [4. 5. 2011].

Zwei Jahre nach ihrem ersten Kommen besuchte Gerda Hasselfeldt Oradour 2009 erneut und zeitgleich mit der Dachauer Fußballmannschaft. Begleitet wurde sie nicht nur, wie schon 2007, von Florian Förster, sondern auch vom Dachauer Oberbürgermeister Peter Bürgel und dem Leiter der *Stiftung Bayerische Gedenkstätten*, Karl Freller. Anders als bei ihrem ersten Besuch standen nun eine Kranzniederlegung, der Eintrag in das Goldene Buch der Stadt und offizielle Reden im Rathaus Oradours auf dem Programm.[491] Der Kontakt hatte sich damit vom CMO auf die Gemeindeebene verschoben. Der Besuch zeigt indes auch, was noch immer nicht möglich war: Die Homepage der Bundestagsvizepräsidentin sprach zwar von einer Reise „anlässlich des 65. Jahrestages des Massakers";[492] tatsächlich umfasste der Aufenthalt jedoch den Zeitraum vom 19. bis 22. Juni 2009 und die Kranzniederlegung fand am 20. Juni 2009 statt,[493] das heißt mehr als eine Woche nach dem 10. Juni 2009. Trotz Frugiers Politik der Öffnung und der offiziellen Kontakte war die Zeit für die Teilnahme einer deutschen Bundespolitikerin und Repräsentantin des bundesdeutschen Parlaments an den Gedenkfeierlichkeiten des Jahrestags auch 65 Jahre nach dem Massaker noch nicht gekommen.

Zwischen den beiden beschriebenen Entwicklungssträngen gab es ein verbindendes Glied, namentlich die Stadt Dachau, und hier bündelte sich der Austausch im Folgenden. Als Oradours Fußballmannschaft, begleitet von einer Delegation des Gemeinderats, einem Überlebenden und einem Hinterbliebenen des Massakers, 2010 nach Dachau reiste, wurden die Franzosen dort Bundestagsvizepräsidentin Gerda Hasselfeldt und Oberbürgermeister Peter Bürgel empfangen.[494] Dass Dachau nun im Zentrum des Austauschs stand, zeigte sich schließlich auch an Peter Bürgels offizieller Teilnahme an den Feierlichkeiten des Jahrestags am 10. Juni 2011. Dieses Moment ist darüber hinaus exemplarisch für die Durchdringung der Sphären im Annäherungsprozess zwischen Deutschen und Oradour: Nach der Veranstaltung verbrachten die beiden Amtskollegen Frugier und Bürgel privat einige gemeinsame Tage in der Region Bordeaux und an der Atlantikküste.[495]

Wer ist Oradour? Differenzierung, Konkurrenzen, Repräsentanz

In den Jahren um den Jahrtausendwechsel veränderte sich das Feld der mit den Beziehungen zu Deutschland befassten Akteure in Oradour tiefgreifend. Neben dem Wechsel im Bürgermeisteramt betrat mit der Gründung des CMO 1999 ein neuer „Spieler" das Feld, an der ANFM-Spitze kam es zu einem Generationen-

---

[491] Vgl. URL: http://www.hansjoerg-christmann.de/htm/pm2009Juni17.html [4. 5. 2011].
[492] URL: http://www.hasselfeldt.de/de/detail/aktuelles,1195.html [1. 7. 2009].
[493] Vgl. URL: http://www.hansjoerg-christmann.de/htm/pm2009Juni17.html [4. 5. 2011].
[494] Vgl. Marie-Anne Hollenz, „Die Zeichen stehen auf Versöhnung", in: Dachauer Nachrichten, 26. 5. 2010; Marie-Anne Hollenz, „Mehr als ein Federstrich", in: Dachauer Nachrichten, 25. 5. 1010.
[495] Vgl. E-Mail Benoît Sadry an die Verfasserin, 3. 6. 2011.

wechsel und der Überlebende des Massakers Robert Hébras agierte als bedeutender Verfechter von Frugiers Öffnungspolitik gegenüber Deutschland an der Seite des neuen Bürgermeisters. Dabei sind die einzelnen Akteure und Kollektive nicht strikt voneinander abzugrenzen: Ämterkumulationen, Kooperationen und Konkurrenzen verschiedener Akteure prägen seit dem Jahrtausendwechsel ein komplexes und wenig statisches Akteursfeld in Oradour. In der Frage, wie mit Kontakten nach Deutschland umzugehen sei, bestand nicht immer Einigkeit. Hatte sich Bürgermeister Lapuelle dahingehend – und wahrscheinlich im Einvernehmen mit der ANFM – nicht engagiert, agierten Frugier und das CMO unabhängiger. Vor dem Hintergrund der unterschiedlichen Auffassungen in Oradour und angesichts der mitunter verkürzten Sichtweise deutscher Akteure auf Oradour, ist der Frage nachzugehen, wer und aufgrund welcher Legitimität Oradour repräsentieren wollte und konnte.

Auf kommunaler Ebene war der Wechsel von Lapuelle zu Frugier 1995 mehr als die Übergabe des Staffelstabs zwischen zwei Politikern, die bereits 24 Jahre gemeinsam mit der Gemeindeverwaltung betraut gewesen waren.[496] Die beiden Männer unterschieden sich unter anderem in ihrem Bezug zu dem Massaker. Während Lapuelle von außerhalb nach Oradour gezogen und von dem Massaker nicht direkt betroffen war, ist Frugier ein „Kind Oradours": Er wurde im Ort geboren und die Familie wohnte 1944 in einem nur wenige hundert Meter vom Rathaus entfernten Weiler. Der Vater des damals Vierjährigen floh bei der Ankunft der Deutschen mit seiner Familie in den Wald, von wo aus die brennende Kirche zu sehen war. Frugier erlebte das Massaker – wenn auch nur am Rande – also selbst, er fühlt sich davon geprägt[497] und vereinte damit zwei Rollen: Zum einen trug er als gewählter Bürgermeister das Mandat, für die Gemeinde Oradour zu sprechen, zum anderen ist er selbst von dem Massaker betroffen und entwickelte eine persönliche individuelle Haltung zum Umgang mit der Vergangenheit. Als Bürgermeister hatte Frugier seine Deutschlandpolitik vor einer Gemeinde zu rechtfertigen, in der nur noch eine Minderheit von den Geschehnissen des 10. Juni 1944 betroffen war.[498] Da dieser Punkt nur einen Teil seiner Aufgaben umfasste, kann Frugiers mehrfache Wiederwahl nicht ohne Weiteres als Zustimmung der Gemeinde in diesem spezifischen Bereich gewertet werden. Abzuleiten ist daraus allerdings, dass Frugiers Haltung gegenüber Deutschland nicht in dem Maß auf Ablehnung stieß, dass sie zu seiner Abwahl führte. Unklar ist, ob ihm die Einwohner dabei aufgrund seiner Biographie ein moralisches Recht für sein Handeln zugestanden, zumal Frugier, der in dem Massaker kein Mitglied seiner Kernfamilie, sondern „nur" entfernte Verwandte verlor,[499] diesen persönlichen Bezug zu dem Massaker bei seinen Interventionen nicht zur Sprache brachte.

---

[496] Vgl. Interview der Verfasserin mit Raymond Frugier, 23. 7. 2011, Oradour-sur-Glane.
[497] Vgl. Interview der Verfasserin mit Raymond Frugier, 23. 7. 2011, Oradour-sur-Glane.
[498] Vgl. Kapitel II.1.
[499] Vgl. Interview der Verfasserin mit Raymond Frugier, 23. 7. 2011, Oradour-sur-Glane; E-Mail Benoît Sadry an die Verfasserin, 15. 6. 2011.

Besondere Bedeutung kommt in diesem Zusammenhang der Tatsache zu, dass mit Robert Hébras ein Überlebender des Massakers Frugiers Öffnungspolitik gegenüber Deutschland unterstützte. Im September 2011 schrieb die französische Tageszeitung *Libération* über Hébras, er sei seit etwa zwanzig Jahren „die Personifizierung Oradours" („l'incarnation d'Oradour"). Vorher hätten die Journalisten die einzige Überlebende der Kirche, Marguerite Rouffanche, besucht und Hébras habe mit der Zeit ihre Nachfolge angetreten.[500] Schon bevor im Oktober 2016 der zweite noch lebende Überlebende der Exekutionen in der Scheune Laudy, Jean-Marcel Darthout, verstarb, war nicht zu übersehen, dass Hébras oft und gerne interviewt wurde, wenn es galt, über Oradour zu berichten. Dazu trug sicherlich bei, dass Hébras die Öffentlichkeit nicht scheute, 1994 bereits vier der insgesamt sechs Personen verstorben waren, die das Massaker in der Scheune Laudy und in der Kirche überlebt hatten,[501] und Hébras seine Erinnerungen in Büchern und Filmen teilte.[502] Frugier und Hébras traten zunehmend gemeinsam auf, wenn es um Kontakte nach Deutschland ging und bildeten so eine Art Doppelspitze in Frugiers Deutschlandpolitik.[503] Dabei hinterließ – und hinterlässt bis heute – Hébras' freundliche und offene Art bei vielen Deutschen einen nachhaltigen Eindruck, etwa bei der ehemaligen Bundestagsvizepräsidentin Gerda Hasselfeldt.[504] Fraglich ist indessen, ob der Kontakt mit Hébras repräsentativ für Oradour war und ein Verständnis der Komplexität der Akteure vor Ort und deren divergierende Einstellungen vermittelte. Diese Frage gewinnt an Virulenz, berücksichtigt man Hinweise darauf, dass in Oradour eine Hierarchie bestimmter Opfergruppen existierte, die Konflikte generierte,[505] und vor allem Hébras' Beziehung zum Hinterbliebenenverband. 1988 zum ANFM-Vorsitzenden gewählt, musste Hébras diesen

---

[500] Didier Arnaud, Oradour-sur-Glane. Profession rescapé, 29. 9. 2011, URL: http://www.liberation.fr/societe/01012362613-oradour-sur-glane-profession-rescape [19. 1. 2012].

[501] Clément Broussaudier (1971), Marguerite Rouffanche (1988), Yvon Roby (1992), Mathieu Borie (1994). Vgl. Desourteaux/Hébras, Oradour, S. 161. Wie bereits erwähnt, ist bislang nicht erforscht, seit wann und warum zahlreiche Presse- und Medienberichte über Oradour die sogenannten *survivants* kaum oder gar nicht berücksichtigten und sich auf die noch lebenden sogenannten *rescapés* fokussierten.

[502] Vgl. u. a. Hébras, Comprendre; Desourteaux/Hébras, Oradour; Rosh/Schwarberg, Bewältigung (Dokumentarfilm).

[503] 2005 reisten die beiden auf Einladung Körbers gemeinsam nach Schwaig; 2006 führte Hébras die von Frugier empfangene Gruppe der Deutschen Bundeswehr durch die Ruinen Oradours. Gemeinsam setzten sich Hébras und Frugier für das Konzert des Schwaiger Chors ein und Hébras begleitete Frugier 2010 nach Dachau. Vgl. Wolfgang Eckardt (verantw.), Erfahrungsbericht zur 4. Truppenwehrübung des Pionierbrückenbataillon 704 (GerEinh) vom 3. 9.–9. 9. 2006 in Frankreich mit offiziellem Besuch der Gedenkstätte „Centre de la mémoire d'Oradour", Privatunterlagen Wolfgang Eckardt.

[504] Vgl. Interview der Verfasserin mit Gerda Hasselfeldt, Juni 2008, Berlin. Eine Auswahl weiterer, ähnlicher Beispiele: Eckardt an Frugier, 10. 10. 1997, Privatunterlagen Wolfgang Eckardt; Thilo Pohle, „Und sie wussten, was sie tun." Eine Dokumentation der Dokumentarfilmgruppe Rothenburg mit Robert Hébras, in: Bezirksjugendring, Pädagogik, S. 27; Rudi Groh, Souviens toi – Geschichte erleben. Nürnberger Schüler beggnen dem SS-Massaker von Oradour-sur-Glane 1944, in: ebenda, S. 24 f.

[505] Vgl. Kapitel I.

Posten 1993 räumen. Zwei Konfliktpunkte waren hier wohl ausschlaggebend: die Tatsache, dass Hébras ein Buch mit seinen persönlichen Erlebnissen des 10. Juni 1944 publizierte, und dass er bereit war, auch vor deutschen Schulklassen zu sprechen.[506]

Während mit Raymond Frugier ein Mann der Erlebnisgeneration an die Spitze der Gemeinde rückte und ein Überlebender des Massakers seine Politik unterstützte, kam es in der ANFM zu einer entgegengesetzten Entwicklung. Nach der siebenjährigen Amtszeit Jean-Marcel Darthouts an der Verbandsspitze folgte mit Claude Milord im Jahr 2000 der erste nach dem Krieg geborene Vorsitzende, der damit nur indirekt von dem Massaker betroffen war.[507] Der Generationenwechsel ging über die Leitungsebene hinaus. Bis zum Jahrtausendwechsel galten klare Vorgaben, um Mitglied in der ANFM werden zu können, etwa hinsichtlich des Verwandtschaftsgrads.[508] 2001 wichen die konkreten Vorgaben der Formulierung, aktive Vereinsmitglieder müssten „den Märtyrerfamilien des Dramas angehören". Diese Öffnung ging jedoch mit einer Restriktion auf anderer Ebene einher: Um aktives Mitglied zu werden, war es seither auch notwendig, regelmäßig an der Arbeit des Vereins teilzunehmen und sich für die Realisierung seiner Ziele einzusetzen. Personen, „die sich für die Arbeit des Vereins interessieren und punktuell zu deren Realisierung beitragen", fielen hingegen in die neu geschaffene Kategorie der „assoziierten Mitglieder". Diese konnten nicht in den Vorstand (*conseil d'administration*) gewählt werden, der unter seinen 24 Mitgliedern wiederum den Vorsitzenden des Vereins, den Geschäftsführer, den Kassenwart und deren Stellvertreter, kurz: das *bureau*, bestimmte.[509] Während die Aufnahmebedingungen also gelockert wurden, bestand das neue Nadelöhr in den Bedingungen für den Zugang zu den Leitungspositionen.

Zu diesen Änderungen im Hinterbliebenenverband kamen weitere Öffnungen. Mehr Transparenz in der Verbandspolitik entstand durch die Herausgabe einer Vereinszeitschrift und öffentliche Stellungnahmen des Vorsitzenden. Darüber hinaus nahmen ANFM-Vertreter nun vermehrt an Gedenkveranstaltungen anderer Orte teil.[510] Auch eine Öffnung nach Deutschland wurde in der ANFM thematisiert, wie ihr Vorsitzender 2002 in einem Interview verdeutlichte. Der Verband müsse sich „mehr denn je seiner Verantwortung stellen, seine Präsenz behaupten und seine Rolle" in mehrerlei Hinsicht erfüllen, unter anderem „bei den Beziehungen und dem Austausch mit deutschen Verbänden im Namen der Erinnerung und Oradours."[511]

---

[506] Vgl. Meyer, Wandel, S. 329.
[507] Vgl. Meyer, Wandel, S. 326.
[508] Vgl. Kapitel II.2, Abschnitt „Vom Leben im *village provisoire* bis zur Fertigstellung des neuen Oradour: 1945–1953". Als die Vereinsstatuten 1988 erneuert wurden, änderte sich an den Bedingungen nichts Wesentliches. Vgl. ANFM, Status. Revus et corrigés après la réunion de bureau du 20 janvier 1945, 11. 3. 1945, Privatunterlagen Benoît Sadry.
[509] Es geht aus den Statuten nicht explizit hervor, ob auch die „assoziierten Mitglieder" aus einer Familie der Opfer stammen mussten. ANFM, Statuts, 29. 5. 2001, ACMO, 5 FP 1.
[510] Vgl. Meyer, Wandel, S. 326–329, hier S. 326 f.
[511] Zitiert nach Meyer, Wandel, S. 387 f.

Die ANFM spüre, so Milord ein Jahr später, „allenthalben um [sich] herum den Willen zur Öffnung". Der Verband dürfe nicht „am Wegrand zurückbleiben: sonst drohen wir allmählich vergessen zu werden, und die Märtyrer ebenso."[512] Entsprechend fragte der Vorsitzende im Verbandsbulletin die Mitglieder, ob es nicht an der Zeit sei, „einen Willen zur vorsichtigen Öffnung deutlich zu machen, damit die Botschaft von Oradour nie vergessen, sondern umso stärker weitergetragen und wachgehalten" werde.[513] Der Generationenwechsel an der Spitze und die proklamierte Öffnung des Vereins gegenüber Deutschland fügten sich allerdings weit weniger gut mit der neuen Politik Frugiers zusammen, als die formalen Änderungen und die Stellungnahmen Milords vermuten lassen. Im Gegenteil: Gerade im Vergleich mit Frugiers Politik werden die Grenzen einer Öffnung des Vereins nach Deutschland deutlich.

Zunächst blieb Frugiers Engagement gänzlich ohne Rückendeckung durch die ANFM. Weder beim Empfang des Bad-Windsheimer Bürgermeisters 1997 noch bei der Messe mit der deutschen Gruppe der „Versöhnungswege" 2001 noch beim Besuch der deutschen Generalkonsulin 2003 waren Vertreter der ANFM anwesend. Besonders am Besuch Reinhold Bocklets im Jahr 2000, an dem ebenfalls kein Vertreter der ANFM teilnahm, zeigt sich, in welch engen Grenzen Frugiers neue Politik zunächst stattfand. Frugier, der erst zwei Tage vor dem Besuch von dem Plan der deutschen Delegation erfuhr, Oradour zu besuchen, entschied sich für einem offiziellen Empfang, informierte seine Gemeinderäte und bat um deren Anwesenheit.[514] Claude Milord, ANFM-Vorsitzender, war seinerzeit auch stellvertretender Bürgermeister Oradours.[515] Tatsächlich blieb Frugier bei dem Empfang allein, was auch den zahlreich erschienenen Pressevertretern nicht entging, sodass in Le Monde von einem „klammheimlichen Besuch" die Rede war.[516] Trotz des offiziellen Empfangs im Rathaus erinnert der Besuch somit ein wenig an die deutschen Gruppen der Pax Christi, die sich in ihren Predigten an die Bewohner Oradours wandten, ohne dass diese anwesend waren. Bocklets Ansprache und seine Bitte an „die Opfer, die Überlebenden, die Hinterbliebenen um Vergebung"[517] erreichten die Adressaten, von Frugier abgesehen, deshalb höchstens über die Presse. Dabei war es eine sehr persönliche, höchst emotionale Rede, die Bocklet im Rathaus Oradours hielt, eine Ansprache, so Gerd Kröncke für die Süddeutsche Zeitung, „deren Wirkung sich die Gastgeber auch deshalb nicht entziehen konnten,

---

512 „Il faut poursuivre", in: ANFM, Bulletin d'information, Januar 2003, S. 11, ACMO, 5 FP 6.
513 Claude Milord, „Le mot du président", in: ANFM, Bulletin d'information, Januar 2003, S. 1, ACMO, 5 FP 6.
514 Vgl. Interview der Verfasserin mit Raymond Frugier, 23. 7. 2011, Oradour-sur-Glane.
515 Vgl. Meyer, Wandel, S. 340 (Anm. 1453).
516 Lucas Delattre, A Oradour, dernière étape de la réconciliation franco-allemande, in: Le Monde, 30. 5. 2000, abgedruckt in: Montgelas-Gesellschaft, Oradour, S. 51. Interview der Verfasserin mit Raymond Frugier, 23. 7. 2011, Oradour-sur-Glane.
517 Rede des Bayerischen Staatsministers für Bundes- und Europaangelegenheiten, Reinhold Bocklet, beim Besuch im Rathaus von Oradour-sur-Glane, 28. 5. 2000, in: Montgelas-Gesellschaft, Oradour, S. 6 f., Zitat S. 7.

2. Deutsche in Oradour: Erinnerungskulturelles Engagement und seine Grenzen 575

weil man dem Deutschen die Schwierigkeiten mit der Sprache anmerkte."[518] Der bayerische Minister sprach offen von seinen Empfindungen, von Betroffenheit, Scham, Trauer und einer „innere[n] Erschütterung, aus der es kein Entrinnen" gäbe. Auch sein Gedenken war sehr persönlicher und umfassender Art: „Ich gedenke der Toten, der vielen unschuldigen Kinder, der Frauen und Männer, die hier in Oradour-sur-Glane von Deutschen auf grausamste Weise ermordet wurden. Ich denke an den Schmerz der Hinterbliebenen, der Freunde und der Bekannten der Opfer. Ich denke in dieser Stunde auch an die Träume, Pläne, Erwartungen und Hoffnungen, an die Liebe und Lebensfreude, die hier an jenem 10. Juni 1944 vernichtet wurden." Bocklet brachte darüber hinaus einen Aspekt zur Sprache, der an Alfons Erbs Haltung Ende der 1940er Jahre erinnert,[519] nämlich die Bedeutung der Einladung und der deutsch-französischen Freundschaft vor dem Hintergrund des in Oradour verübten Verbrechens:

„Und schließlich möchte ich Ihnen danken. Danken dafür, dass Sie mich hierher begleitet haben. […] Ich glaube, jeder Deutsche, der einmal in Oradour-sur-Glane gewesen ist, der diese Ruinen durchschritten hat, dem wird bewusst, welch kostbares Gut, welchen unermesslichen Schatz die deutsch-französische Aussöhnung und die deutsch-französische Freundschaft darstellen. Dem wird auch klar, welche Kraft es Frankreich gekostet haben muss, nicht in Verachtung und Abscheu zu verharren, sondern die Hand zur Versöhnung zu reichen. Ich glaube, über den Gräbern von Oradour-sur-Glane zeigt sich die wahre Größe Frankreichs, die Herzensgröße der Franzosen."[520]

Wie allein Frugier mit seinem Vorpreschen war, zeigt sich auch an der schwierigen Woche, die auf den Empfang folgte und an deren Ende er im Gemeinderat sogar seinen Rücktritt anbot.[521] Darüber hinaus trat ein wohlbekanntes Phänomen erneut zutage: Der von Bocklet niedergelegte Kranz verschwand bereits in der Nacht nach dem Empfang.[522]

Ein tatsächliches Einschwenken der ANFM auf Frugiers Deutschlandpolitik ist erst für das Jahr 2004 nachzuweisen: Der Hinterbliebenenverband unterstützte den Schüleraustausch zwischen Oradour und Nürnberg finanziell und nahm am Empfang der deutschen Schüler teil.[523] Darüber hinaus befürwortete der ANFM-Vorsitzende wohl die Beteiligung Deutscher an den Gedenkfeierlichkeiten zum 60. Jahrestag des Massakers.[524] Von diesem Zeitpunkt an zeigt sich regelmäßig eine Unterstützung von Frugiers Politik seitens der ANFM, allerdings mit drei

---

[518] Gerd Kröncke, Stille in Oradour-sur-Glane, in: Süddeutsche Zeitung, 29. 5. 2000, in: Montgelas-Gesellschaft, Oradour, S. 50.
[519] Vgl. Kapitel VI.2.1, dort Abschnitt „Der Aufruf des *benjamin* 1947".
[520] Rede des Bayerischen Staatsministers für Bundes- und Europaangelegenheiten, Reinhold Bocklet, beim Besuch im Rathaus von Oradour-sur-Glane, 28. 5. 2000, in: Montgelas-Gesellschaft, Oradour, S. 6 f.
[521] Vgl. Interview der Verfasserin mit Raymond Frugier, 23. 7. 2011, Oradour-sur-Glane.
[522] Vgl. Interviews der Verfasserin mit Pierre Wolff, 29. und 30. 6. 2011, München.
[523] Vgl. Patrick Gorce, „A l'école de l'Europe", in: Oradour sur Glane, Bulletin municipal, Le Radounaud, Juni 2004, S. 14, ACO.
[524] Vgl. Beatrice Jérôme, Les élus alsaciens participeront aux cérémonies, in: Le Monde, 8. 6. 2004.

Einschränkungen: Erstens ist eine Haltung der passiven Unterstützung zu konstatieren, die der Verband bereits gegenüber Lapuelles Öffnungpolitik einnahm. So war der Verbandspräsident zwar bei mehreren Empfängen deutscher Delegationen oder Gruppen zugegen,[525] initiierte solche Kontakte aber nicht. Zweitens beschränkte sich die Teilnahme auf Veranstaltungen in Oradour. Weder begleiteten Repräsentanten der ANFM Hébras' und Frugiers Reise nach Schwaig (2005) noch die umfangreiche Delegation nach Dachau (2010). Schließlich ist drittens festzustellen, dass nicht alle Vereinsmitglieder die Haltung ihres Vorsitzenden *in puncto* Kontakte nach Deutschland teilten und regelmäßig Kritik aus den Reihen des Hinterbliebenenverbands zu vernehmen war.

Da das Massaker und seine Folgen – anders als in der Gemeindearbeit – im Mittelpunkt der ANFM stehen, der *raison d'être* des Vereins sind und seine Mitglieder – zumindest indirekt – persönlich von dem Massaker betroffen sind, ließe sich argumentieren, dass dem Hinterbliebenenverband das moralische Recht zukomme, Zeitpunkt, Ausmaß und Tempo der Kontakte nach Deutschland zu bestimmen, wie dies wohl der *modus vivendi* unter Bürgermeister Lapuelle war. Die Entwicklungen vor Ort seit der Jahrtausendwende deuten hingegen auf eine Schwächung des Vereins und seiner Legitimität in diesem Punkt hin. Dafür dürfte die Biographie des neuen Bürgermeisters Frugier, die zunehmende Unterstützung seiner Öffnungspolitik durch Robert Hébras und schließlich die veränderte Zusammensetzung der ANFM beigetragen haben: Während immer mehr Zeitzeugen verstarben und sich der Verband auch weiter entfernten Verwandten der Opfer öffnete, dürfte sich die Ansicht verstärkt haben, dass mit Männern wie Raymond Frugier und Robert Hébras die moralischen Instanzen, was den Umgang mit dem Massaker anbelangt, außerhalb des Verbands zu suchen waren.

Zu dieser Verschiebung trug möglicherweise auch bei, dass es seitens der ANFM trotz einer gewissen Öffnung an Klarheit und Transparenz mangelnde, was die Haltung gegenüber Deutschland anbelangt. Während Bürgermeister Frugier und Robert Hébras wiederholt darlegten, was sie zu ihrer Politik motivierte, blieben Äußerungen aus dem Hinterbliebenenverband sporadisch und vage.

Notwendigkeit oder Unmöglichkeit einer Öffnung nach Deutschland: Argumente und Grenzen

Bürgermeister Frugier nahm in Reden, Interviews und im lokalen Gemeindeblatt Stellung zu seiner Politik gegenüber Deutschland.[526] Dabei versicherte er wieder-

---

[525] Dies gilt etwa für das Konzert der Schwaiger Chorgemeinschaft und den offiziellen Empfang Gerda Hasselfeldts 2009.
[526] Den folgenden Ergebnissen liegen zugrunde: Gerd Kröncke, Stille in Oradour-sur-Glane, in: Süddeutsche Zeitung, 29. 5. 2000, in: Montgelas-Gesellschaft, Oradour, S. 50; Rede des 1. Bürgermeisters von Oradour-sur-Glane Raymond Frugier, anlässlich des offiziellen Besuchs einer Delegation der Bayerischen Staatsregierung am 28. 5. 2000 im Martyriumsdorf unter der Führung von Herrn Reinhold Bocklet, Bayerischer Staatsminister für Bundes- und Europaangelegenheiten, in: Montgelas-Gesellschaft, Oradour, S. 4 f.; Johannes Wetzel, Ein

holt, Oradour dürfe nicht vergessen werden und werde nicht vergessen. Diese Zusicherung ist im Zusammenhang mit Frugiers Erklärung zu sehen, Versöhnung bedeute nicht Vergessen, und auch als Antwort zu deuten auf eine entsprechende Sorge mancher Überlebenden und Hinterbliebenen.[527] Doch Frugier wollte die Erinnerung an das Massaker nicht mit einer Abschottung Oradours von der Außenwelt verbunden sehen. Es reiche nicht, so argumentierte Frugier wiederholt, bei einem „Nie wieder" zu bleiben, sondern jeder Einzelne müsse sich dafür einsetzen, dass Verbrechen wie jenes in Oradour nicht wieder geschehen könnten. Dass hierfür Kontakte nach Deutschland nötig seien, begründet er unterschiedlich: Die junge Generation solle nicht immer weiter unter den Fehlern ihrer Eltern leiden müssen; es gebe Gesten, die schlicht gemacht werden müssten; man müsse beginnen, schmerzhafte Kapitel abzuschließen. Mit zunehmenden Kontakten nach Deutschland betonte Frugier den Wert des Austauschs: Es gäbe „keinen anderen Weg als den der Freundschaft, damit der altüberlieferte Hass zwischen den Ländern, die einander jahrhundertelang bekriegt haben, endet und endlich ein geeintes und brüderliches Europa entsteht".[528] Die Treffen, so Frugier an anderer Stelle, würden helfen, sich gegenseitig besser zu verstehen. Jede Geste, die die Rivalität zwischen Deutschland und Frankreich beende, so band er seine Politik an die Opfer des Massakers zurück, sei „eine Hommage an all die Menschen, die grundlos ihr Leben ließen".[529]

Frugier führte darüber hinaus immer wieder an, die Stimmen der *lieux de mémoire* seien lauter als die Stimmen anderer Orte und müssten sich deshalb erheben. Bemerkenswert ist in diesem Zusammenhang, dass Frugier Dachau allein als Ort der Opfer deutete und somit in gewisser Weise die Politik seines Amtsvorgängers Lapuelle fortführte, der Oradour hin zu anderen *villages martyrs* geöffnet hatte. Dass Dachau neben seiner Bedeutung als Ort des Leidens unter den Nationalsozialisten im dortigen Konzentrationslager vor allem auch ein Ort der Täter, Mitläufer und Profiteure war,[530] blendete Frugier aus: „Oradour und Dachau verkörpern das

---

Tag im Juni, 9. 6. 2001, URL: http://www.berlinonline.de/berliner-zeitung/archiv/.bin/dump.fcgi/2001/0609/magazin/0340/index.html [3. 5. 2011]; Andreas Sichelstiel, Europahymne Höhepunkt, in: Pegnitz-Zeitung (Lauf u. a.), 21. 5. 2007, S. 4; Caroline, Ischinger, Was bedeutet ihr Besuch in Dachau?, in: Dachauer SZ, 25. 5. 2010; Zu gemeinsamer Zukunft aus Orten des Leidens aufrufen, in: Kurier-Dachau, 28. 5. 2010, URL: https://www.kurier-dachau.de/nachrichten/dachau/Zu+gemeinsamer+Zukunft+aus+Orten+des+Leidens+aufrufen,7325.html [19. 1. 2022]; R[aymond] Frugier, „Le mot du maire", in: Oradour sur Glane, Bulletin municipal, Le Radounaud, Dezember 2005, S. 3–5, ACO; R[aymond] Frugier, „Le mot du maire", in: Oradour-sur-Glane, Le Radounaud, Bulletin Municipal, August 2009, S. 3 f., ebenda; „Visite à Dachau", in: Oradour-sur-Glane, Le Radounaud, Bulletin Municipal, August 2010, S. 13, ebenda.

[527] Diese Angst wurde bei einer Diskussionsrunde anlässlich des 60. Jahrestags des Massakers deutlich, auf die weiter unten noch eingegangen wird. Vgl. Tulle et Oradour, Table ronde, France 3 Limousin, 2004, ACMO, V4.5.2/03.
[528] R[aymond] Frugier, „Le mot du maire", in: Oradour sur Glane, Bulletin municipal, Le Radounaud, Dezember 2005, S. 3–5, Zitat S. 4, ACO.
[529] Interview der Verfasserin mit Raymond Frugier, 23. 7. 2011, Oradour-sur-Glane.
[530] Vgl. Steinbacher, Dachau; Comité Internationale de Dachau, Konzentrationslager.

menschliche Leid. Wir waren die einen wie die anderen Opfer der furchtbaren Ideologie des Nazismus."[531] Am 10. Juni 2011 sprach Frugier mit Blick auf die Anwesenheit des Dachauer Bürgermeisters bei den Gedenkfeierlichkeiten von Kooperation und von der „gemeinsamen Trauer", die ermögliche, in die Zukunft zu vertrauen.[532] Er nannte damit zentrale Begriffe die Versöhnungsprozessen zugeschrieben werden,[533] doch da er Dachau ausschließlich als Ort der Opfer interpretierte, kam dies einer symbolischen Versöhnung zwischen Opfern gleich, nicht zwischen Opfern und Tätern. Ein weiterer Punkt in Frugiers Stellungnahmen verdient Beachtung: Sie zeigen, dass Frugier die Beziehungen nach Deutschland nicht ganz so schnell vorantrieb, wie die Aneinanderreihung der stattgefundenen Premieren es erscheinen lässt. Wiederholt verwies Frugier auf die in Oradour noch immer vorhandenen schmerzhaften Gefühle und darauf, dass die Bevölkerung ein langsames Vorgehen wünsche. Dies waren nicht bloße Worte, denn als Frugier bereits ein Jahr nach Bocklets Empfang zu einem Gegenbesuch in München eingeladen wurde, ließ er drei Jahre ins Land ziehen, bis er der Einladung folgte. Auch als sich im Rahmen von Bocklets Besuch die Möglichkeit eines deutschen Besuchs auf Bundesebene eröffnete, wies Frugier dies als verfrüht zurück.[534]

Was den Hinterbliebenenverband anbelangt, so erscheinen Verhalten und Äußerungen zu Kontakten nach Deutschland auf den ersten Blick verwirrend und widersprüchlich.[535] Bei genauerer Betrachtung lassen sich jedoch einige wichtige und schlüssige Haltungen herausarbeiten. Die Äußerungen seitens der ANFM anlässlich Bocklets Besuch in Oradour 2000 zeigen, dass es dem Verband – anders als Bürgermeister Frugier – nach wie vor um eine Trennung zwischen offiziellen und inoffiziellen Kontakten ging. So berichtete *Le Monde*:

„Der in Oradour sehr einflussreiche Hinterbliebenenverband befürwortet diese Gesten der Öffnung nicht. Gewiss kommen jedes Jahr viele deutsche Besucher nach Oradour, aber das sind anonyme Personen, oft junge Menschen. Hier betont man, dass Deutschland bisher noch keine Entschuldigung für das Massaker formuliert hat, und dieses Schweigen wird nicht gut aufgenommen."[536]

Angesichts der Tatsache, dass der Hinterbliebenenverband die bislang ausgebliebene offizielle Entschuldigung für das Verbrechen ins Feld führte und diese weiter ausblieb, nimmt es nicht wunder, dass Claude Milord 2001 gegenüber der *Berliner Zeitung* erklärte, die Zeit sei „noch nicht reif, einen Repräsentanten der Bundesregierung zu empfangen".[537] Neben der Unterscheidung zwischen offiziellen und

---

531 R[aymond] Frugier, „Le mot du maire", in: Oradour-sur-Glane, Le Radounaud, Bulletin Municipal, August 2011, S. 3 f., Zitat S. 3, Privatunterlagen Benoît Sadry.
532 R[aymond] Frugier, „Le mot du maire", in: Oradour-sur-Glane, Le Radounaud, Bulletin Municipal, August 2011, S. 3 f., Zitat S. 4, Privatunterlagen Benoît Sadry.
533 Vgl. Strassner, Versöhnung.
534 Vgl. Interviews der Verfasserin mit Pierre Wolff, 29. und 30. 6. 2011, München.
535 Vgl. Meyer, Wandel, S. 388–390.
536 Lucas Delattre, A Oradour, dernière étape de la réconciliation franco-allemande, in: Le Monde, 30. 5. 2000, abgedruckt in: Montgelas-Gesellschaft, Oradour, S. 51.
537 Johannes Wetzel, Ein Tag im Juni, 9. 6. 2001, URL: http://www.berlinonline.de/berliner-zeitung/archiv/.bin/dump.fcgi/2001/0609/magazin/0340/index.html [3. 5. 2011].

2. Deutsche in Oradour: Erinnerungskulturelles Engagement und seine Grenzen 579

inoffiziellen Kontakten deutet sich im zitierten Auszug aus *Le Monde* eine zweite, noch aus der Zeit Lapuelles bekannte Trennlinie beim Umgang mit Deutschen an: die Generationenfrage. Als Milord 2003 in der Presse die Notwendigkeit der Öffnung des Vereins betonte, hob er entsprechend eine Möglichkeit hervor: „Zweifelsohne sollte man zunächst den Jugendaustausch fördern. Junge Menschen können nichts für den Krieg, sie sind über jeden Verdacht erhaben."[538] Tatsächlich setzte die ANFM diese Öffnung um, indem sie ein Jahr später den Schüleraustausch mit Nürnberg unterstützte.

Darüber hinaus sprach sich der ANFM-Vorsitzende wohl für die Beteiligung Deutscher an den Gedenkfeierlichkeiten des 60. Jahrestags des Massakers aus, wobei die Zusammensetzung der anwesenden Gruppe bemerkenswert ist. Bürgermeister Frugier kündigte im *Bulletin Municipal* die Anwesenheit einer multinationalen Jugendgruppe an, die im CMO zu einem Seminar zusammenkam, darunter auch deutsche Teilnehmer.[539] Darüber hinaus war eine weitere deutsche Delegation anwesend, der neben Jugendlichen auch ehemalige deutsche Kämpfer in der französischen *Résistance* angehörten. Durch ihr Alter und ihr Engagement während des Kriegs waren die Gäste folglich so weit als möglich von den für das Massaker verantwortlichen Tätern entfernt.[540] Die Schleife des von deutschen Jugendlichen und Mitgliedern des *Verbands Deutscher in der Résistance, in den Streitkräften der Antihitlerkoalition und der Bewegung „Freies Deutschland"* (DRAFD) niedergelegten Kranzes war auch nicht in den Farben der Bundesrepublik gehalten, sondern weiß mit goldenem Saum und goldener Aufschrift.[541] Sowohl die DRAFD als auch Gerhard Leo – Gründungsmitglied des Verbands –[542] standen bereits vor dem 60. Jah-

---

[538] „Il faut poursuivre", in: ANFM, Bulletin d'information, Januar 2003, S. 11, ACMO, 5 FP 6. Im Interview ging es bei der Frage der Öffnung des Vereins um das Elsass und Deutschland. Es ist im Einzelnen nicht klar, ob Milord durchgehend von beiden sprach. So antwortete er auf die Frage, wie sich eine Öffnung des Vereins konkret darstellen könne: „Ich denke natürlich an die Annäherung mit dem Elsass aber auch mit Deutschland. Mit Letzterem haben wir seit dem Krieg keinen oder fast keinen Kontakt. Nächstes Jahr jährt sich das Massaker zum sechzigsten Mal. Vielleicht sollte man diese Gelegenheit ergreifen? Zweifelsohne sollte man zunächst den Jugendaustausch fördern. Junge Menschen können nichts für den Krieg, sie sind über jeden Verdacht erhaben."

[539] Vgl. Raymond Frugier, „La cérémonies [sic] du 10 juin 2004", in: Oradour sur Glane, Bulletin municipal, Le Radounaud, Juni 2004, S. 5, ACO.

[540] Unter den Gästen war der am 8. 6. 1923 in Berlin geborene Gerhard Leo. Nachdem sein Vater bereits 1933 mehrere Monate im Konzentrationslager Oranienburg festgehalten wurde, suchte die Familie in Frankreich Zuflucht. Gerhard Leo floh 1940 von Paris in die unbesetzte Zone, schloss sich 1942 der deutschen, in die *Résistance* integrierten Widerstandsgruppe *Travail Allemand* an, wurde 1944 von der Feldgendarmerie verhaftet, konnte jedoch befreit werden und kämpfte bis zur *Libération* bei den *Forces françaises de l'Intérieur*. 1954 siedelte Leo von der Bundesrepublik in die DDR über und war von 1973 bis 1984 Korrespondent des *Neuen Deutschlands* in Paris. Am 26. 1. 2004 wurde er von Jacques Chirac zum Ritter der Ehrenlegion ernannt. Vgl. URL: http://www.drafd.de/htdocs/start22.html [30. 12. 2005]. Zu Leo auch dessen Autobiographie: Leo, Frühzug.

[541] Vgl. Deutsche auf dem Weg nach Oradour, Auswahl aus einer Ausstellung von Alexandra C. Schmidt, URL: http://www.authentic-beauties.de/pdf/Oradour_Broschuere.pdf [23. 11. 2010].

[542] Vgl. Peter Rau, Für die Partisanen war er „Le Rescapé", URL: http://drafd.org/?DrafdInfo200 910_Rescape [23. 4. 2011].

restag in Kontakt mit Oradour, konkret: mit dem CMO. Auf Anregung der DRAFD reiste 1999 eine Gruppe junger Deutscher nach Oradour, wo sich die Schüler im CMO über das Massaker informierten, durch die Ruinen gingen und auf dem Friedhof ein Blumengebinde niederlegten.[543] Als das CMO im Herbst 2002 eine Ausstellung zum Thema „Ausländer in der französischen Résistance" zeigte, war Gerhard Leo als Zeitzeuge eingeladen.[544] Zwei Jahre später gab der Berliner *trafo verlag* das „Tagebuch der Denise Bardet" heraus, das Gerhard Leo ins Deutsche übersetzt und mit einem Nachwort versehen hatte.[545] Die Teilnahme der Delegation, der auch Leo angehörte, an der Gedenkveranstaltung im Jahr 2004 zeigt schließlich auch ein multiplikatorisches Moment: Aus der Reise nach Frankreich entstanden zwei Ausstellungen, von der eine 2005 in der Berliner Mediengalerie gezeigt wurde.[546] Zurück zur ANFM: Der Verbandsvorsitzende hatte folglich die Anwesenheit deutscher Gruppen der Zivilgesellschaft befürwortet, die überwiegend aus Jugendlichen bestanden. Wie wichtig dieser Unterschied zur politischen Ebene war, zeigen Milords Reaktionen auf die nur wenige Tage vor dem 10. Juni 2004 gehaltene Rede Gerhard Schröders in der Normandie, in der der deutsche Kanzler auch der Opfer Oradours gedachte. Milord stufte die Rede als wichtig ein, als „ein Art offizielle Anerkennung". Aber, so der ANFM-Vorsitzende, „wir sind nicht bereit, eine offizielle deutsche Delegation an der Zeremonie zu beteiligen. Werden wir es eines Tages sein? Ich bin mir nicht sicher."[547] Henning Meyer hat auf den Widerspruch dieser Aussage zu einer weiteren, nur wenige Tage später folgenden Stellungnahme hingewiesen. So äußerte Milord in Bezug auf Schröders Rede nun:

„Aber man kann nicht innerhalb von acht Tagen einer Art Versöhnung einen offiziellen Charakter verleihen. [...] Der deutsche Staat hat bereits zwei andere Märtyrerstädte, Marzabotto und Lidice, offiziell besucht. Er wird bestimmt eines Tages auch hierher kommen... Wenn der Präsident der Republik beschließt, mit dem deutschen Bundeskanzler zu kommen, können wir das nicht ablehnen."[548]

Tatsächlich sind beide Aussagen nicht notwendigerweise widersprüchlich, denn Milord sprach in seiner ersten Erklärung über die Teilnahme einer deutschen Delegation an den Gedenkfeierlichkeiten des 10. Juni, nicht aber bei seiner zweiten Stellungnahme. Wurde Milord hier korrekt zitiert, handelt es sich um einen be-

---

[543] Vgl. Werner Krupp/Bärbel Kowalske, Mit Schülern nach Oradour sur Glane, URL: http://drafd.org/?DrafdInfo199912_Oradour [23. 4. 2011]. Gerhard Leo hatte sich u. a. bereits als Frankreich-Korrespondent des *Neuen Deutschlands* mit Oradour beschäftigt. Vgl. Kapitel IV.3.2, dort Abschnitt „Das inoffizielle Ermittlungsverfahren".

[544] Vgl. Meyer, Wandel, S. 351 (Anm. 1510), 386.

[545] Vgl. Leo, Tagebuch. Denise Bardet war Lehrerin an der Mädchenschule in Oradour und kam im Massaker ums Leben. Die Tagebuchaufzeichnungen der belesenen jungen Frau zeichnen sich unter anderem durch einen differenzierten Blick auf Deutschland aus. Vgl. u. a. Bardet, Vorwort; Fouché, Oradour, S. 91 f.

[546] Vgl. „Versöhnung ist nicht vergessen", URL: http://drafd.org/?Versoehnung [16. 12. 2010]; Deutsche auf dem Weg nach Oradour, Auswahl aus einer Ausstellung von Alexandra C. Schmidt, URL: http://www.authentic-beauties.de/pdf/Oradour_Broschuere.pdf [23. 11. 2010].

[547] Zitiert nach Meyer, Wandel, S. 390.

[548] Zitiert nach Meyer, Wandel, S. 390.

2. Deutsche in Oradour: Erinnerungskulturelles Engagement und seine Grenzen 581

deutenden Unterschied. Die Ruinen Oradours waren als *monument historique* im Besitz des französischen Staats. Die ANFM hätte sich *de jure* einem gemeinsamen Besuch des französischen Präsidenten mit dem deutschen Kanzler oder Bundespräsidenten nicht widersetzen können. In Anbetracht der moralischen Hoheit der Hinterbliebenen über die Ruinen und insbesondere vor dem Hintergrund der konflikthaften Beziehung zum französischen Staat war dies *de facto* jedoch anders. Dies galt noch in ganz anderer Weise für die Gedenkfeierlichkeiten des 10. Juni, deren Organisation lange Zeit allein die ANFM, später auch wieder der Gemeinde oblag. Das heißt: Wenn Milords Äußerung als Zeichen der Öffnung gedacht war, dann wohl nicht für den 10. Juni, für den er vorerst ausdrücklich eine deutsche Beteiligung auf nationaler Ebene ausschloss.

Es lohnt, noch bei dem 60. Jahrestag des Massakers zu verweilen, da in diesem Kontext eine Quelle entstand, die einen äußerst seltenen Einblick in das Innenleben der ANFM ermöglicht, bleiben die Mitglieder des Vereins doch für gewöhnlich anonym.[549] Abgesehen von jenen, die wie Robert Hébras und Jean-Marcel Darthout häufig von den Medien interviewt wurden, drang wenig über die Einstellungen der einzelnen Vereinsmitglieder nach außen. Nur selten waren andere, einzelne Stimmen in den Medien zu vernehmen. Anlässlich des 60. Jahrestags lud das Regionalprogramm des Fernsehsenders *France3* neben dem ANFM-Präsidenten, dem Bürgermeister Oradours, der Direktorin des CMO und weiteren mit dem Thema befasste Personen jedoch auch mehrere Überlebende und Hinterbliebene des Massakers zu einer Diskussionsrunde ein.[550]

Die am Vorabend der Gedenkfeiern ausgestrahlte Diskussion und mehrere Einspieler zeigen eindrücklich, wie sehr manche Überlebende und Hinterbliebene auch sechzig Jahren nach dem Massaker noch unter dem gewaltsamen Tod ihrer Kinder und/oder anderer Familienangehörigen litten. Manchen Frauen fiel es sichtlich schwer, von dem Erlebten zu sprechen. Aline Perney, die am 10. Juni 1944 ihre viereinhalbjährige Tochter Josianne verlor, berichtete von den ersten Wochen nach dem Massaker:

„Wissen Sie, das bricht auf einmal über Sie herein, ich weiß nicht, warum ich nicht verrückt geworden bin, ich weiß es nicht. Aber das hat sicher jeder gesagt. Den ersten Monat bin ich ganz allein geblieben, ich war, glaube ich, völlig von Sinnen. Manchmal weinte ich, dann wieder begann ich zu singen. Das war nicht normal, ich spürte das, es war nicht normal."

Auch die Folgen der unbekannten Todesumstände der Opfer wurden in Perneys Erzählungen deutlich: Noch immer quälte sie die Frage, wie ihre Familienangehörigen starben. Besonders deutlich wird in ihren Schilderungen der Zwiespalt zwischen Emotion und Kognition in ihrer Beziehung zu Deutschen. Obwohl sie sehr gläubig sei, sei es *unmöglich*, den Tätern zu verzeihen. Auch für Renée Maneuf, geborene Villeger, gestalteten sich die Beziehungen zu Deutschen schwierig. Es war bereits davon die Rede, dass die damals 14-Jährige gemeinsam mit ihrer Mut-

---

[549] Vgl. Meyer, Wandel, S. 329.
[550] Vgl. zu den folgenden Ausführungen und Zitaten – soweit nicht anders vermerkt –: Tulle et Oradour, Table ronde, France 3 Limousin, 2004, ACMO, V4.5.2/03.

ter und ihren Schwestern das Massaker in einem Versteck hinter dem Elternhaus überlebte.[551] Stundenlang hatten sie in ihrem Versteck ausharren müssen, ohne ein Geräusch von sich zu geben. Maneufs Vater und ihre vier Brüder starben in Oradour. Über ihre schwiegrige Beziehung zu Deutschen berichtete sie:

„Ich habe lange gebraucht, um sagen zu können – um die Deutschen zu akzeptieren. Und trotzdem sage ich, dass es wie überall ist: Es gibt auch nette. Als mein Mann und ich geheiratet haben, lebten wir in einem Dorf in der Nähe von Veyrac. Da wohnte ein Deutscher neben uns, der eine Französin geheiratet hatte. Und was soll ich sagen? Er war derart freundlich zu uns. Als ich meinen Kleinen verloren habe,[552] das war unglaublich. Er war es, der die [Grab-]Einfassung machte, sie haben uns Geld gegeben, wir hatten damals nichts [...]. Meine Kinder hatten kleine Deutsche zu Gast. Aber es ist nicht leicht, es ist nicht leicht zu vergeben."

Renée Maneuf sprach damit einen wichtigen Aspekt an: die Schwierigkeit mancher Betroffener zwischen den Tätern und „den Deutschen" zu unterscheiden. Während wohl die meisten Überlebenden und Hinterbliebenen Aline Perneys Position geteilt hätten, den Tätern nicht verzeihen zu können und auch nicht verzeihen zu wollen, zeigen die anderen Beiträgen der Diskussion, dass die Meinungen dann auseinandergingen, wenn es um den Umgang mit jungen Deutschen ging. Jean-Marcel Darthout, Überlebender der Exekution in der Scheune Laudy und ehemaliger ANFM-Vorsitzender, der noch 1994 die Meinung vertreten hatte, eine deutsche Delegation könne erst nach seinem Tod offiziell in Oradour empfangen werden, sprach sich nun sogar für einen Besuch des deutschen Kanzlers aus:

„Meine persönliche Meinung ist, [...] es sollte stattfinden, es sollte stattfinden. Wir werden doch nicht nochmals 100 Jahre warten! Wir werden nicht bis zum Jahr 3000 warten! Damit. Oh nein, oh nein. Vor 60 Jahren, ich weiß das sehr wohl, auch *ich* habe Menschen in Oradour verloren! Auch ich habe um eine Frau geweint! Auch ich habe um eine Mutter geweint! Auch ich habe gelitten! Aber die Deutschen, die heute nach Oradour kommen, das sind nicht die, die meine Mutter und meine Frau getötet haben, ich kann sie also empfangen. – So, das ist meine Meinung."

So einfach war dies für andere nicht. Während Marie Deglane, die ihren zehnjährigen Sohn in dem Massaker verlor, bereit war, junge Deutsche bei der Gedenkfeier in Oradour zu akzeptieren, aber keine älteren Personen und vor allem keine ehemaligen Soldaten, galt für Aline Perney noch immer, was für Jean-Marcel Darthout 1994 gegolten hatte:

„Für die junge Generation wäre es gut; aber wir, die Alten, wir können das nicht ertragen. – Nein. Für die kommenden Generationen ist das durchaus möglich, aber solange wir Alten leben, ist das schwer. – Das ist nicht möglich."[553]

Wie sehr sie der Kontakt mit Deutschen an die eigenen Grenzen brachte, zeigt Perneys Beschreibung eines Deutschlandbesuchs:

---

[551] Vgl. Kapitel II.1. Vgl. zu Renée Maneuf auch Schult/Merz, Kapitel (Dokumentarfilm).
[552] Gemeint ist der Tod eines ihrer Kinder.
[553] Anzufügen ist, dass die Frage des Moderators unklar gestellt war. Nachdem er Madame Deglane nach einer „Präsenz von Deutschen in Oradour-sur-Glane" und dann speziell nach deutschen Soldaten gefragt hatte, stellte er folgende Frage: „Madame Perney, das ist das Gleiche, Sie könnten die Präsenz von Deutschen, außer vielleicht von Jugendlichen, nicht akzeptieren?"

2. Deutsche in Oradour: Erinnerungskulturelles Engagement und seine Grenzen 583

„Ich bin in Deutschland gewesen, glauben Sie mir, als ich sie getroffen habe, wusste ich, dass nicht sie das Massaker verübt hatten. Sie haben sich entschuldigt, aber ich konnte nicht anders, ich hatte Gänsehaut, ich habe, ich habe ihnen den Rücken zugewandt, ich konnte nicht. Ich kann nicht, es ist nicht möglich. – Aber für die Jungen wäre es vielleicht wünschenswert, dass sich alle Völker verstehen, aber wissen Sie, Oradour ist – man muss die Erinnerung bewahren, man kann nicht vergessen, was geschehen ist, das ist nicht möglich."

Deutlich wurde in der Diskussion auch die schwierige Position des ANFM-Präsidenten Claude Milord, wenn es um Deutschland ging. Konfrontiert mit der Frage, welche Position der Verband gegenüber der Anfrage einer deutschen Delegation einnehmen würde, die Oradour offiziell besuchen wolle, antwortete er:

„Genau das ist die Schwierigkeit, die Standpunkte der Familien zu respektieren – ihre völlig verständlichen Standpunkte – und den heute existierenden Wunsch, zu versuchen, bestimmte Ereignisse zu überwinden. Ich glaube, dass es für die neue Generation leichter sein wird, diese Öffnung zu unterstützen. […] Ich glaube, dass es den neuen Generationen ermöglichen werden, dass solche Veranstaltungen stattfinden. Aber es stimmt, wenn die höchsten Behörden beschließen würden, nach Oradour zu kommen, könnte sich der Verband dem im Rahmen seiner Möglichkeiten ohnehin nicht widersetzen und man müsste sich anpassen, ohne jemals zu vergessen, was in Oradour geschehen ist. Es geht nicht darum, um Verzeihung zu bitten, sondern darum, dass es zu einer Form von offizieller Anerkennung kommt, und zwar im Sinne einer Anerkennung des Leids der Familien und dessen, was die Tragödie von Oradour für jeden einzelnen bedeuten konnte."

Ob der Verein bereit sei, den ersten Schritt zu machen, hakte der Moderator daraufhin nach, und vor allem das Zögern in Milords Antwort und seine vorsichtige Wortwahl sind bezeichnend:

„In meinem Namen würde das überhaupt keinen Sinn machen […]. Ich spreche für die Familien. Wir haben darüber gesprochen, wir sprechen ein wenig darüber und das ist in der Tat schon ein Fortschritt im Dialog. Wenn alle einverstanden sind, warum nicht? Aber es stimmt, es ist wirklich nicht sehr leicht, und ich glaube, niemand hat die richtige Antwort auf die Frage, wie man es anpackt, um voranzukommen oder in dieser Sache etwas zu erreichen."

Milords Vorsicht manifestierte, was der ANFM-Vorsitzende in anderen Interviews bereits angesprochen hatte: Die Frage einer Öffnung des Vereins sei „äußerst heikel", es gebe Familien, „die ihre Trauer nie bewältigt" hätten und bei denen es schwierig sei, sie aus ihrer Isolation zu lösen.[554] Der ANFM-Präsident war offensichtlich mit divergierenden Meinungen innerhalb des Verbands konfrontiert. Mit Blick auf die Position gegenüber Deutschland, so Milord, gäbe es unter den Mitgliedern „heute eine richtige Diskussion. Früher sprachen wir nie darüber. Es gibt Mütter, die ihre Kinder verloren haben, die es nicht akzeptieren, man muss sie verstehen. Es gibt andere, jüngere, die überlegen …"[555] Die zögerliche Haltung des ANFM-Präsidenten gegenüber Frugiers Öffnungspolitik kann folglich als Versuch interpretiert werden, den verschiedenen Positionen innerhalb des Vereins Rechnung zu tragen. Wie viele Vertreter die kritische bzw. ablehnende Fraktion innerhalb des Vereins umfasste, bleibt offen. Sicher ist, dass auch nach dem 60. Jahrestag weiterhin kritische Stimmen aus der ANFM zu hören waren. So berichtete die

---

[554] „Il faut poursuivre", in: ANFM, Bulletin d'information, Januar 2003, S. 11, ACMO, 5 FP 6.
[555] Zitiert nach Meyer, Wandel, S. 390.

Presse, der Verband habe „zunächst sehr zurückhaltend" auf die Anregung Körbers reagiert, ein Konzert der Schwaiger Chorgemeinschaft in Oradour zu veranstalten. Milord versuchte diesen Eindruck abzuschwächen und versicherte, man habe „überhaupt nichts gegen die Deutschen", es gehe „nur um das, was unter der Naziherrschaft geschehen" sei.[556] Doch als mit Peter Bürgel im Jahr 2011 erstmals ein deutscher Bürgermeister an den Feierlichkeiten des 10. Juni teilnahm, war in der französischen Presse erneut zu lesen, der Besuch sei von den Opferfamilien „mehr oder weniger gut aufgenommen" worden.[557]

3. Politisierung der Erinnerung: Oradour in der DDR

Das Selbstverständnis der DDR macht die Frage, ob sich der Präsident der Republik und ab 1960 der Staatsratsvorsitzende als höchste Vertreter des ostdeutschen Staats jemals für das in Oradour verübte Massaker entschuldigten, weitgehend obsolet. Denn wie bereits ausgeführt, sah sich allein die Bonner Republik als Rechtsnachfolger des Deutschen Reichs, während sich die DDR als „antifaschistische Neuschöpfung außerhalb dieser Tradition" begriff und damit auch die „moralische Anerkennung einer Mitverantwortung für die Verbrechen des nationalsozialistischen Deutschland" zurückwies.[558] Erst nachdem die SED-Diktatur zusammengebrochen war und sich die DDR in der Demokratisierungsphase befand, übernahmen ihre neuen Vertreter die Verantwortung für die Verbrechen der Nationalsozialisten. Im Frühjahr 1990 ging die Volkskammer der DDR sogar über die Verantwortungsübernahme hinaus und formulierte eine offizielle Entschuldigung gegenüber den jüdischen Opfern des Nationalsozialismus.[559]

Das Selbstverständnis des SED-Staats schloss hingegen nicht aus, der Opfer des Massakers zu gedenken. Mit der bereits dargestellten Kranzniederlegung Harry Tischs ist bislang allerdings nur eine Geste nachweisbar, mit der ein politischer Vertreter des ostdeutschen Staats der Opfer vor Ort gedachte. Wie Heidemarie Wieczorek-Zeul 14 Jahre später besuchte auch Harry Tisch das *village martyr* einen Tag nach dem Jahrestag des Massakers: Offenbar wussten sowohl Vertreter der DDR als auch der Berliner Republik, dass ein Besuch am 10. Juni nicht opportun war. Blickt man jedoch *in* die beiden deutschen Nachfolgestaaten des „Dritten Reichs", so tritt ein bedeutender Unterschied zutage: Anders als in der Bonner Republik war Oradour in der DDR mehrmals Gegenstand staatlichen erinnerungspolitischen Handelns. Für den dortigen Umgang mit dem *village martyr* gilt, was mit Blick auf die bundesrepublikanische „Stille" (Hermann Lübbe) der 1950er Jahre formuliert wurde, dass nämlich von „einer Stille gegenüber gewesener

---

[556] Andreas Sichelstiel, Versöhnung mit Feingefühl, in: Pegnitz-Zeitung, 26.–28. 5. 2007, S. 11.
[557] Le maire de Dachau a officiellement participé aux cérémonies, 11. 6. 2011, URL: http://limousin.france3.fr/info/67eme-anniversaire-du-massacre-d-oradour-sur-glane-69163509.html [13. 3. 2017].
[558] Vgl. Kapitel V.3. Zitate: Goschler, Wiedergutmachung (1993), S. 300; Goschler, Schuld, S. 398.
[559] Vgl. Hammerstein, Vergangenheit, S. 406–408.

schreiender Ungerechtigkeiten und Verbrechen undenkbaren Ausmaßes" seitens „der sowjetischen Besatzungszone und späterer DDR keine Rede sein" könne.[560] Dominierte in der Bundesrepublik auf staatlicher Ebene jahrzehntelang das Credo „Nicht an Oradour rühren!", kannte der ostdeutsche Staat keine Berührungsängste. Das ostdeutsche Gedenken an das Massaker wurde dabei immer wieder für politische Zwecke instrumentalisiert. Diese Beobachtung ist – vom Moment der zeitlichen Steigerung abgesehen – in folgenden allgemeinen Befund einzuordnen: Die „Erinnerung und das Gedenken an die Opfer des Nationalsozialismus" waren in der DDR zunehmend mit „einer politischen Inszenierung, Instrumentalisierung und Ritualisierung" verbunden. Im erinnerungskulturellen Umgang des ostdeutschen Staats mit Oradour spiegelt sich wiederholt die dortige „Politisierung der Erinnerungskultur".[561]

3.1 Die DDR, die EVG und Oradour

Anfang 1953 ergriff die DDR-Regierung die Gelegenheit: Wie gesehen nutzte sie die Anfrage eines französischen Verbands im Rahmen des Oradour-Prozesses, um den bundesdeutschen Umgang mit dem Erbe des Nationalsozialismus im Allgemeinen und mit den Tätern von Oradour im Besonderen zu kritisieren und sich zugleich öffentlichkeitswirksam als den besseren deutschen Staat darzustellen. Verbunden war diese Positionierung mit einer Kritik an den EVG-Plänen. Deren Ratifizierung, so die Argumentation, erhöhe die Gefahr, dass sich Verbrechen wie jenes in Oradour wiederholen könnten, während die DDR den Frieden mit Frankreich garantiere.[562] Die Verknüpfung von Oradour und EVG-Kritik war kein einmaliger Vorgang. In den Jahren 1953/1954 wurde das Gedenken an Oradour oder die Thematisierung des Massakers mehrmals in den Dienst der Bekämpfung von EVG und bundesdeutscher Wiederbewaffnung gestellt.

Karl Stitzers „Mordprozess Oradour" im Dietz Verlag

Ende März 1953 wandte sich der Schriftsteller Karl Stitzer mit einem Buchvorschlag an den Dietz Verlag.[563] Die Nationalsozialisten hatten Stitzer 1933 wegen „politischer Unzuverlässigkeit" aus der Schutzpolizei entlassen und er war Opfer von „Überwachung, Haussuchungen, Freiheitsberaubungen durch die Gestapo" geworden. Seit Ende des Kriegs war er als freier Schriftsteller tätig, seit Gründung der SED Parteimitglied.[564] Das Exposé, das Stitzer beim Verlag einreichte, war das von ihm verfasste Manuskript einer Hörfolge mit dem Titel „Mordprozess Ora-

---

[560] Weininger, Aufarbeitung, S. 18. Dies gilt gleichwohl nicht für alle NS-Verbrechen. Vgl. zur Erinnerung an die Shoah in der DDR etwa Walther, Erinnerung.
[561] Müller, Erinnerungskultur.
[562] Vgl. Kapitel IV.1, Abschnitt „Schweigen versus Instrumentalisieren".
[563] Vgl. Stitzer an Dietz Verlag, 31. 3. 1953, SAPMO-BArch, DY 30/18138.
[564] Stitzer, Lebenslauf, 12. 4. 1953, SAPMO-BArch, DY 30/18138.

dour".⁵⁶⁵ Basis des Buchs sollten die Berichte des Zentralorgans der PCF, *l'Humanité*, zum Oradour-Prozess vor dem Militärgericht Bordeaux 1953 sein. Doch anders als der für das Buch beibehaltene Titel vermuten lässt, stand nicht der Prozess im Vordergrund. „Hauptthema", so Stitzer, sei „der Kampf gegen die Durchführung der Verträge von Bonn und Paris, insbesondere gegen die geplante Aufstellung einer sogenannten Europa-Armee." Das Buch enthülle mittels des Prozesses „die Absichten von Washington, Paris und Bonn, die SS-Mordbanden zu Stammformationen der Europa-Armee zu machen und neue Oradours vorzubereiten". Es zeige aber ebenfalls „den wachsenden Widerstand des französischen Volkes und wendet sich an die deutsche Bevölkerung, auch ihrerseits gegen die Aufstellung einer Europa-Armee Widerstand zu leisten".⁵⁶⁶

Der Dietz Verlag, von Beginn an interessiert, forderte zunächst detaillierte Informationen zum „beruflichen und politischen Werdegang" Stitzers.⁵⁶⁷ Im Mai 1953 kam es sodann zum Vertragsabschluss über 6000–10 000 Exemplare.⁵⁶⁸ Auch die vom Verlag angeforderten Gutachten sprachen sich für die Veröffentlichung aus. Ein Gutachter bescheinigte dem genutzten Material „erstrangige Bedeutung für die Aufklärung breitester Schichten über das wahre Wesen der amerikahörigen Neofaschisten in Westeuropa, insbesondere in Westdeutschland". Es sei die Leistung des Autors, „mit Hilfe des Prozessverlaufs und der dabei offenbar werdenden Machenschaften des USA-Imperialismus darzulegen, was die geplante Europa-Armee Eisenhowers und Adenauers in Wirklichkeit ist: Der Nachfolger der SS". Er attestierte dem Werk einen „hervorragenden Wert für unseren täglichen Kampf".⁵⁶⁹ Die Übersetzerin Recha Rothschild, die 1936 Deutschland verlassen und bis 1948 in Frankreich gelebt hatte,⁵⁷⁰ begutachtete den Text ähnlich positiv, fragte jedoch kritisch, ob man „unbedingt" sagen könne, dass es auf dem Gebiet der DDR keine Kriegsverbrecher mehr gäbe. Sie fügte an: „Sicher keine offiziell bekannten, aber auch keine getarnten?"⁵⁷¹

Das *Neue Deutschland* kündigte das Erscheinen des Buchs für Ende 1953 an und druckte einen Auszug,⁵⁷² was *l'Humanité d'Alsace et de Lorraine* und die PCF des Niederrheins veranlasste, um die Übersendung des Buchs bzw. gleich mehrere Exemplare zu bitten.⁵⁷³ Von „einigem Nutzen" schien die Publikation dem Dietz Verlag

---

⁵⁶⁵ Vgl. Stitzer an Dietz Verlag, 31. 3. 1953, SAPMO-BArch, DY 30/18138. Die Hörfolge liegt im Deutschen Rundfunkarchiv nicht vor. Aus einer zeitgenössischen Fernsehzeitung geht lediglich hervor, dass Berlin I am 19. 5. 1953 eine Hörfolge von Karl Stitzer namens „Der Fall Oradour" ausstrahlte. Vgl. E-Mails Deutsches Rundfunkarchiv an die Verfasserin, 21. 6. 2010.
⁵⁶⁶ Stitzer an Dietz Verlag, 31. 3. 1953, SAPMO-BArch, DY 30/18138.
⁵⁶⁷ Dietz Verlag an Stitzer, 7. 4. 1953, SAPMO-BArch, DY 30/18138.
⁵⁶⁸ Vgl. Buchhaltungsvermerk, Betr.: Karl Stitzer, Mordprozess Oradour, 4. 6. 1953, SAPMO-BArch, DY 30/18138.
⁵⁶⁹ Georg Rahm, Gutachten, 27. 8. 1953, SAPMO-BArch, DY 30/18138.
⁵⁷⁰ Vgl. zu den biographischen Angaben „Rothschild, Recha" in Weber/Herbst, Kommunisten.
⁵⁷¹ Recha Rothschild, Gutachten, 25. 9. 1953, Abschrift, SAPMO-BArch, DY 30/18138.
⁵⁷² Mordprozeß Oradour!, in: Neues Deutschland, 17. 12. 1953.
⁵⁷³ Vgl. l'Humanité d'Alsace et de Lorraine an Neues Deutschland, 30. 12. 1953, SAPMO-BArch, DY 30/18138; PCF, Fédération du Bas-Rhin, an Dietz Verlag, Eingangsstempel: 4. 1. 1954, ebenda.

auch in Westdeutschland, sodass man dem Leiter der ZK-Abteilung für gesamtdeutsche Fragen, Paul Verner, eine dortige Veröffentlichung oder zumindest den dortigen Vertrieb vorschlug.[574] Mit 3000 Exemplaren wurde 1954 die tschechoslowakische Übersetzung aufgelegt,[575] in der DDR zählte nach einer zweiten Edition im gleichen Jahr die Gesamtauflage 20 000 Exemplare.[576] Hinter der hohen Auflage steckte nicht oder nicht nur eine begeisterte Leserschaft. Vielmehr wurde das Buch in eine noch umfangreichere politische Instrumentalisierung des Themas Oradour eingebunden. Anlass war der 10. Jahrestag des Massakers im Jahr 1954.

Kundgebungen am 10. Jahrestag des Massakers

Einige Monate nach der Veröffentlichung von Stitzers Buch behandelte das Sekretariat des ZK der SED am 5. Mai 1954 eine Vorlage des KdAW und fasste folgenden Beschluss:

„Anläßlich der zehnten Wiederkehr des Verbrechens von Oradour-sur-Glane am Donnerstag, dem 10. Juni 1954 sind in allen Bezirksstädten der DDR einschließlich Berlin Massenkundgebungen durchzuführen. [...] Die Kundgebungen sollen unter der Losung stehen: ‚Niemals wieder Oradour – gegen die Bonner und Pariser Verträge, die die faschistischen Henker und Verbrecher wieder bewaffnen – für feste Freundschaft mit dem französischen Volk im Kampf für Frieden und kollektive Sicherheit in Europa.'"[577]

Die Gedenkveranstaltung wurde vor den Karren der EVG-Gegnerschaft gespannt, wie neben dem Beschluss auch ein Maßnahmenplan des KdAW zeigt. Darin heißt es, der „Charakter der Kundgebungen" solle „sowohl in seinem Inhalt wie auch äußerlich die Tatsache unterstreichen, daß es sich hierbei um eine deutsch-französische Kampfaktion gegen die EVG" handele.[578] Es verwundert deshalb nicht, dass neben mehreren anderen Punkten, die die deutschen Referenten berücksichtigen sollten, nur eine „kurze Schilderung des Verbrechens von Oradour" vorgesehen war.[579] Den Autoren, die zur „pressemässigen Vorbereitung" des Jahrestags einen Artikel verfassen sollten, erklärte Hans Otto für das KdAW, es sei von „großer Bedeutung", den Beitrag „so aufzubauen, daß er nicht nur im Sinne der Erinnerung und des Gedenkens" liege, sondern „unmittelbar mit den Gegenwartsaufgaben und insbesondere

---

[574] Dietz Verlag an Verner, 29. 11. 1954, SAPMO-BArch, DY 30/18138.
[575] Vgl. Tschechoslowakische Agentur für Theater und Literatur an Dietz Verlag, 21. 4. 1954 und 13. 10. 1954, SAPMO-BArch, DY 30/18138.
[576] Vgl. Dietz Verlag an Tschechoslowakische Agentur für Theater und Literatur, 31. 5. 1954, SAPMO-BArch, DY 30/18138.
[577] Sekretariat des ZK, Reinschriftenprotokoll, Nr. 4, 5. 5. 1954, SAPMO-BArch, DY 30/J IV 2/3/426, Bl. 7 f. Die Vorlage des KdAW wurde gänzlich übernommen. Vgl. Hans Seigewasser/Georg Spielmann, Vorlage, Betr.: Zehnjährige Wiederkehr des Tages der Zerstörung von Oradour-sur-Glane, 29. 4. 1954, ebenda, DY 30/J IV 2/3A/415, Bl. 81. Weitere Überlieferungen zum Gedenktag finden sich im Bestand des Sekretariats des Nationalrats der Nationalen Front der DDR, ebenda, DY 6/4719, und im Nachlass Karl Gaile, ebenda, NY 4237/6.
[578] KdAW, Georg Spielmann, Betr.: 10. Jahrestag der Zerstörung von Oradour-sur-Glane am 10. Juni 1944, 21. 5. 1954, mglw. Durchschlag (nicht gezeichnet), SAPMO-BArch, DY 57/756.
[579] Vorbereitung und Durchführung des 10. Jahrestages der Zerstörung von Oradour-sur-Glane, o. D., SAPMO-BArch, DY 57/756.

mit der in kurzer Zeit stattfindenden Volksabstimmung in Verbindung gebracht" werde.[580] Otto verwies damit auf die vom 27. bis 29. Juni 1954 stattfindende „Volksbefragung" zu „Friedensvertrag oder EVG", die schließlich mit über 93% Zustimmung für den Friedensvertrag endete.[581] Die Kundgebungen am 10. Juni 1954 wurden auch als „Auftakt zur Volksbefragung" bezeichnet.[582]

Anlässlich des Jahrestags – und hier kam nun Stitzers Buch ins Spiel – sollte die *Nationale Front* „Ausspracheabende" ausrichten und den „Massenvertrieb" des Buchs organisieren. Verantwortlich für die „Presse- und Rundfunkkampagne" zeichnete das KdAW.[583] Als Redner hatte der Verband sowohl Franzosen als auch Deutsche vorgeschlagen, die im französischen Widerstand gekämpft hatten, und schließlich nahmen mehrere Delegierte der französischen „Bruderverbände" des KdAW, *Fédération Nationale des Déportés et Internés Résistants et Patriotes* (FNDIRP) und *Association Nationale des Anciens Combattants et Résistants de France* (ANACRF) an den Kundgebungen teil.[584] Vor deren Rückreise war eine Pressekonferenz angesetzt, bei der die französischen Gäste „ihre Eindrücke über das neue Deutschland" mitteilen sollten.[585]

Intern war die Bilanz der Veranstaltungen durchwachsen. Positiv verlief unter anderem die Kundgebung in Gera, wo sich 20 000 Menschen einfanden. Man notierte, die Veranstaltung sei ein „großer politischer Erfolg" und „Auftakt der Entfaltung der Aktivität für die Volksbefragung" gewesen. Mit 50 000 Besuchern verzeichnete die Kundgebung in Karl-Marx-Stadt die meisten Besucher: „Außerordentlicher Erfolg. Bezeichnend der Beifall, als französischer Kamerad darauf hinwies, daß außenpolitischer Ausschuß die EVG abgelehnt hat und die Regierung Laniel zurücktreten mußte."[586] Ganz anders sah die Bilanz in Rostock aus: „Saal praktisch leer. Sehr

---

[580] Hans Otto an Autoren für Presseartikel, 26. 5. 1954, SAPMO-BArch, DY 57/756.

[581] Vgl. Schroeder, SED-Staat, S. 90.

[582] Für die Besprechung mit den Bezirkssekretären der Nationalen Front am Mittwoch, dem 11. August 1954, o. D., SAPMO-BArch, DY 57/756.

[583] KdAW, Georg Spielmann, Betr.: 10. Jahrestag der Zerstörung von Oradour-sur-Glane am 10. Juni 1944, 21. 5. 1954, mglw. Durchschlag (nicht gezeichnet), SAPMO-BArch, DY 57/756.

[584] Vgl. Hans Seigewasser/Georg Spielmann, Vorlage, Betr.: Zehnjährige Wiederkehr des Tages der Zerstörung von Oradour-sur-Glane, 29. 4. 1954, SAPMO-BArch, DY 30/J IV 2/3A/415, Bl. 81; KdAW, Hans Otto, Einladung zur Pressekonferenz, 11. 6. 1954, ebenda, DY 57/756; Grete Fest, Protokoll der Pressekonferenz, 14. 6. 1954, ebenda. Es bleibt unklar, wer ursprünglich die Idee zur Gedenkveranstaltung hatte. Im undatierten Entwurf einer Vorlage an das Büro des Präsidiums des Nationalrats heißt es: „In Anbetracht dessen, daß dieser Ort [Oradour] einer der wichtigsten Märtyrerstätten des französischen Volkes ist, schlagen wir vor, daß an diesem Tage in allen Bezirksstädten der DDR einschließlich Berlin würdige Gedenkkundgebungen durchgeführt werden." Im Entwurf ist bereits die Rede von französischen Rednern, dem Einsatz der Presse und dem „Massenvertrieb" von Stitzers Buch, ein Zusammenhang mit EVG bzw. Volksbefragung wird indes nicht hergestellt. Vorlage an das Büro des Präsidiums, Entwurf, o. D., ebenda.

[585] Vgl. Vorbereitung und Durchführung des 10. Jahrestages der Zerstörung von Oradour-sur-Glane, o. D., SAPMO-BArch, DY 57/756, dort Zitat; KdAW, Hans Otto, Einladung zur Pressekonferenz, 11. 6. 1954, ebenda.

[586] Gemeint ist das Ende der Regierung unter Joseph Laniel nach einer gewichtigen Niederlage im Indochina-Krieg.

schlechter Eindruck auf den französischen Freund." Noch schlimmer war es in Leipzig gekommen: „Schlechter Ablauf der Kundgebung. Deutscher Sprecher muß selber übersetzen. Keine Umrahmung. Mißachtung der Pflichten der Gastfreundschaft gegenüber unserem französischen Freund."[587]

Vor ihrer Abreise wandte sich schließlich Heinrich Rau, stellvertretender Ministerpräsident und Politbüromitglied, in einem Schreiben an die Franzosen: „Im Namen der Regierung der Deutschen Demokratischen Republik hatte ich die Ehre, Ihnen die Einladung zum Ferienaufenthalt für 50 französische Kinder zu überbringen", hieß es darin.[588] Im Vorfeld war allerdings von einer Einladung an „etwa 50 Kinder aus Oradour-sur-Glane und anderen Märtyrerstädten Frankreichs zu einem kostenlosen Ferienaufenthalt in der DDR"[589] oder einer „Solidaritätsspende für Oradour"[590] die Rede gewesen. Warum hatte man die Formulierung verallgemeinert? Waren die Verantwortlichen darüber informiert worden, dass in Oradour selbst nur wenige Kinder lebten, oder darüber, dass man vor Ort inzwischen höchst sensibel auf jede politische Instrumentalisierung reagierte? Der Hinterbliebenenverband in Oradour hatte sich nur wenige Monate vor dem 10. Jahrestag ausdrücklich gegen EVG und Wiederbewaffnung ausgesprochen..[591] In dem von der ANFM gefassten Beschluss hieß es allerdings auch, man wünsche nicht, „dass irgendeine Organisation unsere Gefühle, unsere Überlegungen, unsere Entscheidungen zu Propagandazwecken nutzt".[592]

Erde aus Oradour in Buchenwald

Im Protokoll der Mitgliederversammlung des Jahres 1954, bei der die ANFM ihre Stellungnahme zu Wiederbewaffnung und EVG beschloss, folgt umgehend ein zweiter deutschlandspezifischer Punkt. Anlass war eine Anfrage, über die es zu entscheiden galt:

> „M. Brouillaud informiert über ein Schreiben des Generalpräsidenten des Verbands der nach Deutschland Deportierten [*Anciens déportés d'Allemagne*], der um etwas Erde aus Oradour bittet, um sie im nächsten April in dem in Buckenwal [sic] errichteten Mahnmal niederzulegen. Nach Diskussion wird beschlossen, Herrn Granger, dem Präsidenten des Deportierten-Verbands des Departements, eine positive Antwort zukommen zu lassen."[593]

Bei dem Genannten dürfte es sich um Jean Granger gehandelt haben, einen nach Mauthausen deportierten französischen Widerstandskämpfer, der später der

---

[587] Für die Besprechung mit den Bezirkssekretären der Nationalen Front am Mittwoch, dem 11. August 1954, o. D., SAPMO-BArch, DY 57/756.
[588] Vgl. Pressemeldung, 14. 6. 1954, SAPMO-BArch, DY 57/756, dort Zitat; Abschiedsgrüße an französische Widerstandskämpfer, in: Neues Deutschland, 15. 6. 1954, ebenda.
[589] KdAW, Hans Otto, an den Amtierenden Ministerpräsidenten Heinrich Rau, 10. 6. 1954 [sic], (offensichtlich Entwurf oder Durchschlag, nicht gezeichnet), SAPMO-BArch, DY 57/756.
[590] Vorbereitung und Durchführung des 10. Jahrestages der Zerstörung von Oradour-sur-Glane, o. D., SAPMO-BArch, DY 57/756.
[591] Vgl. Kapitel II.2, Abschnitt „Oradour 1944–2011: und Deutschland?".
[592] ANFM, Assemblée générale, 7. 3. 1954, Procès-verbal, ACMO, 5 FP 3.
[593] ANFM, Assemblée générale, 7. 3. 1954, Procès-verbal, ACMO, 5 FP 3.

FNDIRP im Departement Haute-Vienne vorsaß.[594] Die ihm zugesagte Erde kam tatsächlich nach Buchenwald. Am 11. April 1954 übergaben Delegationen aus mehr als einem Dutzend europäischer Länder dort „Erde von den Märtyrerstätten ihrer Heimat".[595] Die französische Abordnung eröffnete die Reihe der feierlichen Übergaben:

„Frankreich: Unter den Klängen der Marseillaise schreitet als erste Delegation eine Abordnung der französischen Widerstandskämpfer und Opfer des Hitlerregimes durch das Lagertor. In Urnen bringen diese französischen Männer und Frauen Erde von Oradour, von St. Claude, Glières, Chataubriant [sic] und entleeren sie in die große Schale, wo sie mit der Erde von Buchenwald vermischt wird. Unter dem ergriffenen Schweigen der 50 000 Teilnehmer sagt der französische Sprecher u. a.:
‚Die Vertreter des Pariser Stadtrates und des Generalrates des Department Seine haben eine Urne mit der Erde des Mont Valerien gebracht, dem Berg, auf dem die Exekutionskommandos die Unseren niedermetzelten.
Bei ihrer Rückkehr werden sie die Erde aus Buchenwald mit sich führen, um sie auf dem Mont Valerien niederzulegen.
Von Lager zu Lager klingt die Totenglocke.
Aber diesen Leiden entspringt ein neuer Kraftquell.
Die Energien sammeln sich, und die Hoffnung entsteht von neuem, die Hoffnung, daß jeder hier alles daransetzen wird, damit niemals wieder geschehe, was geschehen ist.'"[596]

Die Schale, von der hier die Rede ist (vgl. Abb. 23), war vor dem Lagertor des ehemaligen Konzentrationslagers Buchenwald aufgestellt worden, „zu der durch ein Spalier von Fahnen aller Nationen die Delegationen schritten, um ihre mit geheiligter Erde gefüllten Urnen zu entleeren".[597] Aus Oradour war offensichtlich kein Vertreter zur Übergabe angereist. Unter den Delegierten aus Frankreich, so berichtete die Wochenzeitung der VVN, *Die Tat*, hätten sich „zahlreiche Witwen und Waisen, deren Gatten und Väter in Buchenwald oder in anderen deutschen Konzentrationslagern ermordet wurden", befunden.[598] Die „Opferschale", in der die Erden gesammelt wurden, war nicht ihr letzter Ruheort. Später wurden sie in das Fundament des Glockenturms, Teil des Buchenwald-Mahnmals und 1958 eingeweiht, umgebettet.[599] Neben zahlreichen anderen Namen findet sich auf der Abdeckung der Bodenplatte „Oradour-sur-Glane" eingraviert (vgl. Abb. 24). Hierauf nahm das *Neue Deutschland* 1962 Bezug, als es die Berichterstattung der *Welt* über de Gaulles Oradour-Besuch und Lammerdings Nachkriegskarriere kritisierte und gleichzeitig darauf hinwies, dass im „wahren Deutschland", „in der Mahn- und Gedenkstätte Buchenwald auf dem Ettersberg ein Häuflein geheiligter Erde aus Oradour" ruhe.[600]

---

[594] Diesen Hinweis verdanke ich Camille Senon, E-Mail an die Verfasserin, 4. 1. 2017. Erste Informationen zu Granger auf URL: https://leloiblpass.wordpress.com/biographies/ [23. 12. 2020].
[595] Das wahre Europa schwört: Nie wieder Militarismus, Faschismus und Krieg!, in: Neues Deutschland, 13. 4. 1954.
[596] „Die Fahnen Europas gehen auf Halbmast – die feierliche Zeremonie beginnt", in: Die Tat, 17. 4. 1954.
[597] „Tat Bildbericht vom Internationalen Buchenwaldtreffen", in: Die Tat, 17. 4. 1954.
[598] „Tat Bildbericht vom Internationalen Buchenwaldtreffen", in: Die Tat, 17. 4. 1954.
[599] Vgl. Neumann-Thein, Parteidisziplin, S. 198 f.
[600] Vgl. Kapitel I und Kapitel VI.1.3.

3. Politisierung der Erinnerung: Oradour in der DDR 591

Abb. 23: : Mitglieder der französischen Delegation übergeben auf dem Gelände des ehemaligen Konzentrationslagers Buchenwald Erde aus mehreren „Märtyrerstätten" ihrer Heimat, darunter Erde aus Oradour.
(Gedenkstätte Buchenwald, Fotoarchiv, Inventar A.10.1./Fotograf: Ernst Schäfer)

Was sich so beschrieben als würdevoller Akt transnationaler Erinnerungskultur ausnimmt, war tatsächlich eingebettet in eine „politische Großveranstaltung" anlässlich des neunten Jahrestags der Befreiung des Konzentrationslagers Buchenwald.[601] Der Vorschlag einer internationalen Veranstaltung anlässlich dieses Tags kam von der FIR und fand die Zustimmung des Politbüros. Thematisch sollte sie vom Kampf gegen die Wiederbewaffnung der Bundesrepublik geprägt und ein Ereignis enormer Größe sein. Dass sich die SED-Führung unter anderem bei der Wahl des Veranstaltungstitels über den Präsidenten des Internationalen Buchenwald-Komitees und die Führung der FIR hinwegsetzte, zeigte „die tatsächlichen politischen Kräfteverhältnisse"[602] vor Ort. Entgegen der Vereinbarung, die Veranstaltung unter das unparteiische Motto „Nie wieder!" zu stellen, lautete es schließlich „Nie wieder ein SS-Europa!". In großen Lettern prangte der Leitsatz am Torgebäude des ehemaligen Konzentrationslagers und stand damit nicht nur inhaltlich über der Zeremonie, bei der die Erde aus Oradour übergeben wurde, sondern auch räumlich über der errichteten „Opferschale".[603]

---

[601] Hierzu und zum Folgenden: Neumann-Thein, Parteidisziplin, S. 195–200, Zitat S. 195.
[602] Neumann-Thein, Parteidisziplin, S. 196.
[603] Vgl. das Bild bei Neumann-Thein, Parteidisziplin, S. 198. Über den Worten „Niemals ein SS Europa" stand außerdem: „Niemals wieder Todeslager". Die Veranstaltung fiel in die Entstehungsphase (1954–1958) des Buchenwald-Mahnmals, das „als Nationaldenkmal der DDR" geplant war und im Herbst 1958 eingeweiht wurde. Die bereits länger bestehende Gedenk-

Abb. 24: Abdeckung der Bodenplatte im Glockenturm des Buchenwald-Mahnmals. Im rechten unteren Teil ist „Oradour-sur-Glane" eingraviert.
(Gedenkstätte Buchenwald, Nachlass Ernst Schäfer/Fotograf: Ernst Schäfer)

Ulrike Lunow sieht die Feierlichkeiten am 11. April 1954 als Beispiel der „Indienstnahme der französischen Delegierten für die Interessen der DDR". Der „politischen Führung der DDR" seien „die Einflussmöglichkeiten, die sich aus der Teilnahme von internationalen Gästen an [den] aufwendig inszenierten Gedenktagen [der Opfer des Faschismus] ergaben", rasch deutlich geworden. Man habe sich deshalb befleißigt, „den ausländischen Gästen das ‚bessere Deutschland' zu präsentieren, das die Opfer des Nationalsozialismus würdig ehrte und damit das Gegenteil zur westdeutschen Politik darstellte". Die Veranstaltung zum Jahrestag der Befreiung in Buchenwald sei „in die DDR-Propaganda gegen die Ratifizierung des in der französischen Öffentlichkeit derzeit äußerst umstrittenen EVG-Vertrages eingebettet" gewesen. Mit dem bewussten „Schüren von Ängsten vor einem wiederbewaffneten Deutschland in diesem Fall bei einer überproportional großen Anzahl von französischen Buchenwald-Überlebenden" habe man darauf gezielt, „die Delegierten gegen die Westintegration der BRD zu vereinnahmen".[604]

---

stätte vor Ort trug ab diesem Zeitpunkt den Namen „Nationale Mahn- und Gedenkstätte Buchenwald". Stein, Gedenkstätte, S. 892, 900 f.
[604] Lunow, NS-Opfer, S. 174 f.

Die Reaktionen „auf den Versuch der DDR, den Befreiungstag politisch zu ihren Gunsten zu inszenieren", waren ambivalent, auch bei den französischen Gästen. Während sich einige sehr beeindruckt von der Zeremonie zeigten, fühlten sich andere „offenbar durch das auf weltanschauliche Pluralität ausgerichtete Vorbereitungskomitee über den eigentlichen Charakter der Veranstaltung getäuscht und lehnten deren vordergründige politische Instrumentalisierung ab".[605] Vom „Trommelfeuer kommunistischer Propaganda" sprach etwa eine französische Teilnehmerin.[606] Und so erinnert der Rahmen, in dem die Erde aus Oradour in Buchenwald übergeben wurde, stark an die Instrumentalisierung des französischen *village martyr* durch die PCF in den Jahren 1947–1953. Ob man in Oradour über die Ausgestaltung des Befreiungstags unterrichtet war oder wurde, ist offen. Sicher scheint, dass die Übergabe der Erde eine einseitige Geste blieb: Anders als im Fall des Mont Valerien wurde wahrscheinlich keine Erde aus Buchenwald nach Oradour gebracht.

3.2 Kontakte zwischen der DDR und Oradour?

Wie wir bereits gesehen haben, waren unter den deutschen Besuchern des *village martyr* auch Besucher aus der DDR und mindestens ein Mal reisten Bewohner Oradours im Rahmen einer „Pilgerfahrt" der *Association Buchenwald-Dora* in die DDR, wo sie die ehemaligen Konzentrationslager Buchenwald-Dora, Sachsenhausen und Ravensbrück besuchten.[607] Darüber hinaus gab es weitere Kontakte zwischen der DDR und Oradour, denen im Folgenden nachgegangen wird. Sie zeigen ein weiteres Mal, dass unter „Oradour" nicht allein der Hinterbliebenenverband und die Gemeindeleitung zu verstehen sind.

Einladungen von Überlebenden des Massakers in die DDR

Zwei Mal wurde Camille Senon in die DDR eingeladen, ein Mal zusammen mit ihrer Mutter Madeleine Senon, die am 10. Juni 1944 ihren Mann verlor.[608] Die erste Einladung datiert aus dem Jahr 1961, und Camille Senon erinnert sie nur vage. So reiste sie für einige Tage zu einem Treffen nach Ostberlin, bei dem Frauen aus mehreren europäischen Ländern zusammenkamen. Aus Frankreich war nicht nur sie zu

---

[605] Neumann-Thein, Parteidisziplin, S. 199. Neumann-Thein weist darauf hin, dass die Entscheidung für die Losung „Nie wieder!" wohl „auf eine möglichst breite politische Zusammensetzung der Delegationen aus den westeuropäischen Ländern [zielte]. Dort sollte die Veranstaltung deshalb auch als ,Gedenk-Pilgerfahrt' und keinesfalls als politische Manifestation angekündigt werden." Ebenda, S. 196 f.
[606] Zitiert nach Neumann-Thein, Parteidisziplin, S. 199.
[607] Vgl. Kapitel VI.2.2, Abschnitt „Deutsche Ferienkinder besuchten Oradour", und Kapitel VI.2.4.
[608] Vgl. hierzu und zum Folgenden Interview der Verfasserin mit Camille Senon, 29. 5. 2008, telefonisch. Vgl. zu Senon auch Kapitel III.6, Abschnitt „Reaktionen auf den radikalisierten Revisionismus", und Kapitel V.2.2, Abschnitt „Der Kampf um Anerkennung und Entschädigung bestimmter Opfergruppen".

der Veranstaltung gekommen. Zugegen war unter anderem auch die Frau von Jean-Pierre Timbaud, der 1941 in Châteaubriant erschossen wurde und dem man nachsagt, er habe vor seinem Tod „Vive le Parti communiste allemand!" gerufen. Weiterhin erinnert Senon, während des Aufenthalts die ehemaligen Konzentrationslager Ravensbrück, Sachsenhausen und Oranienburg besucht zu haben. Die Initiative für ihre Einladung, so die Überlebende des Massakers, sei womöglich von der FIR ausgegangen, vielleicht auch von der *Association democratique de femmes*.

Etwas deutlicher sind Senons Erinnerungen an ihren zweiten DDR-Besuch im August 1964. Gemeinsam mit ihrer Mutter folgte sie der Einladung zu einem dreiwöchigen Aufenthalt in der DDR. Die beiden Frauen verbrachten ihn gemeinsam mit anderen ehemaligen Verfolgten des Nationalsozialismus aus mehreren europäischen Ländern im VdN-Kurheim Elsa Fenske, unweit von Dresden (vgl. Abb. 25). Das in der DDR als Kurheim genutzte Gebäude wurde Ende der 1930er Jahre in der Nähe des Jagdschlosses Grillenburg gebaut und diente als Gästehaus des Schlosses. Während des Zweiten Weltkriegs nutzte unter anderem Martin Mutschmann – sächsischer Reichsstatthalter, Gauleiter, Ministerpräsident und seit 1939 auch Reichsverteidigungskommissar – dieses „Neue Jägerhaus".[609] Da Camille Senon während ihres dreiwöchigen Aufenthalts erkrankte, konnte sie an den meisten organisierten Ausflügen nicht teilnehmen.

Abb. 25: Ansichtskarte des VDN-Kurheims „Elsa Fenske"
(Bild und Heimat)

[609] Vgl. Stadtgeschichte. Die Burg Tharandt und ihre wandlungsvolle Geschichte, URL: http://www.tharandt.de/tharandt/Stadt/Stadtgeschichte.html [3. 6. 2012]; Schmeitzner, Mutschmann, S. 22–31.

Diese Einladungen und Besuche sind in mehrfacher Hinsicht aufschlussreich. Es ist dies erstens deren Bedeutung für die Frauen. Sie sei, so Senon im Rückblick, „sehr berührt" von der Einladung zum Kuraufenthalt gewesen, die sie und ihre Mutter „mit Freude" angenommen hätten.[610] Festzustellen ist zweitens, dass Camille Senon – und 1964 auch ihre Mutter – höchstwahrscheinlich als Überlebende bzw. Hinterbliebene des Massakers in Oradour wahrgenommen wurden, der Weg in die DDR aber nicht über „Oradour" im Sinne von ANFM oder Gemeinde führte. Sie dürfte, so Camille Senon, dem Hinterbliebenenverband in Oradour von ihrer Einladung 1964 berichtet haben, aber die Einladung habe sie nicht über die ANFM, sondern direkt aus der DDR erreicht.[611] Denkbar ist, dass französischerseits die FNDIRP, und damit der „Bruderverband" des KdAW, für die Wahl der beiden Frauen verantwortlich war, denn Camille Senon und ihre Mutter lebten zu diesem Zeitpunkt in Paris und waren Mitglieder der *Association des fusillés et massacrés de la Résistance française* und der FNDIRP. In beiden Verbänden aktiv, hatte Madelaine Senon unter anderem Kontakt mit Marcel Paul. Während des Zweiten Weltkriegs in Auschwitz und Buchenwald inhaftiert, wurde Paul nach Kriegsende Abgeordneter für die Haute-Vienne und Minister, war 1945–1964 Mitglied im ZK der PCF und 1952–1982 Präsident des *Internationalen Buchenwald-Komitees* bzw. des *Internationalen Komitees Buchenwald-Dora und Kommandos*.[612] Das heißt: Überlebende des Massakers in Oradour wurden hier als Opfer anerkannt und eingeladen, es handelte sich jedoch nicht um einen Kontakt mit „Oradour", sondern mit Frauen, die Mitglieder in einschlägigen Verbänden jenseits der ANFM waren. Der lokale Hinterbliebenenverband grenzte sich von solchen Initiativen ab. So gab man Camille Senon vor Reisen in die Bundesrepublik wiederholt zu verstehen, dass sie nicht Oradour respektive die Opfer und Hinterbliebenen repräsentiere, sondern lediglich für sich allein sprechen könne.[613] Senon erinnert die Reaktion des Verbands im Fall ihrer DDR-Reise nicht, allerdings seien „die Reaktionen im Allgemeinen sehr negativ" gewesen, da „die meisten der Meinung waren: ‚Wir gehen nicht nach Deutschland'."[614] In dieser Formulierung liegt der dritte relevante Punkt. Man gehe nicht „nach Deutschland", so der Wortlaut, nicht etwa, „nicht in die Bundesrepublik" oder „nicht in die DDR". Diese semantische Feinheit unterstreicht, was sich in der bisherigen Darstellung bereits abzeichnete: Die Haltung im Verband mag in mehreren Fragen eher der Politik der DDR entsprochen haben, Konsequenzen für Kontakte in die beiden deutschen Staaten erwuchsen daraus aber offenbar nicht.

---

[610] Interview der Verfasserin mit Camille Senon, 29. 5. 2008, telefonisch.
[611] Vgl. Interview der Verfasserin mit Camille Senon, 29. 5. 2008, telefonisch.
[612] Vgl. Perlier, Senon, S. 73 f.; E-Mail Camille Senon an die Verfasserin, 26. 11. 2020; Interviews der Verfasserin mit Camille Senon, 6. 5. 2008, Limoges und 29. 5. 2008, telefonisch; Neumann-Thein, Parteidisziplin, S. 9 f., 44 f., 562 f.
[613] Vgl. Kapitel III.6, Abschnitt „Reaktionen auf den radikalisierten Revisionismus".
[614] Im Original: „On ne va pas en Allemagne", sodass möglicherweise auch das allgemeinere „Man geht nicht nach Deutschland" gemeint sein könnte.

Schließlich ist viertens der Raum bezeichnend, den die Einladungen und die Aufenthalte in der DDR in Senons Erinnerungen einnehmen. Beide Reisen kamen in einem mehrstündigen narrativen Interview nicht zur Sprache, sondern drängten erst im Nachgang an die Oberfläche.[615] Dies ist umso bedeutender, als Senons Lebenslauf nach 1944 von einer bemerkenswerten Offenheit auch gegenüber Deutschland geprägt ist. Bereits während ihrer beruflichen Tätigkeit in Straßburg Ende der 1940er Jahre unternahm sie Ausflüge auf die andere Seite des Rheins. Später reiste sie verschiedentlich in die Bundesrepublik, um an Demonstrationen gegen Treffen von Waffen-SS-Veteranen teilzunehmen.[616] Camille Senon nannte im Gespräch selbst mögliche Erklärungen für die zunächst ausbleibende Erinnerung, etwa ihre Erkrankung während des Aufenthalts 1964. Von besonderer Bedeutung sind zwei weitere etwaige Gründe. Zum einen ihr Hinweis, sie habe bei der Frage nach Aufenthalten in Deutschland „automatisch" an die Bundesrepublik, nicht aber an die DDR gedacht; zum anderen folgende Überlegung:

> „Das ist lange her, und da ich keine Gelegenheit hatte, wieder darüber zu sprechen, merke ich, dass ich Dinge vergessen habe. […] Man denkt, man wird sich immer erinnern […] aber dann, nun, Dinge, an die man mehrere Jahre lang nicht gedacht hat, weil man andere Aktivitäten, andere Probleme hatte, und wenn man das wieder an die Oberfläche holen möchte, merkt man, dass man es vergessen hat."[617]

Es existierte oder entstand also für andere Erlebnisse ein sozialer Rahmen, in dem sie erzählt und erinnert wurden, sodass sie sich in ihren Erinnerungen etablierten – für ihre Aufenthalte in der DDR war dies nicht der Fall. Einen festen Platz in Senons biographischem Narrativ fanden diese Reisen auch nach der reaktivierten Erinnerung nicht. Fünf Jahre nach dem Gespräch erschien ihre zusammen mit dem Historiker Guy Perlier verfasste (Auto-)Biographie. Darin finden unter anderem ihre Reise nach Moskau Erwähnung, die Rede ihrer Mutter beim *Congrès mondial des mères* 1955 in Lausanne – ihre Erfahrungen in der DDR nicht.[618]

Oradour in der Reihe „Sonderbriefmarken von Mahn- und Gedenkstätten in Märtyrerstädten"

Im Januar 1966 schlug das KdAW die Gedenkstätte in Oradour für die Reihe „Sonderbriefmarken von Mahn- und Gedenkstätten in Märtyrerstädten" vor.[619] Das Ministerium für Post- und Fernmeldewesen (MPF) hatte in der ersten Hälfte der 1960er Jahre bereits Gedenkmarken zu Lidice, Treblinka, Leningrad und Putten

---

[615] Vgl. Interviews der Verfasserin mit Camille Senon, 6. und 12. 5. 2008, Limoges, 29. 5. 2008, telefonisch.
[616] Vgl. Interview der Verfasserin mit Camille Senon, 6. 5. 2008, Limoges, sowie Kapitel III.6, Abschnitt „Reaktionen auf den radikalisierten Revisionismus".
[617] Interview der Verfasserin mit Camille Senon, 29. 5. 2008, telefonisch.
[618] Vgl. Perlier, Senon.
[619] Vgl. KdAW, Rudolf Wunderlich, an MPF, Lieber, 25. 1. 1966, BArch Berlin, DM 3/6889.

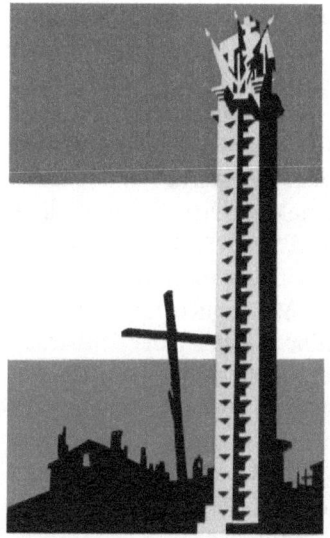

Abb. 26: Briefmarke zum Gedenken an das Massaker in Oradour, herausgegeben vom Ministerium für Post- und Fernmeldewesen der DDR im Jahr 1966

herausgegeben.[620] Nun nahm es den Vorschlag des KdAW an und beauftragte den Berliner Grafiker Professor Peterpaul Weiß mit der Gestaltung der Briefmarke.[621] Die am 9. September 1966 herausgegebene Marke zeigt auf dem Grund der französischen Nationalfarben das von der ANFM errichtete *Tombeau des Martyrs* und ein Kreuz vor den Ruinen des Dorfs. Auf dem Ersttagsbriefumschlag – gestaltet vom Leipziger Grafiker Gerhard Stauf – sind ein Wegweiser mit der Aufschrift „Oradour-sur-Glane" und der Leitsatz „Denke daran!" gedruckt (vgl. Abb. 26).[622]

In Frankreich stieß die Briefmarke verschiedentlich auf Wohlwollen. So berichtete eine französische Zeitung anlässlich der Herausgabe: „Im anderen Deutschland, dem Erhards, erscheinen Briefmarken, die Anspruch auf sowjetische, polnische oder tschechoslowakische Gebiete erheben oder gar die Angliederung der DDR fordern. In Bonn wurden in den letzten drei Jahren 134 Antifaschisten zu insgesamt 132 Jahren Gefängnisstrafe verurteilt, während 72 Hitleranhänger, die Massenmorde zu verantworten haben, freigesprochen wurden."[623] Auch von der ANACR kamen anerkennende Worte, die das MPF in Übersetzung erhielt.[624]

---

[620] Vgl. „Oradour mahnt!", in: Tribüne (Ausgabe B, Groß-Berlin), 2. 9. 1966, VEB (Volkseigener Betrieb), Zeitungsausschnittdienst Globus, BArch Berlin, DM 3/6889.
[621] Vgl. MPF an Weiß, 15. 3. 1966, Entwurf, abgesandt: 17.3.[1966], BArch Berlin, DM 3/6889.
[622] Vgl. MPF, Pwz 2020–0/203, an Pr im Hause, 4. 8. 1966, BArch Berlin, DM 3/6889.
[623] „Un timbre sur Oradour en R.D.A.", Organ nicht genannt, 12. 9. 1966, BArch Berlin, DM 3/6889.
[624] Vgl. KdAW, Rudolf Wunderlich, an MPF, Lieber, 22. 2. 1967, BArch Berlin, DM 3/6889.

Spätestens aus Anlass der Gedenkbriefmarke versuchte eine staatliche Stelle, direkt Kontakt mit Oradour aufzunehmen. Zunächst wandte sich das MPF im Juli 1966 über das MfAA an den Bürgermeister Oradours, oder plante dies zumindest. Mit Bitte um Kenntnisnahme sollte ihm eine Fotokopie der Marke zugesandt werden.[625] Am Tag der Herausgabe wandte sich das MPF in einem Schreiben direkt an den Bürgermeister. Man übersandte zehn Exemplare der Marke mit der Versicherung, „daß die Menschen in der Deutschen Demokratischen Republik diese Greueltaten verabscheuen" und dort „alles getan wird, um mit den Völkern der Welt in Frieden zu leben".[626] Ein Antwortschreiben ist in den konsultierten Akten nicht überliefert und auch in den Protokollen der ANFM-Mitgliederversammlungen findet die Marke keine Erwähnung. Sie fehlt darüber hinaus in der „offiziellen Publikation" der ANFM sowie in allen untersuchten Publikationen von Überlebenden und Hinterbliebenen. Selbst in Camille Senons (Auto-)Biographie ging die Gedenkmarke nicht ein, obwohl ihr Fall erneut zeigt, dass es andere Wege nach „Oradour" gab als über das Rathaus und die ANFM: Die Überlebende erhielt ein Exemplar der Sonderbriefmarke von einer Frau, die sie 1964 während ihres Aufenthalts in der DDR kennengelernt hatte und die in Berlin lebte.[627]

3.3 Oradour in Romanen

Sowohl Karl Stitzer (1954) als auch Horst Busse und Peter Przybylski (1984) nutzten das Thema Oradour bzw. die strafrechtlichen Ahndung des Massakers mit ihren Büchern als Waffe in der deutsch-deutschen politisch-ideologischen Auseinandersetzung im Ost-West-Konflikt.[628] Über diese Publikationen hinaus erschienen in der DDR zwei Romane, die das Massaker bzw. die ausbleibende strafrechtliche Ahndung behandelten und Oradour teils erneut politisierten.

Georges Magnane: „Der Himmel hält den Atem an"

Im Jahr 1956 – die EVG war inzwischen gescheitert – veröffentlichte der Ostberliner Verlag *Volk und Welt* Georges Magnanes Roman „Der Himmel hält den Atem an".[629] Der Verlag ermöglichte den Lesern mit der Übersetzung und Publikation des 1952 in Frankreich unter dem Titel „Où l'herbe ne pousse plus" erschienenen Romans die Lektüre eines Buchs, das in den letzten Jahren zunehmend die Beachtung von Historikern fand.[630]

---

625 Vgl. MPF, Pwz, über P an Int, Entwurf, 19. 7. 1966, abgesandt: 19.7. handschriftlich gestrichen, BArch Berlin, DM 3/6889.
626 MPF, Pwz, an Bürgermeister Oradour-sur-Glane, 9. 9. 1966, Entwurf, abgesandt: 9.9.[19]66, BArch Berlin, DM 3/6889.
627 Vgl. Interview der Verfasserin mit Camille Senon, 29. 5. 2008, telefonisch.
628 Vgl. Kapitel VI.3.1 und Kapitel IV.3.3.
629 Vgl. zum Verlag *Volk und Welt* Barck/Lokatis, Fenster.
630 Vgl. Plas/Bauer, Préface; Plas, Place; Gibouin, Écrire.

Hinter dem Pseudonym Georges Magnane stand der 1907 im Limousin geborene Autor René Catinaud. Seinen Roman, der in Frankreich ein Jahr vor dem Oradour-Prozess erschien, sah er direkt im Zusammenhang mit dem Verfahren: „Er wollte die Gegenposition zu dem Prozess von Bordeaux beziehen, der 1953 stattfand und für seine Begriffe ‚der Prozess der Abwesenheit', das heißt des Vergessens war." So erklärte Magnane, er „habe das Wort im Namen der Lebenden ergriffen." Für ihn würden „die Opfer von Oradour und anderen Orten der Qual" noch leben, und „um ihnen zu helfen, in der Erinnerung der Menschen weiterzuleben, habe ich getan, was ich konnte, und werde es auch weiterhin tun".[631] Im Zentrum seines Romans steht die Beschreibung des 10. Juni 1944 in Oradour, wenn Magnane das Geschehen auch an einen fiktiven Schauplatz verlegte. Es sei, so attestieren Pascal Plas und Thomas Bauer dem Buch, ein „realistisches und erschütterndes Zeugnis", ein „Roman, der der Geschichte ‚gerecht wird'".[632]

Am 2. Juni 1955 beantragte der Verlag *Volk und Welt* beim *Amt für Literatur und Verlagswesen* der DDR-Regierung die Druckgenehmigung für die deutsche Fassung von Magnanes Roman unter dem Titel „Der Himmel hält den Atem an".[633] Das Buch beeindruckte den Lektor Erich Schreier, der 1955 ein Gutachten verfasste und zum Druck riet. Er sah in der Schilderung des Massakers „die fürchterlichste Anklage, die jemals vor der Menschheit erhoben wurde", und lobte das psychologische Moment von Magnanes Analysen. Er lege in den Haupttätern „in einer Tiefenpsychologie, die bisher ohnegleichen, die Triebkräfte frei, welche die faschistische Mordmaschine züchtigte und bewaffnete. Die Qualsituationen der Opfer und die Bewußtseinsebene der Henker zu erhellen, wäre ohne psychoanalytische Ermessung nicht möglich gewesen".[634] Der Lektor Paul Schlicht schrieb in seinem Gutachten, es ehre den Autor, dass er das Massaker „nicht ausschließlich dem deutschen Volk zurechnet, sondern jenen Menschen, jenen ‚Hommes-Porcs', die überall in den kapitalistischen Ländern stark werden, jenen ‚blonden Bestien', die nicht nur in Deutschland leben". Das Buch sei ein „Aufruf an jeden, den Faschismus, der besonders in Westdeutschland wieder aus seinen Rattenlöchern hervorkriecht, in jeder Form zu bekämpfen". Das „Großartige" an dem Werk sei, „daß dieser Aufruf indirekt, wie ungewollt an den Leser herangetragen" werde, was „die tiefe politische Wirkung dieses Buches" ausmache. Der Verlag, schloss Schlicht, „sollte alles unternehmen, dieses Buch recht vielen Lesern zugänglich zu machen; denn es ist einer der reinsten und überzeugendsten Aufrufe zum Kampf für den Frieden, den ich in der Literatur kenne".[635] Der Verlag folgte in seiner Begründung für die Publikation Schlicht zwar dahingehend, dass das Buch „ein Aufruf an je-

---

[631] Zitiert nach Plas/Bauer, Préface.
[632] Plas/Bauer, Préface.
[633] Vgl. Verlag Volk und Welt, Neumann, Antrag auf Druckgenehmigung, 2. 6. 1955, BArch Berlin, DR 1/5032, Bl. 107 f.
[634] Erich Schreier, Gutachten, 13. 6. 1955, BArch Berlin, DR 1/5032, Bl. 109.
[635] Paul Schlicht, Lektorat, o. D., BArch Berlin, DR 1/5032, Bl. 111 f.

den" sei, „den Faschismus in jeder Form zu bekämpfen",[636] was zeigt, dass er die Publikation als politischen Akt verstand; eine vergleichbare politisch-ideologische Überfrachtung, wie dies bei Stitzers Publikation 1954 der Fall war, ist indes nicht zu erkennen. Dies verhielt sich bei dem zweiten Roman, der sich unter anderem mit Oradour befasste, anders.

Klaus Ullrich: „Inspektor Badonel"

„Heinrich Bernhard Dommerding" nannte Klaus Ullrich einen Protagonisten seines Kriminalromans „Inspektor Badonel". Mit dieser recht geistlosen Abwandlung des Nachnamens wollte der Autor offensichtlich keinen Zweifel daran lassen, wer gemeint war: Heinrich Bernhard Lammerding, ehemaliger Kommandeur der 2. SS-Panzer-Division „Das Reich". Der 1987 erschienene Roman erzählt die wichtigsten Fälle des fiktiven Pariser Kriminalinspektors Jacques Badonel, der im Laufe seiner 1945 beginnenden Karriere selbst aussichtslose Fälle in der französischen Hauptstadt und auf internationalem Parkett löst.

Herausgeber des Buchs war der *Militärverlag der DDR*, dessen Geschichte bis zur Gründung der DDR zurückreicht und der mehrmals den Namen wechselte. Da inhaltlich dem Leiter der Politischen Hauptverwaltung der NVA unterstellt, war der Verlag nicht verpflichtet, Publikationen vom Ministerium für Kultur genehmigen zu lassen.[637] Abgesehen von „militärischer Fachliteratur, Zeitschriften und Zeitungen" verlegte er auch „propagandistisch zu verwertende Bücher, Memoirenliteratur führender Militärs, Belletristik zu militärischen Themen und Literatur zur Stärkung des ‚sozialistischen Kampf- und Wehrbewusstseins'".[638]

Die teils zähe, teils kurzweilige Lektüre des Buchs verdeutlicht schnell, warum es im *Militärverlag* erschien, wo es zweifellos in die Kategorie „propagandistisch zu verwertende Bücher" fiel. Der Autor verband die Fälle des Pariser Inspektors mit Kritik am Kapitalismus, den Vereinigten Staaten und der Bundesrepublik, thematisierte anhand seiner Figuren den schweren Stand der Kommunisten in Frankreich und würdigte den Antifaschismus. Dass Ullrich seine Hauptfigur als „eine Art Spezialist für Verbrechen der SS"[639] anlegte, ermöglichte ihm, den Ermittler mit Fällen zu betrauen, die im Zusammenhang mit den Massakern in Lidice und Oradour standen, und so die beiden Verbrechen und ihre Nachgeschichte zu thematisieren. Dabei ließ Ullrich seinen Kommissar in beiden Fällen die gleiche, prägende Erfahrung machen: „Zweimal in seinem Leben hatte er Massenmörder lau-

---

[636] Verlag Volk und Welt, Neumann, Antrag auf Druckgenehmigung, 2. 6. 1955, BArch Berlin, DR 1/5032, Bl. 107 f.
[637] Vgl. Links, Schicksal, S. 75 f.
[638] Einleitung in den Bestand „Militärverlag der DDR", DVP 3-9, 1968-1971, bearbeitet von Norbert Grotelüschen, Koblenz, Mai 2005, im Onlinefindbuch des Bundesarchivs, URL: http://www.argus.bstu.bundesarchiv.de/DVP39-30461/index.htm?kid=49796abf-64fd-4080-9091-61df730d4767 [5. 11. 2016].
[639] Ullrich, Inspektor, S. 38.

fen lassen müssen, weil hohe, für ihn unbegreifliche Politik ihm die Hände gebunden hatte."⁶⁴⁰

Badonels Aufgabe im Fall Oradour, so erklärt ihm sein Vorgesetzter, falle eigentlich gar nicht in ihren Bereich, es sei „eine Angelegenheit der Ermittlungsbehörden, die den Prozeß gegen die Mörder von Oradour vorbereiten, aber man erinnerte sich höheren Orts Ihrer Untersuchung im Fall Lidice und beauftragte mich, Sie in Marsch zu setzen".⁶⁴¹ Der Autor siedelte den Fall damit vor der Eröffnung des Oradour-Prozesses in Bordeaux an. Badonel wird beauftragt, nach Düsseldorf zu reisen, um Dommerding alias Lammerding zu beschatten, dessen Haus im Roman im Meisenweg sechs, tatsächlich im Falkenweg eins stand: „Morgen wird der offizielle Auslieferungsantrag gestellt. Sollten wir die Antwort erhalten, er sei nicht auffindbar, würde man höheren Orts bei uns gern Ihre Beobachtungen schriftlich vorliegen haben."⁶⁴² Wie Lammerding wird auch Dommerding untertauchen, faktisch nach Abschluss des Gerichtsverfahrens in Bordeaux, im Buch vor der Prozesseröffnung. Badonel, der den Untergetauchten sucht und findet, wird plötzlich vom Fall abgezogen: „Der Divisionsinspektor schüttelte ihm nach der Rückkehr die Hand und sagte nur: ‚Vergessen wir die ganze Angelegenheit. Man erwartet es jedenfalls von uns.'"⁶⁴³ Er fürchte, so wird Badonels Vorgesetzter ihm später sagen, „Sie haben nicht verstanden, warum wir in der Angelegenheit Dommerding nichts weiter unternommen haben. Zuweilen ist es mühsam, den verschlungenen Pfaden der großen Politik zu folgen. Es muß einem Franzosen schwerfallen, diese Nachsicht zu begreifen, aber wir haben uns nach Weisungen zu richten."⁶⁴⁴

Bevor Badonel von seinem Fall abberufen wird und die Erfahrung machen muss, dass politische Interessen die strafrechtliche Verfolgung Lammerdings alias Dommerding verhindern, lässt Ullrich seinen Protagonisten den ehemaligen Divisionskommandeur in Düsseldorf beobachten. Der Abschnitt erlaubt es dem Autor, die bundesrepublikanische Nachkriegszeit im Allgemeinen und Lammerdings Nachkriegsleben im Besonderen zu beschreiben. Dommerding ist – wie Lammerding – Bauunternehmer in Düsseldorf, Dommerding engagiert sich darüber hinaus für die Frauen und Kinder der Nachbarschaft und gegen Sittlichkeitsverbrecher, gegen die er ein hartes Vorgehen fordert. Die Beschreibung der Figur gleitet schließlich ins Groteske ab, wenn Badonel erfährt, dass Dommerding bei den Karl-May-Festspielen alljährlich als Old Surehand auftritt. Mehrere Elemente der Erzählung zur Nachkriegsgeschichte Lammerdings und Oradours sind verzerrt bis falsch, an anderen Stellen zitiert der Autor aus Originaldokumenten, darunter Vernehmungsprotokolle. Dies gilt etwa für Aussagen von Überlebenden und Zeugen des Massakers – und für Lammerding. So finden sich im Buch wörtlich übernommene Passagen aus dem Vernehmungsprotokoll der Dortmunder Staatsan-

---

⁶⁴⁰ Ullrich, Inspektor, S. 205.
⁶⁴¹ Ullrich, Inspektor, S. 144.
⁶⁴² Ullrich, Inspektor, S. 144 f.
⁶⁴³ Ullrich, Inspektor, S. 169.
⁶⁴⁴ Ullrich, Inspektor, S. 171.

waltschaft, die den ehemaligen SS-General 1962 vernahm. Vor allem aber lässt der Autor via Badonells Arbeitsunterlagen Überlebende und Hinterbliebene des Massakers zu Wort kommen, aus deren Aussagen er ausführlich zitiert, ohne sie zu anonymisieren.

Ein genauerer Blick auf den Autor lässt vermuten, dass er Zugang zu Akten aus dem Verfahren gegen Heinz Barth hatte. Denn unter dem Pseudonym Klaus Ullrich schrieb der Journalist Klaus Huhn. Jahrgang 1928, leitete Huhn von 1952 bis 1990 die Sportredaktion des *Neuen Deutschlands*. Er publizierte unter mehreren Pseudonymen, war „überzeugte[r] Kommunist", „galt als linientreuester Sportjournalist der DDR" und hatte „Kontakte bis in höchste politische Stellen".[645]

---

[645] Vgl. Eggers, Sportjournalismus, S. 190, 196, 236, die ersten beiden Zitate dort, S. 236, drittes Zitat dort, S. 216; Gallinat, „Ullrich, Klaus".

VII. Zusammenfassung

Als der Zweite Weltkrieg im Mai 1945 endete, hatte Charles de Gaulle die Ruinen Oradours bereits zum Sinnbild des Leidens der Franzosen unter den deutschen Besatzern erklärt. Zu diesem Zeitpunkt lebten die meisten Hinterbliebenen der Opfer in den unweit der Ruinen gelegenen Weilern und Dörfern. Nur wenige von ihnen wussten, wo genau sich die sterblichen Überreste ihrer Verstorbenen befanden. Auf dem Friedhof Oradours waren drei Sammelgräber angelegt worden und in der zerstörten Kirche fand sich noch immer angehäufte menschliche Asche.[1] Der wenige Wochen vor Kriegsende gegründete Hinterbliebenenverband *Association Nationale des Familles des Martyrs d'Oradour-sur-Glane* (ANFM) hatte seine Arbeit aufgenommen und setzte sich dafür ein, dass die Täter am Ort ihres Verbrechens verurteilt und bestraft würden.[2] Mehr als die Hälfte der an dem Massaker beteiligten Soldaten war zu diesem Zeitpunkt noch am Leben. Als der Krieg nun auch für sie endete, war ein Teil von ihnen in Gefangenschaft, andere traten den Weg in die Kriegsgefangenschaft an und wieder andere waren bereits oder kamen kurz darauf frei.

Die Bestrafung der Täter war eine zentrale Forderung des Hinterbliebenenverbands. Bis 1953 erwartete Oradour von der französischen Justiz, dass sie diese Forderung erfüllte. Als das Militärtribunal Bordeaux am 13. Februar 1953 sein Urteil über die anwesenden 21 Angeklagten fällte, waren die Überlebenden und Hinterbliebenen des Massakers bitter enttäuscht von den in ihren Augen viel zu milden Strafen. Kaum eine Woche später potenzierte die französische Nationalversammlung diese Enttäuschung als sie die dreizehn französischen Zwangsrekrutierten unter den Verurteilten amnestierte: Prozess und Amnestie wurden zum „zweiten Martyrium" Oradours. Wie die vorliegende Studie zeigt, blieb das Verlangen nach der strafrechtlichen Ahndung des Massakers bestehen und war das dominierende Thema der ANFM mit Blick auf Deutschland ab 1953. Im Zentrum der Bemühungen stand dabei die Auslieferung des früheren Kommandeurs der 2. SS-Panzer-Division „Das Reich", Heinrich Lammerding, nach Frankreich, wo er vor Gericht gestellt werden sollte. Auch als Anfang der 1980er Jahre bekannt wurde, dass der in Oradour als Zugführer eingesetzte Heinz Barth in der DDR festgenommen worden war, erwog die ANFM, seine Auslieferung zu fordern, entschloss sich jedoch schließlich, ihr Vertrauen in die ostdeutsche Justiz zu setzen.

Die Voraussetzungen für die strafrechtliche Ahndung des Massakers in Deutschland waren insofern günstig, als ein relativ hoher Anteil der an dem Massaker Beteiligten den Krieg überlebte, und von diesen mindestens 76 Männern auch 1994 noch 54 am Leben waren. Dennoch musste sich nur einer von ihnen

---

[1] Vgl. Comité du Souvenir, Procès-verbaux des séances du Comité actif de conservation des ruines et de création d'un sanctuaire à Oradour-sur-Glane, Année 1945, Procès-Verbal de la réunion du 16 Mai 1945, S. 29 f., ACMO, 5 FP 3.
[2] Vgl. ANFM, Assemblée générale, 6. 1. 1946, Rapport moral, ACMO, 5 FP 3.

vor einem deutschen Gericht verantworten, namentlich der 1983 vom Ostberliner Stadtgericht verurteilte Heinz Barth. Der Grund für dieses dürftige Ergebnis ist nicht, dass in der Bundesrepublik und der DDR nicht zum Tatkomplex Oradour ermittelt worden wäre. Die Ermittlungstätigkeit der bundesdeutschen Justiz beläuft sich im Untersuchungszeitraum vielmehr auf elf Ermittlungsverfahren, eine Wiederaufnahme, eine Prüfung auf Wiederaufnahme eines Verfahrens sowie zwei Untersuchungen, die nicht in ein Ermittlungsverfahren mündeten. In der DDR ermittelte das Ministerium für Staatssicherheit (MfS) ausführlich im Zusammenhang mit dem Fall Heinz Barth. Darüber hinaus sind Fahndungsmaßnahmen des MfS im Kontext des französischen Oradour-Prozesses nachweisbar. Die Verdächtigten und Beschuldigten, derer die deutsche Justiz habhaft wurde, waren auch keineswegs nur Soldaten niedrigen Rangs. Sie hatten darüber hinaus unterschiedlichsten Einheitsteilen angehört und diverse Funktionen innegehabt. So waren unter ihnen zwei stellvertretende Gruppenführer, ein Gruppenführer, ein Zugführer und der Kompanieführer der tatausführenden Einheit sowie der Divisionskommandeur. Schließlich standen mit den in Bordeaux Verurteilten, Männer zur Verfügung, die selbst keine strafrechtliche Verfolgung mehr zu fürchten hatten, mithin ideale Zeugen.

Mittels Auswertung aller westdeutschen Ermittlungsverfahren zum Fall Oradour kann die vorliegende Untersuchung die Frage beantworten, warum es trotz dieser relativ guten Bedingungen dennoch zu keinem Oradour-Prozess in der Bundesrepublik kam. Verantwortlich hierfür waren mehrere Gründe. Erstens endeten sieben Ermittlungen damit, dass der Beschuldigte nachweislich oder höchstwahrscheinlich nicht in Oradour eingesetzt war. Zweitens blockierte der 1955 in Kraft getretene sogenannte Überleitungsvertrag – respektive seine Auslegung – bundesdeutsche Ermittlungen gegen Personen, die in Frankreich in Abwesenheit verurteilt worden waren. In der Folge war der westdeutschen Justiz bis zur Ratifizierung des Zusatzabkommens zum Überleitungsvertrag 1975 keine strafrechtliche Verfolgung jener 44 Männer möglich, die das Militärgericht Bordeaux 1953 in Abwesenheit verurteilt hatte. Dies führte etwa im Fall des ehemaligen Kompanieführers Otto Kahn zu einem jahrelangen und letztlich wohl entscheidenden Ermittlungsstillstand. Als dritter Grund ist zu nennen, dass die zuständigen Staatsanwälte oder Ermittler die Ermittlungsmöglichkeiten in mehreren Verfahren nicht ausschöpften, mitunter zeichnete sich ein mangelndes Interesse an einer nachdrücklichen Strafverfolgung ab. Das eindrücklichste Beispiel für die Nachlässigkeit der Justiz sind die Ermittlungen gegen A. Heinrich in den 1950er Jahren. Der verantwortliche Staatsanwalt stellte über die Vernehmung des Geständigen hinaus keinerlei Untersuchungen an. Er hielt die Aussagen und Rechtfertigungen des als MG-Schütze in Oradour eingesetzten Heinrich für glaubwürdig und stellte das Verfahren wegen fehlenden Unrechtsbewusstseins und Befehlsnotstands ein. Eine solche Entscheidung war in der frühen Bundesrepublik keine Ausnahme, im Fall Oradour war damit allerdings eine einmalige Chance vertan: Heinrich war und blieb der einzige an dem Massaker Beteiligte, der sich in der Bundesrepublik stellte und gestand, eigenhändig an Tötungshandlungen beteiligt gewesen zu sein. Er räumte nicht nur seine Beteiligung an der Exekution einer Gruppe Männer ein, sondern auch an der Tötung der Frauen und Kinder in der Kirche. Besonders günstig waren die Voraussetzungen in seinem Fall darüber hinaus, da zum Zeitpunkt dieses Ermittlungsverfahrens eine Verurteilung wegen Totschlags noch möglich gewesen wäre. Als das Zusatzabkommen zum Überleitungsvertrag 1975 ratifiziert und der Weg für Ermittlungen gegen die in Bordeaux 1953 in Abwesenheit Verurteilten somit frei wurde, war die Verjährung für Totschlag bereits eingetreten und eine Anklage nur noch wegen (Beihilfe zum) Mord möglich. Die Hürden für eine Anklageerhebung waren damit ungleich höher.

Drei weitere Gründe für die ausgebliebenen Anklagen in der Bundesrepublik zeigen sich besonders deutlich an dem infolge des Zusatzabkommens eingeleiteten Komplex-Verfahren[3] zu dem Massaker in Oradour. Dieses von der *Zentralstelle im Lande Nordrhein-Westfalen für die Bearbeitung Nationalsozialistischer Massenverbrechen* (ZStD) geführte Ermittlungsverfahren war das umfangreichste und engagierteste Oradour-Verfahren in der Bundesrepublik im Untersuchungszeitraum. In der Mehrheit der Fälle waren es folgende Punkte, die zur Einstellung des Verfahrens führten: das Fehlen schriftlicher Beweismitteln (viertens), der Mangel an zuverlässigen und aussagewilligen Belastungszeugen (fünftens) und nicht zuletzt das Aussageverhalten der Beschuldigten selbst (sechstens). Mitunter hemmten siebtens auch Zufälle die Ermittlungen oder setzten ihnen ein Ende. Zu nennen ist hier der Tod des früheren Kompanieführers Otto Kahn kurz nachdem die Sperrklausel des Überleitungsvertrags entfiel und die Staatsanwaltschaft mit Ermittlungen gegen ihn begann. Kahns leitende Position als Kompanieführer und seine Beteiligung an dem Massaker standen von Beginn an außer Frage, wodurch die Chance auf eine Anklageerhebung verhältnismäßig hoch war, durch seinen Tod aber zunichte gemacht wurde. Zu den unglücklichen Umständen zählt weiterhin, dass das in den 1950er Jahren gegen den geständigen A. Heinrich geführte Verfahren keinem der später ermittelnden Polizisten und Staatsanwälten bekannt wurde. Schließlich war es womöglich auch Pech, dass der ZStD-Leiter Klaus Schacht bei seiner Auswertung der MfS-Akten zum Fall Barth 1992 die von ihm gesuchte Kompanieliste der tatausführenden Einheit und damit ein zentrales Beweismittel übersah.

Der Vorwurf, die deutsche Justiz habe im Fall Oradour „die Aussagen, besser: (Selbst-) Rechtfertigungen von Lammerding & Co." nicht hinterfragt, „sondern für bare Münze [genommen], z. B. die längst widerlegte Lüge, dass in Oradour Partisanen angegriffen hätten",[4] hält den Untersuchungsergebnissen nur teilweise stand. In keiner der ausgewerteten Einstellungsverfügungen formulierte ein Staatsanwalt, die Einheit sei in Oradour auf Widerstandskämpfer getroffen oder angegriffen worden. Die deutsche Justiz übernahm diesen Teil des revisionistischen Oradour-Narrativs

---

[3] In diesen Verfahren wurde nicht nur gegen eine einzelne Person ermittelt, sondern versucht, möglichst alle potenziellen Täter zum Tatkomplex ausfindig zu machen.
[4] Unterhinninghofen, Prozess, S. 21.

also gerade nicht in ihren *récit du massacre*. Richtig ist hingegen, dass Ermittler und Staatsanwälte wiederholt versäumten, die von den Mitgliedern des Regiments- und Divisionszirkels vorgetragene Rechtfertigung, bei dem Massaker habe es sich um ein befehlswidriges Vorgehen des Bataillonskommandeurs Adolf Diekmann gehandelt, für das sie keinerlei Verantwortung trügen, mit gebotener Sorgfalt zu hinterfragen. Das in der Folge dominierende *récit de la justice* beeinflusste die Ermittlungsergebnisse und hatte unter anderem zentrale Bedeutung für die Einstellung des Verfahrens gegen den Divisionskommandeur Heinrich Lammerding. Gleichwohl: Der alleinige Wille, das Narrativ des Regiments- und Divisionszirkels zu widerlegen, war nicht ausreichend, wie das Verfahren gegen Heinz Barth in der DDR verdeutlicht. Vielmehr sah sich das mit einem Gutachten beauftragte Militärgeschichtliche Institut der DDR in der Frage der Befehlsherkunft vor ähnlichen Beweisschwierigkeiten wie die westdeutsche Justiz. Schließlich lässt der zitierte Vorwurf einen zentralen Faktor außer Acht: Wie die vorliegende Studie zeigt, spielte die Frage nach der Befehlsherkunft in mehreren Fällen keinerlei Rolle. Dies galt etwa bei Beschuldigten, die zum Tatzeitpunkt niedrige Ränge bekleidet hatten und im Rahmen der Ermittlungsverfahren angaben, durchgehend weitab des Orts als Wachposten eingesetzt gewesen zu sein, sowie bei Männern, die beschuldigt wurden, (unterstützend) an der Erschießung einer Männergruppe teilgenommen zu haben. Die zentrale Frage lautete hier: Wann wurden diese Soldaten über das Ziel des Einsatzes informiert bzw. ab wann konnte und musste ihnen der Charakter des Einsatzes offenkundig sein? Dass die höheren Grade einen Teil der ihnen unterstellten Soldaten am 10. Juni 1944 offenbar in dem Glauben ließ, es handele sich in Oradour um einen Einsatz gegen Partisanen, zeitigte beim Versuch der strafrechtlichen Ahndung des Massakers Folgen. Denn an der subjektiven Vorstellung der Soldaten, warum die Männer in Oradour zu erschießen seien, verlief mitunter die entscheidende Trennlinie zwischen Totschlag und Mord – und damit seit 1960 zwischen einem bereits verjährten und einem noch zu ahndenden Tatbestand. An der Tötung der Frauen und Kinder, bei der diese Rechtfertigung nicht gegriffen hätte, wollte freilich keiner der Beschuldigten beteiligt gewesen sein.

Zu den Versäumnissen der bundesdeutschen Justiz im Fall Oradour gehört, dass bis zur Mitte der 1970er Jahre keines der gegen Einzelpersonen geführten Verfahren auf ein Komplexverfahren ausgedehnt wurde. Dies mag teils mit Blick auf die hemmende Wirkung des Überleitungsvertrags begründet gewesen sein, gerechtfertigt war es nicht. Denn französische Abwesenheitsurteile lagen nur gegen 44 von mindestens 150 in Oradour eingesetzten Soldaten vor. Die mit den Verfahren betrauten Staatsanwälte sahen sich dennoch nicht dazu veranlasst, die verbleibenden Männer ausfindig zu machen und ihre Rolle im Massaker zu klären.

Als Hemmschuh für die strafrechtliche Verfolgung der Täter wirkte auch die politische Einflussnahme auf die Justiz. Für die Bundesrepublik ist eine entsprechende Beeinflussung auf die Ermittlungen gegen A. Heinrich nachweisbar. Um jegliche öffentliche Aufmerksamkeit für das Thema Oradour zu vermeiden, bat das Auswärtige Amt das Bundesjustizministerium, man möge die Ermittlungen zurückstellen – was auf entsprechende Weisung hin geschah. Diese Intervention macht deutlich, wo die vergangenheitspolitischen Prioritäten in den 1950er Jahren lagen: Es war wichtiger, die in Bordeaux verurteilten Deutschen schnellstmöglich auf freiem Fuß zu sehen, als weitere Täter strafrechtlich zu verfolgen. Auch im Fall des früheren Divisionskommandeurs Lammerding und des ehemaligen Kommandeurs des SS-Regiments „Der Führer", Sylvester Stadler, agierte die Politik zugunsten der einstigen SS-Offiziere. Bundesjustizminister Thomas Dehler persönlich besprach mit ihnen das Vorgehen im Vorfeld des französischen Oradour-Prozesses. Lammerding hatte darüber hinaus mit dem Leiter der Zentralen Rechtsschutzstelle, Hans Gawlik, einen vehementen Verfechter im Bundesjustizministerium bzw. Auswärtigen Amt, der Oradour-Ermittlungen nach Möglichkeit torpedierte. In der DDR war das Verfahren gegen Heinz Barth von zahlreichen politischen Maßgaben beeinflusst. Dies verhinderte zwar nicht seine im Kern valide Verurteilung, hatte aber zur Folge, dass aus der Sorge um die Reputation des SED-Staats zwei weitere Verdächtige nicht vor Gericht kamen.

Zu den Zielen dieser Studie zählte auch, das transnationale Moment der strafrechtlichen Ahndung des Massakers in Oradour zu bestimmen. Zu konstatieren ist zunächst die Kooperation bei den strafrechtlichen Ermittlungen auf dem Weg der Rechtshilfe. Dies gilt zum einen für die deutsch-deutsche Zusammenarbeit, zum anderen unterstützte Frankreich sowohl west- als auch ostdeutsche Ermittlungsverfahren auf dieser Ebene. Zwei Untersuchungsergebnisse sind dabei hervorzuheben: Im innerdeutschen Verhältnis sticht die Weigerung der DDR-Generalstaatsanwaltschaft heraus, der bundesdeutschen Justiz im Gegenzug zu der von ihr geleisteten Rechtshilfe im Rahmen der Ermittlungen gegen Heinz Barth, die Vernehmungsprotokolle des Beschuldigten zu überlassen und der Vernehmung Barths durch einen bundesdeutschen Staatsanwalt zuzustimmen. Die in Dortmund auf der Basis von Barths Aussagen geplanten Ermittlungen konnten somit nicht geführt werden. Wenngleich die DDR die mangelnde Aufarbeitung des NS-Unrechts in der Bundesrepublik auch im Fall Oradour unablässig kritisierte, war ihr faktisch nicht an der Ahndung des Massakers durch die westdeutsche Justiz gelegen, die sie mit ihrer Verweigerungshaltung blockierte. Im zweiten Fall, den es hervorzuheben gilt, wirkte sich der Umgang der französischen Justiz mit dem früheren Divisionskommandeur Lammerding bedeutend auf die westdeutschen Ermittlungen gegen den ehemaligen General aus. Während des Oradour-Prozesses in Bordeaux 1953 wurde bekannt, dass Lammerding als freier Mann und Bauunternehmer in Düsseldorf lebte. Der ehemalige General geriet so in das Zentrum des öffentlichen Interesses und wurde zum Sinnbild des Verantwortlichen für das Massaker in Oradour. Über Jahre erhitzte sein Fall immer wieder die Gemüter, auch weil Lammerding in Frankreich mehrmals in Abwesenheit verurteilt worden war, das deutsche Grundgesetz ihn aber vor einer Auslieferung schützte. Als Anfang der 1960er Jahre die westdeutsche Justiz Ermittlungen gegen ihn aufnahm und Frankreich um Überlassung der Beweismittel bat, mussten die deutschen Staatsanwälte feststellen, dass Lammerdings Akte zu Oradour leer war – die französische Justiz hatte zu keinem Zeitpunkt wegen des Massakers in Oradour gegen ihn ermittelt, die Abwesenheitsurteile waren allesamt aufgrund anderer Beschuldigungen verhängt worden. Dieser Umstand setzte sich in der öffentlichen Wahrnehmen ebenso wenig durch wie die Tatsache, dass eine deutsche Staatsanwaltschaft gegen ihn ermittelte und das Verfahren schloss. Bis zu Lammerdings Tod – und darüber hinaus – war immer wieder von der französischen Verurteilung zu lesen, die eine Strafverfolgung in der Bundesrepublik verunmögliche.

Wie wichtig die strafrechtliche Ahndung des Massakers für die Überlebenden und Hinterbliebenen auch nach 1953 war, wurde im Laufe der Studie vielfach deutlich. Davon zeugen die wiederholten Forderungen des Hinterbliebenenverbands und die weitgehend positiven Reaktionen auf den Ostberliner Barth-Prozess. Die Bedeutung der strafrechtlichen Verfolgung zeigt sich weiterhin darin, dass die ANFM allein diesem Thema einen Anhang in ihrer ansonsten seit 1945 unveränderten „offiziellen Publikation" widmete, sowie an der Häufigkeit, mit der Überlebende und Hinterbliebene diesen Aspekt in ihren Publikationen behandelten. Die Gewichtigkeit lässt sich schließlich am Ausmaß der Bitterkeit ablesen, mit der die ANFM reagierte, als ihr Verlangen nach Gerechtigkeit enttäuscht wurde. Allem voran galt dies nach 1953 für den Tod Lammerdings kurz vor der Unterzeichnung des Zusatzabkommens. Angesichts des immensen Stellenwerts der strafrechtlichen Ahndung des Massakers für die Überlebenden und Hinterbliebenen wiegt besonders schwer, dass sich die zunächst positive Wirkung des Ostberliner Barth-Prozesses bis zum Tod des Verurteilten 2007 weitgehend verflüchtigte. Verantwortlich dafür waren wohl vor allem Barths vorzeitige Freilassung und die ihm zugestandene Opferrente nach der deutschen Vereinigung.

Revisionismus

Der deutsche Oradour-Revisionismus hatte bis 1985 drei zentrale Vertreter. Alle drei Männer waren ehemalige Offiziere der Waffen-SS: Albert Stückler hatte seit Anfang 1944 als erster Generalstabsoffizier und Stellvertreter Lammerdings mit an der Spitze der SS-Division „Das Reich" gestanden; Otto Weidinger befand sich zum Zeitpunkt des Massakers in Oradour bereits beim Stab des SS-Regiments „Der Führer", das er kurz darauf als Kommandeur übernahm; Herbert Taege schließlich war während des Zweiten Weltkriegs unter anderem Teil des Wachpersonals des Konzentrationslagers Dachau und zum Zeitpunkt der Vernichtung des Warschauer Ghettos bei einer Panzer-Division in der Stadt eingesetzt.

1947 begann Albert Stückler, sich für seine „Herzensangelegenheit" einzusetzen: die Freilassung der in Frankreich inhaftierten früheren Angehörigen der SS-Division „Das Reich". Sein Engagement für die Gefangenen zwischen 1947 und 1953 war eng verknüpft mit der Erfindung, Verbreitung und Modifizierung einer revisionistischen Darstellung des Massakers. Otto Weidinger, der bei Kriegsende in Prag in amerikanische Kriegsgefangenschaft geriet, wurde im Sommer 1947 nach Frankreich ausgeliefert. Dort sprach ihn das Militärgericht Bordeaux 1951 vom Vorwurf der freiwilligen Mitgliedschaft in der Waffen-SS frei. Noch in französischer Haft verfasste Weidinger eine Darstellung des Massakers, die er über zwanzig Jahre aufrechterhielt, verteidigte und verbreitete. Zurück in Deutschland begann auch er, sich für die noch in Haft befindlichen Kameraden einzusetzen, die in seinen Augen „die letzten Opfer des verlorenen letzten Krieges"[5] waren. Nach einer kurzen erfolglosen Episode als Bundessprecher der HIAG 1958 wandte sich Weidinger der „Geschichtsschreibung" zu und avancierte zum Biographen seiner früheren Einheiten. In umfangreichen Abhandlungen publizierte er ab 1962 die Geschichten des SS-Regiments „Der Führer" und der SS-Division „Das Reich". Darüber hinaus schrieb Weidinger für die Verbandszeitschrift der HIAG, *Der Freiwillige*. Nach Stückler Einsatz und bis Herbert Taege Mitte/Ende der 1970er Jahre begann, zum Thema Oradour zu publizieren, war Weidinger die zentrale Figur des deutschen Oradour-Revisionismus. Die Ergebnisse dieser Untersuchung zeigen, dass sich Taege allerdings schon viel früher als bislang bekannt ein erstes Mal mit Oradour befasste. Nach seiner Entlassung aus der Internierungshaft in Dachau und einem Studium der Zeitungswissenschaften arbeitete er als freier Journalist und später – wie er selbst schrieb – in der „Büroindustrie", bevor er ab 1975 als Publizist und schließlich auch als Herausgeber mit eigenem Verlag tätig wurde. Anfang der 1950er Jahre, im Vorfeld des französischen Oradour-Prozesses, plante Taege erstmals, zum Thema Oradour zu publizieren. Zu diesem Zeitpunkt war er bereits in geschichtsrevisionistischen Kreisen vernetzt und tätig geworden. Nach einem Konflikt mit Stückler 1951 verzichtete Taege auf die Publikation eines bereits ausgearbeiteten Manuskripts, und eine erneute Arbeit zum Thema Oradour ist erst wieder für Mitte der 1970er Jahre nachzuweisen.

Nach ihrer eigenen Freilassung zielte Stücklers und Weidingers Engagement auf die Entlassung ihrer früheren Untergebenen. Zu diesem Zweck sammelte Stückler Entlastungsmaterial und Zeugenaussagen, er lancierte Pressekampagnen und „rekonstruierte" das Kriegstagebuch der 2. SS-Panzer-Division „Das Reich". In dieser auch als „Stückler-Bericht" bekannten Aufzeichnung behauptete er, die Geschehnisse in Oradour seien kriegsgerichtlich untersucht worden, unter anderem mit dem Ergebnis, die Einheit habe in Oradour mehrere hingerichtete deutsche Soldaten vorgefunden. Die Schuld an dem Verbrechen wies er Bataillonskommandeur Diekmann zu, der französische Widerstand indes habe das Massaker provoziert. Es gelang Stückler, die Schrift direkt oder über Dritte an Schlüsselpersonen und -institutionen weiterzuleiten, darunter das Bundesjustizministerium, die ZRS und möglicherweise auch die französischen Untersuchungsbehörden. Stückler wusste bei seinem Einsatz nicht nur mehrere Dutzend ehemalige Angehörige der SS-Division „Das Reich" hinter sich, sondern er hatte auch einflussreiche Unterstützer. Schon früh vernetzte er sich mit Protagonisten und Einrichtungen der Kriegsverbrecherhilfe, wie etwa dem Münchener Weihbischof Johannes Neuhäusler und der ZRS unter Hans Gawlik. Bislang ist nicht nachweisbar, dass Stückler auch über

---

[5] „Vergeßt die Kameraden in Bordeaux nicht", in: Wiking-Ruf, Ausgabe Juli 1952, Kopie, BArch Freiburg, N 756/389.

seinen FDP-Parteikollegen Bundesjustizminister Thomas Dehler (1949–1953) versuchte, Einfluss geltend zu machen. Denkbar ist dies, denn spätestens 1956 korrespondierten die beiden Männer, und Dehler war gegenüber den französischen Gerichtsverfahren äußerst kritisch eingestellt. Das gesamtgesellschaftliche Klima war insofern günstig für Stücklers und Weidingers Anliegen, da die „Lösung des Kriegsverbrecherproblems" das „vergangenheitspolitische Hauptthema" der frühen Bundesrepublik war.[6] Weidinger, dessen Engagement später einsetzte und auch noch für die Zeit nach den Urteilen im Oradour-Prozess 1953 nachzuweisen ist, organisierte juristische, finanzielle, materielle und moralische Hilfe für die Inhaftierten. Er suchte nach Zeugen und sagte selbst aus, rief zur Übersendung von Päckchen und Briefen auf und richtete ein Spendenkonto ein.

Für den Untersuchungszeitraum lassen sich zwei revisionistische Narrative des Massakers in Oradour unterscheiden: Einer „Minimalversion" stand eine radikalrevisionistische Darstellung gegenüber. Gemeinsam war ihnen, dass sie den in Oradour eingesetzten Bataillonskommandeur Adolf Diekmann für das Geschehen verantwortlich machten und die Mitglieder des Regiments- und Divisionszirkels von jeder Schuld freisprachen. Das Massaker, so der gemeinsame Kern, sei weder auf Regiments- noch auf Divisionsebene befohlen worden, es sei vielmehr umgehend nach dem Bekanntwerden der Geschehnisse eine Untersuchung gegen den Bataillonskommandeur eingeleitet worden. Die „Minimalversion" zeichnete sich durch die Augenzeugenschaft der Mitglieder des Regiments- und Divisionszirkels aus. Sie bezeugten als Beteiligte einzelne oder mehrere Geschehnisse der Vor- und Nachgeschichte des Massakers, während sie die Angaben über das Geschehen in Oradour allein Dritten zuschrieben: in erster Linie Bataillonskommandeur Diekmann, aber auch Kompanieführer Kahn. Da Diekmann gefallen und Kahns Verbleib lange unbekannt war, war kein Widerspruch zu erwarten. Darüber hinaus konnten die offensichtlichen Widersprüche zu den Darstellungen der Überlebenden des Massakers Kahn und Diekmann zugeschrieben werden. Im Kern war die „Minimalversion" ein Distanzierungsnarrativ: Es diente der Selbstentlastung und zur Abgrenzung des Regiments- und Divisionszirkels von Verbrechen wie jenem in Oradour.

Die radikalrevisionistische Version zielte anders als die „Minimalversion" auch auf die allumfassende Exkulpation Diekmanns. Sie stellte die Erschießung der Männer als rechtmäßiges, durch die Wehrmachtshierarchie befohlenes Vorgehen dar und machte für das Massaker in der Kirche Oradours Partisanen verantwortlich. Diese hätten in dem Gotteshaus gelagerten Sprengstoff gezündet, während deutsche Soldaten versucht hätten, die Frauen und Kinder zu retten. Die „Minimalversion" blieb dabei als Kern bestehen, die auf den vermeintlichen Augenzeugenberichten des Regiments- und Divisionszirkels beruhende Vor- und Nachgeschichte des Massakers aber wurde durch angebliche „Forschungsergebnisse" erweitert, die auch das Geschehen vor Ort betrafen.

---

[6] Frei, Vergangenheitspolitik, S. 21.

Der Übergang von der „Minimalversion" zur radikalrevisionistischen Darstellung des Massakers vollzog sich gegen Ende der 1970er Jahre. Ab 1978 publizierten Weidinger und Taege die neue Version in mehreren Monographien. Grund für die Radikalisierung war, dass die Veteranen der SS-Division „Das Reich" und das Narrativ des Regiments- und Divisionszirkels zunehmend in die Defensive gerieten. Die beanspruchte und erstrebte Deutungshoheit über das Massaker wurde durch Publikationen, Film und Fernsehen bedroht und in der französischen und deutschen Zivilgesellschaft formierte sich lautstarker Protest gegen Lammerdings Straffreiheit und die Gründung der Truppenkameradschaft „Das Reich". Auf juristischer Ebene drohte Lammerding und anderen in Frankreich in Abwesenheit verurteilten Einheitsangehörigen mit Abschluss des Zusatzabkommens ein Ermittlungsverfahren in der Bundesrepublik. Damit einher ging die – begründete – Sorge, die den deutschen Behörden übergebenen französischen Justizakten könnten die „französische Version" des Massakers stützen. Die Genese des radikalrevisionistischen Narrativs zeigt: Weidinger und Taege reagierten auf den entstehenden Druck mit Gegendruck. An dieser Strategie hielten die beiden auch fest, als ihre Darstellungen im Rahmen des in Ostberlin geführten Barth-Prozesses – vom MfS gesteuert – gezielt und öffentlichkeitswirksam widerlegt wurden.

Wenn sich diese beiden Narrative auch unterscheiden lassen und die genannte Verschiebung im Zeitverlauf zu konstatieren ist, wurde doch auch deutlich, dass neben der „Minimalversion" schon früh radikalrevisionistische Darstellungen existierten und die Wahl der genutzten Version immer auch vom Verwendungszusammenhang abhing. Am deutlichsten ließ sich dies im Justizkontext belegen. So vollzog Stückler im Vorfeld des Bordeaux-Prozesses eine wohl taktisch begründete „Kehrtwende", weg von der in seinem Kriegstagebuch vertretenen Darstellung hin zur „Minimalversion". Ziel dieses Umschwungs war es wohl, gemeinsam mit den Verteidigern der deutschen Angeklagten in Bordeaux eine glaubwürdigere Version des Geschehens als die von ihm bislang verbreitete zu propagieren. Noch offensichtlicher war der Wechsel zwischen den Narrativen bei Otto Weidinger. Während er die „Minimalversion" in seinem 1962 erschienenen Buch bereits mit Bestandteilen des radikalrevisionistischen Narrativs anreicherte, um die in Oradour eingesetzten Deutschen stärker als bisher zu entlasten, brachte er diese Informationen bei einer Vernehmung durch die Staatsanwaltschaft im selben Jahr nur teilweise zur Sprache. Und auch als die radikalrevisionistische Darstellung des Massakers bereits in seinen Schriften dominierte, hielt Weidinger die darin erwähnten „Beweise" bei einer erneuten Vernehmung zurück.

Es ist davon auszugehen, dass es den Protagonisten des Oradour-Revisionismus bei ihren Bemühungen um die Deutungshoheit nicht allein um die eigene Entlastung im Fall Oradour ging. Der Internationale Militärgerichtshof in Nürnberg erklärte die SS 1946 zur „Verbrecherischen Organisation", schloss die Waffen-SS explizit mit ein und verwies dabei unter anderem auf das Massaker in Oradour. Zu den Folgen des Urteils gehörten eine Schlechterstellung der ehemaligen Waffen-SS-Soldaten bei den Rentenbezügen im Vergleich zu früheren Wehrmachtssoldaten und eine schärfere Strafverfolgung, aber auch das Gefühl der verlorenen Ehre, die es wiederherzustellen galt. Sich selbst, das SS-Regiment „Der Führer", die SS-Division „Das Reich" aber auch die gesamte Waffen-SS von Verbrechen wie jenem in Oradour zu entlasten, war damit immer auch ein Kampf gegen das Nürnberger Urteil.

Die revisionistischen Oradour-Narrative – so ein weiteres Ergebnis der Studie – waren in der Bundesrepublik langlebig und von starker Wirkkraft. Dies wurde etwa in den beharrlichen Versuchen erkennbar, umgehend die Deutungshoheit über das Geschehen zurückzuerobern, sobald das Massaker öffentliche Aufmerksamkeit erfuhr. Neben den im Zentrum dieser Arbeit stehenden Veteranen der Waffen-SS intervenierten auch andere frühere (Waffen-SS-) Soldaten oder weitere Verfechter der revisionistischen Thesen. Bemerkenswert ist, dass trotz der juristischen und inzwischen auch wissenschaftlichen Aufarbeitung des Massakers, der von den deutschen Protagonisten des Oradour-Revisionismus gesäte Zweifel an einer vermeintlich „offiziellen Version" des Geschehens in der Geschichtswissenschaft auch nach dem Jahrtausendwechsel noch fortwirkte. Der konstatierte Mechanismus von Druck und Gegendruck lässt vermuten, dass eine frühere und umfangreichere wissenschaftliche Beschäftigung mit dem Massaker in Oradour das revisionistische Narrativ und seine Vertreter nicht notwendigerweise gezähmt hätte. Gleichwohl hätte eine wissenschaftlich etablierte Darstellung wohl einen gewichtigeren Gegenpol geschaffen als dies journalistische Arbeiten vermochten. Bedeutsam wäre ein solches Gegengewicht insbesondere für die juristische Aufarbeitung des Massakers gewesen, um das Narrativ des Regiments- und Divisionszirkels dekonstruieren zu können – möglicherweise mit strafrechtlichen Folgen für seine Vertreter.

Der Hinterbliebenenverband in Oradour war schon früh mit deutschen revisionistischen Darstellung des Massakers und der damit einhergehenden Täter-Opfer-Umkehr konfrontiert. Anfang der 1950er Jahre sah man in Oradour auch klar, dass die als „systematische Kampagne gegen die ‚Wahrheit' von Oradour-sur-Glane" wahrgenommenen Aktivitäten in der Bundesrepublik auf eine Freilassung der in Frankreich inhaftierten Beschuldigten noch vor Prozesseröffnung zielten. Soweit aus den Quellen ersichtlich, hätte die ANFM am liebsten ein Verbot entsprechender Publikationen wie in Frankreich so auch in Deutschland gesehen. Doch während der Verband in Frankreich mit Unterstützung der Regierung rechnen konnte, wurden Weidingers und Taeges Publikationen in der Bundesrepublik nicht verboten. Die revisionistischen Veröffentlichungen und die Ehemaligentreffen der SS-Division „Das Reich" führten in Oradour zu Empörung aber konnten durch die Überlebenden und Hinterbliebenen auch als erneute Verletzungen empfunden werden. Besonders aufschlußreich ist in diesem Zusammenhang, dass die ANFM darauf hinwies, solche Publikationen würden eine Versöhnung hemmen bzw. hielten den Hass zwischen Frankreich und Deutschland aufrecht. Vor diesem Hintergrund erklärt sich auch die große Bedeutung, die Oradour einer Anerkennung des Massakers seitens Deutschland auf höchster politischer Ebene zumaß.

Entschädigungszahlungen

Die aus dem Massaker resultierenden materiellen Fragen waren bis etwa Anfang der 1960er Jahre ein Kernpunkt der Verbandsarbeit in Oradour. Die ANFM trat gegenüber dem französischen Staat als vehemente Verfechterin der finanziellen Interessen ihrer Mitglieder auf und war in ihren Bemühungen oft erfolgreich. Dass die Gleichstellung mit anderen Kriegsopfern in manchen Bereichen erst erstritten werden musste, führte im Verband zu Verärgerung und Bitterkeit. Diese Erfahrung belastete die Beziehung zum französischen Staat noch vor dem tiefgreifenden Zerwürfnis im Jahr 1953. Als Paris und Bonn 1960 das Globalabkommen zur Entschädigung von französischen NS-Opfern schlossen, waren zwar bereits einige, aber noch nicht alle finanziellen Streitpunkte zwischen dem französischen Staat und Oradour ausgeräumt. Die ANFM, so ein Ergebnis dieser Arbeit, setzte sich zu diesem Zeitpunkt wohl weder allgemein für deutsche Entschädigungszahlungen ein, noch konkret für eine Berücksichtigung der Opfer des Massakers im Globalabkommen. Explizit gefordert hatte der Verband deutsche Zahlungen allein 1946 und 1947, allerdings im Rahmen eines innerfranzösischen Entschädigungskonflikts. Was die Haltung des Hinterbliebenenverbands angesichts des Globalabkommens anbelangt, so ist weder auszuschließen noch war zu belegen, dass die ANFM erwog, die deutschen Entschädigungszahlungen zurückzuweisen. Nachweisbar ist hingegen, dass es zu keiner kollektiven Zurückweisung kam: In 350 der 702 überprüften Fälle erfolgte eine Entschädigung aus dem Globalabkommen, die Gesamtsumme betrug 1 937 715 Franc. Die Entschädigungen wurden überwiegend an Hinterbliebene der Todesopfer, aber auch an Überlebende des Massakers ausbezahlt. Der ANFM-Vorsitzende beteiligte sich im Vorfeld der Auszahlungen an einer Informationsveranstaltung zum Thema und der Verband unterstützte seine Mitglieder bei der Antragstellung.

Dass die Opfer des Massakers bei der Entschädigung aus dem deutsch-französischen Globalabkommen berücksichtigt wurden, verdankten sie in erster Linie dem französischen Staat. Da sich Paris und Bonn bis zum Abschluss des Abkommens nicht über den Kreis der Entschädigungsberechtigten verständigen konnten, stand am Ende ein „pragmatischer Formelkompromiss"[7]: Bonn erklärte sich bereit, die ausgehandelte Summe zu bezahlen, und verwies darauf, deren Berechnung liege der eigene Verfolgtenbegriff zugrunde. Im Gegenzug erhielt Paris freie Hand bei der Verteilung der Gelder. Hätte sich die Bundesrepublik bei der Festlegung des Empfängerkreises durchgesetzt und ihn im Abkommen fixiert, die Überlebenden und Hinterbliebenen des Massakers wären nicht entschädigt worden. Denn zum einen wollte die deutsche Seite allein überlebende Opfer berücksichtigen, was im Fall Oradour bedeutet hätte, dass fast 95% der schließlich Entschädigten leer ausgegangen wären. Zum anderen sollten nach Ansicht der deutschen Seite Opfer von Massakern im Rahmen der sogenannten Bandenbekämpfung nicht

---

[7] Vgl. die Überschrift des Beitrags von Moisel, Formelkompromiss, S. 242.

zum Kreis der Entschädigungsberechtigten zählen. Frankreich hingegen griff bei der Verteilung der Globalsumme auf Kriterien zurück, die bereits Ende der 1940er Jahre für die innerfranzösische Kriegsopferversorgung galten. Damals hatte sowohl die größte Opfergruppe des Massakers (die getöteten Französinnen und Franzosen) als auch die kleinste Gruppe (die *rescapés*, also die sechs Überlebenden aus der Scheune Laudy bzw. der Kirche) das Recht auf den Status des „politischen" Internierten erhalten, sodass sie bzw. ihre Rechtsnachfolger auch jetzt zu den Entschädigungsberechtigten zählten.

Im Umkehrschluss zeichnete Paris auch für die Exklusion bestimmter Opfer aus der deutschen Entschädigungszahlung verantwortlich. Im Fall Oradour betraf dies die *survivants*, das heißt all jene, die das Massaker auf andere Weise überlebten als die sechs *rescapés*. Der Zugang zum Status des „politischen" Internierten war den *survivants* bereits seit 1948 verwehrt, und so veranlasste wohl nicht allein das Globalabkommen einen Teil von ihnen, sich jetzt gegen diesen Ausschluss zur Wehr zu setzen. Die Entschädigungssumme für Überlebende in Höhe von 1710 Franc – was weniger als zweieinhalb durchschnittlichen Monatsgehältern entsprach – war kaum mehr als eine symbolische Geste. Zu vermuten steht daher, dass es den Antragstellern auch oder sogar vor allem um die mit dem Status des „politischen" Internierten verknüpfte Anerkennung als Opfer sowie die damit einhergehenden französischen Rechte ging. In diesem Sinn war ihre erneute Exklusion, jetzt bei der Verteilung der deutschen Gelder, der Auslöser, gegen eine viel weitreichendere Ungleichbehandlung vorzugehen. Sicher ist: Durch den gewählten *modus operandi* wurde nicht der eigentliche Schuldner, namentlich: Bonn, zum Gegenüber ihrer Forderungen, sondern Paris. Folglich fügte die Verteilung der deutschen Gelder der Konfliktgeschichte zwischen Oradour und dem französischen Staat *in puncto* Entschädigungszahlungen ein neues Kapitel hinzu. Es endete nach zehn Jahren mit der Anerkennung derjenigen, die das Massaker überlebten, weil sie sich hatten verstecken und/oder fliehen können, als „politische" Internierte. Bezeichnend ist, dass diese Entscheidung höchstwahrscheinlich mit dem Willen der französischen Regierung zusammenhing, die Beziehung zu Oradour zu normalisieren. Ein anderer Teil der *survivants* hingegen blieb trotz seiner Bemühungen weiterhin vom Kreis der „politischen" Internierten ausgeschlossen: Den Trambahnpassagieren[8] blieb der Status versagt und damit eine Entschädigung aus dem Globalabkommen.

Von diesem Konfliktfeld abgesehen verlief die Entschädigung der Hinterbliebenen und der *rescapés* aus den deutschen Geldern wohl ohne größere Schwierigkeiten und war Ende 1963 weitgehend abgeschlossen. Die Entschädigungssummen für die Todesopfer waren mit 5557,50 bzw. 5985 Franc deutlich höher als die den Überlebenden zustehende Summe. Sie entsprachen dennoch nur etwa siebeneinhalb bis acht durchschnittlichen Monatsgehältern und standen nicht selten mehreren Berechtigten zu, sodass die Summe in entsprechend niedrigere Teile zerfiel. Den 350 nachweisbaren Entschädigungszahlungen stehen 349 Fälle gegenüber, in

---

[8] Vgl. zu dieser Opferkategorie Kapitel II.1.

VII. Zusammenfassung   615

denen keine Zahlung aus dem Globalabkommen erfolgte. Die Gründe hierfür im Einzelnen zu belegen, ist außerordentlich schwierig und war im Rahmen dieser Studie nicht leistbar. Von den zahlreichen möglichen Erklärungen sei hier auf jene verwiesen, die im Fall Oradour wohl tatsächlich eine Rolle spielten. Es sind dies die Nationalität der Opfer oder ihrer Rechtsnachfolger, die Wiederverheiratung von Witwen und Witwern, ein möglicherweise fehlender Entschädigungsanspruch beim Tod von Waisen in Pflegefamilien sowie für verwaiste Geschwister. Darüber hinaus ergaben sich Hinweise darauf, dass mangelnde Information und die bewusste Ablehnung für einen Teil der ausgebliebenen Entschädigungszahlungen verantwortlich waren.

Die DDR zahlte keine Entschädigungen an die im Ausland lebenden Opfer des Nationalsozialismus, und die Opfer des Massakers in Oradour waren keine Ausnahme. Als Paris Anfang 1973 mit Ostberlin über die Herstellung diplomatischer Beziehungen verhandelte, brachte es zwar auch Wiedergutmachungsforderungen für NS-Opfer zur Sprache, abhängig machte es einen Erfolg der Verhandlungen davon aber nicht. Zwischen 1974 und 1980 sprach Paris die Frage der Wiedergutmachung im Rahmen der Verhandlungen „über die Beilegung der privatrechtlichen Streitsachen" mehrmals erfolglos an. Dass sich die DDR-Seite sodann recht unvermittelt offen zeigte, sich nach Einzelheiten des mit der Bundesrepublik geschlossenen Globalabkommens erkundigte und sogar vorschlug, Frankreich solle eine genaue und bezifferte Forderung vorlegen, war wohl mehr taktischen Erwägungen als einer Bereitschaft zum Umdenken geschuldet. Schlussendlich verharrte der SED-Staat auch Frankreich gegenüber in seiner Weigerung, Entschädigungen an die im Ausland lebenden NS-Opfer zu zahlen. Die Aufzeichnungen des französischen Ministeriums für Kriegsveteranen und Kriegsopfer, das sich ausführlich mit der Möglichkeit einer Entschädigung von DDR-Seite befasste, zeigen, dass all jene, die bereits ein Recht auf Zahlungen aus den bundesdeutschen Geldern gehabt hatten, auch aus einer ostdeutschen Zahlung hätten entschädigt werden sollen. Somit wäre auch ein Großteil der Überlebenden und Hinterbliebenen des Massakers in Oradour erneut entschädigungsberechtigt gewesen. Zusätzlich sollten all jene Berücksichtigung finden, die ihre Anträge auf Erteilung des Status des „politischen" Internierten zu spät für eine Entschädigung aus dem Globalabkommen eingereicht hatten. Für die Trambahnpassagiere aber hätte sich wohl nichts geändert, sie wären weiterhin aus dem Berechtigtenkreis ausgeschlossen geblieben.

Die deutschen Entschädigungszahlungen sind ein weißer Fleck im kollektiven Gedächtnis Oradours. Die „offizielle Publikation" des Hinterbliebenenverbands nennt sie mit keinem Wort und sie finden auch keine Erwähnung in den Publikationen von Überlebenden und Hinterbliebenen. Dieses Schweigen dürfte mit dem Zusammenwirken mehrerer Faktoren zu erklären sein: Zunächst die Tatsache, dass es sich um eine einmalige, nicht besonders hohe Summe handelte, die zudem von den französischen Behörden ausgezahlt wurde. Da Oradour den französischen Staat in einer Bringschuld sah und die Zahlung darüber hinaus nur eine von etlichen (französischen) Leistungen war, erschien sie den Entschädigten möglicherweise nicht erwähnenswert. Darüber hinaus ist vorstellbar, dass die Anerkennung und positive Wirkung, die mit der Zahlung einher gegangen sein mag, durch die ungleich stärkeren negativen Impulse aus der Bundesrepublik „verwässert" wurden. Denn sowohl vor der einmaligen Zahlung Anfang der 1960er Jahre als auch danach führte der westdeutsche Umgang mit dem Massaker in Oradour immer wieder zu Verletzungen und Bitterkeit der bei den Überlebenden und Hinterbliebenen. Schließlich deutet ein Kommentar im Protokoll der ANFM-Mitgliederversammlung darauf hin, dass sich zumindest ein Teil der Mitglieder bewusst weigerte, der Entschädigungszahlung eine Bedeutung zuzusprechen, die als Linderung ihres Leids und Verlusts missverstanden werden könnte.

Versöhnungsgesten

Oradour war insofern fast siebzig Jahre lang ein *non-lieu* der deutsch-französischen Versöhnung, als erst 2013 ein deutscher Bundespräsident den Ort besuchte. Das *village martyr* war dabei keine Ausnahme. Zwar fanden an anderen „Orten des Grauens", teils schon früh und wiederholt, Gedenk- und Versöhnungsakte durch die höchsten Vertreter der Bundesrepublik statt, wie etwa im griechischen Kalavryta. Die deutsch-französische Gipfeldiplomatie machte bei der Inszenierung ihrer Versöhnung nach dem Zweiten Weltkrieg jedoch einen Bogen um Orte, die sich ausschließlich auf diesen Konflikt bezogen, und wählte für die deutsch-französische Aussöhnungssymbolik Erinnerungsorte, die in erster Linie für die französische Geschichte und Ereignisse vor dem Zweiten Weltkrieg stehen, wie Reims, Verdun und Versailles. Dies änderte sich erst 2004, als Gerhard Schröder zu den Feierlichkeiten anlässlich des 60. Jahrestages der alliierten Landung in der Normandie eingeladen wurde. Von diesem Koordinatenfeld, das die Orte der großen deutsch-französischen Versöhnungsgesten bestimmte, abgesehen, sprach ein weiterer Grund gegen Oradour als Schauplatz eines solchen Versöhnungsrituals: das Zerwürfnis zwischen Oradour und dem französischen Staat. So lange dieser innerfranzösische Konflikt ungelöst war, konnten die Ruinen Oradours nicht als Kulisse für die Inszenierung der deutsch-französischen Versöhnung dienen.

Die Frage einer Versöhnungsgeste oder eines Gedenkakts in Oradour war im Bonner Auswärtigen Amt indes mehrmals Thema. Wie die Untersuchung nachzeichnen konnte, entstand dort in den 1950er Jahren das Credo „Nicht an Oradour rühren!". Ausgangspunkt des Leitsatzes war die Sorge, jegliche öffentliche Aufmerksamkeit für Oradour könnte sich negativ auf die Bemühungen um eine möglichst schnelle Entlassung der 1953 in Bordeaux verurteilten Deutschen auswirken. Das Credo blieb über die 1950er Jahre hinaus bestehen, wenn sich auch die Gründe für seine Aufrechterhaltung änderten. Mitte der 1960er Jahre fürchtete man bei einer bloßen Thematisierung des Verbrechens einen Schaden für das Ansehen der Bundesrepublik. Diese Befürchtung speiste sich wohl auch aus der Ahnung, die DDR könne das Nachkriegsschicksal des früheren Divisionskommandeurs Lammerding, der jetzt als Bauunternehmer in Düsseldorf lebte, gegen die Bundesrepublik wenden. Kurz darauf fand Lammerding tatsächlich seinen Platz im „Braunbuch" der DDR. In diesem Sinn trug die deutsch-deutsche Systemkonkurrenz dazu bei, das Credo „Nicht an Oradour rühren!" im Auswärtigen Amt zu zementieren. Der Kalte Krieg spielte nur wenige Jahre später erneut eine Rolle, als das Auswärtige Amt und die Pariser Botschaft 1968 der Vorschlag des deutschen Generalkonsuls verwarfen, Oradour zu besuchen. Die Erinnerung an das Verbrechen in Oradour, so die Begründung, sei noch zu emotional aufgeladen. In den Augen des Auswärtigen Amts wurde der Ort von der Kommunistischen Partei Frankreichs und früheren *Résistance*-Kämpfern instrumentalisiert. Anfang der 1970er Jahre schließlich sah sich das Auswärtige Amt vor dem Problem, über kein passendes deutsches Pendant für einen vom Präsidenten des *Cercle Franco-Allemand* vorgeschlagenen parallelen deutsch-französischen Gedenkakt zu verfügen. Darüber hinaus empfand man die Bundeswehr als Akteur – so der französische Vorschlag – als unpassend. Des Weiteren fürchtete man offensichtlich, ein Gedenkakt in Oradour könne in Frankreich als Zusicherung der Bundesrepublik verstanden werden, nach der Unterzeichnung des Zusatzabkommens die strafrechtliche Ahndung der NS-Verbrechen mit allen Mitteln zu betreiben. Schließlich zog die französische Seite den Vorschlag mit dem Hinweis auf die noch immer schwer gezeichnete und angeblich von kommunistischer Propaganda beeinflusste Bevölkerung Oradours zurück.

Eine zentrale Zäsur auf dem Weg zu einer deutschen Versöhnungsgeste auf höchster politischer Ebene war der Wechsel im Bürgermeisteramt Oradours 1995. Der neu in das Amt gewählte Raymond Frugier brach mit dem ungeschriebenen Gesetz, deutsche Besucher nicht offiziell zu empfangen. Auf deutscher Seite wurde Oradour nun zunehmend als Gemeinschaft der Überlebenden und Hinterbliebenen wahrgenommen, deren Erwartungen bei der Frage nach einem angemessenen Umgang mit dem Ort mehr Gewicht zukam. Auch geriet die innerfranzösische Problematik Oradours verstärkt ins Blickfeld. Dass es dennoch erst 2013 zum Besuch des deutschen Bundespräsidenten in Oradour kam, ist wohl zwei Umständen geschuldet: Zum einen gestalteten sich die Beziehungen zwischen Oradour und dem Elsass schwieriger als von deutscher Seite erwarten; zum anderen blieben Widerstände unter den Überlebenden und Hinterbliebenen in Oradour bestehen.

Als der deutsche Bundespräsident Joachim Gauck am 4. September 2013 zusammen mit dem französischen Staatspräsidenten François Holland das *village martyr* besuchte, und sie dort gemeinsam mit dem Überlebenden des Massakers Robert Hébras in den Ruinen der Kirche der getöteten Frauen und Kinder gedachten, Hébras in ihre Mitte nahmen und umarmten, erreichte die deutsch-französische Versöhnung auf symbolischer Ebene eine neue Stufe. Sie inszenierte sich erstmals seit 1945 an einem Ort, der sich ausschließlich auf den Zweiten Weltkrieg bezieht. Und auch in seiner Körperlichkeit ging dieser Versöhnungsakt über die vorhergegangenen hinaus. Schließlich bezog er – auch dies ein Novum – ein Opfer des kriegerischen Konflikts ein. Ein deutlich anderes Bild zeigen die Untersuchungsergebnisse zum erinnerungskulturellen Engagement Deutscher in Oradour unterhalb der höchsten politischen Ebene. Denn vor allem im privaten und zivilgesellschaftlichen Bereich waren die Bemühungen beachtlich. Deutsche spendeten Geld, legten Kränze und Blumen nieder, sie übergaben Versöhnungsgeschenke und feierten Versöhnungsmessen vor Ort. Diese Initiativen sind über den gesamten Untersuchungszeitraum hinweg nachzuweisen. Die Möglichkeiten für die deutschen Akteure waren jedoch lange begrenzt. Zum einen blieben die Kontakte zwischen Deutschen einerseits und Überlebenden und Hinterbliebenen des Massakers andererseits – wenn sie denn überhaupt zustande kamen – bis in die 1970er Jahre kurze, einmalige Begegnungen. Erst 1976 erwuchsen aus einem deutschen Versöhnungsakt dauerhafte Beziehungen zu Dorfbewohnern. Zum anderen verweigerten Gemeindeleitung und Hinterbliebenenverband entstehenden Kontakten jeden offiziellen Charakter. Dies änderte sich erst mit dem Amtsantritt Raymond Frugiers als Bürgermeister 1995. Seither wurden die Kontakte mit Deutschland auch öffentlich kommuniziert und zunehmend erinnert. Das erinnerungskulturelle Engagement Deutscher in Oradour vor 1995 hat – wie die deutschen Entschädigungszahlungen – hingegen keinen Eingang in die kollektive Erinnerung Oradours gefunden. Auf die Gründe hierfür wird am Ende dieser Zusammenfassung eingegangen.

Deutsch-deutsche Dimension

Im größten Teil des Untersuchungszeitraums war der deutsche Umgang mit Oradour zwischen Ost und West geteilt. Er musste deshalb in die viereinhalb Jahrzehnte deutsch-deutscher Systemkonkurrenz eingeordnet und nach deren Einfluss auf den deutschen Umgang mit dem *village martyr* befragt werden. Es wurde im Laufe der Studie wiederholt deutlich, dass der SED-Staat Oradour nutzte, um das von ihm propagierte Selbstbild vom besseren deutschen Staat zu demonstrieren. Die DDR stellte sich auf die Seite der Opfer und dort vor allem selbst dar. Dies zeigte sich während des französischen Oradour-Prozesses in Bordeaux, bei den Kampagnen gegen die EVG, im Eintrag zu Lammerding im „Braunbuch" und im Rahmen des Gerichtsverfahrens gegen Heinz Barth. Je größer sich die DDR darstellte, umso größer wurde der Schatten, den sie warf. Vom Umgehen unbequemer Themen über Vereinfachungen und Fehlinformationen erreichte die Diskrepanz zwischen Selbstdarstellung und Realität ihren Höhepunkt mit dem Plädoyer des Generalstaatsanwalts der DDR, Horst Busse, im Barth-Prozess: Im Gerichtssaal sagte er allen „Opfern des Faschismus" eine „universelle und unbefristete Verfolgung und Bestrafung von Schuldigen an Naziverbrechen" zu.[9] Zu diesem Zeitpunkt hatte er bereits zugestimmt, die beiden anderen vom Staatssicherheitsdienst aufgespürten in Oradour eingesetzten Männer nicht zu verhaften und nicht mit Barth vor Gericht zu stellen. Stattdessen wurden sie aus dem Verfahren getilgt.

---

[9] Plädoyer des Staatsanwalts Busse, BStU, MfS, HA IX/11, ZUV 66, Bd. 33, Bl. 169–171.

Die Nutzung des Themas Oradour zur Selbstdarstellung verweist auf einen zentralen Unterschied im deutsch-deutschen Umgang mit dem französischen *village martyr*: Während das Auswärtige Amt in Bonn dem in den 1950er Jahren entstandenen Leitsatz „Nicht an Oradour rühren!" lange Zeit folgte und sogar versuchte, zivilgesellschaftliches Engagement für Oradour zu bremsen, gab es in der DDR keine vergleichbaren Berührungsängste. Das Massaker wurde vielmehr Gegenstand unterschiedlicher erinnerungskultureller Formen: die Herausgabe einer Gedenkbriefmarke, mehrere Publikationen, die symbolische Überführung von Erde aus Oradour nach Buchenwald. Damit einher ging zumeist eine Politisierung des Gedenkens, das immer wieder mit politischen Zielen der SED verquickt und wiederholt auch davon überlagert wurde. Besonders deutlich zeigte sich dies in den 1950er Jahren, als die Erinnerung an Oradour wiederholt für den Kampf gegen die EVG instrumentalisiert wurde. Auch der *récit du massacre* bzw. der *récit de la justice* unterschied sich in den beiden deutschen Staaten deutlich. Zugespitzt formuliert: So wenig die Aussagen des Regiments- und Divisionszirkels in Westdeutschland infrage gestellt wurden, so wenig glaubte man ihnen in Ostdeutschland. Gleichwohl sind im Bereich der strafrechtlichen Ahndung auch Parallelen zu konstatieren. So scheiterten die Ermittler in beiden deutschen Staaten im Kontext des Bordeaux-Verfahrens etwa daran, den in Oradour eingesetzten Kompanieführer Otto Kahn ausfindig zu machen. Darüber hinaus sahen sich MfS bzw. das Militärgeschichtliche Institut der DDR und bundesdeutsche Ermittler und Staatsanwälte teilweise vor ähnlichen Beweisführungsproblemen. Schließlich ließen sich am doppelten deutschen Umgang mit Oradour auch Wechselwirkungen aufzeigen: Das gilt etwa für den bereits genannten Umgang mit Lammerding und die blockierte Rechtshilfe im Rahmen des Barth-Prozesses. Als die französische Seite im Rahmen der ostdeutsch-französischen Verhandlungen in den 1970er Jahren Überlegungen zu möglichen Entschädigungszahlungen aus der DDR anstellte, gründeten diese auch auf einer Bilanz des westdeutsch-französischen Globalabkommens. Die doppelte deutsche Bewältigung des Zweiten Weltkriegs wurde in Frankreich hier eng aufeinander bezogen wahrgenommen.

Und Oradour?

Der Hinterbliebenenverband in Oradour vertrat in den 1950er Jahren bisweilen klare deutschlandpolitische Positionen und war ein energischer Verfechter seiner Interessen. Doch gegenüber Deutschland trat er weder als Gläubiger in der Entschädigungsfrage auf noch als vehementer Vertreter seiner Forderungen nach der strafrechtlichen Verfolgung der Täter und dem Verbot geschichtsrevisionistischer Publikationen. Die ANFM richtete ihre Proteste und Forderungen stattdessen durchgehend an die französische Regierung. Nur ein Mal – im Zusammenhang mit der strafrechtlichen Verfolgung der Täter – erwog der Verband, eine Delegation zur deutschen Botschaft zu entsenden. Der ansonsten gewählte *modus vivendi*, mit seinen Anliegen an Paris heranzutreten, dürfte nicht (allein) auf strategischen Überlegungen basiert haben, sondern darüber hinaus auf einer bewussten Kontaktverweigerung gegenüber Deutschland. Diese Ablehnung galt auch für offizielle Reisen nach Deutschland und korrespondiert mit dem „ungeschriebenen Gesetz" vor Ort, Deutsche nicht offiziell zu empfangen. Als Gründe für diese ablehnende Haltung wurden zwei Aspekte deutlich.

Zum einen zeichnete sich ab, dass der Kontakt mit Deutschen für manche Betroffene aufgrund des immensen Leids, das sie durch das Massaker erfuhren, auch nach Jahrzehnten schmerzvoll blieb und zu einer Ablehnung führten konnte. Zum anderen lässt sich die Zurückweisung anhand der Diskrepanz zwischen den Forderungen des Hinterbliebenenverbands und dem deutschen Umgang mit dem Massaker und seinen Folgen erklären. Die ANFM forderte die Bestrafung der Täter, ein scharfes Vorgehen gegen Geschichtsrevisionismus und – zumindest zeitweilig – umfassende deutsche Entschädigungszahlungen. Vor allem die Bundesrepublik blieb in ihrem Umgang mit Oradour weit hinter diesen Erwartungen zurück. Allem voran Lammerdings Straffreiheit und die Möglichkeit für die ehemaligen SS-Offiziere, ihre mit einer Täter-Opfer-Umkehr einhergehenden geschichtsrevisionistischen Publikationen zu vertreiben, waren dazu angetan, neue Wunden zu schlagen, statt noch immer schwelende zu heilen. Eine gegenläufige Entwicklung zeigte sich auf dem vierten untersuchten Handlungsfeld: Symbolische Versöhnungsgesten von deutscher Seite zählten nicht zu den Forderungen des Hinterbliebenenverbands, erreichten Oradour jedoch bereits früh und immer wieder seitens deutscher Akteure der Zivilgesellschaft. Mehrere Hinweise legen den Schluss nahe, dass die Ablehnung der offiziellen Anerkennung deutscher Versöhnungsgesten als Antwort auf den enttäuschenden und die Betroffenen bisweilen empörenden – vor allem west- – deutschen Umgang mit dem Massaker zu sehen ist. Diese Annahme vermag auch die Exklusion der deutschen Entschädigungszahlungen, der zahlreichen Versöhnungsgesten auf zivilgesellschaftlicher Ebene und der nachweislich entstandenen Kontakte mit Deutschen aus der kollektiven Erinnerung Oradours erklären: Die offizielle Akzeptanz und Erinnerung hätte missdeutet werden können als Bereitschaft, einen Schlussstrich unter die Vergangenheit und die erhobenen Forderungen zu ziehen – dies galt es zu verhindern.

Gleichwohl war, so verdeutlicht die vorliegende Studie, „Oradour" verstanden als die von dem Massaker Betroffenen nicht gleichbedeutend mit der ANFM oder der *communauté d'Oradour*. Die Überlebenden des Massakers Martial Beaubreuil, Robert Hébras und besonders Camille Senon reisten bereits Jahre und teils Jahrzehnte vor Bürgermeister Frugier und ANFM-Vertretern und ohne deren offizielle Rückendeckung nach Deutschland, um dort für ihre Forderungen einzutreten, der Einladung zu einem Kuraufenthalt zu folgen oder an Veranstaltungen mit thematischem Bezug zu dem Massaker teilzunehmen. Darüber hinaus entstand Mitte der 1970er Jahre aus dem Versöhnungsengagement Vinzenz Kremps längerfristiger Austausch zwischen Mitglieder der lokalen Kirchengemeinde und Kremps Familie, ein Austausch, in den auch von dem Massaker Betroffene integriert waren. Mindestens ein Mal reiste ein Ehepaar aus Oradour im Rahmen einer „Pilgerfahrt" zu den ehemaligen Konzentrationslagern Buchenwald-Dora, Sachsenhausen und Ravensbrück. Das Akteursfeld in Oradour war folglich schon früh differenzierter als die kollektive Erinnerung des Orts es zeichnet, und hat sich in etwa seit dem Jahrtausendwechsel zunehmend weiter ausdifferenziert. Künftige Forschungen zur „zweiten Geschichte" des Massakers, sowohl mit Blick auf das 20. als auch auf das 21. Jahrhundert, werden nicht umhinkönnen, „Oradour" als Akteur in aller notwendigen Unterschiedlichkeit zu befragen.

Anhang

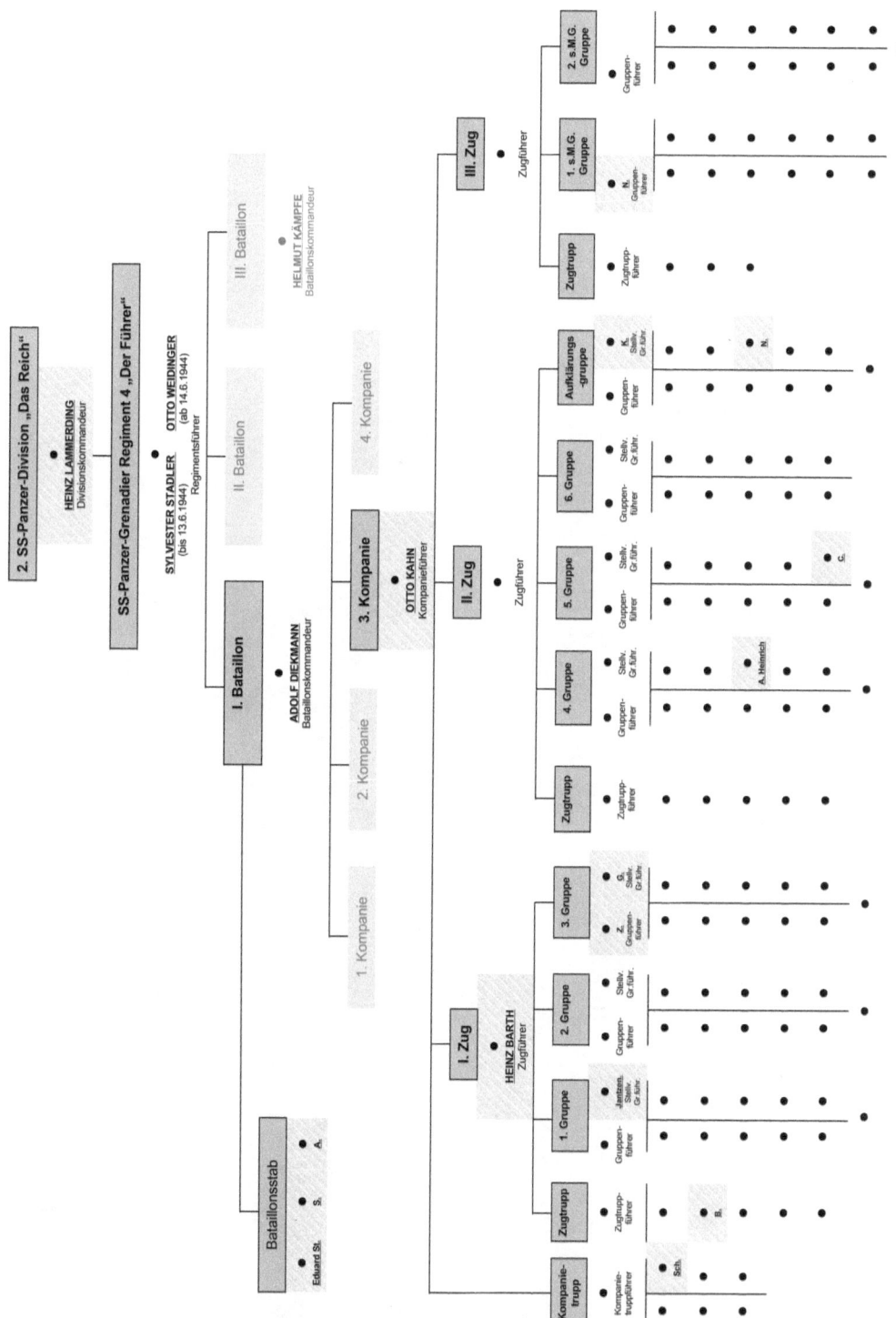

Abb. 27: *Gliederung der 3. Kompanie des I. Bataillons des 4. Regiments „Der Führer" der 2. SS-Panzer-Division „Das Reich" und übergeordnete Hierarchieebenen. Grau schraffiert: Beschuldigte und Verdächtige in deutschen Ermittlungsverfahren zu dem Massaker in Oradour* (angelehnt an: StA Do, 45 Js 2/11, 5. SB, Bd. 1/2, Bl. 2)

Danksagung

Die Geschichte dieses Buches begann im Wintersemester 2001/02 an der Ludwig-Maximilians-Universität München: In einer Vorlesung meines späteren Doktorvaters hörte ich zum ersten Mal von Oradour-sur-Glane. Nicht nur deshalb gebührt Prof. i. R. Dr. Hans Günter Hockerts die erste Nennung in dieser Danksagung, sondern auch aufgrund des gleichbleibenden Wohlwollens, unterstützenden Engagements und freundlichen Interesses, mit dem er mein Studium und später meine Promotion begleitete. Sein Zuspruch, aber auch seine wohlwollende Kritik waren mir Motivation, seine präzise, prägnante und ganz und gar unprätentiöse Art des Vortragens und Schreibens ein – leider längst nicht erreichtes – Vorbild. Für all dies sei ihm von Herzen gedankt.

Mein Dank gilt ebenso Prof. Dr. Dr. hc. Rainer Hudemann, der mich in seinem Saarbrücker Oberseminar willkommen hieß und sich bereit erklärte, als Zweitgutachter zu fungieren. Er unterstützte mich über die formal damit einhergehenden Verpflichtungen hinaus, insbesondere bei der Übersetzung der französischen Zitate für die Druckfassung. Herzlichen Dank schließlich auch an Prof. Dr. Dieter Frey für seine Bereitschaft, als dritter Prüfer in der Disputation mitzuwirken.

Die LMU München hat die diesem Buch zugrunde liegende Studie im Sommersemester 2017 als Dissertation angenommen. Für den Druck wurde sie gekürzt und überarbeitet. Mein Dank gilt dem IfZ für die Aufnahme der Arbeit in die Reihe *Quellen und Darstellungen zur Zeitgeschichte* und Angelika Reizle und Günther Opitz für ihre Unterstützung auf dem Weg vom Manuskript zum Buch. Das Evangelische Studienwerk Villigst e. V. hat mich mit einem Promotionsstipendium unterstützt, das Historische Seminar der LMU München mit einem Abschlussstipendium, wofür ihnen mein herzlicher Dank gilt. Oberstaatsanwalt Andreas Brendel, EKHK Stefan Willms und Oberstaatsanwalt Bernd Seitz haben mir während meiner Arbeit als sachverständige Historikerin für die ZStD/das LKA Düsseldorf respektive die ZStL ermöglicht, Arbeit, Forschung und Familie bestmöglich zu vereinbaren, wofür ihnen vielmals gedankt sei.

Für die vielfältige Unterstützung in diversen Archiven danke ich den zuständigen Archivar:innen, insbesondere Birgit Kmezik, Robert Bierschneider, Sandra Gibouin, Brigitte Wolff und Jenny Gohr. Ebenso gilt mein Dank allen Zeitzeug:innen, die sich teils mehrere Male und trotz ihres hohen Alters die Zeit für ein Interview nahmen und darüber hinaus bereitwillig auf meine Nachfragen antworteten. Stellvertretend möchte ich Albert Valade (†) nennen, der mir über die Jahre auch *off the record* ein geschätzter Gesprächspartner war und meinen Blick auf seine Geschichte und die Geschichte Oradours immer wieder herausforderte und weitete. Unsere Gespräche vermisse ich schmerzlich.

Mehrere Kolleg:innen haben zur Entstehung dieses Buches beigetragen, sei es mit ihrer Expertise, ihrer Bereitschaft zum Austausch, ihrem kritischen Blick auf Teile des Manuskripts oder bisweilen mit solidarischer Frustration über die unschönen Seiten des Promovierens. Mein Dank geht an dieser Stelle an Claudia Moisel, Jean Jaques Fouché, Henry Leide, Alexander Walther, Carlo Gentile, Nicolas Williams, Jens Oboth, Cordula Kalmbach, Nils Kessel, Leslie Brückner, Stephan Linck und all jene, die ich in dieser Aufzählung vergessen habe. Rainer Stoye, Oberstaatsanwalt Bernd Seitz und Prof. Dr. Thomas Dreier danke ich für ihre Zeit und ihr Wissen, wenn ich Rat außerhalb des Felds der Geschichtswissenschaft brauchte. Vor allem bei den formalen Fragen und Arbeiten unterstützten mich Melanie Fahmy, Frederic Erkenbrecher, Petra Haustein, Mia Drachenberg, Sophie Hoerd, Katrin Zieger-Buchta und Catriona Thomas, wofür ich ihnen zu großem Dank verpflichtet bin.

Ein besonderer Dank gebührt Nicolas Moll, der mein Nachdenken über und meine Arbeit zu Oradour seit Langem begleitet und vielfältig unterstützte: *Merci, Nicolas!* Stefan Willms war durch sein enormes Wissen ein nicht zu überschätzender „Sparringpartner", an dem sich meine Überlegungen zu dem Massaker in Oradour immer wieder messen lassen mussten. Dass er sich dieser gedanklichen Auseinandersetzung immer wieder stellte und das Interesse an meiner Forschung nicht verlor, dafür danke ich ihm herzlich. Ohne Benoît Sadry wäre das vorliegende Buch nicht, was es ist. Sein schier unerschöpfliches Wissen und unser von gegenseitigem Respekt getragener Austausch hat meinen Blick auf Oradour fortwährend geschärft.

Zum Forschen und Schreiben braucht es neben fachlichem Rat vor allem Zeit, die insbesondere dann knapp ist, wenn Familienmitglieder der Pflege oder anderer umfassender Unterstützung bedürfen. Mindestens so viel wie die genannten Kolleg:innen haben deshalb jene zum Zustandekommen der vorliegenden Studie beigetragen, die Raum, Zeit und die notwendige Zuversicht zum Schreiben dieses Buches schufen. Mein herzlicher Dank gilt deshalb meinen Eltern Anneliese und Fritz Erkenbrecher, Yvette und Freddy Denny, Evelyne Denny und Stefanie Leister sowie Gabriele Richter-Bork, Eva-Christiane Pantke-Ehlers und Tania Sonntag.

Schließlich empfinde ich große Dankbarkeit gegenüber jenen, die mich immer wieder in so vielfältiger Weise unterstützten, dass sie bereits an mehreren Stellen dieser Danksagung hätten genannt werden müssen. Ich hoffe, dass sie auch ohne eine detaillierte Aufzählung an dieser Stelle wissen, was sie zum vorliegenden Buch beigetragen haben und was mir dies bedeutet. *Danke* für Deinen unerschütterlichen Glauben an mich und dieses Buch, Brice Denny, und den Mut, Dich über französische Vorstellungen von Vaterschaft hinwegzusetzen. *Danke* für zusammen durchgearbeitete Nächte, all den Kaffee, das gemeinsame Sein und Deinen so nüchternen wie humorvollen Blick auf die Dinge, Jens Schley. *Danke* für die immerwährende Heimat, die Du uns bist und schaffst, Nanni. *Danke* für alles, was möglich war, wurde und ist, auch dafür, dass Du mich Wolken schaufeln lässt, Jean-Baptiste Adamsberg.

Gewidmet ist dieses Buch von ganzem Herzen den Protagonisten meiner eigenen deutsch-französischen Geschichte: meinem wunderbaren Sohn und seinem wundervollen Vater.

Abkürzungen

AA	Auswärtiges Amt
AA/BT	Der Auswärtige Ausschuss des Deutschen Bundestages
AAJB	Archiv der Arbeiterjugendbewegung
AAPD	Akten zur Auswärtigen Politik der Bundesrepublik Deutschland
ACMO	Archives du Centre de la mémoire d'Oradour
ACO	Archives communales d'Oradour-sur-Glane
ADAC	Allgemeiner Deutscher Automobil-Club e. V.
ADEIF	Association des Déserteurs, Evadés et Incorporés de Force
AdMC	Archives du monde combattant
ADN	Allgemeiner Deutscher Nachrichtendienst
AdsD	Archiv der sozialen Demokratie der Friedrich-Ebert-Stiftung
AFA	Accord franco-allemand
AFP	Agence France-Presse
AG VgM	Arbeitsgruppe Verbrechen gegen die Menschlichkeit
ANACR(F)	Association Nationale des Anciens Combattants de la Résistance (de France)
ANFM	Association Nationale des Familles des Martyrs d'Oradour-sur-Glane
AK	Auskunftsersuchen
AOK	Armeeoberkommando
AOS	Association of Survivors of German War Crimes and Concentration Camps
AP	Associated Press
AR	Allgemeines Register
ARD	Arbeitsgemeinschaft der öffentlich-rechtlichen Rundfunkanstalten der Bundesrepublik Deutschland
ASRO	Association des Sinistrés et Rescapés d'Oradour-sur-Glane
AZ	Aktenzeichen
BArch	Bundesarchiv
BDA	Bischöfliches Diözesanarchiv Aachen
BDC	Berlin Document Center
BEG	Bundesentschädigungsgesetz
BErgG	Bundesergänzungsgesetz
BGBl.	Bundesgesetzblatt
BGH	Bundesgerichtshof
BLKA	Bayerisches Landeskriminalamt
BMJ	Bundesminister(ium) der Justiz
BMVg	Bundesministerium der Verteidigung
BRD	Bundesrepublik Deutschland
BRüG	Bundesrückerstattungsgesetz
BStMJ	Bayerisches Staatsministerium der Justiz

BStU	Der/die Bundesbeauftragte für die Unterlagen des Staatssicherheitsdienstes der ehemaligen DDR
BVG	Bundesversorgungsgesetz
BW	Baden-Württemberg
CDJC	Centre de documentation juive contemporaine
CDU	Christlich Demokratische Union
CFPJ	Centre de Formation et de Perfectionnement des Journalistes
CGT	Confédération générale du travail
CIA	Central Intelligence Agency
CMK	Carolus-Magnus-Kreis
CMO	Centre de la mémoire d'Oradour
COSOR	Comité des œuvres sociales des organisations de Résistance
CROWCASS	Central Registry of War Crimes and Security Suspects
CSM	Conseil supérieur de la magistrature
ČSR	Československá Republika (Tschechoslowakische Republik)
ČSSR	Československá Socialistická Republika (Tschechoslowakei)
CSU	Christlich-Soziale Union
DAVCC	Division des archives des victimes des conflits contemporains
DDR	Deutsche Demokratische Republik
DF	Der Führer (Regimentsbezeichnung)
DGB	Deutscher Gewerkschaftsbund
DNA	Dernières Nouvelles d'Alsace
DP	Displaced Person(s)
DRAFD	Verband Deutscher in der Résistance, in den Streitkräften der Antihitlerkoalition und der Bewegung „Freies Deutschland" e. V.
DWStK	Deutsche Waffenstillstandskommission
DWZ	Deutsche Wochen-Zeitung
DVZ	Deutsche Volkszeitung
EGKS	Europäische Gemeinschaft für Kohle und Stahl
EKHK	Erster Kriminalhauptkommissar
ESB	Europäische Soziale Bewegung
EStA	Erster Staatsanwalt
EV	Ermittlungsverfahren
EVB	Europäische Volksbewegung
EVG	Europäische Verteidigungsgemeinschaft
FAZ	Frankfurter Allgemeine Zeitung
FDGB	Freier Deutscher Gewerkschaftsbund
FDJ	Freie Deutsche Jugend
FDP	Freie Demokratische Partei
FEFA	Fondation Entente Franco-Allemande

FIAPP	Fédération internationale des anciens prisonniers politiques
FIR	Fédération internationale des résistants
FNA	Franz-Neumann-Archiv
FNDIRP	Fédération Nationale des Déportés et Internés Résistants et Patriotes
FOR	Fahndungs-Orientierungs-Rundschreiben
FTP	Francs-tireurs et partisans (français)
GA	Gerichtsakten
Gen.	Genosse
Gen.	General
Gen.Kdo.	Generalkommando
Gestapo	Geheime Staatspolizei
g.Kdos.	geheime Kommandosache
GMS	Gesellschaftlicher Mitarbeiter für Sicherheit
GStA	Generalstaatsanwalt(schaft)
GTE	Groupements de travailleurs étrangers
HA	Hauptabteilung
HA	Hauptakte
HIAG	Hilfsgemeinschaft auf Gegenseitigkeit/Bundesverbindungsstelle der Hilfsgemeinschaften auf Gegenseitigkeit (1953–1959)/Bundesverband der Soldaten der ehemaligen Waffen-SS e. V. (1959–1992)
HJ	Hitler-Jugend
IfZ	Institut für Zeitgeschichte
IM	Innenminister(ium)
IM	Inoffizieller Mitarbeiter
IMT	Internationales Militärtribunal
JCC	Jewish Claims Conference
JDD	Le Journal du Dimanche
JHS	Juristische Hochschule (des MfS)
JM	Justizminister(ium)
J.O.	Journal officiel de la République française
Js	Vorverfahren (Ermittlungsverfahren) der Staatsanwaltschaft (Aktenzeichen)
JVA	Justizvollzugsanstalt
Kav.Div.	Kavallerie-Division
KD	Kreisdienststelle
KdAW	Komitee der Antifaschistischen Widerstandskämpfer
KdS	Kommandeur der Sicherheitspolizei und des Sicherheitsdienstes
KgfEG	Kriegsgefangenenentschädigungsgesetz

KHK	Kriminalhauptkommissar
KOK	Kriminaloberkommissar
KP	Kommunistische Partei
KP	Kontaktperson
KPD	Kommunistische Partei Deutschlands
KRG	Kontrollratsgesetz
KZ	Konzentrationslager
LG	Landgericht
LKA	Landeskriminalamt
LOStA	Leitender Oberstaatsanwalt
LPG	Landwirtschaftliche Produktionsgenossenschaft
M.	Monsieur (Herr)
MACVG	Ministère des Anciens combattants et victimes de guerre
MAE	Ministère des Affaires étrangères
MBF	Militärbefehlshaber in Frankreich
MfAA	Ministerium für Auswärtige Angelegenheiten
MfS	Ministerium für Staatssicherheit
MG	Maschinengewehr
MPF	Ministerium für Post- und Fernmeldewesen
MRP	Mouvement républicain populaire
MStGB	Militärstrafgesetzbuch
MuG	Mahn- und Gedenkstätte Düsseldorf
MUR	Mouvements unis de Résistance
NATO	North Atlantic Treaty Organization
NDPD	National-Demokratische Partei Deutschlands
NDR	Norddeutscher Rundfunk
NPD	Nationaldemokratische Partei Deutschlands
NS	nationalsozialistisch/Nationalsozialismus
NSDAP	Nationalsozialistische Deutsche Arbeiterpartei
NSG	Nationalsozialistische Gewaltverbrechen
NVA	Nationale Volksarmee
OAS	Organisation armée secrète
OB/Ob.	Oberbefehlshaber
OBIP	Office des biens et intérêts privés
OEMV	Online Encyclopedia of Mass Violence
OKW	Oberkommando der Wehrmacht
OLG	Oberlandesgericht
ONACVG	Office national des anciens combattants et victimes de guerre
OPK	Operative Personenkontrolle

OStA	Oberstaatsanwalt
OV	Operativer Vorgang
PA AA	Politisches Archiv des Auswärtigen Amts
PCF	Parti communiste français
PDS	Partei des Demokratischen Sozialismus
PRO	Patriotes résistants à l'occupation des départements du Rhin et de la Moselle incarcérés en camps spéciaux
PS	Parti socialiste
Pz.Gren.Rgt.	Panzer-Grenadier-Regiment
Pz.Korps	Panzerkorps
RHE	Rechtshilfeersuchen
RPR	Rassemblement pour la République
RSHA	Reichssicherheitshauptamt
SA	Sturmabteilung
SAPMO-BArch	Stiftung Archiv der Parteien und Massenorganisationen der DDR im Bundesarchiv
SB	Sonderband
SBIP	Service des Biens et Intérêts Privés à l'étranger
SBZ	Sowjetische Besatzungszone
SD	Sicherheitsdienst
SED	Sozialistische Einheitspartei Deutschlands
SHAEF	Supreme Headquarters, Allied Expeditionary Forces
Sipo	Sicherheitspolizei
SJD	Sozialistische Jugend Deutschlands
Slg. MuG	Sammlung Mahn- und Gedenkstätte Düsseldorf
SMAD	Sowjetische Militäradministration in Deutschland
SPD	Sozialdemokratische Partei Deutschlands
SR	Saarländischer Rundfunk
SRCGE	Service de recherche de crimes de guerre ennemis
SS	Schutzstaffel
SS-Pz.Div.	SS-Panzer-Division
SS-Pz.Gren.-Rgt.	SS-Panzergrenadier-Regiment
StA	Staatsanwalt(schaft)
StA Do	Staatsanwalt(schaft) Dortmund
StaL	Staatsarchiv Ludwigsburg
StAM	Staatsarchiv Münster
StGB	Strafgesetzbuch
STO	Service du travail obligatoire
StPO	Strafprozessordnung

SWF	Südwestfunk
SZ	Süddeutsche Zeitung
TFK	Technischer Führer Kraftfahrwesen
TMP	Tribunal Militaire Permanent
UDF	Union pour la démocratie française
UDR	Union des démocrates pour la République
UdSSR	Union der Sozialistischen Sowjetrepubliken
UNADIF	Union Nationale des Associations de Déportés, Internés et Familles de Disparus
UNDIVG	Union Nationale des Déportés, Internés et Victimes de Guerre
UNO	United Nations Organization
UNR-UDT	Union pour la nouvelle République-Union démocratique du travail
UNWCC	United Nations War Crimes Commission
USA	United States of America
USO	Union Sportive Oradour-sur-Glane
VdH	Verband der Heimkehrer
VDK	Volksbund Deutsche Kriegsgräberfürsorge
VdN	Verfolgte des Naziregimes
VEB	Volkseigener Betrieb
VgM	Verbrechen gegen die Menschlichkeit
VS	Verschlusssache
VSD	vendredi-samedi-dimanche (Magazin)
VVN	Vereinigung der Verfolgten des Naziregimes
VVN-BdA	Vereinigung der Verfolgten des Naziregimes-Bund der Antifaschisten
WASt	Deutsche Dienststelle für die Benachrichtigung der nächsten Angehörigen von Gefallenen der ehemaligen deutschen Wehrmacht (Wehrmachtsauskunftsstelle)
WEU	Westeuropäische Union
W.O.M.A.N.	Weltorganisation der Mütter aller Nationen
WR	Wachregiment Berlin des MfS
WZ	Westdeutsche Zeitung
ZDF	Zweites Deutsches Fernsehen
ZDWV	Zentralverband demokratischer Widerstandskämpfer und Verfolgtenorganisationen e. V.
ZK	Zentralkomitee
ZRS	Zentrale Rechtsschutzstelle
ZStD	Zentralstelle im Lande Nordrhein-Westfalen für die Bearbeitung Nationalsozialistischer Massenverbrechen

ZStK	Zentralstelle im Lande Nordrhein-Westfalen für die Bearbeitung von nationalsozialistischen Massenverbrechen in Konzentrationslagern bei der Staatsanwaltschaft Köln
ZStL	Zentrale Stelle der Landesjustizverwaltungen zur Aufklärung nationalsozialistischer Verbrechen
ZUV	Zentraler Untersuchungsvorgang

Bildnachweise

Abb. 1	© Michelle Valade	S. 32
Abb. 2	© Karen Breece	S. 33
Abb. 3	Ministère de la Culture, France, Médiathèque de l'architecture et du patrimoine, Vertrieb RMN-GP, AP87HN0224/Fotograf: Roger Henrard	S. 35
Abb. 4	CMO/Kartograph: Jean-Claude Grany	S. 75
Abb. 5	BArch Freiburg, N 756/115	S. 135
Abb. 6	© FNDIRP	S. 161
Abb. 7	Käthe Muskewitz, Oradour. Mahnung und Warnung für die Welt!, in: Internationale Zeitschrift Friedenswacht, April 1953, S. 22–27, Illustrator unbekannt	S. 204
Abb. 8	© Andrea Erkenbrecher	S. 212
Abb. 9	BArch Koblenz, Bild 183-94204-001/Fotograf: Hubert Berg	S. 255
Abb. 10	BArch Koblenz, Bild 183-K0122-302-001	S. 284
Abb. 11	BStU, MfS, HA IX/11, ZUV 66, Bd. 8 (ehem. EV 8), Bl. 128	S. 333
Abb. 12	BStU, MfS, HA IX/11, ZUV 66, Bd. 8 (ehem. EV 8), Bl. 131	S. 349
Abb. 13	Benoît Sadry	S. 349
Abb. 14	Benoît Sadry	S. 433
Abb. 15	Presse- und Informationsamt der Bundesregierung, B 145 Bild-00290536/Fotografin: Sandra Steins	S. 509
Abb. 16	© Benoît Sadry	S. 523
Abb. 17	Franz Rebholz	S. 533
Abb. 18	Franz Rebholz	S. 533
Abb. 19	Volksbund Bildarchiv	S. 536
Abb. 20	Franz Rebholz	S. 540
Abb. 21	BDA, Ala Pax Christi 34	S. 548
Abb. 22	dpa Picture-Alliance GmbH	S. 555
Abb. 23	Gedenkstätte Buchenwald, Fotoarchiv, Inventar A.10.1./Fotograf: Ernst Schäfer	S. 591
Abb. 24	Gedenkstätte Buchenwald, Nachlass Ernst Schäfer/Fotograf: Ernst Schäfer	S. 592

Abb. 25   Bild und Heimat .... S. 594

Abb. 27   angelehnt an: StA Do, 45 Js 2/11, 5. SB, Bd. 1/2, Bl. 2 .... S. 625

Leider war es nicht in allen Fällen möglich, die Inhaber der Bildrechte zu ermitteln.

Quellen und Literatur

I. Ungedruckte Quellen

1. Archiv der Arbeiterjugendbewegung (AAJB), Oer Erkenschwick

Franz-Neumann-Archiv (FNA) Peter Weiß 4

2. Archiv der sozialen Demokratie der Friedrich-Ebert-Stiftung (AdsD), Bonn

SPD-Parteivorstand
2/PVBJ000270
2/PVAE000070
Willy-Brandt-Archiv
A11.9/34
A3/1193

3. Archives communales d'Oradour-sur-Glane (ACO), Oradour-sur-Glane

Gemeindeblatt, wechselnde Titel und Schreibweisen, z. B.:
Bulletin Municipal
Bulletin Municipal d'Oradour-sur-Glane
Le petit Radounaud
Le Radounaud

4. Archives du Centre de la mémoire d'Oradour (ACMO), Oradour-sur-Glane

1 FP 2	5 FP 1	8 FP 4	1 ETUD 13	4A17	25B
1 FP 7	5 FP 2	14 FP 12	1 ETUD 15	A 4A13	V4.5.2/03
	5 FP 3		1 ETUD 20	A 4A17	
	5 FP 5		1 ETUD 25		
	5 FP 6				

5. Archives du monde combattant (AdMC), Caen

Fiches de contrôle
Dossiers statuts
Indemnisations des internés & déportés – Accord franco-allemand (AFA), 27 P 174–32, R.D.A. correspondances 1973/80
Indemnisations, Accord franco-allemand (AFA), 27 P 167 und -168

6. Bayerisches Landeskriminalamt (BLKA), München

Vorgangsnummer K 2785/85 LKA München, Sachgebiet 623

7. Bischöfliches Diözesanarchiv Aachen (BDA)

Ala Pax Christi 31; 33; 34; 35; 36

8. Bundesarchiv, Außenstelle Ludwigsburg (BArch)

B 162/20791   B 162/25622   B 162/28019   B 162/41743
B 162/20794   B 162/25903   B 162/28417
B 162/20795
B 162/20796

9. Bundesarchiv Berlin-Lichterfelde (BArch)

DM 3/6889
DP 2/2026
DP 3/2146
DP 3/2207
DP 3/2290
DR 1/5032

10. Bundesarchiv Koblenz (BArch)

B 141/21886
B 141/17088
Z 35/544

11. Bundesarchiv-Militärarchiv (BArch), Freiburg i. Br.

MSG 2/16721
MSG 2/16722
N 756/389
N 756/115

12. Der/die Bundesbeauftragte für die Unterlagen des Staatssicherheitsdienstes der ehemaligen Deutschen Demokratischen Republik (BStU), Berlin

MfS, FfO, AOPK 862/83, Bd. 1
MfS, AP 7078/73
MfS, AS 288/57
MfS, HA IX/11, RHE 34/88
MfS, HA IX/11, SV 6/83, Bd. 1 und 2
MfS, HA IX/11, ZUV 66
MfS, HA IX/11, ZUV 83
MfS, HA IX, Nr. 21783

MfS, HA IX, Nr. 21785
MfS, Pdm AOP 1994/81, Bd. 1
MfS, VVS-o001, MfS JHS Nr. 720/83

13. Institut für Zeitgeschichte (IfZ), München

Datenbank: Die Verfolgung von NS-Verbrechen durch westdeutsche Justizbehörden seit 1945. Datenbank aller Strafverfahren und Inventar der Verfahrensakten, bearb. im Auftrag des Instituts für Zeitgeschichte München-Berlin von Andreas Eichmüller und Edith Raim
Datenbank: Die Verfolgung von NS-Verbrechen durch ostdeutsche Justizbehörden seit 1945. Datenbank aller Strafverfahren und Inventar der Verfahrensakten, bearb. im Auftrag des Instituts für Zeitgeschichte München–Berlin von Andreas Eichmüller und Edith Raim

14. Landesarchiv Baden-Württemberg, Staatsarchiv Ludwigsburg (StaL)

EL 317 III Zugang 2002/41, 2 Js 48144/89

15. Landesarchiv Nordrhein-Westfalen, Staatsarchiv Münster (StAM)

45 Js 2/62
45 Js 11/78
45 Js 53/89

16. Mahn- und Gedenkstätte Düsseldorf (MuG)

Sammlung Mahn- und Gedenkstätte Düsseldorf (Slg. MuG)

17. Politisches Archiv des Auswärtigen Amts (PA AA), Berlin

B 2, 41	B 24, 339	B 83, 69	AV NA, 5.243
B 10, 2130	B 24, 460	B 83, 649	AV NA, 13 547–13 549
B 10, 2143	B 24, 631	B 83, 762	AV NA, 18 480
B 10, 2144	B 24, 644		AV NA, 32 185
B 10, 2145	B 24, 649		Zwischenarchiv 413 469
B 10, 2146	B 24, 659		
B 10, 2158	B 24, 665		MfAA C, 20/78

18. Staatsanwaltschaft München I

AZ 320 Js 195 32/85

19. Staatsarchiv Bremen

4,89/3–982

20. Staatsarchiv München

Staatsanwaltschaften 34498

21. Staatsarchiv Nürnberg

Staatsanwaltschaft bei dem Oberlandesgericht Nürnberg Nr. 262, 1 AR 29/1953

22. Stiftung Archiv der Parteien und Massenorganisationen der DDR im Bundesarchiv (SAPMO-BArch), Berlin

BY 5/ V 279/ 23
DA 4/6
DA 4/56
DY 6/4719
DY 30/18138
DY 30/J IV 2/3/426
DY 30/J IV 2/3A/415
DY 30 vorl. SED 42603/1
DY 34/11742
DY 57/290
DY 57/756
DY 57/845
DY 57/846
NY 4237/6

23. Zentralstelle im Lande Nordrhein-Westfalen für die Bearbeitung Nationalsozialistischer Massenverbrechen bei der Staatsanwaltschaft Dortmund (StA Do)

45 Js 2/11

II. Periodika

Allgemeine unabhängige jüdische Wochenzeitung
Die Andere Zeitung
Aufbau
Aufbruch. Evangelische Kirchenzeitung für Baden
Badische Zeitung
Berliner Zeitung
Breisgauer Nachrichten
Charente libre
Dachauer Nachrichten
Dachauer SZ
Dernières Nouvelles d'Alsace
Deutsche Volkszeitung
Deutsche Wochen-Zeitung
Dokumente/Documents
DRAFD-Information
Echo der Woche
L'Écho (du Centre)
Elle
Der Fährmann
Le Figaro
Fränkische Landeszeitung

France-Soir
Frankfurter Allgemeine Zeitung
Frankfurter Neue Presse
Frankfurter Rundschau
Freiheit und Recht
Der Freiwillige
Hamburger Echo
Internationale Zeitschrift Friedenswacht
Le Journal du Dimanche
Jungle World
Knoten
Konradsblatt
Kriegsgräberfürsorge
Libération
Le Monde
Der Morgen
Münchner Merkur
Neue Zeit
National-Zeitung
Neues Deutschland
Neues Deutschland (Berliner Ausgabe)
Le Parisien
Pax Christi
Pegnitz-Zeitung
Le Populaire du Centre
Reichsruf
Le Républicain Lorrain
Revue
Rhein Post
Rheinische Post
Ruhr Nachrichten
Sozialdemokratischer Pressedienst
Der Spiegel
Sud Ouest
Süddeutsche Zeitung
Die Tat
Time
Tribüne
vendredi-samedi-dimanche
Vorwärts
The Washington Post
Die Welt
Westdeutsche Allgemeine Zeitung
Westfälische Rundschau
Wiking-Ruf
Die Zeit
Die 7 Tage

III. Sonstige Quellen

1. Privatunterlagen (Kopien bei der Verfasserin)

Klaus von Armeln
Henri Boudet
Wolfgang Eckardt
Stefan Endell
Fritz Körber
Vinzenz Kremp (im Besitz von Wolfram Kremp)
Benoît Sadry

2. Interviews

Walter Bittkowski, Eugen Schäpers, Hans-Peter Schuchardt, 30. April 2010, Castrop-Rauxel
Henri Boudet, 9. Mai 2008, Limoges
Jean-Marcel Darthout, 15. Oktober 2007 und 16. Mai 2008, Saint-Victurnien
Raymond Frugier, 23. Juli 2011, Oradour-sur-Glane
Gerda Hasselfeldt, Juni 2008, Berlin
Robert Hébras, 7. und 14. Mai 2008, Oradour-sur-Glane
Fritz Körber, 31. Mai und 2. Juni 2010, Schwaig
Wolfram Kremp, 19. Februar 2010, Freiburg
Lucette und Camille Morliéras, 8. Mai 2008, Limoges
Winfried Nitardy, 26. April 2010, Münster
Camille Senon, 6. und 12. Mai 2008, Limoges; telefonisch am 29. Mai 2008
Albert Valade, 17. und 18. Oktober 2007 sowie 10. Mai 2008, Oradour-sur-Glane
Heidemarie Wieczorek-Zeul, 28. Oktober 2010, Berlin
Pierre Wolff, 29. und 30. Juni 2011, München

3. Dokumentarfilme, Fernsehbeiträge und Radiosendungen

Bonnefon, Jean/Laura, Antoine/Pérès, Guillaume: Oradour, le procès de l'impossible, Dokumentarfilm, Grand Angle Productions, France Télévisions, 2014.
Casper, Ute: Der Fall Oradour, Dokumentarfilm, SR/ARD/France 3, 2013/2014.
Desoutter, Marc: Oradour, le retour à la vie, Dokumentarfilm, France 3, 2009.
Follin, Michel/Wilmart, Marc: Oradour. Les voix de la douleur (Teil 1); Aujourd'hui la mémoire (Teil 2), Dokumentarfilm, France 3/Conseil général de la Haute-Vienne, 1988.
Fräntzel, Michael: Die DDR: Anspruch und Wirklichkeit 1945–1989 (Teil 4 der Reihe: Das Erbe der Nazis), Dokumentarfilm, ZDF, 2015.
France Bleu Limousin: Le traumatisme et la réconciliation. Emission spéciale Oradour-sur-Glane, 3. 9. 2013, URL: https://www.francebleu.fr/emissions/emission-speciale-oradour-sur-glane/le-traumatisme-et-la-reconciliation [29. 12. 2014].
Rosh, Lea/Schwarberg, Günther: Die Bewältigung: Oradour, Dokumentarfilm, SWF, 1988.
Schult, Astrid/Merz, Gunther: Das letzte Kapitel, Teil 2, Dokumentarfilm, WDR, 2014.
Wärnke, Birgit/Feldmann, Julian: Der Traum vom Umsturz. Neonazis und die Wende, Dokumentarfilm, NDR, 2020.
Weber, Christophe: Oradour. Retour sur un massacre, Dokumentarfilm, France Televisions/Sunset Presse, 2003.
Weill Raynal, Clement: Ex SS Pensions, France 3, 19/20, 21. 3. 1996, URL: https://www.ina.fr/video/CAC96012821/ex-ss-pensions-video.html [15. 3. 2017].

4. Schriftliche Mitteilungen

Bischöfliche Zentralbibliothek Regensburg, 25. Januar 2017
Frhr. von Boeselager, 15. September 2011
Deutsches Rundfunkarchiv, 21. Juni 2010
Familienmitglied des in Oradour eingesetzten A., 29. Oktober 2007
Jean-Jacques Fouché, 8. März 2011 und 17. Januar 2012
Generalkonsulat Bordeaux, 14. März 2012
Sandra Gibouin (Dokumentalistin im CMO), 15. März 2011
Ingo Hasselbach, 21. September 2020
Robert Hébras, 16. März 2011 und 1. Juni 2012
Fritz Körber, 31. Oktober 2011
Wolfram Kremp, 21. Februar 2010
Landeshauptarchiv Koblenz, 9. Februar 2010
Ahlrich Meyer, 28. März 2011
Birgit Mohme, 13. und 20. Februar 2012
Winfried Nitardy, 16. Mai 2010 und 14. April 2020
Benoît Sadry, 27. April, 3. Juni, 15. Juni und 17. Oktober 2011
Hans-Peter Schuchardt, 5. Januar 2010
Camille Senon, 16. November 2012, 4. Januar 2017 und 26. November 2020.
Staatsanwaltschaft Bad Kreuznach, 27. Januar 2010
Staatsarchiv Nürnberg, 16. Januar 2018
Friedrich Wolff, 12. Oktober 2009

5. Mündliche Mitteilungen

Alain Alexandra, März 2011
Gerhard Leo, 25. Oktober 2005
Renée Maneuf, 16. Januar 2017
Politisches Archiv des Auswärtigen Amts, 7. Februar 2017
Günter Rixe
Charles Schlosser
Albert Valade, zahlreiche Gespräche, u. a. 20. März 2017

6. Websites

https://www.bgbl.de
https://www.bundestag.de/drucksachen
https://www.bundesregierung.de/breg-de/service/bulletin#/
https://www.legifrance.gouv.fr

7. Musikalien

Ellerby, Martin: Epitaph I: Souviens-Toi (Oradour-sur-Glane), Kenley 1991.
Roman, José García: Ante las ruinas de Oradour sur Glane: „in memoriam", Mailand 1997.

IV. Gedruckte Quellen und Literatur

Adler, Renate Karoline/Heidebrecht, Maria: Freudenstadt – der Wiederaufbau einer Stadt, in: Moersch, Karl/Weber, Reinhold (Hrsg.): Die Zeit nach dem Krieg: Städte im Wiederaufbau, Stuttgart 2008, S. 83–100.

Akten zur Auswärtigen Politik der Bundesrepublik Deutschland, 1953, Band I: 1. Januar bis 30. Juni 1953, hrsg. im Auftrag des Auswärtigen Amts vom Institut für Zeitgeschichte, München 2001.

Akten zur Auswärtigen Politik der Bundesrepublik Deutschland, 1985, Bd. I: 1. Januar bis 30. Juni 1985, hrsg. im Auftrag des Auswärtigen Amts vom Institut für Zeitgeschichte, Berlin/ Boston 2016.

Andrieu, Claire: Zweierlei Entschädigungspolitik in Frankreich. Restitution und Reparation, in: Goschler, Constantin/Ther, Philipp (Hrsg.): Raub und Restitution. „Arisierung" und Rückerstattung des jüdischen Eigentums in Europa, Frankfurt am Main 2003, S. 108–133.

Arnold, Klaus: Kalter Krieg im Äther: Der Deutschlandsender und die Westpropaganda der DDR, Münster/Hamburg/London 2002.

Assmann, Aleida: Erinnerungsräume. Formen und Wandlungen des kulturellen Gedächtnisses, München ³2006.

Assmann, Aleida: Der lange Schatten der Vergangenheit. Erinnerungskultur und Geschichtspolitik, Bonn 2007.

Assmann, Aleida: Kollektives Gedächtnis, 26. 8. 2008, URL: https://www.bpb.de/geschichte/zeitgeschichte/geschichte-und-erinnerung/39802/kollektives-gedaechtnis?p=all [21. 2. 2021].

Assmann, Aleida/Frevert, Ute: Geschichtsvergessenheit – Geschichtsversessenheit: vom Umgang mit deutschen Vergangenheiten nach 1945, Stuttgart 1999.

Der Auswärtige Ausschuss des Deutschen Bundestages (= Quellen zur Geschichte des Parlamentarismus und der politischen Parteien, Vierte Reihe: Deutschland seit 1945, hrsg. im Auftrag der Kommission für Geschichte des Parlamentarismus und der politischen Parteien v. Becker, Winfried/Hockers, Hans Günter/Recker, Marie-Luise/Schwarz, Hans-Peter, Bd. 13/VII), Sitzungsprotokolle 1972–1976, eingel. v. Wintzer, Joachim, bearb. v. Hölscher, Wolfgang/Wintzer, Joachim, Erster Halbband (Januar 1973 bis November 1974), Düsseldorf 2010.

Autzen, Mats: „Crossroads Incident": die Instrumentalisierung des „Malmedy-Massakers" in der Nachkriegszeit, in: Quadflieg, Peter M./Rohrkamp, René (Hrsg.): Das „Massaker von Malmedy". Täter, Opfer, Forschungsperspektiven. Ein Werkbuch mit Beiträgen von Tobias Albrecht, Mats Autzen, Anna Hissel und Katharina Hoppe, Aachen 2010, S. 128–149.

Axer, Christine: Die Aufarbeitung der NS-Vergangenheit. Deutschland und Österreich im Vergleich und im Spiegel der französischen Öffentlichkeit, Köln u. a. 2011.

Bachmann, Klaus: Die Versöhnung muß von Polen ausgehen. Wenn jeder Kredit, jeder Schüleraustausch, jede politische Handlung zwischen Polen und Deutschland von den Deutschen dem Schlagwort von der „Versöhnung" untergeordnet wird, wird diese zum Versöhnungskitsch, in: Hahn, Hans Henning/Hein-Kircher, Heidi/Kochanowska-Nieborak, Anna (Hrsg.): Erinnerungskultur und Versöhnungskitsch, Marburg 2008, S. 17–20.

Bästlein, Klaus: DDR-Justiz und NS-Verbrechen, in: Neue Justiz 57 (2003), S. 126 f.

Baginski, Christophe: Gnade den Bekehrten! Evangelische Kirche und deutsche Kriegsverurteilte in Frankreich (1944–1962), Speyer 2002.

Bailer-Galanda, Brigitte: „Revisionismus" – pseudowissenschaftliche Propaganda des Rechtsextremismus, in: Bailer-Galanda, Brigitte/Benz, Wolfgang/Neugebauer, Wolfgang (Hrsg.): Die Auschwitzleugner. „Revisionistische" Geschichtslüge und historische Wahrheit, Berlin ²1997, S. 19–37.

Bailliard, Jean-Paul: Indemnisation et reconnaissance, in: Les Saisons d'Alsace (Sonderausgabe: Août 1942. Le drame des incorporés de force), Mai 2012, S. 95 f.

Barcellini, Serge/Wieviorka, Annette: Passant, souviens-toi! Les lieux du souvenir de la Seconde Guerre mondiale en France, Paris 1999.

Barck, Simone/Lokatis, Siegfried (Hrsg.): Fenster zur Welt. Eine Geschichte des DDR-Verlages Volk & Welt, hrsg. im Auftrag des Dokumentationszentrums Alltagskultur der DDR unter Mitarbeit von Roland Links und Anja Augustin, Berlin 2003.

Bardet, Jean: Vorwort, in: Leo, Gerhard (Hrsg.): Das Tagebuch der Denise Bardet. Gewidmet dem 60. Jahrestag der Zerstörung der französischen Gemeinde Oradour-sur-Glane am 10. Juni 1944, Berlin 2004, S. 9–20.

Barkan, Elazar: Völker klagen an. Eine neue internationale Moral, Düsseldorf 2002.

Barral, Pierre: L'affaire d'Oradour. Affrontement de deux mémoires, in: Wahl, Alfred (Hrsg.): Mémoire de la seconde guerre mondial, Actes du Colloque de Metz, 6–8 octobre 1983, Metz 1983, S. 243–252.

Bauerschmidt, Michael u. a.: „Deutsche National-Zeitung (DNZ)/Deutsche Wochen-Zeitung (DWZ)/Druckschriften- und Zeitungs-Verlag (DSZ-Verlag)/Freiheitlicher Zeitungs-Verlag (FZ-Verlag)", in: Mecklenburg, Jens (Hrsg.): Handbuch deutscher Rechtsextremismus, Berlin 1996, S. 403–405.
Bauerschmidt, Michael u. a.: „Verlag K. W. Schütz", in: Mecklenburg, Jens (Hrsg.): Handbuch deutscher Rechtsextremismus, Berlin 1996, S. 426 f.
Baumann, Stefanie Michaela: Menschenversuche und Wiedergutmachung. Der lange Streit um Entschädigung und Anerkennung der Opfer nationalsozialistischer Humanexperimente, München 2009.
Baury, Michel: Pourqoui Oradour-sur-Glane. Mystères et falsification autour d'un crime de guerre, Rennes 2014.
Baury, Michel: Sur le chemin d'Oradour. Un village limousin „ordinaire" au cœur de la Résistance et de la milice, La Crèche 2016.
Baury, Michel (mit Marie-Noëlle und René Borie): Oradour sur-Glane. Le récit d'un survivant, Toulouse 2018.
Baury, Michel/Charron, Patrick/Jollivet, Jean: Oradour-sur-Glane. Faits générateurs du massacre, Paris 2018.
Beau, Georges/Gaubusseau, Léopold: R. 5. Les S.S. en Limousin, Périgord, Quercy, Paris 1969.
Beestermöller, Gerhard/Reuter, Hans-Richard (Hrsg.): Politik der Versöhnung, Stuttgart 2002.
Bélivier, Michel/Sadry, Benoît: Oradour sur Glane. Regards et histoire, [Limoges] 2013.
Benz, Wolfgang: „Revisionismus" in Deutschland, in: Bailer-Galanda, Brigitte/Benz, Wolfgang/Neugebauer, Wolfgang (Hrsg.): Die Auschwitzleugner. „Revisionistische" Geschichtslüge und historische Wahrheit, Berlin ²1997, S. 38–51.
Benz, Wolfgang (Hrsg.): Legenden, Lügen, Vorurteile. Ein Wörterbuch zur Zeitgeschichte, München ⁹1998.
Benz, Wolfgang: Vorwort, in: Benz, Wolfgang (Hrsg.): Legenden, Lügen, Vorurteile. Ein Wörterbuch zur Zeitgeschichte, München ⁹1998, S. 5 f.
Benz, Wolfgang: Kriegsverbrechen der Alliierten, in: Benz, Wolfgang/Reif-Spirek, Peter (Hrsg.): Geschichtsmythen: Legenden über den Nationalsozialismus, Berlin 2003, S. 65–86.
Benz, Wolfgang (Hrsg.): Handbuch des Antisemitismus. Judenfeindschaft in Geschichte und Gegenwart, Bd. 2/2, Personen, L–Z, Berlin 2009.
Benz, Wolfgang/Reif-Spirek, Peter: Vorwort: Geschichtsmythen der Rechtsextremen, in: Benz, Wolfgang/Reif-Spirek Peter (Hrsg.): Geschichtsmythen: Legenden über den Nationalsozialismus, Berlin 2003, S. 7–9.
Berber, Friedrich (Hrsg.): Völkerrecht. Dokumentensammlung, Bd. II: Konfliktsrecht, München/Berlin 1967.
Bergmann, Martin S./Jucovy, Milton E. (Hrsg.): Generations of the Holocaust, New York 1982.
Bergmann, Werner/Erb, Rainer/Lichtblau, Albert: Einleitung. Die Aufarbeitung der NS-Vergangenheit im Vergleich: Österreich, die DDR und die Bundesrepublik Deutschland, in: Bergmann, Werner (Hrsg.): Schwieriges Erbe. Der Umgang mit Nationalsozialismus und Antisemitismus in Österreich, der DDR und der Bundesrepublik Deutschland, Frankfurt am Main 1995, S. 11–17.
Bezirksjugendring Mittelfranken (Hrsg.): Pädagogik wider das Vergessen. Dokumentation. Aus der Vergangenheit für die Zukunft lernen?! Eine Fachtagung zur Bedeutung der Internationalen Jugendarbeit im Kontext von Gedenkstätten und Dokumentationszentren zur NS-Vergangenheit, 29. 05.–01. 06. 2003, Nürnberg.
Bohr, Felix: Die Kriegsverbrecherlobby. Bundesdeutsche Hilfe für im Ausland inhaftierte NS-Täter, Berlin 2018.
Bongardt, Michael/Wüstenberg, Ralf K. (Hrsg.): Versöhnung, Strafe und Gerechtigkeit. Das schwere Erbe von Unrechts-Staaten, Göttingen 2010.
Boulan, Gilles: Kinderzimmer, Carnières-Morlanwelz 1996.
Braun, Jutta/Treichler, Hans Joachim (Hrsg.): Sportstadt Berlin im Kalten Krieg: Prestigekämpfe und Systemwettstreit, Berlin 2006.
Braunbuch. Kriegs- und Naziverbrecher in der Bundesrepublik, hrsg. v. Nationalrat der nationalen Front des Demokratischen Deutschland. Dokumentationszentrum der Staatlichen Archivverwaltung der DDR, Berlin 1965.

Brochhagen, Ulrich: Nach Nürnberg. Vergangenheitsbewältigung und Westintegration in der Ära Adenauer, Berlin 1999.
Brodesser, Hermann-Josef u. a.: Wiedergutmachung und Kriegsfolgenliquidation. Geschichte – Regelungen – Zahlungen, München 2000.
Brückweh, Kerstin: Dekonstruktion von Prozessakten – Wie ein Strafprozess erzählt werden kann, in: Finger, Jürgen/Keller, Sven/Wirsching, Andreas (Hrsg.): Vom Recht zur Geschichte. Akten aus NS-Prozessen als Quellen der Zeitgeschichte, Göttingen 2009, S. 191–204.
Brunner, Bernhard: Die juristische Aufarbeitung der in Frankreich verübten NS-Gewaltverbrechen durch die bundesdeutsche Justiz, in: Klein, Anne/Wilhelm, Jürgen (Hrsg.): NS-Unrecht vor Kölner Gerichten nach 1945, Köln 2003, S. 183–200.
Brunner, Bernhard: Der Frankreich-Komplex. Die nationalsozialistischen Verbrechen in Frankreich und die Justiz der Bundesrepublik Deutschland, Göttingen 2007.
Brunner, José/Frei, Norbert/Goschler, Constantin: Komplizierte Lernprozesse. Zur Geschichte und Aktualität der Wiedergutmachung, in: Frei, Norbert/Brunner, José/Goschler, Constantin (Hrsg.): Die Praxis der Wiedergutmachung. Geschichte, Erfahrung und Wirkung in Deutschland und Israel, Göttingen 2009, S. 9–47.
Buchner, Alex: Das Handbuch der deutschen Infanterie 1939–1945. Gliederung – Uniformen – Bewaffnung – Aufrüstung – Einsätze, Friedberg/Hessen ²1989.
Buchstab, Günter (Bearb.): Adenauer: „Es mußte alles neu gemacht werden". Die Protokolle des CDU-Bundesvorstandes 1950–1953, Stuttgart 1986.
Die Bundesbeauftragte für die Unterlagen des Staatssicherheitsdienstes der ehemaligen Deutschen Demokratischen Republik (Hrsg.): Abkürzungsverzeichnis. Häufig verwendete Abkürzungen und Begriffe des Ministeriums für Staatssicherheit, Berlin ⁷2004, URL: http://www.bstu.bund.de/DE/Service/Abkuerzungsverzeichnis/abkuerzungen_K.html?nn=1705602 [21. 2. 2017].
Der Bundesbeauftragte für die Unterlagen des Staatssicherheitsdienstes der ehemaligen Deutschen Demokratischen Republik (Hrsg.): Abkürzungsverzeichnis. Häufig verwendete Abkürzungen und Begriffe des Ministeriums für Staatssicherheit, Berlin ¹¹2015, URL: https://www.bstu.de/assets/bstu/de/Publikationen/Abkuerzungsverzeichnis_Auflage_11_barrierefrei.pdf [20. 8. 2020].
Bundesverband der Soldaten der ehemaligen Waffen-SS e. V. (Hrsg.): Heiteres aus dem Brotbeutel gekrümelt. Anekdoten, Possen, Schnurren, bearb. von Herbert Taege, Osnabrück 1975.
Busse, Horst/Krause, Udo: Lebenslänglich für den Gestapokommissar, Berlin 1988.
Busse, Horst/Nehmer, Hans-Herbert/Skiba, Dieter: „Anti-Leide". Herrn Henry Leides Umwälzung der Geschichte der DDR, Berlin 2007.
Busse, Horst/Przybylski, Peter: Mörder von Oradour, Berlin 1984.
Casagrande, Thomas: Südtiroler in der Waffen-SS. Vorbildliche Haltung, fanatische Überzeugung, Bozen 2015.
Centre de la mémoire d'Oradour (CMO) (Hrsg.): Autour de Fenosa, Sculpteur (1899–1988), Exposition 25 juin–12 septembre 1999, Oradour-sur-Glane 1999.
Centre de la mémoire d'Oradour (CMO)/Conseil général de la Haute-Vienne (Hrsg.): Comprendre Oradour. Centre de la mémoire d'Oradour. L'intégrale du parcours de mémoire. Documentation – Iconographie – Témoignages, Oradour-sur-Glane 2000.
Chastain, Roger: J'étais FTPF, Neuvic-Entier ²1990.
Cochet, François: Oradour et les „Malgré-nous". Du crime de guerre aux affrontements mémoriels, in: La France en Guerre, 1939–1945, N° 3 novembre–décembre 2005, S. 30–37.
Cointet, Michèle: Secrets et mystères de la France occupée, Paris 2015.
Comité Internationale de Dachau (Hrsg.): Konzentrationslager Dachau 1933 bis 1945. Text- und Bilddokumente zur Ausstellung, mit CD, München 2005.
Conze, Eckart u. a.: Das Amt und die Vergangenheit. Deutsche Diplomaten im Dritten Reich und in der Bundesrepublik (unter Mitarbeit von Annette Weinke und Andrea Wiegeshoff), München 2010.
Cornelissen, Christoph: Sant'Anna di Stazzema. „Versöhnung heißt nicht vergessen", in: Defrance, Corine/Pfeil, Ulrich (Hrsg.): Verständigung und Versöhnung nach dem „Zivilisationsbruch"? Deutschland in Europa nach 1945, Brüssel 2016, S. 281–293.
Daase, Christopher: Entschuldigung und Versöhnung in der internationalen Politik, in: Aus Politik und Zeitgeschichte 63 (2013), H. 25–26, S. 43–49, URL: http://www.bpb.de/apuz/162893/entschuldigung-und-versoehnung-in-der-internationalen-politik?p=all [13. 3. 2017].

Daase, Christopher/Engert, Michel/Renner, Judith: Introduction, in: Daase, Christopher u. a. (Hrsg.): Apology and Reconciliation in International Relations. The Importance of Being Sorry, London u. a. 2016, S. 1–28.
Daase, Christopher u. a. (Hrsg.): Apology and Reconciliation in International Relations. The Importance of Being Sorry, London u. a. 2016.
D'Angelo, Yann: Les anges d'Oradour. Poèmes et récit de Yann d'Angelo, Saint-Denis 2011.
Danthieux, Dominique: L'historien face au massacre: écrire l'histoire d'Oradour, in: Chanaud, Robert (Hrsg.): Limousin, terre d'historiens, Limoges 2012, S. 213–228.
Danthieux, Dominique/Grandcoing, Philippe: Oradour après Oradour. Conserver – Reconstruire – Commémorer, Limoges 2015.
Danti-Juan, Michel: Réflexions contemporaines sur le procès des auteurs du massacre d'Oradour-sur-Glane, in: Cochard, Jean (Hrsg.): Armée guerre et droit pénal. Journée d'études du 19 mai 1984 sous la présidence de Jean Cochard, Paris 1986, S. 27–35.
Danyel, Jürgen: Der vergangenheitspolitische Diskurs in der SBZ/DDR 1945–1989, in: Cornelißen, Christoph (Hrsg.): Diktatur – Krieg – Vertreibung. Erinnerungskulturen in Tschechien, der Slowakei und Deutschland seit 1945, Essen 2005, S. 173–197.
Defrance, Corine: Société civile et relations franco-allemandes, in: Defrance, Corine/Kißener, Michael/Nordblom, Pia (Hrsg.): Wege der Verständigung zwischen Deutschen und Franzosen nach 1945. Zivilgesellschaftliche Annäherungen, Tübingen 2010, S. 17–31.
Defrance, Corine: Die Meistererzählung von der „Versöhnung", in: Aus Politik und Zeitgeschichte 63 (2013), H. 1–3, S. 16–22, URL: http://www.bpb.de/apuz/152064/die-meistererzaehlung-von-der-versoehnung [18. 2. 2017].
Defrance, Corine: Faire face au passé. Gestes et discours officiels en RFA depuis les années 1970, in: Francia 45 (2018), S. 431–440.
Defrance, Corine/Kißener, Michael/Nordblom, Pia (Hrsg.): Wege der Verständigung zwischen Deutschen und Franzosen nach 1945. Zivilgesellschaftliche Annäherungen, Tübingen 2010.
Defrance, Corine/Pfeil, Ulrich: Der Élysée-Vertrag und die deutsch-französischen Beziehungen 1945 – 1963 – 2003, München 2005.
Defrance, Corine/Pfeil, Ulrich: Eine Nachkriegsgeschichte in Europa 1945 bis 1963, Darmstadt 2011.
Defrance, Corine/Pfeil, Ulrich: Der Elysée-Vertrag und die deutsch-französischen Beziehungen. Vom Ereignis zum Erinnerungsort, in: Gilzmer, Mechthild/Lüsebrink, Hans-Jürgen/Vatter, Christoph (Hrsg.): 50 Jahre Elysée-Vertrag (1963–2013)/Les 50 ans du traité de l'Elysée (1963–2013). Traditionen, Herausforderungen, Perspektiven/Traditions, défis, perspectives, Bielefeld 2014, S. 81–105.
Defrance, Corine/Pfeil, Ulrich: Verständigung und Versöhnung. Eine Herausforderung für Deutschland nach 1945, in: Defrance, Corine/Pfeil, Ulrich (Hrsg.): Verständigung und Versöhnung nach dem „Zivilisationsbruch"? Deutschland in Europa nach 1945, Brüssel 2016, S. 13–53.
De La Pradelle, Raymond: Aux frontières de l'injustice, Paris 1979.
Delarbre, Hélène/Linol, Franck: Oradour. Le dernier tram, La Crèche 2014.
Delarue, Jacques: Trafics et crimes sous l'occupation, Paris 1968.
Delarue, Jacques: Trafics et crimes sous l'occupation, Paris ²1993.
Delori, Mathias: La symbolique franco-allemande en panne d'idées? Introduction: Pour un retour critique sur le grand récit de la réconciliation, in: Cahiers d'histoire, Nr. 100, 2007, S. 11–21, URL: http://chrhc.revues.org/index666.html [24. 1. 2022].
Delori, Mathias: „Aussöhnung/Réconciliation", in: Kufer, Astrid/Guinaudeau, Isabelle/Prema, Christophe (Hrsg.): Handwörterbuch der deutsch-französischen Beziehungen, Baden-Baden 2009, S. 30–32.
Demay, Henri/Louty, Pierre/Valade, Albert: Oradour soixante ans après ... La mémoire face à l'outrage, Neuvic-Entier 2004.
Desourteaux, André/Hébras, Robert: Oradour/Glane. Notre village assassiné, Monteuil-Bellay 2001.
Dickson, Céline-Marie: Oradour. Roman, Stockholm 1958.
Dirks, Christian: „Die Verbrechen der anderen". Auschwitz und der Auschwitz-Prozeß der DDR: Das Verfahren gegen den KZ-Arzt Dr. Horst Fischer, Paderborn u. a. 2006.

Doderer, Klaus (Hrsg.): Zwischen Trümmern und Wohlstand. Literatur der Jugend 1945–1960, erarbeitet von Martin Hussong, Petra Jäschke und Winfried Kaminski unter Mitwirkung von Hildegard Schindler-Frankerl, Weinheim/Basel 1988.

Dreßen, Willi: „Oradour-sur-Glane", in: Benz, Wolfgang (Hrsg.): Legenden, Lügen, Vorurteile. Ein Wörterbuch zur Zeitgeschichte, München ^{9}1998, S. 163–165.

Duhem, Jacqueline: Ascq 1944. L'Oradour du Nord, [Marcq-en-Barœul] ^{3}2017.

Egelhoff, Hans-Günter: „Carolus-Magnus-Kreis (CMK)", in: Colin, Nicole/Defrance, Corine/ Pfeil, Ulrich/Umlauf, Joachim (Hrsg.): Lexikon der deutsch-französischen Kulturbeziehungen nach 1945, 2., überarb., und erw. Auflage, Tübingen 2015, S. 149.

Eggers, Erik: Die „Privilegierten" und der „Annex" – Der Sportjournalismus und seine Akteure im geteilten Berlin (1945–1989), in: Braun, Jutta/Teichler, Hans Joachim (Hrsg.): Sportstadt Berlin im Kalten Krieg. Prestigekämpfe und Systemwettstreit, Berlin 2006, S. 184–238.

Eichmüller, Andreas: Keine Generalamnestie. Die strafrechtliche Verfolgung von NS-Verbrechen in der frühen Bundesrepublik, München 2012.

Eichmüller, Andreas: „Auf das Typische kommt es an." Bilder und Narrative der SS in Film und Fernsehen in den 1970er-Jahren, in: Schulte, Jan Erik/Wildt, Michael (Hrsg.): Die SS nach 1945. Entschuldungsnarrative, populäre Mythen, europäische Erinnerungsdiskurse, Göttingen 2018, S. 289–309.

Eichmüller, Andreas: Die SS in der Bundesrepublik. Debatten und Diskurse über ehemalige SS-Angehörige 1949–1985, Berlin/Boston 2018.

Einstein, Siegfried: Eichmann. Chefbuchhalter des Todes, Frankfurt am Main [1961].

Eitz, Thorsten/Stötzel, Georg: Wörterbuch der „Vergangenheitsbewältigung", Bd. 1, Darmstadt 2007.

Elliger, Lars: Das Massaker von Oradour. Die deutsche Rezeption des Prozesses in Bordeaux 1953, Hamburg 2012.

Erb, Alfons: Oradour gestern und heute – Dokumente und Erwägungen, in: Dokumente 4 (1948), S. 86–93.

Erkenbrecher, Andrea: Der Prozess gegen Heinz Barth 1983: Eine Fallstudie zur politischen Instrumentalisierung von Kriegsverbrecherprozessen in der DDR, unveröffentlichte Magisterarbeit, Philosophische Fakultät für Geschichts- und Kulturwissenschaft, Ludwig-Maximilians-Universität München, 2006.

Erkenbrecher, Andrea: A Right to Irreconcilability? Oradour-sur-Glane, German-French Relations and the Limits of Reconciliation after World War II, in: Schwelling, Birgit (Hrsg.): Reconciliation, Civil Society, and the Politics of Memory. Transnational Initiatives in the 20th and 21st Century, Bielefeld 2012, S. 167–199.

Erkenbrecher, Andrea: Zivilgesellschaftliches Versöhnungsengagment in Oradour-sur-Glane. Blick auf ein wenig bekanntes Kapitel, in: Gegen Vergessen – Für Demokratie, Nr. 82, September 2014, S. 15–17.

Erkenbrecher, Andrea: Oradour-sur-Glane. Ort einer späten Versöhnung, in: Defrance, Corine/ Pfeil, Ulrich (Hrsg.): Verständigung und Versöhnung nach dem „Zivilisationsbruch"? Deutschland in Europa nach 1945, Brüssel 2016, S. 329–347.

Essaian, Elisabeth/Fouché, Jean-Jacques: La construction du nouveau bourg d'Oradour-sur-Glane, Exposition, Limoges 1997.

Farmer, Sarah: Oradour, arrêt sur mémoire, Paris 1994.

Farmer, Sarah: Martyred village. Commemorating the 1944 Massacre at Oradour-sur-Glane, Berkeley u. a. 1999.

Farmer, Sarah: Postwar Justice in France: Bordeaux 1953, in: Deák, István/Gross, Jan T./Judt, Tony (Hrsg.): The Politics of Retribution in Europe. World War II and its Aftermath, Princeton/New Jersey 2000, S. 194–211.

Farmer, Sarah: Oradour. 10 juin 1944. Arrêt sur mémoire, Paris ^{2}2007.

Farmer, Sarah/Tisseron, Serge: Parlez-moi d'Oradour. 10 juin 1944, Paris 2004.

Féaux de la Croix, Ernst: Staatsvertragliche Ergänzungen der Entschädigung, in: De la Croix, Féaux/Rumpf, Helmut (Hrsg.): Der Werdegang des Entschädigungsrechts unter national- und völkerrechtlichem und politologischem Aspekt, München 1985, S. 201–309.

Finger, Jürgen: Zeithistorische Quellenkunde von Strafprozessakten in: Finger, Jürgen/Keller, Sven/Wirsching, Andreas (Hrsg.): Vom Recht zur Geschichte. Akten aus NS-Prozessen als Quellen der Zeitgeschichte, Göttingen 2009, S. 97–113.

Finger, Jürgen/Keller, Sven/Wirsching, Andreas (Hrsg.): Vom Recht zur Geschichte. Akten aus NS-Prozessen als Quellen der Zeitgeschichte, Göttingen 2009.
Fischer, Paul: Beziehungen zwischen Bayern und Frankreich, in: Rill, Bernd (Hrsg.): Deutschland und Frankreich: Gemeinsame Zukunftsfragen, München 2000, S. 21–30, URL: http://www.hss.de/fileadmin/migration/downloads/agu21.pdf [18. 1. 2012].
Fischer, Torben: „Ulmer Einsatzgruppenprozess", in: Fischer, Torben/Lorenz, Matthias (Hrsg.): Lexikon der „Vergangenheitsbewältigung" in Deutschland. Debatten- und Diskursgeschichte des Nationalsozialismus nach 1945, Bielefeld ²2009, II.A5, S. 64–66.
Fischer, Torben/Lorenz, Matthias N. (Hrsg.): Lexikon der „Vergangenheitsbewältigung" in Deutschland. Debatten- und Diskursgeschichte des Nationalsozialismus nach 1945, Bielefeld ²2009.
Fischer, Torben/Sprockhoff, Anna: „131er-Gesetzgebung", in: Fischer, Torben/Lorenz, Matthias (Hrsg.): Lexikon der „Vergangenheitsbewältigung" in Deutschland. Debatten- und Diskursgeschichte des Nationalsozialismus nach 1945, Bielefeld ²2009, II.C2, S. 94–96.
Fleischer, Hagen: Deutsche „Wiedergutmachung" in Griechenland, in: Geschichte in Wissenschaft und Unterricht 56 (2005), S. 308–315.
Fleischer, Hagen/Konstantinakou, Despina: Ad calendas graecas? Griechenland und die deutsche Wiedergutmachung, in: Hockerts, Hans Günter/Moisel, Claudia/Winstel, Tobias (Hrsg.): Grenzen der Wiedergutmachung. Die Entschädigung für NS-Verfolgte in West- und Osteuropa 1945–2000, Göttingen 2006, S. 375–457.
Flucke, Franziska: Der Umgang mit der NS-Vergangenheit als Thema im bilingualen Geschichtsunterricht, in: Nouveaux cahiers d'allemand 33 (2015), S. 443–457.
Focardi, Filippo/Klinkhammer, Lutz: Wiedergutmachung für Partisanen? Das deutsch-italienische Globalabkommen von 1961, in: Hockerts, Hans Günter/Moisel, Claudia/Winstel, Tobias (Hrsg.): Grenzen der Wiedergutmachung. Die Entschädigung für NS-Verfolgte in West- und Osteuropa 1945–2000, Göttingen 2006, S. 458–512.
Fouché, Jean-Jacques (Hrsg.): Livre d'Or d'Oradour: L'engagement des intellectuels. Un épisode en 1949, Catalogue de l'exposition, Limoges 1995.
Fouché, Jean-Jacques: La déception des témoins. Le conflit des récits du massacre à Oradour-sur-Glane, in: Brayard, Florent (Hrsg.): Le Génocide des Juifs entre procès et histoire 1943–2000, Brüssel 2000, S. 189–212.
Fouché, Jean-Jacques: Oradour, Paris 2001.
Fouché, Jean-Jacques: Le Centre de la Mémoire d'Oradour, in: Vingtième Siècle, H. 1, 2002, S. 125–137.
Fouché, Jean-Jacques: Le négationnisme et le symbole Oradour, Mai 2002, URL: http://www.cerclegramsci.org/rubs/tribune10.htm [12. 10. 2009].
Fouché, Jean-Jacques: Oradour. La politique et la justice, Saint-Paul 2004.
Fouché, Jean-Jacques: Massacre at Oradour, France, 1944. Coming to Grips with Terror, De Kalb 2005.
Fouché, Jean-Jacques: Oradour, June 10th, 1944: A Nazi Massacre in Occupied France, in: Online Encyclopedia of Mass Violence (OEMV), 5. November 2007, URL: http://www.sciencespo.fr/mass-violence-war-massacre-resistance/en/document/oradour-june-10th-1944-nazi-massacre-occupied-france [17. 3. 2017].
Fouché, Jean-Jacques (in Zusammenarbeit mit Gilbert Beaubatie): Tulle. Nouveaux regards sur les pendaisons et les événements de juin 1944, Saint-Paul 2008.
Fouché, Jean-Jacques: L'aura des ruines d'Oradour, in: Les cahiers Irice, H. 1, 2011, S. 63–72.
Fouché, Jean-Jacques: Oradour, Paris ²2013.
François, Etienne: „Erinnerungsorte" im Vergleich Deutschland und Frankreich, in: Bergsdorf, Wolfgang u. a. (Hrsg.): Erbfreunde. Deutschland und Frankreich im 21. Jahrhundert, Weimar 2007, S. 127–144.
François-Poncet, André: Les rapports mensuels d'André François-Poncet, Haut-Commissaire français en Allemagne, 1949–1955, Bd. 2, hrsg. und kommentiert von Hans Manfred Bock, Paris 1996.
Frank, Robert: Der Élysée-Vertrag: Ein deutsch-französischer Erinnerungsort?, in: Defrance, Corine/Pfeil, Ulrich (Hrsg.): Der Élysée-Vertrag und die deutsch-französischen Beziehungen 1945 – 1963 – 2003, München 2005, S. 237–247.

Französisches Verlagsamt (Hrsg.): Oradour an der Glane, Rastatt [1946].
Frei, Norbert: Vergangenheitspolitik. Die Anfänge der Bundesrepublik und die NS-Vergangenheit, München ²2003.
Frei, Norbert/Brunner, José/Goschler, Constantin: Die Praxis der Wiedergutmachung. Geschichte, Erfahrung und Wirkung in Deutschland und Israel, Göttingen 2009.
Freudiger, Kerstin: Die juristische Aufarbeitung von NS-Verbrechen, Tübingen 2002.
Friese, Sebastian: Politik der gesellschaftlichen Versöhnung. Eine theologisch-ethische Untersuchung am Beispiel der Gacaca-Gerichte in Ruanda, Stuttgart 2010.
Fritsch, Martin/Gabler, Josephine (Hrsg.): Käthe Kollwitz. Bildhauerin aus Leidenschaft. Das plastische Werk, Leipzig 2011.
Gallinat, Klaus: „Ullrich, Klaus", in: Müller-Enbergs, Helmut u. a. (Hrsg.): Wer war wer in der DDR? Ein Lexikon ostdeutscher Biographien, Berlin ⁵2010, https://www.bundesstiftung-aufarbeitung.de/de/recherche/kataloge-datenbanken/biographische-datenbanken/klaus-ullrich [29. 11. 2021].
Garnier, Romain: Oradour-sur-Glane. Autopsie d'un massacre, Paris 2014.
Genger, Angela/Lutz, Hannelore: Das Massaker von Oradour – auch heute noch ein Thema?, in: Graf, Martin/Hervé, Florence (Hrsg.): Oradour. Regards au-delà de l'oubli. Blicke gegen das Vergessen, Essen 1995, S. 49–51.
Gentile, Carlo: Marzabotto 1944, in: Ueberschär, Gerd (Hrsg.): Orte des Grauens. Verbrechen im Zweiten Weltkrieg, Darmstadt 2003, S. 136–146.
Gentile, Carlo: Sant'Anna di Stazzema 1944, in: Ueberschär, Gerd (Hrsg.): Orte des Grauens. Verbrechen im Zweiten Weltkrieg, Darmstadt 2003, S. 231–236.
Gerlach, Christian: Kalkulierte Morde. Die deutsche Wirtschafts- und Vernichtungspolitik in Weißrußland 1941 bis 1944, Hamburg 1999.
Gerstle, Nathalie: „Gehilfenjudikatur", in: Fischer, Torben/Lorenz Matthias N. (Hrsg.): Lexikon der „Vergangenheitsbewältigung" in Deutschland. Debatten- und Diskursgeschichte des Nationalsozialismus nach 1945, Bielefeld ²2009, III.A11, S. 145–147.
Geschichte des Bühler Friedenskreuzes im Zusammenhang mit dem Beginn der deutsch-französischen Versöhnung und der Entstehung der Pax-Christi-Bewegung, hrsg. v. d. Großen Kreisstadt Bühl, dargest. v. Studiendirektor Dr. Kurt Oser im Rahmen des Heimatkollegs anläßlich der 700-Jahr-Feier der Stadt Bühl, Bühl 1983.
Gibouin, Sandra: Écrire une fiction sur Oradour selon Georges Magnane, in: Bauer, Thomas (Hrsg.): Georges Magnane: la plume et le sport, Reims 2015, S. 223–237.
Gibouin, Sandra: L'exposition „Guerre d'Espagne" au Centre de la mémoire. Du projet à l'enrichissement documentaire et historique, in: Oradour, 70 ans après. Actes du colloque, 26 avril 2014, Limoges 2016, S. 15–43.
Gilabert, René: Oradour sur Glane. L'éveil de la mémoire, Albi 2008.
Gisinger, Arno: Vel'd'Hiv' und Oradour sur Glane oder: La compétition des mémoires, in: Steininger, Rolf (Hrsg., unter Mitarbeit von Ingrid Böhler): Der Umgang mit dem Holocaust. Europa – USA – Israel, Wien/Köln/Weimar 1994, S. 329–343.
Görtemaker, Manfred: Geschichte der Bundesrepublik Deutschland. Von der Gründung bis zur Gegenwart, München 1999.
Görtemaker, Manfred/Safferling, Christoph: Die Akte Rosenburg. Das Bundesministerium der Justiz und die NS-Zeit, München 2016.
Goschler, Constantin: Wiedergutmachung als Vergangenheitsbewältigung, in: Bohemia 34 (1993), S. 295–304.
Goschler, Constantin: Nicht bezahlt? Die Wiedergutmachung für Opfer der nationalsozialistischen Verfolgung in der SBZ/DDR, in: Buchheim, Christoph (Hrsg.): Wirtschaftliche Folgelasten des Krieges in der SBZ/DDR, Baden-Baden 1995, S. 169–1992.
Goschler, Constantin: Zwei Wege der Wiedergutmachung? Der Umgang mit NS-Verfolgten in West- und Ostdeutschland im Vergleich, in: Hockerts, Hans Günter/Kuller, Christiane (Hrsg.): Nach der Verfolgung. Wiedergutmachung nationalsozialistischen Unrechts in Deutschland?, Göttingen 2003, S. 115–137.
Goschler, Constantin: Schuld und Schulden. Die Politik der Wiedergutmachung für NS-Verfolgte seit 1945, Göttingen 2005.

Goschler, Constantin: Die Bundesrepublik und die Entschädigung von Ausländern seit 1966, in: Hockerts, Hans Günter/Moisel, Claudia/Winstel, Tobias (Hrsg.): Grenzen der Wiedergutmachung. Die Entschädigung für NS-Verfolgte in West- und Osteuropa 1945–2000, Göttingen 2006, S. 94–146.

Goschler, Constantin: Wiedergutmachungspolitik – Schulden, Schuld und Entschädigung, in: Reichel, Peter/Schmid, Harald/Steinbach, Peter (Hrsg.): Der Nationalsozialismus. Die zweite Geschichte. Überwindung, Deutung, Erinnerung, München 2009, S. 62–84.

Grabitz, Helge: Die Verfolgung von NS-Verbrechen in der Bundesrepublik Deutschland und in der DDR, in: Kuretsidis-Haider, Claudia/Garscha, Winfried R. (Hrsg.): Keine „Abrechnung". NS-Verbrechen, Justiz und Gesellschaft in Europa nach 1945, Leipzig/Wien 1998, S. 144–179.

Graf, Wolfgang: Österreichische SS-Generäle. Himmlers verlässliche Vasallen, Klagenfurt/Ljubljana/Wien 2012.

Grenard, Fabrice: Une légende du maquis. Georges Guingouin, du mythe à l'histoire, neue, durchges. und erw. Auflage, Paris 2020.

Greve, Michael: Der justitielle und rechtspolitische Umgang mit den NS-Gewaltverbrechen in den sechziger Jahren, Frankfurt am Main 2001.

Greve, Michael: „Im Namen des Volkes ...". Eine kurze Bilanz von 50 Jahren bundesdeutscher Strafverfolgung von NS-Verbrechen, URL: http://www.michael-greve.de/strafenbrd.htm [19. 5. 2016].

Greve, Michael: Täter oder Gehilfen? Zum strafrechtlichen Umgang mit NS-Gewaltverbrechern in der Bundesrepublik Deutschland, in: Weckel, Ulrike/Wolfrum, Edgar (Hrsg.): „Bestien" und „Befehlsempfänger". Frauen und Männer in NS-Prozessen nach 1945, Göttingen 2003, S. 194–221.

Grosser, Alfred: Wie anders ist Frankreich?, München 2005.

Grumke, Thomas/Wagner, Bernd (Hrsg.): Handbuch Rechtsradikalismus. Personen – Organisationen – Netzwerke vom Neonazismus bis in die Mitte der Gesellschaft, Opladen 2002.

Günnewig, Markus: Kriegsende 1945. Massenmord in Dortmund, in: Heimat Dortmund, H. 1, 2015, S. 20–28, URL: https://www.dortmund.de/media/p/stadtarchiv/downloads_stadtarchiv/Artikel_Kriegsende_1945._Massenmord_in_Dortmund.pdf [20. 1. 2022].

Günther, Frieder: Gespiegelte Selbstdarstellung. Der Staatsbesuch von Theodor Heuss in Großbritannien im Oktober 1958, in: Paulmann, Johannes (Hrsg.): Auswärtige Repräsentationen. Deutsche Kulturpolitik nach 1945, Köln/Weimar 2005, S. 185–203.

Günther, Frieder: Heuss auf Reisen. Die auswärtige Repräsentation der Bundesrepublik durch den ersten Bundespräsidenten, Stuttgart 2006.

Guéroult, François: Oradour, le roman d'un procès, Orléans 2014.

Haase, Norbert/Pampel, Bert (Hrsg.): Die Waldheimer „Prozesse" – fünfzig Jahre danach. Dokumentation der Tagung der Stiftung Sächsische Gedenkstätten am 28. und 29. September 2000 in Waldheim, Baden-Baden 2001.

Hahn, Hans Henning/Hein-Kircher, Heidi/Kochanowska-Nieborak, Anna: Erinnerungskultur und Versöhnungskitsch, Marburg 2008.

Hammerstein, Katrin: Gemeinsame Vergangenheit – getrennte Erinnerung? Der Nationalsozialismus in Gedächtnisdiskursen und Identitätskonstruktionen von Bundesrepublik Deutschland, DDR und Österreich, Göttingen 2017.

Hasselbach, Ingo: Die Bedrohung. Mein Leben nach dem Ausstieg aus der rechten Terrorszene, Berlin 1996.

Hasselbach, Ingo/Bonengel, Winfried: Die Abrechnung. Ein Neonazi steigt aus, Gütersloh, Wien/Stuttgart 1993.

Hastings, Max: La Division Das Reich et la Résistance, 8 juin–20 juin 1944, Paris 2008.

Hastings, Max: La Division Das Reich. Tulle, Oradour-sur-Glane, Normandie, 8 juin–20 juin 1944, Paris 2014.

Hawes, Douglas W.: Oradour. Le verdict final. Paris 2009.

Hébras, Robert: Comprendre le drame d'Oradour-sur-Glane. 10 Juin 1944, Saumur ca. 1992.

Hébras, Robert: Oradour-sur-Glane. Le drame heure par heure, Nieul-lès-Saintes 2001.

Hébras, Robert (avec Laurent Borderie): Avant que ma voix ne s'éteigne, Paris 2014.

Hébras, Robert (mit Laurent Borderie): Meine Geschichte, Paris 2017.

Henry, Marilyn: Confronting the perpetrators. A history of the Claims Conference, London/Portland 2007.
Herberich-Marx, Geneviève/Raphaël, Freddy: Les incorporés de force alsaciens. Déni, convocation et provocation de la mémoire, in: Vingtième Siècle, Nr. 6, avril–juin 1985, S. 83–102.
Herbert, Ulrich: Nicht entschädigungsfähig? Die Wiedergutmachungsansprüche der Ausländer, in: Herbst, Ludolf/Goschler, Constantin (Hrsg.): Wiedergutmachung in der Bundesrepublik Deutschland, München 1989, S. 273–302.
Herbert, Ulrich: Drei deutsche Vergangenheiten. Über den Umgang mit der deutschen Zeitgeschichte, in: Bauerkämper, Arnd/Sabrow, Martin/Stöver, Bernd (Hrsg.): Doppelte Zeitgeschichte. Deutsch-deutsche Beziehungen 1945–1990, Bonn 1998, S. 376–390.
Herbert, Ulrich/Groehler, Olaf: Zweierlei Bewältigung. Vier Beiträge über den Umgang mit der NS-Vergangenheit in den beiden deutschen Staaten, Hamburg 1992.
Herbst Ludolf: Einleitung, in: Herbst, Ludolf/Goschler, Constantin (Hrsg.): Wiedergutmachung in der Bundesrepublik Deutschland, München 1989, S. 7–32.
Herbst, Ludolf/Goschler, Constantin: Wiedergutmachung in der Bundesrepublik Deutschland, München 1989.
Herf, Jeffrey: Zweierlei Erinnerung. Die NS-Vergangenheit im geteilten Deutschland, Berlin 1998.
Herman, Judith Lewis: Die Narben der Gewalt. Traumatische Erfahrungen verstehen und überwinden, Paderborn ²2006.
Hervé, Florence: Zur „Oradour-Lüge", in: Lendemains 21 (1996) 82/83, S. 274–277.
Hervé, Florence (Hrsg.)/Graf, Martin (Fotografien): Oradour. Regards au-delà de l'oubli. Blicke gegen das Vergessen, Essen 1995.
Hervé, Florence (Hrsg.)/Graf, Martin (Fotografien): Oradour. Geschichte eines Massakers. Histoire d'un massacre, Köln 2014.
Hervé, Florence (Hrsg.)/Graf, Martin (Fotografien): Oradour. Geschichte eines Massakers. Histoire d'un massacre, 2., durchges. und erw. Auflage, Köln 2017.
Higgins, Ian: Jean Tardieu's Oradour, in: French studies 48 (1994), S. 425–438.
Hirsch, Rudolf: Um die Endlösung. Prozeßberichte über den Lischka-Prozeß und den Auschwitz-Prozeß in Frankfurt am Main, Rudolstadt 1983.
Hissel, Anna: Im Spannungsfeld zwischen Situation und Intention: Ursachen, Motive und Handlungsrahmen von Kriegsverbrechen an der Westfront 1944, in: Quadflieg, Peter M./Rohrkamp, René (Hrsg.): Das „Massaker von Malmedy". Täter, Opfer, Forschungsperspektiven. Ein Werkbuch mit Beiträgen von Tobias Albrecht, Mats Autzen, Anna Hissel und Katharina Hoppe, Aachen 2010, S. 67–85.
Hivernaud, Albert: Petite histoire d'Oradour-sur-Glane. De la préhistoire à nos jours. La tragédie du 10 Juin 1944. Le Procès de Bordeaux, Limoges 1975.
Hivernaud, Albert: Petite histoire d'Oradour-sur-Glane. De la préhistoire à nos jours. La tragédie du 10 Juin 1944. Le Procès de Bordeaux (12 Janvier–13 Février 1953), 2., überarb. Auflage, Limoges 1977.
Hivernaud, Albert: Petite histoire d'Oradour-sur-Glane. De la préhistoire à nos jours. La tragédie du 10 Juin 1944. Le Procès de Bordeaux (12 Janvier–13 Février 1953), Le Procès de Berlin (25 Mai–7 Juin 1983), Limoges ⁷1988.
Hockerts, Hans Günter: Wiedergutmachung in Deutschland. Eine historische Bilanz 1945–2000, in: Vierteljahrshefte für Zeitgeschichte 49 (2001), S. 167–214.
Hockerts, Hans Günter: Wiedergutmachung. Ein umstrittener Begriff und ein weites Feld, in: Hockerts, Hans Günter/Kuller, Christiane (Hrsg.): Nach der Verfolgung. Wiedergutmachung nationalsozialistischen Unrechts in Deutschland?, Göttingen 2003, S. 7–33.
Hockerts, Hans Günter: Die Entschädigung für NS-Verfolgte in West- und Osteuropa. Eine einführende Skizze, in: Hockerts, Hans Günter/Moisel, Claudia/Winstel, Tobias (Hrsg.): Grenzen der Wiedergutmachung. Die Entschädigung für NS-Verfolgte in West- und Osteuropa 1945–2000, Göttingen 2006, S. 7–58.
Hockerts, Hans Günter: Der deutsche Sozialstaat. Entfaltung und Gefährdung seit 1945, Göttingen 2011.
Hockerts, Hans Günter/Kuller, Christiane (Hrsg.): Nach der Verfolgung. Wiedergutmachung nationalsozialistischen Unrechts in Deutschland?, Göttingen 2003.

Hockerts, Hans Günter/Moisel, Claudia/Winstel, Tobias (Hrsg.): Grenzen der Wiedergutmachung. Die Entschädigung für NS-Verfolgte in West- und Osteuropa 1945-2000, Göttingen 2006.
Hölscher, Christoph: NS-Verfolgte im „antifaschistischen Staat". Vereinnahmung und Ausgrenzung in der ostdeutschen Wiedergutmachung (1945-1989), Berlin 2002.
Hudemann, Rainer: Anfänge der Wiedergutmachung. Französische Besatzungszone 1945-1950, in: Geschichte und Gesellschaft 13 (1987), S. 181-216.
International Military Tribunal (Hrsg.): Der Prozess gegen die Hauptkriegsverbrecher vor dem Internationalen Militärgerichtshof. 14. November 1945-1. Oktober 1946, 42 Bände, Nürnberg 1947-1949. (= IMT)
Janjetović, Zoran: Devisen statt Entschädigung. Die Wiedergutmachungsverhandlungen zwischen der Bundesrepublik und Jugoslawien, in: Hockerts, Hans Günter/Moisel, Claudia/Winstel, Tobias (Hrsg.): Grenzen der Wiedergutmachung. Die Entschädigung für NS-Verfolgte in West- und Osteuropa 1945-2000, Göttingen 2006, S. 633-666.
Jankélévitch, Vladimir: Das Verzeihen. Essays zur Moral und Kulturphilosophie, hrsg. v. Ralf Konersmann, Frankfurt am Main 2003.
Javerliat, Guillaume: Bordeaux 1953. Le deuxième drame d'Oradour. Entre histoire, mémoire et politique, Limoges 2009.
Junge, Katharina: Kriegsbeschädigtenversorgung/Versagung wegen Verstoßes gegen die Grundsätze der Menschlichkeit oder Rechtsstaatlichkeit/Beteiligung am Massaker in Oradour, in: Neue Justiz 55 (2001), S. 110-112.
Justizministerium des Landes Nordrhein-Westfalen (Hrsg.): Zentralstellen zur Verfolgung nationalsozialistischer Gewaltverbrechen – Versuch einer Bilanz, Düsseldorf 2001.
Kapischke, Jürgen: Die Einrichtung der Zentralstellen zur Verfolgung nationalsozialistischer Gewaltverbrechen im Land Nordrhein-Westfalen, in: Juristische Zeitgeschichte, Bd. 9, 2001 (Die Zentralstellen zur Verfolgung nationalsozialistischer Gewaltverbrechen – Versuch einer Bilanz), S. 1-11.
Kartheuser, Bruno: Walter, SD in Tulle. Band 3: Die Erhängungen von Tulle. Der 9. Juni 1944, Neundorf 2004.
Kartheuser, Bruno: Walter, SD in Tulle. Band 4: Die Erhängungen von Tulle. Ein ungesühntes Verbrechen, Neundorf 2008.
Kater, Michael H.: Hitler-Jugend, Darmstadt 2005.
Kausch, Christine: Unlösbarer Widerstreit. Stationen zweier deutsch-jüdischer Familien, in: Frei, Norbert/Brunner, José/Goschler, Constantin (Hrsg.): Die Praxis der Wiedergutmachung. Geschichte, Erfahrung und Wirkung in Deutschland und Israel, Göttingen 2009, S. 79-98.
Keller, Sven: Verbrechen in der Endphase des Zweiten Weltkrieges. Überlegungen zu Abgrenzung, Methodik und Quellenkritik, in: Arendes, Cord/Wolfrum, Edgar/Zedler, Jörg (Hrsg.): Terror nach Innen. Verbrechen am Ende des Zweiten Weltkrieges, Göttingen 2006, S. 25-50.
Kern, Erich: Von Versailles nach Nürnberg. Der Opfergang des deutschen Volkes, 2., verbesserte Auflage, Göttingen 1967.
Kessler, Ralf/Peter, Hartmut Rüdiger: Wiedergutmachung im Osten Deutschlands 1945-1953. Grundsätzliche Diskussionen und die Praxis in Sachsen-Anhalt, Frankfurt am Main 1996.
Kettenacker, Lothar: Nationalsozialistische Volkstumspolitik im Elsaß, Stuttgart 1973.
Kielmannsegg, Peter, Graf: Nach der Katastrophe. Eine Geschichte des geteilten Deutschland, Berlin 2000
Kießling, Friedrich: Täter repräsentieren: Willy Brandts Kniefall in Warschau. Überlegungen zum Zusammenhang von bundesdeutscher Außenrepräsentation und der Erinnerung an den Nationalsozialismus, in: Paulmann, Johannes (Hrsg.): Auswärtige Repräsentationen. Deutsche Kulturdiplomatie nach 1945, Köln 2005, S. 205-224.
Klarsfeld, Beate: Politik und Protest. Die Überlebenden und ihre Kinder, in: Klein, Anne/Wilhelm, Jürgen (Hrsg.): NS-Unrecht vor Kölner Gerichten nach 1945, Köln 2003, S. 167-176.
Klee, Ernst: Das Kulturlexikon zum Dritten Reich. Wer war was vor und nach 1945, überarb. Ausgabe, Frankfurt am Main 2009.
Klee, Ernst: Das Personenlexikon zum Dritten Reich. Wer war was vor und nach 1945?, Frankfurt am Main ^{5}2015.

Klee, Ernst: „Féaux de la Croix, Ernst", in: Klee, Ernst: Das Personenlexikon zum Dritten Reich. Wer war was vor und nach 1945?, Frankfurt am Main ⁵2015, S. 145.
Klee, Ernst: „Kaltenbrunner, Ernst", in: Klee, Ernst: Das Personenlexikon zum Dritten Reich. Wer war was vor und nach 1945?, Frankfurt am Main ⁵2015, S. 297.
Klee, Ernst: „Kern, Erich", in: Klee, Ernst: Das Kulturlexikon zum Dritten Reich. Wer war was vor und nach 1945, überarb. Ausgabe, Frankfurt am Main 2009, S. 273.
Klee, Ernst: „Malz, Heinrich", in: Klee, Ernst: Das Personenlexikon zum Dritten Reich. Wer war was vor und nach 1945?, Frankfurt am Main ⁵2015, S. 388.
Klein, Anne/Wilhelm, Jürgen (Hrsg.): NS-Unrecht vor Kölner Gerichten nach 1945, Köln 2003.
Kohlhaas, Elisabeth: „Aus einem Haus, aus dem eine weiße Fahne erscheint, sind alle männlichen Personen zu erschießen". Durchhalteterror und Gewalt gegen Zivilisten am Kriegsende 1945, in: Arendes, Cord/Wolfrum, Edgar/Zedler, Jörg (Hrsg.): Terror nach Innen. Verbrechen am Ende des Zweiten Weltkrieges, Göttingen 2006, S. 51–79.
Kollmeier, Kathrin: Ordnung und Ausgrenzung. Die Disziplinarpolitik der Hitler-Jugend, Göttingen 2007.
Krätschmer, Ernst-Günther: Die Ritterkreuzträger der Waffen-SS, 6., aktuallisierte Auflage, Selent 2012.
Králová, Kateřina: Das Vermächtnis der Besatzung. Deutsch-griechische Beziehungen seit 1940, Köln/Weimar/Wien 2016.
Krautkrämer, Elmar: Generalleutnant Dr. phil. Hans Speidel, in: Ueberschär, Gerd R. (Hrsg.): Hitlers militärische Elite. 68 Lebensläufe, 3., um ein Vorwort zur Ausgabe von 2011 erw. Auflage, Darmstadt 2015, S. 516–526.
Krüger, Dieter: Hans Speidel und Ernst Jünger. Freundschaft und Geschichtspolitik im Zeichen der Weltkriege, Paderborn 2016.
Kruse, Harald: Unschuldig schuldig. Ein KZ Überlebender zwischen Hass und Hoffnung, Bielefeld 1994.
Kruse, Harald: Coupable ou innocent à Oradour?, Bielefeld 1995.
Kruuse, Jens: Oradour, Frankfurt am Main 1969.
Kunz, Andreas: Justizakten aus NSG-Verfahren: Eine quellenkundliche Handreichung für Archivbenutzer, in: Mitteilungen aus dem Bundesarchiv 16 (2008), H. 3 (Sonderheft: Die Außenstelle Ludwigsburg), S. 37–58, sowie URL: https://www.bundesarchiv.de/imperia/md/content/abteilungen/abtg/mitteilungen3_2008/nsg_verfahren_kunz.pdf [19. 5. 2016].
Lackner, Karl: Strafgesetzbuch mit Erläuterungen, 14. neubearb. Auflage, München 1981.
Langer, Antje: „Majdanek-Prozess", in: Fischer, Torben/Lorenz Matthias N. (Hrsg.): Lexikon der „Vergangenheitsbewältigung" in Deutschland. Debatten- und Diskursgeschichte des Nationalsozialismus nach 1945, Bielefeld ²2009, IV.B7, S. 208–210.
Langer, Antje: „Verjährungsdebatten", in: Fischer, Torben/Lorenz Matthias N. (Hrsg.): Lexikon der „Vergangenheitsbewältigung" in Deutschland. Debatten- und Diskursgeschichte des Nationalsozialismus nach 1945, Bielefeld ²2009, IV.B1, S. 199 f.
Lappenküper, Ulrich: Die Bundesrepublik Deutschland und die „Wiedergutmachung" für französische Opfer nationalsozialistischen Unrechts (1949–1960), in: Francia 28 (2001), H. 3, S. 75–101.
Lappenküper, Ulrich: Die deutsch-französischen Beziehungen 1949–1963. Von der „Erbfeindschaft" zur „Entente élémentaire", Bd. 1: 1949–1958, Bd. 2: 1958–1963, München 2001.
Lappenküper, Ulrich: Mitterrand und Deutschland. Die enträtselte Sphinx, München 2011.
Larriaga, Marielle: Oradour 10 juin 1944. „Quand je serai grand, j'aurai encore plus de souvenirs...", Saint-Paul 2004.
Léger, Éva: La présence de réfugiés espagnols dans la commune d'Oradour-sur-Glane, in: Oradour, 70 ans après. Actes du colloque, 26 avril 2014, Limoges 2016, S. 45–67.
Leide, Henry: Die verschlossene Vergangenheit. Sammlung und selektive Nutzung von NS-Materialien durch die Staatssicherheit zu justitiellen, operativen und propagandistischen Zwecken, in: Engelmann, Roger/Vollnhals, Clemens (Hrsg.): Justiz im Dienste der Parteiherrschaft. Rechtspraxis und Staatssicherheit in der DDR, Berlin 1999, S. 495–530.
Leide, Henry: NS-Verbrecher und Staatssicherheit. Die geheime Vergangenheitspolitik der DDR, Göttingen 2005.
Leleu, Jean-Luc: La Waffen-SS. Soldats politiques en guerre, Paris 2007.

Leleu, Jean-Luc: D'une politique répressive à une politique terroriste: Oradour, in: Garnier, Bernard/Leleu, Jean-Luc/Quellien, Jean (Hrsg.): La répression en France 1940–1945, Actes du colloque international 8, 9 et 10 décembre 2005, Caen 2007, S. 303–314.
Le Masne de Chermont, Isabelle/Sigal-Klagsbald, Laurence: Restitution in Frankreich, in: Bertz, Inka/Dorrmann, Michael (Hrsg.): Raub und Restitution. Kulturgut aus jüdischem Besitz von 1933 bis heute, Göttingen 2008, S. 273–278.
Lemke, Michael: Instrumentalisierter Antifaschismus und SED-Kampagnenpolitik im deutschen Sonderkonflikt 1960–1968, in: Danyel, Jürgen (Hrsg.): Die geteilte Vergangenheit. Zum Umgang mit Nationalsozialismus und Widerstand in den beiden deutschen Staaten, Berlin 1995, S. 61–86.
Leo, Annette/Reif-Spirek, Peter (Hrsg.): Vielstimmiges Schweigen. Neue Studien zum DDR-Antifaschismus, Berlin 2001.
Leo, Gerhard: Frühzug nach Toulouse. Ein Deutscher in der französischen Résistance 1942–1944, Berlin 1992.
Leo, Gerhard (Hrsg.): Das Tagebuch der Denise Bardet. Gewidmet dem 60. Jahrestag der Zerstörung der französischen Gemeinde Oradour-sur-Glane am 10. Juni 1944, Berlin 2004.
Le Sommier, Régis: Les mystères d'Oradour. Du temps du deuil à la quête de la vérité, Neuilly-sur-Seine 2014.
Lichtenstein, Heiner: NS-Prozesse und Öffentlichkeit, in: Landeszentrale für Politische Bildung Nordrhein-Westfalen (Hrsg.): Vereint vergessen? Justiz- und NS-Verbrechen in Deutschland, Düsseldorf 1993, S. 69–75.
Lieb, Peter: Konventioneller Krieg oder NS-Weltanschauungskrieg? Kriegsführung und Partisanenbekämpfung in Frankreich 1943/44, München 2007.
Lieb, Peter: Répression et massacres. L'occupant Allemand face à la Résistance Française, 1943–1944, in: Eismann, Gaël/Martens, Stefan (Hrsg.): Occupation et répression militaire allemandes. La politique de „maintien de l'ordre" en Europe occupée, 1939–1945, Paris 2007.
Lillteicher, Jürgen: Raub, Recht und Restitution. Die Rückerstattung jüdischen Eigentums in der Bundesrepublik, Göttingen 2007.
Links, Christoph: Das Schicksal der DDR-Verlage. Die Privatisierung und ihre Konsequenzen, Berlin 2016.
Linol, Franck: Matin de cendre, La Crèche 2014.
Lübbe, Hermann: Ich entschuldige mich. Das neue politische Bußritual, Berlin 2001.
Lunow, Ulrike: NS-Opfer als Akteure im Kalten Krieg. Die Entwicklung der „antifaschistischen Internationalen" am Beispiel der Beziehungen zwischen den Verbänden FNDIRP und VVN/KdAW, in: Kwaschik, Anne/Pfeil, Ulrich (Hrsg.): Die DDR in den deutsch-französischen Beziehungen/La RDA dans les relations franco-allemandes, Brüssel 2013, S. 167–183.
Luther, Hans: Der französische Widerstand gegen die deutsche Besatzungsmacht und seine Bekämpfung, Tübingen 1957.
Maaß, Ulrich: Die Zentralstelle Dortmund – Tätigkeit und Verfahrensgegenstände, in: Juristische Zeitgeschichte, Bd. 9, 2001 (Die Zentralstellen zur Verfolgung nationalsozialistischer Gewaltverbrechen – Versuch einer Bilanz), S. 13–32.
Mackness, Robin: Oradour. Massacre & Aftermath, London ²2013.
Magnane, Georges: Où l'herbe ne pousse plus, Paris 1952.
Magnane, Georges: Der Himmel hält den Atem an, Berlin 1956.
Mandret-Degeilh, Antoine: „Erinnerungsorte/Lieux de mémoire", in: Kufer, Astrid/Guinaudeau, Isabelle/Premat, Christophe (Hrsg.): Handwörterbuch der deutsch-französischen Beziehungen, Baden-Baden 2009, S. 71–73.
Mandret-Degeilh, Antoine: „Symbolik/Symbolique", in: Kufer, Astrid/Guinaudeau, Isabelle/Premat, Christophe (Hrsg.): Handwörterbuch der deutsch-französischen Beziehungen, Baden-Baden 2009, S. 187–192.
Masfrand, Pierre/Pauchou, Guy: Oradour sur Glane. Vision d'épouvante. Ouvrage officiel de l'Association Nationale des Familles des Martyrs d'Oradour-sur-Gane, Limoges 2003.
Materialien. 40 Jahre danach. Nürnberger Friedensgespräch. Verantwortung für die Vergangenheit. Verantwortung für eine friedliche Zukunft. Ein Programm für den Anfang. Mit Künstlern aus acht europäischen Ländern. Im Gedenken an gemordete Menschen und zerstörte Städte, hrsg. v. Vorstand der SPD, Bonn.

Mecklenburg, Jens (Hrsg.): Handbuch deutscher Rechtsextremismus, Berlin 1996.
Merz, Hans-Georg/Uhl, Herbert (Bearb.): Hitlers Verbrechen/Crimes Hitlériens. Eine Ausstellung der französischen Besatzungsmacht 1945/1946, Stuttgart 2008.
Metz, Wolfgang: Oradour mahnt!, in: Neue Justiz 9 (1955), S. 375–377.
Meyer, Ahlrich: Das deutsch-französische Wiedergutmachungsabkommen von 1960, in: Heim, Susanne (Hrsg.): Flüchtlingspolitik und Fluchthilfe, Oldenburg 1999, S. 144–152.
Meyer, Ahlrich: Die deutsche Besatzung in Frankreich 1940–1944. Widerstandsbekämpfung und Judenverfolgung, Darmstadt 2000.
Meyer, Ahlrich: Kriegs- und Besatzungsverbrechen in Frankreich 1940–1944, in: Wette, Wolfram/Ueberschär, Gerd R. (Hrsg.): Kriegsverbrechen im 20. Jahrhundert, Darmstadt 2001.
Meyer, Ahlrich: Oradour, in: Ueberschär, Gerd R. (Hrsg.): Orte des Grauens: Verbrechen im Zweiten Weltkrieg, Darmstadt 2003, S. 176–186.
Meyer, Dennis: „Eichmann-Prozess", in: Fischer, Torben/Lorenz Matthias N. (Hrsg.): Lexikon der „Vergangenheitsbewältigung" in Deutschland. Debatten- und Diskursgeschichte des Nationalsozialismus nach 1945, Bielefeld ²2009, III.A1, S. 124–126.
Meyer, Henning: Oradour-sur-Glane und sein Rang in der französischen „Erinnerungskultur", unveröffentlichte Magisterarbeit an der Universität Augsburg, Philologisch-historische Fakultät, 2003.
Meyer, Henning: Der Wandel der französischen „Erinnerungskultur" des Zweiten Weltkriegs am Beispiel dreier „Erinnerungsorte": Bordeaux, Caen und Oradour-sur-Glane/Le changement de la „culture de mémoire" française par rapport à la Deuxième Guerre mondiale à partir de trois „lieux de mémoire": Bordeaux, Caen et Oradour-sur-Glane, Inauguraldissertation zur Erlangung des Doktorgrades der Philologisch-Historischen Fakulät der Universität Augsburg und der Universität Michel de Montaigne Bordeaux 3, vorgelegt und öffentlich verteidigt, den 14. November 2006, URL: http://d-nb.info/988932490/34 [13. 3. 2017].
Meyer, Henning: Die französische Vergangenheitsbewältigung des Zweiten Weltkriegs durch die Rechtsprechung am Beispiel des „Oradourprozesses", in: Brupbacher, Oliver u. a. (Hrsg.): Erinnern und Vergessen. Remembering and Forgetting, München 2007, S. 230–246.
Meyer, Henning: Der Wandel der französischen „Erinnerungskultur" des 2. Weltkriegs. Das Beispiel dreier „Erinnerungsorte": Bordeaux, Caen und Oradour-sur-Glane, Saarbrücken 2009.
Meyer, Hermann Frank: Von Wien nach Kalavryta. Die blutige Spur der 117. Jäger-Division durch Serbien und Griechenland, Mannheim 2002.
Meyer-Seitz, Christian: Die Verfolgung von NS-Straftaten in der Sowjetischen Besatzungszone, Berlin 1998.
Miard-Delacroix, Hélène: Im Zeichen der europäischen Einigung 1963 bis in die Gegenwart, Darmstadt 2011.
Miard-Delacroix, Hélène/Hudemann, Rainer (Hrsg.): Wandel und Integration. Deutsch-französische Annäherungen der fünfziger Jahre/Mutations et intégration. Les rapprochements franco-allemands dans les années cinquante, München 2005.
Miquel, Marc von: Ahnden oder amnestieren? Westdeutsche Justiz und Vergangenheitspolitik in den sechziger Jahren, Göttingen 2004.
Mission interministérielle d'étude sur l'indemnisation des victimes de la déportation: Eléments de réflexion sur l'indemnisation de veuves et orphelins des déportés juifs de France, Paris 2000, URL: http://www.civs.gouv.fr/images/pdf/documents_utiles/rapports/Elements_reflexion_veuves_et_orphelins-2000.pdf [12. 3. 2017].
Möller, Horst/Dahm, Volker/Mehringer, Hartmut (Hrsg., unter der Mitarbeit von Albert A. Feiber): Die tödliche Utopie. Bilder, Texte, Dokumente, Daten zum Dritten Reich, München ⁴2002.
Moisel, Claudia: Frankreich und die deutschen Kriegsverbrecher. Politik und Praxis der Strafverfolgung nach dem Zweiten Weltkrieg, Göttingen 2004.
Moisel, Claudia: „Opfer" und „Kämpfer". Die Entschädigung für NS-Verfolgte in Frankreich nach dem Zweiten Weltkrieg, in: Geschichte in Wissenschaft und Unterricht 56 (2005), S. 316–322.
Moisel, Claudia: Pragmatischer Formelkompromiss: Das deutsch-französische Globalabkommen von 1960, in: Hockerts, Hans Günter/Moisel, Claudia/Winstel, Tobias (Hrsg): Grenzen

der Wiedergutmachung. Die Entschädigung für NS-Verfolgte in West- und Osteuropa 1945–2000, Göttingen 2006, S. 242–284.
Moisel, Claudia: Résistance und Repressalien. Die Kriegsverbrecherprozesse in der französischen Zone und in Frankreich, in: Frei, Norbert (Hrsg.): Transnationale Vergangenheitspolitik. Der Umgang mit deutschen Kriegsverbrechern in Europa nach dem Zweiten Weltkrieg, Göttingen 2006, S. 247–282.
Moll, Nicolas: Effacer le passé au nom de l'amitié? La gestion des mémoires de la Seconde Guerre mondiale au sein du processus de réconciliation franco-allemande, in: Allemagne d'aujourd'hui, Nr. 201, 2012, S. 28–39.
Moll, Nicolas: Lässt sich Versöhnung exportieren? Deutsch-französische Aktivitäten in den Nachfolgestaaten Jugoslawiens, in: Defrance, Corine/Pfeil, Ulrich (Hrsg.): Verständigung und Versöhnung nach dem „Zivilisationsbruch"? Deutschland in Europa nach 1945, Brüssel 2016, S. 681–698.
Montgelas-Gesellschaft zur Förderung der bayerisch-französischen Zusammenarbeit (Hrsg.): Oradour-sur-Glane. Oradour et le travail de mémoire européen, München 2003.
Moreau, Pierre: Was die Steine schreien. Lokaltermin in der Kirchenruine von Oradour zur Klärung eines Kriegsverbrechens, in: Deutsche Monatshefte. Zeitschrift für Kultur und Geschichte, Politik und Wirtschaft, 8/1985, S. 9–22.
Müller, Birgit: Erinnerungskultur in der DDR, 26. 8. 2008, URL: http://www.bpb.de/geschichte/zeitgeschichte/geschichte-und-erinnerung/39817/erinnerungskultur-ddr?p=all [20. 03. 2017].
Müller-Enbergs, Helmut u. a. (Hrsg.): Wer war wer in der DDR? Ein Lexikon ostdeutscher Biographien, Berlin ⁵2010, https://www.bundesstiftung-aufarbeitung.de/de/recherche/kataloge-datenbanken/biographische-datenbanken [29. 11. 2021].
Neitzel, Sönke: Des Forschens noch wert? Anmerkungen zur Operationsgeschichte der Waffen-SS, in: Militärgeschichtliche Zeitschrift, H. 2, 2002, S. 403–419.
Neumann-Thein, Philipp: Parteidisziplin und Eigenwilligkeit. Das Internationale Komitee Buchenwald-Dora und Kommandos, Göttingen 2014.
Nietzel, Benno: Neuere Literatur zur Wiedergutmachung von NS-Unrecht in Deutschland, in: Neue Politische Literatur 56 (2011), S. 207–234.
Nordblom, Pia: Bitburg – (k)eine Geste der Versöhnung. Zur Ambivalenz von Versöhnen und Erinnern beim Staatsbesuch Ronald Reagans in der Bundesrepublik 1985, in: Defrance, Corine/Pfeil, Ulrich (Hrsg.): Verständigung und Versöhnung nach dem „Zivilisationsbruch"? Deutschland in Europa nach 1945, Brüssel 2016, S. 117–136.
Nordrhein-westfälische Justiz und ihr Umgang mit der nationalsozialistischen Vergangenheit. Resümee des Abschlussberichts, URL: https://www.justiz.nrw.de/WebPortal_Relaunch/JM/haus_und_historie/zeitgeschichte/4forschung.pdf [19. 5. 2016].
Oboth, Jens: Pax Christi Deutschland im Kalten Krieg 1945–1957. Gründung, Selbstverständnis und „Vergangenheitsbewältigung", Paderborn 2016.
Odent-Guth, Christine: Le déroulement des évacuations en Moselle en 1939/40, in: Lemmes, Fabian u. a. (Hrsg.): Evakuierungen im Europa der Weltkriege/Les évacuations dans l'Europe des guerres mondiales/Evacuations in Wold War Europe, Berlin 2014, S. 82–94.
Office français d'édition: Oradour sur Glane, Paris 1945.
Opfer als Akteure. Interventionen ehemaliger NS-Verfolgter in der Nachkriegszeit, hrsg. im Auftrag des Fritz Bauer Instituts von Katharina Stengel und Werner Konitzer, Frankfurt am Main 2008.
Oradour, 70 ans après. Actes du colloque, 26 avril 2014, Limoges 2016.
Pauli, Gerhard: Die Zentrale Stelle der Landesjustizverwaltung zur Verfolgung nationalsozialistischer Gewaltverbrechen in Ludwigsburg – Entstehung und frühe Praxis, in: Justizministerium des Landes Nordrhein-Westfalen (Hrsg.): Zentralstellen zur Verfolgung nationalsozialistischer Gewaltverbrechen – Versuch einer Bilanz, Düsseldorf 2001, S. 45–62
Penaud, Guy: Oradour-sur-Glane. Un jour de juin 1944 en enfer, La Crèche 2014.
Perlier, Guy: Camille Senon. Survivante du tramway d'Oradour-sur-Glane. Aurai-je assez vécu pour tous ceux qui sont morts?, Brive-la-Gaillarde 2013.
Pešek, Jiří: Lidice. Weltweites Symbol der Vernichtung – weltweites Symbol der Versöhnung?, in: Defrance, Corine/Pfeil, Ulrich (Hrsg.): Verständigung und Versöhnung nach dem „Zivilisationsbruch"? Deutschland in Europa nach 1945, Brüssel 2016, S. 245–260.

Petermann, Sandra: Rituale machen Räume. Zum kollektiven Gedenken der Schlacht von Verdun und der Landung in der Normandie, Bielefeld 2007.
Petter, Dirk: Auf dem Weg zur Normalität. Konflikt und Verständigung in den deutsch-französischen Beziehungen der 1970er Jahre, München 2014.
Pfeil, Ulrich (Hrsg.): Die DDR und der Westen. Transnationale Beziehungen 1949–1989, Berlin 2001.
Pfeil, Ulrich: Die DDR und der Westen 1949–1989. Eine Einführung, in: Pfeil, Ulrich (Hrsg.): Die DDR und der Westen. Transnationale Beziehungen 1949–1989, Berlin 2001, S. 7–19.
Pfeil, Ulrich: Die DDR und Frankreich (1949–1973), in: Pfeil, Ulrich (Hrsg.): Die DDR und der Westen. Transnationale Beziehungen 1949–1989, Berlin 2001, S. 207–235.
Pfeil, Ulrich: Die „anderen" deutsch-französischen Beziehungen. Die DDR und Frankreich 1949–1990, Köln/Weimar/Wien 2004.
Pfeil, Ulrich: Der Händedruck von Verdun. Pathosformel der deutsch-französischen Versöhnung, in: Paul, Gerhard (Hrsg.): Das Jahrhundert der Bilder, II: 1949 bis heute, Göttingen 2008, S. 498–505.
Pfister, Hermann: Friede und Versöhnung durch Begegnung und Dialog, in: Fries, Heinrich/Valeske, Ulrich (Hrsg.): Versöhnung. Gestalten – Zeiten – Modelle, Frankfurt am Main 1975.
Picaper, Jean-Paul: Les ombres d'Oradour. Vérités et mensonges sur un crime inexpié, Paris 2014.
Piontkowitz, Heribert: Anfänge westdeutscher Außenpolitik 1946–1949. Das Deutsche Büro für Friedensfragen, Stuttgart 1978.
Plas, Pascal: Oradour, de la mémoire à l'histoire, in: Garnier, Bernard (Hrsg.): La répression en France 1940–1945, Caen 2007, S. 331–343.
Plas, Pascal: La place de Georges Magnane dans les productions écrites se rapportant à Oradour, in: Bauer, Thomas (Hrsg.): Georges Magnane: La plume et le sport, Reims 2015, S. 239–254.
Plas, Pascal: Revisiter l'histoire à l'aune de la guerre froide, 1949, Oradour, in: Le Clech, Sylvie/Hastings, Michel (Hrsg.): La France en Guerre froide. Nouvelles questions, Dijon 2015, S. 137–144.
Plas, Pascal: Les Espagnols dans les Groupes de Travailleurs Étrangers (GTE), Région de Limoges, l'internement sans barbelés, in: Oradour, 70 ans après. Actes du colloque, 26 avril 2014, Limoges 2016, S. 68–111.
Plas, Pascal/Bauer, Thomas: Préface. Où l'herbe ne pousse plus (1952), in: Magnane, Georges: Où l'herbe ne pousse plus. Le roman retrouvé d'Oradour, Lamazière-Basse 2016, ohne Seitenangabe.
Plas, Pascal/Malinvaud, Bernadette: Dévouvrir le Centre de la mémoire d'Oradour-sur-Glane, Limoges 2000.
Pohl, Dieter: Verfolgung und Massenmord in der NS-Zeit 1933–1945, Darmstadt ²2008.
Poitevin, Pierre: Dans l'enfer d'Oradour. Le plus monstrueux crime de la guerre, Limoges 1944.
Pontolillo, James: Murderous Elite. The Waffen-SS and its Complete Record of War Crimes, Stockholm 2009.
Prauser, Steffen: Mord in Rom? Der Anschlag in der Via Rasella und die deutsche Vergeltung in den Fosse Ardeatine im März 1944, in: Vierteljahrshefte für Zeitgeschichte 50 (2002), S. 269–301.
Prauser, Steffen: Rom/Fosse Ardeatine 1944, in: Ueberschär, Gerd (Hrsg.): Orte des Grauens. Verbrechen im Zweiten Weltkrieg, Darmstadt 2003, S. 207–216.
Przybylski, Peter/Busse, Horst: Mörder von Oradour, Berlin 1984.
Quadflieg, Peter M./Rohrkamp, René (Hrsg.): Das „Massaker von Malmedy". Täter, Opfer, Forschungsperspektiven. Ein Werkbuch mit Beiträgen von Tobias Albrecht, Mats Autzen, Anna Hissel und Katharina Hoppe, Aachen 2010.
Raim, Edith: Der Wiederaufbau der westdeutschen Justiz unter alliierter Aufsicht und die Verfolgung von NS-Verbrechen 1945 bis 1949/50, in: Braun, Hans/Gerhardt, Uta/Holtmann, Everhard (Hrsg.): Die lange Stunde Null. Gelenkter sozialer Wandel in Westdeutschland nach 1945, Baden-Baden 2007, S. 141–173.
Raim, Edith: Der Wiederaufbau der Justiz in Westdeutschland und die Ahndung von NS-Verbrechen in der Besatzungszeit 1945–1949, in: Finger, Jürgen/Keller, Sven/Wirsching, Andreas (Hrsg.): Vom Recht zur Geschichte. Akten aus NS-Prozessen als Quellen der Zeitgeschichte, Göttingen 2009, S. 52–62.

Raim, Edith: Justiz zwischen Diktatur und Demokratie. Wiederaufbau und Ahndung von NS-Verbrechen in Westdeutschland 1945–1949, München 2013.
Rauer, Valentin: Zwischen Kitsch und Trauma: zur symbolischen Repräsentation transnationaler Versöhnungsrituale, in: Hahn, Hans Henning/Hein-Kircher, Heidi/Kochanowska-Nieborak, Anna (Hrsg.): Erinnerungskultur und Versöhnungskitsch, Marburg 2008, S. 55–69.
Reberioux, Madeleine: Commémorer Oradour, in: Coq, Christian (Hrsg.): Travail de mémoire, 1914–1998. Une nécessité dans un siècle de violence, Paris 1999, S. 154–161.
Reichel, Peter: Vergangenheitsbewältigung in Deutschland. Die Auseinandersetzung mit der NS-Diktatur in Politik und Justiz, München ²2007.
Reichel, Peter: Der Nationalsozialismus vor Gericht und die Rückkehr zum Rechtsstaat, in: Reichel, Peter/Schmid, Harald/Steinbach, Peter (Hrsg.): Der Nationalsozialismus. Die zweite Geschichte. Überwindung, Deutung, Erinnerung, München 2009, S. 22–61.
Reichel, Peter/Schmid, Harald/Steinbach, Peter (Hrsg.): Der Nationalsozialismus. Die zweite Geschichte. Überwindung, Deutung, Erinnerung, München 2009.
Reichel, Peter/Schmid, Harald/Steinbach, Peter: Die „zweite Geschichte" der Hitler-Diktatur. Zur Einführung, in: Reichel, Peter/Schmid, Harald/Steinbach Peter (Hrsg.): Der Nationalsozialismus. Die zweite Geschichte. Überwindung, Deutung, Erinnerung, München 2009, S. 7–21.
Reynouard, Vincent: Le massacre d'Oradour. Un demi-siècle de mise en scène, Antwerpen 1997.
Reynouard, Vincent: Die Wahrheit über Oradour: Was geschah am 10. Juni 1944 wirklich. Rekonstruktion und Forschungsbereicht eines Franzosen, Berg am Starnberger See 1999.
Richter, Jutta: Souviens-toi – remember – erinnere dich – vzpomen-si. Projekte der politischen Jugendbildung in europäischen Märtyrerorten, in: Außerschulische Bildung, H. 1, 2005, S. 46–54.
Richter, Saskia: Zivilgesellschaft – Überlegungen zu einem interdisziplinären Konzept, Version: 1.0, in: Docupedia-Zeitgeschichte, 8. 3. 2016, URL: http://docupedia.de/zg/Zivilgesellschaft [1. 11. 2016].
Riedweg, Eugène: Les „Malgré nous". Histoire de l'incorporation de force des Alsaciens-Mosellans dans l'armée allemande, Straßburg 2008.
Rioux, Jean-Pierre: Le procès d'Oradour, in: L'histoire, Nr. 64, Februar 1984, S. 6–17.
Risse, Heinz Theo: Oradour beginnt überall. Reflexionen über einige Beispiele christlicher Friedensarbeit, in: Fries, Heinrich/Valesk, Ulrich (Hrsg.): Versöhnung. Gestalten, Zeiten, Modelle, Frankfurt am Main 1975, S. 133–144.
Rondholz, Eberhard: Kalavryta 1943, in: Ueberschär, Gerd (Hrsg.): Orte des Grauens. Verbrechen im Zweiten Weltkrieg, Darmstadt 2003, S. 60–70.
Rondholz, Eberhard: Distomo. Versöhnung ad calendas graecas?, in: Defrance, Corine/Pfeil, Ulrich (Hrsg.): Verständigung und Versöhnung nach dem „Zivilisationsbruch"? Deutschland in Europa nach 1945, Brüssel 2016, S. 261–279.
Rosh, Lea/Schwarberg, Günther: Der letzte Tag von Oradour, Göttingen 1988.
Rosoux, Valérie-Barbara: Les usages de la mémoire dans les relations internationales. Le recours au passé dans la politique étrangère de la France à l'égard de l'Allemagne et de l'Algérie, de 1962 à nos jours, Brüssel 2001.
Rosoux, Valérie-Barbara: La réconciliation franco-allemande: crédibilité et exemplarité d'un „couple à toute épreuve"?, in: Cahiers d'histoire, Nr. 100, 2007, S. 23–36, URL: http://chrhc.revues.org/index623.html [24. 1. 2022].
Rückerl, Adalbert: NS-Verbrechen vor Gericht. Versuch einer Vergangenheitsbewältigung, 2., überarb. Auflage, Heidelberg 1984.
Rüping, Hinrich/Jerouschek, Günter: Grundriss der Strafrechtsgeschichte, 6., völlig überarb. Auflage, München 2011.
Rüter, Christiaan F. (Bearb.): DDR-Justiz und NS-Verbrechen. Sammlung ostdeutscher Strafurteile wegen nationalsozialistischer Tötungsverbrechen. Verfahrensregister und Dokumentenband, Amsterdam/München 2002.
Rupieper, Hermann-Joseph: Vom Umgang mit Geschichte: Das Militärgerichtsverfahren von Bordeaux und „raison d'Etat" 1953, in: Clemens, Gabriele (Hrsg.): Nation und Europa. Studien zum internationalen Staatensystem im 19. und 20. Jahrhundert, Stuttgart 2001, S. 221–236.
Sachse, Carola: Was bedeutet „Entschuldigung"? Die Überlebenden medizinischer NS-Verbrechen und die Max-Planck-Gesellschaft, in: Berichte zur Wissenschaftsgeschichte 34 (2011), S. 224–241.

Sassoon, Donald: Entschuldigung für die Vergangenheit. Erinnerungskultur und politische Kultur, in: Neue Gesellschaft/Frankfurter Hefte 56 (2009), H. 5 (Geschichte. Macht. Politik. Jahr der Jubiläen), S. 23–27.
Satjukow, Silke/Gries, Rainer: „Bankerte!" Besatzungskinder in Deutschland nach 1945, Frankfurt am Main 2015.
Schickel, Alfred: Joseph Kardinal Schröffer. Ein Leben für die Kirche, Eichstätt 1991.
Schmeitzner, Mike: Martin Mutschmann und Manfred von Killinger. Die „Führer der Provinz", in: Pieper, Christine/Schmeitzner, Mike/Naser, Gerhard (Hrsg.): Braune Karrieren. Dresdner Täter und Akteure im Nationalsozialismus, Dresden 2012, S. 22–31.
Schmid, Harald: Deutungsmacht und kalendarisches Gedächtnis – die politischen Gedenktage, in: Reichel, Peter/Schmid, Harald/Steinbach, Peter (Hrsg.): Der Nationalsozialismus. Die zweite Geschichte. Überwindung, Deutung, Erinnerung, München 2009, S. 175–216.
Schmitz-Berning, Cornelia: Vokabular des Nationalsozialismus, Berlin/New York ²2000.
Schneider, Christoph: Der Warschauer Kniefall. Ritual, Ereignis und Erzählung, Konstanz 2006.
Schöllgen, Gregor: Gerhard Schröder. Die Biographie, München 2015.
Schrafstetter, Susanna: Verfolgung und Wiedergutmachung. Karl M. Hettlage: Mitarbeiter von Albert Speer und Staatssekretär im Bundesfinanzministerium, in: Vierteljahrshefte für Zeitgeschichte 56 (2008), S. 431–466.
Schramm-von Thadden, Ehrengard/Schramm, Gottried: Ein Hilfswerk für Griechenland. Begegnungen und Erfahrungen mit Hinterbliebenen deutscher Gewalttaten der Jahre 1941–1944, erg. u. hrsg. v. Gottfried Schramm und Irene Vasos, Göttingen 2003.
Schröder, Burkhard: Ich war ein Neonazi. Reportage über den Aussteiger Ingo Haßelbach, Ravensburg 1994.
Schröder, Dominique: „Prozesse gegen NS-Täter", in: Fischer, Torben/Lorenz, Matthias N. (Hrsg.): Lexikon der „Vergangenheitsbewältigung" in Deutschland. Debatten- und Diskursgeschichte des Nationalsozialismus nach 1945, Bielefeld ²2009, II.A3, S. 61–63.
Schroeder, Klaus: Der SED-Staat. Geschichte und Strukturen der DDR, München ²1999.
Schröm, Oliver/Röpke, Andrea: Stille Hilfe für braune Kameraden. Das geheime Netzwerk der Alt- und Neonazis. Ein Inside-Report, Berlin 2001.
Schulte, Jan Erik/Lieb, Peter/Wegner, Bernd: Einleitung: Die Geschichte der Waffen-SS – Forschungsschwerpunkte und Ausblicke, in: Schulte, Jan Erik/Lieb, Peter/Wegner, Bernd (Hrsg.): Die Waffen-SS. Neue Forschungen, Paderborn 2014.
Schwarberg, Günther: Das vergess ich nie. Erinnerungen aus einem Reporterleben, Göttingen 2007.
Schwelling, Birgit: Heimkehr – Erinnerung – Integration: Der Verband der Heimkehrer, die ehemaligen Kriegsgefangenen und die westdeutsche Nachkriegsgesellschaft, Paderborn u. a. 2010.
Schwelling, Birgit (Hrsg.): Reconciliation, Civil Society, and the Politics of Memory. Transnational Initiatives in the 20th and 21st Century, Bielefeld 2012.
Seidler, Franz W.: Schuldig! Die alliierten Siegerprozesse gegen deutsche Soldaten, Polizisten und Zivilisten. Fliegerprozesse – Malmedy-Prozeß – Oradour-Prozeß – Schanghai-Prozeß, Selent 2008.
Seliger, Hubert: Politische Anwälte? Die Verteidiger der Nürnberger Prozesse, Baden-Baden 2016.
Siebs, Benno-Eide: Die Außenpolitik der DDR 1976–1989. Strategien und Grenzen, Paderborn u. a. 1999.
Snyder, Timothy: Bloodlands. Europa zwischen Hitler und Stalin, München 2011.
Soulier, Antoine: Le drame de Tulle, 9 juin 1944, Tulle ³1971.
Soutou, Georges-Henri: L'alliance incertaine. Les rapports politico-stratégiques franco-allemands 1954–1996, Paris 1996.
Spann, Gustav: Methoden rechtsextremer Tendenz-Geschichtsschreibung und Propaganda, in: Bailer-Galanda, Brigitte/Benz, Wolfgang/Neugebauer, Wolfgang (Hrsg.): Die Auschwitzleugner. „Revisionistische" Geschichtslüge und historische Wahrheit, Berlin ²1997, S. 73–97.
Spannuth, Jan Philipp: Rückerstattung Ost. Der Umgang der DDR mit dem „arisierten" Eigentum der Juden und die Rückerstattung im wiedervereinigten Deutschland, Essen 2007.
Staffa, Christian: Die „Aktion Sühnezeichen". Eine protestantische Initiative zu einer besonderen Art der Wiedergutmachung, in: Hockerts, Hans Günter/Kuller, Christiane (Hrsg.): Nach der

Verfolgung. Wiedergutmachung nationalsozialistischen Unrechts in Deutschland?, Göttingen 2003, S. 139-156.

Stein, Harry: Gedenkstätte Buchenwald, Weimar, in: Gedenkstätten für die Opfer des Nationalsozialismus. Eine Dokumentation, Bd. II: Bundesländer Berlin, Brandenburg, Mecklenburg-Vorpommern, Sachsen-Anhalt, Sachsen, Thüringen, Bonn 2000, S. 892-903.

Steinbach, Peter: Die publizistischen Kontroversen – eine Vergangenheit, die nicht vergeht, in: Reichel, Peter/Schmid, Harald/Steinbach, Peter (Hrsg.): Der Nationalsozialismus. Die zweite Geschichte. Überwindung, Deutung, Erinnerung, München 2009, S. 127-174.

Steinbacher, Sybille: Dachau – Die Stadt und das Konzentrationslager in der NS-Zeit. Die Untersuchung einer Nachbarschaft, Frankfurt am Main 1994.

Stöss, Richard: Zur Vernetzung der extremen Rechten in Europa. Referat auf dem DVPW-Kongress 2000 in Halle im Rahmen der Sektion „Politische Soziologie", 4. Oktober 2000, Berlin 2001, S. 23 f., URL: http://www.polsoz.fu-berlin.de/polwiss/forschung/systeme/empsoz/schriften/Arbeitshefte/RexDVPW.pdf, [14. 3. 2012].

Straeten, Herbert: Andere Deutsche unter Hitler. Zeitberichte über Retter vor dem Holocaust, Mainz 1997.

Strassner, Veit: Versöhnung und Vergangenheitsaufarbeitung – Ein Vorschlag zur Begriffsbestimmung und Konzeptionalisierung, in: Schmidt, Siegmar u. a. (Hrsg.): Amnesie, Amnestie oder Aufarbeitung? Zum Umgang mit autoritären Vergangenheiten und Menschenrechtsverletzungen, Wiesbaden 2009.

Streim, Alfred: Die Verfolgung von NS-Gewaltverbrechen in der Bundesrepublik Deutschland, in: Landeszentrale für Politische Bildung Nordrhein-Westfalen (Hrsg.): Vereint vergessen? Justiz- und NS-Verbrechen in Deutschland, Düsseldorf 1993, S. 17-33.

Streim, Alfred: Saubere Wehrmacht? Die Verfolgung von Kriegs- und NS-Verbrechen in der Bundesrepublik und in der DDR, in: Heer, Hannes/Naumann, Klaus (Hrsg.): Vernichtungskrieg. Verbrechen der Wehrmacht 1941-1944, Hamburg 1995, S. 569-597.

Strickmann, Martin: L'Allemagne nouvelle contre l'Allemagne éternelle. Die französischen Intellektuellen und die deutsch-französische Verständigung 1944-1950. Diskurse, Initiativen, Biografien, Frankfurt am Main 2004.

Süß, Dietmar: Wiedergutmachung von unten? Katholische Vergangenheitsbewältigung und die Entstehung des Maximilian-Kolbe-Werkes, in: Hockerts, Hans Günther/Kuller, Christiane (Hrsg.): Nach der Verfolgung. Wiedergutmachung nationalsozialistischen Unrechts in Deutschland?, Göttingen 2003, S. 157-175.

Taege, Herbert: Hört die Signale: Weder Bosse noch Bonzen. Perspektiven zur industriellen Evolution, Lindhorst 1977.

Taege, Herbert: Wo ist Kain? Enthüllungen und Dokumente zum Komplex Tulle + Oradour, Lindhorst 1981.

Taege, Herbert: Wo ist Abel? Weitere Enthüllungen und Dokumente zum Komplex Tulle + Oradour, Lindhorst 1985.

Tenfelde, Klaus: Proletarische Provinz. Radikalisierung und Widerstand in Penzberg/Oberbayern 1900-1945, durchges. und erw. Ausgabe, München/Wien 1982.

Théolleyre, Jean-Marc: Procès d'après guerre. „Je suis partout", René Hardy, Oradour-sur-Glane, Oberg et Knochen, Paris 1985.

Tillier, Bertrand: Le monument aux martyrs d'Oradour-sur-Glane par Fenosa. L'histoire d'un „non-lieu de mémoire" (1944-19..), in: Vingtième Siècle, H. 3, 1997, S. 43-57.

Timm, Angelika: Der Streit um Restitution und Wiedergutmachung in der Sowjetischen Besatzungszone Deutschlands, in: Babylon, H. 10/11, 1992, S. 125-138.

Timm, Angelika: Alles umsonst? Verhandlungen zwischen der Claims Conference und der DDR über „Wiedergutmachung" und Entschädigung, Berlin 1996.

Timm, Angelika: The Approach of the East German Political Elite towards Compensation, Restitution and Reparations, 1945-1955, in: Journal of Israeli History 18 (1997), H. 2/3 S. 263-282.

Timm, Angelika: Jewish Claims against East Germany. Moral Obligations and Pragmatic Policy, Budapest 1997.

Timm, Angelika: Das dritte Drittel: Die DDR und die Wiedergutmachungsforderungen Israels und der Claims Conference, in: Goschler, Constantin/Lillteicher, Jürgen (Hrsg.): „Arisierung"

und Restitution. Die Rückerstattung jüdischen Eigentums in Deutschland und Österreich nach 1945 und 1989, Göttingen 2002, S. 215–239.
Tisseron, Serge: Les pièges de la mémoire, in: Farmer, Sarah/Tisseron, Serge (Hrsg.): Parlez-moi d'Oradour. 10 juin 1944, Paris 2004, S. 19–39.
Ueberschär, Gerd R. (Hrsg.): Orte des Grauens. Verbrechen im Zweiten Weltkrieg, Darmstadt 2003.
Ullrich, Klaus: Inspektor Badonel, Berlin 1987.
Unterhinninghofen, Hermann: Die Prozesse von Bordeaux und die deutsche Justiz/Les procès de Bordeaux et la justice allemande, in: Graf, Martin/Hervé, Florence (Hrsg.): Oradour. Geschichte eines Massakers. Histoire d'un massacre, Köln 2014, S. 18–22.
Unverhau, Dagmar: Das „NS-Archiv" des Ministeriums für Staatssicherheit. Stationen einer Entwicklung, Münster 1998.
Valade, Albert: La page de catéchisme. Oradour-sur-Glane. Les villages sans enfants, Neuvic-Entier 1999.
Valade, Albert: Oradour la renaissance, Neuvic-Entier 2010.
Vatter, Christoph: Berührungspunkte nationaler Erinnerungskulturen. Der Oradour-Prozess im Spiegel der Presse in Deutschland und Frankreich, in: Grimm, Thomas/Venohr, Elisabeth (Hrsg.): Immer ist es Sprache. Mehrsprachigkeit – Intertextualität – Kulturkontrast, Frankfurt am Main u. a. 2009, S. 447–464.
Verbrechen der Wehrmacht. Dimensionen des Vernichtungskrieges 1941–1944, hrsg. vom Hamburger Institut für Sozialforschung, Ausstellungskatalog, Hamburg 2002.
Vercors: Les mots, Arles 1994.
Virchow, Fabian: Gegen den Zivilismus. Internationale Beziehungen und Militär in den politischen Konzeptionen der extremen Rechten, Wiesbaden 2006.
Vogler, Bernard: Histoire culturelle de l'Alsace, Straßburg 1994.
Vogler, Bernard: Histoire politique de l'Alsace. De la révolution à nos jours, un panorama des passions alsaciennes, Straßburg 1995.
Vollnhals, Clemens: „Die Macht ist das Allererste". Staatssicherheit und Justiz in der Ära Honecker, in: Engelmann, Roger/Vollnhals, Clemens (Hrsg.): Justiz im Dienste der Parteiherrschaft. Rechtspraxis und Staatssicherheit in der DDR, 2., durchges. Auflage, Berlin 2000, S. 227–271.
Vonau, Jean-Laurent: Le procès de Bordeaux: Les Malgré-Nous et le drame d'Oradour. Straßburg ²2005.
Vorläufiges Findbuch zur Abteilung X: „Internationale Verbindungen" des Ministeriums für Staatssicherheit der DDR, hrsg. v. d. Abteilung Archivbestände der BStU, bearb. v. Marko Pollack und Doreen Bombitzki, Münster u. a. 2005.
Waechter, Matthias: Helmut Schmidt und Valéry Giscard d'Estaing. Auf der Suche nach Stabilität in der Krise der 70er Jahre, Bremen 2011.
Walther, Alexander: Keine Erinnerung, nirgends? Die Shoah und die DDR, in: Deutschland Archiv, 15. 7. 2019, URL: www.bpb.de/293937 [24. 1. 2022].
Weber, Hermann: Die DDR 1945–1990, München 2012.
Weber, Hermann/Herbst, Andreas (Hrsg.): Deutsche Kommunisten: Biographisches Handbuch 1918 bis 1945, 2. überarb. und stark erw. Auflage, Berlin 2008, URL: https://www.bundesstiftung-aufarbeitung.de/de/recherche/kataloge-datenbanken/biographische-datenbanken [29. 11. 2021].
Weber, Wolfgang: Die Zentralstelle für die Bearbeitung von nationalsozialistischen Massenverbrechen in Konzentrationslagern bei der Staatsanwaltschaft Köln, in: Justizministerium des Landes Nordrhein-Westfalen (Hrsg.): Zentralstellen zur Verfolgung nationalsozialistischer Gewaltverbrechen – Versuch einer Bilanz, Düsseldorf 2001, S. 33–43.
Weidinger, Otto: Kameraden bis zum Ende. Der Weg des SS-Panzergrenadier-Regiments 4 „DF" 1939–1945. Die Geschichte einer deutsch-österreichischen Kampfgemeinschaft, Göttingen 1962.
Weidinger, Otto: Division Das Reich. Der Weg der 2. SS-Panzer-Division „Das Reich". Die Geschichte der Stammdivision der Waffen-SS, 1: 1934–1939, Osnabrück 1967.
Weidinger, Otto: Division Das Reich. Der Weg der 2. SS-Panzer-Division „Das Reich". Die Geschichte der Stammdivision der Waffen-SS, 2: 1940–1941, Osnabrück 1969.

Weidinger, Otto: Division Das Reich. Der Weg der 2. SS-Panzer-Division „Das Reich". Die Geschichte der Stammdivision der Waffen-SS, 3: 1941-1943, Osnabrück 1973.
Weidinger, Otto: Division Das Reich. Der Weg der 2. SS-Panzer-Division „Das Reich". Die Geschichte der Stammdivision der Waffen-SS, 4: 1943, Osnabrück 1979.
Weidinger, Otto: Division Das Reich im Bild, Osnabrück 1981.
Weidinger, Otto: Division Das Reich. Der Weg der 2. SS-Panzer-Division „Das Reich". Die Geschichte der Stammdivision der Waffen-SS, 5: 1943-1945, Osnabrück 1982.
Weidinger, Otto: Tulle und Oradour. Eine deutsch-französische Tragödie, Aalen (Selbstverlag) [1984 oder 1985].
Weidinger, Otto: Tulle and Oradour, Aalen (Selbstverlag) 1985.
Weidinger, Otto: Tulle et Oradour, Aalen (Selbstverlag) 1985.
Weidinger, Otto: Tulle en Oradour, Antwerpen 1993.
Weininger, Georg: Aufarbeitung der NS-Geschichte in DDR und BRD, in: LaG-Magazin (Das unschuldige Deutschland? NS-Aufarbeitung zwischen Schuldabwehr und staatlichem Antifaschismus), H. 4, 2014, S. 17-20.
Weinke, Annette: Die strafrechtliche Verfolgung von NS- und Kriegsverbrechen im geteilten Deutschland 1949-1989, in: Recht und Politik 32 (1996), S. 98-106.
Weinke, Annette: Die Verfolgung von NS-Tätern im geteilten Deutschland. Vergangenheitsbewältigung 1949-1965 oder: Eine deutsch-deutsche Beziehungsgeschichte im Kalten Krieg, Paderborn 2002.
Weinke, Annette: Die strafrechtliche Aufarbeitung der NS-Vergangenheit in der SBZ/DDR, in: Die juristische Aufarbeitung der NS-Vergangenheit in der DDR und der Bundesrepublik Deutschland, Tagungsband der gemeinsamen Veranstaltung des Ministeriums der Justiz, der Konrad-Adenauer-Stiftung, der Landesbeauftragten für die Unterlagen des Staatssicherheitsdienstes und des Landesverwaltungsamtes in Sachsen-Anhalt, 11. bis 13. Januar 2004 in Wendgräben, S. 48-65, URL: www.landesbeauftragte.de/dokumente.htm#Jur_Auf [11. 10. 2005] [Weinke, Aufarbeitung].
Weinke, Annette: „Alliierter Angriff auf die nationale Souveränität"? Die Strafverfolgung von Kriegs- und NS-Verbrechen in der Bundesrepublik, der DDR und Österreich, in: Frei, Norbert (Hrsg.): Transnationale Vergangenheitspolitik. Der Umgang mit deutschen Kriegsverbrechern in Europa nach dem Zweiten Weltkrieg, Göttingen 2006, S. 37-93.
Weinke, Annette: Eine Gesellschaft ermittelt gegen sich selbst. Die Geschichte der Zentralen Stelle Ludwigsburg 1958-2008, Darmstadt 2008.
Weinke, Annette: Die Strafverfolgung von NS-Verbrechen in der Sowjetischen Besatzungszone der DDR. Diskussion und Perspektiven, in: Finger, Jürgen/Keller, Sven/Wirsching, Andreas (Hrsg.): Vom Recht zur Geschichte. Akten aus NS-Prozessen als Quellen der Zeitgeschichte, Göttingen 2009, S. 63-73.
Wendig, Heinrich: Richtigstellungen zur Zeitgeschichte, Heft 6: Compiègne, Tyler Kent-Affäre, „Laconia"-Fall, Oradour u. a., Tübingen 1994.
Wengst, Udo: Thomas Dehler 1897-1967. Eine politische Biographie, München 1997.
Wentker, Hermann: Die juristische Ahndung von NS-Verbrechen in der Sowjetischen Besatzungszone und in der DDR, in: Kritische Justiz 35 (2002), S. 60-78.
Wentker, Hermann: Justiz und Politik in der DDR, in: Eppelmann, Rainer/Faulenbach, Bernd/Mählert, Ulrich (Hrsg.): Bilanz und Perspektiven der DDR-Forschung, Paderborn u. a. 2003, S. 126-132.
Wentker, Hermann: Außenpolitik in engen Grenzen. Die DDR im internationalen System 1949-1989, München 2007.
Werkentin, Falco: Politische Strafjustiz in der Ära Ulbricht. Vom bekennenden Terror zur verdeckten Repression, Berlin 1997.
Werkentin, Falco: „Souverän ist, wer über den Tod entscheidet". Die SED-Führung als Richter und Gnadeninstanz bei Todesurteilen, in: Engelmann, Roger/Vollnhals, Clemens (Hrsg.): Justiz im Dienste der Parteiherrschaft. Rechtspraxis und Staatssicherheit in der DDR, Berlin 1999, S. 181-204.
Werkentin, Falco: DDR-Justiz und NS-Verbrechen. Notwendige Hinweise zu einer neuen Dokumentation, in: Deutschland Archiv 38 (2005), S. 506-515.

Westemeier, Jens: Himmlers Krieger: Joachim Peiper und die Waffen-SS in Krieg und Nachkriegszeit, Paderborn u. a. 2014.
Westemeier, Jens: Die Junkerschulgeneration, in: Schulte, Jan Erik/Lieb, Peter/Wegner, Bernd (Hrsg.): Die Waffen-SS. Neue Forschungen, Paderborn u. a. 2014, S. 269–285.
Wetzel, Juliane: Die Auschwitzlüge, in: Benz, Wolfgang/Reif-Spirek, Peter (Hrsg.): Geschichtsmythen: Legenden über den Nationalsozialismus, Berlin 2003, S. 27–41.
Wetzel, Juliane: „Roeder, Manfred", in: Benz, Wolfgang (Hrsg.): Handbuch des Antisemitismus. Judenfeindschaft in Geschichte und Gegenwart, Bd. 2/2, Personen, L–Z, Berlin 2009, S. 689–691.
Weyrauch, Wolfgang: Gesang, um nicht zu sterben. Neue Gedichte, Hamburg 1956.
Wieland, Günther: Die Ahndung von NS-Verbrechen in Ostdeutschland 1945–1990, in: Rüter, Christiaan F. (Bearb.): DDR-Justiz und NS-Verbrechen. Sammlung ostdeutscher Strafurteile wegen nationalsozialistischer Tötungsverbrechen. Verfahrensregister und Dokumentenband, Amsterdam/München 2002, S. 13–94.
Wieland, Günther: Die Ahndung von NS-Verbrechen in Ostdeutschland, in: Neue Justiz 57 (2003), S. 113–117.
Wilke, Karsten: Organisierte Veteranen der Waffen-SS zwischen Systemopposition und Integration. Die „Hilfsgemeinschaft auf Gegenseitigkeit der Angehörigen der ehemaligen Waffen-SS" (HIAG) in der frühen Bundesrepublik, in: Zeitschrift für Geschichtswissenschaft, 53 (2005), S. 149–166.
Wilke, Karsten: Geistige Regeneration der Schutzstaffel in der frühen Bundesrepublik? Die „Hilfsgemeinschaft auf Gegenseitigkeit der Angehörigen der ehemaligen Waffen-SS" (HIAG), in: Schulte, Jan Erik (Hrsg.): Die SS, Himmler und die Wewelsburg, Paderborn u. a. 2009, S. 433–448.
Wilke, Karsten: Die „Hilfsgemeinschaft auf Gegenseitigkeit" (HIAG) 1950–1990. Veteranen der Waffen-SS in der Bundesrepublik, Paderborn 2011.
Wilke, Karsten: Die Truppenkameradschaften der Waffen-SS 1950–1990. Organisationsgeschichte, Entwicklung und innerer Zusammenhalt, in: Schulte, Jan Erik/Lieb, Peter/Wegner, Bernd (Hrsg.): Die Waffen-SS. Neue Forschungen, Paderborn 2014, S. 421–435.
Wilke, Karsten: Veteranen der Waffen-SS in der frühen Bundesrepublik. Aufbau, gesellschaftliche Einbindung und Netzwerke der „Hilfsgemeinschaft auf Gegenseitigkeit", in: Schulte, Jan Erik/Wildt, Michael (Hrsg.): Die SS nach 1945. Entschuldungsnarrative, populäre Mythen, europäische Erinnerungsdiskurse, Göttingen 2018, S. 75–97.
Wilkens, Andreas: Kniefall vor der Geschichte. Willy Brandt in Warschau 1970, in: Defrance, Corine/Pfeil, Ulrich (Hrsg.): Verständigung und Versöhnung nach dem „Zivilisationsbruch"? Deutschland in Europa nach 1945, Brüssel 2016, S. 83–102.
Winstel, Tobias: Über die Bedeutung der Wiedergutmachung im Leben der jüdischen NS-Verfolgten. Erfahrungsgeschichtliche Annäherungen, in: Hockerts, Hans Günter/Kuller, Christiane (Hrsg.): Nach der Verfolgung. Wiedergutmachung nationalsozialistischen Unrechts in Deutschland?, Göttingen 2003, S. 199–227.
Winstel, Tobias: Verhandelte Gerechtigkeit. Rückerstattung und Entschädigung für jüdische NS-Opfer in Bayern und Westdeutschland, München 2006.
Winters, Peter Jochen: Die Außenpolitik der DDR, in: Schwarz, Hans-Peter (Hrsg.): Handbuch der deutschen Außenpolitik, München und Zürich ²1976, S. 769–811.
Wolf, Birgit: Sprache in der DDR. Ein Wörterbuch, Berlin 2000.
Wolff, Friedrich: Verlorene Prozesse. Meine Verteidigungen in politischen Verfahren 1952–2003, Berlin 2009.
Wolffsohn, Michael/Brechenmacher, Thomas: Denkmalsturz? Brandts Kniefall, München 2005.
Wolfrum, Edgar: Verbrechen am Ende des Zweiten Weltkrieges, in: Arendes, Cord/Wolfrum, Edgar/Zedler, Jörg (Hrsg.): Terror nach Innen. Verbrechen am Ende des Zweiten Weltkrieges, Göttingen 2006, S. 7–22.
Wolfrum, Edgar: Täterbilder. Die Konstruktion der NS-Täter durch die deutsche Nachkriegsjustiz, in: Braun, Hans/Gerhardt, Uta/Holtmann, Everhard (Hrsg.): Die lange Stunde Null. Gelenkter sozialer Wandel in Westdeutschland nach 1945, Baden-Baden 2007, S. 117–139.
Wolfrum, Edgar: Geschichte der Erinnerungskultur in der DDR und BRD, 26. 8. 2008, URL: http://www.bpb.de/geschichte/zeitgeschichte/geschichte-und-erinnerung/39814/geschichte-der-erinnerungskultur?p=all [13. 03. 2017].

Wulf, Kirsten (Hrsg.): „Beständig ist das leicht Verletzliche". Gedichte in deutscher Sprache von Nietzsche bis Celan, Zürich 2010.
Zum Massaker von Oradour-sur-Glane. Materialien des Kriegsverbrecherprozesses gegen Heinz Barth vor dem Stadtgericht Berlin, in: Militärgeschichte 23 (1984), S. 142–158.
Zwanger, Helmut: Tübinger Israeltrilogie. Gedichte 1980–2012, Tübingen 2012.

Personenregister

Kursiv gesetzte Zahlen verweisen auf Namen in den Anmerkungen.

A. (Zeuge/Beschuldigter)   368–370, 372 f., 394 f.
Abetz, Otto   175
Achenbach, Ernst   220
Adenauer, Konrad   98, *175*, 185, 187, *193*, 195 f., 200 f., 205–207, 241, *250*, 279, *420*, 471 f., 476, 478, 481–485, 492, 499, 586
Aliotti, Cléa   443
Aliotti, Félix   24, 443, *445*
Aragon, Louis   *39*
Arnet, Pierre   298
Aschenauer, Rudolf   108
Audet (Rechtsanwalt)   175
Auriol, Vincent   36, *57*, 170, 408, 411

B. (Beschuldigter)   301 f.
B. (Zeuge/Beschuldigter)   369–373, 394–396, 399, 403
Bach-Zelewski, Erich von dem   66, 85
Bardèche, Maurice   *478*
Bardet, Denise   580
Bardet, Jean   47
Bardet, Louise   47, *48*
Bargatzky, Walter   *113*
Barrère, Anne-Dominique   502
Barte, Karl   496
Bartels, Erich   268
Barth, Heinz   4, 13, 62, *74*, 76, *77*, 80, *87*, 106, 152–154, 163, 228 f., 241, *268*, 305, *323*, 324–328, 332–343, 345–350, 353, 355–361, 363–382, 387, 389–396, 399–402, 404, 452, 550, 554, 602–608, 611, 618 f.
Barthélémy, Nicole   *99*
Beau, Georges   132–134, 140, *185*, 278
Beau, Joseph   37
Beaubreuil, Martial, genannt Joseph   254, 348, 433, 435, *436*, 620
Beaubreuil, Maurice   254, 348 f., 378, 382, 433, 435, *436*
Beaulieu, Camille   54, 155–157, 534 f., 538, 539, 547
Belin (Colonel)   234, 236 f.
Bennezon (Familie)   *540*
Bergmann, Joseph   445
Bertin, Philippe   *11*
Bertrand, Françoise   25
Besson, M.   35
Besson, Robert   35, 435, *436*, *439*, 448
Beust, H. Freiherr von   *114*

Bidault, Georges   183 f.
Bitter, Margarethe   98
Bittkowski, Walter   *518*
Bläschke, Wilhelm   173, *174*, 192 f.
Bley (Rechtsanwalt)   *176*
Böhme, Wilhelm   173, *174*, 192 f.
Boehncke, Carl-Hellmut   496
Boetticher, Hans   *114*
Boissieu, Charles-Albert de   491–495
Boissou, Jacques   25
Boissou, Jeannette   25
Boos, Georg(es) René/e   *174*, *193*, *237*, *267*, 297, 312–314
Borchert, Karl-Heinrich   336 f., 339, *375*
Borie, Mathieu   25, *74*, *572*
Born, Karl   187, 207, 225–227, *228*, 229 f., 232
Boudet, Henri   155–157, 324, 496, *524*, 528, 533, 534–544, *545*, 546, 549
Brandt, Willy   276, 499, 555, 559
Brass, Johannes   99
Brendel, Andreas   393 f., 405
Breymeier, Theo   175
Brissaud, Martial   433–435, 439, 448
Brodowski, Fritz von   92, *167*
Brouillaud, Jean   9, 42, 49, 116 f., 589
Broussaudier, Clement   25, *572*
Buch, Hermann   136
Buchkremer, Joseph Ludwig   529 f.
Busse, Horst   153, 256, 348, 350, 352–356, 360, 362–366, 371, 373–377, 387 f., 391, 598, 618
Bussmann, Hans-Werner   505

C. (Beschuldigter)   *173*, 308–311, 320
Cathalifaud, Henri   49, *56*, *58*, 534 f., *540*
Catinaud, René   599
Cerff, Karl   139 f., 142
Charlet, Gaston   40
Chaudier, Albert   *23*
Chirac, Jacques   53 f., *57*, *472*, *476*, 499, *579*
Christophersen, Thies   *138*
Churchill, Winston   183 f.
Clavaud   32
Coburger, Karli   337, 339, 341
Cordeau, Bernadette   541 f.
Cordeau, Léonie   539, 541 f.
Cordeau, Pierre   520, 539, 541 f.
Courivaud, Jean   316 f.

Couvidou, Germaine (geb. Valade)   31 f.
Czepluch (Unterleutnant, MfS)   *336*

D., Erwin (Angeklagter)   173, *174*, 192 f.
D., Jean (Hinterbliebener)   431
Daab, Herbert   173, *174*, 192 f., 314
Dalstein, Octavie   25
Darthout, Jean Marcel   23–26, *35*, 348 f., 382, 432, 434, 443, 446, 449, *499*, 557, 559, 572 f., 581 f.
Darweger, Karl-Heinz   537
Davoine, Camille   79
Dehler, Thomas   96, 98, 186, 195, 228, 230, 249, 607, 610
Delarue, Jacques   131–134, 145, 273, 276, *409*, 487
Deloffre, Jacqueline   511
Derrida, Jacques   477
Deschamps, Jacques   467
Deshors, Maurice   348
Desourteaux, André   46, 63, 411, 451, *513*, 517
Desourteaux, Hubert   33, *35*
Desourteaux, Paul   21, 33, *37*
Desoutter, Marc   165
Deville, Gilles   382
d'Huart (Leiter des *Service des Biens et Intérêts Privés*)   458 f., 465 f.
Diekmann, Adolf (bzw. Dickmann, Dieckmann)   68, 71–74, 76–82, 84, *87*, 89 f., 92, *93*, 101 f., 104, *106*, 107, 111–115, 120, *121*, *125*, 126–130, 133, 140, 144–146, 148 f., 167, 180, 182, 190–192, 249, 257, 260, 262–264, *266*, 272, 289, *290*, 297, 305, 318 f., 323, *353*, 357–359, 364 f., *399*, 401, 606, 609 f.
Diekmann, Rainer   *68*, 144
Dieuzaide, Jean   *11*
Dinse, Otto   109, *109*
Domínguez Gil, Ramona   *1*
Dreßen, Willi   167
Dubost, Charles   92–94
Durix, Jérôme   *10*
Duvillard, Henri   439

Eckerle, Herbert   533
Eden, Anthony   183 f.
Eder, Alfred   *12*
Eisenhower, Dwight D.   204, 586
Engels, Friedrich   360
Erb, Alfons   515 f., *517*, 529 f., 575
Erhard, Ludwig   597
Ermisch, Joachim   367

Faugeras, Aimé   37, 42
Faurisson, Robert   147, *148*

Féaux de la Croix, Ernst   424
Fenosa, Apelles   12, 59
Fenske, Elsa   594
Fick (Kriminalhauptkommissar)   400–402
Fieber, Ursula   367
Fister, Rolf   337 f., 340
Florin, Peter   208
Fox, John   555
François-Poncet, André   *517*, 518 f.
François-Poncet, Jean   344
Frenzel, Hermann   173, *174*, 192 f., 387 f.
Freund-Valade, Marc   *23*, 88 f.
Frings, Josef   97, 151
Frugier, Raymond   58–61, 497, 499 f., 502 f., 505, 509, 562–564, 566–579, *572*, 583, 617 f., 620
Fuchs, Helmut   139

G. (Beschuldigter)   303–305
Gardon, Gratien   179, *182*, 189–193, 209, 234, 265, 294, 301 f.
Garraud, Jacques   435, 448 f.
Gaubusseau, Léopold   132–134, 140, *181*, *185 f.*, 278
Gauck, Joachim   3, *13*, 471, 507–510, 562, 617
Gaudy, Yvonne   27, *440*
Gaulle, Charles de   1 f., 36, 41, 50, 53, *57*, 213, 248, 250, 254, 408 f., 436, 454, 472, 474, 476, 481–485, 491 f., 497, 499, 503, 590, 603
Gawlik, Hans   98, 105, 108, *112*, 187, 207, 225, 227, 229 f., 257 f., *259*, 269, 607, 609
Gelas   179
Gerlach, Karl   10, 70, 74, 76, 86, 89 f., 101–103, *106 f.*, 111, 114 f., 125 f., 134, 146, 260 f., 264
Geßner, Klaus   153, 352–354, 363–365
Gille, Herbert Otto   118
Giscard d'Estaing, Valéry   54, 344, 495, *496*
Gisinger, Arno   *11*, 52
Gleiniger, Walter   80, 88 f., 524
Globke, Hans   327, 329, 486
Godfrin, Roger   26, *242 f.*, 447
Goebbels, Joseph   201
Goldmann, Nahum   *458*
Gottspfennig, Fritz   335
Gourceau, Andrée   414
Gourceau, Léonard   414 f.
Graf, Martin   *11*, 163
Granger, Jean   589, *590*
Graubner, Gerd   348
Gremetz, Maxime   551
Grosser, Alfred   473
Gufflet, Henri   547

Guingouin, Georges 86, *147f.*, 151
Guttmann, Walter 177

Hasselbach, Ingo 359
Hausser, Paul 121, 123
Hausenstein, Wilhelm 177 f., 226, 233, 479 f.
Hébras, Robert 14, *18*, 25, 40, *46*, 60, 154, 163–165, 324, 348 f., 375 f., 378, 382, 412, *427*, 433, 435, *436*, *499*, 505–510, 547, 554–557, 563, 565 f., 569, 571–573, 576, 581, 617, 620
Heger, Siegfried 367
Heine, Bernd 346, 370–372
Heinemann, Gustav 275, 281
Heinrich, A. 14, *224*, 231–233, 238–247, 249, 294, 403, 604–606
Heinrich, Franz-Josef 294, 403
Heinrich, Karl 23
Hervé, Florence 164
Heuss, Theodor 471, 481
Heydrich, Reinhard 51
Hivernaud, Marguerite 48
Höhne, Heinz 138
Hörhammer, Manfred 521 f., *524*, 525, 560 f.
Hoffmann, Rudolf *66*
Hoffmann, Rüdiger 227
Hollande, François *13*, 508–510
Holz, Jakob 331
Honecker, Erich 366 f.
Hugot, Heinz 348, 371, 377
Huhn, Klaus 602

J. (Beschuldigter) 302 f., 325
J. (Beschuldigter) 399, 403
Jackow, Jean 443
Jankélévitch, Vladimir 426
Jantzen (Zeuge) 387–389
Jelpke, Ulla 159
Jodl, Alfred 82, 84, 91 f.
Joliot-Curie, Frédéric 39
Joppen, Heinrich 268
Jordan (Oberstaatsanwalt) 290
Joyeux, Henriette 25
Joyeux, René 25
Jung, Dieter 398, 400, 403 f.
Juvin-Paul, Maurice 539

K. (Beschuldigter) *224f.*, 288, *293*, 312 f., 382
Kageneck, August Graf von 142
Kämpfe, Helmut 70–74, 76, 79 f., *83*, 85, *86*, 87, 90, *93*, 101, 104, *106*, 107, 112, *125*, 126, 144, *145*, 146, *148*, 152, 167, 190, 289, 317–319, 360, 364, 390, *400*, 402
Kahn, Otto 14, 22, 73, 76–78, 81, 87, *113*, 114 f., 125, 129 f., 133, 140, 149, 152, 154,

156, 189–191, *192*, 207, 209 f., *211*, 224, 226–228, *229*, 230–233, 238, 247, 260, 262–264, 267, *268*, 270–272, 287–293, 297, 313, 318 f., 322–325, 351, 353 f., 357–359, 364 f., 375, 382, 384, 386–388, 395, 397, 399, *400*, 402, *403*, 604 f., 610, 619
Kanzler, Joseph 443
Kanzler, Maria 443
Kehrig, Manfred 155 f.
Keller, Fabienne 503
Kern, Erich *alias* Kernmayr 165
Kirkpatrick, Ivone 184
Klarsfeld, Beate 322
Klarsfeld, Serge 322, *342*
Kleist, Joachim 79, 268
Kober (Hauptmann, MfS) 338, 341
Koch, Justus 70, *113*, 187
Koenig, Marie-Pierre 514
Körber, Fritz 556, 565 f., *572*, 584
Kohl, Helmut 472 f., *475*, 476, 499
Kohlen, Jean *523*
Korte, Jan 507
Kraehling, Julien 99
Kremp, Bernhard 540
Kremp, Norbert 540
Kremp, Solveig 540
Kremp, Vinzenz 142, *143*, 155–158, 163, 324, 496, 532–547, 549, 561 f., 620
Kremp, Wolfram 541, *544*, 545 f.
Kruuse, Jens 339 f.

L. (Beschuldigter) 399, 403 f.
Labrune, Yves 547
Lamaud, Jean *158*
Lammerding, Heinrich Bernard 2 f., 10, 14, 66–68, *70*, 72 f., 77, 79–83, *84*, 85, 92, 95 f., *106*, 114 f., 120, 125 f., 128–134, 137, 144, *147*, 149, 160, 164, *167*, 180–189, 191, 208, 224, 227, 231, 247–266, *267*, 268–290, *291*, 318, 322, *323*, 325, 345, 351, 354, 356, 363, 375, 382 f., *399*, 402, 452, 482, 484–486, *487*, 489 f., 493, 527 f., 532, 552, 600 f., 603, 605–608, 611, 616–620
Lane, Alexander 175 f.
Lange (Offizier der Waffen-SS) 353
Laniel, Joseph 588
Lapage (Familie) *540*
La Pradelle, Raymond de Geouffre de 99, 105, 149 f.
Lapuelle, Robert 43, 45 f., 48–51, 53, 55–59, 285, 482–484, 497, 539, 542, 549, 554, 557–560, 562, 564, 571, 576 f., 579
Laurain, Jean 54
Lebraud, Amélie 44, 47
Lecanuet, Jean 50
Ledau (bzw. Ledot, Léonarde) 179

Legros, Pierre 445
Leister, Stefanie 31
Leman, Gérard 547
Lenin, Wladimir Iljitsch 360
Lenz, Karl 173, *174*, 191–193, 197, 228, 232, 237–239, *268*
Leo, Gerhard 345, *346*, 579 f.
Lesieur (Untersuchungsrichter) 172, 298 f., 317
Lévy, René 440
Limbourg, Peter 487–489
Lindner, Gerhard 99
Lischka, Kurt 220, 322, 342–345
Lorich, Gérard 348
Lübke, Heinrich 474, 485
Lücke-Hogaust, Gudrun 503, 563

Machefer, Hervé 47
Machefer, Martial 35, 179, 348 f., 378, 433, 446
Madehors, André 285
Magnane, Georges 13, 598 f.
Malz, Heinrich 99
Maneuf, Renée (geb. Villeger) 25, 440, 581 f.
Marchais, Georges 53, 551
Martinighi (Abbé) 522, 524
Marx, Karl 360
Masfrand, Pierre 19, 34–36, 52, 94, 447
Matthes, Eberhard 148, 164
Mayer, René 183, *184*, 185
Meier, August 72, 79
Meier, Hansjürgen 527
Mendès France, Pierre 420
Menthon, François de 91–93
Mercier, René 25
Meyer (Oberregierungsrat) 225, 227, *228*
Meyer, Hubert 142
Meyer-Detring, Wilhelm *114*
Mielke, Erich 330, 337–341, 346, 367, 373
Milord, Claude 56, 60, 416, 510, 573 f., 578–581, *579*, 583 f.
Milord, Hélène 315, *316*, 317
Milord, Marie-Joëlle 540
Milord, Patrice 535, *539*, 540
Miozzo, Antonio 444
Miozzo (Familie) 443
Mirablon, Albert 445
Mitterrand, François 50, 53 f., 57, 344, 472 f., 475, 476, 477, 497, 499, 545, 554, 560
Modrow, Hans 455
Montagne, René 415
Montazeaud, Jeanne 35
Moreau, Louis 33, 35
Morliéras, Camille 56
Morliéras, Lucette 56
Moulin, Jean 496

Müller, Josef 97, 99
Muregger, Dietrich 331, 339, 341, 350, 360, 367, 371
Mutschmann, Martin 594

N. (Beschuldigter) 304
N. (Beschuldigter) 312 f., 315
N. (Beschuldigter) 315, 317, 319
N., Heinrich (Angeklagter) 174, *175*, *193*, *206*, *210*
Naumann, Michael 504
Naumann, Werner 184, 201 f.
Nehmer, Hans-Herbert *371*
Neubauer, Kurt 531
Neuhäusler, Johannes 97, 99, 609
Neumeyer, Emile 169
Neumeyer, Marie-Louise 169
Neumeyer, Odile 169
Nicolas, André *436*
Niemann, Annemarie 521
Nitardy, Winfried 288 f., 292–299, 302, 305, 307 f., 312 f., 315–317, 319–322, 325 f., 339, 385, 387 f., 391, 395 f., 399, 403
Noiret, Philippe 141
Nothhelfer, Norbert 536
Nussy-Saint-Saëns, Marcel 177, 191

Oberländer, Theodor 327, 329, 486
Okrent, Detlef 10, 76–78, 89 f., 92 f., 103 f., 113–115, 125 f., 129 f., 149, 152, 154, 180 f., 227, 260, 262–264, *269*, *318*, 363
Opitz, Max 208
Otto, Hans 587 f.

P. (Beschuldigter) 301 f.
Pallier, Jean 27–29, *39*
Pauchou, Guy 19, 34, 94, 447
Paul, Marcel 595
Paul-Boncour, Joseph 515
Peiper, Joachim 109, *137*, 325
Perney, Aline 47, *430*, 581 f.
Peyronnet, Jean-Claude 499
Pfeufer, Fritz 173, *174*, 192 f., 387
Picard, Fabrice *11*
Picasso, Pablo 12, *39*
Pieck, Wilhelm 203, 206, 209 f., 241
Pinède, André 27
Pinède, Carmen 27, 445
Pinède, Francine 27
Pinède, Jacqueline 27, *318*, 433
Pinède, Gabrielle 27
Pinède, Robert 27
Plazy, Gilles *11*
Plehwe, Paul 90
Pleven, René *183*, 234, 427
Poitevin, Pierre 23, 145

Pottgießer, Karl-Heinz 253, *254*, 255, *256*, 257 f., *266*
Poutaraud, Henri *23*, 25
Przybylski, Peter *256*, *324*, 373 f., 598

Raffarin, Jean-Pierre 503
Rastouil, Louis 522–524, 529 f.
Rau, Heinrich 589
Rau, Johannes 471 f., *508*
Reagan, Ronald 476
Rebholz, Franz 540
Redon, Hippolyte 25, *435*, 439 f.
Ressing, Karl-Heinz 513
Reynouard, Vincent 154
Ries, Roland 59, 498
Rixe, Günter *532*
Robert, Jean *523*, 561
Roby, Pierre 553
Roby, Yvon 25, 348 f., *572*
Roeder, Manfred *138*
Roemer, Karl 111, *175*, 191
Ronis, Willy *11*
Rosenwald, Walter 139 f.
Rosh, Lea 375 f.
Rothschild, Recha 586
Rouffanche, Marguerite 22, 28, 52, 348, 436, 541, 543, 560, 572
Rousset, David *515*
Ruete, Hans Hellmuth 279, 281 f., 490
Rumpf, Helmut 492 f.
Rundstedt, Gerd von 82, 363

S. (Beschuldigter) 320 f.
Sadry, Benoît 56, *521*, *524*
Sarge, Günter 367
Sarkozy, Nicolas *506*
Savary, Gilles 500
Sch., Erich (Beschuldigter) 307
Sch., Kurt (Beschuldigter) *383*, 384
Schacht, Klaus 156, *289*, 295, 299, 323, 376 f., 385, 389–396, 398, 400 f., 403 f., 605
Schäfer, Joachim 164
Schäfers, Reinhard 507
Schäpers, Eugen *518*
Scheel, Walter 280, *474*, 496, 535
Schily, Otto 472, 505
Schlicht, Paul 599
Schlosser, Charles *506*
Schmidt, Helmut 495 f.
Schneider (Kriegsgefangener in Frankreich, Pfarrer) 150 f.
Schneider, Romy 141
Scholz, Ernst 338
Schramm, Ehrengard 481
Schreckenberg, Pierre 177 f.
Schreier, Erich 599

Schröder, Gerhard 472, 475, 501 f., 504, 509, 580, 616
Schröder-Köpf, Doris *504*
Schröffer, Joseph 522
Schubert (Obersturmführer der Waffen-SS) *109*
Schuchardt, Hans-Peter 518
Schuman, Robert 513
Schwarberg, Günther 163, 324, 374–376, 378
Schwarz, Eugen Georg 156
Schwinge, Erich 150
Sell, Christian 278, 486–490
Sénamaud, Jean 348
Senon, Armand 24, 26 f., 429, *435*
Senon, Madeleine 593–596
Senon, Marie-Marguerite, genannt Camille 159–162, 285, 414, *415*, 438–441, 469, 593–596, 598, 620
Siehlow (Staatsanwalt) *258 f.*, 262–269, *271*
Skiba, Dieter *330*, *371*
Speidel, Hans 62 f.
Spiegel, Albert 472
Spirlet, François 500
St., Eduard (Beschuldigter) 76, *78*, 305–307, *325*
Staden, Berndt von 488 f.
Stadler, Sylvester 10, 69–73, 77, 79, 84, 92, *106*, 107, 114, 120, 123, 125 f., 128–130, 140, *144*, 151 f., 186, 189 f., 227, 260–262, 264, 267, 272, 289, 298 f., 318, *323*, 351, 354, 364, 399–403, 607
Staeger, Herbert 76, 297
Starnitzky, Erwin 499 f., 502 f.
Stauf, Gerhard 597
Stitzer, Karl 585–588, 598, 600
Stolze, Lothar 329, *338*, 339–341, 355, 374
Streccius, Alfred 63
Streit, Josef 336, 346, 366
Stückler, Albert 10, *11*, 15, *90*, 95–113, 115–117, 125 f., 128 f., 132–134, 139, 148 f., 261–263, *267*, 269, 278, 608–611
Stülpnagel, Otto von 63

Taege, Herbert 15 f., 20, 76, *103*, 108–113, *109*, 111–113, *115*, 139, 142–159, *143–145*, *147 f.*, *150*, *157*, 162, 164–166, 319, 360 f., *362*, 608 f., 611 f.
Texier, Camille 25
Tharaud, Jean *515*
Tharaud, Jérôme *515*
Théas, Pierre Marie 522
Théolleyre, Jean-Marc 169
Thierse, Wolfgang *502*
Thomas, Marcelino 25
Tichauer, Eva 348

Timbaud, Jean-Pierre   594
Tisch, Harry   550–552, 584
Toubon, Jacques   54
Touch, René   30
Trützschler von Falkenstein, Heinz   180, 187, *193*, 194 f., 226, 233, 237, 480

Ullrich, Klaus   600–602
Umbreit, Hans   401

Valade, Albert   *9*, 26, 29, 31–33, *40*, 46, *48*, 54, *323*, 453, 521, 560
Valade, Germaine (verh. Couvidou)   31 f.
Valade, Maria   31 f.
Vaussard, Maurice   *514*, 515 f., *517*
Venohr, Wolfgang   138
Verner, Paul   587
Villeger, Hélène   25, 440
Villeger, Marguerite   25, 440
Villeger, Odette   25, 440
Villeger, Renée (verh. Maneuf)   25, 440, 581 f.
Vopersal, Wolfgang   16, 137, *143*

W., Karl-Heinz (Verdächtiger)   228 f., 232
Wache, Walter   *100*, 101, 150
Wagner, Franz   517 f.

Walters, Kurt   *115*, 175 f., *177*, 180, 195 f., 225–228, 234–237
Walther, Gebhardt von   177 f., 196, 234, 236
Weidinger, Otto   10, 15, *62*, 69–74, 76 f., 79 f., *83*, 89 f., 101–103, 106 f., 113, 118–135, 137–141, 143–145, 147, 149, 151–154, 156, 158 f., 165 f., 172, *259*, 260–262, 264, 266, *268*, 278, 281, 283 f., 318 f., 351, 361, *399*, 608–611
Weiß, Peterpaul   597
Weissing, Hermann   388
Wendig, Heinrich   166
Werner, Heinz   10, *90*, 109–111, 125 f., 129 f., 135, 190, 260, *318*
Wieczorek-Zeul, Heidemarie   558–560, 584
Wieland, Günther   327, 336 f., 343, *375*, 396
Willms, Stefan   229, *387*
Winkler (Oberstleutnant, MfS)   340
Winzer, Otto   208
Wisliceny, Günther   *109*, 135 f.
Wolff, Friedrich   348, 359, 361, 380
Wolff, Pierre   566–569
Wulf, Heinrich   *109*

Z., Georg (Beschuldigter)   *173*, 399, 404
Zabel, Heinz   481
Ziemssen, Dietrich   108
Zimmermann, Bodo   *114*

www.ingramcontent.com/pod-product-compliance
Lightning Source LLC
Chambersburg PA
CBHW031717230426
43669CB00007B/169